U0642663

记
/M/A/R/K/
号

真知　卓思　洞见

今日向长安

上册

高瑞梓 著

北京科学技术出版社

图书在版编目（CIP）数据

今日向长安：上下册 / 高瑞梓著. -- 北京：北京科学技术出版社，2025. -- ISBN 978-7-5714-4691-8
（2025.12 重印）

Ⅰ. K294.11

中国国家版本馆 CIP 数据核字第 2025Y9L905 号

选题策划：记　号
策划编辑：马春华　马　旭
责任编辑：马春华
责任校对：贾　荣
封面设计：今亮后声
图文制作：刘永坤
责任印制：吕　越
出 版 人：曾庆宇
出版发行：北京科学技术出版社
社　　址：北京西直门南大街 16 号
邮政编码：100035
电　　话：0086-10-66135495（总编室）　0086-10-66113227（发行部）
网　　址：www.bkydw.cn
印　　刷：北京华联印刷有限公司
开　　本：710 mm × 1000 mm　1/16
字　　数：912 千字
印　　张：四色 48.25 + 单黑 21.25
版　　次：2025 年 10 月第 1 版
印　　次：2025 年 12 月第 2 次印刷
ISBN 978-7-5714-4691-8

定　　价：199.00 元（上下册）

京科版图书，版权所有，侵权必究
京科版图书，印装差错，负责退换

此地曾居住，

今来宛似归。

唐 · 岑参

《题平阳郡汾桥边柳树》

卷首语

❖ 你即将展开的跨时空旅行实际上是一场梦，而跨时空旅游管理局（以下简称跨旅局）则是梦境中的机构。它不全是高高在上的管理者，也是你的忠诚旅伴和顾问，负责让你的旅行安全有序，并全力解答旅途中会遇到的一切问题。

❖ 我们前往的“唐朝”并不是穿越回去的古代，它是由跨旅局打造的一场高度还原的梦境，完整复刻了唐代的长安城与人世百态。三百年间曾在此生活的人、诞生的情感、故事发生的场景，都被梦境一一复现。包括某晚，一位母亲哄孩子入睡的歌声；某天下午，一个被掰开的甜瓜的清香；甚至偶起的一阵风、枯叶飘落的弧线、空中飘过的云彩——都与真实发生的完全一致。真正的长安和古人已经消逝，梦却可以不受时间侵蚀。但请记住，旅途全程你都无法带去和从中带走任何东西，同样也无法改变已发生的历史。身为旅行者，你既能在战火纷飞中庆幸置身事外，也难免在历史洪流前感到无能为力。

❖ 本书默认游客对所要前往的时代已有一定认知，从而略去相关朝代背景的解说，专注提供景点、住宿、餐饮、娱乐、购物、交通等信息。当然，临行前若能稍微了解所去时段的重大事件、君主与名人事迹，将更有助于你的旅行。

- 请注意，跨时空旅行指南不会介绍皇宫和政府办公场所。今日，长安皇城已是行人如织的西安市中心；大明宫含元殿前，也成了老人晨练、孩子放风筝的广场。但回到唐代，如非受到邀请等特殊情况，一般人无法踏足皇家禁地与机要所在。你倒也不必遗憾，每个时代最精彩的风景和风味还是在寻常巷陌之中。

- 唐代长安不只有车马喧腾、灯火万家的表世界，更隐藏了一个充满超自然力量与传说故事的位面——里世界，它仿佛一团游离的果冻，时刻都在城中位移和缩放。入夜后，其边界更将扩展至全城。里、表世界一旦重合，凡人、鬼神，以及唐传奇里的奇人异事将共享一座长安城。书中特别设立的“都市传说”板块就记录了唐人对里世界的目击报告。除了偶发的世界重合，**《逛街购物指南》**一章还介绍了另一种与“里世界”接触的可能——在市集中，你将有机会购买到来自里世界的神奇宝物。而该章节也隐藏了一枚“**彩蛋**”，正静候你来开启，进入一场令人或期待或不寒而栗的冒险。换言之，旅行者们在结束长安之旅时，会通向两种不同的结局。

如何使用本书

◆◆◆

- 感谢你购买由跨时空旅游管理局（下文简称“跨旅局”）出版的唐代官方旅游指南。在没有网络和手机的唐代长安，本书是你唯一值得信赖、可供随时查阅的信息源，请妥善保管，切勿丢失。你要去的地方虽仍在中国，却是完全陌生的时空环境，还要面对一群价值观与生活习惯都与自己大不相同的古人。不过你也不必慌张，你的祖先或许就在这里生活，旅行不过是重拾先人从前的记忆。

- 本书内容分为九个章节。开篇《初到长安》将为你介绍唐代长安的基本情况和旅行期间的注意事项，特别是其与现代社会的不同之处。接下来，从你到达长安，进入旅店放下行李（第二章《住宿与出行指南》）开始，本书将依次为你介绍旅途中必尝的特色食物（第三章《食物指南》）和饮品（第四章《饮品指南》）、东西二市中值得打卡的店铺和购买的商品（第五章《逛街购物指南》）、欣赏繁花的最佳地点（第六章《赏花指南》）、到唐代名人家中做客的特别体验（第七章《名人宅邸家访指南》）、城中以平康坊为主的休闲区游览攻略（第八章《平康坊指南》）和不可错过的大型演出与庆典（第九章《演出与庆典指南》）。在书的末尾，跨旅局还为你准备了一封告别信，它宣告了旅途的结束，也预示着未来的重逢。

- 本书内容由跨旅局唐代部驻长安前线人员编写，是绝对的一手资料。在编写过程中，前线人员难免也会参考一些宋人的著作、史料与笔记汇编。但不论如何，哪怕是“宋代版本”的“唐朝故事”，也能从某个侧面反映出唐长安的情况。

- 本书体量很大，要是坐在家里看完才出发，可就太迟了。建议你带上它立刻出发！书可以一章一章地读，但这种常规的阅读方式稍显无趣。建议你跳着读、看心情读，或者遇到问题时再读。你可以在嘈杂的酒肆中以书佐酒，在吱呀舒缓的牛车上展卷消遣，在排队买小吃的间隙快速翻阅，或是回到旅店，一边和老板聊天，一边在书里记下新获取的信息。睡前随意翻开的一页上，或许便有你明天的目的地。

- 书内有很多幅地图，本着为游客着想的初衷，本书编写人员对市面上流行的长安城地图和东西二市地图进行了修正，以确保与你到达实地时所见相差不会太大。书中所有重要地图都附有编例，说明它们与传统地图的不同点，以及本书如此绘制的原因。

- 随书附赠的《长安档案》是书中所有景点、风物、人物和事件的注释及文献来源，请把它放在手边，与本书一起阅读。跨时空的旅行浪漫而梦幻，但注释一册则使旅途中的一切都有迹可循。

❖ 书中各种标识介绍如下。

请重点阅读带有此标识的段落或条目，它的出现意味着存在安全风险。

除了人身安全，金钱安全也须保障。见到此标识你可要警惕起来，接下来的遭遇中存在欺诈陷阱，小心踩中。

此标识代表该景点内有值得购买的物品。

如果购物车上多加了一条红线，那么对应的这件物品就是不允许购买的（可能含有违禁的原料），无论你多么喜欢都不能买（即使不能带回现实）。

是“本地人都说好”的标识。如你在景点、风物或店铺的条目前看到它，放心去 / 买就是了。

说明接下来的内容可能有损你的健康，请谨慎对待。

动物表演违背动物天性，侵害其权益，但唐代人对动物表演很是热衷。本书特意标出有动物表演的条目，如你不喜欢可以跳过。

这恐怕是穷游者最爱的标识了，它在书中呼唤着你：“快来，这里是不收门票的！”

这是会让穷游者望而却步的标识，它紧跟的条目涉及超高消费，请量力而行。

此标识代表接待散客，且只会出现在第七章《名人宅邸家访指南》中。当你看到它，说明这户人家是欢迎散客到访的。为方便管理，大部分名人宅邸会拒绝散客参观。而后面的平康坊游览更是只接待旅游团。

亲子游请优先选择带有此标识的条目，一定会让你和孩子不虚此行，共享欢乐时光。

这个标识后面往往跟着长安城中流传的一条都市传说，请竖起你的耳朵！

你看，一道闪电劈开了红心。此标识所在的段落或条目极易引起游客心理不适，请你好好斟酌一下是否阅读。

此标识只在第二章《住宿与出行指南》中出现。看到它你就要保持安静了，有此标识的寺院是译经场所，请勿高声喧哗，以免打扰僧人。

- 为了让游客放心使用，本书在编写时弃用了所有未找到信息源的内容。但错漏在所难免，请务必记下你认为不妥或实地游玩后发现有误的内容，告知跨旅局以备修订，编写人员将感激不尽。

- 在正文开始前，本书特别鸣谢跨旅局的几位荣誉向导和顾问，他们是韦述（《两京新记》）、宋敏求（《长安志》）、吕大防（《长安图》）、程大昌（《雍录》）、骆天骧（《类编长安志》）、李好文（《长安志图》）、王森文（《汉唐都城图》）和徐松（《唐两京城坊考》），是他们较早编纂了一系列“长安旅行指南和地图”，为跨旅局唐代部编写人员提供了丰富的资料和灵感。

❖ 在此还要鸣谢白居易——这部“活的中唐生活百科全书”。多亏他孜孜不倦地记下什么好吃、什么好用，以及他丰富多彩的生活与结下的几段友谊，本书的编写工作从白先生这里受益良多。

目录

第一章

初到长安

你行色匆匆，是要去往哪里？

又将回到何处？

——1156 年，亨里克斯 · 亚里斯提卜（Henricus Aristippus）

拉丁文译本《斐多》献词

● 本书仅限在长安城及京畿地区使用（图 1–1）。在幅员辽阔的唐帝国，各地景物风俗、社会状况与生活习惯都有所不同。

● 本书在提及唐代君主时一律采用庙号。但相应的旅行时段内他们都还在世，与唐人交谈时请记得修改称呼。

● 书中出现的唐代日期均以当时的官方历法为准，基本可与农历日期对应（同属阴阳合历）。

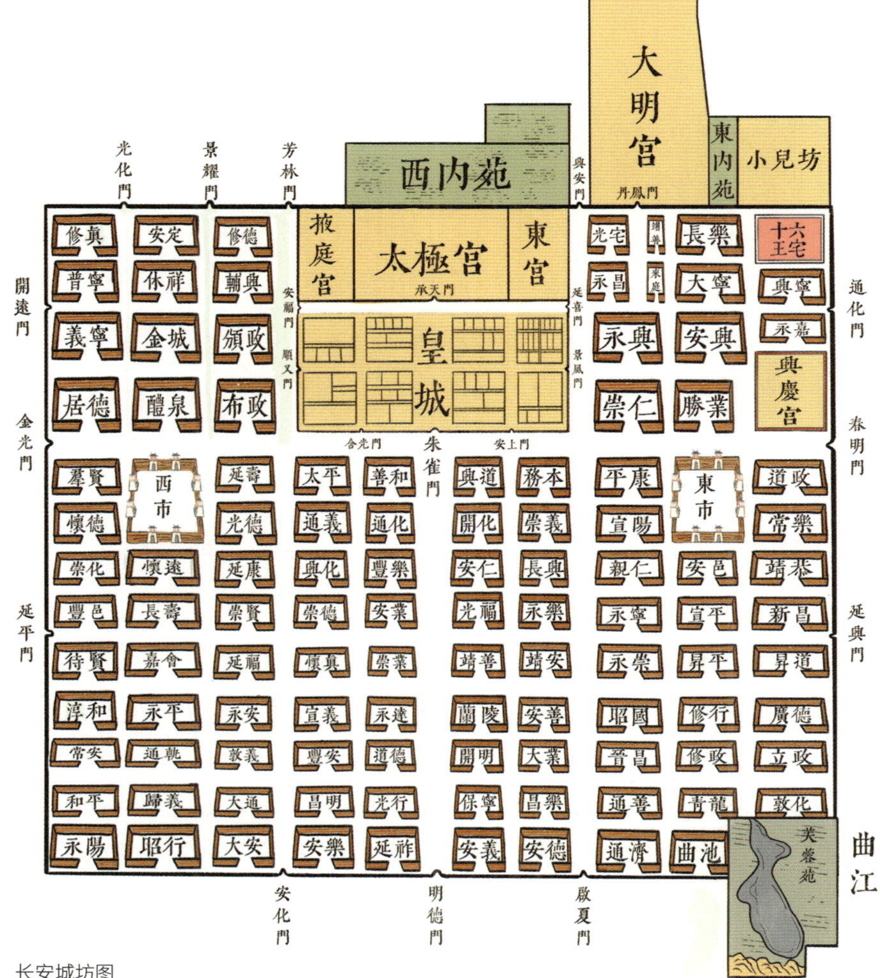

⊙ 图 1–1　长安城坊图

欢迎来到长安。

这是唐代近三百年间所有人都向往的繁华与冒险之都。晚唐僧人卿云在送给朋友沈彬的诗中说："生作长安草，胜为边地花。"李白在秋风吹过的寒夜也曾哀叹："长安如梦里，何日是归期？"有人在这里青云得路，有人短暂停留后怅惘地离开，也有人最终身死梦断于此。而你只需在惬意的一觉后就能到达，并在这里度过愉快的假期。

你手中是一本由跨时空旅游管理局编写的官方旅行指南，旅途全程它将事无巨细地为你讲解，无微不至地陪伴你左右。本书不会机械地罗列景点名字或铺陈数据，而是想为你介绍属于长安的独特体验。相信你已无数次在书本中阅读过长安了，但你"感觉"过长安吗？夏日里的长安异常炎热，路上的扬尘使人喉咙发干，眼睛发痒；响彻夜晚的蛩声和更漏声，不时还有邻里传来的笛声[1]；凌晨时分，沉浸在美妙梦境中的人们被连绵不绝的晨鼓声唤醒；大街上偶有驴马等动物的腥膻异味，但很快会被行人浓烈的衣香遮盖……

你可以严格按照本书列出的游玩项目、购物点和餐饮点来制订行程，也可一切随心。我们不建议只去曲江、大慈恩寺、青龙寺、春明门、平康坊等热门景点，每到旅游旺季它们都人满为患。你不妨四处走走，拐入寻常坊曲，去发现一碗连本书都不曾提到过的美味馄饨，这想必能为你带来一些成就感。在长安，旅游体验是丰富多样的，除了体验贵族的生活，我们也希望带你深入长安百姓生活的方方面面——你会吃到口味与今天几乎没有差别的胡饼、鱼脍和䭔子，也将尝试腥臊难以下咽的热洛河。你有机会受邀到相府赴一场金杯玉盏、急管繁弦的酒宴，也会在某个雨天，双脚沾满泥泞，和寻常百姓在屋檐下躲雨。游客是幸运的，你不属于这个时代，才有自由更换生活方式的权利。

但请注意，旅途中风险无处不在。唐代长安毕竟处于中古时代，生活与21世纪的千差万别。为确保你旅途的安全与舒心，本章将以牺牲简洁为代价，对一些基础事项进行再三说明（这份关心将贯穿全书），让你充分了解自己将要前往的是怎样一个世界。

· 旅行时段 ·

唐代是一个前后气质差别巨大的王朝。姑且以安史之乱简单分界，唐代前期传统门阀士族具有强大影响力，民风雄健尚武，胡俗盛行，美妙多样的生活方式集中于社会上层，百姓生活则相对单调。若你在旅行中对生活品质和娱乐有所要求，请在中唐后到来。科举使得平民相对容易实现阶级跨越，士族影响力减弱，帝国南方的重要性逐渐显现。安史之乱带来的人员流动促进了民间艺术文化的繁荣。商品经济发展，市民文化兴起，长安城变得更有世俗和生活气息，成为真正适合观光客旅游的城市。

· 这个朝代 ·

我们将旅行时段分为初唐、盛唐、中唐和晚唐四个时段，各时段依据关键历史节点来划分：初唐，618—712年；盛唐，713—755年；中唐，756—858年；晚唐，859—907年。其中，可供游客旅行的时段为618—879年（中间亦有部分时段暂停接待旅行者，详见下文）。广明元年（880）十二月，黄巢攻入长安，跨旅局将停止游客入境。

四个时段各有特色，本书不会推荐所谓的最佳旅行时段，但**以下危险时期跨旅局将暂停时空旅行**，敬请留意：

▶ 安史之乱与吐蕃占领长安：从天宝十四载（755）至广德元年（763）暂停，广德二年（764）再次开放。

安史之乱：天宝十四载十一月安禄山起兵范阳；至德二载（757）九月唐军收复长安；宝应二年（763）正月[2]，史朝义自杀，安史之乱平定。

吐蕃占领长安：广德元年十月九日至二十四日。

▶ 泾原兵变及衍生的一系列乱局：从建中四年（783）至兴元元年（784）暂停，贞元元年（785）开放。

为平淮西李希烈之乱，建中四年十月二日泾原节度使姚令言带领士卒途经长安支援襄州，随即因待遇问题发生哗变；长安沦陷，朱泚趁乱称王。兴元元年七月十三日，德宗车驾自梁州返回长安。

▶ 黄巢起义。

考虑到黄巢于广明元年（880）十二月攻陷长安，跨旅局已于当年一月关闭时空旅行。

战乱时期，死亡是再频繁不过的事。哪怕你身处梦中，跨旅局也希望你平安无事。毕竟没有人希望自己的唐代之旅刚一开始，就被迫醒来。

· 到达 ·

在梦境中来到长安，为方便前往各处景点，游客们统一的落脚点是最繁华的交通辐辏崇仁坊[3]。但这样做的缺点是：游客无法像远道而来的唐人一样，从气势撼人的城门走进长安。尤其是南城正中的明德门，它是长安城中已确定的两座拥有五个门道的城门之一（另一座是大明宫丹凤门）。站在门楼下，大唐雄浑傲世的气势扑面而来。找个时间出城到南郊游玩吧！在返程时像一位远来的朝圣者那样，从明德门进入长安。（图 1-2 至图 1-4）

到了明德门怎么走

左右最外侧的门道供车马通行，其次两门道供行人步行，皆奉行左入右出（面朝城外方向）的规则。中间门道是预留给天子的[4]，游客别走这个门道，会被驱逐出境。

⦿ 图 1-2　敦煌莫高窟晚唐 138 窟《弥勒上生经变图》（临摹）中兜率天宫的五道城门，被认为借鉴了长安明德门的构造[5]

⊙ 图 1–3　考古发掘证实，明德门外形应接近无东西两侧阙楼的版本

⊙ 图 1–4　明德门想象图（据杨鸿勋复原图上色）

跨旅局驻长安办事处位于光德坊[6]，负责处理游客遇到的各种紧急情况与求助事宜，游客也可在此兑换唐代货币。办事处内设有跟团游集散点。长安城内有拒绝散客、仅限跟团游客参加的项目，游客可前往此处报名。

· 货币与金融服务 ·

购物前请先确定自己是否带够了钱，并切记不要让购买欲望超越理智。

唐代是钱帛并行的时代，但跨旅局驻长安办事处并不设布帛兑换。大唐发行过多种货币，开元通宝使用时间最长，且从未中断，因此跨旅局仅安排游客兑换此种钱币。关于换汇的详细信息，请查阅第五章《逛街购物指南》。

历史学得好的游客也许期待使用开元年间就已出现的柜坊。柜坊的确可以提供寄存钱币和货物的服务，方便顾客出行，凭借帖或信物便可提取寄存物。但请注意，与今天在银行存款不同，在柜坊存款不但不给利息，还要支付僦柜的租赁费[7]。

宪宗元和初年到达的旅行者将有机会体验古早版汇兑——便换（又称飞钱）[8]。便换最初专供往来长安的商人（主要是茶商）使用，诸道进奏院、军使和一些豪门富户均提供该服务，元和六年（811）一度被禁。但由于飞钱有利于解决两税法实行后愈发严重的通货紧缩，促进经济发展[9]，唐朝政府也逐渐愿意向游客开放该业务。只不过重新开放后，私人便换被取缔，官方只允许户部、度支、盐铁三司供商人、游客在异地存入现钱，凭牒在长安支取[10]。政府一度想借此机会捞上一笔，设定了10%的手续费，但最终因遭到强烈反对作罢[11]。

唐代铜料有限，铸币量相对不足[12]，但好在这不是一场真正的旅行，不然当局一定会禁止游客携带铜币出境。

· 邮政服务 ·

受限于这是一场梦，游客在长安不能像真正的旅行那样给亲友们寄明信片，但我们还是可以通过这个设定，看看唐人是如何寄信的。

“随时联系！”这句现代人随口一说的话，对唐代普通人而言却是最殷切的愿望。官方传送军情急报和荔枝等皇家急件固然会不惜代价，以最快速度传递，而普通人若想联系远在外地的亲友，就得耗去不少时间和运气——往往需要遇上一位刚巧前往亲友所在地的旅人，托他传书[13]。这过程熬得人身形渐瘦，剜割心肠。而送信过程也充满未知，信件半年内能带到已是万幸，距离远的至少隔年，还可能因为送信人死在他乡或因送信人疏忽遗漏导致收寄双方音信永绝。跨旅局曾在游客中做过一项调查，79%的人认为，回到现代，最让他们兴奋的一点是能够重新拥有网络，想见所思之人不必翻山越岭，不会轻易便杳无音信。

官员及其家属可暂借公家的传驿[14]，时效和送达率都有保障。后来又出现了专用于传递公文和实物的服务——“递”。与驿站不同，“递”不提供住宿功能，一心一意搞快递，效率自然更高，但它一开始仅服务漕运和度支系统，后发展出的递铺也会被官员借来运送个人物资，普通人无法使用[15]。在这样的大环境下，“欲寄家书客未过”[16]是百姓通信的常态。而满怀期待地寄出一封有90%概率寄丢的信，亦是唐人生活最寻常的细节之一。

“见尔当何秋”——两封唐代家书

以下是两封初唐时期的家书，均出土于今新疆吐鲁番阿斯塔那24号古墓。（图1-5、图1-6）

第一封　赵义深自洛州寄给西州阿婆的家书[17]

“与您分别很久了，日日思念难安，愁肠百结……母亲、南平、阿祝、阿祝妈妈、大哥，你们身体是否安好呢？”（违离累载，思慕无宁……阿婆、南平、阿祝、阿祝母、大兄等尊体起居。）

赵义深可能是贞观十四年（640）高昌灭国后随豪右迁至洛阳[18]的一众平民之一，他的母亲和其他亲人仍留在西州；这封写于贞观二十年（646）十二月的信跨越了六千多里路。从先前母亲的来信，赵义深得知大哥被授勋官云骑尉，妹妹麹连改嫁张隆训，纸上难掩他的欣喜之情，却随即想到自己与哥哥居子[19]二人漂泊异乡，无法当面和家人分享这份快乐。但家书中又如何能报忧？于是，我们看到了赵义深在行文间细微的情感转变：

“千万别费心寄东西来，请都留着自己用！居子和我巢寄他乡，心里实在百无聊赖，所挣的钱粮也微薄不堪，但好在吃穿总

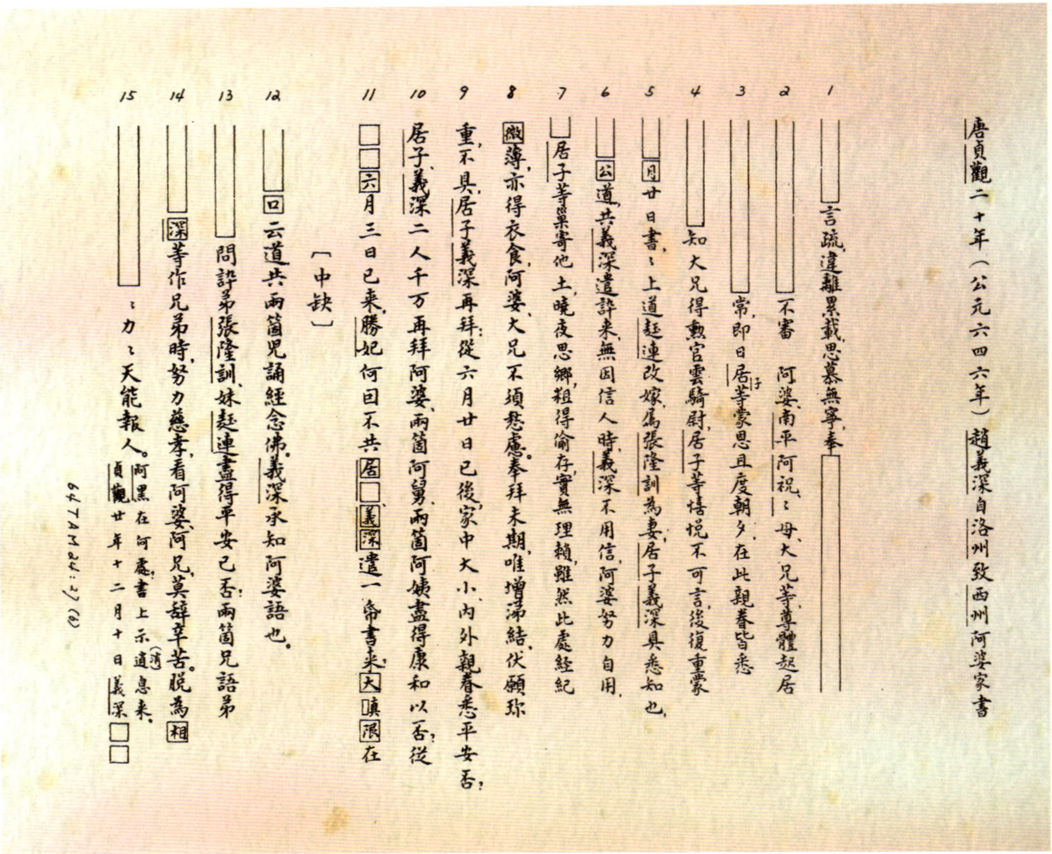

唐貞觀二十年（公元六四六年）趙義深自洛州致西州阿婆家書

1 □言疏，違離累載，思慕無寧，奉□

2 □不審 阿婆、南平 阿祝々、母、大兄等尊體起居

3 □常，即日居子等蒙思，且度朝夕，在此親眷皆悉

4 □知。大兄得勳官雲騎尉，居子等悟悦不可言。從復重蒙

5 □月廿日書々上，道趙連改嫁，屬張隆訓為妻，居子、義深具悉知也。

6 □公道，共義深遣許來，無因信人，時義深不用信，阿婆努力自用。

7 □居子等巢寄他土，曉夜思鄉，粗得偷存，實無理賴，雖然此處經紀

8 微薄，亦得衣食，阿婆、大兄不須愁慮。奉拜未期，唯增滞結。伏願弥

9 重。不具。居子義深再拜。從六月廿日已後，家中大小內外親眷悉平安否？

10 居子、義深二人千万再拜阿婆、兩箇阿舅、兩箇阿姨，盡得康和以否？從

11 □□六月三日已來，勝妃何因不共居□義深遣一帋書來，大慎限在

［中缺］

12 □口云道共兩箇兒誦經念佛。義深承知阿婆語也。

13 □問許弟張隆訓、妹趙連，盡得平安已否。兩箇兒語弟

14 □深等作兄弟時，努力慈孝，看阿婆、阿兄，莫辭辛苦。脱為相

15 □々力々天能報人。 阿黑在何處，書上示（消）息來。 貞觀廿年十二月十日義深□□

64TAM24:27(6)

⦿ 图 1–5 赵义深家书

不用发愁的，请您和大哥不要担心。”（义深不用信，阿婆努力自用……居子等巢寄他土，晓夜思乡，粗得偷存，实无理赖，虽然此处经纪微薄，亦得衣食，阿婆、大兄不须愁虑。）

第二封信　麪连和武通的家书[20]

“阿妇，家中两个女孩子都嫁给谁了？多富的新妇之后要到你们那儿去，我让她捎上二两胡粉、三把梳子、四十枚细针，还有一两五色丝线，作为姑娘们新婚的贺礼吧！”（麪连讯阿妇，

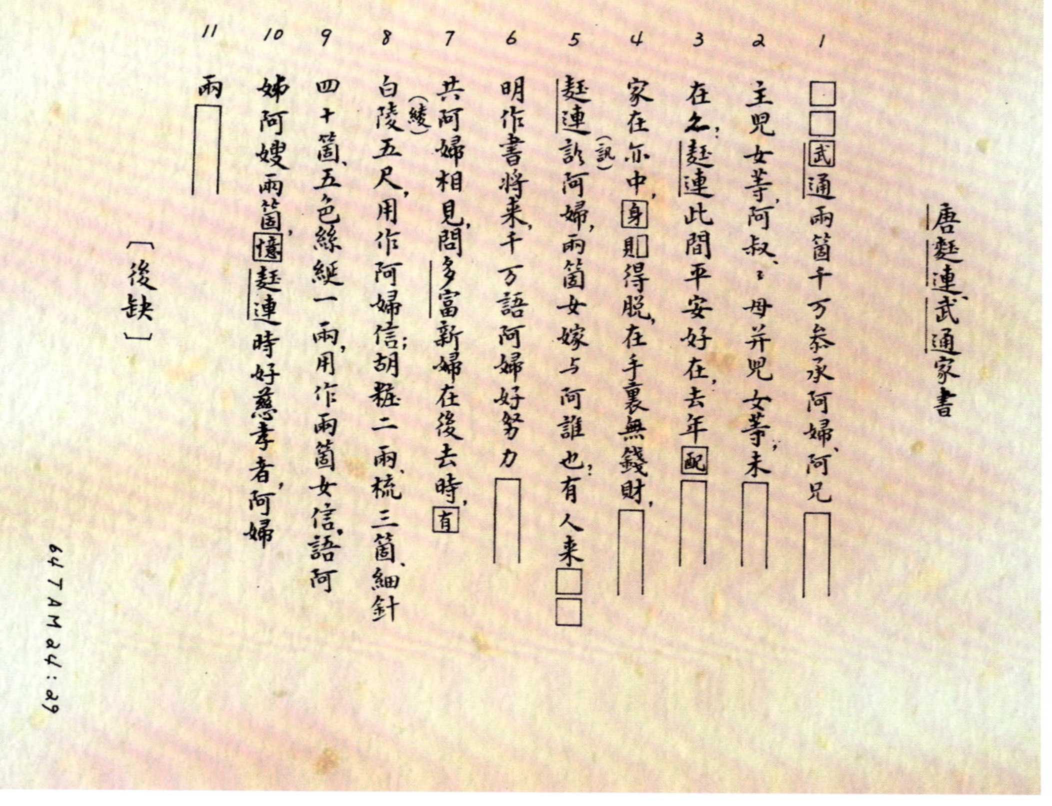

唐麮連、武通家書

1 □□武通兩箇千万叅承阿婦、阿兄□
2 主兒女等阿叔、ミ母并兒女等，未□
3 在ミ，麮連此間平安好在，去年配□
4 家在尔中，身□得脱，在手裹無錢財，□
5 麮連訊（訊）阿婦，兩箇女嫁与阿誰也，有人来□□
6 明作書將来，千万語阿婦好努力□
7 共阿婦相見，問多富新婦在後去時，首
8 白陵（綾）五尺，用作阿婦信；胡粧二兩、梳三箇、細針
9 四十箇、五色絲綖一兩，用作兩箇女信，語阿
10 姊阿嫂兩箇懷麮連時好慈孝者，阿婦
11 兩□

（後缺）

64TAM24:29

⊙ 图 1-6　麮连家书

两个女嫁与阿谁也？……问多富新妇在后去时……胡妆二两、梳三个、细针四十个、五色丝线一两，用作两个女信。）

这封信里没有留下年代，但与赵义深的信一同出土于阿斯塔那 24 号墓中。写信人麮连是位女性，应该是上文中赵义深改嫁的妹妹，武通则应是麮连的儿子。收信人阿妇和大兄是麮连住在西州的哥嫂，也许是赵义深信中提到的获封云骑尉的哥哥。

游客读这些信件时，赵家频逢喜事的欢乐仿佛仍未消散，但时光已流过一千三百余年。再度出现在今人面前时，它们已变成了阿斯塔那 24 号墓中女主人脚上的两只纸鞋。信件承载着远方亲人最深切温暖的情意，理应好好保管，但不知怎的，它们却最终被有意或无意地丢弃，或者在亲人离世后被遗忘在某个角落。辗转来去，纸张被有心人回收利用，制成纸鞋，陪伴陌生的逝者共赴黄泉[21]。

"你连一个字都不肯捎给我！"——老父亲的怨念（图 1–7）

有人收信收到手软，有人等信等到心焦。下面的这封信就来自一位等不到女儿回信的父亲：

"秋日转凉，女婿张郎、女儿佛婢和我的三个小外孙还好吗？我和你娘在甘州都挺好的，不用担心。但自从你俩离家去肃州已经半年了，怎么一点儿消息都没有呢？我们两个很挂念你，也实在伤透了心。佛婢啊，暂不说你是我的亲生骨肉，就算是相识相忆之人，也不该像现在这样音信全无吧？难道你连养育之恩都忘了吗？阿耶我已经老了，还常被官府使唤去做杂役；你娘夜夜悲啼，总是梦见你。两地往来送信的使者多如牛毛流水，可你却连一个字都不肯捎给我！我们老两口没有兄弟姐妹，女儿远走他乡，对我们俩来说就是永别骨肉至亲，这怎能不叫人心痛！"（秋冷，报张郎、佛婢、三男并好，在甘州丈人丈母通问：在此与诸长幼男女已[以]下并且康健，不用尤[忧]心。丈人丈母报张郎、佛婢：自从一别，已俞[逾]一秋；夜夜悲涕，朝朝仰望。……自上书得飞通，甘、肃两州悉于眼下，人使若于流水，不曾驰一字相看。父母忆念情深，所以伤心出语报张郎妇：汝若不是吾之血属，亦合有相识思忆。况是父母生，头

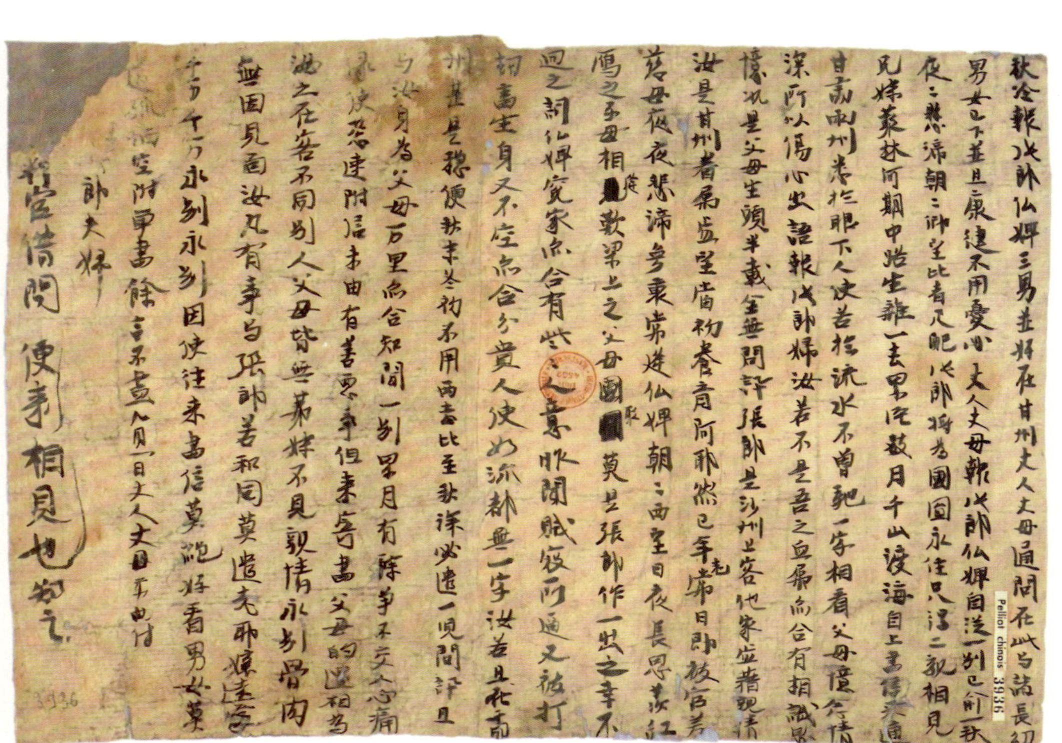

⊙ 图 1–7　发现于敦煌藏经洞的伯希和 P.3936《甘州丈人丈母予肃州女婿女儿委曲》，可能写于 10 世纪初曹氏归义军时期

半载全无问讯。……岂望［忘］当初养育？阿耶然已年老，常日即被官差；慈母夜夜悲涕，梦里常逢佛婢。……父母皆无弟妹，不见亲情，永别骨肉。[22]）

作为未来的看客，我们不清楚女儿究竟为何不回信，也不知父亲最后有没有收到女儿的消息，这答案连跨旅局也不会知道。个人境遇在历史的大漠中只能露出一个小角，随即又很快被风沙掩埋。

唯一的安慰是，老两口夜夜悲啼，梦里却常逢佛婢。不论千山万水，哪怕生死相隔，只要你足够想，就能与她在梦里相见。

气候与自然环境

唐前期气候偏暖，多有暖冬，年平均温度高于现代1℃左右[23]，8世纪中后期气候转寒[24]。所以游客在8世纪中后期的冬天前往长安时要穿得更加暖和。长安冬天的东北风可不是吃素的，能分分钟“寒风吹破耳”[25]。

长安城中绿化做得非常好。你可以什么景点都不去，单纯游览街市，吸入负氧离子来洗肺（请避开大风扬尘天气）。主干道两侧行道树是笔直而整齐列队的国槐，其他坊间街道则广种桃、李、梨等果树[26]。花开时花香四溢，花落时纷然如雨，曲江池畔杨柳垂阴，游客穿梭于衢巷栋宇间，有“行行避叶，步步看花”[27]的景致。只是晚春时节的柳絮和五月的榆荚实在恼人[28]。

长安城三面环山，森林植被茂密，自然环境优越，城市不完全属于人类。各坊、市或有老虎、鹿、兔、獐、狐狸、大长蛇等野生动物出没[29]。

危险与麻烦

建中三年（782）九月十九日住在宣阳坊的游客请注意：当晚有老虎闯入伤人[30]，请提前更换旅店。孙思邈在《千金翼方》里介绍了一个据说遇到老虎后能快速脱险的咒术：闭上右眼，只用左眼盯着老虎，绕它走上三圈，老虎就会乖乖趴在地上[31]。但我们可不确保这个咒术有效。

四季

春暖花开时节也是长安沙尘灾害的高发期，道路黄雾四塞，能见度很差[32]。

“长安之夏”这四个字听起来浪漫，但现实却很残酷。唐人惯用“苦热”来形容这一时段。大街上“人人避暑走如狂”[33]，睡觉时“倦眠身似火，渴歠汗如珠”[34]。太阳又大又白，人人头顶冒烟，在没有空调的长安，日子十分难熬。“长安六月尘亘天，池塘鼎沸林欲燃”[35]，干燥少雨的六月里，尘土漫天飞扬，鼻孔、喉咙中的异物感会让旅途变得无法忍受。夏秋季节，你在现代的老朋友——蚊蝇大量出没，绕着食案纷飞，还有烦人的蝉声吵得人脑袋嗡嗡作响[36]。（图 1–8）请记得备好防晒霜和解暑药物。

秋天是四季中最凉爽宜人的旅行时段，但有时淫雨会让旅途泡汤，一连几天都出不了门，只能在旅店里无聊地听雨声（没有手机可玩）。杜甫在天宝十三载（754）的秋天便是这样，在漫天的雨水里看到盛世将颓[37]；元和四年（809）秋，李贺也在雨中的崇义坊孤馆悲泣，泪水打湿了枕头[38]。

冬天的长安除了需要忍受“须鬓冻生冰，衣裳冷如水”[39]的冰寒刺骨，飞雪漫天的景色还是相当唯美的，整座城市化身清凉雪境，是一派“古巷月高山色静，寒芜霜落灞原空”[40]的空灵气象。不过近三百年中，有十六个冬季没有下雪[41]。

⊙ 图 1–8　蚊子：我在长安很想你[42]

· 极端天气和灾害 ·

8 世纪至 9 世纪中期，关中洪涝和旱灾都相对频繁。一年中，一月到六月干旱频发，七月到九月是雨季。雨季到来，城市调蓄能力有限，一不小心就会变成泽国。此时最好待在旅店中，不要贸然出行。旅店若处于地势低洼处（朱雀街西有大片洼地），危险就在所难免。开元八年（720），地处朱雀街东洼地的兴道坊曾在一夜暴雨后地面塌陷，死伤惨重[43]。天宝十三载（754）秋天，一场大雨导致京城坊墙几乎全被冲塌[44]。贞元二年（786）夏季的一场雨，使得长安城内主干道积水数尺，连吏部侍郎崔纵都被大水冲得离地漂行，为兵卒所救，而当日溺死的百姓不计其数[45]。

长安是地震高发城市，唐代有三十四年次发生过地震，有近十次为中强震和强震，震感明显，山裂涌水，草木皆摇，屋瓦坠落[46]。

· 城 ·

长安城的前身为隋代宇文恺在开皇二年（582）设计规划的大兴城。

“长安百万家，出门无所之”，这是十九岁的韩愈进城后发出的慨叹，长安城真是大到让人茫然失措！但以今天的视角来看，长安城——这座当时世界上最大的城市其实并不大。（图 1-9）其外郭城东西广 9721 米[47]，南北长 8651.7 米（未包括北侧大明宫和南侧芙蓉苑突出部分），占地约 84 平方千米，面积大致与今天北京的

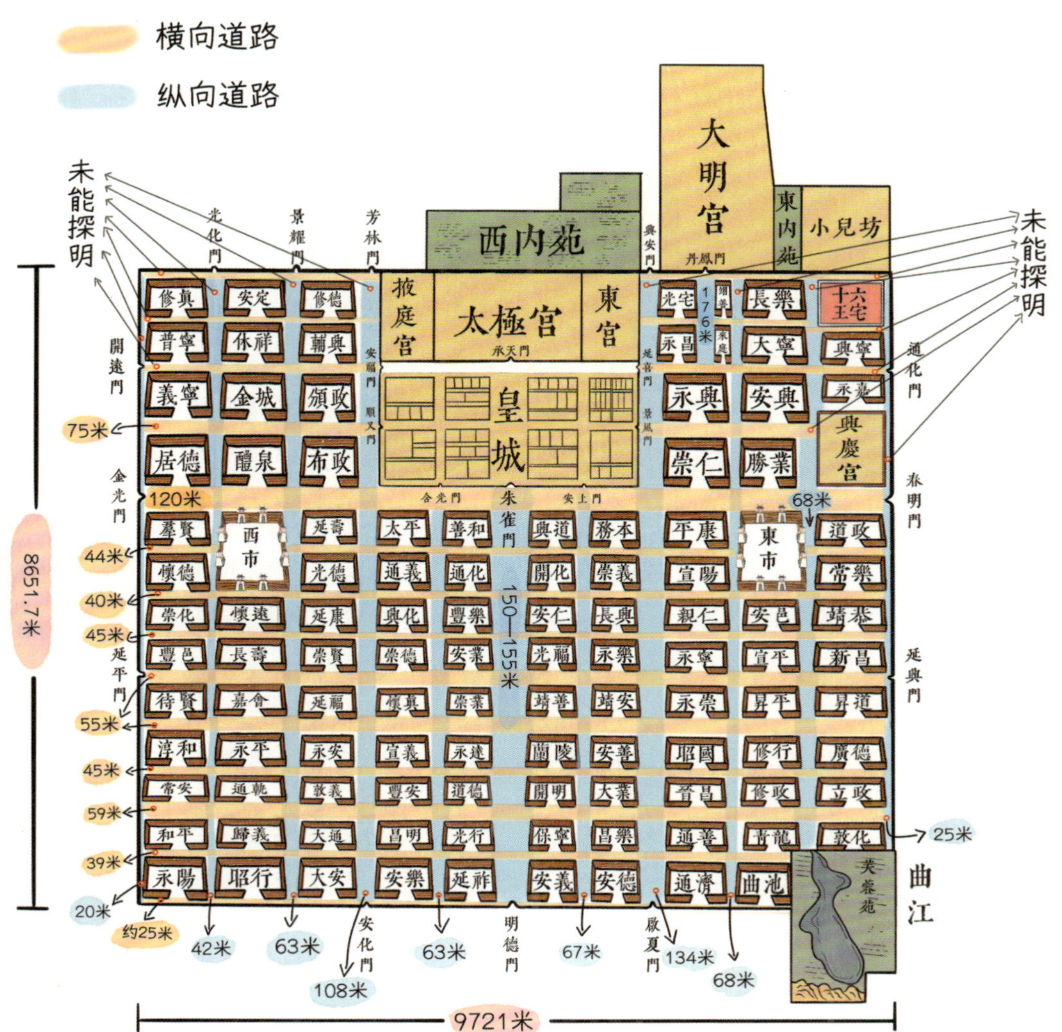

⊙ 图 1-9 长安道路概况图

石景山区相同。以在市区开车的速度，10 分钟就能从城东开到城西，绕城一周也只需约 40 分钟。不过，城中主街道的宽度却着实令人震撼：最为壮观的南北向朱雀街最宽处达 155 米[48]，相当于 44 条现代市区标准机动车道。其他南北向街道最宽的有 134 米（朱雀街东第二街），最窄的西侧顺城街也有 20 米左右。东西向街最宽达 120 米（皇城南第一横街）[49]，南侧顺城街最窄，有约 25 米。大街两侧均有宽达 2.5 米、水深 2 米的明沟。这深度足够危险，严禁在此玩水。

在长安，游客可以在非宵禁时段自由穿行于除宫城与皇城外的外郭城。以朱雀大街为界，西侧属于长安县，东侧属于万年县。你很少会听到本地人自称“长安人”，他们只会说自己是“京兆长安人”或“京兆万年人”。中唐以后，人们又逐渐开始用所居住的里坊来自称[50]。天祐元年（904）朱温毁城后，徙洛阳佑国军至长安。佑国军节度使韩建在此改建“新城”，长安的面积因此大幅度缩水，仅剩下以皇城改筑的外郭城和东西两侧各一小城[51]。今天西安的地标钟楼就在当年的皇城之内。

在城里问路，最好随身携带纸笔，否则你需要拥有极强的方向感、超群的记忆力才能顺利到达目的地。（图 1-10）唐人指路

⊙ 图 1-10　你需要用一个笔记本来记录唐人的回答

的信息很丰富，习惯用方位加上一堆沿途指示物，比如“在石窟北五里，当绕涧，驿东有一小谷，东出即竹林寺”，又如“东出数里，值一曲涧，浅而森茂，寻涧又东”[52]。对了，他们指路时说的“一步”，大约是现代的 1.5 米。

· 坊 ·（图 1–11）

历史上，长安城曾一度有过 109 坊（隋大兴城、开元后）[53]和 111 坊（高宗时，翊善坊、永昌坊分为光宅、翊善、永昌、来庭四坊，且十六王宅与兴庆坊尚未建成）。最为流行的 108 坊之说在大部分时间内是虚指。

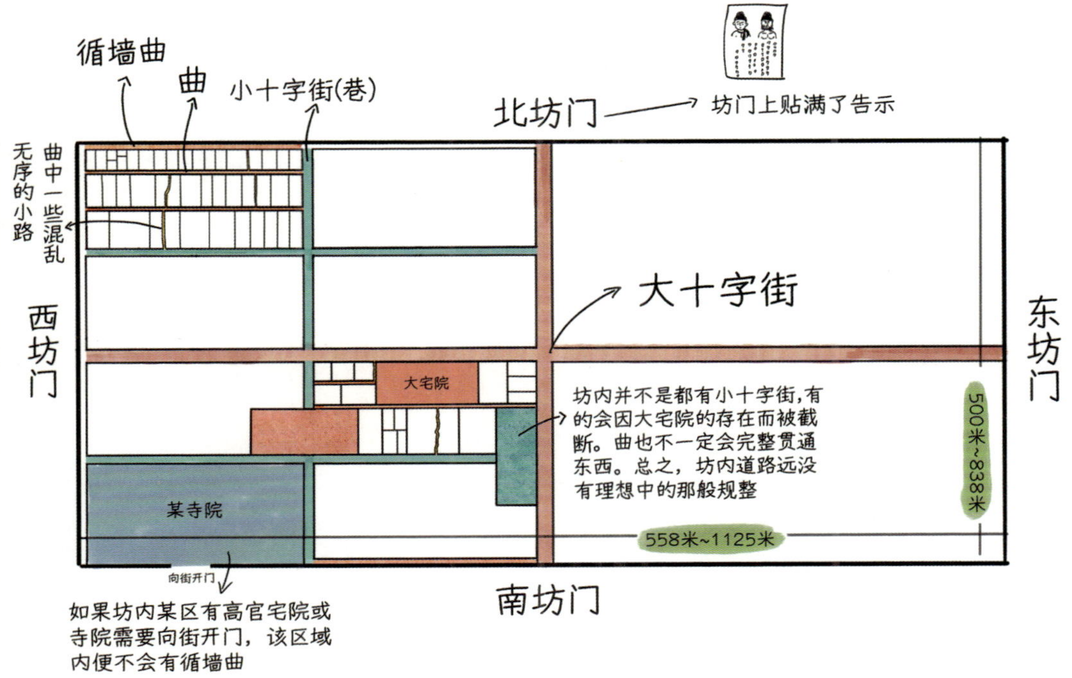

⊙ 图 1–11　长安城里坊内部结构图

游客将要入住的坊，南北长 500 米~838 米、东西长 558 米~1125 米不等[54]。除皇城南、朱雀大街两侧三十六坊只有东西向横街外[55]，坊内都有大十字街，十字街下有巷，巷下有曲。俗云："长安千万蹊，迷者自多迷。"[56]坊内道路千回百转，可千万不要迷路。

在坊内请严格遵守宵禁制度，听从所住店家和坊正[57]的指示。攀爬坊墙会受到法律惩处[58]。而每当有新的敕榜、通知、失物招领和通缉令时，都会贴在坊门处的墙上，或立碑示人，每日进出时可稍加留意[59]。

· 冷清与热闹区域 ·

长安城冷清区域集中在城南和城西北。城西北的休祥、金城二坊中有不少汉代墓园，相对来说人迹罕至[60]。城南第五、六横街以南，尤其是兰陵、开明、保宁、安义、大业、昌乐、安德几坊，人烟稀少，有大片农田、菜地和坟墓[61]，许多荒宅错落其中，升道坊南侧也皆为墓地[62]。第七横街[63]以南（即从威远军所在的安善坊以南拉一条东西向横线）是俗称"围外"的偏僻所在。

自从东北侧大明宫建成投入使用后，城东北区域的里坊逐渐热闹起来，如永兴、崇仁、永昌、翊善、来庭、兴宁、大宁、胜业、平康、宣阳、务本诸坊。此处地势高，靠近权力中枢，是官员和宦官的理想居住区。（图 1-12）

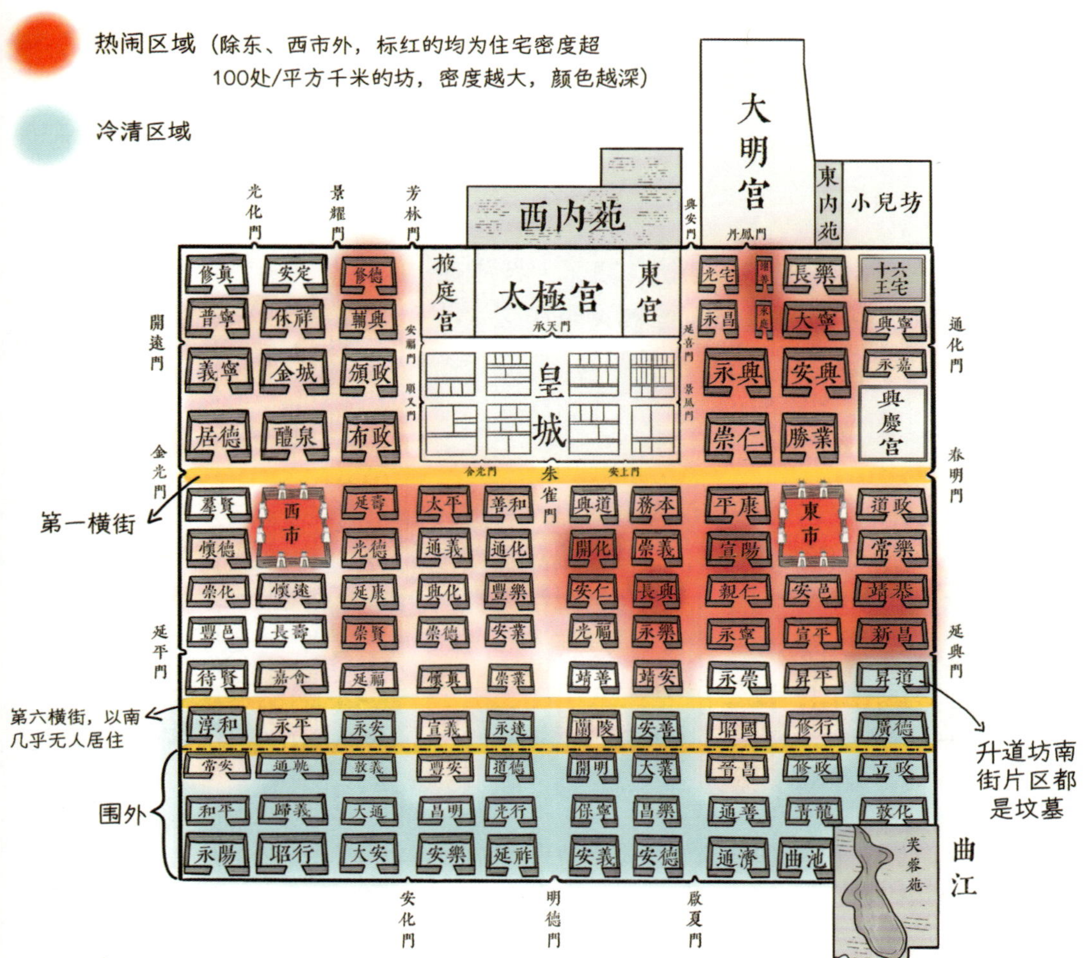

⦿ 图 1-12　长安城冷清区域与热闹区域划分图[64]

· 蕃人区 ·

长安城内有大量的外国商人、侨民、来使、留学生 / 僧、乐工、匠人，以及一些亡国遗民，有的已留在长安入籍，自然也诞生了相当多的外国人社区[65]。（图 1–13）有的人就在长安出生成长，高鼻深目的脸，一开口却是地道的长安方音，“貌虽胡人，语实中国”[66]。想要体会长安作为“世界之都”的异国风情，吃到地道的外邦菜，请到以下主要蕃人区逛逛：

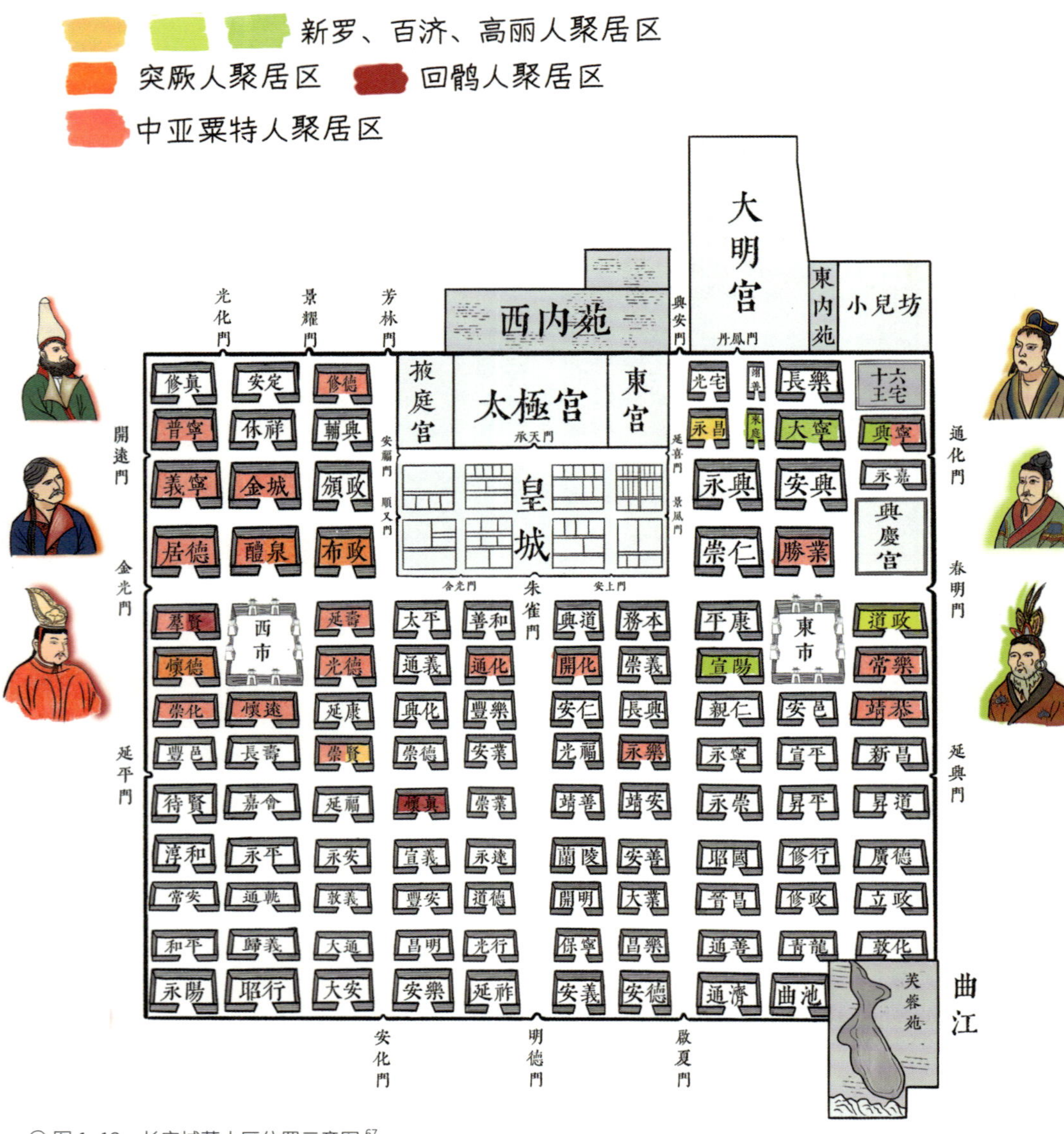

⊙ 图 1-13 长安城蕃人区位置示意图[67]

新罗侨民和百济、高丽[68]**入唐遗民散居区**[69]**（主要在城中东北部）：**永昌坊、崇贤坊、道政坊、兴宁坊、大宁坊、宣阳坊、来庭坊。

突厥人散居区（街西诸坊）[70]**：**唐初东突厥汗国灭亡（630）后，东突厥部落首领及贵族有近万家入迁长安。他们散居于布政坊、醴泉坊、怀德坊等区域。街西胡人聚居区也有不少突厥人杂居于内。不过，长安城内的突厥与百济、高丽遗民大多是皇室、高级官员或将领，要体验浓厚的市井烟火气，还是得去中亚胡人社区。

中亚粟特人及波斯人聚居区（大多聚居于西市附近，城东少量坊中亦有散居）[71]**：**分布于修德、永乐、光德、开化、通化、醴泉、普宁、金城、居德、崇化、崇贤、常乐、胜业、义宁、群贤、怀远、兴宁、靖恭、延寿各坊。

回纥（回鹘）[72]**人散居区**[73]**：**群贤坊、怀真坊等西市周边坊。代宗年间，因帮助唐廷平定安史之乱，大批回纥人进入长安，带来了本民族的时尚新风，如高耸的回鹘髻[74]和能展现纤细腰身的回鹘装[75]。

宗教场所：景教寺院（前期被称为波斯胡寺、波斯寺、波斯经寺，天宝四载［745］更名大秦寺[76]）位于布政坊[77]和义宁坊[78]。**祆教寺院（祆祠）**分布于布政坊、醴泉坊、普宁坊、靖恭坊、崇化坊[79]。这些祆祠基本是按照中亚粟特人聚居区分布的。冬日，这里会举办热闹非凡的泼寒胡戏，如有意参加，请阅读第九章《演出与庆典指南》。**摩尼教寺院**在长安仅有一所——大云光明寺，于代宗大历三年（768）设置，其址已不可考。（图 1–14）

● 请充分尊重民族信仰与风俗，避免发生争执或冲突。

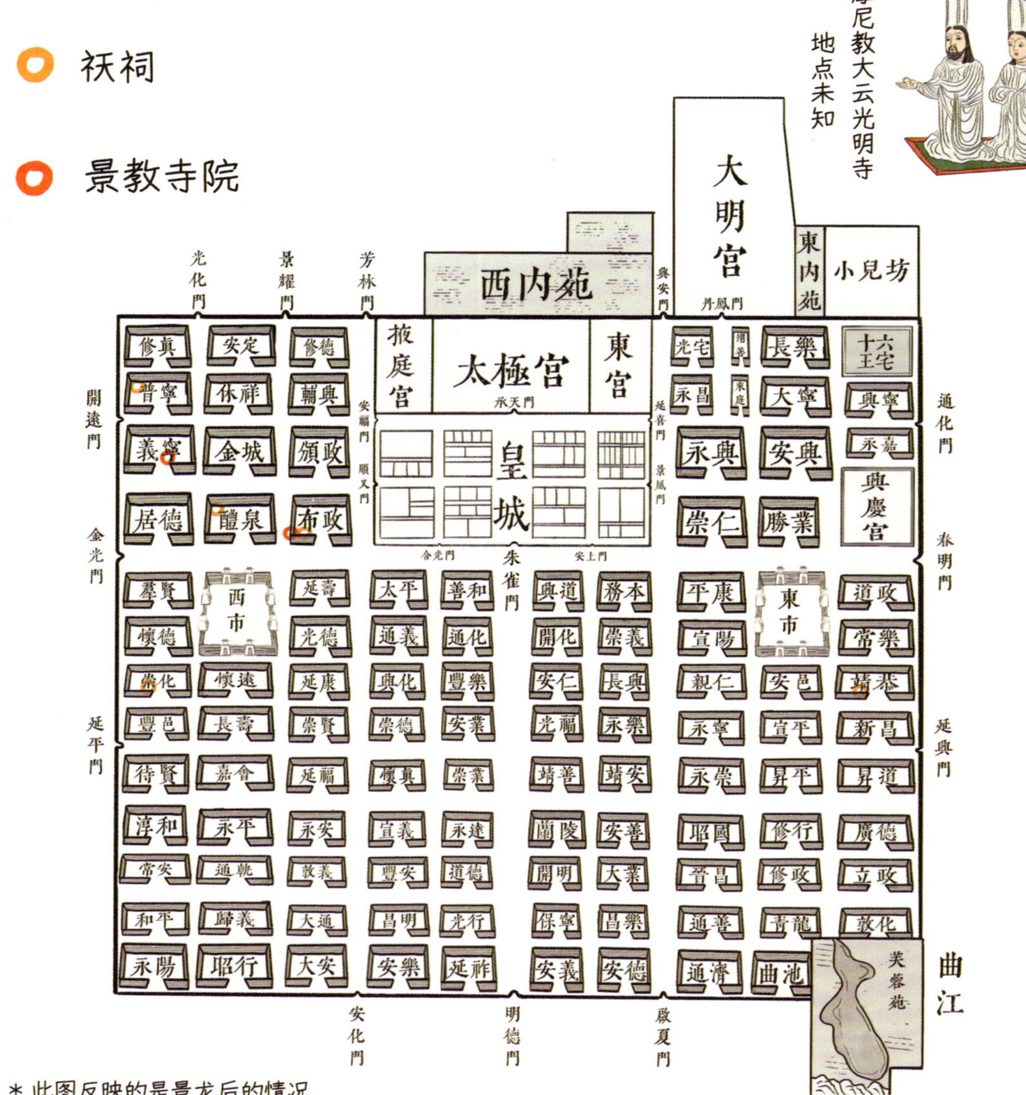

* 此图反映的是景龙后的情况

⊙ 图 1-14　长安城祆祠及景教、摩尼教寺院位置示意图

· 路况 ·

长安城内以黄土路为主[80]，天气干燥时易扬尘[81]，每天从"日出尘埃飞"[82]，到夕鼓红尘里[83]。持续无雨的日子会带来一场小型沙尘暴，严重时甚至到对面不见人的程度[84]，请戴好护目镜和头巾。

六月至九月进入雨季后，则是"长安秋雨十日泥"[85]的另一个极端。道路上黢黑的泥水横流，遍地泥沼，连脚都拔不出来[86]。冬季雨雪交加，道路更加泥泞[87]。此时出行，记得换双便宜的鞋子，也可以穿上鞋套或雨鞋。

天宝三载（744）后，游客会发现街道铺设了行马沙堤和甬道，从宰相私邸、主干道、皇城，一路延伸至大明宫[88]等地。这种沙堤可以保持马蹄、鞋面的整洁，但一般情况下仅限宰相等高官使用[89]，游客和平民行走将遭到驱赶。游客无法忍受的路况，是唐代百姓生活的一部分。

· 道路规则 ·

在长安城中行路遵循"贱避贵，少避老，轻避重，去避来"的规则，进出城门靠右侧通行[90]。在街上，应时刻牢记"逢人须敛手，避道莫前荡"[91]，"路逢尊者，齐脚敛手"[92]。

君主、宰相和京兆尹出行时实行静街，闲人必须回避[93]。唐律中虽写明了冲撞天子仪仗和卫队的惩罚[94]，但不排除君主会依心情将冒失者处死。因此在街上听到传呼喝道声一定要快速躲避，观景时容易入迷的游客尤其要注意。

如非街头有演出，请避免在街上聚集，会有巡街的果毅前来驱赶[95]。

· 时间 ·

唐代官方计时采用辰刻制（十二时辰制结合百刻制）与更点制。

十二时辰制在理论上将一天时间分为十二段，表1-1是十二时辰与现代二十四时的对应关系：

表1-1　十二时辰与现代二十四时对应表

子	丑	寅	卯	辰	巳	午	未	申	酉	戌	亥
23—1	1—3	3—5	5—7	7—9	9—11	11—13	13—15	15—17	17—19	19—21	21—23

十二时辰之“辰”并非时间，最初是天穹中以北极星或北天极为中心的方位名称。人们通过观察一天中太阳在天空中的位置，以太阳所在方位命名此刻的时间。比如，午时就是太阳在“午”方位（以北极星为中心正南）的时间。这是一种理想化的匀定时制，只与太阳在空中的位置有关，不涉及昼夜长短的变化（换算成现代二十四小时制时，对应的时刻是恒定的），贴近我们现代人的计时习惯。

自陈文帝到清初[96]，各朝代（包括唐代）普遍实行**百刻制**[97]，也就是将一天划分为一百刻，**一刻相当于今天的14.4分钟**。（图1-15、图1-16）其产生得益于漏刻这种水钟计时工具，漏刻须

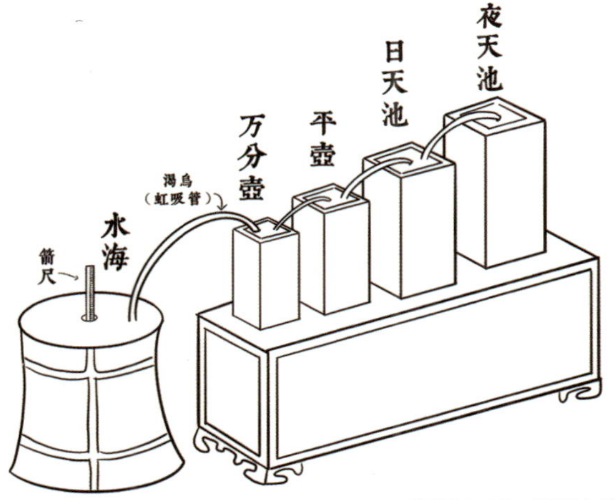

⊙ 图 1–15　唐初太常博士吕才所创制的四级浮漏

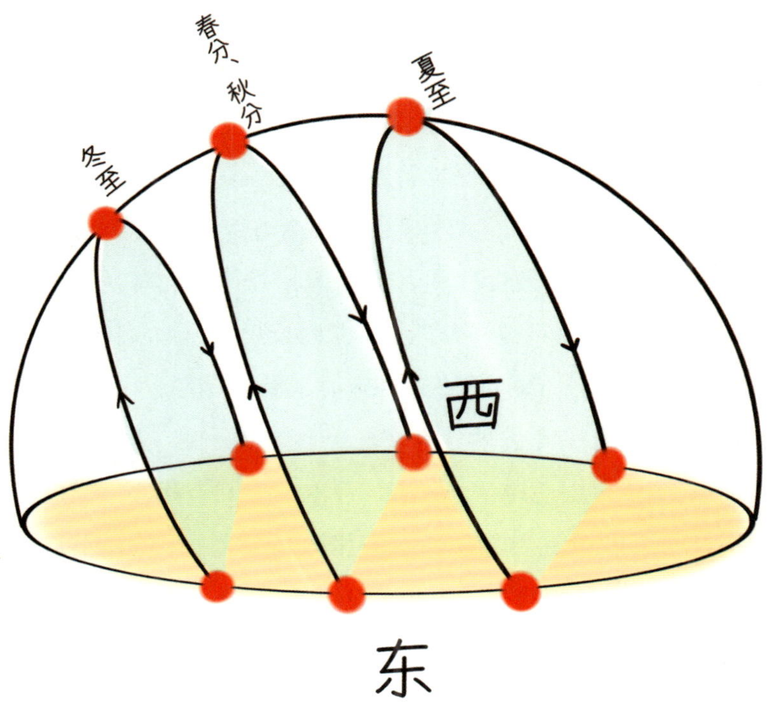

⊙ 图 1–16　太阳一年中的运动图

太阳虽然保持东升西落，但白昼的长度在一年中会随四季变化而长短不一。漏刻须根据昼夜长短来划分昼漏和夜漏，并更换用以读取刻度的箭尺

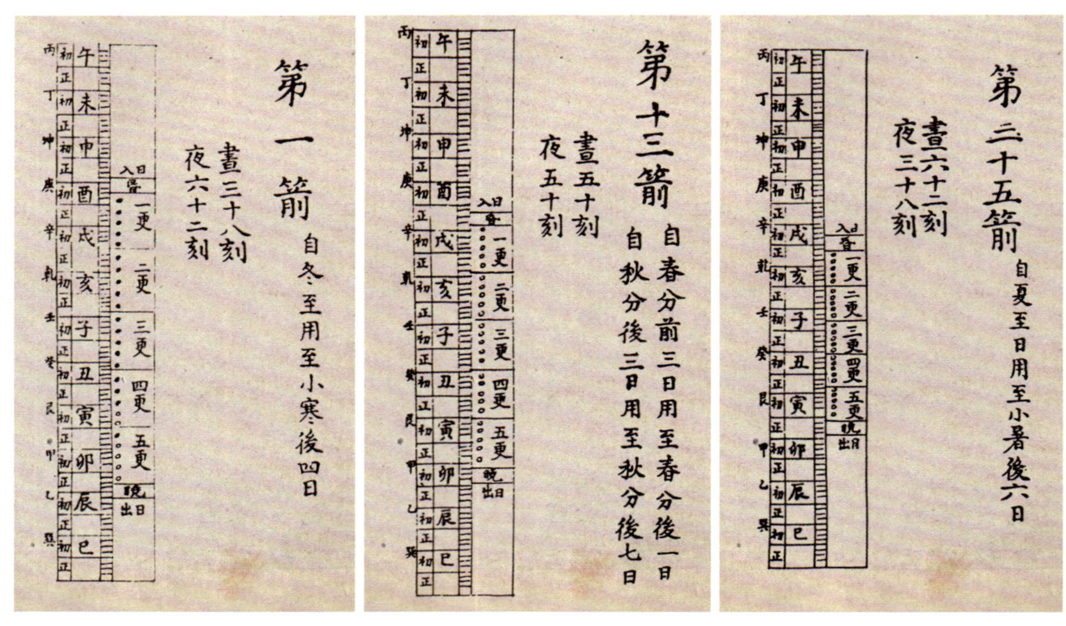

⦿ 图 1–17　冬至、春分、秋分、夏至使用的漏刻箭尺，对昼漏、夜漏的划分依时改变[98]

根据一年里昼夜时长与节气来调整昼漏和夜漏的刻数，更换箭尺，以照顾古人作息与务农的实际需要。（图 1–17）

十二时辰制与百刻制两种时制原理不同，原本各自独立使用，至迟在梁武帝时期[99]，人们将十二时辰制与百刻制结合使用，以期融合十二时辰制的便捷性和百刻制的精确性，这就是**辰刻制**。在辰刻制中，一百刻被平分进了十二时辰里。而一年内，太阳可能在卯时（春秋）、辰时（冬）和寅时（夏）升起。

一百是无法被十二整除的。为了配合十二时辰制，人们便创造了“刻”以下的计时单位“分”（和今天的“分钟”可不一样）。“一刻等于多少分”在每部历法中各不相同。唐代主要更新了八次历法[100]，武德《戊寅历》定一刻等于二十四分；开元年间僧一行的《大衍历》中，一刻等于四百八十分；而长庆《宣明历》中，一刻等于八十四分——都是十二的倍数。鉴于刻的时长只有今天的 14.4 分钟，分的时长便连今天的一分钟都不到。

下面以最著名的《大衍历》为例，进行讲解。

在《大衍历》通行的时代（玄宗开元十七年［729］至肃宗乾元元年［758］），一天分十二时辰、一百刻，一刻为四百八十分，一个时辰是八刻一百六十分[101]。当唐人和你约定“卯时四刻”见，他指的便是图 1-18 橘色框中的部分。如果换算成现代时间，卯时为 5—7 点，卯时四刻约相当于 5 点 58 分至 6 点 12 分之间的时段。如果是“卯时四刻的二百四十分”，指的就是图 1-18 中将“卯时四刻”平分两份的红色箭头处[102]。不过日常生活中一般不会用到这么严谨的说法。

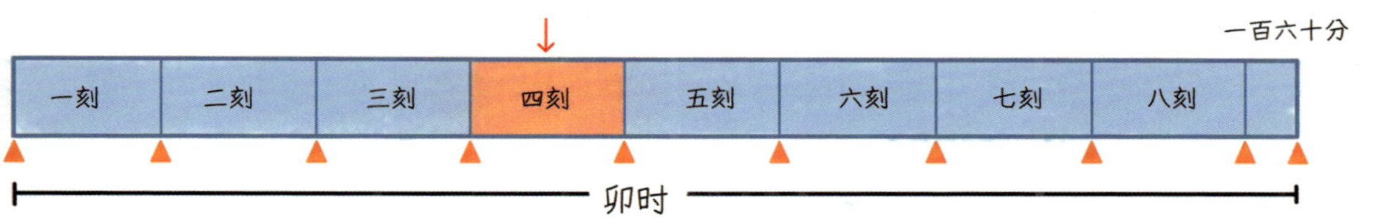

⦿ 图 1-18　卯时时刻示意图

辰刻制一般于白天使用，在夜间唐人更习惯采用**更点制**。夜间时段为**日落后两刻半（这段时间为“昏”）**到**日出前两刻半（这段时间为“晓”，又称“明”或“旦”）**[103]，这段时间被分为五等份，即**五更**；每更继而又被分为五等份，称**五点**。夜间，你常常能听到诸如“五更一点”“三更二点”的说法（图 1-19）。

通常五更二点，长安城内的街鼓会轮番上阵[104]，催促人们开始一天的劳作。由于更点制依靠漏刻来报时，想知道五更二点相当于现代的几点，日出日落时刻必不可少。本章附录三《先天二

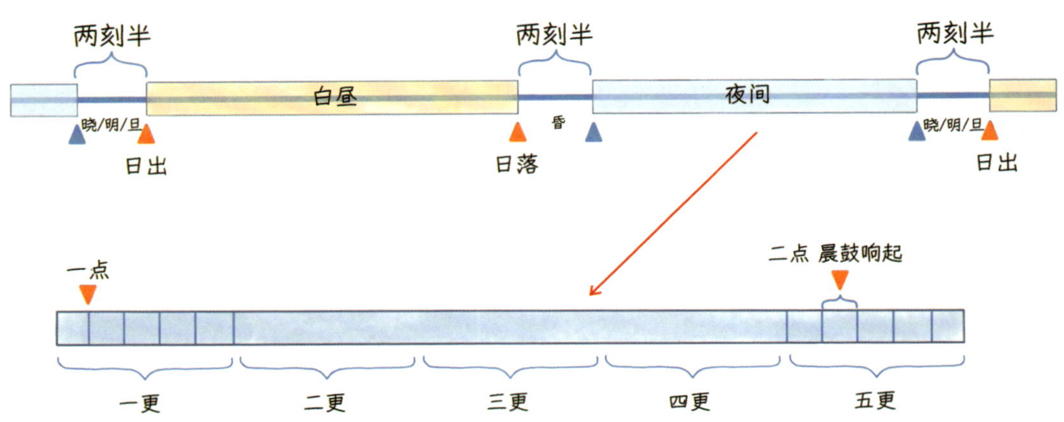

⊙图 1-19 昏晓更点示意图

年（713）日出、日中、日落时刻表》中，太阳升落时间是根据唐代历法推算出的，我们现在要倒推回去。

来试试看。假设今天是先天二年五月二十三日（公历 713 年 6 月 20 日）夏至，且前后两天的日出、日落时间相差不大，查阅日出、日落时刻表可知，当天**日出时间为现代二十四时制的 4 点 45 分，日落为 19 点 13 分**，那么五月二十三日当晚的 **19 点 49 分到次日凌晨 4 点 9 分**（日落后两刻半内为昏，日出前两刻半内为晓）**为夜间**，共长 8 小时 20 分，则每更时长 1 小时 40 分，每点时长 20 分钟[105]。（图 1-20）

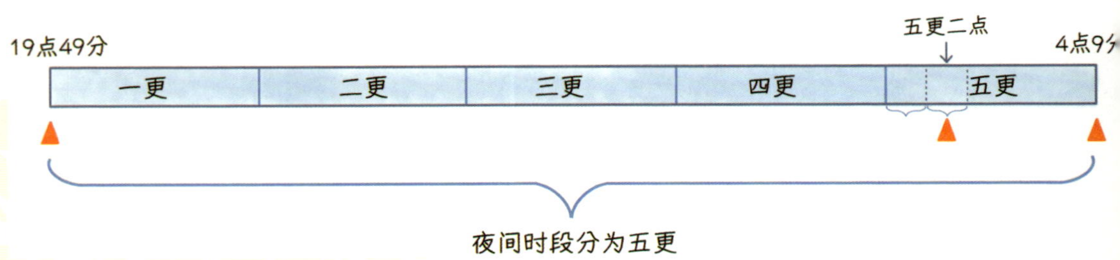

⊙图 1-20 先天二年五月二十三日五更示意图

以此推算，五更二点，也就是 2 点 49 分至 3 点 9 分左右，街鼓响起。在大多数现代人看来，这根本就是个和起床不沾边的时间。来到长安后，你得花好一阵工夫来倒这跨时空的时差。

入夜后，蜡烛和油灯的亮度远比不上今天的电灯，如上厕所、找人夜聊之类的夜间活动基本上是在黑暗中进行。华烛千支、燃灯如昼的场面可不是普通人的财力所能及的。在烛光下打牌、看书会很伤眼睛。建议你跟随唐人的作息，早早入睡。

不过，前文已说过，以上都是唐代官方力求精确的计时法。老百姓平时相约，“日中”“太阳落山前”“天亮”这种模糊的表达就已足够。所以，你和唐人约见面，等上半小时也是常事，毕竟关于“日”在什么位置是“中”、“天”到什么程度是“亮”，每个人都有自己的理解。

· 街鼓 ·

大唐建国初期就来游玩的游客不会听到著名的街鼓，长安城内最初是口头传呼宵禁时间的。直到贞观十年（636），经马周提议[106]，才设街鼓于长安六街[107]，俗称鼕鼕（咚咚）鼓[108]。在长安，想赶紧结束和他人的对话，最常用的理由之一就是：“我住的坊很远，要早点走，先不聊了。”

总体而言，晨鼓敲响的时间基本保持在五更二点、三点，但会随季节有些许变动[109]。睡懒觉是不可能的，千声不断的晨鼓仿佛关不掉的闹钟，能一扫你全部的睡意。既然这样，干脆起床好了！坊门附近一般有早点摊[110]，来一碗粥，就一口热气腾腾的胡饼，在与旁人的谈天说地中等待坊门打开，这是最普通不过的长安清晨。

相比晨鼓，暮鼓更具压迫感。八百声鼓停止前你若不能赶到旅店，当晚就将有犯夜的可能。

· 犯夜 ·

若你没在暮鼓结束前赶回旅店，请不要慌张，先保证自己处于安全地带，再跟着本书进行下一步操作。游客可不能像笔记小说中的唐人一样藏在桥下等隐蔽地点[111]，这里不仅易逢歹人，而且一旦被巡夜的金吾卫发现，后果将非常严重。根据唐律，犯夜者笞二十[112]，但有的执法人员会滥加私刑，比如温庭筠就被打掉过牙齿，还有人被直接打死[113]。

正确的做法是：尽快到离你最近的各城门、坊中的武候铺[114]（金吾卫左右翊府的下属治安所）说明情况，切勿在大道上逗留。如果在去往武候铺途中被金吾卫发现，请你主动上前，不可转头逃跑。一旦金吾卫高声警告后得不到回应，他们会直接拉弓射杀犯夜者[115]。

因正当理由要在夜间出坊，如有公务、疾病、婚丧嫁娶等，只要找坊正或相关府司开具文书即可[116]。唐后期，宵禁制度稍有松弛[117]。

● 上元日、大酺日期间取消宵禁，不闭坊门。其他临时取消宵禁时段以到达长安后的具体情况为准。

· 节日和国忌日 ·

唐朝人一年要过大大小小二十多个全民性节日。想多了解一些主要节日的时间、放假天数和长安城内的主题活动，请参阅附录四。

唐代帝后的忌日被称为国忌日。从玄宗时代开始，官方都会在国忌日举行隆重的纪念活动，贞元五年（789）又有了为先祖进香追福的行香仪式[118]。国忌日当天禁止一切娱乐活动，衙署暂停办理公务[119]。

至于奉哪位帝后的忌日为国忌日，则要根据当时太庙中供奉的神主来定。随着新去世的君主的祔庙和早崩君主的祧迁，情势一直在变化[120]。何日是国忌日，当天追悼哪一位帝后，须以游客到达的时间为准。

国忌日当天，君主和大臣们会在指定的大观、大寺中设斋行香（即焚香解秽，广散香末），活动结束后还会在里面用餐，街道上、寺院中挤满了奉敕行香的官员。这时就请游客不要安排去寺观的行程了。

· 人口 ·

8 世纪前期，长安总人口有 60 万~70 万；中唐时一度达到百万[121]，其中“长漂”“浮逃户”等无籍者占了很大一部分。和今天一样，首都一直是条件优渥者的移居处、谋求前途者的竞技场，也是进城务工、投靠亲友者的希望之地。

总的来说，长安北部人口较南部多，朱雀大街街西人口较街东人口多。人多的地方一定要留心人身安全。长安街头可有不少恶少与游手好闲者。[122]有的人出身豪富之家，仗着家中权势不学无术，藐视王法[123]（等你亲眼见到那些诗歌中轻狂任侠、让人神往的“五陵少年”，就会发现他们大多不过是奢靡轻佻、出入娼肆的纨绔子弟）；有的则是贫民无赖，为贵族、宦官所招募，或挂名禁军而欺压百姓[124]。

在街上，你还能看到一些因自然灾害、土地兼并和沉重赋税背井离乡的流民[125]，大多来自关辅地区。进入城市后，有人自学手艺，做起小本买卖，或被雇为劳工。你看到的宫室楼阁离不开他们的辛勤建造。也有人沦为居无定所的乞讨者或游民，小偷小摸，劫掠钱财，为城市带来安全隐患[126]。

在人多热闹的景点，请看护好随身物品，尽量不要单独行动。

· 长安人的性格 ·

长安人称得上是最热心有趣的东道主之一。他们开放、大胆，有着京师人的自信与自豪感，极易打交道，但有时也需要你稍微忍受一下他们可爱的自大。长安人好奇心极强，对新奇、美好的事物尤其喜爱。每逢牡丹花季，为了欣赏牡丹可算是全城疯狂。与之相比，牡丹之乡的洛阳人就淡定得多，性情较为中庸平和[127]。

长安人似乎认为发生的一切事都值得围观。旅途中你会时常看到路边围了一大群人——天门街上，两间卖丧葬用品的凶肆举行斗歌比赛，引得“四方之士，尽赴趋焉，巷无居人”[128]；少年蹋球，很快会“观者渐众”[129]；有钱人家的老太太下葬，吃瓜群众毫不避讳，“城内士庶，观者如堵”[130]；就连泾原兵变时，叛军“已入城，喧声浩浩，不复可遏”，“贼已陈于丹凤门外”，仍有“小民聚观者以万计”（虽然有一部分人是被叛军“不税汝间架陌钱”[131]的口号引诱来的）。

清明时节，他们还有一项简单的娱乐活动，就是围在延兴门附近看出门扫墓的男女老少[132]。要是他们活在现代，一定是网红店开业排队的主力军。

温馨提示

指南中提到的热门景点和演出面向的可不仅是游客，还有唐人，热度之高常常达到男女老少倾城而出的级别。本书所说的“人多”真的是人山人海的那种。

· 语言 ·

游客不必学习唐代长安人的语言，因为每位在梦境中到来的游客默认能听懂他们说的话，且实际上你也不可能在短时间内掌握中古长安方音[133]。再考虑到汉字古今通用，你完全不必担心语言这一关。就算某些表达与今天不同，也可猜个大概。下文就是一些现代俗语的唐代版本，你一定马上就能看懂：

好一镬羹，被两颗鼠粪污却。[134]

淤泥之中，乃生莲华。[135]

一手可能独拍？两手相击始鸣。[136]

· 社交礼仪 ·

游客虽不必恪守唐代所有礼仪，但应了解基本的相见礼。（图 1–21、图 1–22）在前往历史名人家中参观时，如遇到高级官员或长辈，为表恭敬，男女站立或回话时须行叉手礼。动作要领大概是左右手拇指交叉相扣，左手剩余四指蜷曲，握住右手大拇指根部，或是伸出小拇指指向右手腕；右手其余四指并拢伸直，手心朝胸，并留有一定距离[137]。遇见相熟

⊙图 1–21
唐赵逸公墓壁画中行叉手礼的侍者

⊙图 1–22　上街逢人先打招呼

的同辈唐人，男女皆可作揖[138]（左右手指并拢后相叠，两拇指相对，手臂前推）稍表敬意，女子也可行原始肃拜的简化礼[139]，即后世女性专用的万福礼[140]：站立，拢双手躬身虚坐。

行礼时，男女皆可问候对方“万福”“伏惟尊体万福”“不审尊体万福”“（人名）万福”“（人名）安和”“（人名）起居”[141]。道别时留者说“珍重”“好去”，行者言“好住”[142]。

· 着装 ·

建议旅行中保持现代着装，与唐人区分开。这意味着你不必行烦琐的礼节，当地人也会对你在礼仪、生活习惯上犯的错较为宽容。

· 谨言慎行 ·

游客虽然不属于这个时代，但是在公共场合说话也请注意分寸，不要随意品评唐代君主。金吾卫会监听民间的风言风语和坊间秘闻[143]并上报，不要让你的出格言论引发严重事件。

切勿传播无凭无据的消息。唐律规定，参与编造妖书危害国家安全者，或向三人以上传播妖言者都要处以绞刑[144]。

请谨慎参加街头聚众活动。虽然长安人爱看热闹，但唐廷对于大规模的人群聚集一直保持警惕，并屡下禁令[145]；城中有不少表演、宗教法会或世俗社邑集会，是市民丰富生活的重要一环，但切记不可长时间驻足。之前就发生过百姓群集念佛，被误以为参加谋反而掉脑袋的事。[146]

· 女性出行 ·

唐人对女性的出行与着装有些许要求。唐初太宗武德、贞观时，贵族女性出行多乘车，戴羃䍦，以遮蔽面容[147]（当然也为避免路上的扬尘）。永徽以后，围纱稍短些的帷帽[148]开始流行。到了咸亨年间，妇女出门甚至会乘坐开放性的人力坐具：担子[149]，以代替封闭的牛车。开元年间对女性在出行方式与着装上的限制逐渐变少，街上不乏她们靓装露面、肆意驰骋的身影[150]。

作为现代女性，我们没有必要遵循唐人女性的出行禁忌和穿衣规范，把注意力放在游玩上就好。

· 遇到危险 ·

长安城治安管理采取“中央 + 地方”嵌套“基层 + 京兆府”的模式。中央为**金吾卫街使和御史台巡使**，地方为**京兆府及基层治安管理机构**；基层则细分为坊、县。（图 1–23）

在坊中遇到财物丢失、打架斗殴、火灾等危害公共安全的事件，请及时**报告旅店店家、你的地陪或所在坊的坊正**[151]；情况危急时可到**城门、坊角的武候铺**，报告里面的金吾或彍骑[152]。

巡检的坊卒、街吏或许能帮上忙，但更多时候他们并不可靠，甚至还会自己打起来[153]。一般情况下，只有重大恶性事件，如公然抢劫、杀人才会惊动长安和万年县衙（长安县衙设在长寿坊西南角，万年县衙设在宣阳坊）以及京兆府。

唐前期，**金吾卫**负责京城治安与消防，并掌管夜禁、巡查六街主干道，执行任务的主要是其左右翊府**中郎将**和府下临时任命

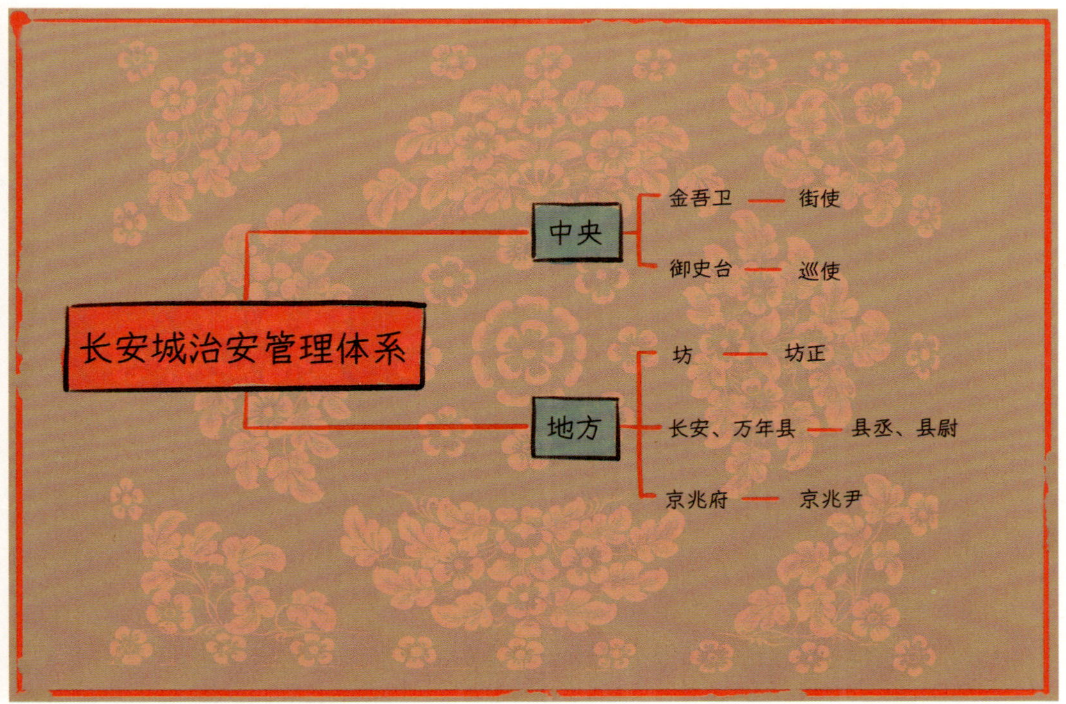

⊙图 1–23　长安城治安管理体系示意图

的**左右街使**。至迟在开元末，左右街使成为固定官职[154]，并在中唐后接管了金吾卫巡视治安的职权，晚唐常直接由左右金吾卫将军兼任。中郎将总管督察**六街**巡逻，街使分察各条**主干道**[155]。开元后还出现了由御史台官员（监察御史和殿中侍御史）兼领的**巡使**，但由于御史台工作本就繁忙，后来此职便通常由京畿县尉选任[156]。巡使负责监察**坊中**治安环境，同时监督金吾街使。**大体上是巡使主管长安城坊内的治安，街使维护主干街道的秩序**[157]。

游客在旅行中常会碰到金吾卫。他们负责在君主、皇家成员、宰相或京兆尹出行时静路[158]，以及在上元灯节维持秩序。犯人砍头巡街时，监斩囚犯的也是他们。唐中后期，金吾卫逐渐势弱。神策军乘甘露之变，逐渐成为京城治安的主要管理者。但本书建议，游客不要向他们求救，更不要去招惹他们。神策军等禁军成员包庇勾结黑恶势力、欺压百姓的事例不在少数[159]。

· 公共卫生 ·

切勿在街道倾倒垃圾和生活污水，否则你将受到唐律的严惩[160]。长安城外郭城排水主要靠水渠、明沟和渗井。虽再三警告，仍有居民擅自将垃圾和排泄物倒入明沟，或在街上挖坑填埋[161]。个别素质低下的人认为把污水和垃圾丢进渗井便不会被发现，但长远来看危害更大，污水与垃圾会逐渐向地下渗透，影响地下水[162]。

中唐后，长久以来的地下水污染已初显，敏感的诗人姚合就深受其苦，觉得井水浑浊、又苦又咸。为此，他不得不从常乐坊搬到水质稍好的新昌坊[163]。常乐坊一度以美酒出名，坊中井水想必曾经极为甘美。

不过请放心，长安城中不会出现西方中古城市街道上随意倾倒粪便的骇人景象。中国古代农业向来重视粪肥，粪便能够卖钱，还出现了专门的剔粪人[164]，生财的机会是不会留给你的。长安城居民们相对合理的生活习惯，加上较先进的城市排污理念与设施，使长安称得上是当时世界上最卫生、气味最清新的城市之一。

· 流行疫病 ·

唐代有记载的疫病大流行达四十余次，京师长安受灾不下五次[165]，但对于近三百年的光景来说其实不算频繁。骨蒸病[166]（结核病）、痢疾、豌豆疮（天花）、疟疾等是那时高发的流行病。

· 用水及健康事项 ·

旅途中的生活用水来自汲取的井水和渠水，最好烧开后使用。一到湿热的夏季，明沟内易滋生蚊虫，引发疟疾[167]。而秋季多蝇[168]，暴雨过后又常会出现痢疾。饮食与饮水不洁会引发霍乱，但与近代肆虐的虎烈拉（Cholera）不同，唐代的霍乱可能仅指上吐下泻的急性肠胃炎，鲜有致命。居民们会在街巷井水中悬挂草药包、投放药渣，这将起到一定抵抗病菌、预防传染病的作用[169]。对水质要求很高的游客可选择住在善和坊，那里井水鲜冽，是皇家御厨的指定取水地[170]。

· 个人卫生 ·

沐浴

到达长安后，**你需要改变每日沐浴的习惯**。在古代，“沐”为濯发，“浴”是洗身。唐人会在特定时间沐浴，如出生、结婚、觐见要员等重要时刻，以及参加祭礼与宗教仪式前。平日里，他们洗澡、洗头并没有今人那么频繁，且常常“沐”“浴”分开。一来是出于养生的需要[171]，比如白居易说自己年纪愈大愈发懒怠，经常几年才洗一次头发，洗多了反而会秃[172]。二来是因为一些特定理由，比如居丧[173]和择吉。唐人洗头、洗澡、剃头、拔白头发、剪指甲的时间都要依照行事历来。不同的术数书籍（如《大唐阴阳书》）和岁时文献（如《四时纂要》）中的择日法各不相同，有关沐浴日期吉凶的说法也互不一致。

温馨提示

请尽量早点回旅店（尤其是在秋冬季节）。旅店每日的薪柴有固定额度，用完就会停止供应热水。薪柴价格极易受天气等因素影响[174]，雨雪天气薪柴供应会更加紧张，很可能导致你连口热的都吃不上。长安城人口逐年增多，每年用掉的薪炭甚至达30余万吨[175]。薪柴供不应求，价格普遍偏高，木炭则更为昂贵，堪称奢侈品。德宗、宪宗时更有可能有钱也买不到炭——你好不容易和全身被熏黑的卖炭翁谈拢了价格，突然被上街采买（掠夺）的宦官以皇帝征用这批炭为由抢去，只留下你们两个在雪天里干瞪眼[176]。

实在想洗热水澡的话，可以去寺院里碰碰运气。沐浴是佛教非常重要的修行方式，佛寺中往往建有规模较大、设备完善的浴室，分为上下两个封闭式空间。（图1–24、图1–25）下层位于地表以下，用柱子支撑上层，形成挑空

⊙ 图1–24　唐代配有地热的浴室想象图

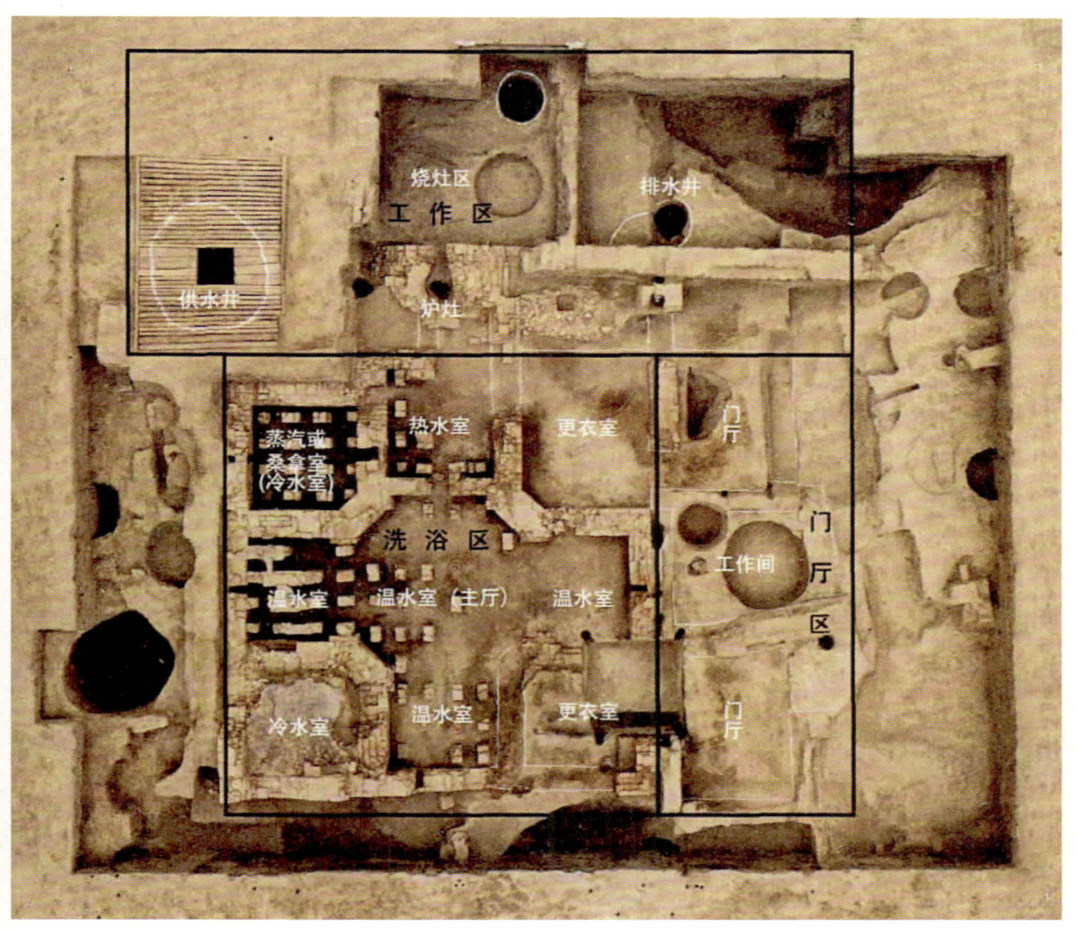

⦿ 图 1–25　唐墩古城浴场遗址功能分区示意图[177]

地板。炉灶燃烧产生的热气在下层空间中游走，冬天里也能让沐浴者暖意融融[178]。按照距离炉灶的远近，浴室分出热水室、温水室和冷水室，甚至还有桑拿间[179]，能够满足来客的多样需求。

有的寺院浴室是对外开放的[180]。不过，你必须讲卫生、有素质，不得在浴室内大小便，不得擤鼻涕、吐口水。沐浴完毕请清洁洗浴处，摆好洗护用品[181]。

在东西市，你可以选购澡豆、皂荚、桃皮、柏叶、淘米水等纯草本沐浴用品。

口腔清洁

牙口好，旅行中的胃口才会好。游客可以在东西二市内逛逛，买齐一套每日清洁必备的揩齿套装。套装内有齿木（在中国主要为杨枝。使用前须用水泡软，咀嚼掉树皮，把纤维咬平整[182]）和皂角、升麻、细辛粉、石膏、贝齿、麝香等药粉[183]。在西市，你还能买到印度进口齿木，可能是印度苦楝树的树枝，经过咀嚼会分泌有护齿去污功效的树汁，无须另外添加药粉[184]。（图 1–26）

如厕

长安城内没有公厕，出门游玩前请务必在旅店解决。多数情况下，唐人将上大号称作“便转”[185]，大小便皆可称“便利”[186]，“大便”“小便”二词则古今通用。唐代老百姓上大号时都用竹片（厕筹）来刮走秽物。旅店茅厕中的厕筹都是公用的，质量差的

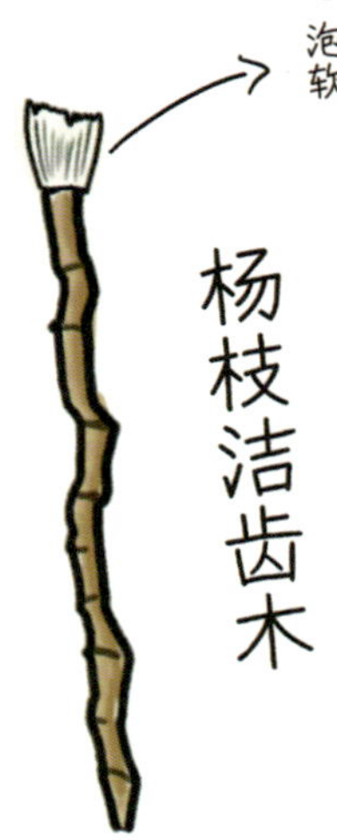

⦿ 图 1–26 净齿图[187]（注意看人物手中的树枝）

⊙ 图 1–27　唐代杨贵夫妇墓中出土的三彩厕所模型
要在这儿上厕所，现代人还真需要进行些心理建设。墙上有扇小窗，可方便往来行人一瞥就能知道里面是否有人在用。本意是为了避免推门有人的尴尬，但实际上更尴尬了！

易断且带有毛刺，使用时动作务必轻柔。为了卫生起见，建议你自己买一批厕筹。

出于积粪作肥的需要，唐代厕所是贮藏式旱厕，视觉和嗅觉冲击力巨大。（图 1–27）一脚踩空还容易坠伤或坠亡，就算没有受伤也会毁掉你的心情和形象。此外，唐人还相信厕所中那幽暗的孔洞里阴风阵阵，会钻出各种害人的鬼怪，厕所中也常有精怪出没[188]。如厕这件在今人看来普普通通，等同于休闲放松的小事，在唐代却是高危行为！请不要在厕中过多逗留，并重点留意你的旅伴上厕所长时间未归的情况。

泡温泉

旅途中可以通过泡温泉舒缓疲惫感，缓解身体不适。

长安周边主要有三大温泉[189]——位于新丰县界内骊山北麓的**新丰骊山汤、岐州凤泉汤和蓝田石门汤**。（图 1-28）这些温泉内皆有皇家专用区域，不向游客和唐代百姓开放，敬请留意[190]。

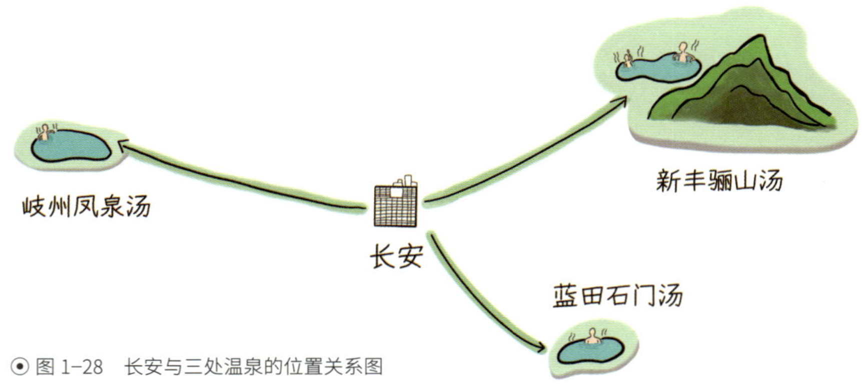

◉ 图 1-28 长安与三处温泉的位置关系图

就医须知

长安坊市间游走着许多良莠不齐的民间医者，不到万不得已别向他们求助。跨旅局近来常接到游客投诉，说他们在街上遇到来自印度的胡僧，号称有妙法治疗白内障，能使眼睛明亮清透，一经同意，胡僧就会用形似小箭头的金篦或金针插入瞳孔为游客医治[191]。虽有刘禹锡等人的成功案例[192]，但难保碰上的不是三脚猫，轻则无效退款遭拒，重则失明。鉴真可能就是此类事故的受害者[193]。

● 本书再次郑重警告，切勿尝试不成熟的治疗方式和偏方、土方。更为具体的医疗建议详见第三章《食物指南》。

· 死后事宜 ·

旅途总有乐趣与风险相随。若在长安城内遭遇意外，不幸身故，旅人们的身后事也将得到妥善安排。城中东西二市和丰邑坊有老牌且服务周到的凶肆，出售葬具、（款式多样的）柩车和明器，并提供殓葬、抬棺（可以加钱抬回本籍，但仅限唐代疆域范围内，且去岭南卑湿多瘴之地需再加钱）、唱挽歌（虽然官方一再规定庶民葬仪不得安排挽歌，但屡禁不止。指定用文化人创作的新词和新旋律则需额外支付费用）等一系列贴心服务[194]。凶肆隔壁往往还开有凿纸钱铺[195]，帮助家属们为逝者尽最后一点心意。

但作为跨时空旅行的游客，你们大可宽心。在长安城中死去，不过是回到现代，在心有余悸的梦中醒来。

· 禁止乱涂乱画 ·

虽然被列为最后一条，却无比重要！近年跨旅局已收到不下百次唐人关于游客在壁画、栏柱、家具上题写“到此一游”的投诉。五代道真和尚重修石窟时，看见到处都是刻痕题字，忍无可忍，写诗警告说这么做是要下三途、被抓到地狱里灌铜水的。

白壁从来好丹青，无知个个乱题名。
三途地狱交谁忍，十八湔铜灌一瓶。
镌龛必定添福利，凿壁多层证无生。
唯报往来游玩者，辄莫于此骋书题。[196]

然而，就算本书写得再怎么详细，也无法照顾到旅途的方方面面。到达长安后，那些不断出现的惊喜和危险只能由你自己去面对。无论结果如何，这都将是一种独特的体验。

我们即将游览的长安城，不是史书和电视剧里符号化的城市，不只有壮丽的城门、恢宏的宫宇、宽阔的街道和重重楼阁，在里坊、市集、废墟和传说的深处，更有数十万唐人的真实生活。

你要坐到酒肆的角落里，听听落第举子们的牢骚；拐入巷曲深处，邂逅微笑却红着眼眶的饮妓。长安的酒里有铁腥味，来自李白那把生了锈的剑；旅途中每个疲累饥饿的夜晚，都有杜甫在陪伴你辗转难眠。

这里没有高性价比的团餐，没有五星酒店（甚至洗个热水澡都难），没有即时通信的手机和舒适的空调大巴。每天回到旅馆，往往已是一身的雨露尘烟。

但更多时候，这里又美好得像童年的某个傍晚——家家户户升起炊烟，暮鼓响彻归途，你一路吸着鼻子回去，闻遍了饭菜的浓香和青草泥土的甜腥。鼓声尽，月影斜，灯火初上，荧荧如梦。

你将要去的，就是这样一座真实的长安城。

如果你准备好了，就请调暗灯光，闭上眼睛，以最舒服的姿势进入梦乡。

我们的旅途现在开始。

附录一　长安城坊图（图 1-1）编例

1. 本图以史念海《西安历史地图集》与中国科学院自然科学史研究所主编《中国古代建筑技术史》中长安城图为底图，并参考中国科学院考古研究所西安唐城发掘队《唐代长安城考古纪略》中的考古实测改绘了街道宽度。

2. 城中每座坊按例在东西南北侧各有一门，皇城正南三十六坊为避免“开北街泄气以冲城阙”[197]，只有东西二门。为求简洁统一，图中采用统一开南门的样式。东西二市的东西南北侧各有两门。

3. 长安城内坊名与坊的设置在唐代近三百年间有多次更改，本书中长安城图所采用的是玄宗开元二十一年（733）后[198]的坊名，有三处与现在通行的长安城坊图不同。

（1）“怀贞坊”改为“怀真坊”（见下文第 7 条）。

（2）“永和坊”彼时尚名为“淳和坊”，元和年间才更名为“永和坊”。

（3）“长乐坊”虽然在大明宫建成后更名为“延政坊”，但民间沿用旧称，故图中仍采用“长乐”之名。

为求简洁统一，书中无论何时代的内容，均配以该图。在个别章节中，为配合同昌公主的相关内容，图中的“安兴坊”会更改为安史之乱后的坊名“广化坊”，或两坊名并称。

4. 升道坊南一坊的坊名存在较大争议，本书从福山敏男对《两京新记》之校注所考，认为升道坊南缺失坊名为“广德坊”[199]；又从辛德勇《隋唐两京丛考》中《大兴城的坊数及其变化和城东南隅诸坊》一文的考证，认为曲江池当占地一坊，则升道坊南依次为广德坊、立政坊、敦化坊。但辛德勇指出，若为“广德”，应避隋炀帝（杨广）讳更名，但所改之名不可考。本图暂作“广德坊”。

5. 现今有的长安城坊图会将朱雀街西北第一、二坊标记为光禄坊、殖业坊，或第一坊为光禄坊，第二坊空白。这可能是依据徐松的《唐两京城坊考》。本书按照黄永年《述〈类编长安志〉》[200]与辛德勇《隋唐两京丛考》、赵力光《唐长安城善和通化两坊考》[201]之考证，将朱雀街西北第一坊定为善和坊，第二坊定为通化坊。亦有学者根据西安郭家滩出土的唐人郭克全、郭克勤墓志判定善和坊是兴道坊的异名[202]，依据是两人为兄弟，墓志铭中却分别记载两人去世于“兴道坊”和“善和坊”，故两坊应为同坊异名。本书认为这一说法并不严谨，故未采用。

6.《唐两京城坊考》中提到“修政坊”亦名“循政坊”，依据为《文安县主墓志》将“修政里”写作“循政里”，且循、修双声，古通用。但实际上,《文安县主墓志》中提到的是她卒于“颁政里之第”，并非“修政里”。故本书未在附录二中提及“修政坊”亦名“循政坊”。

7.“怀贞坊”应作“怀真坊”。虽然墓志和碑文中提及此坊时兼有“怀真”“怀贞”两种写法，但考虑到此坊曾因避武则天母亲太真夫人讳改名，故本名应为“怀真坊”[203]。

8. 根据《云麓漫钞》的记载，宣宗时，为方便君主前往青龙寺，曾将新昌坊南的昇道、广德、立政、敦化四个坊一分为二，但拆分后的坊名已不可考，故本书所用长安城图中未作体现。

9. 关于曲江池的位置，本图绘制时主要参考了史念海《西安历史地图集》，图中曲江池位于城东南角。近年来，高雄“中山大学”教授简锦松通过唐人诗文以及西安现地考察实测，推测曲江池北池很可能还占去大部分的青龙坊，面积比《西安历史地图集》中所记要大得多。在本书的通用长安城图中，这一点按照史念海原图不做修改；但在第六章《赏花指南》的“长安城内四大水渠示意图”“曲江流域示意图”和“乐游原位置示意图”中将有所体现。

附录二 长安城内坊名更替表[204]

* 不同时段来长安旅游时请参照此表，但有时民间会新旧坊名并用。

原名	更名（或俗称）	又更名（或又名）	详情
兴道坊	瑶琳坊	兴道坊	景龙三年（709）避武攸暨父（武怀道）讳改，次年（景云元年，710）复旧。
务本坊	玉楼坊	务本坊	景龙三年避杨慎交父（杨嘉本）讳改，次年复旧。
永乐坊	客户坊	亦称平乐坊[205]	因人口流动巨大，俗名“客户坊”[206]。
通化坊	吴儿坊		唐初，坊内多居住南方人，如颜师古、欧阳询等[207]。
显国坊	昭（招）国坊		长安年间（701—704）避中宗（李显）讳改。
晋昌坊	进昌坊		“晋”“进”通用。
靖安坊	静安坊		“静”“靖”通用。
靖恭坊	静恭坊		“静”“靖”通用。
宣平坊	宣政坊		“平”或作“政”。
长乐坊	延政坊	民间可能仍沿用“长乐”之名	因近大明宫延政门，后改。不过在晚唐段成式的《酉阳杂俎》中，仍称此坊为长乐坊（里）。
安兴坊	广化坊	昌化坊	至德年间（756—758），因君主嫌恶“安”字（安禄山）改[208]，又名昌化坊。
贞安坊	修德坊		武后改。另，骆天骧《类编长安志》将此坊记为“善政坊”。

（续表）

原名	更名（或俗称）	又更名（或又名）	详情
隆庆坊	兴庆坊		玄宗即位后避上（李隆基）讳改。后此坊改为兴庆宫，游客不可进入。
安民坊	安仁坊		永徽元年（650）避太宗（李世民）讳改。
宜仁坊	胜业坊		隋代为宜仁坊，是否入唐后更名为胜业坊，不详。
修华坊	修行坊	修华坊→修行坊→修华坊→修行坊（反复修改了几次）	武后时改修行坊，景云元年复旧，后再次改为修行坊。《类编长安志》将此坊记为“修业坊”。
永福坊	十六王宅		玄宗即位后改为十王宅，后为十六王宅。
光显坊	光行坊		长安年间避中宗讳改。
弘德坊	崇德坊		神龙初年因避中宗兄长（李弘）讳改。
隆政坊	布政坊		避玄宗讳改。
永隆坊	永平坊		避玄宗讳改。
显行坊	昭行坊		长安年间避中宗讳改。
弘化坊	崇化坊		神龙初年避李弘讳改。
弘业坊	大业坊		神龙初年避李弘讳改。
淳和坊	永和坊		避宪宗（李纯，初名李淳）讳改。《类编长安志》将此坊记为“淳化坊”。
敦化坊	亦称敦教坊		《类编长安志》将此坊记为“教化坊”。

（续表）

原名	更名（或俗称）	又更名（或又名）	详情
怀真坊	怀贤坊	亦称怀贞坊	避武则天母亲（号太真夫人）讳改，神龙元年（705）复旧。
翊善坊	光宅坊 翊善坊		龙朔年间（661—663）拆翊善坊为光宅、翊善两坊，以拓宽丹凤门大街。
永昌坊	来庭坊 永昌坊		龙朔年间拆永昌坊为来庭、永昌两坊，以拓宽丹凤门大街。

（肃宗曾下令京城内带“安”字的坊名都必须改掉，但不久后，除安兴坊外又都恢复原名）

附录三 先天二年（713）日出、日中、日落时刻表[209]

唐历（713）	日出	日中	日落
先天二年正月一日	6:58	12:16	17:34
正月十一日	6:49	12:16	17:41
正月二十一日	6:37	12:15	17:53
二月二日	6:25	12:13	18:00
二月十二日	6:11	12:10	18:08
二月二十二日	5:57	12:06	18:15
三月二日	5:43	12:03	18:23
三月十二日	5:30	12:00	18:30
三月二十二日	5:17	11:57	18:37
四月二日	5:06	11:55	18:44
四月十二日	4:57	11:54	18:52
四月二十二日	4:51	11:54	18:59
五月三日	4:46	11:55	19:05
五月十三日	4:44	11:57	19:10
五月二十三日	4:45	11:59	19:13
六月三日	4:49	12:01	19:14
六月十三日	4:54	12:02	19:11
六月二十三日	5:01	12:03	19:07
七月四日	5:08	12:04	18:59
七月十四日	5:16	12:03	18:50
七月二十四日	5:24	12:01	18:39
八月四日	5:31	11:59	18:26
八月十四日	5:39	11:56	18:12
八月二十四日	5:47	11:53	17:59

（续表）

唐历（713）	日出	日中	日落
九月五日	5:54	11:50	17:45
九月十五日	6:03	11:47	17:32
九月二十五日	6:12	11:46	17:20
十月五日	6:21	11:45	17:09
十月十五日	6:31	11:46	17:01
十月二十五日	6:41	11:48	16:55
十一月五日	6:51	11:52	16:53
十一月十五日	6:59	11:56	16:53
十一月二十五日	7:05	12:01	16:57
开元元年腊月六日	7:09	12:06	17:03
腊月十六日	7:10	12:11	17:11

附录四 唐朝人的主要节日表[210]

节日	精彩看点与节令美食	公众假期[211]	注意事项
元日	❖ 新年，早上一开门，迎风飘扬的可能不只有家家户户门口的长命幡子，还有爆竿燃尽的灰尘[212]。 ❖ 邻里间会相互赠送椒柏酒、屠苏酒（年少者先喝）、桃汤和胶牙饧（一种麦芽糖）。 ❖ 各大饭店在元日特供驱寒养生的五辛冷盘[213]。 ❖ 去凑凑热闹，听一场俗讲（详见第九章《演出与庆典指南》）。 ❖ 走在市集、坊巷间，你可能会被陌生人搭讪请去家里吃饭。放心去吧，这不是拐卖人口，而是元日特有的相邀串门蹭饭活动——传坐[214]。 ❖ 咸通后元日还流行这么一个新风俗：人们在天还没亮时佩戴紫红色的小囊，称为“迎年佩”，里面装有小颗粒的人参和木香，时不时含上一颗，直到太阳升起，据说有保健驱邪之效[215]。	7 日（节前 3 日，节后 3 日）	❖ 若是守岁一夜未睡，想眯一会儿，记得戴好耳塞！坊中孩子们点爆竿时可不会顾及你在睡觉！ ❖ 元日早上请尽量不要出门。天还没亮，街道上就已人满为患，都是前往含元殿参加大朝会的文武百官。溟蒙黑夜中，如星河般灿烂的千盏烛火一路延续至大明宫内，非常壮观[216]。

（续表）

节日	精彩看点 & 节令美食	公众假期	注意事项
人日（正月七日）	❖ 跟随唐人的脚步，一道去乐游原—青龙高岗和大慈恩寺塔登高。 ❖ 两市、坊巷间会有商家派发人形剪纸与金箔，可以戴在头上或贴在行李箱上作为装饰。（图 1–29） ❖ 人日吃煎饼是保留节目。	1 日	

⊙ 图 1–29　日本正仓院北仓藏唐代剪纸人胜残件，上面有四句吉祥话：“令节佳辰，福庆惟新；变（燮）和万载，寿保千春。”

（续表）

节日	精彩看点 & 节令美食	公众假期	注意事项
立春	❖市集上有莺形彩胜售卖[217]。 ❖饭店内特供春饼、春盘[218]。 ❖院子里的树梢上挂满了精心裁剪的燕子造型的剪纸和春幡。	1日	
上元	❖上元日几乎是一年中最热闹的时候。百姓倾城而出，观赏灯轮、灯树，还有精彩的踏歌等表演。“谁家见月能闲坐，何处闻灯不看来。”[219]这一晚的光明可夺月色，如果你犯懒待在旅店中，那将会是一生的遗憾。 ❖这会儿你还吃不到汤圆，“浮圆子”之类的点心要到宋以后才出现。长安当地在上元节可能会吃一种叫“面茧”的节俗食物，看名字便能猜出它的用料和外形。和海外中餐馆的签语饼一样，面茧里还包了预测官职的纸条，就等你掰开来试试手气。但请注意，这东西多半是宋代的误传，你最好亲自去找唐人求证。[220]	不放假	❖上元日连续三天（正月十四、十五、十六日）不闭坊门[221]。 ❖开元二十八年（740）正月十五日天降大雪，因此改为二月望日（十五日）观灯狂欢。天宝三载（744）十一月复原（正月十四、十五、十六日）。故740—744年为二月中旬举行上元观灯，此时到来的游客请勿弄错时间[222]。 ❖天宝六载（747）后，上元日观灯改为正月十七、十八、十九日[223]。
晦日（正月最后一日）	❖从元日到晦日，几乎每天都会有官方或百姓、富户自行组织的大型宴会，大家狂饮海吃、纵情歌舞，向陌生人敞开怀抱。 ❖这一天曲江边人山人海，可以与唐人一道在水边宴饮[224]。	1日	

（续表）

节日	精彩看点 & 节令美食	公众假期	注意事项
中和节（二月一日），自德宗贞元五年[225]（789）始	❖ 里闾家家户户酿宜春酒[226]。 ❖ 你将有机会收到邻里和友人赠送的剪刀和尺子[227]，或一袋献生子[228]，即装满各种谷类、瓜果种子的青色布囊。 ❖ "二月二日新雨晴，草芽菜甲一时生。"[229]大吃大喝后，不妨在中和节的第二天来一场劳动踏青：借把锄头，穿上轻便的衣裤，跟长安百姓到曲江边去挖野菜[230]。	1 日	❖ 中和节定于二月一日，取日夜平分、顺应天时之义，设立的初衷是劝农，休养生息，"以畅中气，以播和风"[231]，让人们在春日里尽情地亲近自然，聚会宴饮。今天已经没有这个节日了。
春社、秋社（二月、八月上戊日）	❖ 社日是祭社稷、祈求或庆祝丰收的好日子。这一天，官员们放假，妇女也放下针线，回到娘家。 ❖ 在长安郊外的乡村中度过社日会更有意义。迎神赛会上，村民们充满原始张力的舞蹈、杂耍和戏剧在等着你，此外，还可欣赏到神秘而令人敬畏的巫风舞蹈。 ❖ 祭祀过社稷后，村民会邀请你加入饕餮大会，品尝村酒，大块分肉。小心被灌得找不到回去的路！你将享受到春社日惬意的春风，淅淅沥沥的小雨；秋社日丰收的稻谷、喷香的羊肉和蒸鸡，还有浇了豉汁的酱色米饭。你或坐在扶风柳下，或在摇曳的菊花丛中，耳畔是响亮又渐渐悠远的社鼓。这无比亲切的场景，正发生在离我们如此遥远的时代。	春社、秋社各放假 1 日	

（续表）

节日	精彩看点 & 节令美食	公众假期	注意事项
寒食	❖ 唐人习惯在寒食日上坟、郊游踏春。喜动的游客大可加入他们，踢一场大汗淋漓、舒筋活络的蹴鞠，放起五颜六色的风筝[232]；喜欢安静地做手工的游客也有去处，来和唐人一道做几枚蓝染雕刻鸡蛋吧[233]！ ❖ 品尝大麦粥，喝淋了糖浆的杏仁糊[234]。	自开元二十四年（736）始，寒食、清明连放4日；自大历十三年（778）始，连放5日；自贞元六年（790）始，连放7日[235]	❖ 寒食禁火，请务必提前准备好熟食。
清明	❖ 到南郊野餐（注意回城时间，不要错过暮鼓），和孩子们一起荡秋千、拔河[236]。就算下雨了也不需要打伞，绵软清凉的清明细雨打在身上是绝佳的享受。回去后，请不要急着清洗鞋底，上面留下的片片残花是春天留给你的纪念。 ❖ 在延兴门围观长安百姓出城扫墓，观察世间悲喜百态也可轻松消磨一天[237]。 ❖ 此时新科进士们正在曲江亭大摆宴席，于月灯阁置打球之宴[238]。到附近去转转，说不定可以偶遇这些青年才俊。		

（续表）

节日	精彩看点 & 节令美食	公众假期	注意事项
上巳（三月三日）	❖ 最养眼的美景美人就在上巳节。三月三日天气新，长安水边多丽人。就算不参与其中，看看丽人们野餐、踏青、游船泛舟也是极好的体验。 ❖ 品尝用鼠曲草汁、蜂蜜、米粉做的龙舌粄[239]（一种香甜软糯的米饼），入口后满嘴都是鼠曲草的芬芳。人日没吃到的煎饼也可以在这一天补回来[240]。	1日	
佛诞（官方定为四月八日，又称浴佛节）	❖ 贞元后，崇圣寺会在四月八日展出珍藏的佛牙[241]，并举行浴佛仪式。信众用五种香料浸泡的五色香汤为佛像洗浴[242]，再现佛陀出生时，难陀龙王和优波难陀龙王喷出香雨为其沐浴的场景。有的寺院还会举办龙华会，纪念弥勒在龙华树下成道度人，届时还将有金、银、琉璃和彩画装饰的多层彩车载着佛像绕城巡游（行像）[243]。 ❖ 寺院中提供各色甘甜绵柔的糕点和喷香扑鼻的粥，吃货们可以一边吃一边跟着游行队伍前进[244]。 ❖ 咸通十四年（873）四月八日，唐懿宗从法门寺亲迎佛骨，这是唐代最后一次迎送佛骨。	1日	❖ 民间亦以二月八日为佛诞或出家日，又称“行像节”，依俗亦有佛牙展出[245]。当日同样有一天假期。 ❖ 行像时，佛像将巡游城中通衢，所到之处会有前呼后拥的群众撒花烧香。请务必留心，不要发生踩踏事故！ ❖ 佛牙展出的其他信息，详见第二章《住宿与出行指南》。

（续表）

节日	精彩看点 & 节令美食	公众假期	注意事项
仲夏端午（五月五日）	❖ 端午前两日，东市举行扇子大特卖，选购的市民络绎不绝[246]。 ❖ 这个日子里最时髦的装扮，就是戴一条被称为“长命缕”的五彩丝带，据说是为了模仿古时越人驱退蛟龙而在手臂上文的文身，可以辟兵鬼，驱散病毒。 ❖ 吃角粽。唐代的粽子似乎没有咸馅，大多要么是无馅白粽，淋上蜂蜜，要么是砂糖和蜂蜜馅[247]的。 ❖ 旅店前台备有以雄黄蘸笔写就的端午护身符小纸条，供游客自取。上面的内容是：“五月五日天中节，一切恶事尽消灭，急急如律令。”[248]（图 1–30）  ⊙ 图 1–30　端午护身咒语 ❖ 买几把艾草挂在房间门口，能为你驱散五月的暑气与疫病。一边用兰草煮过的热水泡澡，一边喝杯菖蒲酒[249]，实在是放松快意。这有利于增强抵抗力，但请小心泡澡时间过长会引起眩晕。	1 日	❖ 五月暑气上蒸，各类毒虫出没，疫病流行，导致唐代乃至整个中古时期的民众对恶劣环境有着天然的恐慌。因此，五月又被称为恶月，五月五日更是恶上加恶，也因此有了诸多禁忌。比如“五月盖屋，令人头秃”、五月上屋顶会丢魂云云，甚至大家相信，五月五日出生的孩子也会妨害父母[250]。在现代人看来，五月的诸多不便和危险并没有那么可怕，但也请理解唐人在五月战战兢兢的心理。 ❖ 端午舟船竞渡当时仍主要流行于南方，在长安尚不太能看到。

（续表）

节日	精彩看点 & 节令美食	公众假期	注意事项
七夕	❖ 远离了现代嘈杂的商业氛围，也没有盛大的公众活动，唐代的七夕是纯属于（女）孩子们的恬静节日[251]，和浪漫爱情的关系不大。 ❖ 傍晚去唐人家串门，你会看到庭院中陈列有瓜果鲜花和酒肴，这家的女孩子们正在盈盈遥拜月亮、牵牛和织女星，一会儿她们还将参加以彩丝穿过七孔针的乞巧比赛[252]。	1 日	
七月十五日（这一天既是佛教的盂兰盆大会，也是道教的中元日）	❖ 唐人会在今日为生者求长命无灾，为逝去的亲人祈福，救济无人祭奠的孤魂野鬼。 ❖ 这一天也是解夏之日。经过一个夏天的闭关，僧众修为精进，重获自由，可以到处走动起来了。各大佛寺热闹异常，皆铺张陈列，进宝设斋，举办盂兰盆供。佛殿前摆满了各种奇妙的假花树，有绢做的芙蓉、牡丹和蜡捏的菱藕[253]，金银盆中装满供养僧佛的食品和奇珍异宝，让人大开眼界。当日寺院里还有百戏表演和斋会，而道观内会举行斋醮。 ❖ 是夜城中亦有观灯传统[254]。中元赏月的人气丝毫不亚于八月十五日。	3 日（节前 1 日，节后 1 日）	❖ 可惜你在今夜看不到壮观凄美的放河灯仪式。南宋之后，中元夜的河畔才有此荧灯万盏、水火辉映的景象。

（续表）

节日	精彩看点 & 节令美食	公众假期	注意事项
八月十五日	❖ 现代人非常重视的中秋节在唐代才具雏形。唐人在此日前后赏月，仅此而已。这一晚，人们设宴摆酒，望月吟诗，思念远方的亲友，没有月饼，没有特殊的节令饮食，更没有后世附加的各色活动。“清光凝有露，皎色爽无烟”[255]，请你在当晚搬好椅子，露天而坐，忘掉微信祝福，忘掉月饼和中秋晚会，一心一意地凝望这轮古今不变的月亮。 ❖ 有趣的是，八月十五日刚好是新罗国的另一节日，据说是为了庆祝新罗战胜渤海国而设立[256]。	非官方节日，无公众假期[257]	❖ 想在中秋之夜吃到真正的月饼，要等到明代。
重阳	❖ 九月季秋，凉风萧瑟，侵人衣袖；烟霄旷远，天朗气清。此时最适合籍野饮宴，登高而望。 ❖ 饮菊花酒，尝麻葛糕，别忘了在发梢插上鲜红的茱萸果，以驱邪延年。要赏菊的话，大慈恩寺是个不错的去处。	1日	

（续表）

节日	精彩看点 & 节令美食	公众假期	注意事项
冬至（十一月二十七日）	❖ 这一天对唐人来说是相当重要的节日。陌生人见面也要记得互道“万福”，说些吉祥话[258]。亲友间还会互赠毡靴、厚衣和鞋袜，每家每户都拿出珍藏的腊肉美酒、拿手好菜来款待客人[259]。从这一天开始就正式入冬了，记得到东西二市去备一些过冬的衣物。 ❖ 开成年间，日本僧人圆仁来唐，记录下当时人们会在冬至前一晚守夜[260]的习俗。 ❖ 天气太冷不愿意出去也无妨，窝在房间里喝碗热赤豆粥，吃碗冬至馄饨[261]，是非常幸福的。	连放 7 日（节前3日，节后 3 日）	❖ 冬至日里盛大的南郊祭天与大朝会是游客无法参加的项目。届时，皇帝将在大明宫含元殿（太极宫时期为太极殿或承天门[262]）内接受群臣、四方来使的朝贺与进奉[263]。另，元日亦有大朝会。走在光宅、翊善坊附近，虽无法亲临，你仍能听到大明宫里山呼万岁之声[264]。 ❖ 游客可以沿途观看从大明宫出发前往南郊圜丘的銮驾队伍，但不被允许进入祭祀场地。
腊日（十二月八日）	❖ 唐代腊日受佛教影响很深，主要节俗有灌佛、沐浴[265]等。这一天也是你“大洗”的日子，以沐浴去除浑身污秽，很多人还会扎堆到寺庙中沐浴[266]。 ❖ 东西二市澡豆、面脂、口脂、面药等洗护用品可能有促销活动。	连放 3 日（节前1日，节后 1 日）	❖ 唐人过腊日，尚不知腊八粥为何物，这是北宋时才兴起的节令食品。

（续表）

节日	精彩看点 & 节令美食	公众假期	注意事项
岁除	❖ 这一晚全员都得守岁，实在犯困可以喝点茶提神。 ❖ 旅店老板会在庭院中点燃巨型灯烛或柴火堆，这就是庭燎。火烧得越旺，意味着来年的运气越好。 ❖ 从下午开始，可以带孩子们在门上插桃枝，在门板上贴桃符或“聻”字[267]。烧爆竿虽然有趣，但过程比较简单粗暴，就是把竹筒放在火上燃烧。游客玩得没有唐人顺手，一定要小心受伤。 ❖ 孩子们最喜欢的活动是照虚耗，即手持灯烛照亮墙角、床底和灶底，让虚耗鬼无处遁形。传说专偷家中粮食的它们就藏在这些阴暗地带。		❖ 这也许是你在唐长安城过的第一个除夕。一年将尽，这个兴奋而欢乐的夜晚也同时承载了许多万里未归人的孤寂和老年人寿岁将尽的感伤。

（续表）

节日	精彩看点 & 节令美食	公众假期	注意事项
岁除	❖ 除夕夜，官民都会举办盛大的驱傩游行仪式。虽然我们看不到皇宫中的大傩礼，但民间的表演同样精彩，且随时欢迎你加入队伍。队伍打头的是方相氏[268]，由身披熊皮、头戴四眼黄金面具的演员扮演，他执戈扬盾，高喊“傩！傩！”驱散疫鬼。民间驱傩中还有傩翁、傩母[269]等鬼怪角色，傩翁一般身穿朱衣画裤，傩母则穿青衣，演员头戴面具。其他傩鬼则都用油彩涂面，唯露出雪白的牙齿。队伍边行进，人们边用麻鞭抽打这些鬼怪。你听！那令人心惊胆战的鼓点，伴着凄厉笛声由远及近。消瘦可怖、发出怪异叫声的“傩怪”[270]们正朝你走来！ ❖ 宫中大傩礼正式演出前的排练是允许百姓观看的[271]。		

附录五 皇帝诞日及放假情况表

皇帝诞日	节日活动	注意事项
❖ 玄宗：八月五日千秋节自开元十七年（729）始，天宝年间更名为天长节[272] ❖ 肃宗：九月三日天平地成节[273] ❖ 代宗：十月十三日天兴节 ❖ 文宗：十月十日庆成节 ❖ 武宗：六月十一日[274]庆阳节 ❖ 宣宗：六月二十二日寿昌节 ❖ 懿宗：十一月十四日延庆节 ❖ 僖宗：五月八日应天节 （唐代最后两位皇帝，昭宗的诞日名为嘉会节，哀帝的为乾和节，但他们在位期间跨旅局已停止游客入境，这些都与游客无关了。） ❖ 其他君主的诞节未见记载，故表中未列出。	千秋节与天长节 ❖ 开元十八年（730）起，玄宗千秋节放假 3 日（节前后各 1 日）。群臣及皇室会向皇帝进奉衣裳、铜镜、承露囊；皇帝赐宴群臣，演出歌舞百戏，还会邀请民间父老进宫同乐[275]。 ❖ 千秋节、天长节期间，民众有 3 天欢宴的假期，人们互赠承露囊[276]。 ❖ 玄宗去世后，自宝应元年（762）八月起，天长节放假 1 日，后此节被废除。 其他诞节 ❖ 肃宗、宣宗诞节均放假 3 日，武宗诞节放假 2 日。	玄宗、文宗、武宗等皇帝诞节期间禁屠。

第二章

住宿与出行指南

雄鸡已报晨光；

客舍外，苦等的人拍门喊道：

“快！快把门打开！

你可知我们仅停留片刻，

一旦离开，也许再不回来。”

——公元 11 世纪，奥玛 · 海亚姆（Omar Khayyam）《鲁拜集》[1]

初到长安，当务之急是找个舒适的住处，放下行李去寻觅美食！长安城中提供住宿的地方有很多，但游客只有三种选择：**馆驿、私家旅店和寺观（主要是寺院）**。

城内街头巷尾有时会张贴着带你入住四方馆、鸿胪客馆、邸舍或进奏院的小广告，请勿相信，跨旅局已派专人及时铲除。**四方馆和鸿胪客馆**位于游客无法进入的皇城内，分属中书省和鸿胪寺，仅接待各国君主、使节、留学生等，安排游客进入属于非法行为。一旦被发现，你将被跨旅局遣返并取消旅行资格。**邸舍**在唐初就有[2]，是每年各州朝集使进京考课、纳贡和参加庆典时的居所。中晚唐时期的**进奏院**（前身为上都留后院[3]）是藩镇官员进京休整、联络办公的官方机构，性质有点像今天的驻京办，但并不对外开放住宿和餐饮。此外，进奏院内会发生一些**疏通京藩关系**、打探消息的间谍活动，这等龙潭虎穴还是远离为妙。

我们普通游客能随时安心入住的，就是长安各类私家旅店和寺院。而只有在中晚唐时到达，才有可能“混”进馆驿住宿。

注意事项

有几个同义词需要你特别留意：馆驿、驿馆、邮驿、传舍都是指驿站。唐人口中的旅舍、客院、逆旅、店，以及招子上写的张家店、李家店等都是私家旅店。邸店虽也是“店”，但主要是供商人存放大批货物和金钱的货栈，可进行买卖交易[4]，并不是专门提供住宿的旅店。此处人员往来频繁，身份复杂，无论白天黑夜都闹哄哄的，隔壁不是在谈生意就是在数钱点货。如果你不小心入住邸店，将不胜其扰。

· 入住馆驿 · ❗

驿站是唐代官方招待所与邮递站点，服务于传达文书和军报的信使、过往官员和出公差者等。唐代官员因公或因私出行都可入住馆驿，不同品级对应不同的餐食待遇和马匹数量。不少馆驿设施齐全、装潢华丽，配有专门的厨房和花园，居住环境确实不错。馆驿内还配有驴、马，方便官员往来和传递公文。

《唐六典》记载，玄宗时期，唐朝版图内共有一千六百三十九所馆驿，每三十里一所[5]，星星点点分布于通往长安的驿道上。馆驿通常在长安城外，城内只有一所——位于通化坊的都亭驿[6]。

你有“符券”吗?

唐前期要住进馆驿可相当不容易。若是因私出行，只有职事五品、散官二品和爵位国公以上者才能入住（偏远地区要是实在找不到旅店，入住条件可稍微放宽，且须自行解决伙食）[7]。公务出行者则必须出示凭证方可入住和使用驿马。凭证最初是银牌或铜符[8]，开元后改为纸券[9]，统称为“符券”。（图 2-1）符券由门下省或诸军、州发放，未经允许擅自进入馆驿者会受到杖责[10]。驿站来往官员众多，先来者得给官阶更高、更有权势者让位。元稹就曾在敷水驿和宦官头子仇士良来了一场“遭遇战”，被与仇士良同来的刘士元一顿鞭打[11]。

实在想入住馆驿体验一番的游客，请选择中晚唐时到达。晚唐存在滥发“驿站准入证”的行为，这种准入证被称为“转牒”，由各节度使随意签发[12]，可在藩镇全境，甚至全天下的驿站中使用[13]。说实话，要是你有渠道和人脉，搞一张来也不难。

哦，对了，伪造符券是要被绞死的[14]，请不要做这种违法且危险的事。

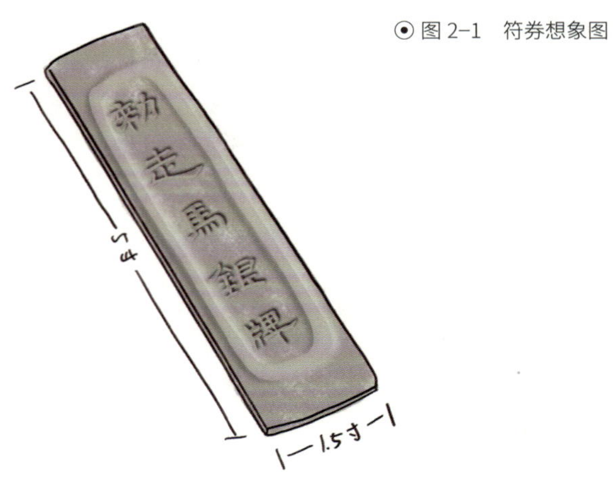

⊙ 图 2-1　符券想象图

张将军和岑判官

驿站会安排专员记下进出驿站人员及其马匹数量和所食草料量。当驿卒们忙前忙后清点、记录时，有两个人的生命历程也正被埋织进这些枯燥而细致的账历中。

吐鲁番阿斯塔那 506 号墓的墓主人是大历年间去世的西州本地人张无价，其尸身被放置在一口纸糊的棺材里。（图 2-2）张无价出身当地望族，官至五品，晚年却孤身独居，一贫如洗，只好

⊙ 图 2-2　装殓张无价的纸棺[15]

随早已出家的女儿法慈寄住在寺院。张无价去世后，女儿从各处官府、驿站收来不要的旧文书作为材料，制作成纸衾和一口还算坚实的纸棺，尽己所能为父亲体面地送行[16]。

1973 年，考古人员将墓中纸棺层层揭开，发现这堆故纸中夹有天宝十三至十四载（754—755）西州交河郡等地驿站人员的往来记录，以及马匹和驴的食料账本。有两条记录引人注目。那是天宝十四载，岑参往返北庭和交河郡留下的痕迹。他在八月二十四日经过柳谷馆驿；十月到达石舍馆驿，一行人的七匹马吃掉了三斗五升青麦[17]。

天宝十载（751），张无价获封五品游击将军[18]，一时风光无限。去世时，这份任命的告身抄件还被藏于他的衣物内[19]。（图 2–3）三年后，岑参出发北上，任安西北庭节度使封常清之判官，为我们留下“九月天山风似刀”“随风满地石乱走”的大唐西陲景致。（图 2–4、图 2–5）他们一个在本乡屡立战功，一个为经营西域离家北上。谁料乱世须臾而至，一代人的青春就此蹉跎。大历四年（769）[20]，晚年孤贫的张无价留下女儿，撒手人寰；这一年，壮志未酬的岑参也客死成都旅舍。

20 世纪 70 年代，专家们在纸棺上辨认出模糊的字迹，遂拆开层层故纸，揭示了两位同年去世的古人，彼此到死都不曾察觉的交集[21]。

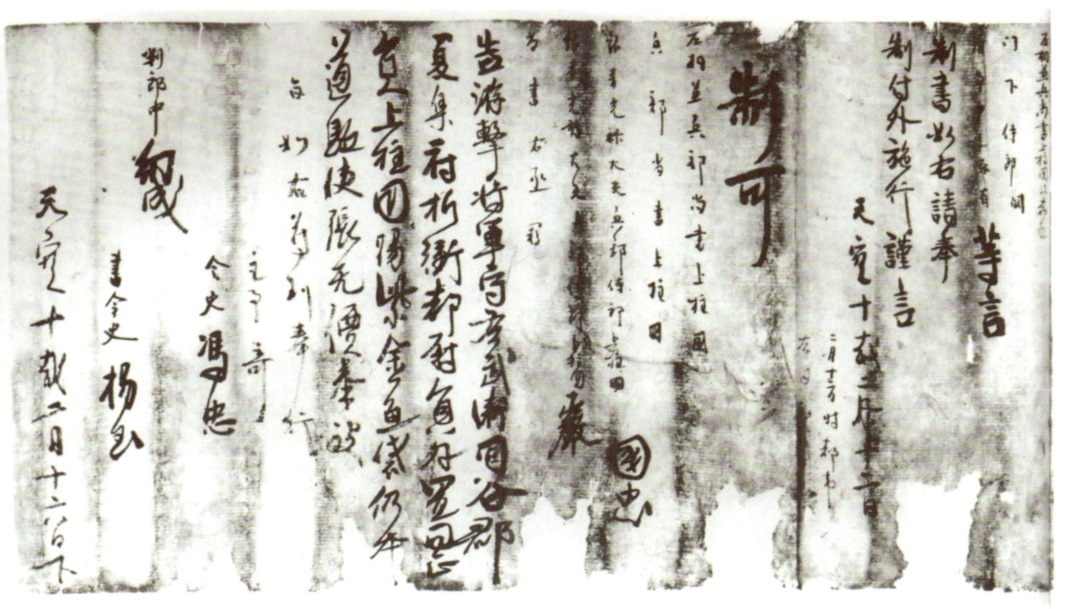

⊙ 图 2–3　授张无价游击将军的告身[22]

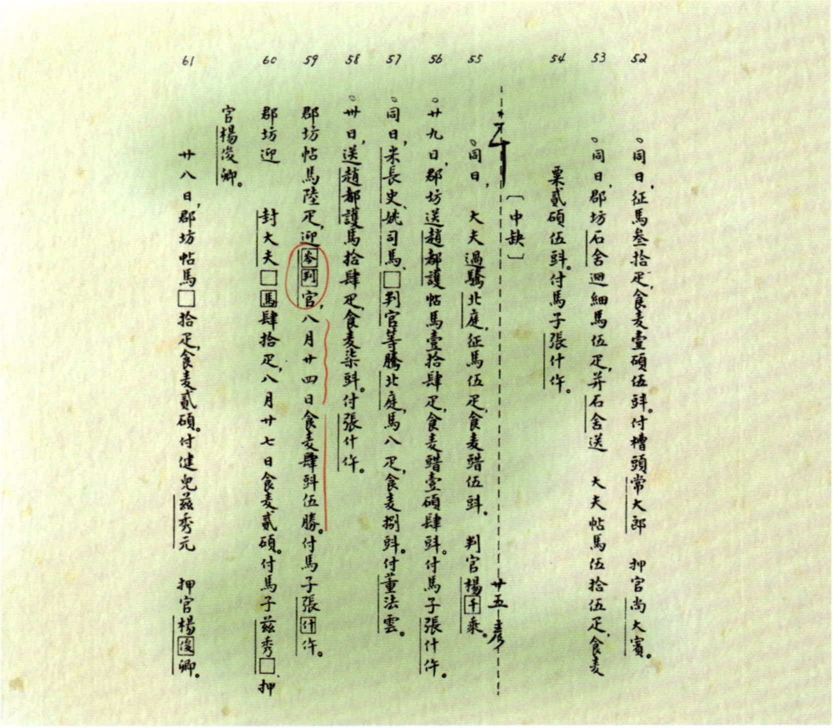

52 同日，征馬叁拾疋，食麦壹碩伍㪷。付槽頭常大郎　押官尚大賓。
53 同日，郡坊石舍迴細馬伍疋，并石舍送　大夫帖馬伍拾伍疋，食麦
54 粟貳碩伍㪷。付馬子張什仵。

［中缺］

55 同日，　大夫過騰北庭，征馬伍疋，食麦踖伍㪷。　判官楊千乘。
56 廿九日，郡坊送趙都護帖馬壹拾肆疋，食麦踖壹碩肆㪷。付馬子張什仵。
57 同日，米長史、姚司馬、□判官等騰北庭，馬八疋，食麦捌㪷。付董法雲。
58 卅日，送趙都護馬拾肆疋，食麦柒㪷。付張什仵。
59 郡坊帖馬陸疋，迎岑判官，八月廿四日食麦肆㪷伍勝。付馬子張什仵。
60 郡坊迎　封大夫□馬肆拾疋，八月廿七日食麦貳碩。付馬子菸秀□、押
官楊俊卿。
61 廿八日，郡坊帖馬□拾疋，食麦貳碩。付健兒菸秀元　押官楊俊卿。

廿五　彦

⊙ 图 2-4　交河郡柳谷馆驿马料文卷中出现的“岑判官”[23]

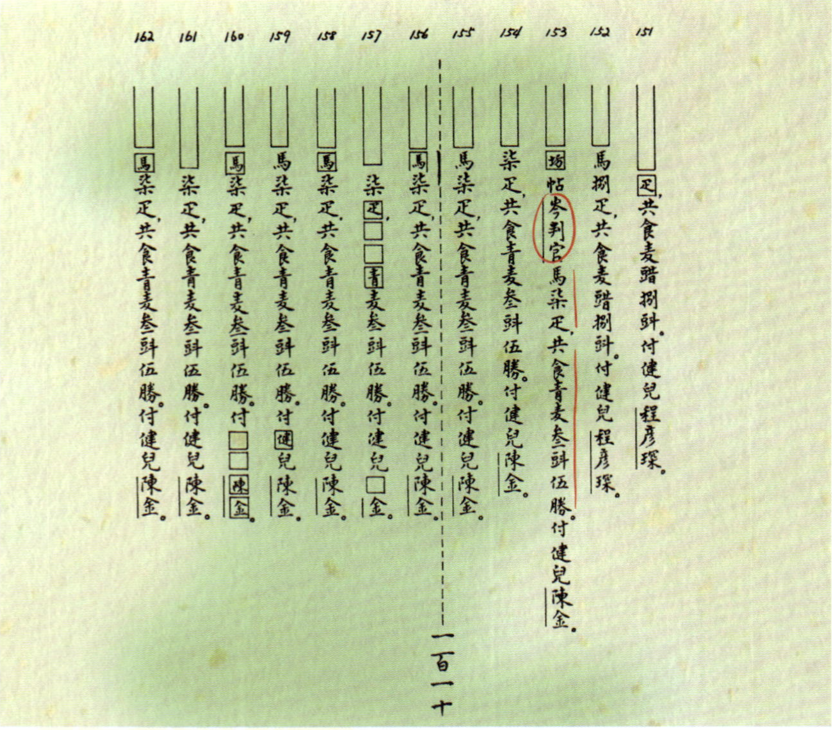

151 □疋，共食麦踖捌㪷。付健兒程彦璨。
152 □馬捌疋，共食麦踖捌㪷。付健兒程彦璨。
153 □坊帖岑判官馬柒疋，共食青麦叁㪷伍勝。付健兒陳金。
154 □柒疋，共食青麦叁㪷伍勝。付健兒陳金。
155 □馬柒疋，共食青麦叁㪷伍勝。付健兒陳金。
156 □馬柒疋，共食青麦叁㪷伍勝。付健兒陳金。
157 □柒疋，□□青麦叁㪷伍勝。付健兒□金。
158 □馬柒疋，共食青麦叁㪷伍勝。付健兒陳金。
159 □馬柒疋，共食青麦叁㪷伍勝。付健兒陳金。
160 □馬柒疋，共食青麦叁㪷伍勝。付□□陳金。
161 □柒疋，共食青麦叁㪷伍勝。付健兒陳金。
162 □馬柒疋，共食青麦叁㪷伍勝。付健兒陳金。

一百一十

⊙ 图 2-5　交河郡石舍馆驿马料文卷中出现的“岑判官”[24]

朱雀街西通化坊　都亭驿

长安城内唯一的驿站是都亭驿。顾名思义，这是设在都城中的驿站，东都洛阳、北都太原亦有都亭驿[25]。

在都亭驿，你可尽享长安城第一驿的舒适与奢华，驿内配有造景山池和亭台楼阁，提供数量充足的驿马。贞观十九年（645），从印度回国的玄奘经开远门进入长安，就住在这里。当时，从长安西郊的漕上到都亭驿的二十余里内，前来迎接的人摩肩接踵，大家争相一睹这位得道高僧的风采。

住在通化坊的名人们

通化坊可谓是长安城中底蕴最深厚的坊，居住在此的游客能感受到浓浓的文化气息。出生于景龙三年（709）的颜真卿在此坊的舅家殷氏祖宅中一直住到十三岁[26]。贞观、永徽年间，坊中住着颜真卿的曾伯祖、大学者颜师古，舅祖父、书画双绝的殷仲容，书法家冯承素和欧阳询[27]。但由于跨旅局未与他们谈妥宅邸开放事宜，你不一定见得到他们。对了，欧阳询的身形样貌与其书法之平正俊朗可能有些反差，以至于同事许敬宗见到他时竟忍不住笑出了声[28]。

欧阳询到底长什么样子呢？长孙无忌曾作诗讽刺，说他两肩高耸不见头，畏畏缩缩像个猴[29]。有唐人还煞费苦心地编排了一个段子，即《补江总白猿传》[30]。大概情节是欧阳询的父亲欧阳纥的美貌妻子被一只老猿精怪掳走，后来便生下了欧阳询。

亲临历史——迎接玄奘回京

贞观十九年（645）正月二十四日：玄奘到达长安城西郊漕上，因为慕名前来的百姓围满道路，他不得已先在郊外留宿[31]。

二十五日：房玄龄等人自开远门迎入玄奘，安排其入住通化坊都亭驿[32]。玄奘此次游历带回的舍利，佛经及金、银、檀木佛像均将在朱雀大街陈列，供人观瞻，展示完毕后送往城西北修德坊的弘福寺（后更名为兴福寺）内收藏。此路线上数十里间，满城百姓全都跑来观看，狂欢一连持续了四五天[33]。（图 2-6）

在狂欢的人群中，你瞧不见玄奘的身影。此时他正在都亭驿中躲避这喧嚣。热闹因他而起，却又与他无关[34]。当年五月，他在弘福寺开启译经工作。三年后（贞观二十二年，648），大慈恩寺落成，玄奘前往大慈恩寺译场。显庆三年（658）正月，他再次奉旨移住新建的西明寺译经。如果你选择借宿于西明寺，也还有机会遇到玄奘，但请不要打扰到他。

法师还是被吓跑了

然而再怎么提醒也没用。西明寺里每天仍有大量百姓来围观法师，与法师握手，要签名，简直把清净寺院变成了菜市场，让他不堪其扰[35]。在西明寺里住了不到一年，玄奘便移居长安城北二百多里外茫茫大山中的玉华宫寺，在那里潜心译经，直至去世[36]。

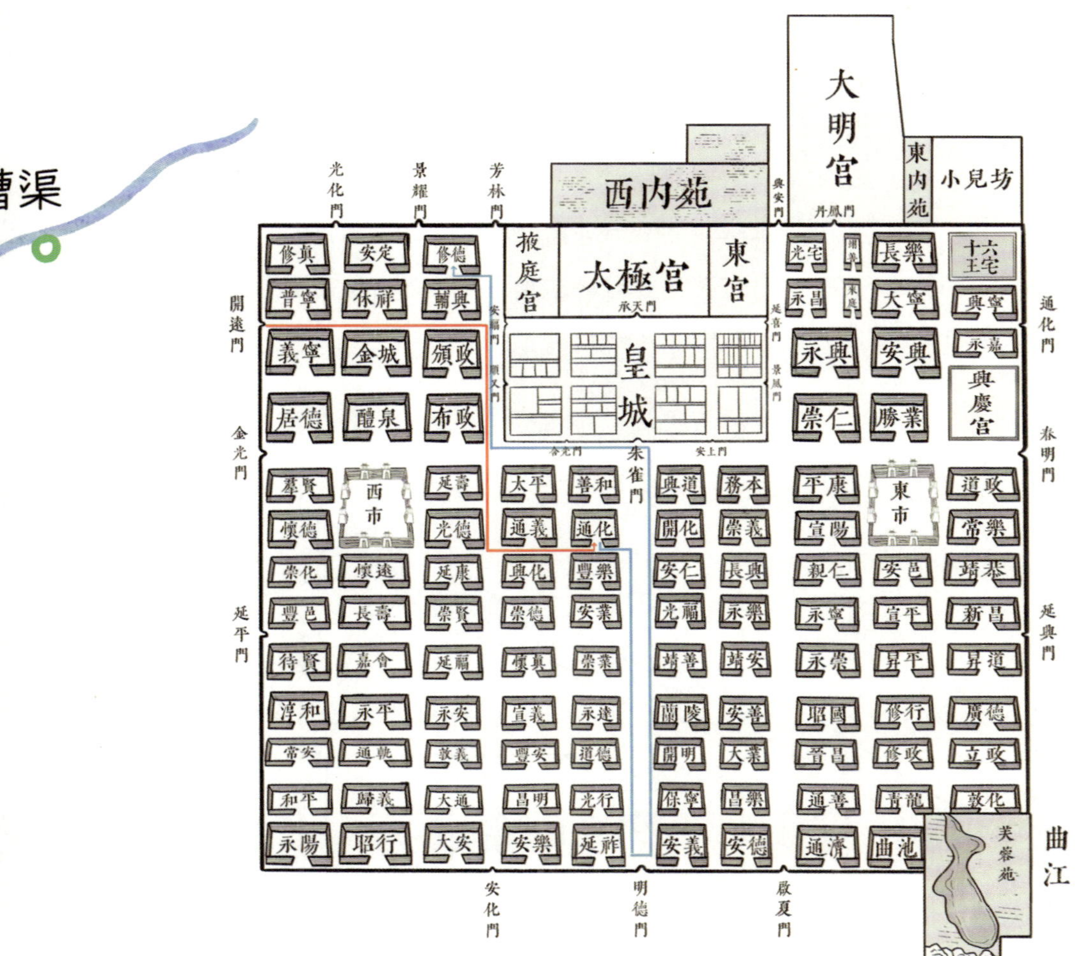

贞观十九年（645）正月二十四日宿于西郊漕上

贞观十九年正月二十五日自开远门入，入住通化坊都亭驿

贞观十九年正月二十六日在朱雀大街展示佛像，完毕后送入修德坊弘福寺

⊙ 图 2–6　玄奘回京与佛像展示路线图

通化门外长乐坡下 长乐驿

长乐驿是东出长安第一驿，因东临浐水，又被唐人称为长乐水馆。一出长乐驿，旅人们便上了潼关道，离别就在眼前。“终日坡前恨离别，谩名长乐是长愁。”[37] 杨花飞雪，柳丝依依，长乐驿承载了唐人百年间送别的泪水。若非特别喜欢长乐驿内的题壁诗和浐水风光，本书不建议你住在这里。此处距离长安城中心地带有十余里路[38]。（图 2–7）

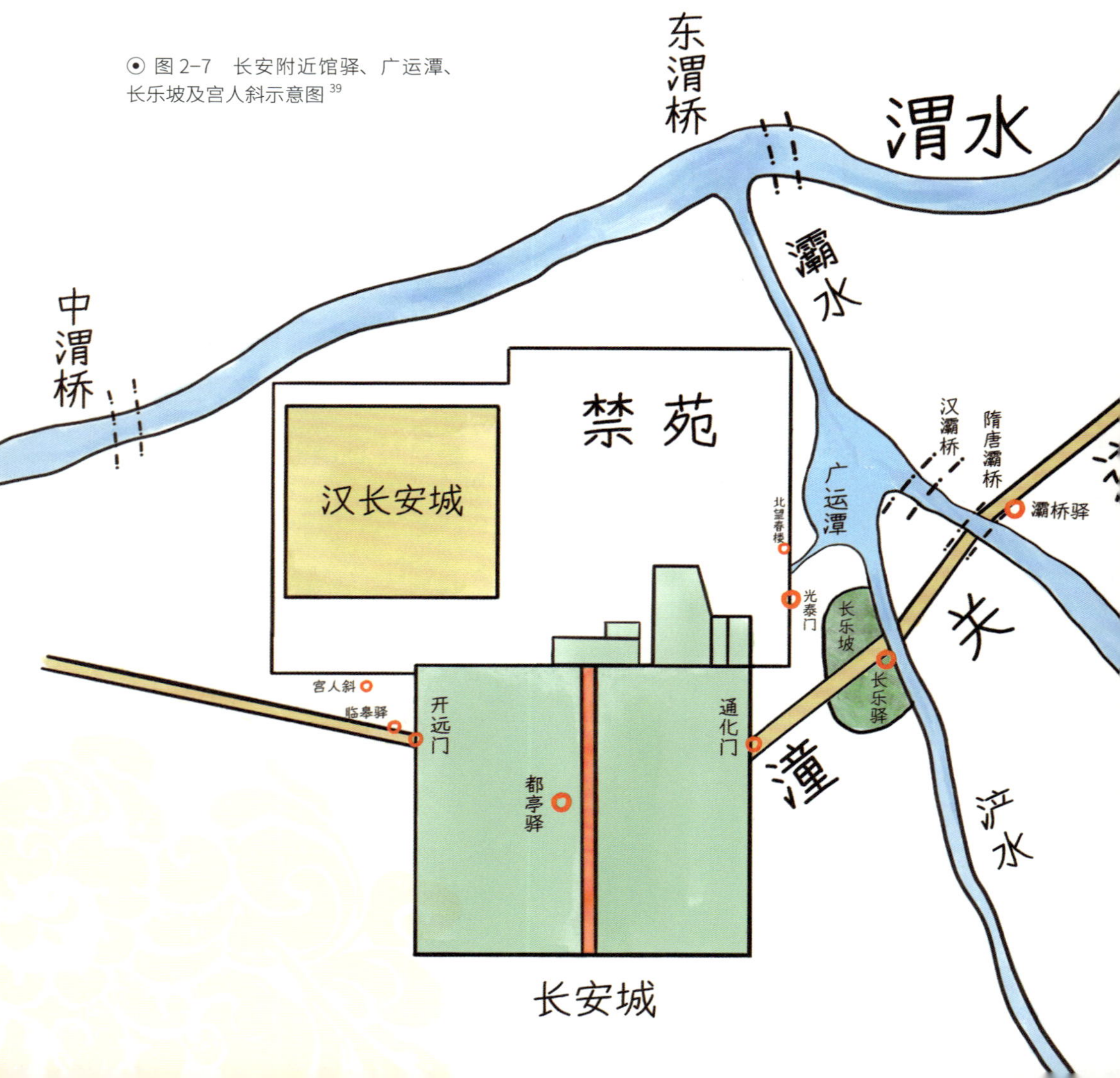

⊙ 图 2–7 长安附近馆驿、广运潭、长乐坡及宫人斜示意图[39]

广运潭盛会[40]

长乐驿往北走约一个半小时，会到达由陕郡太守韦坚主持开凿的作为漕运泊船码头的广运潭。天宝二年（743）通航当天[41]，此地将举行“广运潭南方土产博览会”，届时玄宗将亲临浐水西岸禁苑光泰门内的北望春楼，与万民同看这场盛会。想要看到绝佳景致一定得早点到，现场可是人山人海。

参会船只多达两三百艘，满载江南和岭南数十个郡的特产。船只皆用显眼的名牌标明自己所在地域——广陵郡船上堆满了名锦、铜镜等铜器和各种海货；丹阳郡船上的绫匹让人眼花缭乱；会稽郡船上陈列有上好铜器、罗、吴绫和绛纱；吴郡船上是香喷喷的糯米和贵气端庄的方纹绫；南海郡船带来了浓浓的海岸风情，有玳瑁、珍珠、象牙、沉香等奇珍；江西在唐时就已是产茶产瓷的重地，作为代表的豫章郡船上自然少不了名瓷、酒器、茶釜、茶铛、茶碗；宣城郡船主打文化品牌，船上有可以用作颜料的空青石和黄连，还有闻名遐迩的宣纸和宣笔；来自今天广西桂林的始安郡船也极具地域特色，满载着以芭蕉叶纤维纺织而成的蕉葛布，还有蚺蛇胆和翡翠。来自现代相关省份的游客别忘了向家乡代表团挥手致意。

为了更好地配合此次南方主题活动，船夫等工作人员也穿戴上主题服装：笠子、宽袖衫和芒鞋。头船的船头站着陕县县尉崔成甫，他是李白的好朋友[42]（两人可能都有点“人来疯”）。只见崔成甫头戴红色抹额，着一身绿袍，敞开领子，露出里面的锦半臂，带头唱响本次博览会的主题曲："得宝弘农野，弘农得宝耶！潭里船车闹，扬州铜器多。三郎当殿坐，看唱《得宝歌》。"身后有一百位靓装华服的女子齐声唱和，悠扬的鼓笛伴奏随着水波荡漾。

头船开动了！两岸围观的百姓欢呼雀跃。其他船只紧紧跟随，穿过望春楼下驶入禁苑，向楼上观景的玄宗进献供物。

开远门外西七里　临皋驿

临皋驿是西出长安第一驿，距开远门有七里路[43]。附近有著名的宫女墓地"宫（内）人斜"，埋葬着寂寞老去的宫女们。古驿幽深，细雨霏霏中，到此的游客难免沾染些淡淡的愁绪。

"一路斜分古驿前，阴风切切晦秋烟。"[44]

若你有意，可到宫人斜走走，凭吊这些凋零于深宫的女子。

满壁存亡俱是梦——寻找馆驿的题壁诗

官员们或怀揣长安梦进京，或失意被贬往外地，驿壁是聆听他们心绪的无声知己。灵感迸发的唐人手起笔落，率意挥毫，眼前的驿壁就是他们的作品发表的最初平台。来者也可借助驿壁与前人进行跨越时间的对话，算是最原始的 BBS。游客们在入住长安城都亭驿、长乐驿和临皋驿时，请留心驿壁上自己熟悉的诗人的题诗。李商隐、刘禹锡、祖咏[45]等人都曾来过，留下了犹存温度的笔迹。之前默默无闻的题壁人若是日后当了大官或享有盛名，人们还会在题诗上罩一层碧纱来保护它[46]。

开放跨时空旅行后，现代游客也渴望在文学偶像诗作旁题诗留念。为了不影响唐人诗作原貌，大多数馆驿都新建有游客题诗壁，为的是把今人诗作与唐人诗作分开，因为两者的质量实在相差悬殊。

◆ 其实唐人在哪儿都会题诗——树上、叶上、柱上、石桥上[47]……建议你每到一个地方多转转、多看看，说不定就能发现上一个过客留下的诗句。

· 入住私家旅店 ·

- 以下推荐的店铺未收取任何广告费。
- 所有旅店均无法保证 24 小时热水供应。

有言在先，在长安，哪怕是豪华旅店，条件也远不及现代的三星级酒店。在没有空调的古代，夏天是很难熬的。“长安客舍热如煮，无个茗糜难御暑”[48]，只有清凉的心态和茶粥才能缓解酷热。此外，长安旅店内隔音纯靠木板，效果并不好，不符合现代人注重隐私的要求。旺季订到环境较差的小旅店，还得被迫和陌生人同床[49]。旅游嘛，来都来了，随遇而安吧。

选择旅店时请留意

长安城东部穿过六条高岗[50]，刚好对应着乾卦的六个阳爻[51]，从北至南分别为初九、九二、九三、九四、九五和上九，其中有两条高岗共同组成九五[52]。特殊的地形让隋代建设者们非常兴奋，认为这预示着此处将拔地而起一座壮丽神秘的千古帝都，但对城中居住者来说，却受到了生活不便的困扰。城西地势普遍低洼，并向东延伸出数条洼地，下雨天极易发生洪涝灾害。请尽量避开处于这一地带（如兴道坊西北）的旅店。（图 2–8）

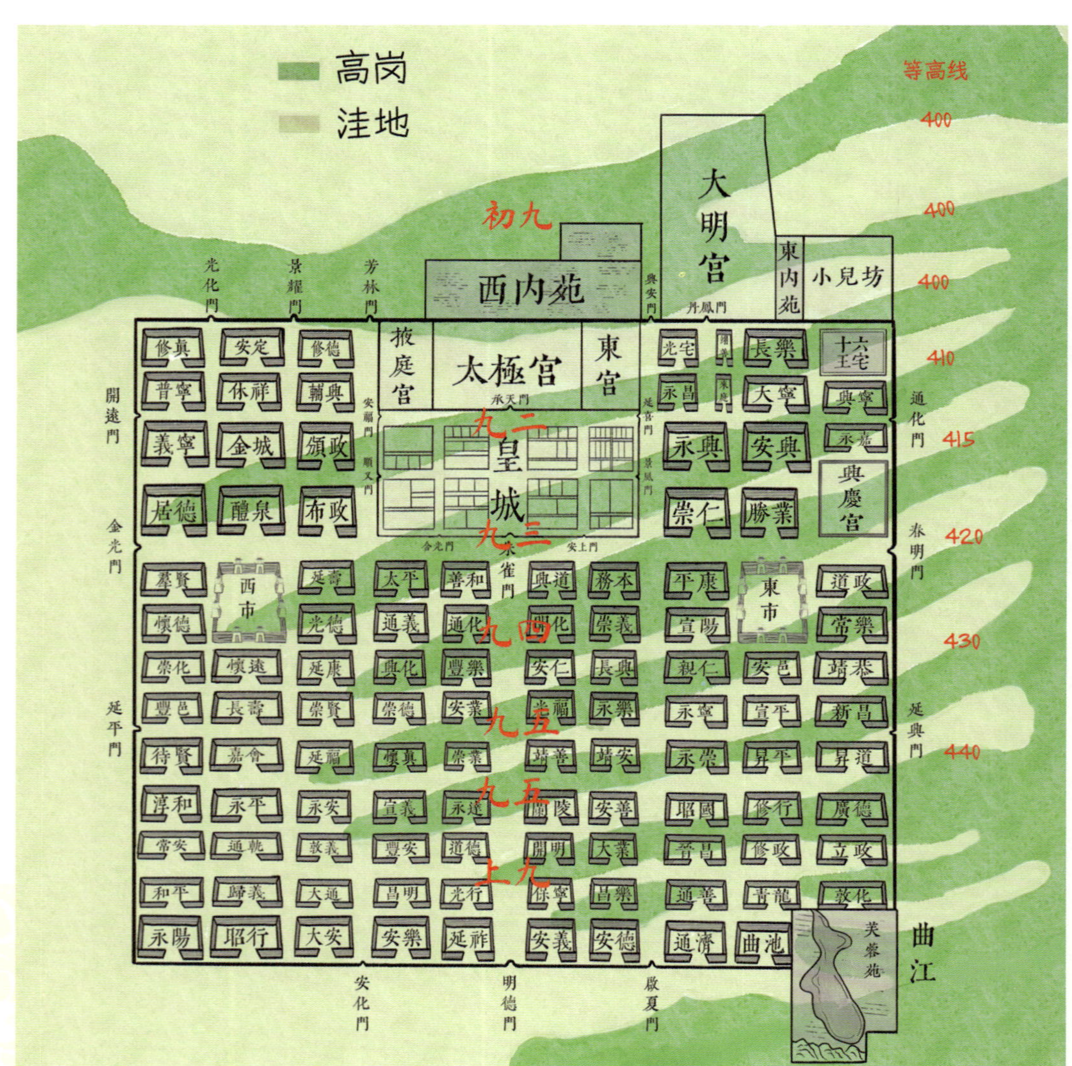

⦿ 图 2–8　长安城内高岗、洼地示意图[53]

长安城以皇城与宫城为中心。选择住在城南各坊不仅要花更多时间在交通上，居住氛围也通常更加冷清，很难买到生活用品。

习惯早睡的游客不要订崇仁坊的旅店。崇仁坊靠近皇城和东市，人流量巨大，过客非富即贵，昼夜喧呼，灯火通明[54]，坊内大多是高级旅舍，价格不菲，到了夜晚也非常热闹。如果你经费充足，且喜爱通宵流连酒肆、观看歌舞表演，这里将很适合你。（图 2–9）

敬请留意

开元二十四年（736）礼部知贡举后，通常在每年二月放榜。天还没亮，礼部贡院东墙就贴上录取名单[55]，此时住在礼部附近兴道坊、务本坊和崇仁坊的旅客一大早就会被举子们的欢呼声和哀号声吵醒。

小贴士

游客可在部分旅店内享受到以下服务：

- 提供挑夫、驭手和马匹供旅客租赁，帮助运送行李[56]。
- 退房后还能单开一间房存放行李[57]。
- 便民服务，比如为游客缝补旅途中破掉的衣物[58]。
- 提供博具[59]等娱乐设备和歌舞表演，缓解旅途中的乏累（禁止以财物赌博）。

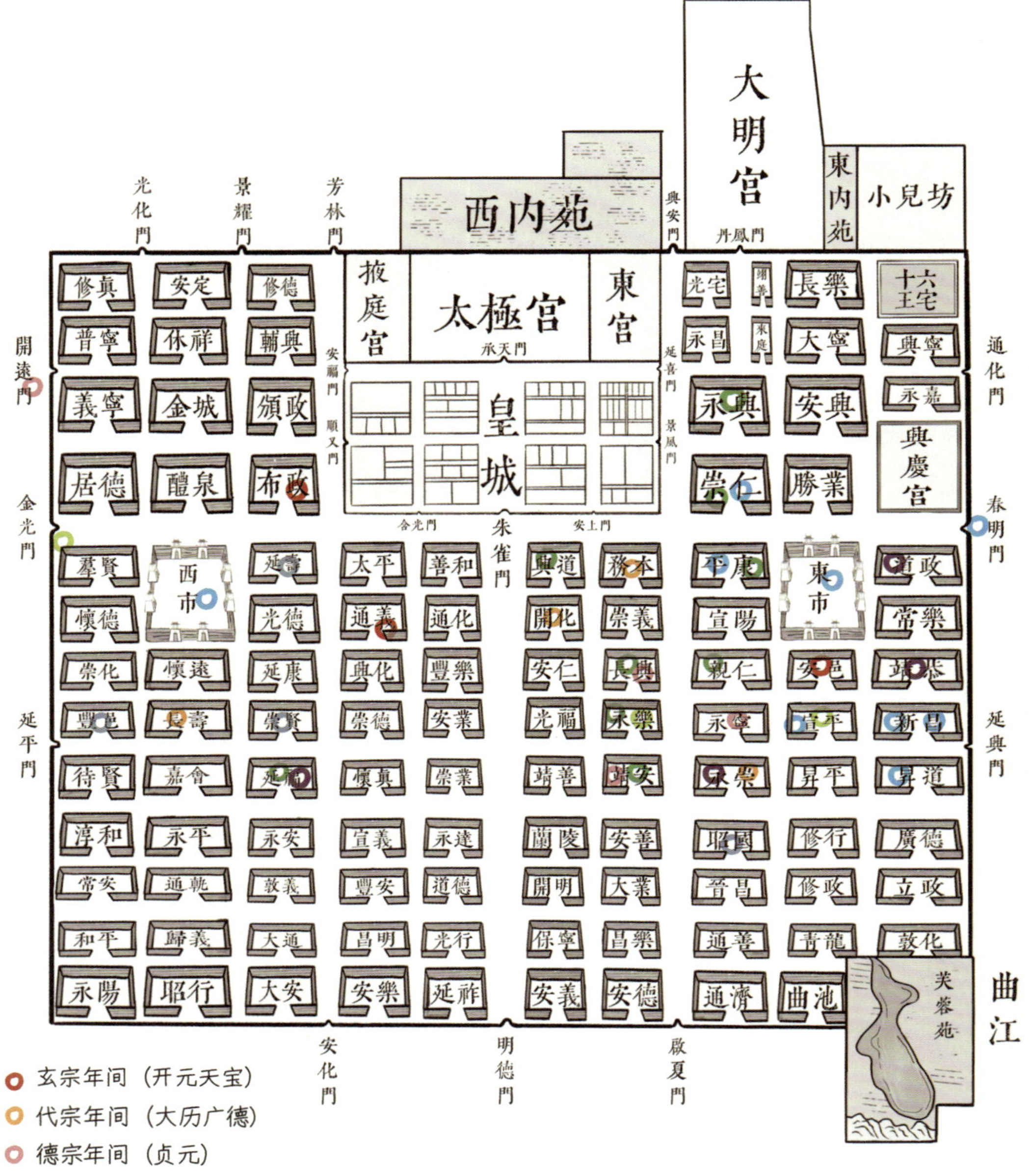

⊙ 图 2–9　长安城中各时段的旅店分布图，呈现朱雀街街东较街西密集的分布规律 [60]

危险和麻烦

在长安住店无须出示身份证明，登记住客的店历在元明时期才开始推行[61]。所以唐代旅店内人员相当复杂，千万记得关好门窗，注意安全。坊间曾发生恶少趁夜打劫财产、杀人越货的事件。有进京赶考的举子苦读十年，就因带了丰厚的行李而横死店中[62]。

至于旅店的居住体验嘛，出门在外你要做好受气的心理准备。唐人不具备现代服务意识，旅店服务人员不给你换床褥被子、收走你没吃完的饭菜去喂狗都算是小事了。还有的老板会因你不给小费、穿着普通而瞧不起人。李白的老熟人，后任礼部侍郎的张谓年少时贫寒，曾在长安某旅店内饱受店主的白眼，气得他在墙壁上写下了两句大实话："世人结交须黄金，黄金不多交不深。"[63]

在旅店中会遇到谁？

• 官员

唐初，外地官员进京办事并无专门的住处，直到贞观十二年（638），太宗才下令为往来官员们修建住宿的邸舍，后来又有了进奏院。但就算有官方招待所，一些官员也因不愿受拘束而更喜欢住在私人旅店中。

• 商人

在店内向胡商购买异国特产能享受供应商直销的优惠价格。

• 举子

盛唐以来，每年十月都有一两千名[64]赶考举子随进京的朝集使到达长安[65]，迎接次年初的考试。举子们在长安城街道上奔走行卷、温卷，身上的白色麻衣纷然如雪，成为孟冬之月街头最亮眼的风景[66]。从十月赶考到次年二三月放榜，长安城内的旅店一直供不应求，甚至有人愿意花大价钱挤在饼肆和酒垆里[67]。

为了行卷和考试方便，有钱又有门路之人大多会住在皇城尚书省附近的崇仁、平康、宣阳诸坊；延寿坊邻近繁华的西市和春明大街，坊内旅店也十分火爆。游客们最容易在上述诸坊邂逅彼时的举子，未来的国之栋梁。然而事情总不全遂人意。出发时都是父母与乡人带着拳拳希望饯行，却总有大多数人榜下落泪，怅惘而归。如果选择在长安复读，考生就要在旅店中独自挺过寂寞的年景。九月霜风侵夜冷，长安游子衣裳薄。

无论是“镜前鸾对舞，琴里凤传歌”[68]，还是“旅馆谁相问，寒灯独可亲”[69]，这些都是旅居在外的唐人的真实生活。在各大景点间奔忙的同时，也留点时间待在旅店里感受人间百态吧!

西市　秤行之南　窦家店[70]

● 本旅店连续十年被评为“长安城十佳酒店”。

东西二市中也有旅店，一般都由实力雄厚的商人开设，装潢豪华，占地广大。知名度较高的有富商王布、裴明礼、邹凤炽、王酒胡和窦义的客院，主要客群是商人，人员流动频繁，环境嘈杂，不适合想要恬适小憩的游客。

窦家店位于西市中，采购生活用品与外出觅食倒是非常方便。相传本店老板窦义的祖上与太穆皇后窦氏有亲缘关系，他自己非常有经商头脑，童年时就才智过人。窦家店的所在原是附近居民倾倒污水的一处水洼，贱卖也无人问津，窦义却用低价买来。他在水洼中立了杆旗标，发布广告说，谁能用石块击中旗标就能换煎饼、团子吃。这小游戏吸引了孩子们的光顾，时间一长，水洼就被丢下的石子填满了，就此省下一大笔请人填土的费用。窦老板在此造了二十多间店铺，统称为窦家店，从事零售业和酒店业。店内所有家具陈设与古旧书画都是窦义亲自挑选的，彰显了他相较其他富商的不凡品位。

窦义的创业故事还有很多，感兴趣的游客可以购买“窦义午餐”餐券，获得和他同桌吃饭的机会，向他讨教经商智慧。

● 旅行建议：来到窦家店，请尝尝店内特产煎饼和团子，它们可是老板最爱的小吃。能准确叫出老板名字的游客可享受房费九五折，喊“窦叉”“窦叉”的不许入住。

连锁品牌：窦家店

细心的游客会看到东西市不少店铺门口都挂着“窦氏”的招子，经营的内容却各不相同。这些店铺都是传奇富商窦义的产业。窦家集团的经营范围涵盖人们生活的方方面面，有鞋店、柴火店、布店、博具店、玉石加工店、柜坊、法烛店、餐饮店、旅店等，不光东西二市，甚至整个长安都随处可见窦氏集团的店铺。

怀德坊 邹家店

● 本旅店被游客评为“长安城年度最受欢迎酒店”和“长安城年度最佳商务酒店”。

邹家店老板是长安巨富邹凤炽，绰号邹骆驼，有关他的发家故事，请见第三章《食物指南》。他的商业帝国非常庞大，横跨餐饮业、邸店业和旅店业，财富之巨令人咋舌。据说他曾想以一匹绢抵一棵树的价格买下终南山上所有的树，并称就算树被买尽，他的绢也花不完——“山木可尽，我绢有余”[71]。

邹家店装潢豪华，店内员工在长安城也一向以亲切的服务态度与专业的服务水准著称，他们已随时准备好为你打造完美、舒适且个性化的尊贵假期。

● 旅行建议：店内员工的制服都十分华丽，个个身披绮罗，头戴珠翠，艳丽无比。入住时请注意着装整洁体面，切勿太过邋遢[72]。

京西旅店[73]

● 本旅店荣获“长安城年度最值得探店奖”。

旅店的具体位置已不可考，只知位于长安城西。相传店中有一位身怀绝技的老人，游客们便正好可以感受一下寻访异人的乐趣。也许下一扇你敲开的门后就站着这位隐世高手。

韦行规年少时曾路过这家旅店。老板是位看上去弱不禁风的老人，一边忙着箍桶，一边叮嘱他这里盗贼横行，晚上不宜出门。可韦行规很是不以为然，说道："我射箭的本事可好得很，保管不会有事。老人家，你多虑了。"说完，便不顾天色已晚，骑马出门去了。

夜色深沉，韦行规忽感身后的草丛中似乎有人在尾随他，于是回头怒斥了几声，却未见那人有应答。韦行规向草丛连射几箭，那人并未知难而退，似乎毫不惧怕。箭射完了，韦行规自己倒害怕起来。过了一会儿，大风骤起，空中电闪雷鸣，他只好下马躲在树下（危险行为，请勿模仿）。只见空中一道道电光闪过，劈得树枝悉数落下，越堆越高，直至膝盖。再一抬头，大树只剩下光秃的树干，再也庇护不了他。韦行规吓坏了，扔掉箭筒，跪在地上，连连向空中求饶。电光这才慢慢消失，风雷也渐渐平息。

韦行规呆望着满地的树枝，回头发现行李和马早就不见了踪影。等他失魂落魄地回到旅店，眼见老人笑意盈盈，韦行规才恍然大悟，眼前是一位真正的高人。老人对韦行规道："孩子，你光会射箭是不行的，还要学些剑术。别担心，我刚才不过是试试你的本事。"于是老人将他领到后院，丢失的行李和马都在，而老人所箍之桶的木板上，正插着韦行规方才射出的箭。

新昌坊　幸运星旅舍[74]

- 本旅店被评为“长安城年度资深旅行家优选合作伙伴”。

当地人都认为入住这家旅店能为人带来好运。

从前，一个叫程颜的可怜虫就住在这间旅店中，他丢了工作，花光了钱，还生了一场大病，似乎全天下的惨事都冲着他一个人来。可是某天，一个陌生老妪前来拜访，对他说：“你现在没有钱，又生了病，可我不但能救你，还能给你找位好妻子。”甩下这通没有头绪的话，老妪就离去了。

当天晚上三更，果然有人带着礼物上门，自称是个叫陈尚的医生派自己来的。此人先是给程颜数十束绫绢当钱花，又给了他一丸药，说能治好他的病。程颜把药丸带在身上，病果然痊愈了。几天过去，又有一阵大风刮入旅店，竟然刮来了三架担舆，里面坐着一个女郎和三个婢女。女郎说自己来自越州扶余县，本来被许配给县尉程颜，现在却被大风刮到了这个同名同姓的程颜面前，只好认命。

现在，老妪所说的话都一一应验了。虽然这只是一个故事，听上去所有发生的事都毫无逻辑关联，且逐渐离谱，但谁不希望这样莫名其妙却又无害的运气多来一点呢？

· 寺院住宿 ·

- 爱睡懒觉者、无肉不欢者请慎重考虑。
- 如非住宿，参观以下寺院均免门票。

担心旅店费用太高？担心客满订不到房间？又或者你更看重住宿环境？那么，本书诚挚邀请你来长安的寺院中小住（前提是你可以忍受一年四季无处不在的焚香味）。（图 2-10）

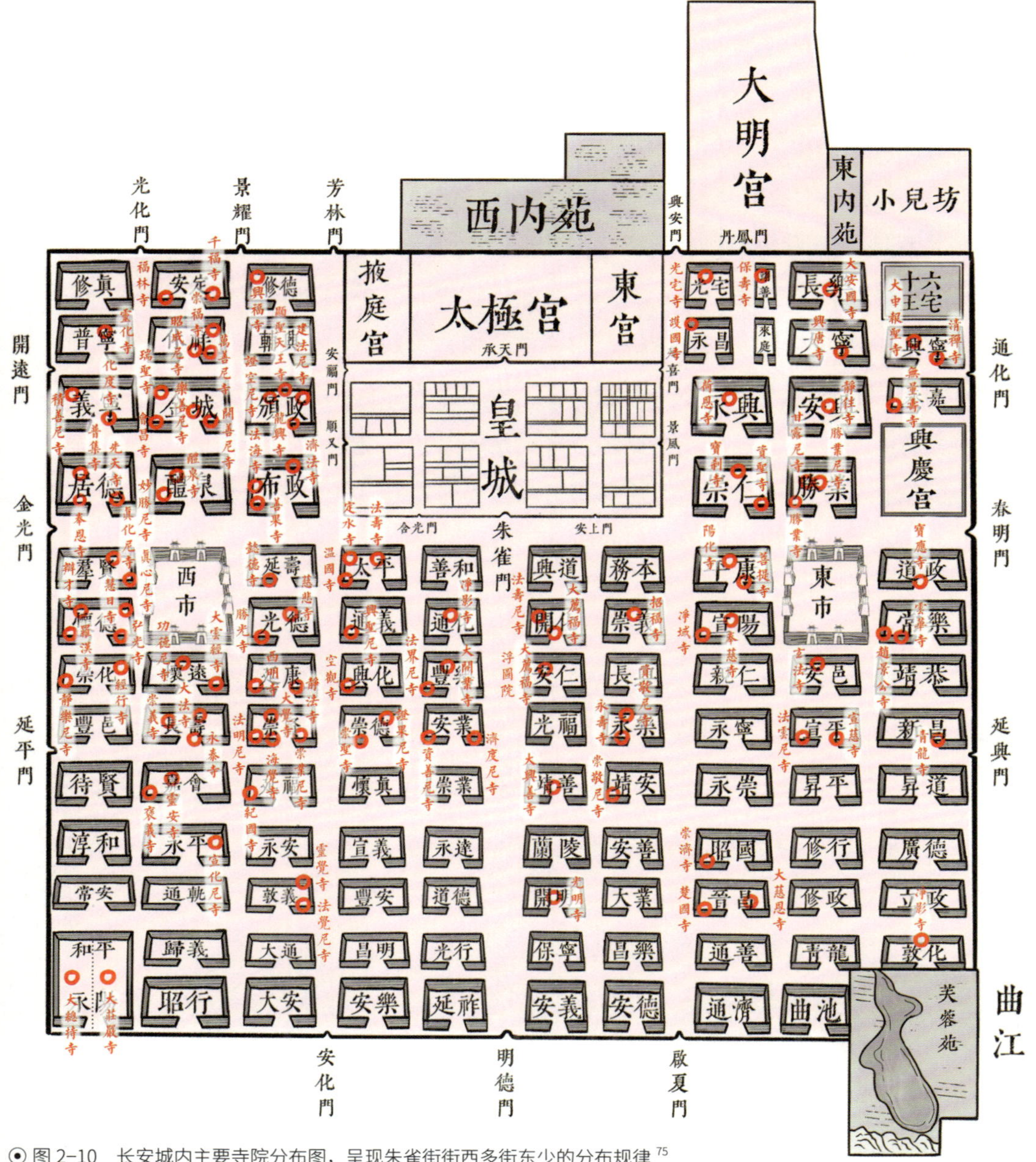

⊙ 图 2-10　长安城内主要寺院分布图，呈现朱雀街街西多街东少的分布规律[75]

唐代寺院世俗化气息相当浓厚，和后世名刹多在山林避世之地不同，长安寺院往往位于大都会中的最好地段，是当时的大型娱乐综合体。百姓在寺院里社交、看戏、赏花、购物[76]。寺院是长安的博物馆，存有大量壁画、雕塑和古迹；也是知识中心，是交换新闻、聆听佛经和四方故事、增长见闻的场所。它们还是旅途中最宜居的馆舍，有绝佳的环境与便利的交通，还常有丰富多彩的娱乐演出。

9世纪中叶，从日本来的请益僧圆仁记载说，长安城里坊内共有佛堂三百余所[77]，基本所有坊中都坐落着大小不一的寺院。和现代不同，寺院是唐人最常见的住宿选择，除了后文提到的如会昌毁佛或禁止寺院收容俗人的非常时期，寺院三门一年四季都向僧俗打开。大荐福寺、大慈恩寺、大庄严寺、大兴善寺等大寺占有半坊、一坊之地甚至更多，有充足的客房，能容纳前来挂搭的僧人、备考的举子、暂住的官员和游客等各色人士。热情懂礼的知客[78]愿意帮你解决一切问题。

额外收获

寺院还是最容易邂逅诗人的地方，他们最喜欢在这种悠闲清新的公共空间中社交会友、联句作诗[79]。如果“偶遇”名人是你本次旅行的目标，那你大可以哪儿都不去，在寺院中“蹲守”就好了。

寺院虽然是个惬意的住处，但规矩也比较多。

游客刚到寺院时，会被问到能否随寺内僧人一同持斋，要是回答“不能”，对方便会谢绝游客入住，并说明其中因果，让游客知道这并非出于吝啬[80]。

开饭前，寺里会敲钟[81]通知所有人来吃饭。大家围坐在一起分餐，各吃各的，但每个人吃的东西都一样，有瓜果、胡饼、粥等[82]。不能浪费是基本原则，必须吃到空碗为止[83]。要是错过集体用餐时间，那你可就惨了。僧人持斋过午不食，俗语叫“断中”。每天过了日中，再到第二天见明相（拂晓时分）前[84]，寺内再无餐食供应，你只能去讨些“非时浆”来喝，也就是如豆、麦、粟等谷物煮的水（煮的时候不可破皮，破皮就会有渣滓），蜂蜜水或兑水的果汁等[85]清汤饮品。这一晚，你将伴着肚子的悲鸣入眠。

还有一样东西，吃了要受点罪，那就是蒜[86]。僧人仅可在生病且别无他药时服蒜，之后的七天要住进小房间，远离公共场所，上厕所、睡觉都与众人分开，单独隔离[87]。吃饭必加蒜的游客，请克制这一行为。

此外，在寺中借宿，你最好跟随僧人们的作息起居。不论是否喜欢睡懒觉，寺院都不会给你这个机会。每天凌晨两点会有钟声打破寂静[88]。请拉拉耳朵、鼻子，或以清水扑面让自己醒来。还是困的话，出门去看看星星，一千多年前的星空格外澄清[89]。

如何称呼出家人？

● 称呼比丘：法师、阿师、和尚（亦作“和上”，在唐时是尊称，宋以后才成为对出家人的泛称）、尊师、大师、上人。

• 称呼比丘尼[90]：叫阿姨就行（是的，就是阿姨），也可用尊称——阿姨师。

• 僧众会称呼你为施主或檀越。

• 寺中三纲：寺主、上座、维那。一寺之主在唐代被称为寺主，住持是宋代以后的称呼，不要叫串了。每间寺院还有一位名誉寺主上座，一般由资历最老、最有威望的僧人担任，其人不管具体事务（但有时上座的地位会在寺主之上，且有实际职权）。维那则负责管理僧众的杂事，维持纪律。

寺院的费用

有人会好奇入住寺院是否要付费，我们只能说“因寺而异”。一般来说，随喜布施就好，但中唐以后，寺院也涉足商业和借贷业，出租僧房是其主要的经济来源，此时需要直接支付租金（“供料”[91]），引得诗人纷纷哀叹寺院收费太高[92]。实在交不起钱，你也可以帮着僧人们洗碗（随僧洗钵[93]）和洒扫庭院。

跟随段成式的游览路线[94]

武宗会昌三年（843）的某个夏日，欢迎你来报名参加由段成式领队的寺院参观团，团长段成式与他的两位好友张希复、郑符将带着游客在十天内游遍长安著名寺院。（图 2-11）博学的段成式将成为你最专业的导游。他出身名门（父亲是宰相段文昌），从小博览群书，过目不忘，能为你娓娓道来名

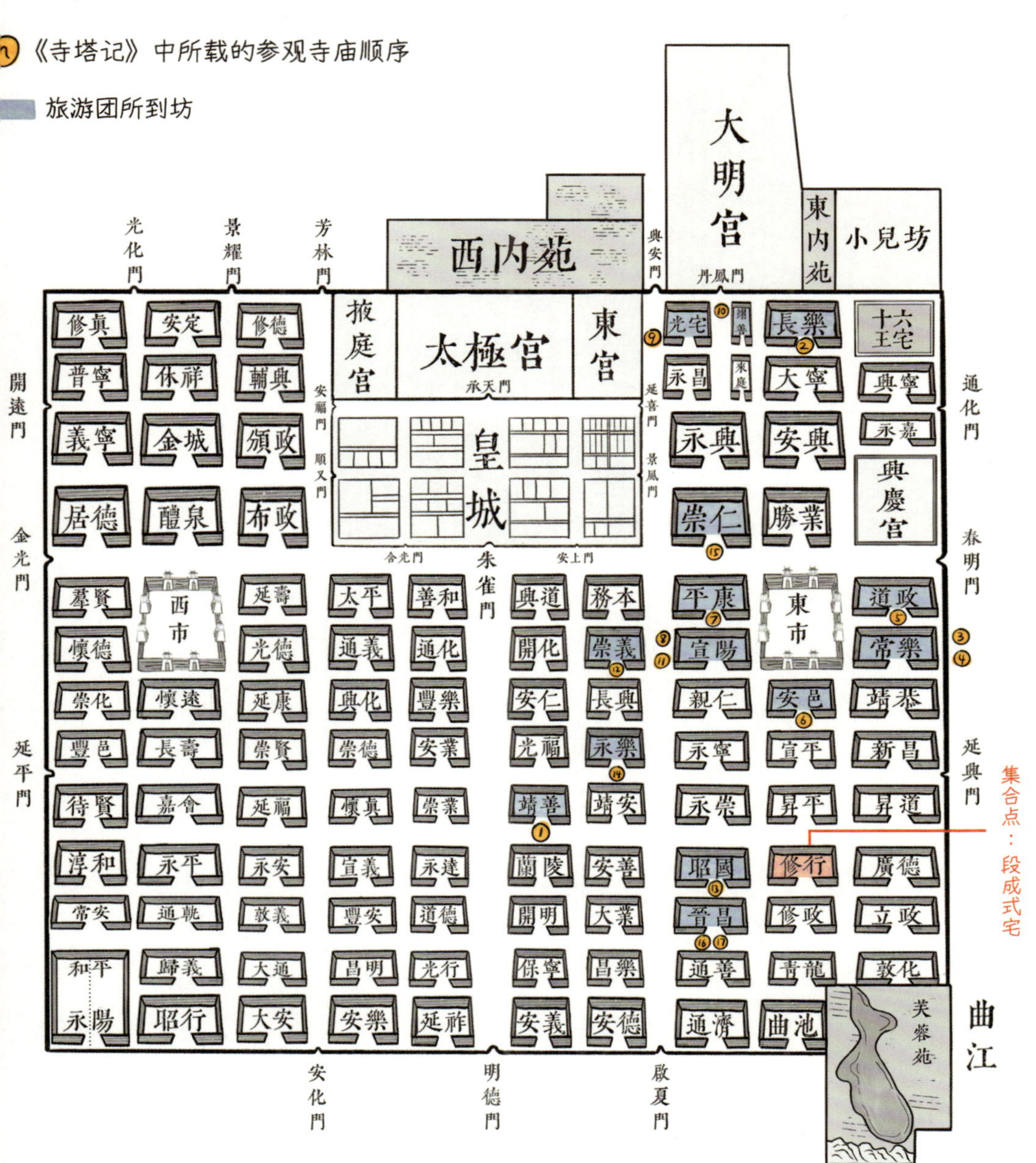

⊙ 图 2-11　段成式寺院参观团游览顺序图

寺古迹背后的故事，举手投足间更是一派贵公子的清逸风姿[95]。有他带队，你只需担心一件事：自己的脚会不会走疼。

行程安排：从靖善坊大兴善寺开始，游客将会游览长乐坊大安国寺（会昌毁佛时被毁，另有清禅寺更名为安国寺）、常乐坊赵景公寺、常乐坊云华寺、道政坊宝应寺（会昌毁佛后更名为资圣寺，原崇仁坊资圣寺被毁）、安邑坊玄法寺、平康坊菩提寺（会昌毁佛后更名为保唐寺）、宣阳坊奉慈寺、光宅坊光宅寺、翊善坊保寿寺、宣阳坊净（静）域寺、崇义坊招福寺、昭国坊崇济寺、永乐坊永寿寺、崇仁坊资圣寺（会昌毁佛时被毁）、晋昌坊楚国寺、晋昌坊大慈恩寺等十七座寺院。参观持续十天，每天拜访一到两座寺院。一大早，团员们在修行坊段成式宅外集合后一同出发，具体时间会在前一晚告知。有时参观时间也会定在傍晚，当夜就宿于所拜访的寺院中。

这一次难忘的夏日之旅后，段成式就会离开长安去外地任职。大约十年后，他回到长安，张希复、郑符已逝，城内寺院因毁佛而盛景不再，昔日游览中经历的晴空、晚霞、烟雨和游客的欢声笑语早已邈不可追[96]。而游客在自己的时代读到《寺塔记》时，会不会也觉得里面的描写很是熟悉？毕竟在梦里，你们真的与他同游过。

四处走走

从前，长安的寺院只存在于诗词和文章中，而从你踏进山门那一刻起，春天的翠雨和风、夏季的泉石磷磷、深秋的红叶烟霞和冬日的枯枝寒月便瞬间活了过来，成为日常可见可触的景致。唐代寺院可不只有冷月和经声。寺院饮茶之风颇盛，不少僧人精研茶道，讨一杯香茗来喝应不是难事。到佛寺参谒，寺僧会准备果盘供香客食用。寺院有饲养狗、猪、牛、羊之类的长生动物，以示护生之德。有的动物是逃脱了屠人的绳索跑来此地，有的是信众赠予，也有的是遭到遗弃[97]。它们不怕人，也不会欺负人，小朋友可以放心亲近。

若你喜欢热闹，七月十五日盂兰盆节、佛诞节等节日与布施僧众的无遮斋大会都是你不容错过的盛事；各大法会上还有广受欢迎的俗讲，寺院里常设戏场，盛况空前。到那时，京城百姓会全部出动，道路填咽。寺中有一群负责生产劳作的俗人——净人，能替僧人完成他们受制于戒律而无法做的日常事务。闲时，净人们会排演舞蹈，以备在各大节日表演，算是寺院的业余文艺队[98]。各大寺院也常备有齐全的演出用品：钟、磬、琴、瑟、箜篌、花冠、裙钗、傀儡木偶、面具、踩高跷的竿子、舞狮子和白马的道具等[99]。走出院门去看他们排演，将是你入住寺院期间的解乏剂。

中古时期的寺院大多以南北中轴线贯穿，东西布局着基本对称的各间院落。（图 2–12、图 2–13）唐代寺院以院落多著称，是僧人们日常研学（如翻译经文的译经院）和生活之处，或以不同主题开放给来客参观、参拜（如招福寺曾为睿宗旧居，寺内圣容院就留有一尊青春版睿宗坐像[100]），不同功能的院落各自独立。有的院落会以所住知名僧人冠名，是他在寺中的办公地与住所，如英律师院、澄上人院等。寺

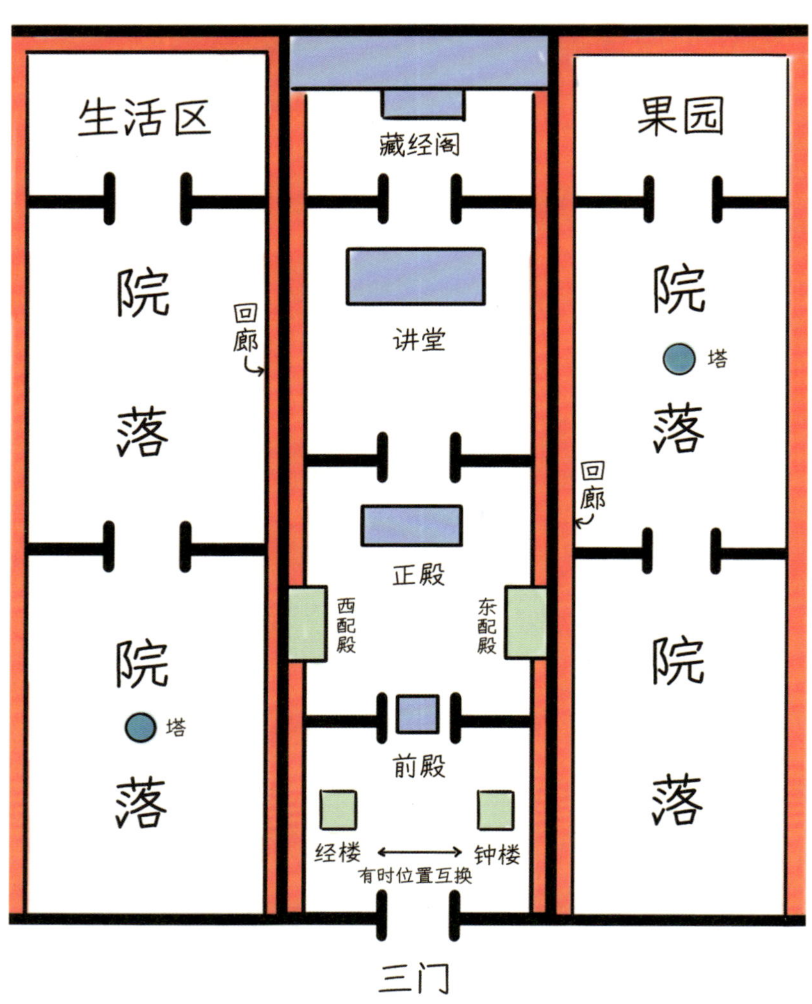

⊙ 图 2–12 唐代寺院布局图

这幅图能帮助你不至于迷路迷得太离谱。但在现实中，寺院建筑与布局常有增减和改变。中国中古时期的寺院大多以佛殿所在的主院为中心，搭配两侧多重院落，并以回廊相互连通。与古印度佛寺以塔为中心不同，唐代寺院的塔通常被设置在中轴线两侧的塔院中

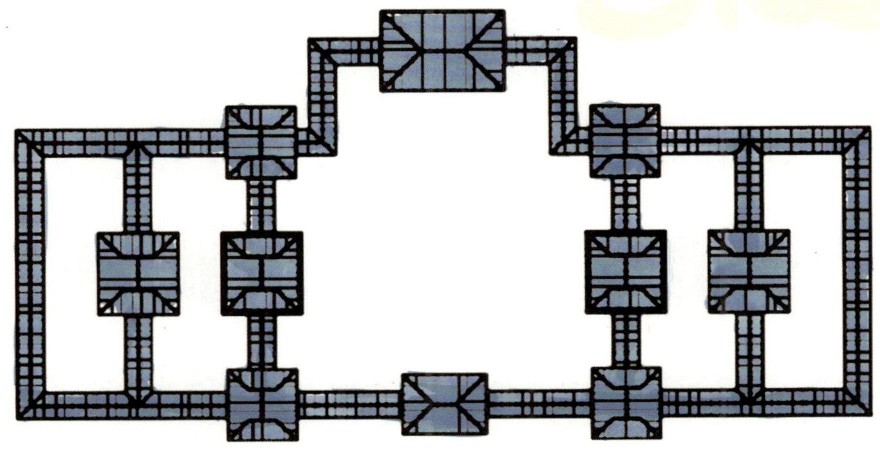

148 窟《天请问经变图》中兜率天宫佛寺布局

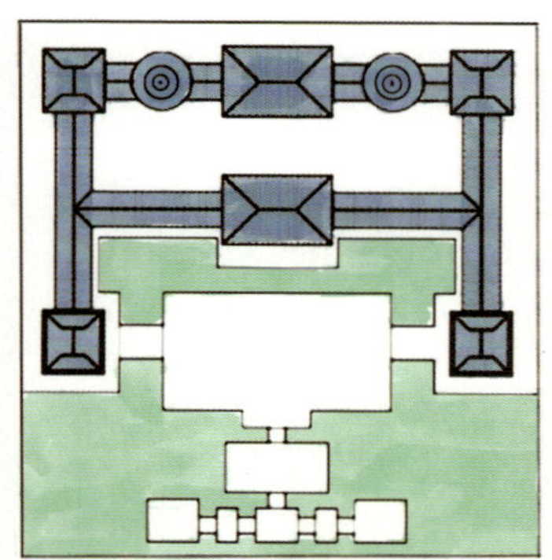

237 窟《观无量寿经变图》中净土世界佛寺布局

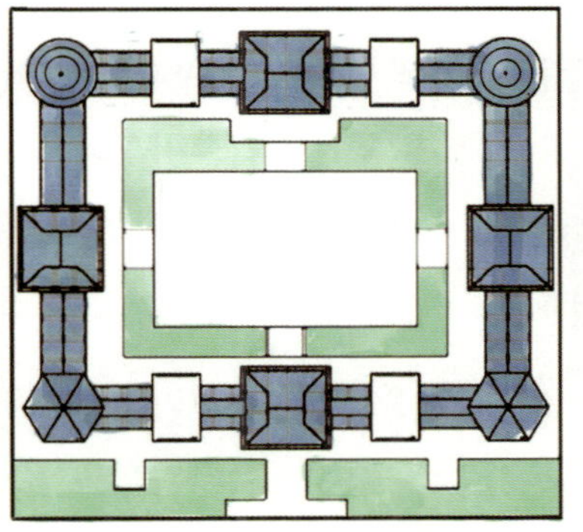

361 窟《药师经变图》中佛寺布局

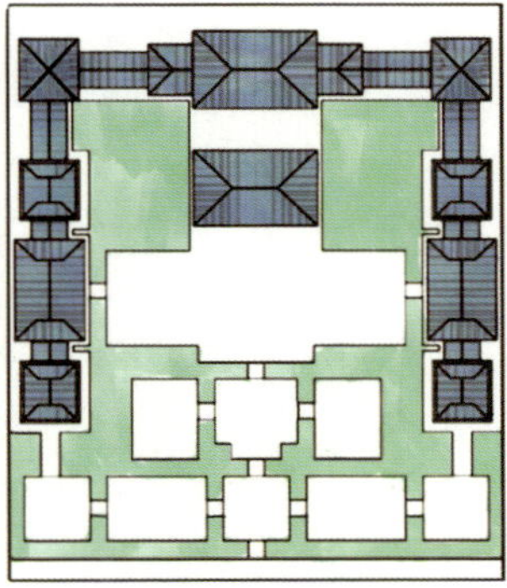

172 窟《观无量寿经变图》中佛寺布局

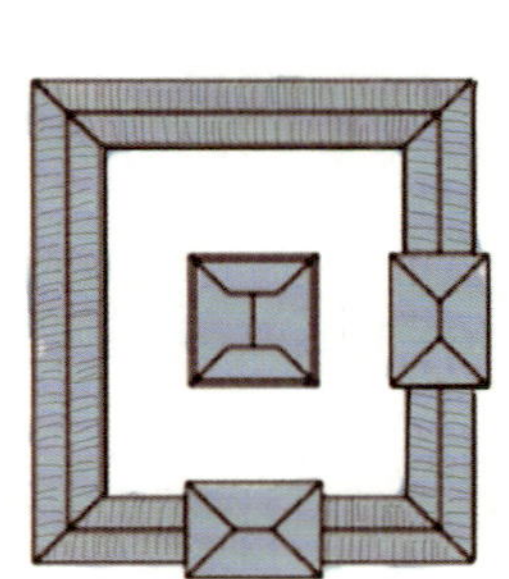

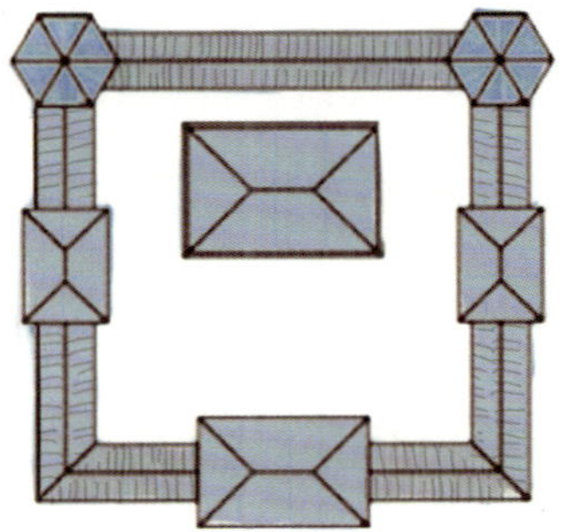

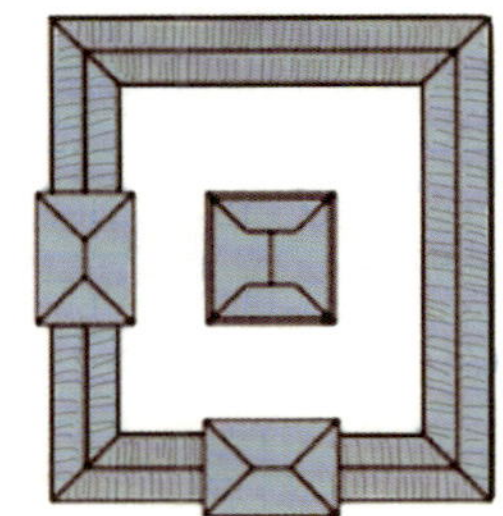

12 窟《观无量寿经变图》中佛寺布局

⊙ 图 2-13　敦煌莫高窟经变图中佛寺布局图[101]

院中居住的僧人可能来自不同宗派，大家共居其间，彼此相安[102]。院落间一般用回廊连接，于是回廊的空间也被利用起来，廊壁上常有著名画家的墨宝。中轴线上分布着三门、佛塔、大殿、讲堂等建筑，两侧有戒坛、钟鼓楼、藏经阁。你可以在松下听老僧弹琴，瞻仰佛像，探访塔院等古迹，欣赏精美的壁画，在幽静中一洗尘心。

长安城中还有许多寺观是由公主、亲王和高官显贵们的旧宅改造而成的，他们或因笃信佛道舍宅为寺观，或因失势获罪流放身死而家产籍没。这些由大宅改建的寺观保留了多进四合院落和花园、果园的布局。过去的假山园池、金碧辉煌的楼阁、舞女翩然的戏台[103]、公主的画像[104]都留在其中，就连佛殿都可能是旧日宫廷女眷的梳妆之处[105]。红尘的享乐与佛门的清净并不会相互排斥，这种混搭会让你入住寺院的体验更加妙趣横生。

崇德坊西南隅　崇圣寺

● 原崇德坊崇圣寺于武宗会昌年间被毁，后佛牙移至太平坊温国寺[106]，会昌六年（846）[107]，温国寺改名崇圣寺[108]。

每年二至四月入住的游客可在此参加新科进士们的佛牙宴和樱桃宴[109]。

佛牙宴通常会安排在定水寺、宝（保）寿寺和大庄严寺中[110]，也有可能在崇圣寺中。崇圣寺的佛牙舍利相当有名，传说是由哪吒太子授给道宣律师（就是后文“唐人有话说”中的那位）[111]的。

大中年间，寺内还立有佛牙碑。每年二月二十五日左右，佛牙展出[112]。游客想同新及第的进士们聊天欢饮、观赏放在宝函或琉璃瓶中的佛牙舍利，须供养两千钱以上[113]，凭券进入佛牙阁。

每次佛牙宴开放席位，都会很快被订满。此外，每年约二月八日后，长安城藏有佛牙舍利的其他三大名寺——大荐福寺、兴福寺、大庄严寺，都会相继举办展览盛事，僧人们备好充足的药食花果，并开设无碍茶饭。届时举城前来，向佛牙楼散钱如雨[114]。

长安的樱桃和笋都在三四月成熟，所以三四月又被唐人称作樱笋时[115]。看完佛牙后不久，就是举行樱笋之会的好时机。在樱桃宴上，请你不要抱怨吃不饱，按例每人只可分得一小碟红黄相间的水嫩樱桃，和着糖酪食用。要是在乾符四年（877）到来，遇上刚及第的刘覃，那你可真是走运了！他的父亲是曾为宰相的刘邺，那一年的樱桃宴由刘覃独家承办，几乎买下了全京城的樱桃，在宴席上堆成了山，每人都能享用数升，吃得十分满足[116]。

佛骨参观指引

以下寺院中都存放有舍利。至于能否参观，则要参照各大寺院的展览时间和准入规定。（图 2–14）

• 靖善坊大兴善寺，寺内有不空三藏法师舍利塔，及佛发塔内的隋代舍利[117]。

• 光宅坊光宅寺，高宗时期，光宅坊官葡萄园内曾发现装有上万颗舍利的宝函，遂在原址上修建了光宅寺[118]。寺内普贤堂原本是武后梳洗之处，其中保留了她当年使用

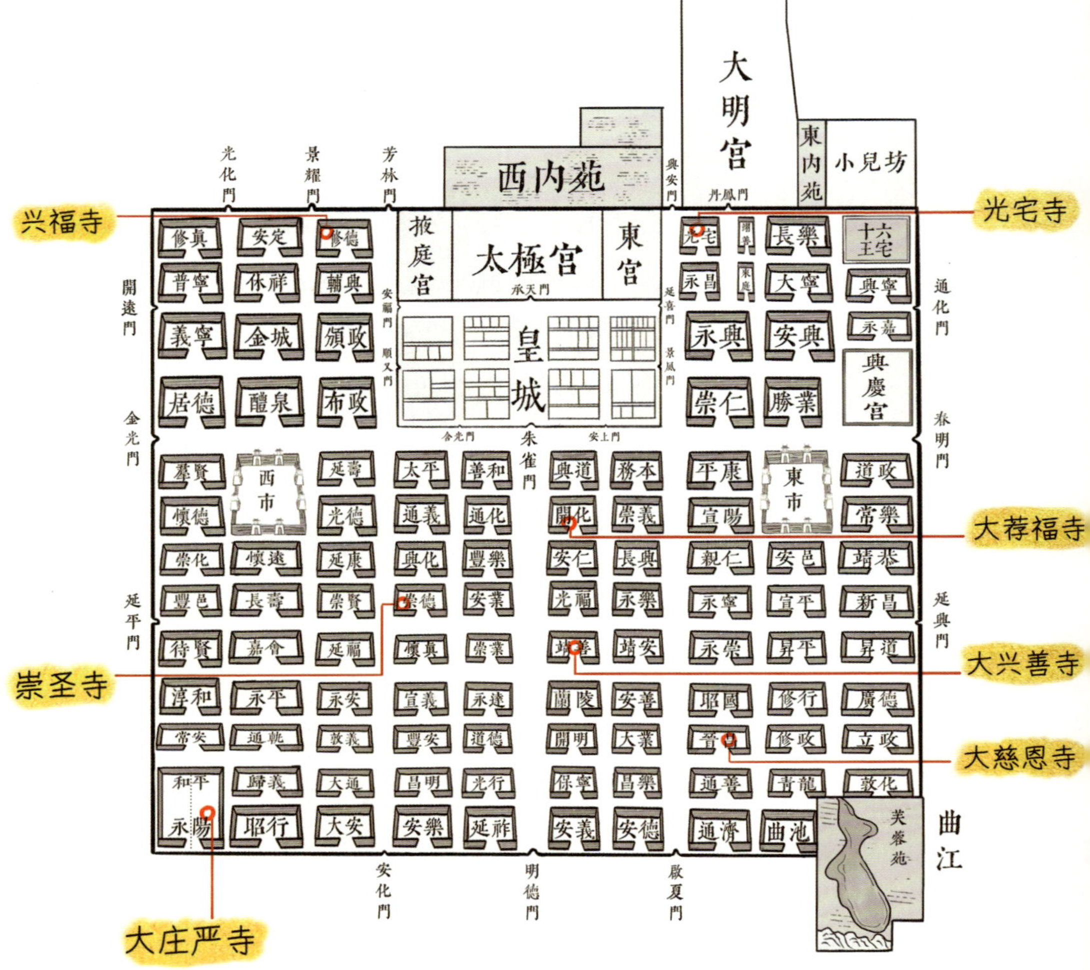

⊙ 图 2-14　长安城瞻仰佛骨示意图

过的家具[119]。寺塔檐下还有一只无风自鸣的风铎，能与寺院里的大钟产生共鸣，声音悠远动听，据说是古代的姑洗编钟[120]。

• 晋昌坊大慈恩寺，寺内藏有玄奘从印度带回的一百五十颗舍利[121]。永徽三年（652），玄奘在大慈恩寺西院建造五级印度窣堵波式砖塔，保存他带回的佛像、舍利与佛经。塔每层皆存舍利，共一万余颗[122]，这座砖塔就是慈恩寺塔的前身。

● 永阳坊大庄严寺、崇德坊崇圣寺、开化坊大荐福寺、修德坊兴福寺内均藏有佛牙舍利[123]。

大荐福寺二月八日至十五日开放佛牙供养，届时会举办无遮斋大会（无碍茶饭），欢迎僧俗来品尝各种点心、水果、茶粥。佛牙摆放于佛牙阁中庭内，仅可远观，如有相识的僧人或正当理由，也可登上佛牙楼参观[124]。

兴福寺亦在二月八日至十五日开放佛牙供养[125]。

无遮斋大会又称无碍茶饭，是帝王、地方政府、僧众或世俗贵家举办的佛事法会，强调广结善缘，为各路人士供应免费的饭食。此俗最初在印度每五年举行一次[126]，入唐后举办时间不固定，每次持续好几天。穷游者可以将此当作旅行地标，密切留意大会相关信息，一有举办无遮斋大会便到那处附近游玩。据我们所知，的确有游客靠蹭无遮斋大会达成一分餐费没花的成就。（图 2-15）

温馨提示

参观舍利时，地陪会告诉你舍利毕竟是圣物，不是谁都有缘得见的。从前就有唐人都走到舍利跟前了却只能见到盛放它的宝函，内里空空如也，不由得懊恼万分，号啕大哭[127]。

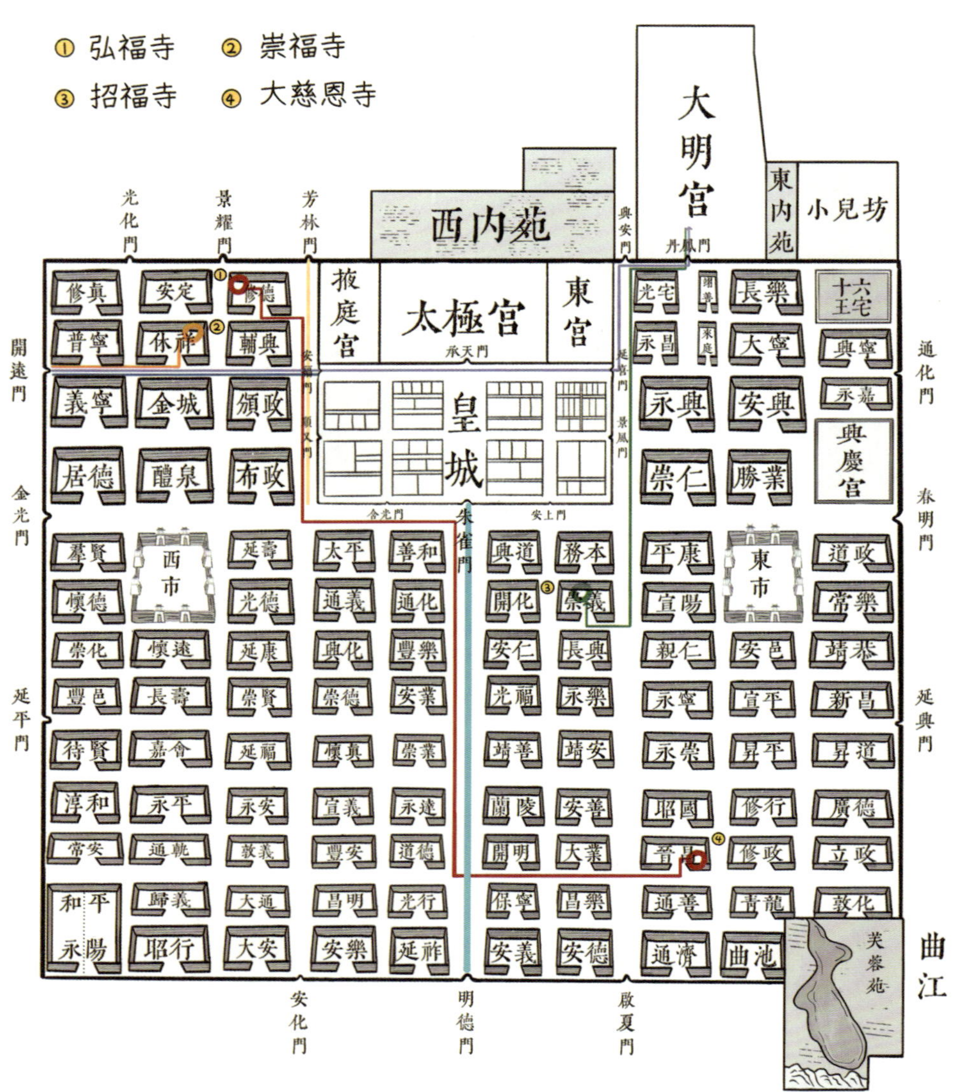

武德元年（618），朱雀门南大街设无遮斋大会。

贞观二十二年（648），大慈恩寺建成。玄奘带回的经像、舍利被从弘福寺移送至大慈恩寺。路线推测为经像、舍利从弘福寺出，沿芳林门至安化门大街，东拐向朱雀门大街，再向东至晋昌坊，来到大慈恩寺。

长安二年（702），岐王、薛王等人护送武则天的等身金铜佛像前往招福寺，街中余香数日都不曾散去。推测佛像从大明宫丹凤门出。

长安四年（704）除夕，武则天奉迎佛骨，路线推测为从开远门进入，到达休祥坊东北隅的崇福寺。

景龙三年（709）七月，安福门外设无遮斋大会。

元和十三年（818），西市百姓在芳林门大街设无遮斋大会。

咸通十四年（873）四月，懿宗迎佛骨。文献仅记载佛骨从开远门入安福门，推测是从丹凤门进入大明宫。

⦿ 图 2-15　长安城内公众可参与的佛教法事

除参观寺中所藏舍利外，游客还可现场体验唐代皇家迎奉法门寺指骨舍利（图 2–16）的盛大法事。为方便你安排行程，本书在此附上相关活动时间。观看时请注意人身安全，谨防发生踩踏事件[128]！

第一次——高宗显庆四年（659），僧人智琮、慧辩等人奉命前往法门寺迎佛骨到长安宫中供养，第二年送往洛阳[129]。这是佛骨第一次来到长安，此前太宗曾下诏重修法门寺塔并开启地宫，供奉佛骨。

第二次——长安四年（704），武则天派人到法门寺迎佛骨，于除夕当日到达长安崇福寺。信徒们沿路解衣散钱。舍利后被护送至洛阳明堂[130]。

第三次——肃宗上元初年（760）五月，佛骨被直接送入禁中[131]，不曾展出。彼时全国尚未完全平叛，不准游客入境。

第四次——德宗贞元六年（790）正月[132]。

⦿ 图 2–16　法门寺地宫一共存有四枚佛指舍利，一枚为真身舍利，三枚为影骨舍利。图中是 1987 年 5 月 5 日出土的第一枚舍利（玉质影骨舍利），外罩有八重宝函[133]。第一重檀香木函被发现时已破损，不在图内

第五次——宪宗元和十四年（819）正月，这一次迎佛骨因韩愈的强烈反对而著名。

第六次——懿宗咸通十四年（873）春，这是唐朝历次迎请佛骨中规模最大的一次，也是最后一次。四月八日，佛骨从开远门进入长安。从城外岐川至开远门，围观民众的车马昼夜不绝，路旁设棚摆满了佳肴浆水；城内，从开远门到安福楼，诵佛之声震天动地。豪富之家广设无遮斋大会，布施僧俗，来者不拒。安福门城楼上，遥望这一切的懿宗已是泪湿衣襟。皇室供奉三日后，佛指骨舍利被送往京中诸寺展出供养，供信众瞻礼。佛骨到来前，就有大臣以宪宗之教训反对此事，懿宗的态度却很坚决："教我见了这佛骨，哪怕死也无憾了。"如懿宗所言，三个月后，他驾崩西去，唐王朝也迎来了它无可挽回的宿命[134]。

旅行小贴士

法门寺最辉煌的时期是在唐代，但近三百年间，它以"法门寺"之名存在的时间很短。后续前往扶风游览的游客敬请留意，避免因称呼不同引起误会。

法门寺在隋代被称为成实道场，唐初更名为法门寺[135]；景龙四年（710）更名为无忧王寺[136]；在元和十四年（819）的《佛骨碑》中，又已改回法门寺之名[137]，并沿用至开成三年（838），更名为法云寺[138]；后又不知何时改为重真寺，只知咸通十五年（874）送回佛骨时的《大唐咸通启送岐阳真身志文碑》中已称其为重真寺[139]。五代时再度改为法门寺[140]。

修德坊西北隅松树街西　兴福寺——玄奘西域归来驻锡第一寺

- 贞观八年（634），太宗为母亲太穆皇后追福，立弘福寺。神龙元年（705），改为兴福寺。
- 会昌毁佛期间兴福寺可能被毁，会昌六年（846）武宗驾崩，原居德坊南门之西的奉恩寺被改名为兴福寺，注意不要走错[141]。

兴福寺内的壁画大有来头，足以成为你旅途中难忘的一站。

寺内有一座隋代留下的佛堂，墙壁上绘有隋代国手蔡生的十光佛像，笔势甚妙。相传到了唐贞观初年，寺内僧人觉得此佛堂年代久远，计划拆掉来一次大翻新。一天，群僧正在斋堂吃饭，忽然进来十名清瘦白皙的僧人，相貌高古，异于常人。他们闷声不响吃完饭后，径直走入佛堂，其他人好奇地跟在后面，却发现这十人竟一瞬间消失得无影无踪。直到看到壁上的十光佛像，僧人才明白原来是画中人下凡，从此再也不提拆毁佛堂一事了[142]。

艺术看点

《集王圣教序碑》最初就立在兴福寺中。本书将留待在“大慈恩寺”条目中一并介绍。

译场

玄奘译经处：弘福寺（兴福寺）、大慈恩寺、西明寺等。玄奘回国后，弘福寺内的西北禅院是他的第一个译经处[143]。

颁政坊十字街东　圣善寺

● 贞观五年（631），太宗为太子李承乾所建，初名普光寺，神龙元年（705）更名为中兴寺。一年后，又因中宗追念自己的母亲，改建为圣善寺，亦称龙兴寺[144]。

圣善寺内报慈阁中存放了数十缸醋，常年弥漫着一股子酸味。这可不是因为僧人喜欢吃醋，而是要用醋来驱赶蛟龙。传说中，蛟龙为逃避行雨，最喜欢盘踞在寺内楼阁的柱子和楹梁间，雷电之神为了追捕它们，往往会不小心毁坏建筑[145]。

抛开闻多了醋会头晕外，报慈阁是你居住圣善寺期间不错的散心处。这座建筑是中宗为了纪念自己的母亲而修建的。阁内藏有武则天的巨型夹纻像，光是头顶到两腮的距离就有 25 米[146]。

危险与麻烦

代宗、德宗、宣宗时期，寄居佛寺蔚然成风，僧人与公私俗众交往甚密，甚至不少逃犯也藏匿在寺中。于是代宗在宝应元年（762）和大历年间[147]，德宗在贞元五年（789）[148]皆下诏禁止俗客在寺院内居住。彼时到达的游客可能会被拒之门外，但中唐之后寄居之风反而更盛。

会昌毁佛开始于武宗会昌二年（842），至会昌六年（846）武宗去世结束，该时段住在寺院中会很危险。长安城内大量庙宇被拆，佛像遭到毁坏，僧人被勒令还俗。旅途中，所有涉及寺院的活动都请绕开这一时期。

其实从会昌二年开始，长安城内就一直不太平。先是唐与回鹘开战，城中回鹘人多被杀；又因泽潞藩镇叛乱，有叛军押衙匿于长安寺院中，例行寻捕和搜查非常频繁，会大大惊扰游客的生活。更糟糕的是，平叛军队为了交差，会逮捕牧牛人和农夫假充泽潞叛军送进京城应付了事，这些无辜之人会被当街斩首，城中血流满地，连泥土都变成了赭色[149]。

好在这些杀戮并不针对游客，所以此时仍属开放旅游时段，但请你们一定要多留个心眼，万事以安全为先。

唐人有话说：道宣律师

因跨时空旅行人数增多，寺院内人满为患，鉴于旅客素质参差不齐，道宣和尚找到跨旅局抱怨说："众僧房堂，诸俗受用；毁坏损辱，情无所愧。"[150]

你们这些游客呀，损坏僧房、佛堂里的设施，还毫无愧疚之意！

延康坊西南隅　西明寺

● 会昌六年（846）改为福寿寺。

此处在隋代曾是唐传奇《虬髯客传》和"破镜重圆"故事[151]的主人公之一权臣杨素的故居，于高宗显庆元年（656）建寺，占西南部四分之一坊。（图 2-17、图 2-18）楼阁建筑恢宏无比，

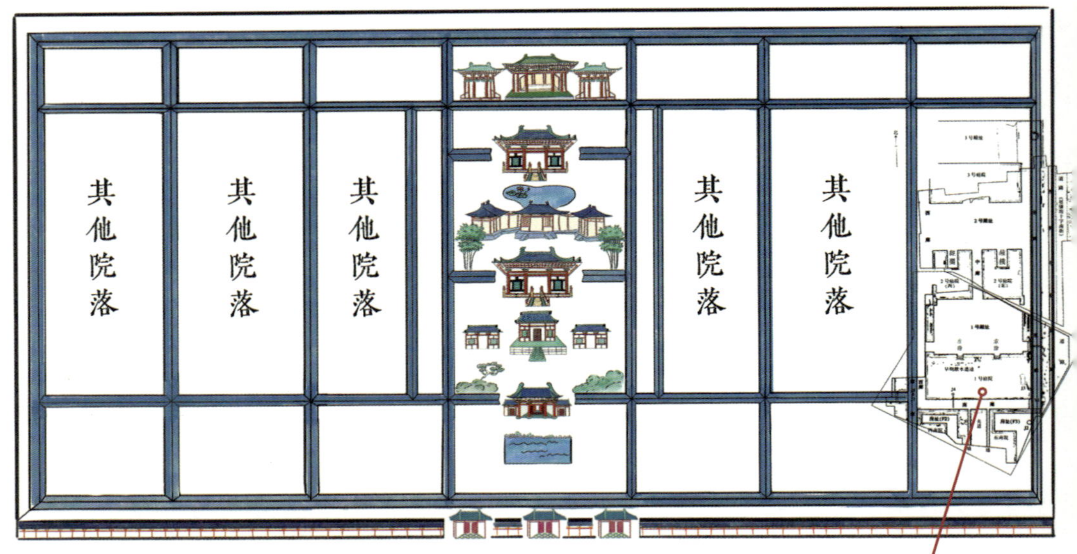

⊙ 图 2-17　西明寺想象图，右下侧为迄今发掘的西明寺最东侧院落遗址平面图[152]

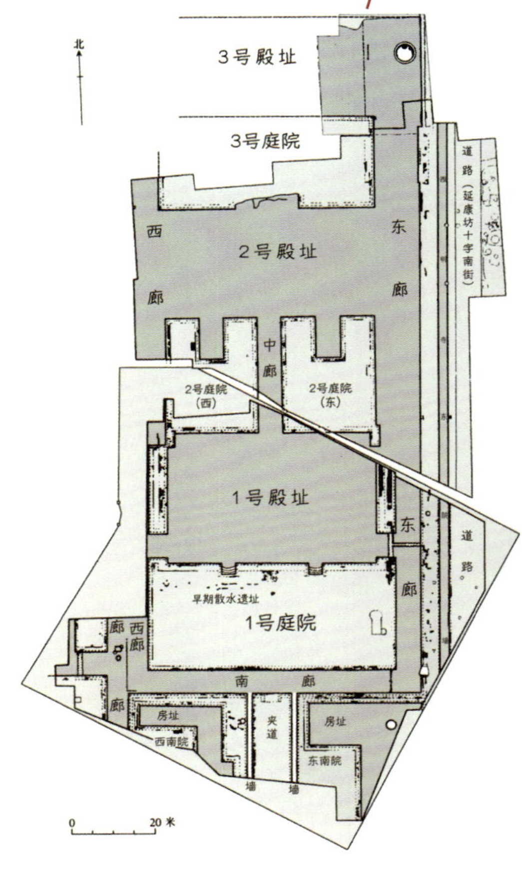

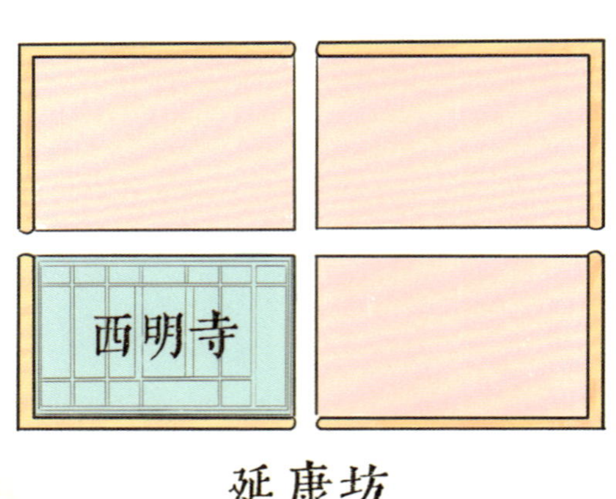

⊙ 图 2-18　西明寺占延康坊西南四分之一坊

气度庄严，含十座院落，四千多间僧房，哪怕在现代，其客房数量都能在一众大型酒店中名列前茅。光是站在门口，它的气势就能让你噤声肃静[153]。

有一年，考生宋济落榜后没有回乡，留在西明寺过夏。某天，只穿了条短裤的宋济正在房中复习，一个中年人突然从窗口探进身来，想向他讨口水喝。宋济正忙着刷题，也顾不上理他，头也不抬地说："壶里有开水，要喝先把碗里的旧茶倒了。"不过比起喝水，那中年人显然对宋济更感兴趣，问道："你在做什么？"

宋济答："复习。"

"你叫什么名字？"

"姓宋，排行第五，宋济。"

"最擅长写什么？"

"诗。"

"当今圣上也喜欢写诗，你觉得他的诗怎么样？"

宋济估计烦了，胡乱搪塞一句："不好说。"话音未落，那中年人身后忽有一人叫道："官家，车备好了。"宋济这才反应过来，那个他爱搭不理的中年人正是当今圣上——德宗李适[154]。

艺术看点

西明寺内有柳公权于长庆四年（824）书就的《金刚经》碑，融汇了钟繇、王羲之、欧阳询、虞世南、褚遂良、陆柬之等人的书法的精华，是柳公权的得意之作[155]。游客要抓紧时间借机大饱眼福，这座石碑今已佚失，唯在敦煌石窟中存有一份唐拓孤本，现藏于法国国家图书馆。（图 2-19）

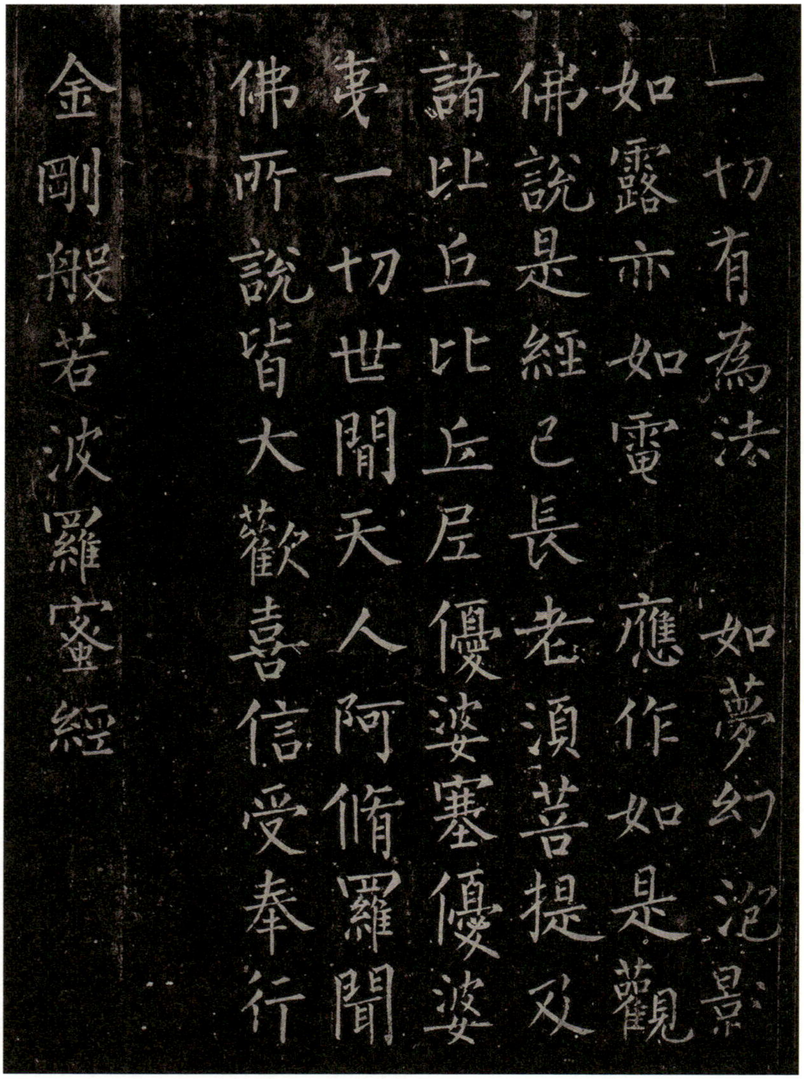

一切有為法 如夢幻泡影
如露亦如電 應作如是觀
佛說是經已長老須菩提及
諸比丘比丘尼優婆塞優婆
夷一切世間天人阿脩羅聞
佛所說皆大歡喜信受奉行
金剛般若波羅蜜經

⊙ 图 2–19　法国国家图书馆藏 P.4503 柳公权《金刚经》唐拓本[156]

纪念品

西明寺僧造玄院中种有来自新罗的茄子，颜色稍白，有鸡蛋那么大。僧人们喜欢用火烤着吃，茄肉凝于口中，酥滑油润[157]。但游客想摘茄子的话请先动口（征得僧人的同意），再动手。

不期而遇

空海曾于贞元二十年（804）居住在西明寺。

咸通初年住在寺中的游客，常会在院中遇到一位很可爱的外国僧人，他是来自渤海国的萨多罗。他自称能听懂鸟兽叫声，并很乐意暂时充当你和寺院中小动物的翻译。通过萨多罗之口，你会发现原来动物们聊的竟然是人世间的八卦[158]。

整个元和时代，张籍就住在西明寺附近[159]，也许会常来这里散步。

译场

显庆三年（658）秋，玄奘来到西明寺译经[160]。

开元五年（717），密宗开元三大士之一的印度僧人善无畏在西明寺菩提院译经[161]。

注意安全：小心西明寺的钟

西明寺大钟非常有名，是当年章怀太子以万斤铜为父母打造的，上面刻有九十字的钟铭[162]。

黄巢起义后，西明寺香火渐熄，有人就打起了歪主意，每天用锤子从大铜钟上敲下一两斤铜来卖。这样过了几年后，从某天开始，收铜的买家就再也没见这人来卖过铜了。后来有关部门想把这口钟移到别的寺庙去，却见大钟掉落在阁楼地板上。等到把钟放倒，才发现底下有一具干枯的尸体，正是那失踪已久的偷铜人，手中还拿着凿铜用的锤子[163]。

来到此处的游客们也要小心，不要独自进入钟底参观。

槐花黄，举子忙

每年十月到次年正月，大批举子会住在寺院备考，此时寺院和旅店一样房源紧张。考试结束后，有些落第的人不会回乡，而是留在长安复读，这一行为叫作“过夏”。六七月间，槐花盛开，也是举子们最忙碌的时候，他们需要创作新篇，开始新一轮的行卷[164]。

温馨提示

订房时请尽量避开光宅坊的光宅寺与翊善坊的保寿寺。

这两座寺院与大明宫近在咫尺。从元和三年（808）开始，宫内举行制举时，光宅寺与保寿寺（本高力士旧宅）会被征用为官方指定招待所。每当考试至深夜，坊门已闭，考生会在金吾卫的带领下入住光宅寺，而相关工作人员和随从会入住保寿寺[165]。制举为君主在特定时间，如改元、封禅期间，或临时起意举办的特殊人才选拔考试，时间不固定。本书建议你尽可能不要选择入住这两座寺院，以免被突然通知换房。

和平坊、永阳坊东半边　大庄严寺

寺院始建于隋代，是隋文帝为死去的文献皇后独孤伽罗所建。在隋代名禅定寺，唐初已更名为大庄严寺，但民间仍然会称其为禅定寺。会昌六年（846）又改名圣寿寺[166]，在长安问路时请注意称呼的改动。

玄宗时，李林甫的舅舅姜皎常造访禅定寺（大庄严寺）。一次，京城官员在寺内办酒席。姜皎喝得正酣，旁边忽来了位绝色美人。但很奇怪，每次女子倒酒、整理头发，在座的人都没见她伸出过手。一个喝醉的客人就开玩笑说："搞不好这么美的姑娘竟有六根指头啊！"边说边强牵住她的手要看个究竟。谁知他用力一拉，那美人却突然倒在地上成了一具枯骸[167]。

纪念品

希望禅定寺的恐怖传说没有打扰你旅行的兴致。寺内种满了梨树，还是充满甜蜜气息的。这里的梨花蜜[168]很是出名，一直是御用佳品。买一份尝尝，保证不会踩雷。

极天之塔

当你初次到达唐代长安，记得站在崇仁坊向西南方向远眺。（图 2-20）天气好的话，远远地便能看到城市最西南端有两座兀立的木质高塔。它们分属大庄严寺和西边的大总持寺，都高约三百三十尺（近 100 米[169]）。今天西安的地标大、小雁塔（慈恩寺塔和荐福寺塔），一座今高 64.5 米，

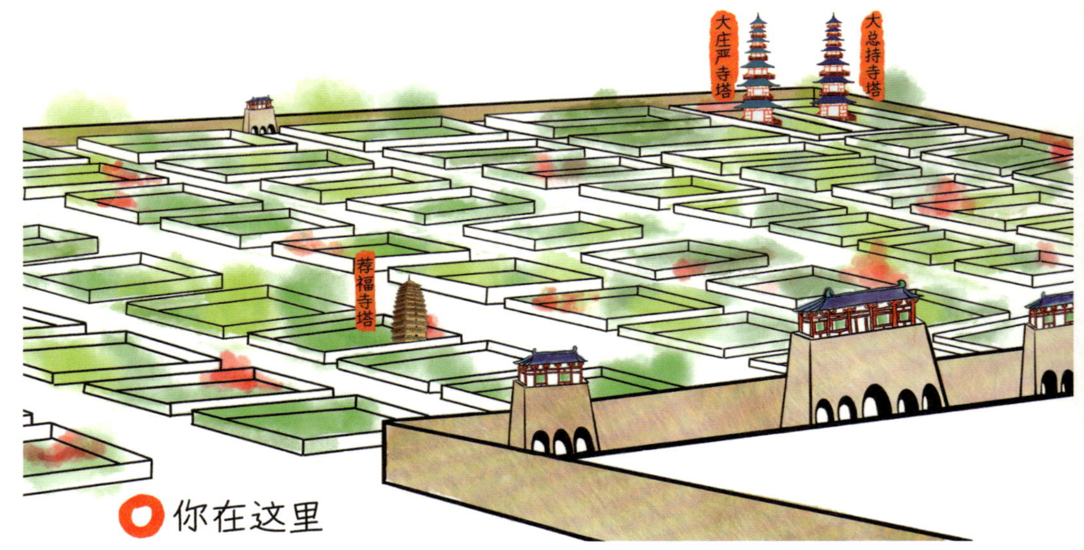

⦿ 图 2–20　站在崇仁坊（你在长安的第一处落脚点）向西南方向望（视线里是不会出现晋昌坊慈恩寺塔的，它在画面外靠左的位置）

一座今高 43.3 米，在它们面前都要相形见绌。哪怕是世界现存最高、最古老的木塔——辽代应县木塔（佛宫寺释迦塔），也只有 67.31 米。不恐高的游客可以登上木塔去一览全城，但要注意楼梯非常陡峭。如果你今天爬七层的大雁塔都累得气喘吁吁，爬这两座塔可要遭一番罪。

不要乱走

夜晚请尽量待在客房不要出去。除了是出于对其他僧人的尊重外，也是为你的安全着想。有时夜晚会有异声，也会有此时此地不应该出现的人来邀你同住，千万不要好奇，更不要答应他们。想必每一位负责的地陪都在送你们到寺院前，讲过九子母像作怪诱惑人的故事[170]。

丰乐坊横街之北　大开业寺

● 武德年间曾是证果尼寺，仪凤元年（676）始建开业寺[171]。

肃宗至德二载（757），寺院守门人在此发现了天神的巨大足迹，其左右两个脚印的长度足有从寺门到佛殿的距离之长。据说发现足迹的前夜，守门人梦到高约两丈的巨人，身披金甲，手持长槊。巨人轻轻一推，寺院门锁尽落，随后便走入佛殿，消失不见[172]。广德二年（764）跨旅局再次开放旅游后，游客们可以到大开业寺游览，看看是不是真有那么一对巨型的脚印。

靖善坊尽一坊之地　大兴善寺

● 密宗祖庭。神龙年间曾改为酆国寺，景云元年（710年7月后）复旧[173]。

大兴善寺在唐时规模可谓空前宏大，其于总章二年（669）失火后，在重修后被扩建至占地整整一坊之地[174]。（图2-21）今天的大兴善寺在建国后屡经修缮，面积也缩小了约三分之二。

元和年间，游客玩耍时请勿靠近守素和尚院（也称素和尚院）内的四棵桐树，它们会在夏天分泌黏糊糊的树汁，沾到衣服上怎么洗也洗不掉。时间一长，守素自己也饱受其苦，于是吓唬桐树说："我养护了你们二十多年，你们却流出这讨厌的黏液来祸害人。还继续这样，我就砍了你们当柴烧。"此言一出，桐树夏天就再也不分泌树汁了[175]。

寺内还能欣赏到极为罕见的对称并蒂合欢牡丹，详见第六章《赏花指南》。

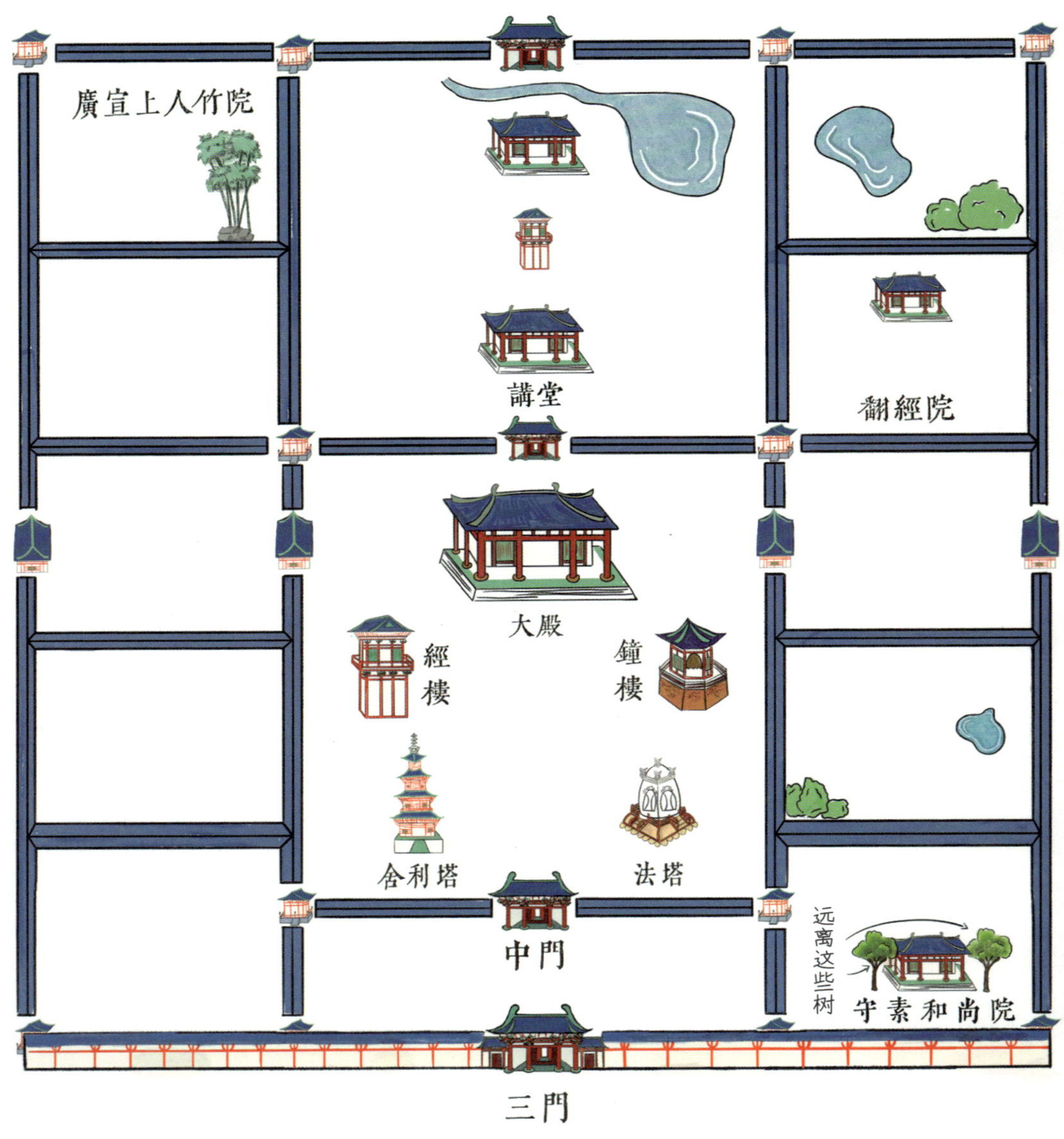

⊙ 图 2-21 大兴善寺想象图 [176]

● 旅行建议：夜宿时请关好门窗，庙里常有貉子跑来听经 [177]。

不期而遇

开成五年（840）八月二十二日，刚到长安的圆仁在大兴善寺西禅院暂住了一天。在获得许可后，他前往崇仁坊资圣寺并寄居在那里[178]。

长安三大译场之一——大兴善寺译场

不空译经处：天宝五载（746），密宗开元三大士之一的不空从天竺回到长安，他于至德初年至去世前（大历年间）一直在大兴善寺译经。

平康坊南门东侧　菩提寺

● 会昌六年（846）改为保唐寺，原保唐寺也在平康坊，但于会昌毁佛时期被拆除。

菩提寺交通十分便利，且临近东市，住在这里能很好地满足日常生活所需。开元时，菩提寺中有一头长生猪，“体柔肥硕”，活了十余年之久。猪死后，火化时还有舍利出现，是尽人皆知的奇观[179]。

除了神奇的长生猪，菩提寺的壁画也格外出名。寺院东壁画《维摩变》内栩栩如生的菩萨和佛弟子舍利弗能够转目视人，类似于法国卢浮宫的《蒙娜丽莎》，值得一看。这幅《维摩变》是元和末年著名俗讲僧文溆讲演时的配图，到了段成式游览的会昌三年（843）时，壁画已褪色到几乎不可见了[180]。

● 想去观看文溆的讲演，详见第九章《演出与庆典指南》。

艺术看点

菩提寺是被朱景玄《唐朝名画录》封为全唐唯一一位“神品上”的著名画家吴道子留下最多作品的寺院之一。据说他之所以在菩提寺才情大发，是因为寺主酿得一手好酒，这才让嗜酒如命的吴道子推脱不得[181]。菩提寺内有他绘制的《智度论色偈变》《礼骨仙人图》《消灾经》等壁画[182]，在壁画前站一会儿，你会发现人物潇洒秀逸的飘带和衣袂，手持的华盖、柳条和天上的云气竟开始缓缓摇动，幅度越来越大，直至满壁生风，从墙内朝外吹去。

看看脚边吧！佛殿的栏板上画有清新可爱的水生动物，出自名家耿昌言之手，为庄严肃穆的佛殿平添了一丝清新可爱[183]。

“闻闻”壁画

寺中的壁画可不是只惊艳你的眼睛。当你靠近它们时，还能闻到一阵阵若有似无的温柔香气，令人驻足，流连忘返。这些香味来自用作颜料胶液的乳香。画画前斋戒洗浴，用以乳香研磨混合的颜料来描绘庄严宝相，是非常恭敬的做法[184]。

不期而遇

开元、天宝年间到来的游客请注意，该寺在李林甫宅隔壁。寺院钟楼通常建在东侧，但菩提寺钟楼在西侧。这大概是寺院为避免钟声打扰李宅，才将钟楼挪了位置[185]。

咸通、乾符年间来到保唐寺，每月八日、十八日、廿八日，你都能见到平康坊北里三曲的姑娘们蜂拥来此聆听讲经[186]，这可是不花一分钱就能观赏“北里春色”的好机会。这些天保唐寺中哪哪儿都是人，其中多是青年男子。详见第八章《平康坊指南》。

常乐坊西南隅　赵景公寺

赵景公寺的历史可上溯至隋代，这里是美术迷的朝圣之地。寺内有吴道子创作的长卷壁画《地狱变》[187]，它将为你带来一场“风云将逼人，神鬼如脱壁”[188]的地狱之旅。（图 2-22 至图 2-24）

⊙ 图 2-22　敦煌藏经洞 S.3961《佛说十王经》图卷中的地狱群鬼

⦿ 图 2–23　敦煌莫高窟盛唐 103 窟维摩诘像[189]，有可能参考了从长安传到敦煌的“吴家样”粉本[190]

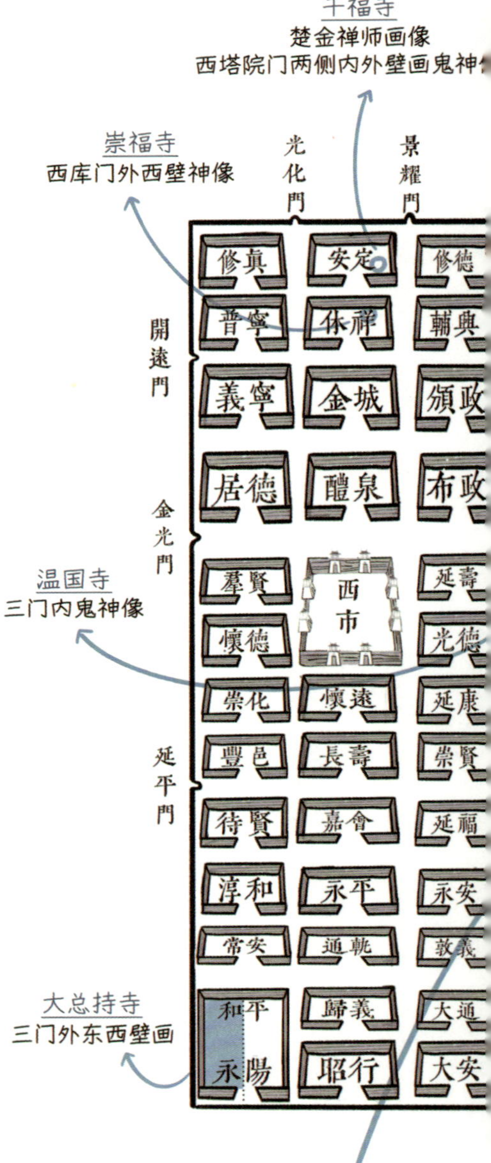

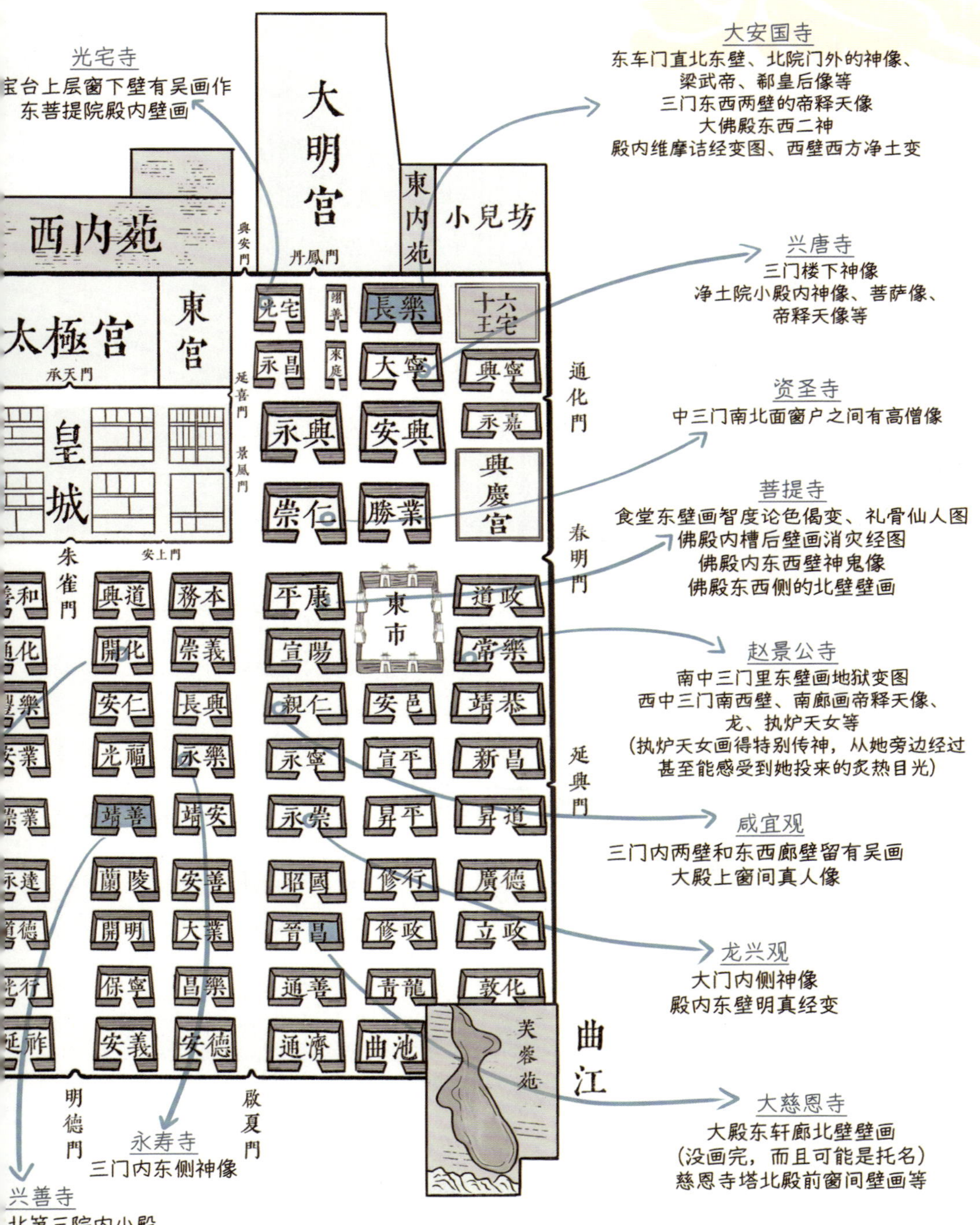

⦿ 图 2-24　长安城中可以看到吴道子画作的寺观分布图[191]

若你在唐初到来，就能有幸目睹吴道子现场作画的气势。挥毫前，吴道子一定会喝得酩酊大醉，随后肆意作画，酣畅淋漓[192]。当日，几乎全长安的人都在。围观百姓中的屠户鱼贩，都被他笔下的地狱场景吓得不敢重操旧业[193]了。后人对其作品的评价是“了无刀林沸镬、牛头阿旁之像”，却“变状阴惨，使观者腋汗毛耸，不寒而栗”[194]。够细心的话，你会发现，吴道子所画佛像背后的圆光乃是一笔而成，不用任何尺规[195]，“立笔挥扫，势若风旋”，如有神助。

《地狱变》落笔之时，欢呼声响彻全城。

可惜的是，早在苏轼的时代，吴道子真迹便已所剩无几[196]。若不是参加跨时空旅行，今人就只能从《送子天王图》以及敦煌、河北曲阳[197]、四川南充[198]等地的壁画与线刻画中找寻一代画圣之作残存的蛛丝马迹了。

新昌坊南门之东　青龙寺

● 本隋灵感寺。龙朔二年（662），城阳公主复奏立为观音寺。景云二年（711）改为青龙寺，会昌六年（846）改为护国寺。

青龙寺位于新昌坊东南部海拔约四百五十米的高岗上，占整座坊的四分之一[199]。（图 2-25）傍晚，不少唐人会专程来此看夕阳[200]。你也可以约上三两团友在这里眺望长安城，任晚风拂面，享受“江山尽在我眼底”的惬意。当年的青龙寺内还没有樱花，而是种了上万株柿子树。结果时，晶亮火红的柿子让柿子树宛如一把

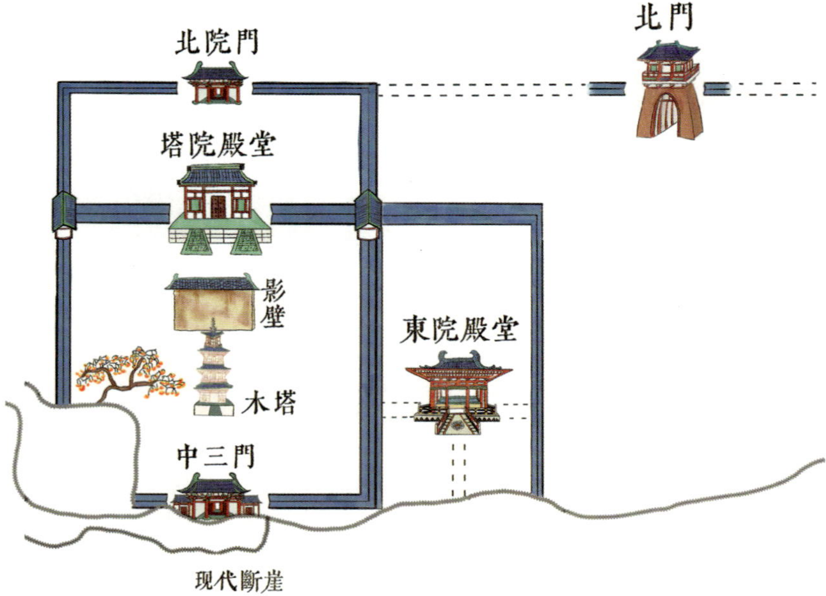

⦿ 图 2–25　青龙寺想象图 [201]

把撑开的火伞，连树梢都仿佛烧了起来[202]。“柿园红叶忆长安”[203]，那摇曳满树的一片红色，是长安的秋天带给游人最美的回忆。

青龙寺西廊北侧还绘有一幅栩栩如生的毗沙门天王像。在当地人的心目中，他是远近闻名的“神医”，能在夜晚来到梦中为人治病。所以游客走到天王像附近时，常会看到许多肩舆和马匹停在那里，画像四周坐满了前来“医病”的患者[204]。

不期而遇

天宝二年（743），住在寺院中的游客会遇到前来游玩的王维、王昌龄、裴迪等人[205]。

长庆元年（821），快五十岁的白居易好不容易在新昌坊买了房子。他兴奋地写下“丹凤楼当后，青龙寺在前”，时不时就会去青龙寺溜达。近二十年前（805），日本来的空海曾在这里向惠果大师学习密宗大法。

晋昌坊东　大慈恩寺

- 贞观二十二年（648），本寺由尚在东宫的高宗为母亲文德皇后长孙氏追福所建[206]。
- 附近热门景点：曲江。

大慈恩寺面积占晋昌坊的一半，有十余座院落，近两千间房[207]。它南邻杏园，离不开世俗的滚滚红尘；寺内竹林深邃，又让人仿佛来到佛陀行止的迦兰陀竹园[208]。

但无论是作为景点还是住宿地，大慈恩寺一年四季都游客爆满。本书格外推荐你带上孩子，这座寺院与科举有着千丝万缕的关系，能让孩子近距离感受新科进士们的风采。

自大历年间起[209]，前进士们参加完杏园宴后，会聚集到慈恩寺塔前在塔壁上题名。他们会推选一个写字最好看的人来书写大家的名字，或让工匠刻在塔壁上。若其中有人在日后位及将相，还会回到大慈恩寺，将当初的名字用朱笔描一遍[210]，以示纪念。

现场游客还可参加“抢麻衣”活动。前进士们题名后会向人群抛掷及第前所穿的麻衣，抢到的话，下一个金榜题名的没准儿就是你[211]。

实际上，塔壁是允许所有参观者题名的，不一定非得考中进士。有人题名时尚未参加考试，故留名“进士某某”；关试后，便会回来在“进士某某”前加一个“前”字[212]。

艺术看点

慈恩寺塔底层南门龛内有太宗皇帝、太子李治和褚遂良为纪念玄奘取经之壮举而作的《大唐三藏圣教序碑》（以下简称《圣教序》）和《大唐皇帝述三藏圣教序记碑》（以下简称《述圣记》）。石碑于永徽四年（653）由褚遂良书写完毕，放置在慈恩寺塔东西两侧。（图 2–26）游客在此可欣赏到褚遂良如“美人婵娟”般婉媚俊秀又不失瘦硬的真书。

贞观二十二年（648）太宗写就《圣教序》一事，标志着向来崇道之李唐开始崇尚佛教。弘福寺僧人怀仁得知后发愿，要以内府所藏王羲之真迹为底本，在约 9000 个字中集满 753 个汉字字形（全碑共 1903 个字）[213]，再刻一块《圣

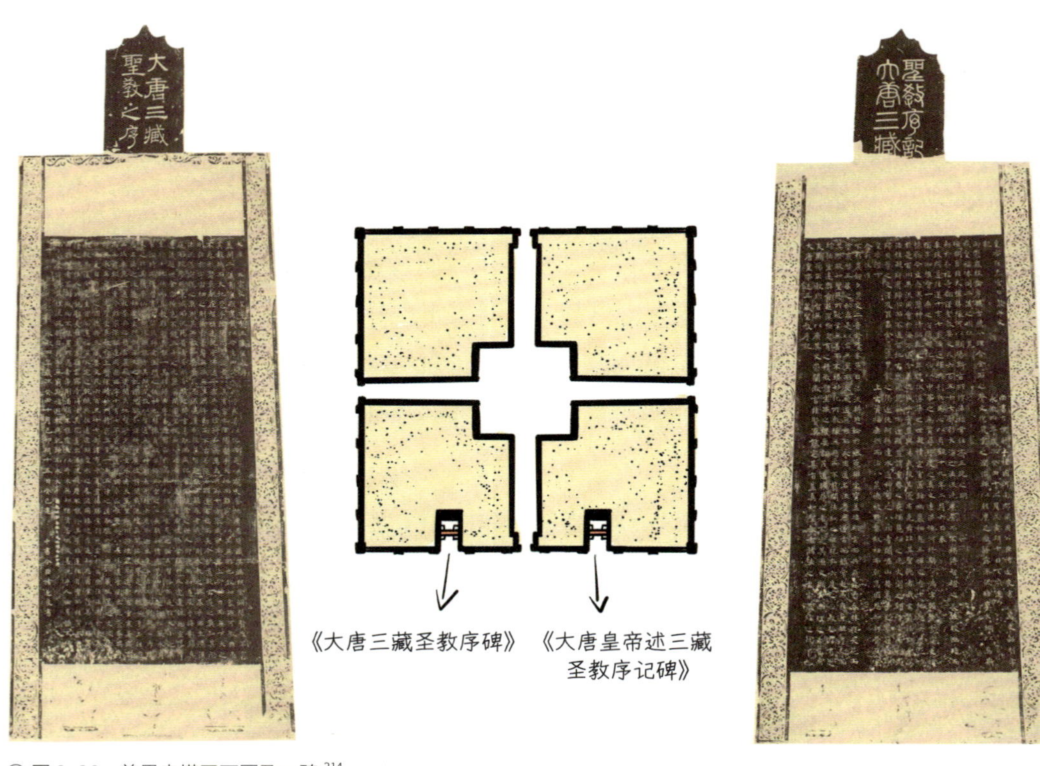

⦿ 图 2-26 慈恩寺塔平面图及二碑[214]

教序碑》（实际包含《圣教序》《述圣记》《心经》等内容）。二十余年间，怀仁不停地对比字形、调整布局，终于在乾封初年完成了这项大工程。集字字态灵动，笔锋悠扬，一气呵成，仿佛就是王羲之本人所写[215]。最初，《集王圣教序》刻在弘福寺内已有的贺兰敏之《金刚经碑》背面[216]，后贺兰敏之因淫乱不端触怒武后，被处死于流放途中，石碑被毁，怀仁只好在 673 年重刻此碑[217]。（图 2-27、图 2-28）

不久，碑石被移入隔壁安定坊刚建好的千福寺内保存[218]。

除了《圣教序》《述圣记》外，大慈恩寺大殿东侧连廊北第一座院落的墙上留有王维、毕宏和郑虔三人的白画，两廊壁间有阎立本的真迹[219]。

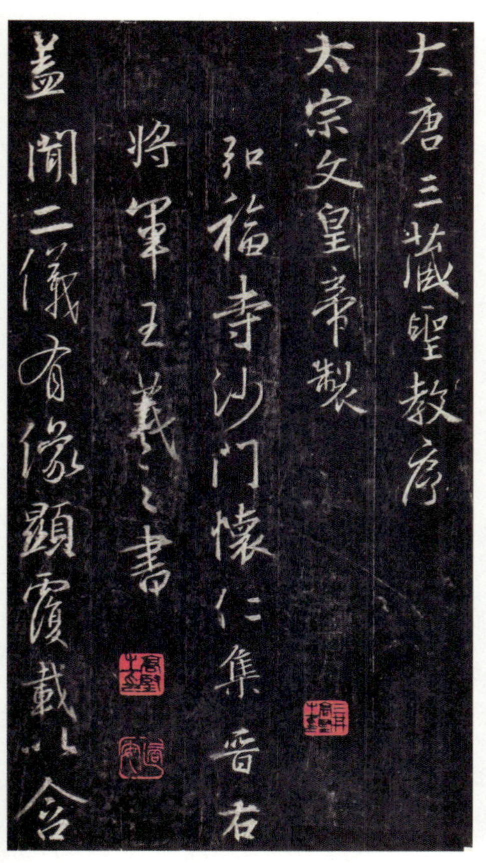

⊙ 图 2-27　刘鹗旧藏北宋拓本《集王圣教序碑》，现藏于日本三井文库[220]

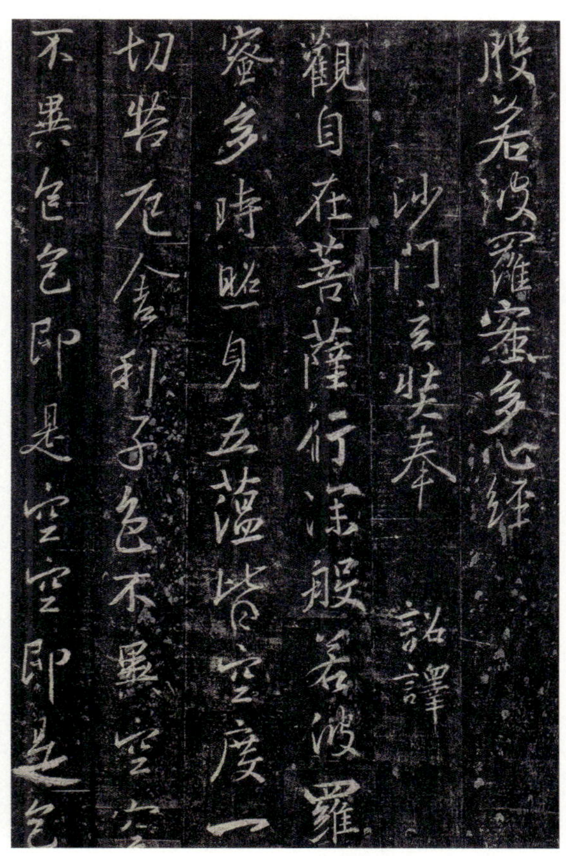

⊙ 图 2-28　张应召旧藏北宋拓本《集王圣教序碑》中的《心经》部分，现藏于中国国家博物馆[221]

没有“大雁塔”！

要是游客直接问唐人去大雁塔怎么走，对方会当场愣住。

今天世人皆知的大雁塔在唐人口中叫作慈恩寺塔。“大雁塔”一词要到明朝才出现，以便和荐福寺塔区分开[222]。“雁塔”这个称呼倒是早就有了，不过最初并不特指慈恩寺塔，而是用来指代一切佛塔，大概是源于玄奘《大唐西域记》中大雁舍身布施的故事[223]。中唐以后，由于慈恩寺塔题名日盛，“雁塔”才逐渐成为其专称。

游览须知

武宗时曾对曲江游宴等新进士期集有所限制，塔壁题名也被尽数削去[224]。

纪念品

来买一张红叶书吧，最适合作为勉励自己学习的书签。书画家郑虔年轻时家境贫寒，买不起纸，他听说大慈恩寺内有间房子储存了许多扫入的柿叶，便借住在僧房中，每天在柿叶上练字。久而久之，满屋的柿叶都被他用完了。后来，郑虔被玄宗亲封为“诗、书、画三绝”[225]。目前在大慈恩寺内仍能买到当初他写过字的柿叶（因为太多了，价格并不贵）。

长安三大译场之一——大慈恩寺译场

玄奘译经处：贞观二十三年（649）至显庆三年（658）六月，玄奘在寺内西北角翻经院[226]译经。

你看到的慈恩寺塔有几层?

1. 永徽三年（652），五层[227]。

2. 长安年间，武后曾重修慈恩寺塔，达到六层或七层[228]。之后该塔基本维持在七层。

今天我们看到的大雁塔是明万历年间修复的，外观已与唐时相差很大。

注意安全

寺院中塔阁众多，游客不要过于靠近寺塔栏杆，谨防坠落。唐代有一位姓李的千牛卫武官和朋友们爬慈恩寺塔。由于过于兴奋，他将身体探出栏外，险些坠塔，幸亏有腰带挂住塔沿的钉子他才没有掉下去，但在风中晃个不停也足以令他吓破胆。最后还得全寺的人出动，用衣服打结连成绳子，才把他拉了上来[229]。

开化坊南　大荐福寺

- 本寺原为中宗李显旧宅。文明元年（684）三月，高宗去世百天后，武后为其献冥福，改宅名为献福寺，后更名为荐福寺。
- 参观荐福寺塔（今小雁塔）须到街对面的安仁坊西北角，隶属于大荐福寺的浮图院（塔院）就在那里。
- 佛牙楼在二月八日至十五日开放佛牙供养，详见前文“佛骨参观指引”。

踏入大荐福寺三门后请先立定站稳，好好感受一下这片土地的龙兴之气。寺东半边曾是隋炀帝杨广和唐中宗李显即位前的旧宅（虽然二位的结局都一言难尽）[230]，也曾一度是被誉为“公主楷模”的太宗襄城公主与驸马的宅第[231]。

本书最推荐游客在神龙元年（705）中宗李显即位后到达。中宗前脚被武后流放，后脚又被她夺宅建寺，所以一回京即位，苦尽甘来，他便开始大肆营建自己的老宅，其环境设施可称一流——不光有那堆叠怒放、繁花成荫的牡丹[232]，寺中草木亦有王维笔下的超然之美，风吹时“流芳忽起，杂英乱飞”[233]。东院更有一处放生池[234]，连通清明渠的活水，是你游玩归来消食散步的好去处。

既然是首屈一指的大寺，娱乐项目也必不可少。大荐福寺是长安四大戏场之一[235]，住宿期间三天两头能看到精彩演出（只要你不怕吵）。当住在别处的游客风尘仆仆赶到时，你早已占据最前排的位置。至于能看到什么剧目和哪些当红演员，请见第九章《演出与庆典指南》。

中宗景龙年间的某个夜晚，入住寺中的游客不时会闻到一股怪异的香味，这应该与同住寺内的粟特僧人僧伽大师有关，循着气味就能找到他。

据说这位被中宗奉为国师的僧伽脑袋上有个小孔，平常用棉絮塞着，一旦拿掉就会香气四溢。等到天亮，香气会自动回到头顶孔穴中，他再用棉絮塞上。僧伽有诸多神技，洒水祈雨、算命（他曾向李泌的父亲准确预言了其子未来将“为帝王师”[236]）、治病等都不过是常规操作。僧伽所住院外还常能看到唐人排起长龙，这并不是在搞什么签售活动，而是排队喝僧伽的洗脚水，据说喝了“包治百病”[237]。

不期而遇

• 中宗李显

大荐福寺的最佳游览时段是中宗在位期间。中宗笃信佛法，大荐福寺作为其旧宅，得到了格外精心的修缮[238]，又汇集了众多高僧大德。神龙年间至开元初，义净、实叉难陀、法藏、密宗开元三大士之一的金刚智等高僧都在这里居住传法。

中宗本人非常喜欢来大荐福寺怀旧。神龙三年（707）四月、景龙二年（708）十二月、景龙三年（709）正月[239]，他曾造访此寺，同来的还有郑愔、宋之问、李峤等文人学士，他们在游览途中留下了应制诗。

• 王维

根据之前的游客反馈，旅途中最难偶遇的名人就是王维了。他行事低调，在长安、辋川之间忽来忽往，行踪不定，就连城中居所都不见于典籍。不过，在大荐福寺遇到他的可能性会大大增加。王维与寺中道光禅师亦师亦友，自开元十七年（729）后常来拜访[240]，王维的迷妹迷弟们请务必给大荐福寺画上重点。

• 李白

其实见李白的难度不亚于见王维。王维低调微行但跑得慢；李白做事高调却跑得很快，行踪还极具迷惑性。本书把他列在“不期而遇”中，源于他曾写过一篇《僧伽歌》，诗中他自称见过僧伽，还能与大师有来有回地辩论佛法，但这多半有注水的成分。僧伽去世时，李白只有九岁[241]。

开元中和天宝初，李白与王维曾同时在长安城中生活，却始终没能碰到一起。如果你很想见到他们，第七章《名人宅邸家访指南》会给出详细攻略。

• 大历十才子

大荐福寺是大历十才子的活动根据地，卢纶、司空曙、韩翃、李端等人常在这里夜宿搞团建[242]。他们大多郁郁不得志，仕途坎坷，有一肚子牢骚等着找人抒发。游客若愿意加入他们，喝酒畅聊，多半不会被拒绝。

• 圆仁

会昌元年（841）二月，日本僧圆仁也在这里，正随着寺内僧人登临佛牙楼，好奇地四处张望。长安城中寺院仍是一片繁荣，但此时距离会昌毁佛只有不到一年了。游客这时若提醒圆仁“快逃”，他肯定不会信，也难怪在后来的《入唐求法巡礼行记》里，我们看到他着实受了一番惊吓。

• 杜牧与元稹

荐福寺塔院所在安仁坊同时是杜牧祖宅和元稹宅所在地，在这里遇见他们相对容易。

从寺南门出来过一条街到安仁坊，就能见到著名的荐福寺塔，塔中存有三藏法师义净从印度带回的佛经。据说修建塔和浮图院时，宫内可是从武后到女官再到宫女，都纷纷出钱参与众筹[243]。唐时的荐福寺塔共有十五层（现在顶端缺失的两层很可能是在1556年地震中震掉的），登塔后可俯瞰六街[244]，塔底端还有砖木结构缠腰，烈日炎炎时方便游客在塔下乘凉休息。（图2–29、图2–30）

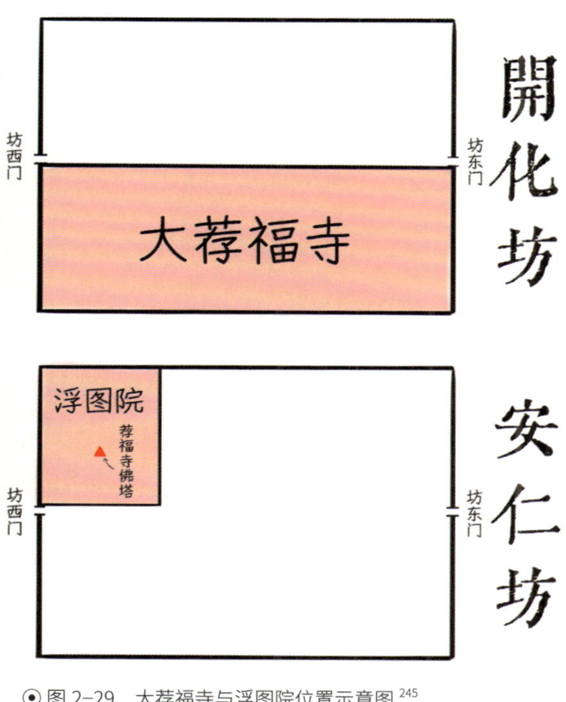

⦿ 图 2-29　大荐福寺与浮图院位置示意图[245]

⦿ 图 2-30　荐福寺塔唐代样貌复原图，塔底有砖木结构缠腰，塔体由青砖砌成[246]

长安三大译场之一——大荐福寺译场

义净译经处：中宗专门在大荐福寺为义净设立了翻经院，要求后者在此奉敕译经（“义净”这法号恰恰就是“译经”的谐音）。翻经院常有朝廷要员和高僧往来[247]，是严格禁止游客擅入的。义净自证圣元年（695）归国后，时年已六十五岁的他遍历洛阳大遍空寺（协助实叉难陀译《华严经》）、福先寺，长安西明寺、大荐福寺，光是在大荐福寺就翻译出了《浴像功德经》等十余部经典。先天二年（713），义净圆寂于此，世寿七十九岁，翻经院内留下了他去世前的画像[248]，供后来的游客瞻仰。

金刚智译经处：开元初，金刚智辗转于大慈恩寺、资圣寺与大荐福寺等地译经。

满堂诗板旧知音

别光顾着说笑，抬头看看！寺院僧堂中常悬挂有许多诗板，是为方便文人题诗所设[249]。

大荐福寺中出过两位著名的诗僧，一位是宣宗朝的栖白上人，另一位是诗人张祜的好友灵彻上人。两位诗僧在长安时皆长住大荐福寺，寺内诗板文化尤甚。当灵彻于宣州去世后，张祜再访其旧时住处，只见屋内诗板上所题皆是昔日友人的诗歌，可他已经作古。夜晚，秋风吹起落叶，飞入廊下。一块块诗板在风中随着烛光摇动，碰撞时发出叮叮当当的响声，着实热闹，也实在冷清[250]。

而在我们游客看来，“满堂诗板旧知音”却有了新的含义。动手找找，看看诗板中是不是有你的文学偶像所题之作？过去只能在书上读到他们的作品，而现在你可以在另一块诗板上与之唱和，有的诗人甚至刚走不久，板子上笔迹犹新，墨痕未干。

艺术看点

进门时请留意：大荐福寺三门的匾额为武后所题的飞白书。

净土院内神鬼像、菩提院维摩诘本行变图和西南院佛殿内的僧人像都是吴道子的大作，最后者仍是未画完的状态，也许保留了描线用的粉点和未敷彩的线描稿，能让游客见到绘画过程，极为难得[251]。

寺内南院地处偏僻，一般不会有游客。在跨时空旅行还未开放的时候，它只属于唐代的失意者。看倦了大荐福寺的楼阁殿宇，听烦了戏场的嘈杂人声，不妨到罕有人至的南院来。这里的佛殿内壁上满是唐代及前朝古人的题诗[252]。你最好独自到此，感受幽灯古佛的宁静，通过壁上先人的墨迹与之对话。顺便再看看那些开得正好，却寂寞沾染六街尘的牡丹。

安定坊东南隅　千福寺[253]——长安城的艺术博物馆 

● 这里本是章怀太子的府第，咸亨四年（673）被改建为寺院。

热爱书法绘画的游客一定要想方设法预订到千福寺的房间。千福寺位于长安城西北端，交通其实并不方便，但寺中留下的名人书法与绘画作品之多，使其称得上是全城独一无二的艺术博物馆，能让你一站式领略名家真迹的风采。（图 2-31）

● 请注意游览时间：寺内大部分书画作品出自玄宗朝名家，但想要看大名鼎鼎的多宝塔，须等到天宝四载（745），这一年多宝塔刚刚建成，游客将偶遇前来游玩的岑参，前

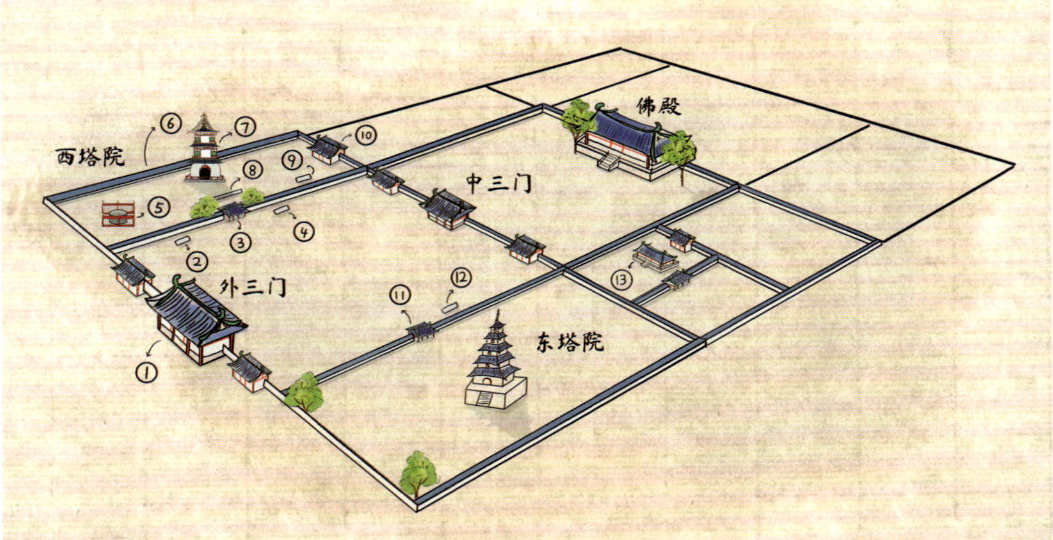

①千福寺寺额为上官婉儿题 ②张芬书写碑 ③西塔院：门额为玄宗题写；塔院门两面内外及东西向里各四间，其中有吴道子画鬼神、帝释天像 ④《多宝塔碑》/《楚金禅师碑》 ⑤石井围栏：李阳冰篆书 ⑥西廊壁：怀素草书、韩幹画天师像 ⑦多宝塔：绕塔板上有卢棱伽、韩幹、吴道子所画传法二十四弟子像；塔北有尹琳绘菩萨与鬼神像（亦传杨廷光画） ⑧王维所画掩障（影壁） ⑨韩择木八分书碑 ⑩西塔院北廊：堂内有南岳智顗、思大禅师、法华七祖及弟子们的画像 ⑪东塔院：门额为高力士所书；门屋下内外面有杨廷光白画鬼神图 ⑫《集王圣教序碑》 ⑬佛殿东院西行南院：殿内有李纶画普贤菩萨像与田（尹）琳画文殊师利菩萨像

⊙ 图 2-31 千福寺名家真迹导览图[254]

> 一年他考中了进士，正在长安等待分配工作。不过此时尚无《多宝塔碑》（全称《大唐西京千福寺多宝佛塔感应碑》）。七年后（752），这座由岑参从弟岑勋撰文、好友颜真卿书丹、书法家徐浩题额的旷世名碑才姗姗来迟。

入寺请抬头看！三门上的匾额“千福寺”为上官婉儿所书。进入三门向东走，能见到《集王圣教序碑》。此碑原在隔壁修德坊的弘福寺，千福寺建成后被迁来这里。通常情况下，碑前人满为患，但只要你住在这儿，待傍晚游人散去，你便拥有了与它独处的机会。眼前的碑石上还没有元明后出现的那道横穿碑面的大裂痕，总算可以好好欣赏一番。碑附近的东塔院匾额由权宦高力士手书。

向西走是多宝塔所在的西塔院[255]。院门匾额是玄宗李隆基的手笔，门北侧被游客团团围住的正是大名鼎鼎的**《多宝塔碑》**。（图 2–32）今天我们在碑林虽然也能看到它，但上面已有了左侧半圆形的破损。能在唐代看到完好无缺的《多宝塔碑》，还稀罕什么宋拓本呢！只是这处景点实在太火了，太多游客在旁临摹，碑四周已设置了围栏。

《多宝塔碑》背面为贞元二十一年（805）吴通微所书《楚金禅师碑》，其字体原本稚拙可爱，但没办法，背后可是颜真卿法度森严的笔迹，对比非常强烈。（图 2–33）

参观多宝塔时别忘了向塔基石板上看，那里有吴道子学生卢

大唐西京千福寺多寶佛
塔感應碑文
南陽岑勛撰 朝議郎
判尚書武部員外郎琅
邪顏真卿書 朝散大

⊙ 图 2–32 《多宝塔碑》[256]

唐國師千福寺多寶
塔院故法華楚金禪師
碑 紫閣山草堂
寺沙門飛錫撰

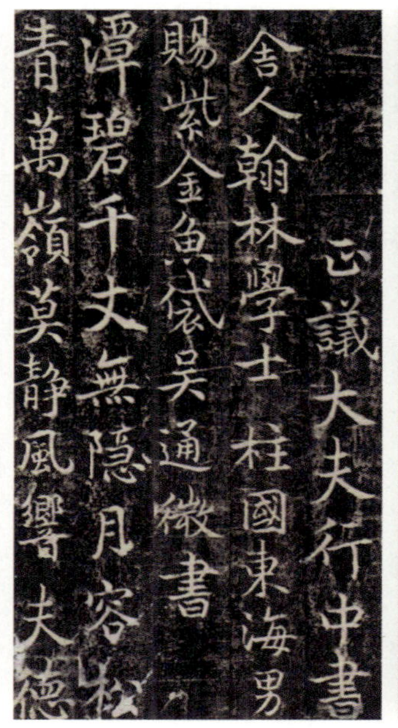
正議大夫行中書
舍人翰林學士柱國東海男
賜紫金魚袋吳通微書
潭碧千丈無隱月容松
青萬嶺莫靜風響夫德

⊙ 图 2–33 哈佛大学藏民国拓本《楚金禅师碑》

楱伽和备受王维推崇的韩幹[257]等人所画的传法二十四弟子像，以及吴道子的菩萨像。西面回廊壁上有怀素的草书。就连不起眼的石井围栏也留有李阳冰的篆书，千万不可错过。院内最重磅的是王维所画的一道掩障（影壁）和一幅青枫树图。王维对自己的画作十分满意，曾说自己"当世谬词客，前身应画师"。王维画作在晚唐就已很难看到了，以至于诗人张祜感叹"右丞今已殁，遗画世间稀"，好在参加跨时空旅行的游客不用担心这点，只需早点到来，就能弥补许多唐人心中的遗憾。

寺院的角角落落还存有杨廷光、吴道子、韩幹所画的鬼神、菩萨、楚金禅师及其他僧人的画像。

艺术看点

对壁画、书法有兴趣的游客还可前往以下寺院：

光宅坊光宅寺普贤堂内能看到尉迟乙僧画的脱皮白骨和仿佛能钻出墙壁来诱惑你的魔女[258]。

光德坊胜光寺塔东南院有周昉（传为《簪花仕女图》作者）绘制的水月观自在菩萨像[259]，庄严柔美。

道政坊宝应寺原为王维之弟王缙的宅邸，其内留有韩幹所画《弥勒下生变》。寺里还有梵天女像，据说是以王缙的宠妾小小等人为模特绘制的[260]。

◆ 最佳参观时间：为观看壁画而专程到寺院住宿的游客，请在安史之乱前到达。战乱后，长安城内大多初盛唐壁画都遭到毁坏。"烟中壁碎摩诘画，云间字失玄宗诗。"[261]

义宁坊南门东侧　化度寺

● 会昌六年（846）改崇福寺，请避免与休祥坊东北隅的崇福寺混淆。

你可以支持一下唐代寺院的慈善事业，前往义宁坊的化度寺，向无尽藏捐赠。

无尽藏是唐代三阶宗的慈善仓库，虽然三阶宗在唐代饱受争议，屡遭禁断，毁佛后更是逐渐湮灭，但其运转的无尽藏包含早期众筹理念，颇具前瞻性。无尽藏辐射全国寺院，由僧俗资助粮食、衣服、田产、钱财等，并有专人管理，散施天下，保障僧团的日常支出和修缮佛堂之经费，并接济穷苦之人[262]。每当三阶宗创始人信行法师的忌日（正月四日）这一天，化度寺内热闹非凡，信众们都争着捐赠衣物和钱帛，路过的游客还以为是举办什么促销活动。当然，化度寺中也曾发生过监守自盗之事。比如贞观年间，管理无尽藏的裴玄智就盗取了大量黄金，他开溜之前还猖狂地在墙壁上留言道："放羊狼颔下，置骨狗前头。自非阿罗汉，安能免得偷。"[263]

除化度寺外，长乐坊大安国寺也举办过"敲钟一槌，捐一千贯"的慈善活动。黄巢起义后，僖宗打算重修大安国寺，京城巨富王酒胡来到大钟前连敲一百下，凭一己之力捐够了修缮资金[264]（但请注意，此时已停止跨时空旅游）。

易引发的误会

一些游客也许想在化度寺内找找令无数书法爱好者抱

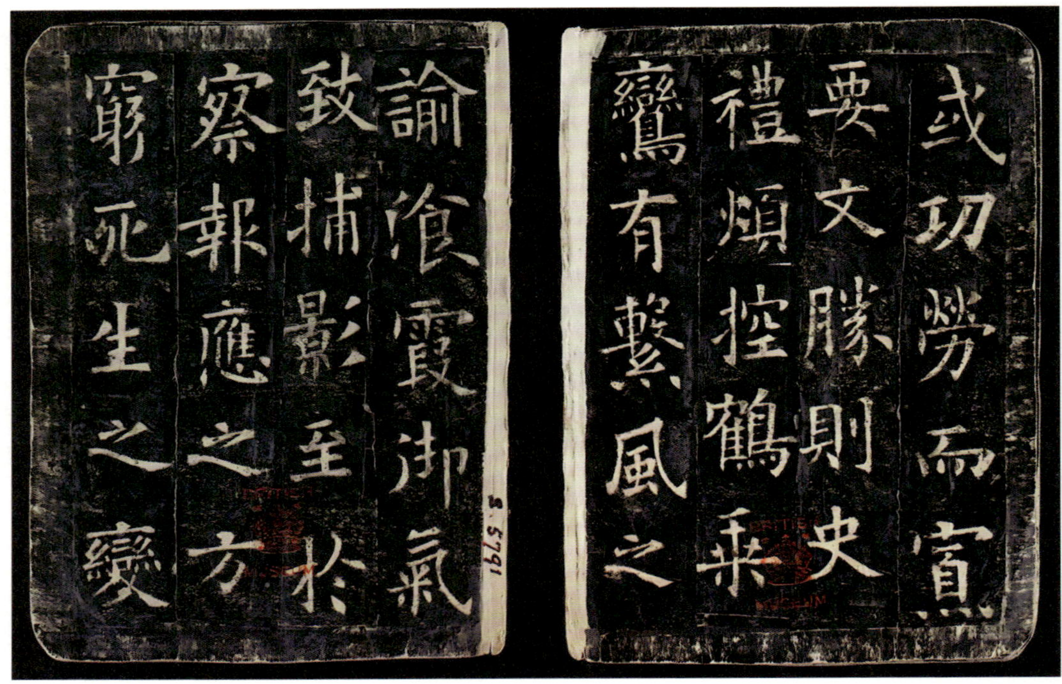

⦿ 图 2-34　英国国家图书馆藏 S.5791《化度寺故僧邕禅师舍利塔铭》拓片

憾不已的《化度寺碑》[265]。（图 2-34）严格来讲，它应该称为《化度寺故僧邕禅师舍利塔铭》，碑文于贞观五年（631）三阶宗高僧僧邕去世后，由李百药撰文，欧阳询书丹。姜夔、宋濂、赵孟頫等多位文人都认为在《化度寺碑》《九成宫醴泉铭》两大欧书巅峰中，《化度寺碑》要更胜一筹[266]。清代翁方纲更是极力推崇此碑之“淳古”[267]。千百年来，人们只能通过宋拓本和敦煌石室拓片猜测原貌。

不过《化度寺碑》并不在化度寺内。僧邕圆寂后，林葬在终南山，遗骨被纳入塔中，塔也建在终南山上。直到北宋庆历初，范雍在山上一佛寺内见到断碑，叹为至宝，寺内僧人竟误以为他指的是石碑内藏有珍宝，于是将其砸断[268]，后来残碑又在北宋末年的兵荒马乱中丢失，最终下落不明。

都市传说：五娘

元和初年入住化度寺的游客会在义宁坊内永穆墙下遇到一个疯女人，街坊们都叫她五娘。不必惊慌，五娘发起疯来并不伤人，只是会在街道上狂舞大笑。游客经过时要有心理准备，以免被突然吓到。

这位五娘的哥哥信夫是金陵城中有名的疯子。两兄妹虽然行为疯癫，却有着异于常人的预知力。一次，信夫托人带了包东西给五娘，并捎口信说："不如我们兄妹俩一道回去。"

信使长途跋涉来到长安通化门外长乐坡，五娘仿佛知道有人来送信，早早便出城迎接。信夫的包袱里只有几件衣服。五娘穿上这些衣服，一如往日般在众人面前起舞、疯笑，却于当晚死去。而同时，哥哥信夫也在金陵去世。兄妹俩相约好一同回去，怕是想远离这纷扰的人间吧[269]。

除了馆驿、旅店和寺院，有钱有闲并打算自由行的游客还可在城中长期租房。官府会依法出租逃户的屋舍，而长安城南也有大片闲置的空宅，不过那里相当冷僻，住进去很考验胆量。

· 交通工具租赁 ·

普通旅行最忌"走马观花"，但在长安，这可是相当浪漫的观景方式。若不能自由自在地纵马疾驰，一日看尽长安花，又如何能感受地道的长安风情？除了跟团游，游客还可以自己租一匹马或雇一辆牛车，在城中恣意游逛。（图 2-35、图 2-36）

⊙ 图 2–35　洛阳关林唐墓出土的三彩蓝釉白斑马[270]

⊙ 图 2–36　西安西郊制药厂出土的三彩骡子[271]

但为了你的安全，本书还是得丑话说在前头。俗话说“乘船走马，去死一分”[272]。唐代文献中不乏坠马、被马拖行而身死的记载[273]，骑马速度太快遇到门楣来不及低头，也能撞破相甚至落下残疾[274]。不擅骑乘的游客最好还是租车，并雇一名车夫。在现代就擅长骑马、驾车的游客，请留意不得在市区无故超速，违者受笞五十[275]。上一位对自己车技过分自信的唐人康失芬已经把在商店门口坐着的两个小孩撞得“腰已下骨并碎破”了[276]，这都是血淋淋的教训！

驴在唐代属于“劣乘”，价格低廉，深受老百姓欢迎，长安城中农夫、举子（尤其是落第的[277]）、诗人和商人几乎人手一头，各大旅店也有“驿驴”[278]供出租。牛车（图 2–37、图 2–38）是高性价比之选，地位较高的人会选择骑马或乘马车。唐初曾有规定商人不能骑马，但后来逐渐没什么人遵守了[279]。此外，僧尼、道士除寺院三纲（寺主、上座、维那）和佛道大德外，也不能骑马[280]。

客人租用牛、马、驴后，店家会派一名小儿跟着，用完再由小儿牵回。租赁时间要是超过一天，客人也可自行送回，只要立

⊙ 图 2–37　吐鲁番阿斯塔那 19 号墓出土的明器牛车 [281]

⊙ 图 2–38　莫高窟五代 98 窟南壁壁画中的牛车 [282]

⊙ 图 2-39　莫高窟 85 窟《弥勒经变》摩耶夫人乘担子图[283]

定租约（雇驴契、雇牛契）即可。晚唐来中国求学的圆仁在经过黄河渡口时，和大家凑钱租了一头驴，花了十五钱[284]；在密州，雇一头驴走二十里路得花费五十文[285]。不过这不一定是长安的价格。虽不知长安租驴价几何，但同时段（开成初年）长安的一头驴可以卖到五千钱[286]。

在唐初游览的女性游客乘马时可以戴上羃䍦、帷帽（不做强制要求），而在稍后时期到达就省去了这一麻烦，女子可以租用开放性的担子（图 2-39、图 2-40，也称"檐子"，是肩舆的一种）[287]，中唐之后，也可以乘坐自巴蜀流行到中原的兜笼[288]。所有车辆和牲畜都靠右行驶。

坊巷中有佣作坊，能雇到力夫和日佣人搬运行李，或在购物后搬运"战利品"[289]，按距离、天数或月份结算佣金[290]。

⊙ 图 2-40　新城公主墓墓道东壁担子图[291]

大宁坊兴唐寺外　兴唐车坊

这间车行是老字号了，隶属于兴唐寺[292]，专为方便香客所设，服务真诚可靠，常有宰相等高官在国忌日行香时光顾。车坊除出租交通工具外，还承接措办宴席的订单[293]。

特别说明

有些旅游手册上说光宅坊内也设有车坊，可租赁车马，但那其实是隶属于太仆寺的官方车坊，仅供高级官员“待漏”，并不对外开放[294]。

通化门附近　修车处

通化门附近是车工聚居地，租用的车子有问题尽管找他们检修。店里还生产各种零件，虽然非原厂零件，但也能满足你的急需。这里有位侠义心肠的车工，名叫奚乐山，他干活又快又好，一晚上能做六百只车轮的外框。一拿到工钱，他就分给寒冬里在街边乞讨的穷人们[295]。

胜业坊　车子家（24小时服务）

胜业坊中住着一个个体车夫，价格相对优惠。而且不管时间多晚，他都能随叫随走[296]。但在唐代，你无法通过手机下单，需要自己到车夫家中走一趟。

都市传说

要是住在繁华的崇仁坊和平康坊附近，租赁车马驴便绕不开东市。但老长安人都知道，东市赁驴行中有家店发生过怪事。曾有位妇人总上他们那儿去租驴，但从不给钱。店家遣小儿尾随，发现她常常拐进平康坊的一户人家就不见了。小儿前去敲门，将此事告知了这家的主人。宅主名叫马震，听后也一头雾水，于是派人在外蹲守数日，果然见到了那妇人，没想到竟然是他已经死去11年的母亲。马震哭嚎着追出门，一把拽住她的衣服，其母瞬间倒地，化作了一副森然白骨[297]。在东市，不光骑驴的人多有蹊跷，连驴也会作怪。开成初年某天，有个唐人租的驴还突然开口说话了[298]。

曲江 租船

曲江游览提供小船出租。如有雅兴，租赁舟船作为晚间寓所也未尝不可。白居易很喜欢“夜船论铺赁，春酒断瓶沽”，喝醉了酒直接就在船上睡。曲江沿岸的亭子中也许有人在倚栏吹笛。笛声悠远，舟船随轻波微晃，“醉后不知天在水，满船清梦压星河”[299]，入睡前那遥不可及的灿烂繁星，也会悄悄来到你的梦中。（图 2-41）

注意安全

既然“乘船走马，去死一分”，谈到游客的意外事故致死率，乘船的“贡献”就不容小觑。在船上还请不要剧烈运动或打闹，尤其是开元五年（717）上巳节当天，尽量不要登船了，这一天将发生一起严重事故，成为唐代文坛的至暗时刻——驸马李蒙及第后，与同年们相约在曲江舟上举行宴会，船到江中，大家提议李蒙作一篇序来记录此事。序很快写成，大家争着要看，甚至站起来抢，船只一时倾覆，造成所有新科进士落水溺死的惨剧[300]。

同船罹难的还有令章大师李捎云（亦作李稍云），唐时酒令受其影响极深[301]。在第八章《平康坊指南》里，我们将感受酒令的魅力。

⊙ 图 2–41 “醉后不知天在水，满船清梦压星河”

附录 长安附近馆驿、广运潭、长乐坡及宫人斜示意图（图 2–7）编例

本图主要依据严耕望《唐代交通图考》中的唐代两京馆驿图，修正、增补如下几点：

1. 长安城内只有一所馆驿——都亭驿，位于通化坊[302]。

2. 汉古灞桥原址位于汉长安城霸城门东二十里[303]，后被毁。隋开皇三年（583）在汉代旧灞桥以南建造了新的灞桥，位于长安城通化门东二十五里，称隋灞桥，位于今西安市灞桥区灞桥镇柳巷村附近。入唐后，景云二年（711）在汉、隋两代灞桥的旧址上重修了南北二桥[304]。因此图中出现了两处灞桥。

3. 滋水驿与灞桥驿当为一驿[305]。

4. 临皋驿和宫人斜的位置。李健超将临皋驿的大致位置修正为今西安西郊大土门村西北 3.5 千米。程义结合出土宫人墓志，考证得出唐代临皋驿和宫人斜皆在西安三民村附近，基本与李健超提出的位置重合[306]。

5. 广运潭的位置历来众说纷纭，但基本确定在长安城西北长乐坡附近。郭声波考虑到其水源、玄宗观景处和实际用途，认为广运潭位于浐、灞水汇合处。该推测较为合理，本书从此说[307]。

第三章
食物指南

我为您带来了金、银、灿烂夺目的宝石、来自山海的珍品、
精选的肥公牛、柔软蓬松的绵羊、琳琅满目的海鱼、
天空中的飞鸟、家禽、沼泽中壮硕的跳鼠、花园里繁茂的蔬菜、
玫瑰金色的水果，乃至整座丰收的果园，有大枣、无花果、葡萄干，
还有啤酒、蜂蜜、黄油、甜蛋糕、牛乳和上好的香油……
这土地上的一切所产，应有尽有……

——公元前 6—7 世纪，黎巴嫩 Wadi-Brissa 双子岩壁浮雕铭文，
尼布甲尼撒（Nebuchadnezzar）在阿基图节（Akitu）为神奉上
供品时的祝祷词[1]

● 请注意饮食卫生，并遵循适度原则，吃不惯不要硬撑，但不得故意浪费。

● 唐人嗜甜，食物多高油高糖，请严格控制摄入量。糖尿病患者请自备胰岛素和健康食品，防止血糖大幅波动。旅途中记得补充蔬菜和水果，高肉饮食容易引起便秘。

● 唐代食物大多含有奶制品，乳糖不耐受者请谨慎选用。

● 本章推荐的店铺均未收取任何广告费。（图 3-1）

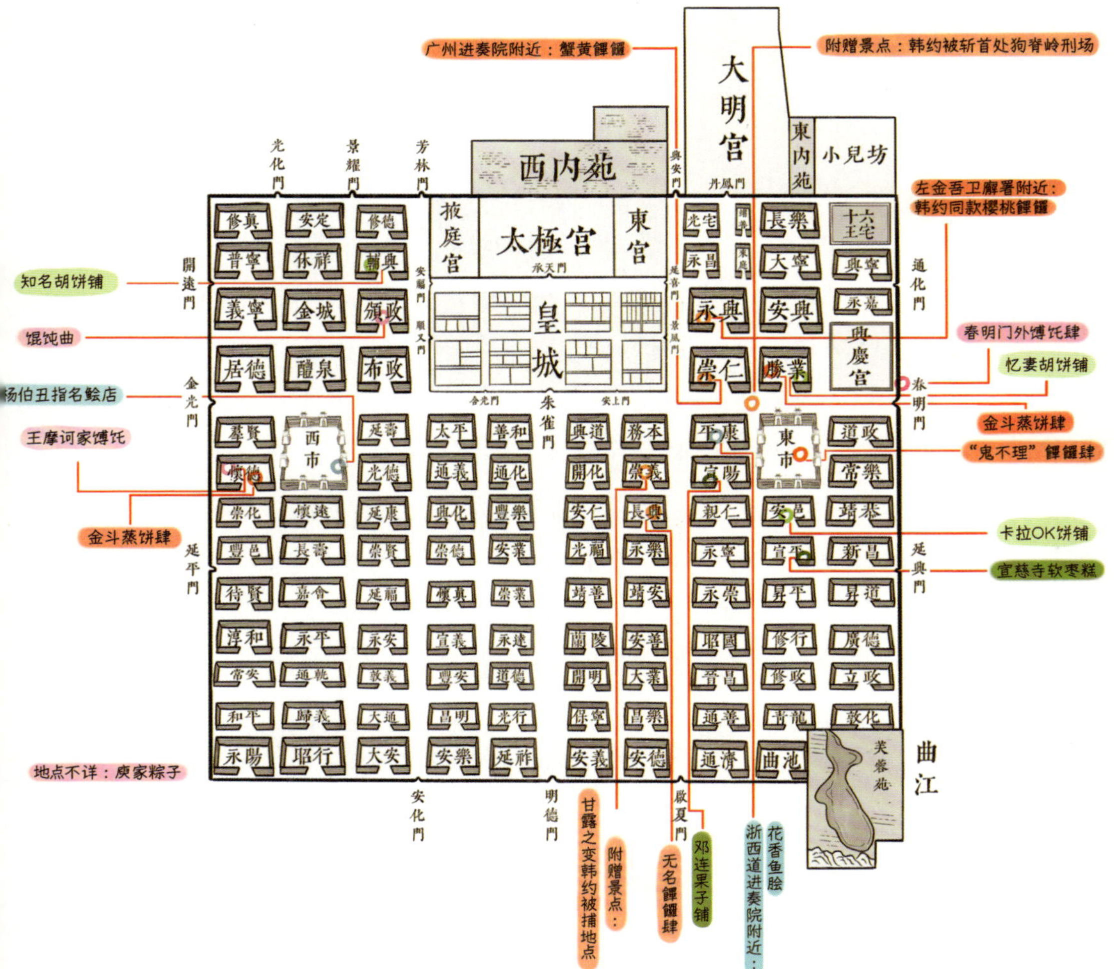

⊙ 图 3-1　长安觅食地图

本章不会介绍宫廷食品，因为你们吃不到；也不会介绍唐人日常食品，你们只是旅行者，不需要长期生活在此。

以下条目介绍的是长安城内的特色食物，并相应推荐专售该食物的特色店铺，给出具体地址和到访建议。“特色”是针对食物的制作者及其背后的故事而言的。俗话说“彼之砒霜，我之蜜糖”，虽然有的食物在唐人中具有很高的认可度，但很可能不适合现代人的胃口。若不想踩雷，付款前请先检查一下店铺周围专为游客而设的垃圾桶，要是里面装满咬了一口便被丢弃的食物，那多半就不用尝试了。

东西二市中有可以尝到各类菜肴的综合性饭店，详见第五章《逛街购物指南》。

喜欢吃牛肉制品的游客请留意：耕牛对以农为本的中国古代社会来说是命脉所系，太宗、玄宗[2]等皇帝曾专门下诏要求禁止宰杀耕牛（《唐律》对马也有保护，玄宗时，保护范围扩大到骡子）。除此以外，唐朝从高祖到灭亡前十几年，几乎每位皇帝都以“倡导节制”“保护生灵”等原因不许百姓吃肉、钓鱼、打猎[3]，仅武宗时稍有放松[4]。除颁布长期禁令外，在国忌日、祈雨后、二社日、佛教三长斋月（正月、五月、九月）、道教十斋日[5]（唐初即有[6]）与三元日（始于玄宗时）[7]等时段，国家也会暂时禁屠。频繁禁屠的结果就是，唐人一年中有三分之一的时间都无法随意且合法地吃肉[8]。

你如果在武后和玄宗时期到达，那么极有可能将被迫食素，因为这是唐代禁屠令最为密集的时段[9]。虽然玄宗时的禁屠期比武后时的多且长，但后者执行得更为严格，甚至有民众因此饿死[10]的状况发生。无肉不欢的旅行者一般将武后时期视为淡季。

鉴于禁屠令颁布得过于频繁，每次被禁的肉类也各有不同，本书就不一一列出具体日期和内容了，以你到达长安的具体情况为准。

吃饭是旅游中的头等大事，也是许多游客选择目的地的重要因素。那么，去长安旅游，禁屠期到底能不能吃到肉呢？

请看下面几个事实。

1.《唐律疏议》中明确说：不能偷盗、宰杀官私用牛马[11]，玄宗甚至连宰杀骡子[12]也要管。不过，这些都是对百姓耕田和运输有用的动物；至于吃其他动物，没有相应的处罚。

2. 不能宰杀牛马≠不能吃牛马。

3. 耕牛不包括牛犊。毕竟有一道名菜就叫“水炼犊”，详见第七章《名人宅邸家访指南》。

4. 动物自然死亡的话就不是被宰杀了。

5. 总有替代品。比如会昌四年（844），中书门下奏称断屠“弛禁不一”。在禁止杀羊的时段里，被宰杀的驴、牛数量就相应增多[13]。

事实上，在唐后期，连宣宗也不得不承认禁令的无力：“天下诸州屠牛，访闻都不遵守。”[14]典籍中唐人吃肉乃至吃牛肉的记载并不鲜见[15]，贵族或官员吃肉更是连空子都不用钻，哪怕在较严格的武后时期仍会对他们网开一面[16]。其实，唐人对禁屠的认识还是比较深刻的，不过就是“鼓刀者坐获厚利，纠察者皆受贿财，比来人情，共知此弊”[17]。

现在，回到这个问题：去长安旅游，禁屠期到底能不能吃到肉？本书不敢公开说出答案。但话都说到这份儿上了，你应该能明白吧？

尝尝鹿肉

鹿肉是今人较少触及，但流行于全唐各阶层的肉类。由于鹿肉自带腥气，唐人更习惯将其做成肉脯和肉干，以去除异味，且方便携带和储藏。鹿肉也常在皇帝赐给大臣的肉食之列[18]。

“等弥勒下生，我们再会！”——写给死去的老耕牛

在敦煌藏经洞遗书中，有一份系年于五代（911）的手抄《金刚般若波罗蜜经》，后页还有《佛说阎罗王受记令四众逆（预）脩（修）生七斋功德往生净土经》。（图 3–2、图 3–3）抄写这两份经文的，是一位八十八岁、行将就木的老人[19]，虽是唐灭亡四年后所写，但可供游客略窥唐时人们对耕牛之珍惜与爱重。

在讲述抄经缘起的题记中，写经人是这么说的：“这篇经文写给我死去的老耕牛，希望它在地府，莫因我的鞭打与呵责对我有仇怨，来世托生在庄严净土，不要再做畜生。愿弥勒下生时，我俩能在龙华初会上重逢，到那时再一同聆听弥勒讲说圣法。”

这份跨越主畜之分、平等相待的情谊，叫人动心而难忘。

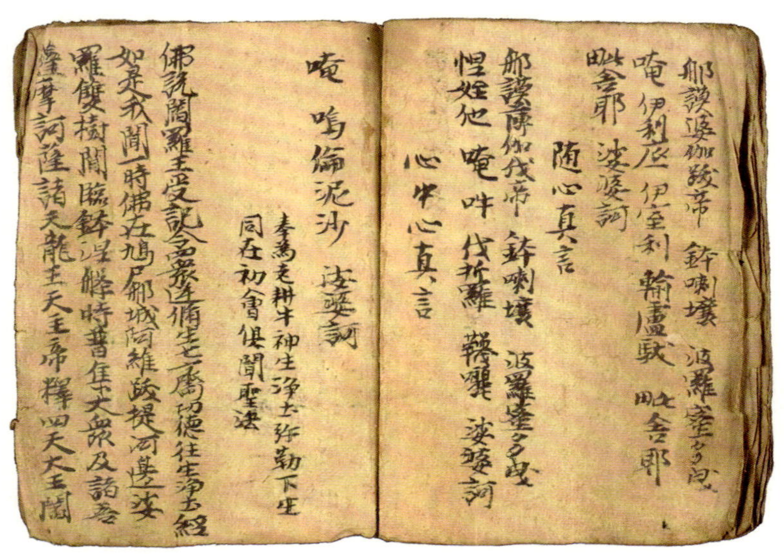

⊙ 图 3–2 敦煌文献 S. 5544《金刚般若波罗蜜经》题记："奉为老耕牛，神生净土。弥勒下生，同在初会，俱闻圣法。"[20]

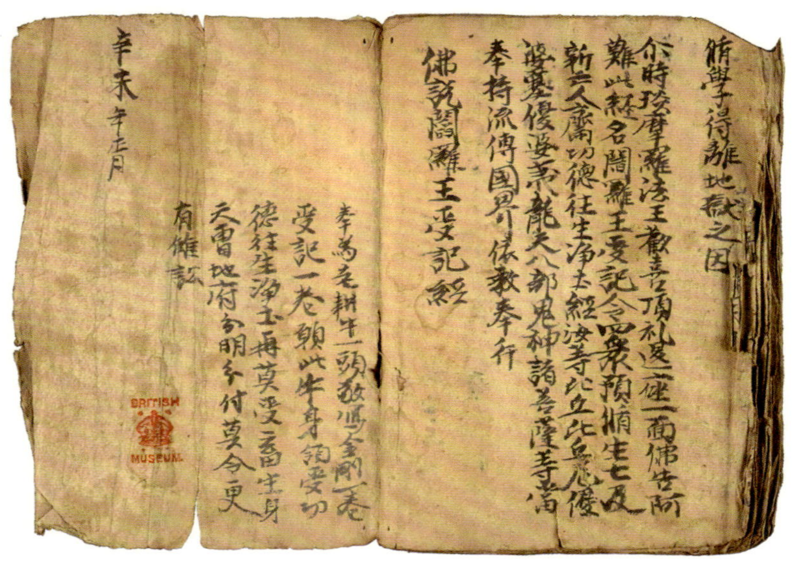

⊙ 图 3–3 《佛说阎罗王受记令四众逆（预）脩（修）生七斋功德往生净土经》题记："奉为老耕牛一头，敬写《金刚》一卷，《受记》一卷。愿此牛身，领受功德，往生净土，再莫受畜生身，六曹地府，分明分付，莫令更有雠（仇）讼。"

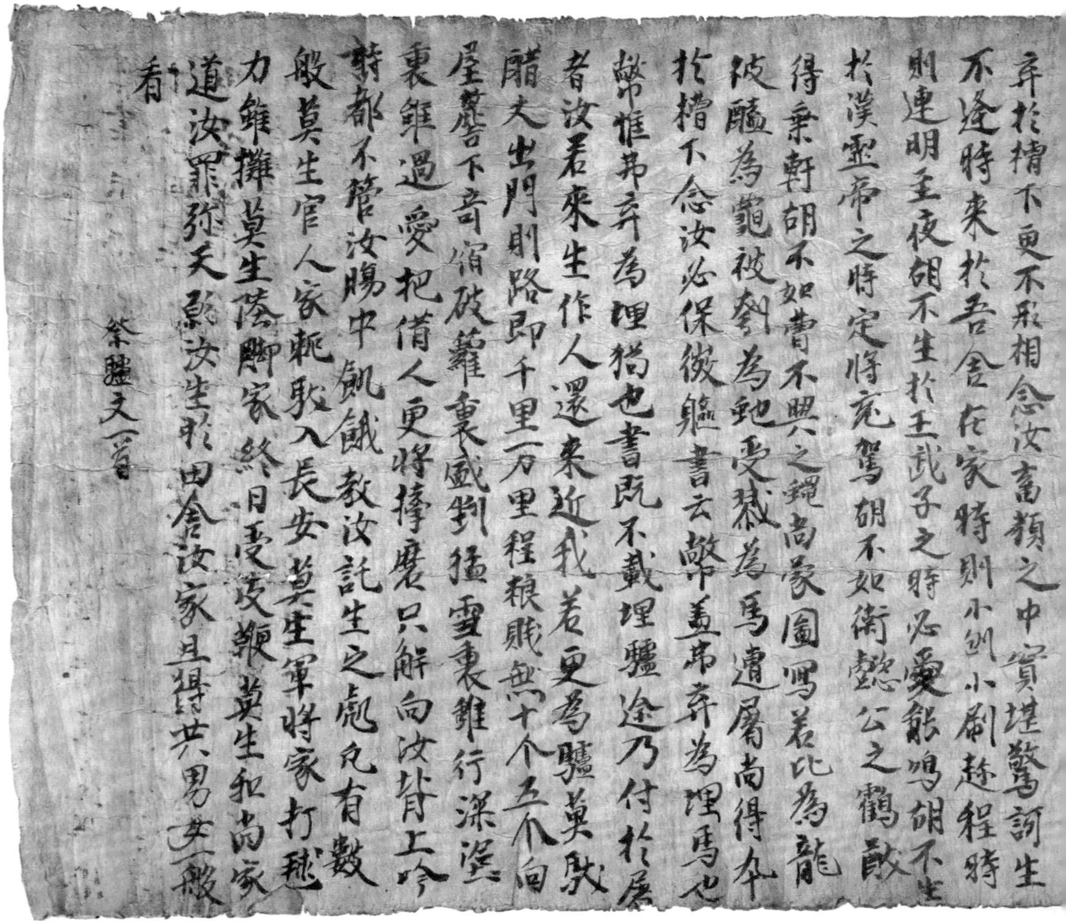
弃於槽下更不形相念汝畜類之中實堪驚訝生
不逢時来於吾舍在家時則小飢小劇趁程時
則連明至夜胡不生於王武子之時必愛能鳴胡不生
於漢靈帝之時定將荒駕胡不如衛懿公之鶴畝
得乘軒胡不如曹不興之繩尚蒙圖寫若比為龍
彼驢為[illegible]被劉為[illegible]受[illegible]為馬遭屠尚得[illegible]
於槽下念汝必保微軀書云敝帷不弃為埋馬也
敝帷弗弃為埋狗也書既不載埋驢途乃付於屠
者汝若来生作人還来近我若更為驢莫馱
醋大出門則路即千里一万里程粮賤無十个五个向
屋簷下寄宿破籬裏鐵判猛雪裏雖行深澀
裏雖遇愛把借人更將撑磨只解向汝背上吟
詩都不管汝腸中飢餓教汝託生之處凡有數
般莫生官人家輕馱入長安莫生軍將家打毬
力雖攤莫生陸脚家終日受皮鞭莫生和尚家
道汝罪弥天驗汝生於田舍汝家且得共男女一般
看
祭驢文一首

⊙ 图 3-4 敦煌文献 S.1477《祭驴文》

“汝若来生做人，还来近我”——书生与驴的情谊

同样展现主畜之情的，还有 S.1477 号文书，写作时间也大致在五代[21]。（图 3-4）这是一篇由无名读书人写的祭文，追思的逝者却不是人，而是陪伴他走南闯北、历经风雨的一头毛驴。原文很长，且开头即有缺失。为方便游客理解，本书将其简略翻译如下。

……我曾经骑着你陷入泥里，也有时跌到沟中。我记得从前在太行山上，我和你在崎岖的山石中前行，天色苍茫，路途遥

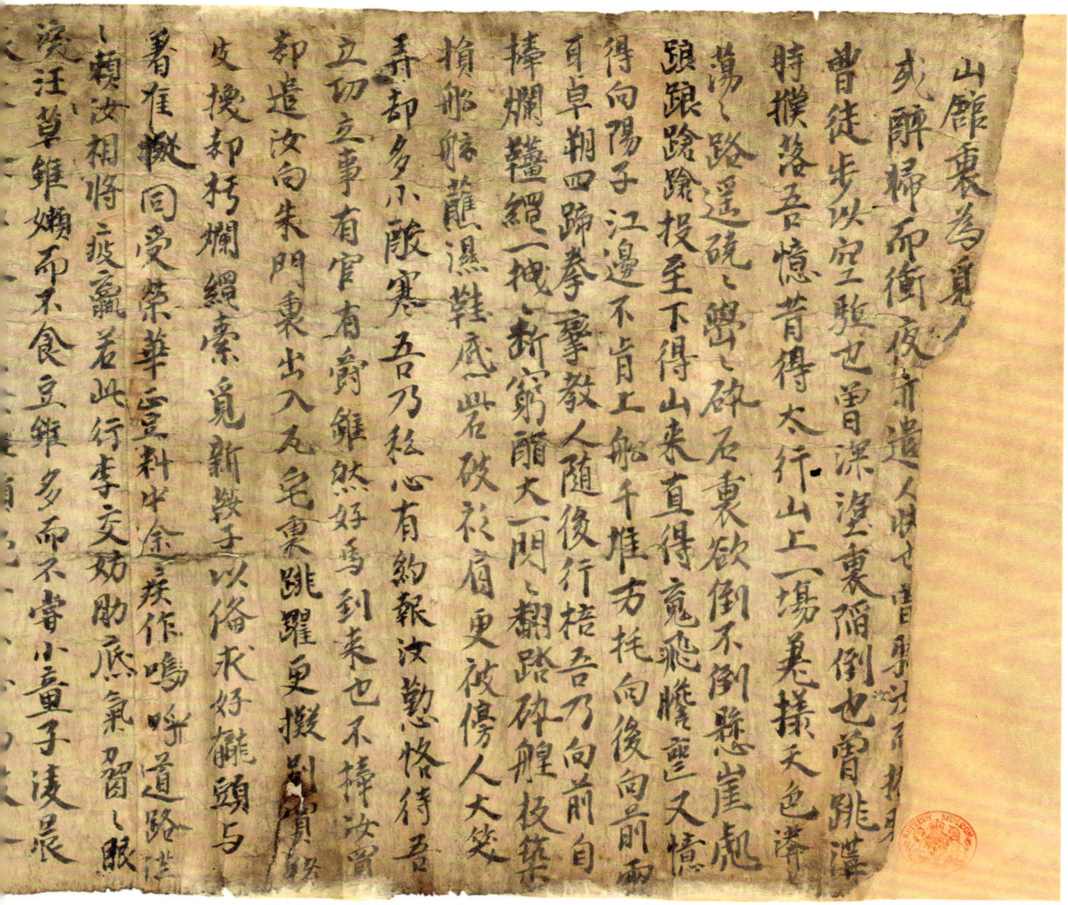

远，碎石摇摇欲坠，脚下是万丈深渊。直到下山，我还是吓得魂飞魄散。

又记得我和你在长江边，那时你不愿上船，我推你向前，你不肯走，蹬着蹄子原地徘徊。我叫人在后面推你，自己拉你往前走，结果旧缰绳一扯就断，我这个穷书生一下子跌倒，踏碎了舢板，船舷也被我撞破。我的鞋子湿透，衣服撕烂，旁人都在笑我。现在想来，真是辛酸。

我心中暗想，要是将来有了功名做了官，定要好好报答你。

就算我那时买得起良马，也不会把你卖掉。我要带你从朱漆大门走进走出，带你在我的宅院里欢欣跳跃。我还要买一副新的皮具给你，换掉你的烂绳索。再买一个新鞍，一个好笼头。我想和你共享荣华富贵，谁知你中途却一病不起。

长路漫漫，多亏有你陪我一路前行，但这却让你劳累至此。我眼看着你胸口岔气，眼中泪流，再好的草也吃不下，再多的豆子也尝不了。小童凌晨来报，说你昨夜死了。你这一去，让我悲伤不已。数年来我俩走南闯北，你和我一起担惊受怕，你疲累不已却还甘冒雨雪带我前行。今天，你和木镫、缰绳永别了。我看到你的破笼头丢在墙边，淋了风雨，破鞍被扔在槽下，难辨形状。你生不逢时，来我家中，在家时我没有好好待你；在外面，你却为我日夜兼程。如果你能生在王武子家中，他一定喜欢听你的叫声；若你身处汉灵帝时代，一定会成为他心爱的坐骑。

你下辈子要是能转生做人，再来找我吧。要还是驴，就别再跟着像我一样的穷书生了。至于你将来托生的地方，我希望你不要生在官宦人家，那样的话，你要经常驮很重的行李到遥远的长安；也不要生在武将之家，他们骑着你打球，你会累得筋疲力尽；不要生在行脚人家，你将终日受皮鞭毒打；也不要生在寺庙里，僧人们会说你前世犯了大罪才转世为畜生。我希望你就生在平常田舍汉家中，他们不富有，会当你是宝贝，如子女般对待你。[22]

不过，这头死去驴子的最终去向倒是颇耐人寻味——书生还是将它交给了屠户。[23]

说到底，操心能不能吃到肉，不过是游客和唐代社会中上阶层的富贵烦恼。唐代的贫民乃至平民，常年都吃不上几口肉。在灾荒、战乱的年代，连温饱都无法保证，又如何有资格计较这个问题呢[24]？

以下信息将对担心长安食品卫生安全的游客有所帮助：唐朝食品安全法只有一条，且仅针对肉干[25]。吃别的食物出现问题一律没人负责。

肉干有毒致病而不迅速销毁，店家要被打九十杖；明知肉干不安全还卖给食客，徒一年；吃死了人，店家要跟着偿命；不知道肉干有毒却吃死了人，店家将以过失杀人论处；但倘若是有人偷吃致死，店家则无须负责[26]。总而言之，店家应及时检查，确保自己出售的肉脯无毒且在保质期内。

总的来说，唐人还算重视食品安全，而且他们的信仰也有助于保障食物品质。传说庐山有一个卖油的店家，平生很孝顺母亲，却不幸为暴雷劈死。母亲感到很冤屈，就来到九天使者的祠堂哭号，想知道自己儿子为何死得那么惨。一天晚上，母亲梦到有位朱衣人对她说："你的儿子经常把鱼膏夹杂在油里卖给他人，以贪暴利，所以才会横死。"[27]

· 饆饠 ·

曾有传闻说饆饠是一种肉菜混合的抓饭，但那只是前期归来游客的错误印象[28]。饆饠是一种带馅面食，一斗面能做八十个饆饠[29]。至于它的形态，大概是一种长粗的卷饼[30]。（图 3–5）

⦿ 图 3-5 吐鲁番阿斯塔那古墓出土的卷饼状面点，很可能接近饆饠的外形[31]

饆饠的馅可甜可咸，下面为游客提供长安城中几个能尝到饆饠的特别去处。

● 这是典型的唐代食品，内馅高油高糖，最好不要多吃。

永兴坊　左金吾卫廨署附近　韩将军的樱桃饆饠

长安城永兴坊是左金吾卫廨署所在，这儿附近的食店能找到文宗朝左金吾卫大将军韩约研发的同款樱桃饆饠。韩约最拿手的樱桃饆饠传承自其家中一张祖传的方子。樱桃馅甜香可口，浓而不腻，几经烤制后樱桃还能保持鲜红粉嫩的颜色，堪称一绝。有的店家还提供韩将军同款冷胡突（凉粉之类）、鲙醴鱼臆（某种酒糟鱼肚肉，稍微带甜味）等[32]。

● ❗注意：请勿在大和九年（835）十一月到达，当时发生了甘露之变，韩约在动乱中身亡，左、右神策军开展全城追杀行动。届时在左金吾卫廨署

周围就餐的游客人身安全将受到威胁。你可能正吃着，就有一群宦官带着士兵冲过来砍你[33]。

都市传说

来到繁华的东市觅食，你少不了会听到唐人们提起一家绰号叫“鬼不理”的饆饠肆。传说元和初年，有一个叫李和子的恶少曾遇到两个要捉他去地府的鬼。李和子还不想死，便贿赂二鬼说带他们去吃点好吃的。走到东市的这家饆饠肆，鬼却“掩鼻不肯前”了。这个故事一传开，众人便开始好奇连鬼都不愿吃的饆饠到底是什么味道，纷纷前去品尝。鬼不爱吃的饆饠，活人却视作珍馐。[34]

● 旅行建议：东西市都在午后才开门，若想把饆饠当早饭，请在坊内解决。

长兴坊　无名饆饠肆

长兴坊这家无名饆饠肆的亮点是蒜放得比较多，适合没有伴侣同行的旅客。

这家店本默默无闻，因一场最终成真的美梦而成为旅行者蜂拥而至的圣地。据说某年，有位书生曾梦见一黄衣人对他说：“明年春天你将会进士及第。”书生很是奇怪，但既然黄衣人带来了好消息，便请他一同去长兴坊的这家饆饠肆吃饭。等到他醒来，竟真的听见饆饠肆的老板在敲门，原来是上门要钱来了。老板说：“您和一位客人在小店吃了两斤饆饠，还没给钱呢！”书生大惊失色，顺手将衣服递给老板抵作饭钱。等他来到店里，见店内陈设和梦中一模一样，于是问老板："我和那人其实是在梦中来到这里的，当时他吃饆饠了吗？"老板说："哦，他一口都没吃，我还以为是嫌我蒜放多了。"[35]

书生及第后，这家店也因此声名远播。若你也相信这神奇的梦境，就请来这家店探秘吧！

● 旅行建议：请于故事发生的9世纪初到达，并备好口气清新剂。

崇仁坊 广州进奏院附近 蟹黄饆饠

进奏院是中唐后藩镇设在长安的驻京办，其周边可能会有各地的土产美食出售。在广州做司马的刘恂利用业余时间写了本《岭表录异》，记录岭南道的特产，其中就有一道美食——蟹黄饆饠。做法是用母赤蟹黄油油的膏和猪油一样白滑的肉填满蟹壳，浇上五味汁，裹上面粉烤制而成[36]。游客若没有胆量去卑湿的岭南，兴许有机会在崇仁坊的广州进奏院附近尝到这一特色风味。买到手后请务必趁热吃掉，放凉了蟹黄会有点腥。

除此之外，没有"三高"和痛风的游客还请尝试一下美味无比的"团油饭"。这是一种把煎鱼粒、鸡鹅肉、猪羊肉、鸡蛋、蒸肠菜等食材拌上姜、桂皮、盐和豆豉而成的什锦拌饭，鲜美回甘的鱼粒和饱满有嚼劲的肉类混合出浓郁丰富的口感，是你对自己的一次高热量馈赠[37]。

对大唐各地特产感兴趣的话，请在崇仁坊、平康坊和宣阳坊多走走，中晚唐大多数的进奏院都集中在这些地方。崇仁坊离皇城景风门很近，故而是达官贵人的聚集之所。至于平康坊，只看这三个字你就知道，唐代地方外派人员也是很懂得享受生活的。

● 旅行建议：请在大历十二年（777）后到达，因为进奏院始置于是年。进奏院身处唐代中央与藩镇权力斗争的旋涡，为避免不必要的麻烦，请你买完食物就走，不要逗留。

· 蒸饼 ·

一切上笼蒸的面食都叫蒸饼，也叫馒头或笼饼[38]，是唐人最普通的主食，但今天的馒头无馅，唐代馒头却大多有馅。（图 3–6）做蒸饼需要用到面一升，炼猪膏三合[39]。唐德宗喜欢吃用熊的肥肉和鹿肉做馅的蒸饼[40]。身居高位的张衡和刘晏也对蒸饼欲罢不能，后者还不遗余力地向同僚推荐："美不可言，美不可言！"[41]

蒸饼可以治好你的选择困难症。早上不知道吃什么，来口蒸饼就能保证一上午所需的能量。五更天坊门还没打开，卖蒸饼、蒸糕的小贩就已经在坊门口聚集了。晨雾与腾腾热气在巷曲里弥漫，小贩从云雾缭绕中探出头，热情地问你想吃点什么。一瞬间，这种熟悉感让你万分惊喜，因为在千年后的某天，你也经历着同样的清晨[42]。（图 3–7）

● 如果不需要葱，请对店家说："缩葱，谢谢！"[43]

◉ 图 3-6 莫高窟 61 窟《五台山图》中圆滚滚的大蒸饼（馒头）[44]

◉ 图 3-7 千年后的某天，你经历着同样的清晨

胜业坊　怀德坊　金斗蒸饼肆

邹凤炽是唐高祖李渊时的传奇人物。他两肩高，后背驼，人称“邹骆驼”。邹凤炽年轻时非常穷困，常推着小车卖蒸饼。当时他在胜业坊中叫卖，地上总有翘起的砖，每每把车别翻，蒸饼稀里哗啦地掉一地，沾满泥土，再也卖不出去。邹凤炽很难过，想把砖掀开扔掉，却发现下面竟有数斗黄金，从此富甲一方[45]。他有钱的程度超乎所有人想象，家中所藏的绢布比终南山上的树还要多[46]。

在邹凤炽曾卖过蒸饼的胜业坊和他所居住过的怀德坊内，有不少以“金斗”命名的蒸饼肆，由此纪念邹凤炽的发迹，顺便蹭一波热度。许多人慕名而来，想沾沾好运气。可如果你知道邹凤炽最后的结局是犯事被流放瓜州，死时家徒四壁的话[47]，就要斟酌一下了。第二章提到的幸运儿程颜总归是极少数。

能在唐代吃到炒菜吗?

“炒”作为食品加工技艺，可能在唐代以前就已出现[48]。唐代虽有铜铛和用于烹饪的动物脂油、大麻子油、芝麻油、荏油等[49]，但“炒”尚不是成熟的烹调法。顾况或许吃过炒虾[50]，南方居民喜欢炒牡蛎[51]，还出现了长安、洛阳人争相尝鲜的盐炒蜂蛹[52]。唐人似乎更喜欢蒸、煮、烤的烹饪方式。直到宋代，炒法才流行开来[53]。

唐前后期——重口味者的天堂和地狱

唐初无食盐专卖制（但有专供军队的官营盐池，也一度曾对盐征税)，盐价还算便宜，为每斗十钱[54]。唐人爱吃咸豉和菹（酸菜）、醢（咸肉酱）、鲊（腌鱼）之类的腌制品，口味较重，人日均食盐量约为现代人的三至十倍（除去盐中有杂质的情况）[55]。安史之乱后，为解决财政危机，肃宗乾元元年（758)，第五琦主持推行榷盐制度，全国只有盐民（亭户）才有资格生产食盐，盐价高涨至每斗一百一十钱[56]。刘晏主持财政时稍微好些，他对第五琦的盐政进行了改革与精简，实行有盐商参与的间接专卖制。但很快，政府在榷盐上尝到了甜头，不断上调官方榷价，盐价持续攀升至每斗三百七十钱[57]。唐后期，食盐官方价基本维持在三百钱左右，而市场价维持在两百钱左右[58]。

经济较为拮据的旅客若在中唐后来长安下馆子，就很可能因盐价高昂而被迫接受清汤寡水[59]。此时也尚无辣椒增香添味，嗜辣者恐怕每一餐都难以下咽[60]。

· 胡饼 ·

胡饼近似今天新疆地区的馕，是自西域传入的炉烤饼（不一定放油，也可以蒸[61]），撒上胡麻（也有素馍[62]），香脆可口，适合当作旅途中的干粮。唐人用作口粮的胡饼有的非常大，直径能达约 20 厘米，也有便携版胡饼，直径约 4 厘米。（图 3-8、图 3-9）

⊙ 图 3–8　1972 年吐鲁番阿斯塔那 149 号墓出土的胡饼，直径 19.5 厘米[63]

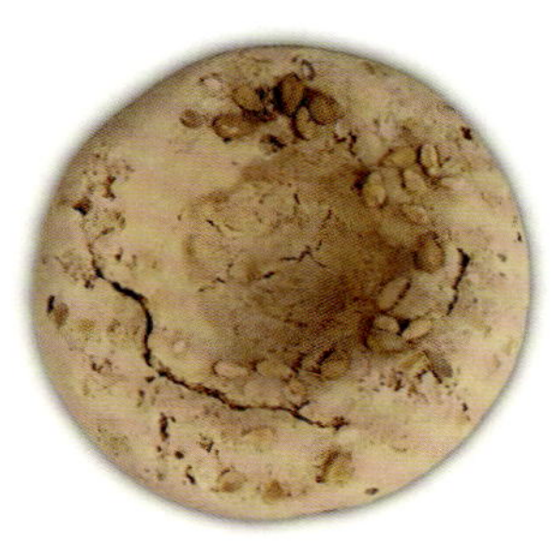

⊙ 图 3–9　1969 年吐鲁番阿斯塔那 191 号墓出土的小胡饼，直径仅 3.9 厘米[64]

辅兴坊　知名胡饼铺

这是白居易宦游在外时都无比思念的胡饼铺。白居易任忠州刺史时，曾见到有人在卖胡饼，味道和京城辅兴坊这家铺子的胡饼不相上下，便买了寄给以前的饭搭子杨归厚品鉴，顺带赋诗一首：“胡麻饼样学京都，面脆油香新出炉。寄与饥馋杨大使，尝看得似辅兴无？”

另外，长安城中还有一种升级版胡饼、多层版比萨——古楼子。做法是在巨大的胡饼上铺新鲜羊肉，夹层中加上椒、波斯草豉[65]，再抹上酥油，入炉烘烤，等羊肉将熟未熟、香嫩可口之际取出，一份可供三至四人食用[66]。

温馨提示

吃前记得备好大量茶水，古楼子毕竟是烤制食品，吃多了会使人喉咙发干[67]。

话说回来，无论辅兴坊胡饼在诗歌中被形容得多么美味，它终归只是白居易的回忆。我们旅途中所吃的每一餐都不过是在品尝唐人的记忆。这就好比大学旁那条小吃街，食物因添加了当时的人和事作为佐料而特别难忘，旁人来吃却也许会觉得平庸无奇。这种充满个人色彩的味道时往往达不到游客的期望，若你觉得这味道一尝如故，那便也不失为旅程中的一个惊喜。

黑芝麻还是白芝麻?

制作胡饼所用的胡麻是今人所知的芝麻[68]。但我们在胡饼上吃到的究竟是黑芝麻还是白芝麻？本书认为大概率是黑芝麻。苏敬在《新修本草》中说："胡麻以乌者良，白者劣。"且古人更习惯用油麻来指称白芝麻[69]。

胜业坊南门东　宁王宅左　忆妻胡饼铺

去这家胡饼店之前，你务必要知道它背后的故事。

据说这家店的老板娘生得纤白明媚，非常美丽。本来能与老板恩爱到老，却被住在隔壁的宁王李宪看上。宁王给了老板一笔钱后接走了她。一年后，宁王问她："你还记得你卖饼的丈夫吗？"女人默然不语。宁王就把她前夫找来，叫两人四目相对。女人望着他，双颊垂泪，在场的十几人心中都凄异万分。当时也在场的王维便作了《息夫人》一诗："莫以今时宠，宁忘旧日恩。看花满目泪，不共楚王言。"（楚文王灭了息国，抢走了息国国君的夫人。）[70]

这对苦命鸳鸯给他人带来的意难平是如此之深刻，以至于700年后，明朝人李祯仍要用自己的笔继续控诉宁王。[71]

旅行建议：不可在店内提起“娘子”“老婆”“夫人”等称呼，更不能谈论老板娘的事。老板脾气不好，上错菜、服务态度差，请予以理解。

安邑坊巷口　卡拉 OK 饼铺

这是长安第一家将胡饼和卡拉 OK 结合的饼铺，站在饼摊旁吃饼的同时你可以向老板点歌。老板每天都早早起来卖饼，边卖边唱，虽是小本买卖，却每天都挺开心，客人不论点什么唐代流行曲他都会唱。刘禹锡的堂伯就住在安邑坊，后来看他可怜，就把他叫过来，给了一大笔钱，让他好好做买卖。可是随着生意越做越大，老板开始有了烦恼，安邑坊的居民们也再没有听过他唱歌[72]。

旅行建议：一定要趁老板还无忧无虑的时候来！试着点一首《渭城曲》，这是他的拿手好戏，但别用现代歌曲为难他。

·鲙·

唐人爱吃鱼脍。“脍”为细切之肉类，鱼脍就是细切的生鱼片，也可单用一“鲙”字。切脍用鱼通常为鲤鱼（由于“鲤”“李”同音，唐代曾颁布过禁食令[73]，但实际上并未被严格执行[74]）、鲫鱼和鲈鱼。

把晶亮透明的薄切鱼片在布上晾干后，切丝，拌上豉、醢、橙末[75]、葱姜丝[76]、桂皮[77]、蒜末[78]、芥（菜籽）酱[79]等便可食用。鲙丝切得越薄越好，相传曾有一个人，他切的鲙丝轻薄得能被吹起。一天，空中突然狂风暴雨，一阵惊雷过后，所有的鲙丝都化作蝴蝶翩翩飞去[80]。

● 吃鲙专用的芥酱可不是现代日本的绿色芥末。它是由籽用芥菜的种子磨粉，掺水后调和制成的黄褐色蘸酱，有辛辣的口感。日本芥末的主料为山葵根茎。

各种各样的鱼让人挑花了眼，哪怕是从小生长在沿海地区的游客也认不全，这可怎么选呢？唐人杨晔的《膳夫经手录》告诉你：鲫鱼最好，鳊、鲂、鲷、鲈次之，鲚、鲀、鲶、黄、竹再次，其他鱼就不必吃了[81]。

当地人的推荐：资深老饕张奴子

要吃最新鲜肥美的鲙，最好还是去永安渠流经的西市，我都在那儿吃了好几十年了。西市东侧那几排店都是做鱼脍的，现捕现做，轻薄的鱼片在口中随咀嚼微微抖动，好像还活着一样！每天排队等鱼捕上岸的食客非常多，你们要早点来。

西市东壁南第三店

和很多苍蝇馆子一样，西市东壁南第三店味道不错，却没有名字。它是自隋代就有的老字号，是奇人隐士杨伯丑点名要吃的鱼脍店。游客被允许在捕捞现场挑选活鱼，唐人敢用性命担保，绝不会在后厨调包。店门口还挂着写有杨伯丑故事的看板用以宣传——说是从前有个人的马丢了，想找杨伯丑算卦看看丢在哪儿。杨伯丑当时正赶着去处理太子的业务，顾不过来，直接叫那人去西市东壁南第三店给他买点活鱼来做生鱼片，顺便也能在那里找到马，其后果然应验[82]。

害怕吃生食的游客也不必烦恼，请尝尝入唐后的新吃法“泼沸之法”[83]，即烫鱼片。店内新鲜鱼片做粥也好吃，与粳米一起熬煮，加上椒盐、葱白，原汁原味，鲜甜可口[84]。直到今天，粥底海鲜火锅仍然是现代人的尝鲜之选。

除鱼片外，沿渠的其他高级饭店还供应明州（今浙江宁波）快马运来的淡菜、海虫、蛤蜊等海产，这简直是帝王般的待遇，价格自然便宜不得[85]；有几家还推出了京洛名菜蒸白鳝，鳝肉肥美，明亮如雪，浓香四溢[86]。

不期而遇

鱼市中，游客有机会偶遇偷偷前来吃鱼的怀素[87]。他是湖南人，在老家吃惯了鱼，来到满是畜禽肉的长安便浑身不自在，想吃鱼又怕被人指指点点。所以发现他后，也请游客不要张扬。

● 坊巷中常有行商挑着担子卖鱼[88]，是流动的河鲜摊。想吃鱼不必特意跑去西市。

平康坊南门西　浙西道进奏院附近　花香鱼脍

浙西道进奏院周围的高档食肆在鲈鱼肥美的秋季动用了快马快递，为老饕们送上江南特色菜——花香鱼脍。每天售卖的鲈鱼都是从吴淞江快运过来的，绝对保证新鲜。农历八九月霜下时，渔民打捞鲈鱼后放上冰块，趁天气微寒不易变质，快马递至长安，来成全食客的口福。鱼肉切细丝，腌渍后去水，用芬芳的花朵、叶子拌着吃。花瓣殷红，花叶翠碧，拌着纯白的鲙丝，真是赏心悦目[89]。再配一枚糖蜜蟹[90]，实在是满足！

浙西道辖区包括杭州，有的店内还提供“老市长套餐”（图3-10），即杭州刺史白居易最爱的搭配：

套餐 A[91]：湖州紫笋茶配鲙丝

套餐 B[92]：绿蚁农家小酒配鲙丝

⦿ 图 3-10　“老市长套餐”

● 旅行建议：吃鱼脍要当心寄生虫感染。

在唐代传奇小说中，有人吃着鱼脍就猝死了[93]；有人在食数十斤鲙丝后胸闷气短，吐出各种异物，有状如麻鞋底的[94]，有状如蛤蟆的[95]；还有人吃后眼花不能视，眼中老像是有面镜子在晃来晃去[96]。据说宰相房琯也是因食用鱼脍去世的[97]。虽然不怎么可信，但这些记载从侧面反映了吃鲙还是有风险的。

保命大法，一言以蔽之：少吃为妙。

都市传说

唐人食鲙有一个禁忌：不可免蒜。

第一是因为蒜有消毒的功效。

第二是因为一个民间传说，“蒜尽”不吉利。相传咸亨四年（673），洛阳有名司户叫唐望之，某天有一位僧人来拜访他，要求他请自己吃一顿鲙。唐司户并不认识僧人，但还是答应了。吃鱼脍时，僧人问他：“有蒜吗？”唐司户的家奴说：“蒜尽。”僧人说：“既然蒜尽，那我也要走了。”唐司户有些奇怪，问道：“阿师何必走，蒜没了去买就好了呀！”僧人却很坚决：“蒜尽，也就留不得了。”说完便决然离去。当天夜里，唐司户暴毙。原来僧人说的“蒜尽”，是其年寿算尽了[98]！

那些个贪吃管不住嘴的游客，如果你们感染了寄生虫，本指南在此给出医疗建议：请优先前往光德坊跨旅局驻长安办事处寻求帮助，或在正确的时间到光德坊拜访孙思邈（孙思邈年寿有百余岁，在7世纪末之前到来，他应该仍在世），抑或去太平坊求助名医王彦伯（活跃于贞元年间）。身体允许的话，建议你亲自登门，总不能躺在旅店里让人家上门问诊吧。关于这两位名医的更多资讯，请见第七章《名人宅邸家访指南》。

西市、东市都有药行。不少开药行的人精通医术，能根据症状告诉你拿什么药[99]。西市有“长安好人”宋清的药店，他为人和善，病人没钱买药，他便慷慨施舍。人称“人有义声，长安宋清”[100]（见第五章《逛街购物指南》）。西市还有一间卖保健饮品的饮子铺，据说疗效神奇，“千种之疾，入口而愈”[101]（见第四章《饮品指南》）。

若你病得无法动弹，或病情危急，那只能在街肆间寻找一些游方医人了，他们常年背着药箧药囊，走街串巷[102]，或在道旁张榜营业[103]。有的是接受过正规训练的医学生，却因没有在州府中谋到职位而成为闾巷医人[104]；有的则是自学成才，他们很乐意随时上门服务。然而，唐代尚是巫医并行的时期，人们相信人会生病是受到鬼怪的袭击，会给你开出一些在现代人眼中非常胡扯的治疗方法，轻易尝试有丢掉性命的风险。医人的身份也很复杂，有的是道士，有的是僧人，有的是巫师。还有一些文人、官员[105]也自通医术。再不济，由于民间医力匮乏，有些普通百姓也长期自学自救。说不定隔壁邻居大郎、三娘子之类的人，也能凭经验治好你的病。

请勿走错去了病坊

你在旅途中应该听说过长安各大寺院和两市内设有病坊[106]（亦有类似机构“悲田养病坊”和专门收治麻风病人的“疠人坊”），但那不是看病的医院，而是收容乞丐、老弱病残、鳏寡和贫民的慈善机构[107]。如果你有兴趣成为义工，请前往位于光德坊的跨旅局驻长安办事处报名点登记。

· 粽子 ·

● 唐代粽子亦称角黍[108]。唐人是“甜党”。

庾家粽子

庾家粽子久负盛名，在长安城是随处可见的连锁品牌。唐代美食家段文昌的儿子段成式是出了名的挑剔食客，很少有美食能打动他的味蕾，但他曾赞美庾家的粽子“白莹如玉”[109]。唐时粽子粽身多缠有几圈五彩丝线[110]，外形也非常可爱。另外，该店还受到韦巨源授权，提供烧尾宴同款蜜淋凉粽。金黄的蜂蜜浇在透白的粽子上，适合炎炎夏日消暑解乏[111]。韦巨源烧尾宴开放预订，详见第七章《名人宅邸家访指南》。

● 旅行建议：蜜淋凉粽为夏日限定品，先到先得。

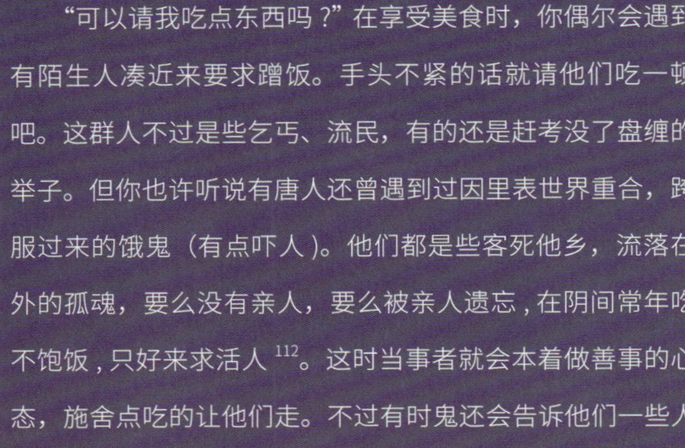

“请我吃饭！”——一次里世界的侵入

“可以请我吃点东西吗？”在享受美食时，你偶尔会遇到有陌生人凑近来要求蹭饭。手头不紧的话就请他们吃一顿吧。这群人不过是些乞丐、流民，有的还是赶考没了盘缠的举子。但你也许听说有唐人还曾遇到过因里表世界重合，跨服过来的饿鬼（有点吓人）。他们都是些客死他乡，流落在外的孤魂，要么没有亲人，要么被亲人遗忘，在阴间常年吃不饱饭，只好来求活人[112]。这时当事者就会本着做善事的心态，施舍点吃的让他们走。不过有时鬼还会告诉他们一些人生指南作为回报，帮助他们在未来的日子里趋利避害[113]。

· 馄饨 ·

“饺子”的称谓至迟在清代才定型。今天叫作饺子的这种食物，在唐代都被归为“馄饨”（或其他名字[114]）。（图 3-11）

颁政坊 馄饨曲

颁政坊里有一条馄饨曲，是有名的馄饨一条街，在这里能吃到各式各样的馄饨，比如脱胎自韦巨源烧尾宴的“二十四气馄饨”，即二十四种不同形状、不同馅料的馄饨。还有本地人都爱的萧家馄饨，据说其汤鲜香清冽，滤去浮油还可煎茶[115]，想要减肥的游客吃了也不会有什么负担。

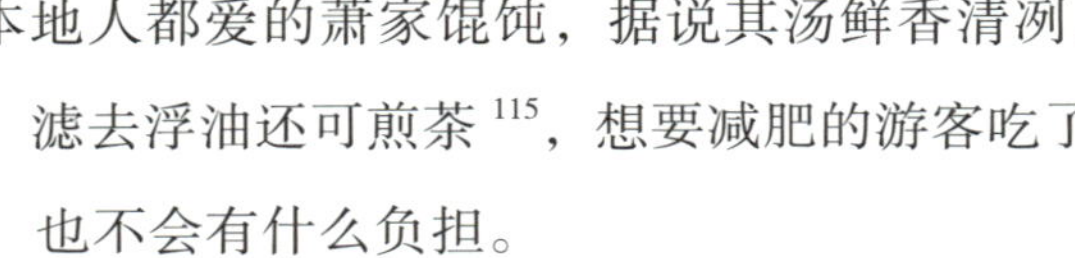

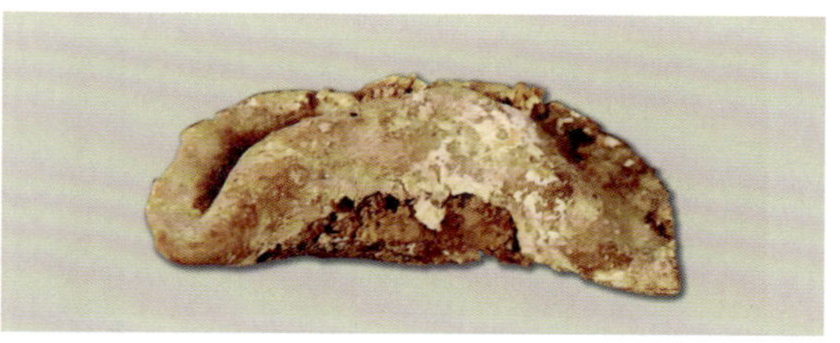

⊙ 图 3-11　吐鲁番阿斯塔那古墓出土的唐代馄饨，形状各异[116]

· 馎饦 ·

馎饦就是普通的水煮面片[117]，并不算特色小吃，此处仅介绍一家非常“特别”的店。

春明门外　馎饦肆

这家馎饦肆大概只有胆大的游客才敢去。

传说白居易的弟弟白行简就是在这家店用餐完毕后去世的。去世前的某天夜里，白行简梦到有两个人带他来到这家馎饦肆。正准备点菜，那两人却莫名其妙地交给白行简一枚土块，让他去打老板娘抱着的孩子。白行简稀里糊涂照做了。那孩子被击中后受惊哭喊，晕了过去。老板娘马上叫来女巫看事，女巫说这三个客人里只有一个是活人（就是白行简），不过他们也无恶意，只是想讨口吃的，你快做馎饦面片给他们吧。于是老板娘做了馎饦，让白行简与那两人饱餐一顿，孩子果然醒了。白行简醒后想起这梦，感到一阵恶寒，几十天后就死了[118]。

如果一定要推荐一家口味不错的馎饦店，本书诚邀游客在怀德坊品尝蒸饼时顺道去十字街西北走走，那儿有美味的王摩诃家馎饦铺子。附近辩才寺的智则和尚非常好这一口，三天两头就要溜出去吃[119]。

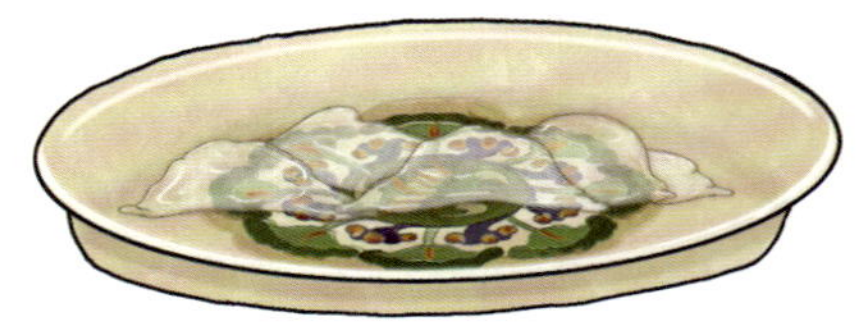

· 其他点心与外卖 ·

宣阳坊西南　邓连果子铺

宣阳坊中，杨贵妃姐姐虢国夫人宅不远处有家轻奢果子铺，号称是拿到了虢国夫人首席大厨邓连的秘方。店内最值得品尝的是透花糍，以蒸至软糯的吴兴米为原料，捶打成晶莹剔透的米团子，早年在虢国府上就深得玄宗、杨氏姐妹和安禄山的喜爱。吃这种糍团通常会配白马豆做的豆沙，它有个特别的名字叫作“灵沙臛”，咬一口下去，香滑浓郁，连牙齿都醉了[120]。

既然是轻奢果子铺，游客还能在其中买到韦巨源烧尾宴中同款的唐安餤、玉露团、贵妃红等高级甜品（见第七章《名人宅邸家访指南》，也有更平民化的——阿斯塔那古墓同款花式糕点，你能看到它们刚出炉，还点缀着干果的样子。（图 3-12、图 3-13）

● 旅行建议：该店有最低消费，请量力入店，但在店内遇到玄宗朝名人的概率很高。

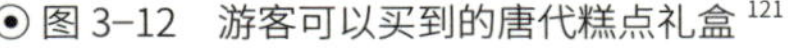

◉ 图 3–12　游客可以买到的唐代糕点礼盒[121]

◉ 图 3–13　新疆阿斯塔那古墓出土的保存完好的唐代糕点[122]

宣平坊东南隅　宣慈寺

宣慈寺出名不靠名僧大德，靠的竟然是一款平民小吃——软枣糕。寺院每天一开门，都会迅速聚拢起一条从三门延至坊东北隅的壮观长龙，不知道的还以为这寺庙善男信女众多，香火旺盛，但其实是一帮吃货来解馋。起因是：寺院内有个厨子做的软枣糕特别好吃，久而久之，寺院每次找施主化缘，就会先给他们奉上软枣糕，算是表达感谢。兵部尚书柳公绰（书法家柳公权的哥哥）对宣慈寺的软枣糕如痴如醉，他刚吃下一口糕，就解下绯袍、锁子、鱼袋，全施舍给寺院了[123]。

这枣糕不但姓柳的爱吃，传说连柳树神也喜欢。备上几块去祭祀柳树神，他能满足你的一切愿望[124]。

● 旅行建议：排队时间较长，请合理计划当天行程。备好胡床（唐时一种无靠背、形似马扎的交脚坐具）和防中暑的药。

叫外卖

要是实在懒得出门，或觉得在旅店中就餐更私密惬意，你也可以叫外卖上门。这一服务被称为“礼席”，大约出现于德宗时期[125]。你只需在逛街时，顺便在东西二市“礼席”店内跟店家说要吃什么菜（派个脚力去也行），再租一辆牛车，带着铛釜等盛具过去，就能马上把菜肴带回来开吃。

融入当地生活

在雕栏玉砌的堂上吃饭只能说是稀松平常的，想让唐人觉得现代人有品位，那可得试试在炎炎夏日或舒适的夏秋之交来一场避暑野宴。通过“礼席”打包来菜肴，然后在山林草丛间铺上毡毯和筵席，扎起凉棚，任山风吹面，水波涤心，在负氧离子满满的新鲜空气中用餐，这才是地道的唐人消闲宴饮[126]。（图 3-14）

⊙ 图 3–14 日本正仓院南仓唐代紫檀木画槽琵琶（第 2 号）捍拨上的野宴图

第四章

饮品指南

赶快带你的提篮和你的大酒盅去赴宴会，酒神的祭司召请你！

请你快一点，你把宴会耽误了这么久。什么都准备好了：

躺榻、餐桌、靠垫、毛毯、

花冠、油膏、糖果……

还有麦片糕、奶油饼、芝麻糕、蜂糖饼、美貌的歌女——

“哈摩狄俄斯最亲爱的”。

你快去快去！

——公元前 5 世纪，阿里斯托芬（Aristophanes）《阿卡奈人》第六场 [1]

- 未成年人请勿饮酒。
- 孙思邈温馨提醒：空腹莫饮酒[2]。

·酒水·

长安百花时，风景宜轻薄。无人不沽酒，何处不闻乐。[3]

长安城中有楼高百尺、银题彩帜的旗亭酒肆，郊外至长安道上也有以酒香迎客的歇马村店。虽然我们一向不提倡游客在旅途中沉迷酒精，但来到长安，不品尝一下千年前极负盛名的酒水，实在是个遗憾。长安可以说是最适合旅行者的城市了，毕竟这里最不缺的就是美酒和萍水相逢。

在酒精对你的肝脏和钱包动手前，必须知道以下常识。

长安城的三个供酒之处

第一个是光禄寺的良酝署和宫廷内酒坊[4]，它们只为皇帝酿造上等美酒。人们熟知的“春暴”“秋清”“酴醾”“桑落”等都是御酒[5]，只供皇家日常消费、祭祀，或高级官员在重大仪式和宴会上饮用。长安城中也有官营酒坊，一般不对外销售，换句话说，你有钱也买不到。桑落酒从南北朝起在民间也有酿造[6]，找到替代品并不难，虽然品质不及御酒。

第二个是遍布东西市、坊中和城门内外的酒肆旗亭。西市常年供应名酒“西京腔”。常乐坊号称京中美酒特色产区，坊中下马陵附近酒肆的“郎官清”“阿婆清”你一定听说过。要喝好酒，别忘了还有平康坊。至于如何与平康坊的姑娘们相处，还有席间座次和行酒令的规矩，要花费一章（第八章《平康坊指南》）来专门谈论。本章提到的酒水仅适合游客与团友小酌，或在街头快饮。酒桌规矩什么的，放在后面去说。

第三个是家庭酒坊。长安深巷小曲中隐藏着最醇美的私房佳酿，本章会告诉你它们都藏在哪里。接下来就看你的了！别羞涩，大着胆子敲门！

对了，就算还没进入长安，在途经昭应县[7]时，官道左右也聚集了大批村民当路卖酒，按量收费。还有淳朴村民纯粹是为了慰劳远道而来的行人，分毫不收[8]。看看！还没到长安，你就已被酒香环绕！

可能的遗憾

唐前期（代宗朝前）基本不存在禁酒的问题[9]，唯独在闹饥荒，大家都吃不饱饭时会禁断产酒与酤酒，比如武德二年（619）、咸亨元年（670）、先天二年（713）、乾元元年（758）和二年（759）[10]等。如果你是为了喝酒而来，请避开在这些时段到达长安。

自代宗广德二年（764）[11]开始，唐王朝才开始因为经济原因而反复推行一系列如税酒（向酒户征税）、榷酒（对酒业进行管制，征税或专卖）、官酤（官营酿酒）、榷曲（管控酒曲）等限制酒水酿造与买卖的措施，持续至唐朝灭亡。国都长安和京畿县曾得到过几次免榷和优待[12]，总体受到的影响较小。

代宗朝后到来的游客也不必担忧，作为消费者，要喝到美酒并不困难，民间酒户家传技艺高超，能充分保证质量。但请尽量跳过建中三年（782）至贞元二年（786）这段时间[13]，此时酿酒业实行全面官酤（长安一开始得免于此，但后又被纳入垄断范围[14]），官员中饱私囊，工人皆是老弱病残，造出来的“液体”（不配叫酒！）味道薄淡，质量奇差[15]。嗜酒的白居易与元稹此时尚为孩童，但三四十年后，他们还是在诗中表达了对自己所处时代官酒的深恶痛绝[16]。

请在美酒最多，也是唐王朝最自信的盛唐时来吧！

酒价

如果你不在乎酒价，可以跳过此节。

李白、杜甫、白居易等人的诗中曾多次提到酒价。李白的“金樽清酒斗十千，玉盘珍羞直万钱”和白居易的“共把十千沽一斗，相看七十欠三年”，都是斗酒十千钱，不过这都是化用了曹植《名都篇》的典故[17]，有夸张的成分。杜甫喝的酒比较便宜，“速宜相就饮一斗，恰有三百青铜钱”，斗酒只要三百钱。而建中三年（782），官酿酒对外销售的价格大约是每斛三千钱，且不得低于两千钱[18]，接近上文杜甫乾元元年（758）诗中提到的酒价（一斛等于十斗）。贞元二年（786），酒恢复专卖制，每斗征收酒户一百五十文[19]，至于卖给游客嘛，肯定要回本再加利润的。

我们只能希望盛唐时的酒价会稍便宜。

唐代酒的种类

唐代的酒分为三种：谷物发酵酒、花果酒和配制酒。

元代，蒸馏技术才被广泛运用于制取酒水[20]。唐代酒的酒精含量一直维持在最高10度左右，所以不要被“葡萄美酒夜光杯”的浪漫欺骗，给唐人喝现代的加强型葡萄酒，他们可能会当场昏厥。

谷物发酵酒通常是米酒与黍酒。谷物酒很黏稠，容易挂杯，带有粮食的甜味。

◈ 浊酒与清酒

店员端上来的酒，液面竟漂着绿色浮沫与谷物残滓？请不要急着投诉！这一粒粒谷滓是“绿蚁新醅酒”中的“绿蚁”，此酒是过滤不彻底的浊酒，谁让你点了菜单上最便宜的酒呢。此酒在短时间内（通常为六七天）自然发酵而成，所以度数很低。

长期发酵又经过滤的酒叫清酒，呈晶亮琥珀色，口感清透。这种酒可就高端了[21]，常出现在官员与皇亲国戚的食案上。

谷物酒原本应该呈黄色，但酿造过程中会分化为黄、绿两色[22]。

◈ 绿酒与黄醅

酒曲在生产和发酵时会混入大量其他微生物，酿出的酒水呈绿色。如果环境卫生、技艺精湛，出来的会是黄酒，亦称黄醅。

◈ 红曲酒与白醪

唐人也用红曲米制作红曲，用于酿酒，酒液绛红[23]。但这种酒不建议游客过多饮用，若酿酒环境不佳，红曲菌株在发酵过程中会产生大量带肾毒性的桔霉素[24]。还有一种更为古老，以糯米为原料，加白醪曲（类似甜酒曲）制成的白醪，经粗略过滤呈奶白色，“软美甘如饴”[25]。

果酒中最著名的就是葡萄酒，由于酿造方式[26]（自然发酵或添加酒曲）和原料（鲜葡萄、葡萄干或添加粮食）的不同，葡萄酒的颜色更为多样。太宗就曾酿出过八种颜色的葡萄酒[27]，我们只知道其中两种颜色是绿色和红色，还可能有白葡萄酒[28]，其他颜色要靠游客自己去发现。唐代还没有干红，当时的葡萄酒都是甜甜的果味。

南国来的椰子酒、槟榔酒、荔枝酒在长安大受欢迎[29]，花酿酒则属榴花酒和椰花酒卖得好[30]，能使人迷醉如泥。还有“法出波斯”、具保健功效的三勒浆果酒。三勒浆是一种来自波斯的复合水果发酵饮品，由庵摩勒、毗梨勒、诃黎勒三种果实制成，喝起来温馨甘滑，爽口醉人[31]。据说每日嚼一颗诃黎勒，咽下汁水，有终身无病的奇效[32]。庵摩勒、毗梨勒还可以治疗脱发，减少白发[33]。三种果实一起服用，能够明目，治疗白内障[34]。可谓一站式解决了上班族的最大困扰——用眼过度和脱发。

配制酒是以成品酒配合一定比例的果实、香料、动植物药材等混制而成，如桂花酒、屠苏酒、艾酒、虎骨酒、乌蛇酒等，还有以干姜、胡椒与新鲜石榴汁做成的胡椒酒[35]。（图 4-1）

未知地点：王元宝宅、河间妇人酒馆

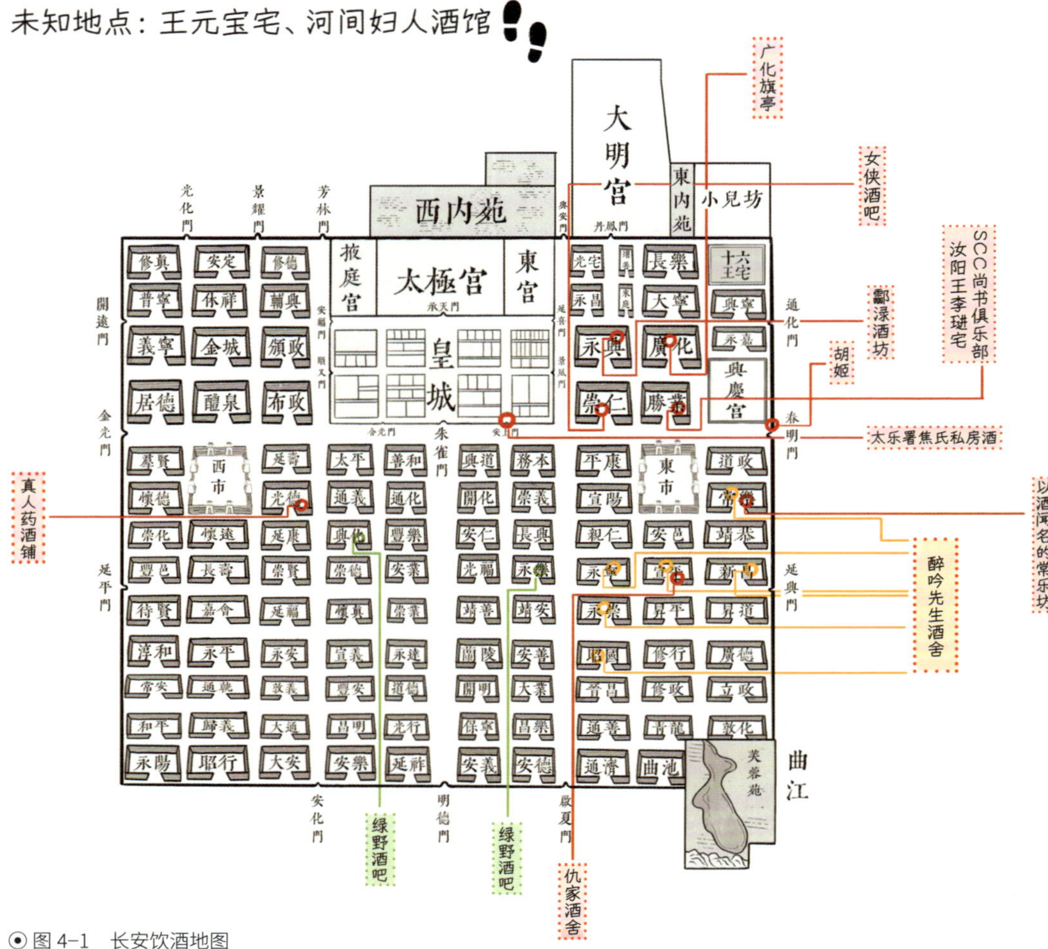

⦿ 图 4-1　长安饮酒地图

永兴坊东北隅　魏徵宅附近　郦渌酒坊

初唐抵达的游客，不来一趟永兴坊的郦渌酒坊可就亏大了。你可在此品尝他家的主推产品——名臣魏徵亲自传授秘方的郦渌酒和翠涛酒。

魏徵在工作之余研发改良了汉代就已闻名的郦渌酒[36]，而翠涛酒则是他自己的独创。酿好的酒在金瓮中窖藏，能十年不变颜色。在店内你还可以看到太宗的题字："郦渌胜兰生，翠涛过玉薤。千日醉不醒，十年味不败。"[37]

史载魏徵的住所与其身份并不匹配，居室窄小，装修简陋。本店的装修风格也承袭了其节俭之风，讲求情调与环境的游客就不太适合这里了[38]。

推荐饮法：以魏徵最爱的醋芹佐酒[39]。

● 旅行建议：鉴于魏徵刚正直言的性格，万一遇上他在店里，游客们还是请注意一下就餐礼仪，别让他挑到毛病。“顾客是上帝”这一套对魏徵没用，毕竟他面对天子也直言不讳。

安上门附近　太乐署焦氏私房酒

太乐署史焦革亲自酿造的美酒“冠绝当时”。曾写过《野望》的初唐诗人王绩就非常贪恋焦家的美酒，为了能喝到酒，一度隐逸的他再次出山，向朝廷请求当焦革的上司太乐丞，这样便可借上司之威喝到美酒了。焦革死后，他的妻子还继续为老上司王绩送酒喝，可没过多久她也去世了。王绩伤心顿足，仰天大呼：“难道是老天不让我饮酒吗？”从此弃官而去[40]。李白是做官不成，只好纵情饮酒；王绩却是为了喝酒而做官，是真爱酒了。

太乐署隶属于掌管礼乐祭祀的太常寺，为了纪念焦革，也方便百姓能喝到美酒，有位焦革的同僚在紧邻太常寺的安上门附近开设了太乐署焦氏私房酒，盈利所得都划拨为太常寺的食利本。

有小道消息说，这间店在开元九年（721）时的荣誉老板是当时的太乐丞王维。想要一睹诗佛风采的游客请在此时到来。

店内还供应王维弟弟王缙最爱吃的套餐：鸭肝、猪肚配温酒[41]。

喝酒的僧人

选择晚唐来的游客在酒肆中会看到有僧人前来喝酒。请不要对其指指点点，他们可能来自敦煌地区。虽然佛教戒律中再三强调酒是毒药、毒水[42]，诉说饮酒的诸般罪过与可怕果报，甚至说只要今生拿起过酒杯，接下来的五百世就会变成“无手人”[43]，但在敦煌，僧人饮酒风气很盛。寺院慰劳干活的僧人及接待客僧时都会提供酒水[44]。这种现象在晚唐初现，到了五代、北宋，敦煌文献中有关僧人饮酒的内容逐渐增多。沙州城内的净土寺一天要消耗约一斗八升的酒水，相当于 10.8 公升[45]的酒。僧人不仅在寺庙里喝，还可入店饮酒，甚至自己开酒店[46]，这是敦煌地区佛教在晚唐至北宋受吐蕃与归义军影响而世俗化的一个表现。此外，有的敦煌僧人还有妻子，并与家人生活在一起[47]。

那么，长安的僧人不饮酒吗？再进一步探问：他们不吃肉吗？（别忘了上一章中的怀素。）本书对此持保留态度，你需要自己去发现真相[48]。

胜业坊东南隅　汝阳王李琎宅 SCC（Superior Class Club）尚书俱乐部

● 宁王府不是谁都可以进的。这家高端俱乐部只接待持有跨旅局“时空会”白金卡的 VIP 游客。如非白金会员，以下内容就不用看了。

● 如何成为“时空会”白金会员？请向跨旅局驻长安办事处详询入会条件，并缴纳年费、完成年度旅游任务。

史载汝阳王李琎是位“眉宇秀整”[49]的美男子。他非常爱喝酒，自称曲部尚书[50]。热爱生活的他在宅中开设了这家饮酒俱乐部，供好友和高端客人享用香醅。在畅饮美酒前，贵客们会在李琎的带领下参观别墅和山池院，这是其父宁王李宪留下的豪宅。院内九曲池引兴庆宫池水，开放垂钓、曲水流觞等项目供贵宾体验[51]，沿岸有诸多奇石异木、珍禽怪兽，堪称一个小型的自然科普园。大人们饮酒欢宴的同时，孩子们也能在这里找到自己的乐趣。（图 4–2）

俱乐部里，宾客能喝到市面上难以购买到的酴醾酒等宫廷御酒，以及河东干和、剑南烧春、郢州富水等名酒、贡酒。量少而回甘的美酒配上琉璃盘中的樱桃和香酥乳酪，会带给你清

图 4–2　李琎父亲、宁王李宪惠陵出土的陶羯鼓，现藏于陕西考古博物馆

冽爽口的夏日惊喜。更有意思的是，李琎用云梦石砌了一条渠，专门用来蓄酒，名为“泛春渠”。里面放满了大小形态各异、模拟鱼鳖造型的金银酒器，游园行程中宾客可以随时获取美酒，一饮而尽。

俱乐部还有羯鼓表演，李琎本人也常混在其中。喝得满脸通红、敲得最疯的那个就是他[52]。

● 购物建议：店内出售抄本《甘露经》，是李琎得意的酿酒心得[53]。

永崇坊、永宁坊、宣平坊、昭国坊、常乐坊、新昌坊（总店）等 醉吟先生酒舍

这家店开设时，白居易已经在洛阳养老了。他于开成三年（838）六十七岁时写下《醉吟先生传》。此时自称“醉吟先生”的他早已对官场丧失兴趣，过上了“兀然而醉。既而醉复醒，醒复吟，吟复饮，饮复醉。醉吟相仍，若循环然”[54]的生活，可以说他一生的圆满是酒给予的。

白居易乐意将毕生酿酒绝学回馈大众，顺便挣点晚年玩乐经费，因此有店家获得了其授权，在长安城所有白居易住过的坊中开了私房酒舍（图 4-3），经营宗旨正是其在《醉吟先生传》中所写之“梦身世，云富贵”。唯良辰美景，雪朝月夕，濯然可爱。

白居易经常搬家，住过很多坊，所以分店有点多。总店位于他在长安唯一购得房产的新昌坊，但爱好喝酒的他绝对不会允许分店味道有所不同。

⦿ 图 4-3　醉吟先生酒舍宣传单

酒舍承袭古法酿酒，又以白居易老同学兼同僚陈岵的方子创新。白居易本人对制酒原料和水有近乎苛刻的要求，水一定要用九月九日的井水，酒曲饼为七月上旬寅日所做。产品芳香酷烈，甜中带辣，喝之忘忧，还必须配上柳花碗和荷叶杯等精巧美观的酒具品尝[55]。

而作为一家风格酒舍，每家分店内的陈设都是一致的，必有酒坛、白氏诗稿和琴，也就是白居易最喜爱的“北窗三友”[56]。

在长安街头，你随处可见醉吟先生酒舍派发的宣传单，背面印有白居易为其撰写的广告词：

独醒从古笑灵均，长醉如今斅伯伦。

旧法依稀传自杜，新方要妙得于陈。
井泉王相资重九，麴蘖精灵用上寅。
酿糯岂劳吹范黍，撇篘何假漉陶巾。
常嫌竹叶犹凡浊，始觉榴花不正真。
瓮揭开时香酷烈，瓶封贮后味甘辛。
捧疑明水从空化，饮似阳和满腹春。
色洞玉壶无表里，光摇金盏有精神。
能销忙事成闲事，转得忧人作乐人。
应是世间贤圣物，与君还往拟终身。[57]

宣平坊　仇家酒舍

这家私人酒坊是“网红店”，元稹和白居易的诗中不止一次提到它的酒爽滑香软。若你足够幸运，还有机会在此遇到这两位大诗人，记得带好你的签名本。此外，白居易还曾写过“软美仇家酒，幽闲葛氏姝”[58]，店内有一位姓葛的当垆女，娇艳美丽，是酒舍的颜值担当，不少游客就是为了她远道而来。

● 旅行建议：对酒的感觉每个人都不一样，如果只是为了追堵元、白二人或一睹葛小姐的芳容，就不必苛求这家店酒的品质了[59]。

温馨提示

不胜酒力但又贪杯的游客，店内提供鸡舌香，浸在酒中可以保你千杯不醉[60]。

药铺里能买到酒杯藤的果实，大如指头，尝起来味道像豆蔻，服下可以消酒[61]。但服用前请务必确定你对它不过敏。

实在找不到药铺，也可在水果铺买一根岭南或蜀地来的甘蔗，咀嚼或喝蔗浆亦可解酒。无论如何都不要逞能！一来喝醉可能会袭扰同行游客，之前发生过醉酒后用酒注子打闹，甚至致人死亡的惨案[62]；二来也折磨自己的身体，相传贺知章因为过量饮酒，从鼻子里流出来好几盆黄胶[63]。

永乐坊与兴化坊　裴度宅附近　绿野酒吧

绿野堂是晋国公裴度在洛阳归隐后的园林，这间酒吧也由此得名。长安绿野酒吧有两家分店，开在永乐坊和兴化坊的裴宅附近。到酒店小酌的游客恐怕无缘面见这位名臣。裴度退休后常居洛阳，极少在长安的宅院出现，若想见他一面可得早点到来。

店内的冬日限定鱼儿酒创意绝佳，富有情趣且香气十足。店员把龙脑香凝结成块，刻成小鱼的形状，当沸腾的美酒端上来时，就将龙脑小鱼投进去，杯盏内顿时芳香四溢。酒温和柔润，滑入舌尖，龙脑香气从上腭弥漫至鼻腔。此酒还可以活血通经，驱走严寒[64]。

● 到店建议：鱼儿酒供应有限，须递帖预订。酒吧内还出售洛阳裴度绿野堂宅邸参观门票，请咨询店员购买。参观绿野堂，详见第七章《名人宅邸家访指南》。

体验一下题壁

来到大唐的酒肆只是喝酒的话，也未免太不解风情了。人道："壁间俱是断肠诗。"[65] 每一位酒肆的老板都欢迎你在酒肆壁上涂鸦，这是唐代的酒吧文化。酒肆的墙壁根本不在乎诗的质量，它们乐意聆听来自天南海北、古今中外的牢骚。

很多诗人在壁上留下自己醉后的感想、对酒的评价、对友情的眷恋和对无功的惆怅——"昨夜瓶始尽，今朝瓮即开。梦中占梦罢，还向酒家来"[66]"酒绿花红客爱诗，落花春岸酒家旗"[67]……题壁中对于该店酒水或店员的好评，还会被店家拿出来做广告，比如"玉盘初脍鲤，金鼎正烹羊"[68]"竹叶连糟翠，蒲桃带曲红"。美貌的当垆女也是不错的招牌："有个当垆明似月，马鞭斜揖笑回头。"[69]

唐人皆能赋诗，因此我们不建议游客只写个"到此一游"。酒家店员天天看诗人写诗，当心他们嘲笑你。

地点未知　王元宝宅

● 王元宝宅其他游览项目详见第七章《名人宅邸家访指南》。

上文提到的李琎 SCC 俱乐部须有"时空会"白金卡才能去。对于经费有限的游客，则有一个能免费尝到好酒的地方，那就是京城巨富王元宝的家。玄宗曾经夸赞这位大富翁："朕天下之贵，元宝天下之富。"[70]

每到冬天，王元宝都会举行慈善晚宴"暖寒会"[71]。他在自家门前为人们扫出一条道路，亲自站在门口迎接来自天南地北的宾客，席间有好酒好菜伺候。你一定要尝尝那款能让你一口喝下，腹中温暖如火的胡椒酒。它以唐代尚属名贵品的胡椒、干姜和安石榴汁掺入佳酿，经调制后加热而成[72]。

游客须自己打探王元宝住在哪里，毕竟他的大名和传说长安城无人不晓，你正好可以借此融入当地人的生活。

● 旅行建议：请适度饮食，虽然是免费的，也别吃撑了。

光德坊南门东　孙思邈宅附近　真人药酒铺

注重保健或是上了年纪的游客，来到孙真人药酒铺，就不要再喝普通的酒了，试试本店的特色：保健药酒。

本店主推：

▸ 道士的首选松花酒（对松树花粉过敏的游客请谨慎尝试），也是白居易的推荐用酒[73]。

▸ 伏案工作者的最爱：可通经活血、缓解四肢酸痛的松节酒[74]。

▸ 强健肝脏的松膏酒以松脂为主料，它的香气芬芳满室[75]。

▸ 击退脱发失眠、无精打采、骨虚酸痛，喝了便生龙活虎的虎骨酒[76]和活血化瘀的乌蛇酒[77]。两款酒水主要还是面向唐代消费者。虽然本书介绍了此类酒品，但不允许现代游客购买，请保护野生动物！

▸ 针对女性朋友，本书特别推荐店内的桃花酒，它能使人皮肤嫩滑，重现青春[78]。

临出门前，孙医生有四句话送给为各种琐事和饭局所烦扰的大家：

勿使悲欢极，当令饮食均。
再三防夜醉，第一戒晨嗔。[79]

危险与麻烦

唐以前，"药酒"也用来称呼毒酒[80]。入唐以后，一些人还未改掉这个习惯。你如果到店中要求买"药酒"，务必解释清楚，不然可能会被抓走。

常乐坊　虾蟆陵

熟悉白居易《琵琶行》的游客会对常乐坊感到非常亲切。文中琵琶女住的虾蟆陵就是这里。常乐坊街中有一座大墓，被认为是董仲舒的埋葬之处，人们每到这里就会下马步行表示尊敬，此地遂称为下马陵，时间一长被讹传为虾蟆陵。但其实董仲舒的墓在茂陵，要去凭吊的游客请不要走错[81]。

常乐坊内聚集了许多歌馆酒肆，坊中特产最有名的就是郎官清和阿婆清两款清酒。在虾蟆陵的任意酒家内都可以喝到正宗的这两款酒，只是价格高低略有不同，所以不要懒，多逛逛，货比三家。

冬日我们建议品尝烧酒。这里的烧酒可不是今天说的二锅头等蒸馏酒，而仅是字面意义上的"把酒煮沸"[82]。这种喝法非常暖胃，且能杀死酒里的细菌，但口感会变涩变差。所以大多数唐

⊙图 4-4　何家村唐代窖藏出土双狮纹金铛

⊙图 4-5　《宣和博古图录》中的唐冰鉴[83]

人选择低温加热，也就是温酒。喝温酒很有仪式感，店员会搬来一个三足容器，这是用来隔水加热酒的铛。（图 4-4）

到了夏日，自然少不了冰镇酒，有奢靡的唐人喜欢把冰块雕成山，围坐四周喝酒，再把酒碗、水果什么的放到冰山上去冰镇[84]，或将酒放在铺满冰块的冰鉴（图 4-5）中来喝[85]。有一种喝法也很爽口，就是先温酒，等加热后酒味稍浓，再把酒放入冰鉴，享受冰火两重天的口感。葡萄酒最适合冰镇，冰镇后口感柔顺，释放芬芳果香。

和今天在港澳地区喝冻饮需要加钱一样，唐代用冰也要额外收费[86]。等后面拜访白居易时（第七章《名人宅邸家访指南》），游客会发现这人家里怎么有用不完的冰，是太有钱了吗？其实是乐天诗名太盛，已经达到可以免费用冰的地步，每到夏天，冰都是一筐一筐地往他家里送。

长安的夜色

由于东西二市夜间闭市，所以灯红酒绿的夜生活并不存在于热闹集市，但部分坊中的酒肆却是通宵营业的。崇仁坊邻近考核官员的尚书省选院，最是繁华。

建议游客在喝完酒后，不要匆匆回旅店，深夜流连于坊中酒肆是与当地人联络感情、体验当地文化的好选择。白日的暑气和喧嚣退去，你终于有时间安静地仰望被灯火映红的夜空，欣赏当垆女卸下浓妆后的疲惫容颜，和邻座的落魄诗人对饮，感受夜色中长安的另一面。当然，你还有机会邂逅奇人。

在某个秋夜，长空寥廓，雁叫声声，城中一间酒肆里，一位饮酒客突然放声大哭。邻座客人走来问他因何事悲伤，那位客人抬起泪眼，说自己在这世上已历一百三十个春秋，却还是一到秋天便会难过。“非悲秋也，悲人之生也。韶年即宛若春，及老耄即如秋。”说完，那人吟道：“有形皆朽孰不知，休吟春景与秋时。争如且醉长安酒，荣华零悴总奚为。”遂与邻座客人痛饮醉去[87]。

长安城的夜晚，有月，有酒，有你的知心人。什么烦恼能敌得过一壶长安酒呢？

不过，此刻却要说点煞风景的，唐文宗开成五年（840）十二月，坊中的夜市都被禁了，敬请留意[88]。

崇仁坊　女侠酒吧

这间酒吧原来的女主人身世很是传奇，在她不知去向后，京中有大老板将酒吧买下，改成女侠主题酒吧。

让我们来了解一下酒吧的故事。唐人王立在长安等待另派官职期间，一度穷困潦倒。一天，他在晚归途中遇到一美貌女子。两人相谈甚洽，女子便邀请他到自己家里做客。席间，她说自己的丈夫原本是个商人，他去世后留下来的酒吧在崇仁坊，一直由自己打理。王立很钦佩她的胆识与能力，便相与结为夫妻。两人非常恩爱，还有了一个儿子。女子每天给王立做好饭才出门，酒吧也经营得井井有条。

过了两年，有一天那女子回来，对王立说："我有切肤刺骨的深仇大恨，隐忍多年，今天终于得报。这房子是我自己挣钱买的，家中器具也是我自己的，你放心继续住，只是我们从此不要再见面，以免连累你。"王立惊讶万分，见女子手里提了一个皮囊，里面装的竟是一颗人头，吓得他瘫软在地。女子说她走之前，还想再看一眼自己的孩子。不一会儿，她便走出孩子所在的房间，像飞鸟一样逾墙而去。王立回到屋内，发现那孩子早已身首分离。女子就此断了一切念想，不知踪迹[89]。

女侠酒吧的装修风格简单明快，店员也爽利，遇上健谈的顾客能讲一堆传奇故事，但如果你不想聊，他们也会缄默不语。店内的主打产品是蜀地云安来的曲米春，浓烈芳辛，就像女侠的性格一样刚烈豪爽。杜甫品尝此酒后，连呼："闻道云安曲米春，才倾一盏即醺人。"

如果你没有钱

唐人很善良，就算你没钱结账，也不会把你扭送坊正。你可以用衣服抵账，算是向"朝回日日典春衣"的诗圣杜甫致敬。王维干过"脱貂贳桂醑"的事，不过这里的"貂"并不是指貂皮大衣，而是冠上做装饰的貂尾。镜子也能为你解围，刘禹锡就曾"把取菱花百炼镜，换他竹叶十旬杯"。没有衣服，没有镜子，你还可以用书。元白诗集在当时非常火爆，上市即售罄，没钱了甚至可以用它换酒喝[90]。

如果上面所说的这些你都没有，那只好试喝了。为了招揽生意，酒肆通常会在门前提供试喝服务。有唐人亲测，不花一分钱，靠“蹭”也能喝醉，只要你不怕被店员笑话[91]。此外，不少酒馆允许赊账，但请先问个明白[92]。

青门（春明门）有你们想见的胡姬

青门实在太有名了，无论旺季还是淡季，这里都挤满了游客。它原指汉长安的霸城门，因远远望去城门砖呈现一片青色而被称为青门[93]。到了唐代，“青门”一词主要指外郭城的东正门——春明门。

说起青门，游客和唐人都会掉眼泪。游客落泪是因为人实在太多，被挤哭了；唐人则是因为青门代表着离别，这里是东出长安的必经之路。春明门外的灞桥送走了一代又一代的离人，“春明门外即天涯”[94]。送别怎能无酒？所以城门附近开满了酒肆，大赚眼泪钱。

“送君系马青门口，胡姬垆头劝君酒”[95]，“何处可为别？长安青绮门。胡姬招素手，延客醉金樽”[96]，这些酒肆大多以胡姬招揽生意。

走在附近街道上，游客们就常能撞见满面浓妆、香气扑鼻的正宗胡姬，这些异国女子从粟特诸国远道而来，瞳仁碧绿，两眼似刀，鼻峰如玉。随便聊聊吧，和她们聊什么都行，但最好别聊家乡。一提到故国，你就会听到一阵哀叹，接着，眼泪和话语就像打开了水龙头一样滔滔不绝。

在青门的国际化酒馆里，你能喝到各式各样的洋酒（不一定来自外国，也可能是酒户按异国配方酿造的）——葡萄酒、槟榔酒、椰花酒、新罗酒……有一种来自乌弋山离国、酒体乌黑如漆的龙膏酒非常有名，它本是贡品[97]，但花一点儿心思也能在这里寻到。

春明门大街直通东市，又在兴庆宫附近，喝完酒想去往其他景点也很方便。然而，9 世纪末黄巢正是从春明门攻入了长安。对熟知结局的游客来说，这一片花光浓似酒的明媚春景，也弥漫着盛世将暮的隐哀。

青门究竟指的是哪儿？

其实，在唐人的概念中，“青门”兼指长安城东的三座城门：春明门、通化门和延兴门。春明门送别以普通人居多。通化门则涉及更高规格的送别、出征，比如元和十二年（817）八月初三，宪宗在通化门送别前往淮西平叛的裴度；穆宗于长庆元年（821）在此送太和公主嫁往回鹘。相对于发生在春明门的“生离”，人们更常在通化门与延兴门“死别”。宪宗出葬景陵时，经通化门出城；同昌公主的灵柩则出延兴门入葬。唐人墓葬多分布于城东及东南的长乐原、龙首原、白鹿原和少陵原等地[98]，延兴门距离这些郊野最近，遂成为百姓寒食上坟的必经之处。“今日青门葬君处，乱蝉衰草夕阳斜”[99]中的青门很可能就是指延兴门。清明时的延兴门外古墓累累，春草离离，风吹旷野，纸钱如雪，令人倍感哀伤。

⊙ 图 4-6　唐金乡县主墓出土的胡人女俑[102]

喝酒最好要有歌舞助兴，胡姬跳舞是青门酒肆最值得期待的项目。建议游客点选以下两种舞蹈。

1. 来自粟特康国的胡旋舞。胡姬和胡人小伙儿会随着激动人心的鼓声转圈[100]，挑战更高难度的还会立在球上旋转[101]。他们身着绮服，动作快如流电。除了会导致部分游客眩晕外，观感极佳。（图 4-6 至图 4-8）

2. 来自粟特石国的柘枝舞。表演时通常有两名舞女，踏着动人的鼓声出场。她们身穿耀眼的红紫色窄袖罗衫，动作轻盈，身形柔若无骨。舞蹈时，卷檐帽上所缀金铃清脆悦耳，银带飘旋如风，汗水浸透了衫子，细腻的肌肤若隐若现[103]。女孩子们一边温柔吟唱，一边向客人频频送来秋波，看得人脸色绯红[104]。舞毕，两名舞女的罗衫都已不知不觉褪到香肩之下[105]。（图 4-9）

● 石国还有一种健舞：胡腾舞。胡姬是不跳胡腾舞的，在她们那儿这是只有男人跳的舞蹈。胡腾舞与胡旋舞的区别除了舞者性别外，胡旋舞最大的特点是飞快旋转，“舞者立球上，旋转如风”[106]；胡腾舞中则充满了急速腾跃和下蹲的动作[107]，舞步迅猛刚健。（图 4-10 至图 4-12）

⊙ 图 4–7　宁夏吴忠窨子梁唐墓中的石刻墓门，上刻两名粟特男子跳胡旋舞的形象，但也有学者认为这幅画展现的是胡腾舞[108]

⊙ 图 4–8　敦煌莫高窟 220 窟北壁胡旋舞[109]

⊙ 图 4-9　陕西彬县五代冯晖墓中的彩绘伎乐砖雕[110]
根据人物所戴的缀珠（金铃）角帽、帽檐长飘带、舞毯、窄袖等特征，推测很有可能是跳柘枝舞的形象。这一形象符合白居易《柘枝词》“绣帽珠稠缀，香衫袖窄裁”、俞琰《席上腐谈》“向见官伎舞柘枝，戴一红物，体长而头尖，俨如角形”、张祜《观杨瑗柘枝》“促叠蛮鼍引柘枝，卷檐虚帽带交垂。紫罗衫宛蹲身处，红锦靴柔踏节时”等记载

⊙ 图 4-10　唐苏思勖墓壁画中独跳胡腾舞的男子，舞者高鼻深目，似为胡人[111]

⊙ 图 4-11　甘肃山丹县博物馆藏胡腾舞俑[112]

⊙ 图 4-12　河南安阳市修定寺唐塔砖塑浮雕中的胡人乐舞形象[113]

特别提醒

胡姬的样貌也不是个个都美艳无比的。李白曾这样形容胡人："碧玉炅炅双目瞳，黄金拳拳两鬓红。华盖垂下睫，嵩岳临上唇。"意思是说：哎呀，你看他，眉毛粗长盖过了睫毛，鼻子太大都压着嘴唇啦。陆岩梦遇到的胡姬长相就更加一言难尽了，他写道："眼睛深却湘江水，鼻孔高于华岳山。"另外，一些胡姬可能有"愠羝气"[114]。

长相奇特的沽酒女

酒肆中的胡姬是为了招揽生意，一般还是美貌者居多。但有的酒肆为了博眼球，也会聘用一些长相奇特的沽酒女。比如，山东阳都县有一位酒家女就生得眉毛相连，耳朵尖细，大家都觉得她是神人，争相来观看[115]，连酒肆门槛都被踏破了。

兵部郎中朱前疑的妻子生得貌美，但他却不爱妻子，独爱洛阳殖业坊的一位酒家婢。那女子蓬头垢面，双肩高耸，肚子奇大，说她不丑，良心都会痛。朱前疑却为了她废寝忘食，夜不归宿[116]。

喜欢猎奇的游客可多在青门附近走走，打探小道消息，在长安，这样奇特的沽酒女只会更多。

都市传说：防不胜防的河间妇人酒馆

柳宗元《河间传》中那位"宣淫于长安"的河间妇人也开了家酒馆，表面上是卖酒，实际尽做些龌龊的勾当。她在酒肆二楼的房门上凿了一个小孔，以偷窥来往饮酒之人，只要是鼻子硕大、身材健壮的貌美男士，都会被她拉去摧残[117]，很多人因此血耗气散，髓竭而亡！

本书未能探明这家可怕酒馆的地点，它可能并不存在，但也可能出现于长安城内的任何角落。独自旅行的男性游客，请注意保护好自己！

广化坊[118]　广化旗亭

广化坊原名安兴坊，安史之乱后肃宗不想再看到任何带有

“安”字的东西，所以安兴坊改名为广化坊，又名昌化坊。走进广化旗亭店内，你会立刻被暖色调的全实木家具、温和不刺眼的烛光，还有淡淡的神秘香气所吸引。

懿宗咸通年间，店内所有服务生都会推荐你来一杯二色酒。酒面上漂浮着黑色小花，被舀到酒盏中花也不会散，具有绝佳的佐酒趣味。据该酒发明者、右神策护军中尉西门季玄说，之所以有这种效果是因为放了肝石。肝石是什么，我们并不确知，但有可能像水面作画时用到的牛胆汁颜料一般，是一种不溶于酒精的物质[119]。

你是否已注意到，店内总是弥漫着一股香味？来，看看本旗亭的镇店之宝。

曾有一个宦官来到这里喝酒，突然不知从何处飘来一缕与众不同的香气。邻座道：“也许是龙脑香？”宦官说：“不是的，我从小在嫔妃宫中，常闻到这个味道，这是宫中的异香。”他叫来店家一问，果然是懿宗之女同昌公主的步辇夫来此饮酒却没有带钱，便将公主的锦衣典当在这里，是以芳香弥漫了整间酒肆。

备受恩宠又极度薄命的同昌公主去世后，店家获准把这件锦衣挂出来以示纪念，供人凭吊[120]。

● 旅行建议：管好双手，不可触碰锦衣。

酒掺水

酒掺水其实是行业里公开的秘密，可以说，长安的商业酒肆几乎没有不掺水的，但韦应物遇到的这个商家就实在太无良了："主人无厌且专利，百斛须臾一壶费。初醲后薄为大偷，饮者知名不知味。"

掺水太厉害的话，请反映给酒行的行头、坊正或市丞。

· 杂饮 ·

唐代杂饮可以被简单粗暴地理解为饮料。"杂饮"一开始指的是药用的饮子，用来调理内脏，后来发展为添加了蔬果、草药、香料等配料，追求口味并具有消暑、保暖等功效的饮品。

西市"排死你"饮子铺

旅行中身体疲劳，或注重养生的朋友们，请光顾西市的"排死你"饮子铺。这家店其实没有名字，但所有饮子铺里数它生意最好、排队的人最多，从金光门附近排到延康坊，每天都人山人海。这家饮子铺之所以那么火爆，就在于传言不管有什么疾病，百文钱买一杯饮子，喝下都能痊愈，长安城郊的居民也常过来打包带走[121]。

长安两市中还有许多饮子铺。不想排队，你可以任选一家，各家都有自己拿手的各式杂饮，夏日里还有冷饮供应。（图 4-13）

我们推荐你试试虎杖浆。这是用中药虎杖制作的解暑饮料。与甘草一起煎煮取汁，颜色如琥珀般晶莹透黄，装瓶放入井中，使之冷却。你付了钱，老板便将其倒在白瓷碗中，看得人心脾沁凉。味道酸酸甜甜，可解燥止渴，祛热毒[122]。

从隋代流行至唐代的五色饮是长销不衰的热门饮品，加入不

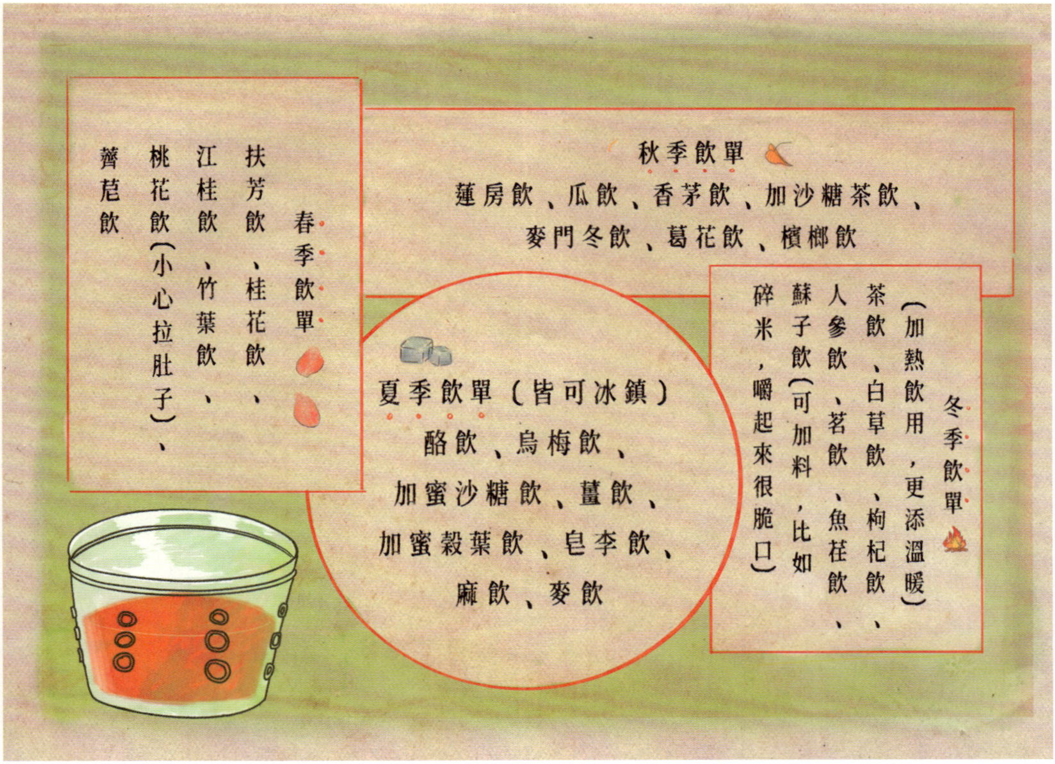
春季飲單
扶芳飲、桂花飲、
江桂飲、竹葉飲、
桃花飲(小心拉肚子)、
薺苨飲
秋季飲單
蓮房飲、瓜飲、香茅飲、加沙糖茶飲、
麥門冬飲、葛花飲、檳榔飲
夏季飲單(皆可冰鎮)
酪飲、烏梅飲、
加蜜沙糖飲、薑飲、
加蜜穀葉飲、皂李飲、
麻飲、麥飲
冬季飲單
(加熱飲用，更添溫暖)
茶飲、白草飲、枸杞飲、
人參飲、茗飲、魚荏飲、
蘇子飲(可加料，比如碎米，嚼起來很脆口)

五色飲
青飲 扶芳葉飲
赤飲 菝葜根飲
白飲 酪漿
玄飲 烏梅漿
黃飲 江桂飲

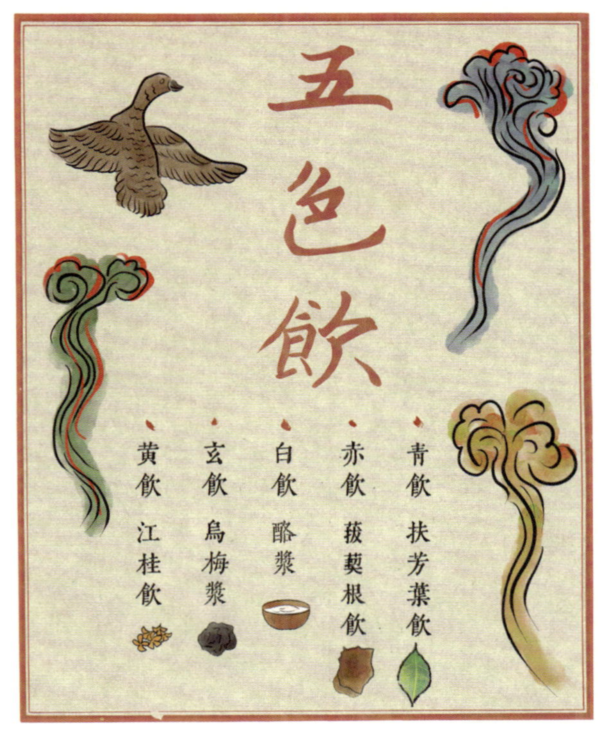

⦿ 图 4-13 饮子铺饮单

同植物调制，使液体呈现五颜六色，是口味、功效与颜值均在线的饮品。青饮主料为扶芳叶，味道稍苦；赤饮主料是菝葜根，液体赤黄，能够补益气血；白饮是醇厚的酪浆；玄饮是酸甜的乌梅浆；黄饮掺入了辛中带甜的江桂[123]。还有放入丁香、檀香、沉香等不同香料的五香饮[124]，能给你神奇的味觉体验。如同今天的奶茶店会推出应季饮品，唐代饮子铺中也有配合一年四季不同节气饮用的四时饮[125]。

此外，王维特别喜欢喝的蔗浆[126]、酸枣麨汁（用酸甜枣粉兑成的汁，类似冲饮饮品）[127]，还有各类果汁如椰汁[128]、葡萄汁、石榴汁等，都可以在西市饮子铺买到。

夏季旅游，走累了，来一碗冰爽的杏酪。白如凝脂、爽滑稠厚的杏仁浓汁中加入了有嚼劲的大麦[129]，口感富有层次。鲜美滑腻如莼菜的羊酪[130]也是不错的街边饮品。

· 茶 ·

唐世饮茶风俗自开元中期始[131]。唐前期，茶和我们今天所熟知的茶不太一样。为了全民保健，苏敬主持编纂的官方养生书《新修本草》中为大众指定了一种饮茶法："作饮加茱萸、葱、姜等。"[132]也就是说，茶性微寒，建议饮茶时放入茱萸、葱和姜，还有枣、橘皮、薄荷什么的也都可以往里扔，一起煮开，变成类似茶粥一样的东西。但茶圣陆羽曾在《茶经》里公开谴责这些添加乱七八糟佐料的"茶"，说它们简直就是臭水沟里的废水。

饮有觕茶、散茶、末茶、饼茶者，乃斫、乃熬、乃炀、乃舂，贮于瓶缶之中，以汤沃焉，谓之痷茶。或用葱、姜、枣、橘皮、茱萸、薄荷之等，煮之百沸，或扬令滑，或煮去沫，斯沟渠间弃水耳，而习俗不已。[133]

选择在肃宗上元年间陆羽写出《茶经》之前来的游客，喝到的很有可能是这种“八宝茶粥”，感觉和今天因加料过多而变成“奶粥”的奶茶差不多。

类似今天只泡茶叶的清茶要等陆羽改进推广煎茶法后才普及。陆氏煎茶法首先将煎烤过的茶饼碾成粉末过筛，然后煮沸山泉水，在初沸时撒少许盐，二沸时投入茶末，三沸后扬汤止沸，舀茶水至碗中，使沫渟均匀、青白相映[134]，饮后唇齿间只留下茶的甘醇。不过，煎茶法流行后，仍有人热爱茶粥，并对此乐此不疲。什么料都加的茶粥对大部分游客来说确实难以下咽，试试这三种喝法也许能令茶“珍鲜馥烈”，口感更好：一种是加入姜，以祛除茶之寒性[135]；一种是投入酥乳和花椒，制成椒香奶茶[136]；而陆羽则提倡在茶中加少许盐，但这一做法遭到黄庭坚、苏轼等人的反对，认为有损茶味[137]。（图 4–14）

饮茶爱好者应避开时段

大和九年（835），王涯任榷茶使，开始对茶叶进行官制官销，原先的税茶改为国家专营。从种植茶树（所有茶树都移植到官茶园内），到制茶、贩茶，全部由国家包办，导致这一时期的茶叶品质急剧下降，价格还居高不下[138]。游客只

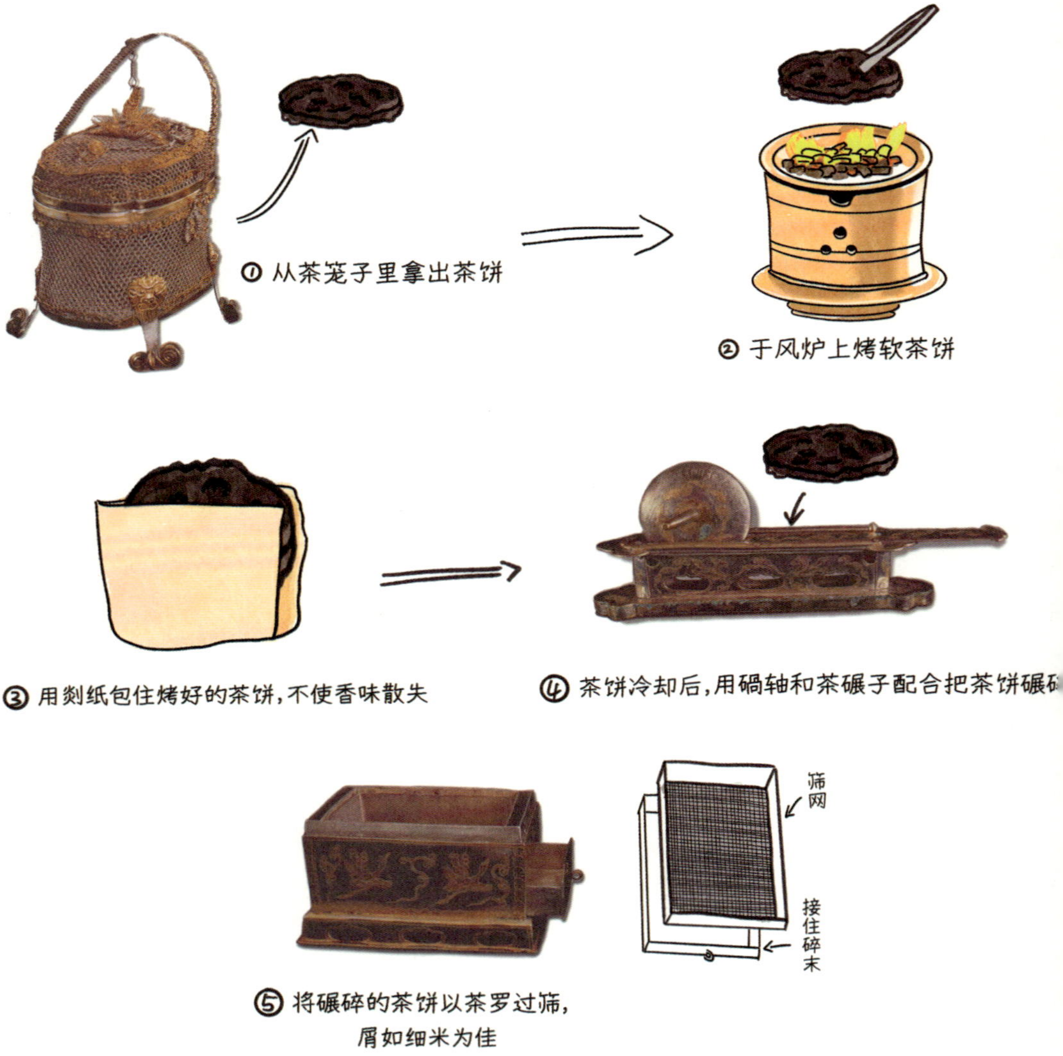

①从茶笼子里拿出茶饼

②于风炉上烤软茶饼

③用剡纸包住烤好的茶饼，不使香味散失

④茶饼冷却后，用碢轴和茶碾子配合把茶饼碾

⑤将碾碎的茶饼以茶罗过筛，屑如细米为佳

⊙图 4-14　陆羽煎茶法图示[139]

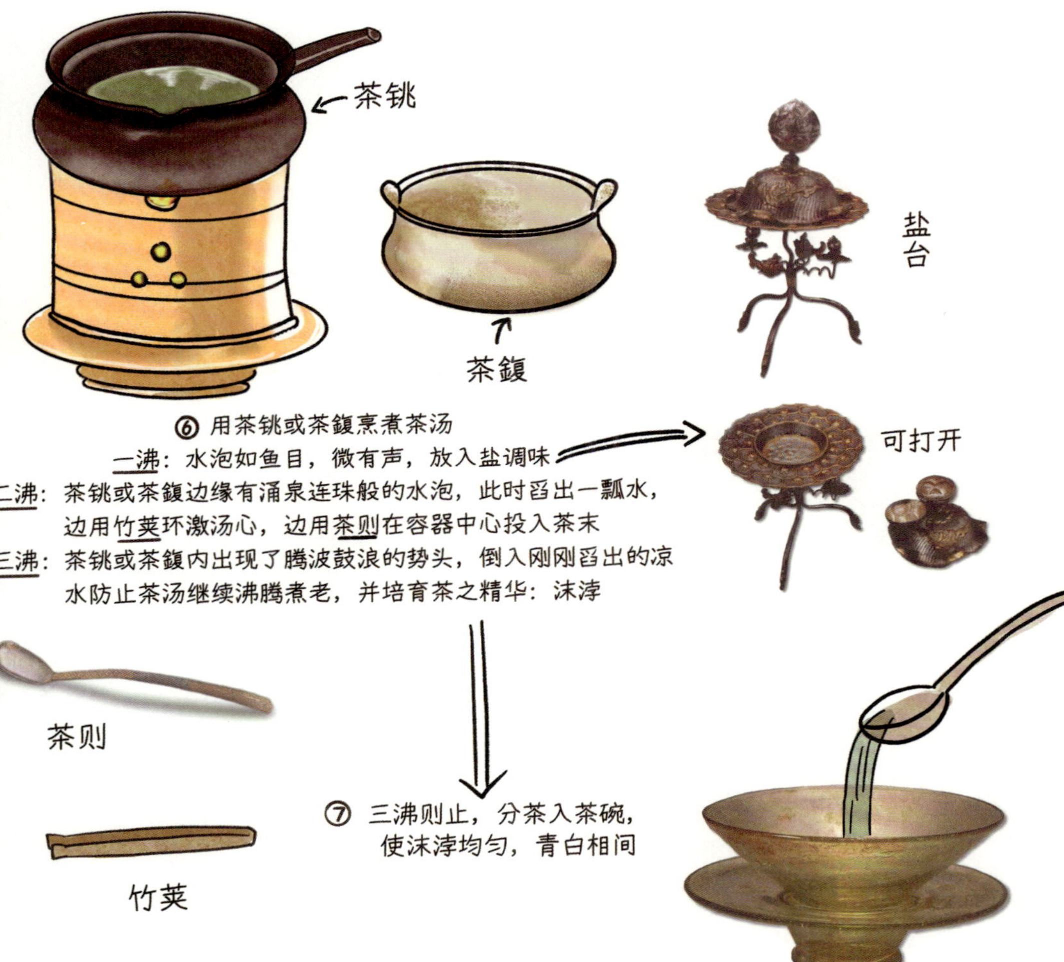
茶铫
茶鍑
盐台
⑥ 用茶铫或茶鍑烹煮茶汤
一沸：水泡如鱼目，微有声，放入盐调味
可打开
二沸：茶铫或茶鍑边缘有涌泉连珠般的水泡，此时舀出一瓢水，
边用竹荚环激汤心，边用茶则在容器中心投入茶末
三沸：茶铫或茶鍑内出现了腾波鼓浪的势头，倒入刚刚舀出的凉
水防止茶汤继续沸腾煮老，并培育茶之精华：沫浡
茶则
竹荚
⑦ 三沸则止，分茶入茶碗，
使沫浡均匀，青白相间

需推迟一年再来，就能避开这一时期，因为十一月底就发生甘露之变了！[140]

冥冥之中自有天意，最后王涯在这场“血流涂地”的大杀戮中于永昌坊的一间茶肆被捕，押送至独柳刑场腰斩[141]。甘露之变后，这间茶肆声名大著，成为游客又一打卡地（但出品据说很一般）。

唐前期的茶铺分布在东西二市、坊间和城门旁，大大小小都有，难以一一详述。早期茶铺内，茶通常盛好放在案上，自己加料，不用问老板，自助给钱就可以拿起来喝，喝完走人[142]。陆羽改革、完善煎茶法后，连带催生了一系列喝茶的仪式，这才逐渐出现了带雅间垂帘的茶邸，游客可以进店坐下小憩。唐人对茶叶本身的味道也有了更高的要求，此时兴起了一批名茶[143]，主要来自四川、湖北、浙江和福建地区，有峡州的碧涧茶、剑南的蒙顶石花、嵊州的剡溪茶、大历后兴起的湖州顾渚紫笋茶、福建的蜡面茶[144]、建州的研膏茶等。社前（约春分时采摘）与火前新茶（现代游客熟知的明前茶）是珍品中的极品，相当贵重，需要连夜急送入京以保证新鲜[145]，一般仅在宫宴和官府宴集上出现[146]。

茶道表演

游客在中晚唐的长安城中能欣赏到茶道表演，没有行家带路也无妨，认准陆羽同时期茶师常伯熊的茶邸就好。店里表演者穿黄被衫，戴乌帽，将为你表演一套烤茶、碾茶末、放茶、出沫等富有艺术感的仪式，口中还会高诵茶名。烤茶

⦿ 图 4–15　北宋摹阎立本《萧翼赚兰亭图》中的烹茶场景

时炭火哔啵作响，碾茶时茶叶细碎，发出清脆之声，宛如在耳边窃窃私语，茶水初沸时咕嘟冒泡，都是最好的颅内按摩音。同时，蓬松而温暖的茶香会慢慢拥抱你。（图 4–15）陆羽虽为茶圣，但他的茶道表演明显有点入不了眼。陆羽给御史李季卿表演茶道时，穿着“野服”上场，动作一点儿也不优美，李季卿还以为他是个跑堂的[147]。

温馨提示

观看茶道表演请记得给小费。

唐人对泡茶的水也有要求，但很遗憾，在张又新列出的前二十种上等水中，并没有长安的水[148]。大都市里客流量大，少有店家肯用心取山泉水或融雪来煎茶，多半还是用属于下品的渠水或井水[149]。想获得高端饮茶体验，还是要拜访白居易等饮茶行家的宅邸，只有他们有时间和耐心“闲来松间坐，看煮松上雪”[150]。

医疗建议：茶固然是好东西，但也不要多喝。茶师常伯熊自己就“饮茶过度，遂患风气”[151]。唐右补阙毋煚不爱喝茶，他说茶能一时除烦去腻，但茶性寒，长期饮用危害大[152]。

毋煚还是生得太早了！半发酵茶（也就是乌龙茶）的始祖成熟于北宋（即北苑贡茶），真正的发酵红茶要到明清时才出现。

看到这里，精明的游客可能会动起歪脑筋，打算去唐代批发红茶。在此严正警告：跨旅局禁止跨时空倒卖！

第五章

逛街购物指南

清晨和夜晚，
少女们听见妖精喊：
“快来买我们果园的水果，
快来买，快来买！
……
鲜葡萄刚从藤上采，
石榴胀得要裂开，
梨和青梅可不常见，
大枣酸布李摆一排，
加仑和鹅莓任君尝，
大马士革李和山桑挨着卖，
小小檗子红似火，
无花果往嘴里塞，
还有香橼南方来，
悦目甜美人人爱！”
……
“不！”利兹说，“不，不，不！
别被妖精的好处迷惑，
这些都是害人的礼物！”

——公元 19 世纪，克里斯蒂娜 · 罗塞蒂《妖精集市》[1]

● 本章将向你介绍唐代全国规模最大的购物中心：长安城东市和西市，手把手教你买到最有特色的手信，品尝最地道的集市美食，同时附上传奇店铺的探店攻略，并为你提供换汇等购物小贴士。

● 你需要注意，唐人对商品的品质和疗效多有夸大描述，且不一定有科学依据，请谨慎甄别（尤其是彩妆及个人护理类商品）。

欢迎前往大唐疆域内面积最大、品种最全的两大购物中心——东市和西市。收回你东张西望的目光，紧跟你的旅伴，这里的人流量实在太大了！牵好孩子的手，你不会想几天后看见他们哭哭啼啼地出现在口马行中；管好你的爱人，沿街酒肆里的胡姬和异国汉子抛媚眼可不知分寸。对了，别忘了把包背到胸前，混迹在人群中的可能有来自五湖四海、身怀绝技的扒手，还有骑飞马掠夺财物的市肆恶少。不管怎样，你得凡事都留个心眼。但最要小心的，还是这两座集市本身。“什么都有”在东西市里指的可不只是商品，还有骗局、风险和来自里世界的未知事件。

唐代长安素有购物天堂的美誉，这得感谢在丝绸之路和大海上奔波往来的大唐、粟特、新罗、拂菻、波斯、大食和印度等地的商人们，是他们不惧生死，为东西二市汇聚天下奇珍。

东西二市起源于隋代（那时长安还叫大兴城）的“利人市”和“都会市”，位于长安县、万年县的中心地带，隔朱雀大街相望，能满足长安城约七十万人口（玄宗天宝时期数据[2]）每日购物所需。市内有来自近一百个国家和大唐各地的知名商品，也不乏前店后坊的工厂店，拒绝中间商赚取差价。市场管理全面完善，童叟无欺，唯一的不便是这里只接受现金交易。

要逛集市，请专门留出两天时间。东西市面积差不多，各占地约 1 平方千米。由于中午才开市[3]，想要一天逛完两市基本不可能。市中有放生池、水渠河道、寺庙等景观，还有不定时进行的街头互动表演，满足游客娱乐、餐饮、购物、休闲之需。节日当天到来，你还会收到街坊发放给游客的纪念品，并可参与节庆活动，例如，寒食节商户会向购物游客赠送精致的雕镂鸡蛋[4]，五月五日有人沿街派发用五色丝线制作的饰物“百索”[5]与五色丝缠绕的百索粽[6]；东市附近的资圣寺会在立春时向游人分发胡饼[7]；在元日，幸运的你还会被商家邀请到家中吃饭（“传座”）。当年为了捉拿杀害宰相武元衡的凶手，官方在东西二市显眼处各堆了两万贯赏钱，想一试身手的游客不要错过[8]。逛街时，你还能碰见一项特别活动：处决犯人前的巡市。京城两大刑场：独柳和狗脊岭就在东西市附近。

本书推荐你步行游览，骑马就省省吧，市集中人员密集，容易发生危险，更何况普通现代游客的骑马技术基本为零。如果租牛车，拥堵也在所难免，按天租赁车费可不划算。长安的七月到九月是雨季，记得备好油衣（市集有卖）。请选一双防滑的鞋子，下雨后泥泞的道路上会有它的用武之地。市内街道两侧有明沟，容易滋生蚊蝇，散发臭气，请尽量穿着长裤，携带香氛。长安城的自然环境不错，偶尔会有野鹿等野生动物闯入市集觅食，发现后请立即联系市署，不要惊慌[9]。

话说回来，消费从来不是硬性任务。逛逛集市，感受当地风情本身就是极有趣的体验。看见喜欢的东西请大胆询问，不买也没有关系，唐人很乐意给你讲述商品背后的门道，又或许老板本人就是一段传奇。

特别提醒（非常重要！）

迄今为止，我们的介绍还仅限于长安城的表世界，而本章将为你揭开里世界的神秘面纱。表世界的东西二市能为你提供日常所需，但里世界中售卖的是救人性命的宝珠、由狞鬼亲自描绘的美人皮、会说话的枕头等稀奇之物。

卷首语中提到，夜晚的里世界范围会达到峰值，某些夜行者曾声称自己误入其间；但在白天，隐居城中的奇人异士却有能力自由进出其中，他们因此成了里表世界的中间人。东西二市里隐藏着不少这样的神人，他们可能是不起眼的小摊贩，是挑薪贩柴的干瘦老翁，或是满脸写着“给我钱”的油腻富商，你得有一双勘破外表的慧眼才能发现他们。

在下文的“服装”“彩妆与个人护理”“日用杂货”“宝石与宝石制品”“文化用品”“逛街小食”**六**个小节中，我们会向游客介绍**七**种相关的里世界宝物，并设置了七道谜题。每道谜题的答案都是一则口令。实在解不开时，**请动手翻翻，答案就藏在书中。**购物时请向店员或老板念出口令，若对方正好是里表世界的中间人，便会将宝物亲手奉上。

不过即使获得了口令，也不意味着你会有所收获。要是这些中间人对你没有眼缘，他们会假装听不懂。这也没什么好遗憾的。所谓的稀世珍宝并不是所有人都有福消受，想使用需付出一定的代价。

祝你好运！

唐人有话说：东市门吏贺万年

我见过最疯狂的游客，是那种五更天就要求进来购物的。我和他说现在还没到开市时间，他偏不相信，还给我看一本旅游手册，上面在介绍东西市时写道：**“五更二点，鼓自内发，诸街鼓承振，坊市门皆启。”**

他指着手册和我理论，说既然五更二点坊市门皆启，为什么还不让他进来？我解释了半天他也不听。希望跨旅局帮我澄清一下，也请游客多多支持我的工作。

特别提醒

和我们入住旅店所在的坊一样，每天东西二市**市门**也是在五更二点鼓声后开启，在日暮八百声鼓后关闭。但**市的交易时间**却是从中午至日落前约两小时，以击鼓声和击钲声为标志[10]。开市前和闭市后，市内商人、官员们要做准备和收尾工作。

东西二市各有八个市门。不从市门入市，而是翻墙或从水沟溜进来，会被杖责七十[11]。中午开市后才允许人进入，所以想扫货不必起大早，在日中（约 11—13 时）前往东西二市就好，日落前七刻则是闭市时间。一年之中，日中、日落的时间一直在变化，请你根据实际情况调整购物节奏（可参考第一章《初到长安》的附录三）。在傍晚听到击钲的声音也不要慌，只要在敲完三百声前结账离开即可，时间足够充裕。

都市传说

关于东西二市的门，宝历年间还流行着一则都市传说：只要关闭北市门，天就会放晴，所以一遇到阴雨连绵的天气，各坊市的北门就会关闭[12]。遇到大旱则反着来。

● 为保旅途安全，不建议游客于以下时段来东西二市购物：

1. 广德元年（763）吐蕃攻入长安[13]（此时暂停跨时空旅行）。

2. 大历六年（771）正月，有回纥人在坊市间抢掠人口；带孩子的游客尤其要注意。大历十年（775）九月，回纥人又在东市大白天当街杀人，这些暴徒被百姓抓住后扭送至万年县衙，后又打伤狱吏，越狱逃走，造成全城恐慌[14]。

3. 建中三年（782）四月，因藩镇叛乱，朝廷以军费不足为由向商人暴力借贷，这无异于明抢，一时举城嚣然，百姓苦不堪言，商人罢市，有人甚至自杀躲债[15]。

4. 元和十五年（820）正月，西市发生火灾，伤亡惨重[16]。

5. 大和九年（835）六月初一，西市发生火灾。十一月二十一日，发生甘露之变，东西二市恶少借机闹事，趁乱劫掠[17]。

6. 会昌三年（843）六月二十七日，东市失火，四千余家店铺受灾[18]。

● 以下为跨旅局关闭入境后发生的事：

1. 广明元年（880）十二月底，黄巢占领长安，大举焚烧西市。次年四月，叛军在长安东西两市杀壮丁七八万人，血流成河[19]。你曾光顾过的店铺和那些热情的商贩都不复存在，只留一片麦苗青青的废市荒街[20]。

2. 乾宁二年（895）七月初四，同州节度使王行约劫掠西市，妨害居民[21]。

3. 乾宁三年（896）七月，凤翔节度使李茂贞攻入长安，唐昭宗逃走，乱军开始在长安大肆焚掠，东西二市的店铺被烧了个精光[22]。

想必你也看出来了，越到后期越不适合旅游，除非你是跑酷和极限生存挑战爱好者。

东西二市各有特色

东市临近皇城、各进奏院和举子、贵人云集的崇仁坊，氛围上更为“严肃”，富有文化气息，服务公务往来人员。东市酒楼也因常承办高端酒局而规模较大，装潢更典雅豪华。这里有出名的笔行、乐器行、印刷行和书行，是文艺青年的好去处。相比之下，西市更世俗、更国际化，大量胡商在此汇聚。热闹的街头有胡人剖腹、吞火等幻术表演，摊位上还摆满了充满异域风情的猎奇玩意儿。这里有胡人开的酒肆，装修独有情调，适合朋友小聚。大概是西市的金银制品和珠宝比较出名，所以它又被称为金市[23]。

更多购物选择

除东市、西市外，唐长安城还有**中市**和**南市**。

长安城曾有中市，设置于高宗时期。地点在朱雀街东安善坊和大业坊的北半部，是专门的马牛驴交易市场。不过由于地点偏僻，带不动人气，长安元年（701）就被废止，改为教弩场。天宝八载（749），官方在附近再次设立南市[24]。

东西二市和上述的中市、南市都是官市；除此之外，在你居住的坊中还会有百姓摆的小摊，售卖生活必需品和夜宵，逛起来极有趣味，百姓会拿自己编织的草鞋、篮子，还有自家农产品来卖。每逢盂兰盆节、无遮斋大会、佛诞日等佛教活动，寺庙中也会有庙市。此外，城郊有**草市**。

你最关心的换汇和退税的相关问题，下面将全数解答。

· 换汇 ·

“长安古来名利地，空手无金行路难。”[25]

唐代是多元货币并行的时代，铜钱及谷物、布帛等实物皆可在日常交易中使用。（图 5-1 至图 5-4）因铜产量低，加上大户们爱好囤积铜钱，导致铜钱长期供应不足。布帛（织物的统称，有统一的法定标准[26]，作为货币使用的主要是麻、缣、绢、练等简单织物）本身具有价值，人人都需要，便长期被当作法定货币[27]，直到唐末才逐渐退出交易舞台。铜钱多在贸易发达地区使用，在乡村，实用的布帛比铜钱更受欢迎。

布帛价值高，一般用于庄宅、牲畜等大宗交易，同等价值的铜钱会过于沉重，难以携带；而寻常的小交易还得依靠铜钱。铜钱作为价格尺度和支付手段比布帛更为精确，更符合现代人的消费习惯，所以**跨旅局目前仅向游客开通开元通宝的兑换**（初唐仍以实物交易为主，游客请随机应变）。

金银并不是唐代的流通货币（金银开采量大的岭南地区除外），一般只用于赏赐、进奉、军费等[28]，而在大唐疆域外的丝绸之路上，交易则通过金币、银币完成。

请专心使用开元通宝

唐建国后的唐高祖武德四年（621）就开始使用开元通宝了（为与后来会昌年间发行的铸币区分，又称“武德开元”），终唐之世一直流通使用。这枚铜钱性质稳定，直径 24 毫米，重约 4 克，上有欧阳询题字“开元通宝”，有的背面无字，有的背面带明显的月牙印（并无证据表明这是文德皇后的指甲印）。唐人口中的一钱、一文或金，指的就是一枚铜钱[29]；一贯则等于一千钱，这么多铜钱被用绳子串起来，能有八九斤重（所以大宗交易使用布帛更省力）。游客在旅途中的大部分时间都会和开元通宝打交道。但如果在高宗乾封元年（666）到达，图省事的工作人员可能会丢给你一堆“乾封泉宝”。这枚铜钱重量和开元通宝差不多，币值却是开元通宝的十倍，结果造成市场紊乱，只通行八个月就被叫停了，游客可以拒收。跨旅局禁止旅行时段（755—763），肃宗发行了“乾元重（zhòng）宝”和它的升级版“重（chóng，因为钱的背面有两个圆圈）轮乾元重宝钱”，这两种铜钱也贬值严重，发行不久即被废弃。此外还有诸如“大历元宝”“建中通宝”[30]“得壹元宝”“顺天元宝”[31]“咸通玄宝”[32]之类的非官方货币。会昌五年（845）后，游客便会兑换到“会昌开元”（极有可能是毁佛时期用铜佛像、铜钟铸的[33]），它与开元通宝最明显的区别就是背面有字，有用来记年号的“昌”（这是最早的一批会

⊙ 图 5-1　何家村窖藏出土的金银开元通宝[34]

⊙ 图 5-2　铜开元通宝，现藏于上海博物馆

⊙ 图 5-3　会昌开元，背面“梓”字代表这枚钱币铸造于梓州

昌开元，在淮南节度使李绅主持下铸造），也有用来记铸造地点的“京”（长安）、“润”（润州）、“越”（越州）等。

游客只需记住：认准开元通宝，并在别人向你提供其他钱币时勇敢说“不”。到了长安，你会看到有唐人掏出金银制的开元通宝，但那不是流通货币，而是得自宫中的赏赐，唐人称之为“真黄钱”[35]。

再强调一次：**认准开元通宝，旅行少些烦恼。**

◉ 图 5-4　吐鲁番阿斯塔那古墓出土的唐代标准庸调布，也可被用作通行货币，现藏于新疆维吾尔自治区博物馆[36]

拒绝私人兑换

请不要因为跨旅局驻长安办事处的正规兑换点排队而找私人换汇！这将有兑换到恶钱（中唐时称为“铅锡钱”）的风险。恶钱是民间缺斤短两、材质粗劣的私铸钱。不过，不小心拿到恶钱也不用惊慌，唐朝政府会定期开展收兑，博换比率不定[37]。为防止恶钱在市场中流通，唐朝政府还会在市场中展示标准开元通宝的样钱，以便百姓明辨真伪[38]。大和三年（829）后，一经举报查实，使用恶钱者将面临严罚甚至死刑[39]。

由于古今经济政策、市场实在差异巨大，跨旅局对所有跨时空旅行目的地实行汇率管制，并在计算汇率时统一选取“米”这一最基本的生活物资作为购买力平价参照物（如果按照铜价计算，会造成不同时期的旅行者消费水平差异巨大），以期尽量消弭和平时期与灾荒战乱时期的物价波动。

目前有记载的唐代米价大多出现在丰收、灾荒、战乱等特殊时期，正常时期米价难以获知，因此在图 5-5“唐代长安及京畿、关中地区米价波动图”中你会发现，曲线的走势像坐过山车一样忽上忽下。

- 先来简单介绍下长安及周边地区的米价[40]，在本章附录中还有一张大唐全境近三百年间的米价变动表。
- 在唐初十年来长安旅行，你将开启艰难模式，唐初社会动荡，物价高涨。

- 贞观年间，物价下降，一斗米[41]只卖几文钱[42]。
- 高宗、武后时，由于对外用兵、自然灾害等情况，斗米售价涨到四百文左右[43]。中宗时有所回落，闹饥荒时斗米售价百文[44]。
- 开元初年斗米只卖三四文[45]；开元十三年（725）米价略涨，斗米十三至二十文[46]。
- 安史之乱后物价上涨，斗米价格达到八百至一千五百文[47]。战争前线米价更是高得吓人，斗米最高达七万文[48]。德宗建中元年（780），米价回落至两百文一斗[49]；后又因蝗灾饥荒，升到五百至一千文[50]。

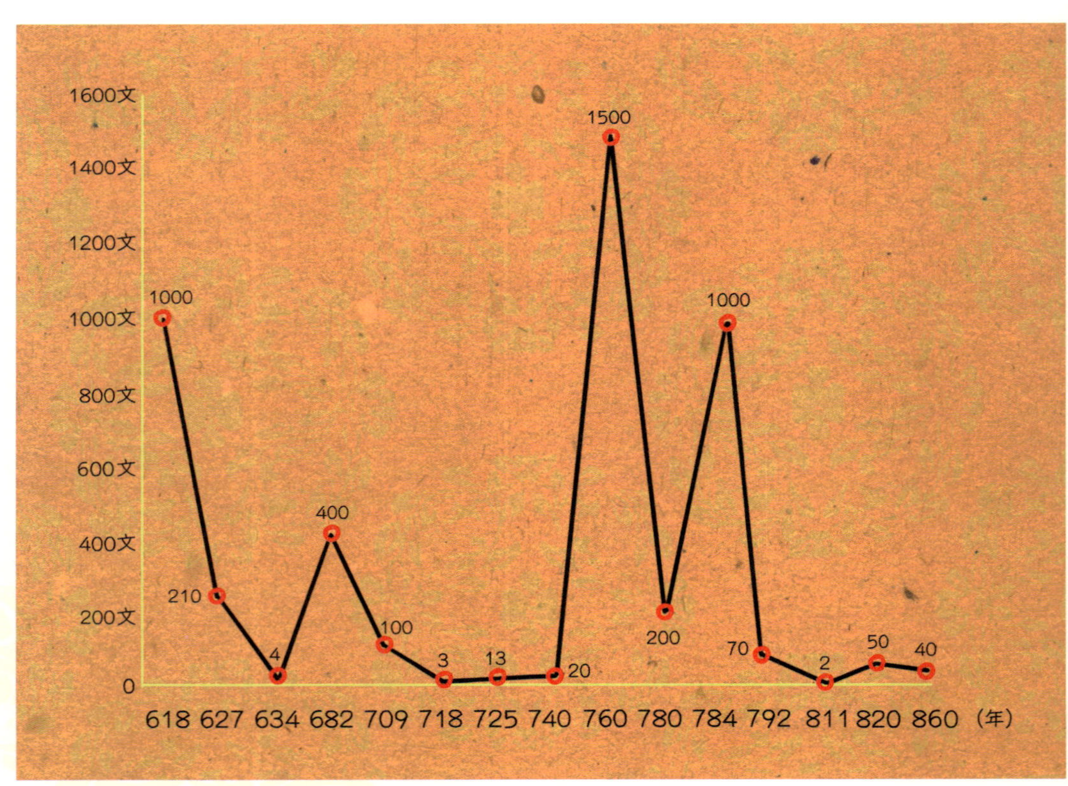

⊙ 图 5-5　唐代长安及京畿、关中地区米价波动图（其他地区米价见附录一）

- 两税法推行后，民间爆发囤钱潮，贞元至元和时米价回落，斗米不过五十至七十文，最低约三十文[51]，最极端的情况是元和六年（811）天下丰收，米两文一斗[52]。
- 会昌五年（845），武宗新铸会昌开元，米价稍有回升，但至少在僖宗以前还维持在正常水平。唐末，由于连年战乱，社会不稳定，物资匮乏，中和元年（881）京畿地区斗米售价三万文[53]；光启三年（887）扬州斗米更是高达五万文[54]。不过请放心，跨旅局为保障游客生命安全，已于广明元年（880）关闭入境。

短陌

唐人有一个约定俗成的做法，为解决钱荒，会把不足一贯的钱当一贯来用，这一做法叫“短陌”[55]。在元和时期的长安，九百八十文能当一贯用，也有以九百三十文当一贯用[56]；长庆年间九百二十文能当一贯用[57]。这么做是由于市面上铜钱不足，才四舍五入进行交易。你不用担心收钱的老板吃亏，他用短陌钱照样能买别人的东西。

· 退税 ·

很遗憾，在长安购物无法退税。首先，唐代并无现代的增值税，仅有某一时段针对商户的盐、茶、酒等专卖税和关津税、交易税[58]等。其次，游客无法携带商品离境。

开始扫货前，你还得知道以下这些事项：

- 东西二市的“市场监督管理局”叫**市署**，有市令、市丞等办公人员，隶属于太府寺。市场中的日常交易、治安、物价监管事宜都由这个机构负责。市署附近有一座高楼——旗亭，可将市集内的情况尽收眼底[59]。**告诉孩子，万一和家长走散，直接前往最高的建筑物旗亭，向那里的工作人员寻求帮助。**市场内平时还有专人巡逻[60]。遇到严重治安问题，请反映给万年县衙和长安县衙。市内还有一**平准局**，主管官府交易，平抑物价和出售罚没之物，与游客日常消费关系不大。
- 市令会根据市场情况评估市集中商品的质量，并参照过往实际市价，为上、中、下（有的商品还会分为九等，先分细、次、粗，其下再分上、中、下）三等质量的商品拟定官方参考价[61]，每十日一调整[62]；但实际买卖价格并不受制约，商品上也没有明码标价[63]，为你大展还价身手提供了舞台。
- 市集中使用的度量衡器每年八月要送往太府寺统一校正[64]。唐律规定，若有商家以次充好，以假乱真，一经举报查实，商品就会被没收，缺斤少两的当场退钱退货。胆敢售卖伪劣或缩水商品的卖家，会被杖打六十[65]。请注意，某些非官方编订的手册中说，若对商品不满可三日内退货。但这条规则不是所有商品都适用，购买时如有问题请当场解决，能三日内退货的只有**奴和婢**，且仅适用以下情况：**他们身上存在着卖家刻意欺瞒的疾病**。维权的前提是事先签订有合同（立券）[66]。在官方集市通过正规渠道消费尚可保障消费者权益，而城郊的草市可就没那么规范了。曾有商贩用鍮石（黄铜）冒充黄金、把糯米抟成球晒干当玉石卖，哪怕是乡亲邻里也敢坑骗。“卖假不卖诚”[67]是他们的共识。

- **请遵守当地的法律法规**：市场是个鱼龙混杂的地方，常有无良之人在街上散发反动传单[68]。不要出于好奇去接，也不要因凑热闹长时间参与围观或集会，违者后果自负（见第一章《初到长安》）。
- 唐代五品以上官员是不能入市的[69]，不过现代游客不受影响。
- 朝廷偶尔会派宦官到东西二市采购物品，这一行为在德宗时尤为盛行，名曰“**宫市**”。这一采购行为到后来变成明抢。宦官们（所谓的宫市使）不带公务证件（文书）就强压物价，强行购买，曾有倔强的卖柴农夫与之争辩，还打了起来[70]。宦官和他们的采办人员“白望”（其实就是一些走狗和打手[71]）所到之处，推车卖饼、摆摊卖茶的小贩瞬间溜之大吉，门店兴旺的大商户紧闭店门[72]。看到有衣着光鲜的宦官走来，游客也尽量躲着点。要是他们碰巧和你看上同一件商品，麻烦你让给他们。
- 除了宫市，游客还需避开市中的闲人，这“闲人”可不是什么与世无争的遛鸟大爷，而是凶神恶煞、夺人财物的恶霸，他们可能是犯了错的下级胥吏，被开除后对社会怀恨在心，肆意作恶[73]。政府已经着手处理这群人了，但游客出门在外还是要保护好自己。

在你开始购物前，本书最后啰嗦几句：

在长安购买的商品仅限旅行期间自用或送人，不可带商品离境。毕竟这只是一场梦。

哪怕在唐代长安，游客也绝不可购买象牙、犀角、鹦鹉螺壳、蟒皮等珍贵野生动物制品及其他在现代属于违禁品的商品。

这里要特别提醒，如果有拂菻商人向游客推销一种包解百毒的黑红色合方药“底也伽”[74]，别一听到什么“包解百毒”就掏腰包，这里面含有罂粟！

- 每个行前都会有立石或招子标清楚行名，防止游客走错[75]。
- 行内男女商贩是分开的，购买服装时，如对接待你的店员有性别要求，请提前告知店主[76]。
- 以下文中提及的商品，除特别说明外，东西市皆有售卖。（图5-6至图5-8）

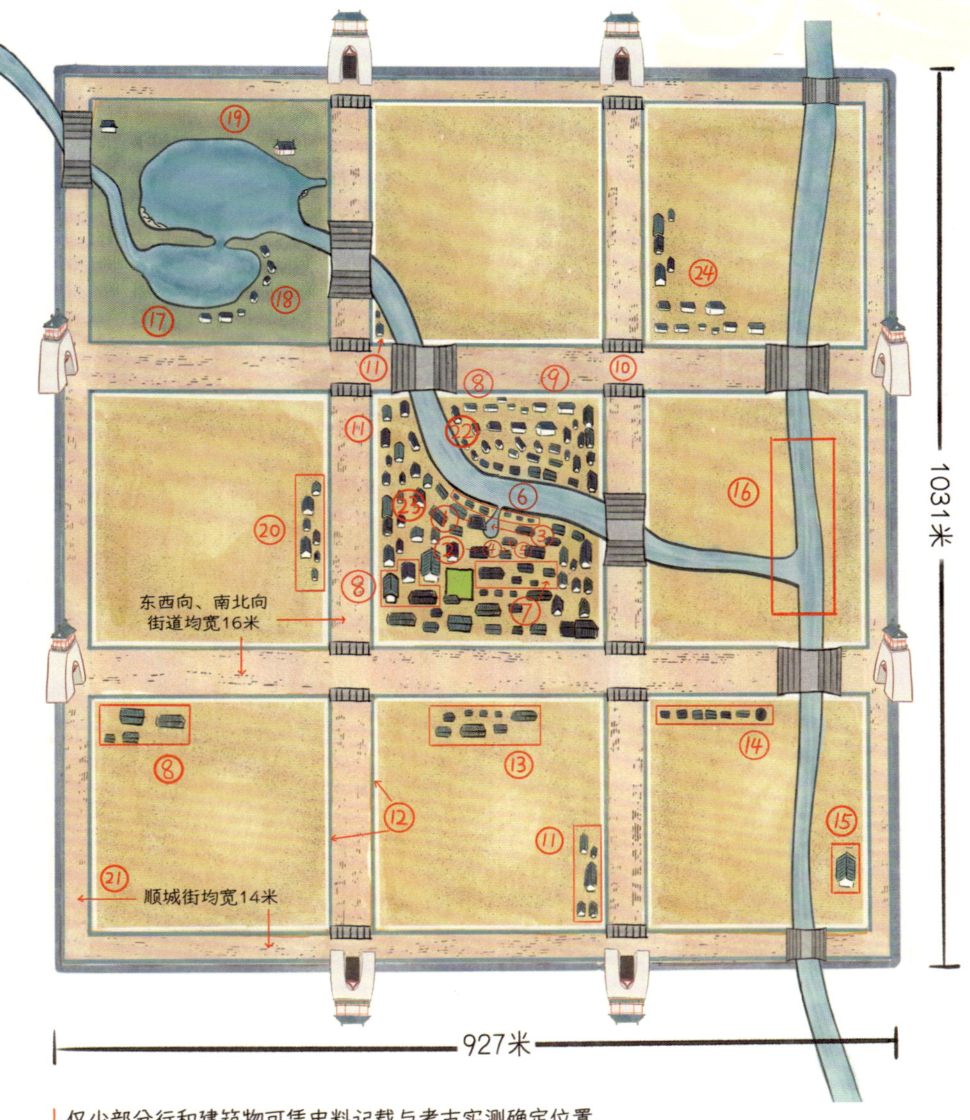

！仅少部分行和建筑物可凭史料记载与考古实测确定位置，并绘制在图中。其实市内是无一处空地，非常拥挤的。

① 旗亭
② 西市署
③ 小海池
④ 平准局
⑤ 常平仓
⑥ 秤行
⑦ 大衣行
⑧ 骨器行
⑨ 附近出土过陶球、陶埙、骨器废料、石杵、铁环、铁链等
⑩ 明沟上方便通行的石板桥
⑪ 陶器行
⑫ 街道两侧皆有明沟
⑬ 珠宝行、骨器行
⑭ 饭店、酒肆一条街
⑮ 鱼行
⑯ 永安渠
⑰ 韩朝宗西街潭
⑱ 木材行
⑲ 放生池，池侧有佛堂
⑳ 凶肆
㉑ 出土一石刻经幢
㉒ 附近出土一红陶佛像
㉓ 附近出土铜佛像、陶器和瓷器
㉔ 出土大量瓷碗、盆、壶、罐残片，这一片可能是饮食店

⊙图 5-6　西市图

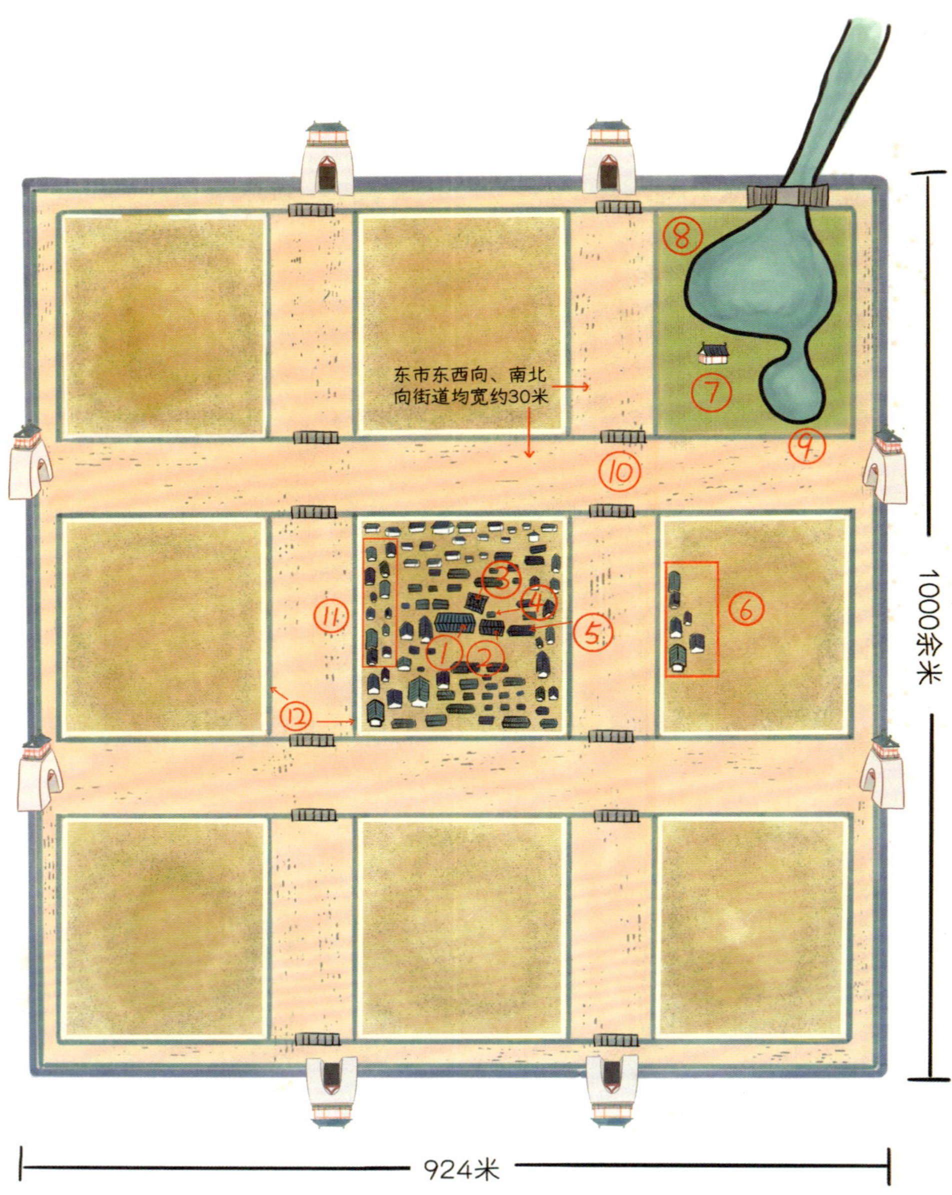

① 东市署
② 平准局
③ 旗亭
④ 旗亭南偏门有坟典肆
⑤ 常平仓
⑥ 玉器行、骨器行
⑦ 佛堂（此处发现一佛造像窖藏）
⑧ 放生池
⑨ 小池
⑩ 明沟上方便通行的石板桥
⑪ 三彩窑址
⑫ 街道两侧皆有明沟

⊙图 5-7　东市图

食品各行

瓜果行、磨行、谷麦行、五熟行、屠沽行、榨油行、酱酢行、禽肉行、鱼行、菜子（籽）行、果子行、肉行、酢行、饴行、椒笋行、茶行、米面行、干果行、麸行、粳米行。

日用品各行

铛釜行、生铁行、铜器行、金银器行、陶器行、炭行、木材行、木具行、皮具行、毡行、毯行、香料行、佛具行、家具行、胭脂行、药行、漆器行、玉行、凡器行（星货铺）、博具行、镜行、席行、铁器行、骨器行、梳行、烛行（法烛店）、秤行。

服装各行

幞头行、染行、皮毛行、鞋靴行、帽行、大衣行、成衣行、伞行、帛练行（简单织品）、彩帛行（奢侈复杂织品）、大绢行、小绢行、衫行、布行。

文娱用品各行（主要在东市）

画行、书行（坟典肆）、纸行、印行、笔行、乐器行、油靛行、砚行。

其他各行

口马行、凶具行、兵器行、鞭行、鞘辔行、赁驴行、车行、粮秣行。

金融服务

柜坊、便换铺、寄附铺、质铺。

住宿和寄存服务：客院、邸店。

名词解释

行与肆：“肆”为店铺，“行”为商品种类，“绢帛行”“鞭行”等指的是商品交易区，东西二市各有二百多行，逾六万家肆。每行皆有民间负责人，唤作行头（行首）。如果买卖产生纠纷，可以先反映给行头内部解决，解决不了再报告市丞。

菜子（籽）行：卖各类蔬菜的种子。

钱贯铺：要将铜钱串起来，需质量很好的麻绳，此处是专门出售串钱绳子的店铺。

凡器行：出售家庭日用器皿，星货铺可能就在其中。星货（火）铺：杂货铺，取“列货丛杂，如星之繁”之意。

口马行：贩卖奴隶和牲畜。

坟典肆：取三坟五典之义，指售卖古籍的书肆。

法烛店：出售一种高效燃料。

寄附铺：寄卖商店。

油靛行：制作、售卖染料的行。

椒笋行：售卖胡椒、笋等蔬菜的行。

麸行：面粉行。

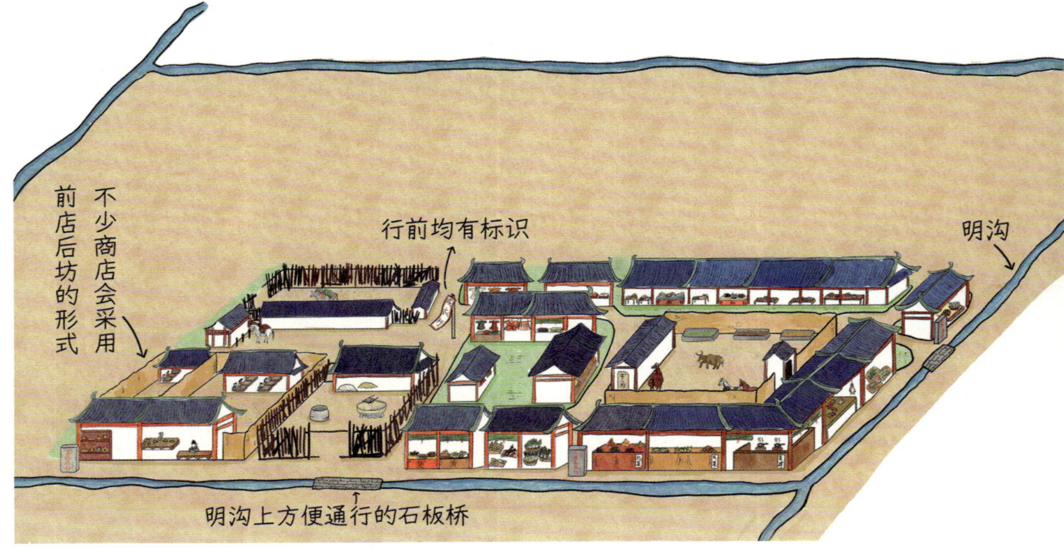

◉ 图 5-8　市中一角

· 服装 ·

衣物与衣料（图 5-9 至图 5-34）

● 本书默认游客出发前对唐代基本情况已有所了解，故不会介绍服装形制，只会告诉你在集市的衣服衣料大卖场能买到什么特色产品。

东西二市不仅售卖各类服装衣料，还有成衣出售。一般而言，本书不建议游客购买并穿戴唐人衣物，这会让地陪以为你是唐人，可能在集合时把你数漏了。实在想购买纯正唐服的游客，请在成衣行各大衣肆中试衣购买，有男子的袍、衫、半臂、裈、裤，和女子的裙、衫子、半袖、帔等。不过，唐代庶人男子服饰色彩较单调，一般只有黄、白二色[77]，唐末以深色为主[78]。

从事时装行业或爱好手工的朋友请在衣料区（大绢行、小绢行、帛练行、彩帛行等）好好采购一番，此处不乏贡布产地的

⊙ 图 5-9　绢的平纹经纬结构，大英博物馆藏紫色绢

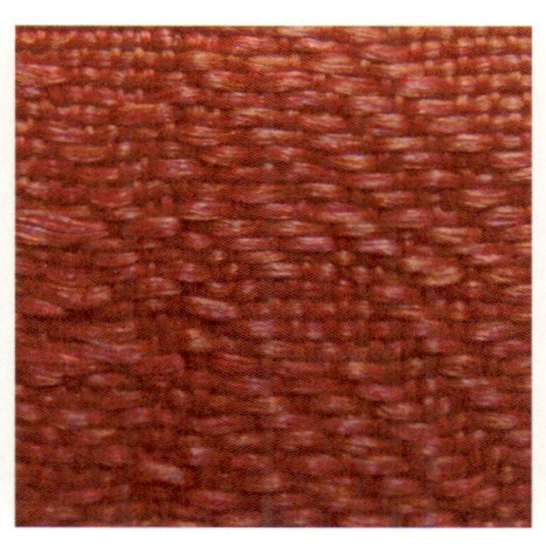

⊙ 图 5-10　绮的平纹地斜纹结构，大英博物馆藏绮残片

⊙ 图 5-11　绫的斜纹地斜纹结构，大英博物馆藏绫残片

⊙ 图 5-12　纱的绞经结构，大英博物馆藏纱残片

⊙ 图 5-13　罗的绞经结构，大英博物馆藏提花通绞罗残片

⊙ 图 5-14　缎纹结构，大英博物馆藏佛幡缎纹纬锦

商品，买回去可轻松打造宫廷风格。唐代织物的原料主要有**丝**、**毛**、**麻**、**葛**四类。开元、天宝前的平民几乎很难见到棉花和棉布[79]，平民置装以麻布为主。至于丝织品，根据色彩纹样、纺织时经纬线的数量、粗细与交叠关系可分为不同种类：**绢**是平纹素织物，**练**是脱胶后的质地更柔软的素色绢；**絁**的经纬（主要是纬线）粗细不一，质地比较粗厚；**素绫**是斜纹地织物[80]，若在斜纹地上以斜纹显图案，就是**暗花绫**；**纱**组织的经纬线间距较大，孔洞稀疏呈方形，分为平纹纱和绞经纱；**罗**同样轻透，但采用的绞经结构更为复杂，唐代一般为四经绞罗；**缎纹**结构有较长的经（纬）浮长线，能使织物光滑柔软，包含缎纹的织物在唐时已出

现，但要买真正的缎，你得去元代逛逛[81]；华贵的**锦**则由多组染色经纬线排列交织出图案，华美厚实。

不同丝织品有不同的质感：绢平整耐磨，是居家日常用料首选；脱胶后的熟绢可根据需要染成各种颜色，而未染色的就是练。罗织法稀疏，透明轻软，正是所谓“素胸未消残雪，透轻罗”[82]的效果；蜀地和江南是产罗要地，那里的巧匠能织出瓜子罗、孔雀罗、宝花罗等不同纹样。绫的质地密实光滑，光彩熠熠，如明月照耀下的瀑布泉水，虽是单色，却能在光线中反射出不同层次的图案，店铺中标签上写的镜花绫、方纹绫、水波绫、鸂鶒绫是各种绫纹名称；河南道、河北道是大唐最出名的产绫地；纹彩繁复的缭绫是唐绫中最名贵的品类，出产于越州，它的神奇之处在于“异彩奇文相隐映，转侧看花花不定”[83]。锦的花纹多样，色彩鲜艳，图案受西域影响至深；唐初曾流行过一阵斜纹经锦（平纹经锦则是更早的流行品了，在先秦就已出现），后逐渐被斜纹纬锦取代[84]；长安市上不乏粟特、波斯等中亚地区的织锦，亦有陵阳公窦师纶融汇中西创制出的“陵阳公样”锦，即团窠图案饰以兽纹。爱好书画的游客可以买一块自己偶像的书法锦，即以锦织出书法名家的墨迹[85]，工艺极其高超。永贞、元和时期来长安，绢行里或许有更难得一见的绣经绡。出身南海的创始人卢眉娘能在一尺极其轻薄的绡上绣出七卷《法华经》，字小如粟米，颗颗分明[86]。

在织物染色工艺方面，从盛唐起，新兴的**夹缬**技术逐步成熟[87]，传统的**蜡缬**、**绞缬**与**灰缬**仍大有市场。经过彩缬行，你会看到一个个染缸中有捆扎并微微散开的织物，如同盛开的花朵。

⊙ 图 5–15　后梁贞明二年（916）《金刚经》织锦（局部），现藏于辽宁省博物馆。不过这不是手工产品，而是用高楼束综提花机织造而成的，经卷宽 29.6 厘米，长 713.4 厘米[88]

鹿胎纹样的鹿胎缬和鱼子状纹样的鱼子缬是当时的爆款。不少现代游客是专为采买夹缬、绞缬样品而来的，宣阳坊内有著名的彩缬作坊一条街，到那里看看不会失望[89]。

买回衣料后，在东西市和胜业坊中都能找到熟练的染匠与针女[90]为你加工缝制成衣。

锦

⊙图 5-16
新疆维吾尔自治区博物馆藏联珠对鸡文锦

⊙图 5-17
中国丝绸博物馆藏立狮宝花纹锦

⊙图 5-18
日本东京国立博物馆藏狩猎纹锦

绫

⊙图 5-19　日本正仓院北仓藏白绫褥（局部）

⊙图 5-20　美国大都会艺术博物馆藏联珠对纹龙绫

⦿ 图 5-21　英国大英博物馆藏孔雀含绶二色绫，黄色经线，红色纬线（唐代绫一般是单色绫，以异色经纬交织的二色绫通常非常珍贵）

⦿ 图 5-22　青海省文物考古研究所藏柿蒂纹绫

罗

⦿ 图 5-23　英国大英博物馆藏红色绫纹罗

⦿ 图 5-24　日本正仓院藏罗夹缬圆褥与放大后的绞经细节

绞缬

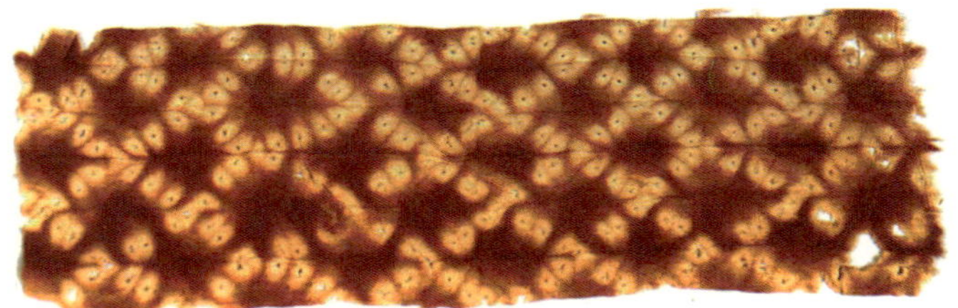

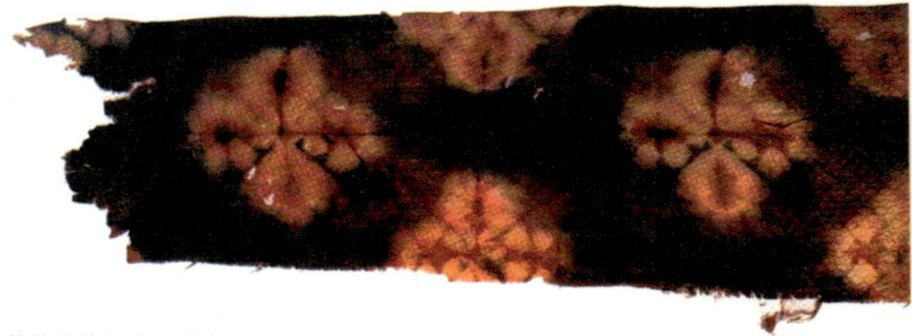

⊙图 5-25　新疆维吾尔自治区博物馆藏菱格绞缬绢和朵花绞缬罗

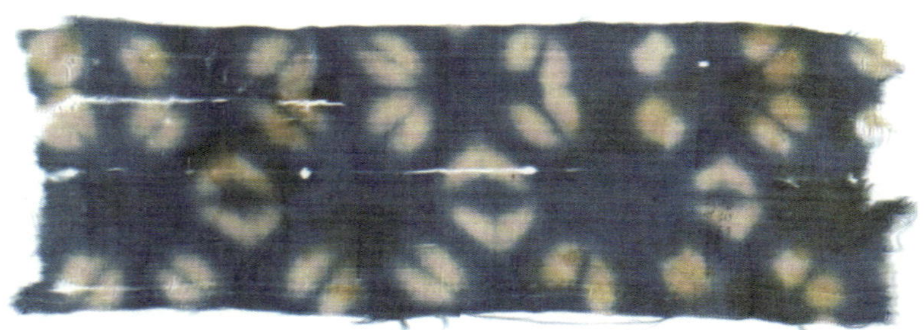

⊙图 5-26　英国大英博物馆藏绀青色绞缬绢

⊙图 5-27　日本正仓院藏绞缬绢

夹缬

⊙ 图 5-28　英国大英博物馆藏敦煌藏经洞对马夹缬绢

⊙ 图 5-30　日本正仓院藏绀青色夹缬絁几褥

⊙ 图 5-29　英国大英博物馆藏敦煌藏经洞连叶朵花纹夹缬绢

灰缬、蜡缬

⊙图 5-31　新疆维吾尔自治区博物馆藏黄色蜡缬绢（蜡缬的原理是用蜡液覆盖不需染色的地方，织物染色后置清水中煮沸去蜡，留下未染色的纹样。由于蜡液凝固后容易开裂，常会导致纹样小部分被染色）

⊙图 5-32　新疆维吾尔自治区博物馆藏烟色地狩猎纹灰缬绢（灰缬是以碱性物质作为防染剂的印花工艺）

⊙图 5-33　中国丝绸博物馆藏朵花纹蓝地蜡缬绢

⊙图 5-34　新疆维吾尔自治区博物馆藏中窠蕾花立鸟纹灰缬印花绢

赵州绵

绵虽再普通不过，但建议你给予赵州绵更多关注。赵州当地出产一种细滑如膏的白土，在洗丝绵的时候加进去，能使绵不再发黄，色如霜雪[91]。

朝霞布　明霞锦　金丝布

也许你在旅行前看了不少书，早闻朝霞布的大名，认为那是绮烂如朝霞的布，但见到实物恐怕要失望了——你眼前的朝霞布极有可能是纯白色的[92]。不过别泄气，在西市还有女蛮国进口的五色相间的明霞锦（女蛮国地处偏远，没有商人到来，这些锦几经转手，价格应该不便宜），这才是真正光耀芬馥的衣料[93]。喜好奢华的游客一定要来试试抚州特产——织入金丝的金丝布，唐以后这种制布手艺就失传了[94]。

桂布

桂布产于管桂地区[95]，为它代言的人来头不小，第一位是白居易，第二位则是宰相夏侯孜。

早在宪宗时期，白居易就夸过桂布，说“桂布白似雪，吴绵软于云。布重绵且厚，为裘有余温。朝拥坐至暮，夜覆眠达晨”，这说的是桂布保暖，能让你一夜好眠。而桂布真正在全国流行起来，还是多年后夏侯孜的功劳。某天上朝，文宗问当时还是左拾遗的夏侯孜为何穿的衣服粗涩笨重。夏侯孜解释道，这桂布衫颜色朴素，却因厚重而能御寒。这种质朴务实的品格得到了文宗的夸奖，满朝官员皆效仿夏侯孜的穿着，一夜之间桂布价格飙升[96]。

细心的游客会发现，夏侯孜带货能力那么强，东西二市的布商们却不敢提他的名字。主要是因为夏侯孜这人过于倒霉，不但骑驴会跌到井里，就连去别人家拜访、住店都会闹出状况，由此得了个绰号，叫“不利市秀才”[97]。

火浣布

东西二市的服装卖场常有商贩即兴表演火浣布的神奇功能。火浣，顾名思义就是不用过水，用火一烧，污渍顿消！每次路边产品演示都会吸引很多唐人观看。现代人知道火浣布只是石棉纤维织成的材料（直到元代，它的秘密才逐渐被揭开[98]），天生没有可燃性造就了它神奇的清洁方式。不过在唐代，人们一度相信火浣布是南方火山上的一种大老鼠的皮[99]。请你把真相藏在心里，不要毁掉唐人的想象。

● 石棉是世卫组织认定的一级致癌物，少接触为妙。

帔帛

帔帛在长安可谓潮流必备单品。热爱摆造型的中年姐姐们在东西市一定能选到自己命中注定的那块帔帛。宫中流行的双面异色帔帛[100]同样流行于民间，绝对能激发你的穿搭灵感。唐代店员很乐意为你展示帔帛的各种披法。（图 5-35、图 5-36）

油衣

油衣就是雨衣。别看油衣简单朴素，它可是来自河北道洺州的

⊙ 图 5-35　吐鲁番阿斯塔那古墓出土的唐代织花罗帔残件[101]

⊙ 图 5-36　唐墓壁画仕女图中穿戴帔帛的不同方式

贡品，材料采用上好的薄绢，以生丝线缝制，上桐油，干后以皂角水洗净，再上桐油，如此反复几次，经实验滴水不漏方可[102]。此法制出来的油衣轻软薄透，便于携带，丝毫不会影响日常活动，是下雨天外出扫货的得力战袍。不过提个醒，这样工序复杂的油衣可不便宜。

鞋子

唐鞋享誉国际，早已走向世界。会昌五年（845），圆仁启程回国时，好友李元佐送给他的礼物中就有“软鞋一量”[103]。唐代男女皆可穿靴，也有各种鞋履可以选择：布制高头履穿出去太过夸张，云头履和平头履会更日常；蒲草编织鞋和线鞋（丝、麻材质）在旅途中穿极为舒适，开元年间流行的麻线鞋疏朗透气，轻便合脚，值得游客们人“脚”一双[104]。（图 5-37 至图 5-41）

六合靴

男式乌皮六合靴是唐代的“国民靴”，更是帝王同款[105]，寓意宏大，送男性长辈或是小孩都合适，不买一双都不好意思说你来过唐朝。（图 5-42）

图 5-37　吐鲁番阿斯塔那古墓壁画中舞伎脚踩高头履[106]

⊙ 图 5-38　日本正仓院北仓藏唐代绣线鞋

⊙ 图 5-39　吐鲁番阿斯塔那古墓出土的蒲鞋[107]

⊙ 图 5-40　吐鲁番阿斯塔那古墓出土的麻鞋

⊙ 图 5-41　吐鲁番阿斯塔那古墓出土的绢鞋

⦿ 图 5-42　阎立本《步辇图》中太宗脚穿六合靴

飞云履

鞋行经常断货的是白居易自创品牌“飞云履”，该设计源于他在庐山草堂闲住时的一次灵感迸发。飞云履讲究面料材质，采用玄色绫，四面以素绡手工绣上云朵，又用香料熏染，穿上一跺脚，香气会如烟雾散开。更惊艳的是上脚效果，脚底软绵似踩在云端[108]。不过要提醒广大游客的是，飞云履非常难买，有时店家会直接通知你没货。但要能有认识的稍有名望的唐人带你去选购，情况就会不一样了。

桃花履

来到梦幻之都长安，何不选购一双同样充满梦幻元素的桃花履？鞋履的原料来自生长在青州、齐州间的一种桃花，盛开时会垂下二三尺长的丝，人们将这些花丝采集后在松脂里煮过漂白，以此丝编织成的桃花履透气好穿，兼具实用性和美感[109]。本书建议你不要犹豫，码数合适马上就买。东西市各只有一家店铺出售桃花履，每次店门口都会排很长的队，且常常断码。没有耐心的游客还是把时间用在别处吧。

吉莫靴

唐代前期流行长筒靴，后期则是短筒靴的天下，但无论时尚如何变化，有一种靴子始终风靡全唐，在少年和侠士中的流行程度堪比今天年轻人酷爱的 AJ 和椰子，那就是吉莫靴。

同州盛产皱纹吉莫皮，至于它是什么动物的皮，这是只有唐人才知道的秘密，有现代学者猜测是野鹿或野马皮。吉莫靴柔软舒适，款式新潮，但别给老年人买，因为它超级不防滑。当年宰相宗楚客新宅装修完毕，邀请一群朋友前来做客，宅中有几级磨平的文石台阶，只要穿了吉莫靴的人走上去便会摔个四脚朝天[110]。相传唐初大将柴绍的弟弟曾穿着易滑的吉莫靴飞走砖城，无须双手攀扶就能飞檐走壁，“越百尺楼阁，了无障碍”，一时传为神迹[111]。

帽子

席帽

席帽的形制起源于羌人的羊毛毡帽，顶部有帽盔，帽檐宽大[112]，能帮你在拥挤时隔开人流。永贞前席帽的帽盖多以藤编织，冬天不保暖，夏天又挡不住阳光。后来帽匠研发出了毛织的帽盖，男女皆宜，这就是下文的毡帽了[113]。大和末年的帽商又推出夏日限定版席帽——“叠绡帽”，将毛毡替换成染色帛，帽体一下清凉轻盈起来，五颜六色的竟还有点海岛风情。天再热些，还有炎夏限定款，即用丝线做帽盖，上面绣有花鸟图案，足够彰显个性[114]。有一种席帽的帽盖上还会涂桐油，以达到防雨的效果[115]。

扬州毡帽

上文说过，毡帽是席帽的变种，而元和年间在长安最负盛名的扬州毡帽堪称毡帽中的战斗帽，不仅保暖还能保命。购物时，你也许会听到身边的唐人在议论扬州毡帽有多畅销，他们说从前有个叫李敏求的人，一次偶然的机会，他去到地府，见到了去世的昔日好友，后者已在地府当上了太（泰）山府君的判官，还带李敏求在地府游玩了一圈。返回阳间前，好友特意请李敏求买一顶扬州毡帽烧给他[116]。

而要说到扬州毡帽为何如此有名，连地府判官都忍不住找人代购，就不得不说到宰相裴度了。元和十年（815），削藩主战派裴度曾遭到藩镇派来的刺客暗杀，幸亏那天他戴了一顶扬州毡帽。刺客一刀砍下来，是质地厚实的扬州毡帽让裴度逃过一劫，帽上被刀砍到的地方也只是断了帽檐而已。同时遇刺的宰相武元

⦿ 图 5-43 扬州毡帽宣传单[117]

衡却因头顶空空而掉了脑袋。从此以后，害怕被暗杀的高官们争相抢购毡帽，民间也跟风购买。大冬天来长安逛街，脱发秃头人士的脑袋可经不起风吹，急需一顶大唐宰相以生命担保质量的扬州毡帽[118]。（图 5-43）

羃䍦　帷帽

选择唐初游的社恐女士有福了（男士要戴我们也不反对，羃䍦最早就是男女通用的），戴上羃䍦或帷帽后，旁人根本看不到你的真面目。

羃䍦和帷帽都来自北方边地，当地居民最初用它们来遮蔽风沙，后来演变为女子出行遮面的首选。需要注意，这两种帽子都只在唐前期才能买到。

羃䍦足以遮蔽全身[119]；帷帽帽裙长至脖颈，有帽檐垂帷纱或软兜帽诸多款式[120]。高宗永徽初年后，羃䍦过时，帷帽流行起来[121]。中宗神龙之后，羃䍦彻底退出时尚舞台，而到了开元初期，帷帽也不再流行，人人都想露脸，遂开始流行貂帽等胡帽，这时来长安的游客就能目睹当地女性美丽的面容了。开元十九年（731），官方为当时的庶人风尚定下了调子："帽子皆大露面，不得有掩蔽。"[122] 于是没过几年，貂帽和帷帽都不太常见了[123]。（图 5-44 至图 5-47）

⊙图 5-44 吐鲁番阿斯塔那古墓出土《树下人物图》，现藏于日本东京国立博物馆，高春明等人认为图中左侧人物戴的是羃䍦，也有说法认为这属于帷帽的一种

⊙图 5-45 昭陵唐墓壁画侍女图，人物手中所持疑似羃䍦（也可能是前期的帷帽，遮蔽范围比较大，后渐渐演变成罩纱只到脖颈）[124]

⊙图 5–46　吐鲁番阿斯塔那古墓出土的彩绘骑马女俑，人物所戴可能是罩纱缩短后的帷帽[125]

⊙图 5–47　唐郑仁泰墓出土的彩绘骑马俑，人物头戴软兜帽样式的帷帽[126]

危险与麻烦

游客有崇尚复古风的自由，但要是在天宝年间旅游仍戴羃䍦和帷帽的话，小心被路人扔石头。[127]

浑脱帽

开元之后，在帽行里常能看到各式各样以浑脱帽为代表的胡帽。“浑脱”二字原本指整张剥下动物皮的技术[128]，后指由动物皮制成的皮囊，亦用来称呼皮帽子。浑脱帽是长孙无忌带火的，他首创以黑羊毛替代黑羊皮做浑脱帽[129]，后来也采用较厚的锦来缝制，花样众多，色彩斑斓。在酒肆歇脚时，可点一支胡姬跳的浑脱舞来助兴，她们头上戴的就是这种帽子。拿到手中摸摸，它细致的羊毛手感会让你爱不释手。（图 5-48 至图 5-50）

⊙ 图 5-48 唐阿史那忠墓壁画牛车图（临摹），图上车夫头上戴的就是浑脱帽[130]

⊙ 图 5-49 西安市西北郊白家口唐墓西壁壁画中戴浑脱帽的女子[131]

⦿ 图 5–50　唐韦顼墓石椁线刻装饰画中头戴浑脱帽的架鹰仕女[132]

搭耳帽

现代人冬天骑电瓶车会把脑袋裹得严严实实，唐人在冬日骑马也需要一顶能全方位保护头顶、脑门和耳朵的风帽。风帽的变体搭耳帽同样受游客追捧，其主材是兽皮，以羔羊毛拼接，帽子两边垂至耳朵。说起搭耳帽的起源，可以追溯到赵武灵王时期的军帽[133]。（图 5–51、图 5–52）

⦿ 图 5–51　唐代绫地风帽，现藏于中国丝绸博物馆

⦿ 图 5–52　隋代彩绘戴风帽的女立俑，现藏于陕西历史博物馆[134]

都市传说：张十五娘衣肆

西市成衣行内有间张十五娘衣肆，店主张十五娘是出了名的美人，修蛾慢脸，肤如凝脂，堪称卖衣西施。这里还是《任氏传》中狐狸化成的美丽女妖任氏常来光顾的店铺。[135]

开启里世界的大门

服装部里世界为你特别呈现：来自新罗的“避尘巾”。

宝物功效：据说只要戴上它，哪怕在黄沙中行千万里，身上都不留一丝风霜尘土，可使你衣物常新[136]。

使用代价：权势滔天的宦官也在四处搜罗这件宝物，你得到它后或将有杀身之祸。

谜题 1：既然“避尘巾”能为你遮蔽一路上的风雨，谜题就以风雨为题——“风从何处出？雨从何处来？”[137]

答案就是口令壹。

· 彩妆与个人护理 ·

本书严正声明：

以下列出的各类保健、化妆、护肤产品中，不少都含有朱砂、水银和铅粉等危害健康的原料（本书皆已诚实列出）。除推荐内容外，长安集市上还有成千上万种产品，未经了解切勿轻易购买，请务必询问清楚是否含有害成分。

口脂

讨女孩子开心，送口脂就对了。

——送了崔莺莺五寸口脂的张生[138]

唐代有两种类似今天口红的东西：唇脂和口脂。本书只介绍唇脂的升级版——口脂。口脂不仅有香味，还有不同效果供君选择：有单纯用于着色的口脂（内含滋润精华），也有改善唇皮开裂的修复口脂，还有添加甘松、丁香等香料，专用于治疗口臭的口脂。把需求告诉柜姐，她们会为你进行专业的讲解。唐人柜姐最大的优点就是随叫随到，且不会缠着你推销这推销那。

最好不要问柜姐口脂和唇脂究竟有何区别，每天接待那么多游客，她们早被问烦了，让本书来告诉你：口脂是加了甲煎的升级版唇脂[139]。甲煎是由甲香（一种海螺的掩厣）、沉香、麝香和藿香等制成的复合香料，有了它，白居易才会在与妓女们私语时闻到扑面而来的口脂香气，让他几十年后仍记忆犹新[140]。为了提升润滑度，有的口脂内添加了牛髓或羊脂。人们还添加蜜蜡以提升色泽的黏着度。

每家店铺都有口脂样品摆出，欢迎你随心试色。不同配料决定了口脂的不同色号：有滴入紫草汁的紫口脂、中和黄蜡与紫蜡的肉色口脂，以及含有朱砂（当心有毒！）的朱红色口脂等[141]。虽然颜色选择较少，但好在都比较日常，紫口脂的颜色也只是偏褐红色。元和末年来的游客还能选用“御姐”色号（图 5–53），即赭面、乌

⊙ 图 5–53　涂乌唇，面部有赭色妆容的骑马女子[142]

唇、堆髻、八字眉——“元和时世妆”[143]中的乌色口脂或唇泥，涂上后气场全开。

购买口脂时请告诉柜姐你要买几寸（一寸大约是 2.5 厘米[144]）。口脂一般是现做，店里师傅将黏稠的糊状口脂装入竹筒，冷却后切条装盒[145]。简装采用天然竹筒，此外还有银筒、碧玉筒[146]和拨镂牙雕筒等更高级的包装。

付款后，游客有资格申请免费的画唇服务，选择各类流行唇式，让你带着美美的心情逛街。本书提供一份晚唐的唇式单，每个唇式都有不同的色号和唇形（其他时代的唇式请详询柜姐）：

石榴娇　大红春　小红春　嫩吴香　半边娇　万金红
圣檀心　露珠儿　内家圆　天宫巧　洛儿殷　淡红心
腥腥晕　小朱龙　格　双　唐媚花　奴样子[147]

温馨提示

唐代男士也涂口脂[148]，所以男性游客不要再纠结为什么柜姐也对你很感兴趣了。

妆粉　胭脂粉

本书不建议你购买唐人用的打底妆粉或胭脂粉 。

唐代妆粉是原料含铅的“铅粉”，也称“胡粉”，装在瓷粉盒里贩卖，上妆效果过于假白，堪比把脑袋按进面缸里。它对健康的危害更无须多言，我们现代人不必为了美摧残身体。

胭脂粉是由白米粉用红蓝花汁等染料染成红色后沉淀阴干制成的[149]，倒是无害，但附着性差，只要出汗或淋雨便会顿时“血流满面”[150]。所以，还是老老实实用现代产品吧！

不过，唐代的擦身香粉值得一试，详见下文。

眉黛

对比现代眉笔，唐代眉黛使用起来并不方便。最普通的眉黛是石墨制成的黛块，画出来的眉毛是深黑色的，用前要先研磨，再用毛笔蘸研磨水涂到眉毛上。石墨黛块颜色呆板，使用步骤相对复杂，不值得购买。可以买些用料天然、颜色稀有的眉黛，自用、送人都不错。

螺子黛

波斯国进口货。每次到货都要引起一轮疯抢，就算价格高得惊人[151]也常常秒没。据前方采写人员报道，螺子黛有两种款式，一种内含天然骨螺分泌物，色彩是高级的深紫红色，搭配游客的黑发也不会显得突兀；还有一种色泽青绿，涂后眉若春山[152]。

铜黛　青黛

铜黛是铜绿制成的矿物颜料眉黛，能画出青绿色的眉毛，颜色不太日常，但搭配蓝、绿、灰发色有出奇的效果。青黛分为进口波斯青黛和国产青黛两类[153]，均提取自植物色素，呈蓝黑色。使用起来也很方便，无须研磨，直接描眉即可。它还是一种可吞服的药材。孙思邈为游客提供了一条分辨进口波斯青黛和国产青黛的小贴士：“真波斯青黛，大如枣。”[154]（图 5-54）

⊙ 图 5–54　敦煌莫高窟 194 窟菩萨像，眉色青绿[155]

面脂

走进面脂（唐代的面霜）店，货架上五颜六色的各类器皿中装有调配好的面脂，有小盏、小瓶，也有手掌大小的瓷盒，更有奢华的鎏金银盒，琳琅满目，望之心情大好。唐代面脂内添有牛髓、牛脂、猪脂等动物脂肪，滋润不拔干，柔滑不黏腻，冬天使用护肤效果显著，有的面脂还具有美白等特殊功效。

以下介绍的是游客常买，也饱受好评的面脂，它们的配方记载于《备急千金要方》《外台秘要方》等权威医书中。每家店都会自行按医书调配面脂，有时也会掺入店家特有的香料和辅料，游客可按喜好购买。（图 5–55）

玉屑面脂　悦泽面脂——美白祛斑

玉屑面脂和悦泽面脂这两款美白产品实在让人难以抉择。前者主要含玉屑、白附子和白茯苓等成分[156]，辅以零陵香、白檀等

贴金箔蛤盒
巩义窑白釉倭角盖盒
黄釉蓝彩盖盒
鎏金鸿雁鸳鸯纹银蚌盒
绿釉盖盒
玉石质胭脂盒
宝相花纹滑石盒
三彩粉盒
鸳鸯纹银盒

⊙ 图 5–55　各色唐代小盒子，这些盒子有的被用来放口脂、胭脂等化妆品，有的被用来放丹药[157]

香料，香味浓郁，质感醇厚；后者含有美白利器珍珠和白僵蚕[158]。二者都能令人面如莹玉，白皙耐老。多买几瓶，连续涂抹，能让五十岁的人面如弱冠，韶华永驻（这是店家自己的宣传）。

温馨提示

两种面脂均含有胡粉成分，请谨慎使用。

“黑者皆白，老者皆少”面脂——美白保湿

这款面脂配料十分豪华，有玉屑、寒水石、珊瑚、川芎等，混合多种动物油脂，又加入清酒，酒粕精华能充分保湿，打造白嫩水弹肌肤。不过要特别提醒游客，面脂内含有可淡黑斑的白僵蚕、去疤的蜀水花（鸬鹚屎）和高酸性去角质的鹰屎白[159]，虫尸鸟屎糊在脸上确实不是每个人都能接受的。但话说回来，为了美白，怎么能没有一点牺牲呢？

张文仲牌面脂　刘涓子木兰面膏

和现代医生喜欢自主研发护肤品一样，唐代名医张文仲也创立了面脂品牌，为唐代妇女家中常备。“文仲一号”面脂采用细辛、白芷、猪脂等材料，主攻除皱及肤色暗沉[160]。“文仲二号”则含有白芷、乌喙、桃仁等，主打润肤增白，广告词说敷用二十日即有大变化，连敷五十日后将面白如玉，光鲜无比[161]。实际有没有那么神奇，还是要由你自己来验证。

南北朝神医刘涓子的木兰面膏是享誉百年的老字号品牌，直

到唐代仍受到爱美人士的追捧。传说其配方出自刘涓子捡到的一部鬼留下的医书（即《刘涓子鬼遗方》）。面膏成分有木兰皮、防风、白芷、青木香、牛膝、芍药等，在腊月猪脂中煎沸去滓制成，有助治疗面疮、酒糟鼻，舒缓面部过敏与疼痛[162]。虽是久经考验的老字号，价格却很亲民。

手膏

在长安最受欢迎的纪念品榜单上，手膏可是长期位列前三的。手膏的基本成分有辛夷、大枣、杏仁和桃仁等，还有一大堆脑：牛脑、羊脑和狗脑。膏制成后盛放在瓷瓶中出售[163]。这类手膏质地厚实，能深层滋养手部，效果秒杀一众现代护手霜。

面药

唐代面药可简单理解为具有医美功能的涂抹式面膜，店里卖的也都是调配好的成品，不过用完要记得清洗，不可过夜。一次也别买太多，面药都是现调现做，不含防腐剂，保质期短，要尽快用完。相比现代面膜，面药成分天然，完全不用担忧荧光剂和香精的存在。为防某些成分会导致过敏，上脸前可以先涂抹在一小块皮肤上。

乌鸡血面药

如果只推荐一种面药，本书首选相传当年太平公主爱用的乌鸡血面药。其原料采集是有讲究的，由七月七日取的乌鸡血还有三月的桃花末制成，用来涂面能够调和气血，使肌肤光白如素[164]。

这款面药基本每天都要补货好几次。要是碰巧遇上断货，你就得多花点钱请代购帮忙了。

鹿角散面药

鹿角散面药的使用方法烦琐却有趣，宣传功效也很令人动心，能“令百岁老人面如少女，光泽洁白”——唐人写的广告词放到今天离违法不远了。制作面膜要先将鹿角在水中浸泡一百天，再和白芷、白附子、杏仁、酥乳等一起在牛乳中煎煮，随后将鹿角取出，装入白练袋。晚间使用时，先用鹿角蘸牛乳在石上研磨，再以研磨液涂面，早起用米浆洗净。你说嫌麻烦？想要变美是容不得偷懒的。店员介绍时还会很贴心地告诉你，没有牛乳，用小便研磨效果也是一样的[165]。

舒缓面药

约会前几天发现脸上爆痘，皮肤暗淡无光，很是破坏心情，这款舒缓面药能解决这一烦恼。它的主要原料有芍药、茯苓、杏仁、细辛和白芷。这些材料被捣碎后混入蜂蜜搅匀，能大大提升滋润度。芍药有助于改善面部色斑，细辛能舒缓红肿发炎的痘痘[166]。唐人在使用前还要用水银霜敷面，现代人就免去这一可怕的步骤吧，只需在晚间清洁后敷面即可。

澡豆

澡豆是整个中古时期都在使用的清洁粉末，主要成分是豆粉（绿豆、大豆等），又加入诸多香料、干花、皂荚等，既可净手、

口令壹：“风出高山，雨出江海”，见敦煌文书 P.2564 等《晏子赋》。

洁面，也可洗头，粉状、丸状都有。用澡豆清洗过的头发能蓬松清爽一整天。

有的澡豆不仅有清洁效果，还有去死皮、美白的功效。有一种崔氏澡豆[167]，内含白芷、冬瓜仁、猪脑和鹰屎，使用后肌肤光润如玉，面如桃花，还兼具祛黑斑、粉刺的效果[168]。

花香澡豆

喜欢在沐浴后保持清幽体香的游客，选这款花香澡豆就没错。其用料是大豆粉混合丁香、麝香、沉香等香料，掺入桃花、木瓜花、柰花、梨花、红莲花、李花、樱桃花、白蜀葵花等干花粉末，又加入珍珠粉和玉屑，瓶装出售。店员会告诉你，常用这款澡豆洗手洁面，百日后不仅面容如玉、光净润泽，连身上的体味也消失了[169]，是约会的必备神器。

去死皮澡豆

去死皮澡豆官方名称为“则天大圣皇后炼益母草留颜澡豆”。相传这款身体磨砂膏是武后所用的秘方。其原料采用五月五日采集的益母草，拔起时要保证根上不能带土。益母草晒干烧灰，加入面粉和水团成丸子，再烘干至白色，以玉捶研成粉。用这款澡豆洗手、洗脖子能带下很多死皮，使肌肤焕发新生。长期使用，四五十岁的女子都能重回十五岁[170]。

为方便游客，长安东西二市各大店铺推出了多款主题护肤礼盒，如**“母女套装”**（则天大圣皇后炼益母草留颜澡豆 + 太平公主乌鸡血面药）和**“名士礼盒”**。名医孙思邈说过：“面脂手膏，衣香澡豆，仕人贵胜，皆是所要。”每个成功人士都应拥有一整套面脂、手膏和衣香、澡豆。皇帝在腊日赐给大臣的就是这种名士礼盒，内含面脂、手膏、衣香、澡豆，还有清热解毒、治疗脚气病的红雪、紫雪药[171]，都采用金花银盒和青瓷瓶包装，送礼十分体面。

温馨提示

唐人美容、护肤、保健品的宣传语在现代人看来常觉得耸人听闻，比如“丑人亦变鲜妙光华”“此方仙人秘之，千金不传，即用药亦一无不效”“老与少同”“一年白发变黑，二年齿落复生，三年八十者变童儿”“五十岁人涂之面如弱冠”“令百岁老人面如少女”。看着倒是眼花缭乱的，你可不要当真了[172]。

养发用品

十香香泽

香泽是质地类似护发素的发膏，宣传称使用后能一次性解决头发缺少光泽、干枯开叉等问题[173]。香泽涂上去会比较厚重，建议少量多次使用。所谓十香香泽，是在胡麻油中添加了沉香、甲香、丁香、麝香、檀香等十余种香药熬制[174]，香味繁复但不冲鼻。购买时按瓶出售，要是你吃不准自己是否喜欢这味道，可以向店员要些小样。除了十香香泽，唐五代美发达人之间还流行一种魏晋以来长销不衰的郁金发油[175]，各大店铺均有出售，你也可以试试。

莲子草膏染发剂　庵摩勒油　白发尽黑丸

莲子草茎梗内含黑色汁液，将草茎折断后便会流出。由莲子草汁、动物油脂等制成的莲子草膏是纯天然染发剂，不过它只可染黑发，适合送给长辈[176]。购物时，店家还会推荐你尝试几种染发服务，比如用浸过黑桑葚的水和浸过乌梅的麻油涂发，能使头发变乌黑[177]。你不妨再体验一下更刺激的养发护理，即用羊屎涂发，能让头发黑亮滋润，富有光泽度[178]。反正总要冲水的嘛，没什么大不了的。

染发剂再好，也不及自身长出一头黑发。以来自印度的果实庵摩勒制作的庵摩勒油就有助生黑发、保健头皮之功效[179]。还有一种白发尽黑丸，我们只知其以石榴为主料，具体成分是仙家秘方，绝不外传，各大医肆、膏方肆中也仅出售成品[180]。

速长黑发膏　防脱生发香泽

现代人生活作息不规律、压力大，导致年纪轻轻便致浴室下水滤网、枕头上和梳齿间都是头发。有一种“速长黑发膏”号称效果惊人，使用方法是梳头时将其涂在梳子上按摩头皮。这款药膏以乌喙为主要成分，另有莽草、续断、皂荚、泽兰等药材，混合动物油脂制成[181]，连续使用很有可能重生光亮浓密的黑发，为打算植发的游客省下好大一笔钱。

防脱生发香泽内含升麻、莽草、白芷、防风和蜣螂，再融合五种动物油脂煎煮成油，涂抹后不光能让你满头芳香，还可拯救早秃[182]。

温馨提示

要是想追求生发速度或是改变发型，长安市集上还买得到狒狒毛发制成的假发，以及从新罗不远万里进口来的高质量真人假发[183]。

芳香制品

衣香

购买香水、香膏类制品时，游客很关心留香时间。唐人之所以能够全天候“异国名香满袖薰”[184]，是因为他们有熏衣的习惯。熏衣香以蜜和湿香，衣服熏久了也不会有焦味，香气的持久度不是一般现代香水能比的，但需要额外购买熏笼，这可太麻烦了，旅途中没人有时间做这些。此时，衣香袋是最佳平替，它和口脂一样小巧，价格也不贵，适合旅途中使用。衣香袋是将干香料捣好后，用绵裹住装入绢袋或锦袋制作而成的，放在衣物中，恒久散发天然香气。香料的配方各不相同，有近百种香味可供选择，几乎所有店内都可试闻。尽管不是刺鼻的廉价香精，但还是适可而止，赶紧选一款吧。不然闻多了，一整天嗅觉都会失灵。要是直接问有没有衣香袋，店员可能会一脸茫然。唐人将衣香袋称为裛（yì）衣香。

香粉

擦在身上的香粉深受女性游客喜爱，类似今天的爽身粉。唐代的擦身香粉主要为白粱米研磨而成的“英粉”，色泽洁白，加以零陵香、藿香、青木香等香料，浴后涂身能保持肌肤润滑，干燥舒爽[185]。

五香体香丸

想与人说话时口吐芬芳，你还在不辞辛苦地用漱口水，或临时抱佛脚喷口气清新剂吗？只要用过唐人的五香体香丸，你就会成为一个行走的香氛机。这款产品含有豆蔻、丁香、藿香、零陵香等五种香料，以蜜合成，含服后能消灭口臭和体臭。店员会笃定地告诉你，只要按疗程服用，同时戒辛辣，就能有想不到的效果。含上五日立刻口香四溢；含服十日，体香阵阵；含服十四天，就连你穿过的衣服和盖过的被子都香喷喷的；含服二十一天，只要街上有微风吹过，你身上的香味就能飘到路人鼻子里；二十八天后，你的洗手水和香水就没什么区别了；服用三十五天，只消轻轻碰一下别人的手，他的手也能香上一整天[186]。这样的宣传效果，乍一听不着边际，但是你要记住，在唐长安的集市上，没有什么是不可能的。

鸡舌香

这是一种天然口香糖，不含人工甜味剂与抗氧化剂，长嚼没有危害，能使你吐气如兰。

不过，鸡舌香辛辣刺舌，初含会让人有点不习惯。

香水（油）——蔷薇水 耶悉茗油

唐代香水种类并不多，大部分人都会撞香，介意的话请谨慎购买。

◈蔷薇水

8世纪后，蔷薇水从大食、占城、爪哇等地传入长安，这是一种采用当时最先进的蒸馏技术提炼出的高浓度蔷薇香精，在你踏入香水店的一刻，阵阵蔷薇香气会冲破密封的容器向你扑来。制作蔷薇水，在甄选花瓣上有极为严格的标准。唯有蔷薇那曼妙悠远的气息，才能俘获对人对己都要求极高的柳宗元的心。有消息说，柳宗元收到韩愈寄来的诗，要先用蔷薇露洗手，熏香之后再读。不过，据跨旅局“五代部”编写组说，蔷薇露五代时才来到中国。但我们唐代部编写人员却报告了两种情况：有人拍胸脯保证，说在中唐长安集市上找到了柳宗元同款蔷薇露；有人却说并未看到有售[187]。实际如何还是要劳烦各位游客亲自去看一看了。

◈耶悉茗油

耶悉茗花是现代人熟知的大花茉莉，五代后也称素馨。耶悉茗油产于大食和拂林，当地人取花压油的传统由来已久[188]，也只有两市胡商开的店铺才有售，价格并不便宜[189]。不要因只看不买而不好意思，老板一般都脾气很好，愿意和你多聊几句他们那里的风土人情，还会让你尽情试用所有品种的香油。听不懂他们的语言也没关系，照着老板的动作去做，涂一点儿香油在手心，再闻手背，就能感受到浓香已淡化为隐隐幽香从手心而来[190]。女子也用此油调和粉底，让妆面更加服帖。

香料

在香料区走走，顺便“款待”一下你的鼻子。唐代香料一般会作为原材料被添加在化妆品、保健品和药物中，还有就是用来熏衣被、焚香、制成香袋或其他生活用品，游客单纯购买原料意义不大。

唐代著名（也昂贵）的香料有麝香、留香特别持久的阿末香（即后来的龙涎香[191]）、龙脑香，还有沉香、檀香、苏合香等。苏合香来自大秦和罽宾国[192]，它的香气异常浓烈，只可惜长途跋涉到达中国，气息已有减淡，但唐人仍喜欢直接把苏合香片挂在身上让其散发芬芳。其他香料，如安息香、乳香、没药、丁香、甘松等皆可入药。没药油膏是家庭常备药品，能活血化瘀和止痛；甘松直接含在口中，能令口气芬芳。游客还可在其他行中寻找香料制品的踪影，比如龙脑香雕刻的棋子、佛像等。

唐人对香料之热爱可谓前无古人，后无来者。旅行前，请你合上书好好想象一下，自己要去的长安可是时刻笼罩在香气四溢中的，室内环境更是如此。唐人喜欢在几乎所有的化妆品、日用品、药品乃至食物中加入香料。在东西二市的街道上、人群中混杂着各类香气，这里是香迷的天堂，也是鼻炎患者的地狱。香味过于浓烈的情况，唐人称之为“裂鼻”[193]，实在受不了的话，记得戴上口罩。

但有一个场景还是很美的。傍晚，当一天的喧嚣都沉淀下来，路上行人稀少，月色开始安抚浮躁的人心。只有此刻你才真正感觉是来到了印象中的古代，享受一份现代难得的宁静。“日晚春风里，衣香满路飘”[194]，在坊内散步，晚风吹来路人若有若无的衣香，可能正来自一位罗衫香袖、面若娇花的女子。不要着急去看清她的面貌，她的容颜与香气一样，都要远远的、淡淡的才好，免得平添你的相思愁情。

其他功能的保健品

阿输乾陀油

阿输乾陀进口自印度，就是今人所知的仙茅，又名婆罗门参，能提升记忆力、明目，并促进智力发育[195]。阿输乾陀还有一个功用，就是治疗精弱和不孕不育[196]。

美白桃花丸

相比今天网红热推的价格昂贵的进口美白丸，这款美白桃花丸性价比显然更高。它用桃花、桂心、乌喙和甘草，混合白蜜搓成丸子。含在嘴中还能吃到干燥的花瓣，十天后肤色便可焕然一新[197]。

打卡胜地：宋清药铺

保健品基本在药行出售。东西二市都有药行。西市有一家宋清药铺[198]，老板宋清被当地人盛赞“人有义声，卖药宋清”。宋清从事医药行业四十年，长安很多对患者负责的医工都到他这儿定期采购药品。药材货真价实，宋清为人也热情和善，无论贵贱都真诚相待，对实在困难的顾客还会给予药费减免的优待。普通百姓生场病可真是太难熬了，有的医工、药铺老板漫天要价，一场病就要耗去家庭多年积蓄[199]。相比之下，宋清的品格才显得更难能可贵。

骗子哪都有，药行特别多

药行有宋清这样注重信誉、富有人文关怀的有德之人，当然也有大骗子，请游客一定擦亮双眼。柳宗元有一次腹内郁结，心悸难安，便去药行买伏神，回来吃完病得更重了，仔细查看药渣才发现是买了一堆老芋头回来[200]。

玄宗时有这么一个年轻的“老专家”，声称自己已有三百多岁，因为吃了丹砂才面如弱冠，长期在长安“现身说法”，骗人买药，百姓纷纷求购，上门讨教青春永驻的秘方。“老专家”还让自己的儿子——一个几乎路都走不了的银发老者与大家见面，说这小子就是不听话，不肯服丹药，还没到一百岁就老成这样了。后来骗局被拆穿，人们才知道原来老者才是他父亲[201]。

都市传说

长安市集的药行中可谓是藏龙卧虎，有诸多神仙出没其间。能“撮土画地，状山川形势；折茅聚蚁，变城市人物”、百年容貌不改的神仙殷七七也卖过药[202]。在某段时间的长安城，市民每天还能看到闹市中总站着一个药贩子，落魄得连摊位也没有。他声称自己只卖一颗药丸，开价一千贯钱。四周倒是围了很多群众，但都是来骂他想钱想疯了的。见大家都没动静，此人就会长叹道：“我在人间卖药百年，身边匆匆过往无数人，却都贪恋尘世财富，无一人肯出钱买这药吃，真是悲哀至极！我吃了也罢！”遂将药丸吞下，足下顿时生五色云，飘飘飞起，化仙而去[203]。

杀鬼丸

杀鬼丸东西二市有太多同名仿制品，疗效参差不齐，请认准名医郝公景独家秘制！相传郝老在泰山采药归来途中，遇到一位声称能看见鬼的神人，他说自己看得清清楚楚，一路上群鬼都避着郝公景走，可见是忌惮他背的那筐草药。于是郝公景便将所采之药制成杀鬼丸[204]。使用丸药有吞服、随身携带和焚烧三种方式。购买时让店家用红色小袋给你装好，便可系在臂上（注意男左女右佩戴）逛街。夜晚独居、出入灵异事件多发场所时服用一颗，可防怪事上身；阴雨天气时在住所门口烧一颗，药香扑鼻，邪祟不侵。除了此丸药声称的驱鬼功能，它还能驱散秽毒，预防时疫，是旅途中不可缺少的护身符[205]。

额外收获

天宝五载（746）后来长安的游客在药行有机会遇到摆地摊的杜甫[206]。他没钱的时候会去城南终南山采些草药，因与来自西域的何将军（可能是粟特何国人）相熟，还获得了他山林中胡地草药的独家经营权[207]，出售没食子、阿魏、诃黎勒等。杜甫亲手制药、晒药、蒸药，再拿到市场出售。老杜出品，绝对良心。不过，你遇到杜甫也很难认出他来，毕竟大众熟悉的画家蒋兆和笔下的杜甫并不是其真实样貌。也就是说，每一个摆地摊卖药的瘦削中年人都有可能是杜甫。

敬请留意

老年朋友请谨慎对待路边兜售丹药的所谓方士、丹家，他们声称手中的“金丹”“仙药”“银膏”能导引元气，让人不死不朽，驱邪延年；产品的名字也很动听，如“流霞鲜翠丹”“凝霜积雪丹”“堕月惊心丹”“还魂驻魂丹”等。实则丹药里面含有大量铅、汞、硫黄和丹砂，服食后后果不堪设想，尤其是本身就有旧疾的老年人。唐人中上至皇帝、名人，下至百姓，出现过多起因服食丹药死亡的事故。最耸人听闻的案例是粟特名将李抱真（原姓安），前后吃了23000颗丹药，肚子硬如石头，中毒而亡[208]。

彩妆与个人护理里世界特别呈现：来自安南国的“玉龙膏”

宝物功效：此膏不仅号称有“起死回生”之神力，还可助你抱得美人归[209]。

❗ 使用禁忌：只能在南方使用，带到北方者将祸及自身。上一位受害者便是第三章《食物指南》中樱桃饆饠的研制者韩约将军[210]。那么，玉龙膏的下一个使用者会是你吗？

谜题2：既然玉龙膏能够“起死回生”，我们的谜面也与死亡有关：

罗衣被剥骨崖崖，
直为甘泉相逼催。
十指比来并手捉，
平明唯见一堆灰。[211]

这是一首字谜，所描述的物品就是口令贰。

· 日用杂货 ·

随身小物

香球

在各大展览中频频亮相的球形香囊可谓现代知名度最高的唐代香囊款式了，无须多加介绍。这东西虽是金属材质，但唐人仍愿意叫它“香囊”[212]，有时也叫“香球”。

这款香囊通常由铜、铁、金、银等金属材质打造，通体镂空以便从中散发香味。内部构造类似陀螺仪，在香盂、内外环和球壁之间以活铆连接。无论香囊如何转动，香盂永远保持水平，唐人用它来熏衣被，香灰不会外漏。不过要提醒的是，这款香囊可能比你预想的更小巧玲珑，多数直径不超过 5 厘米[213]。（图 5-56、图 5-57）

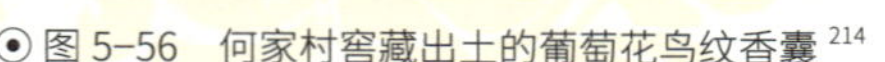

⦿ 图 5-56　何家村窖藏出土的葡萄花鸟纹香囊[214]

⦿ 图 5-57　西安市雁塔区出土的鎏金缠枝花纹镂空银香囊

元稹还以“香球”为题写了一首流传甚广的诗：

顺俗唯团转，居中莫动摇。

爱君心不恻，犹讶火长烧。

承露囊　络袋　鞶囊

承露囊（图 5–58）曾是玄宗生日时的指定礼品。“承露”取露水祥瑞之意。承露囊以丝线制作[215]，装些随身小物件或香料再合适不过，还可直接放进现代人的手包里做收纳袋。

极富设计感的网状荷包——络袋是新晋的游客宠儿。其材质有绢，也有丝[216]，被当地人用来放供养佛具、香料或女工用的针线用品。络袋中最受欢迎的要数采用大胆拼色，以杂绢或丝带交织的错彩络袋[217]。

如果觉得承露囊和络袋容量太小，可以看看流行全唐的鞶囊（图 5–59、图 5–61）。鞶囊其实是个泛称，指一切垂挂于腰带的包，承露囊或也算是鞶囊的一种，只是因为独具特色而常被单独提及。鞶囊被纳入国家章服制度，其所用的线缕材质有等级限制[218]，但只要不越级，庶人可随意使用。它的尺寸有大有小[219]，外形也各异。最常见的是椭圆形、马鞍带盖式和水桶抽绳式造型，装的东西不易掉出。图 5–60 中的两只刺绣绫袋就是鞶囊的一种，暖色包体易搭衣服，佐以高质感的立体刺绣和圆珠花卉装饰，收口处用以抽系的红色线绳编有绳结和穗子，为包包整体尊贵的气质带来一丝俏皮。不过，你喜欢的也是别人的梦中情包，凡是制作出售这种绫袋的店家生意都好得离谱，有游客跑了十几次才等到一只现货。

⦿ 图 5–58　新城公主墓壁画（左）和阿史那忠墓壁画（右）中的男装侍女腰间佩挂的小包精美且饰有流苏和丝带，被认为是文献记载中的承露囊

⦿ 图 5–59　唐段简璧墓壁画（左）和阿史那忠墓壁画（右）给使图中人物革带上所佩为桶形鞶囊

方便囊

方便囊最早在唐末王侯中流行，功能类似今天的随身包，出行时可在里面放衣帽、梳子、镜子、香药和书，容量足够大，担得起日常公事包的重任。材质为重锦，异常华贵[220]。专供贵族使用的方便囊需要游客配货购买，有钱也不保证能买到你想要的款式，不过你可以在市集上找找同版型的平替。莫高窟 17 窟（藏经洞）北壁的晚唐壁画（图 5–62）中就有一款热卖大挎包，外形近似爱马仕的铂金包。

蹀躞带生存套装

想必你逛街时已注意到某些唐人腰间别致的多孔环腰带，带上镶有许多牌饰，环中挂满了各种小物件，空环处还垂下几条细长皮舌，走起路来叮当地响，但并不像腰间别一大串钥匙那样土气。你所见的皮带称为蹀躞带：腰间细长革带是带鞓，牌饰学名

⊙ 图 5–60　褐地刺绣花卉纹绫袋（左）和红地刺绣圆珠纹绫袋（右），现藏于甘肃省博物馆

⊙ 图 5–61　章怀太子墓壁画中武士所佩为马鞍带盖式鞶囊（左），房陵公主墓壁画中侍女所佩为椭圆形鞶囊（右）

⊙ 图 5–62　莫高窟 17 窟北壁《近侍女》图中的挎包[221]

叫带銙，环中挂的东西是“蹀躞七事”[222]，是传自西北亚民族的野外生存七件套。“七事”指七样东西，不过“七”只是虚指，你挂“十事”也行。购买流程是先购买蹀躞带，再选购配饰。遗憾的是，唐代对蹀躞带带銙的材质和数量有明确规定，流外官、庶民和游客最多只能镶七条带銙，必须是铜、铁材质[223]。我们无法购买银、金、玉装饰的蹀躞带，那是五品以上官员才有资格用的[224]。（图 5-63 至图 5-65）

购买好蹀躞带后可自由搭配佩带物品，以下物品除了佩刀需在兵器行购买外，都可在出售蹀躞带的店内买到。

刀子（匕首，割肉用）	砺石（磨刀用）
契苾真（刻字用的楔子[225]）	哕厥（解开绳结用的锥子[226]）
针筒	火石袋（用来生火）
手巾	算袋（存放算筹等文具）
漉水囊（滤水袋）	铜匙
阳燧（用于取火的金属凹面镜）	牙签
耳勺	剪刀
小水罐和钩子	承露囊（或鞶囊）等

想后续前往终南山进行探隐之旅，这些野外生存工具就能派上用场。

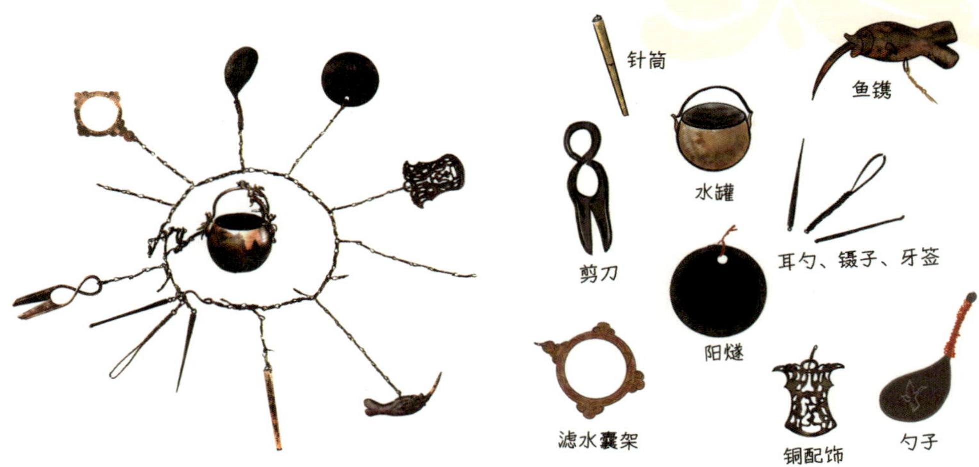

⊙ 图 5-63　法门寺地宫出土的鎏金铜蹀躞十二事，右图中画出了其中十一事，还有一件为龙形饰品残件

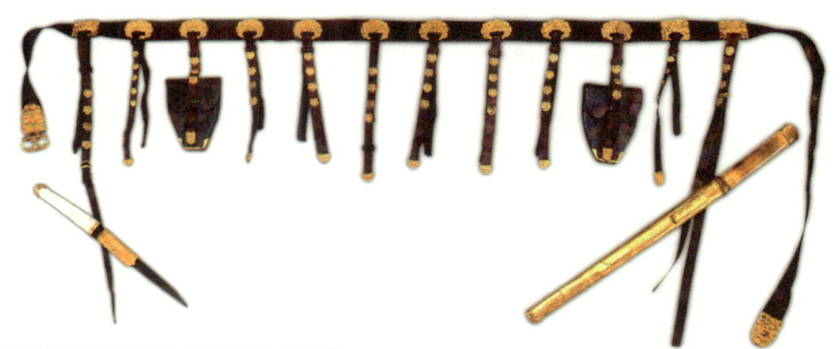

⊙ 图 5-64　1981 年内蒙古苏尼特右旗布图木吉发现的突厥蹀躞带，全长 1.58 米，现藏于内蒙古博物院[227]

⊙ 图 5-65　吉林省和龙市八家子镇出土的唐渤海国金带饰，现藏于吉林省博物院[228]

灰画带銙

若想让你的蹀躞带独一无二，购买蹀躞带后请移步名匠张崇的灰画（也就是现代所说的烙画）店。灰画技艺是用燃烧的细炭条在蹀躞带金属铰具上作画，力度不同，受热处会有高度不同的鼓起，形成图画。张崇用炭条绘制的鸟兽，连趾爪都清晰可见[229]。

温馨提示

你肯定听说过唐朝大名鼎鼎的鱼袋，但这是用来装鱼符的，只和鱼符配套发放。（图 5-66、图 5-67）鱼符事关皇宫守卫、官员任命、身份证明与兵士调遣等，不对庶人、游客销售。

⊙ 图 5-66　早期鱼袋是用彩色手巾折成鱼的样子[230]，将鱼符裹在其中（左图、中图），后亦有长方形硬木匣的形制，外侧包裹皮革，以金、银、铜等为装饰（右图）[231]

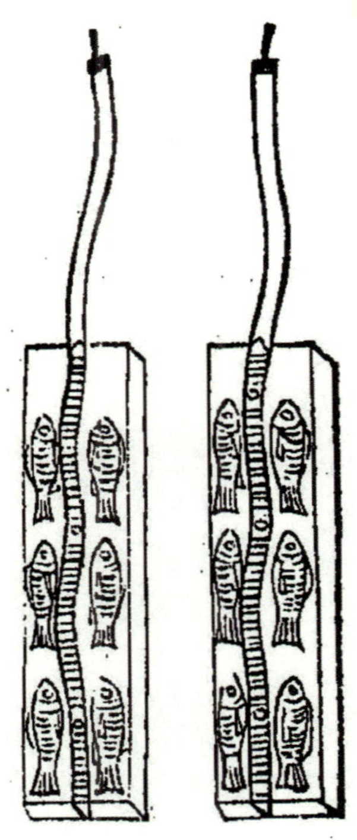

⊙ 图 5-67 《倭汉三才图会》所绘日本江户时期的硬质鱼袋[232]

护身符

逛了快一天了，手中的开元通宝还没花出去一个。实在不知道买什么的话，买个极具唐代特色的护身符也不错。此事无关信仰，只是求个旅途中的安心与纪念。

护身符是一张印有（或手抄手绘）经文与图像的绢或纸[233]，内容大多是唐代社会流行的密宗经咒，讲究“随求随应”。购买经文后，再配一只镶有小筒或小盒的臂钏，将经文折叠放入，便算是随身携带了[234]。（图 5-68 至图 5-71）

口令贰：蜡烛，见敦煌文书 P.2555、Дx.3871 咏物诗《烛》。

⊙ 图 5-68　河南（可能是洛阳）发现的绢本彩绘《大随求曼荼罗》，原放置在铜圆筒盒中。正中间有供养人画像，旁有题字："受持者魏大娘一心供养。"推测是天宝至至德年间的物品[235]。现藏于美国耶鲁大学艺术博物馆

⊙ 图 5-69　西安三桥镇征集到的铜臂钏，可放入经文，现藏于陕西历史博物馆[236]

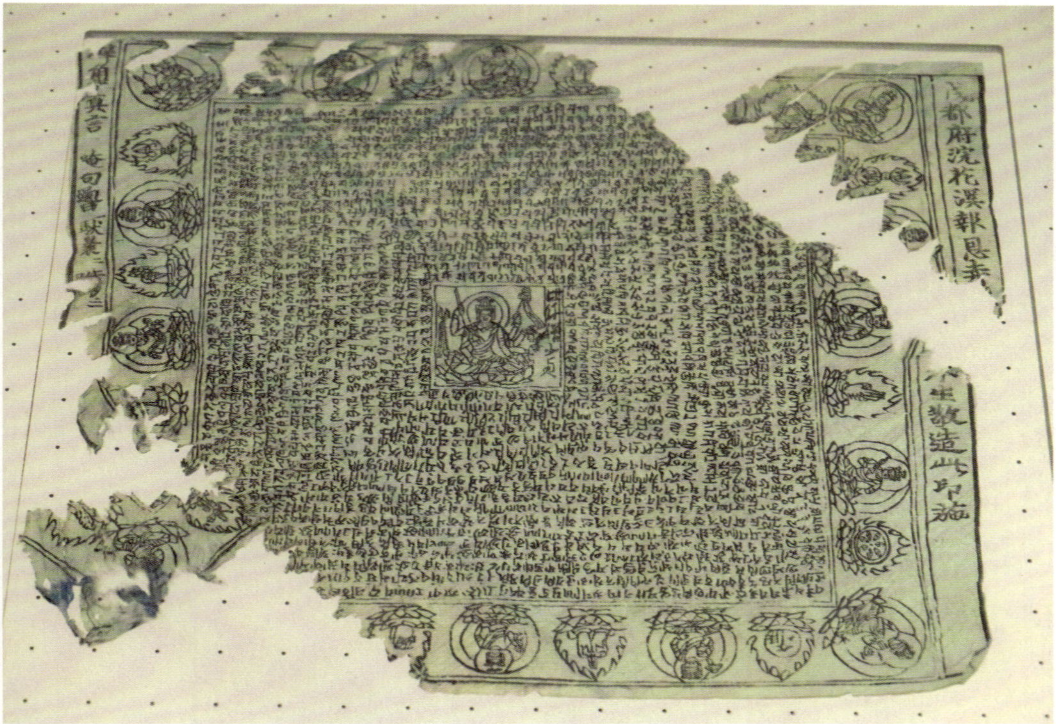

⦿ 图 5–70　西安三桥镇出土的雕版印刷梵文《陀罗尼经咒》，被发现时叠装于臂钏内，现藏于陕西历史博物馆

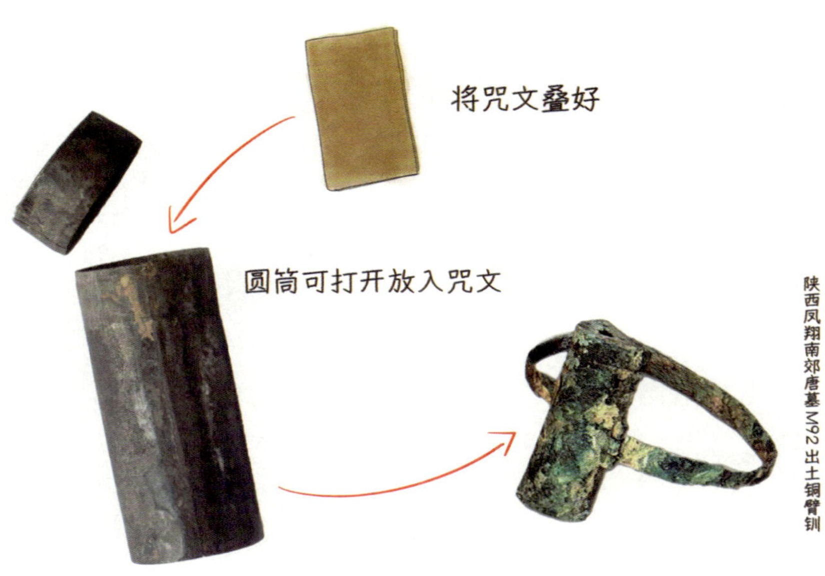

⦿ 图 5–71　护身符的佩戴方法

居家必备

并州剪

今有张小泉，唐有并州剪，在凡器行你可以买到唐时已有百年历史的并州剪刀。杜甫口中的“焉得并州快剪刀，剪取吴淞半江水”说的就是这个品牌。记得让店员包紧实一点，以避免扎伤自己。（图 5-72）

都市传说

出来旅游一般不会想要买针，但本书真心建议你经过两市针行时去探访传说中的田婆针店。来自虢县的田婆针享誉长安，研磨精细自不必说，连仙女都要托人到凡间去买。况且田婆保持几十年容颜不老，很可能也是位神仙[237]。

◉ 图 5-72 西安市雁塔区出土的唐代铜剪，现藏于西安博物院

百齿梳

唐代的梳子已超出了日常之物的范畴，小小一方梳背是匠人们挥洒巧思和展现技艺的天地。市集中不仅有朴素的木梳，也有不亚于艺术品的金银梳、玉梳、犀角梳、象牙梳等。对唐人来说，梳子可不仅仅只用来梳头，盛唐后它逐渐演变成女子发髻间的装饰。象牙梳还是约会神器，翠绿染色象牙梳是少年们送给喜爱女子的热门礼物[238]，可惜这是象牙制品，游客无法购买。

本书格外推崇名医孙思邈发明的百齿梳，梳齿取材于盘根错节的树木[239]，按摩头皮非常舒服。

此外，市集上还有梳理眉毛用的小巧眉篦。（图 5-73 至图 5-75）

⊙ 图 5-73　唐海棠花纹玉梳背，现藏于中国国家博物馆[240]

⊙ 图 5-74　唐金錾花栉，现藏于镇江博物馆[241]

⊙ 图 5-75　唐代梳子，造型朴素，应为平民使用，现藏于大唐西市博物馆

枕头

想要给唐人送礼，枕头是首选佳品之一，毕竟谁都要睡觉嘛。钱起和刘禹锡[242]都送过友人枕头。唐代枕头花样繁多，不光有玉枕、水晶枕、琥珀枕，还有沉香枕、木枕、瑟瑟枕等。（图5-76）朗州特产一种有纹理的文石，做成的文石枕可以“愈头风”。不用怕唐代枕头太高太硬睡上去脖子会断，和今天枕头的使用方式不同，睡觉时你要把脖子完全架上去，此法初衷是为了不破坏古人的发髻，还可以保护颈椎。

集市上能买到造型有趣的枕头，唐人相信睡**伏熊枕**能生儿子，**豹头枕**可以辟邪，**白泽**（一种无所不知的神兽）**枕**可以却鬼[243]。自律能力比较差的朋友请买一个圆木“**警枕**”，它被生产出来就不是让人舒服睡觉的。枕匠们会在上面刻名言警句（枕铭），督促人睡前反思，少睡懒觉，早起发奋[244]。

⊙图 5-76　唐三彩鸳鸯纹枕，现藏于洛阳博物馆[245]

购物推荐

在晚唐的市集上，你还能见到一种时兴的绞胎花枕。以绞胎技术制作的枕头有着标志性的木纹、菱纹和虎皮纹等，它们大多自巩县远销至长安。在如今传世的晚唐绞胎花枕中有两大著名品牌：裴家与杜家。这两家的花枕装饰别致，质量过硬。一千多年后，它们的名号仍为现代人所熟知[246]。（图 5–77 至图 5–79）

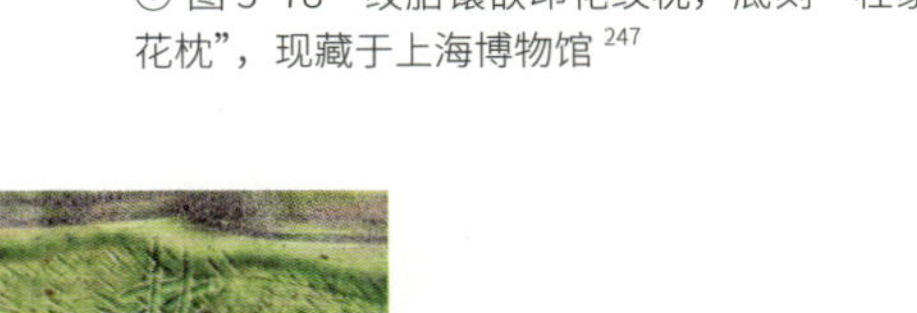

⊙ 图 5–77　巩县窑绿釉绞胎镶嵌如意形枕，底刻“裴家花枕”，现藏于苏州博物馆

⊙ 图 5–78　绞胎镶嵌印花纹枕，底刻“杜家花枕”，现藏于上海博物馆[247]

⊙ 图 5–79　巩县窑绿釉绞胎镶嵌如意形杜家花枕[248]

日用杂货里世界为你特别呈现：重明枕和游仙枕

宝物功效：

• 重明枕

从海东南三万里的大轸国远道而来，能为你织造一个梦中之梦。枕头长一尺二寸，高六寸，已不是寻常人能枕的高度。枕头全身不知是何材质，比水晶还要通透，枕体似包裹了一泓清水，能清晰见到里面华丽的楼台，四周站着十位道士，手中持香执简，绕着楼台一圈圈地走，永不停歇。枕头中，楼台灰蓝的砖瓦，朱白涂色的木构，还有几位道士的冠服簪帔都一览无遗[249]。

• 游仙枕

产自龟兹国，色如玛瑙，只要枕它入睡，就能在梦里遨游十洲、三岛和四海五湖，实现了最早的 VR 观景[250]。

使用代价："梦里几回富贵，觉后依旧凄惶。"[251] 使用过这些枕头后，你会对本就平庸的人生更加悲观和不满。

谜题 3：想要获得这两只枕头，就必须解开和梦有关的谜题。据说杜牧曾想入职礼部和刑部，但都未能得偿所愿。一晚，他郁郁入睡，梦中有个人对他念了两句诗："辞春不及秋，昆脚与皆头。"醒来后，杜牧发现这竟是一句谶语，预示了他的仕途。那么根据梦中人的提示，杜牧最后会去哪个部门任职？[252]

答案就是口令叁。

苏熏席

在家中习惯席地而坐的游客，唐代的席子能让你更好地享受旅途中的休憩时光。长安集市上能买到的苏熏席、水葱席、葵草席和龙须席都是有名的纳凉神器。苏熏席是剑州和忠州的贡品，质量稳定，呈现深碧色[253]，同时辅以清凉的触感，是白居易的爱用之物[254]。

龙须席

李商隐在诗中说自己独酌时喜欢坐在龙须席上[255]。失意固然苦闷，但他要真有一张龙须席，那还不算过得最惨的。龙须席是驰名长安的奢侈品，曾是玄宗赐给安禄山的宝物[256]。其原料龙须草生长在悬崖峭壁上，采摘十分不易，还要经过煮晒等工艺才能编织。市集售卖的有原色款，也有将龙须草染色后编制的五色龙须席[257]。

大同席

大同席是武宗时宰相李德裕的珍藏。它通体由白竹制成，妙处在于一块块竹片被磨得光滑平整，看不到一丝竹子本身的瑕疵，手感宛如腻玉[258]。

红线毯

尽管唐代的成都锦绣毯和宣州红线毯不相上下，但本书还是要隆重介绍一下后者。时尚名流白居易曾批评过宣州红线毯的奢侈，但也直言和红线毯一比，“太原毯涩毳缕硬，蜀都褥薄锦花冷”，都不如它“温且柔”，是当之无愧的唐代毯王。

红线毯本是贡品，也有极少量可供出售给游客。既然是手工制作，当然耗费不菲，号称“一丈毯，千两丝”。需先将上等丝线在清水中缫丝，染成比红蓝花还要鲜艳的红色，再经人工缩结、编织成毯，再以香料熏染。

买的时候虽然肉疼，但游玩回来，一头扎进红线毯中真是让人无比放松。脱鞋踩在上面，彩丝轻拂你的脚踝，柔软暖和，芳香拂面。真是“彩丝茸茸香拂拂，线软花虚不胜物”。

大秦、新罗氍毹

在东西二市的毡行中记得寻找一下大秦商人的店铺。从大秦来的氍毹用当地的五色兽毛织成，图案有鸟兽人物、草木云气等。观看实物时，上面的鹦鹉随着毛丝浮动，好像真的在飞舞一样[259]。该产品的有力竞争对手则是新罗国商人带来的五彩氍毹。相传五彩氍毹上织有歌舞伎乐、山川风景和列国城池。微风吹来，毛绒摇动，毡上的蜂蝶、燕雀瞬间活了过来，逼真到你恨不得马上买单[260]。可惜的是，这两种毯都是进口的，售罄后要等下一批商人的到来，你可能会遇到店内长期无货的情况。

庆恭坊还有一条毡曲，如果你是专为买毡而来，可得上那儿去瞧瞧[261]。（图 5-80 至图 5-83）

● 毡行里毛毳腥膻，味道很大，对气味敏感的游客请在店外等候。

⊙ 图 5-80　大英博物馆藏敦煌藏经洞刺绣灵鹫山释迦说法图像毯（全图）

⊙ 图 5-81　右胁侍菩萨局部

⊙ 图 5–82 日本正仓院北仓藏唐代羊毛花毡及细节

⊙ 图 5–83 日本正仓院北仓藏唐代花毡及细节

镜子

唐代铸镜的原料主要是铁和铜，有圆形、葵花形、方形和菱花形等，背面纹样也有很多种，常见的题材有真子飞霜（高士在竹林中弹琴）、月宫、隐士荣启期和瑞兽葡萄等。（图 5–84 至图 5–89）

至于更倾心简约风格的游客，我们推荐你选购晚唐西市铜坊长老白九峰亲手打造的素铜镜。“素”指的是此镜无花纹图案，

⊙ 图 5–84　金银平脱鸾鸟绶带纹铜镜，现藏于陕西历史博物馆[262]

⊙ 图 5–85　唐李倕墓出土的八曲葵花形螺钿铜镜及细节，现藏于陕西考古博物馆

⊙ 图 5-86　西安灞桥区出土的金背瑞兽葡萄镜，现藏于陕西考古博物馆

但它通体晶莹，典雅端庄，背后刻有其品牌名：碧金仙[263]。

镜子中最出名的当数江心镜。玄宗时，扬州进贡过一面这样的铜镜，号称是五月五日午时（一年中阳气最盛之时）在扬子江心（极阴之处）百炼而成[264]，具有行云降雨的神力[265]。

镜子既被古人视作辟邪之物[266]，也是友人间相赠的佳品[267]。千秋节，玄宗亦会回赐大臣镜子[268]。

选到了心仪的镜子还不够，有条件的唐人还会为其搭配精美程度足以让人“买椟还镜”的镜匣用以存放和展示。其中最为著名的要数循州特产藤镜匣。循州辖境包括今广东海丰、河源、惠阳等地，手巧的编藤匠能将朴素的藤编出飞禽走兽，加上染色工艺，镜匣的精细华贵程度不亚于锦绣[269]。藤编书盒、茶器与坐具筌蹄等也相当值得购买。

⊙ 图 5-87　日本正仓院南仓藏银平脱八花形镜匣

教您一招

唐代非常缺铜，所以铜镜本身是相当值钱的。[270] 要是碰上没钱的情况，说不定能用镜子来换酒喝："把取菱花百炼镜，换他竹叶十旬杯。"[271] 不过这究竟是诗人刘禹锡的幻想还是真实情况如此，可就不好说了。

日用杂货里世界特别呈现：流落民间的心胆镜

宝物功效：玄宗朝道士叶法善有一面能照出人的五脏六腑的铁镜[272]。身体但凡有病痛，一照镜子就能看清脏器，知道病灶在哪，只是寻常人看了怕是要晕血呕吐[273]。叶法善去世后，他的徒弟将心胆镜带到民间，化身为东西二市中的普通镜匠，意欲寻找下一位有缘人。此镜背面刻有镜铭："同心人，心相亲，照心照胆保千春。[274]"要是你有幸买到，这便是镜子想要对你说的誓言。

使用代价：本书提醒你保持警惕，虽然心胆镜能够“洞照心胆，屏除妖孽”[275]，但它有生命，有自己的性格，能洞悉你内心所想。它会让你在镜中看到内心欲望与幻想的具象，引诱你沉溺其中，进入歧途。当你责问它为何这么做时，它却说你大惊小怪：“某变化无常，非可具述。[276]”“谁让照镜的你心怀杂念，我不过是随你所想而变罢了。”

谜题 4：想要获得心胆镜，就必须解开与镜子有关的谜题：

“古镜未磨时如何？”

“磨后如何？”

这两个问题有着相同的答案[277]，也就是口令肆。

⊙ 图 5-88　真子飞霜镜拓片[278]

⊙ 图 5-89　真子飞霜镜，现藏于故宫博物院

车中女子

重点提醒各位男性游客，市集中流传着一个听上去很美，实则令人胆寒的都市传说——车中女子。目前该事件仅出现于东市（西市未有目击者报告)。若见有华丽的牛车停在路边，帘中或露出女子皓腕，或露出华服一角，或有温柔的声音隔帘喊你的名字，可要多留个心眼了，这是不祥之兆。有三位唐人已给了我们前车之鉴。

• 案例一：替人背锅，断送前程

开元中期，一位来自吴郡的举子上京备考，在东市小曲某临路店外邂逅了一乘坐豪华牛车的女子。举子为她的美貌所倾倒，对其百依百顺，并将自己的马也借给了她。没想到，此女竟是盗窃团伙的头目。几天后，宫中失窃，朝廷通过马匹记号找到了举子，他因此锒铛入狱。就算他最后被女子成功解救越狱，也无法再考取功名，只得一路乞讨回家[279]。

• 案例二：沉沦美色，引祸上身

同样是开元年间，长安尉薛矜在东市执行公务时，见闹市中停着一辆牛车，帘中赫然露出一节雪白的手臂，顿时心动不已，忙派人送上礼物，对那女子大献殷勤。女子倒也不排斥，主动告诉了他自己的住处。按捺不住的薛矜第二天便登门拜访。进入女子所住宅院后，他突然感到不对劲。屋内虽灯火通明，却气温骤降，处处透着一股阴森之感。正做着艳遇美梦的薛矜哪里会罢休，还是大着胆子进入女子房间。只见那女子背对着他坐在帐中，用罗巾蒙住头。薛矜还以为她是娇羞作态，便迫不及待走上前，却费了很大力气也拉不下那块罗巾，等到再一用力，巾子才徐徐落下。女人缓缓转过头来，竟是一张长约一尺的青黑色的鬼脸，还对他发出狗叫声。薛矜当即昏了过去，等到随从来救时，发现他竟躺在一座坟墓中[280]。

● 案例三：有妻不爱，只剩脑袋

元和年间，陇西人李黄已有家室，选调之际来到长安，空闲时在东市逛街，见到有辆牛车停在路边。李黄偷偷望向帘中，瞥见一位身穿白衣的绝色女子，便主动找到其婢女，提出要给她买些礼物。女子很爽快地收下赠礼，并说要请李黄到家中做客答谢。李黄便跟着她来到家里，整整住了三天，每天都欢饮达旦，沉沦温柔乡中。三天后，他才在仆人的催促下不情愿地回家。路上，仆人总觉得李黄身上有阵阵腥臭味，却不知是何缘故。回到家，妻子着急地问他这几天去了哪里，李黄什么也不愿说，只觉得头昏，倒在床上就睡。谁知等家人再揭开被子，却见到骇人的一幕——李黄全身化为一摊血水，只留下个脑袋。家人立刻逼问仆人近期李黄到底去了哪里，仆人才说出实情，并告知那女子所住的地方。众人赶到那里，可哪有什么美女宅院，只有废弃的园子和一棵皂荚树，李黄送给那女子的钱还挂在树上。听附近人说，这里根本没有人居住，只是常有一条白蛇出没[281]。

· 金银器 ·

唐代金银器分为行作（民间制作）和官作。唐前期，官方金银器制作归少府监的掌冶署内作坊（也以铜铁器铸造为主）和中尚署金银作坊院管辖，晚唐[282]又出现了一个叫作文思院的机构，法门寺地宫的金银器项目就是他们负责的。官作器物的质量比行作要高得多，不过东西二市内也是藏龙卧虎，有许多民间高手。你可得好好打听，他们中手艺高超者会被朝廷征用去制作皇帝贵妃使用的器物，并可获得一定的报酬。完成任务后，他们会回到市中自己的作坊继续工作。（图 5-90 至图 5-94）

东西二市都有金银作坊，出品较好的店铺主要集中于西市。它们都是前店后坊的“工厂店”，游客可享受厂家直销价。为了吸引游客，各大作坊内皆开设有现场制作金银器的表演。交一点费用，游客便能在唐人工匠的指导下亲手制作器物，学到唐代流行的金银器制作技法，比如“锤揲”，即利用金银良好的延展性，用小锤锤打金银片使其厚度均匀，借助模具锤打成形，锤出花

⊙ 图 5-90　何家村窖藏出土的金箔，现藏于陕西历史博物馆

⊙图 5-91 何家村窖藏出土的伎乐纹八棱金杯，杯侧人物身上有錾刻痕迹[283]

纹。继续用小錾子深加工，就是能创造出更精细纹样和浮雕效果的“錾刻”。“掐丝”技法需要你有极大的耐心，得先将金银锤打成片，搓成细丝，再拧成各种图案焊到金银器上。最多人围观的是炸珠表演（炸珠危险度较高，不会安排游客学习），工匠们将金丝剪短成小段，以火熔成珠，或是将黄金熔液滴入水中凝结成大小均匀的金珠，再把它们一颗颗收集起来，焊接到金银器上，如粒粒粟米拼成图案。图 5-95 何家村窖藏中的金梳背就是这一技艺的经典之作。

金银器行一条街热闹非凡，结账、问询、讨价还价声不绝于耳，还夹杂着金银器制作时叮叮当当的声响。工匠们坐在店铺内最显眼的位置，不紧不慢，略带表演性质地向游客展示自己精湛的手艺。与他们的“静”形成鲜明对比的，是旁边步履匆忙的店员和蜂拥而来的顾客。店员基本没什么时间搭理你，你多半需要自助购物。

⊙ 图 5–92 法门寺地宫出土的一件鎏金人物画银香宝子，腹壁錾刻了郭巨埋儿和王祥卧冰的故事画[284]

⊙ 图 5–93 何家村窑藏出土的鎏金蔓草鸳鸯纹银羽觞（上左）[285]、鎏金仕女狩猎纹八瓣银杯[286]（上右）、鎏金双雁纹银盒（下左）[287]、孔雀纹银方盒（下右）[288]上錾刻出的鱼子纹

⊙图 5–94　何家村窖藏出土的金筐宝钿团花纹金杯上使用了掐丝工艺，并焊有金珠[289]

⊙图 5–95　何家村窖藏出土的金筐宝钿卷草纹金梳背上的炸珠颗颗分明[290]

在金银行你可以买到在现代博物馆里见过的大部分精美金银器：金杯、银盘、通体鎏金的银器、只在纹样上才鎏金的金花银器，还有将金银片制成人物、飞鸟嵌入漆器，再反复上漆打磨的金银平脱器。这些以往只能隔着展柜玻璃欣赏的器物，此刻就在你手中。粟特工匠可为你定做八棱带把杯、波斯多曲长杯、罗马拜占庭风格高足杯、希腊和波斯来通杯等。还有金银丝结条笼，正所谓“赤墀樱桃枝，隐映银丝笼”[291]，用它来盛放樱桃等鲜艳的水果，红白相衬，养眼无比。

刚买了金银首饰的游客若是害怕上当受骗，可以请金银行内精明的粟特商人替你看看，没有一件假货能骗过他们的眼睛。西市有收购生金的胡人店铺，延寿坊内也有金银珠宝一条街和蜚声长安的玉坊[292]。

· 宝石与宝石制品 ·

宝石不仅指玛瑙、水晶（水精）、瑟瑟等石料矿物，也指琥珀、珊瑚、犀角、野生珍珠（真珠）、玳瑁等其他物品。

市集上，你可见到各色稀奇古怪的宝石，来自林邑国的火珠大如鸡卵，圆白皎洁，能放出数尺光芒，正午时分对着太阳还能生火[293]；而看似平平无奇的犀牛角经燃烧后，唐人相信其光芒可照见幽冥之世[294]。

水晶碗、盘

唐人宣称水晶碗具有“夏蝇不近，盛水经月，不腐不耗”[295]的奇效。不过要小心，水晶可耐不了高温，买回去后不可盛沸水。在东西市的高级酒楼里用餐，你会看到上好的脍是放在水晶盘中的，“水精之盘行素鳞”[296]，无论是盘还是鲙，都晶莹剔透，一眼望去仿佛无物，趣味盎然。（图 5-96、图 5-97）

敬请留意

唐代的琉璃（瑠璃）大部分时间指的是人造玻璃器[297]，与现代玻璃读音相近的“颇黎”却多半不是玻璃，而是多色晶莹的天然宝石[298]。水精几乎可对等今天的水晶[299]，有时也因外形上的相似，会被用以泛指白色的颇黎宝石[300]。古人辨识宝石多凭肉眼观察和经验，漂亮的石头会被称为玉，雪白透明的人造玻璃器皿很可能被冠以水精之名[301]，天然水晶制品亦可被记作琉璃[302]。万一你买到名为水精，实际是玻璃的产品，倒不一定是唐人有意欺骗，况且玻璃在唐代是轻奢品，你也不至于血亏[303]。

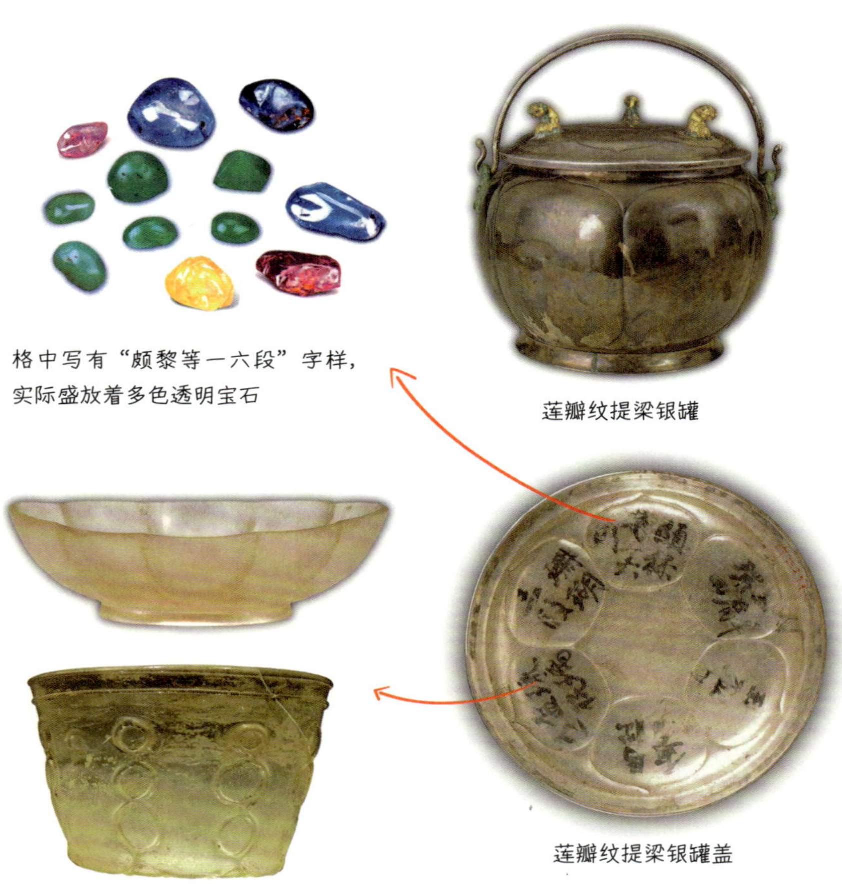

格中写有“颇黎等一六段”字样，实际盛放着多色透明宝石

莲瓣纹提梁银罐

莲瓣纹提梁银罐盖

格中写有“琉璃杯碗各一”，实际是一个天然水晶杯、一个凸纹玻璃碗

⊙ 图 5-96　何家村窖藏出土的莲瓣纹提梁银罐[304]

⊙ 图 5-97　法门寺地宫衣物帐中所记“琉璃茶碗、柘子一副”，实物对应为淡黄色玻璃茶碗和茶托[305]

琥珀杯及其他杯子

“琥珀盏烘疑漏酒”[306]——不需红色酒液的衬饰，琥珀杯本身的色泽就足以摄人心魄。（图 5-98）琥珀的来历有个浪漫的说法，唐人认为它是老虎死后，眼中精魄沉入地底所化，所以要在一个没有月亮的夜晚，找到死去的老虎，于虎头所在的位置向下挖掘，才能挖到琥珀[307]。不过，也有一部分人坚称琥珀生长在海底，每当海上狂风骤雨、波涛汹涌之时，巨浪便会把琥珀抛上岸来[308]。

其他宝石制成的杯子同样能满足你对生活格调的追求。岭表来的鹦鹉螺杯[309]个头巨大，外壳光莹如云母，尖处又有红色斑痕，外形酷似鹦鹉的喙；壳中穴道弯弯绕绕，可存下三升酒[310]。琨玉制成的抵鹊杯则是保证酒品口感的利器，夏季在里面浸些桃李，不用放冰也能让它们吃起来清凉爽口；而到了冬天，无论气温多低，里面的水也不会结冰[311]。

⊙ 图 5–98　何家村窖藏出土的琥珀，在盛装的银盒上记作“虎魄”，现藏于陕西历史博物馆

瑟瑟石

瑟瑟石是一种碧蓝色的天然宝石，唐代之后已无人知晓它究竟是什么东西[312]，而有时唐人也会把蓝色晶莹的玻璃叫作瑟瑟。唐人用这种宝石做发钗、枕头、络饰、琴徽[313]等。购买整块瑟瑟石并不便宜，选购头饰等小块瑟瑟制品会划算很多。

打卡胜地：侯景先寄附铺

这里是《霍小玉传》中所记载的一家位于西市的二手寄卖商店[314]。故事中霍小玉为寻找弃她而去的李益散尽家财，把自己的很多私服珍玩都典当在了这里。大历之后到达的游客有空可以来这儿逛逛，买些霍小玉的典当品，权当缅怀那颗碎了一地的真心[315]。

其他诸如玛瑙酒具、珊瑚笔架之类的宝石制品不胜枚举。想为女性朋友送上首饰，市集中也能买到簪、钗、步摇，还有镯钏

口令肆：两问答案都是“古镜”。见《五灯会元》卷八：“问：‘古镜未磨时如何？’师曰：‘古镜。’曰：‘磨后如何？’师曰：‘古镜。’”

（经典款式是镶金白玉臂钏）。佩戴耳饰和指环此时还主要是胡族的习惯，未成为唐代妇女的主流装饰。但唐时汉人已将指环视作了约定信物（不过通常是男女私情[316]），要么收好保存或串在衣带上[317]，要么带入坟墓[318]。（图 5-99 至图 5-101）要是你真的想买指环，不妨来看看下面的谜题。

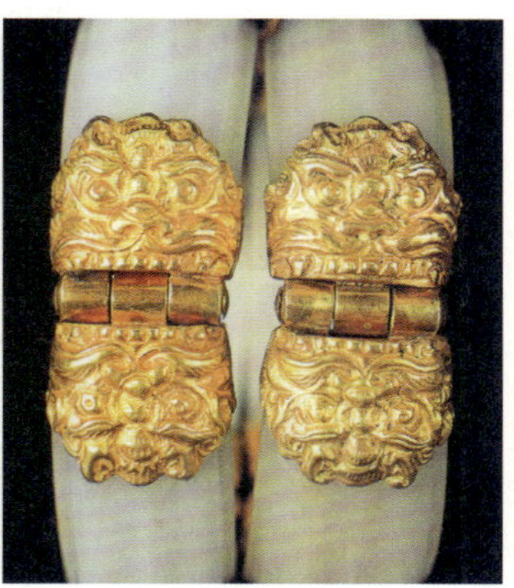

⊙ 图 5-99　何家村窖藏出土的镶金白玉臂钏[319]

⊙ 图 5-100　何家村窖藏出土的金臂钏，现藏于陕西历史博物馆

⊙ 图 5-101　法门寺地宫出土的鎏金三钴杵纹银臂钏，现藏于法门寺博物馆

宝石与宝石制品里世界特别呈现：来源未知的神秘指环

宝物功效：刘邦的戚夫人当年有一枚戴在手上能照出指骨的指环，而后来其悲惨命运却预示着此物不祥。在描写杨贵妃的陨落时，刘禹锡也借用了这一典故：“指环照骨明，首饰敌连城。”里世界出售的这枚指环来历不明，有人说是戚夫人留下来的那枚，也有人说它来自一个名叫萧余的人之手。萧余上元夜在宣阳坊喝酒，酒尽时发现杯下有个东西，仿佛是人的眼球，却能发出光亮。在黑暗街巷中拿出来，三尺之外，纤毫可见[320]。指环就是用这块发光石制成的。

使用代价：来源不明的指环会带来难以预知的祸患。杨知春等人在盗墓时取得了墓主女子的一枚指环，由此中了指环的诅咒，所有盗墓贼瞬间都不再认识对方，举刀砍杀直到同归于尽[321]。

谜题 5：既然指环与女性的命运有关，我们就以一首闺怨诗作为谜面：

多
长　　夜
二
更　　初
思
远　　客
问
征　　夫

这些排列怪异的文字其实可以组成一首五言绝句[322]，如果你能念出来，这首诗就是口令伍。

都市传说：胡商，亦正亦邪的朋友

在西市，你少不了要和来自粟特的胡商（也有回鹘、大食和印度商人）打交道。别担心语言不通的问题，胡商常年跨国奔走，充当买卖双方的牙人（中介），所以会说好几种语言。但你要小心别被蓝、绿、深褐色的眼睛和抹了石蜜[323]的嘴巴蛊惑，乖乖买下不需要的产品。骗局也无处不在，贞观年间，有位婆罗门僧宣扬自己手中有一颗尖利无比的佛齿，引得全长安男男女女蜂拥围观，结果那只是一颗金刚石罢了[324]。

先别急着走！他们那拥挤不堪的杂乱店铺内，或许藏着最不同寻常的宝物：想要长生不老药吗？想要泼了水也不会湿的婆罗门毯吗[325]？你是否见过来自西域罽宾国的神碗？只要有它在，国家就不会闹饥荒[326]。蚌吐的珍珠已没什么新奇，还有蛇吐的蛇珠[327]、夜里能当手电筒用的“夜光珠”[328]、南海大鲸鱼的眼珠[329]、让淤泥变成清水的“清水珠”[330]、能聚拢太阳光生火的阳燧珠[331]，以及在沙漠中只要埋入地下，就能不停冒出甘泉的水珠[332]。

就算你诚心想买，也要有缘才能得到。胡人藏宝物的地方你想破脑袋也想不出来。当确定你是那位命定的宝物持有者后，胡人会告诉你，害怕的话请闭起眼睛。接下来，他们会用小刀割开自己的手臂，或大腿，或腋下，从血淋淋的肉中取出藏着的珍宝[333]。

胡人能勾走你的钱财，用炫目商品激发人们的购物欲，在东西市内“举质”（放高利贷），让许多人倾家荡产[334]；他们开酒肆，设客院，你一不小心就会跌入胡姬的温柔陷阱，甘愿一掷千金。同时，他们又能为人带来财富，你随手捡到的破烂，甚至连吐出来的寄生虫[335]都价值连城，惟有胡人慧眼识珠，愿倾尽所有来收购。

有时和胡人打交道难得很，他们太过诡谲精明，把人绕得团团转；可有时又特别简单，胡人天性率真，只需举手之劳，他们甘愿以无价之宝报答你[336]。因此，若在街上遇到向你兜售宝物的胡人，先别赶他们走。按照唐传奇的故事走向，此刻胡人手里多半是倾国之珍，只有识货的人才能成为主角。

对了，请警告孩子一定要跟紧你，别乱跑，并远离说话动听、会变戏法的粟特商人。他们可是唐代最活跃的人贩子[337]。

· 瓷器与陶器 ·

瓷器和陶器是长安购物之旅的重头戏。行内店铺考虑周到，免费提供打包服务，能让你买得舒心，顺利把瓷器和陶器带回旅店。唐代瓷器最有名的，便是如千峰翠色的青瓷与皎如月魄的白瓷，二者以今天浙江的越窑和河北的邢窑最有代表性，有“南青北白”之称。茶圣陆羽曾说“邢不如越”[338]，大概是因瓷器之青碧才能很好中和茶汤的黄色，使整杯茶不仅口感上乘，还色呈碧绿；若用白瓷，则茶色太浓。但长期来看，白瓷才是大唐的流行趋势，几乎家家户户都有[339]。

中唐后发展起来的民窑长沙窑以创新的器型、丰富的用途和新奇的装饰（瓶身有大量文字与绘画）在长沙、广州、扬州，乃至海外声名鹊起。（图 5-102 至图 5-104）它可谓是唐瓷中最“话痨”的，什么诗文、名言警句、工匠姓名、自吹自擂的广告（如“许家绝上一升茶瓶好”）都能往上写，大客户定制亦可打上名称（如“开元寺灌顶院燃灯盏”“奉为赵行者置此油瓶”）。不敢问价的顾客在购买长沙窑产品时也会方便得多，有瓷器直接标上了价格，顺带教育顾客省钱，比如“富从升合起，贫从不计来。五文”。所有的壶身铭文中，当属那首“君生我未生，我生君已老”

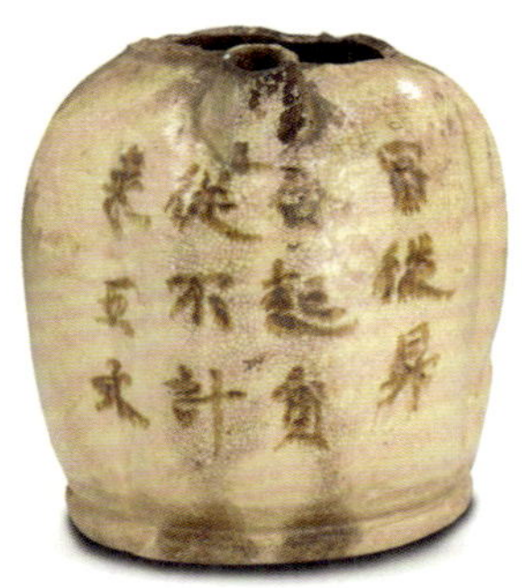

⊙ 图 5-102 “富从升合起，贫从不计来。五文”[340]

⊙ 图 5-103 “一日三场战，离家数十年。将军马上坐，将士雪中眠”[341]

⊙ 图 5-104 “君生我未生，我生君以（已）老。君恨我生迟，我恨君生早”[342]

最让人印象深刻，也让罕见史载的长沙窑为现代人所熟知，因此不少游客都慕名想在东西市购买。可惜的是长沙窑可能从未在长安大规模销售[343]，但多问问未必没有收获。

流行于高宗至玄宗时代的热门陶器“唐三彩”在唐代并不叫这名称[344]，游客对唐人说要买“唐三彩”，他们会不知道你在说什么。唐三彩本质上是一种低温铅釉陶制品，去陶器行用手指着买就不会出错。你可以买些日用器皿，比如水盂等文房器，但接触食物的盘子就算了。三彩烧制过程中会用铅釉作为助熔剂，其所含氧化铅对人体是有害的[345]。此外，也别买人俑什么的带回去做装饰，实在不听劝的游客可以去东西市凶肆里买，那里不仅价格便宜，种类也多。丰邑坊也是有名的凶肆集中地[346]。

青瓷、白瓷都可在东西二市上买到（前提是在正确的时间到来）。不少游客会问，那能不能买到“轻施薄冰盛绿云”[347]的秘色瓷呢？我们只能说，不是没有希望，但别抱太大希望。秘色瓷名称出现于晚唐，是奉诏监烧之贡瓷。有关秘色瓷的种种传说极其神秘，“臣庶不得用之”的说法多半是宋人危言耸听[348]。唐时并无后世那种政府开设、极具垄断性的官窑或御窑[349]，市集时有出售贡余的秘色瓷，只不过数量少之又少，早就已被大客户定走，普通游客要买，比登蜀道还难。（图 5–105 至图 5–107）

● 你看到的余量秘色瓷不一定青绿如湖水。若控制不好匣钵的密封性，在烧窑降温时，瓷器的青色釉面可能被“二次氧化”为黄色，所以秘色瓷釉色大致会出现青绿、糖黄和青黄（艾色）三种颜色[350]。

⦿ 图 5-106　法门寺地宫出土的秘色瓷五瓣葵口大内凹底碟[352]

⦿ 图 5-105　法门寺地宫出土的秘色瓷八棱净瓶[351]

⦿ 图 5-107　法门寺地宫出土的秘色瓷五曲花口盘[353]

唐青花[354]

初唐来逛陶器行，你就已能看到类似后代元青花的白釉蓝彩器，不过这类产品并不能被叫作“唐青花”，它们烧制温度较低，不如说是施蓝釉的三彩器。中晚唐时段巩县窑烧制的白底蓝花瓷器就更接近“青花瓷”了，胎体为高温烧制的瓷器，大多为釉下彩。来自巩县的青花瓷器在唐时已销往重洋之外[355]。（图 5-108、图 5-109）

购物推荐：邢娘陶器铺

邢娘陶器铺[356]是西市中规模数一数二的陶器店，她家出产的陶器会刻上通俗直白的广告词——“邢家小口，天下第一”“邢家小口，天下有名”“邢娘作瓶大好”[357]，毫不掩饰内心的自豪。

⊙ 图 5–108　郑州上街峡窝唐墓出土的青花塔式罐[358]

⊙ 图 5–109“黑石号”沉船出水的棕榈叶纹阿拉伯风格唐代青花瓷盘[359]

陆羽陶瓷手办

为“纪念”茶圣陆羽，游客凡在东西二市购买瓷茶器累计满十件，可到东西市瓷器行行头处获赠一只陆羽陶瓷手办。这只手办的由来并不那么友好，它一开始是茶店老板们自制的玩物，茶叶卖不出去时他们就用热水浇陆羽瓷俑出气[360]，没想到竟然大受游客的追捧。（图 5–110）

末世之音

若游客在武宗时来到长安，会在西市陶器行看到郭处士的击瓯表演。郭处士真名郭道源，本在凤翔天兴县任县丞，后来进京做官，又辞官远离朝野。他富有音乐天分，表演时用越窑、邢窑的深碗十二只，分别注入不同容量的水，用筷

⊙ 图 5-110　河南巩义唐大和六年（832）张氏夫人墓出土的三彩茶炉人（陆羽）俑（左），现藏于巩义市博物馆；河北唐县出土的晚唐—五代邢窑白釉陆羽像（右），现藏于中国国家博物馆[361]

子敲击奏乐，乐声比敲击方响的声音还要动听[362]。叮叮当当的声音，带着水汽的潮湿感，仿佛是烟雨中，湘君所乘之马佩戴的铃铛声由远及近。

表演场地里三层外三层围满了人，游客至少要提早半个时辰去占位才能获得较好位置。细心的游客会发现拥挤的人群里有一位观众与众不同，他听得格外入迷，却显得忧心忡忡。只有他看到了郭处士神采飞扬下的落寞。郭处士曾在朝中供奉，武宗崩逝后沦落出宫，从此再难遇到知音。眼前的表演让这位观众联想到，当年郭处士在宫中大概也是这样表演的吧，举宫专注倾听，不觉日已西斜。此时的唐朝又何尝不是已近黄昏呢？天边的一抹残阳即将落下。

这位观众叫温庭筠，熙熙攘攘间，他写道：“我亦为君长叹息。”[363]

· 漆器 ·

漆器对保存环境的要求很高，之前常有游客发现新买的漆器拿回旅店不久便已开裂的情况。即便如此，唐代漆器高超的金银平脱和嵌螺钿工艺还是让人把持不住想掏钱。游客请特别关注襄州漆器，它作为贡器无人不知[364]，自成一派“襄样”风格，是全国效仿的行业标准。而襄州漆器中最著名的一条产品线则是专供出口的“库露真”，无论质量还是工艺都属上乘[365]。（图 5-111、图 5-112）

⊙ 图 5-111 日本正仓院北仓藏唐代螺钿紫檀阮咸，背部为皮画髹漆，嵌有螺壳、贝片、玳瑁和琥珀

⊙ 图 5-112 银平脱宝相花纹漆衣铜镜，镜背漆地上镶嵌有宝相花形状的银片，现藏于中国国家博物馆[366]

· 文化用品（主要集中于东市）·

纸

一天疲惫奔波后，请在夕阳西下前匀一点时间来东市纸行感受恬静之美。

有游客会问：谁出来旅游会买纸呢？在现代，书写纸再普通不过，随手可得，但唐人却爱惜珍重纸张。今天日本有一种精致的手工纸制品——唐纸，用于裱糊屏风与和室的墙壁、障子，能在不同光线下闪现出层次丰富的花纹。唐纸的制作方法最早在日本平安时代前期（约为中唐时期）由遣唐使从唐朝带至日本。在长安，你能买到真正的唐纸。通过砑花、手绘、洒金、染色等工艺，唐纸做到了风情万种、千变万化。买几张唐纸做信笺、便笺，或用来画画，都会成为你长安之行独特而雅致的记忆。

唐时，宣州的纸就已声名远播了[367]。不过当时所谓“宣纸”泛指宣州所产之纸，并不特指后来以青檀皮和沙田稻草为主料的名纸。东市纸行中有今已失传的**衍波纸（水纹纸）**，迎着光线，纸上泛起隐隐的水波暗纹[368]，是最早的水印。段成式在九江发明了一种**云蓝纸**，一时受到推崇。制作时，匠人通过荡帘让浅蓝色染料在纸浆上自由流动，形成云彩般飘逸的纹路。段成式寄给温庭筠的诗就写在这种云蓝纸上[369]。纸行其他各色品种让人目不暇接：色白如绫的进口**高丽纸**[370]、中晚唐时用于将相告身等高端文件的**金花五色绫笺**[371]、东阳来的砑花**鱼子笺**（纸上有经纬纹理，其间空隙宛如一颗颗鱼子）[372]……丰富细腻的纹路能让你盯着看上半天，光凭文字描述根本道不尽唐纸的美。（图 5-113、图 5-114）

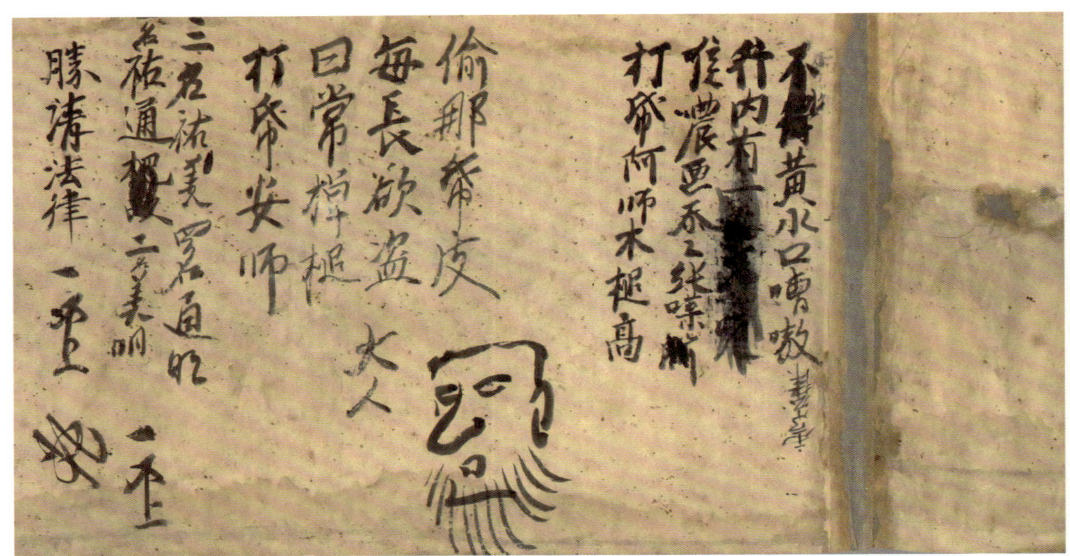

⊙ 图 5-113　敦煌遗书 P.4525（2）的背面，有人写了四句话来吐槽一个打纸匠：“打帋（纸）安师，日常掉槌。每长（常）欲盗，偷那（拿）帋皮。”说他不光业务能力不行，总是掉槌，还手脚不干净，顺走纸张

⊙ 图 5-114　日本正仓院中仓藏色麻纸，有红、青、白、黄褐、淡褐五种颜色

中唐时蜀纸是雄霸唐纸市场的巨头，造纸工坊大多集中于成都的浣花溪畔，这里出产的名纸远售长安，成为帝都各种公务和文化活动离不开的介质。早在玄宗时期，集贤院一个月就要用掉五千张益州麻纸[373]，两京的四库书籍共二万五千九百六十卷，皆以益州麻纸写成[374]。元和初年，女诗人薛涛将当时的松花笺裁成小张，染成绯红色以改进使用[375]，瞬时风靡长安。其制作工艺在当时属于商业机密，并未揭晓，唯独明代的《天工开物》做了猜测，认为是用木芙蓉皮染色制成[376]，深红可爱。薛涛居于浣花溪畔[377]，亲自精选纸张，测试韧劲，监督工人，确保每一张笺纸都亲自把关。

纸行亦有唐代文人最为重视的剡溪（今浙江嵊州）藤纸[378]，其风潮席卷了长安、洛阳的文学界。藤纸光滑如皎月[379]，坚韧难破，是文人间互赠的佳品[380]，也是书写佛经、包裹好茶的珍贵用纸。它的原料是剡溪上游四五百里处生长的古藤。唐中后期，纸工过度砍伐导致古藤消失，竟致藤纸技艺不传[381]。至于黄藤纸、黄麻纸（染了黄檗汁既庄重美观，又可以防虫蠹[382]）和白麻纸，它们是唐代官府公文的指定用纸[383]，是对游客限购的。

每家唐纸店都有自己的作坊，你可以静静观看匠人制作纸张的完整过程：浸泡黄麻、藤皮和竹子，蒸煮并槌打纸浆，以竹帘抄纸，撒上香粉……每张纸都由手工调制染料并绘制，世上无二。天气好的时候，纸店会把纸移到露天下晾晒，街旁树上落花点点，飘于纸上。

● 纸价：永徽二年（651），一文钱大约能买两张纸[384]，带花纹的笺纸应该要更贵些。

琴行

长安著名的乐器一条街位于崇仁坊，坊内“二赵家”是乐器专营老字号，兼营乐器修理，手艺精湛。因靠近安上门附近的太常寺，常有技艺高超的乐工前来挑选乐器，选购乐器时可以让他们帮你做做参谋[385]。东市内也有大型琴行，日本正仓院十年才展一次的螺钿琵琶和阮咸在这里都有陈列出售（若琵琶拨子为象牙制品则游客不得购买）。睿宗文明年间到来的游客也许能在东市琴行胡琴铺（这里的胡琴不是二胡，而是指来自西域的乐器，有可能是琵琶）偶遇**陈子昂**。

东市胡琴铺

从老家射洪来长安闯荡的陈子昂苦于诗文长久不被人认可，懊丧万分。他出生于蜀中豪富之家，不甘于在长安浪费生命。一次，陈子昂逛琴行时见店家在卖一件要价百万的胡琴，正当路人都在质疑这琴究竟值不值这么多钱时，他却当即以整整一车铜钱买下了它，并对众人说道：“这乐器我弹得还不错，你们明天都来宣阳坊听我弹琴吧。”此事一夜之间传遍京城，第二天人们纷纷拥到他在宣阳坊的住所。陈子昂当着来宾的面将琴抱起，激愤而言：“我，蜀人陈子昂，写文百轴，在京师辛勤奔走却不为人所知，难道今天你们就为了区区一件乐器而来看我吗？！”说完把琴摔了个粉碎，并将自己的文章分赠来宾。这之后，陈子昂声名大振[386]，从此走上了他所向往，却终究悲惨的为官之路。

请游客不要对这时的陈子昂说自己很喜欢他的“前不见古人，

后不见来者”，那是他日后失意哀叹的集结[387]。且让他享受短暂的高光时刻吧！

名家琴铺

在现代，越来越多的人开始爱好和学习古琴，唐代斫琴名家“**蜀中雷氏**”在长安开的分店也因此成了热门打卡地点，今天故宫博物院所藏“九霄环佩”琴很可能就是一张标准雷琴[388]（图5-115）。传世唐琴稀少（图5-116），后世多有后添腹款改制的伪品。雷氏琴铺里可全是货真价实的唐琴。在明朝人笔下，八百年前雷家制琴人雷威有着近乎玄幻的选琴方式：他不挑选常用的桐木，而是在风雪夜披一件蓑衣，独上峨眉，伫立在浩阔松林中静心聆听，凡有松树声清越而连绵，便斫以为琴，效果远在桐木之上[389]。不论真相如何，雷氏琴真正做到了清润雄远，响彻古今。第一等雷琴用玉做琴徽，第二等用瑟瑟，第三等用金，第四等则用螺蚌，游客可根据自己的经济实力选购。

⊙图5-115　故宫博物院藏“九霄环佩”琴，是传世五张“九霄环佩”之一[390]

斫琴名家**李勉**的“李琴”在东市也有店铺。李琴最出名的是

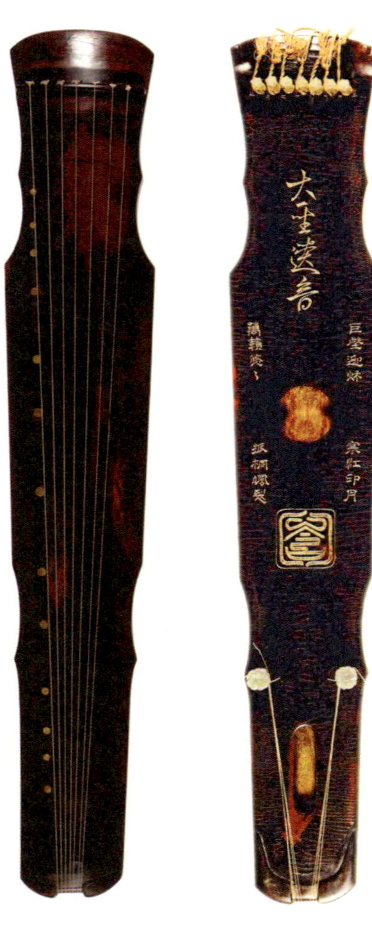

⦿ 图 5-116 唐琴“大圣遗音”，外形为神农式。琴腹龙池内四角有朱漆隶书“至德丙申”（756）四字[391]

百衲琴，即琴体不用完整木板，而是将多片上好桐木用胶拼接起来制成面板和底板，琴声更为清朗通透。现代人制作的百衲琴都已能拍出天价，而此刻，真正的百衲琴始祖就在你眼前。李勉手下还出过两张绝世好琴——“响泉”和“韵磬”，据称上弦后可十年不断，只不过它们都是私藏，概不出售[392]。雅好弄琴的李勉另一个身份是宰相，他年轻时有一段惊心动魄的经历被记录在《唐国史补》中，好奇来龙去脉的游客不妨去问问本人[393]。

除了雷琴和李琴，长安本地琴家以**樊氏**和**路氏**为第一，宰相房琯的心头好“石枕”正是路氏琴[394]。

胆子大的游客请去发源于吴地的“**张越琴家**”逛逛，他家的琴用的是古墓中做棺材的杉木，这背后的故事乍一听有点瘆人，但琴的音色极为劲挺[395]，有冲霄之势。

笔行

唐世盛行有芯笔，最著名的是以缠纸（绢或麻纸）法制作笔芯的**鸡距笔**。（图 5-117 至图 5-119）鸡距笔笔管圆粗，笔头粗短硬利，很像鸡爪后突出的一颗小小的距，如剑如戟，写字能入木三分，唐代硬挺的楷书正是由它所写。但鸡距笔也有不少毛病，它蓄墨量小，笔头转动也不够灵活[396]。唐人行家对鸡距笔的要求是“腰粗尾细似箭镞”[397]，须采用精挑细选的兔毫制作[398]。建议想购买鸡距笔却缺少选笔经验的游客前往黄晖在东市开的笔店[399]，店内提供贴心的讲解与试写服务。

都市传说：有冤魂现身的赵记笔铺

市里还有一家比黄晖笔店更出名的赵记。其制笔水平另当别论，之所以出圈，还是因为这里的鬼魂现身事件。笔铺老板赵太的女儿才十三四岁，为了买点脂粉偷了家里钱，可钱还未花出去就不幸身死。元日后的某天，有客人来赵家，如厕时发现舂米用的碓上站着一脖颈系着汲水绳索的女孩，身着青裙白衫，正是赵太死去两年的女儿。女孩说自己偷了父母的钱，理当受罪，说罢化为一只脖子长白毛的青羊。当时这事闹得沸沸扬扬，街头巷尾人人议论[400]。

除鸡距笔外，唐笔出名者还有元稹和白居易考试时用的**毫锥**，是一种锋纤细管笔[401]。晚唐还流行起了**散卓笔**[402]，此笔去掉了鸡距笔的纸绢心，笔毫更长更纤软，适合自由挥洒作画，和今天的毛笔已较为类似。宋朝就是散卓笔的时代。

下面介绍东市能买到的著名品牌笔。

⊙ 图 5-117　日本正仓院中仓藏第一号缠纸笔笔头，披毛已脱落，可见卷纸笔芯。傅芸子认为这就是唐代鸡距笔实物[403]，但此笔是来自大唐还是由日本仿制仍未可知

⊙ 图 5-118　日本正仓院中仓藏第十号缠纸笔笔头，右侧披毛缝隙中依稀可见缠纸

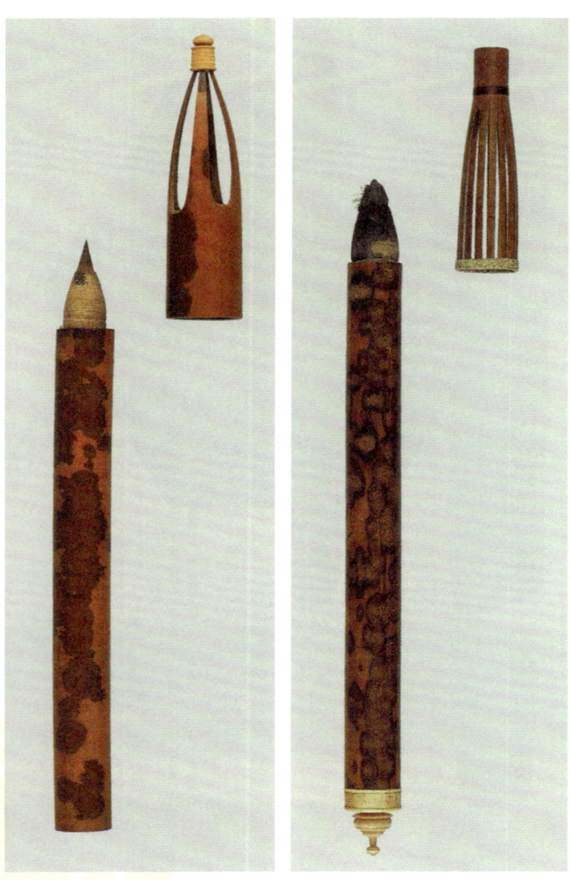

⊙ 图 5-119　日本正仓院收藏的带裘钟（笔帽）的唐式缠纸笔

宣笔（图 5-120 至图 5-122）

薛涛在送给韦皋的《十离诗》中写道："越管宣毫始称情，红笺纸上撒花琼。"[404] 越管是指越州出产的竹制笔管，宣毫是宣州的毛笔。唐时宣毫已是皇家指定用笔，一支名家宣笔要耗费十金[405]。宣笔中的高端产品是兔毛紫毫笔，笔毫产自吃竹、饮泉、毛发呈紫色的老兔，尤以宣州溧水县中山的兔毫为极品[406]。带货达人、时尚写手白居易曾称赞紫毫笔"尖如锥兮利如刀"。每年宣州进贡紫毫笔时，其价格和黄金不相上下[407]。

购买宣笔请认准"**诸葛记**"和"**陈记**"，两家都是东晋就有的老字号[408]，仅在东市开设专营店铺，别处销售的一律为山寨仿品。这两家店常年与上层客户打交道，店内不乏名流，有点"风骨"和脾气也在意料之中，但服务态度差并不影响销量。诸葛记主打散卓笔，生产的笔供不应求，不少名士都亲自上门求笔[409]。

相较诸葛记，陈记更为傲慢。店家拒绝挑选，只能由他们选笔卖给你。陈记总店内还挂着当年王羲之亲笔写的《求笔帖》，可见其狂傲是有资本的。唐代书法大家柳公权也曾来陈记求笔，碰了一鼻子灰。当时，店员并未按他的要求提供笔，而是自己选了两支给他，并说："这两支你能写就拿去，不能写就退回来。"

⊙ 图 5-120　吐鲁番阿斯塔那古墓出土的苇杆笔[410]

⊙ 图 5-121　吐鲁番阿斯塔那古墓出土的竹杆笔，属于硬笔，蘸墨汁使用[411]

⊙ 图 5-122 吐谷浑喜王慕容智墓出土的纸张、毛笔及一锭松烟墨[412]

柳公权回去一试，发现压根写不了。回来退笔时，店员好似早已预料到一般，轻描淡写地说道："这两支笔是我们为王羲之量身打造的，你用不了很正常。"[413]

狸毛笔

狸毛比兔毫粗涩刚劲，平常只用于作辅毛。以狸毛为笔芯的狸毛笔是书法家欧阳询、欧阳通父子带火的，他们对笔的驾驭能力极强，欧阳通甚至非狸毛笔不写[414]。唐世狸毛笔的制法也是当年空海带回日本的先进技术之一[415]。

唐笔不光重视笔毫，笔管也是一大卖点。比如德州刺史王倚家有一支笔，笔管比常用的笔稍粗且长，中间刻了一幅从军行图，画中人马的毛发、亭台和水纹都精细绝伦，还刻有一行《从军行》诗："庭前琪树已堪攀，塞外征人殊未还。"[416]

斑竹笔管[417]、越州竹管、象牙笔管和犀角笔管都是唐人的最爱。开元中期，集市上还有一位叫铁头的笔匠，能将竹管打磨得如玉一样光滑[418]。司空图在中条山隐居时，也创制过一种以芰松枝为笔管的“幽人笔”[419]。（图 5-123、图 5-124）

⊙ 图 5-123　吐鲁番阿斯塔那古墓出土的木笔架[420]

⊙ 图 5-124　日本正仓院中仓藏沉香木笔管

定名笔

正在准备考试的游客可购买一支定名笔，为自己送上一份祝福。唐代举子们入场考试前，都会有商人在考场附近兜售“定名笔”。这其实只是普通的健豪圆锋笔，不过在名字上讨个彩头，价格就翻了十倍。每卖出一支，商人都会登记下举子的名字；若此人真的考中进士，商人会登门拜访，讨取红包，美其名曰“谢笔”[421]。

其他文具

- 唐代仍流行松烟墨，潞州、易州出产优质松树，制出的墨最为矜贵[422]，是指定贡品。
- 唐代砚台有瓷砚、石砚和陶砚等几类。陶砚以**青州石末砚**和**绛州澄泥砚**为上品[423]。石砚则首推**端砚**，但当时只有**紫石端砚**[424]，开采绿端要等到北宋。紫端尚属平价，无论贵贱都能用[425]。开元后，歙州砚也崭露头角[426]。砚的造型则以箕形（又称“风字砚”）和辟雍砚（辟雍是周代贵族子弟的学宫，为四面环水之圆形建筑）居多。（图 5-125 至图 5-127）
- 唐代主要用帛和纸写字，笔行内也卖“修正液”——**割字刀子**，写错了就割一块，很是硬核[427]。
- **獭皮书袋**备一手，野外看书也不愁。獭皮书袋的防水性确实不错[428]，只是用真皮很是残忍。

图 5-125　唐代箕形紫端砚[429]

图 5-126　懿德太子墓出土的三彩辟雍砚，现藏于乾陵博物馆

图 5-127　洛阳履道坊白居易宅遗址出土的红胎瓷辟雍砚，砚旁还有插笔的装置[430]

- 笔行、纸行内均有**文具养护套装**售卖，内含舒展笔毫的硫黄酒一瓶，让纸柔滑芬芳的芙蓉粉一盒，为砚防尘的隔尘绫一块，还有存放墨锭的豹皮囊，能长期防潮[431]。

四处走走

花一天时间假装自己是长安当地人，去听听市上的家长里短与奇闻趣事吧，这会成为你旅途中最值得回味的经历之一。

西市西北部的韩朝宗渠最初是为了运输薪炭而开凿的，站在渠边，看看船只来往和船夫忙碌的身影，听听浣衣妇人聊的东家秘闻、西家八卦，足够消磨一下午时光。东西二市的放生池是歇脚的好去处。挤出人堆，在这里好好呼吸一下新鲜空气，观赏池中鱼虾，放松眼睛和心灵，市集里的喧嚣与汗水仿佛已是上辈子的事。东市的放生池旁还有佛堂和陀罗尼经幢供人瞻仰。

这里发生的事并不都关乎金钱和买卖，有些奇遇也穿插于唐人的日常生活中。传说在元和八年（813）四月，西市有商户家产下了一只长着三只耳朵、八条腿和两条尾巴的猪[432]。开元前期的街市上，游客经常能瞧见一只赤嘴乌鸦在人群中飞来飞去。切忌与它对视，不然它便会缠着你，用翅膀猛扑你的脸。想摆脱它只有一个办法，就是拿出一个铜板给它。有人猜测这只鸟是西市丞魏伶养的，魏伶每天都放它出来要钱，一天能赚数百钱之多[433]。

都市传说

常来东西二市逛街的游客可以多加留心，看看是否能遇到一个全身穿绿衣，戴着席帽，约莫三十岁的人。他十分自来熟，出没于各大酒楼中，可能你刚坐下要点菜，他就凑上来和你套近乎了。能和他吃饭真是你的荣幸，此人名叫李思齐，别看他外表无甚特别，却已在这集市中游荡了百余年[434]。有唐人说在儿时就见过他，直到自己垂垂老矣，李思齐还是这般青年人的容貌。

唐人最爱的礼物

想要买点礼物送给旅途中认识的唐人朋友，却不知送什么合适？本指南贴心地为你列出了以下几样，保管不会出错：笔、腰带[435]、横刀[436]、枕头、鞋靴[437]、口脂、镜子、承露囊[438]、剡溪纸、笔管和砚台。

雕版印刷行

东市里有大大小小多家印铺，名号最响的是刁家和李家。李家主要印刷时兴的居家宝典，比如医书《新集备急灸经》和唐代平民女性出嫁指南《崔氏夫人要（训）女文》[439]等。刁家主营范围是历日[440]，编写、印刷、销售一条龙。现代游客叫日历的东西，在唐代叫“历日”或“具注历日”，上面只印有日期、朔闰、节气和物候；更详细的历日还会标明神煞宜忌和十二神值等，告诉你各类重要节日，何时宜赴任或升官，应在哪天去看病，并提醒你注意个人卫生（洗澡、剪指甲），还兼有占卜教学等功能，是一本家庭万事百科[441]。历书本应该由太史局修造官颁[442]，但这毕竟是老百姓的刚需，所以民间有大量私人编辑印刷的版本，印文粗糙和日期错误也在所难免[443]。（图 5–128）

小小一卷历日是皇家和百姓生活生产的万能指南，也是年末馈赠亲友的佳品。“年历复年历，卷尽悲且惜……所叹别此年，永无长庆历。”在穆宗去世，以“长庆”为年号的日子将永远过去之际，元稹对着历日发出怅惘的喟叹。历日徐徐展开，近三百年间唐人的喜怒哀乐随着岁月逝去，其中也有你在长安短暂停留的瞬间。

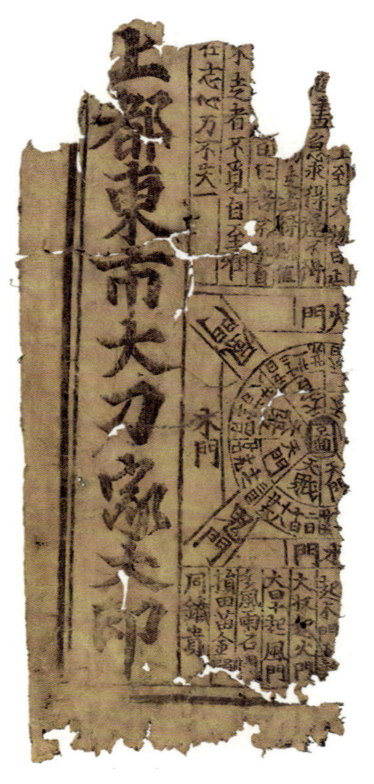

⦿ 图 5–128　敦煌文献 Or.8210/P.12《上都东市大刁家大印历日》残片

书肆（坟典肆）

书行是车水马龙的东市中的一处僻静所在。

还没走进书行小巷，温暖的风就送来了墨香和防蠹熏香的迷人气息，让人感到安心与宁静。在公元 1 世纪初的长安，书行就已兴盛。当时的市集名为“槐市”。春日暖景融融，人们各持书卷，雍容揖让，在槐下分享近期见闻[444]。七八百年后的书肆只会更加热闹。

唐代的书相当贵，因为没有印刷机，主要靠人工抄写。唐初龙朔三年（663），一卷手抄的《法华经》可卖一千文[445]。代宗时，朝廷也曾向民间以每卷千文的价格收购抄本[446]。基本在整个唐代，书价浮动都不算大，书是货真价实的奢侈品。相对抄本而言，雕版印刷的书就便宜太多了，圆仁在扬州购买过一部刻本《关中疏》，四卷只花了四百五十文，相当于抄本价格的十分之一[447]。可以确定，雕版印刷至文宗大和年间就已是发达产业了[448]。唐代书大多采用卷轴装，但普通人大都无暇粘连纸张成卷，只好读一张张抄好的纸。换句话说，散落的纸张才是唐代百姓对于"书"的印象[449]。

除卷轴装外，书肆上你还能看到采用经折装[450]（图 5–129）、梵夹装（多用于藏文经文，图 5–130）、粘叶装（后来蝴蝶装的前身，图 5–131）等装帧方式的书籍。你也可以问问老板，至今都扑朔迷离的旋风叶[451]究竟长什么样子。（图 5–132、图 5–133）

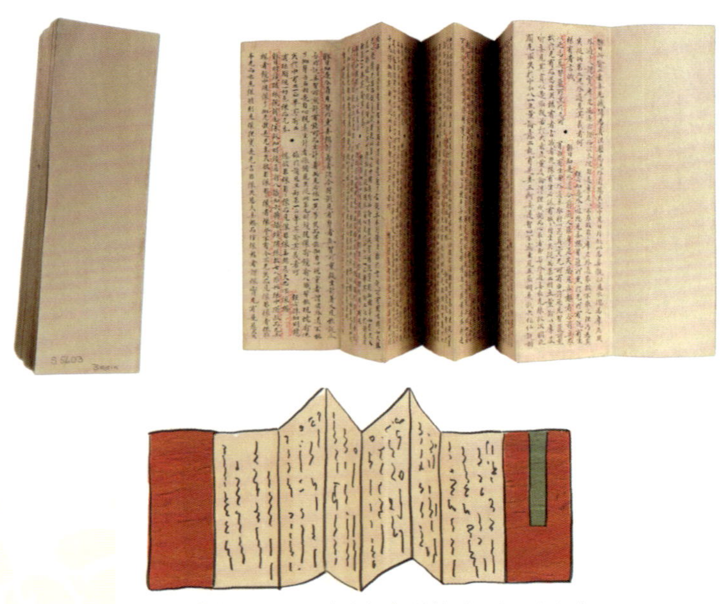

⊙ 图 5–129　英国国家图书馆藏敦煌遗书 S.5603《楞伽经疏》，为经折装

在书页上打一至两个孔，穿过布条或细绳，
上下以木、竹板相夹固定

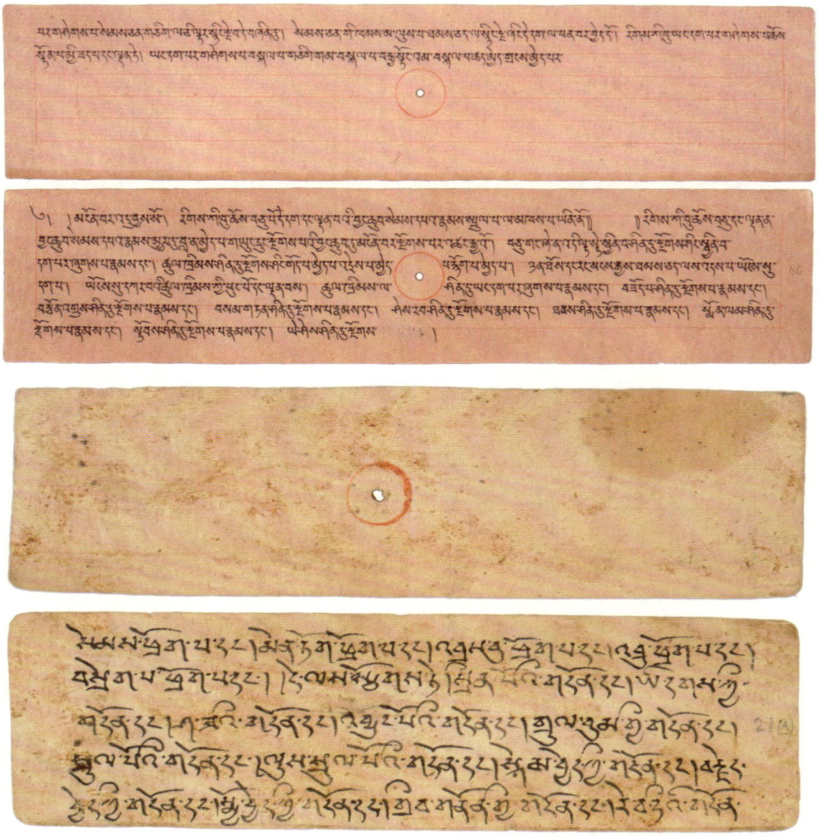

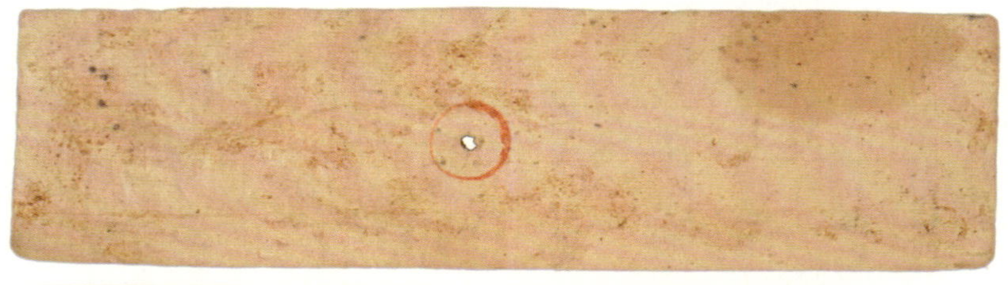

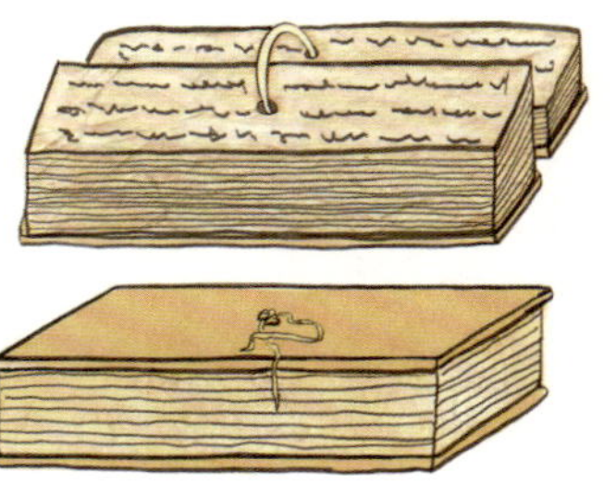

⊙ 图 5-130　英国国家图书馆藏敦煌藏文写本 ITJ 162《宝云经》（上），ITJ 353《白伞盖经》（下），皆为梵夹装（此处提到的梵夹装等同于贝叶装，但也有说法认为梵夹装就是经折装），中间有小孔，以便穿绳固定，使书页不散

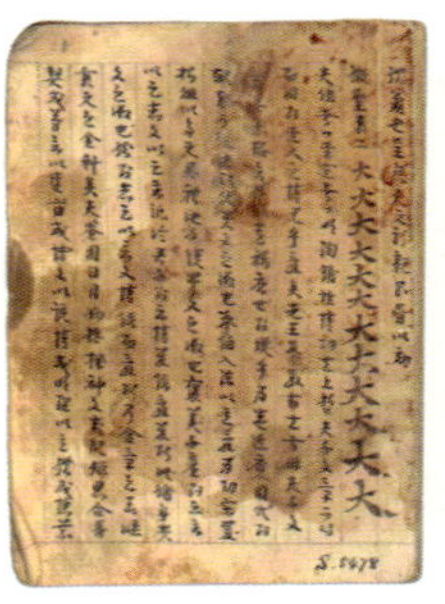

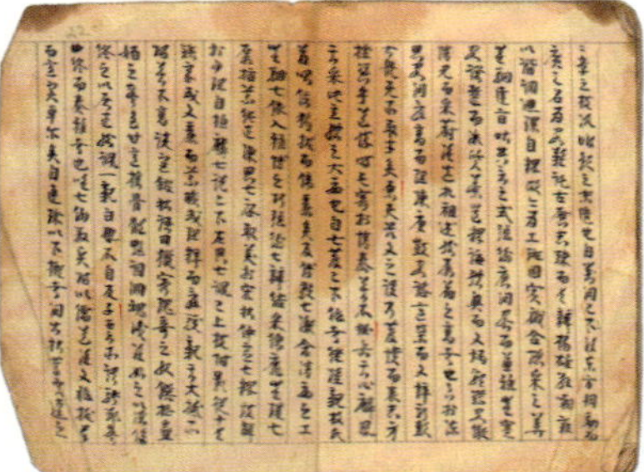

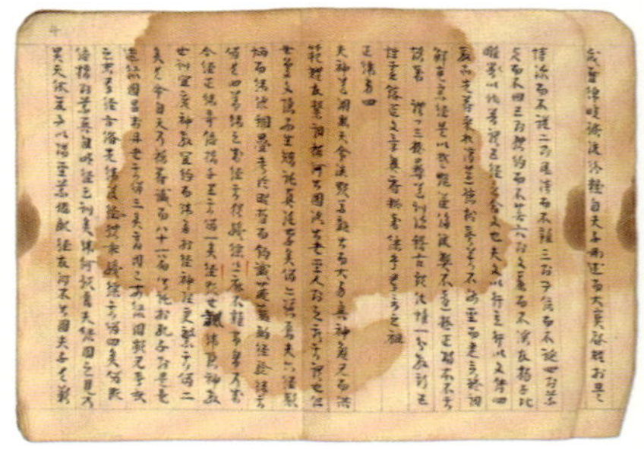

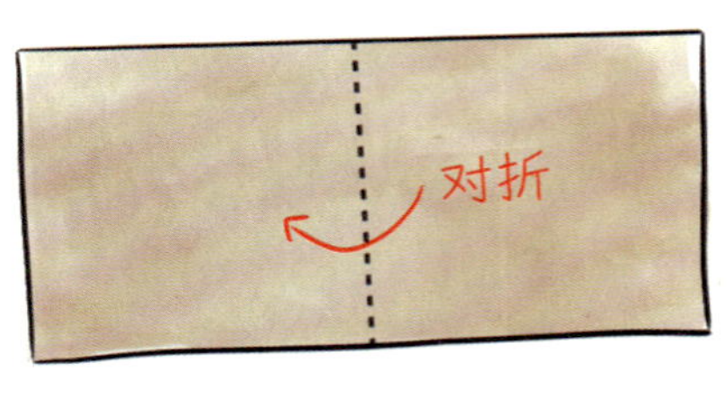

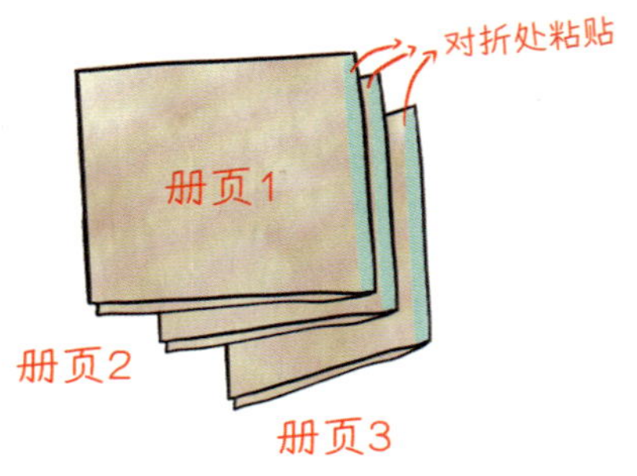

⊙ 图 5-131　敦煌遗书 S.5478《文心雕龙》，约抄写于 684—690 年，推测为目前发现的最早的粘叶装书 [452]

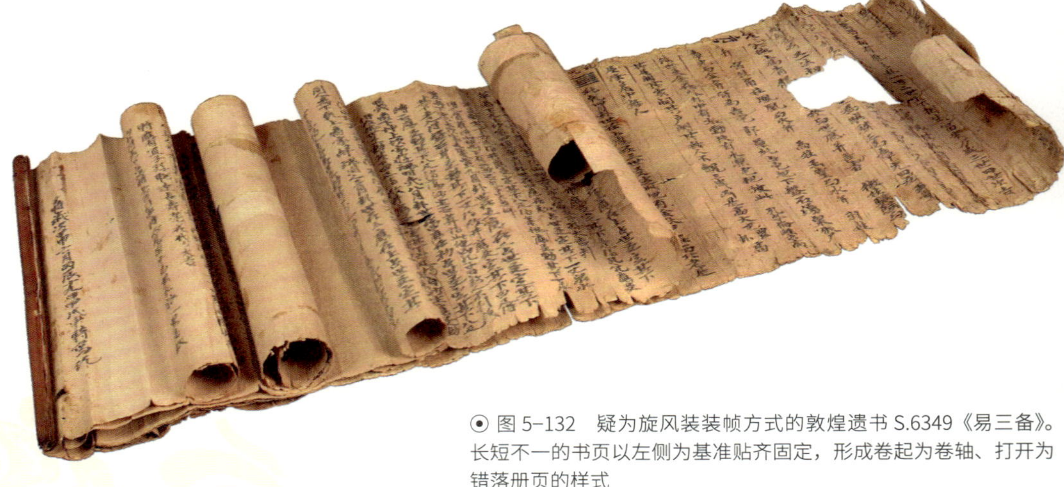

⊙ 图 5-132　疑为旋风装装帧方式的敦煌遗书 S.6349《易三备》。长短不一的书页以左侧为基准贴齐固定，形成卷起为卷轴、打开为错落册页的样式

口令伍：“夕夕多长夜，一一二更初。田心思远客，门口问征夫。” 图案来自国家图书馆藏敦煌文书 BD02126 图诗《夕夕多长夜》，另参见湖北博物馆藏唐长沙窑青釉题诗执壶。

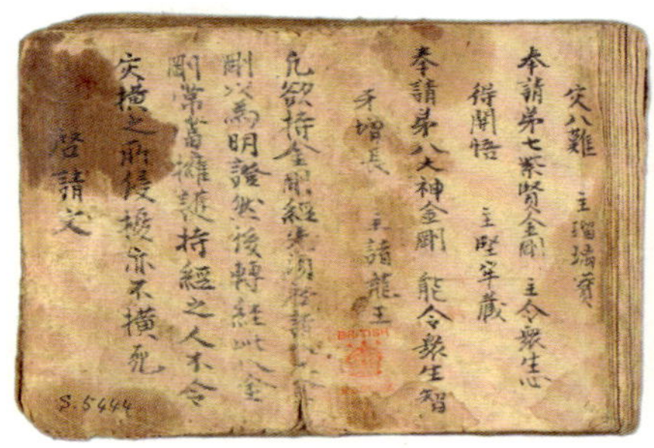

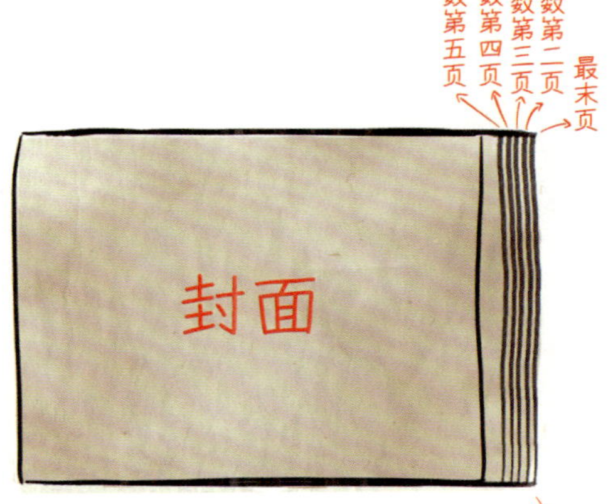

⊙ 图 5-133　还有一种特殊的册页装帧[453]。敦煌遗书 S.5444《天祐二年八十二老人手抄〈金刚般若波罗蜜经〉》，装帧方式为从末页的正面开始，下一张书页的最右端依次稍稍左移，于前一张纸的右侧空白处粘贴，逐页向左相错。实物图为首页（上左）、翻开后（下）、末页背面（上右）

正规书肆内，架上书卷大多按照集贤院藏书的管理办法排列，分为经、史、子、集四类，并在卷轴上绑有不同颜色、刻有书名和门类的象牙牌或竹牌[454]，方便顾客检索。有风刮来，牙牌互相碰撞，发出美妙悠远的声音[455]。高档书卷会以珊瑚、玳瑁或黄金书轴装帧，轴上饰以织带[456]，而小书摊内卖的书卷有的就只用一根木棍卷起了事，牙牌也相应省去，只在纸卷上粘一张写有书名的纸片。（图 5-134、图 5-135）

无论高端书肆还是小摊，只看不买老板都不会赶你走。时间凑得好，你还将遇到发迹前的高官和声名远播的诗人、学者（如徐文远、皮日休[457]等），与他们一起蹭书看。

唐代书店里的书品类繁多，佛经（有的精美抄本甚至是寺内不法僧人偷出来倒卖的[458]，图 5-136）、道经、历日、志怪小说、

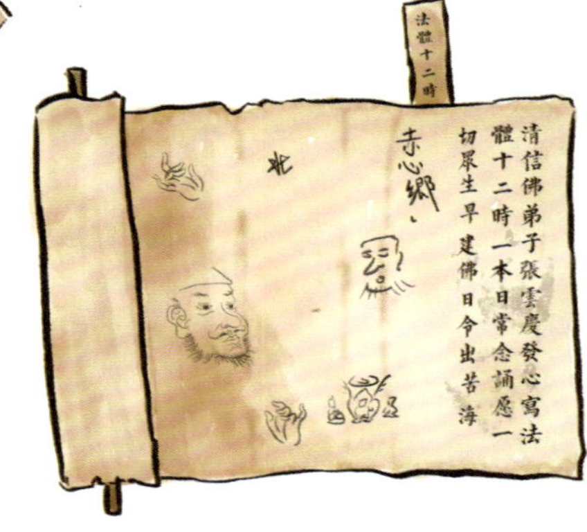

⊙ 图 5-134 精心装帧的书卷（上），以玳瑁为轴，轴上系有织带和象牙牌；粗糙装帧的书卷（下），用一根木棍卷起，粘上一张纸条来指示书名

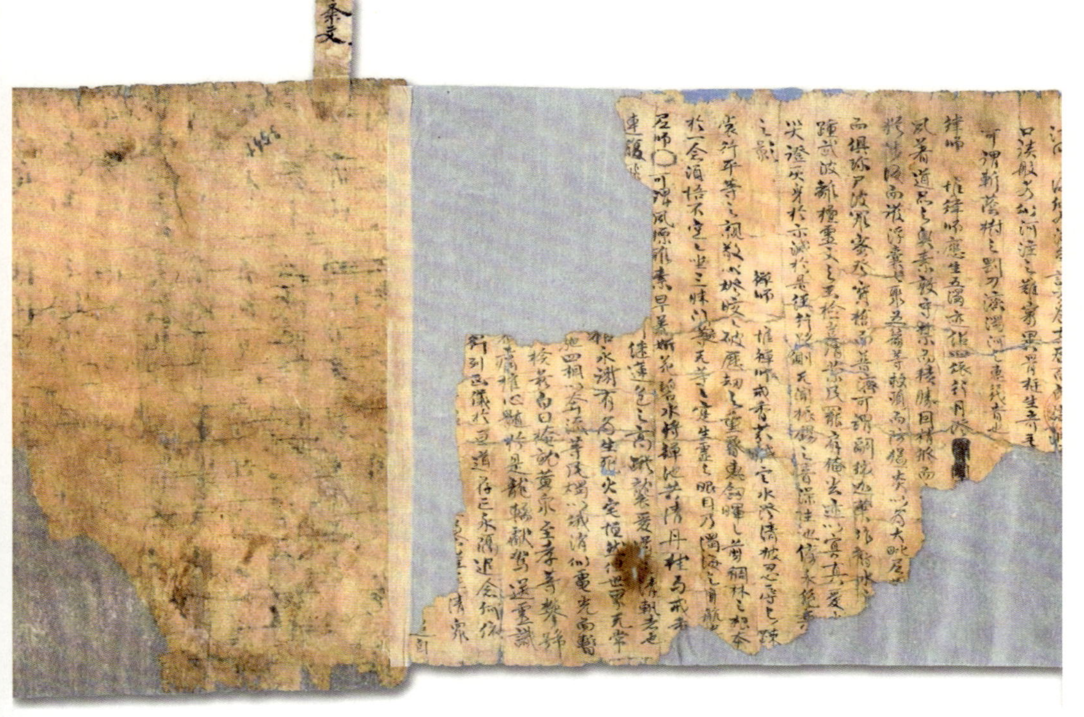

⊙ 图 5-135　敦煌写本 P.3541 上粘贴的小纸片写有书名“斋文”

科举韵书、阴阳杂记、占卜相宅书和当红诗人的诗集等[459]应有尽有。说到当红诗人的诗集，元和年间正值元稹、白居易的诗流行，店里最醒目的推销位都是留给他们的诗集的，游客能买到新鲜的一手抄本。不少抄书人也趁机把自己的诗冠以元白姓名结集成书，以期浑水摸鱼，扩大流传。这一点请游客警惕，不要买到唐代的《哈利·波特与暴走龙》和“金庸新著”。元白诗集在当时火爆异常，一卖即空，没钱了还能拿去换酒喝[460]。

科举参考书里最著名的要数文宗时女抄手吴彩鸾手抄的官方韵书《唐韵》。吴版《唐韵》字体为娟秀整齐的小楷，精妙可爱，是市面上流通的最好版本。在后来的记载中，吴彩鸾被美化为仙女，传说她一天能抄十数万字，一部能卖五千钱[461]。不光仙人，落魄文人也会选择以抄写书作为求生之道。书行里还有人摆摊卖

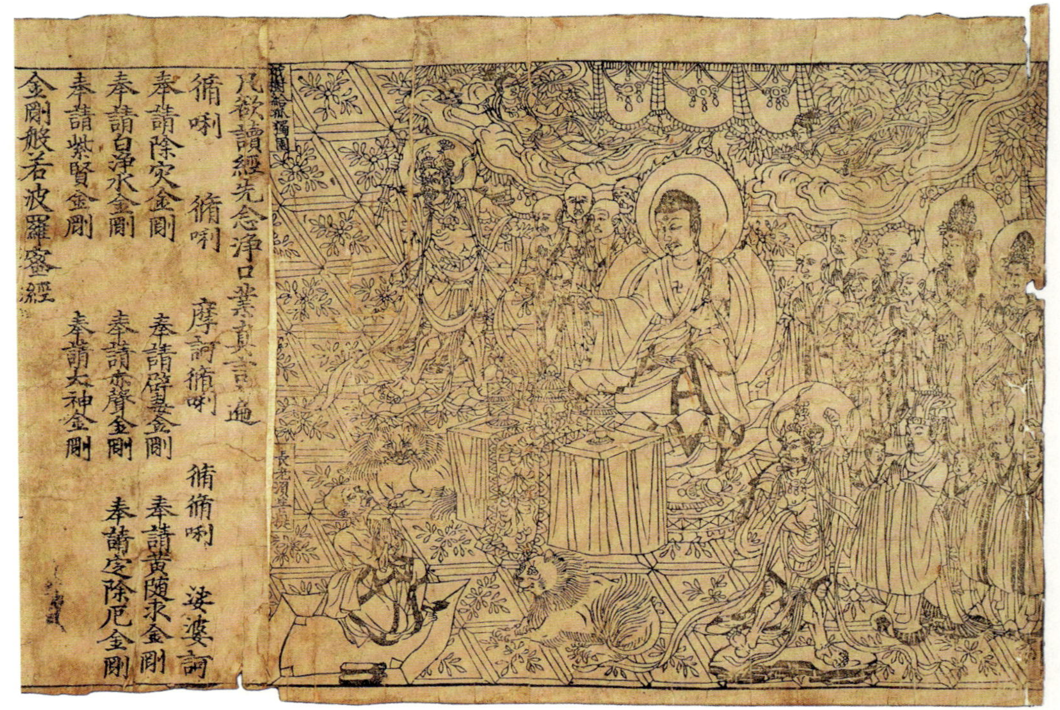

凡欲讀經先念淨口業真言一遍

脩唎 脩唎 摩訶脩唎 脩脩唎 娑婆訶

奉請除灾金剛 奉請辟毒金剛 奉請黃隨求金剛

奉請白淨水金剛 奉請赤聲金剛 奉請定除厄金剛

奉請紫賢金剛 奉請大神金剛

金剛般若波羅蜜經

⦿ 图 5–136　目前世界上明确纪年最早的印刷制品——Or.8210/P.2 唐咸通九年（868）《金刚般若波罗蜜经》，现藏于英国国家图书馆[462]

文章，为不识字的百姓提供佛经代抄、书判和信件代写服务，他们中不少人的气质与文思都很出众，是中了进士却始终没等来做官机会的失意之人[463]。

打卡胜地：东市旗亭偏门书肆

恨铁不成钢的妓女李娃曾到这家书店给她的爱人荥阳生挑过科举参考书，并最终助其中举[464]。

运气好的话，在书肆里还能淘到名人曾经收藏的书卷。贞元十四年（798），唐人崔仁亮在东都洛阳买了一卷《研神记》，翻开来看，发现书缝处竟写着上官婉儿的名字，可见是她的藏书，书不光没有虫蠹，纸上犹有余香。此时距离这位喜欢看志怪小说的博学女子离世已过了近一百年[465]。

没有什么比在堆积如山、扬尘的发黄故纸堆里找到各种珍本秘籍更有意思的事了。忙活半天，满头大汗地抱着你要的书去结账，真是不虚此行！比起淘到好书，有时你还能碰上更大的惊喜，比如发现一些被前主人卷在书里的金钗等[466]。

书画古董

今天北京的琉璃厂是古董玩家的天堂，当年长安东市的书画行内每日也聚集了一群好事家（可理解为对所好之物有着钻研精神、再创作热情和收藏癖好的狂热粉丝）。在东市书画古董行内，名家的真品、仿本皆有，偶然还有黑市流出（多半由宫中内鬼盗出）或安史之乱中散佚的“秘不外流”的内府拓本[467]。想买展子虔、阎立本、吴道玄画的屏风？有！想买尉迟乙僧和阎立德的真迹？也有！但都万金起步[468]。名家字画普通人买不起，光是《兰亭序》的拓本就值钱数万[469]，王羲之的五张行书足以使人破产，而他的真书（楷书）就更是天价了，连踪迹都难寻觅[470]。买到真品算你走运，因为唐代书画也同样真假相杂，尤其是摹本，能做到毫厘不差，可惜本书没法授你一双慧眼。武周时的宠臣张易之曾进行过大规模的作假活动，导致后世的很多所谓“名家画作”都是他找人制假替换的产品[471]，遗毒不浅。唐代制假者也会与裱工合作，能将假画装裱得高端大气[472]，连见多识广的老藏家宰相李德裕都在收购王献之、王羲之帖时马失前蹄[473]。

实在不放心真假，僖宗时代的游客可以到延寿坊找水墨李处士[474]，此人善鉴绘画，深得公卿赏识。东市还有一位书侩孙盈，经其手的书画真伪无逃[475]。鉴定名家看得多了，他们只需手拿卷轴，张嘴即可定贵贱。

唐代有卖家会将书画名作剪开出售，这对艺术品来说就是灾难。比如曾有人收购了虞世南的《与圆机书》，就将其剪开来卖[476]；怀素的一部作品也被剪成了二十几份，想要收藏，只得跑断腿到处收集[477]。

至于古董，本书只能告诉你，唐人制假技术毫不逊于今人，务必看准了再出手。淘货多年的古董迷宰相裴休被假古董骗得够呛，把一尊唐人的伪作认定是春秋时代的盎[478]。

书画和古董的水都太深了，普通游客看看热闹就好。

温馨提示

在古董行、书画行店铺内未经同意不要拿起商品。在面积狭窄的店铺内活动，请慢速侧身通过，以防商品掉落引起争执。

书画行内还有流动画家为你绘制真容，立等可取。李仲昌、李仿、孟仲晖这几位名声不著于后世，在当时却能接到大批为客户写真的订单[479]。你没准还会恰好遇上韩幹、周昉等名画家出来练摊，但他们的费用就稍贵了，是锦彩百段的标准[480]。

请你记住我

在现代，照相不过是按下快门一两秒的事。古人要想留住镜中的一瞬，就得坐上一两个时辰，自绘或请人用画笔来尽可能还原自身容貌，寄给远方的亲人。（图 5–137、图 5–138）

瑞典探险家斯文·赫定于吐鲁番发现的这幅唐代妇女像，可能出自一位叫九娘的少女之手。她初学绘画，迫不及待对镜绘下自画像，想要寄给远方的四姐。“四姐，想我的话就看看这幅画吧！”最后画像有无送到四姐手中已不得而知，但今人却有幸与九娘见面，在千年之后，亦早在千年之前。

⦿ 图 5–137 “九娘语四姊，儿初学画，四姊忆念儿，即看。”现藏于瑞典斯德哥尔摩人种学博物馆

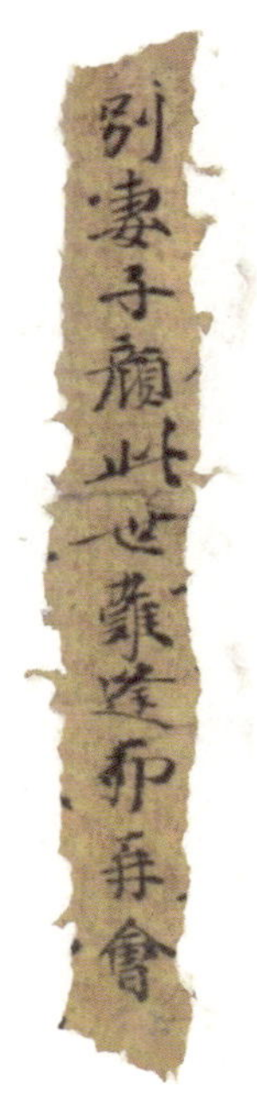

⦿ 图 5–138 敦煌文书 P.3268《氾府君图真赞》（局部）：“别妻子颜，此世难逢而再会。”

当时的人们还会在亲属死后，请画师来为其描写真容。

沙场苦战多年，“东西拒敌，挥戈拔剑”的归义军将领氾氏府君最终败给了一身重病，“奈何神灵不佑，疾染多时。累访良医，无能救济”[481]。亲眷遂找人画像留下样貌，挂在纪念影堂中。当斯人已逝，就需由这一方小小的画承载未来几十年的泪水与思念。此世再难重逢，只堪画中相见。

文化用品里世界特别呈现：“心想事成”之笔

宝物功效：“心想事成”之笔笔管深红，以虎毛制成笔毛。只要朝它呵一口气，就能得到一切你想要的东西。

❗使用禁忌：使用此笔时不可张扬。有一对穷苦夫妻幸运地得到了这支笔，在某晚很想吃兔头羹，于是对笔连连呵气，一连变出了好几盘。最后实在吃不掉，只好送给邻居，笔的秘密也随之传了出去。此后，这支笔就失灵了[482]。

谜题 6：相传崔瞉寄居在长安延福坊时，某晚有一个身材纤细、黄发散乱的孩童走到床前。崔瞉知道来者非人，只好装作看不见他。孩童便跳上床，向他念了一首诗：

能令音信通千里，解致龙蛇运八行。

惆怅江生不相赏，应缘自负好文章[483]。

这首诗揭示了孩子的真实身份，如果你知道他是谁，答案就是口令陆。

· 武备 ·

横刀

想买正宗唐刀（主要是横刀）当作纪念的游客在购买后务必马上打包，以防因刀生事。想携唐刀逛街是不可能的。唐代除弓、箭、刀、盾和短矛之外的武器都严禁民间私铸私藏[484]，同时，有权制造弓、箭、长刀的店铺也受到官府的严格监管，武器样式由官方立样，经手的工匠都要在武器上书刻姓名，以便日后能追溯来源[485]。不过，在刀上留下工匠名倒是很好的纪念。

⊙ 图 5-139　韦贵妃墓门吏壁画，人物手中所持可能为仪刀[489]

想购买横刀的游客请尽量选择初唐和盛唐游。唐中后期不断收紧对民间武器的管控，想买就更难了[486]。

唐刀分为**鄣刀、仪刀、陌刀和横刀**四种。本书前方采编人员一直未能打探到鄣刀的实物长什么样[487]；仪刀是皇家仪卫专用，民间概不出售；双开刃的长陌刀杀伤力太大，使用不慎容易伤及性命[488]。（图 5-139）

最常用也最有纪念意义的就是横刀了。横刀通常全长 60 厘米 ~85 厘米[490]，部分刀身微有内弧及剑尖反刃，是唐代男子单、双手把持，用以防身和装饰的轻便随身武器，也是唐前期府兵与仪卫的常规佩刀。好的唐刀需经百炼百淬，方能使刀刃坚锋。横刀多采用百炼钢法，极品横刀可直接选用产自印度、波斯和罽宾国的镔铁[491]，不仅锋利无比，据说刀面上还有如白云般的花纹[492]，价格也相应上涨。天宝年间，一把镔铁横刀高达两千五百钱[493]。选好刀的材质后，游客可再选择是否要环首（环首逐渐过时）、刀格（高宗、武周后，刀格开始流行），还可以选购喜欢的刀鞘、附耳等配件。不差钱的话，自然可买金银制刀鞘，但用青铜（似金）和白铁（似银）做装饰的刀鞘性价比会更高。购买时要注意店家有无以次充好，比如刀刃用含碳量过少的熟铁，这样的刀砍东西容易卷刃[494]。（图 5-140、图 5-141）

⊙ 图 5-140　黑龙江宁安虹鳟鱼场渤海墓地出土的渤海国仿唐铁刀[495]

⊙ 图 5-141　窦皦墓出土的水晶缀十字铁刀，刀脊有铭文“□尺百折百练匠□□兴造”，是典型的唐横刀形制[496]

胡禄、箙

胡禄[497]是突厥和中亚民族使用的箭筒，大多是皮质。传入中原后，初盛唐武德充沛，喜好胡风的青年走到哪儿身上都要挂上一个。这种箭筒上端圆筒呈倒梯形，向下三分之一处有细腰，外部裹上皮革。中原传统箭筒被称为箙（唐人亦呼为“步叉”[498]），呈长圆筒形，多以竹木为材质，无细腰或细腰不明显，要区分两者比较容易。为保护野生动物，现代人是不得参与长安近郊狩猎活动的，但胡禄和箙仍可成为你日常外出旅游用来做造型的霸气腰饰。放在地上，胡禄还能化身传声筒，将耳朵对准筒口，可听到三十里外的马蹄声[499]。（图 5–142、图 5–143）

⊙ 图 5–142　章怀太子墓仪卫图，人物腰间所挂长筒箭囊即为胡禄[500]

⊙ 图 5–143　吐鲁番阿斯塔那古墓出土的彩绘木箭箙[501]

· 其他 ·

西市钱贯铺

《原化记》告诉我们，玄宗朝的西市有一家钱贯铺，老板叫作王老，是贺知章的对门邻居。五六年过去了，贺知章发现王老从未有过家人，容颜也丝毫没有改变。在好奇心的驱使下，贺知章前去和王老闲聊，后者说自己之所以能常葆青春，是因为擅长修道。听到这里，贺知章当即就要拜他为师，并奉上一颗明珠作为拜师礼。王老接过明珠，随手递给身边童子，让他去买几十个烧饼回来吃。贺知章见自己爱惜的明珠竟被换饼吃，暗自不悦。王老察觉后就对他说："心无所挂，自然而然就能修成正道，岂可以力相争呢？可惜你仍怀悭惜之心，终归是不够格。若真想学习，应去深山穷谷专心而寻，我怕是教不了你了。"贺知章听完此话后幡然醒悟，道谢而去。数日后，钱贯铺闭门歇业，王老也不知去了哪里。贺知章于是不再留恋红尘，辞官入道[502]。

都市传说：西市北王会师店——会说话的狗

王会师店本来是卖什么的早已不再重要，游客们只是听闻这里有一只会说人话的狗。老板王会师家的母狗生了一窝小狗，某天有只小狗偷吃了家里的东西，被老板娘用木棒打了几下，它竟开口说道："别打我！我是你过世的婆婆。过去我对你们很苛刻，如今才变成狗来受罪。想不到你竟也来打我！我受不了了，我要离家出走！"说完，气冲冲地跑了。王会师听说这事后哭得很伤心，寻了半天才把小狗找回，谁知刚回家没一会儿，小狗又跑了。王会师见“母亲”决意不肯和妻子同处一室，只好在店铺后墙又造了间小房子，把“母亲”安置在那，每天都给她送饭吃。久而久之，这事传了出去，市里的商贩都慕名来看望小狗，撸狗投食。

可是一两年后，这只神奇的狗便又跑得无影无踪了[503]。

凶肆

东西市里有游客避之不及的凶肆，主营方相、人偶、遣车等各类丧葬用品。（图 5-144）在《李娃传》中，天宝年间荥阳生因迷恋妓女李娃而穷困潦倒，为谋生计曾在西市某家凶肆中唱过一段时间的挽歌[504]，竟意外开发了自己的技能点。

⊙ 图 5-144　长安醴泉坊唐三彩窑遗址出土的陶俑人头，现藏于陕西考古博物馆。由于窑址靠近西市，这些产品很可能会售卖至西市凶肆作为陪葬人俑

· 传奇食肆 ·

想要在市集内坐下来好好享受一顿，而不是吃路边摊，东西二市内有以下饭店与酒肆供你选择。不过这些饭店只存在于传奇故事或城坊记述中，有可能他们并不存在，你要做好饿着肚子白跑一趟的心理准备。

东市 “三贤”旗亭

“三贤”旗亭的氛围不太像酒肆，倒像个文化沙龙。店内装潢古雅，常有文士在此设宴会友。热情的唐人一般不会拒绝陌生人参与其中。若是诗兴大发，你趁酒醉当众吟诗也没人会嘲笑。旗亭里最著名的一次聚会，要数开元年中，王昌龄、高适和王之涣三人在此的小聚。喝到一半，店里来了一众梨园歌妓，席间她们打赌，说要看看在座的乐人演唱谁的诗最多。最后的结果想必大家都知道，但若你恰好有幸在场，可别说漏了嘴啊[505]。

东市 姚生酒肆

老板姚生是个有酒有故事的人。他性格大方，爱结交朋友。游客尽可大胆去找他聊天。要是他喜欢你，还会给你讲他的一次难以置信的经历：姚生曾有一位好友，是给事中穆仁裕的侄子，叫作穆将符。穆将符从小不慕荣利，一心慕道，在旁人看来有些神秘和难以接近，但他很喜欢来姚生的店里喝酒，两人遂成为至交。有一天，姚生突然毫无征兆地昏死过去，家人惊慌失措，只得请来穆将符帮忙。穆将符到来之时，姚生已浑身僵硬，不再呼吸。见家人苦苦哀求，穆将符笑道："请不要忧虑，我能救回他。"于是脱下衣服，钻进了姚生的被窝，并让姚生的家人别再光顾着哭了，赶紧去煮些人参汤和粥，静待姚生醒转。说完，他就吹熄蜡烛，和姚生一样闭上了眼睛。

半夜时分，穆将符才醒。他让家人们重新点上蜡烛，而此时姚生也已醒转。喝过人参汤和粥后，姚生说出了自己的经历，当时他正随着几个黄衣人走在幽暗的月光中，没走多久，前方就出现一道红光，光越来越亮，犹如升起的太阳。从光中走来一位穿红衣服的人，是他把所有的黄衣使者驱散，带姚生回到了人间。

红衣人正是穆将符。可姚生死里逃生之后，他却飘然离去[506]。

这次经历使姚生更加看淡名利，用心以好品质招待每一位顾客，不论贵贱贫富。从醒来那天起，他便在店内酿了百坛好酒，每天只对顾客限量供应一小部分，因为他坚信，在百坛酒喝完之前，穆将符一定会回来，届时两人还要对饮一番。

东市　能遇见神的酒肆

在这里吃饭的游客，若见到一位书生打扮的年轻人走来与你同坐一桌，说明你的好运就要来了！他可是能不断带给你好运气的桐梓神。当年，从河南来长安屡试不中的卫庭训就是这样遇见的他，并请他喝了酒。桐梓神很是感激，不仅动用法术解决了卫庭训手头的困窘，还为他找到了工作。就算后来卫庭训得意忘形，害得自己所在神庙被人烧毁，桐梓神也毫不怨恨。要想获得神的眷顾，请客是必不可少的[507]。别吝啬，请他喝酒吧！

西市 陶氏食店

这是西市具有百年历史的惠民食店，特点是美味价廉。其创始人是隋代富商张通的妻子陶氏，她本人极富亲和力，模样朴素，事事都亲自操持，完全没有架子。夫妻俩都信佛，因此将家中位于怀德坊的宅院捐出，改建为慧日寺，后又得名“陶寺”（不是山西的陶寺遗址）。百年来，陶氏食店不忘初心，食材品质一如既往，味道也秉承了陶氏在世时的品质[508]。

西市 金光门附近北斗七星酒楼

这间酒楼的神奇之处在于，曾有北斗七星化作七名婆罗门僧人来这儿喝过酒[509]。

西市 张家楼（鞭辔行附近）

张家楼堂食的位子不多，主要为带门帘的包厢雅间，常有高官显要、富家子弟来此吃饭谈事，游客也因此常能偷听到隔壁包厢的秘密。曾经有位家住河东郡的牛生，多次参加科举却屡屡落第，最后他也是在张家楼上听到了主考官儿子贩卖中举名额的事，便暗中贿赂，成功中举，最后官至河中节度副使[510]。

● 店内主推菜品：蒸乳猪配蒜酱、椒盐烤鸭和去骨鲜鱼脍。[511]

东市 杜家旗亭

敢去杜家旗亭就餐的游客想必胆子不小，这里是元和年间东市有名的恶少李和子常来的地方，他滥杀动物，寻衅滋事，无恶不作，被他缠上会难以脱身；而更恐怖的是，旗亭内还有鬼使出没。进店时如果看到店里有人单独吃饭，却在对面摆了酒杯，那他很可能是在和鬼使谈事。

第三章《食物指南》中提过，李和子曾和鬼使先在“鬼不理”饆饠店吃饭，随后来到这里喝酒。席间李和子恳求鬼使看在这顿饭的份儿上让他多活三年，还承诺烧四十万钱答谢，但三天后他还是死了。原来阴间的三年是人间的三天，李和子还是吃了没文化的亏[512]。

市内恶少

要是看见剃了头发、敞开袍子露出文身的张狂少年，离他们越远越好，这群人是市集中的一大危险因素——市内恶少，常出没于酒楼饭店。他们三五成群，赌钱酗酒、在店内放蛇吓人、打人、抢劫、用羊胛骨和弹弓袭击路人[513]，什么都干得出来。他们的出身比较复杂，有的是下层流氓和勾结兵痞贵戚的地头蛇（李和子和其父李努眼就是这一类），有的则是些不学好的豪富子弟。

豪侠之辈很喜欢在酒肆中约架。相传武宗时，左神策军军士管万敌曾与一位穿麻衣者在东市酒楼中比武，实属神仙打架，精彩绝伦，现场“楼柱与屋宇俱震”[514]，观者如云。亡命之徒时而也会藏匿于各大酒肆。就餐时如遇殴斗或官府抓人，还是不要凑热闹，走为上策（逃走前记得给店家把钱留下）。唐代男子基本都有佩刀，一旦打起来都是真刀真枪。出门在外，安全第一。

文身店

说到恶少，不得不提他们身上标志性的文身。东西二市和长乐坊门口[515]都有文身铺。唐代文身技术不能保证无痛，但绝对保证图案独特。在唐人看来，在人身上文满白居易的诗歌[516]、山水图、草木鱼虫[517]和天王像[518]都是小菜一碟。更酷炫些的，有个叫崔承宠的人在手背文蛇头，在食指和拇指文蛇的上下颚，然后沿手腕和手臂一路而上文画蛇身，让蛇围着脖子绕一圈，缠绕于肚皮，最后将蛇尾文在小腿上[519]。甚至有一无赖男子还把他去过的地方、喝过的酒、赌过的钱、相好妇人的名字及其住所都文在身上，做成了一部文身个人史[520]。

文完不满意想要去掉，在唐代有一种不用激光、无腐蚀性、全程无痛的土方："以未满月儿屎敷上，一月即没。"[521]

· 逛街小食 ·

蔬菜、水果与干果

旅行途中不能缺少维生素 C，需稳定摄入水果和蔬菜，所以游客有必要到东西二市蔬果行中大采购一次。长安城南部和近郊的大片菜地保证了长安人的日常蔬菜供应。大部分今人熟悉的绿叶菜在唐代还未出现，长安菜行中常见的蔬菜有马齿苋、莴苣、胡瓜（黄瓜）、莱菔（萝卜）、茄子（亦名"落苏"）、葵菜（冬葵）、蕨菜、菠蔆（菠菜）、藕、槐叶、藿（豆叶）等。此时已有散叶大白菜的老祖宗——肥美的牛肚菘[522]，但很可惜，它只在长江流域栽种。游客只能吃到它的北方限定版——芜菁（大头菜）[523]。香菜恐惧者在唐代也不能幸免，当时名为胡荽（并州、汾州人也称其为香荽[524]）的香菜已出现在了唐人的餐桌之上。（图 5-145）

长安不少大户家中都种有果树，丰收时也会采摘果品，派人来果行售卖。太宗时白手起家的破烂大王裴明礼最擅长的就是变废为宝。他在城西金光门低价收购了一块堆积瓦砾的不毛之地，先是用奖金吸引市民参加丢瓦片中标的游戏，通过这种方法在短时间内清理了瓦砾，然后在地块中养了一群羊，积累了大量粪肥，最后种上杂果，使之变成一大片品种丰富的果园，每日都有新鲜水果运到邻近的西市贩卖[525]。柳宗元笔下聪明勤劳的种树能手郭橐驼所种的水果也广受长安居民欢迎[526]。

- **柑橘**在唐代颇为常见。有众多文人拥趸的洞庭贡橘[527]和温州宜山乳柑[528]最是出名。乳柑个头小巧，果香四溢，皮薄似纸，好剥且脉不黏瓣。一入口，醇厚的果肉像乳酪一样在嘴中融化，流畅润滑，而且基本没有讨厌的核来干扰你的美味体验，吃上一口足够回味一辈子。不过，外地水果来京路途遥远，路上损耗严重，价格普遍较为昂贵，市集上还是以本地水果为主。相传玄宗曾在宫中种植柑橘，达到了“与江南及蜀道所进不异”的品质[529]。
- 如果唐人朋友约你吃烧烤，他指的很可能不是孜然牛羊肉烤串，而是**烤梨**。唐人喜欢把梨蒸着或烤着吃。唐代的烧烤大概就是一群人围坐在炉火四周，一边烤梨一边吃[530]。一到初秋，东西二市的街巷上就弥漫着温暖甜美的烤梨香气。烤

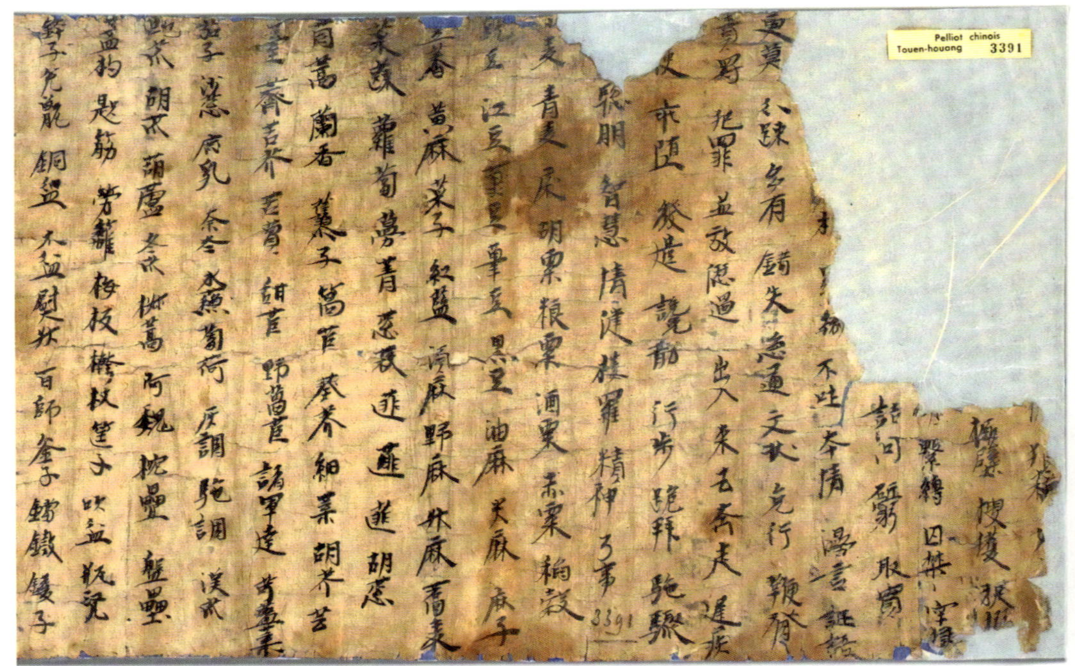

⊙ 图 5-145 敦煌文献 P.3391《杂集时用要字》中的蔬菜条目，有我们熟悉的萝卜、茼蒿、葫芦、莴苣……

梨摊随处可见，有不少当地人坐在便携的交床上等着烤好开吃。窦州梨皮厚肉硬，最适合蒸着吃[531]。长安还流行一句谚语：“愚者得哀家梨，必蒸吃。”哀家梨流行于魏晋时期，生吃口感极佳，唐代产于咸阳等地的水蜜梨就是哀家梨，把它蒸煮了吃可是暴殄天物[532]。

- 来自岭南的荔枝[533]运输成本高，价格高昂，很是罕见。但市集食街供应**荔枝煎**，或可代为解馋。制作方法是将生荔枝剥好榨去汁水，再用蜂蜜去煮，制成蜜饯果脯，这是唐人腌渍保存荔枝的一种方式[534]。其色泽黄白相间，让人很有食欲，但是切忌吃太多，会甜到齁得慌。
- 晚秋时，坊中人家和寺院中的**柿子**已经成熟，远远望去，柿果似支支红烛挂在树梢，预示着接下来采摘的红火与忙碌。不久后，柿子便会在水果行中闪亮登场，每家店铺门口都堆

口令陆：答案是“笔”，见《太平广记》卷三七〇《精怪·崔毅》。

满了火红的柿子，有的还在石灰水里浸泡脱涩，等你来一尝长安之秋的味道。

- **洛阳嘉庆坊的李子**最是出名，在盛夏的成熟时节会运抵长安[535]。它甘美可口，汁水能流满你的下巴。
- **终南山的野生板栗**甜糯可口，但唐代的栗子和荔枝都算高档消费品。相传李商隐曾写过一部《义山杂纂》，里面有个条目叫“富贵相”，列出了很多象征富有的场景，比如骏马嘶（有钱人家才养得起骏马）、蜡烛泪（夜夜亮如白昼，烛泪成堆），还有就是满地栗子皮、荔枝壳[536]。
- 市集上的**南诏国石榴**皮薄个头大[537]；和今天一样，唐代的**菠萝蜜**[538]也散发着那股爱者爱极、恨者恨极的汽油味，但它的果仁还能炒着吃，买上一大把炒菠萝蜜仁，味道如栗子般软糯香甜。
- 干果行里每家店门前都堆了按色彩分好、垒如山高的干果堆，五花八门，十分壮观。有**葡萄干**、**大枣**、黏而软烂的**波斯枣**（椰枣）[539]、**阿月浑子**（可能是开心果[540]）、**新罗海松子**和**胡桃**。
- 长安青门外瓜田产的**甜瓜**是汉唐长安人共同的美味记忆，自西汉起就已为人熟知。其纹理有五色，短圆，芳香浓郁，又名五色瓜[541]。开成、会昌年间，圆仁也在长安，说不定就和你同在青门旁的瓜摊吃瓜，你可以留意下身边是不是有个吃瓜吃得忘乎所以的中年僧人。他在那一天的日记里只写了四个字：“吃瓜，美熟。”[542]

抱歉，没有西瓜

想在炎炎夏日大吃一顿冰镇西瓜？很可惜，西瓜还不是唐人能享受到的美食。五代晋人胡峤被掳掠至辽国，回中原时行至上京郊外东南七八十里，见到当地有人种西瓜，吃到了这一“食用空调”，但并未带回种子。唐代长安两市的蔬果行内有人在卖寒瓜，这让人想起《本草纲目》说：“西瓜，一名寒瓜。……五代之先，瓜种已入浙东，但无西瓜之名，未遍中国尔。”这里，李时珍犯了一个认知上的错误。西瓜进入中国内地（浙东），得等到南宋绍兴十三年（1143）出使金国的洪皓回来，是他把西瓜种子带回了杭州。直到元朝初年，大概是西瓜解暑降温的特性深入人心，才有人用冬瓜的古称“寒瓜”来称呼西瓜[543]。你在唐长安市集上看到商贩们卖的寒瓜，真的就只是冬瓜而已[544]。

蜂蜜

唐代蜂蜜绝对纯天然无污染。说起长安最好的蜂蜜，昌乐坊西官园产的梨花蜜一定是首屈一指的，可惜它是贡品，仅供皇室享用[545]。买不到梨花蜜也别叹气，我们推荐你考虑一下“裴家蜜”。上文提到过的裴明礼在家中院落设置蜂房，又种了蜀葵等各色花卉果树，所生产的蜂蜜多达几十种。东西市内说不定就有他的店铺。[546]

乳饧

晚唐蜚声洛阳的糖果巨头“绥福里糖铺”很可能已经开来长安了。店里最受欢迎的产品是乳饧，用新鲜牛羊乳和酥乳煎制，入口奶味充盈，清新不腻，越回味越醇厚，一斤只卖六十文。店家声称这是武将李环家传出来的配方[547]。

龙脑香煨芋头

龙脑香煨芋头的吃法源自开元天宝年间的李华（可能就是写《吊古战场文》的那位），他选用上等名炭和龙脑香包裹住芋头块来烤，让龙脑香的清凉与芋头的醇厚交织在一起，碰撞出奇妙的香气与口感。这道小吃有个很特别的名称，叫作“芋魁遭遇”[548]，换成白话就是“芋头当大官”[549]。芋头这般接地气的美食配上名炭和龙脑香，可不就平步青云了嘛。

蜜姜

蜜姜是从扬州、杭州传来的特色小吃[550]，一年四季都有小贩推车来卖。将生姜去皮切成如筷子般的条状，煮沸后再以蜜浸，是冬日缓解严寒的滋补佳品。春天的时候乍暖犹寒，最适合买上一碗蜜姜坐在渠水池边细细品尝，吃着清甜的姜丝，看烟柳漠漠，泽兰依依，一旁晓风送来不知何人的歌声。

䭔子

唐代小吃䭔子的现代化身对今天广东、福建和海南等地的游客来说应该是相当有亲切感了，那便是煎堆（北方叫麻团），一种撒上芝麻的油煎糯米团子。䭔子因其极高的能量和甜度，能让人进食后幸福感倍增，所以在唐代是条条街有、人人都爱的小吃。初唐诗僧王梵志曾写诗讽刺某些好吃懒做的出家人吃䭔子比念佛经还积极：“贪他油煮䭔，爱若波罗蜜。”[551]

在中唐小说中，唐初名臣、宰相马周的妻子最初开了一家䭔子铺。可惜这位卖䭔媪姓甚名谁未见诸纸端，在故事中，是她菩萨心肠，目光如炬，接纳照料了孤贫无依的青年马周，并将他引荐给中郎将常何，使其有机会依靠才华为君主赏识[552]。

胡饼　汤饼

上面那些街头小食也就是尝个鲜。对那些以扫货为目的的游客而言，吃块胡饼或一碗汤饼是填饱肚子继续购物最快捷的方式。叫住从你身边走过的胡饼小贩，尝尝长安时兴的骆驼脂糯米煎饼，这可是现代吃不到的美味，不仅好吃，还有治疗痔疮的额外疗效[553]。喜欢甜口？糖脆饼[554]和用乳酪做馅的香甜银饼[555]能惊艳你的味蕾。饼类最好在出炉一小时内吃完，不然会软掉，影响口感。

汤饼指一切含汤水的面食。其中，索饼是如绳索般的面条[556]，馎饦是面片。累了就来一碗热腾腾的羊肉索饼、姜汁索饼、鸭花馎饦或是脂葱杂面馎饦[557]，会为你带来心满意足的饱腹感。炎炎夏日，必须来一碗槐叶冷淘（槐叶凉面）[558]降温。这是用槐树嫩叶汁和入面粉，做成面片，煮熟后过清凉井水制成的凉面，面片溜过齿间留下冰爽之感，实为消夏必备。

不要问老板哪种口味的胡饼或汤饼最好吃，老板肯定自豪地说都好吃，要求你全部试试。

酱

酱酢行内酱料都是散装的，为照顾游客，大多数店铺推出了礼盒，内含唐代较出名的几种调味品——葫芦酱、桃花醋和照水油，这几种酱料得到过宰相裴度的首肯[559]。

旅途中吃不惯唐朝饭菜的话就买一罐豉汁，挖一盒猪膏，回旅店蒸饭吃。拌一拌，香浓味美，是饭菜不合胃口时的权宜之选[560]。

市集的声音

竖起耳朵，在繁华街市中央聆听小贩的叫卖声吧。唐人店铺的叫卖词就好像中古贯口，会将自己卖的东西全数列出招徕客人。说太快听不懂也没关系，我们为你找到了敦煌店铺中一段叫卖词的文字版，以供参考。（图 5–146）

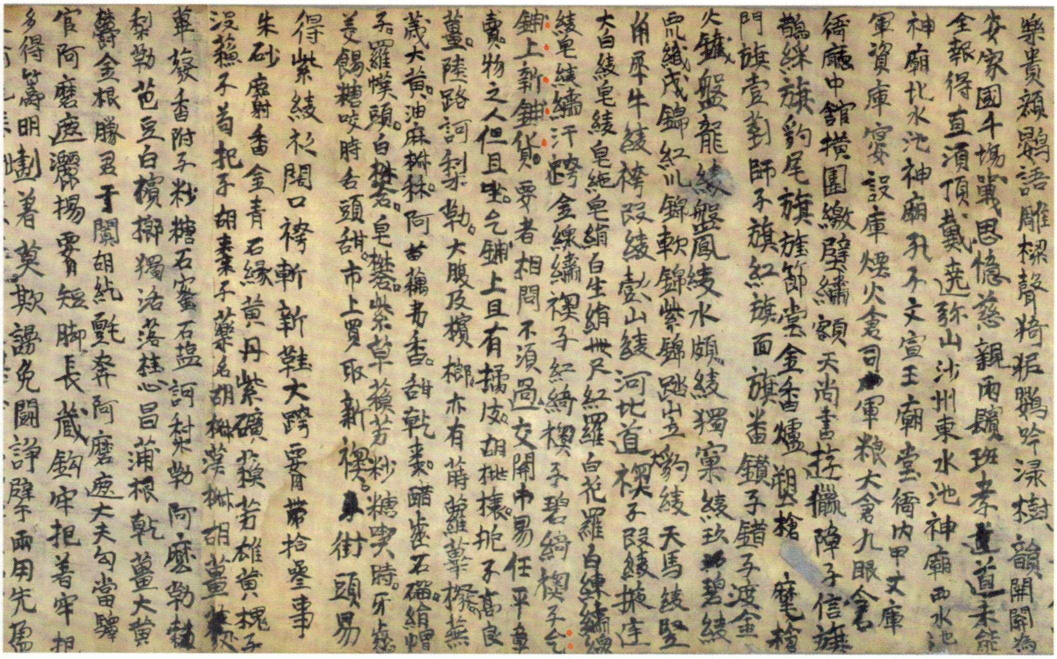

⦿ 图 5–146　敦煌文书 P.3644《词句摘抄》："某乙铺上新铺货，要者相问不须过。交開（关）市易任平章，卖（买）物之人但且坐。某乙铺上且有：桔皮胡桃瓤（瓤）、栀子高良姜、陆（六）路诃梨勒，大腹及槟榔。亦有莳萝荜拨、芜荑大黄、油麻椒秝（蒜）、阿（河）藕弗（佛）香、甜干蕠（枣）、醋齿石榴（榴）、绢帽子、罗幞头、白礬、皂礬、紫草、苏芳。粆糖喫时牙齿美，饧糖咬时舌头甜。市上买取新袄子，街头易得紫绫衫。阔口裤，斩（崭）新鞋，大跨（銙）腰带拾叁事。"[561]

你可能还会遇到这样的情况：有时唐人老板说的话，你每个字都知道，可连起来就是听不懂。这多半是长安市人间通行的“黑话”。生意人交谈时，有些涉及商业机密的内容不便为外人知，所以不同行业的商人各自发明了内部隐语，有“葫芦语”“锁子语”等，行与行之间也不通用[562]。

街头小食里世界特别呈现：胡僧带来的西域大枣

宝物功效：服用后入睡，你能梦到自己的前世和后世[563]。

使用代价：会让人产生人生虚幻之感。

谜题 7：既然这件宝物能让你知晓前尘往事，通达智慧，谜题便也与此有关。

大王约束苦丁宁，
空里唯闻作梵声。
给孤园中寻花柳，
般若波罗愿早成。

如果你知道这首诗描述的是什么物件，谜底就是口令柒[564]。

至此七道谜题都已出完，不知你是否在东西二市里遇到了里世界接洽人，成功领取到宝物了呢？

一无所获也没关系！本书知道如何安慰你。集齐全部谜题的答案后，我们将为你解锁本书的隐藏章节《秘境指南》，邀请你前往里世界一探究竟[565]。

跨旅局特别提示：《长安档案》中第五章的注释 565 藏着通往里世界的线索，一定不要错过！

·"市"间百态·

行商和街头表演

东西二市不仅有固定的店铺，也有行商。城郊农户会带着家中活禽和土产来摆摊；天寒时，樵夫也会背着一捆捆薪柴上街叫卖。夏天还有小贩会卖抓来的蝉，这蝉有个雅致的名字——"青林乐"，引得年轻女孩和孩子们争相购买，放进笼子挂到窗边聆听[566]。最热闹的一定是博戏和斗鸡摊子，但请你不要停留，赌博是跨旅局严令禁止现代人参与的活动。围观下注的多是当地的街头混子，成天不做正事，只知看"大鸡昂然来，小鸡竦而待"[567]，不过倒也难说都是这些人，有时候李白会混在其中[568]。市内大街路口有角抵、走索、舞剑、傀儡戏等百戏表演。嘈杂的道旁还有卜肆，在不起眼的小摊后，就坐着知晓你命运的奇人。

口马行

可不是吓唬你，孩子走丢真有可能会被卖到别人家中做奴婢。东西二市有大规模的口马行，主营奴婢和马匹牲畜销售。在唐代，的确有针对人口贩卖的立法[569]，但法律很大程度上保护的是本国良人，掠卖良人（或诱拐十岁以下的良人）为奴婢会被绞死，买家会遭到流放[570]。至于唐人之间的奴婢买卖则是受到唐律保障的。

经过口马行时，你会见到待出售的"商品"们当街站着，主顾看中哪个，立定契约后就可带回。除了唐人奴婢[571]，还有来自东南亚海岛的矮黑人昆仑奴、有被卖作奴隶的高鼻深目波斯人，与唐人长相差不多的高丽人、新罗人，抑或各种长相皆有的突厥人等。（图 5-147、图 5-148）

⊙ 图 5-147　郑仁泰墓出土的昆仑奴俑

⊙ 图 5-148　西安南郊裴氏小娘子墓出土的黑人俑[572]

温馨提示

游客是绝不被允许参与买卖奴婢的，并请不要对奴婢们指指点点。

“妈妈再见”——《丙子年阿吴卖儿契》

口马行中时常上演令人揪心的画面。团友都购物去了，你无所事事地站在街上看风景，一个衣衫破烂的妇女在烈日下牵着个看上去只有七八岁的男孩，到处转悠打听，已经从你面前来回好几次了。妇女拼命向人推销自己的儿子，哭诉说丈夫早早去世，一双儿女年纪还小，孤儿寡母没人救济，好几天都吃不上饭，还四处举债。

“买主大人行行好吧，阿吴家中还有个女儿要养活，所以自愿出售我那亲生儿子庆德。他已经七岁了，看看，他力气大得很，能干很多活！你买下他后，庆德将永世是你的家奴，我保证再也不会回来找他！哪怕将来有任何恩赦诏令，我都不会再与他见面了。这是我自己的决定，旁人无权干涉。”女子语气决绝，却越说越哽咽，声音也逐渐变小。有个买主对庆德这虎头虎脑的模样很是满意，有意买下。他拿出一张纸道：“阿吴啊，口说无凭，找人把你刚才说的都写下来吧！”

在知见人的注视下，女子于写好的卖儿契上签字，并按下手印。来时还牵着的孩子在走时已被换成了三十石粮食。她匆匆离去，不敢再多留片刻，怕徒生伤悲。你倒是替女人多看了几眼那个男孩儿，他正撕心裂肺地大哭，但是很快，一起旅游的同伴就走过来叫你别站在这发呆了，说那边丝帛行在促销打折，让你赶紧前去逛逛。（图 5–149）

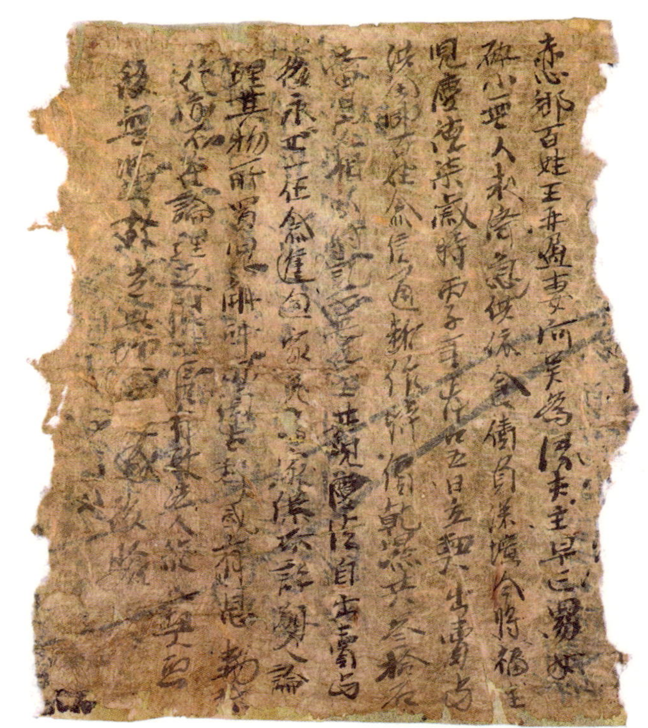

⊙ 图 5–149 “赤心乡百姓王再盈妻阿吴，为缘夫主早亡，男女碎小，无人求（救）济，供急（给）依（衣）食，债负深圹（广），今将福（腹）生儿庆德柒岁，时丙子年正月廿五日，立契出卖与洪润乡百姓令狐信（进）通，断作时价干湿共叁拾石。当日交相分付讫，一无玄（悬）欠。其儿庆德自出卖与（已）后，永世一任令狐进通家□充家仆，不许别人论理。其物所买儿斛斗，亦须生利，或有恩勑（敕）流行，亦不在论理之限。官有政法，人从私契。恐后无凭，故立此契，用为后验。”——敦煌文书 S.3877 号文书背面《丙子年阿吴卖儿契》[573]

· 刑场 ·

● 心理承受力弱和未满十八岁的游客请勿参与此活动。

某个秋季下午，当你正在挑选商品，忽听到身后人群开始躁动，高呼喊叫，紧接着街市上的人都跑了起来，连店员和老板也顾不上生意，奔出店铺……莫慌！这不是地震或敌军攻城，不用急着逃命。不知该不该算走运，但你的确遇上了东西二市购物期间颇具特色的戏剧性事件——处决死刑犯前的巡市。

长安城有两大公开刑场，秉着教化民众的理念，都建在东西二市附近。东侧刑场叫“狗脊岭”，位于东市外西北角，春明门大街上的十字街口，靠近资圣寺；西侧刑场“独柳”位于西市东北角外的街口上[574]。有时行刑事件也会随机发生在城内街中。元和五年（810），十五名成德军战俘被斩于延平坊的街道[575]。（图 5-150）

长安城中有两座资圣寺

最负盛名的那座资圣寺位于崇仁坊东南隅[576]，是热闹东市附近的一处僻静所在。咸亨四年（673）前，这是一座尼寺。逛街累了，厌倦了空气污浊、气氛吵闹的市集，就到寺院中来散散心吧。开成五年（840）八月下旬，日本僧圆仁挂单在寺中净土院。接下来的五年，他将一直住在这里，直到会昌五年（845）被强制还俗，离开长安回国。可惜这座崇仁坊资圣寺在会昌毁佛期间被毁[577]。大中六年（852）后慕名而来的游客须知，你们向往的资圣寺其实是由原道政坊的宝应寺更名而来的。

死刑通常仅在秋分至下一年立春之间进行，但遇上特定日期，比如禁屠日、节气日等也不能执行[578]。唐代的死刑原则上会公开行刑。但罪犯若是五品以上官员，且犯的不是“十恶”中恶逆以上的重罪，一般可在家自尽[579]。

经过复奏后，普通犯人会被直接拉去刑场，俘虏和要犯得先被带去太庙和太社向祖宗、社稷告功，然后在二十来个押囚军士的押解下巡东西二市[580]。随罪犯游完两市后，人流便会蜂拥来到刑场，在这里还常能见到官员们前来团体观斩[581]。不过要小心，

⊙ 图 5-150　大英博物馆藏敦煌藏经洞绢画《法华经普门品变相图》中的行刑场景[582]

有的死囚临死前会拼命反抗，伤及民众[583]。而在围观贪官、敌军战俘和作恶多端之人伏法被杀时，百姓也会纷纷投掷瓦砾[584]。当来俊臣在西市受刑时，仇恨到极点的市民竟还冲上去割其肉挖其眼[585]。但话说回来，赴死的人中也不乏蒙冤之辈。

被斩于独柳的人员名单：酷吏来俊臣、安史伪官达奚珣（腰斩）、淮西藩镇叛将吴元济，以及王涯、王璠、贾餗、舒元舆、李孝本（以上五人为甘露之变受害者）。

被斩于狗脊岭的人员名单：韩约（甘露之变受害者）。

景龙四年（710）七月底来到东市的游客还将看到一项地狱级景观：死于唐隆政变的韦皇后和安乐公主被枭首示众，首级就摆在人来人往的要道上。由于视觉冲击过于强烈，届时请你谨慎前往东市[586]。

在本章的最后，希望你能顺利买齐所有需要的物品，平安地满载归来。购物全程请务必保持清醒的头脑，别盲目消费，购买不需要的商品，也别相信花哨的谎言，若在市集上听到有温柔却陌生的声音叫你的名字，可千万不要答应……

附录一　大唐全境米价变动表

在位皇帝	时间	游览环境	当年米价 *	史料来源
高祖	武德元年（618）	危险 唐尚未统一全国，战争不断，大饥荒暴发，盗贼横行	斗米千钱	《新唐书》卷七十八《宗室·长平王叔良列传》
太宗	贞观元年（627）	关中大饥	斗米一匹绢	《贞观政要》卷第一《政体第二》
	贞观四年（630）—贞观八年、九年（634、635）	良好 百姓还算丰收	斗米四五钱	《新唐书》卷五十一《食货志一》《通典》卷第七《食货七·历代盛衰户口食货典》、陆贽《均节赋税恤百姓六条》
	贞观十五年（641）	良好 频年丰稔	斗米两钱	《通典》卷第七《食货七·历代盛衰户口食货典》
高宗	麟德三年（666）前	物价低，平稳	斗米五文	《通典》卷第七《食货七·历代盛衰户口食货典》
	乾封（666—668）年间	乾封泉宝发行后物价上涨	米帛踊贵	《新唐书》卷五十四《食货志四》
	永淳元年（682）	差 蝗灾，京师发大水，疫情频发	斗米二百二十文至三四百钱不等	《旧唐书》卷三十七《五行志十七》《资治通鉴》卷第二百三《唐纪十九·永淳元年》
武后	大足元年（701）	良好	一匹绢数十斛粟	《新唐书》卷一百二十二《郭元振传》

（续表）

在位皇帝	时间	游览环境	当年米价 *	史料来源
中宗	景龙三年（709）	较差 饥荒，但物价上涨相对前期不剧烈	斗米百钱	《资治通鉴》卷第二百九《唐纪二十五·景龙三年》
睿宗	先天年间（712—713）	两年来夏季相继有水患、大旱，农作物歉收。恶钱泛滥	无具体数字，物价腾跃	《册府元龟》卷第五百一《邦计部十九·钱币第三》《旧唐书》卷九十九《严挺之传》
玄宗	开元六年、七年（718、719）	极好，欢迎来玩	斗米三钱	《唐语林》卷三《夙慧》
	开元十三年（725）—开元二十五年（737）	极好，欢迎来玩	东都斗米十钱、十三钱	《旧唐书》卷八《玄宗本纪上》《通典》卷第七《食货七·历代盛衰户口食货典》
	开元二十八年（740）	极好，欢迎来玩	京师米每斛不满两百，每斗不到二十钱	《旧唐书》卷九《玄宗本纪下》《通典》卷第七《食货七·历代盛衰户口食货典》
	天宝五载（746）	极好，欢迎来玩	斗米十三钱	《新唐书》卷五十一《食货志一》
	天宝十五载（756）	危险，安史之乱	斗米四五十千钱	《旧唐书》卷一百一十四《鲁炅传》
肃宗	乾元二年（759）—乾元三年（760）	危险，安史之乱，乾元通宝，重轮钱发行，通货膨胀。长安“人相食”	斗米七千钱，斗米一千五百钱、八百钱不等	《旧唐书》卷四十八《食货志上》、卷十《肃宗本纪》、卷三十七《五行志》
代宗	广德元年（763）—永泰元年（765）	差 饥荒、连雨、虫害、旱灾，刚刚平定战乱	斗米千钱（一斛至万钱）	《旧唐书》卷十一《代宗本纪》《新唐书》卷三十五《五行志二》

（续表）

在位皇帝	时间	游览环境	当年米价 *	史料来源
	大历四年（769）	此年秋京师水患，路有饥民	斗米八百文	《旧唐书》卷十一《代宗本纪》、卷三十七《五行志》
	大历五年—六年（770—771）	春旱，米价飙升	斗米千钱（斛米万钱）	《旧唐书》卷十一《代宗本纪》
德宗	建中元年（780）	良好，开始施行两税法，物价回落	初定两税时，粟一斗价盈百；米一斗为钱二百	李翱《进士策问二道》《疏改税法》
	兴元元年（784）——贞元二年（786）	差 长安旱灾、蝗灾；河中李怀光作乱	斗米在五百钱（河中）、千钱（京师）、一千五百钱（河北）间变动	《资治通鉴》卷第二百三十一《唐纪四十七 · 兴元元年》、《旧唐书》卷一百四十一《张孝忠传》、李晟《谏赦李怀光疏》
	贞元三年（787）	还行 农产丰收	斗米一百五十文	《资治通鉴》卷第二百三十三《唐纪四十九 · 贞元三年》
	贞元八年（792）	一般，江淮地区发大水	江淮斗米一百五十钱、京兆诸县斗米七十钱	《资治通鉴》卷第二百三十四《唐纪五十 · 贞元八年》
宪宗	元和五年（810）	良好	钱直日高，粟帛日卑，粟一斗价不出二十（米价不出三十三）	李翱《进士策问二道》
	元和六年（811）	良好 天下大稔	斗米二钱	《资治通鉴》卷第二百三十八《唐纪五十四 · 元和六年》
	元和十五年（820）	良好	斗米不过五十钱	李翱《疏改税法》

（续表）

在位皇帝	时间	游览环境	当年米价 *	史料来源
穆宗	长庆四年（824）	正常	斗粟五十文，斗米八十三文	《旧唐书》卷十七上《敬宗本纪》
文宗	开成五年（840）	正常	粳米每斗七十至一百文	《入唐求法巡礼行记》卷二《开成五年》
懿宗	咸通初年（860）	良好	京国米价，每斗四十	《太平广记》卷第四百九十九引《闻奇录·王铎》
	咸通九年（868）	末日先兆，接下来事态开始逐渐崩坏	庞勋在徐州一带作乱时，当地斗米两百钱，京城或许也受到影响	《资治通鉴》卷第二百五十一《唐纪六十七·咸通九年》
僖宗	乾符元年（874）	极差 自懿宗以来，奢侈日甚。朝廷连年用兵，横征暴敛，关东水旱严重。百姓苦不堪言	物价开始飞涨	《资治通鉴》卷第二百五十二《唐纪六十八·乾符元年》
	中和元年（881）	危险 正值黄巢之乱期间。广明元年十二月（881年1月）长安沦陷，中和四年（884）叛乱被平定，但社会依旧动乱	京畿斗米三十千钱	《旧唐书》卷二百下《黄巢传》
	光启二年（886）	危险 政局动荡，旱灾、蝗灾。游客禁止入境	荆、襄地区斗米三十千钱，人相食	《旧唐书》卷十九下《僖宗本纪》
	光启三年（887）	危险 政局动荡，游客禁止入境	杨行密攻入扬州，城中斗米五十千	《旧唐书》卷一百八十二《高骈传》

（续表）

在位皇帝	时间	游览环境	当年米价 *	史料来源
昭宗	大顺二年（891）	危险 政局动荡，游客禁止入境	直径半寸，深五分（十分为一寸）的筒装米能卖数百钱	《资治通鉴》卷第二百五十八《唐纪七十四 · 大顺二年》《新唐书》卷二百二十四下《叛臣下 · 陈敬瑄传》
	天复二年（902）	极度危险 政局动荡，游客禁止入境	鄜州城中人的食物已耗尽，人肉一斤值百钱	《资治通鉴》卷第二百六十三《唐纪七十九 · 天复二年》

* 文献中如仅记载粟价，则按照胡如雷的考证，以唐代粟价一般为米价的60% 来推断米价。

本表绘制时参考了王仲荦《金泥玉屑丛考》、彭信威《中国货币史》、全汉昇《唐代物价的变动》。

附录二 东西市图编例

绘制东西市图（图 5-7、图 5-6）主要参考的文献有：妹尾达彦《唐代长安的东市与西市》，中国社会科学院考古研究所西安唐城发掘队《唐长安城西市遗址发掘》，何岁利《唐长安城西市考古新发现与相关研究》《考古学视野下的唐长安东市和西市》，何岁利、盖旖婷《唐长安西市遗址制骨遗存与制骨手工业》，宿白《隋唐长安城和洛阳城》，呼林贵、尹夏清《唐长安东市新发现唐三彩的几个问题》，晁华山《唐长安城东市遗址出土金铤》，郭青《西安大唐东市遗址发现佛造像窖藏》，左崇新《大唐西市2008—2009 年考古工作简报》，中国社会科学院考古研究所陕西第一工作队《大唐西市 2006 年考古发掘报告》等。本书根据以上文献和唐代传奇、笔记小说中关于东西市的记载，兼有参考《唐天宝二年（743）交河郡市估案》及北京房山云居寺唐代石经题记，确定了标注中提及的出土物与当年可能存在的行。

西市图编例：

1. 标注 ① 为市内最高楼旗亭。史籍中没有记载其位置，推测应该与市署一样位于市内正中。

2. 标注 ② 仅有西市署，而无《长安志》与《唐两京城坊考》卷三《西京》中所言的市局。根据《唐六典》卷二〇《太府寺》中“太府卿之职……总京・都四市、平准、左・右藏、常平八署之官属”的记载和西安韩森寨出土《高义忠墓志》可知，很可能东西二市实际上无市局，仅有市署。

3. 根据韦述《两京新记》卷三："市署前有大衣行。"画出标注⑦。

4. 西市小海池绘制的依据是《太平广记》卷二四三《治生・窦乂》中的记载："先是，西市秤行之南，有十余亩坳下潜污之地，目曰小海池，为旗亭之内，众秽所聚。"刘餗《隋唐嘉话》卷下又记述："太平公主于京西市掘池，赎水族之生者置其中，谓之放生池。"太平公主放生池位于何处已不可考，但从以上文献可提取出以下信息：西市旗亭内曾有小海池，可能亦即太平公主的放生池，在窦乂生活时已经干涸，变成堆埋垃圾的土坑。旗亭和小海池都在秤行南侧，据此画出了标注 ③⑥。

5.《唐两京城坊考》卷三《西京》记载东市："当中东市局，次东平准局。"《旧唐书》卷四九《食货志》记载："（永徽）六年，京东西二市置常平仓。"由此推测东西市正中皆有平准局和用以平抑物价的常平仓。据此画出标注 ④⑤。

6. 根据《唐会要》卷八七《漕运》天宝二年（743）京兆尹韩朝宗"分渭水[587]入自金光门，置潭于西市之西街，以贮材木"之记载可知，韩朝宗渠由金光门进入长安，流经西市北，于西市西街置潭存储木材，用于向皇城、宫城运送南山木材，可知潭当位于西市西北部。图上大致画出了潭（标注 ⑰）的位置。放生池为景观池，而韩朝宗潭应该是另外开凿，并与放生池连通。

7. 有的唐代长安城地图中还会画出西市放生池有向东延伸的一段水渠，其依据大概是《唐两京城坊考》卷四《西京》中的这段记载："永泰二年，京兆尹黎幹以京城薪炭不给，又自西市引渠，经光德坊京兆府东，至开化坊荐福寺东街，北至务本坊国子监东，由子城东街，逾景风、延喜门入苑。渠阔八尺，深一丈。”按字面意思理解，黎幹利用韩朝宗渠在西市西北部的运木潭引水，并将渠延伸向东，所以有的地图才会在西市东部画出由西街潭延伸出去的黎幹渠。但针对此点，龚胜生、郭声波、史念海等都提出了异议。郭声波提出，倘若以西市为起点修建水渠连通荐福寺东，按照长安城西低东高的地形，此为逆行工程，颇费人工物力。极有可能黎幹原定从西市引水，但因地势条件限制，最终通过在光德坊京兆府廨处引清明渠水，修建经过荐福寺东街北上景风门的渠，才完成了黎幹渠的修建，全程并未经过西市。《资治通鉴》卷二二四《唐纪》说此渠“功竟不成”，而《唐会要》卷八七《漕运》也已明确记载黎幹渠的起点应该是光德坊东南隅京兆府（“永泰二年七月十日，凿运水渠，自京兆府直东至荐福寺东街”），而不是西市。因此，西市图中未画出放生池有向东延伸的一段。参见龚胜生《唐长安城薪炭供销的初步研究》、郭声波《隋唐长安水利设施的地理复原研究》、史念海《龙首原和隋唐长安城》。

8. 既然上文言韩朝宗开潭置木材，则附近当有木材行，据此画出标注⑱。

9.《隋书》卷七八《杨伯丑列传》：“向西市东壁门南第三店，为我买鱼作脍。”据此画出标注⑮。

10. 在一些长安城图中，永安渠并未经过西市。但根据考古实测，永安渠流经西市东部，为西市提供生活用水，据此画出标注⑯。参见宿白《隋唐长安城和洛阳城》、中国社会科学院考古研究所西安唐城发掘队《唐长安城西市遗址发掘》。

11. 标注 ⑲ 为放生池。韦述《两京新记》卷三载："市西北隅有海池，长安中僧法成所穿，分永安渠以注之，以为放生之所。穿池得古石铭云：'百年为市，而后为池。'自置都立寺，至是时，百余年矣！（《御览》卷一九一）池侧有佛堂，皆沙门法成所造。"根据《唐长安城西市遗址发掘》，考古队在 1959 年、1960 年钻探西市及怀远坊时，发现永安渠在往北流经怀远坊和西市东部的同时，又沿西市南大街北侧向西伸出一段长约 140 米、宽 34 米、深 6 米的支渠，对应了法成分永安渠注入市西北部放生池的记载。

12. 其他所有标注均参考西市发掘情况。

东市图编例：

1. 标注 ①②③ 与西市图编例同，不赘。

2. 标注 ④，根据《李娃传》"至旗亭南偏门鬻坟典之肆"绘制。原文并未明言李娃去的是东市还是西市，但李娃后来居住在安邑坊东侧，北邻东市，且东市文化气息较浓厚，因此这个坟典肆很可能位于东市。

3. 在对东市遗址的发掘中，发现按东市东北放生池渠道流向，池水应当引自兴庆宫龙池，而非《两京新记》等文献记载的源自道政坊。另，放生池东南侧 80 米处有最大直径 70 米的椭圆形小池。两池间以渠道相连，据此画出标注 ⑧⑨。在一些长安城图中，会将放生池画得很大，占去东市东北部四分之一的面积甚至更多，但根据考古报告，大放生池东西直径 180 余米、南北直径 160 余米，而东市南北 1000 余米、东西 924 米，故本图按实际比例画出大小。

4.《全唐文》卷七二〇中陈鸿祖《东城老父传》："大历元年，依资圣寺大德僧运平，往东市海池，立陀罗尼石幢。……建僧房佛舍，植美草甘木。"2022 年，考古人员在东市放生池遗址南侧发现了佛造像窖藏，印证了这一记载。据此画出标注 ⑦。

5. 其他所有标注均参考东市发掘情况。

记
/M/A/R/K/
号

真知 卓思 洞见

今日向长安

下册

高瑞梓 著

北京科学技术出版社

第六章　397

赏花指南

第七章　439

名人宅邸家访指南

第六章
赏花指南

到了黎明时分，我们才兴尽思返。

我见他衣襟中装满蔷薇花、香草、风信子和紫苏花，他是要带回城去。

我对他说：“鲜花虽美，但不能永不凋谢。

花园迷人，但也有春尽之时。

先贤有言：易逝之物，不足倾心。”

——公元 13 世纪，萨迪（Saadi）《蔷薇园》[1]

- 本章提供长安城内常见花卉的观赏讯息。
- 患有过敏性鼻炎的游客在游览时请佩戴口罩。
- 本章所载花期均为长安当地时间。
- 本章提及的寺院、道观和曲江等公共景点均免门票。

一夜好风吹，新花一万枝。[2]

如果你有幸在二月末天气渐暖的时节来旅游，就将一头撞进长安的春天里。

一夜好梦后，你被调皮的春风和吵闹的燕雀叫醒，起身卷帷，走下台阶。昨夜还含苞不语的杏花、梨花在一夜间绽放。柳条才舒半绿，桃花半吐金红，千种芳菲，万般景媚，惊艳你惺忪的双眼。

围墙外，车马和人潮的喧嚣声越来越近。好奇心如春水般涨起的你，顾不得洗漱就急忙推开门——成群的长安人已屯街塞巷，红尘拥路，车马若狂，睡了一个冬天的长安城在此刻活了起来。城中的每一刻、城里的每一处，都随次第盛开的繁花和似锦的人流幻化出不同色彩，好一片阳春丽景！

“出门俱是看花人”[3]，这时若不跟上唐人赏花的步伐可就真的白来了。面对摩肩接踵的人潮，你手足无措，反倒像是闯入一场华宴的田舍汉。梳高髻的女人们正隔着花枝对你摇袖相邀，和风送来她们身上的阵阵幽香。少年们把酒壶挂在马镫上，驰马而过，骄傲得不屑和你打招呼，一心奔到园林和花树间去。他们逢花便饮，乏累了就睡在花下[4]，任飞虫和花瓣落在幞头上。

“赏春无酒饮，多看寺中花。”[5] 少年们醉了，不一定因为美酒。在长安的春天，光是看花就足以让人沉醉。虽然说起“花之都”，现代人总想到 20 世纪初灯红酒绿的巴黎，但在时空的所有维度中，能真正配得上这一称号的，只有唐朝的长安[6]。

我们诚邀你，在长安的春天或各个花季，来一场赏花之旅吧！

危险与麻烦

春天，长安人扎堆赏花，其中也包括诗歌中常见的长安侠少。他们三三两两骑着矮马，佩刀背弓在大街上游荡。这些游侠有的是京城的贵胄少年，有些却是夺人财帛的闲子，常常会为了争财相殴，一言不合还会持刀要人性命。诚挚提醒你，无论是什么身份的游侠，都不要主动交结，更不要在他们争吵时凑热闹。

赏花时节人流量巨大，也请带孩子的游客牵好孩子。在没有手机和摄像头的唐代，丢了孩子可就难找啦。

长安城中处处有花，时时有花，而和唐朝共享近三百年盛名的，则仅有“绝代只西子，众芳唯牡丹”[7] 的牡丹花。不过，杏花、桃花、兰花、菊花、芍药等，也在唐人的生活、历史和文学中留下了芳影。本书将为你一一介绍这些长安名花的花期及赏花地点。

· 牡丹 ·

牡丹和芍药的花朵很像，难分彼此。唐代之前，牡丹原本傍

芍药而得名，被称作“木芍药”。在武则天还是皇后时，她前往故乡并州附近的众香寺，第一次见到了牡丹花，瞬时被撷去芳心，命人将它移植到洛阳的上苑中，从此拉开了唐代近三百年牡丹狂热的序幕[8]。

唐人对牡丹的痴迷堪比现代人追星。在牡丹绽放的时节，连最勤勉踏实的读书人都坐不住，也要跑去看花，留下满是灰尘的书案——“诗书满架尘埃扑，尽日无人略举头”[9]。不过也有例外，宪宗时的中书令韩弘就很不喜欢牡丹，竟命人把家中的牡丹尽数砍去[10]。

牡丹一年只开一次，开放时间在三月左右。长安人以不游赏牡丹为耻[11]，届时会全城出动。请游客留意避让各大景点拥挤的人流。

赏花时的交流

黄色、红色、紫色的牡丹有富贵之气，在唐代很受欢迎。据宋人记载，唐世最为贵重的牡丹品种是宫中的“御衣黄”[12]。开元时，杨勉家中特产一种浅红色的牡丹，名为“杨家红”[13]，后来因为花上留下过杨贵妃的指印，来年开花亦如此，又得名“一捻红”。唐末，某观军容使家中培育出了一种“军容紫”牡丹[14]。至于我们熟悉的姚黄、魏紫、赵粉、豆绿（北宋时称欧家碧）则都是唐以后出现的品种。切记，清淡的白牡丹在唐代是不大受欢迎的。把以上几点牢记在心，赏花时与唐人攀谈就不会起争执了。

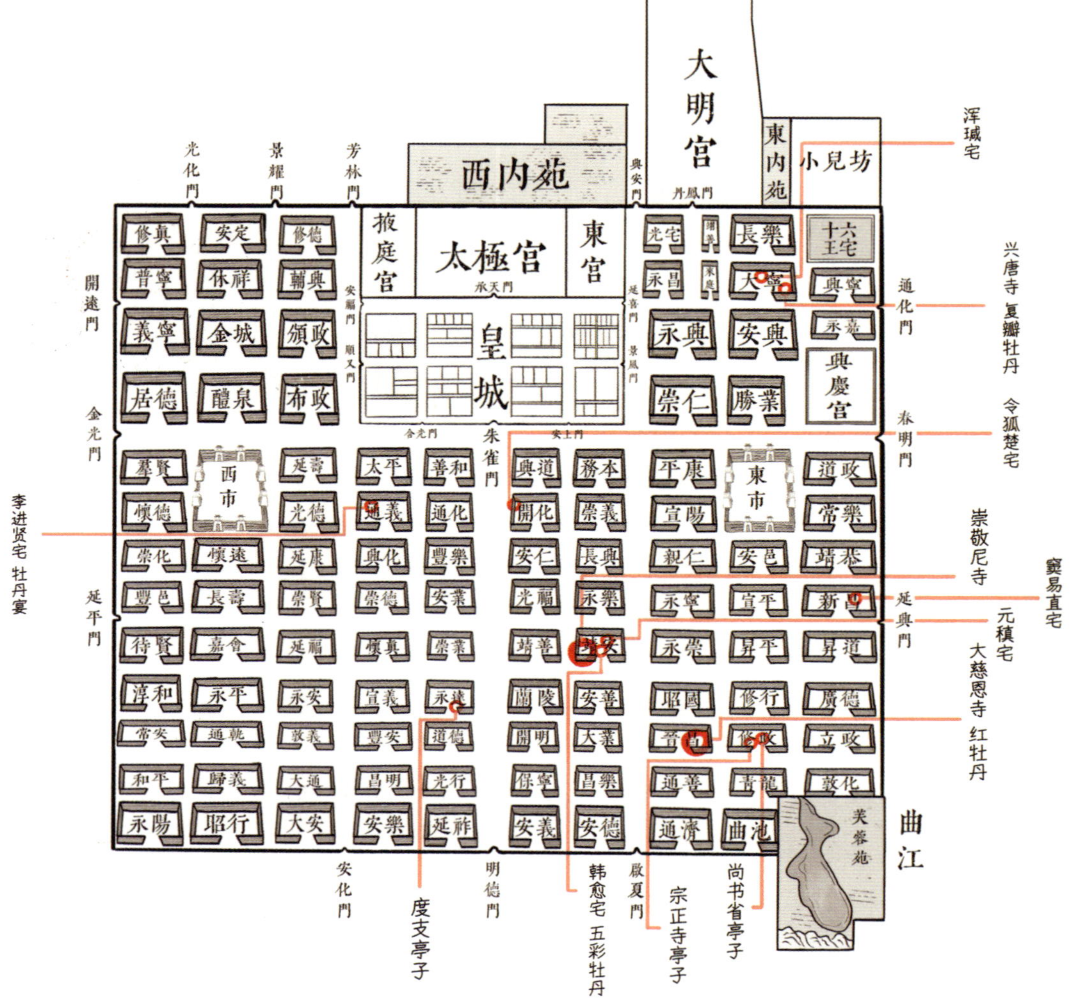

⦿ 图 6-1　牡丹游赏地

富贵人家普遍种植牡丹，以下是对游客开放的公共景点。（图 6-1）

晋昌坊东　大慈恩寺　难得一见的红牡丹

大慈恩寺的牡丹开放时间有点特殊：元果院的紫牡丹开得稍早，三月初已可供人观赏，而太真院的牡丹则要迟个把月开[15]。

寺内浴堂院内也有两丛牡丹，据说一次能开出五六百朵花（浴堂院为僧人生活区，请勿大声喧哗）。

会昌年间到来的游客还将有幸欣赏到一株极为稀少的**红牡丹**。这株红牡丹可谓命运多舛。事情的起因是这样的，一日，几位士人在寺院中赏花宴饮，席间有人说道："这世上我只见过浅红牡丹、深紫牡丹，却从未见过深红牡丹。"浴堂院内一位老僧听了，笑着插嘴道："怎会没有深红色的牡丹，是你们没见过罢了。"那群人听闻此言，就缠住他吵着要看，直闹了一晚上。老僧被他们吵得没法子（他一定恨死自己爱插话的毛病了），只好让人们跟在身后，掀开一道门帘，来到其独享的密室，穿过密室后竟别有洞天。这是一处小院，院中有两间布置得非常整洁的堂室，连栏杆都是柏木精制而成。堂内，一株鲜红的牡丹赫然映入众人眼帘。此时，初升的太阳浅浅照来，叶上露水犹浓，艳如红宝石的半开花骨朵在晨曦中熠熠生辉。众人整整欣赏了一天，傍晚才离去。老僧叹道："我呕心沥血栽培这花近二十年。昨晚一时嘴快说给别人听，以后此花的命运就难以预料了。"

这事果然传了开来，便有一群富家子开始动歪脑筋。他们来到浴堂院，说要带老僧去曲江游玩，然后趁他不在，叫来数十个人把这株牡丹连根挖走[16]。

现在，这株牡丹已被跨旅局高价购回，我们的工作人员也做了老僧的思想工作，他终于同意将这株牡丹放在浴堂院中供所有人观赏。

而唐人不太待见的白牡丹则是另一道风景。和热闹贵气的红牡丹不同，白牡丹不适合群栽，孤植才能凸显出它的清傲姿态。天宝时裴士淹的孤植白牡丹便是都下奇赏。大和年间，兵部侍郎裴潾在大慈恩寺看完白牡丹后，在佛殿壁上题了一首《白牡丹诗》：

长安豪贵惜春残，争赏先开紫牡丹。
别有玉杯承露冷，无人起就月中看。[17]

后来，文宗造访此寺，看到了这首《白牡丹诗》，又想起诗的作者，即那个立身行道、不附朋党的裴潾[18]，顿时感慨万分，下令让宫内人广为传诵。

白牡丹固然有其清幽孤寒之美，但也要遇上懂得欣赏它的人才行。

靖安坊西南隅　崇敬尼寺“元白出没”和“痛打负心汉”互动项目

● 会昌六年（846）改为唐昌寺。

崇敬寺是一座尼寺[19]，唐代贵族女子出家蔚为风尚，寺内很多法师都有可能出身名门望族，请记得尊称她们一声“阿姨师”。寺内有许多前来一睹“元白”风采的粉丝，因为元稹和好友白居易常来崇敬寺赏牡丹[20]，这是他们在长安难得的同框机会。游客还可前往附近永乐坊的永寿寺邂逅元稹[21]，或再到更远些的延康坊西明寺去陪陪元稹走后独游的白居易[22]。

中唐著名诗人李益也曾在三月和几位读书人到崇敬寺看牡丹花。在《霍小玉传》中，霍小玉痴情被负，化作厉鬼，让千年后的游客对故事里那位负心汉“李益”痛恨不已，不过《霍小玉传》很可能是作者蒋防（李党成员）用来攻讦牛党成员李益而作的[23]。传中对李益的人品多有贬损，导致他经常莫名其妙地在大街上被游客辱骂。为了更好地保护风评被害的李益本人，同时照顾到游客的游玩体验，跨旅局在崇敬寺内开设有“痛打负心汉”娱乐互动项目，你打抱不平的机会来了！

游客可换上唐代服饰，拿好特制竹杖，埋伏在牡丹花丛中，等“李益”到来就能好好教训他一顿，相当解压（当然，“李益”是专门受训、特别扛打的演员）。要是还不解气，请造访位于新昌坊的（真正的）李益宅（仅可游览外观）。跨旅局在附近专设了告示墙，供游客张贴讨伐留言，冲故事中的李益好好发泄一番。

李宅内还种有华贵的紫牡丹，花朵繁茂甚至开到了宅外[24]，往来游客常常是一边观赏芬芳，一边口吐“芬芳”。但无论如何，请千万不要打扰李益的正常生活。

大宁坊东南隅　兴唐寺　复瓣牡丹

● 此寺原名罔极寺，是太平公主为追念母亲武后所立。开元中改为兴唐寺。

建议游客们在元和年间（806—820）到来。一到花季，兴唐寺内的这株牡丹能开出两千余朵花，有的牡丹越向花心颜色越深，有的则越向花瓣颜色越深。所开牡丹有浅红、深紫、黄色等色，唯独没有深红色，可见大慈恩寺的深红牡丹有多难得。寺内最出名的还是**重台牡丹（台阁型牡丹）**，这种牡丹大概在中唐时被选育出来，因花萼和蕊的瓣化，能呈现出花上再叠开出一朵甚至多朵花的奇景。大的花面直径可达七八寸，差不多是 20 厘米[25]。

长安城中还有一种奇特的**并蒂“合欢牡丹”**，感兴趣的游客请在元和末年前往**大兴善寺**的守素和尚院[26]（第二章《住宿与出行指南》里那几棵流汗梧桐树的所在地）欣赏。

温馨提示

兴唐寺内还有玄宗等身佛像可供观瞻。佛像金髻耀眼，端坐于花台之上，“睟容若动，慈目如睇”[27]。

开化坊　令狐楚宅

● 进入令狐楚宅请跟团并购买门票。

中唐时期名相令狐楚家的牡丹也非常有名[28]。他本人有时不在长安，牡丹花开无人观赏，简直是辜负了这般盛景，所以同意将园林开放给游客。令狐楚在洛阳十分怀念家中的牡丹，还写了一首诗遥寄相思：

十年不见小庭花，紫萼临开又别家。
上马出门回首望，何时更得到京华。

来这里游玩，看的可不单单是牡丹，你还能捕捉到名流的身影，较常来的有刘禹锡[29]。在下文玄都观赏桃花时，游客仍有可能与他相遇。

更多游览

请跟随刘禹锡和白居易的脚步，前往以下对游客开放的名人宅邸观赏牡丹（均需跟团游览，请询问跨旅局驻长安办事处）。

• 新昌坊窦易直家在南亭阶前种有牡丹。一次，白居易在雨中前去观花，见一朵残花寂寞低垂，花瓣皆零落于泥土中，倍感伤情：

寂寞萎红低向雨，离披破艳散随风。
晴明落地犹惆怅，何况飘零泥土中。

• 大宁坊浑瑊宅是刘禹锡、白居易常去的赏花之处。浑瑊宅红牡丹堪称京城之冠，据说花朵直径宽达一尺（约相当于 30 厘米），散发的花香比兰烛燃烧的香味还要浓郁[30]。在跨旅局驻长安办事处分发的旅游宣传手册上，牡丹热门游赏地一栏就印着刘禹锡为浑瑊宅牡丹题写的推荐词：

今朝见颜色，更不向诸家。

• 靖安坊元稹宅中也栽种了许多牡丹。元和五年（810）春天，白居易在街上偶遇刚从洛阳回来的元稹，后者旋即又要去江陵赴任，相逢即是离别。元稹走后，白居易常到他家中看望那些无人照料的牡丹，并将其情况汇报给远在江陵的友人：

残红零落无人赏，雨打风摧花不全。
诸处见时犹怅望，况当元九小亭前。

靖安坊　韩愈宅　五彩牡丹

进入韩愈宅需要购买门票并跟团参观，宅内其他游览项目详见第七章《名人宅邸家访指南》。

在我们无法踏足的兴庆宫龙池沉香亭畔，有一株“朝则深碧，午则深红，暮则深黄，夜则粉白”，能一天内数易其色的牡丹[31]。它很可能是出自洛阳花师宋单父之手，此人后来被玄宗召到骊山去，种下万株花形与色彩各异的牡丹[32]。但变色花卉的种植技术并不是这位御用花师的独门绝技。既然兴庆宫不对外开放，韩愈宅就是你不可不去的景点。在这里，你能找到沉香亭变色牡丹的“平替”。根据《酉阳杂俎》的记载，一切传奇就从韩愈收留他那位高深莫测的侄孙开始。

韩愈的侄孙不爱学习，小小年纪就嗜酒如命，四处捣蛋，他来长安投奔韩愈，被安排到街西的佛寺中读书，但很快又被赶了出来。韩愈恨铁不成钢地骂道：“市集上的商人虽是末流，还有一技之长，你又算是什么东西？”侄孙却说道：“我的确有门技艺，您不知道可真是太遗憾了。”他指着台阶前已经凋谢的紫牡丹说：“您想要这花开出什么颜色，我就能让它开出什么颜色。”韩愈虽不相信，但还是想试试他的本事。于是侄孙先是用一圈竹帘把牡丹围起来，不让任何人看到里面的动静，然后把花盆里的土都挖出，一直挖到根部。接着，他把紫矿、轻粉和朱红涂在花的根部，每天都涂，持续七天后再把根用土埋好。此时尚是冬天，接下来，只需等待便可见证奇迹。

可惜未到花开，韩愈就因谏迎佛骨被贬往潮州，途经蓝关时突遇暴雪。危难之际，只见竟有一人立在风雪中等他，走近才发现正是自己许久未见的侄孙。后者替他牵马，将他护送到了邓州。行将分别，韩愈写了一首诗相赠（《左迁至蓝关示侄孙湘》）[33]：

一封朝奏九重天，夕贬潮州路八千。
欲为圣明除弊事，岂将衰朽计残年。
云横秦岭家何在？雪拥蓝关马不前。
知汝远来应有意，好收吾骨瘴江边。

二人在邓州分手后，韩愈的侄孙便云游四方，杳然无踪。第二年春天，牡丹花应时开放，花色竟与他所说的分毫不差，白、红、绿、紫、黄皆有。更令人惊异的是，每朵花上都有一联十四字诗句，早已将韩愈的遭遇写定：

云横秦岭家何处，雪拥蓝关马不前。

游客们到韩愈宅中仍能看到他侄孙留下的这株异色牡丹，据说每年花季都能开出不同颜色，纷繁炫目，变化莫测。没人知道明年的牡丹会是什么颜色，就像没人知道下一刻在长安城中会有什么样的奇妙历险。

特别提醒

不可以私摘牡丹！

唐人视牡丹如命。喜欢留下“到此一游”、顺走点“纪念品”的游客可要收敛一点。

在寺院中私摘牡丹，游客可能会被罚一笔巨款；若是在私人宅院参观时摘花，则也许会性命不保。唐末朱温宅中每一朵牡丹开花、凋谢都有专人登记在册，有位新及第的进士喝醉了酒，偷摘了十余朵，被朱温下令全国追杀[34]。

此外，花朵中还难免藏有精怪，冒失采摘会带来意想不到的后果。有个叫苏昌远的人，他住处附近有片水塘，里面开满了莲花。某天，忽有位容质绝丽的女子前来拜访。缠绵之后，苏昌远赠给女子一只白玉环作为信物，与她约定来日再见。后来，苏昌远望见槛前有一朵白莲开得正好，花房中还有个小小的物件。仔细一看，竟是他送给那女子的白玉环，便将那朵白莲折了下来。这下可好，那女子再也没来，因为想来也来不了了[35]！

不过，此处有个“双标”：虽说唐人爱惜牡丹，却有着随手折花比美的习惯，比如白居易就经常“东郊蹋青草，南园攀紫荆”。摘得的花或插在头上，或作酒筹[36]、浸酒[37]，抑或单纯供路上欣赏。游客绝不允许随意采摘花朵，唐人却可以，谁让人家生得比你早呢？

通义坊　李进贤宅　牡丹宴

● 游客需购买门票，跟团进入李宅参加牡丹宴。

唐文宗时期朔方节度使李进贤的宅邸向游客开放家访及牡丹宴等旅游项目。不要被李进贤的头衔吓到，他出身军旅，爱广交朋友，特别欢迎游客到他私宅中观赏原汁原味的唐代园林，参加奢华的牡丹宴。宴会上，李进贤的家妓们将身穿华服，为来宾奏乐、表演歌舞，席间所用的器具都是由黄金制作的。每位客人都有两名梳双鬟的侍女专门斟茶倒酒，尽享尊贵。要想保持清醒的头脑赏花，可要掂量好自己的酒量。酒过数巡，就到了最精彩的环节——庭院中的绝色牡丹已精神抖擞地等着游客们前来[38]。参加牡丹宴需要你有充足的时间和体力，这场宴会通常要从午间持续到第二天早上。

新科进士的牡丹宴

每年三月花开季节，除了李进贤家中的牡丹宴，在修政坊的宗正寺亭子、尚书省亭子和永达坊的度支亭子内，新科进士的牡丹宴[39]也欢迎你的到来。前两个亭子是曲江沿岸由宗正寺、尚书省等部门修筑的专用休闲场所，度支亭子则位于华阳池畔。这三处亭子平时不对外开放，但为了让游客体验唐代科举文化，在牡丹花丛中与大唐未来的臣子们交流，特向游客开放牡丹宴的预约。

不建议社恐的游客参加这项活动。吃饭的时候会被一大群市民围观。新科进士们自然是不怕的，他们正春风得意，有着空前的表演欲[40]。

如果你想买牡丹

一般来说，唐代牡丹花色越深越贵。牡丹价格从天宝年间之后就居高不下。德宗时，柳浑在《牡丹》诗中说："数十千钱买一窠。"[41]白居易曾记载，一丛深色牡丹的价格是十家中等户一年的税钱[42]。

上文中富家子弟抢走大慈恩寺老僧的牡丹时，倒也给他留下了一些补偿："金三十两，蜀茶二斤。"金自不必说，蜀地产的茶也是茶中上品。你会发现蜀茶常在唐诗中亮相，因为谁得到了都要炫耀一下，赋诗一首。老僧所处的是宪宗元和年间，元和年间以前，五匹帛（当时一匹帛为八九百钱不等[43]）都换不来一斤先春蒙顶茶（蜀茶的一种）[44]。

白色牡丹就比较常见了，价格也相对低廉。"白花冷澹无人爱"[45]，便宜归便宜，你大概也不会愿意在自己房间内放一朵白花吧。

请在花期多留意坊内花贩的叫卖，不少住在城郊的花农会挑着担子，装满牡丹走街串巷，为你送来清新的春意[46]。

生命中最后的牡丹

今天，牡丹早已不再是新奇事物。也许你很难体会当年它盛开时，让长安城万人空巷，令花迷倾尽千金的魅力。下面这则故事将带我们更好地感受牡丹在唐人心中的特殊地位。

中唐名臣裴度晚年病重，在永乐坊宅养病。时值暮春之月，家仆抬着他游览南园。眼见花栏中的牡丹都无花朵，裴度愈发伤感，叹道："我不见此花而死，可悲也。"怅然而返。第二天一早，家童来报，花园里有一丛牡丹先开了花。裴度闻言欣喜不已，强拖着病体前去观看。这丛早开的牡丹，尚冉冉柔柔，在风中摇曳，却不知面前这位老人已到了生命的终点。

看完这一生中最后的牡丹，裴度在三日后去世[47]。

·芍药·

与牡丹十分相似的芍药也是长安的一景，它们宛若一对双胞胎姐妹，姐姐牡丹大气艳丽，妹妹芍药娇媚纤纤。长安城内“家家有芍药”[48]，喜欢自由行的游客不妨挑个下午，缓步前往**长兴坊侯家大道**[49]和**崇德坊窦巩宅**（仅可游览外观）[50]寻访因杜牧和刘禹锡而千古留名的红色芍药。伫立于院墙外、花架下，看绿萝轻摇，芍药娇媚，夏蝉已开始聒噪，这恬静的时日漫长得好似永远不会过去。

要区分芍药和牡丹，最简单的方法就是看茎干。牡丹为灌木木本植物，茎干坚硬；芍药为草本植物，稍矮，茎干较柔软。也正因如此，在唐人眼里，牡丹雍容端庄，芍药风流妖冶[51]。

芍药开花在春末夏初时节，比牡丹开得晚，所以它也叫“婪尾春”。婪尾酒是一轮巡酒的最后一杯，婪尾春则是最后一抹春光。旅途结束时，你还可赠给唐人朋友一枝芍药以表不舍[52]。（图 6–2）

春色槛中转

天宝年间，游客还常能在街上看到有人“遛花”。这是杨国忠发明的移动盆景“移春槛”，一经创制，风靡长安。人们将名花异木放在木板做的小车上，四面用栏杆围住防止掉落，再用绳系住小车。外出时一边逛街，一边观赏车中之花，自己大饱眼福的同时也成了路人眼中的风景[53]。

大明宮
西内苑
東内苑
小兒坊
光化門
景耀門
芳林門
興安門
丹鳳門
掖庭宮
太極宮
東宮
承天門
安福門
順義門
延喜門
景風門
皇城
含光門
朱雀門
安上門
開遠門
金光門
延平門
通化門
春明門
延興門
十六王宅
興慶宮
西市
東市
修真 安定 修德 光宅 翊善 長樂
普寧 休祥 輔興 永昌 來庭 大寧 興寧
義寧 金城 頒政 永興 安興 永嘉
居德 醴泉 布政 崇仁 勝業
羣賢 延壽 太平 善和 興道 務本 平康 道政
懷德 光德 通義 通化 開化 崇義 宣陽 常樂
崇化 懷遠 延康 興化 豐樂 安仁 長興 親仁 安邑 靖恭
豐邑 長壽 崇賢 崇德 安業 光福 永樂 永寧 宣平 新昌
待賢 嘉會 延福 懷真 崇業 靖善 靖安 永崇 昇平 昇道
淳和 永平 永安 宣義 永達 蘭陵 安善 昭國 修行 廣德
常安 通軌 敦義 豐安 道德 開明 大業 晉昌 修政 立政
和平 歸義 大通 昌明 光行 保寧 昌樂 通善 青龍 敦化
永陽 昭行 大安 安樂 延祚 安義 安德 通濟 曲池
芙蓉苑
曲江
安化門
明德門
啟夏門
侯家大道
竇巩宅

◉图 6-2　芍药游赏地

· 玉蕊 ·

玉蕊花对游客来说也许会有些陌生，这是一种今天已“消失”的花。它在唐代曾被栽种于长安皇城、宫禁与安业坊唐昌观中，花季在春物方盛的三月。有风吹来，满树玉屑雪丝般的莹白小花会随风飘落，如漫天萤火点点；悄然落入廊下，又似碎了一地的月光。树下的观景人霎时被一阵清冷异香环绕。

黄巢占领长安后，叛军和各路军阀相继在长安纵火焚掠，全城化为灰烬，城中玉蕊也自然逃不脱被毁灭的命运。玉蕊难以人工培育，因此京城花树从未移栽他处，而唐代他州的野生玉蕊也一一失其所在，后人便再也不知唐人口中的玉蕊究竟是什么，其仙姿仅在诗中可寻。宋明以来，关于玉蕊，有琼花、栀子、山矾、白檀之说[54]，但都无法和记载完全对应。

也可能玉蕊并未改名换姓生存下来，而是彻底消失在了长安的大火中。从这层意义上看，玉蕊比牡丹更能代表唐朝，因为它是仅在唐朝才能见到的花朵。牡丹象征大唐的尘世繁华，玉蕊则属于另一个神秘、浪漫、遥不可及的长安，而这个长安和玉蕊一起，随着李唐的覆灭而不复存在了……

安业坊横街北　唐昌观玉蕊花

宫禁中的玉蕊与普通人无缘，游客请前往安业坊唐昌观一睹其芳容。

观中玉蕊相传是由玄宗之女唐昌公主手植[55]。公主栽花约六十年后的某个花开时节，一位十七八岁姿容秀丽的女子乘马悄然到来。她梳着双鬟高髻，身穿绿衣，有数名女冠和婢女跟随。女子下了马，以白角扇遮面，来到玉蕊花前，十步以外都能闻到她身上的异香。周围赏花人都以为她来自宫中，不敢直视其容颜。采下数枝玉蕊花后，女子欲乘马离去。围观人群感觉四周有烟升起，鹤唳声声，身边的景物都焕然一新。一阵清风吹来，小而轻的玉蕊花迎风飞去，如白云辞叶，雪离枝头，纷涌向女子一行的车队。等到尘烟散去，车驾已在空中。众人才知，为了看一眼玉蕊，神仙竟亲自下凡来了，而那阵异香也萦绕不散长达月余。

游客可以把这故事当作传说，但当时的诗人如严休复、元稹、白居易、刘禹锡等都无比相信它真的发生过，并为此留下诗篇[56]。

· 莲（荷花）·

在唐长安，红莲与白莲是当时的主流（觉得莲花应该有蓝、绿、紫等多种颜色？那你可能是把莲和睡莲搞混了），还有超逸脱尘、极其罕见的青莲花，太极宫定礼池中就曾出过一株，被视为祥瑞之征兆[57]。不过你所倾心的“青莲”也可能不是天然产物。有唐人曾在一染户家看到青莲花，便收集莲花种子带回家种，结果种出来的却是红莲，那是因为这户人家把种子置于靛青色染料的缸中浸泡许久，花朵被染成青色，一旦离开染料，莲子仍会生长成红莲[58]。

长安城内水渠纵横，坊内水渠经过的人家池中都种有莲花，是匆匆旅途中值得你驻足的小景。（图 6-3）

元载宅 低语的莲花

大慈恩寺 南池荷花

曲江 千顷荷花

⊙ 图 6–3 莲荷游赏地

长安东南隅 曲江[59]

曲江池主体位于城东南角，又有西、北两条泄水道流经城东南的修政、晋昌、昇道、昇平等坊[60]。玄宗对曲江池这一天然湖泊进行了扩大与疏浚[61]，使其从此成为百姓乐园和长安的地标性景点。从前的皇家游赏地——长安城外西南的人工湖昆明池“退居二线”，并在文宗后逐渐干涸[62]。（图 6-4、图 6-5）

◉ 图 6-4 长安城内四大水渠示意图

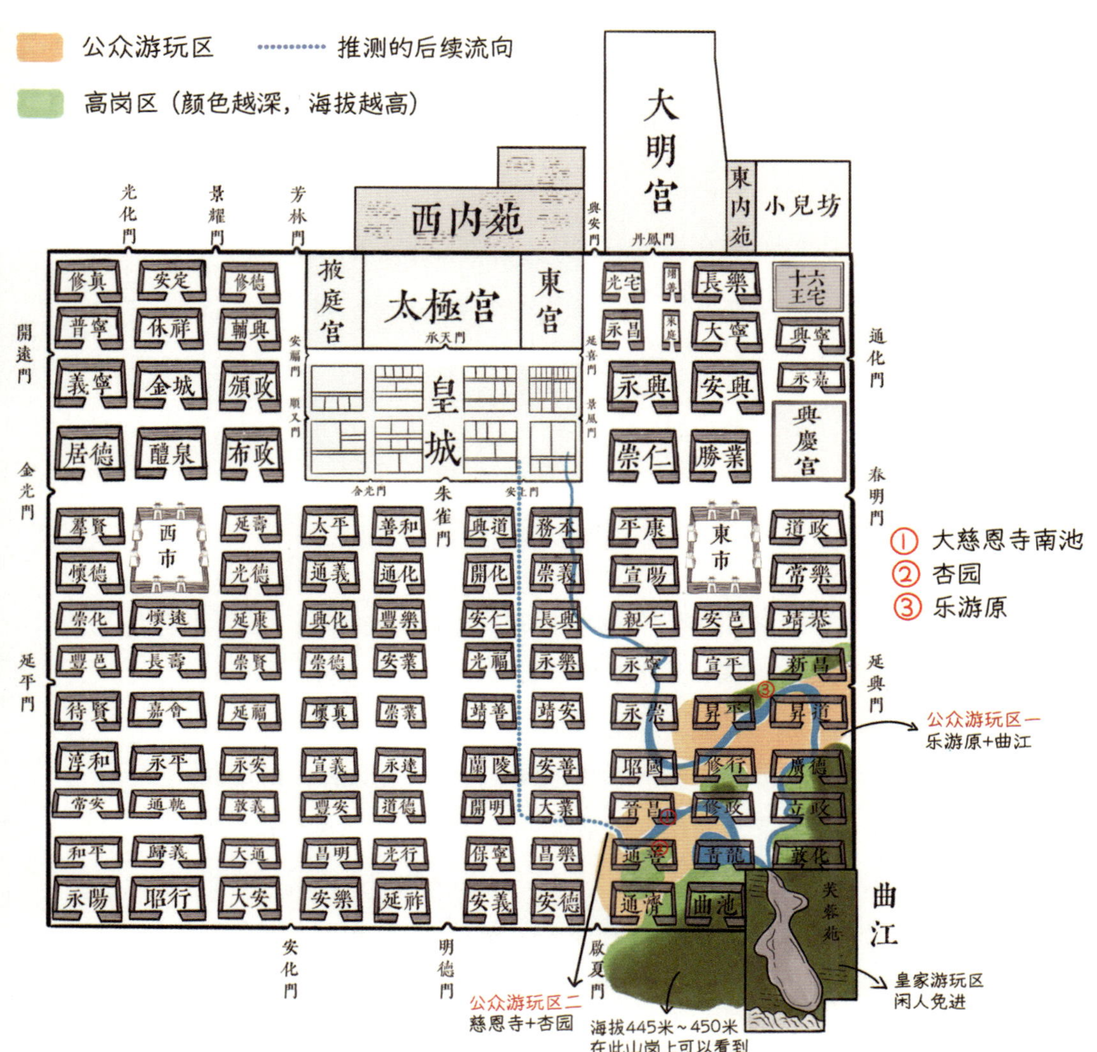

⊙图 6-5　曲江流域示意图[63]

● 曲江什么都好，就是人多！

● 请在盛唐后到来，曲江在玄宗朝得到了大开发。

● 武宗会昌年间曾对曲江新进士期集有所禁止，娱乐活动被悉数叫停[64]，此时前往可能会乏味许多。

大和年间，文宗再次修淘曲江，在沿岸重建、增修了安史之乱时被毁的百司曲江亭子[65]，并在芙蓉苑北侧新建紫云楼[66]。文宗皇帝对曲江情有独钟，每个生日庆成节都在曲江池畔举行宴会[67]。

特别提醒

芙蓉苑（又称南苑）一向为皇家禁苑，不对外开放。

城东南曲江两岸花卉环周，柳色垂青[68]，池上荷花绵延千顷[69]。五月入夏后，暑气升腾，烟水明媚中依稀可见菰蒲风动，莲叶幽绿，实在可爱。虽然荷花开放的时间是每年五月到八月，但若不只为观荷而来，春、夏、秋三季各有好景可赏。在**人日、正月晦日、中和节、上巳节、清明寒食节和重阳节等节日**，不少市民来此宴游、祓禊和登高。二月发榜[70]，前进士们参加完关试后，关宴的曲江大会环节也在曲江流域的百司亭子举行[71]，现场还会举办曲江市集，各色商贩带着名产小吃会聚曲江，服务大半个长安城的官民和游客[72]。曲江周边有好几处热门景点，可一站式游玩：南侧是芙蓉苑（皇家地界，游客只能欣赏外观）；曲江下游一支向西流经大慈恩寺和杏园；一支向北延伸，到达乐游原，又贴原西南角折向西流去。推荐游客在此专门安排至少一天的游玩时间。（图 6-6）

温馨提示

节假日期间，曲江人流量巨大，因为不收门票，全长安的人无论贵贱都喜欢在此游览[73]，人满为患，请注意人身与财物安全。

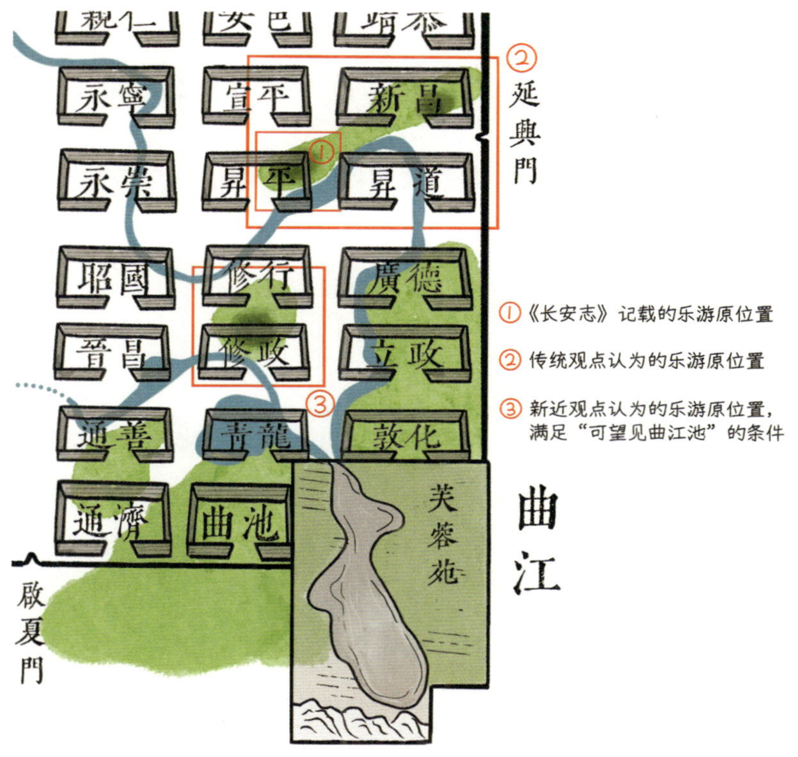

⊙图 6-6 乐游原位置示意图[74]

融入当地生活：野餐

近年来，公园野餐成了现代人踏青的风尚，而这项活动古已有之。上巳节前后，曲江的游览环境远比游客想象的嘈杂拥挤，想要野餐的游客必须早点去抢占水边的位子。去晚了就剩道旁的空地了，吃饭时还得时不时给过往的车马让路。曲江边草坪上坐满了姿势各异的人，会老友、祓禊、玩酒杯漂流（曲水流觞）、吃饭、喝酒、赏画……被袋、空酒器、酒杯滚得到处都是[75]。气氛到位了，只是卫生状况和噪声让人有点头疼。

给打算一览水边丽人的游客提个醒，有身份的女子会在野餐地的四周围上帐幔[76]（图 6-7）、宴幄[77]，不见花容，唯闻笑语。杜甫能有“肌理细腻骨肉匀”这种放大镜视角，如果不是空想，那多半是偷窥的，请你不要效仿。

神奇的曲江

人多的地方自然会有好戏上演。市民倾城而出来到曲江，人山人海中难免遇到老熟人，比如失散多年的兄弟/姐妹、欠钱不还的老赖……无论是你想躲的，还是遍寻不见的人，都可能在这里碰面[78]。曲江也是“公开处刑”最

⊙图 6-7　陕西蓝田县蔡拐村法池寺出土的舍利盒上的帐幔图像[79]

好的地方。《李娃传》中的荥阳生不好好学习，狎妓花光了钱，还跑到凶肆去唱挽歌，他的父亲被气得半死，一定要把他拖到人满为患的曲江来当众羞辱才解气[80]。

● 自从开元二年（714）玄宗扩建东郭夹城（图 6–8）后，皇帝都是通过夹城进入芙蓉苑的[81]，想要围观皇帝御驾的游客恐怕要大感失望了。

皇帝会在曲江赏荷，赐宴臣僚，请文人和官员作应制诗。只是这种活动一般会在芙蓉苑内举行，游客不能进入。听墙角是允许的，皇上赐宴时，靠近芙蓉苑的围墙，你将有幸听到太常寺及教坊的奏乐。唯一的遗憾是，此时游船暂停对外服务。芙蓉苑内的芙蓉池与曲江相通，池中彩舟只允许皇帝、宰相、翰林学士等乘坐。他们乘船来到曲江的公共水域，引来大量民众围观[82]。

在曲江能见到的名人实在太多了，杜甫、韩愈、裴度、李商隐、白居易……几乎你所有的文学偶像都曾在此消暑，请提前查阅好他们的在京时间，前来偶遇。这些文人不随皇帝出行时，未必会有彩幄翠帱，云旌环绕，但到底也是官员，搭讪时千万要注意分寸，别开无礼的玩笑。

休闲小食

曲江附近的几个坊，有小商贩售卖曲江采摘的藕。不过曲江产的藕非常稀少，还是苏州的藕最有名。唐人相信蒸食滋补五脏，搭配蜂蜜更佳，蒸藕正是藕的一大养生吃法[83]。

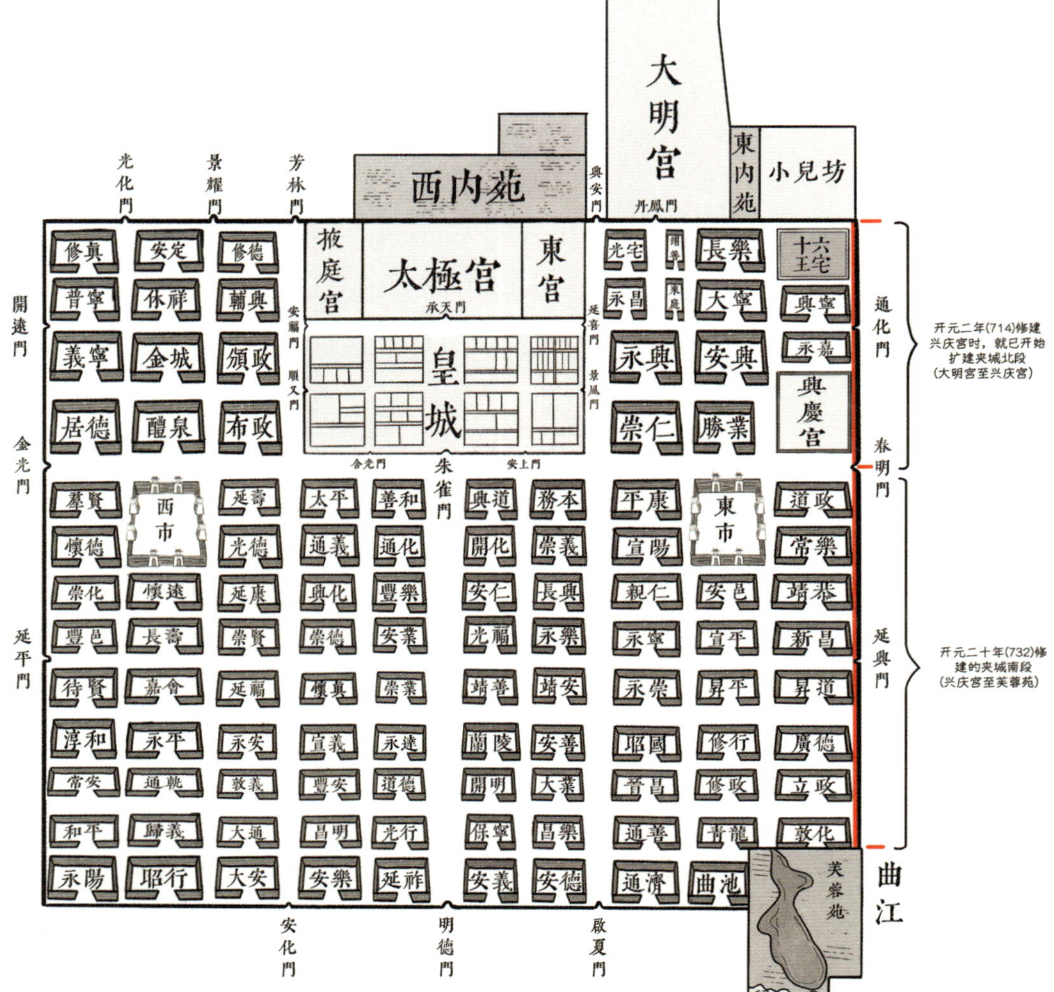

⊙ 图 6-8　长安城东郭夹城示意图

夏日生吃藕也很受现代游客的喜爱，毕竟韩愈说过，生藕“冷比雪霜甘比蜜”。

额外收获

拥挤的人群中，或许会有陌生人冷不丁地塞一个东西到你怀里。不用紧张，那多半是用花朵扎成的小狮子，非常精巧可爱。唐人游赏曲江有剪花装成狮子相赠的传统，还不及等你道谢，那人就已翩然离去，留下一句：“春光且莫去，留与醉人看。”[84]

游览途中，还有卖花人售卖曲江沿岸生长的兰花、牡丹、芙蓉等，引得士女争相购买，抛掷金钱。你要留意，这些售卖的花有可能是卖花人从别人家偷摘来的[85]。

晋昌坊东　大慈恩寺南池

大慈恩寺南池内的荷花也许因常闻佛法，香味竟然近似麝香[86]。请在观赏寺中牡丹时也顺便去看看麝香四溢的荷花，感受佛门圣地的清静幽玄——

若问无心法，莲花隔淤泥。[87]

安仁坊　元载宅

- 元载宅的其他游览项目详见第七章《名人宅邸家访指南》。
- 进入元载宅须跟团并购买门票。

贪吏元载在城中购置了多套房产，他在近郊大起亭榭，又在城南修了数十所别墅。大历十二年（777），元载东窗事发，其宅被查抄后就成为跨旅局设置的警示教育基地，供游客参观。警示教育基地内，游客不仅能踏入那座奢华至极但最终为元载带来厄运的芸辉堂，还可移步堂前水池边，聆听《杜阳杂编》中提到的碧莲的低语与吟唱。这些罕见的碧色莲花比一般莲花要大得多。你也许会隐约听到有十几位女子在合唱《玉树后庭花》，却不知歌声源自何处。等到靠近池边，便会发现这歌声竟是从莲花中飘出，再凑近些，甚至能听到花中有喘息声。

碧莲能如人歌唱固然是可爱的神迹，但实际却是不祥之兆。碧莲唱歌后不久，元载就因贪腐被抄家处死。

动植物也许能比人更早感知命运的无常。跨旅局接到游客爆料，说他们在开元年间曾参加过几场宴会，夜晚人群散去后，突然听到了园中有花朵发出人一般的叹息声[88]。

· 桃花 ·

桃花是当之无愧的天然饰品，这一点得到了来自玄宗的皇家认证。有一年，长安御苑中新开出了千叶桃花，玄宗折了一枝插在杨贵妃的宝冠上，说道："此个花尤能助娇态也。"从此，桃花就成了圣上钦定的"助娇花"[89]。

关于唐代的桃花，更多人记住的，是崔护那句"人面不知何处去，桃花依旧笑春风"。崔护去的是长安城的南郊，游人稀少，并不是常规景点。长安城内赏桃花，当然要去著名的玄都观。

崇业坊　玄都观

玄都观是长安城赏桃花第一地，欣赏这种俏丽灿烂的花朵自然需要热闹氛围的衬托。三月开花时，上千棵桃树满枝红云，丹霞成绮，观赏的人络绎不绝。然而面对这炫目的桃花，却不是人人都有好心情。

元和十年（815）春，刘禹锡结束了贬谪十年的生活，从朗州回到长安，他和同样刚贬官回来的好友柳宗元到玄都观看花。十年前，玄都观中还没有桃花，后来突然传说有位道士在此手植仙桃，引得长安人纷纷前来。这不免让刘禹锡想到永贞革新失败后眼下朝中的得势之人，遂写下那句后人再熟悉不过的“玄都观里桃千树，尽是刘郎去后栽”。

桃花谢了，柳宗元和刘禹锡在三月末又启程去往贬所[90]。十三年（828）后，刘禹锡再次回到长安。柳宗元已于九年前（819）去世，当年炽盛的桃花也化作一片兔葵燕麦，凄凄摇动于春风中。宿敌不再，好友离世，长安城里物是人非——

种桃道士归何处？前度刘郎今独来。[91]

玄都观向来与京城权力中心联系密切，常有皇亲国戚与朝官前来[92]，环境嘈杂与商业氛围是在所难免的。喜欢清静的游客可以跟随诗人姚合的足迹躲开人群，到道观僻静处走走，或者夜游玄都观。足迹所至，有道人所养白鹤的低鸣，晚风吹来煎药的淡淡苦味。道士们居住的院中生长着未经修整的植物。“阴径红桃落，秋坛白石生”[93]，归途更有一轮明月陪伴，这就是另一番天地了。

相传玄都观内有今天已经失传的阎立本绘太宗画像的摹本[94]，虽是摹本，但画师技艺颇佳，太宗迷们可前去一观偶像的神武英威。

● 在观中称呼道士，请用“尊师”“天师”“炼师”等尊称[95]。

· 杏花 ·

杏花通常在二月开放，是每年长安之春的先导使者。白杏纷繁若香雪，红杏娇美似酡颜，催促着人们跨上骏马，换好春衫，去往郊野踏青。

通善坊 杏园

杏园在曲江流域的西南侧，北望慈恩寺塔[96]。二三月，千万树杏花一时盛开，轻红薄粉怒放，十里飘香。晚唐时，关宴（包括曲江大会、杏园探花、雁塔题名等活动）的周期被拉长，甚至会持续到五六月。其时杏花已谢，杏果初熟[97]，杏园中又是别样景致。

既然都到这儿了，就别吝啬那点钱，付费体验一下杏园宴吧！通过吏部关试，新及第的进士们才能拥有铨选资格。虽然前方还有冬季铨选的考验，但年轻人已找到了纵情欢饮的理由。

杏园宴作为关宴的一部分，是曲江大会后的又一高潮，其一大精彩环节是“探花”。宴会上最年少英俊的两个人会被选作两街探花使，一路骑马，采摘沿路各大公私园林中开得最盛的杏花、牡丹和芍药，如果被别人抢先，或是采的花不够耀眼，这二位可少不了被一通罚[98]。他州来的白衣举子在故乡寒窗苦读十余年，杏园宴的无上奢华与繁复让他们叹为观止，不禁感慨“今日始知春气味，长安虚过四年花”[99]。

宴后，前进士们来到慈恩寺塔下题刻姓名。持续一个春天的欢会就此落幕，大家各奔东西，分赴命定的前程。

有名人出没

大和二年（828）的上巳节当天，白居易、刘禹锡、张籍将在杏园相会踏青联诗，不过游客们远远围观就好，过度的打扰可能会害得他们写不出诗来。这三人一个一心向佛，主动步入仕途的暮年；一个刚从和州回京，斗志昂扬，准备再干一场；还有一个新任国子司业，这是其一生仕途之巅峰，却不知自己两年后就要去世。

三人重回年少得意及第时的杏园，面对恍如二十多年前的同一片春色，各怀心事，悲喜难同。

怪君把酒偏惆怅，曾是贞元花下人。

自别花来多少事，东风二十四回春。[100]

进士团

特别提醒你，杏园宴的主办单位既不是吏部也不是跨旅局，而是一个叫作“进士团”的带有某种“黑道”性质的大型民间营利组织。成员有上百人，都是些在京城有着广泛人脉和渠道的民间人士，进士团内部分工明确，有人负责召集新及第进士，有人负责租用集会的房子，有人组织宴游活动。新进士参加活动、享受服务须支付一定的费用。进士团选定宴饮地点、菜品，忙前忙后，收费肯定不会少，这让很多新科进士还没当官就欠了一大笔债。参加杏园宴的游客也要注意，进士团是非官方组织，很可能存在不合理收费和隐藏收费项目。

当然，杏园宴还是很值得参加的，其热闹程度和宴席水准在九世纪后半叶达到了顶峰：菜品集水陆之珍，极尽奢华。当年的主考官等各界名流都会到场一睹新科进士的风采，有人借机挑选女婿，甚至皇帝本人也会在紫云楼上观看杏园盛况[101]，这些对游客来说都是难忘的体验。

我们还将在第八章《平康坊指南》中与进士团打照面。

斯人独憔悴

杏花方盛，荼花却兀自凋谢；冠盖相接、车骑喧喧的杏园中，也不是每个人都开心。此时也有失意的落榜生，牵着一匹瘦马，望着烂漫的红杏出神。其中可能便有温庭筠的背影："知有杏园无路入，马前惆怅满枝红。"还有及第前落寞的孟郊："万物皆及时，独余不觉春。"

生机勃发的杏园中，也偶有宦海浮沉数十年后再回故地的老人，来此重温刚及第时那无忧无虑的时光。少年春风得意，鲜衣怒马，与老人佝偻的身影形成鲜明对比。

二十余年作逐臣，归来还见曲江春。
游人莫笑白头醉，老醉花间有几人。[102]

· 长安城内其他常见名花 ·

石榴花

石榴花的烂漫奔放独属于夏季。来自西域的它就像艳媚的异域女郎，花色明艳晃眼，似婆娑火舌，又如颗颗红宝石般缀满枝头[103]。看到那些鬓边戴着石榴花的唐人女子，你还以为她们的鬓角被烧着了[104]，也难怪要用石榴花来制作胭脂[105]。许多寺院都种有石榴，妖艳得仿佛天魔女化身的花朵开在佛门净地，实在蔚然有趣[106]。

欣赏完石榴花后，你还可就近找家酒肆，品尝鲜花酿造的榴花酒。你绝对想不到，鲜红石榴花酿出来的酒居然是苔绿色[107]。

菊

九月九日，登上横跨昇平、新昌两坊的乐游原，可居高临下眺望整个长安城[108]。在汉代的春天，原上种着的玫瑰开了，如宝石般炫目；树下遍生苜蓿，有风吹过，萋萋摇动[109]。而在唐代，秋高露白时刻，亦有白菊、黄菊、紫菊开遍原野。把一盏茱萸酒，看“暗暗淡淡紫，融融冶冶黄”[110]，是远在他乡的韦庄最想念的场景[111]。重阳时节还有不少游客选择到大慈恩寺赏菊，白菊开时如露凝片玉，黄菊被秋风吹下，撒得满阶金黄。但说到长安菊花的代言人，当然非黄巢莫属：“冲天香阵透长安，满城尽带黄金甲。”

秋季固然是登高好时节，不畏寒冷的话，我们还推荐你在冬夜登上高岗，俯瞰全城。平日纷纭的名利场此刻变身清凉雪境，脚下之城白雪皑皑，寺塔楼阁皆可托于手中。

蔷薇

蔷薇在初夏开花。抛开旅行团，也别偷懒乘马，找一个夏日清晨，在各坊中走走，你会随处看到这可爱的小花。炎夏略显单调的坊巷因一簇簇蔷薇变得活泼而热闹，不知是谁家院内飘香，慰藉你这跨时空的游人。院墙上的红蔷薇枝蔓缠绕、垂挂，艳似一抹红霞，诗人王毂生动地把这美景称为“烂泼猩猩血”[112]。

木兰

现代人熟知的木兰花大多为白色和粉紫色。如果运气好，你能在某间民宅中遇到一树深红的木兰花，其攀枝火红如燃烧中的庭燎，直上青天。洛阳的敦化坊曾有这样一株木兰，后来被桂州观察使李勃以五千钱买走[113]。

看着繁花，用一下午来漫步、发呆真是惬意。记得带上油幕和油衣，因为不知何时会下雨[114]。

唐人有话说：地陪赵行行

赵行行是一位土生土长的长安市民，热情好客的她自从跨时空旅游开放以来，就一直担任开元二十年至二十九年（732—741）的地陪。她完全有资格对自己带过的游客团做出评价：

• 大部分现代人似乎有洁癖，赏花时在草上休憩，一定要带上他们称之为“野餐垫”的东西垫着。

• 每次一到“斗草”环节我就很头疼，没几个人举手报名。这些人太无趣了，他们说这是小孩子才玩的游戏。

• 有一点我不是很懂，为什么每次我给男性游客头上插花，他们都一副很不自在的样子？我还看到有男士背着我偷偷把花丢掉，这真让人伤心。

介绍唐人赏花时的一些小癖好，能帮助你更好地融入当地人

• 别怜惜你的衣服，直接坐在柔软的草甸或落花上吧！这一潮流来自学士许慎选，他与家人赏花时从来不设坐具，而是让仆人们把落花扫在一起，直接坐在花上，称之为“花裀”[115]。李商隐更是直言苔上铺席煞风景[116]。玩到兴起，唐代的女人比男人还要豪放，她们会脱下红裙，围起来挂一圈，当作帷帐[117]。

• 踏春赏花时你会被热情的唐人拉去斗草。自魏晋南北朝开始，斗草就是非常流行的游戏，玩得疯的还能赌上财物[118]。唐代的斗草有两种方式：一种是比赛谁采摘的花草更为珍奇[119]；而另一种，唐人却没有对我们透露太多规则，仅知道是一项妇女、孩童都能玩，且运动稍剧烈，能让人满头大汗的游戏[120]。

• 不要扭扭捏捏。唐人无论男女，都会把花插在鬓上或帽子上[121]。重阳节赏菊时人们不仅会插菊花[122]，还会插上气味辛香、辟邪袪疫的茱萸果[123]。皇帝在赏花时，也会亲自给应制诗写得最好的臣子插戴御花[124]。所以没什么不好意思的，入乡随俗才能玩得尽兴。

不过，切记不要插茉莉花！唐人一般仅在重大丧事中簪茉莉。代宗贞懿皇后去世，都人会头插茉莉（柰花），以表哀思[125]。

· 再难重逢的盛唐之春 ·

天复四年（904），为了逼迫昭宗迁都洛阳，朱温大肆毁坏长安宫室和民间庐舍。自黄巢来犯始，接连二十多年的破坏和纵火至此终于让长安彻底成为废墟。

这是游客离去，跨旅局关闭入境后发生的事。

唐朝旧臣王贞白回到烽烟中的长安，再次造访颁政坊护国天王院（原显圣天王寺），看到不知王朝已覆仍灼灼怒放的牡丹，写下："前年帝里探春时，寺寺名花我尽知。今日长安已灰烬，忍随南国对芳枝。"其实，"春来春去春复春"[126]，这世上永远不会爽约的就是春天。每年立春后，阳气初开，白日渐长，和风待柳，莺啭声声，如梦似幻的烟花仍会含笑迎接人间。只是这大好河山，不再是故国之景。

原本在卷首语中我们就应对以下内容做出提醒，但本书认为，若将提醒条文放在此处游客将更有感触。春色本该年年如常，唯独盛唐的春日格外绚丽。那时的王朝和人们迸发着最蓬勃的生气，就连花朵也开得壮美肆意，惊心动魄。

为了让游客珍惜易逝的春光，将盛唐的赏花之旅当作无法复刻的独特记忆，跨旅局作出如下规定：每位游客仅有一次在盛唐时期游览的机会，且停留时间不得超过一年。

除了真正活在当时的人，任何人都无法两次体验盛唐的春天，就连跨时空旅行也没法打破这个规矩。

附录 长安城内四大水渠示意图编例

1. 长安城及其周围共环绕有八水五渠，本图仅画出了流经城内的永安（唐时亦称交渠）、清明、黄渠和龙首四渠。本图以郭声波《隋唐长安水利设施的地理复原研究》一文中的各渠流域图为底图绘制。

2. 除了图上城中四渠，长安城外还有一条由长安城西北绕至城东北，最终汇入广运潭的漕渠。此渠为隋代在汉渠旧址上疏通开凿。唐天宝元年至三载（742—744）对隋渠进行了再次修复。

3. 本图龙首渠部分兼有参考郭声波《隋唐长安龙首渠流路新探》。引龙首渠水的园池有昌（广）化坊（原安兴坊）岐阳公主园池、永嘉坊西南许敬宗宅（后为申王李㧑宅）池、兴庆宫龙池（东市东北放生池由此引水）、胜业坊东南宁王山池、大宁坊西南太清宫池、崇仁坊东南资圣寺池和西南景龙观池。大明宫内水路：由南至北经龙首池、灵符池、凝碧池、积翠池，向西注入太液东池、西池。

4. 黄渠部分参考曹尔琴《长安黄渠考》。此渠为曲江进水渠。北支流沿途主要引水园池有昇平坊元宗简宅渠、昭国坊韦应物宅渠、永宁坊南门东永宁园池和北侧独孤公园池、长兴坊东北杨师道山池；西支流主要引水园池有晋昌坊东大慈恩寺南池。虚线部分的流向未见记载，仅为推测路线。

5. 清明渠部分参考李健超《隋唐长安城清明渠》。清明渠流经兴化坊东南裴度园池、光德坊东南京兆府廨池、太平坊王鉷宅，向北入大明宫，后依次注入南海、西海、北海。永泰二年

（766），京兆尹黎幹以京兆府廨池为起点开凿黎幹渠，连通清明渠，向东经通义、通化、开化坊东街，北至务本坊国子监东，北上入西内苑。

6. 永安渠入城方位参考陕西省文物管理委员会《唐长安城地基初步探测》。永安渠流经怀远坊，见中国社会科学院考古研究所西安唐城工作队《唐长安城西市遗址发掘》。引永安渠水的园池有昭行坊南汝州刺史王昕园池、大安坊李晟园池、大通坊东南郭子仪园池、延福坊西北琼山县主山池、延康坊西北马璘山池、修德坊西北兴福寺池。永安支渠流入西市西北放生池，池西侧连通天宝二年（743）京兆尹韩朝宗引渭水所建之渠，南侧有其开凿的运木潭。放生池延伸向北的虚线部分为推测流向路线。

7. 图中所绘流经安仁坊西北的水渠为按照文献记载所绘的永泰二年（766）黎幹渠（详见第五章《逛街购物指南》附录二）。2021 年 5 月，考古人员在西安市安仁坊西北角发现了横穿朱雀大街的渠道及五桥并列遗址，但经过测年，此渠并非黎幹渠，而是开凿年代早至隋代或初唐的水道。详见西安市文物保护考古研究院《陕西西安隋唐长安城朱雀大街五桥并列遗址》。

8. 西市西北放生池的绘制，以及永安渠是否流经西市的问题，亦详见第五章《逛街购物指南》附录二。

9. 图中东市东北放生池水是直接引自龙池的。郭声波在《隋唐长安水利设施的地理复原研究》中提到："龙首西渠的附属设施有东市支渠。《长安志》说东市支渠自城外分水南流至道政坊东入城，经坊北入东市东北隅放生池，考古发掘（《唐代长安城考古纪略》）证实东市放生池的水源来自道政坊西北。但考古工作者及《西安历史地图集》皆以为水源直接来自兴庆坊的龙池。”然而，查阅《唐代长安城考古纪略》原文，关于东市放生池水源的记述为：“（东市放生池引水渠）由大池斜向东北长 230 米，折向北行，将近市的北墙处即断缺无存，其方向与兴庆宫‘龙池’的西南部相对。但据《唐两京城坊考》与《咸宁县志》所画之图，放生池之水是由龙首渠经道政坊引来的，可是在这一带却未探得渠道的遗迹。因此，经道政坊引来之说是值得怀疑的。从已探得的部分渠道所去的方向来看，放生池之水倒很可能是由兴庆宫龙池中引来的。”鉴于应以实地考古发掘为准，本图仍将放生池水画作直接引自龙池。

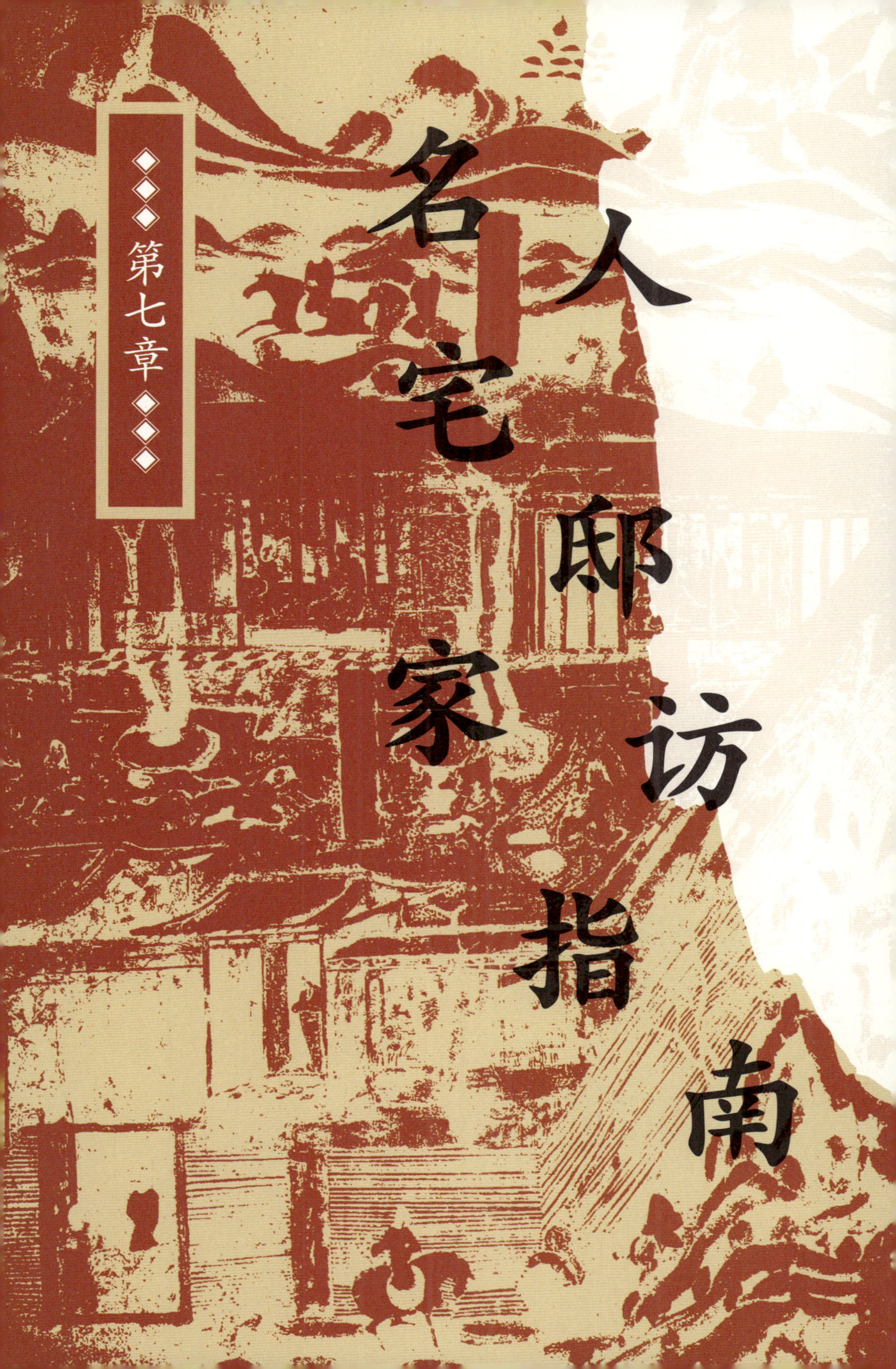
第七章
名人宅家
邸访指南

热闹场结束了。

我们的这些演员，我有话在先，

原都是一些精灵，现在都隐去了，变空无所有。

正像这一场幻象的虚无飘渺：高耸入云的楼台、辉煌的宫阙、

庄严的庙宇、浩茫的大地本身、地面的一切，也就会云散烟消，

也会像这个空洞的洋洋大观，不留一丝的痕迹。

我们就是，梦幻所用的材料，

一场睡梦，环抱了短促的人生。

——1611 年，莎士比亚（Shakespeare）《暴风雨》，第四幕第一场，

普洛斯佩罗台词 [1]

- 本章提供长安城内名人住宅位置及家访参观指南，并附上家访特色项目与注意事项。
- 本章提到的大部分项目都需参团游览。个别项目对散客开放，将以图标标出。

跨旅局安排的名人宅邸家访才不是那种你进去逛一圈，看一排讲解文字就退出的乏味的故居参观。你将走进《两京城坊考》《两京新记》与《长安志》等书记载的唐代名流宅邸，感受长安上流社会的日常生活，甚至回到历史事件发生的当天去见证一切。名人们不再只存在于史料冰冷的文字或平面的插图中，在合适的时段登门造访，你会看到鲜活的他们——会为你签名，请你喝酒，奉上亲手研制的美食，与你畅聊人生苦乐。名人们在自己家中，会展现出最真实的状态，既有酒酣耳热的癫狂、失意后的落寞，也有身居高位的倦惫与隐忧……他们是如此有血有肉。

而有些宅邸在主人全盛时拒绝访客到来，我们只能在其败亡后进入，去触碰繁华的余烬。

注意事项

- 本章主要介绍在长安城内有固定住所且愿意开放（或不得不开放）宅邸供游客参观的名人。
- 出于保护大唐军事机密的考虑，除郭子仪（郭老令公实属不得已）、哥舒翰（嗜赌如命，需赚些门票钱[2]）和张茂昭（此人对开放参观一事格外积极，原因详见下文）的宅邸外，名将府邸均不开放。武将们普遍不太精心打理自己的宅院，本人又常年在外征战驻守，游客很难见到他们。

- 本书会在条目中列明游客到访的最佳时期，但我们更推荐你在名人的中晚年时拜访。那时他们才成为你所熟知的历史人物。年轻时的他们还不曾经历命中注定的功名、厄运和失落，一生的恢宏图卷犹待展开，你会发现他们和现在的年轻人也没什么区别。
- 一些后世声名显赫的诗人，如孟浩然、李白、李贺和杜甫等，在本章中所占篇幅并不多，甚至可以说是寥寥数笔。这些人在城中无固定居所，来了又去，相逢只能靠偶遇。和我们一样，他们不属于这里，只是长安的过客。

八世纪前半期，长安城总人口在六七十万[3]（簿籍在册的百姓约有五十万人[4]），中唐至唐末人口接近百万[5]。八十多平方千米的外郭城在南部仍留有大片空旷地。自修建大明宫后，长安住宅逐渐呈现**东北部多、西部和南部偏少，总体上东多西少、北多南少**的分布状况。因为朱雀街东靠近皇权中心大明宫，故有“东贵西庶”之说。城东北大明宫附近更是宦官们的聚居区[6]。

那些能被后人知晓的住宅大部分属于官员、诗人、宦官和贵族，只有他们才能在史籍中留下印迹。而长安城内还有数以十万计的百姓，他们的家就在你旅途中经过的每一条烟火巷弄，可惜无人记载。

· 为什么要跟团？ ·

1. 唐代民居面积普遍宽敞。《唐六典》规定，良民三人以下给一亩（约 520~540 平方米[7]）园宅地，每增三人再加一亩[8]，那么理论上普通的三口之家就可拥有500多平方米的居住活动空间（包括宅子和菜果园），这真让现代游客闻之掩面而泣。先别哭，这只是最理想的状态。敦煌文书中有一份居民马法律家的地皮帐[9]，经今人研究可知此宅只有170平方米左右[10]。在长安等大城市就更不会遵循这个规则了。城市中权贵众多，侵地在所难免，贫家被迫缩减住宅面积，而贵家宅院只会变得更大，占地三亩都已属于小宅[11]。白居易在洛阳履道坊的宅院有8000多平方米[12]；幼年家道中落的杜牧曾“拉仇恨”地哀叹自己“有屋三十间而已”[13]；郭子仪在长安亲仁坊的大宅占坊总面积的四分之一，能住下足足3000名亲眷、下人，这些人甚至相互不认识[14]。宅子那么大，散客进去自然有诸多不便。万一迷路，可能数日都走不出去。在朝廷要员的大宅中只身乱窜，还可能被当成刺客，遇上多疑的主人恐怕会有生命危险。所以游览时一定要跟团，并紧跟导游旗，不要掉队。

2. 唐《营缮令》始见于贞观令，记载了朝廷对士庶住宅规格的管理[15]。比如，王公以下不能用重拱[16]和藻井；三品官员的堂舍面宽不能超过五间，进深不能超过九架；非常参官不得修建轴心舍[17]，也不能在房屋上装饰悬鱼、对凤和瓦兽；士庶公私宅第不能修高楼俯视别家；除一定品级的官员外，宅第不能临街开门[18]。中唐后，除非屋主是三品以上官员，或家宅位于循墙曲，三面都无路可走（“三绝”），实在没办法了才可向街开门[19]。规定如此，现实往往更复杂。有人深知“更营美室，是速吾祸”[20]，但也有人毫不在意，“竞务奢豪，力穷乃止”[21]。游览宅邸时游客一定会见到许多逾制的现象，从修建宏宇高楼到妄加装饰，再到逾制使用纯金器、纯银器和玉器。因此游客必须跟团，按规定路线游览，以防祸从口出或误闯禁地。

3. 跟团游能更好地组织游客。在我们拜访的名人中，有不少是官员或名流，宅院严格遵循四合院或三合院的结构建造，如图 7–1 所示。游客将经由宅院围墙进入大门。五品及以上官员允许建乌头门。若主人官、阶、勋均至三品以上，门口便还可有列戟[22]。导游会先在大门内侧的阍人室登记，奉上名纸，再带领游客统一入内。进入大门，依次走进前院和中门。中门后是中庭，中央为中堂（又称中厅），后面是主人的厨房和后院。东西两侧则是厢房或廊屋。切记，中堂便是我们参观的界限了，大部分主人会在中堂会客或举办家宴。中堂后区域属于私密生活区，游客不可进入。女眷出中门需乘车，或行走时在两侧张帷，避人耳目[23]。总体而言，唐代是女性地位相对较高的时期，但女性需要遵守的礼法也会因所处阶级、地域和场合的不同而或宽松或严苛。有的唐代女子活到十五岁，走到的最远距离也就是到中门而已[24]。（图 7–2、图 7–3）

出发前的再次提醒

不同于现代旅游中的家访项目，本章的名人宅邸内没有为迎合游客开设的表演，只有依主人意愿安排的家妓歌舞，饭食也按主人自己的习惯供应，毕竟他们大多是皇室成员、官员和富户，并不靠接待游客来发家致富。换句话说，游客在这里不是上帝，所以参观时请务必保持敬畏之心，入乡随俗，不要向主人要求特定的菜品和服务。

进入宅院前请交出管制刀具等危险品（门口有人安检）。在不接待散客的宅邸内不可擅自行动。除非主人同意留宿或邀请赴宴，宅院游览时间一般都不超过半个时辰，毕竟“久住人增贱，希来见喜欢”[25]。

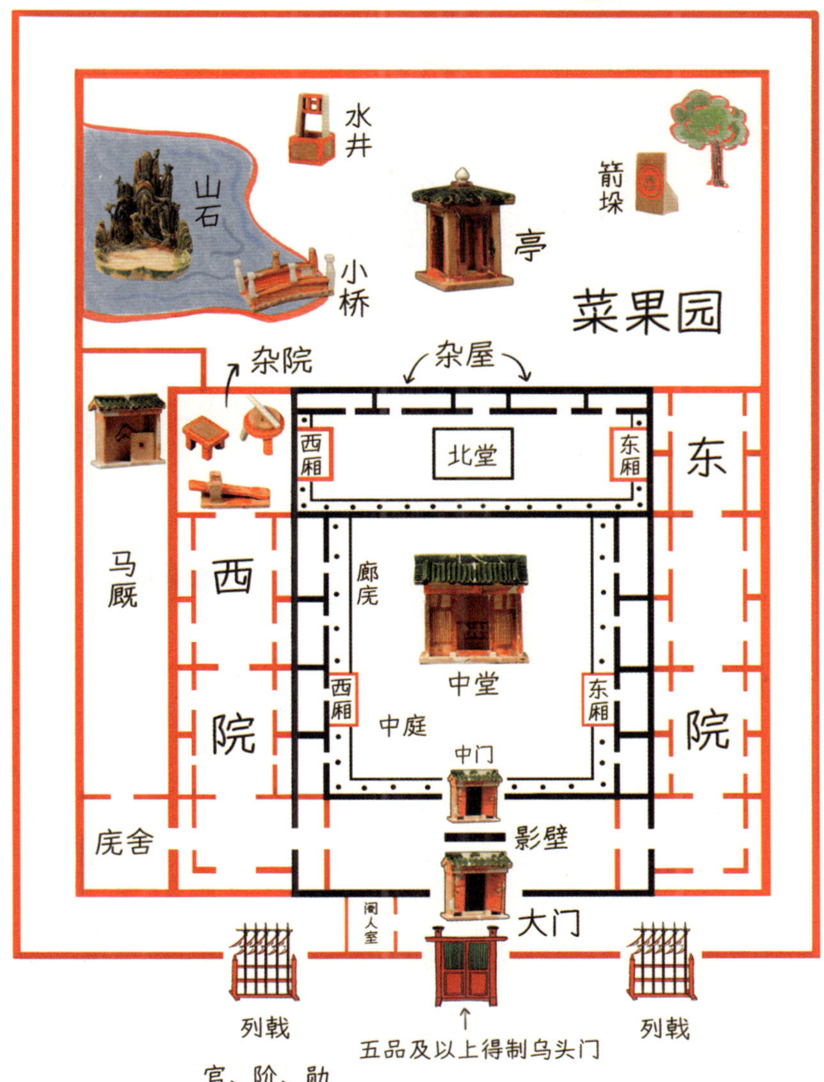

北堂："主妇治北堂，膳服适戚疏。"北堂是家中妇女的活动空间，主要是厨房和盥洗区

中堂：宅内最重要的主体建筑，是日常宴饮、礼仪之所，男女可在此社交

阍人室：类似门卫岗亭　　　庑舍：下人居住之处，或圈养牲畜

红色区域为较大宅院或品官住宅才有的结构，**黑色区域**为普通住宅基本结构

⦿ 图 7–1　唐代民居想象图 [26]

⊙ 图 7-2　西安长安区出土的三彩院落模型，现藏于西安博物院

太平公主宅
韦巨源宅
王彦伯宅
张茂昭宅
李贺居处
杜牧宅
光化門
開遠門
金光門
延平門
修真
安定
普寧
休祥
義寧
金城
居德
醴泉
羣賢
西市
懷德
崇化
懷遠
豐邑
長壽
待賢
嘉會
淳和
永平
常安
通軌
和平
歸義
永陽
昭行
王鉷宅
卢照邻养病处
长广公主宅
元稹宅
韩愈宅
武元衡宅，刺杀现场附近
裴度宅
上官婉儿宅

⊙ 图 7-3　名人宅邸分布图。先别晕！由于人物众多，这图看上去确实很复杂，但只有把我们将拜访的宅院都放在一起时，方可粗略看出朱雀街东多于街西的分布趋势。之所以说“粗略”，是因为制图时未剔除一人多宅的情况，而且将全唐时间段内的住宅都画在图内了（下文安排了分章节地图，会让眼睛舒服得多）

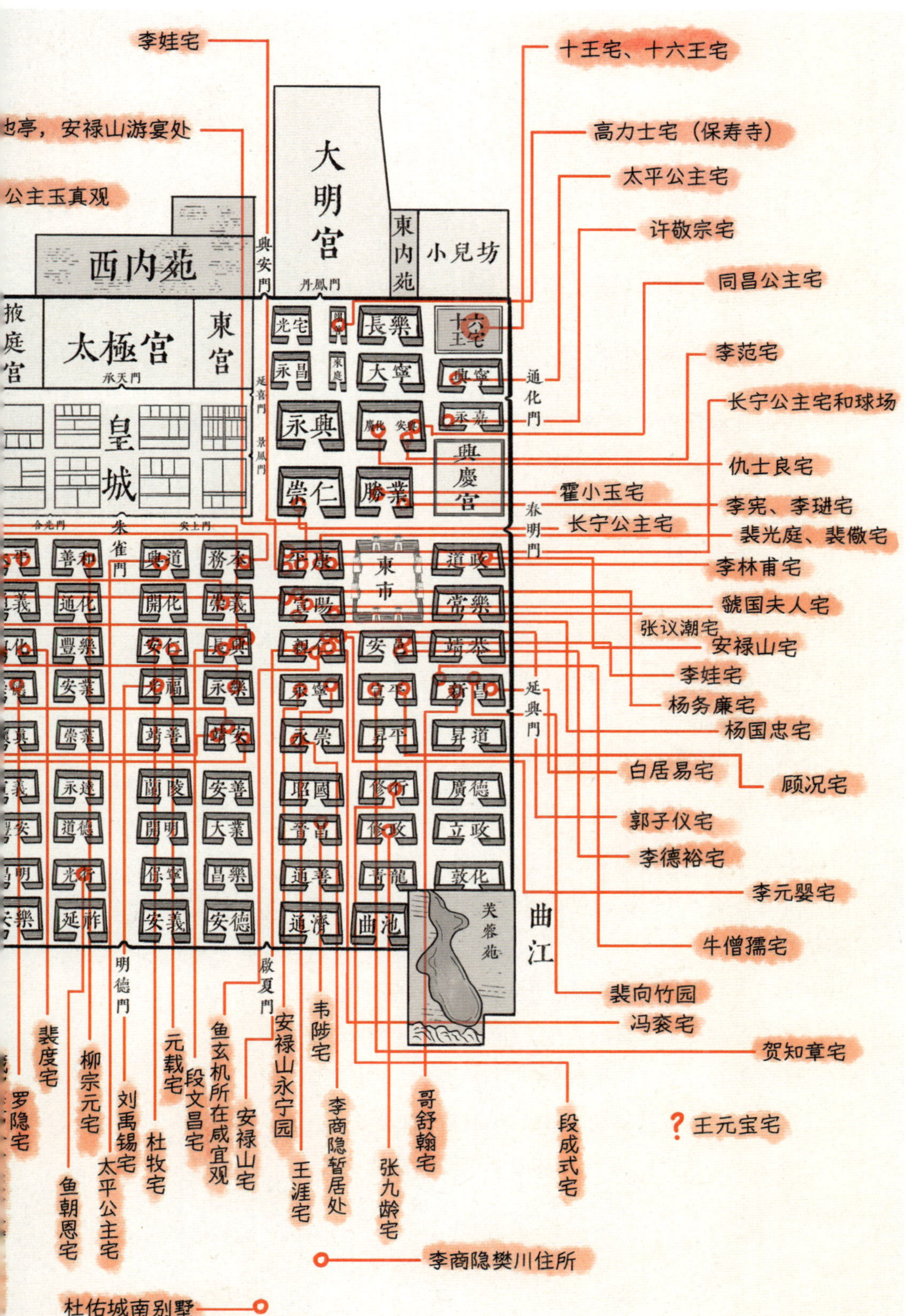

李娃宅
亭，安禄山游宴处
公主玉真观
大明宫
東內苑
小兒坊
西內苑
興安門
丹鳳門
掖庭宮
太極宮
承天門
東宮
皇城
延喜門
景風門
含光門
朱雀門
安上門
通化門
春明門
延興門
光宅
長樂
十六王宅
永昌
來庭
大寧
興寧
永興
廣化
安興
永嘉
崇仁
勝業
興慶宮
善和
興道
務本
平康
東市
道政
通化
開化
崇義
宣陽
常樂
豐樂
安仁
長興
親仁
安邑
靖恭
安業
光福
永樂
永寧
宣平
新昌
崇業
靖善
靖安
永崇
昇平
昇道
永達
蘭陵
安善
昭國
修行
廣德
道德
開明
大業
晉昌
修政
立政
光行
保寧
昌樂
通善
青龍
敦化
延祚
安義
安德
通濟
曲池
芙蓉苑
曲江
明德門
啟夏門
十王宅、十六王宅
高力士宅（保寿寺）
太平公主宅
许敬宗宅
同昌公主宅
李范宅
长宁公主宅和球场
仇士良宅
霍小玉宅
李宪、李琎宅
长宁公主宅
裴光庭、裴儆宅
李林甫宅
虢国夫人宅
张议潮宅
安禄山宅
李娃宅
杨务廉宅
杨国忠宅
白居易宅
顾况宅
郭子仪宅
李德裕宅
李元婴宅
牛僧孺宅
裴向竹园
冯衮宅
贺知章宅
?王元宝宅
裴度宅
罗隐宅
柳宗元宅
刘禹锡宅
鱼朝恩宅
太平公主宅
杜牧宅
元载宅
段文昌宅
鱼玄机所在咸宜观
安禄山宅
安禄山永宁园
王涯宅
韦陟宅
李商隐暂居处
张九龄宅
哥舒翰宅
段成式宅
李商隐樊川住所
杜佑城南别墅

· 衣冠家名食 ·（图 7-4）

韦巨源宅——宣阳坊西门之北

● 仅接待二十至三十人的团体。

假如你是个会吃且挑剔的人，注重食材、摆盘、装潢和服务，那么前面推荐过的街边小吃一定满足不了你。

来宰相韦巨源的豪华府邸享受一顿珍错罗列的极奢“烧尾宴”吧！韦宅全体员工都经过专业培训，将以宫廷般的服务照顾好你的胃。

关于“烧尾”一名的来源，唐人有多种解释。传说老虎在变成人之前要先把尾巴烧掉，才能成功变形；也有一种说法是新羊入群后被其他羊排斥，得烧掉一截尾巴才能合群。总之，烧尾是一个“进化”成人上人的过程[27]。官员们拜相后也照例要请皇帝吃一顿大餐，有时是家宴，有时是献食进宫，这种宴席就叫烧尾宴。士子及第后举办的宴席也沿用了这一名称。

景龙三年（709），韦巨源升任宰相，官拜尚书左仆射。他已不是第一次当宰相了，而是屡次罢相后再次拜相，因此他格外感激中宗。当年那场烧尾宴多达五十八道菜，直至千年后仍被传颂。

本着财富多多益善的原则，韦巨源借助“韦氏烧尾宴”的名气，特向游客开放了皇帝同款私房菜。矜贵的烧尾宴自然不可能天天都有，韦宅每月只在晦日、朔日两天开放此宴。五十八道菜肯定也无法一次性吃完，韦家每次只会随机放出其中三十道菜，并只接待二十至三十人的大团。

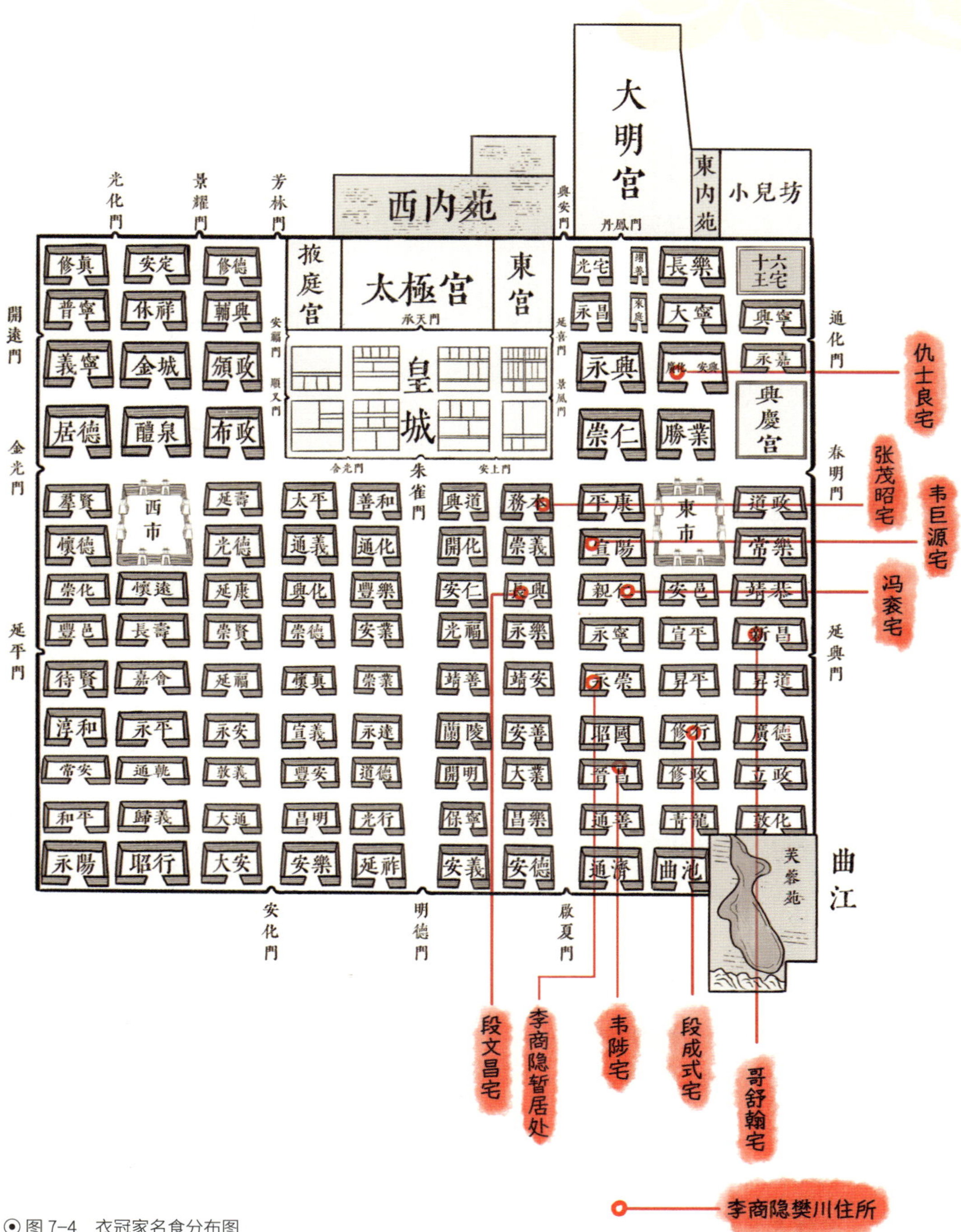

⊙ 图 7-4　衣冠家名食分布图

温馨提示

患有“三高”的游客请谨慎前往，并请提前 10 天预订参团。如果你对饮食不太讲究，本书并不推荐你赴宴，因为价格实在高得离谱，性价比较低。你可以对比一下现代“全球五十佳”或“米其林三星”收录的一流餐厅的人均消费，再将其换算成开元通宝，差不多就是烧尾宴的门票钱。

烧尾宴菜单[28]

冷菜：

丁子香淋脍（丁香油淋生鱼片，也可以蘸醋）

青凉臛碎（冷狸肉、狸脂羹做冻切碎，类似今天的水晶肴肉）

五生盘（羊、猪、牛、熊、鹿肉切丝拼盘）

红罗饤（用动物血脂，可能是鹿血和熊脂切片风干）

主菜：

通花软牛肠（通花就是通草的茎髓，这道菜是在通草内塞入羊膏髓，形似牛肠）

光明虾炙（烤虾）

同心生结脯（绕成同心结的风干肉脯条）

金银夹花平截（蟹肉蟹黄卷）

凤凰胎（杂煮鱼白）

羊皮花丝（长达一尺的羊皮丝）

逡巡酱（鱼羊肉酱）

乳酿鱼（乳酒炖整鱼）

葱醋鸡（笼蒸葱醋腌鸡）

吴兴连带鲊（吴兴风味腌鱼，上菜时连腌缸一起上）

西江料（西江产香料蒸猪肩肉末，西江料可能指的是用唐代西江流域［即康州、端州、梧州］盛产的八角、桂皮、桂枝等香料特调的调味品）

红羊枝杖（煨红羊蹄，红羊是名贵品种的山羊[29]）

升平炙（烤鹿舌、羊舌，各三百条）

八仙盘（鹅八件）

雪婴儿（两片豌豆荚[30]似襁褓般裹住蛙肉清蒸）

仙人脔（乳汤炖鸡）

分装蒸腊熊（蒸腊熊肉和熊白脂）

箸头春（烤活鹑子）

暖寒花酿驴蒸（烂蒸酒糟驴肉，亦可能为蒸驴肠）

水炼犊炙（猛火炖牛犊肉）

格食（“格”义为树木的长枝条，即用羊肉、羊肠和羊其他内脏缠住豆荚，形同树枝）

过门香（沸油煎肉菜片）

缠花云梦肉（猪肉肘花卷）

遍地锦装鳖（羊脂、鸭蛋蒸鳖）

蕃体间缕宝相肝（深七升的盘装异域风情的肉丝和拼成宝相花形状的肝片）

汤浴绣丸（肉糜加蛋搓成团，煨汤“狮子头”）

汤羹：

冷蟾儿羹（水晶蛤蜊羹）
白龙臛（鳜鱼肉羹）
卯羹（兔肉羹）

主食：

单笼金乳酥（蒸黄金乳酥饼）
曼陀样夹饼（曼陀罗花形状的夹心烤馅饼）
巨胜奴（甜香脆口的蜂蜜芝麻馓子）
婆罗门轻高面（印度风情蒸馒头，一说为千层糕）
金铃炙（烤至金黄的铃铛形状的酥饼）
御黄王母饭（鸡蛋丝盖浇饭）
生进二十四气馄饨（生的二十四馅、二十四种造型的馄饨，由名厨现场烹煮）
生进鸭花汤饼（现场烹煮的鸭肉面片汤）
长生粥（养生健体粥）
小天酥（鹿肉、鸡肉碎粒奶酥粥）
天花饆饠（内含神秘馅料“九炼香”的饆饠卷饼，以五台山名产天花蕈为主料）
赐绯含香粽子（蜜淋白粽子或蒸红曲米粽子）

八方寒食饼（用木模具压花制成的寒食饼）

素蒸音声部（蒸面人，共七十个，形象为蓬莱仙子般的乐舞伎）

唐安餤（花形馅饼）

水晶龙凤糕（破花枣米糕）

双拌方破饼（方形十字纹馅饼，双拌通“双判”，即分开两半）

见风消（见风消本为中药，此糕点得名于中药“见风消”之形，也就是叶子形状的油煎饼。也有说法认为这是今天的陕西名点泡泡油糕。图 7–5）

金粟平䭔（撒满鱼子，宛如颗颗金粟的扁圆油煎饼）

甜品：

贵妃红（红色甜奶酥）

七返膏（养生五谷花形糕点）

玉露团（雕花奶油酥，上面可能撒有糖粉，宛如秋天的霜露）

汉宫棋（钱币大小的棋形印花糕点）

火焰盏口䭔（开口如火焰状的煎麻团子）

甜雪（蜂蜜烤白面团）

⊙ 图 7–5　阿斯塔那古墓出土的叶片形油炸糕点，可能是烧尾宴中的见风消 [31]

到访须知

韦宅的烧尾宴只营业了很短的时间，在景龙三年至四年间（709—710）短暂供应。韦巨源拜相后仅一年，中宗就去世了，李隆基和太平公主发动唐隆政变。韦后事败，韦巨源作为同党也难以幸免。家人都劝他逃走，他却说："吾国之大臣，岂得闻难不赴？"[32] 随即被乱兵所杀。也许是被其所触动，睿宗不顾大臣反对，定韦巨源谥号为"昭"。

出没名人

中宗、韦后、安乐公主（御驾亲临时韦巨源宅人手不足，暂停营业）。

仇士良宅——广化坊

● 不可进入，只能在宅外店铺购买带走。

史书里的"仇士良"真是个令闻者丧胆的名字。他挟制天子，滥杀擅权，十分不好打交道。不过世传仇士良家的独特美食赤明香，却可以说是大唐肉制品的一张名片。这是一种颜色鲜红（无化学色素添加）的肉脯，清薄香甜，入味可口。我们有理由相信，仇士良白天忙着权斗杀人，晚上时间都用来钻研美食，释放天赋属性了，毕竟他是广东（循州）人。

到访须知

仇士良家的肉脯虽然美味，但他家的服务态度极差。尽管如此，依然有很多游客去挑战打卡，不过本书还是要警告几句：仇士良可是杀过一妃、二王、四宰相的狠人[33]，还在原本针对自己的甘露之变中成功反杀。仇家的店员、家仆也个个蛮横得不行，若顾客胆敢挑三拣四，讨价还价，会直接上鞭子，这也是元稹的心理阴影[34]。

请在会昌三年（843）前到来。是年六月，仇士良卒于广化坊宅。一代奸宦，竟得寿终正寝[35]。

韦陟宅——晋昌坊十字街北之东　韦家私房菜  

● 仅接待团体。

韦陟私房菜的宣传口号是“人欲不饭筋骨舒，夤缘须入郇公厨”[36]，谁要是食欲不振、筋骨不舒，到韦家私厨来，保证胃口大开，浑身畅快。

在韦家私房菜吃饭，氛围也是一大亮点。追求生活品质的韦陟在堂内装饰、铺设了各色花朵和名贵香料，随季节时令更换，每一次到访对你的眼睛和鼻子来说都是享受。吃饭时，游客四面站满拿着蜡烛的婢子[37]，让用餐充满仪式感。但古今观念毕竟有差异，不少游客认为被盯着吃饭很不自在。

到访须知

请在开元八年至天宝二年（720—743）到来。开元初，韦陟父亲韦安石去世，他守孝八年后才回京复任；天宝二年，因被李林甫排挤，韦陟出任襄阳太守，离开长安。

关于主人

店主韦陟本人是官二代，父亲是著名宰相韦安石。从小就锦衣玉食的他，对食材质量异常挑剔，甚至到了用鸟羽来筛米的程度。每次公务聚餐他都不怎么爱动筷子，再稀奇的山珍海味在他眼里也是家常便饭[38]。如此挑剔的舌头恰恰是韦陟私房菜的品质保证。游客可通过韦陟精心创制的新奇菜式感受这位天才大厨的创意与才华，同时也可打消食材处理不干净和重复使用的顾虑，因为这么做首先就过不了韦陟这一关。

韦陟当过科举的主考官，并长期在朝廷人事部门任职，个性相对严肃，加上自己才华横溢，养尊处优，不需要去结交人，所以不喜欢和人打交道[39]。想和老板攀谈几句的游客恐怕要抱憾而归了，但夸他家菜做得好吃，他还是受用的。

宅内购物

韦陟签名时常把“陟”字写得很潦草，乍看好似五朵云彩，于是他自创的字体便被称作“五云书”，俏丽清秀，引得唐人争相效仿[40]。吃完饭到纪念品区逛逛，买一张韦陟亲自书写的五云书帖是不错的选择（每日限量供应）。

出没名人

张九龄（因爱惜韦陟之才，提拔他做了自己的下属[41]）、王维、崔颢、卢象[42]。

段文昌宅——长兴坊　炼珍堂

● 仅接待团体。

《酉阳杂俎》的作者段成式浑身散发着魅力与神秘，他的父亲段文昌也是极有个性的人，可有关段文昌的为人却流传着两种版本。有人说段文昌非常小气，“有眉睫之失，必致怪讶”[43]；也有人觉得他疏爽任义节，不为龌龊小行，倜傥有气义[44]。也许就像阮籍的青眼白眼一样，段文昌面对不同的人有着迥异的性格。他的真面目如何，还需游客自己去一探究竟。

进入段文昌宅内，没有人不会为其奢华程度惊叹——各色珠宝串起的帷帘、名贵的牙雕玉器、从康国不远万里运来的手工密织茵毯……耀目的金银器琳琅满目，名贵书画堆叠如山，堂内家伎的吟唱和乐声永不停歇。正当游客们惊叹时，段文昌本人已来到大家身边，毫不避讳地述说起他年轻时流落于荆楚一带，贫困潦倒的落魄日子[45]。见听众表现出兴趣，他还会兴致勃勃地说下去，游客们只需附和他就是了。

发迹后，段文昌决定好好享受美食，他亲自下厨发明各色菜品，在家中开办私房菜“炼珍堂”；哪怕出差在外，也配备名为“行珍馆”的流动厨房。游客们吃到的菜肴，都出自炼珍堂主厨——一位老妇人之手。她年事已高，做菜仍毫不含糊，被段文昌尊称为“膳祖”。膳祖掌勺四十多年，技艺传女不传男，门下有百名徒弟，只有九人得其真传[46]。

来炼珍堂，不只是吃段氏名菜、尝膳祖手艺这么简单，更精彩的环节是听段文昌侃大山。他一生的座右铭是：“人生几何，要酬平生不足也。”[47]他以穷极享乐来弥补年少困顿之憾，直至为满足奢欲而收取贿赂[48]，铺张浪费到“苟悦于心，无所爱惜”[49]的程度，这实在不可取。

段文昌把生命享受到了极致，连死亡也无非是欢愉中的插曲。大和九年（835）三月，文宗派宦官到西川给当时任节度使的段文昌送慰问春衣。中使刚宣读完敕书和手诏，段文昌就去世了[50]。

到访须知

段文昌有两段时间在长安久居：

1. 元和二年至十五年（807—820）。元和二年，段文昌从四川回长安任祠部员外郎。这个时候来，能看到可爱的小段成式，不过他可没空和游客打招呼，他正在院子里研究他的宝贝——蚂蚁、异蜂、天牛和负子于背的大蝎子[51]。元和十五年，段文昌拜相，第二年请辞相位，再次前往四川。

2. 长庆四年至大和元年（824—827）。长庆四年，段文昌任刑部尚书，再次入京，直到大和元年出镇淮南；段成式则前往浙西，投奔李德裕。

宅内购物

宅中出售段文昌集毕生之绝学写就的美食评鉴集《食经》。只可惜这本书如今已经失传。

没来得及在东市纸坊购买薛涛笺的游客，在此处或许能弥补这一遗憾。薛涛曾与段文昌共事于剑南西川节度使韦皋府中，说不定段宅内就存有薛涛亲赠的薛涛笺，你可以问问是否尚有多余的可供出售。

出没名人

刘禹锡（刘禹锡与段文昌素有往来，大和二年 [828]，刘禹锡因得到裴度、窦易直和段文昌等人举荐，才被调回长安任主客郎中）。

更多游览：也许你想见见薛涛

我们在长安见不到薛涛。这位女诗人出生于斯[52]，早早便随父亲薛郧宦游西川。她离开这座城市时，仍是个承欢膝下、无忧无虑的小女孩，尚未成为多年后命似柳絮“南飞又北飞”[53]的薛涛。尽管“女校书”的诗名和红纸笺早在故乡风靡，但她余生再未回到这里。

薛涛是韦皋、武元衡、李德裕、段文昌、王播等历任西川节度使的座上宾，曾与白居易、元稹、张籍、刘禹锡等大诗人来往相知。我们在东市繁忙的笺纸铺内听说过她，在长安流传的名句里读到过她，也在捕风捉影的绯闻中误解过她。“曾入乐籍”“女道士”“与元稹的忘年恋”……薛涛身上贴着许多似是而非的标签，但所有这些都构不成她人生的百分之一。想要了解一个真实的薛涛，你需要在贞元初至大和中前往成都[54]，在浣花溪畔、碧鸡坊间（其晚年居所）寻找她。

段成式宅——修行坊

● 仅接待团体。

好些游客已经在长安寺院旅游团中见过段成式了（见第二章《住宿与出行指南》）。段成式从小跟随父亲四处游历，品尝各地美食。他是那种文化课和体育课都很好的孩子，年少时酷爱打猎，天天往山上跑。父亲担心他不好好学习，叫手下人去管他。谁知段成式打猎回来，给父亲的幕僚们一人发了两只兔，并各附上一封书信，所用典故无一重复，彻底堵上了所有劝他学习的人的嘴[55]。后来段成式以荫入官，担任秘书省校书郎，又任集贤殿修撰，利用职务之便遍览内府秘藏的书画典籍，达到了“天下事若他段成式不知，就没其他人知道”的地步[56]。

与主人段成式聊上几句，有“胜读十年书”的效果。博学强识的段成式还额外提供各类疑难古物、碑刻的鉴定服务，不管你手上有什么稀奇古怪的东西，在他这里一定能得到答案。

精神饱餐的同时，你的胃也不会被怠慢。段成式的家厨不仅保持了段文昌炼珍堂的水准，还推出了一道被猎奇游客誉为“非尝不可”的怪异美食——无心炙。据说有一回段成式外出打猎，筋疲力尽、饿得发慌，山村人烟稀少，又没有饭馆，众人只得敲响一村民家宅的门乞求吃食。屋里的老妇十分热情，为段成式端出一碗猪肉羹。这普普通通的猪肉羹好吃到什么程度呢？连从小跟随父亲尝遍各地美食、见多识广的段成式吃后也惊呼美味。一问老妇，他才知这道鲜美无比的猪肉羹竟是什么调料都没有加，保留了充满野性的肉鲜味。乡村老妇无意中烹制的一道质朴菜肴终成一代名菜，这就是“无心炙”的由来[57]。要吃这道没加任何调料的纯猪肉羹，估计还真需要些勇气。

游玩项目

1. 段成式修行坊宅中有数亩果园[58]，可付费采摘。

2. 博闻多识的游客可以在段成式宅中的留言书卷上发挥特长！段成式从很小的时候就开始搜集《酉阳杂俎》的素材了，于他而言，最好的礼物就是几则奇闻逸事[59]。如有连段成式都不知道的古怪秘闻可提供，请你写在留言卷上分享给他。素材一经采用，门票、餐饮皆可免单。

到访须知

请在大和九年至会昌三年（835—843）到来。段成式出生在西川，元和二年（807），尚为幼童的他随父亲段文昌来到长安，元和年间一直住在长兴坊家中。长庆元年（821），他随父亲回到蜀地，其间又回过一次长安（824），但时间极为短暂，之后便开始游历浙西、扬州等地。大和九年，父亲段文昌去世，时年三十三岁的段成式举家从西川搬回长安，居住于修行坊。会昌三年后段成式常在京洛间往返，居于长安的时间不固定。大中元年（847），段成式出任吉州刺史。

出没名人

温庭筠（与段成式是儿女亲家。温庭筠和段成式二人的友谊甚至超越了生死，《南楚新闻》中记载了一则段成式死后给温庭筠送信告别的故事[60]）、李德裕（段成式的老上司）。

不太可能出现的名人

李商隐（李商隐虽与段成式的密友温庭筠相善，但他和段成式的关系并不近，未见他俩有唱和诗留存[61]）。

更多游览：也许你想见见李商隐[62]

李商隐在长安的时间短暂且不规律。开成二年（837），此前数次落榜的李商隐终于进士及第，恩师令狐楚却在这年去世。而李商隐很快与心仪的王家娘子成婚，岳父是与“牛党”令狐家互为政敌，身属“李党”的泾原节度使王茂元。自此，李商隐的“背叛”之举深为世人诟病。一年后的吏部博学宏辞科试中，李商隐竟被中书省某位官员以“此人不堪”为由黜落[63]，只好赴泾原幕府做事。开成四年（839），他成功释褐，但才当了几个月秘书省的校书郎，就被调往弘农任县尉，任上触怒上司观察使孙简，险些丢了官[64]。

开成五年（840）十月，李商隐举家迁至长安城南的樊川。家眷留在樊南，李商隐本人在这一两年间辗转求仕于各地幕府，游客们恐怕很难一见。会昌二年（842），李商隐总算回到长安了，再入秘书省任正字。眼看事业与生活正缓步上升，只过了半年，他又因母丧只得立即返乡。守孝期间，岳父王茂元也因病去世。会昌四年（844），李家前往蒲州。从开成二年到会昌四年，这近十年断断续续的长安郊外生活用一句“寒且饿”[65]便可概括。

闲居养病两年，为逝去亲人完成迁葬后，李商隐在会昌六年（846）回京。他的诗文受到李德裕赏识，复官秘省正字。但旋即武宗驾崩，李党失势，李德裕贬死崖州。同期被贬为桂管观察使的李党人士郑亚邀请李商隐入幕，一同前往桂州赴任，而后郑亚被再次贬至循州。李商隐没了依靠，只好于大中二年（848）九月回京出任京兆府掾曹，翌年赴徐州幕。

大中五年（851），妻子王氏去世，李商隐无奈写书信恳求与自己关系尴尬的昔日好友、令狐楚之子令狐绹，求得太学博士一职，不久到梓州任东川节度使柳仲郢的判官。这是他离开长安时间最长的一次。大中十年（856），李商隐随柳仲郢东川归来，在长安永崇坊闲居[66]，此时是我们见他的好机会。第二年，他抵达扬州任盐铁推官。看完江南的烟花胜景，四十六岁的李商隐在一年后病逝于郑州。

从李商隐的遭际可以看出，每次在他的生活快要好起来时，就会紧跟一连串的打击：令狐楚去世、母亲去世、岳父去世、李德裕失势、妻子去世……让其命运急转直下。在人生的多个转折点，他都因不愿违背内心，做出了与世俗观念相悖的选择，然后又因这些选择带来的后果，不得不再做违心的事。李商隐的一生过得就是这样坎坷和拧巴。那些无边无际、没有头绪的无题诗，也映射了他无所适从、无可奈何的一生。

哥舒翰宅——新昌坊

● 仅接待团体。

在天宝后期的冬天来到长安，别忘了去新昌坊的哥舒翰宅坐坐。宅内全天候供应源自宫廷的秘制重口美食“热络河”，即用新鲜烹制的鹿血煎鹿肠，保管你吃了头顶腾腾冒热气！这本是玄宗为缓和安禄山与哥舒翰的关系，赐给两人的一道名菜[67]。然而为保证食材绝对新鲜，宫中猎手会射杀禁院中的鹿，现取鹿血和鹿肠，制作场面非常血腥。

到访须知

“北斗七星高，哥舒夜带刀。至今窥牧马，不敢过临洮。”这是哥舒翰大破吐蕃后，人民歌颂他的歌谣。请你在天宝十一载至十二载（752—753）到来。十一载，哥舒翰回朝，他屡战屡胜，被封凉国公、西平郡王，正处于权力的巅峰。十二载夏，他又前往凉州任河西节度使。可天宝十四载（755）后，他便患风疾卧病在床。安史之乱爆发，哥舒翰勉为其难奉玄宗命讨伐安禄山，战败被俘后没有死节，遭到了囚禁。至德二载（757），唐军收复洛阳，安禄山之子安庆绪逃亡前将包括哥舒翰在内的三十多名战俘杀害，一代战神就此落幕。盛年的圣宠转瞬即逝，就像你们在哥舒翰家里吃到的那碗热洛河，不趁热吃就凉了。

出没名人

前来哥舒翰府上投诗的杜甫[68]，以及高适（天宝十一载[752]，高适正弃官闲居长安。秋天，他与杜甫、岑参等人同游大慈恩寺塔，也常来哥舒翰府拜访。一年后，他任哥舒翰幕掌书记，两人一同前往河西）。

冯衮宅——亲仁坊

● 仅接待团体。

要问唐代近三百年哪家的饆子最好吃，懿宗时给事中冯衮宅的一定位列前三。冯衮宅内有宽阔的山亭院，圈养了好多鹅鸭及其他家禽，这些家伙每天都被精心照料着[69]。进入冯衮宅可要多加小心，宅内鸡叫声声，鸭子乱跑，一不留神你还会踩到鸟屎滑倒。挑个远离羽毛乱飞和禽类异味的角落，手握饆子漫步于山池庭院间吧，浅咬一口，凉风送来的花香与口中饆子的焦香发生碰撞，是嗅觉与味觉的双重享受。

冯衮宅的饆子之所以与众不同，是因为得到了宫中尚食局的真传，也就是说，你手中的饆子和皇帝尝到的是一个味道，出了冯衮宅就吃不到了。至于冯家是怎么得到这秘制配方的，还要从一次偶然事件说起。

某天，冯衮到中书省去找宰相夏侯孜，进去时见到有位身穿绯衣的老人站在门外等候。冯衮和夏侯孜谈了很久，出来天都黑了，那老人竟然还在，他心生怜悯，派人去问他有什么事。老人说：“我是新来的尚食局令，有事要觐见相公。”冯衮便帮了他一把，让人前去通报。等老人见完宰相出来，特意找到冯衮道谢：“若非贵人相助，我可就白跑一趟了，请问给事宅在何处？我来贵府做顿拿手好菜吧。”冯衮很是欢喜，便问老人是否需要自己事先准备食材和工具，老人说：“烦请贵人给我备个大台盘，外加三五十枚木楔子，还有油釜、炭火、一两斗上好麻油、少许南枣泥和面团。”第二天，老人果然来了，在堂上喝了一碗茶后就起身干活。只见他麻利地换好衣衫，开始四面打量眼前的台盘，有不平的地方就拿楔子垫上。老人从腰巾里取出一个银盒，拿出银篦子和银笊篱（漏勺）。等油热后，又从盒子里拿出调配的秘制馅料，混合南枣泥团入烂面，多余的面团从指尖漏出就用篦子刮掉。老人将塞好馅儿的䭔子放进油釜，“滋”的一声，香气四溢，油点飞溅，䭔子在油汤中越来越大，快熟时就用笊篱捞出，放在新打上来的冷冽井水中，过一会儿再次下入油锅，三五沸后捞出扔到台盘上，那圆圆的䭔子便会滴溜溜转个不停，极具表演效果[70]。

老人将宫廷䭔子的制作方法教给了冯宅家厨。品尝前，请先欣赏制作䭔子的精彩表演，大饱眼福后便可大饱口福。现做的䭔子外有焦香酥脆的表皮，内有入口即化的秘制馅料，口感层次丰富，妙不可言。你还可以尝试一种非常经典的搭配吃法：蘸蜂蜜[71]。

到访须知

咸通（860—873）初年冯衮任给事中，请在该时间段到来。

关于主人

冯衮有一个爱好——赌博（博戏），喝醉了能赌上一整天。但他还有另外一个爱好，就是赌赢了钱四处散财。慕名赶来吃饀子，却见主人在赌钱？先别急，等他赌上几把，没准儿一高兴还会把赢的钱分给你们，真是“千金一掷斗精神”[72]。

张茂昭宅——务本坊

- 此地有一定风险，请谨慎前往。
- 本宅主人同意开放参观的目的可能不纯。

到访须知

虽然张茂昭时时入朝觐见汇报边事，但他还是常年在镇所，待在长安的时间并不长。请在元和六年（811）他去世前到来。但是……你真的确定要来吗？

宅子的主人河中节度使张茂昭是东胡奚人，饮食习惯本就与汉人不大一样。张宅之所以著名，是因为相传在这里，游客与美食的身份可能发生互换。每一位游客在前往张宅前都会听地陪说上一批游客中有人进去后再也没有出来，同时张宅宴客菜单中有一道肉菜异常鲜美，让人欲罢不能。要是说到这儿你还没察觉不对劲，本书只能冒着被指控诽谤的风险直说了：传言张茂昭喜欢吃人肉。曾有人好奇此事的真实性，亲自去问张茂昭人肉到底好不好吃，他否认得倒是很爽快：“人肉又腥又难嚼，怎么能吃啊！”[73]

不过呢，人肉又腥又难嚼或许是张茂昭道听途说的；鲜美的肉不过是品质优越的羊肉；至于那些没有回来的游客，也许只是在张宅玩得太过开心，忘记了要回现代。你说是吧？

·与古人互动·（图 7-6）

高力士宅——翊善坊 废墟寻宝

高力士还住在宅中时，此处不对外开放。天宝九载（750），他将自己的这处住宅捐出改为保寿寺。你可以在寺院落成时到来，目睹高力士亲临典礼现场。这是为数不多的可近距离观看历史人物的时刻。只需捐出千钱善款，你还能获得在现场敲响一次寺院大钟祈福的资格，有的富豪为了拍高力士的马屁，捐钱连敲二十下[74]。

作为旅游景点，保寿寺最精彩的时刻恰在它没落之时。近八十年后，穆宗时期（820—824）的保寿寺成了城市废墟探索爱好者的天堂。

寺院久无人问津的库房中存有许多当年玄宗赐给高力士的名画和珍奇器皿，随着战乱和当权者的去世被永封于此。穆宗时，唐人李涿在库房中曾发现过一只破瓮，里面塞了块像破被子一样的东西，上面满是污迹、斑点和裂痕，稍稍一碰，就有灰尘如沙尘暴般扑面而来。仔细观察，这居然是一幅画。李琢是个慧眼识珠之人，他相信这一定不是凡物，请来当时的书画名家柳公权参看，才得知这没人要的“破被子”竟是当年丹青圣手张萱所绘的

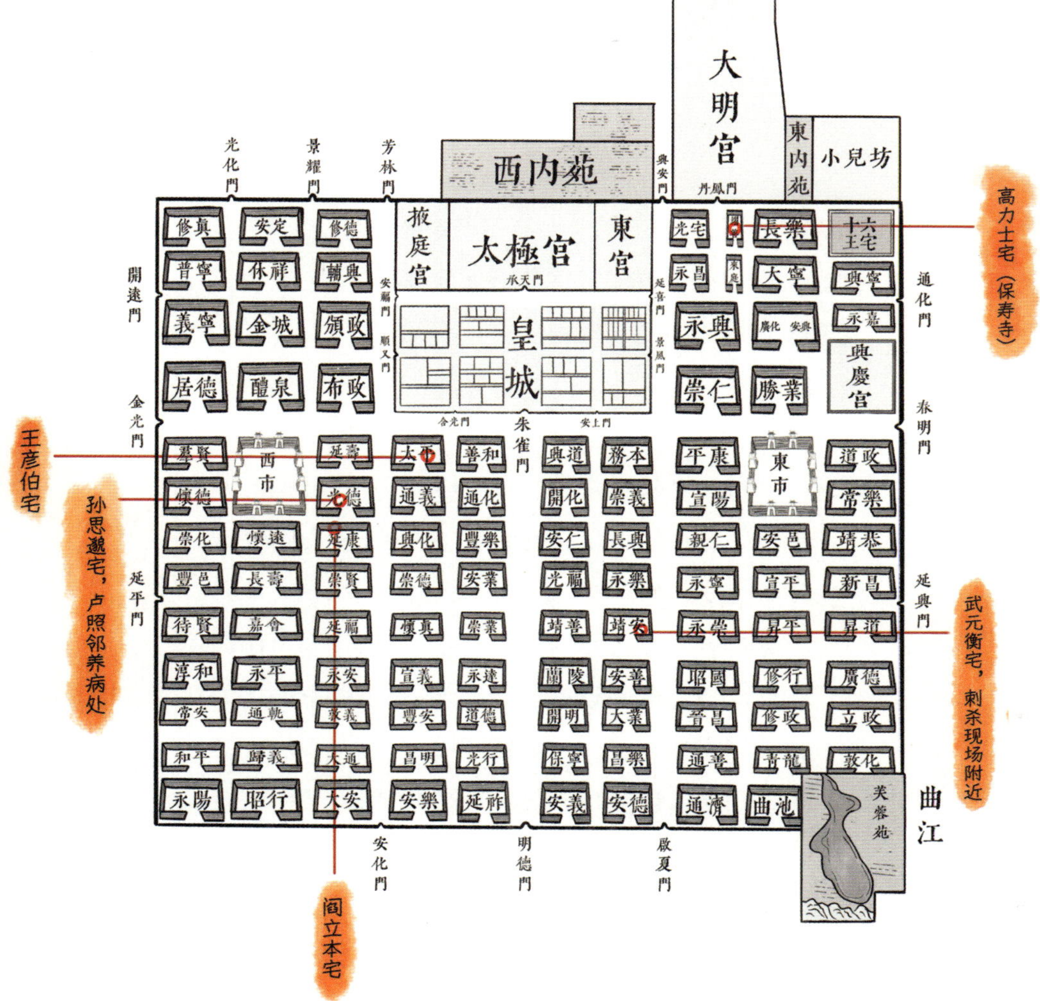

◉ 图 7-6　互动式参观分布图

《石桥图》[75]。只要你不畏辛苦，不怕肮脏，说不定还能在这儿发掘到玄宗用过的羯鼓槌、高力士用过的玉箸等，在里面摸索一整天，可能会有意想不到的收获。

● 保寿寺本就是开放参观的寺院，别闯入僧人生活区域就好。

● 库房虽年久无人打理，但还是归寺院所有。如遭到僧人阻止，请遵守相关规定，立即停止探宝行为并按要求上交所得物品。

到访须知

保寿寺本来人烟稀少，但自从李涿的事传出去后，寺内库房的边边角角便挤满了淘金客，其中不乏显贵和宦官聘请的赏金猎人。探宝的难度日益加大，你不仅要有一双慧眼，还需有一颗时刻保持警惕的心，毕竟在利益面前，幽暗的库房远比不上人心的黑暗。另外，你挖到宝物后也要严格保密，不要对外吹嘘，不然半夜会有高官、神策军宦官，甚至皇帝派来的人敲响旅舍的门，要你交出宝物。

特别提醒

游客挖宝时遇到的其貌不扬的老年亡命徒，很可能就是穆宗朝宰相、当时第一古董书画发烧友王涯。千万别和他抢，他为了得到想要的东西可是会不择手段。后面我们将去参观他的宅院。

孙思邈宅（原鄱阳公主邑司）——光德坊　送药救急

我们诚挚希望游客们能于咸亨四年（673）来到长安，抽空到光德坊孙思邈宅走走，“初唐四杰”之一的诗人卢照邻正在那里养病，他很需要你们的帮助。但也必须坦白，这一年没有什么特别的历史事件发生，光德坊附近也没有美味的小吃和宜人的景色。此时孙思邈正随天子避暑甘泉宫，独留卢照邻一人卧病在床[76]，房内散发出一股病人久卧产生的难闻气味。

请先不要奇怪本书为什么会推荐这样不堪的景点，让我们来为你讲个故事。

卢照邻少年时就背着干粮四处求学，在扬州等地游历访古[77]，直到二十岁遇到了人生中的伯乐——邓王李裕，开始在他手下任典签，随之宦游各地[78]。但他很快被卷入一场史书未明载的变故，被捕下狱，幸有友人相救[79]。出狱后，卢照邻亦师亦友的保护者李裕去世，他只好前往益州担任小小的新都县尉。不得志的苦闷像团团乌云萦绕在卢照邻头顶，直到三十七岁那年，他遇到了挚爱的平民女子郭氏。一年后，卢照邻县尉任满，离开四川回到洛阳家中。考虑到郭氏已经怀孕，卢照邻答应她不久就会回来。不料之后他竟感染风疾（麻风病），陆续在长安附近的太白山和长安休养，不幸的是病情越来越重，他的父亲也在此时去世[80]。

正当卢照邻在长安贫病交加之际，好友骆宾王奉使西南，郭氏听说后便来找他，对他诉说了卢照邻一去不返的“无情”。骆宾王听后义愤填膺，写下了《艳情代郭氏答卢照邻》一诗，以此控诉卢照邻为负心汉。从骆宾王的诗里可知，郭氏的孩子生下就夭折了，身体虚弱的她日夜盼着卢照邻回来。郭氏以为卢照邻正在洛阳，眼中是“铜驼路上柳千条，金谷园中花几色”；以为他移情别恋，左拥右抱。“君住三川守玉人”“良人何处醉纵横”，认为卢照邻把她彻底忘了。郭氏想象过卢照邻生活的一万种可能性，却唯独没想到他和她一样惨，甚至更惨。此时此刻，卢照邻病倒在孙思邈宅中，面对着吃不饱饭也没有药的窘境。为了治病，家中已耗尽钱财，不得不四处哀求[81]。虽有名医孙思邈照顾，但也无法完全治好重病。卢照邻在病榻上终日面对着庭院里一棵朽病的梨树，与它同病相怜，那句"树犹如此，人何以堪"正是他的心声。

卢照邻看完骆宾王的诗，没有对控诉做出任何回应。有可能是他给郭氏的回信遗失，也可能是无处辩解，更可能是他连回信的力气都没有。郭氏没有等来卢照邻的消息，最终在嗔怨焦思中死去。而卢照邻也病入膏肓，手足萎缩，只能在地上爬行[82]。

卢照邻在生命的最后一年移居到了具茨山，自知大限将到，便早早挖好坟墓，躺进去为即将到来的命运做准备。死亡一定会来的，可他还是嫌这期限太长，最后投水自尽[83]。

得成比目何辞死，愿作鸳鸯不羡仙。[84]
岁将晏兮欢不再，时已晚兮忧来多。[85]

在游客到达的前一年，卢照邻刚卸任新都尉，从蜀地回到洛阳。那年春天，他写了一首题为《元日述怀》的诗，感慨自己虽官场失意，但仍身体康健，有亲友团聚，有娇花可赏，他和大唐沐浴在明媚的春光下，一切都有好起来的希望[86]。

筮仕无中秩，归耕有外臣。
人歌小岁酒，花舞大唐春。
草色迷三径，风光动四邻。
愿得长如此，年年物候新。

要是年年岁岁都能如此平淡而幸福，那该有多好。

如果你曾因这句“人歌小岁酒，花舞大唐春”而向往大唐，那么你真的应该去看望下卢照邻，为他带去丹砂或接济点钱帛汤药[87]。再不济，几句问候也能为他带去片刻温暖。

卷首语中讲过，时空旅行中游客的行为不会改变历史。卢照邻的病在当时的医疗条件下不可能被治好，他终会痛苦地死去。送药与探望仅仅是对他和我们自己的一种慰藉。

卢照邻谢世约十年，“初唐四杰”中最后在世的杨炯也死于任上[88]。他们陨落后，的确年年春色依旧，热闹而多彩的盛唐也即将到来。

阎立本宅——延康坊北门之西

中书令阎立本的宅院在延康坊北门西，他在世时不予开放，因为担心游客们都是奔着自己的画来的，这样一来他得被气死。

关于主人

说起阎立本，游客首先想到的是他在绘画上的造诣，却很少有人知道他曾官至宰相，并提拔了后来的名臣狄仁杰[89]。绘画的名声太响，他在政治上的业绩便鲜有人提起，甚至被人评价说“以末技进身，非宰相器”[90]。身为尚书省主爵郎中的他，常常为了满足皇帝的要求，要像个下人一样“奔走流汗，俯伏池侧，手挥丹粉”，由是阎立本以绘画为耻，百般叮咛子孙不可再学画，以免为人所辱[91]。

郁闷归郁闷，但绘画仍是阎立本不可舍弃的挚爱[92]。他一生创作了《步辇图》《秦府十八学士图》《凌烟阁二十四功臣图》《职贡图》等名作，他的名字永远和绘画连在了一起。

咸亨四年（673）阎立本去世后，他的宅子被申王的老师符太元买走，游客们终于可以进去参观西亭内阎立本画的山水图了[93]。

更多游览：想看更多的阎立本壁画作品？

请移步大慈恩寺与玄都观[94]。

九十多年后，大历年间（766—779），阎立本宅附近常有泼墨山水路演。众所周知，唐代没有泼墨山水作品存世，因此该互动项目在游客中口碑非常好，人气火爆。表演者是一位从江南来的顾姓画家（传闻这位正是大名鼎鼎的诗人顾况[95]）。此人在长安遍历诸侯之门，也在坊内十字街、东西市摆摊卖艺，其即兴作画表演如打仗一样惊心动魄。

顾生是个酒鬼，一喝醉就得停业数天，所以泼墨山水具体表演时间并不固定，且由于是露天演出，逢雨暂停。

作画前，顾生会先在地上贴数十张绢，为创作巨幅绘画做准备。然后开始研墨，调配各种颜色并分别灌入不同容器。当看到他把颜料倒入最后一个容器时，你就要捂好耳朵了，在场的数十位助演会一起吹响号角，奋力击鼓，齐声呐喊，仿佛大战即将拉开序幕，顿生腥风血雨。顾生便在这腾腾杀气中登场了。他身着在阳光下闪闪发亮的锦袄，以锦缠头，开演前他已喝到半醉，连走路都不太稳当。只见顾生一手抓起五六只罐子，绕着地上的绢走上十几圈，同时在胸中构思图画，随后飞快地将罐里的彩墨轮番泼洒到绢上。他动作迅捷，墨汁在空中呈现曼妙的线条，像凤凰的五彩尾翼，前排观众甚至会在衣服上留下墨渍作为纪念。罐子倒空后，顾生用长巾覆盖住绢上被泼了颜料的地方，选一名观众坐在上面，由他拉住长巾一角，拖拽着这名观众四处转圈，将颜料晕染开来。接下来，他再以细笔蘸墨，画出峰峦岛屿，很快就能完成一幅大气的泼墨山水[96]。

同时代的泼墨山水名家王墨（又作王默、王恰，相传他是郑虔的学生、顾生的老师[97]）也在长安游走表演，有时会来找顾生一道演出。他的画法更让人啼笑皆非——喝醉后用发髻蘸墨在绢上作画，配合着大笑、叫喊和脚踢手抹，看上去很是荒诞。你可能会联想到现代一些针筒射墨、舌画、用身体蘸墨打滚的“行为艺术家”，但和他们不同的是，王墨的作品绝对经得起学院派的艺术品鉴，达到了“宛若神巧，俯观不见其墨污之迹”[98]的境界。元代书画鉴赏家汤垕小的时候还能见到王墨的作品，他回忆说王墨的画烟云惨淡，甚有意度，可到中年时已然“再不可见也”。[99]

更多游览：宣平坊顾况宅

暂且不论表演泼墨山水的顾生到底是不是顾况，你都应该去拜访一下这位被皇甫湜誉为“李白杜甫已死，非君将谁与哉”的中唐诗人。顾况生于盛唐开元，活跃于大历，在元和末去世[100]。

极度的长寿让他完整经历了盛世的衰落。顾况和前辈李白一样，个性耿介而率真，既向往浪漫，又执着于功名。但狂放的性格加上动荡的大环境，使其政治期望难免落空。晚年顾况弃官归隐茅山，过上了求仙问道的生活。他早已看开一切，生活坦然而轻松，却唯独怕喝醉，只因醉后又要重做旧时的梦。

请在贞元四五年（788—789）到时任著作郎的顾况宅内参加诗会，观摩前宰相柳浑、崔汉衡、刘太真、藏用上人等文化名流齐聚赋诗的盛况。庭院内嘉木垂荫，八音齐鸣，宴席上的酒水和佳肴不间断供应。你得小心撞到那些在席间频繁穿梭记录诗句的书吏们，还要提防被爱开玩笑的顾况叫起来吟诗[101]。与会诗人大多是从盛唐活过来的老人，你可以听听他们是如何描述盛世和民生疾苦的。喝高后，觥筹交错，他们会以为回到了盛唐，诗句流露出当年的放旷与浪漫；酒醒了，奏乐正阑，余韵是独属于中唐的清冷和惆怅。

相传正是在这一时段，十五六岁的白居易来到长安顾况家行卷，顾况开玩笑地说出那句千古名言："米价方贵，居亦弗易。"但这个故事大概只是小说家言，白居易当年还随父亲在徐州任所，不曾踏足长安[102]。贞元五年（789），顾况遭贬，前往饶州（今江西境内）任职，两人要见面也仅可能在此地附近[103]。

出没名人

李泌（他与顾况的关系一直很好，李泌拜相后引荐顾况任著作郎）。

王彦伯宅——太平坊　百姓药房

贞元年间，太平坊内正住着能保百姓太平无忧的王彦伯。“名医”已不足以形容他，在唐人心中，他当得起“国医”的名号。渭南县丞卢佩为了让腰腿疼痛不堪的母亲有更好的医疗条件，辞官带母亲来到大城市长安看病，住在常乐坊中。听说王彦伯医术高明，每天都要跑大半个城去预约，却半年都挂不上号[104]。

不过也别担心，王彦伯在家门口开了半免费的自助药摊子，每天都会自费煮上三四灶神奇的药汤，号称任何病都能药到病除。每日老少盈门，王彦伯自己也不闲着，就站在附近指导来人，告诉他们得了热病、寒病、风病、气病分别应该喝什么。来者都是现场喝完再走，有效才回来给钱，无效则不必破费。第二天，所有人都带着钱帛来回报这位神医[105]。

游客旅行中如有任何不适，都可以到太平坊喝碗药汤。

武元衡宅——靖安坊　亲历刺杀现场

- 仅接待团体。
- 警告：禁止十八岁以下及患有心脏病、高血压的游客参加。现场十分危险，这可不是拍电视剧！

参加这一项目的游客请提前一天，也就是在元和十年（815）六月初二到达长安。白天好好休整一下，第二天（六月初三）凌晨三点[106]，游客将在导游的带领下见证唐朝政治斗争中最惨烈骇人的一幕——宰相武元衡遇刺。（图 7-7）

刺杀事件是由宪宗削藩引起的一场血腥阴谋。事件发生时距

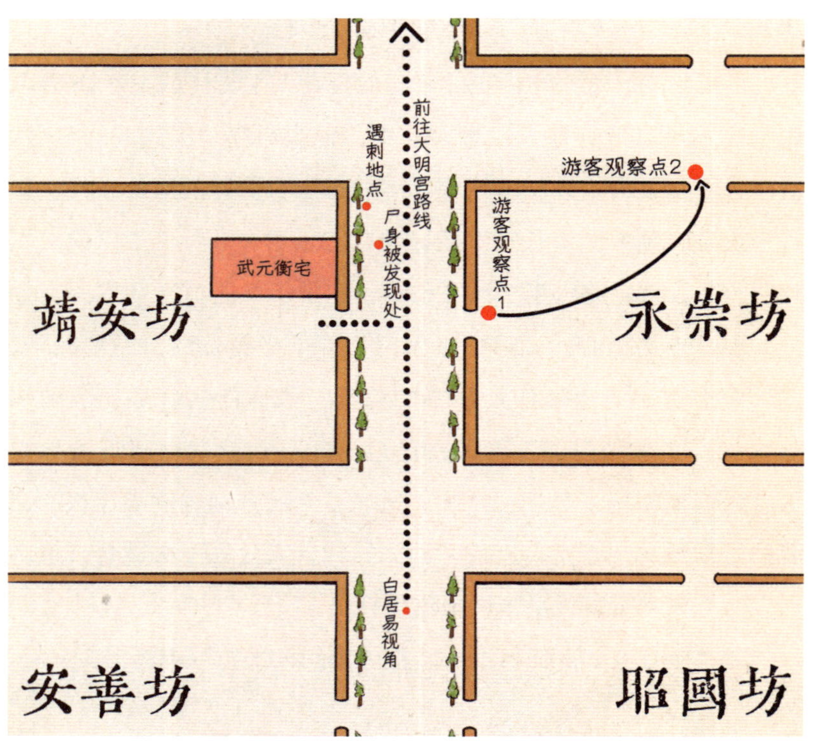

⊙图 7-7　武元衡遇刺地点示意图[107]

武元衡再次入朝拜相仅仅两年。至于刺客是谁派的，答案集中在淄青节度使李师道和成德节度使王承宗两人身上（主要还是李师道）。但可以肯定的是，武元衡、李吉甫和裴度作为朝中主战派，深深触犯了以淮西吴元济与河朔三镇为首的藩镇利益。刺杀事件发生前一年，李吉甫去世。武元衡和裴度便成为藩镇的主要目标。

跨旅局将靖安坊东面永崇坊的西门和北门作为观察点，足以保证游客的观看视野和人身安全。

特别提醒

游客不可擅自离开观察点，不可见义勇为，以防被刺客当成武元衡的随从，造成不必要的伤亡。进入观察点后，请游客保持安静。尖叫会将刺客引至观察点。

很遗憾，作为游客，我们只能目睹事件发生。

案发时是凌晨三点多，此时虽已是夏日，但空气中尚有凉意。伴随着远处灯笼的微光，游客能看到有一小撮人马从靖安坊东门出来，那正是准备骑马上朝的宰相武元衡及其仆从。除了沉闷的马蹄声，周围只有死一般的寂静。突然，灯笼在一瞬间全部熄灭了，四周伸手不见五指。牵马的仆人慌张地对着空中大声呵斥，话音刚落，某处“嗖”地飞来一支响箭，正中其肩膀，疼得他惨叫连连。其余仆从和马上的武元衡方寸大乱。这一切都是在黑暗中发生的，并以声音的形式传到游客耳朵里。等到眼睛能适应黑暗，游客会看见一名玄衣刺客从行道树后蹿出，用大棒猛击武元衡的左腿。武家仆从已被打得四散奔逃，惨叫声、呵斥声、马嘶声混成一片。刺客趁势拽住武元衡的马，挟持他向东南走了十几步，一刀将其杀害，并残忍地割下其头颅，扬长而去。

良久，路上开始有了行人，游客视线内再度有了其他光亮。路人纷纷聚拢，用灯火照见血泊中的无首尸身，却都认不出死者是谁，等看到武元衡的马，才知遇害的是当朝宰相，其倒地之处就在武宅东北墙外。

在另一个现场，武元衡的老搭档——取道通化坊前去上朝的裴度，遇到了另一路刺客。他则幸运多了，其随从并未逃命，而是以命相护，加上裴度戴了顶坚硬厚实的扬州毡帽，所以只是受伤倒在路边的水沟里。刺客以为裴度已死，飞速离去，裴度也因此捡回了一条命。那顶损坏的扬州毡帽也一直被裴度珍藏[108]。

和游客一起在黑暗中亲历武元衡遇刺的，可能还有一人，那便是住在昭国坊、跟在武元衡身后上朝的白居易[109]。此时的他一定惊魂未定，不必着急相见，七八年后我们再去他的宅中拜访。

温馨提示

武元衡尸体被发现后，附近很快就会戒严。游客需听从导游指挥，紧跟队伍进入永崇坊，经坊内其他门离开。接下来的几日不建议外出，留在旅店就好，因为刺客可能继续在城中作恶，甚至还嚣张到向金吾卫、京兆府散发传单，上面赫然写着："别忙着抓我，不然就先杀你。"[110]

刺杀事件一出，朝野震惊，宪宗惋恸良久，饭一口也吃不下。出于安全考虑，官员上朝时间也被推迟到寅后二刻。武元衡并没有白白送命，他的不幸促使宪宗痛定思痛，重用裴度，最终在蔡州雪夜生擒吴元济，平定淮西，河朔三镇中的成德和幽州二镇也相继归顺（魏博已在元和七年［812］归附朝廷），结束了南北藩镇跋扈局面，史称"元和中兴"。

安排这一项目，是想让游客亲临历史事件，感受朝廷与藩镇间剑拔弩张的局势，并不是为了满足少数人猎奇和看热闹的心理。请在观看全程保持敬畏和沉默，跨旅局不欢迎不尊重逝者的游客。数日后，若再次经过事发地，可在现场放上一支柰花以寄哀思。

· **林园雅集** ·（图 7–8）

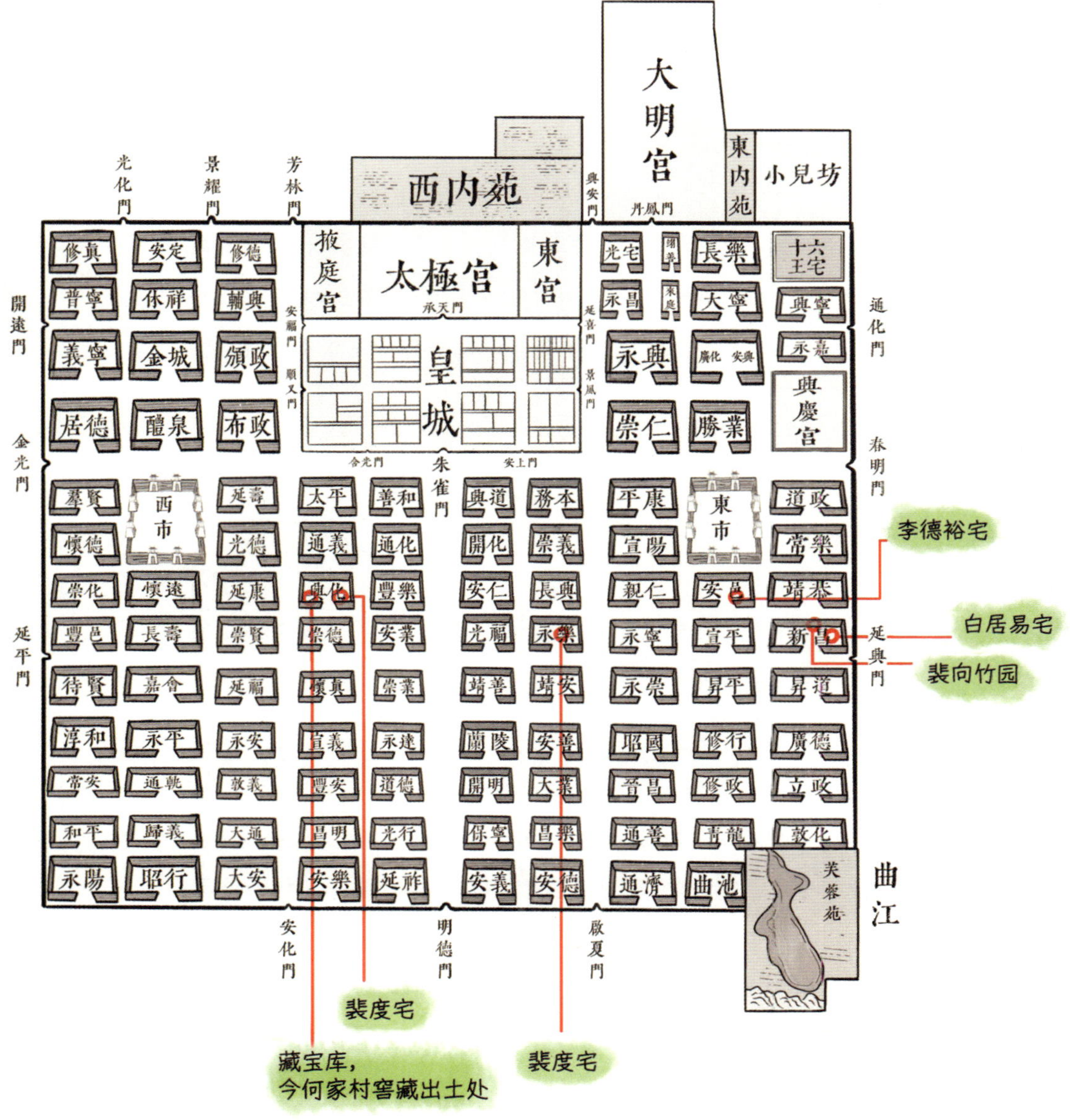

⊙ 图 7–8　林园雅集分布图

白居易宅——新昌坊东头[111]

- 仅接待团体。
- 白居易的长安新昌坊宅、洛阳履道坊宅和元稹的长安靖安坊宅可购买联票。
- 大和三年（829）后来长安的游客将彻底错过与白居易会面的机会，他头也不回地去了洛阳，并最终在那里逝世。离京十年后，白居易授权在长安开设了主题酒舍“醉吟先生”，一直营业到唐末。姗姗来迟的你可在酒馆中驻足畅饮，与白居易做一次隔世的酒友（详见第四章《饮品指南》）。

到访须知

白居易在长安曾有多处住所，跨旅局只安排游客游览其在长庆元年（821）购置的新昌坊宅。这座宅院对白居易有着非凡的意义，这是他四处租房、漂泊半生后在长安购买的第一座宅院。这时白居易已五十岁，从江州司马任上归来，遍历官场辛酸。

要拜访白居易，请在长庆元年至二年（821—822）或大和元年至三年（827—829）这两个时间段到来。

第一个时间段，白居易刚从江州回京。他购置了新昌坊新宅，畅快无比，对政治前途也还充满着希冀。

第二个时间段，白居易已到过杭州与苏州，他会跟你分享江南见闻和带回的江南奇石，介绍他心爱的两只翩翩仙鹤[112]，名妓小蛮和樊素也从杭州随他回到京洛。这时的白居易已有一定的社会名望和物质基础，不愿再用余生博取虚幻的权力，转而追求现实的闲适与欢娱。大和三年（829）四月，白居易分司东都洛阳，离开了长安。

到访礼物

白居易非常在意身后著述的传世，从四十多岁就开始整理分类自己的诗作。为防止诗文的误传和失传，会昌五年（845）他亲自编纂《白氏长庆集》，包括初版《长庆集》五十卷，后集二十卷，续后集五卷，共七十五卷，分发给庐山、苏州、洛阳等地的寺院收藏，并交代书卷不许出寺门，不许外借，但允许粉丝来看[113]。他还给侄子龟郎和外孙谈阁童各发了一套，又将后来的《洛中集》存放于龙门香山寺经藏堂[114]。

大和元年（827）后，每天到来的第五十名幸运游客都可领取一份到访礼物：成书于长庆四年（824），由元稹作序的官方初版《白氏长庆集》的其中一卷。这套书和市井上那些私抄盗版完全不同，没有错别字，也没有盗版书商在传抄中把自己写的烂诗混进去[115]。为此，白居易后来特地在《白氏长庆集后序》中提醒读者：“若集内无而假名流传者，皆谬为耳。”

初版五十卷《白氏长庆集》内含有白居易在长庆二年（822）之前所作的诗文。最初由他亲自手抄，后面就交给抄工去做了。当时尚未采用雕版印刷来印制诗集[116]，故抄本数量十分有限，赠完即止。

得益于白居易的及时整理和广发诗集的好习惯，他的诗集是唐代诗人中保存得最为完整的。游客在长安游览时，白居易仍在不断扩充自己的诗集。然而现存的《白氏长庆集》仅剩七十一卷，还是有四卷遗失在了历史的长河中。

怎么称呼白居易？

游客不是白居易的下属、同事，也不是他的好友。称官职生分，称行第与表字又显得过于亲密，那就称呼他为“诗仙”吧。那时“诗仙”之称还不属于李白。在整个唐代后半段，白居易都是独一无二的“诗仙”[117]。至于李白，唐人叫他“谪仙子”[118]。

白居易居所的变迁[119]（图 7–9）

1. 贞元十六年（800）前后：刚及第那会儿，白居易曾与友人萧九彻一起住过永乐坊，闲时就北至平康坊游冶[120]，真是一段快乐的岁月。

2. 贞元十九年至二十年（803—804）：租住常乐坊，居处只有“茅屋四五间”，非常简陋，没有参观的必要。常乐坊以产美酒出名，坊内虾蟆陵产的“郎官清”是享誉全城的佳酿，好酒的白居易在那里应该过得还不赖。虾蟆陵是坊内街东的一个无名大冢，相传是董仲舒墓，但墓主的真实身份仍是一个谜。即使不见白居易，去常乐坊走走打发时间也不错。

3. 贞元二十一年至元和元年（805—806）：该时段白

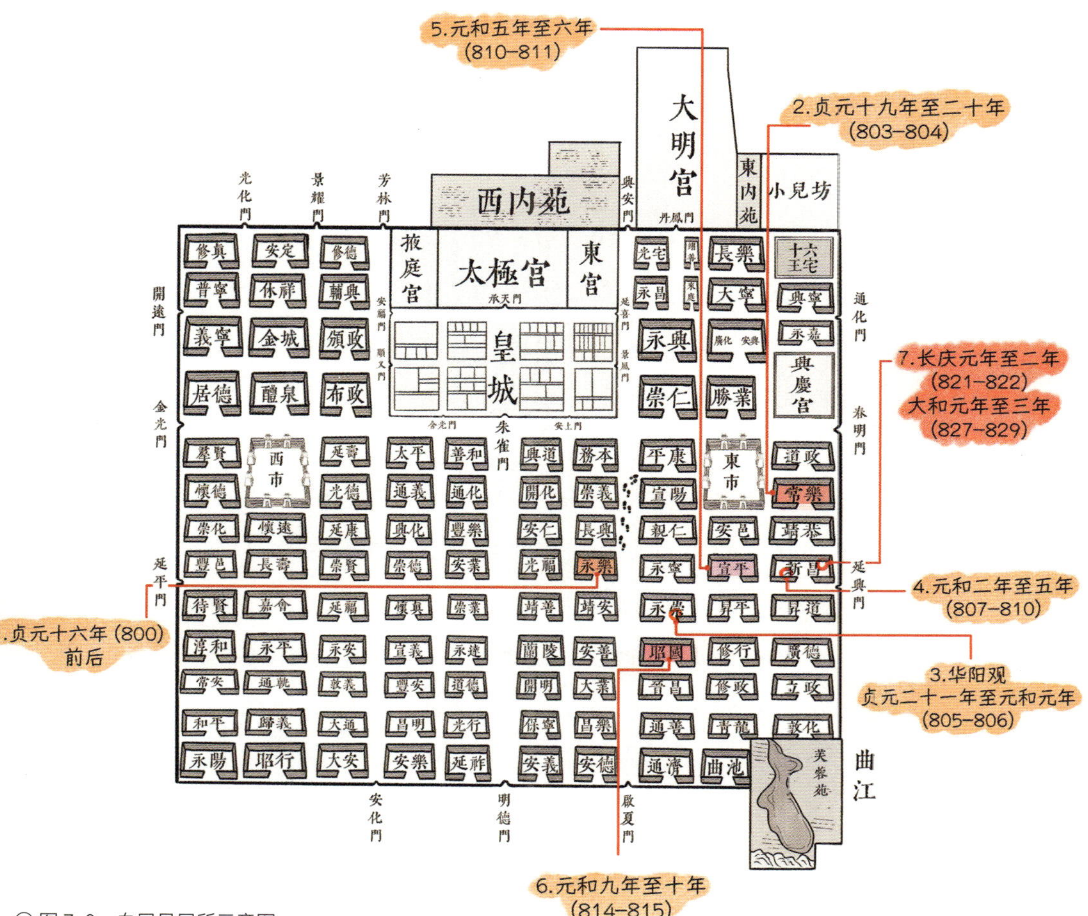

⦿ 图 7–9　白居易居所示意图

居易校书郎任期已满，他退掉了常乐坊的居所，与元稹在永崇坊华阳观紧张备考制举，游客尽量不要去打扰他们。那段时间虽白天写文，晚上练书法，连睡觉的工夫也没有，直至口舌生疮，手肘也磨出了老茧[121]，却是白居易晚年最怀念的时光——当年的求学之苦业已褪去，只留下“秋风拂琴匣，夜雪卷书帷”[122]的浪漫。此次登科后，他前往盩厔任县丞。

4. 元和二年至五年（807—810）：租住新昌坊。

5. 元和五年至六年（810—811）：租住宣平坊，白居易只在这里住了一年，便因母亲去世前往下邽丁忧。

6. 元和九年至十年（814—815）：租住昭国坊，白居易住在此处不满一年，即因武元衡被刺，越级上疏谏言而被贬江州司马。

7. 长庆元年至二年（821—822）、大和元年至三年（827—829）：住新昌坊宅（自己买的！）。长庆元年，白居易从江州回长安任尚书主客郎中，购买了此处宅院。新昌坊在城东南，离乐游原和青龙寺很近，他常去游玩。一年后，白居易论河朔藩镇事未被采纳，加之长庆年间政局难测，他自求外放杭州任刺史，后又任苏州刺史。大和元年，白居易从苏州归来，在新昌坊宅住到大和三年。当年春，白居易因病辞去刑部侍郎，卖掉了新昌坊宅[123]，以太子宾客分司东都，在洛阳履道坊宅度过晚年，从此再没回过长安。

来到白居易家，游客们不必拘谨与客套，你们早已在其作品中熟知他的性格与喜恶。新昌坊宅虽然巷窄墙矮[124]，位于新昌坊最东头的冷巷贫民区[125]，但也足以容下一大家子人[126]，从数首关于新昌坊宅的诗中能看出白居易对宅子进行了不少修缮改造，越住越满意。他晚年潜心开发副业，变身一流的园林设计家，对园林、水池和奇石的搭配造景颇有心得，后来裴度在洛阳修建园林时也没少请他帮忙。

早在长庆元年（821），白居易已开始在新昌坊宅狭小的院子内进行园林设计的初次尝试。走入白氏庭园，似有一道无形之帘将外面的喧嚣隔开，四下安静得能听见藤蔓抽长的声音。不同于后世精巧工整的苏州园林，白氏小园构建于有限空间内的天然地带，粗犷天真。窗户皆没有糊纸，竹子按天性生长[127]。毕竟白居易的设计理念就是“不觅他人爱，唯将自性便”[128]。不加修饰的景致看似野趣盎然，却处处隐藏着白居易的巧思，宅院内的任何一个房间都推窗有松，阶下有竹[129]。走在白氏庭院中，你仿佛在山野徒步，却感受不到身处荒郊的杂乱，草木在恣意生长和整体美感间达到了平衡。园中随处可见大片的青苔，行走其上，足下如飞滑般轻松；园内的野草也没有过度修剪，厚软如毡毯，随时随地就能坐下休憩。春季和团友在白家庭院中闲坐，喝一壶小酒，看竹笋新发，老燕回巢。夏日，若受不了堂内闷热，可以端食物到园中野餐。屁股下的野草好似柔软的棉花[130]，在阳光中散发干燥的芳香，上朝回来的白居易还会穿着纱衣过来和你们聊天。秋天最适合在厚积的落叶中摆好深炉沏茶，耳旁隐约传来家伎们在南园[131]排练的阵阵笙歌。寒冬来拜访的游客，将欣赏到“岁暮大雪天，压枝玉皑皑”[132]的群松，但旋即会被白居易请去清扫园中的积雪[133]。长庆年间，新昌坊宅内还没有白居易在江南精心收集的华亭鹤、青板舫、太湖石与天竺石，但园林质朴清寂，别具一格。

有时傍晚兴致大发，白居易会去同坊北侧的杨嗣复家、附近靖恭坊的杨家（杨汝士、杨虞卿）和昭国坊的庾家（庾敬休）做客。游客就请留下，品尝他家的好茶吧[134]。

庾敬休宅中有一幅前屋主留下的《奏乐图》。约一百年前，王维曾到过这里，并认出画中人演奏的是《霓裳羽衣曲》（详见下文）。

- 白居易退朝后需要休整，白宅午后才开放待客[135]。

“说话”表演

“说话”艺术起源于唐代，表演形式类似于现代的评书，由单人口述历史故事或民间传说。白居易就是一位“说话大师”，他本人会不定时为游客们表演传奇故事《一枝花》。这是当时颇为流行的说话剧目。据说白居易的弟弟白行简在街头听到艺人表演此剧，便将其改编成了传奇《李娃传》[136]。《一枝花》故事情节一波三折，表演时间将长达六小时。白居易不一定会累，但游客肯定是坐不住的。有时元稹也会前来观看表演，就坐在你们中间[137]。

坐上诸君子，各各明君耳。
听我作文章，说此《一枝花》。[138]

神秘的元宗简

白居易诗中除了元稹、裴度等后世耳熟能详的名字，还常提到一位叫作元宗简的密友。他似乎只存在于白居易等人的诗里，而没有一篇自己创作的诗歌传世，两《唐书》也未记录过此人。多亏了白居易的诗歌，我们才喜获元宗简乔迁新居[139]的讯息，知道他住过昇平坊[140]，平时爱好纵马悠游。白居易称呼他为“元八”（元稹是“元九”），既为他升官而开心[141]，又知晓他“官荣迟得”的郁郁之情[142]。在新昌坊宅内，我们将见证元宗简这位神秘嘉宾的到访。

长庆二年（822）春，白居易写下“元八少尹今春樱桃花时长逝”[143]，此人在历史中的故事便戛然而止了。当史书缺席时，元宗简的一生因他那凡事都爱记一笔的好友得到了重现。

拜访期间推荐的美食

- 特色养生云母粥。白居易常拿云母粉、云母粥当作夜宵[144]。《千金翼方》中认为云母粉配合粳米粥吃可以治百病[145]。白居易在诗中写道，刚喝完身轻飘飘，脚底绵软，宛若身处烟霞之中[146]。天然云母可能含重金属，建议游客只喝一两口尝尝就好。
- 白氏秘制防风粥（特效：消除口臭）。防风粥本是白居易在翰林院时皇帝的赐食，以防风草为主料。吃完后嘴里一连七天都是香的[147]。这碗粥也成了白府厨子的拿手之作。
- 竹笋宴。每年四月左右是长安吃笋的好时节。白居易最喜欢用竹笋饭来招待贵客，烹调方法是将洁白如玉、香滑脆嫩的新笋放在炊甑中与饭同煮，香气四溢，能让人忘却肉味[148]。但白居易最馋的还是竹乡江州的笋。

额外收获

备考公务员的游客请找白居易好好聊聊，由他辅导申论肯定能快速提分。白居易是唐代考神，他当年的考试作文一直被拿来做范文[149]。在华阳观备考时，白居易遍览当时的社会现象，针对不同话题写下七十五篇模拟策文，提出看法和解决方案，编成四卷本的作文参考书《策林》。他和元稹一道用这套书复习，最后元稹考中第三次等，是录取的十八人中的第一名，白居易位列第四等（第四名）[150]。今天公务员申论的题型和行文结构都已与唐代不同，但你仍然可以从《策林》中学习客观理性的逻辑思维。

出没名人

裴度、牛僧孺、刘禹锡（元稹去世后，刘禹锡与白居易的交流变得频繁起来）、元宗简、元稹、李绅、张籍（张籍走动最勤，在白居易租住昭国坊时就常来看望他，甚至在他失势后也不离不弃[151]。可怜张籍住在街西延康坊的贫僻之地，且患有严重眼疾，要走尘埃漫天的六里路才能来到昭国坊，是真正意义上的“风尘仆仆”）。

不太可能出现的名人

韩愈。两人关系很一般，详见下文“韩愈宅”。

空海。电影《妖猫传》中提到空海认识白居易。空海在长安时曾住在新昌坊内的青龙寺，但两人不太可能见面，因为存在着时间差。空海在青龙寺是贞元二十一年（805）前后，并于806年回国。同一时间，白居易正在永崇坊华阳观备考，还没住过新昌坊呢。虽然白居易也可能去青龙寺游玩过，但未见两人有酬唱诗流传，他们也许并不认识。

特别策划：白居易“抓捕”秘笈（图 7-10）

为方便游客在长安“抓捕”白居易，本书列出了他主要的出现地点：

李绅宅	刘禹锡宅
牛僧孺宅	裴度宅
杨汝士、杨虞卿宅	杨嗣复宅
庾敬休宅	元宗简宅
元稹宅	张籍宅
崇敬尼寺（元白常来此看牡丹）[152]	大慈恩寺[153]
大兴善寺[154]	华阳观[155]
唐昌观（看玉蕊）	青龙寺[156]
西明寺（看牡丹）[157]	永寿寺[158]
乐游原	曲江[159]

更多游览：洛阳履道坊白居易宅

由于长安、洛阳的白居易宅推出联票，本书将连带介绍白居易在履道坊的这座宅邸，以方便后续前往洛阳的游客们。（图 7-11）

新昌坊园林只是小试牛刀，白居易最精彩的园林大作还要看长庆四年（824）他在洛阳履道坊买下的占地十七亩（约 8872 平方米）的杨凭（柳宗元的老丈人）旧宅，这里才是白居易发挥设计才华的舞台。

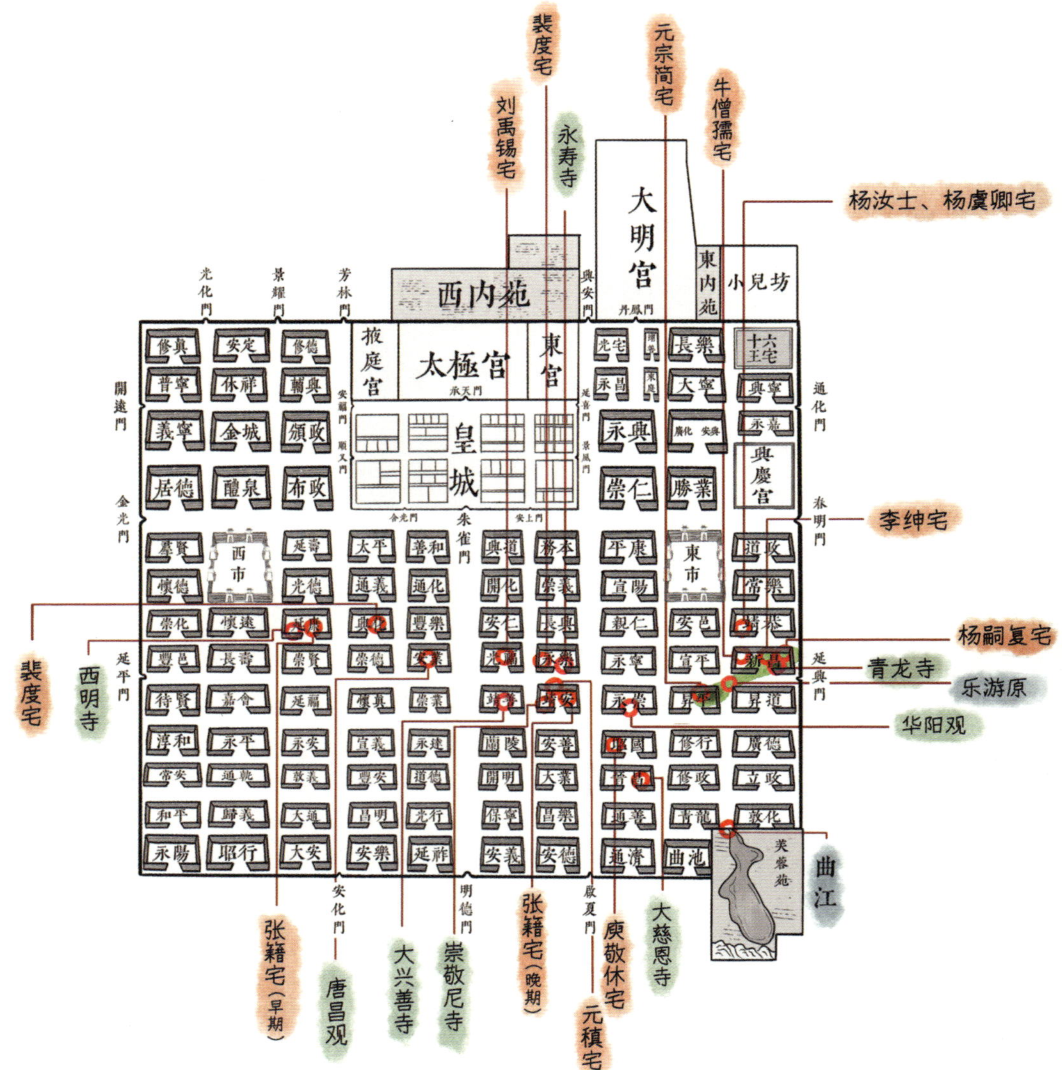

◉ 图 7–10　白居易“抓捕”地图

请你留意

履道坊坊门附近能看到白居易贴的寻找失踪婢女的告示。不知是有更高待遇的去处，还是追随情郎私奔，总之，某天夜晚白居易的一名婢女半夜翻墙跑了，气得他连夜去坊门口张榜[160]。

品酒体验

白居易家中建有私人酿造作坊[161]，酒窖塞满了家酿和珍藏的美酒。如果以酒作为财富来计算的话，他可算得上是洛阳首富了[162]。去酒窖参观，品尝白氏自酿“玉液黄金脂”，是履道坊宅游览最令人动心的项目。届时欢迎你多多提问，白居易非常乐意解答。你可以问他“为什么一定要取九月九日的井水？”[163]“这款酒搭配什么菜肴比较合适？”[164]也可夸奖主人一番，说连著名的竹叶青和榴花酒都比不上白氏家酿[165]，让他心中暗喜。试喝时请不要倒太多，喝醉了容易惹事，喝不完又非常不礼貌。

白家夏日冰块是任取的，冰镇酒管够[166]。

退居洛阳后的白居易，在政治生涯和年岁上都已近黄昏，内心却迸发出空前的活力。他发现原来抛弃无法完成的梦想后，会如此轻松快乐[167]。在洛阳，他与裴度、刘禹锡等友人（元稹已在831年去世）在花开季节赏花，在无云的夜晚望月，几个老友泛舟、听雨，夜谈达旦。履道坊宅池北更有一座令古今读书人艳羡不已的藏书楼。对着精心收集的华亭鹤、太湖石和天竺石，有小奴捶足，小婢搔背[168]，白居易可以待上一整天。当还在长安发挥余热的裴度写诗来询问他和刘禹锡的近况时，白居易不无嘚瑟地说：“我俩每天就是喝酒唱曲儿，过得好不好还用说吗？现在光拿钱不上朝，真是要多开心有多开心。”[169]

去到洛阳的游客会发现，这时的白居易和新昌坊时期的他完全是两种状态。他不再烦恼和纠结了。在洛阳，白居易感到

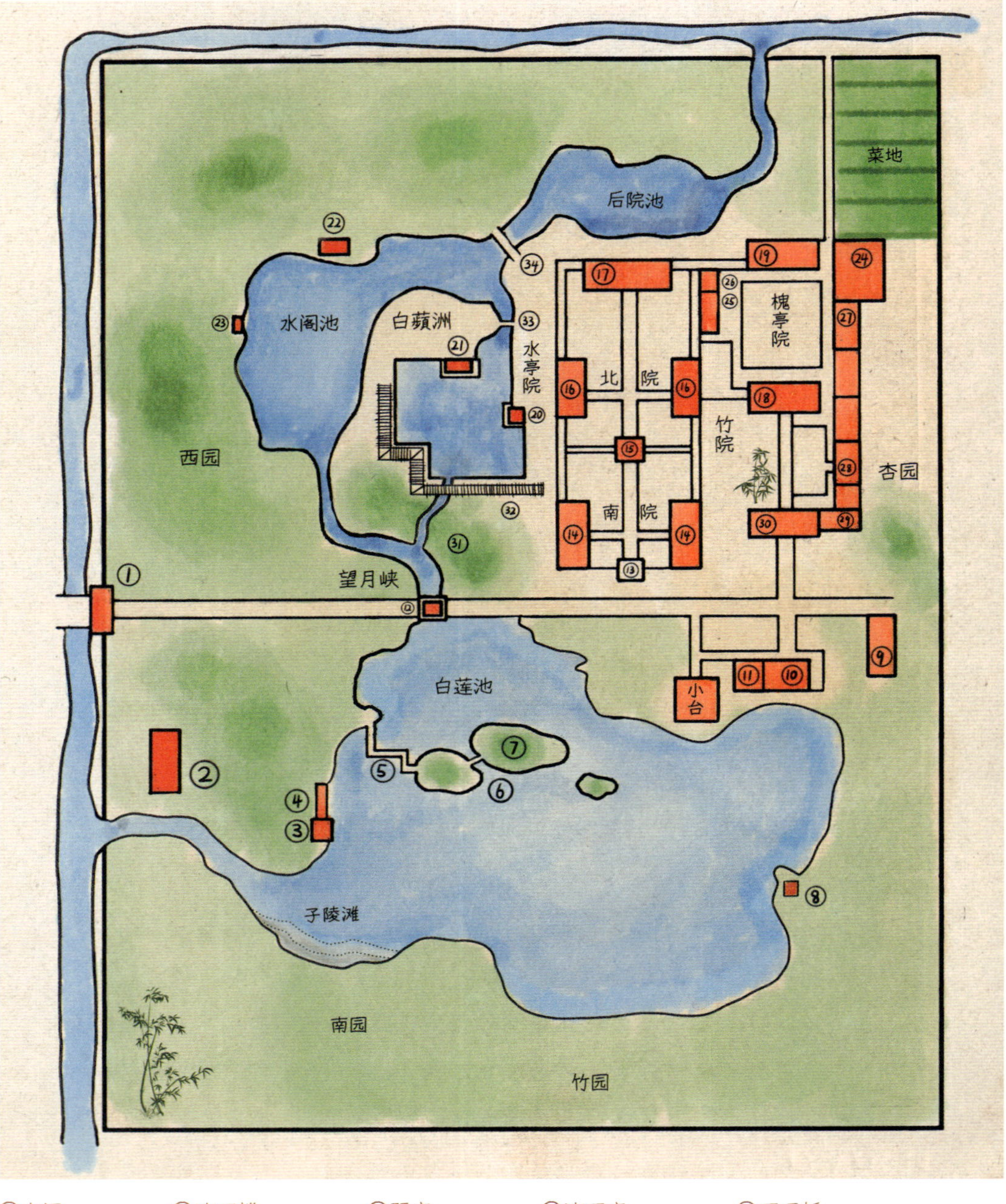

①大门 ②池西楼 ③琴亭 ④池西廊 ⑤西平桥

⑥中岛桥 ⑦中岛亭 ⑧茅茨亭 ⑨池东粟廪 ⑩池北书库

⑪书楼 ⑫桥亭 ⑬宅院大门 ⑭南院厢房 ⑮中厅

⑯北院厢房 ⑰故事堂 ⑱樱桃厅 ⑲杨柳堂 ⑳水亭

㉑水斋（水堂） ㉒竹阁 ㉓临涧亭 ㉔槐亭 ㉕灶房

㉖庖童房 ㉗女僮房 ㉘男僮房 ㉙车夫房 ㉚马厩、东院门

㉛紫阳洞 ㉜紫藤架 ㉝望月桥 ㉞竹桥

⊙ 图 7-11 白居易洛阳履道坊宅想象图[170]

自己空前富有，林泉风月正是他的财产。会昌五年（845）三月二十一日是非常热闹的一天，那天白居易创办了“尚齿会”，请来六位高龄老人饮酒同乐，七个人的岁数加起来有五百七十岁[171]。人到晚年的白居易，才成了我们熟知的状态“死生无可无不可，达哉达哉白乐天”[172]。

欣赏完园林，游客们将参加“无限供应”的船宴——船上没有厨房，却有源源不断的美食供应，诀窍便是白居易在防水油囊中装满美酒和烤肉，将上百个这样的油囊系在船周，沉入水。吃完一份就再捞上来一个油囊，趣味无穷[173]。

- ❗水深危险，注意安全。
- 参加北宋洛阳游的游客若想回到白居易的园林忆古，请前往大字寺园，里面能看到多处乐天石刻[174]。

温馨提示

新昌坊时期的白居易还有兼济天下之志，到了洛阳之后他便彻底放松下来。冬季白府暂停开放，因为白居易此时变得懒放嗜睡，加上他有暖和的青帐[175]、两床褐绮被和一张花绒毡毯，实在舒服得不想动弹[176]。洛阳风雪大，也请游客谨慎外出。

在这里住下

白居易履道坊宅提供夜宿服务。喧呼已散，晚宴后的歌舞落下帷幕。游客们可以手持灯笼，在微凉的夜风中夜游园林，听蛩声四起，闻幽草芬芳。说不定刚好能碰到白居易自己坐在竹林等月亮升起。过去打个招呼吧，他会邀请你一道品尝鄠县酒[177]与好友寄来的毗陵[178]、蒙山等好茶，还能听他亲手弹一曲《渌水》[179]。别待太久，白居易虽然朋友多，有时却更享受孤独。独自一人，他正好有时间想念已经去世的元稹。

白居易晚年远离政事，徜徉园林。难得的悠然宁静中，友人们却一个接一个离世——元稹去世了，再无人与他春游长安城，在马上放声歌唱，余韵连绵二十里不绝[180]；刘禹锡去世了，洛阳市民再也见不到街头两个癫狂老头的快乐身影[181]；裴度去世了，不会再有人与他争抢心爱的白鹤[182]，让他为难。白居易遣散了尚未色衰的樊素，小蛮早已不知去向。南园声罢，旧客云散，仙鹤也相继老逝，园林里彻底安静了，按说正是静心欣赏这烂漫的烟景的好时候。可他白居易的园林，岂仅是因园景而被人留恋？

会昌六年（846）八月，白居易病重，不便再见客了。二十八年前，他因武元衡一事被外放江州，在夜里曾做过一个梦。彼时他仍迫切地想回长安与好友相会，一起完成“兼济天下”的宏愿，醒来却惟有江州的月影残灯陪伴，让他怅然若失。

如今在弥留之际的病榻上，白居易或许又会梦见自己回到了长安，逝去的好友们重聚身侧，于春风中携手同饮。这一次，他已是全然不同的心境。

夜梦归长安，见我故亲友。
损之在我左，顺之在我右。
云是二月天，春风出携手。
同过靖安里，下马寻元九。
元九正独坐，见我笑开口。
还指西院花，仍开北亭酒。[183]

八月十四日，白居易去世。

特别策划：跟随资深游园客白居易游览洛阳私人园林[184]

- **履信坊** 元稹池馆[185]；太子宾客李仍叔宅（畅游美丽的樱桃池畔）[186]。
- **定鼎门外** 裴度城南午桥庄绿野堂[187]。
- **集贤坊** 裴度宅园池。
- **城南郊** 牛僧孺别墅园林（夏日雨后游览，烟树苍苍，空幻朦胧，如行走于仙境中）[188]。
- **归仁坊** 牛僧孺宅（宅内最著名的景点就是水滩。三伏天气，满耳潺湲水声，看翻浪如雪，澄波鲜碧，清凉无比）[189]。
- **依仁坊** 崔玄亮宅（著名景点“依仁亭池”，那通透的池水让白居易越看越怀疑根本不是水，而是在亭下镶了一块琉璃）[190]。
- **平泉** 薛家雪堆庄（雪堆庄中有两大奇景，一是婉转如蛇项的虬结奇石；二是喷涌如白雪堆叠的泉水，水声隆隆，非常有气势。白居易曾将雪堆庄纳入购房目标）[191]。

裴向竹园——新昌坊

选择大和三年（829）来长安参观白居易宅的游客，得空可到退休老干部裴向宅后的竹园走走。那里有城内著名的小型竹海，一道幽寂的小径通向竹林深处。行走其间，满眼的浓绿将旅途疲劳一扫而尽。

竹间小池像一块通透的翠玉，偶有波纹荡开，是风留于水面的影子。唐人有竹林神信仰，传说向竹林神求晴、求雨、求子，皆有求必应[192]。

特别提醒

请小心，竹林也是盗贼、凶徒喜欢的藏匿地点。元和十年（815）武元衡遇害时，刺客就可能藏在裴向的竹林中[193]。进竹林游玩，最好不要单独行动。

新昌坊内还有李绅宅。李绅这个人心肠不坏，却好意气用事，常表现得刚烈狂暴，用现代的话讲，疑似患有躁郁症[194]。因担心李绅与游客起冲突，跨旅局暂不安排开放他的宅邸。

裴度宅——永乐坊、兴化坊

- 仅接待团体。
- 游客可在长安永乐坊、兴化坊和洛阳集贤坊、午桥庄四处裴宅景点购买优惠联票，凭票在绿野酒吧消费享受八折优惠（详见第四章《饮品指南》）。

四朝重臣、平淮西头号功臣，口碑声望与政治地位都曾达到顶峰的晋国公裴度是中唐政坛当之无愧的明星，他为人十分亲厚友善。其在长安的两处宅院——**永乐坊宅**（别称“南园”）和**兴化坊宅**（别称“西池”）都向游客开放。但两处宅邸推荐参观的时段不一样，本书会分别介绍。

永乐坊南园

请在长庆二年（822）后到来。南园建于是年，这一年裴度因与元稹有嫌隙，被李逢吉利用，双双罢相，心情自然不大好，只是不太会在游客面前表现出来。永乐坊南园有精心布景的假山与洞窟。春夏时节，游客们会被邀请，连同张籍、韩愈等人在清凉洞中和裴度一起喝酒[195]，雨后一同欣赏樱桃花[196]，用沁凉赶走内心的烦躁。饭后，在众人的强烈要求下，裴度会打开柜子，给大家展示自己珍藏多年的那顶救命毡帽。一年后，裴度离开长安，任山南西道节度使，南园停止开放。

这永乐坊宅好是好，但也着实给裴度惹了点麻烦。它正巧位于长安城“六爻”地形的“九五爻”高岗上，属于至尊贵位（详见第二章《住宿与出行指南》）。所以当宝历二年（826）裴度回到长安时，李逢吉党羽造谣说裴度有异心[197]。不知是不是这个原因，裴度在兴化坊另建了宅院。

兴化坊西池

请在大和二年至四年（828—830）到来。兴化坊西池始建于大和元年（827）。因为再次拜相，这段时间是裴度前所未有的惬意时光。这时来访，游客能同时见到张籍、白居易、刘禹锡和温庭筠等在此联句唱和[198]（韩愈已于824年去世）。尤其是大和二年，白居易来得十分频繁，时常在此留宿。别错过和他们一道泛舟、赏花和钓鱼的机会，谈笑间“主客忘贵贱，不知俱是谁”[199]。园内能看到白居易从杭州带回的两只华亭鹤，它们原本养在白居易洛阳履道坊宅中，让裴度一眼看中，又有刘禹锡在中撺掇，被强行要了过来[200]。大和四年，裴度出为山南东道节度使。

更多游览：兴化坊藏宝地

兴化坊中有一个神秘的地下宝库，里面埋有两个高达65厘米的陶瓮和一个高30厘米的银罐，装满了精美金银器、玉饰、钱币和宝石制品等。附近百姓就这么天天从旁经过，谁也不知道这个秘密。宝库直到1970年才被发现，那时此处已改名叫何家村，出土的一千多件宝物也得名“何家村窖藏”。至于窖藏的主人是谁，则始终是个谜[201]。参观完裴度宅，感兴趣的游客请移步兴化坊中部偏西南的地界，问问街坊邻居这里是谁家宅邸，兴许能替后世的学者揭开宝物主人的谜团。

温馨提示

裴度非常喜欢狗，宅院中四处都有狗。他的狗可以随意出入所有的厅堂，也会一直蹲在宾客身边等候享用剩饭，裴度甚至还和爱犬共用一个碗。不怕狗的宾客也别掉以轻心，裴家的狗仿佛成了精，若你表现出对它的厌烦，它可不会给你好脸色看[202]。

关于主人

唐代能身居高位者一般都体貌丰伟，一表人才。但对裴度的风度容貌有所期待的游客恐怕要失望了。据说，他曾找人画了一幅自画像，看罢，在旁题写了一句自嘲的评语：“这个人长得这么丑，是怎么当上宰相的？”[203]裴度活了七十四岁，在古代算是高寿。你若问他有何养生诀窍，他会送给你两句话：“鸡猪鱼蒜，逢着则吃。生老病死，时至则行。”[204]

额外收获

来兴化坊游玩的朋友们可能会在裴度宅院墙上看到一首题诗，这出自贾岛之手。贾岛原本是出家人，法号无本。元和六年（811），三十岁出头的他跟随韩愈来到长安，意欲考取功名，寄居在青龙寺。四年后，他搬到延寿坊，和延康坊的张籍相邻不远[205]。游客们在兴化坊见到的贾岛已年过半百，几次应考都没有中第。前几年，他还因为没考中进士，写了一首讽刺考场腐败的《病蝉》诗，被朝中公卿批为“举场十大恶人”之一[206]。

一天，贾岛经过兴化坊裴度宅，想到里面繁花似锦的园池便气不打一处来，在围墙上题诗一首，字面之意是：“裴度，你拆了千家的地来修建园池，不栽朴实的桃李，却种徒有外表的蔷薇；等到秋风起，蔷薇花落一地，你就知道这荆棘满地有多不堪了！”[207]言下之意是，朝廷不录取我这样的人才，反而录取空有外表的小人，假以时日，就知道这是多么错误的选择。虽然很多关于贾岛的逸事（比如在思考推敲时冲撞韩愈、在寺庙中顶撞宣宗等）的真实性有待考证[208]，但从这首诗能看出，他还真是个直性子。贾岛这样真性情的人，古往今来有不少拥趸。唐人李洞曾自制一枚贾岛铜像随身携带，逢人便发自己抄的贾岛诗，还说“此无异佛经”[209]。南唐也有一个人叫孙晟，亲自画了一幅贾岛像，日夜膜拜[210]。

大和三年（829），白居易去了洛阳；一年后，张籍去世，裴度自请为山南东道节度使外出做官，属于长安裴宅的热闹落下帷幕。后来，在洛阳集贤坊裴度宅的一次联句活动中，裴度说近来常有人借口身体不舒服就缺席活动，希望大家“色色时堪惜，些些病莫推”[211]，珍惜四季变化的美景，别再推托以后的集会。可仅过了两年多，裴度就去世了，卒于长安永乐坊。

死前，裴度还放不下他南园的牡丹，还在想洛阳的园林：“吾死无所系，但午桥庄松云岭未成，软碧池绣尾鱼未长……为可恨尔！”[212]

裴度死后，白居易有一次在雪中路过他的旧居。冷清的庭院里白茫茫一片，他伫立良久，旧时的欢声笑语在脑海中萦绕不去。

有泪人还泣，无情雪不知。
台亭留尽在，宾客散何之？[213]

出没名人

张籍、韩愈（这两位常到永乐坊南园做客赏景）、刘禹锡、白居易、贾岛（骂骂咧咧地路过）、温庭筠。

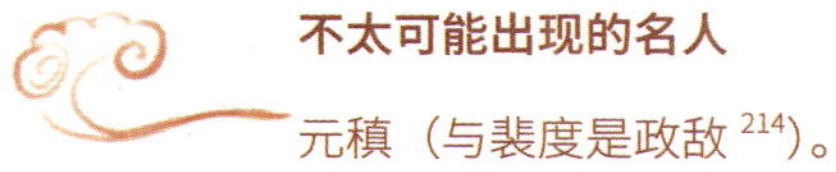

不太可能出现的名人

元稹（与裴度是政敌[214]）。

更多游览：洛阳集贤坊和午桥庄裴度宅

和白居易一样，裴度最惬意的晚年生活也是在洛阳度过的。他的园林杰作当属**洛阳集贤坊宅**（图 7–12）和位于定鼎门外的**午桥庄**绿野堂（原为李龟年宅，由裴度亲自动手改造并迁建至午桥庄[215]）。这两处宅院都值得专门安排一天去参观。午桥庄内种有花木万株，它们在花落时节为地面铺满一层碎锦；庄上著名景点小儿坡上长满芳草，裴度怕单调，特意买了一群羊在坡上放养，雪白的羊群与柔软的长草相映成趣，是小孩子的最爱[216]。

集贤坊宅的园林景致则有更丰富的层次。宅院整体地势较高，可以望见远处的嵩山。园林内有从伊水引流的平津池，可乘船游览。池中四大不同主题岛屿将带你感受晨昏四季。东边是迎来晨曦的晨光岛；西边有夕阳岭接住落晖；杏花岛上，有“春葩雪漠漠”的绚烂之景；樱桃岛中，是“夏果珠离离”的满眼锦绣[217]。

裴度还在集贤坊宅开创了个人沙龙品牌：春明雅集[218]。初盛唐时由亲王和公主主持雅集的风尚已然退去，文人和官员逐

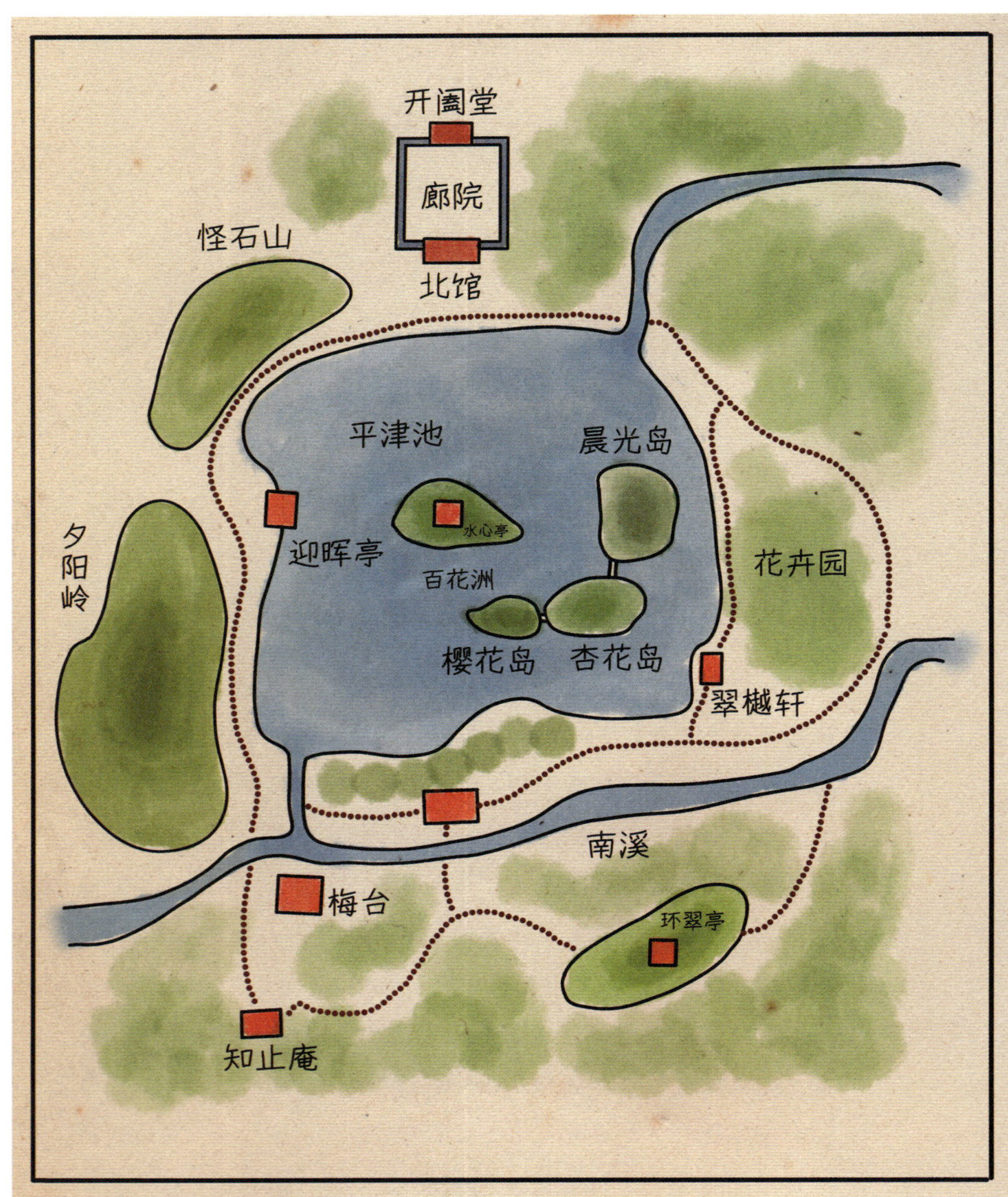

⊙ 图 7–12　裴度集贤坊宅想象图[219]

渐成为开办集会的中坚力量，而裴公集会正是中唐最具盛名的沙龙，白居易、刘禹锡、李珏（河南尹）等社会名流悉数赴会。开成二年（837）三月三日有祓禊活动，游客可以跟随裴度乘船从平津池驶出宅院，来到天津桥，沿途围观的百姓欢呼雀跃，和船上的游客热情地打着招呼，抛撒小吃和鲜花，此情此景让人忘却了古今之别[220]。

有时，游客们来到裴度宅，开门的却是白居易。你没走错，白居易正是集贤坊宅的半永久住户。白居易在洛阳的家离集贤坊很近，相隔只有一百三十步，裴、白二人串门就像吃饭一样频繁[221]，可谓“有兴即来闲便宿，不知谁是主人翁”。白居易甚至想把集贤园抢过去，但马上反省自己这样做太不厚道：“林园莫妒裴家好，憎故怜新岂是人。”白居易对裴家园林爱不释手，极有可能是因当初建造时他也参与了设计。

- 在北宋时来到河南府游玩的游客，若想瞻仰裴公遗迹，请前往湖园[222]。

李德裕宅——安邑坊东南隅

- 仅接待团体。
- 不知道跨旅局是出于什么恶趣味，长安李德裕宅与牛僧孺宅仅售卖联票，不单独出售。考虑到两宅游览时间不同，游客务必保留好票根，以供下次使用。
- 李德裕接待朝廷要员时，宅院停止开放。

到访须知

元和十五年至长庆二年（820—822），李德裕先后在京任翰林学士和御史中丞，长庆二年九月，出任浙西观察使。在京期间，他一直住在安邑坊祖宅。

自开成五年（840）拜相以来，整个会昌年间李德裕都在长安，他与武宗是相知相惜的政治搭档。会昌六年（846）武宗去世，宣宗即位后李德裕被罢相，接连南贬[223]，直至死于崖州。

我们要参观的，是中唐长达四十年的牛李党争[224]的主角之一——李德裕的宅邸。

参观他在长安的宅邸并不需花很长时间。李德裕宅在安邑坊东南隅，唐代高僧泓师（一说是术士桑道茂）在勘看此地时曾说过，李宅的地形就如同“玉碗”，玉碗一碎无法复原；而牛僧孺（牛李党争的另一位主角）宅则是“金杯”，摔在地上也能毫发无损[225]。这恰恰是二人的性格与后来命运的写照[226]。

安邑坊宅是李氏祖宅，面积比李德裕著名的平泉山庄要小得多，但制度奇巧，怪石古松遍布其中。庭园内有一座精思亭，每当李德裕要筹划大事、草拟诏令时，就会自己待在亭中握笔沉思[227]。空闲时，李德裕也愿意和游客分享他种花草的心得——用石头抵住松树向下伸的根，就能让其偃仰不再长高；金钱花最好别养，颜色太绚丽，看多了伤眼；柏树姿态贞素，略欠风姿，尽量别在庭院里栽种[228]……他也会认真且耐心地为大家讲解自己珍藏的名画。传闻他收藏过阎立本的《步辇图》[229]和王维的《辋川图》(绢本)[230],还有画家陆庭曜绘制的《六逸图》。《六逸图》是一幅极俏皮有趣的画,绘有陶渊明、边韶、毕卓、韩康、马融、阮孚六位高士,他们要么呼呼大睡(边韶),要么躺着吹笛(马融),要么盗酒喝得酣醉(毕卓)。这幅画现藏于北京故宫博物院,画卷末尾还有李德裕的观款[231]。游客们回到现代后,如有幸遇上该画展出,应该能想起当年目睹李德裕在亭中题写款识的一幕,清晰得就像发生在昨天。

李德裕性格清峻严肃,不近女色,不好喝酒[232],他做事极有原则与分寸(这一点从他在扬州对待圆仁一行的态度可以看出:他拒绝了日本使团献上的礼物,只留下一两件圆仁以个人名义相赠的礼物,其余悉数送还[233]),虽然对宅中游客的言行举止有较苛刻的要求,可能会面斥过失,但在宴会时,他仍会努力营造舒适轻松的氛围。

李德裕招待游客的场地是其小斋。这地方并不宽敞,橱中堆满古书,四壁挂满名画。一下子涌进十几名游客,斋中难免闷热,一到夏天更是难熬。但入座饮酒后,游客们竟会感到空气渐渐凉爽;等到酒已上头,浑身发汗,更觉四周清寒有如高秋。对比外面的烈日炎炎,里外简直是两个季节。这要归功于李德裕独有的夏日清凉神器——新罗僧人从海上带回的神奇宝物白龙皮。只需用金盆储水,浸上几片白龙皮,将盆放在每位宾客的座位后,就能改变酷暑,转换时节[234]。

拜访期间可品尝到的美味

惠山泉。席间茶水均采用纯正惠山泉,由李德裕耗费巨大人力物力运到长安[235]。此泉杂质极少，清凉甘洌，使人“一啜风生腋”[236]。在品泉家刘伯刍和茶圣陆羽心中，惠山泉是天下排名第二的泉水[237]。如今的惠山泉已逐渐干涸，它将最好的味道留在了千年以前。

珍宝羹。也许这道菜只是牛党的夸大宣传，实际有没有只有你去了才知道。这杯珍宝羹价值三万钱，以各类珠玉为主料，辅以雄黄和朱砂熬制而成。三煎后弃掉里面的食材，只喝汁水[238]。必须承认，这种奢靡的作风与不好享乐的李德裕很不相称（虽然很多人忌惮其权势，给他送了大量名花奇石[239]）。

更多游览：平泉山居

李德裕生于安邑坊宅，他一生中大部分时间都住在这里；但他的灵魂在生前或死后，都永远栖息于洛阳的平泉山居。

李德裕从小跟随父亲李吉甫在贬所奔波游历，看过无限山河。每当登高远眺，父子俩都倍感离乡的苦楚和政治上的失意。李吉甫一直很向往洛阳龙门南岳那片风景秀美的伊川，有意在那里安度晚年，却最终于任上病逝。

为实现父亲退居伊川的遗志，李德裕倾毕生之力在洛阳城南三十里处建造了避世桃源“平泉山居”。山居于宝历元年（825）开始策划营建，当时李德裕正远在外地担任浙西观察使，但这丝毫没有打消他的积极性。他亲自参看图纸，设计山庄，隔空指挥工人从天台山、嵇山、剡溪、天目山、钟山、宜春、蓝田等地运来各种珍木奇石，又购买白鹤和猿猴，派人种上多样的药苗和花卉，并修建水池楼阁。

李德裕真正在平泉的时间极为有限，更多的时候，这里只是他远在他乡的一个念想。因主人长年不在，平泉山居被允许开放供游客参观，为维护与修缮筹集经费。

李德裕在园中布置了全国各地的迷你景致，又引来泉水；穿凿萦回的水池，配合假山奇石，以模仿巴峡、洞庭、巫山十二峰与长江九条支流的风光，最后还有迷你版的海门长江入海口，堪称“身在园中，周游全国”。走在精心设计的园径中，游客们会依次欣赏到李德裕珍藏的长二丈五尺的巨型鱼类肋骨[240]；还有他最喜欢的礼星石，这石头宽达一丈，上面有看起来像北斗七星和北极星的花纹[241]。不远处是神奇的醒酒石，坐在上面能令人快速醒酒，顿感神清气爽[242]。自然不允许游客坐，这是李德裕独享的宝贝。一旁还有高二三尺，能清晰地看出眼睛、鼻子、头和尾巴的狮子石[243]。所有这些奇石上都刻了“平泉”二字以表明是李德裕的私藏。

李德裕为来自各地的奇石搭配了产地独有的景观。每遇一种奇石，游客就宛如开启了VR实景漫游，能自动前往它们的故乡：站在泰山石前，你仿佛听到雄鸡的啼鸣，眼前是泰山日出的辽远之象。云海熔金，川流不息；众山点黛，各争攒聚；唯独这气势撼人的灵石苍劲凛然，独立于烟岚之中[244]。欣赏巫山石时，你得举把伞，以免被淋湿。云雾萦绕的十二峰就在身边若隐若现，周边似有朦胧的雨雾，连空气都变得黏稠潮湿。若是夜晚来看，月色溶溶下还间有夜猿的凄鸣[245]。来到产自富春江的钓石前，则顿感清风拂面，心旷神怡，恍惚中能看到严光的仙姿，他正坐在钓石上垂钓，富春山溪在他脚边缓缓流淌而过，深绿的群山如洗砚般在水中漾开墨色[246]。

除了奇石，山居内还种植了雁翅桧、珠子柏、重台蔷薇、百叶木芙蓉等近百种珍奇植物，堪称一座展品丰富的植物园。

平泉山居造福了游客，可直到建成十余年后，李德裕才挤出时间回了趟洛阳，踏进自己打造的天堂[247]。他一生在这里的时光只有短短几个月，几乎是“终生不曾到，唯展宅图看”[248]。开成五年（840），李德裕从淮南回长安拜相时经过洛阳，为了不耽误赶路，只好秉烛夜游山居后匆匆离去[249]。他为魂牵梦萦的平泉写了八十多首诗，与父亲李吉甫怀念伊川的那句“梦魂秋日到郊园”形成了宿命般的呼应。和父亲一样，李德裕一生都忙于仕宦。大中三年（849），他病死在贬所崖州，终于魂归平泉。

李德裕死前曾告诫子孙：“鬻吾平泉者，非吾子孙也。”在他死后，这座山庄仅完整保存了四十年，就在黄巢之乱的战火中崩毁。他精心布置的园景被战马兵车践踏，惜爱的奇石被抢走，有的落入五代和宋的达官显贵甚至皇帝手中，有的则就此不知去向[250]。晚唐诗人罗邺经过破败的平泉山居时写道：“若遣春风会人意，花枝尽合向南开。”李德裕身在海角南荒，梦寐不忘平泉。若春风可以感知他的情谊，应该会让花枝向南开放吧。

> 其池塘竹树，兵车蹂践，废而为丘墟。高亭大榭，烟火焚燎，化而为灰烬，与唐俱灭而共亡，无余处矣。[251]

出没名人

李商隐（诗友，李商隐为李德裕的《会昌一品集》作序时，称他为“万古良相”）、刘禹锡（好友）、段成式（曾为李德裕幕僚）、元稹、李绅（元稹、李绅、李德裕三人曾一道任翰林学士，情意相投，时称“三俊”[252]）。

不太可能出现的名人

白居易（虽然白居易在洛阳闲时常到各大园林游玩，也曾写下“洛客最闲唯有我，一年四季到平泉”的诗句，但诗中的“平泉”并不特指李德裕的平泉山居，而是洛阳南郊伊阙西南平泉地区的一众别墅。令狐楚、河南尹卢贞、宪宗时的宰相崔群在此皆有园墅。李德裕和白居易的关系，虽然没有像坊间传说的李德裕封杀白居易那么严重，但两人确实也不怎么往来[253]。白居易在社会关系上靠近牛党，与牛僧孺、李宗闵、杨嗣复等人私交甚好，不过也与许多李党成员或偏向李党的官员，如元稹[254]、李绅等关系密切，总体来说他保持了中立态度）。

· 遥看繁华 ·（图 7-13）

王涯宅——永宁坊

永宁坊靠近东市，位于朱雀街东第三街、兴安门至启夏门大道和延平门至延兴门大道交会处，往来交通便利。许多高官显贵、一方豪富和得势宦官都选择在这里定居。

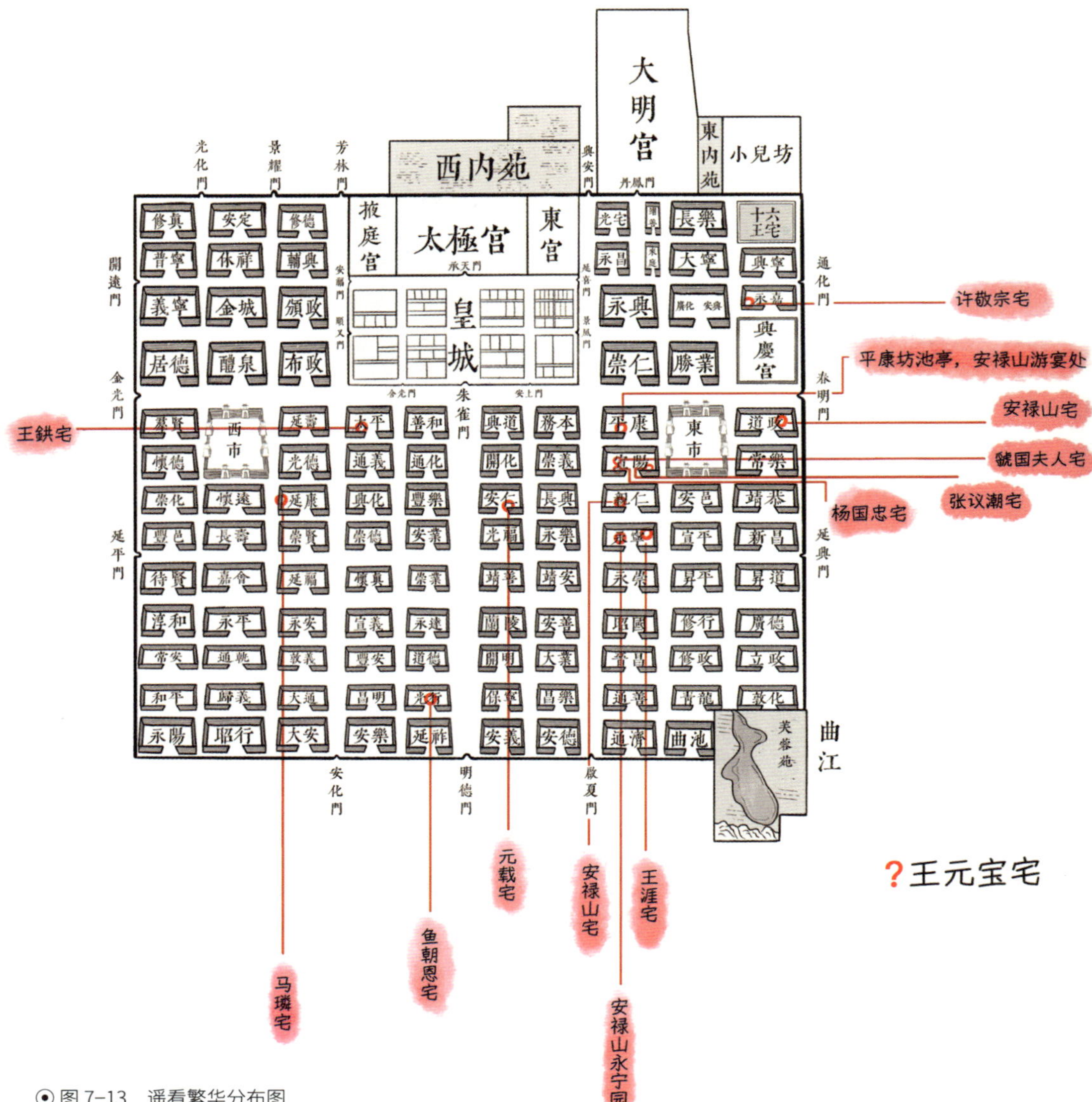

◉ 图 7–13　遥看繁华分布图

王涯这个名字对不熟悉唐史的游客来说有点陌生，但你可能会在前文保寿寺寻宝活动中与他擦肩而过。他是中唐政坛举足轻重的人物，曾两次拜相，又任盐铁使、江南榷茶使（第四章《饮品指南》中提到的官营烂茶就是拜他所赐）。王涯贪恋权力，七十余岁仍不愿致仕放权，最终死于甘露之变。

王涯在光宅坊有赐第[255]，丰安坊有林亭别宅[256]，永宁坊是其私宅所在。我们无法于王涯活着时前往永宁坊私宅。他虽博学好古，文辞弘雅，本人却心机叵测，盛宠之下，眼里更是容不下他人[257]。甘露之变中，王涯是宦官的首要打击对象。事变当日，连前来拜访他的亲戚王沐都一道牵连被杀[258]。若此时有游客在宅内参观遇险，跨旅局可担不起这责任。

大和九年（835）王涯死后，我们终于能够踏入他曾经辉煌的宅邸。王涯对女人不感兴趣，只爱古书和字画[259]。批评女儿和他人花钱大手大脚时，他大道理一套一套的，说买那么贵的东西必然不能长久[260]；而他自己倒是利用职务之便搜刮了许多珍宝，其中有以授官作为交换，叫人假冒大宦官仇士良骗来的顾恺之《清夜游西园图》[261]，有被米芾誉为“天下法书第一”的谢安《八月五日帖》（中郎帖）[262]，有《兰亭序》（唐摹本）[263]和王羲之《破羌帖》（王略帖）[264]，家中还有藏书万卷。所有到手的字画书籍都会被王涯盖上私人鉴藏印“永存珍秘”。他储藏书画的方式也很有意思，因害怕被人偷走，王涯会开凿密室，将书画藏于其中，只有触发隐秘机关才能打开[265]。

说是“永存珍秘”，但在王涯死的当天，他悉心呵护的传世名画就被人抢走丢弃，荡然无存，只剩下墙壁上一个个黢黑的孔洞与众人对视。所藏画作后来有一部分为北宋米芾宝晋斋所得。相传王涯园中有一口以金玉为栏的水井，他但凡搜罗到什么金银珠宝都往井里扔，又每天喝这珠宝浸泡的水，王涯被杀时，骨头已被染成金色[266]。

白居易曾为王涯的谗言所害，由江州刺史改任江州司马。但得知王涯死讯后，他更多的是感慨与惋惜：

祸福茫茫不可期，大都早退是先知。

当君白首同归日，是我青山独往时。[267]

游客们到达时，佳木已枯，流泉已涸，金玉井栏已拆毁，满目都是破败残垣，这是一次关于废墟的游览。名画之存在，只对王涯一人有意义，而名画之消亡，却能带给更多的人以深意。

出没名人

温庭筠（王涯对其有知遇之恩[268]。不过鉴于王涯声名不佳，且宦官势力正盛，温庭筠只能悄悄来王宅废墟凭吊。游客若见到有唐人形貌粗犷、不修边幅[269]，又处处刻意回避众人，很可能就是他）。

元载宅——安仁坊　警示教育基地

- 仅接待团体。
- 元载其他事迹请见第六章《赏花指南》。

元载一生的故事足以让闻者叹息。他以少孤的贫寒书生登上相位，却又亲手把励志人生演绎成惨痛教训。

我们同样无法在元载活着时前往其宅邸，他权势滔天，放任家人为患，难以接近。大历十二年（777）元载死后，安仁坊宅被改为警示教育基地，提醒后人莫蹈前人覆辙，其在大宁坊和修行坊的别宅则都被拆毁[270]。

与王涯宅不同，安仁坊元载宅得到了很好的维护，尽最大可能保留了原貌。走进宅院，游客好似踏入了一个不受时间影响的保鲜瓶。尽管主人已化为枯骨，妻亡子散，这里仍无比华丽，生机勃勃。花儿依旧秾艳，芸辉堂异香不减，朱漆彩画犹如昨日新装，仿佛家从未破，人从未亡，美得空洞而虚假，让人毛骨悚然。

在元载宅中，你可以亲临芸辉堂，近距离观看那些只存在于传说中的宝物。

于阗国产的芸辉香草素白如雪，香气迷人，入土而不朽。元载曾命人将芸辉草与花朵捣成碎屑，混入泥中涂壁，一年四季都香气扑鼻，芸辉堂因此得名。这座堂子实在太香了，在检票口就能闻到香味。堂内设施精美，让人生怕多看一眼都会消损它们的光彩。房梁和柱子都由大块沉香木雕成，门窗以金银打造，似非人力所为。堂内陈列着上一届奢侈赛冠军杨国忠的珍宝——悬黎（一种美玉）屏风和紫绡帐，两者在杨国忠死后为元载所得。

虽然有护栏，但预留的距离足够让游客看清楚整块悬黎玉屏风上雕刻的美女形象和乐舞图。屏风垂下以玳瑁和水晶制成的帘押，络饰是浑圆无瑕的珍珠和湛蓝耀眼的瑟瑟石。假若它有生命，想必已对面前一群群倒吸凉气、啧啧称奇的游客不耐烦了。

紫绡帐是来自南海部落豪族首领的礼物，它有点像鲛绡，轻而薄，挂起来恍若无物，可密封性和私密性又极好。挂上这紫绡帐，外面冰天雪地也透不进一丝寒意；盛夏时，却又能送进阵阵清爽微风。紫绡帐似有似无的紫色让堂中总是呈现出紫气弥漫的吉祥之象。

堂内本来还有一把龙鬚拂尘，据说制作材料是货真价实的龙须，长约三尺，色若熟透的紫红桑葚。手柄以水晶雕刻而成，环钮是上等的红玉。每逢风雨大作，龙须稍被沾湿，浑身就腾射出金光，如神龙发怒般威风凛凛。有拂尘在侧，夜里睡觉蚊虫难近；轻轻拂动，鸡、犬、牛、马都会被惊走；放在池潭边，能将水里的鱼、虾、乌龟都吸引过来。而若用拂尘沾水洒向空中，则会形成三五尺长、源源不断的瀑布。可惜它早已被皇帝收入秘库，无法展览。

芸辉堂前的水池是第六章《赏花指南》中提到的吟唱之花所在地。此处以文石砌岸，水中还种了外形类似白苹的花朵，又红又大，不知是何珍稀品种。游客少的时候你俯下身聆听，仍可听到花中传来歌声，它们不知主人已经离去[271]。

关于主人

大历十二年（777），元载已为相十五年。这十几年来他没少陷害异己和聚敛财富，贪污更是全家同心协力一起上。积怒已久的代宗忍无可忍，下令让他自尽，并满门抄斩。抄家时其府上被翻出八九百石在当时被视为名贵香料的胡椒[272]和五百两石钟乳，震惊朝野。

元载夫人王蕴秀是位奇女子，她出身名门[273]，在家人嫌弃元载这个穷书生时对他不离不弃，劝导他勉力读书[274]，与之携手渡过难关。当元载发迹后开始大兴土木、日渐骄奢时，她又告诫丈夫待人接物要谨慎，“知道浮荣不久长”，最后在抄家时毅然赴死[275]。元载还有一位名叫薛瑶英的小妾，从小以香料为食，久之便散发出天然的体香。瑶英身体非常轻盈，连稍重一点的衣服都穿不了，元载于是叫人遍访列国，才寻来一件极为轻薄珍贵的龙绡衣[276]，只有一二两重。元载死后，薛瑶英嫁去了一户普通人家。

在芸辉堂出口处，游客们将经过一扇简陋的屏风，与焕耀夺目的芸辉堂极不相称。素绢屏扇上只题写了一首诗，再无多余的装饰。

据说在元载事败的三年前，即大历九年（774）的一天，他正欲上朝，有一位不知名的书生前来拜访献诗。元载来不及应付此人，吩咐左右替他收好诗篇，但那名书生坚持元载现在就看，并要求他把诗读出来。元载说自己赶时间，没空理他。那书生不依不饶地说既然这样，就由我来读给相公听吧。谁知一念完诗，书生竟消失不见了。

这首诗现在就书写在屏风上，警戒着在它身边来去的古今众人：

城南路长无宿处，荻花纷纷如柳絮。
海燕衔泥欲作窠，空屋无人却飞去。[277]

更多游览：长安城内的警示教育基地

长安城内有三处警示教育基地（德宗即位后仅剩两处）它们的前主人或骄奢淫逸，获罪而亡；或僭越礼制，家族败落，其旧宅便成为训诫后人的鲜活教材。

1. 安仁坊元载宅。

2. 光行坊鱼朝恩宅。权官鱼朝恩去世于大历五年（770），游客可在这之后到来。鱼宅保存得没有元载宅那么完整，仅留下“鱼藻洞”一处建筑，最多二十分钟就可逛完。这是一座四壁都用琉璃板砌成的堂室，墙中储满江水，放入各色鱼虾水草。人居其中，如在江底[278]。有意思的是，鱼朝恩生前骄横无道，是元载一手促成了他的死，使其被勒毙于家中。两年后，元载也在行刑前被袜子塞嘴，屈辱而死[279]。

3. 延康坊马璘宅。泾原节度使马璘在建造宅院时，光中堂就花去了二十万贯钱。马璘于大历十二年（777）去世后，宅院被改建为警示教育基地。很多和他八竿子打不着的人都借吊丧之名混进马宅，只为看一眼那天价的中堂。建中元年（780），德宗即位，下令拆毁中堂，将警示教育基地改作官方游宴之所[280]。

王鉷宅——太平坊

在太平坊名医王彦伯宅喝过汤药后，可以顺道去天宝时御史大夫王鉷的旧宅参观。据说天宝十一载（752）王鉷因弟弟王銲谋反被赐死抄家时，办事人员几天几夜都抄不完这座大宅[281]。此后宅院无人管理，大门洞开，成了坊内流浪动物与乞儿的栖息地。过去之奢华已如过眼云烟，但大家仍能认出那座名留后世的自雨亭。从前主人就在亭下品尝冰酪樱桃，乘着凉风观看笙歌宴舞。一下雨，雨水便会从檐上飞流而下形成水帘，使亭内的人感到无比凉爽畅快[282]。如今到了炎炎夏日，常有行脚人前往自雨亭中避暑。亭子不知人事之更迭，仍在为普通人带来阵阵清凉。

杨国忠宅 & 虢国夫人宅——宣阳坊

● 仅可外围参观，不可进入。

到访须知

请在天宝五载至十四载（746—755）到来。天宝四载（745），杨玉环被册封为贵妃，杨氏兄妹自此备受恩宠。天宝十四载，安史之乱爆发。

虢国夫人宅

游客们只能在院墙外欣赏宅邸豪华的外观，无法入内亲见这一全长安最善于制造话题的家族。但你平时要遇到他们也不难，杨家兄妹出游时极度高调、张扬，专门搞了一辆由彩帛装饰的高耸楼车，上有乐伎舞蹈奏乐，一路浩浩荡荡，所到之处绝对是最吸引眼球的存在[283]。

杨家兄妹违制盖了好几层的高楼，在同坊的房屋中十分显眼，白天不用地图就能找到他们的大宅。而虢国夫人素来习惯了燃灯如昼的奢华生活，夜里人们仅凭被蜡炬照亮的天空也能辨认出她的宅邸所在[284]。虢国夫人宅内最高的合欢堂据说建造时花费了万金[285]。高高的房梁大大方便了虢国夫人的娱乐活动，她发明了一种名为“洞天瓶”的饮酒形式——将鹿肠系于房梁，让人从梁上往肠中倒酒，经过百转千回，这酒好似来自洞天仙境，从天而降注入酒杯[286]。

温馨提示

在宅外观赏时切勿大声喧哗，并请注意来车，及时避让，不然免不了被虢国夫人的家奴训斥。万一起冲突请不要顶嘴，以免遭受人身伤害。虢国夫人的家仆十分跋扈。在一次元宵夜游中，虢国夫人与广宁公主的车队在经过西市门时抢道，虢国夫人的家奴竟挥鞭将公主打落马下，前去搀扶的驸马也挨了好几鞭子。

韩国夫人、秦国夫人宅院也在此坊[287]，但都不对游客开放。

在另一个时空

虢国夫人宅曾是太宗朝中书令马周的宅邸。若你在代宗永泰年间到来，这里则再次易主，成为郭子仪第六子郭暧与昇平公主的住所。它与红尘的缘分一直持续至敬宗朝，这座曾经连飞燕都难窥其容的华丽府第被太皇太后郭氏改建成为其母亲昇平公主追福的奉慈寺，寺内广种气味辛香浓烈的旃檀树。

杨国忠宅[288]

杨国忠宅的所有木构都披上了鲜艳的厚织物作为软装，比单纯的建筑彩画还有立体感[289]。站在围墙外，你都能闻见院内四香阁的香气。该建筑主结构用沉香木建造，以檀香木为栏，又将麝香和乳香等香料倒在土中，和泥涂在墙壁上，因此而得名。

在妹妹杨玉环得宠后仅有的十个春天里，每当玄宗赐下的牡丹（木芍药）盛开，杨国忠的宅院外就会终日车水马龙，四方宾客云集，来此赏花[290]。站在门外的游客不仅能听到院内鼎沸的人声，还能闻到未因距离而淡去的浓香。

出没名人

玄宗与杨贵妃（御驾到来时，宣阳坊内实行交通管制，游客无法进入，请及时调整行程）、安禄山。

六七十年前，同坊居住着以砸琴出名的陈子昂（详见第五章《逛街购物指南》）。

居然出现的名人

王维（至德二载［757年］，五十七岁的王维因在安禄山手下做过伪官而被关押于已荒废的杨国忠宅，但该年处于跨旅局关闭入境时段）。

更多游览：张议潮宅——蓦却多少云水，来慕圣京

● 仅可外围参观，不可进入。

咸通八年至十三年（867—872）的五年间，宣阳坊内还住着一位令人意难平的大英雄，即带领沙州人民反抗吐蕃，收回河陇失地的初代归义军节度使张议潮。

张议潮出生时沙州已陷入吐蕃统治十余年，对于东边的故国只有耳闻，从未亲临，却一直心向大唐，不敢忘本。张议潮年近五十岁时，吐蕃内部两大军阀混战，他便借此机会揭竿而起，率众归国，带领将士先后收复沙州、瓜州、伊州、西州、凉州等河西十二州，归还大唐。

咸通八年（867），为了减轻唐王朝对归义军的戒心，六十九岁的张议潮代替去世的兄长张议潭前往长安（为质），这是他第一次踏入这座神往已久的城市。由于张议潮属于唐王朝重点监视的对象，其宅邸不向游客开放。

咸通十三年（872），张议潮死在了长安。他的一生可以说是一个开局辛酸、过程波澜壮阔、结局还算圆满的故事。只是他不知道，自己死后仅十多年，归义军家族就将迎来一系列的人伦惨剧。

安禄山宅——亲仁坊

● 仅可外围参观，不可进入。

安禄山宅同样不对外开放，只可欣赏外观。

安禄山原本住在道政坊，但玄宗总觉得他的住所陋隘，便用自己的私房钱（御库钱）在亲仁坊为其建造了一座穷极华丽、宛若天造的宅院。修建的原则只有一个：只求壮丽，不计钱财[291]。游客隔墙能看到巍峨的楼阁和蜿蜒的房廊，但却不知宅内就连干粗活用的筐子笊篱都由金银线织成，奢侈程度超过了杨国忠的豪宅，完全是一座缩小版的皇宫。

天宝九载（750），安禄山献俘进京，之后他就住在这里。安禄山本人对开放参观没有意见，但跨旅局再三斟酌，觉得此事实在不妥，因为去安禄山家做客，难保他不会把席上的游客全数灌醉麻翻，再把脑袋割下来上交给朝廷，并附言："臣与奚人和契丹交战，大胜，斩获其首领首级一枚、俘虏首级数枚。"[292]

安禄山后来的事迹无需赘言。至德元载（756），唐军还在与叛军鏖战，安禄山的这座亲仁坊宅被改造成了回元观。

安禄山在长安的游乐场所和情报网络

治事官署：永宁坊园（后来被改为司天台官署）[293]。

游宴俱乐部：平康坊万安观，原永穆公主池亭[294]。

赐宅：亲仁坊宅。

旧宅：道政坊宅。

情报网络：刘骆谷所在长安办事处[295]，安禄山儿子及儿媳安庆忠、荣义郡主宅[296]，结义兄弟酷吏吉温宅[297]。

王元宝宅——地址未知[298]

玄宗时期长安首富王元宝宅是"遥看繁华"章节中唯一一个主人还在世，便允许游客入内参观的免费项目。但之所以为"遥看"，是由于王宅"地址未详"。

开元年间的巨富王元宝并不在乎门票钱，这点收入之于他的财富只是沧海一粟。因此他愿意全免门票，让更多的游客来参观他引以为豪的、被长安人称为"王家富窟"的大宅。

王元宝可不是暴发户，他对生活品质有异于常人的追求。他建造的含薰阁极富情趣，用银镂三棱屏风来代替普通的篱墙，又在屏风的镂空雕花内密置香槽，使沁人的香味从雕花中透出，还不至过于浓郁。王元宝实在太有钱了，他家用来砌墙的砖头乍看平平无奇，实则是涂抹了红泥的金银块。接待游客的礼贤室内，栏杆是百年沉檀，地面镶嵌着光莹如玉的碔砆，柱础由带奇特纹理的文石雕刻而成。王元宝还将大批铜钱穿成串，埋在花园的花径中，确保下雨天游览园林不会打滑。

生活虽奢靡，王元宝也不忘回馈社会。每年冬天，他都会举办“暖寒会”，命仆役清扫坊巷积雪，他自己则手执热酒，站在巷口迎宾。王元宝喜欢接济穷人和穷学生，仗义疏财，有难必救。春试前，王家常挤满没钱住旅店的举子。王元宝将他的善举视作一笔投资，昔日的举子成为达官显贵后常回来看望他，为其生意提供便利。这也不难解释为何宅内迎来送往的都是京城的精英豪杰。

住在王元宝家既不用掏钱，又能吃好喝好，简直是天上掉馅饼。看到这里，想必不少游客已摩拳擦掌。请原谅，本书不会透露王元宝家在何处，你得自己花上一番工夫去四处寻访。

许敬宗宅——永嘉坊西南隅

● 仅可外围参观，不可进入。

许敬宗宅不对外开放，但若在龙朔二年（662）左右途经永嘉坊西南，你一定忽略不了他建造的那七十间高耸入云、以连廊相接的飞楼，在周围的一片平房中很是抓眼。许敬宗常在家里看杂技，天气好的时候，游客能远远望见几十名女子走马于飞楼[299]，快如流电，惊险无比。好几次马匹都差点失足，引来游客们的阵阵惊叫。墙内的许敬宗却是一脸云淡风轻，还嫌你们吵闹。

关于主人

活跃于太宗、高宗朝的宰相许敬宗是初唐政坛上颇为矛盾的存在。他继承了父亲隋朝老臣许善心的文采，人品却一言难尽。许善心因不愿叛隋被杀时，许敬宗竟在父亲尸体旁手舞足蹈，感谢叛臣宇文化及的不杀之恩；他极度贪财，不惜将女儿嫁去南荒来换取聘礼；长孙皇后丧期，他不顾礼节，公然大声嘲笑欧阳询貌丑；最后也是他诬构害死了长孙无忌等人。做完这些缺德事，许敬宗在咸亨元年（670）致仕返乡，平安终老，享年八十一岁[300]。

唐人有话说：无名工匠

参观完这些高门府邸，有游客用手拍了拍外围坚固的墙体，忍不住向团友感叹："你别说，古人的建筑还真是牢固！"

话音刚落，一个原本蹲在墙角等着接活，谁也没注意到的唐人工匠开口接话了："唉，墙修得牢又有什么用呢？不是我吹，近几十年来京城大部分达官贵人家的墙都是我修的。可后来我再经过那些宅院时，无一不是主人或落败，或故去，房屋改属他人，而他们的墙却屹立不倒。"[301]

· 特色家访 ·（图 7-14）

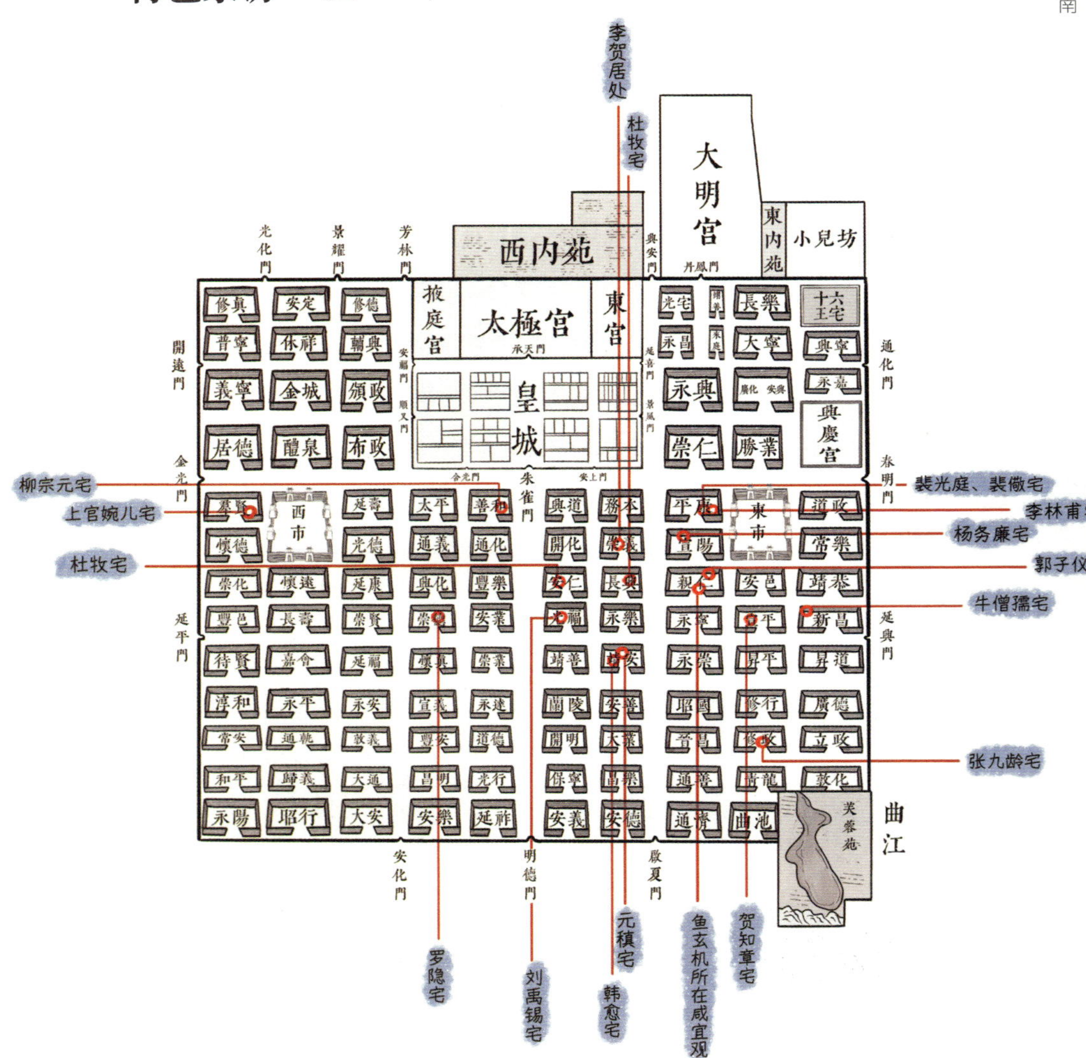

⊙ 图 7-14　特色家访分布图

杨务廉宅——宣阳坊西门北东侧　自动装置博物馆 

● 仅接待团体。

跨旅局在唐代共设立了两座博物馆，一座是**长安的杨务廉宅自动装置博物馆**，另一座是**洛阳来俊臣宅改造的酷刑博物馆**。在杨务廉宅内，你将体验古人天马行空的想象，感受古代“机器人”的神秘魅力，绝对大开眼界，不虚此行。

杨务廉生活在中宗时期，曾被长宁、安乐公主特邀设计其山庄的仓库，因工作完成得出色，被中宗封为将作大匠。杨务廉着实是建筑奇才和发明家，但为人却阴险狠毒。他曾在陕州三门峡指挥开山凿石，纤夫们在陡峭岩壁的栈道上拉船运粮，脚下是湍急的河流，非常危险。但只要绳子一断，栈道一有破损，杨务廉就会处死几十个人，然后向上汇报这些纤夫私自逃走，再拿死者的工钱去买米充数。百姓被他弄得苦不堪言，私底下赠他外号“人妖”[302]。

所幸游客不需要与“人妖”打交道。开元后，跨旅局买下了杨务廉宅，从各地收购了他所有稀奇古怪的发明，打造了这座中古时代机械自动装置博物馆。

博物馆中最神奇的要数“**木头僧人**”。这个宛若真人的木头僧人手中拿着一个碗，能在装置运作下做出弯腰化缘的动作，观众往木碗中投入钱币，碗中钱满就会触发机关，木头僧人会对游客说出“布施”二字[303]，这在当时神奇极了，百姓闻所未闻。表演非常受欢迎，每天都有上千人来看，收到的钱币数以万计。至于木头僧人说话的奥秘是什么，还需游客自行揣摩[304]。

馆内还有其他开元时期发明家的作品展出：

- 郴州刺史王琚制作的**木水獭**。将其沉入装满活鱼的水里，它居然会自己抓鱼，然后把头探出水面。细心观察你就会发现其中的关窍：木水獭身上绑有一石块，石块的重量使它沉入水底，而它嘴中事先放有鱼饵，鱼被诱来取食后触发机关，木水獭的嘴便会合上，绑石头的绳子也会解开，木水獭自然衔鱼浮出[305]。
- 马待封制造的能服侍人梳妆打扮的**木妇人**。互动表演的现场会随机选一位观众，为其免费化全套的唐代妆容。化妆由馆内工作人员完成，但全程木妇人都会陪在你身边，为你捧上毛巾架、面脂盒、妆粉盒和梳子，最后还会贴心地关上梳妆柜门[306]。被选中的游客，不要吝啬你的绝美亮相啊！
- 洛州县令殷文亮的**木头婢女**。博物馆非常大，逛累了可以在馆内餐厅用餐。你最好错峰到来，餐厅内座位有限，一到饭点就排起长龙。就餐过程也是一次与自动装置亲密互动的奇妙体验。当你喝着酒，吃着菜，会发现席间添酒的婢女竟是个木头人，它穿戴华丽，穿梭于客人间倒酒，一点儿都不会出错。木婢女递来的酒请务必饮尽，但凡还有剩余，它就不肯接过杯子，非杵在面前逼着你喝完。当你在众目睽睽下无比尴尬时，只见它指挥起身后的一支木头乐伎团，让它们唱歌奏乐来催你喝酒[307]，在餐厅过生日时被服务员围住唱歌都没这么刺激。
- 马待封发明的多功能自动酒器——**酒山**。这是餐厅正中间一座类似假山的装置，是融喝酒、吃菜、吃水果、娱乐为一体的自动吧台。假山底座是一只漆器大龟，驮着直径达四尺五寸（约 1.5 米）的硕大漆木盘，盘上是中空的假山。假山和大龟都采用夹纻技法制造[308]，表面绘有彩画。假山内能装三斗酒，盘中也是满满的酒池，池中伸出几枝由锻铁打造的莲花和莲叶，时令水果和佐酒小食就放在花朵上任君自取。假山脚下盘着一条龙，它半个身子隐在山中，正张开口吐酒，酒刚好落在下方莲叶上的酒杯中，每次杯中盛酒八分满。想再要喝酒的话，就得把喝完的空酒杯放回莲叶上，龙又会再吐酒，循环往复。如果游客很久都没有把酒杯还回来，山顶楼阁的门就会打开，弹出一个穿戴正式、手持笏板的催酒人，他会不停催促你喝酒，直到你把空酒杯还回后才退去。马待封对宾客的酒量和饮酒时间都进行了精密的计算，宴席终了，池中的酒也刚好喝完[309]。

温馨提示

各类装置表演时间请参考杨务廉宅外围墙上每天更新的告示。

未经许可，不得触摸展品。

更多游览：来俊臣宅——酷刑博物馆

拥有强大心脏的游客一定要到洛阳去参观由酷吏来俊臣宅改建的酷刑博物馆，沉浸式体验他发明的那些令人恐惧的刑具。其中一些枷具光听名字就让人汗毛倒竖：定百脉、喘不得、突地吼（戴上后能让犯人以头撞地，痛得大吼）、着即承（戴上后立刻招认）、失魂胆、实同反（戴上后实在太痛苦，被控谋反也只好承认）、反是实（功效比“实同反”还要厉害）、死猪愁、求得死（戴上后只求速死）、求破家（只要能脱开枷锁，灭九族也愿意）[310]。

来俊臣一生害人不少，最终因构陷太平公主未果，被弃市处死。他死后，洛阳旧宅被改造成酷刑博物馆。这里虽不是用刑现场，只展示冷冰冰的刑具，却足以让游客两腿发软，感受到人心最深处之恶。

元稹宅——靖安坊北街[311] 

● 仅接待团体。

到访须知

元稹出生于长安，八岁时因父丧家贫，回到了母亲郑夫人在凤翔县的老家。想一会元稹的游客有两个时间段可选择。

1. 贞元十九年至元和元年（803—806，中间有一小段时间在洛阳），元稹刚通过科举重回长安，与白居易同任秘书省校书郎。两位青年才俊常结伴出现，是元白粉丝追星的好机会。赶上公务不忙时，两人各自会去洛阳、华州、徐州、许昌、王屋山等地游览。靖安坊宅是元家祖宅，困顿时差点被卖掉[312]。自从母亲郑夫人带元稹两兄弟回老家后，宅院多年来未加整修，稍显破旧简陋。园中种满了元稹最喜欢的辛夷（木兰）花[313]。

2. 元和十五年至长庆二年（820—822），元稹已值中年，这段时间刚好白居易也在长安。这两年，元稹遭遇了事业危机，过得相当不容易，心态可谓大起大落。先是元和十五年，他在贬谪十年后回到长安，可刚任翰林学士，就因长庆元年的科举案与裴度闹僵，又因裴度的弹劾被罢免；接着在长庆二年，元稹实现了千古文人的宰相梦，四个月后却又因李逢吉的挑拨被罢相，出任同州刺史。到访的游客们会发现他常常眉头紧锁，只有白居易造访时才能开心起来。长庆二年，元稹刚罢相，京兆尹刘遵古就煞有介事地派人到元宅监视他。后来，这件事被元稹投诉到了穆宗那里，加上刘遵古之前有胡乱奏告的前科，最终刘遵古被罚一个月工资[314]。

出发游览元稹宅前，导游会特意叮嘱团员，不要向主人贸然提问，比如问“元稹和薛涛是什么关系”“元稹为什么抛弃薛涛”等，这是极大的失礼。

薛涛和元稹之间可能并没有后世津津乐道的风流韵事，因为现存史料不足以证实这一点。元和四年（809）元稹出使东川梓州时，究竟有没有见过身在西川成都的薛涛都难说；元稹在西川最多待了个把月[315]，且他当时年纪尚轻，薛涛已年过半百。两人即便有酬唱诗歌，可能也只是出于遥相仰慕[316]。不过，元稹少不更事时的一段错恋，却可能真是崔莺莺故事的灵感来源，后世有《崔莺莺传》里的张生为元稹自寓之说[317]。

还有一些游客比较关心元稹的政治操守，曾当面问他“好端端地为何要去结交宦官”，弄得场面一度十分尴尬。现在遇到游客，元稹只会简单打一下招呼。好在纵使有旁人猜测非议，白居易永远相信他——“执友居易，独知其心”[318]。

游客到访时要是遇上白居易也在，可就有好戏看了。唐时已有大批元白粉丝，这些追星族的疯狂程度一点儿也不亚于现代人，他们竞相围观，只求亲见元白二人之风采[319]。参团的好处在这时就体现得淋漓尽致了，导游会带领大家从团队专用入口进入元稹宅。

既然元白都在，赶紧请两人来一场即兴吟诵表演吧！两位中唐文学巨擘同台可是难得一遇的文坛盛事。当年他们知制诰，夜晚在南郊斋宫值班，突然兴致大发，吟诵了数十篇诗文。一时间，门下、中书省的官员及翰林学士三十余人都从梦中惊醒赶来聆听，士卒、小吏也争相围观，折腾了一夜都没睡[320]。（图 7–15）

宅内购物

游客可以买到元稹在长庆初年编纂的《元氏长庆集》完整版。元稹不像白居易，他没有分发诗集的意识，所以完整的《元氏长庆集》比《白氏长庆集》更为难得。北宋时，这部集子就已经不完整了。由于年代久远和战乱等原因，号称百卷的《元氏长庆集》现如今仅剩六十卷。

出没名人

李绅（李绅和白居易是通过元稹认识的，元稹岳父韦夏卿对李绅有知遇之恩）、白居易、韩愈、李德裕。

不太可能出现的名人

裴度（与元稹是政敌）。

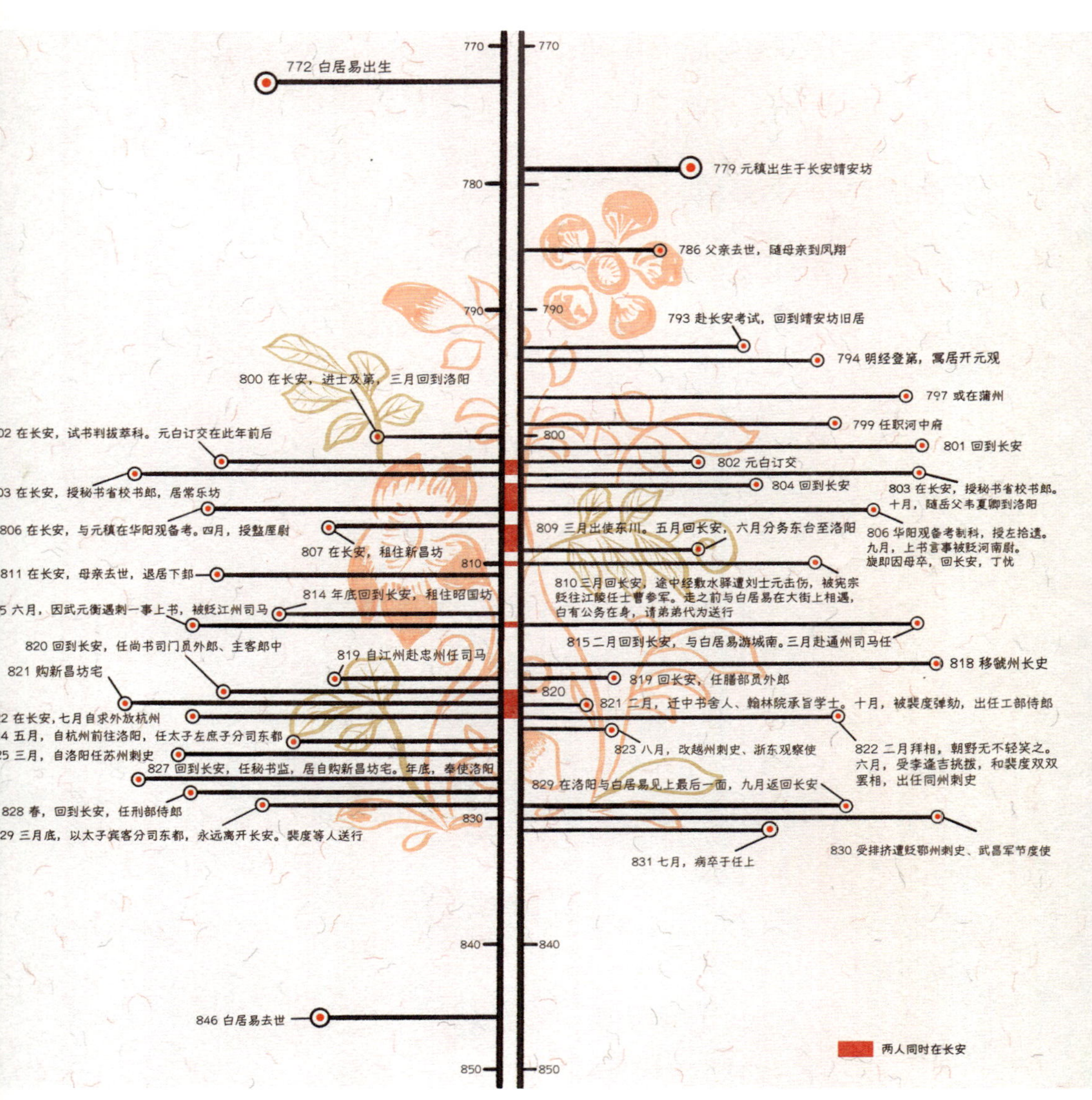

图 7-15　白居易、元稹交往时间表

大和三年（829），元稹从越州（今浙江绍兴）返回长安，途经洛阳时见到了退居于此地的白居易，这是二人此生最后一次相见。彼时元稹心里已有不祥的预感，在《过东都别乐天二首》中写下："知得后回相见无？"一年后，他被贬往鄂州，病卒于刺史任上。

牛僧孺宅——新昌坊

- 仅接待团体，不建议带孩子。
- 长安李德裕宅与牛僧孺宅不单独出售门票，请购买联票。游览牛李二宅无时间限制，游客请保留好票根。
- 著名的志怪小说《玄怪录》是牛僧孺年轻时用以行卷的作品，他曾于贞元十八年（802）携此书来到长安拜谒韩愈和皇甫湜。出发前带上一本，他会大方地给你签名的。

放轻松些！牛僧孺出身没落官宦家庭，不像李德裕天生自带贵族气。牛僧孺虽官至宰相，却少有架子，好结交三教九流，欢迎八方朋友。你不用像在仇士良宅那样提心吊胆，也不用像在李德裕家那样正襟危坐。在牛僧孺宅大口吃饭，喝得东倒西歪才是正确的礼仪。我们只是游客，就该尽情享乐，把党争什么的都抛到脑后吧！

到访须知

游览牛僧孺宅的时间比较宽裕，整个长庆年间他都在长安。这期间白居易总来串门，直到长庆二年（822）白居易自请外放杭州。牛僧孺在二十七岁时就认识了大自己七岁的白居易，两人是老朋友了，还一同住过华阳观，过过苦日子[321]。

你也可以在会昌二年（842）到来。牛僧孺在出任淮南节度使前得到了一个名叫真珠的婢女，据说她容貌绝伦，歌舞之媚态更是世间少有。李绅在扬州曾看过真珠摄人心魄的舞蹈，一曲舞尽，他仍魂不守舍地呆坐着[322]。会昌二年，牛僧孺刚刚因襄州大水而被罢山南东道节度使，回京任检校司徒兼太子太保，此后他在长安待了近一年。真珠当然也在府上，游客或有机会一睹娇容。李贺在洛阳也见过这位“浓蛾叠柳香唇醉”[323]的美人。会昌四年（844），牛僧孺因刘从谏、刘稹叛乱而被李德裕大做文章[324]，贬往循州。

请注意：第二个时间段白居易已定居洛阳，刘禹锡也于是年去世[325]。游客在牛宅见不到这两位了。

牛僧孺的新昌坊宅购于长庆初，天宝年间它原本是将作大匠康谮的宅子。康谮会看风水，说此处一定会出一位宰相，但自己苦等了一辈子也没等来任命宰相的消息。不过他说得一点儿也没错，后来买了这座宅子的牛僧孺在长庆三年（823）拜相，替他实现了梦想[326]。

新昌坊牛宅的看点之一是深院中婀娜动人的名伎。牛僧孺为官还算清廉，唯独对奇石和美女没有抵抗力。他可没有“一生未尝大醉”的李德裕那么自律[327]，更喜欢放纵的生活，起夜时也要求家伎们在旁秉烛列队[328]。求牛僧孺举荐不成而怀恨在心的皇甫松写了一首香艳露骨的诗讽刺他：“夜入真珠室，朝游玳瑁宫。”[329]

温馨提示

让家伎抛头露面表演歌舞，是唐人接待贵客的上等礼遇。一般只有关系够好才会动用家伎。如你游览的场次没有家伎表演，或表演不尽如人意，请勿强求。

去牛僧孺宅看过歌舞，你才知道什么叫真正的温柔乡，白居易（还有刘禹锡）是这里的常客。躺在绵绵茵毯上，倚靠着柔软的锦织隐囊，身边坐满了翠钗红袖的莺莺燕燕。轻若无骨的舞姬正在食案前起舞[330]，她甩开云烟般轻盈的衣袖，一双媚眼顾盼生情。酒过三巡，弄不清是酒精还是缓缓靠近的舞姬让人心跳加速。转头去看白居易，他早已烂醉如泥，诗词歌赋忘了个干净，只剩下满口胡话——正如他后来与牛僧孺在洛阳重聚时所写：

人间欢乐无过此，上界西方即不知！

更多游览：洛阳归仁坊牛僧孺宅

牛僧孺在洛阳的归仁坊也有别墅，建造于开成二年（837）左右。宅内最著名的风景是归仁水滩，还有让牛僧孺不惜牺牲廉洁之名的一生至爱：八面玲珑、险怪宛转的太湖石[331]。牛僧孺、李德裕两个人在官场上斗来斗去，爱好却堪为知己——他们都爱收藏奇石。李德裕在石头上的落款是“平泉”，牛僧孺刻的则是“奇章”（长庆四年［824］，牛僧孺进封奇章郡公）。百年后北宋高官的园林里，李德裕的石头“亲密无间”地与牛僧孺的摆在一起[332]。

北宋时到达河南府的游客，想找寻牛僧孺别墅的遗迹，请前往观文殿学士丁度园和中书侍郎李清臣园[333]。

出没名人

韩愈、皇甫湜（牛僧孺曾向两位行卷，二人对他颇为赏识[334]）、白居易。

不太可能出现的名人

杜牧（牛僧孺非常欣赏和照顾杜牧。杜牧曾在时任淮南节度使的牛僧孺幕中作推官，后任掌书记。相传当年杜牧常在扬州各地纵情声色，牛僧孺怕他出什么意外，便派了三十多人暗中保护他，杜牧对此感激不尽[335]。在游客们到来的长庆年间，杜牧还没及第，尚不认识牛僧孺；而会昌二年，杜牧正在黄州任刺史）。

更多游览：安仁坊杜牧宅[336]

杜牧的祖父杜佑是三朝元老，安仁坊是杜家祖宅，内有藏书万卷[337]。后来杜家败落，分家后，杜牧卖掉了自己分到的房产[338]，一度住在长兴坊。杜牧虽是长安本地人，却在及第半年后就随沈传师去了洪州做官，几乎无法与游客们见面。他一生在长安的时间非常短暂，宣州、东都、扬州、江州、黄州等地都有他的足迹。大中五年（851）年底，杜牧自湖州刺史回长安任考功郎中，一年后迁中书舍人。他好好修葺了一番祖父建在城南樊川的别业，希望在那里安度晚年[339]。然而夙愿难酬，一年后杜牧就离世了。

从大中六年（852）开始，杜牧陆续在宅中焚烧自己想要销毁的诗稿[340]。游客路过时，要是看到安仁坊杜宅上空黑烟袅袅，可以前去象征性地劝阻一下。当然，杜牧心意已决，连裴延翰——他的外甥、知己兼《樊川文集》整理者对此都无可奈何。

特别策划：他们也住新昌坊

新昌坊中不仅有牛僧孺、哥舒翰、白居易这样的官员，更住着许多我们很难留意的普通人。

吐鲁番阿斯塔那206号古墓是旧高昌贵族张雄与麹氏夫妇墓，出土了不少精美的随葬绢衣木舞俑，它们的手臂由废物利用的质库帐残纸制成，其上记载有某家典当铺（质库）中百姓典当的物品及归还情况。学者根据帐目中出现的地名，推断出这家质库开在遥远的长安新昌坊内，时间大致在龙朔二年至永昌元年（662—689）间[341]。

张雄与夫人麹氏的年纪相差二十余岁，下葬时间也隔了55年，舞俑是随麹氏入葬的。高昌于贞观十四年（640）灭国后，两人的次子张怀寂在幼年即被迁往长安，永徽初才回到故乡西州，这些舞俑是他精心挑选，从长安为母亲购买的明器。

跟随舞俑一道去往西州的，还有一群本该被历史遗忘的人。将那些被拧成条状的纸张摊开，拼合阅读，当年去过典当铺的平民就能被一一复活。

住在观音寺后曲，年仅十三岁的何七娘不知拿了什么东西来

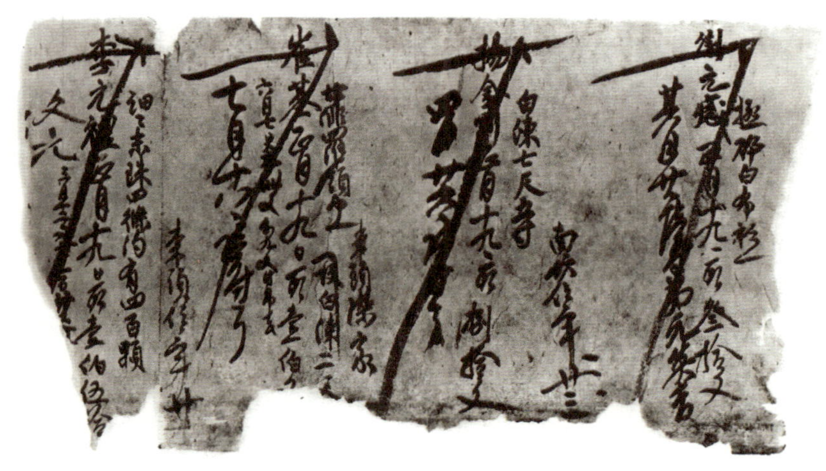

⦿ 图 7-16 新昌坊质库帐（局部）[342]

当，是母亲来替她赎回的；三十六岁的杨二娘家住北曲，在正月十八日当掉了自己的旧白绫领巾；马四娘用白绫衫子和小铜镜在当铺换了一百多文钱；延兴门外旅店的住客、三十二岁的刘娘当了四两绿线；新昌坊东边住着六十岁的牛婆和染匠杨金刚，后者在四月二十六日赎付了七尺五寸白练；来以物换钱的，还有住在坊南的钗师、坊里的卖饼小儿[343]……（图 7-16）

以上人们生活的时代远在游客参观白居易宅、牛僧孺宅之前。你可以早一些来，绕道新昌坊去看看这些普通百姓的生活，哪怕这本不在你的旅行计划中。如有人能记得其中一两位的名字，他们一定会非常开心。

韩愈宅——靖安坊[344]

- 仅接待团体。
- 韩愈宅其他游览请见第六章《赏花指南》。

“十载长安得一第。”[345] 在大城市中买房总归是老大难问题，古今没有不同。白居易五十岁才购买了第一套住房，只带一捆书来长安闯荡的韩愈也差不多，“京漂”三十年，奔五时才买下靖安坊的房子[346]，晚年又用闲钱在城南置办了一座大型庄园[347]。

虽说靖安坊宅位处闹市要道，却因主人的田园清趣而显得惬意静谧，和寻常农家大院无异。庭院里有八九棵大树，能遮蔽滚滚暑气，园内种着形状粗野的各色瓜芋。更幸福的是一天中鸟叫不断，抬头东望可见群山，令游客们好生羡慕[348]。（图 7-17）

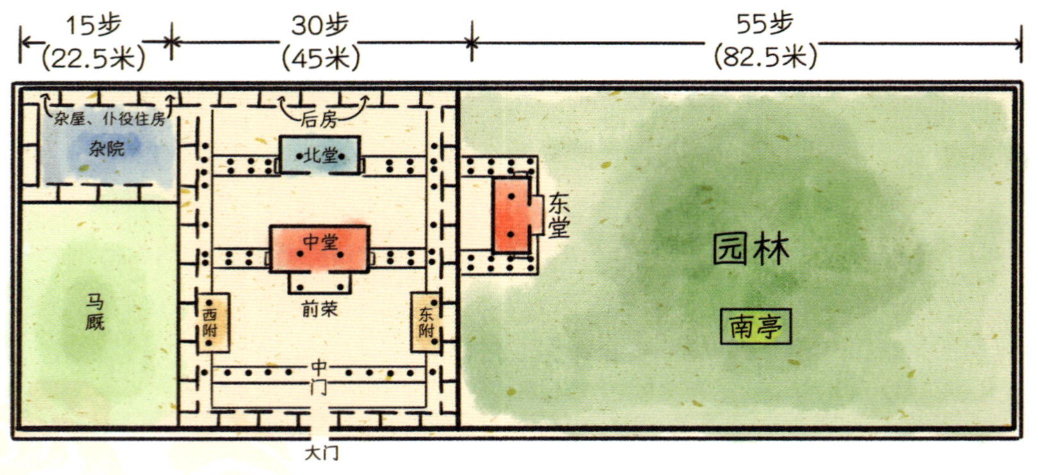

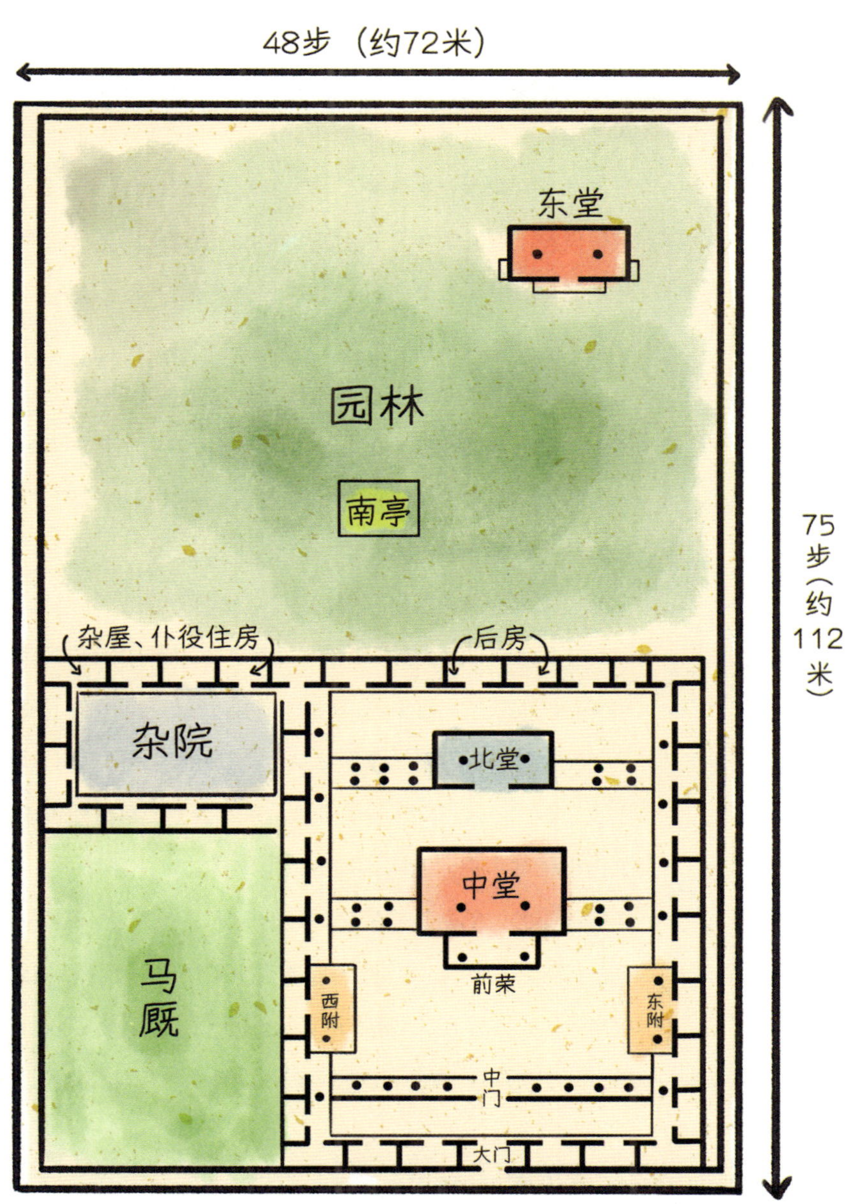

⊙ 图 7–17　韩愈宅想象图（两种版本）[349]

到访须知

想见韩愈还是比较容易的，韩愈一生的大部分时间都在长安。贞元年间他尚年轻，贞元八年（792）中进士后，于京师求官未果，在汴州、徐州等地奔波；贞元末与家人定居长安，被任命为国子监四门博士。贞元十九年（803），贬官前往阳山，二十一年（805）任职于江陵府。本书推荐游客在以下时段到来：

元和元年（806），韩愈刚从江陵法曹任上回京任国子博士。这一年来韩府的名人特别多，可以看到张籍、孟郊、贾岛等人。元和四年（809），韩愈遭到嫉妒者的非议，百口难辩，自求分司东都。

元和六年至十二年（811—817）。元和六年，韩愈结束河南县令任期，回长安任尚书职方员外郎。本时段会有李贺和僧人颖师来访。元和十二年，他随裴度征淮西，离开长安。

长庆元年至四年（821—824）。韩愈经潮州、袁州（今江西宜春）任回京，任国子祭酒、京兆尹、吏部侍郎等职，工作也稳定下来。席间，韩愈会为你讲述潮州见闻，生动描绘那里凶悍的台风、鳄鱼，还有奇形怪状的蚝、蛙、章鱼、蛇等生猛野味[350]；会告诉你袁州虽然风雨烟蒙，有野狼出没，却也不乏江山胜景（只是千万别提起他死在贬谪路上的小女儿）。直到长庆四年去世，韩愈一直都在长安。

宅内购物

宅内独家销售韩愈侄子（一说是仆人）阿买手书的八分

书[351]，这是隶书的一种，字形跌宕错落，舒展外张，极具观赏性。游客可选择韩愈的诗文片段请阿买现场书写，也可购买现成的书法作品，其中卖得最好的是韩愈著名的《白头戒》："老多忧活计，病更恋班行。矍铄夸身健，周遮说话长。"[352]劝诫老年人少操心、少唠叨、不执着、要服老。

蕲州簟。精心选取天下闻名的蕲州竹编织而成。竹席凝滑无瑕，竹片如一块块晶莹光耀的黄琉璃，人躺上去身下如清风拂过般自然清凉，可轻松入睡。为了能有睡蕲州簟的借口，韩愈甚至希望天天都炎热不堪，才好心安理得地躺平[353]。

温馨提示

游客进入韩宅后，千万要轻手轻脚，切莫大声喧哗，因为韩愈多半在睡觉。韩愈嗜睡怕热，竹席是他离不开的必需品[354]。三十多岁时，韩愈的牙齿已开始掉落[355]，只能吃烂饭流食，所以宅院内不供应固体食物，只有粥；这听上去很不为游客着想，但其实是女主人卢氏的一片心意，怕韩愈看到水果之类的硬食心生怨念[356]。韩愈身体早衰，晚年又患了很严重的脚气病，出于保健，平日里常服硫黄，屋里气味不会太好闻[357]。

关于主人

在政治上，韩愈嫉恶如仇，充满斗志；在生活上，他照顾后进，不论对方身份尊卑，都会热情地招呼谈话，是个急脾气和热心肠，他还曾资助亲友的孤女出嫁达十人之多[358]。

等韩愈醒转，游客们可以就人生与为官哲学、时事、文坛现状、年轻人自我提升等话题，与他聊上一整天（他和张籍曾连续一个月，每天从早上聊到五更[359]）。韩愈虽然刚直，却也不是死板的人。参观时若遇上下雨，他会提醒大家别忘了欣赏雨打叶片的清脆声音，特别好听[360]。有时韩愈还会邀请游客和他一起出城钓鱼，因为他常为找不到一起钓鱼的人而发愁[361]。对了，韩愈没什么时间观念，往往等到城门快关了才急吼吼地往回赶[362]，你们要多提醒他。

贞元十七年（801）起，韩愈结束幕僚生涯，搬来长安守选。第二年（802），青年牛僧孺将来韩府行卷，手里拿着他的成名作《玄怪录》。本书编写组多方查访，仍未寻到牛先生的早期住处。若有游客能得到消息，还请及时告知。

元和元年（806）六月，韩愈南贬还京后任国子博士，常与孟郊、张籍等人在宅中聚会作诗。元和四年（809），他为避纷争而分司东都。这段时间（806—809），韩府可谓相当热闹。为防游客分不清来宾，以下略作描述。

几人中的光头瘦削僧人是**无本**（贾岛）[363]。五六年前，贾岛在洛阳与参加调选的韩愈结识。经其开导，将于元和六年（811）开始应举[364]。同多年后科举失意、路过裴度宅时愤懑不平的贾岛不同，韩愈宅中的无本有着可亲的一面。此时他仍满怀希望，意欲还俗准备科举，到处投诗，是韩府的常客。

年纪明显大很多的是**孟郊**，他比韩愈大二十八岁，两人是十多年的老朋友了[365]。如有游客在贞元中期就来到韩愈宅，会发现孟郊总是一副来去匆匆的样子。他几次进京都是来考试的，忙得不可开交，没兴趣打理自己[366]，自然也没空和游客说话。大家都在欣赏春景，他却感到“万物皆及时，独余不觉春”。遇到有人要签名，他还会暗自纳闷自己一个失败者有什么好签的。贞元十二年（796），四十六岁的孟郊终于中了进士，随后奔波赴任，直到元和元年（806）才稍在长安闲住。长庆年间来的游客则要彻底错过孟郊了，他已于元和九年（814）去世。中举成了孟郊仅有的人生巅峰，之后他便辗转外地做官，因喜好吟诗，疏于公务，生活愈发穷苦[367]，晚年还经历了丧子之痛，最后死在赴任兴元军参谋的途中。长安的花虽好，孟郊却已在中举那日就看尽了。

这群人中最年轻的是张籍，常揉着他那发红的病眼。他二十多岁时通过孟郊认识韩愈，遇到了自己的伯乐。张籍的命运在唐代诗人中算是最平稳顺遂的，他三十岁左右进士及第，在元和元年（806）当上太祝后基本就留在了长安，虽少高官厚禄，但一生平平安安，省去了羁旅的奔波。他原本住在城西延康坊，紧挨着西明寺，去城东的靖安坊看望韩愈、去新昌坊拜访白居易都非常麻烦[368]。长庆元年（821），张籍终于搬到靖安坊与韩愈为邻，几乎天天见面。这两人性格相投，有话直说，张籍也会直言韩愈的错误。中秋之夜，他会和韩愈坐在台阶或门槛上喝酒赏月[369]，一旁有韩愈的小妾绛桃与柳枝弹奏筝与琵琶（柳枝后来还翻墙跑路，被家人追获[370]）。

元和五年（810）五月，李贺刚来长安做奉礼郎[371]。韩愈回京后，他时常背着行囊，骑驴来找韩愈聊诗。早前，他已在洛阳以一篇《雁门太守行》震惊四座。和李贺一起来的，还有自荐上门演奏的僧人音乐家颖师[372]。不需花钱，你就能聆听一场打通五感、奇妙无穷的音乐会。

● 李贺在元和八年（813）春季辞官回到家乡昌谷[373]。

听颖师弹琴

颖师音乐会的现场效果非常震撼，全程要“坐稳扶好”，琴声会带你飞去意想不到的地方。

欣赏时，最好一开始就闭上眼睛。起初，好像有一男一女在昵昵私语，互诉衷肠；当你就快感到发腻时，乐曲突然加速，音量随之升高，竟有勇士奔赴战场的轩昂之气。这气势恰如周处挟剑赴长桥般壮阔，又好像张旭发了狂，用头发蘸墨写字一样雄奇。几声泛音后，音声激楚，又有了缥缈凌空之感。听众闭着眼，感到身体仿佛正在清夜中飞过烟云浩渺的天姥山，身下凉风习习。琴曲变化无穷，荡气回肠，直到停了许久游客才反应过来，纷纷睁开眼鼓掌。大家回头看向韩愈，发现他已泪水滂沱，衣衫尽湿[374]。

最后一个拜访时段的长庆四年（824）中秋，有张籍、王建同韩愈和游客一起赏月。圆月当空，青池里泛起徐徐波澜。虽然韩愈病重已不能喝酒，饭也吃不了几口，但是有好友的陪伴，他依旧很是开心。

这真是一个尽兴的夜晚，唯独天凉得出奇[375]。大家月下联句，直到曙光升上天边。韩愈写下《玩月喜张十八员外以王六秘书至》这首诗留作纪念：

前夕虽十五，月长未满规。
君来晤我时，风露渺无涯。
浮云散白石，天宇开青池。
孤质不自惮，中天为君施。
玩玩夜遂久，亭亭曙将披。
况当今夕圆，又以嘉客随。
惜无酒食乐，但用歌嘲为。

可惜这是韩愈的最后一首诗了[376]。他去世于当年的冬天。

出没名人

张籍、贾岛、王建、孟郊、李贺、牛僧孺、颖师。

不太可能出现的名人

白居易。韩白二人一直保持着若即若离的关系，在政治立场、宗教、诗歌等方面，他们都有很大的分歧，简单来讲就是三观不太一致，两人能维持往来实际全靠张籍在硬撑[377]。最直接且典型的分歧体现在二者的文学见解上，一个力求通俗浅近，一个提倡复古，以文传道，好用奇字险语。韩愈对李杜多有推崇[378]，白居易则态度暧昧[379]。在他们的时代，李杜去世才五六十年，作品尚未经典化，当时人的评价自然主观性更强。至于我们这些相隔千年的后人，光是能读到先贤们的诗就已颇为不易。

柳宗元和刘禹锡。贞元十九年（803），韩愈与刘禹锡、柳宗元曾当过几个月的监察御史同事，三人形影不离[380]。

后来，韩愈上《论天旱人饥状》，得罪了京兆尹李实，被贬阳山县令。过后韩愈复盘这事，写过一首诗，里面有“或虑语言泄，传之落冤雠”一句。按理说监察御史都是匿名弹劾，他便怀疑自己遭贬是刘、柳说漏嘴出卖了他，但马上又安慰自己不要多想：“二子不宜尔，将疑断还不。”此后三人各自被贬，离开长安，仕途各有各的不顺。比起日后人生中的契阔悲喜，年轻时的这份不快已显得微不足道。柳宗元早逝，临终前请托韩愈为其撰写墓志铭。韩愈相继写下《祭柳子厚》《柳子厚墓志铭》和《柳州罗池庙碑》三篇悼念这位旧日好友。刘禹锡也在韩愈去世后撰写了情深意切的《祭韩吏部文》。往事纠葛得以冰释，微瑕的友情终于圆满[381]。

李绅。韩愈在李绅应举时曾对其大为推荐，并加以指导。长庆二年（822），韩愈任京兆尹兼御史大夫，未去参拜当时身为御史中丞的李绅，由此二人产生龃龉（史称“台参之争”）。两人个性都火爆刚烈，又有李逢吉从中挑拨，最终交恶。

更多游览：也许你想见见李贺[382]

元和五年至八年（810—813），李贺在长安任奉礼郎，居住在崇义坊。他的邻居，一位姓李的北方边将（朔客）是个热心肠，曾在李贺生日时邀请他去宅内喝酒作诗，并让侍妾花娘以诗入曲演唱，又叫来家中苍头申胡子吹觱篥助兴[383]。在美酒熏人的热气中，在喧嚣的歌舞与觱篥声中，李贺并未因生辰而喜，只感到时光在飞快地流逝，坐立不安[384]。他二十七年的生命太过短暂，时间是真正的奢侈品。诗人感叹春天之将逝大多是为了呼吁及时行乐，李贺则不然，行乐对他毫无意义，他只想单纯地留住春天[385]。

朋友们离去了，秋雨连绵的夜里，李贺独坐孤灯下发呆。被时人排挤，无法实现宏愿的屈辱与落寞袭来，让他二十岁就早生白发[386]。元和八年（813），任奉礼郎三年后，李贺心如死灰，疾病缠身，于是年春辞官东归故里[387]，与长安永别。

刘禹锡宅——光福坊

到访须知

本游览项目主要以医术为特色，游客在此可以认识诗人身份之外的刘禹锡。

想拜访刘禹锡，可在大和二年至四年（828—830）到来。彼时他已年过半百，在朗州和连州等贬谪地完成了心态的加固与进化，世间再没有什么能难倒他的了。除了医治身体上的疾病，刘禹锡的乐观态度与钢铁般的意志还能为苦恼的现代人医治心理上的抑郁。

刘禹锡一生都是刚猛（说实话，有点轴）的斗士，他认为“百胜难虑敌，三折乃良医”，处处顺利便难以御敌，只有多次折断手臂才能百病不侵、自我疗愈。刘禹锡本身就是一位了不起的医生，他很小就精读《小品方》《药对》《新修本草》《素问》等医书，自学医术长达三十年，家中孩子从小到大都没找过医生，均由刘禹锡自行医治，可见他医术之高明。旅行中有个头疼脑热，可以到光福坊的刘禹锡宅问诊求方[388]。

在刘禹锡宅内，游客可翻阅刘禹锡编纂的医书《传信方》，其好友柳宗元也为编纂工作出过力。这本书在宋朝后就失传了，跨时空旅行让我们再次与它相见。

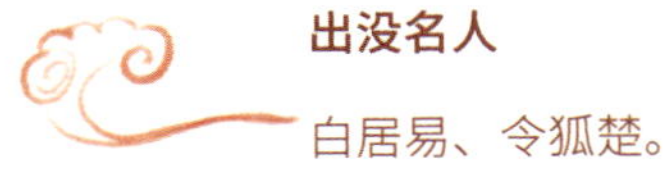

出没名人

白居易、令狐楚。

不可能出现的名人

柳宗元（刘、柳关系很好，但柳宗元早在 819 年就去世了）、韩愈（青年时的恩怨到晚年已经淡然，只是韩愈也于 824 年去世）。

柳宗元宅——善和坊[389]

- 仅接待团体。

从刘禹锡宅所在的光福坊出来，北上经丰乐、通化二坊，便来到了善和坊，刘禹锡的毕生好友柳宗元就住在那里。**但请留意，刘禹锡宅和柳宗元宅的游览时段并不相同。**

到访须知

游览柳宗元宅只能在贞元十九年至二十年（803—804）。这是他中举后在长安仅有的几年意气风发的日子（虽然妻子已经早逝)。永贞元年(805),柳宗元因永贞革新失败被贬往邵州(后改贬永州)。元和十年(815),贬谪十年后柳宗元回京,在长安待了不到一个月又再度被贬柳州,直到去世再没回来过。

二十一岁中进士,二十六岁考中博学宏词科的柳宗元不会料到,他这个土生土长的长安人[390],从考取功名的那一刻起就开始了与长安的离别,一生流离于异乡。他在送给刘禹锡的诗中曾说两人的命运“二十年来万事同”。但他们的结局终究迥异——柳宗元在贬所早逝,没有实现“晚岁当为邻舍翁”[391]的愿望;刘禹锡却苦尽甘来,重回京洛,与裴度、白居易等人享受来之不易的晚年生活。

贞元十九年(803)游客们到达时,接待大家的柳宗元还踌躇满志,性格锋芒毕露,爱开玩笑[392],与后来那个孤绝悲苦、沉郁内耗的他判若两人。本年柳宗元和韩愈、刘禹锡同为监察御史,关系很不错,两位同事也常常来访,谈天说地。柳宗元会邀请游客们参加冬日特别活动“风雪故事会”。冬夜,大家喝着热茶,围坐着互相讲怪谈。正说到惊悚处,窗外忽然出现如点点流萤的奇异光斑,化作千万点飞入窗中,有的还变为圆镜大小,等到离去时又迸发出震耳欲聋的巨响[393]。一向胆大的韩愈见状惊惶失色,柳宗元则吓得趴在地上。很多年后,柳宗元在他乡回想这段往事,才反应过来,这异象或许是他一生坎坷的预兆[394]。

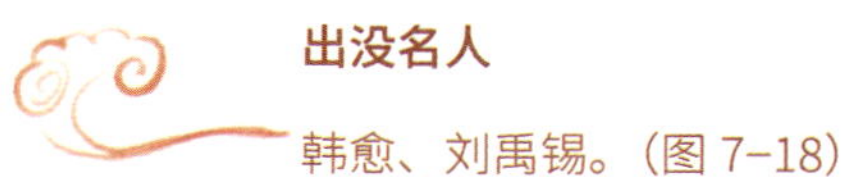

韩愈、刘禹锡。(图 7-18)

特别策划：中晚唐文人间千丝万缕的连接

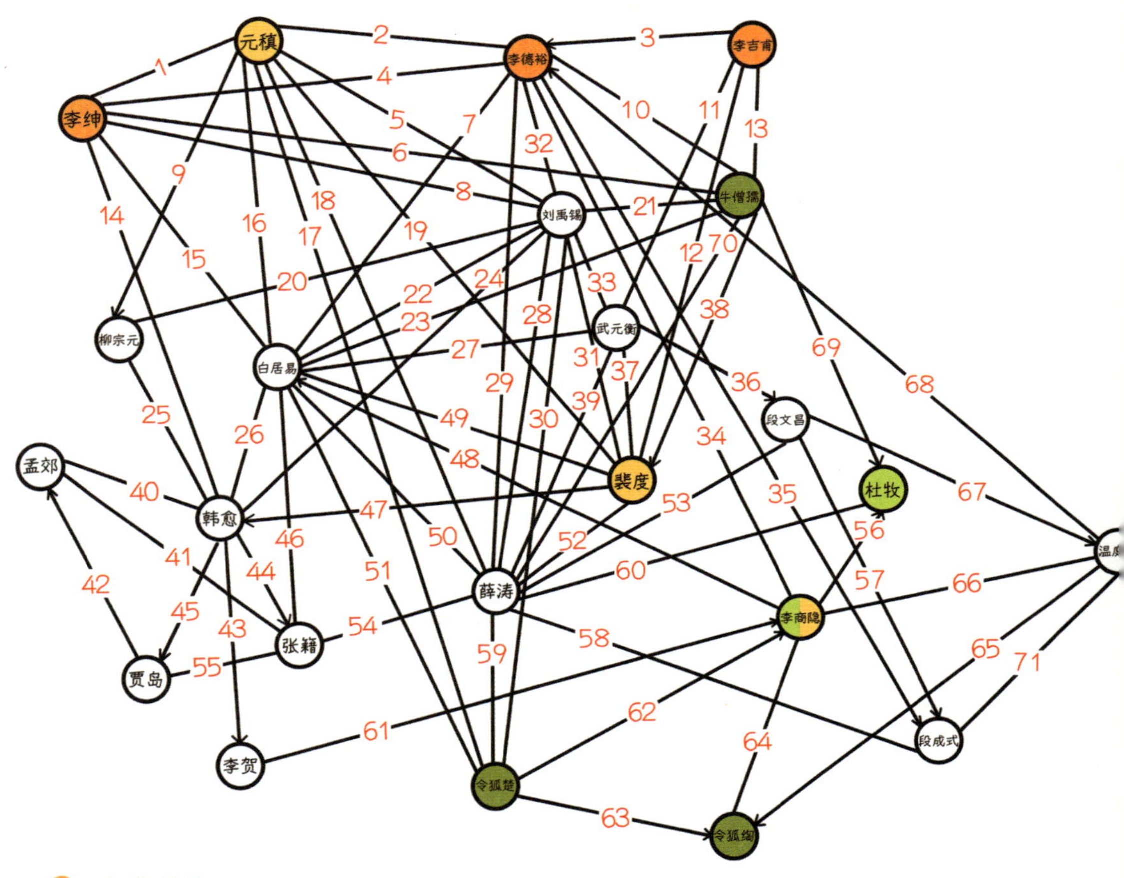

李党成员
政治主张或人际关系偏向李党
牛党成员
政治主张或人际关系偏向牛党

⊙图 7-18 宪宗至武宗朝主要文人官员关系图

1. 好友，与李德裕时称“三俊”
2. 好友，与李绅时称“三俊”
3. 父亲
4. 好友，与元稹时称“三俊”
5. 好友
6. 李绅虽为李党成员，但两人私交尚可，牛僧孺宴请过李绅
7. 关系一般
8. 关系不错
9. 同情“永贞革新”
10. 一生之敌
11. 主战派老搭档
12. 主战派老搭档
13. 头号政敌，牛李党争自两人开始
14. 因“台参之争”交恶
15. 好友
16. 最好的朋友
17. 原本关系不错，后因政见不同闹到“楚深恨稹”的地步
18. 传过绯闻
19. 政敌
20. 肝胆相照，生死之交
21. 关系有点尴尬，但玩得来
22. 元稹死后，两人晚年成为至交
23. 相当玩得来
24. 因误会产生过嫌隙，后冰释前嫌
25. 因误会产生过嫌隙，后冰释前嫌
26. 关系一般，全靠张籍在维持
27. 有诗唱和，白居易曾为武元衡遇刺一事上书
28. 有诗酬唱
29. 出入幕府，以诗相知
30. 情深意切，互为知己
31. 裴是刘的贵人，二人也是好友
32. 关系不错
33. 刘是武的老下属，但两人后为政敌，互看不顺眼
34. 诗友，两人互相欣赏
35. 李是段的老上司
36. 武是段的老丈人
37. 主战派老搭档
38. 排挤
39. 出入幕府，以诗相知
40. 挚友
41. 好友，孟郊将张籍介绍给韩愈
42. 崇拜与敬仰，有诗相赠
43. 赏识并提携
44. 亦师亦友，亲密无间
45. 有提携之恩
46. 好友
47. 裴是韩的老上司，韩谏迎佛骨触怒宪宗时，裴曾为其求情
48. 李崇拜白，后为白撰写墓志铭
49. 好友
50. 有诗酬唱
51. 交谊深厚
52. 有诗酬唱
53. 同佐韦皋，相视莫逆，段为薛撰写墓志铭
54. 有诗酬唱
55. 好友
56. 李有赠杜牧诗两首，杜没有回诗
57. 父亲
58. 曾以诗相赠
59. 有诗往来
60. 有诗酬唱
61. 李贺是李商隐的偶像
62. 令狐楚是李的恩师
63. 父亲
64. 原为好友，后因李商隐有投靠李党嫌疑，关系尴尬
65. 讽刺令狐家专权，被打压
66. 惺惺相惜，同病相怜
67. 段抚养照顾温
68. 温遥远地崇拜李
69. 牛是杜的老上司，对杜很照顾
70. 有诗往来
71. 好友兼亲家

李林甫宅——平康坊东南隅 !

● 仅接待团体。

到访须知

请在开元二十三年至天宝十二载（735—753）到访。开元二十三年，李林甫拜相，开启了长达十九年的宰相生涯。他在天宝十二载病逝，死后遭到杨国忠的报复，被抄家夺爵，开棺毁尸，终以庶人规格下葬。

平康坊内不仅有笙歌彻夜的北里三曲，也有众多朝廷高官和公主贵戚的府邸。盛唐名相、“口蜜腹剑”的李林甫就住在这里，李宅隔壁是菩提寺。

李林甫宅曾属于李靖，前文提过的风水师泓师勘察过这里，说宅子的主人将贵不可言，只是有一个禁忌——不能随意改造中门，不然会有祸及身。后来，有人献给李林甫一匹高头大马，窄小的中门不容人骑马通过，李林甫于是下令将中门改造得更为宽阔，就此打破禁忌。这之后，原本平静的宅邸怪事频现，没过多久李林甫就病逝了，家族败落[395]。

李林甫宅中最有意思的景点当属**偃月堂**，它呈半月形，装饰典雅，平日里正常开放，若出现闭门谢客的情况，就说明朝中有人要倒霉了，因为李林甫正在堂中构思排挤中伤政敌的计划[396]。李林甫四处结仇，非常害怕刺客，家中墙壁内都有夹层，随处有暗门以便逃走。为防止刺客找到自己，他一晚能换好几个地方睡，连家人也找不到他[397]。参观李林甫宅，一定要紧跟导游的步伐，不然极有可能跌入为刺客准备的陷阱。

危险与麻烦

在李林甫家乱走容易遇上怪事，传言自从改造了中门，李宅便常有妖怪出没。游客在宅中切不可单独行动，你可能会看到府中有诡异的小儿手持火把跑来跑去，东北沟渠夜里便莫名起火。李林甫的书囊里曾爬出几只大老鼠，一落地就变成青面獠牙的恶犬。院内有毛色黝黑到发光的玄狐出没，还有一种浑身长毛的怪笑人最可怕，人一旦撞见它就会横死。它们的出现都预示着李林甫逃脱不得的命运[398]。

男性游客去李林甫宅切记别打扮得过于显眼。当你毫不知情地在宅中走来走去时，暗中已有六双眼睛在盯着你。李林甫共有六个女儿，被他视作掌上明珠。若女儿不喜欢，哪怕是豪门子弟来聘他也不答应。为了方便女儿们自觅意中人，他在会客厅的墙上凿了扇小窗，窗框饰以各种珠宝，又以绛纱为窗幔，六个女儿轮流坐在窗后，观察来往豪门子弟，看到心仪的人就会告知父亲[399]。本书奉劝男性游客们谨慎考虑，虽然李相一度如日中天，女儿们又是美人，但同意亲事就意味着你再也回不到现代了。

李林甫的女儿中有一个很是特立独行，名叫李腾空，她其实对找对象没太大兴趣，一心向道，曾担任嘉猷观（详见下文）的第一任观主。李白还携妻子到庐山拜访过她。

多君相门女，学道爱神仙。
素手掬青霭，罗衣曳紫烟。
一往屏风叠，乘鸾著玉鞭。[400]

更多游览：嘉猷观

相传出了怪事之后，李林甫在宅子东南角修建了嘉猷观以震慑邪祟，玄宗赐下金字御书题额，道观还请来王维、郑虔、吴道子等名流绘制壁画[401]。游客若是忌惮李林甫这位权相，也可略过参观宅邸，直接到此处寻访名画。

出没名人

无。无特殊情况没有人会想来拜访李林甫。

鱼玄机咸宜观——亲仁坊

长安亲仁坊咸宜观本就是一座香火旺盛的道观。除了信众，许多游客也造访此地，他们是来看诗名远播的女道士鱼玄机的。鱼玄机字幼微，又字蕙兰，出生于会昌四年（844）左右[402]，她自小才思敏捷，口齿伶俐，是当时风流士人争相一见的著名女诗人，与温庭筠、同坊邻居侍御史李郢等人关系密切[403]。

鱼玄机的爱情在道观开始，终了后她又回归道观。约大中十二年（858），十四岁的鱼玄机前往崇真观游玩，遇见一群新科进士在那里题名赋诗，人群中容貌最为俊朗的便是状头李亿[404]。玄机心生爱慕，遂嫁给李亿做妾，却不为李家正妻所容，被逼无奈的她只好在咸宜观出家入道[405]。

咸通年间，鱼玄机住在咸宜观中。原本幽静的道观也因此终日琴鸣不已，诵诗声声，宾客熙攘。但她的内心依旧寂寞。

易求无价宝，难得有心郎。[406]

后来，鱼玄机因情人属意自己的婢女绿翘便笞杀了她，事发后被京兆尹收押问斩，时年仅二十四岁[407]。

出没名人

温庭筠。鱼玄机与温庭筠常互寄诗歌。温庭筠早年行迹未见记载，但王涯被杀时（大和九年，835），他就在长安，这之后又跟随庄恪太子李永习文游历[408]，直到太子卷入政治斗争含冤而死（开成三年，838）。他年近四十（开成四年，839）才走上考取功名之路[409]，最终难酬壮志，放浪形骸是他一腔热血湮灭后无奈换上的皮囊。大中九年（855），五十四岁的温庭筠帮人作弊，搅扰科场[410]，加上平素喜好讥诃权贵，被贬随县尉，后留在山南东道节度使徐商幕中做事，与解职后闲居襄阳的段成式有不少往来。咸通四年（863）左右，六十多岁的温庭筠归长安闲居，常去咸宜观拜访鱼玄机，在鱼玄机问斩前两年，温庭筠去世（咸通七年，866）[411]。

据说温庭筠外号“温钟馗”，不知是不是早年在广陵犯夜被打得毁容所致[412]。

更多游览：同坊郭子仪宅

郭子仪家占据亲仁坊的四分之一[413]，面积约14万平方米[414]，能住下三千多人，很多人互相都不认识，去往不同院落还得乘坐车马[415]。除了容易迷路，郭宅是值得一去的。与其说郭宅是郡王的高门显邸，不如说它更像是开放的公共场所。你不用买门票，宅内也没有什么不能涉足的隐秘之所。功高震主的郭子仪为了减少皇帝的猜忌，自愿开放宅院，四门洞开，坦坦荡荡。每天，各路小贩农夫、王孙贵族都在他们家进进出出。郭宅占地范围大，去亲仁坊其他地方要是想少走弯路，甚至可以直接从宅院穿过去。这样一来，郭家的男女老少毫无隐私可言。想象一下：太太小姐们正梳着头，在卧室里准备换衣服，突然有不认识的路人闯进来，说要借个近道。想想真挺恐怖的，不过这大概就是郭子仪既享无上尊荣又得以善终的代价[416]。

游客可尽情在郭子仪宅内四处转悠，没人管你，很多唐人也会来这里玩乐。推荐你到郭宅的竹林附近看看，苍翠竹间有一树开得正好的桃花，垂枝临水，娇艳可人。白居易和元稹有一年就在这里赏景。多年后，元稹在褒城驿庭院的竹林中亦见有一枝桃花半点于池水中，宛若旧友旧景在侧，深感怅然[417]。

特别提醒

由于郭宅长年对外开放，府中下人也散漫惯了。游客们入宅游玩时穿着别太过随意，不然会有被郭家姬妾侍女嘲笑的风险。

有一次郭子仪生病，朝臣卢杞前来探望他。卢杞是安史之乱殉国烈士卢奕之子，后来一度拜相。但他本人却没有继承父亲的贞烈与才能，不仅长相怪异，而且为人非常阴险，颜真卿就是受他迫害，在七十多岁高龄时被派往叛变的李希烈军营传达朝廷旨意，最终为国牺牲。

郭子仪听说卢杞要来，吓得赶紧屏退了所有侍妾，正是怕她们见到丑陋的卢杞会失去表情管理，让其怀恨在心，那样郭家恐怕就要招致灭门之祸了[418]。

上官婉儿宅——群贤坊东南隅

● 仅可外围参观，不可进入。

此处为上官婉儿会见情人（武三思和崔湜）及举办内部诗会的场所，宅院不予开放。但景龙二年至四年（708—710），宅中常有宋之问、沈佺期、武平一、杜审言、宗楚客、张说等著名文人到访，游客可以在宅外和百姓一同围观。

游客需在景龙二年至三年（708—709）到达崇仁坊长宁公主宅（详见下文）才能见到走出历史迷雾的上官婉儿。彼时她已年逾四十，韶华虽逝，气度未减，在公主的雅集上指点诗文，风姿不逊于男性文士。然而，她不会料到仅仅七年后自己就将死于非命，尸骨无存。

张九龄宅——修政坊

● 仅接待团体。

到访须知

张九龄是韶州曲江人（今广东韶关），于长安二年（702）擢进士。开元十九年（731）张九龄自桂州刺史任上回京，其间因母亲去世曾回过韶州（开元十一年，723），其他时段一直在长安，直到开元二十五年（737）因周子谅进言失当一事受到牵连，被贬为荆州长史。他偶尔会跟随玄宗前往东都，届时宅邸暂停开放。

前往张九龄宅的游客有相当一部分是颜控。名相张九龄不光政绩斐然，人长得也非常俊美。据说大清早百官上朝，睡眼惺忪的玄宗看到百官中英姿挺拔、玉树临风的张九龄，顿时就精神抖擞起来[419]。

宅内购物

张九龄是名副其实的“鸽王”，他在府中养了许多鸽子，用来收发重要消息[420]。游客在此可以购买精美的纪念明信片，并盖上张九龄特制的私印：草木本心[421]。

张九龄平常不是在宫中办公，就是在中堂内与宾客聊天辩论。论口才他是当世第一，又是个直肠子，凡事都要据理力争。

和宾客议论经旨时，他思维敏捷，话语滔滔不竭就像球滚下坡一样顺畅无碍[422]。

游客们将在院子里见到那棵著名的“文章树”。这是一棵古柘，在一次狂风大作时被拔起一整条树根，家里人把根切下来制成木器，才发现原木上的花纹竟像一道道书法笔迹。张九龄以诗文闻名，这棵树也因此被称为文章树[423]。

出没名人

王维[424]（曾向张九龄献诗以求汲引）、孟浩然（一生多次进京求仕，时任宰相的张九龄与孟浩然为“忘形之交”[425]）。

贺知章宅——宣平坊

- 仅接待团体。

天宝年间的秘书监贺知章天性放旷，嗜好喝酒，酒量和李白不相上下，晚年自号“四明狂客”。酒精会开启贺老身上的作诗开关，醉后他能成篇累卷地书写，文不加点。

我们登门拜访的时候，贺知章说不定正烂醉如泥，不顾形象地瘫在几案上。用他自己的话说，这是“正癫发时”[426]。但如此形象并不会拒游客于千里之外。有些人，纵使相隔千年，我们也会因其文字和事迹而与之成为神交已久的好朋友，一见面便熟悉得很，贺知章就是这样的古人。

贺知章还非常善写草书[427]，同时代的书法家窦臮形容其字

“如春林之绚彩，实一望而写忧”。今天，要欣赏他的书法只能到日本去[428]，而既然来了贺知章宅，你可以看个够，甚至让贺老写在你手臂上都行。

温馨提示

带好签名的本子，贺知章一般对游客是有求必应的。他非常愿意给你写 to 签。实际上，他对游客有求必应，反正给钱就行。他是全唐撰写墓志铭的纪录保持者[429]，或许是因润笔费能换点酒钱。贺知章毫不在乎官位和声望，也不像白居易那样关心自己的诗作是否能流传后世，更懒得去编纂诗集。他只有二十来首诗传世。

到访须知

贺知章因修道告老，请于天宝三载（744）他致仕回乡前到来。

出没名人

李白。天宝元年（742），李白第二次进京，在道观紫极宫中见到了当时的太子宾客贺知章。贺知章比李白大四十二岁，却对他相逢恨晚，解下金龟换酒与之共饮，还给李白起了“谪仙人”的外号[430]。

张旭。两人是酒友，酒后都喜欢胡写一通。

特别策划：李白“抓捕”秘笈[431]

李白曾于两个时段来过长安[432]。

开元十八年（730）暮秋，三十岁的李白首入长安，拜见宰相张说，并前往玉真公主在终南山的别馆。不巧的是，玉真公主这时正在外云游，李白扑了个空。

天宝元年至三载（742—744），李白已四十多岁，他终于得到玉真公主的举荐，被玄宗召入长安。三年后，他带着理想破灭的遗憾离开。

这三年内，李白在长安没有固定住所，他像一场雷阵雨，声势浩大地来了，迅速浇湿长安的每个角落，潮气无处不在，却又难觅其形。他要么在旅舍里呼呼大睡，要么在宫廷内奉旨作诗，但十有八九是在酒肆中喝得天昏地暗。他曾出没于贺知章宅、玉真观和宁王宅，要是这些地方都找不到他，那只需跟随唯一的线索——美酒去找，基本不会出错。李白有时自己喝，有时会约贺知章和高适一起。可是总得有人来劝劝李白，他喝醉了就要出事。不定哪天他就出现在城门口或东西市的斗鸡摊上，和人大打出手。若你恰好看见了，不妨在确保自身安全的情况下挺身相救，李白会对你感激涕零，发自真心地为你写一首诗，就像他当年感谢陆调一样：“我昔斗鸡徒，连延五陵豪。邀遮相组织，呵吓来煎熬。君开万丛人，鞍马皆辟易。告急清宪台，脱余北门厄。”

有游客问，如果费尽心力还是抓不到李白可怎么办？那也不用难过，李白这样的大诗人最应保持神秘感。后人津津乐道他的随性癫狂，对其苦难加以诗化；时人不满其胆大恣意，忌惮他的

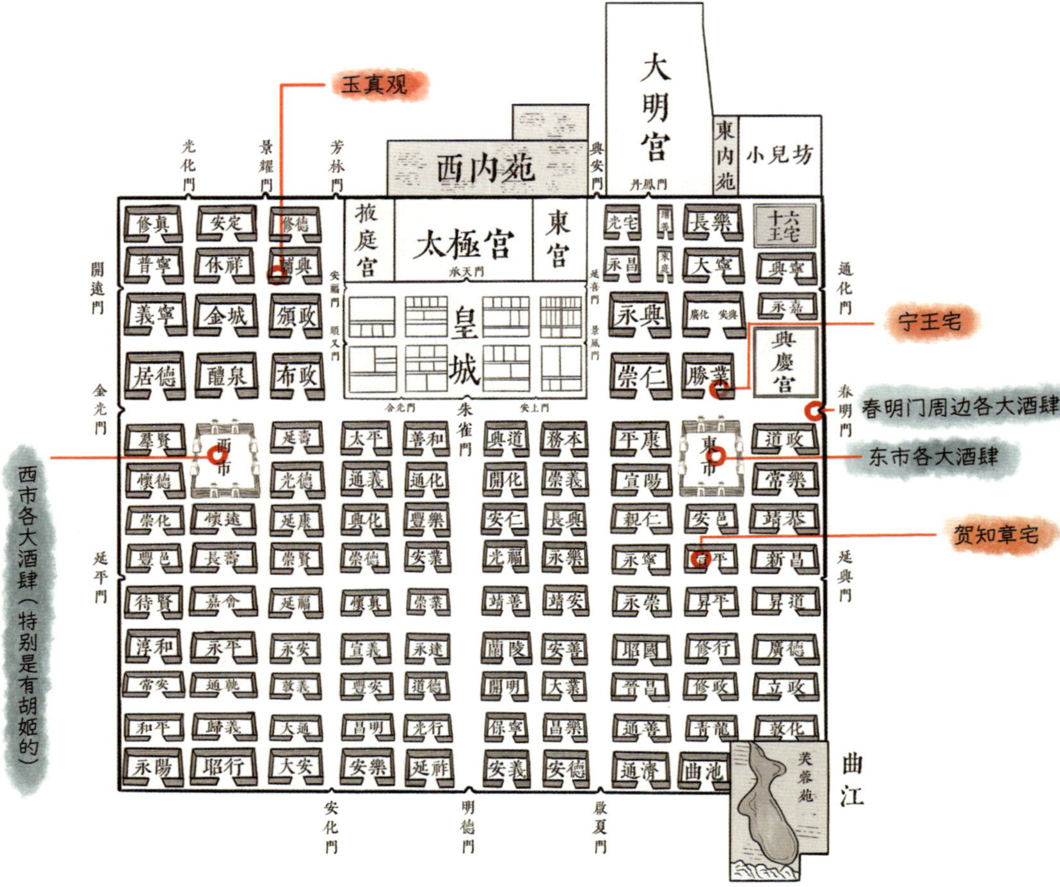

⦿图 7-19　李白“抓捕”地图

善变佻达。说不定和李白待上五分钟，那冲口而出的酒气与自大就让你受不了了。与之擦肩而过，或仅瞥见一个背影，才是我们与李白相遇的最浪漫的方式。（图 7-19）

● 找不到李白？去找魏颢帮忙吧。他是李白的“铁粉”，哪怕千万里都能追随李白而去[433]。他关于李白行踪的消息一定是最灵通的。但新的问题又出现了，你得先找到魏颢。

罗隐宅——崇德坊

懿宗咸通五年（864）二月，长安全城弥漫着紧张的气氛。此时正值春闱放榜，是几家欢喜几家愁的时刻。游客稍靠近崇德坊的小巷，就会听到有人在号啕大哭，此人正是罗隐，这一次他又没考上。他觉得自己就是个笑话，像一条被人钓着玩弄的鱼[434]。

关于主人

昭宗时代，写下“今朝有酒今朝醉，明日愁来明日愁”的著名文人罗隐是国民偶像，上至宰相郑畋之女、平卢节度使王师范，下至寻常百姓，都仰慕他的诗名。他虽一生从未中举，诗名却响彻全国。有才气的人自然也有脾气。罗隐愤世嫉俗，自视甚高，认为自己用脚写的文章都比那些尸位素餐的朝官所作的要好[435]。他的嘴很损，句句诛心，骂人从不分对象和场合[436]。在去长安赶考前，他曾路过钟陵参加宴会，席上有一位叫云英的妓女。罗隐落榜后，两人碰巧又见面了。云英拍着手说：“罗秀才还是个平头老百姓。”罗隐哪会甘心受辱，于是有了那首著名的诗：“钟陵醉别十余春，重见云英掌上身。我未成名君未嫁，可能俱是不如人。”

多年以后，唐王朝大势已去。耗费大半辈子考进士的罗隐最终放弃了科举之路，归附吴越王钱镠。直到晚年他的气焰才稍微收敛，也终于承认“浮世到头须适性，男儿何必尽成功”。

宅内购物

到罗隐宅附近的苌凤笔店可参加买笔送帖的促销活动。罗隐非常喜欢笔工苌凤制的笔，写着很是顺手，就对他说："好毛笔是好文章的本钱，不如我来帮你一把，让你的笔卖个好价钱。"于是他亲自将诗写在一百幅雁头笺纸上，让苌凤随笔赠送。这下子，各界名流皆踏破门槛来买笔，场面有多火爆可想而知[437]。游客可要多加努力了，赠品送完即止。

罗隐宅还独家出售他自己设计的"罗隐帽"，即一种轻巧简便的方平帽[438]。

罗隐是晚唐家喻户晓的人物[439]。他的诗笔峻拔，有浩然之气[440]。唐末流行的文身风潮中，最受顾客欢迎的就是王维的《辋川图》和白居易、罗隐的诗[441]。但是请游客对他的样貌不要有过高期待。宰相郑畋的女儿看了罗隐的诗，为其才华倾倒。直到有一天罗隐拜访郑畋，她在帘后偷看，见到真人后，她决心再也不看此人的任何诗了[442]。

六七百年之后，明人冯梦龙解释说，罗隐因郑女不复读其诗而沦为他人笑柄，但这恰恰说明了郑女对罗隐才情的无上褒奖。因为不论他本人多么丑，看了他的诗都难免会想要忽略他的长相而回心转意，于是才不忍再看[443]。

有冯梦龙的这般解释，罗隐应该可以含笑九泉了。

裴光庭、裴儆宅——平康坊

● 仅接待团体。

宰相裴光庭和孙子裴儆在平康坊的宅邸是盛唐书法明星荟萃之地，书法爱好者必来打卡。裴儆倾心书法，为了向狂草名家张旭讨教技艺，特意邀请他到家中小住。天宝三载（744）前后来到平康坊裴儆宅，你有机会同时见到张旭和颜真卿[444]。

借住在裴儆家的张旭已是年近花甲，名义上是裴儆的书法老师，实际是来蹭酒喝的。平日里，他不戴幞头，散乱着头发，有游客经过也不搭理，总是“左手持蟹螯，右手执《丹经》”[445]，疯疯癫癫的。然而千金难买他愿意，张老兴起时会现场挥洒几笔[446]，潦草地卖游客们个面子。

张旭是真正的高手，从公主与担夫争路，他能悟出书法之布白构体[447]；在郾县观看公孙大娘舞剑，也能将其凌厉剑气化为笔意[448]。他握笔的手也曾持剑[449]，所书气势雄浑，如雷如暴，变幻多端，鬼神莫辨。张旭喝醉时会挥笔大喊，用头发蘸墨书写[450]，达到了“放神八纮”[451]的忘我境界，时人都叫他“张颠”。普通人酒醒后会后悔自己做过的糗事，可张旭清醒后看到自己醉时创作的书法，只会大呼神迹，并哀叹这笔法再也无法复制。

诡计多端的老人

张旭在常熟当县尉时，有个老人来告状，张旭为其写下判文，老人欣然离去。可没过几天，老人又来状告另一件事，张旭照例写了判文让他拿去。不想老人竟然打官司上瘾了，

⊙ 图 7–20 （传）张旭《肚痛帖》："忽肚痛不可堪，不知是冷热所致。欲服大黄汤，冷热俱有益。如何为计。非论哉？"[452] 碑石现藏于西安碑林博物馆

三天两头地来。张旭怒了，说你是不是看什么事都不顺眼啊？老人连忙解释道，那倒没有，我只是看您判文上的字笔势甚妙，想多收藏几幅罢了[453]。

敬请品尝

张旭是苏州吴县（今江苏苏州）人，裴儆宅内特供应张旭同款套餐：荷叶裹蒸江鱼配白瓯装白米饭[454]。裴儆在吃饭问题上对他老师一向以美酒美食款待，吃喝管够，但张旭也难免有饮食不当、吃坏肚子的时候。游客或将有机会目睹传世名帖——《肚痛帖》的诞生。（图 7–20）

在裴儆宅，你可能会见到一位熟悉又亲切的名人——时年

三十多岁的颜真卿，正带着他尚显青涩的书法作品来拜访张旭，请求指导。可每次他来询问张旭书法的奥义，张旭都只回答："笔法玄微，难妄传授。非志士高人，不可言其要妙。"张旭不授笔法，只叫裴儆和颜真卿低头苦练，假以时日，笔意自得。裴儆老老实实，埋头苦练；颜真卿却不善罢甘休，苦苦追问，张旭见其执着，才勉强开口，传授给他书法十二意。最让人哭笑不得的是，裴儆给吃给喝，忙前忙后，最终也没学到张旭的精髓[455]。

颜真卿不会想到，三十年后，未来的草书圣手怀素也将怀着钻研之忧来拜访他，一如当年孜孜求学的自己[456]。

宅内精彩演出

● 请患有心脏病、高血压或身体状况欠佳的游客安排其他活动。

文宗皇帝曾下诏将张旭的草书、裴旻的剑舞和李白的诗歌封为"三绝"[457]。在裴儆宅中，我们已欣赏过张旭的草书。而选择宅内住宿的游客还可免费观看在长安等地巡演的"公孙大娘剑舞"，张旭自称其笔意正是从此处获得的灵感。

"公孙大娘剑舞"是唐代著名演出品牌，梨园弟子公孙氏是创始人，旗下多名弟子参演。"先帝侍女八千人，公孙剑器初第一"[458]，公孙大娘的剑舞让玄宗也拍手叫绝。开元五年（717），五岁的小杜甫在郾城看过公孙大娘的表演[459]。

游客在裴儆宅看到的剑舞大概率不是公孙大娘本人表演的，因为此时她已至少将近五十岁，登场的极有可能是她的小弟子李十二娘。节目单上共有《西河剑器》《剑器浑脱》《邻里曲》和《裴将军满堂势》四种剑舞，实际以当天演出内容为准[460]。

剑舞需要宽敞的场地，故将在裴宅露天庭院中进行，喜欢刺激的观众可以尽量往前坐。

开场前，观众一脸凝重[461]，鸦雀无声，对接下来的剑舞又害怕又期待。李十二娘年纪虽小，舞姿却快若旋风，行云流水，手握重剑来去自如；在激越绵密的鼓声中，她时而动如飞电，时而静如江海波平。剑舞中最精彩的一出是《裴将军满堂势》，此乃剑舞宗师裴旻将军所排演的舞蹈（据说李白当年也曾投书给裴将军想向他学习剑术）。表演中，李十二娘会将剑掷出高达数十丈，若入云端；待其如电光般疾落，又以剑鞘稳稳接住[462]，在场的观众无不惊呼动容。今人所复原的公孙大娘剑舞美则美矣，却缺少流畅飘逸与英武之气，惊险程度也大打折扣，能在唐代的长安领略原版剑舞，绝对让人震撼又难忘。

游客们离开的二十多年后，大历二年（767）杜甫在夔州别驾元持家中也看了一场李十二娘的剑舞，因而回忆起他五岁那年公孙大娘在郾城的表演。当年的小弟子李十二娘在战乱后从长安一路流落到蜀地，早已青春不再。她的表演依旧是精彩的，这让杜甫很是惊喜，却越看越觉得悲伤[463]。

· 走进传奇 ·

● 以下宅第主人均不见于正史，而是活在唐传奇中。

霍小玉宅——胜业坊古寺曲

● 仅可外围参观，不可进入。

读过《霍小玉传》的游客一定会为霍小玉的痴心错付感到意难平。在大历年间来胜业坊旅游，不妨到古寺来凭吊芳魂。

小玉家住在胜业坊古寺曲内的进曲第一间。她的母亲原是霍王府中的宠婢，霍王死后母女二人被赶了出来，寄住在胜业坊。母亲想托媒婆鲍十一娘为小玉找一个好郎君来买断她[464]，这名男子便是李益[465]。他与鲍十一娘约定好，在正午时分到胜业坊古寺曲内找一位叫桂子的婢女，由她带领去见小玉。李益对小玉一见钟情，趁情思正上头，他便立下了“粉身碎骨，誓不相舍”的誓言。李益后来担任郑县主簿，又奉母命聘娶表妹卢氏，便刻意躲着小玉。可怜小玉只能变卖财物四处寻访，忧愤成疾。临死前，她决绝地要化为厉鬼，让李益终身不得安宁。而这诅咒果然生效了[466]。

李娃宅——平康坊西南鸣珂曲、安邑坊

● 仅可外围参观，不可进入。

同样是唐传奇中的烟花女子，李娃比霍小玉幸运多了。天宝中，李娃在荥阳生落魄时倾囊相助，在他发达时又自认卑微而离去。此般真心终换来了荥阳生的有情有义，他竭力挽留李娃，与之结为连理，而李娃的德行也受到皇帝褒奖，获封汧国夫人。

安邑坊宅是李娃的后期住所，她在此处接济了潦倒的荥阳

生。早前，她住在平康坊中。只需走入东门，沿东西向十字街折向南行，再向西至鸣珂曲，就能见到有一处宅门半开的房子，也许李娃便站在那里。二人相逢的这一幕纵使已在《李娃传》里读过许多遍，但身处此情此景，仍会让你怦然心动：

> 有娃方凭一双鬟青衣而立，妖姿要妙，绝代未有……娃回眸凝睇，情甚相慕。[467]

贾昌的故事——春明门外[468]

到访须知

贾老年事已高，是否接待访客需视其健康状况而定，因此口述表演的时间并不固定。游客来访时若贾老已经开讲，就请悄悄进入人群，不要影响他的叙述。

你眼前的老人名叫贾昌，人称东城老父。他出生于开元元年（713），元和五年（810）时已经九十八岁了。不过要是他不说，别人绝对看不出来。贾老的视力和听力都还相当敏锐，声如洪钟，能一口气讲一个时辰的话不休息。

贾老的父亲贾忠是曾跟随玄宗在唐隆政变中诛杀韦后、拥立睿宗的干将，他本人小小年纪就被喜好斗鸡的玄宗看中，入宫成为五百鸡坊小儿的首领。日子过得真是惬意，每天的工作就是身穿锦衣华服为君主表演斗鸡。成年后，他风光迎娶了梨园弟子潘大同那能歌善舞的漂亮女儿，夫妻俩备受玄宗和贵妃宠幸，让天下人都羡慕不已，乃至民间传出了“生儿不用识文字，斗鸡走马胜读书”的歌谣。

和那个时代许多醉生梦死、挥霍生命的人一样，贾昌也未曾意识到这美好又奢靡的时光终有尽头。回头来看，属鸡的玄宗却热衷斗鸡，就已为这盛世带来不祥之兆。后来便有了尽人皆知的安史之乱，长安尸横遍野，无数家庭妻离子散。安禄山从前就知道贾昌的大名，下令全国搜捕他，他只好隐身寺庙，敲钟礼佛。等到乱兵退去，宣阳坊的旧宅早已被洗劫一空，四壁萧然。贾昌像游魂一样游荡到昭国坊，竟然在那里与战乱中失散的妻儿重逢。他们面如黑炭，满身破衣烂衫，无奈此时贾昌已打定主意遁入空门，随资圣寺高僧运平修行，只好与他们抱头痛哭，从此永别。

运平圆寂后，贾昌在长安春明门外镇国寺为他建起舍利塔，自己则住在旁边的一间小房子中，朝夕焚香洒扫。元和年间，贾昌便在春明门旁为游客讲述他一生的故事，而这位老人的最终下落也成了一个谜。

你无须挂念贾老的安危，这毕竟是传奇中发生的事。也许历史上真有贾昌其人，又或许他只是千千万万个历经时代巨变的老人的化身。

· 诸王宅 ·

无须惊讶为何唐代皇室子弟贵为亲王却还“愿意”让游客参观自己的住处。食封至少一千户的他们根本不在乎这点门票钱，开放王府有他们自己的考量。一来可以展示其清贵身份，与民同乐，广聚贤达；二来也是为了放低姿态，避天子猜忌。

用权力和金钱堆出来的宅子大同小异，王府真正的看点还是在亲王本身。考虑到游客时间有限，本书挑出了几位极具个性的亲王（仅限于唐初和玄宗前期），并提供这几座王府的参观指引。（图 7–21）

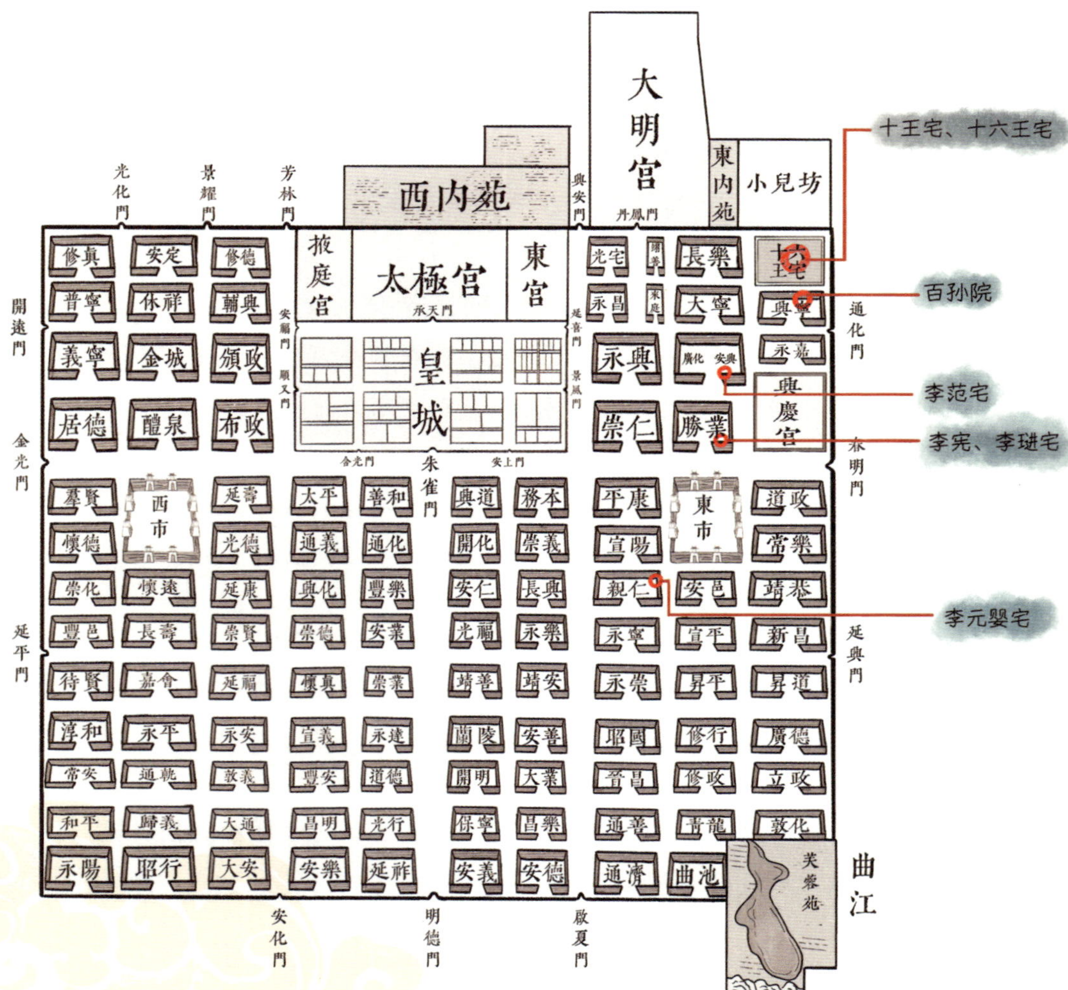

⊙ 图 7–21 诸王宅分布图

出发前的提示

要参观诸王宅，最好在玄宗统治前期或更早时段到来。唐代诸王和公主的居住方式以玄宗朝为界，前后期有着很大区别。

唐初，等到诸王长大、公主出嫁，就要从宫中搬出。亲王开府，公主则开设邑司，可自行招募府中所用人员，培养文士与门客，在社交上有很大的自由。有的亲王还要出阁前往外地担任名义上的行政长官。公主府和亲王府占地面积很大，最夸张者能占去一整个坊（晋王李治宅[469]）。武周时，武则天为了限制李氏子弟的权力，将玄宗和他的几位兄弟——宁王李宪、申王李㧑、岐王李范、薛王李业安置于洛阳积善坊和长安兴庆坊的“五王宅”。这一措施被玄宗沿用以控制自己的子孙。

玄宗之后的皇子们实际上不再开府出阁[470]。太子离开东宫，居住在大明宫内的少阳院[471]。皇帝前往行宫，太子也要随行其旁。开元中期后，其他皇子如非格外受器重而居于大明宫内院，都会被安排住进集体宿舍——位于长乐坊大安国寺东，原永福坊连夹城一片的十王宅（开元二十一年 [733] 改称十六王宅）。皇子们分院而居，统一由宦官管理[472]。后又在兴宁坊扩建了百孙院。开元九年（721）后，玄宗的兄弟们也不再外任[473]，而是由他在安兴坊东南（岐王李范、申王李㧑）和胜业坊西北（薛王李业）等处指定住所。

十六王宅（城东北角原永福坊，兼有兴宁坊一部分[474]）

● 仅限团体参观，需过三道安检。

集体宿舍十六王宅非常大，占地一坊有余，里面设有宫市，外面能买到的里面也有，能满足一切生活所需，还有人定时送饭。皇子们的婚丧嫁娶都在里面进行。生活无忧的代价是牺牲自由，有的人一辈子也没走出过几回大门，最信赖但也最恐惧的人是宦官，还不时要受他们的气。公主们甚至要贿赂外戚才能靠出嫁逃出生天[475]。

宅门一闭不复开启，成了一座无比华丽和宽敞的监狱。当王朝的末日来临，这里也成了埋葬诸王与公主的巨大坟场。手无缚鸡之力的弃儿们披头散发爬上围墙和屋顶，徒劳地呼人来救，最终难逃或被叛军杀害，或冻饿而死的命运[476]。不过，集中的王府的确便于我们参观。走在其中，你会发现生在帝王家实在是没有什么好羡慕的。院内那些用胆怯又警惕的眼神望着你的白发人，尽是终生未见过门外世界的皇子皇孙[477]。

生活在唐初的亲王们就幸福多了。

滕王李元婴宅——亲仁坊东门北

● 仅接待团体。

“滕王”这名字听起来有点陌生，加个“阁”字是否便耳熟了？滕王李元婴是太宗李世民最小的弟弟，一生在滕州、洪州和隆州等地任职，所建楼阁都叫滕王阁，其中最为人熟知的便是王勃《滕王阁序》中的洪州（今江西南昌）滕王阁。

滕王本人常年在外地，游客基本遇不到他。他不在反而是好事，此人可是有着“所过为害”的称号，最喜欢的消遣就是用弹弓打人，以看人们为躲避石子惊慌逃散为乐[478]；他还常在隆冬时节把人埋到雪里，取笑人被冻得僵硬的姿态[479]；滕王对女性也毫不尊重，总是伺机侵犯下属的妻子，不少妇女深受其害；哥哥太宗去世的丧期，他竟唱歌跳舞照做不误[480]。

宅内购物

李元婴荒淫之余却是个天才画家，非常善画蝉雀和花卉等精巧事物，最著名的作品就是后世失传的《蛱蝶图》[481]。此刻这幅名画正在滕王宅中等你。参观完毕，你还可以在滕王宅中选购一些他亲笔绘画的小品。

滕王的宅子很可爱，画也很可爱，但人就不怎么可爱了。这是唯一一处我们希望主人不在的景点。说实话，连在滕王手下做事的人都不待见他，宁愿跑去岭南受苦也不想在他跟前受罪[482]。

宁王李宪、汝阳王李琎宅——胜业坊东南

- 仅接待团体。

李宪和李琎两人是父子，居住在同一座宅院。第四章《饮品指南》中提到过汝阳王李琎 SCC（Superior Class Club）俱乐部，非“时空会”白金卡游客无法进入。但普通游客可以在开元时到来，彼时此宅属于父亲李宪，向公众开放。

宁王李宪是睿宗嫡长子，却自愿将太子之位让给平韦氏有功的李隆基。睿宗的五个儿子原本都被武则天集中在长安兴庆坊（原隆庆坊）的五王宅内。李隆基登基后，为大哥李宪赐宅于胜业坊东南角，并另赐了其他三个兄弟宅院，任他们奏乐纵饮，击球斗鸡，玄宗也时时派人来“慰问”，兄弟之“友爱”为世所赞扬[483]。

滕王善画蝶，宁王善画马。兴庆宫内花萼相辉楼的《六马滚尘图》就出自宁王之手。六匹马的马身纤毫毕现，鬃毛充满动感，仿佛迎风飘扬。如此生动，必有妖异，传说后来画中竟有一匹马真的活了过来，不顾众人阻拦，脱身飞奔而去[484]。

宅内最引人注目的景观是**山池院**。池水从兴庆宫内的龙池引出，水路九曲连环，水池中叠石为假山，周边种满了珍奇树种。山池边有“落猿岩”“栖龙岫”等奇石异木，珍禽异兽四处游走。每到春日上巳节，这里都会举办曲水流觞大会，游客只需交一点钱就能喝到九曲池中淌来的清冽美酒（还是宫中特供），饮酒的背景音是猿猴仙鹤的声声鸣叫，池上弥漫的水汽如仙气袅绕在四周，使人恍若置身仙人出没的山林[485]。

到访须知

宁王本人生活奢侈，又对气味非常敏感，与他人谈话时必须口含沉香或麝香[486]。为表示对主人的尊重，游客也可以自备香料含在口中，王府门口亦有售卖沉麝的小铺。到访时如发现胜业坊门口有封路，说明今日玄宗正带着玉真公主和大臣们来此游览[487]，宁王宅闭馆谢客。

宅内购物

宁王府是纯天然磁石枕的特约代理销售点，这种磁石枕有明目健脑、预防老年痴呆之效，宁王本人就常年使用，晚年吹笛画马，仍能信手拈来[488]。

初春时节在九曲池边喝酒虽然惬意无比，可一到夜晚，难免风大寒冷，为了不扫大家的兴，宁王会邀请游客到堂上继续畅饮。仔细看，席间照明靠的是各执华灯的木雕婢女，衣着彩绘，眉目生动[489]。

导游会向你介绍，宁王格外宠爱一位叫宠姐的乐伎，她姿容明丽，歌也唱得好，却从来不被允许见宾客，只容宁王自己欣赏。但凡事就怕一个“巧”字，开元十八年（730），某批游客在参观当晚就遇到了这样的例外：在座宾客中有一人喝醉了，借着酒劲公然指责宁王小气，执意要让宠姐出来表演。此人乍一看有点吓人，眼睛硕大，熠熠生辉，豪猛得像头饿虎[490]。人们开始交头接耳，埋怨他唐突惹事，担心受到牵连。出乎意料的是，宁王听了只是笑笑，并不生气，说道：“那就请宠姐出来演唱吧！但我还是要设一座七宝花障，让她坐在后面，你们只许听她唱歌，不可窥看花容。”

游客们暗自感激这个大胆发声的陌生人。但今晚的好运远不止于此，他们很快便发现，这个陌生人正是大家在长安苦苦追寻却难觅踪迹的李白[491]。

额外惊喜

开元七八年间（720—721）到来的游客，若在宴席中看到宁王身边坐着一位伤心欲绝的女子，她多半就是“忆妻胡饼铺”老板的妻子（详见第三章《食物指南》）。此时二十岁左右的王维也在场[492]，他创作的《息夫人》使宁王动了恻隐之心，同意将饼师妻子放回家，与丈夫团聚。

宁王在开元二十九年（741）去世，天宝后这里居住着其子汝阳王李琎。

李琎宅仅接待持跨旅局“时空会”白金卡的 VIP 游客。请翻阅第四章《饮品指南》查看李琎宅游览内容，此处不再赘言。

到访须知

天宝五载（746）是参观汝阳王府最热门的年份。因为这一年杜甫初到长安，正在汝阳王府上做清客，希望能由他援引觅个官职。李琎对杜甫非常好，不拘贵贱之别，常与之开怀痛饮[493]。在杜甫笔下，汝阳王的酒量很大：“汝阳三斗始朝天，道逢麴车口流涎，恨不移封向酒泉。”

特别策划：杜甫在长安的时光[494]

天宝四载（745）秋，杜甫与李白在同游兖州后于东石门分别，杜甫满怀信心地来长安求仕。分手时，长安在两人心中是不同的图景：对李白而言，这座城市上空弥漫着失意的阴云；而杜甫则视它作阳光明媚的大展宏图之土。杜甫不曾料到，最终长安也没有敞开怀抱接纳他。天宝五载到乾元元年（746—758）这十余年是杜甫“困守长安”的时期[495]。

这十余年里，杜甫的生活一直游走于两个极端：一端是在亲王贵人府上做清客，陪他们赏花游玩，作诗乞食；另一端则是穿着短窄破旧的衣服，摆地摊卖药糊口。有时一连十几天都要忍饥挨饿。他的心情也同样在两端游走，一端是满怀希冀，在充斥欲望和机遇的大都市中干谒交游。天宝六载（747），玄宗下诏举行制举，凡“通一艺者”都可以进京应试。形势看上去大好，杜甫似乎马上就要得到皇帝的重用了！另一端却是无尽的失望。制举后，包括杜甫在内的广大学子因李林甫一句“野无遗贤”而全部下第，无一中举。[496] 他屡登权门，处处碰壁，受尽亲戚白眼。在杜甫的记忆中，这十年繁花美酒后满目疮痍。想到自己被迫奔走干谒，寄人篱下，歌颂不该歌颂的人，杜甫回味起来尽是残杯冷炙的辛酸。

而黯淡时光中未被磨灭的，是真挚的友情。杜甫对待每份友情都很认真、热切，他对李白的赞美与热爱正是其一贯作风。但要说杜甫终生难忘的挚友，一定有与他苦中作乐的郑虔（还有后来的严武）。天宝九载（750）前后，三十八岁的杜甫与五十九岁的郑虔相遇了[497]。人一生并不只在少年时才能交到挚友，只是认识得越迟，相聚的日子就越少。这位被玄宗封为“诗、书、画”三绝的郑虔，此时只担任了一个不受重视的广文馆博士职位，也常常吃不饱饭[498]。天宝十三载（754），杜甫暂时在长安东南少陵原上杜曲附近住下[499]，靠朋友接济和领取义仓的米度日。他和郑虔两人一起挨饿，一起领救济粮，谁也不嫌弃谁。郑虔一拿到微薄的俸禄就来找杜甫一起喝酒[500]，醉到忘形才好忘掉所有的拮据。郑虔不光接济杜甫钱粮，还带着他四处蹭饭，比如去自己的侄子——住在神禾原的驸马郑潜曜家赴宴。杜甫记录下了他在郑驸马宅品尝过的美食，那薄透琥珀杯中的春酒、玛瑙碧碗中爽口的冰蔗浆、玉盘盛的红缕细脍丝，还有金瓮中散发浓郁酒香的绿醅，都是他聊以为乐的回忆[501]。郑虔还与杜甫同去拜访何将军，三人一起吃鲜鲫鱼做的银丝脍，采摘碧涧香芹做成汤羹，喝到高兴处，衣服穿倒了也没发现[502]。杜甫青年时的好友苏源明看不下去，也会来接济他一些酒钱[503]；杜甫诗中还记着他贫病交加时，冒雨前来看望的魏生[504]和王倚[505]。

天宝十四载（755）冬，安史之乱爆发。可怜杜甫刚得到一介微职（右卫率府兵曹参军），就只得安顿好家人，独自北上灵武投奔肃宗，却在路上被叛军抓获，押解回长安。好在他人微权轻，看管的力度不严，侥幸逃出后在凤翔赶上了肃宗一行。郑虔则没那么幸运了，他来不及逃跑，被叛军劫持，不得已担任伪官，终被肃宗定罪贬往台州，走之前没能与杜甫见最后一面。广德二年（764），苏源明也在米价飞涨的长安城中饿死。好朋友再次相会，就只有在九泉之下了[506]。

人到晚年，长安的悲辛杜甫大多已然忘却，只记得“故旧谁怜我，平生郑与苏”。

特别策划：杜甫“抓捕”秘笈

找杜甫的过程并不比找李白简单。（图 7–22）杜甫跑得虽没有李白那么快，但他的行踪也很难捉摸。一是他可能不住在城内，每天都在不同地方做客求食。再者，他也没有李白那么高调，当时还没有名满天下，你沿途询问的唐人多半不认识他[507]。

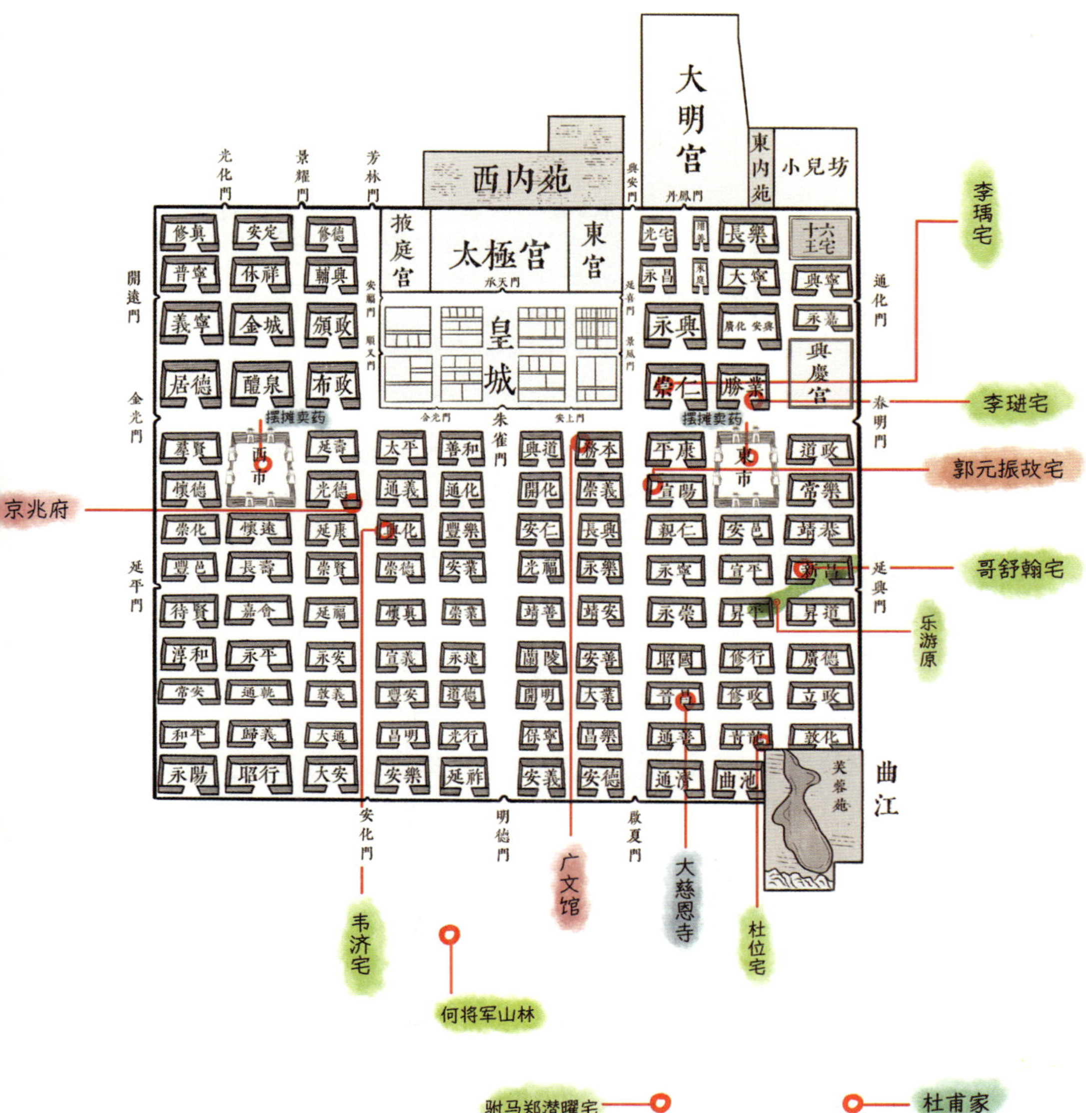

①李瑀宅位置不可确考，据《隋唐嘉话》记载，其上朝会途经永兴坊，所以推测宅邸在永兴坊南侧的崇仁坊。

②鲜于仲通宅位置不可考，图中仅画出其办公的京兆府。

③郑虔宅位置不可考，图上仅画出其任职的广文馆，位于国子监西北。

④杜位宅位置不可确考，杜甫《寄杜位》诗自注："位京中宅，近西曲江。"据此推测，杜位宅可能位于青龙坊。

⑤其他宅院因无相关文献可确定大致位置，故未在图中标出。

⑥安史之乱后，杜甫在四川通泉拜访过郭元振将军故宅。图中所标出的为郭元振在宣阳坊的府邸。

⊙图 7-22　杜甫"抓捕"地图

本书列出以下几个地点，你将有可能在那里和杜甫偶遇：

汝阳王李琎宅
陇西郡公李瑀宅[508]
代国公郭元振故宅[509]
宰相韦见素宅[510]
尚书左丞韦济宅[511]
京兆尹鲜于仲通宅[512]
太常卿、驸马张垍宅[513]
神禾原驸马郑潜曜宅
谏议大夫郑审宅[514]
翰林学士陈兼宅[515]
起居舍人田澄宅[516]
韦曲西北何将军山林
哥舒翰宅[517]
高仙芝宅[518]
高适宅
堂弟杜位宅[519]
苏源明宅
郑虔宅

安史之乱前杜甫可能还不认识王维，尚未到蓝田去看望后者。两人交游的最早记录是至德二载（757）[520]。

天宝十一载（752）秋，杜甫与高适、岑参等人曾在慈恩寺塔游玩；或者你也可以去东西市，杜甫曾在那里摆地摊卖药（详见第五章《逛街购物指南》）。所有一脸憔悴的药贩子都可能是他，但只要你背诵他的诗句，真正的杜甫就会两眼放光地站起来说："你读过我的诗？"

从图 7–22 可以看出，比起李白流连酒肆，杜甫把在长安的时间都用到了奔走名流府邸上，他陪贵公子们游玩作诗，以求得丁点赏赐。这一时期他的诗题大多为"赠""奉赠""奉陪""陪"[521]，几乎每时每刻都在应酬，真叫人心累。

表面风光贵府客，个中窘迫我自知。杜甫在诗里写道：园中花开得正好，令人心动，锋利的石头却割破了他的衣服；藤蔓初生翠绿，映入眼帘却是刺眼至极[522]。陪佳人公子在江上泛舟，杜甫经历过大雨浇湿船头，满身是水的狼狈[523]；旁人悠闲地享用冰水和藕丝，只有他吊着一颗心，为作不出诗发愁[524]。

照理说，与友人们一起去慈恩寺塔和乐游原，总该是难得的轻松一刻了，而当登临远眺，游人散尽之际，杜甫胸中又只剩下王朝将暮和无处可归的落寞。

此身饮罢无归处，独立苍茫自咏诗。[525]

如果你在长安幸运地找到了杜甫，也许会发现他和你想象中那沧桑瘦削、忧国忧民的形象不一样，此时他正喝得烂醉，沉浸在短暂的希望和快乐中，也并没有那么思念李白。给杜甫带点吃的和一壶好酒吧，顺便把崇拜的话语奉上，让他知道一千多年后有好多人都喜欢读杜诗，他不用再感叹“百年歌自苦，未见有知音”了。

没有找到杜甫也不用灰心。我们在长安旅游的同时，杜甫也正在城内努力地生活。光是想想我们曾短暂地同处于一个时空，长安之旅就已没有遗憾。

岐王李范宅——安兴坊南门东

● 仅接待团体。

到访须知

岐王活跃于开元初年，于开元十四年（726）去世。开元十二年（724）岐王宅发生严重火灾，切勿前往。

“岐王宅里寻常见，崔九堂前几度闻”，大多数人对岐王的第一印象，都来自杜甫的这首《江南逢李龟年》。诗中的“岐王宅”指的是岐王在洛阳尚善坊的宅邸，他在长安的宅院则位于安兴坊。乐工李龟年家在洛阳，但亦会在长安宁王和岐王府上巡回演出。

岐王宅上藏有诸多书画，有的还是从禁中借出的名品。他可比王涯大方多了，不会打造夹壁，藏起来独自欣赏，而是乐于向大家展示这些稀世之珍。游客将亲眼看到其中最珍贵的一幅：王羲之辞官前写给已故父母的《告誓文》。这幅千古名帖会在开元十二年（724）岐王宅的大火中被焚毁[526]。

每逢端午节，岐王宅会推出供游客参与的节令活动，其中“射团”最能激起游客的好胜心。家仆们提前制好小粉团和小角黍（小粽子），放在金盘里让游客用小巧可爱的弓箭去射，射中的人不仅能吃到这些小团子，还能得到岐王亲自颁发的惊喜奖品。粉团和角黍皆为滑腻之物，要射中可不容易，每次都差一点，实属令人欲罢不能[527]。

温馨提示

游客会期待在洛阳岐王宅与杜甫相遇，但本书提醒你，《江南逢李龟年》可能只是杜甫对当年盛况的遥想，他并没有去过岐王宅[528]。

还是把精力放在寻找王维上吧。岐王非常喜欢与文人雅士谈艺饮酒，他弹得一手好琵琶，年轻时的王维常来府上与之切磋技艺。

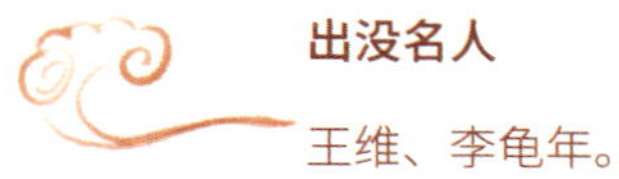

出没名人

王维、李龟年。

特别策划：王维[529]——与长安的若即若离

开元二年（714），十五岁的王维从家乡蒲州来到长安，后相继在洛阳和终南山等地投谒、郊游、隐居。开元七八年（719—720），少年王维常和弟弟王缙在岐王、宁王和薛王宅中游宴[530]。开元九年（721），他在众人羡慕的眼光中得进士及第[531]，可次年秋天，又因“舞黄狮子案”被贬到济州。想与王维见面，最好还是在他及第前到王府中去找他，因为王维从济州回来后（开元十四年，726），他的行踪就很飘忽了，先是前往淇上任职，再回到长安，时在洛阳，时隐居嵩山。开元二十四年（736），王维任右拾遗，后出使凉州，随即知南选前往襄阳。他于开元二十九年（741）回京，潜心向佛，过上了半官半隐的生活，隐居在终南山和自己的辋川别业。天宝后，王维除了上班，一有闲暇就跑去辋川隐居，很少参加社交活动。

王维孤芳自赏，但并不排斥朋友；时而视名利如粪土，但也不会和钱与虚名过不去。他和李白、杜甫不同，后两者都很努力地一头扎进自己认定的生活，王维却总在自己的世界和官场之间游离不定。他从年轻时就对做官不怎么上心。官场待久了，就去隐居；隐居久了就回红尘来看一看。长安城中，李白在张扬尽兴地生活着，不弄点动静就不痛快；杜甫奔走交游，大汗淋漓，只为艰难谋生；只有王维辗转来去像一朵无声无息的云，随意飘着。他写应制诗能俗则俗，取悦皇帝；田园诗却空灵可爱，不似人工。他轻而易举在各种状态间切换，只因他有天生难得的才气，把自己活成了游戏人间的维摩诘。王维在当时就已名扬天下，被游客要签名时不会像杜甫一样受宠若惊，又或许，他从来就不愿流露过多的情绪。

特别策划：王维“抓捕”秘笈

游客可在以下地点偶遇王维：

岐王宅	薛王宅
宁王宅	玉真公主玉真观
张说宅	张九龄宅
高适宅	新昌坊好友吕逸人宅[532]
弟弟王缙宅	大荐福寺[533]

天宝二年（743）秋，王维、王缙、裴迪和王昌龄还同游过青龙寺[534]。

王维的辋川别业非常有名，但他在长安城内的住所却神秘得很，本书几经调查也找不到一丝线索。纵使身处大都市，王维也刻意要留住自己的清静。请注意，辋川别业并不开放。我们只能通过王维的诗作来遥想那些美景——孟城坳、华子冈、文杏馆、斤竹岭、鹿柴、木兰柴、竹里馆、辛夷坞、漆园、椒园……王维有严重的洁癖，不喜欢外人打扰清修。据说他的居所地上不容一丝浮尘，每天都要有十多个人扫地以保持清洁[535]。辋川别业是王维的独家乐园，只有天机清妙如裴迪者才能参与其中。（图 7–23 至图 7–26）

⊙ 图 7-23 《辋川图》中的南垞。王维《辋川图》原为辋川别业（后改为清源寺）壁画，后有绢本为李吉甫、李德裕父子所藏。作品原貌已不可见，宋以后，五代郭忠恕（字恕先）临摹的《辋川图》成为后世《辋川图》的范本。本图为台北故宫博物院收藏的一卷款识为“郭恕先模”的《摩诘本辋川图》

⊙ 图 7-24 《辋川图》中的北垞

⊙图 7–25 《辋川图》中的竹里馆

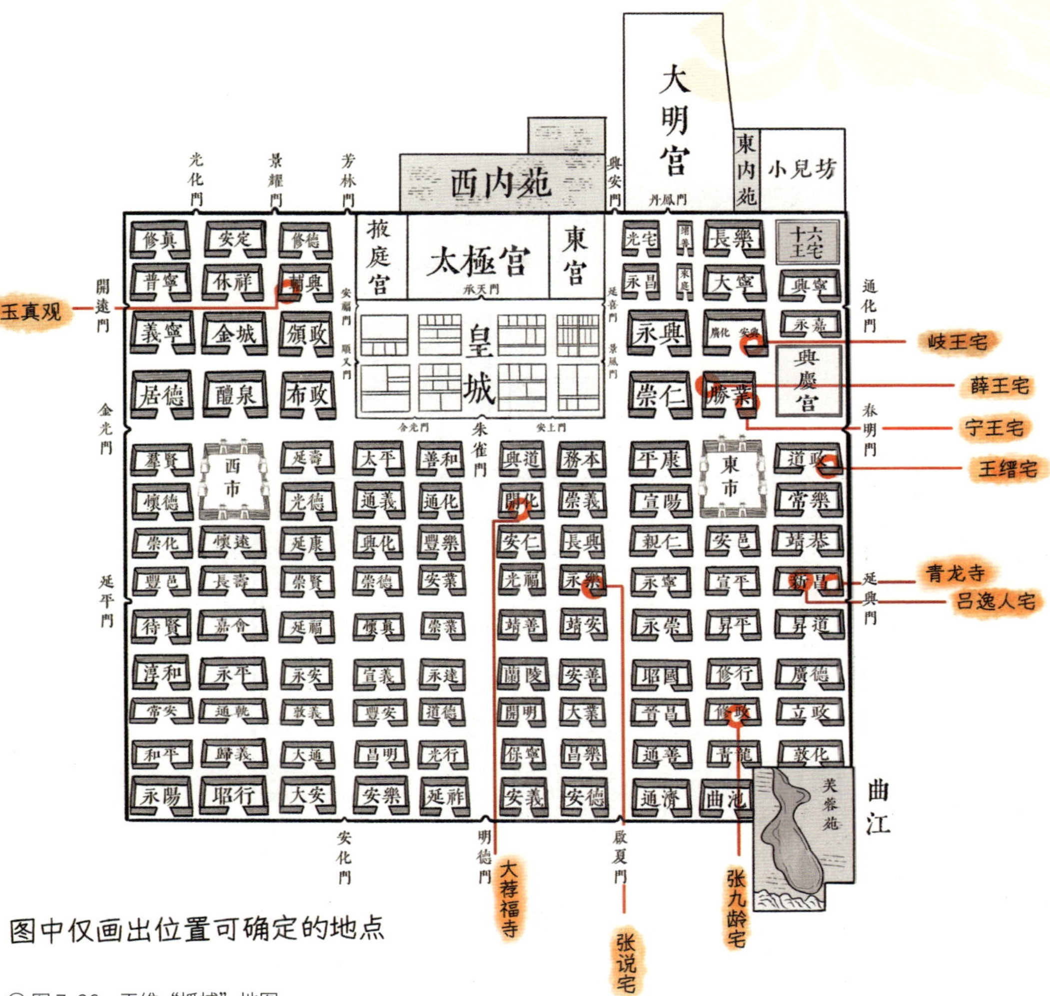

⦿ 图 7–26　王维“抓捕”地图

更多踪迹

昭国坊某处人家的宅院内有一幅《奏乐图》，王维曾到过这处人家，并认出壁画中描绘的景象是《霓裳羽衣曲》的第三叠第一拍。后来有人特意召集乐工排演这出曲目，演奏到相应章节时，乐工们的指法等动作恰好就与画中人一样，可见王维对曲律之熟悉。文宗时，这里变成了尚书左丞庾敬休的府邸[536]。

· 公主宅 ·（图 7–27）

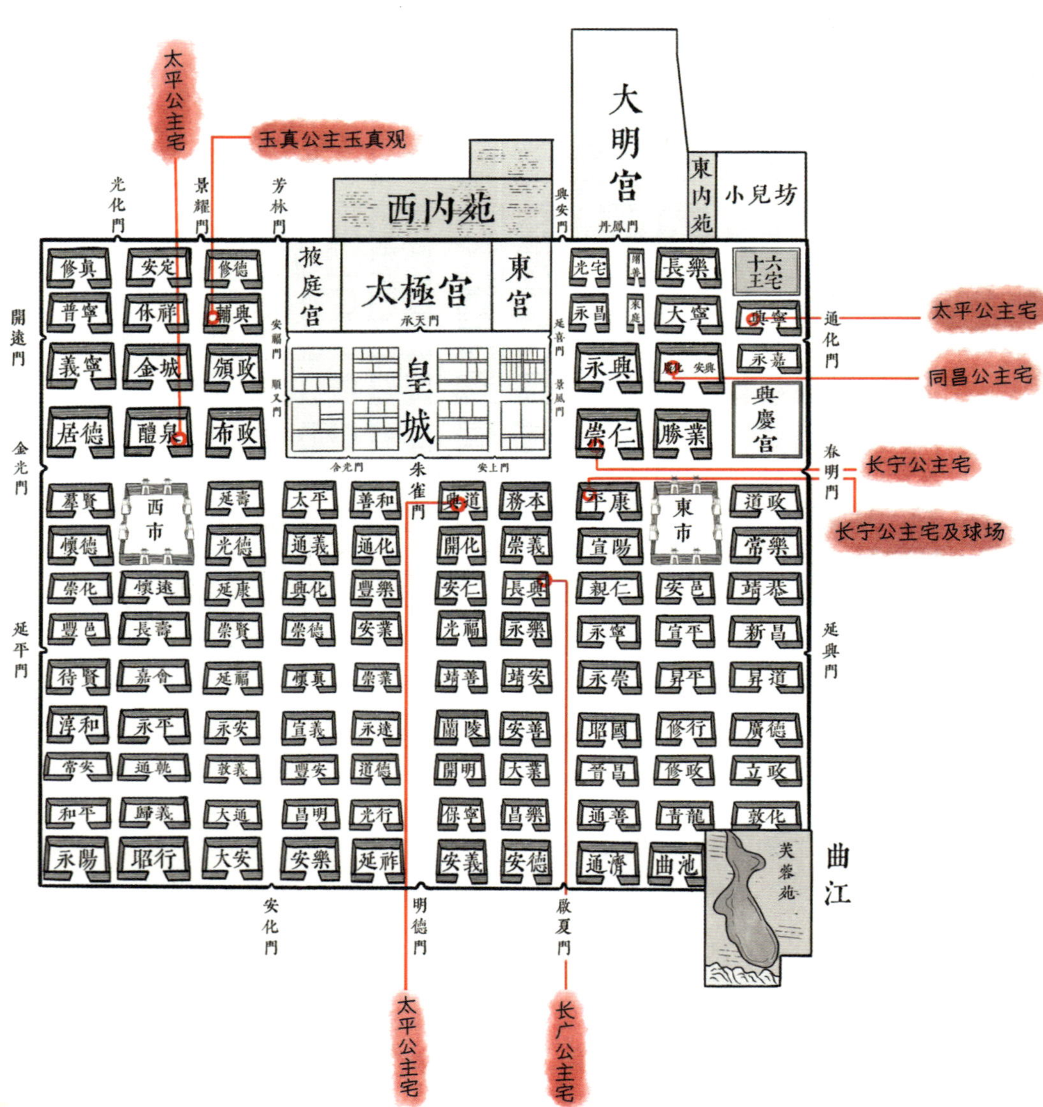

⊙ 图 7–27　公主宅分布图

初唐公主的权势不容小觑。原本公主只可开设邑司，亲王才能开府，但武后、中宗时，公主待遇等同亲王，食封优厚，被允许开府授官。大唐的金枝玉叶们如男子般活跃，她们大兴土木营建府邸和山庄，邀请文士、大臣到府上赋诗宴饮，结交各路名流，直至参与朝政。公主府一度成为风云际会的权力中心，她们则是独领风骚的沙龙主人。唐隆政变、先天之变后，权倾一时的安乐公主与太平公主如流星殒殁，大唐公主的影响力也逐渐式微。玄宗即位后，为打击女性干政，下令降低公主们的食封户，让皇子们集中居住，对驸马的交际也多有限制。

玄宗之妹玉真公主广集天下名士，和政公主为哥哥代宗出谋划策，是大唐公主参政的终韵与绝响。在她们之后，纵有得宠如懿宗时的同昌公主，也再没出现有权有势、能独当一面的公主了。公主再无法参政，她们的婚姻甚至成了政治的筹码。

要体验昙花一现的公主诗会，我们还得去拜访唐初的公主宅院。

众多唐初公主的宅邸都在洛阳（如安乐公主夺百姓田地而建成的豪宅。但安乐公主的两任丈夫武崇训、武延秀在长安休祥坊、金城坊有宅院），她们引以为傲的宏伟山庄也多在长安城外，给我们的参观造成很大不便。

太平公主在长安城中分别有兴道坊、兴宁坊、醴泉坊三处住宅，她在终南山还有山庄，与乐游原上的南庄连绵相望，后者是俯瞰全城的最佳位置。太平公主本人不太亲民，又有中宗三天两头带领修文馆的学士前来游玩，故她的所有宅邸均不对外开放。游客无缘太平公主宅中那“烟岑水涯，缭绕逶迤”“高阁翔云，丹岩吐绿”[537]的山池盛景。

我们同样无法到访拥有诸多异国奇珍的同昌公主与驸马韦保衡宅。公主去世后，珍宝基本没有保留下来。唐代皇帝对女儿的宠爱无过于懿宗对同昌公主。传说这位公主生下来四五年都不开口说话，说的第一句竟是“得活”二字。言毕，当时还是郓王的懿宗突然就得到了即位的消息。公主这一声“得活”把懿宗全家带出了不见天日的十六王宅，就此有了活路[538]。懿宗做皇子时日子并不好过，他不受父亲宣宗重视，饱受猜忌，成天战战兢兢，最后还是靠宦官的拥立才即位。同昌公主堪称懿宗的“福星”，正是出于这个原因，他对公主的宠溺有些许病态。他为公主精心挑选了出身望族的驸马韦保衡（后来发生的事证明他人品不堪），赐宅广化坊，出嫁时赏钱五百万贯，还赐予了许多瑰宝殊珍。

- 装饰有水晶、火齐珠、琉璃和玳瑁等宝石的床，床脚是栩栩如生的金龟和银鹿。
- 五色玉制成的宝盒。
- 各色珍宝装饰的桌案。
- 几斛太宗朝由条支国进贡的金麦和银米。
- 由斑紫色玳瑁珠子串起的连珠帐。
- 用却寒鸟骨头制成的却寒帘。
- 有犀牛皮席、象牙装饰的席子，以及绣着精美龙凤的毛毡和褥子。
- 镶嵌有七宝的鹧鸪形状的枕头。
- 以鸟羽装饰的翡翠匣。
- 绣有三千鸳鸯和奇花异叶的神丝绣被。

- 被磨成圆珠的犀角。据说带在身上能让人消散怒气，心平气和。
- 一块桃核大小的如意玉，上有七个小孔，向里望去，异常明亮，有光透出，不知是何神物。
- 有瑟瑟石般光泽的帷幕。似一张透明的网，向空中张开，能看到疏朗的纹路，如碧丝串起颗颗珍珠。传说上面涂有来自鲛人的瑞香膏，置于滂沱大雨下也不会被淋湿。
- 鬼谷国进贡的洁白如雪的纹布巾，擦水不湿，经年不垢。
- 出自火洲的火蚕绵，只用一两绵絮就能填满一件袍子，不小心塞多了，还会感到燥热难耐。
- 能让堂室明亮如昼的夜光珠。韦家人喜欢玩叶子戏，夜晚，公主就用红琉璃盘装上这颗夜光珠，让僧祇奴举着，为家人照明。
- 长八九尺的澄水帛，帛上蘸有龙涎，能够清凉消暑。
- 四面垂挂五色香囊的七宝步辇，香囊中装有辟邪香、瑞麟香、金凤香等异香，出行时香风阵阵。[539]

在这些令人眼花缭乱的宝物中，最精巧的还要数一支刻有九只鸾的玉钗，其上有字曰“玉儿”，精巧奇妙，殆非人工。传说这原是南齐潘淑妃（“玉儿”为其小字）的饰品。出嫁一年后，同昌公主突然做了一个怪梦，梦见一位绛衣奴对她说潘淑妃要来取回这支玉钗了。做完这个梦不久，公主就因病去世，年仅二十一岁[540]。

宅中这些珍玩在公主死后都随着其他金银玉器作为祭品烧了，惹得下人们争相在灰烬中翻找残片[541]。同昌公主去世，带走了她赏玩过的稀世珍宝，也带走了未能治愈她的太医们的性命，他们的亲族三百多人及一干朝臣受到牵连。唐懿宗就用这样极端的方式送走了挚爱的女儿[542]。

明媚的春光已逝，公主府空余枯树冷月。只有广化旗亭中被车夫典当的公主的旧衣，还留着经久不散的香气（详见第四章《饮品指南》）。

● 想围观同昌公主盛大的送葬仪式，详见第九章《演出与庆典指南》。

玉真公主玉真观——辅兴坊西南

到访须知

玉真公主算得上长寿，活了七十多岁[543]。从景云二年（711）玉真观建立到天宝十四载（755）的四十多年间，游客可随时到来。

玉真公主是睿宗的第九个女儿，是玄宗同父同母的亲妹妹。她的名字与盛唐诗坛密不可分，许多我们耳熟能详的大诗人都是她府上的常客。玉真公主长居辅兴坊玉真观，原址是工部尚书、莘国公窦诞的居处，睿宗在景云二年为公主将此地改造成道观，在建造时曾因用度不菲而饱受非议[544]。玉真观本应是“离境坐忘”的清静地，但其南街东当安福门，西接开远门，车马喧阗，实为繁会之枢。

公主在终南山麓还修有玉真别馆，李白在开元十八年（730）

就曾到那里拜访她而未遇。公主常在青城山、王屋山等地云游，潜心修道。开元天宝年间，她的道观成为文人骚客集会的热门地点。公主若恰好闲居长安，就会充当沙龙主持人，招待四方文士，还不断向玄宗举荐才能出众者。

观内，游客可品尝到玉真公主套餐，包含一碗道士们的养生主食胡麻饭和一碟逍遥炙（一种调味秘方不外传的烤蔬菜）[545]。

特别策划：李白与王维

玉真观外常聚集着前来围堵王维和李白的现代迷弟迷妹们，唐人已见怪不怪，只是后世流传的玉真公主与这两位诗人之间的风流传说让他们大为疑惑。

李白与玉真公主可能很早就在青城山修道时认识了。因此开元十八年（730）前后，李白进京时曾想先去终南山玉真公主别馆拜访，以求获得引荐，却因公主不巧在外修道而作罢。此后，李白又以赠诗干谒，公主终于在天宝元年（742）向玄宗推荐了他，便有了李白风光进京，又落魄离开的事情。天宝元年到三载（744），李白就在长安，玉真观内当然会有他的身影。

王维出现在玉真观的概率极低。他大约要到中年时才认识公主。王维只写过一首与她有关的诗，是他随玄宗到访公主的终南山庄时写的应制诗，此外两人再没有进一步交往的明确痕迹[546]。有一则为人津津乐道的故事，说玉真公主听王维弹奏了一首琵琶曲《郁轮袍》，为这位风姿都美的少年倾倒，遂将原本属于张九皋（张九龄的弟弟）的京兆解头给了王维。这个故事很浪漫，但历史上张九皋并不可能与王维同年应举[547]。

玉真公主是位潜心修道的道士，更喜欢别人叫她持盈法师，无暇谈情说爱。储光羲、司空曙、张说、高适等文人，还有如法津禅师[548]等高僧都与她有过来往，李白与王维两位最多是玉真观文人沙龙中的一分子。至于传说王维和李白都对她有倾慕之心，以致争风吃醋的说法，你就当是席间用来活跃气氛的谈资好了。

关于“李白和王维为何从无交集”的千古公案，情敌之说实属荒谬。排除史料缺失的情况，或许能做如下解释：李白第一次来长安时，从开元十八年（730）末待到了次年春，他名义上是进京，却将大把时光用在游玩终南山和长安周边的邠州、坊州等地上；开元十九年（731），王维的妻子去世，他没什么心思与人迎来送往。天宝元年（742）是李白第二次来长安，是年王维已基本不参与社交活动了，常在终南山隐居，即使在长安，也过着“焚香独坐，以禅诵为事”[549]的生活；而李白却在社交场上炙手可热。两人可能仅是因没有心情和时间而错过了会面。

长广公主（桂阳公主）宅——长兴坊东北

● 仅接待团体。

到访须知

请在武德元年（618）至贞观二十一年（647）驸马杨师道去世前到来。长广公主宅并不是全时段开放，仅在春秋两季诗会召开期间允许游客进入，门票限量发售。

长广公主始封桂阳公主，她是太宗的姐姐，高祖李渊的第五个女儿。首任丈夫赵慈景战死后，公主在武德初年改嫁安德郡公杨师道。杨师道最大的业余爱好就是下班后找同僚一道饮酒赋诗。他的书法自成一派，常在酒酣之际现场挥毫作诗[550]。长广公主也聪悟有思，工于诗歌。夫妻俩纯善好客，又志趣相投，主持的诗会堪称文坛一大盛事，与会者无一不是当年的京圈名流。贞观十四年（640）暮春的诗会最为著名，褚遂良、李百药、岑文本、许敬宗、上官仪等群星荟萃[551]，安德园中虽春之将尽，然丽景依旧，有花落成径，夏荷初生。伴随着笙瑟轻歌，帐下舞女起舞，衣裙如片片绮云，“风花萦少女，虹梁聚美人”[552]。

更多游览：昇平公主、驸马郭暧宅——宣阳坊（原虢国夫人宅）

昇平公主夫妇二人是中唐文坛盛会的东道主，宅中笙歌酒宴日日不绝，以李端、司空曙、钱起为代表的“大历十才子”皆为座上宾。每到即席赋诗环节，郭暧在案前交际评品，公主则坐在帷后静观指点。要是有人献出名篇，夫妇俩会不吝赏赐金帛名马[553]。

时至晚唐，这样喜爱诗赋、重视文思的风气逐渐凋零。“百尺鲛绡换好诗”的风流盛会让才子罗隐无限向往，可惜在他的时代已没有昇平公主夫妇这样的人物了。

乘凤仙人降此时，玉篇才罢到文词。
两轮水磑光明照，百尺鲛绡换好诗。
带砺山河今尽在，风流罇俎见无期。
坛场客散香街暝，惆怅齐竽取次吹。[554]

长宁公主宅——崇仁坊西南隅

- 仅接待团体。
- 公主在平康坊另有别宅及鞠场[555]，不对外开放。

到访须知

请在唐隆政变（710）前到来。

长宁公主是中宗的长女，与妹妹安乐公主一样都是韦后所生。姐妹俩在洛阳和长安占地多处，修建府邸。长宁公主在平康坊西北隅有宅邸和鞠场，在崇仁坊西南建有山池和朱楼绮阁。中宗和韦后常来崇仁坊公主宅和其郊外东庄饮酒赋诗，一住就是几天。景龙二年至三年（708—709），诗会召开最是频繁，这也是本章中唯一一个皇帝亲临却不清场的项目[556]。届时，不少名人如上官婉儿、崔湜、李峤、李适、刘宪、李乂、郑愔等都会随君主到来[557]。中宗向来喜好游宴，能和大臣们打成一片，诗会的氛围轻松又惬意，差点让人忘记君臣有别[558]。酒醒后，众人才想起把所有题写的诗词搜集起来，一评高下。由饱读诗书、口才出众的上官婉儿担任主持和评委[559]，结合中宗和在场众人的意见评出第一名，作者将得到中宗赏赐的金帛[560]。平时喜欢在朋友圈作诗的游客这时也就别畏手畏脚了，出来试试身手呀。

长宁公主坐落于城外的东庄亦开放参观和提供住宿。你可于荷叶间泛舟，在流杯池畔祓禊，看清波荡漾，碧树溟蒙……住上一天比在现代度一周的假还要放松。正因此景太美，难免叫人担心旅途的结束，生出“眼看春色如流水，今日残花昨日开”[561]的惆怅。

中宗诗会仅一年后，就发生了唐隆政变。中宗、韦后与安乐公主身死，长宁公主随驸马杨慎交被贬往外地，崇仁坊公主宅的一部分被改建为景龙观，天宝十二载（753）改为玄真观。当年天子贵女的独家园池成为寻常百姓的游赏之地[562]。

昔日尝闻公主第，今时变作列仙家。
池傍坐客穿丛篠，树下游人扫落花。[563]

额外收获

今天西安碑林的国宝景云钟就在景龙观内，因铸造于睿宗景云二年（711）而得名。钟体铭文由睿宗亲自撰文并书丹。为了保护文物，今天人们再难听到它的钟声了。唐时的景云钟高悬于景龙观钟楼上，你可待它被敲响时驻足聆听。

世事的变迁总是令人唏嘘，若亲身经历一次由盛转衰的过程，会使你的旅途更为难忘。有钱有闲的话，可尝试这样一种参观方式：拜访完主人全盛时的宅院后，在晚唐故地重游，去看看它破败后的模样。对着故址颓垣和墙头残月开一壶酒，慢慢呷着，回味当年车马络绎的盛况。但其实，更多场繁华的落幕都用不了那么久，不过就是一两年的事。

不必惋惜高楼大厦终成泡影，不必抱憾曲终人散的宿命，因为梦境就是可以往复随心，所有你留恋的场景都不曾逝去。

你们走了，唐人还在继续他们的生活——重阳节，杜甫照常和苏源明、郑虔去山上采菊，累了就靠着野树小睡片刻，直到被响彻全城的捣衣声惊醒[564]；宁王府的婢子们正忙着为木头婢女手中的灯添上油脂，短暂的宁静后，府上将迎来一批新的游客；李白喝醉了，又在酒肆里大放厥词，有食客看不惯他的傲慢，差点大打出手，不用担心，下一批游客已收到线报，正在赶去救他的路上；傍晚，白居易刚从元宗简家出来，走过游客离去后的空旷小园，他酒意盎然，唱起《杨柳枝》，月亮是唯一的听众……

在时空旅行的世界里，他们永远不死，永远风华正茂。

第八章
平康坊指南

你想从我这儿听到甜美的诗吗？
想从一介平民口中听到靡靡之音吗？
至于我从前唱的歌，你是否感到难以听懂呢？
我从前唱歌并不是为了让你懂，如今也不是。
……
去向你能听懂的歌声寻求慰藉吧……
我不哄慰任何人，你也永远不会懂我。

——1865，惠特曼《致某位平民》[1]

● 本章提供平康坊北里三曲游玩指南，你将认识一群可爱的姑娘，并与她们共赴一场快乐而短暂的酒宴。

● 平康坊游览是继名人宅邸家访后，又一个必须跟团的项目。参与此项目须年满十八周岁。

● 本章内容为基于《北里志》的记载及其他唐代史实和史料的客观呈现，不代表本指南的立场。

唐前期长安城中的声色场所并不集中于闻名后世的平康坊，而是分散于各个坊中，配套的娱乐项目也并不完善。盛唐开元、天宝时城内有三大妓馆聚集区，分别是宣平坊南的胭脂坡、常乐坊虾蟆陵南侧的翡翠坡[2]，以及初具规模的平康坊。此后平康坊在中晚唐逐渐一家独大，名妓云集，直至有“北堂夜夜人如月，南陌朝朝骑似云”[3]的盛况。（图 8–1）

拿出你手中的地图，看看平康坊的位置就可知其中奥妙。它紧邻东市，北边是离尚书省吏部选院、礼部贡院最近的崇仁坊，坊内旅店几乎常年住满进京考试的举子和听候铨选的准官员们[4]；各州和各藩镇的进奏院也遍布在平康坊及周边的崇仁、务本、胜业诸坊，有大量离家在外、不堪寂寞的公务人员。平康坊南接拥有万年县廨、高官政要云集的宣阳坊，西邻国子监所在的务本坊，那里有上千名海内外学生[5]。加之平康坊内本就住满消费能力惊人的高官显爵和皇亲国戚，此坊自然成为“交通辐辏”与“风流薮泽”[6]。后来，平康坊中的妓馆逐渐集中到坊北三曲（即“北里”）。

安史之乱后，大量梨园与教坊乐工流落民间，顶尖的艺术享乐不再被深锁于宫门，乘着市井文化的新风吹向长安外郭城和全

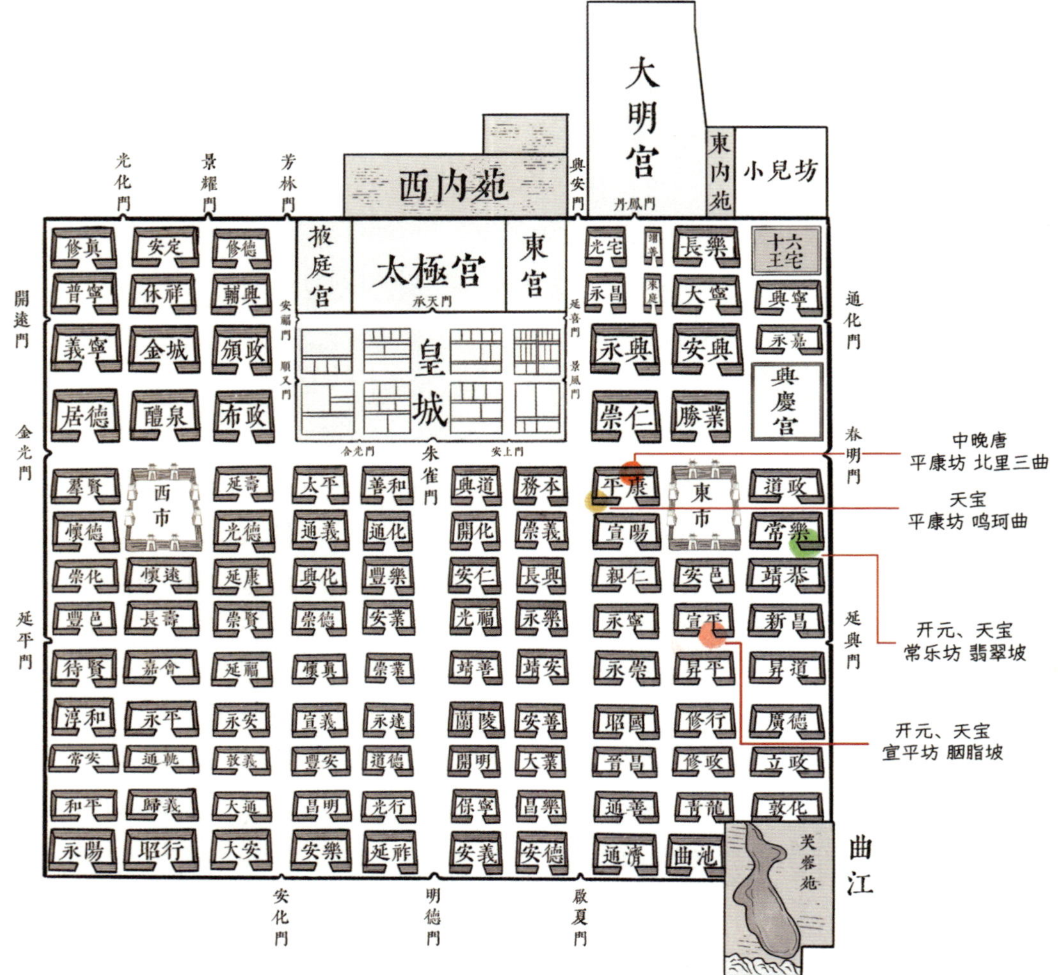

⦿ 图 8-1　长安不同时期妓馆聚集地

国各地。贞元后，游宴风气愈盛[7]，北里三曲夜夜华灯不灭。这里有传奇的京都侠少和文人雅士，是爱恨交加、争名逐利之地，也是纷繁热闹、险象环生的熔炉，这里有声色勾当，也有妓女的义重情深。

本章只重点介绍平康坊诸妓，但唐朝近三百年，长安的妓女绝不仅生活在平康坊中。可以说，不算宫妓、家妓，几乎各个坊中都有大小私营妓馆，甚至有的普通酒肆里也有妓女。“楼下当垆称卓女，楼头伴客名莫愁”[8]，楼下端酒送菜的姑娘，转头换个艺名就可在楼上陪客。

出发前你应该知道

唐代的妓女可以粗分为**宫妓、家妓、官妓和市井妓**。**宫妓**囿于帝王家。**家妓**只取悦主人、娱乐宾客，游客想必已在名人宅邸家访时见识过她们的美貌与情态。常在白居易和杜牧诗歌中露脸的**官妓**是我们无法相见的遗憾，她们有的隶属于各军镇的乐营（长安城内没有乐营），有的服务于地方州县府衙[9]。官妓与心上人大多只能是“流萍与系瓠”[10]的关系。地方长官有权追回被拐走的官妓[11]；离任时，若有意愿，也可办理手续将官妓带走，前往下一任职地。正是这一惯例，间接导致了杜牧与张好好之间令人怅惘的爱情。

而唐妓中最为鲜活的一个群体，当属我们即将拜访的长安**市井妓**。她们的主要职责是陪酒侍宴，所以又称“饮妓”。市井妓居于里巷，如野花在山中肆意芬芳，装点了文人的温柔梦境；其传唱于酒席间的诗篇，奏响了风雅宋词的序曲[12]；而这些女性的故事，也将在百年后的杂剧和小说中延续。

收起你的坏心思！

现代游客在平康坊北里的游览项目仅限观赏歌舞和享受饮妓们的酒宴陪侍。游客一旦被发现有狎妓违法行为，就会被遣回现代，终身禁游。为规范游览秩序，游客参观平康坊或参加有饮妓的宴会都需跟团，请前往位于光德坊的跨旅局驻长安办事处报名。为保证酒宴的参与度与体验感，每团限二十人[13]。

道德卫士们也请别对唐人的狎妓行为嗤之以鼻。召妓同饮，出钱与之欢度良宵在当时是再正常不过的事。在现代，孩子在高考中取得好成绩，家长会举办宴席，奖励旅游。唐人则更加开放。穆宗时担任过吏部侍郎、刑部尚书的杨汝士（白居易的大舅子）为奖励儿子杨知温进士及第，直接叫来好几名饮妓到家中同乐助兴[14]。堪称“爱妻模范”的中唐贤相权德舆[15]在面对扬州的莺歌燕舞时也公开感叹：“且申今日欢，莫务身后名。肯学诸儒辈，书窗误一生。”要是有人狎妓而不过夜，肯定会被旁人认为哪里有问题[16]。

平康坊妓女中既有贪利忘义、举止粗俗之辈，甚或有谋财害命者，也有温柔善良、知书巧言的女子。为了取悦文人和官员，大部分妓女饱学技艺，腹有诗书，与高官显贵们推杯换盏也能相呼表字，不卑不亢[17]。和她们聊上几句，你会发现原来比起闻名后世的才妓薛涛，她们个个都有过之而无不及[18]，只可惜声名不传于世。因此，平康坊不是你给钱就能为所欲为的地方。平素笑脸相迎的妓女们脾气可不小。她们才思敏捷，绝不甘心受辱，客人只要有半点无礼，一纸难听的嘲讽诗就会甩到对方脸上，有的妓女还会给客人起一个一传十、十传百，直到被全长安城人嘲笑的外号。不欣赏的人，她们千金也不见；中意的人，哪怕是卑微的乐工，也愿付出真心。唐代纵然狎妓之风盛行，游客还是应具有现代意识，对她们予以充分的尊重。她们有自己的喜怒哀乐，有了不起的想法和作品，若能与你生在同一时代，也许就是你班上成绩最好的女同学。纵是再有脾气和骨气，更多时候，她们也不得不败给无奈的命运。妓女们胜于常人的才情与悲惨命运带来的自轻，常让她们产生巨大的心理落差。

饮妓们擅长陪宾客喝酒聊天。你大可以放心和她们倾诉苦闷与野心，展示你之前发在朋友圈却无人欣赏的创作，还有不可向外人道的秘密。毕竟过了今晚，你们将不再见面。

士族闺秀的才情之困

唐人，尤其是世家贵族，对女子读书习字非常重视，李婉顺、上官婉儿、宋氏三姐妹等才女大有人在，但此时女教还是偏重于礼数、德育和生活技能方面。至于更进一步的吟诗作赋，则难免有反对的声音[19]。进士孟昌期的妻子孙氏非常喜欢诗，却最终焚烧了自己的诗集，只因“才思非女子本分”[20]。相传李商隐也说过：“妇人识字即乱情，尤不可作诗。”[21]就连志怪小说里，申屠澄的妻子是只老虎精，也知道“为妇之道，不可不知书，倘更作诗，反似姬妾耳”[22]。

你将在平康坊遇到谁？

• 白居易（青年版）

刚中举那会儿，白居易和朋友常泡在平康坊北里。他从来都是最受妓女欢迎的来宾，“席上争飞使君酒，歌中多唱舍人诗”[23]的事每日都会发生。多年后，白居易回忆往事，旧景仍然鲜活可触：

妓女师子住在前曲，声儿住在更靠里的巷中；名叫态奴的妓女宅外繁花似锦，竹影错落，让他常分不清自己来此是因留恋美景还是爱慕美人。白居易还给最珍爱的妓女阿软写了一首诗，称赞她如“绿水红莲一朵开，千花百草无颜色”，当年阿软惊喜的笑声仿佛还在耳边回响。到了傍晚，女子们头梳插有石竹花的高髻，身上随意挂着紫槟榔色帔子就来赴宴了。蝉翼和凤钗摇晃着响个不停，白如飞雪的舞袖看得人眼花缭乱，多情温柔的阿轨正与口齿伶俐的许秋娘同演合生戏，嬉笑怒骂，唱的是人间悲欢。在酒精的作用下，白居易已头脑发胀，却又被麝香熏得筋骨绵软。随后便到了酒宴后最香艳的环节：丝织褥上，娇娘在侧，轻轻牵着衣袖劝他留下。团云般的浓密乌发罩在白居易眼前，香喷喷、暖烘烘的。她的姓名已不可考，唯红唇上绽开的微笑，还有逐渐靠近的口脂香气仍然生动。沉沉睡去前，白居易记得的最后一个场景，便是映在红墙上的一抹烛光。

这都是很久以前的事了，世事聚散无定，欢好不常，往事杳若梦中[24]。

•裴休

开成年间到达平康坊，游客常能看到一位穿着毛织僧衣的居士在妓馆中持钵乞讨。此人身份不凡，是当朝宰相裴休。他精于禅法，常到闹市和妓馆中修行，意在“不为俗情所染”[25]。裴休的儿子裴文德后来出家为金山寺的法海禅师，是《白蛇传》中法海的原型。

• **裴度**

我们的老朋友裴度年轻时也常去平康坊寻欢，但他不走运，在那里惨遭十几名禁军兵士集体霸凌（具体原因不明，可能是外貌歧视），多亏同行好友胡证解围才未伤分毫[26]。裴度一生经历过多次暴力事件，却总能逃过劫难，实属吉人天相。

妓馆消费高，普通百姓是难以承受的。平康坊接待的大多是客商，膏粱子弟，举子和刚及第、尚未授官的新及第者（不少出身普通的举子和新科进士都是举债前来的），还有就是在节度使幕中任职、不在朝籍的官员[27]。虽无明令禁止，但官居要职的重臣一般不会进入平康坊，他们家中不缺从各地搜罗来的绝色家妓，还可高价邀请妓女到官府或家中来服侍酒席。倒是李白、张祜、温庭筠、杜牧、李商隐和吴融（杜甫应该是没钱也没时间来的）等文士都在不同时段来过平康坊，相逢只能靠偶遇。毕竟他们也不会提前把前往平康坊的日程昭告天下。

· 平康坊北里三曲游览 ·

● 以下内容由孙棨和跨时空旅游管理局联合编写。

跨旅局非常有幸，能与平康坊权威、《北里志》作者孙棨[28]一同编写游览内容。许多第一手资料都由他提供，弥补了编写人员因《跨旅局公务人员守则》而无法进入平康坊北里的遗憾。孙棨在乾符时来到长安考试，其间常流连于平康坊北里。不想没几年黄巢叛军就攻入了长安。中和四年（884）战乱平定后，他重回故地，提笔把从前在北里遇到过的人和事写成一部《北里志》。最终他进士及第，官至中书舍人。

孙棨在《北里志》中说，过去在平康坊，自己过着极尽欢乐的日子，却常有物极必反的隐忧，担心这快乐不能长久。后来他历经丧乱，人到中年，愈发怀念过去，想将那些如今已不知身在何处的女子的故事写下来，作为对逝去年华的追念[29]。

平康坊北里的妓女们是晚唐的最后一抹亮色。她们所处的宣宗大中、懿宗咸通与僖宗乾符年间，世风逐渐颓废奢靡。“咸通时代物情奢，欢杀金张许史家。”[30]对当时的上层人士来说，这是玩乐项目最多的时代，但对饱受苛繁赋税与自然灾害的百姓来说，却是最痛苦的时代。

当长安的达官贵人耽于笙歌酒筵时，大中十三年（859）年底，浙东农民在嵊州盐贩裘甫的领导下起义，半个月就占领了象山；咸通九年（868），庞勋带领桂州戍卒起义北归；懿宗死的那年（873），全国多地大旱，贫苦百姓都在捡蓬子和槐叶吃，转眼关东又发了大水[31]；乾符二年（875），王仙芝在濮阳揭竿而起……不过战火暂时还烧不到长安，人们还有足够的时间作乐，直到广明元年（880）十二月，黄巢冲破了潼关，直入帝都。这一年在唐人口中被称为“乱离之年”。当年一月，跨时空旅游已暂停。

长安后来发生了什么？我们没必要去亲自经历。有个叫韦庄的长安畿县人在京师沦陷后与亲人失散，奔走洛阳。中和三年（883）三月，他在路边偶遇了一名刚从叛军那里逃出来的女子。

在洛阳城外花如雪的和煦春光里，韦庄听她讲完了“家家流血如泉沸，梁上悬尸已作灰”的长安故事，又把这些细节写在了《秦妇吟》一诗中[32]。

北里怎么去?

坊内南曲中央的院落前有一条隐蔽小巷，从十字街主干道拐进去就能进入北里三曲。有些唐人经不住诱惑但又怕被人看见，初次前往妓馆会从这里偷偷溜进去[33]。但因为只有这么一条密道，大家都从这儿走，反而难免遇到熟人。

参团的朋友也请入乡随俗，从此处进入北里。（图 8–2）

经营概况

南富北贫：北里三曲中，中曲和南曲（也称前曲）靠近热闹的十字街，名妓多集中于此。而北曲（靠近北部坊墙的小路）沿街都是狭小简陋的妓馆，价格便宜得多[34]。

布局与陈设：以中曲、南曲为例，妓馆内一般有堂屋三间以上。为迎合文人雅士的品位，堂屋前后种满了花草，庭院中有水池、假山与盆景。院落左右是对称的客室，是姑娘们待客和安排留宿之处。客室与堂屋的内外壁上写满了客人们即兴创作的诗歌，正等待通过姑娘们的歌声飞向全国各地。停下脚步，仔细辨认其题款，说不定能看见几个语文书上总让你全文背诵作品的名字。客室内熏香扑鼻，地面铺设茵毯，处处设有帷帐[35]。至于开设在北曲的妓馆，就不太能入游客的法眼了，它们大多逼仄幽暗，设施落后。

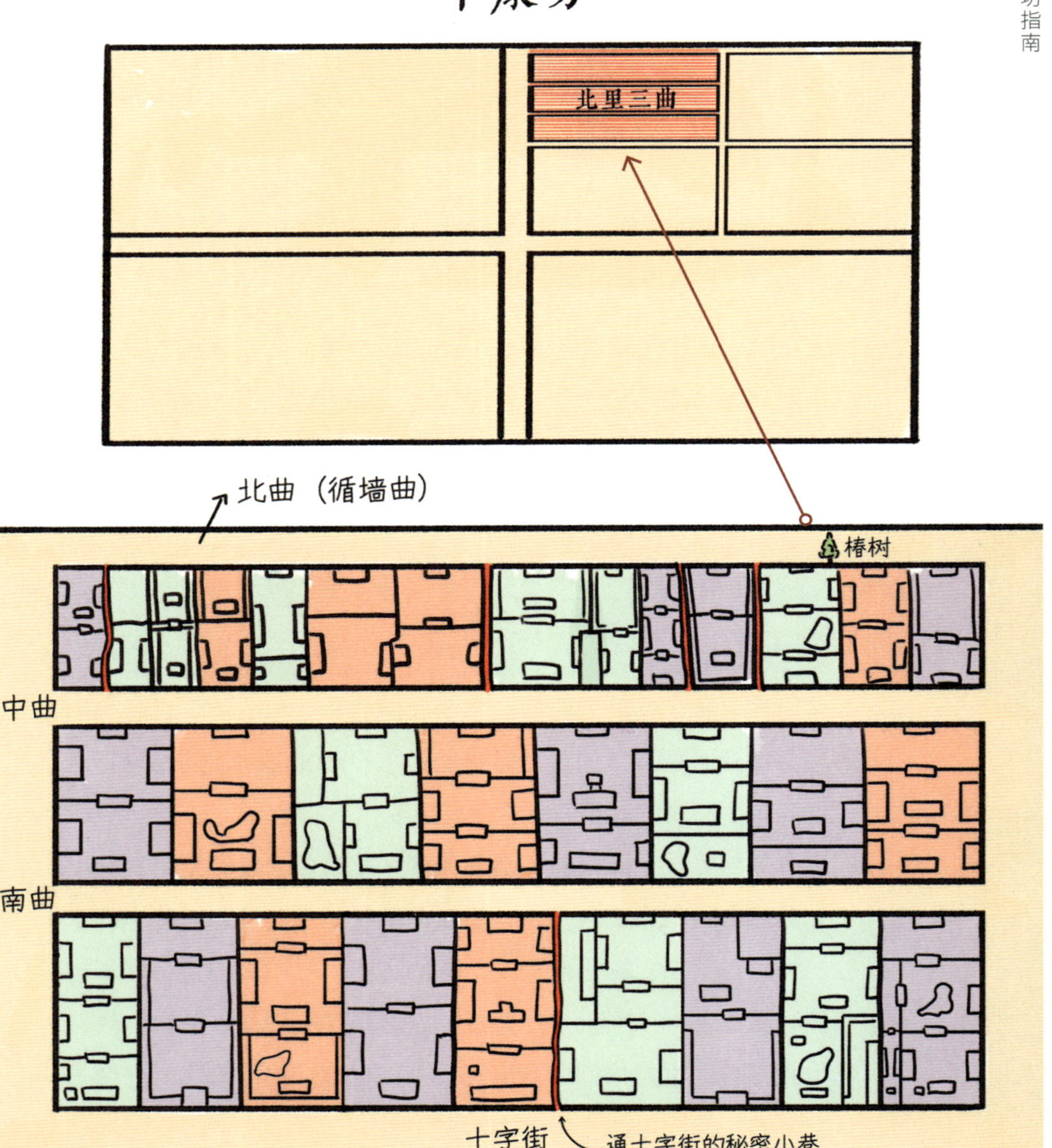

北曲：刘泰娘家

中曲：王莲莲家、俞洛真家 **都知**、郑举举家 **都知**、牙娘家

南曲：王团儿家（小润、福娘、小福）、杨妙儿家（莱儿、永儿、迎儿、桂儿）、张住住家（门前有草料姜果摊）、王苏苏家、颜令宾家、天水仟哥家 **都知**、楚儿家 三曲之尤

⊙ 图 8–2 平康坊北里三曲示意图 [36]

家庭型经营模式：每家妓馆都有一位鸨母（多为引退的饮妓）和十位左右的妓女，由一位姿色与才情都较出众的长妓来管理馆中其他妓女。

姑娘们大多随鸨母姓，她们有的是鸨母的亲生女儿，有的是从小买来的贫家女子或收养的流浪儿童，还有一些更让人唏嘘，是被诱拐骗来的良家女孩[37]。妓女们学艺时稍有懈怠，就会被鸨母劈头盖脸一顿毒打[38]。你会听到妓女们私下喊鸨母“爆炭”[39]。

市井妓中，大多数人名籍仍挂靠教坊，去留都要受教坊管理[40]。在整个平康坊北里三曲中，数一数二的妓女会被推选为**都知**，她们在曲内颇有威望，负责维护北里一带秩序的稳定，若官府下牒邀请时没有指定人选，各位都知便会按照公平原则轮流分派妓女出外勤[41]。

有时你也会在妓馆中看到除客人外的男人的身影，这些可能是庙客[42]，就是妓馆雇来讨债和担任保镖的打手（离他们远一点）；也有可能是鸨母的姘头——假父。为寻求靠山，尚未色衰的鸨母还可能同时是一些官员和武将的情妇[43]。北里内，所谓的父、母、姊妹（妓女们也多以兄弟相称[44]），多半是以利益维持关系的虚假亲情关系。

花费

唐人狎妓一般有两种方式：**馆内游宴**和**邀妓外出**。

馆内游宴由所在妓馆提供酒食和娱乐项目，兴尽后还可留宿。

若是邀妓外出，则需有固定的酒宴场所。前文说过，妓女们大多由教坊统一管理，若官员们举行公务酒宴想邀请饮妓，必须由单位发放身份凭证（诸曹署行牒）给她们。新科进士举办集会时则多有通融，可立时出发，但出场费要比官宴多上一倍[45]。

因游客在长安城内无开办酒席的固定场所，故只开放“馆内游宴”一种游览方式，且无留宿环节。

饮妓陪宴服务是按时长来定价的。**一席价格通常是一烛三四锾**，具体要看出席妓女的名气。所谓一席价格，是包括当晚所有酒食（菜单由妓馆决定）、娱乐项目和妓女在内的打包价。宴席从下午开始，一般持续一烛燃尽的时间（大约为 4 小时）；若持续到夜里，即称**继烛**，价格就要翻倍。妓馆周围还有很多专门提供服装、乐器租赁和乐工服务的商户，这些商户自己也蓄妓（比较出名的有汴州妪店）[46]，想让气氛更热闹，游客可以向导游提出从外面多请几位姑娘来助兴，费用另付。

什么是锾？

锾通“镮”，是重量单位，亦是货币单位。一锾在唐末约为两千四百文钱，一场酒席的价格若为四锾，便大约是一万文钱[47]。二十人成团，每位团友需付五百文。按咸通年间的物价，长安斗米四十文，对当时的普通百姓来说，已是奢侈。

每人五百文只是宴会准入价。欣赏到妓女出色的歌喉和舞姿，你绝不好意思不给小费。再等到所有人都喝到尽兴、面红耳赤时，理性也会随之远去，此时出现钱串、美玉、红绫、红绡、彩缯、锦缎满天飞的场景也不奇怪。若想点名邀请某位名妓前来，那她本人更可漫天要价。对贵公子们来说，为博美人一笑，倾其所有，甚至丧失性命也在所不惜[48]。诗人储光羲就曾坦露过这一心声："鸣鞭过酒肆，祛（袨）服游倡门。百万一时尽，含情无片言。"

本书当然不提倡这样一掷千金，建议团友们提前商量好，选一家性价比最高的妓馆，毕竟我们只是过来体验的。

妓馆还提供以下服务，但不对游客开放。

包银： 妓女被包银后便不可再接待其他客人，费用是一天一千文[49]。但公家宴请除外，毕竟大部分妓女名籍挂在教坊，官方派的任务还是不能推辞的。心爱的姑娘被别人包银后，唐人只能通过她的婢女来暗通情愫，用写有肺腑情话的手帕与红巾来倾诉相思。

买断伴游： 客人也可单独邀请妓女外出同游，同样是一天一千文。

赎身： 为心爱的姑娘赎身可需要一笔不小的费用。据孙棨回忆，他相识的妓女王福娘曾开口请求他替她赎身。福娘并不是很有名的妓女，但赎身费都高达一二百金[50]。

特别提醒

以下时段北里游项目不出团。

国忌日： 妓馆中堂显眼处都有告示板公示唐代诸位帝后的忌日，这一天不仅禁止娱乐活动，寺里还会举行国忌行香斋会。

每月的逢八日： 每月初八、十八和廿八日，妓馆里就没人了。平康坊南边的保唐寺（原菩提寺，会昌六年［846］改名）每月的逢八日都有俗讲活动，这是妓女们难得的出门机会，错过了就得等有客人邀约才能出北里放风。这几天也是假母的丰收日，每人要给她一千文钱才能离岗自由活动。可以想见，每到此时，很多想亲近姑娘们却不舍得花钱约她们出来的士人就会疯狂涌向保唐寺。俗讲现场人头攒动，热闹非凡，在场的很多都不是信众，而是渴望一亲芳泽的猎艳客[51]。

不怕挤的话，游客们也可以去保唐寺凑凑热闹。保唐寺虽不是尼寺，但逢八日会有女尼来讲经[52]。

警惕进士团

进入北里一定要跟紧导游。你一落单，分分钟就有吊儿郎当的唐人围上来，问你要不要参加普通游客无法入内的“新进士宴集”。他们承诺，只要多付些钱，就有“内部人士”把你带进去，还有机会见到皇帝本人；而且通过他们牵线，你可以用更少的价钱约到长安名妓，不犯法，导游也不会知道。

别上他们的当，这多半是“进士团”的人！你一旦交钱就会被榨得精光。

这组织名字听起来很是正经，但其成员却和进士没有一丁点儿关系。这是中唐以后长安逐渐兴起的一个以营利为目的的民间组织。大中、咸通年间渐成规模，成员多达百人。他们本是一些街头混子，文化程度不高，但很会来事，人脉遍布长安。每年放榜后，进士团会动用各方关系打听中举者的住处，派人送去泥金帖子讨要报喜的赏钱[53]，并在新及第进士所到之处鸣锣开道清场[54]。这让寒窗苦读数年又从未被如此追捧的年轻人尝到了风光的甜头。进士团会向每人收取费用，租一处靠近主考官住所的空宅子（称为“期集院”）供他们聚会玩乐。接下来还负责筹办闻喜宴、关宴等数目繁多的宴集，安排拜谢座主（“谢恩”）和宰相（“过堂”）的酒菜。酒宴通常都极尽奢侈，进士团便借机收取服务费等杂七杂八名目繁多的费用[55]。及第者大多年轻，想趁机放纵一把，对交钱游宴满不在乎，也根本不看账目明细，任由他们狮子大开口。很多人官还没做，就欠了一屁股债。鉴于这个组织太有油水，进士团头子何士参死后，他的儿子继承了他的位子。

曲江游宴时，青春年少的新进士们带好被袋，借宿花下，浪漫如梦。但要是谁把被袋弄丢了，美梦瞬间变成噩梦，等着被罚一大笔钱吧[56]。举办于中举当年五六月（僖宗时为四月）的关宴是最后一次宴会，也被戏称为“索债宴”。但凡之前欠了进士团钱的人，都必须在此宴开始前缴清，否则进士团扬言会让他“出不了长安，官也甭想做”。想赖着不来？这帮人精有一万种办法找到你[57]。

考上进士先欠债的荒唐局面连皇帝都看不下去了。乾符二年（875），僖宗专门为此下了一道诏书：“近年以来，浇风大扇，一春所费，万余贯钱，况在麻衣，从何而出？”他明确规定：“每年有名宴会，一春罚钱及铺地等相计，每人不得过一百千，其勾当分手（进士团筹办人员）不得过五十人。……稍有违越，必举朝章，并委御史台常加纠察。”[58]进士团有时还会和平康坊妓女串通，敲诈人钱财，让人误以为给得够多就可以私下与名妓独处。到头来钱是给出去了，名妓的影子都踩不到一个。后文的刘覃就吃过这苦头。

危险与麻烦：北里——不测之地

北里可不安全。情色交易织成的暗网下，包裹着人的欲望与罪恶。游客必须永不掉队，保持警惕。你根本想不到，在低头捡筷子的瞬间，会和食案下藏着的逃犯四目相对；在你玩乐的坐榻之上，曾有妓女和鸨母在此联手掐死一位客人，谋取他的钱财。客人们为妓女争风吃醋、大打出手更是日常景象。

除了外在的危险，恩客们还得留心出言无忌带来的祸端，尤其不要随意对妓女许下承诺。坊间传说唐人李云在南郑当县尉时，曾与长安的一位妓女相好，想要纳她为妾，但遭到母亲的反对。李云便赌气说那自己这辈子也不结婚了。很多年后，这名妓女去世，李云却转头娶了南郑沈县令的女儿。结婚当天，李云正在沐浴，水雾氤氲中，恍惚竟见那名妓女手中拿着药款款而来。女人凑到他面前，阴沉地说："之前你说过非我不娶，今天却又做了沈家女婿，我没什么好东西，只能送你一包香料当作新婚贺礼。"说完，将那药倒进了浴盆，又用钗子搅了搅汤水，遂消失不见。李云心里很是不安，但顿感又困又累，连站起来的力气都没有了。很久，家人才来寻他，发现他已死在浴盆中多时，筋骨散作一摊[59]。

跨旅局专程采访了两位从平康坊死里逃生的前资深客户

令狐滈（宣宗时宰相令狐绹之子）：

我从前去北里三曲的次数比回家还多。一天，我相好的那名内人（唐时“内人”亦用来称呼妓女）忽然和我说家中有亲戚来访，暂停接客一天。我很不高兴，但也留了个心眼，躲在隔壁想偷看是什么情况。结果哪有什么亲戚啊！我望进去，见她和假母已经把一个醉汉杀了，正合力把尸体拖到屋后埋掉。现在想想，我也是心大，过了几天竟然又去找那女的，睡觉时我多嘴问了她那天杀人的事，谁知她毫不念旧情，翻身就掐住我的喉咙，还把假母喊来要一起杀了我。好在假母是个明白人，知道我身份特殊，杀了我她俩也有麻烦，就劝那毒妇松手。我好不容易跑回家，第二天就去京兆尹告状，但等到我带人过去时，妓馆已人去楼空，什么都不剩了。[60]

王式（武宗时宰相、山南西道节度使王起之子，任职于金吾卫）：

我脾气不好，在北里结下了不少仇家。某天我正和一个女人亲热，突然闯进来一个醉汉，我以为这人是来找我寻仇的，干脆躲到床下去了。后来，我的仇家果然找到这里，一进门就把那醉汉当成是我，直接砍掉脑袋扔在地上。我当时在床下见到这一幕，吓得魂都要飞了。仇家还对那醉汉的死尸骂道：“看你明天还敢人模狗样，仗势欺人吗！”说完一屁股坐在我头顶的床上，我大气也不敢出。

这之后，我再也不进北里玩了，不然也太对不起这条好不容易捡回来的命了！[61]

了解了以上两位的遭遇，也就不难理解为何当年杜牧在牛僧孺府上做事，每次外出寻花访柳，牛僧孺都要派几十个人暗中保护他了（详见第七章《名人宅邸家访指南》）。

出发前的最后说明

相比色相，酒量和才智是唐代名妓更为重要的考核标准。只有敏慧善谈，熟悉酒令和诗歌，才能在席上左右逢源，惹人喜爱[62]。当酒宴开始，妓女入席，你可能会发现高价邀请的名妓长得并不出众，请不要把惊讶和失望写在脸上。无论生活在哪个时代，都不要以貌取人。还有一些妓女按现代标准来看，仍属未成年人，这的确令人无奈。如果这会引起你的不适，还请放弃平康坊的游览。

· 进入北里 ·

本书列出了所有游客游览北里时可供点选的饮妓及她们的优缺点、技能和逸闻、可能存在的风险，条目中的客人评价均来自唐人的真实感受。请根据描述，与团友挑选心仪的姑娘和妓馆，同她们共享晚宴。

有红色**“都知”**二字标识的，是颇有威望的北里名妓。

南曲

天水仟哥，字绛真，又名美奴[63] 都知

技能：善谈谑，能歌令，是北里资深“席纠”（席纠的概念详见后文），行令宽严得当，众人都服她。

外貌：姿容平常，但为人极有亲和力。

可能的风险：绛真虽然业务能力不错，但行为上曾有污点。她曾和进士团合伙，坑了当年才十六七岁的新进士刘覃。进士团先是大力宣传天水仟哥的美貌，天真的刘覃便上了钩，蠢蠢欲动。他家里条件不错，父亲是宰相刘邺。刘覃表示愿意出大价钱求见绛真，绛真却一直吊着他，找各种理由避而不见，刘覃只好不断抬高价钱，还觉得自己挺执着，没有被困难击倒。但几经努力，还是连绛真的影子都没见到，只好托关系，找在北里三曲颇有话语权的户部府吏李全帮忙，赠予他金花、银酒具等宝物。李全也很给面子，亲自出马拦下了绛真，把她绑上车拉到刘覃面前逼迫见面。谁知事发突然，绛真此次出行并未好好打扮，整个人蓬头垢面，还惊吓过度，涕泗横流。刘覃掀开帘子，看了她一眼，万念俱灰，赶紧让人把她送回去了。之前为见她一面所付出的钱财，全被进士团和绛真瓜分了。

客人评价：客人郑休范对绛真的业务能力还是很认可的，他曾在席上赠诗：“严吹如何下太清，玉肌无奈六铢轻。虽知不是流霞酌，愿听云[64]和瑟一声。”

楚儿，字润娘[65]

技能：能言善辩，擅长作诗。

存在的问题：楚儿年纪稍大，游客到达时她可能已经隐退了。听姐妹们说，她跟的人条件还不错，是一位姓郭的官员，是名门之后。

客人评价：三曲之尤。

颜令宾[66] ❗

技能：美貌多情，举止风雅，能写诗句。

颜令宾是一个文艺青年，她天生多愁善感，心思细腻，容貌也楚楚动人。最大爱好是收集客人的题词赠诗。她特别崇拜文化人，有新科进士和文人来做客，就会求他们给自己留下些歌词或者赠诗。每次接待，颜令宾都自豪地打开“宝盒”，为游客展示满满一箱的五彩笺纸，当中不乏高官名流的题笺，这像抽到限定卡一样让人成就感爆棚。

可能的风险：颜令宾的鸨母可不是个善茬，很鄙夷她收集题词赠诗的行为，认为这些破纸一文不值。游客和鸨母打交道要多加小心。颜姑娘很美好，但她所在的妓馆可是上过跨旅局“游客点评”黑榜的。

杨妙儿妓馆[67]

杨妙儿曾是北里名妓，隐退后开了这家妓馆。

◈ 长妓杨莱儿，字蓬仟

技能：莱儿相貌一般，年纪也老大不小了，但利口巧言，诙谐幽默，说话特别讨人喜欢。莱儿具有独特的人格魅力，男人只要与她攀谈几句就会立刻被她迷住。

逸闻： 有个小莱儿很多岁的举子赵光远，第一眼见到她就被迷得灵魂出窍，紧追不舍。莱儿呢，觉得赵光远聪明有学识，也一心爱护他，对他考取功名非常有信心，平日里没少在酒席上为赵光远宣传造势。但成绩公布后，赵光远却落榜了。最初听别人说赵光远没考上，莱儿是不信的，还作了一首诗臭骂那些假传消息的人。后来得知赵光远真的没考上，莱儿一下子崩溃了，恨铁不成钢的她大病一场。

莱儿天资聪敏，妙语连珠，吸引众多宾客，假母杨妙儿却对她非常不好。乱离前，莱儿被街上的一户豪门聘走。临走时，她再也压抑不住多年的积怨，对杨妙儿破口大骂，之后拂衣而去。

◆ 次妓永儿，字齐卿

永儿比莱儿温柔，但别无所长。后来当上宰相的萧遘在年轻时倒是很喜欢她。

◆ 次妓迎儿

无甚姿色，生性木讷，说话又刚又憨又直，经常惹恕宾客。

◆ 次妓桂儿

桂儿是年纪最小的姑娘，长相稍逊于各位姐姐。她一直将莱儿视作偶像，从她那儿学了好些逢迎的本领。

王团儿妓馆[68]

王团儿年轻时也是妓女，后开了妓馆，做了假母。

◆ 长妓小润，字子美

技能： 年轻貌美，名播全城，皮肤尤其不错。

与之相好的新科进士崔垂休曾在小润的腿上题字，其他恩客看见后，作诗一首："慈恩塔下新[69]泥壁，滑腻光华玉不如。"

◈ 次妓福娘，字宜之

技能： 面容白净明皙，身材丰满有致，言辞风雅。孙棨就很钟情于她，客室窗户左侧的红墙上还留有孙棨写给她的题诗。

逸闻： 福娘貌美而有风致，又痴情黏人。她总是向客人提起自己那令人心酸的遭遇，每一次都泣不成声。福娘本是解梁人，从小就和长辈学做女红。家隔壁住着一户乐工，小福娘耳濡目染，早早学会了唱诵歌诗。她幼时被家里聘给了一个男人，他说要到长安去参加官员选调，便带走了福娘。谁知此人是个骗子，把福娘拐到花柳巷中，卖给了王团儿。王团儿一开始待她还好声好气，几个月后就逼她学艺接客。其间，福娘远在老家的哥哥们找了过来，和王团儿理论，想把她带回去。无奈小门小户势单力薄，无力改变事实，福娘只好对他们说："我已是这样的命运了，你们一味努力恐怕会惹祸上身。"说完便转身拿了一些钱给哥哥们，和他们互道永别。每每说到这里，福娘都会哭泣。

◈ 次妓小福，字能之

风韵稍逊福娘，但相比心思单纯的福娘，小福更聪慧狡黠，知道如何给自己谋出路。

王苏苏[70]

优点： 苏苏所在的妓馆宽敞豪华，酒食也不错，能为客人提供贵宾级体验。

缺点： 脾气不好。

逸闻： 苏苏是个厉害角色，嘴上不饶人，谁都敢惹。进士李标好吹牛，总说自己是英国公李勣之后，还借着酒劲来到苏苏窗下胡乱题诗。苏苏并不认识他，叫骂道：“你算哪根葱，也配在我这儿乱写！”又提笔在李标那首诗下面添了一首：“怪得犬惊鸡乱飞，羸童瘦马老麻衣。阿谁乱引闲人到，留住青蚨[71]热赶归。”意思是：谁带来的闲杂人等，闹得我这里鸡犬不宁，穿戴如此寒酸，还不赶紧交钱走人！李标顿时羞得满面通红，赶紧跑了。

张住住[72]

技能：年纪虽小，却极有个性，聪慧伶俐，能辨音律。

逸闻：一般来说，游客们是请不到住住的，她可有自己的心上人。

住住虽在南曲，住的却是窄小破旧的院子，她上头还有两名年长的妓女，但都没什么名气。妓馆生意不好，姑娘们只好在门前摆一个小摊，卖点草料和姜果糊口。不过，住住比本书中所有提到的姑娘都要幸运，因为她是鸨母的亲生女儿。

住住从小就对邻居庞佛奴芳心暗许。两人的故事是标准的两小无猜剧情，庞佛奴六七岁时，上完学回来就会教隔壁的住住识字念诗。等住住十五岁后，家里人逼她接客，不让她和庞佛奴来往。庞佛奴自知贫寒没法娶她，眼看住住要被别人染指，心急如焚。平康坊南住着个有钱人，名叫陈小凤，想买走住住的初夜，和假母约定在三月五日前来。住住赶紧和庞佛奴通了消息，两人敲定出一个计划：上巳日举家踏青时，她找个借口留在家中，与庞佛奴私会。后面的情况就令人哭笑不得了：住住被陈小凤包养，同时瞒着他和庞佛奴幽会。他俩情投意合却无法结合，也只好委屈一下冤大头陈小凤了。被家人发现后，母亲和兄长都劝住住跟庞佛奴断了往来，邻里也嘲笑她。面对指责，住住指着水井道："你们再逼我，我就跳下去！"

中曲[73]

郑举举[74]　都知

技能：心直口快，文采风流。举举容貌一般，但机敏善令，能把每个人都逗乐。她在达官贵人和新科进士中非常受欢迎，堪称"北里博学第一人"。要请她得提前好几天预约，还不一定保证有档期。

逸闻：举举曾与天水仟哥一起搭档参加过酒宴，轮流担任席纠。有个叫郑礼臣的人，刚入职翰林，在宴席上一直吹牛，其他几人都扫兴得不想说话。举举察觉后，用酒筹指着郑礼臣直接说："学士你话太多了！翰林学士之所以高贵，是因为其人值得尊敬，而不是这个位子本身。"众人一听这话，都欢呼叫好，郑礼臣则尴尬极了，只好不停地倒酒、喝酒，不敢再发一言。酒席的氛围由此大大改善，直到天亮才结束。除了郑礼臣，在座的宾客都送给举举彩缯作为小费。

存在的问题：乾符五年（878）的状元孙龙光和他的同年们都非常喜欢举举，经常"霸占"着她，导致别人都请不到，所以当年来的游客恐怕无法一睹举举的风采。

客人评价：广明元年（880）及第、后来任门下省起居郎的刘郊文讲述过这么一件事。当年他们刚中举，开同年宴时举举抱恙，无法前来，大家只好让同年李深之担任席纠。无奈李深之的表现实在太差，状元郑谠便写了一首诗："南行忽见李深之，手舞如蜚令不疑。任尔风流兼蕴藉，天生不似郑都知。"在这帮文人心里，举举比新进士还要厉害。直到近千年后，郑举举仍然是流连青楼的文人心中的女神。清朝乾嘉年间的狭邪笔记《潮嘉风月》中，杭州人吴颉云写诗给心仪的妓女小姑，称赞她："好似曲江春宴后，月明初见郑都知。"

牙娘，绰号郡君（唐代外命妇的封号）❗

可能的风险：容色出众，但行为实在粗鲁，常把客人打伤。

宣宗时宰相夏侯孜的小儿子夏侯泽刚及第，在同年聚会时借着酒醉调戏牙娘，结果被狠狠扇了一耳光，到了几乎毁容的程度。游客当引以为鉴，别和她开过激的玩笑，如有受伤，妓馆和跨旅局概不负责。

俞洛真[75]　都知

技能：风采翩然，美貌伶俐。洛真当过席纠，对酒令规则都很熟悉。

缺点：俞姑娘饮酒成瘾，酒品也不太好，酒后容易疯癫。

逸闻：洛真的命运很坎坷，早前为宰相于琮的侄子纳为妾室，看似脱离苦海，但于琮之妻广德公主认为视如己出的侄子纳妓女为妾，沉迷男女之事，实在影响不好，于是让二人分手，洛真也因此获得了数百金的安抚费。她后来改嫁了一名胥吏，但不到一年这笔钱就用完了，胥吏养不起她，洛真只得再回到曲中做妓女。

临走前，她拐跑了胥吏美貌的女儿。

王莲莲，字沼容[76]

优点：相貌确实出众，同妓馆的其他人都比不上她。

可能的风险：王莲莲所在妓馆是“游客点评”黑榜长居不下的第一名。这家店的假母、假父都非常贪财，善于设局坑人，但凡宾客被抓到把柄，就会被威胁留下所有的钱财、服饰和车子，直到连底裤都不剩才被赶出来。

莲莲的假父人脉之广、手段之黑匪夷所思，北里三曲没人敢惹他。

北曲

北曲妓女的综合素质普遍不高，孙棨只向我们推荐了一位妓女。

刘泰娘[77]

北曲素来住的是没名气的妓女，刘泰娘却是身在陋巷无人识的一颗遗珠。乱离那年的春天，大慈恩寺前有成群结队的妓女去曲江赴宴，其中有个叫泰娘的小姑娘，尚未长开，但已颇有姿色。孙棨挤上前去，问她住在哪一曲。泰娘自知所居卑下，不好意思开口，经再三询问才低头说道：“我住在北曲，门前有一棵小椿树。”当晚孙棨有事经过北曲，恰逢刘泰娘的犊车回来，便兴致勃勃地在院墙上题诗一首：“寻常凡木最轻樗，今日寻樗桂不如。汉高新破咸阳后，莫使奔波遂吃虚。”意思是平日里椿树最不起眼，可这里的椿树却能把桂树给比下去。汉高祖攻破咸阳时，所有人都在抢夺金银，萧何却赶着去收集城里前朝的图书档案。你们这些人只知在前曲和中曲寻欢，却不知道北曲中藏着真正的佳人。

经孙棨写诗一宣传，刘泰娘家的生意便好了起来，日日门庭若市。

不过这好光景仅仅维持了几个月。当年十二月，黄巢就攻入长安。小小椿树被笼罩于纷飞战火中，不知命运如何。

诗的威力

因孙棨的一首诗，刘泰娘家从此门前车马喧。唐代妓女与诗人是相互成就的关系，妓女企望与诗人结交来抬高身份，诗人需要妓女传诵自己的诗作。小小一首诗便有了翻手为云、覆手为雨的效应。夸你一句，车马继来；毁你一字，杯盘失错。那个时代没有照片，诗中对一位妓女容貌的称赞或诋毁可以决定她的命运起伏。虽然饮妓以诗才取胜，但这也不代表唐人对妓女的外貌没有要求。

• 太胖不行

杜牧罢宣城幕后途经陕西，曾到一酒家赴宴，酒席中担任录事的妓女体态肥硕，话又多，他忍无可忍，写了一首诗讽刺道："盘古当时有远孙，尚令今日逞家门。一车白土将泥项，十幅红旗补破裈。瓦官寺里逢行迹，华岳山前见掌痕。不须啼哭愁难嫁，待与将书报乐坤。"大意是当年巨人盘古有个玄孙，直到今日，酒店还在用她撑家门。给脖子涂粉要花掉一车白泥，十面红旗都难补她破烂的短裤。我曾在瓦官寺里见过你，华山前还留有你的掌痕。你怎么可能嫁不出去呢？写封信给山神不就得了？他会做主将你嫁给乐坤[78]。（瓦官寺是始建于东晋的一座寺庙，里面的大佛很出名，这里用来比喻那酒女的大块头。乐坤本是一普通举子，传说他之所以能中举、当官，都是华山神安排的[79]。）

- **太瘦不行**

一位名叫崔云娘的妓女和上文的录事是两个极端，她形貌瘦瘠，弱不禁风。会昌三年（843）中进士，又登博学宏词科的李宣古为她写了一首不留情面的讽诗：“何事最堪悲？云娘只首奇。瘦拳抛令急，长嘴出歌迟。只怕肩侵鬓，唯愁骨透皮。不须当户立，头上有钟馗。”“只首”在中古汉语中的意思是“实在”[80]。整首诗的意思很明确：云娘这人长得实在奇特，鸡爪似的瘦拳飞快做着手势令的动作，凸出的尖嘴却半天憋不出一首歌。我好怕她双肩太耸碰到鬓角，又担心她瘦得骨头从皮里戳出来。要请她辟邪根本不必站在门口，光是看她一眼就足以吓退各路鬼怪[81]。

- **高鼻深目不行**

唐代胡风盛行，但唐人并不欣赏胡人的长相，这一审美传统从晋代就已开始了。晋人傅玄在《猿猴赋》中形容表演猴戏的猴子长得像胡人[82]。杜甫也说供他孩子玩耍的小猴长了一张胡人的脸庞[83]。唐人陆岩梦曾写过一首诗来嘲笑一位胡妓，诗中“眼睛深却湘江水，鼻孔高于华岳山”两句过于经典（阴损），以致只要在各大妓馆念这首诗，所有人都会低头，脸色骤变[84]。

今人化妆力求五官立体，可有胡人血统的唐代教坊名妓颜大娘每次装扮，都希望能把自己的异域特征藏起来，尽量显得温婉可人。她本隐藏得非常好，就连家人也不知其真实面目，可有一日她的孩子不幸死去，颜大娘哭得很伤心，哭着哭着妆也花了，逐渐露出原本深邃的眼眶。婢女见到她这副样子，惊恐地大喊："娘子，你眼睛破洞啦！"[85]

• **年龄大也不行**

淮南节度使李绅受主人窦傪邀请参加酒宴，席上，伶人赵万金见那舞妓已徐娘半老，却还在气喘吁吁地跳舞，便作了一首相当不客气的诗："相公经文复经武，常侍好今兼好古。昔人曾闻阿武婆，今日亲见阿婆舞。"[86]诗里，赵万金先是把李绅和窦傪夸了一遍，说李绅相公能文又能武，常侍窦傪好今也好古。这"好古"，便是喜欢有年头的东西。过去人们只听说过阿武婆（即武后），今天我却亲眼见到阿婆跳舞。

在教坊工作的庞三娘是美妆高手，她上了年纪以后，脸上长出许多皱纹。她先是将面部皮肤往上拉，用薄纱贴住，然后涂上混合了云母粉与粉蜜的膏汁，看起来活脱脱是一个小姑娘，达到了"妆前老恶婆，妆后小娘子"的程度。教坊中人赠外号——卖假金贼[87]。

• **皮肤差更不行**

晚唐诗人崔涯虽在今天名声不大，但当年却有"题一诗于倡肆，无不诵之于衢路"的影响力。崔涯在妓馆中呼口气，动静堪比台风。他曾嘲笑过一位皮肤粗糙、暗沉有斑的妓女，说她"虽得苏方木，犹贪玳瑁皮"，毫不留情地把一个姑娘家的脸说成是坑坑洼洼的苏方木和斑斑点点的玳瑁壳，这还不算完，紧接着又说她的黑肤色会遗传给下一代："怀胎十个月，生下昆仑儿。"

崔涯最著名的受害者还要数一位名叫李端端的妓女。在崔涯的诗中，全天下都知道端端皮肤有多黑了："黄昏不语不知行，鼻似烟窗耳似铛。独把象牙梳插鬓，昆仑山上月初生。"意思是因为生得黝黑，所以天黑后端端在街上走路，如果不发出声音，别人压根看不到她。她的鼻孔像两个黑烟囱，耳朵大得像酒铛。头上若插只白色象牙梳，仿佛漆黑的昆仑山上明月升。

李端端读完诗后郁闷地病倒了，眼睛也哭红了。她强拖病躯在路上拦住崔涯，向他跪拜求情，请他给自己重写一首赞美诗。崔涯于是开始睁眼说瞎话，夸她是"一朵白牡丹"。这下整个文人圈子更是笑疯了，说端端一日之内又黑又白，简直是"才从墨池出，又上雪山来"[88]。

平康坊内除北里三曲，在坊的西南角还有一**鸣珂曲**，也是妓馆林立。如北里酒席已经订满，也可请导游把你们带到那里去。这条小巷得名于开元时期曾在坊内居住的张嘉贞、张嘉祐两兄弟。张嘉贞为相时，兄弟俩每日上朝，都是轩盖如云，驺导盈巷，有鸣珂锵玉、纡朱拖紫的盛况[89]。

说起来，鸣珂曲可是充满了传奇色彩，比如唐传奇中，李娃和荥阳生就是在鸣珂曲初见，两人互相救赎，终成眷属；但是来访者永远不会料到，在鸣珂曲猎艳是会谱就一段佳话，还是会缠上未知的厄运。这个地方还流传着一则令人恐惧的传说。

有个叫郭鄩的人刚从栎阳县尉任上罢官，守选很久都没等到新的任命，在长安穷困潦倒，日子一天比一天难挨。某天他半睡半醒间，见眼前有两个东西，像是穿着青碧色衣服的猿猴，他走到哪，它们就跟到哪。郭鄩这才想起，难怪他最近做什么事都不顺利，就连亲友都跟见到仇人一样对他唯恐避之不及，原来是招惹上了它们。郭鄩为此找了很多法师来驱赶，可都无济于事。突然一天晚上，两只怪物来向他告别："我俩在你气运低落时跟上了你，天一亮我们就要走了，就此别过。"郭鄩高兴坏了，忙问它们要去哪里。怪物说："世上像我们这样的精怪多了去了，人们却通常看不见。接下来我们打算去胜业坊的一户王姓富豪家中，让他倾家荡产。"郭鄩怪道："那户人家我知道，他家钱财多得用不完，怎么可能倾家荡产呢？"怪物说："我们自有办法。"此时天已亮了，街鼓开始咚咚作响，两个怪物也立时消失不见。它们走后，郭鄩顿觉神清气爽，愁云散开。亲戚朋友也一改之前的厌恶，对他笑脸相迎，不久他便有了新的官职。不过，郭鄩总惦记着那两个怪物说的胜业坊富豪，于是找来交游颇广的表弟打听情况，得知那王生平素非常节俭，且家中蓄有家妓，根本没有在外消费的必要。可就在某天，王生与朋友们经过鸣珂曲，见一美貌妓女倚在门边，他瞬间丢了魂，下马与那女子开席饮酒，赠给她黄金与彩帛。此后，王生每天都要来找那女子，家中积蓄花得像流水一样，没几年便家财散尽，流落街头[90]。

除了以上介绍的姑娘们，长安城内其他时段和其他坊中同样有名妓，比如天宝时期国色无双的楚莲香，据说身上有天然异香，所到之处围满了蜂蝶，也围满了大献殷勤的贵门子弟[91]。同时期的妓女刘国容与进士郭昭述的爱情颇令人动容，她写给情郎的情书久久为人传颂[92]。

在曲江等风景区游玩时，你可能会看到玩得相当出格的唐人。春日好时节，有年轻人带着三五名容色妖冶的妓女，坐牛车前往各大名园曲沼，褪去衣衫和巾帽，旁若无人地在草丛中喝酒大笑[93]。你可以当作没看见，也可以大大方方远远地和他们打个招呼。但可不要一直盯着人家看！（图 8-3）

温馨提示

遵照跨旅局的规定，唐代全时段的妓馆都不会接待现代散客。参团游览也仅限于晚唐平康坊。

⊙图 8-3　西安市长安区南里王村唐墓宴饮图[94]

·特别策划：欢饮之夜·

选好妓馆与姑娘，就来到了游览项目的重头戏——酒宴。午饭别吃太饱！下午三四点就开始入席了。夜幕低垂，华灯初上，乐手们在三三两两地校准乐器，饭菜香气已从妓馆的庖厨飘了过来，姑娘们正梳妆打扮，准备迎宾，鸨母则站在入口欢迎每一位到来的贵客。

酒席的重点并不在于喝酒吃菜。酒菜只是配角，各色酒令游戏才是精华所在。希望游客日后回忆起此次行程，印象最深的不是狂饮了多少美酒，尝到了什么珍馐，而是在那个夜晚，你过得有多开心。

做好心理和生理上的准备

• 唐代把不会喝酒、扫大家兴的人叫作“害马”[95]。若非身体原因，只是你单纯不想喝酒，那就请听听白居易的劝吧：“就花枝，移酒海，今朝不醉明朝悔。”

• 唐人相互敬酒时有个不太卫生的礼仪“蘸甲”。双方须把手指伸进酒中蘸一下，再将酒水弹向空中，对饮而尽[96]。游客请事先修剪指甲，洗净双手。但是唐人剪不剪、洗不洗，我们就管不着了。

座次

总的来说，唐人宴饮时的座次规制已不像前朝那样严格，男女可混杂而坐[97]，身份悬殊的优伶和主人也能坐在一起[98]，不过

⊙ 图 8-4　敦煌莫高窟中唐 474 窟壁画中的宴席图，男女相对而坐[99]

这种场合中的女子以妓女居多，很少有良家妇女。在普通民间酒宴中，男女还是需要面对面坐成两排的。（图 8-4）妓馆内规矩自然会宽松些。

落座时请注意，主人和主宾入座后，宾客方可落座。请从团友中推选一位最年长或最有威望的游客来做主宾。

唐代室内以坐西朝东的位置为主位；而在堂上宴饮，则是以**靠近席口，坐北朝南之位**为尊（但主位不一定是主人所坐的位置，有时主人为表自谦，会把北位让给宾客）[100]。（图 8-5、图 8-6）

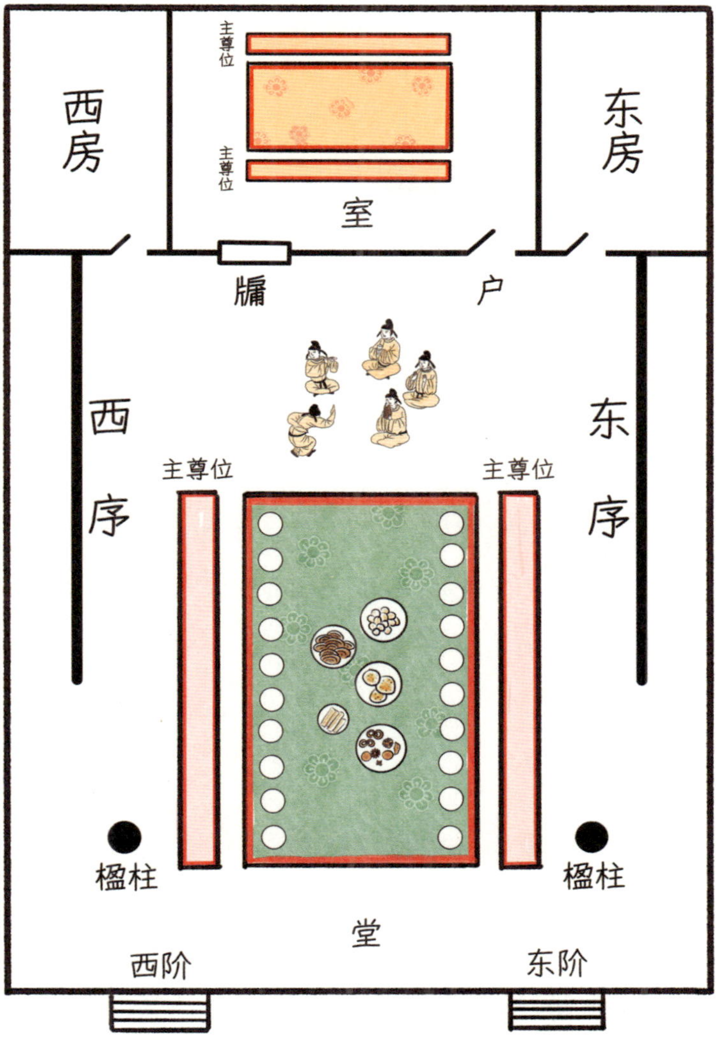

西房
主尊位
主尊位
室
东房
牖
户
西序
主尊位
主尊位
东序
楹柱
楹柱
堂
西阶
东阶

⊙ 图 8-5　唐人堂上宴饮主尊位及乐队示意图。主尊位坐北向南，且靠近席口，乐队位于室的户牖之间 [101]

⊙ 图 8-6　敦煌莫高窟中唐 360 窟和晚唐 12 窟酒宴席口的舞蹈表演 [102]

席间，按例会先给位于席口的人上菜，他们也能毫无障碍地观看歌舞表演。唐代为分食向合食过渡时期，在我们到来的晚唐，流行**合桌半分餐会食**。每人面前有一盘专属食物，桌子中间有果品、糕点和主食，供大家一起吃。酒量不好的人请不要坐末座。有的酒宴会实行“末座三杯”[103]的规定，可能因巡酒时末座的人是最晚喝到酒的，作为补偿，轮到此人时便要一次喝三杯。

唐人对待饮酒极为认真，绝不三心二意。他们不像现代人参加酒宴一样边吃边喝，而是吃完饭后才开始专门饮酒[104]。等所有人都吃饱，好戏就要登场了！

食讫，行酒！

巡酒

喝酒第一阶段，先由主人或主宾为来宾轮流注酒（把酒）[105]，然后开始巡酒环节，从主人到末座依次饮尽。一般最多轮三四圈[106]，也就是酒过三巡后，便喝得差不多了。接下来是酒令游戏环节，我们邀请的饮妓们就要登场了。

如何倒酒?

唐初至元和年间，唐人尚以勺子舀酒而饮[107]，或兼用**胡瓶**与**长颈瓶**。之后便开始流行有长柄的**“注子”**[108]。文宗大和九年（835），宦官们非常厌恶宰相郑注，喝酒时看到注子就想起他，于是去掉其长柄，装上环形把手，称为**“偏提”**，也称**“执壶”**。我们在大中年间来到北里，使用的酒器就是偏提。（图 8-7 至图 8-12）

⊙ 图 8-7　陕西泾阳石刘村唐墓壁画胡人宴饮图中用到的酒樽和杓，这座墓葬的年代约为安史之乱前的玄宗统治后期[109]

⊙ 图 8-8　房陵大长公主墓壁画中手持胡瓶的侍女[110]

⊙ 图 8-9　日本正仓院北仓藏唐代银平脱漆胡瓶

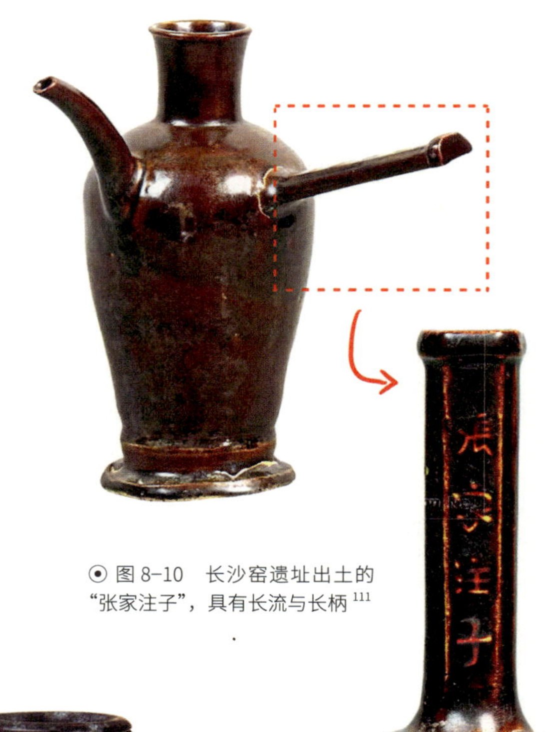

⊙ 图 8-10　长沙窑遗址出土的“张家注子”，具有长流与长柄[111]

⊙ 图 8-11　故宫博物院藏唐长沙窑彩绘花鸟纹注子（左）和花瓷双系注子（右），虽命名为“注子”，实际却器身矮胖，壶嘴偏短，且有环柄，应该就是“去柄安系”后的偏提，亦称执壶。“注子”一词后来或成为环柄执壶的泛称

⊙ 图 8-12　北宋蓝田吕氏家族墓出土的青釉瓜棱腹注子（应为“执壶”）及注碗，现藏于陕西考古博物馆

行令——饮妓们的主场

行令是唐代酒宴上最具趣味的环节，简单来说，是每人根据规则说一些话，做一些动作，失败了就得按要求喝酒。想成功闯过行令这一关，不仅要靠酒量，更需要靠灵活的脑子。

你说你只会在现代酒局上划拳和摇骰子？不用害怕，接下来你会遇到划拳和摇骰子的老祖宗，很快就能上手。

行酒令二十人为一组，恰好是我们成团的人数。行令可是很严肃的事，为保证公平公正，宾客得在现场选出三位“官员”来负责监管整个过程。

- **总揽大局——监令官**[112]，俗称“明府”（这本是唐人对县令的称呼）。

装备：一套骰子和酒勺。

职责：明府主管酒桌上的一切事务，并对酒令规则拥有最终解释权，自然要请一位有威望的人来担任。

- **救场天使——宣令官**[113]，俗称“律录事”和“席纠”。负责宣令（公布酒令）和行令罚酒。

装备：十枚用来计罚的酒筹、一杆宣令和指挥巡酒的小旗子、一杆指人饮酒的大旗子（纛）。

职责：席纠是宴会上的核心人物，全场的焦点，一场难忘的酒宴全靠他来活跃气氛。席纠既要揪出那些企图蒙混过关、不肯受罚喝酒的人，又不能过于严苛，煞了风景，需时常在有人行令卡壳时救场。若不是风流可人、能说会道的人物，便很难让大家心服口服。所以这个职位一般都由当晚最有才气的妓女来担任。前文介绍过的绛真、郑举举、俞洛真都是出色的资深席纠。

要求：① 酒量大；② 熟知酒令和音律；③ 能歌善舞。

- **武力担当——行令官**，俗称“觥录事”或“觥使”[114]。

装备：律录事那套酒筹、酒旗和酒纛的具体使用者为觥录事，由其执行罚酒。（图 8-13）

职责：指挥乐队演奏快节奏曲子来催促被罚者饮酒，同时维持整个酒宴的纪律，保证酒令活动正常进行。那些老是起座走来走去、交头接耳的宾客注意了，觥录事抓的就是你！觥录事还要防止宾客在被罚酒时要把戏作弊，比如只喝不吞、偷偷吐掉的，还有故意剩酒的[115]。要当觥录事就得不怕得罪人，必须是刚正之人才可担任。甚至还需要具备一些武力，因为总有不想受罚的逃席者，得由觥录事负责把他们揪回来。

元稹担任觥录事的时候便操碎了心，他所在的宴会上有人不胜酒力，屡屡犯规，最后居然冲门而出跑路。还有人为了争令互

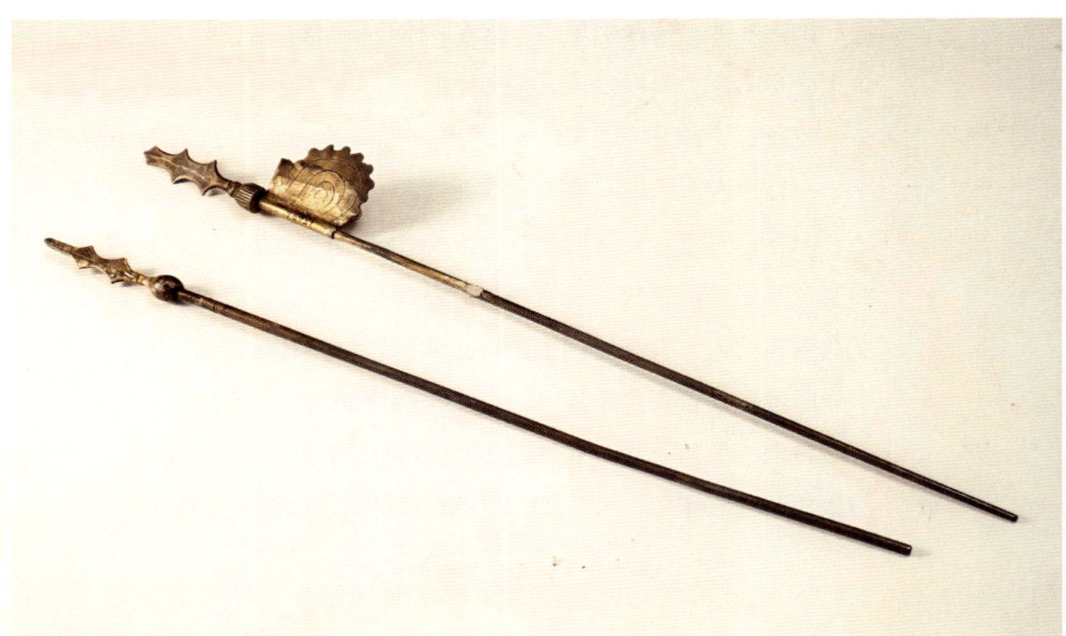

⦿ 图 8-13　江苏丁卯桥唐代窖藏出土的银鎏金酒纛杆（上右）和酒旗杆（下左）[116]

扔酒壶（注子），大打出手，天知道元稹为了制止这些醉鬼费了多大劲[117]。

酒令可粗略分为**律令、骰盘令、手势令和抛打令**[118]。

正如高考辅导书无法准确押中高考题，本书也只能介绍一些常见酒令游戏的玩法，到时唐人会为你设下什么样的难关，我们也不清楚。但愿你能平安脱身，顺利地完成接下来的旅程。

律令——“最难”的依样画葫芦

“律令”顾名思义，是仿照一定的规律行令。律令在隋代就已出现。

- 常见的有**文字令**，即以文字为基础制定规则。简单些的，可一人说一句带有某个字（如“花”“月”）的诗，这对唐人来说实在毫无挑战性，但估计会引发一些古诗词储备量少的游客的恐惧。再难些的有拆字令，规则是拆开一个汉字，然后用原字或字形相近的字组成诗句，比如“白玉石，碧波亭上迎仙客”“口耳王，圣明天子要钱塘”[119]（“口耳王”组成“圣”的繁体字）。
- **急口令**，每人念一句绕口令，念不出来的就得罚酒。唐代有一句急口令是“鸾老头脑好，好头脑鸾老”[120]，它从隋代就开始流行，当时有个侍郎名叫长孙鸾，说话口吃，又是个光头，于是同事贺若弼编了这么句急口令来笑话他。有时，人们还会直接拿当晚来宾的姓氏现编急口令：“罗李，罗来李，罗李罗来，罗李罗李来。”[121]

要挑战急口令，不妨先用温庭筠写的一首诗来练练嘴：

“栖息消心象，檐楹溢艳阳。帘栊兰露落，邻里柳林凉。高阁过空谷，孤竿隔古冈。潭庐同淡荡，仿佛复芬芳。”[122]

- 有一种很容易得罪人的律令，需要你形容旁座的长相，此时就算是亲人也得相互“断杀”。僖宗时的宰相裴坦和儿子裴勋同去赴宴，刚好坐在一起。裴坦把酒递给裴勋，按照酒令规则形容自己的儿子道：“矮子废话多，破车补丁多。裴勋把酒喝。”裴勋将酒一饮而尽，回敬父亲道：“蝙蝠不知自己黑，笑话梁上燕儿飞。十一郎你快干杯。”十一郎是裴坦的排行，只有长辈和同辈才能这么叫，裴勋自然收获了一顿鞭打[123]。
- **书俗令**，规则为先说两句书语（如五经中的名句），再跟两句顺口溜。文意搭配得越荒唐，效果越好，比如有搭配《诗经》诗句的酒令：“伐木丁丁，鸟鸣嘤嘤，东行西行，遇饭遇羹”“如切如磋，如琢如磨，欺客打妇，不当喽啰”[124]。
- **姓名简繁令**，来宾需从简单到复杂的笔画顺序说出古人的名字。比如比干、卜式（汉武帝时期官员）、江子一（南朝梁时期武将）、鳞矔（春秋时期宋国大夫）、韩麒麟（北魏官员）等。
- **粘头续尾令**，类似顶针接龙。此处举一宋代例子，供你推想唐代酒令游戏之“尔虞我诈”。某酒宴上，有客人出粘头续尾令，说道：“维其时矣。”这人坏得很，显然是在给下一个人使绊子。“矣”是句末语气词，一般不可能有用“矣”字开头的句子。不过答令者也挺聪明，回答道：“矣焉也者。”这出自柳宗元《复杜温夫书》一文，里面列举了一些句末表陈述的语气词，“矣”就出现在句首[125]。出令人搬起石头砸自己的脚，只得自罚一杯。

- 此外，**限韵联句、赋诗咏物咏景**也是律令的一种，有时还会规定字数。但通常妓女们看到在座的都是游客就不用这种规则了，她们深知现代人古文储备不太够，作诗不仅要头脑灵活，还要有大量的古诗阅读量，这对我们来说实在有难度。

其实，只要按照一定规则来行令的酒令都算作律令。一个令玩腻了还可改令，让宾客们轮流当令主，出各种稀奇古怪的规则。比如有噤声令，所有人不许说话，谁先忍不住谁受罚，这时好事之人会去挠饮妓的痒痒[126]。又或者说出带有器官名称的古人名，如雍齿、张耳、伯牙等。有时席纠更加刁钻，要求大家联句描绘当下场景，同时必须带上一种乐器名，例如：“**远望渔舟，不阔尺八。**”你正为接不上来而着急，胃里突然感到一阵恶心，随之而来的是五脏六腑的翻腾，一时间呕吐物与灵感一起喷涌而出：“**凭栏一吐，已觉空喉**（箜篌）。”[127]

温馨提示

在酒桌上卡壳，别忘了向身边聪明伶俐的妓女求助。

万一你被逮住罚酒

罚酒一律用觥。这是一种看着颇为吓人的酒具，它容量实在太大，但造型又十分有趣：有的直接用鹦鹉螺或海螺的横剖面当容器；有的是小船造型；有的还被做成了角状杯，类似希腊和中西亚地区的来通杯[128]，这种角杯往往开口很大，没有盖子，弧形底部不太放得平，所以必须喝得一滴也不剩。（图 8-14 至图 8-18）

⊙ 图 8-14　江苏邳州煎药庙西晋墓地出土的鹦鹉螺杯[129]

⊙ 图 8-15　用白螺剖面作为杯身的螺杯，现藏于郑州大象陶瓷博物馆[130]

⊙ 图 8-16　印尼井里汶沉船中打捞出水的越窑摩羯鱼酒船，纪年约为晚唐至宋代早期[131]

⊙ 图 8-17　西安韩森寨出土的三彩龙首杯，现藏于陕西历史博物馆[132]

⊙ 图 8-18　何家村窖藏出土的来通造型镶金兽首玛瑙杯[133]

筹令——怎么喝？喝多少？酒筹说了算

筹令属于律令的变种。玩筹令需要请出装酒筹的装备：笼台。

明星文物“银鎏金龟负《论语》玉烛”就是一件笼台，它来自晚唐，刚好是我们在平康坊游玩的时段。虽然它出土自润州（今江苏镇江丁卯桥遗址），但长安应该也曾流行有相似款式。（图 8–19）

普通酒宴用的是陶制与漆制笼台，龟负《论语》玉烛算得上是奢侈品了。岭南地区相传还有一种石头鱼，脑中长有两粒莹白如玉的石头，镶嵌有这种鱼脑石的酒筹可谓是新奇脱俗[134]。

趁游戏还没开始，先仔细观察你眼前的笼台，底部通常刻有它的商标。若碰上刻有“力士”二字的，那可是牌子货！源自天宝年间豫章郡的老字号作坊“力士”专注于制作酒席用具，从陶瓷到银制品，满足不同阶层的客户[135]。（图 8–20）

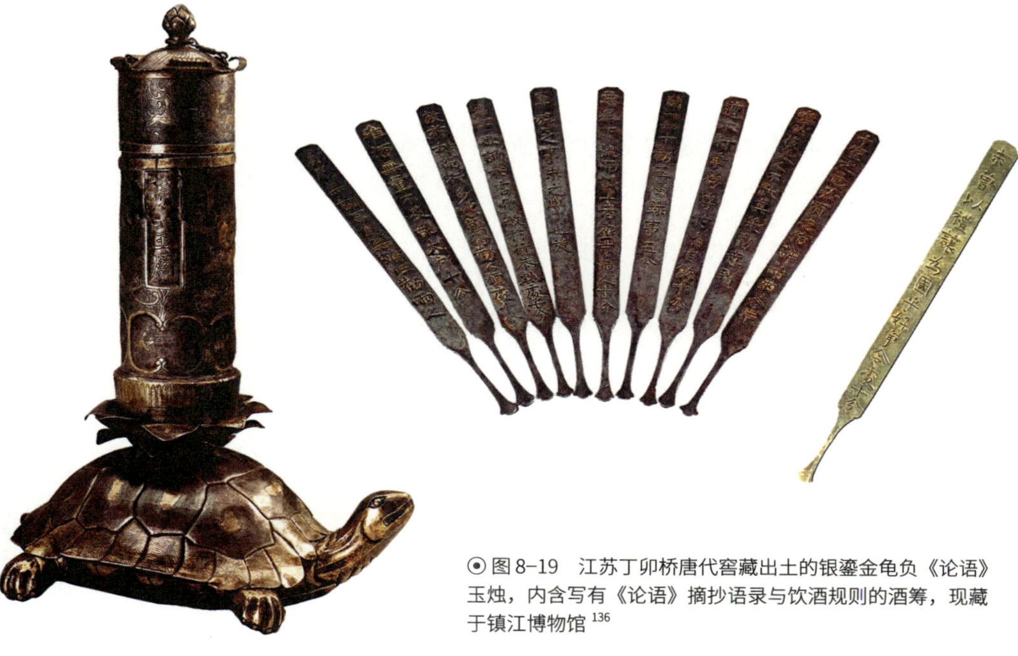

⊙图 8–19　江苏丁卯桥唐代窖藏出土的银鎏金龟负《论语》玉烛，内含写有《论语》摘抄语录与饮酒规则的酒筹，现藏于镇江博物馆[136]

⦿ 图 8-20 江苏丁卯桥唐代窖藏出土的凸棱高足银杯，底部圈足内刻“力士”二字，现藏于镇江博物馆

笼台中的酒筹有不同主题。比如，龟负《论语》玉烛共有五十根酒筹，以《论语》为主题，每根上都写有《论语》语录，并根据其含义规定了饮酒对象、饮酒方式和饮酒量，以起到节饮、劝饮、罚饮的目的。

搞懂以下术语，看酒筹就毫不困难了。

饮（自饮）、处（罚酒）、劝（敬酒）、放（放你一马，可以不喝）、意到（意思一下就行）、三分（小半杯）、五分（半杯）、七分（大半杯）、十分（满杯）、四十分（连喝四满杯）。

试试你能否解读龟负《论语》玉烛中的部分酒筹：

乘肥马，衣轻裘，衣服鲜好处十分。[137]

择其善者而从之，大器四十分。[138]

后生可畏，少年处五分。[139]

有朋自远方来，不亦乐乎，上客五分。[140]

刑罚不中，则民无所措手足，觥录事五分。[141]（为避李世民讳，这根酒筹上的“民”字还缺了一笔。）

四海之内，皆为兄弟，任劝十分。[142]

己所不欲，勿施于人，放。[143]

有时间、有力气、有雅兴的游客们还可尝试豪华版的筹令——钓鳌令。每位客人得一支约五尺长的钓竿，围着硕大的水盆坐下，水盆中放满了刻成鱼鳖形状的木牌，同样写有赏、罚、劝酒的规则，钓上来哪块就按其内容行令[144]。

筹令兴起于中唐，李白、王绩等爱酒之人没享受过这种游戏。不过，李白等人或许反倒会认为这样斯文且烦琐的行令是对饮酒时光的糟蹋。在他们所处的时代，喝酒理应直接、热闹而混乱，要有“连呼五白行六博，分曹赌酒酣驰辉”[145]的气势，酒桌似战场般硝烟四起，喊声震天。要营造这种氛围，还是要靠骰盘令。

骰盘令——把命运交给骰子

骰盘令是现代酒桌掷骰子的原型。在座者依据骰子掷出的彩（点数）来计算筹数，再按筹数对应的规矩定下饮次和饮量。

唐代酒宴都将骰盘令作为开胃菜，趁大家刚吃饱还有力气，正好用它来活跃气氛[146]。

玩骰盘令前，最好先润润嗓子。骰子极度的随机性将紧张感拉到满级，在座者的目光都为这颗小东西所吸引。随着骰子在盘中骨碌碌转动，围观的人群大呼小叫，争相吼出想要的结果，意图压倒另一方的气势。骰子停止的那一刻，有人大笑，有人懊恼，有人甚至气急败坏要将骰盘扔到地上……元稹曾自述玩骰盘令时自己声嘶力竭，表情狰狞：“叫噪掷投盘，生狞摄觥使。”除了喝到美酒和听闻官军收复河南河北的消息之外，能让向来持重的杜甫发狂、光脚、脱衣大叫的，也只有扔骰子了[147]。

唐代玩骰盘令最常用到三种博戏的骰子，即樗蒲骰子、双陆骰子、陆博骰子。每种骰子都有自己计算点数的规则。

- **樗蒲骰子**。樗蒲骰子以五个为一套，合称“五木”，通常一起掷出[148]。骰子外形呈扁圆的梭形，上下两面，分别染为黑白。五木中，有两个的黑面画有牛犊，此面称“犊”；白面画有野鸡，此面称“雉”。掷出的最高彩为五木全黑面，即“犊犊黑黑黑”，此彩称为“卢”；其次是黑黑黑雉雉，该彩称为“雉”；再次还有“犊”（犊犊白白白）、“白”（雉雉白白白）等贵彩。从五木脱手，到它们落在盘中，输赢立见分晓的短暂间隙里，人们会围在一旁高喊：“卢！卢！卢！”只为讨个口彩。（图 8-21）

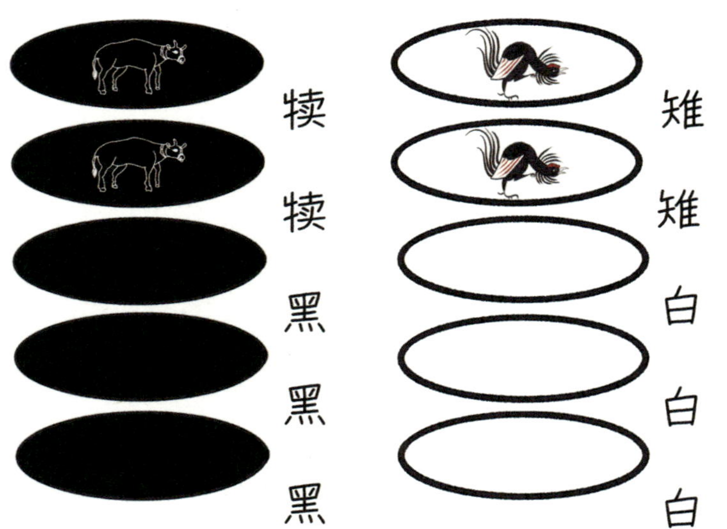

⊙图 8-21　一套五木中黑面与白面示意图

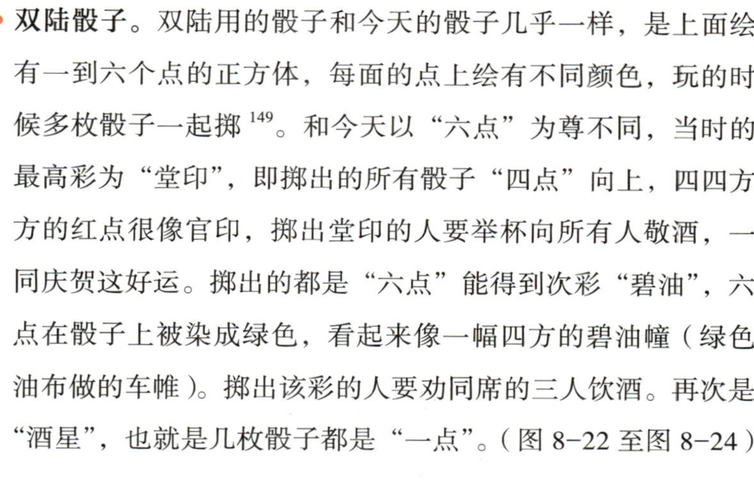

- **双陆骰子**。双陆用的骰子和今天的骰子几乎一样，是上面绘有一到六个点的正方体，每面的点上绘有不同颜色，玩的时候多枚骰子一起掷[149]。和今天以“六点”为尊不同，当时的最高彩为“堂印”，即掷出的所有骰子“四点”向上，四四方方的红点很像官印，掷出堂印的人要举杯向所有人敬酒，一同庆贺这好运。掷出的都是“六点”能得到次彩“碧油”，六点在骰子上被染成绿色，看起来像一幅四方的碧油幢（绿色油布做的车帷）。掷出该彩的人要劝同席的三人饮酒。再次是“酒星”，也就是几枚骰子都是“一点”。（图 8–22 至图 8–24）

⊙ 图 8–23　宝鸡市凤翔县棉织厂唐墓出土的骰子[150]

⊙ 图 8–22　新疆若羌米兰遗址出土的两枚唐代骨制骰子，现藏于大英博物馆

⊙ 图 8–24　骰子点数染色示意图：一点墨彩，四点红彩，六点绿彩[151]

- **六博（陆博）、塞戏骰子**。六博和塞戏用的骰子最为古老，它正确的叫法为“琼”[152]，有玉制、骨制和木制之分。琼是尖头五面长方体，六博所用的琼共五个花色（在塞戏中，琼有四个花色）：一划为“塞”，两划为“白”，三划为“乘”，两划交叉为“五”，最后一面空白，位于“五”和“塞”之间，称为“五塞”。行令时一次掷两个琼，看点数计筹[153]。（图 8–25）

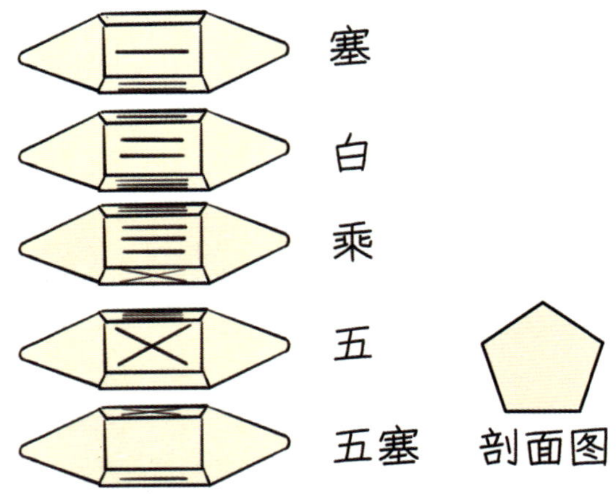

⊙图 8–25 “琼”的推测图

小贴士

段成式传授过一个掷骰子必赢的妙招，是他从一位姓宋的居士那里听来的——掷出骰子后，只要在骰子停下前念满一万遍咒语“伊谛弥谛，弥揭罗谛”，就能得到任何你想要的彩[154]。才一万遍？听上去也不难嘛，试试也无妨。

⦿ 图 8–26　莫高窟 159 窟东壁北侧展现《维摩诘经变》中百姓赌博的壁画 [155]

特别提醒：禁止赌博！

所有骰子仅可用于掷彩行酒，不许赌博！在唐代，以赢得他人财物为目的的赌博是法律明令禁止的，违者杖一百，除非实在走投无路靠赌博换饮食 [156]（但不可否认，唐代官员顶风赌博的大有人在 [157]。请不要拿唐人作挡箭牌，管好你自己）。（图 8–26）

骰子选——骰盘令的变种

骰盘令后来从酒令变化为酒席间的游戏。文宗大和年间，贺州刺史李郃发明了一种类似文字版大富翁的游戏“骰子选”，又名“叶子（戏）”，咸通后逐渐流行 [158]。两人对战时，用六枚骰子掷出点数，对应剧情性较强的文字规则。玩家开局是一名新及第的进士，投身到官场的迁黜沉浮中[159]。有人连年卑微，一朝登天；也有人开局顺利，中道黜落。财富与声望在六枚小小骰子的转动下失而复得，得而复失，人生和游戏一样随机难测。（图 8–27）

⊙ 图 8–27 清代升官图棋盘，现藏于美国普林斯顿大学图书馆。其中人物皆为唐代文武官员，升官图是“叶子”游戏文字规则的图像化

酒巡胡（酒胡子）

想玩比骰子随机性更大、更刺激的酒令吗？你尽管提出要求，姑娘们会请出酒桌上最刚正不阿的“人”——酒巡胡。（图 8–28）这只小小的木人不倒翁可以在北里的纪念品商店买到。

酒巡胡通身都有精美的手工彩绘，它高鼻深目，碧眼浓眉，满脸须髯，身穿华丽的翻领胡服。它伸出一只手，笔直地指向前方。喝酒前转动它，停下时手指指向谁，谁就要干一大杯酒，绝无偏私。

有的酒巡胡很是精美，工匠把它的表情画得过于生动，一张脸上满是戏谑，还真会引发恐怖谷效应。不少唐人都为似人非人的酒巡胡写过诗。徐夤夸它虽像人，却比人公正得多：“直指宁偏党，无私绝觊觎。”可元稹总觉得酒巡胡是有生命的，它总是和自己过不去：“挺身唯直指，无意独欺余。”

小贴士

酒量一般，但仍想参与酒令的游客，本指南为你们指一条明路。在平康坊北里出口附近的纪念品商店里有神通盏

◉ 图 8–28 酒巡胡想象图

（图 8-29、图 8-30）售卖。这是公认允许使用的酒桌作弊神器，外形看上去和普通酒盏没有什么区别，却有荷花模样的装饰，与杯身暗中连接，一旦倒入酒水，大部分液体会经由暗道流入莲花，再流进杯底的承盘[160]。不必藏着掖着，你可以大大方方把它带进场去。看到游客拿着刚买的神通盏进场，妓女们也就心领神会了，不会为难你。

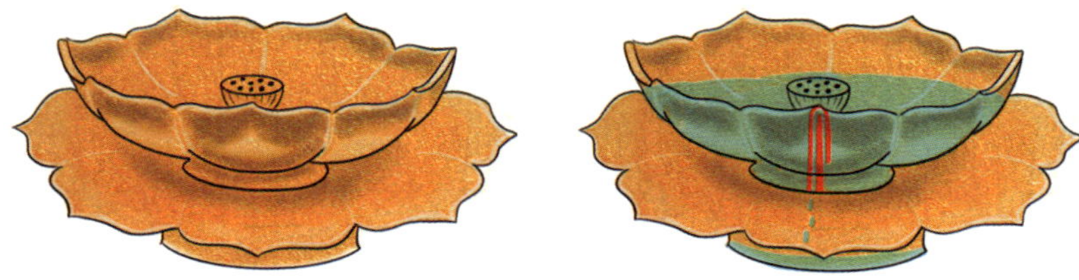

⊙ 图 8-29 神通盏想象图（1）。《清异录》中对神通盏的描述比较模糊。一种解读认为其为莲花造型黄金盏，内有菱芰之类的装饰物，底下有中空盘。推测装饰物内部有与公道杯一样的虹吸管结构，酒水没过虹吸管管口后会被吸入管内，流到盘中

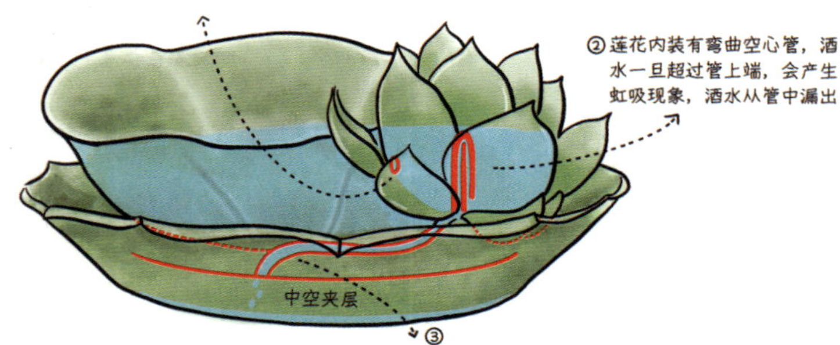

⊙ 图 8-30 神通盏想象图（2）。绘制时参考了孟晖对《清异录》的解读："在杯身一侧配有金制的莲荷、菱叶等饰件，这些饰件内里中空，通向下面的承盘，承盘则带有夹层。同时，菱荷与杯身之间藏有一个暗孔，当向杯内倒酒的时候，会有一大部分酒从暗孔流到下面盘子的夹层内。"[161] 为与图 8-29 区分，本图采用越窑青瓷造型

手势令与著辞令——四肢僵硬、胸无点墨者的噩梦

手势令和著辞令（又称改令著辞）在初唐时就已出现。

◈ 手势令[162]

手势令起源于佛教中的手诀，也是后世划拳之鼻祖。行令者要按一定规则做出相应的手势，做错就得罚酒。不要以为行手势令可像上学时做广播体操那样蒙混过关。动作僵硬、无精打采，照样得罚！以下是唐人对行令者的体态要求：

端其颈如一枝之孤柏（昂起头，如一树孤柏临风），
其神如万里之长江（气势浑，如万里长江奔涌），
扬其膺如猛虎蹲踞（昂然挺胸，呈猛虎蹲踞之势），
运其眸如烈日飞动（眼珠转动，如耀日穿行空中），
差其指如鸾欲翔舞（转动手指，如群鸾翔舞），
柔其腕如龙欲蜿蜒（翻转手腕，如蜿蜒飞龙），
旋其盏如羊角高风（转动酒杯，快如羊角旋风），
飞其袂如鱼跃大浪（挥舞衣袖，疾如急波湍洪）。

对平日缺乏锻炼的游客来说，手势令难度可不小，最好在出发前就练起来。这里有一道来自唐代的真题，你可以按照文字描述先试试：

亚（通“桠”，像树枝般张开）其虎膺（手掌），曲其松根（手指）。以蹲鸱（大拇指）间虎膺之下（大拇指压在掌心下）。以钩戟（食指）差玉柱（中指）之旁。潜虬（无名

指）阔玉柱三分。奇兵（小指）阔潜虬一寸。死其三洛（手腕），生其五峰（五指）。

连贯下来就是：张开手掌，弯曲十指。大拇指放在掌心，食指稍弯靠着中指，无名指离开中指三分，小指距离无名指一寸。然后垂下手腕，伸直五指。

这一套做下来，手腕和手指都得抽筋。

◈ 著辞令

要说著辞令，得先介绍一下著辞。著辞是酒筵中按照规定的令格，或依一定曲调创作的歌辞。巡酒或行令者被罚酒、劝酒时，需要来点背景音乐助兴。饮酒人便会请一位在座的宾客现场填词演唱，自己再答歌致谢。按谱填词与以词合乐都需遵照一定的章程。填好词后由自己或饮妓演唱，伴随舞蹈。嫌饮酒人喝得太慢，乐队还会演奏西域的快节奏促拍曲，如《阿鹊盐》《刮骨盐》《三台盐》[163] 等。

如果把著辞作为酒令规则，那便是颇有难度的著辞令。行令时需按规定的字数和韵脚，为当时流行的小调、艳曲或教坊歌曲（如《回波乐》《倾杯乐》）即兴填上应景的词，然后将它们唱出来，非才思敏捷之人不可胜任。

唐初著辞的一大特点就是嘲谑幽默。《游仙窟》中误入“神仙窟”的男子在席间与女妖（抑或女仙）崔十娘和五嫂共舞时，即兴唱道：“从来巡绕四边，忽逢两个神仙。眉上冬天出柳，颊中旱地生莲。千看千处妩媚，万看万处娅妍。今宵若其不得，剩命过与黄泉。”为了美人，他命都可以不要。还有中宗朝宫廷优人在宴席上唱的："回波尔时栲栳，怕妇也是大好。外边只有裴谈，内里无过李老。"这是说当今政坛最怕老婆的，外有裴谈，内有中宗。韦后听后很是受用[164]。中晚唐时，民间酒宴的风靡让大量文人参与到著辞创作中。对他们来说，以歌送酒环节易如反掌。他们创作的歌词大多以时光流逝、及时行乐为主题，目的不外乎劝人快把酒喝了，比初唐单纯追求通俗押韵的著辞令更富文学性。

白居易在酒宴现场作过许多标准的著辞范文："隔浦爱红莲，昨日看犹在。夜来风吹落，只得一回采。花开虽有明年期，复愁明年还暂时。"沈亚之在《梦秦记》中创作的著辞令人感伤："击髆舞，恨满烟光无处所。泪如雨，欲拟著辞不成语。金凤衔红旧绣衣，几度宫中同看舞。人间春日正欢乐，日暮东风何处去。"还有皇甫松的"酌一卮，须教玉笛吹。锦筵红蜡烛，莫来迟。繁红一夜经风雨，是空枝"……

而如果席上都是现代游客，则会陷入一种尴尬的境地：没人有能力即兴作词。那么就别玩著辞令了，请饮妓来唱歌送酒吧。她们有一肚子现成的流行文人作品，能搭配各种曲调。王维《伊州歌》可填入《慢曲子伊州》，《渭城曲》的唱词是其《送元二使安西》；赵嘏的《惜惜盐》对应同名乐曲《惜惜盐》；张祜的《悖拏儿舞》可用《弊契儿》曲演唱[165]。你在 21 世纪能读到的许多名作，都离不开饮妓们的推广。

酒席上著辞随时都可发生，跳舞更是随机事件。你正唱着歌，唱到动情处，唐人会起身向你献酬敬酒，邀你一同舞蹈，这便是著辞歌舞。摆手回绝是相当不礼貌的，等于直接向主人表达轻蔑与不满，你片刻的扭捏会结下跨越千年的仇怨。

纵情欢舞畅饮起来吧！有首著辞歌曲说得好：“明月清风，良宵会同。星河易翻，欢娱不终。绿樽翠杓，为君斟酌。今夕不饮，何时欢乐？”[166]

抛打令——狂欢的终点

行令间隙，名妓们会相继为游客带来精彩的舞蹈与歌唱表演，夹杂着射覆、藏钩、猜枚等小游戏。此刻请尽情放松，之后你就要亲自上阵跳舞了，晚宴的热闹气氛也即将被推到新的高度。

抛打令是结合了击鼓传花、手势令和歌舞的综合酒令，出现在教坊成熟、家宴与妓乐文化鼎盛的中唐。在抛打令的推动下，前期以罚为主的酒桌文化变成以劝为主。它是中晚唐酒宴的重大环节，狂欢达到顶峰，也意味着酒宴接近尾声。

抛打令分为两个阶段：**“抛”（抛球）**和**“打”（起舞）**[167]。

“抛”阶段，在乐曲（伴奏曲统称为抛打曲，由乐队现场演奏，有《红娘子》《调笑》《义阳主》《抛球乐》《还京乐》等教坊曲）或著辞歌曲的伴奏下，大家开始“击鼓传花”，按座次飞快传递骰盘、小旗子、绣球、杯盏或花枝等物品。曲终时，物品传到谁手上就由谁来行令，喝酒并表演歌舞。

下面就到了“打”阶段。行令者要完成的任务相对复杂，需按规则和特定的行进路线（四方或圆形路线）跳起“抛打舞”来向他人劝酒或自饮。若跳得不规范，也是逃不了一通罚酒。舞蹈动作有摇头招手、击髆拊髀[168]（拍肩拍大腿）、拉拽遮拦、转圈摇晃、叉手等，还要一边跳一边向劝酒对象递去酒杯[169]。这真是四肢不协调者的噩梦！“争奈夜深抛要令，舞来挼去使人劳”[170]，体力不支的游客想必已累得动弹不得。这一部分后来演变成了唐末五代的歌舞酒令“下次据令”。行令者先跳一段舞，再邀请一人对舞，两人的节奏、动作要相互配合。

当所有人肆意酣醉、脸红耳热之际，宴会的高潮终于来到：歌声、醉后狂啸与呓语声、交谈声、拍手声、筷子敲碗盘的打拍声此起彼伏。此时无人再按酒令规则喝酒了，索性全部离席起舞，口中酣歌不停，衣袖相拂，沉浸在酒精带来的狂喜中，好一番“群魔乱舞”！同手同脚的朋友们不用害怕出洋相，你不是唯一缺乏舞蹈细胞的人，饮妓们见得多了，大胆跟着乱比画就是。唐人周顗和饮妓对舞时，面对她摆动而来的玉手，一时不知如何应对，手忙脚乱，上下挥舞。同席的人见到这种场面，嘲笑说看周顗跳舞，就好像那饮妓手里拿着两把刀，正在砍一只拼命逃窜的猴子。

唯有红妆回舞手，似持双刃向猿猱[171]。

到了后半夜，饶是再活泼的席纠、再精神的宾客，都已筋疲力尽，“舞腰无力转裙迟”[172]。炭盆中的火苗也早就熄灭，留下一缕细长的烟气，像是人在低声叹息。酒宴来到了尾声。（图 8-31）

身边的饮妓问你还要不要再添一点酒，你见她有些闷闷不乐，便问她有何事忧心挂怀，连这样的欢场也无法消解？她说道：“越是在热闹中，就越会想起自己的身世。我身处的这条路可谓迷途难返。可若要返，又何尝能由我说了算呢？”[173]不等你再开口，主宾拍了拍手让人们安静，提议说不如最后再敬各位一杯，就结束今天的宴席。随后他看向你身侧，点名要这位姑娘以

⊙ 图 8-31　敦煌莫高窟五代 98 窟北壁宴饮舞蹈[174]

歌送酒。她于是顿改愁容，带着疲惫的微笑唱响了第一曲：

劝君酒，君莫辞。
落花徒绕枝，流水无返期。
莫恃少年时，少年能几时。

宾客们说笑着，杯中仍有余酒未尽。

这位姑娘又唱响了第二首送酒歌，大家的酒终于喝完了：

花前始相见，花下又相送。
何必言梦中，人生尽如梦。[175]

也是在这样寻常的夜晚，远方的黄巢率部南下，将在浙江、福建和广州攻下一座又一座城池，然后一路北上，到达长安。

接下来发生的是已注定的历史。

· 她们的结局 ·

酒宴结束便是告别的时刻，你可能会好奇这些与你短暂交心的姑娘最终去往何方。

她们从家乡来到都城长安，经历着同一种不幸，又有着迥异的结局。在太平年代，她们可能会成为老鸨，可能会进入有钱人家做妾，也可能遁入空门[176]，不幸者需忍受病痛或丈夫的折磨，含恨而终。而对乱离前夕平康坊北里三曲的姑娘们来说，她们的命运更因战乱蒙上了一层未知的疑云。

楚儿隐退后的日子其实算不上美满，她被万年县捕贼官郭锻（此人据说是郭子仪后裔）纳为妾，养在外宅。郭锻家有正室，不常来看望楚儿。每当有旧相识经过窗下，寂寞难耐的她就会呼喊他们，递上传情的手帕和诗笺。这事若叫郭锻知道了，楚儿免不了一顿毒打。一次，楚儿和郭锻到曲江游玩，遇到了从前的客人郑光业，楚儿探出车帘向他招手。郭锻气急败坏，把楚儿拉到大街上，当着众人用马鞭打她，凄声响彻街衢[177]。

在我们拜访过**颜令宾**后，她生了很重的病。暮春时节，令宾让侍女扶她坐在台阶上看落花。眼见花朵飘零入土，她忍不住长叹落泪，写下了最后一首诗："气余三五喘，花剩两三枝。话别一樽酒，相邀无后期。"令宾到死都忘不了收集名人题词，她让侍女拿着绝命诗到宣阳坊和亲仁坊去，逢着新及第的进士或举子就给他们看，告诉他们曲中颜家娘子想带病侍奉诸位郎君。同时，令宾在家中摆好酒菜点心，等收到邀请的客人陆续到来，请人奏响乐曲，长歌畅饮。直到暮色将近，她才哭着对大家说："我活不了多久了，请大家写点挽词来送别我。"

出殡那天，竟真的有一沓沓挽词从长安各坊送来。一心想借令宾之死敛财的假母见送来的都是些不值钱的挽词，一气之下把它们全都扔到大街上，诗笺像雪片一样飞舞。颜家隔壁住着的贫苦乐人刘驰驰捡起它们，在令宾灵柩前唱给她听：

残春扶病饮，此夕最堪伤。
梦幻一朝毕，风花几日狂。[178]

还记得向客人诉说悲惨遭遇的**福娘**吗？她也奢望与心爱之人组建家庭。后来她请求孙棨将她赎出去，可孙棨并不愿意，写诗回绝了福娘的请求："泥中莲子虽无染，移入家园未得无。"虽然你出淤泥而不染，可我还是没办法把你移种到家里去。这之后没多久，孙棨就去了洛阳，等冬天再回来时，福娘已被豪门聘走，再也见不到了[179]。

小福比福娘好命，也算得上狡猾。她被郑九郎纳为妾的同时，又和曲中一个叫盛六子的人不清不楚，还与他偷生了个儿子。小福本事可不小，那郑九郎不仅被蒙在鼓里，还非常宠爱她们母子[180]。

张住住或许是所有人里最幸福的一个，总算与庞佛奴终成眷属，就是委屈了花钱还被骗的陈小凤。庞佛奴受到上司赏识，生活也好了起来，不但迎娶了住住，还为她修建了一所大宅院[181]。

而**刘泰娘**等其他人，在乱离后便不知去向。

孙棨还回忆了一件事。进士郑光业（上文中楚儿的旧相好）新及第时举办宴会，席上有个饮妓突然心痛不已，猝死在宾客面前。郑光业和没事人一样毫不在意，顺手打包了一些酒器送给那妓女的假母，作为工伤赔偿，然后换上新的酒器，继续豪饮。他宝贵的享乐时光怎能被区区一个妓女的亡故耽误[182]。

近三百年来，红尘欢场中上演了无数出悲喜剧。有的姑娘求到了有情郎，“虽分生死，难拆因缘”[183]。有人却丢了性命，无人怜惜。更多的是连名字也不曾被记录的妓女，她们的结局无人知晓，也鲜有人关心。芸芸众生好比梁朝范缜口中那一树烂漫的花朵，虽同发一枝，俱开一蒂，可一旦风来飘落，有的拂过帷帘，坠于芬芳的茵席，有的飘过篱墙，落在粪坑之侧[184]。

乱离之前的平康坊北里，就是这样一个世界的缩影。

第九章
演出与庆典指南

观众们，神明旨意的干预无处不在，

甚至常超乎凡人之预料。

有时，他们并不应允长久的期盼，

却成全我等从未怀有希望之事。

命运是此般不测，

正如这故事的结局。

——公元前 5 世纪，欧里庇得斯（Euripides）《阿尔刻提斯》[1]

- 本章提供长安城内的表演导览，为你介绍演出地点与时间，并附上节目表。
- 如非特别说明，所有演出均免门票。

来到长安，你绝不可错过当地人举行的盛大文娱活动。在教育尚未全民普及的时代，演出与庆典就是百姓学习和了解新事物的途径之一。

每年各大世俗节日、宗教节日和皇家庆典，城中都有官方、大户或民间自发举办的演出。在长安人心中，甚至连围观送葬队伍、献俘和祭祀仪仗也算是娱乐活动。你无须像在现代那样，购买动辄百元的歌舞演艺门票，坐在观众密集的剧场里观看表演，唐代长安城内的表演大多免费，除了强调宗教仪式的佛经俗讲（唐末，俗讲也逐渐走出寺院讲堂而成为街头艺术），演出庆典活动多在开放性空间，如寺院的空旷地带、街头、集市和城门广场，或是在整条街上移动巡演。也许正走在路上，好戏便开始了，请忘掉你原本要前往的目的地，加入他们的狂欢！没有了局促的舞台，抛弃了固定的座位，远离了手机和相机的干扰，你将更加全神贯注，沉浸在被哄抬到顶点的高涨情绪中。我们劝你好好享受这种无序和不便，因为这恰恰标志着逝去已久的长安正在活过来。

由于露天表演时间较长，你需要自备雨具、野餐布、轻便折叠椅或胡床，以方便随时休息和应对多变的天气，并请注意预防中暑及风寒。现场观者动辄上万，姗姗来迟的话最终可能只看到一片后脑勺。请一定早点到来，占据制高点，但禁止攀爬树木和建筑。参与热闹的同时，也要记得牵好自己的小孩，不要被人潮冲散。

如逢重大的皇家庆典和大酺歌舞，你务必要留心自己的住宿问题。因为到时不仅有成千上万的游客，京畿各地的唐人也会涌向长安。

考虑到**上元日**、**大酺日**期间演出将进行至半夜，城中坊门不会关闭。

● 人潮涌动的街道也是小偷与歹人的猎场，请留心财物和人身安全。

· 长安城的街头庆典活动 ·

祈雨仪式及相关表演：天门街（朱雀大街）—曲江

● 不容错过：

◆ 祈雨仪式中展出的法器与宝物；

◆观赏曲江“投龙”仪式；

◆天门街上东西二市激烈的才艺比拼。

每逢长安久旱或孟夏时节，皇帝会在曲江、长安东北郊的风师坛和西郊的雨师坛[2]，以及城南圜丘等地举行祈雨仪式。（图 9–1）

最适合背包客沿途观看的是**曲江祈雨仪式**。仪式多在易发生春旱的春夏之交，其中的投龙、投简环节受道教影响极深，佛教祈雨则主要是设坛和诵经念咒。

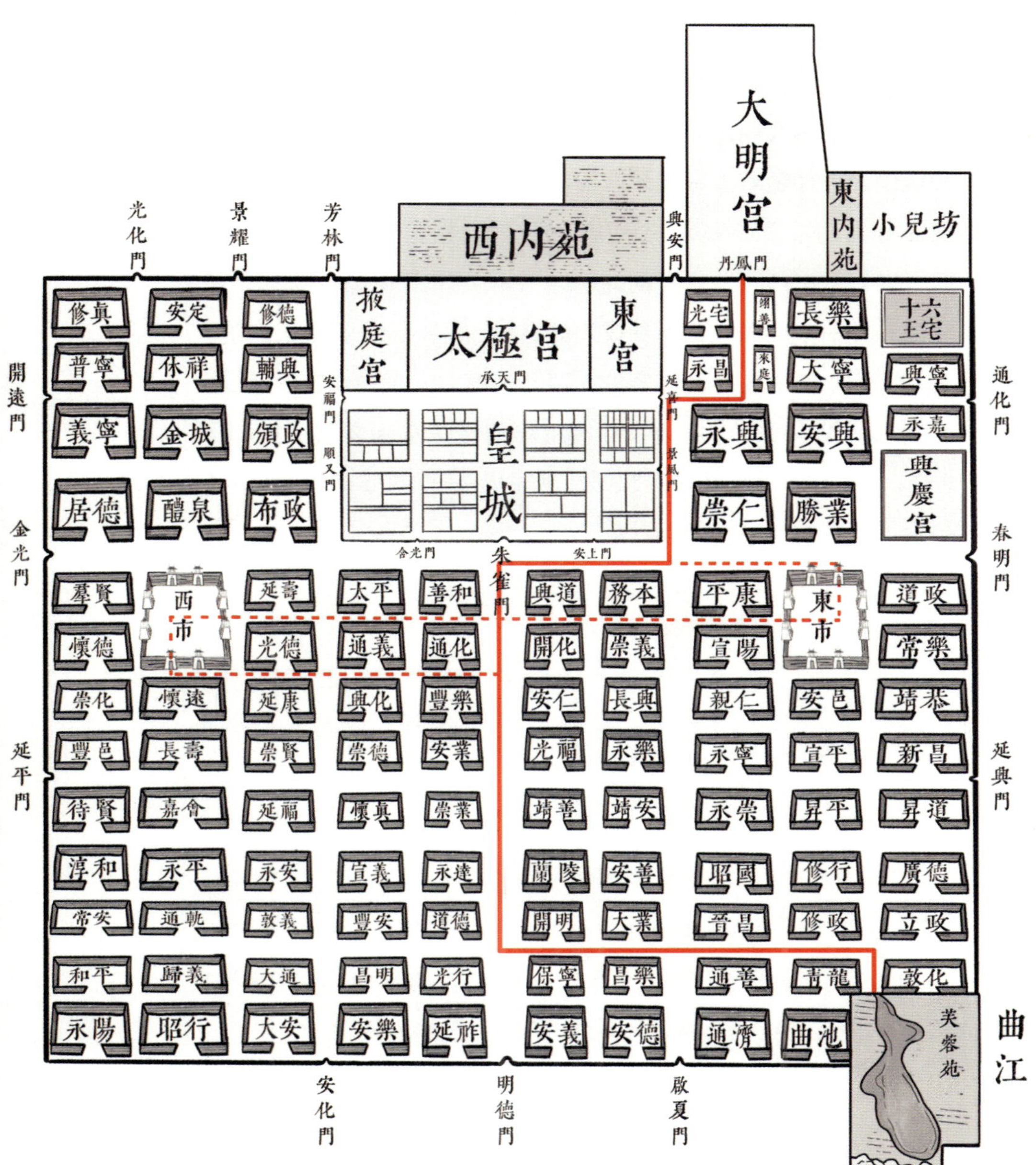

⦿ 图 9-1　长安城祈雨路线推测图

祈雨当天，队伍会**从大明宫出发，经天门街，一路向南到达曲江，有时也会经过东市、西市等人流密集区**。沿途允许百姓与游客围观。伴随着太常寺乐队的演奏，队伍一早便浩浩荡荡地出发了。人们抬着能够兴云致雨的泥塑土龙，一路上边走边撒纸钱，随行的巫师在队伍中翩翩起舞。如果你时间还算充裕，不如就跟着他们走到曲江，观看仪式的高潮——一位德高望重的道士将刻有祈求消罪与降雨内容的文简、玉璧、金龙和金钮一道以金丝捆扎，投入曲江，把万民祈雨的愿望送达水底之龙那里。（图9-2、图9-3）祈雨仪式到此便圆满完成[3]。找点吃的去吧，大清早走了这么远，你一定饿坏了。

围观韩愈

长庆三年（823）六月后，时任京兆尹的韩愈也参与了曲江的投龙仪式。没能报上名去他家拜访的游客，这是你见到他的又一机会。

祈雨金龙

去过陕西历史博物馆的游客一定对唐代何家村窖藏出土的小金龙印象深刻，它很可能就是当年那种投入曲江用于祈雨的金龙。

大历九年（774）七月，长安久旱无雨，游客在天门街附近能看到这样的奇观：京兆尹黎幹亲自来到天门街祈雨。他先是用泥土堆了一条大龙，把城中所有男女巫都叫来围着土龙跳舞，自

⊙ 图 9-2　1982 年在河南嵩山峻极峰北侧石缝里发现的武则天除罪金简[4]（右）。当年武后重病初愈，深感不安，遂于纯金片上刻下文字，请道士胡超在七月初七代她投入嵩山的崇山峻岭中，为自己免除罪孽，向天、地、水和各方神仙祈求长生。唐代祈雨时投入曲江的文简尚未发现实物，推测与此金简外形相差不大

⊙ 图 9-3　唐代何家村窖藏出土的赤金走龙，现藏于陕西历史博物馆[5]

己也上阵与巫师们对舞。黎幹跳得很卖力，但姿态丑陋怪异，在场百姓的眼珠子都要吓掉了。静默了一段时间后，人群爆发出一阵哈哈大笑[6]。

要是遇上持续大旱，君主会下令徙市，即关闭东西市，将市集移至诸如天门街之类的通衢处。地理位置这么好，不用来扩大商机就太可惜了。市人[7]们会自费邀请艺术名家前来演出，吸引更多顾客。他们在天门街两侧各搭一彩楼，请明星上台演出，斗歌斗琴，一决胜负。贞元年间到达的游客将有机会在此观摩唐代

音乐史上最著名的一次“神仙打架”。东市请来的是宫廷乐师，人称长安“第一手”的琵琶名家康昆仑，一曲《绿腰》无人能敌，令台下数万人默然陶醉，回味无穷。西市请来的却是一位名不见经传的蒙面女郎，女郎登台后，放话说既然要比试高下，她便与康昆仑弹同一首曲子，于是即兴移调，又弹了一次《绿腰》。出乎所有人意料，这位纤纤弱质的女郎一拨弦，琵琶竟发出了滚雷般浑沉有力的乐声，连康昆仑也惊骇不已，看热闹的人更是叫好不迭。奏罢，康昆仑也很大方，当即要拜女郎为师。女郎闻言，掀开了头巾，众人这才发现“她”竟是由男子假扮，其真实身份是大庄严寺僧人段善本[8]。

天门街本就是城中著名的公众集会场所。《李娃传》中记载，东西两市凶肆商家曾在此举办葬具展销博览会和挽歌斗唱大擂台。上台的艺人中就有追求李娃不成后流落到凶肆打工的荥阳生。前半生只知埋头苦读的他在这次打擂中点亮了未曾想到的技能点——给人哭丧。当游客欣赏荥阳生清澈煽情的歌喉时，他那好面子的父亲正在提刀赶来的路上[9]。

● 参加此类民间集会会有风险，请不要长时间逗留，详见第一章《初到长安》。

说件扫兴的事

长安百姓在坊市聚会斗歌的传统止于会昌三年（843）末。集会因乐声喧嚣、人数众多，常惊扰政府办公，被下令叫停了[10]。

冬至南郊祀天[11]

● 该游览项目要看君主亲祭才有意思。不过在唐代，冬至南郊祀天一般由官员代为摄事。唐前期君主亲祭的时间不固定，安史之乱后，君主多在即位的第二三年举行亲祭[12]。

留在长安过冬至的游客，别光躲在旅店里烤火、吃馄饨、喝赤豆粥。冬至当天有两大盛事：祀天和大朝会[13]。清晨昼漏上水五刻，皇帝声势浩大的卤簿自大明宫而出，经朱雀大街前往明德门外的圜丘祭祀昊天上帝。

朱雀街东西侧很早就满是游客。想占据前排有利位置，你得在坊门口吹着寒风，等着晨鼓声响，在坊门打开的第一时间冲出坊去。车驾经过的沿线都会有金吾先行清场，保证皇帝的安全。但全程允许百姓围观，以彰显皇家之威严与气度。整套大驾卤簿共有五个驾次（导驾、引驾、车驾、后部鼓吹、后卫部队），二十四支队伍[14]。注意第三驾次，皇帝的辂车就在其中。眼神好或备有望远镜的游客能望见辂车中穿戴衮冕的皇帝本人。也有皇帝（如高宗和玄宗）因不大喜欢辂车局促的空间，更倾向乘坐开放的步辇或策马出行，这样围观群众就能看得更加清楚。车队经过朱雀街，幡幢飘扬，旌旗漫漫，人员多达二十万[15]，但整个过程宁静而肃穆[16]，只有凝重的鼓声提醒着百姓不可再向前一步。（图 9–4）

知识补给

自高宗即位后颁布《显庆礼》始，一年四次祭祀昊天上帝的制度得以确立，包括**正月上辛祈谷、孟夏雩祀、季秋明**

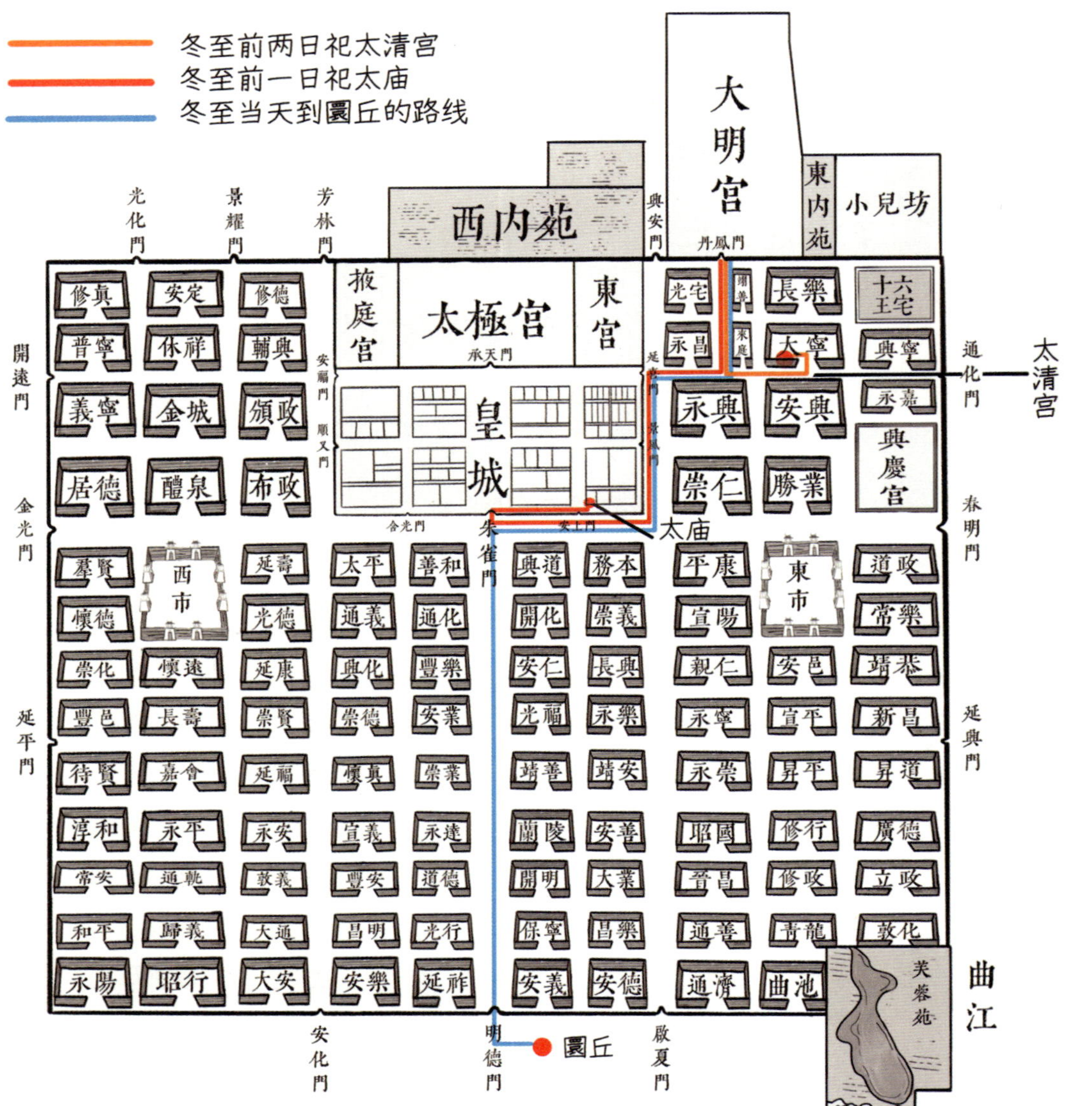

⊙ 图 9–4 冬至祀天路线推测图 [17]

堂大享 [18] 和**冬至祀天**。冬至祀天最为重要，规模也最盛大，主场一般设置在城南郊的圜丘（图 9–5），武则天时期曾在洛阳明堂举办。圜丘是唐代的祭天坛，主体建筑为夯土版筑而成的四层圆坛，直径由外到内逐渐变小。每层皆有向四周辐射的十二条阶道，象征十二辰。坛壁和台阶涂抹有白灰，使整座圜丘看上去圣洁无瑕。天宝元年（742）大宁坊太清宫建成后，君主在南郊亲祭的前两天需先前往**太清宫祭祀老子**和前往**太庙祭祖**，是为“三大礼”。

游客与百姓只能跟着銮驾走到城南郊青城（行宫），不得再进入外壝，那里有重兵把守。皇帝稍作休整后，将从外壝东门绕至中壝的南门，从南陛登上圜丘，完成第一环节——向神座奠玉

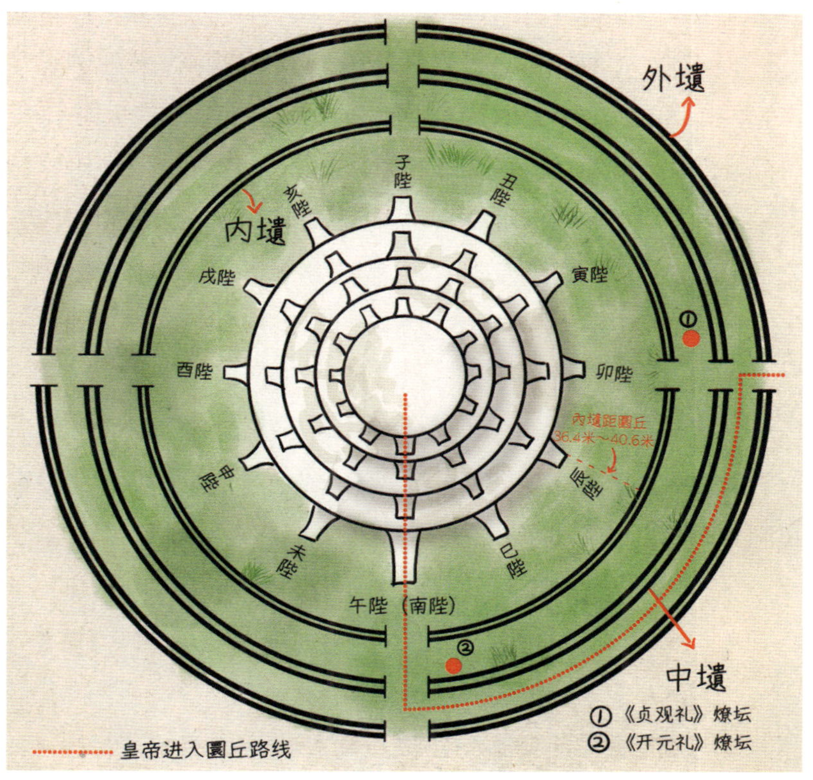

◉ 图 9–5　圜丘俯视示意图[19]

帛（进奉玉币与丝帛）。第二环节为进熟（进献酒食）。献祭完毕后，诸祝率斋郎将玉币、祝版和馔物放入燎坛，点燃柴火，坛内缭缭青烟升起，祀天仪式至此完毕。銮驾回程行至丹凤门城楼，皇帝还将登楼宣读赦文[20]或宣布改元（多为即位后次年），新的一年即将到来。

我要申冤！

在此类皇帝出行的场合，游客还有可能看到有百姓御前申冤。不过，真实情况并不像影视剧那样充满戏剧性——人群中突然跑出一人冲进车队，自残身体，哭天抢地，皇帝的神色由惊恐转为愤怒，当众宣布严查，现场高呼天子圣明。

唐代的确允许个人邀车驾直诉[21]，但他们只会跪在路旁，等候皇帝经过时喊出冤情。直接冲进去属于惊驾大罪，轻则徒刑，碰上暴脾气的侍卫，一只胳膊就没了[22]。

皇家演出与活动

唐代皇帝会在**降诞日、大酺、上元节、寒食节、大赦、皇家婚礼**等时段举办庆典演出，与民同乐。（图 9-6）

- 有关上元节、寒食节和皇帝诞日的具体时间，请查阅第一章《初到长安》附录中的时间表。
- 大酺与大赦时间不固定，请详询当地百姓。
- 为获得更佳观赏体验，务必提早找个视野较好的位置。

- 庆典中，皇帝及众多著名历史人物将出现在城楼上，请自备望远镜。

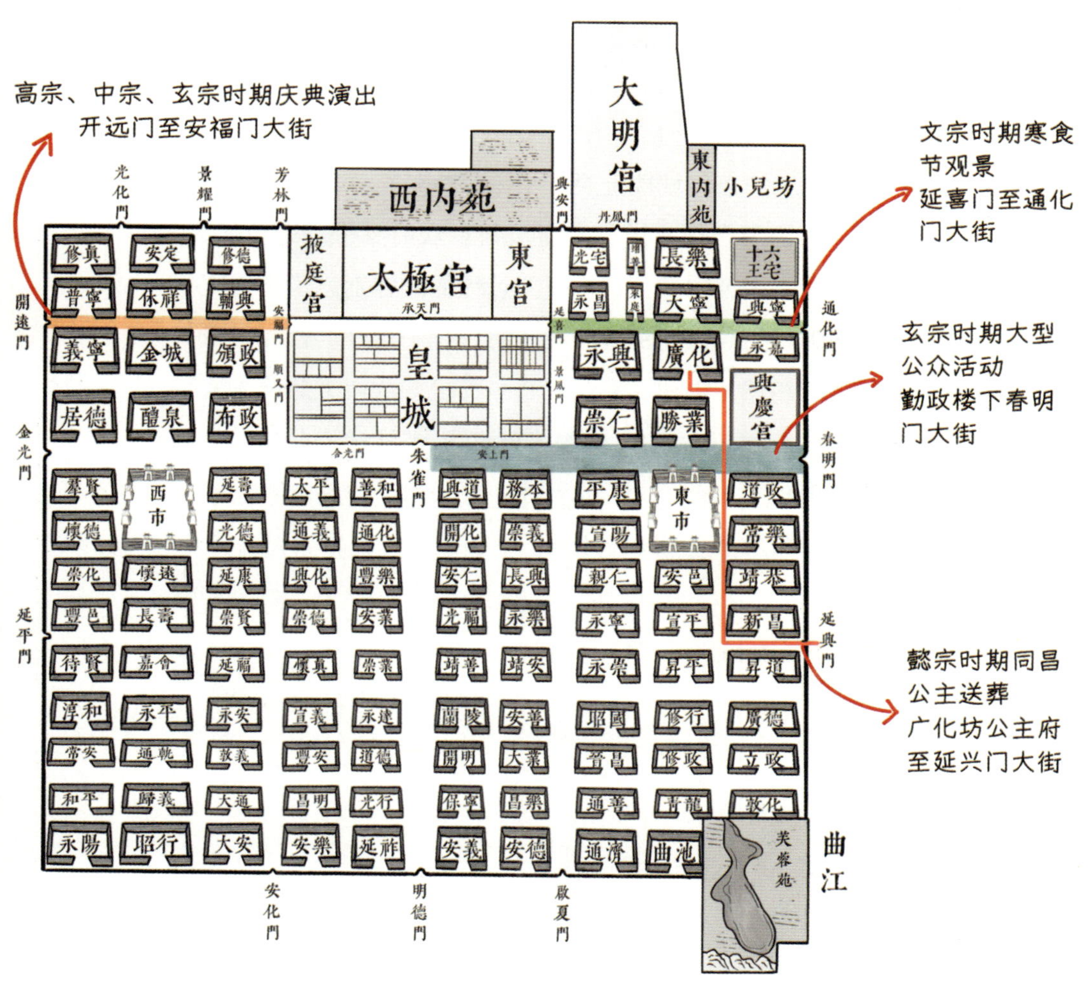

⊙ 图 9-6　长安城皇家主办演出、庆典与活动示意图

高宗、中宗、玄宗时期——安福门外大街

● 不容错过：

- 安乐公主空前豪华的送嫁仪式；
- 参与上元观灯和踏歌，亲身感受千年前的节日氛围。

安福门百戏表演

时间： 永徽三年（652）二月二十七日。

本日高宗将在安福门城楼上观看从城楼绵延至开远门大街的百戏表演。演出主要是街头游行，演员与观众的身份可以转换，欢迎你随时成为表演者中的一员。带望远镜的游客别忘了把镜筒对准城楼，同那里的高宗、王皇后和武昭仪打个招呼。百戏中最为精彩的是胡人蹋球（击鞠）表演。与今天足球的两方对抗方式不同，当时更流行的玩法是极具观赏性的花式蹋球，名曰“白打”，偏向杂技性质。演员要用头、肩等身体部位使球腾空，永不落地。但高宗并不喜欢这一次演出，因为表演者都是胡人[23]。

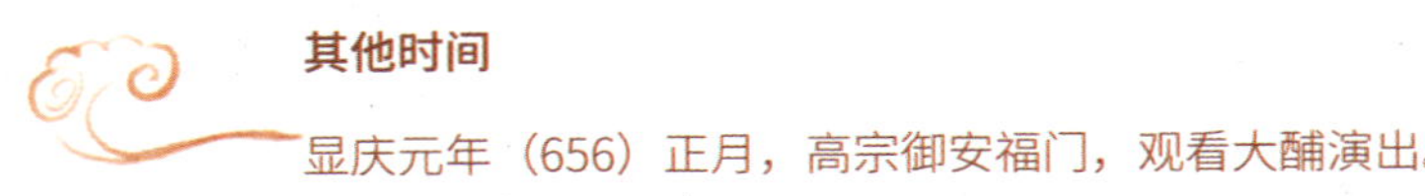

其他时间

显庆元年（656）正月，高宗御安福门，观看大酺演出。

安乐公主送嫁

时间： 景龙二年（708）十一月二十一日。

中宗的宝贝女儿安乐公主将在这天出嫁，到现场为新婚夫妇献上祝福是旅途中格外特别的插曲。这几日皇帝将大赦天下，赐酺三日，长安城内四处都是游乐的氛围。

按唐时婚俗，傍晚时分，安乐公主等同皇后仪仗的送嫁队伍将穿过安福门城楼，途经朱雀大街，向驸马武崇训位于休祥坊的豪宅进发，中宗和韦后夫妇在城楼上为女儿送行。一路上灯烛耀目，夜晚也明亮如昼。借着荧煌的灯火，游客连宫女所穿衫裙的暗纹都看得清清楚楚。安乐公主坐在七宝障车内，我们无法见到她的真容，但她行过的大街上四处都是香气，融进寒夜纯净的空气中[24]。

● 冬夜风大寒冷，请备好厚实的衣物。

◈ 安福门上元灯会

演出时间：先天二年（713）上元夜。

此时安乐公主已在三年前的唐隆政变中身死，星霜累迭，华灯依旧。上元夜，玄宗来到安福门城楼上观灯[25]。这一晚尤其热闹，全长安都不闭坊门，任由百姓在外通宵观灯玩乐。如果回去得早，连旅店老板都会忍不住批评你两句。就算你早早睡下，也会被响彻全城的歌声吵醒。

最好别乘车，各路市民的车辇早已把开远门大街给堵得水泄不通，你恐怕最后还是得提前下车步行[26]。当晚，安福门城楼下会建起高达二十丈的灯轮，外披锦绮，饰以金玉，灯轮上五万盏灯齐时点起，夜空烂漫似锦，照亮了长安城里上万双漆黑、碧绿抑或琥珀色的眼睛。灯轮极有可能是来自西域的款式，长安本土的灯楼则多达七八层[27]，高一百五十余尺，楼檐上悬挂了珠玉金银，风一吹，锵然成韵[28]。灯火的热气扑面而来，哪怕在寒

⦿ 图 9-7　敦煌莫高窟初唐 220 窟北壁药师经变中的灯楼 [29]

⦿ 图 9-8　敦煌莫高窟五代 146 窟北壁和中唐 159 窟西龛壁画中的灯轮。不过灯轮并非只为上元节准备，在各大佛俗节日，敦煌地区人民都有燃灯建福的习俗 [30]

冬，你的脸庞和身子都是暖烘烘的。安福门至开远门大街上整夜都有女子踏歌演出，舞者是从长安县和万年县挑选来的美貌女子，还有数千位珠翠满头、香粉萦身的宫女。姑娘们踏起动感俏丽的舞步，头上花钗媚子剧烈颤动，耀眼的衣裳如锦云飞拂，连扬起的尘土都散发出浓郁的香气。星光与朗月之下，壮观的安福门城楼是踏歌灯会的天然背景，为欢快的歌舞平添几分庄严与肃穆。（图 9-7、图 9-8）

你可以从人群中的小贩手上买一份小食，沿着望不到头的踏歌队伍边走边吃，看看“人拥行歌路，车攒斗舞场”[31]的盛况，但也要小心层层叠叠的游人，他们会把你挤得脚不点地，凌空而行[32]。

无论是大胆地参与踏歌，还是在一旁围观欢呼，今夜所有人一定是发自内心地快乐，人人烂漫无愁，唯独害怕白昼的到来[33]。抬头看看，在异时空却不是异乡的长安，你正望着的是与千年后相同的一轮明月。

● 踏歌表演会一直持续到十六日夜。

知识补给

隋朝的上元节比唐朝的刺激多了，那一天“人戴兽面，男为女服”[34]。唐朝的上元节是否继承这一传统并无记载，但，兴许你能碰上呢?

额外收获

翌日清晨到踏歌现场来转转，满地都是昨夜舞动时掉落的珠钗、帔帛等，你可以大大方方捡走，不会有人抓你的[35]。

其他时间

延和元年（712）七月十二日，睿宗登安福门观看乐舞，表演整整持续了一昼夜[36]。

元和十四年（819）正月，宪宗在安福门城楼迎接佛骨的到来。

玄宗时期——勤政楼下春明门大街

● 玄宗时，大型娱乐盛会的地点从安福门转移到了兴庆宫南勤政楼下的春明门大街，面向人头攒动的东市东北角。春明门大街宽达 120 米[37]，足够容纳巨量人流。玄宗降诞日、正月十五上元节和举行大酺时此地皆有皇家主办的演出。

● 不容错过：

◆ 徜徉在大酺日举国作乐的狂热海洋，尽享旅途放松一刻；

◆ 聆听唐代实力派当红女歌手许永新和念奴的清唱，欣赏极具穿透力的天籁之音；

◆ 观看眼花缭乱的百戏表演，领略惊险与快乐。

● 本游玩项目涉及动物表演。

◈ 大酺

每逢大捷、改元、皇帝降诞日和皇家喜事等，朝廷都会举行大酺（赐酺），为百姓发放饮食[38]，允许民间大摆宴席，聚饮歌舞，以表推恩。玄宗在位期间赐酺次数是唐代君主中最多的，共十六次。其次是武后、高宗、中宗、睿宗等人。肃宗之后，除穆宗朝有过一次大酺外，唐代再也没有举行过这项活动。

大酺一般持续三到五日。长安化身天地间最大的酒桌和舞台，人们放下手头与心头的烦事，不分身份在街头巷尾齐聚欢饮，载歌载舞。往日闭门不出的淑女们走出深闺，在社交场上抛头露面。车骑雷动，士女星罗，各色绮丽的裙幄灿如烟霞，对小伙子们来说，这是难得的与佳人相见的好时机[39]。

赐酺这几天里，为了照顾从京畿各地和外国涌入长安的游人，玄宗下令大开坊门，终夜不闭，即使玩到很晚也不至于露宿街头[40]。每日，他都会登上勤政楼观看位于春明门大街的表演，还有文武百官和诸番酋长陪同。

表演项目让人舍不得眨眼，有花样百出，比现代花车巡游还花哨的**山车旱船**、心惊肉跳的**寻橦走索**，以及收获山崩雷鸣般惊叹声的**丸剑和角抵戏**。在杂技、肉搏等节目之后，众人眼中顿生明媚，数百名衣锦绣、饰珠翠的绝色宫女陆续亮相，齐齐击鼓奏响**《破阵乐》《太平乐》**和**《上元乐》**，激昂的觱篥和鼓点让观众也跟着扭起了身子。正当大家伸长脖子好奇下一个是什么节目时，孩子们先开始尖叫了！原来是动物出场了！除了轻灵俏皮的**驯马、斗鸡**表演，还有在唐代尚属罕见的**大象与犀牛舞蹈**，这些庞然大物随着音乐缓缓入场，轻盈地踩着点向观众拜舞[41]。

观众越来越多，从四面八方涌来了上万人，说话声喧嚣震天，吵得根本听不到音乐。玄宗大发雷霆，欲罢宴而去，高力士拦住他说："圣人，我看就请永新在城楼上清歌一曲，一定能让大家安静下来。"观众还不知道，他们即将因自己的喧哗而收获意外惊喜。天宝年间最有名的女歌唱家之一许永新在此时出场，她稍稍整理鬓角，举起衣袖吟唱，曼妙的歌声如温润的溪水从喉中流出，化作漫洒于空中的甘霖。广场上的吵闹瞬间平息，寂若无人空谷。歌者无心，任情倾吐；听者有意，各怀心事，肝肠寸断[42]。

许永新被赞"歌直千金"[43]，与她同时代的还有另一名女歌手念奴，两人不分伯仲。在其他时段来观看玄宗主办的皇家演出，也许能听到念奴歌唱。她不仅天生一副好歌喉，容貌也娇美动人，尤其在唱歌时，眼波流转，摄人心魄。可惜城楼高远，游客见不到她生动的面部表情。她一边唱，一边执拍板打拍子，歌声高亢辽远，盖过伴奏的钟鼓笙竽，飞至朝霞之上[44]。

其他时间

天宝十三载（754）三月二十六日的大酺日非常特别，北庭都护程千里将生擒来的同罗首领阿布思献俘于勤政楼下，后阿布思在朱雀街被当众斩首，在场有数万人围观[45]。

不适合未成年人和心理承受力弱的游客观看。

● 玄宗特别爱在勤政楼举办献俘礼，楼下的春明门大街正是供公众围观的好地方。除玄宗时期外，唐代献俘礼大多在皇城与宫城内举行[46]，游客是无法入内观看的。

危险与麻烦

离游客较远，站在城楼上负责皇帝安保的是四军兵士（左右羽林军和左右龙武军）；负责维持会场秩序的是大名鼎鼎的金吾卫，他们衣短后绣袍，身披黄金甲[47]，威风凛凛。他们不是景区的演员，不会和你互动，极有可能你一走近就被大声喝退。同时，人多难免会发生踩踏与推搡，出现混乱时，金吾卫会用棍棒来维持秩序[48]，如雨点般落下的棍子可不留情面！不过这都算是温柔的了，幸好我们在长安，不属于酷吏严安之的管辖范围。要按他的风格，会直接在地上画一条线，宣布："过此界者死。"他真的说到做到[49]。

◈玄宗降诞日：八月初五千秋节（天长节）[50]

每年降诞日，玄宗都在勤政楼观看演出。开元十七年（729）的千秋节演出推荐指数高达五星。演员们都是全国顶尖的艺术家，节目均经过了精心编排。

开场大型歌舞是为皇帝祝寿的《**圣寿乐**》，数百名舞者的衣襟上绣有大朵团花。演出时，她们会先在外面罩一件短缦衣，把团花藏住。舞者按乐曲结构顺序依次出场，进行到第二叠时，所有人聚拢一团，一齐从领子上抽去缦衣，一大朵灿烂夺目的团花就赫然出现在所有人面前，惊艳无比[51]。舞者们接着变换队形，轮流排出十六个字，从高空看去，依次是："圣超千古，道泰百王。皇帝万年，宝祚弥昌。"[52]精妙的编舞和走位令观众啧啧称奇。

几阵轻快的铃音传来，玄宗亲自在宫中教导的**舞马**从侧面奔上春明门大街的主舞台，**大象**也在五坊使的带领下向着勤政楼跪倒，仿佛世间生灵都对开创盛世的玄宗拳拳服膺。舞马是海西大秦等地产的良驹，多达四百匹；它们身披绣衣，以金银为络脑，修剪整齐的鬃毛上还串有名贵珠玉。在《倾杯乐》的伴奏下，训练有素的马儿们踏着鼓点奋首摆尾，口衔金杯为玄宗祝寿，然后将杯中美酒一饮而尽，直到垂头掉尾，烂醉如泥，简直和人一模一样[53]。接下来，是节目最精彩的部分：驯马师先是让一匹马走上床榻，随后，一位赤裸上身的壮士走到床边，轻而易举地连马带床一并举起，数名身穿淡黄衣衫的秀美少年在旁边演奏乐曲，马儿在床上翩然起舞，现场爆发出一阵又一阵的赞叹声[54]。（图 9-9 至图 9-11）

祝寿主题的盛大歌舞后是俏皮轻松的表演，游客将欣赏到鼓手**吕元真**的绝活。他头顶一只装满水的碗随着舞曲击鼓，一曲奏

⦿ 图 9–10　彩绘陶质驯马俑与舞马[55]，现藏于中国国家博物馆

⦿ 图 9–9　彩绘（已脱落）唐舞马俑，现藏于巴黎亚洲艺术博物馆

⦿ 图 9–11　何家村窖藏出土鎏金舞马衔杯纹银壶[56]

完，水竟一滴不洒[57]。你的眼睛也别只盯着前方，向天上看！御楼[58]间不知何时已竖起了数根立柱，立柱之间系笔直纤细的长绳，**绳技**演员们踮着脚在绳上来回走动，她们散开的发丝迎风飞舞，像天边游弋的青云，空中飘来阵阵头发的异香。绳索上，两名演员侧身交错而过，步态轻盈。

请你屏住呼吸，表演惊险度正逐步增加：一名女演员的肩上站了三四个人，她仍能脚穿木屐在绳上倒着行走。绳子两侧各站有一名抛丸接剑的演员，抛出的丸、剑好似长了眼睛，能不偏不倚从这名女子和她肩上所站之人的头顶掠过，再次落入两端的演员手里。她们深知如何拿捏观众心理，不时会假装闪失险些跌落，却又稳稳站住，骗去好一阵惊叫；后翻腾空时又故意踩空，以腰肢落在绳上，纤腰如垂柳拂动[59]，任凭底下“万人肉上寒毛生”[60]。（图 9-12）

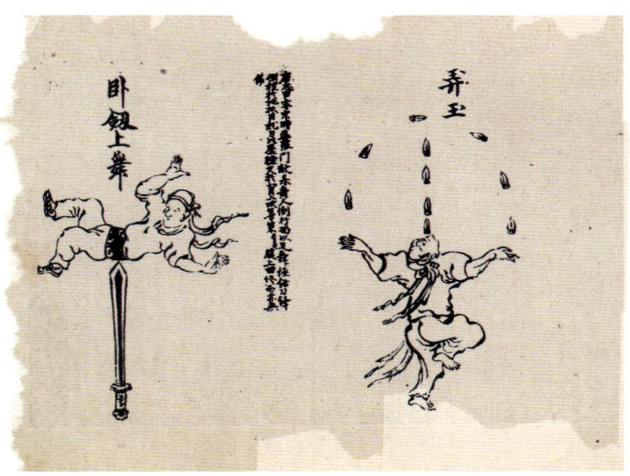

⊙ 图 9-12　日本《信西入道古乐图》中的弄剑、剑上舞、弄玉（抛接短刀）和登绳弄玉（绳上抛接短剑）表演[61]

抬头看得脖子都僵住了？还没结束呢！听到观众的喝彩了吗，来者是颇具知名度的教坊艺人、**著名竿木家王大娘**。她的舞台是一根高达百尺的细木竿，竿上架着一座木头雕成的“仙山”。小徒弟们手持绛节在山上爬上爬下，仿佛于云间唱歌跳舞[62]。王大娘表演完后，帅气的男性竿木演员**赵解愁**翻身上竿，他矫健的身姿真是令人望之解愁，那句“倾城人看长竿出，一伎初成赵解愁”[63]还真不是夸大其词。偷偷告诉你，唐代的娱乐圈一点儿也不比今天简单，赵解愁与著名筋斗家裴承恩之妹——女歌手裴大娘之间还有一则路人皆知的八卦。为避免被艺人指责侵害名誉，本指南不便详述，想了解的游客请询问身边的唐人[64]。与赵解愁一同表演的还有长安男性的梦中情人**范大娘**，她技巧一流，身姿妖娆，容颜也妩媚可人。只是范大娘有轻微的腋气，还好她只在高空表演[65]。

前面都只是唐代观众熟知的明星，接下来出场的演员才算得上名冠古今。游客们如雷的掌声和排山倒海的欢呼声甚至盖过了唐人。这位负责压轴的女子表演的是剑器舞。[66]她气势沉稳，眉宇间自带不可亲近的凛然之气。女子无暇顾及人群的骚动，凝神抽剑出鞘。她下盘极稳，步伐行同雷奔，身姿动如云布，手中长剑尖厉地鸣叫着，似电光曜日旋转而来，这不是表演道具，是开了刃的武器，逼得前排观众一边惊恐后退，一边叫好。身旁的唐人虽然也很兴奋，却不知为何你比他们还要激动，连声问道：“难道这公孙氏这么有名吗？”

有的游客已在裴儆宅中看过李十二娘的表演，今天才得以在勤政楼下领略她师父、正值盛年的公孙大娘的风采。其剑舞雄浑姿媚、孔武有力。观众为之热血沸腾的这场剑舞，是杜甫终生再难追寻的念想，是那一去不返的盛唐。（图 9–13、图 9–14）

⊙ 图 9-13　吐鲁番阿斯塔那 336 号墓出土的顶竿倒立木俑（左）[67]、西安市长安区郭杜乡 31 号唐墓出土的三彩童子叠置伎俑（中）[68]、唐金乡县主墓出土的戴竿杂技俑（右）[69]

⊙ 图 9-14　敦煌莫高窟五代 61 窟南壁百戏竿木图 [70]

注意你的头顶

为了活跃气氛、犒赏演员与百姓，皇帝会命人从楼台上撒钱。这撒的不是普通的开元通宝，而是罕见的金开元[71]。金子是真金，被砸一下也是真疼，哄抢时还非常容易发生踩踏事故。要牺牲安全来换的东西我们宁可不要。

文宗时期——通化门城楼

◈寒食节君主见面会

时间：开成四年（839）二月寒食节。

性格仁柔、内心脆弱的文宗与他那充满好奇心和尝试欲的先祖玄宗是两个极端，文宗可看不得那些险象环生的高空杂技，一即位就全部叫停[72]。

寒食节这天，文宗会登上通化门城楼，观看在延喜门至通化门大街上来往的行人[73]。这是他为数不多的快乐时刻。经历了备受恐吓和屈辱的甘露之变，他的忧思抑郁已愈发严重。

若你在过去读史时，曾对这位一生充满遗憾的君主有所感慨与共情，可以在一年后的八月十七日来到通化门附近，送他最后一程[74]。由山陵使带领的送葬队伍绵延五里，从通化门鱼贯而出，前往位于富平县西北二十里的天乳山，将文宗的灵柩入葬。

知识补给

通化门一直以来也是唐朝皇帝为出征将领、使臣与和亲公主送行的地方。元和十二年（817）八月初三，漫步至此的游客会见证历史性的一刻：宪宗在通化门为即将前往淮西行营指挥平藩的裴度饯行。当时正值唐廷与淮西藩镇战事胶着之际，武元衡被害，裴度遇袭，大唐王朝风雨飘摇。初秋时节露冷风高，远行人即将前往难测之地，此情此景令人倍感凄凉。宪宗将通天御带赐给了此去不知命途几何的裴度，在城楼上与他依依作别，裴度望门再拜，含泪辞君[75]。当时没有人想到，短短两个月后，捷报就会传来。

懿宗时期——延兴门城楼

◈同昌公主送葬

时间：咸通十二年（871）正月十四日。

备受懿宗宠爱的同昌公主死于二十一岁的夏天。次年，懿宗为她举行了同婚礼一样声势浩大的葬礼。公主身后所用的华美衣服和器用珍玩皆精工细造，一应俱全，每个种类都装满一百二十车；还有木刻的巍峨楼阁、栩栩如生的人物和山水盛景，好让公主在地下继续享受父亲极端的宠爱，延续生前的荣华富贵。

送葬队伍非常长，绵延二十余里，全程由获赐紫色袈裟或法衣的比丘尼和女冠护送，由高达数尺的金铸玉雕的骆驼、骏马、凤凰和麒麟开道。一路上香云缭绕，伴随着悠远而凄楚的磬声，游客隔很远也能闻见升霄降灵香的气味。现场围观的市民非常多，个个奔走追赶，汗如雨下，唯恐落在后面。就连东市的商贩们也不做生意了，都跑过来观看这至奇至哀的景观。

懿宗与公主生母郭淑妃早已等在延兴门城楼上，目送女儿棺椁的离去，泪水洒遍了城楼上的土石和栏杆[76]。

队伍离开后，空余挽歌声声，回迟悲野。

· 戏剧与俗讲 ·

寺院与道观——长安城的戏场

长安城中的不少寺庙与道观也充满了烟火气。寺观环境优美，是唐人踏青赏花的好去处；在宵禁还十分严格的唐前期，这里为唐人提供了与住在不同坊的朋友交游的宽阔场地与住宿之所。世俗节庆和宗教节日时，寺观汇聚了大量的人，加之拥有大量空旷场院，大众戏场多集中于此。（图 9-15）**大慈恩寺戏场**的规模在城中数一数二，小一些的有**青龙寺、大荐福寺与永寿寺戏场**[77]。但对身怀绝技、走南闯北的民间艺人们来说，城中的坊市街陌都是他们随时停下表演，收获掌声和盘缠的地方。

下面，游客将欣赏到如今已难觅踪迹的**唐代戏剧和俗讲**。

戏剧

在长安，你能看到的戏剧形式比你所想象的还要丰富。

本指南介绍的是全唐时段在长安城戏场中都能看到的剧目，但我们仍希望你在市民文化生活日渐丰富的盛唐之后到来。玄宗首开宫廷艺人服务民间之风[78]，正因如此，年幼的杜甫才会在郾城看到公孙大娘那场让他终生难忘的剑舞。安史乱世中，御前艺人流落民间，李龟年、许永新和许云封这样的昔日红人也只能卖艺于普通人家。玄宗后的大部分皇帝不再像玄宗那样热爱艺术、重视教坊。肃宗、德宗、顺宗和文宗曾多次放归教坊女伎，裁减艺人，对教坊的管理也相对松散。为谋生计，宫廷艺术家们只得更频繁地外出走穴。中唐后，地方藩镇势力壮大，大众沉溺于迷

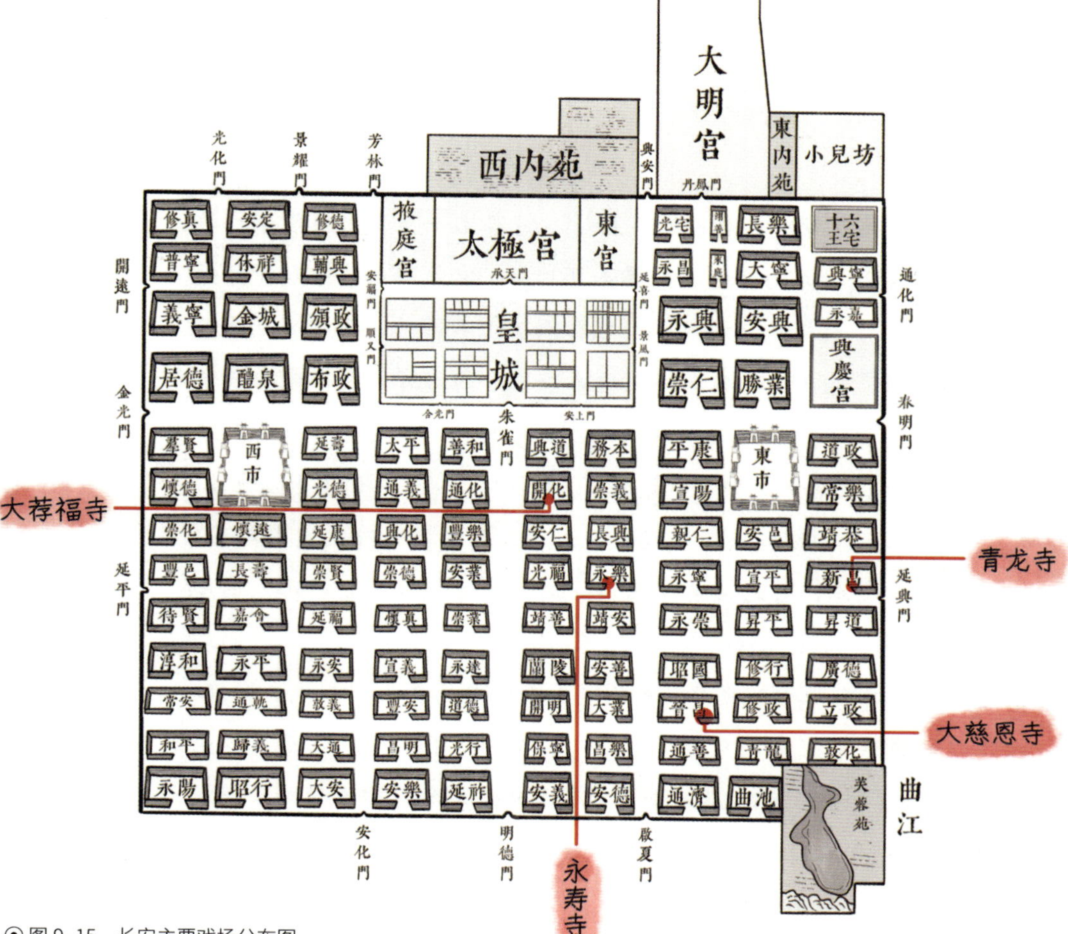

⦿ 图 9–15　长安主要戏场分布图

茫与落寞滋生的极端享乐，进一步促使原本集中于宫廷与都城的艺人大量外流，服务于官员、藩镇和戏场街头。

盛唐的陨落造就了市民游艺文化的春天。

观戏须知[79]

· 寺观和街市戏场不设门票，欢迎游客随时前来，哪怕从中间看起也是妙趣横生的。表演完毕你可以向演员打赏些钱帛。

·门票免费，自然也没有座位，游客需一直站立到最后，这是对体力和耐力的考验。尤其炎夏时分，空气闷热，观众汗如雨下。但为了获得更好的视野，也有很多人不怕累，争相爬到乐棚木架上去[80]。在此，我们特别提醒带孩子的游客，请不要把孩子举起或让孩子跨坐肩头，以免遮挡后面观众的视线。

·因为要容纳数千乃至上万人，戏台都设置在户外的宽阔地带，只有简陋的乐棚勉强遮风避雨，遇到太恶劣的天气就没法演出。

·少喝水，最好提前上厕所。倒不是说戏剧有多精彩，不可错过分秒，而是观剧的人太多，你不一定挤得出去。

·愿意花钱会有更好的待遇。较大的戏场内设有豪华“看棚”（类似现代剧院中的包间雅座），付费后便可进入。在里面你能遇到高官和皇亲国戚。宣宗长女万寿公主是个雷打不动的资深戏迷，她对看剧的痴迷甚至引发家庭矛盾。要是有游客在看棚里见到她，记得提醒一下，她小叔子病重，让她赶紧回去[81]。

·某些寺观戏场的贵宾看棚是可以包场的（请到现场询问），正好能和同行的朋友独享放松时光。想看哪一出，在戏单上画墨点就好，唐代演员将全心全意为你们奉上一场娱乐大餐。

踏摇娘（踏谣娘）：喜剧的内核是悲剧

《踏摇娘》是起源于隋代的歌舞戏剧目[82]。相传有位苏中郎（或称苏郎中），此人生得极为丑陋，鼻上长有大疱，好吃懒做，平生只擅长一件事，便是喝醉了打老婆。可他偏偏运气又这么好，娶了位貌美贤惠的妻子，宁愿典当自己的衣物也要给丈夫买酒喝。她这般隐忍，却仍免不了被毒打。苏家娘子歌唱得很好，只得唱歌蹈舞向邻人哭诉。久之，人们就将这一家暴事件编排成了歌舞戏。

《踏摇娘》中的妻子最初由男人涂粉异装假扮，后改为女子出演[83]。丈夫的角色可能还需戴面具来展现臃肿丑陋的面容[84]。

戏一开场，妻子徐步上台，一边哀声唱曲，一边按节奏摇晃身子，踩踏地面。每唱完一叠，她身后一排类似今天川剧的帮腔乐队便会齐声唱道："踏摇，和来！踏摇娘苦！和来！"这时，令人糟心的丈夫入场了，夫妻俩开始动作夸张的"互殴对打"，引发场下阵阵哄笑，妇人的悲惨遭遇化作了观众的笑料。后来为丰富剧情，《踏摇娘》中又新增了一个丑角，即当铺老板，他总是向苏家娘子索要钱财，带来了新的笑料[85]。（图 9-16 至图 9-19）

● 懿宗咸通年间的范传康、上官唐卿和吕敬迁是有名的男扮女装三人组[86]，他们表演的《踏摇娘》更具喜剧效果。

⦿ 图 9-16　吐鲁番阿斯塔那 336 号墓出土的《踏摇娘》彩绘泥俑，左侧俑身材臃肿，应该是苏中郎；右侧头戴风帽、作女子打扮、呈扭胯姿势的俑是苏中郎妻[87]

⦿ 图 9-17　仔细看，这位"苏中郎妻"上唇有胡髭，其实是个男扮女装的演员[88]

⊙ 图 9–18　西安西郊陕棉十厂唐墓中的《苏中郎》乐舞壁画，画面中心的男子右脚微抬，步履踉跄 [89]

⊙ 图 9–19　韩休墓壁画乐舞图。有学者认为画中描绘的正是《踏摇娘》的场景，画面左下角持竹竿者很可能是剧中在夫妻间调停、打诨的人物 [90]；亦有说法认为此舞为男女双人胡旋舞 [91]

角抵：血腥染就的幽默

● 保护好你的耳朵，现场观众加油时的怒吼和震天的鼓声能把人逼出耳鸣。

角抵的历史十分悠久，最早见于先秦。“角者，角技也；抵者，相抵触也”[92]，表演时两名选手袒露上半身，下身仅穿犊鼻裈，互相角力，倒地者败。但你不要以为角抵只靠肌肉取胜，它还非常考验选手对对方心理的预判，以及对稍纵即逝的机会的把握。运气好的话，懿宗、僖宗、昭宗年间到来的游客能一睹角抵名手蒙万赢的英姿。此人真名已不可考，只是他每场都赢，受赏无数，由此得名“万赢”。自十四岁从事角抵起，蒙万赢所到之处都有成千上万名粉丝前来观战。他身形轻盈，克敌敏捷，绝非以蛮力制胜的大老粗，不少五陵少年和幽燕游侠都心甘情愿拜在其门下。蒙万赢直到耄耋之年都还在教徒，五代后唐的长兴年间他才去世[93]。（图 9–20、图 9–21）

角抵之外亦有角抵戏，它在表演性质的近战肉搏中插入了滑稽情节。唐代吏部负责考核官员，油水最足，人气最旺；相反，工部下属负责山泽事务的虞部就显得很是冷清。所以，某出角抵戏开场，两名演员分别扮演吏部官员和虞部官员走上台，迎面相撞，两人同时倒地。过了半天，演员才拍拍屁股爬起来说：“哎哟，这一冷一热的，真是冷热相激！”[94]

笑归笑，也别忘了角抵总归是血腥的搏斗，为此丧命的人不在少数。唐敬宗虽然年纪小，却荒悖乖戾，沉迷玩乐。他曾看过一场由好几对选手参与的角抵，直到夜半才分出胜负，大殿内甚

⊙ 图 9-20　唐金乡县主墓角抵相扑俑（正面及反面）[95]

⊙ 图 9-21　法国国家图书馆藏敦煌文书 P.2002v《人物白描画稿》中的角抵相扑

至有碎首断臂，血流成河。敬宗却视而不见，还为看了这么一出精彩的搏斗大呼过瘾，重赏了活下来的人[96]。

合生：难登大雅之堂的“时事联播”

- 合生是互动性非常高的演出，前排是“高危”座席。
- 合生言语粗俗，不适合未成年人观看。

合生源于初唐，是颇具戏谑性的歌舞戏种。它虽名为戏，剧情却多取材于真实事件，由演员遍采新闻和八卦改编而成。演员还会在现场挑选一名观众，用他的衣着和外貌来现编段子。如果你只想安静看戏，不想成为戏中人和嘲弄对象，请千万不要坐得太靠前。再困也别打盹儿，睡着时演员会趁机怂恿大家揶揄你。等你懵懵懂懂睁开眼，发现所有人都指着你笑，脸皮薄的游客可能马上要抹眼泪了。[97]

在宫廷与官府宴会中表演时，胆大的演员也敢拿皇家八卦和官场恩怨作为素材，公开议论妃子、公主的外貌，模仿她们的神态动作[98]。

合生由两人合演，一生一旦（可男扮女装或女扮男装），有歌舞与念白，但内容皆采撷自风里野言，言辞浅秽。

不容错过

唐代较为有名的合生剧目当数《义阳主》，讲的是德宗贞元年间义阳公主和驸马王士平夫妻不和之事。令人费解的是，我们从未听说唐代有艺人因表演合生被抓定罪，仅是为

《义阳主》作词的两个驸马门客遭到了流放[99]。早在中宗时，武平一觉得合生过于低俗，有伤风化，上疏建议禁演[100]，但并未波及合生演员，且谏言未被采纳。白居易也看过由妓女表演的合生戏《义阳主》[101]。

当权者或许会对编排公主家事网开一面，却不容先师孔子的权威遭到嘲弄。曾有演员拿孔子来开玩笑，马上被文宗赶了出去[102]。

大面戏：狰狞面具后的风流情态

大面戏是需要演员佩戴面具或假头套表演的故事性歌舞戏种，所使用的面具后来演变为在脸上涂彩画的脸谱。

⊙ 图 9–22　吐鲁番阿斯塔那 336 号墓出土的彩绘大面紫袍舞泥俑，符合《兰陵王》演员穿紫衣和戴面具的记载。从其手形看，似乎曾执鞭，但部件已脱落。由于颜料褪色，此俑是否腰饰金带也已不可知[103]

不容错过

大面戏经典剧目《兰陵王》：北齐兰陵王高长恭本为一员猛将，却容貌秀美似妇人，遂在上阵杀敌时戴上面目狰狞的木面具来吓退敌人。表演时，演员头戴面具，穿紫衣，缠金带，执鞭歌舞[104]，在气势雄浑的《兰陵王入阵曲》的伴奏下指麾击刺[105]。(图 9-22)

弄假官戏：千年前的相声

弄假官滑稽戏起源于后赵[106]。当时的参军周延犯了贪污罪，虽被赦免，但君主石勒让优伶在宴席上对他大肆嘲弄[107]。入唐后，这种对假正经官员加以戏弄的戏剧形式在开元、天宝年间逐渐流行并发展成熟。(图 9-23、图 9-24)

陆羽除了是茶学家，也是一位剧作家。他曾为弄假官戏《韶州参军》编写唱词。至迟在此时，弄假官戏又被称为“参军戏”[108]。大多数参军戏的精彩剧目都在五代才出现，意犹未尽的游客请前往五代观赏(不过你确定要在乱世来吗？)。

弄假官戏类似今天的相声，但表演不只有科白，还多了歌舞，辅以装傻充愣、插科打诨。表演中有两位主要演员：“参军”(类似逗哏)和处于附属地位的丑角“苍鹘”[109](类似捧哏)。两人均身穿下级官员的绿袍或庶人的黄白袍，头戴幞头(有的苍鹘还穿得破破烂烂，不戴幞头，露出发髻[110])。参军手执笏板[111]，总是道貌岸然；苍鹘则要么附和他，要么对他说的话加以挑衅。一庄一谐，令人捧腹。参军一角不一定是官员，也可引申为剧中所谓的“正经人”，例如，剧目《三教论衡》里的参军就是一位

⊙图9–23　鲜于庭诲墓出土的三彩参军戏俑，演员身着绿衣[112]，现藏于中国国家博物馆

⊙图9–24　唐金乡县主墓出土的参军戏俑，两位演员均身穿白色圆领袍[113]

儒生，苍鹘是与他抬杠的后生；《病状内黄》中的参军是医生，苍鹘是病人。标准结局是参军最后被苍鹘戏弄一番，颜面扫地，但有时也风水轮流转，轮到苍鹘马失前蹄。

不容错过[114]

晚唐经典参军戏剧目：

《三教论衡》[115]，用谐音段子来讽刺儒释道三教。搞笑指数：★★★★☆

《系囚出魃》[116]，讽刺滥刑。搞笑指数：★★★☆☆

另附五代之后出现的剧目：

《掠地皮》[117]，讽刺苛政暴敛。搞笑指数：★★★★★

《病状内黄》[118]，讽刺刘仁恭打败仗。搞笑指数：★★★☆☆

点参军戏前，先来了解一下各时期的名角吧。开元年间，擅演弄假官戏的大腕有黄幡绰、李仙鹤、张野狐等，他们基本只在宫廷和高官家中演出，公演时一票难求。中唐有女星刘采春，擅长女扮男装出演参军，除了能把你逗乐，她卓绝的唱功也将为你带来极致的艺术享受，同时，据说她还是元稹的绯闻女友[119]，不过采春主要活动于江南地区。武宗朝有曹叔度和刘泉水两位名角。晚唐咸通年间名噪一时的演员是李可及，只是他身为伶人，在帝王的恩宠远去后最终下场悲惨[120]。

猴戏[121]：沐猴而冠暂为人

看名字就想略过的游客请慢！唐代的猴戏可不是简单地让猴爬杆、骑马。唐人高超的驯猴技术能让猴子以白粉涂面，朱砂涂唇，穿上人的衣帽鞋靴，与人同台演戏。猴子能听懂人言，还能配合人类搭档挤眉弄眼，蹙额嬉笑。这些野兽能通人性乃是秘法所致，后来五代的养猴人杨千度披露了这一秘密：只要经常喂猴子吃灵砂，就可让它们兽心大变，从而学会一些近似人的行为[122]。

不过猴子终究只是猴子。舞台上的它们短暂地穿上人的华丽衣冠，享受作为奖励的食物，受到观众的热烈捧场。表演结束，人群离去，鸣笛响锣归于沉寂。猴子演员们被剥去戏服，回到冰冷的铁笼中。想到这里，真叫人感到悲凉。

钵头：载歌载“武”

滑稽戏看多了，未免有些生腻。那就让演员们为你真情实感、真刀真枪地上演一出悲情复仇大戏——钵头。（图 9-25）钵头是源于西域，以武打动作为看点的歌舞小戏[123]。其最著名的剧目[124]叫作《格兽复仇》，讲的是有个胡人的父亲被野兽杀死，他走上迢迢山路去寻找父亲的尸体[125]。演员相应地身着素衣，涂了八字眉，做悲啼状，在舞台幽暗的灯光下显得有些瘆人。他在舞台假景上翻过一山又一山，历经诸般艰辛才找到父亲尸身。见到惨状，胡人放声号哭，直哭得披散头发，心神俱裂。等到洒干了眼泪，他又开始搜寻杀父的猛兽。猛兽由另一位演员身披虎皮扮演，二者进行殊死格斗，最终胡人将野兽杀死，报仇雪恨。演员表演得十分卖力，坐第一排的观众能清楚地看到胡人的衣服都已被泪水打湿。

⊙图 9–25 《信西入道古乐图》中有关钵头的图像

表演中，演员走过八个山头，歌曲也有八叠，翻过一山，唱完一叠，情节层层递进，哭腔悠长哀伤，催人泪下。后面格斗部分又激烈精彩，使人振奋。

玄宗的寿宴上也演过钵头。喜庆的日子里自然不会哭哭啼啼，表演的只有其中杀死野兽、歌颂英雄的环节[126]。

傀儡子：一丝牵动的如梦人生

傀儡子是每场都会观众爆满的节目，建议你至少提前半个时辰来排队。旅途中，要是孩子不听话，看一出傀儡子准能哄好，百试百灵。但话说回来，唐代的傀儡子并不是只给孩子看的。

傀儡子就是后世所说的木偶戏。工匠们手工制作的木偶妆容逼真，身穿华服，俘获了大批成年人与孩子的心。唐代流行的是

悬丝傀儡，在盘铃（铜钹）的伴奏下，木偶由表演者灵活的手指牵动，做出如常人的动作，演尽世间百态。（图 9–26）

《通典》作者杜佑（杜牧的祖父）是傀儡戏的忠实票友。他在扬州时曾对自己的幕僚说："我退休后一定会买一匹小马，把它喂饱后我就穿上粗布衣，骑着它去集市里看盘铃傀儡戏，此生还有什么遗憾！"杜佑退休后果然没有食言，但马上就受到了谏官的弹劾，说他违反了"三公不可入市"的规定。杜佑闻之大喜："这帮谏官小子可算中了我的计！"原来杜佑寄情于傀儡戏，自污藏锋乃是故意为之[127]。他深知自己虽位极人臣，最终却只会像傀儡一样"曲罢事毕，抛向一边"[128]。

究其源流，傀儡子本出丧仪，以挽歌伴唱[129]。在唐代佛教法会和一些祭祀鬼神的仪式上，人们也会表演傀儡子[130]。台上的傀儡嬉笑怒骂，宛如生人，在演出结束时瞬间四肢萎垂，成了没有生命的死物。初唐诗僧王梵志写诗道明了假人傀儡与真实人生的关联："造化成为我，如人弄郭秃。魂魄似绳子，形骸若柳木。掣取细腰肢，抽牵动眉目。绳子乍断去，即是干柳朴。"人弄傀儡，上天弄人，一切繁华皆是舞台布景，人去恰如大戏落幕。

天宝年间的丧礼上很流行傀儡子，这是送走亡者的最后一场戏。高大的祭盘上布置了各色木刻人偶，表演时以机关操纵，有《尉迟恭战突厥》《鸿门宴》等剧目[131]。

傀儡肖人，能在方寸舞台上演尽人生。傀儡子剧目中最常见的主题就是"弄老人"。一位木头老人向观众娓娓道来他的一生，叮咛看戏人珍惜时光。玄宗晚年做太上皇时，曾看过一场弄老人傀儡戏，那鹤发鸡皮、极为逼真的傀儡老人让他很是触动。热

⊙图 9–26　敦煌莫高窟 31 窟壁画中手持木偶玩耍的女子[132]

热闹闹一场演罢，突然曲终人散，人生就好似这样的一场梦——“须臾曲罢还无事，也似人生一世中”[133]。

台上是活灵活现的傀儡，台下是出神感伤的观众。热闹场中总有人落泪如雨，傀儡子开演，每每如此。

不容错过[134]

傀儡戏经典剧目《弄郭秃》：此剧从南北朝起就演出不断，内容是一个丑陋的郭姓秃子的滑稽事迹。郭秃是经典的傀儡戏丑角形象，以至于傀儡戏别称也叫作“弄郭秃”[135]。

弄老人戏《郤翁伯》：讲述汉代一名以贩脂起家的老人的一生。

《孙武子教女兵》：改编自吴王阖闾难为孙武，让他操练嫔妃的故事。

《六国朝》《四国朝》：这两出剧很适合孩子观看，内容为异国使节来向大唐皇帝朝贡，身着奇装异服的使节们轮流出场，伴奏乐曲有《四国朝天》和《朝天乐》，非常喜庆热闹。

可能没有皮影戏！

“你的错误就是美若天仙，你婀娜的身姿让我的手不听使唤，你蓬松的乌发涨满了我的眼帘，看不见道路山川，只是漆黑一片……”[136]

2000 年上映的电视剧《大明宫词》让不少人对浪漫瑰丽的大唐充满了向往。剧中李治与贺兰氏、太平公主与李隆基在不同情境中都曾合演过改编自汉代秋胡故事的皮影戏《采桑女》。戏中的唱词，配合微光中舞动的、晶莹剔透的皮影小人，能瞬间把人带回那个细雨霏霏、缠绵哀婉的氛围之中。出于此原因，很多游客一到长安，就要求地陪安排观看皮影戏。可再神通广大的地陪也难为无米之炊，唐时长安很可能从未存在过皮影表演，北宋的市井街巷里倒是多得很，还有了三国故事等场面宏大的剧目[137]。

想在长安看一场皮影戏，还真是个美丽的错误。

泼寒胡戏：冬日里的泼水节

● 祆祠分布于布政坊、醴泉坊、普宁坊、靖恭坊和崇化坊。前往这些区域，感受原汁原味的粟特胡风。

● 泼寒胡戏与苏莫遮等大型互动演出不收取任何费用。

每年十二月，祆祠附近都会上演冬天里最激情四射的泼水节：泼寒胡戏。

醴泉坊是长安城内最大的中亚侨民社区之一，这里靠近西市，住着大量从康国、石国、安国等地来到长安经商的粟特人，也不乏龟兹人和波斯人等。

泼寒胡戏是波斯、粟特地区的民俗。每到冬月，人们以泼水祛除邪气，抵御疾病，庆祝冬天的顺利到来。

节日现场，胡人会分为两队[138]，一队声势浩大，表演者身穿“琉璃宝服”，头顶“宝花冠”，驰骋游行，以“豪歌急鼓”的音乐助兴。另一队则正好相反，人们赤身裸体，唱着歌步行前进。最开始因不好意思而捂住眼睛的游客，最终都会加入这千载难逢的现场。

胡人们跳着舞向游客走来，用皮囊中的水泼你，用银或鍮石制成的水枪筒滋你[139]。别躲！这是在为你祈福、消除秽气。不甘心的游客赶紧购买喷水用具，杀一个回马枪！互相泼水几个来回

⊙ 图 9-27 日本正仓院藏胡王伎乐面具，为典型的中亚胡人形象

后，表演者和观众的界限就此打破，语言的障碍也不会让快乐消减。现场还有一位演员负责扮演胡王[140]，穿着昂贵璀璨的衣服，紫色须髯长满面颊。他可是个大靶子，大家赶紧把火力集中在他身上，泼中他就能得到最多的运气。在皇帝观看现场，泼寒胡戏还有额外赞颂皇恩的环节[141]。不想弄湿衣服的游客可站在远处观看，欢呼声、乐声、鼓声依然震耳欲聋。注意听那带劲的背景音乐，这首曲子叫作《苏莫遮》，是否让你想起了熟悉的“碧云天，黄叶地，秋色连波，波上寒烟翠”[142]？没错，词牌《苏幕遮》正来源于西域曲子《苏莫遮》。（图 9-27）

冷中作乐

参加泼寒胡戏前请一定确保你带了多余的衣服。浑身被水泼湿后在冷风中瑟瑟发抖可不好受。要还是感觉寒冷，醴泉坊泼寒胡戏现场有许多酒肆和卖酒的小摊子，去买杯热酒喝暖暖身子吧！

温馨提示

• 景龙三年（709）十二月乙酉，中宗会带领百官来醴泉坊观看泼胡王乞寒戏。中宗是位很亲民的皇帝，他的出现并不会导致封路。

• 想参加泼寒胡戏请在开元元年（713）前到来。武后、中宗、睿宗朝此风极盛[143]，坊间相传当时还是皇太子的玄宗也很爱看[144]，可是他即位之初便下敕禁止泼寒胡戏[145]。总之，泼寒胡戏与中原礼乐相悖，之后这项风俗便逐渐淡出人们的视野。西域风味浓厚的《苏莫遮》也被改编入教坊曲。天宝年间，太簇宫调《苏莫遮》改名为《万宇清》，金风调《苏莫遮》改名《感皇恩》[146]，完成了它们的汉化之旅。

苏莫遮：泼寒胡戏的升级版

苏莫遮不仅是泼寒胡戏的伴奏曲，也是一项独立的庆典活动[147]。（图 9–28、图 9–29）

无法忍受寒冷却也向往狂欢的游客，可以于七月初和八月中旬来到胡人聚居区。夏秋之交是疾病高发时段，此时胡人会举行驱魔歌舞民俗活动苏莫遮。苏莫遮在西域地区普遍存在，传入长安的苏莫遮形式受到了龟兹国佛教的影响。每到七八月，一些胡人戴上兽头或鬼神面具，联手踏舞，其他人则驱赶这些头戴面具的表演者，祈求避祸祛灾。人们还抬出庄严的佛像到处巡游祈福。提醒你，苏莫遮的互动程度比泼寒胡戏的还要高些，这回他们会用泥水泼行人，欢呼尖叫的胡人还会用绳索搭钩来捉你取乐。不过没什么好怕的，他们心肠可是热得滚烫，会盛情邀请你畅享西域美食，纵情欢饮美酒。与苏莫遮游行同时上演的还有浑脱舞，舞者皆头戴浑脱皮帽，身着华美的锦袍。人们不分昼夜地跳舞作乐，一直要持续七天才作罢[148]。

知识补给

“苏莫遮”源于胡语，具体何种胡语不可考，最初是指西域流行的一种遮面老人帽[149]，渐渐代指戴着面具表演的庆典与舞蹈，活动中使用的乐曲也沿用了这一名字。不同地方苏莫遮举行的时间不同。在长安，苏莫遮随龟兹习俗，举行于七月初和八月十五日[150]，敦煌则在二月初八佛诞日举行[151]。在遥远的波斯，当地人会在琐罗亚斯德教历新年（相当于公历 3 月下旬）泼水除旧迎新，与苏莫遮传统一脉相承。

⊙ 图 9–28 《信西入道古乐图》中的苏莫遮图像。图中演员头戴老年猿猴（一说为山神）面具，所表演的“苏莫者”已与长安的苏莫遮歌舞相去甚远。传入日本的苏莫遮可能仅截取了该大型歌舞中的一小部分，后来又与比叡山猿崇拜、役小角吹笛等本土传说结合在一起，成为四天王寺传承的专门乐曲[152]

⦿ 图 9-29　新疆库车苏巴什佛寺遗址出土的 7 世纪彩绘木质舍利盒，现藏于日本东京国立博物馆。上有龟兹乐舞图，舞者戴兽头面具，牵手蹈舞，很可能就是苏莫遮舞蹈的图像，参看下部复原图[153]

随处走走[154]

参加完泼寒胡戏或苏莫遮后，换好干净、保暖的衣服，就近到靖恭坊、醴泉坊等地的祆祠中去参观，感受一种全然陌生的文化。

祆祠是粟特诸国（安国、康国、米国、石国等）侨民共同信仰的祆教[155]的崇拜场所。（图 9-30）祆祠大多为俯瞰呈长方形的

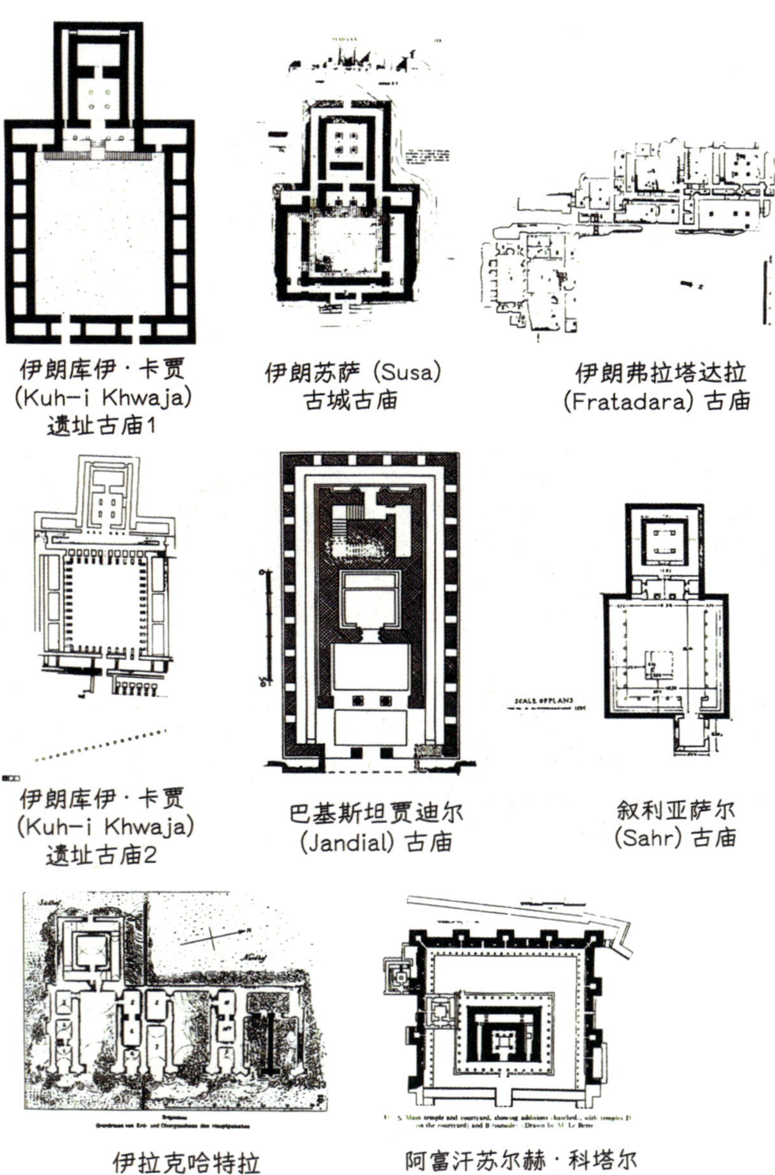

⊙ 图 9-30　中亚地区主要（或疑似）祆教寺庙布局一览，大多为带有回廊的“凸”字形，“凸”的上半部分为圣坛所在 [156]

土坯贴石板建筑，有的屋顶是平面，有的是圆拱形，像靖恭坊那种规模较大的祆祠四周还环有石制回廊[157]。

初进祆祠，一股热浪袭来，立时驱散了刚经历的冷水浇头的寒冷。若是在平时过来，祆祠中的人并不多。方形的祭坛上正燃着象征光明与正义的熊熊圣火，一旁跪坐着身着白衣白帽的祆教穆护（约等于侍火祭司），他们一边负责阻止外人靠近圣火，一边用银钳夹住小小的柽柳木块投入火中，保证圣火永不熄灭[158]。空气安静得只有木块在火焰中爆开的“哔剥”声。（图 9–31）

祆教几乎没有向汉人传教的习惯，这免去了你推脱躲闪之苦。游客和穆护之间语言也不通，即使不说话也不会感到尴尬，你大可安静地四处转转。在回廊的神龛中，你还能看到各神明塑像、小木挂像与壁画[159]。

泼寒胡戏举行时，祆祠中也会相应举行崇拜圣火的祭祀大会，此时的祆祠热闹极了，胡乐胡舞令人目眩神迷。祆祠内外挤满了信徒，他们簇拥着圣火，诵读祆教经典《阿维斯塔》古经文，争相喝下用号称“不死之药”的植物豪麻熬成的汁水[160]，用麝香混合酥油为神像点额[161]。节日里，你走不了几步就会被胡人

⦿ 图 9–31　发现于乌兹别克斯坦穆拉 · 库尔干（Mulla Kurgan）的粟特纳骨瓮，上刻有两位侍奉圣火的穆护[162]

拦下，邀请你吃新鲜的瓜果和胡饼，请你喝他们相信能使人永生的饮料。望着那不知为何物的神秘液体，你别面露难色，胡人可都看在眼里。喝吧！管它是什么呢？

为你解惑

杯中是金黄色或绿白色液体：这是豪麻汁，尝起来是酸甜的乳汁口感。

淡红色液体：更不必担心了，这是石榴汁，酸甜可口。

两种饮品都是祆教仪式上常见的圣液。

温馨提示

怕狗的游客请谨慎前往祆祠。不少祆祠中会供养犬神，祆教僧侣自己也会养狗，常有大大小小的狗在祆祠中出没[163]。它们大多是黄狗，前额上有两个圆斑，它们被认为具有独特的神力[164]。

其他表演

若你不想在嘈杂气闷的人堆里浪费一天，长安城的各处街道、坊曲里也有很多身怀绝技的卖艺者。能不能遇到他们，全看你的脚力和运气。

大历年间，在昭国坊南门韦青将军宅附近游玩的游客，可能会听到一位姑娘嘹亮的歌声，她就是后来代宗的昭仪张红红。红红和父亲在长安城中一路乞讨一路歌唱，也许在很多时刻都与游客擦肩而过。韦青陶醉于她悦耳的歌喉，又见她生得极美，遂纳为妾室。后来红红被代宗召入宫中成了才人。韦青去世后，红红痛哭一场，随他而去，被代宗追赠为昭仪[165]。

选择在贞元年间出游的游客，在大街上说不定能碰到传奇乞丐解如海的演出！本书评其为能让观众倒吸三口凉气的男人。游客见到他的第一眼，就会先倒吸一口凉气：他的两只手臂全脱了臼，小腿以下关节也脱落了，让人不忍直视。但解如海残而不废，他击球、耍剑、玩骰子都相当溜，接抛球一个不漏，动作比四肢健全的人还要灵活，引得观众倒吸第二口凉气。当观众听说他的事迹后，还会不由自主地倒吸第三口凉气。解如海长成这副样子，却凭一身本事赚得盆满钵满，他娶了两位妻子，生了好几个孩子，并且十分长寿，直到十几年后的元和末年还在演出。他的表演每天都能吸引数千人观看[166]。

都市传说

高宗至睿宗朝的唐人都知道，在看戏等人多热闹的地方必有万回出没。此人是个僧人，看上去痴痴傻傻，不太聪明，常在人堆里突然冒头，大喊大叫。众人皆当他说的是胡话，却不料这竟是日后应验的预言。

据说当年睿宗还在藩邸时，人们总能见到万回这个疯癫僧人在街市中跑过，大喊“皇帝要来了”“圣人要来了”，没一会儿，睿宗便会出现。安乐公主出行时，万回也会跑出来大叫：“哪来的血腥味，臭不可闻！”不久，安乐公主便被诛杀[167]。

额外收获

如果你在观戏的人潮中发现有人骑着毛驴，把自己裹得严严实实，只露出一双眼睛四处张望，这很有可能是宣宗。他是唐代最喜欢打探消息和微服私访的皇帝，常白天出门游荡，晚上回宫。大臣们劝他别老往外跑，他却说："我不是出去玩，而是去采访民间风俗事。"他还命翰林学士韦澳将全国各地的民生民情编成了一本书：《处分语》。[168]

俗讲

● 俗讲均免门票，但需要你随喜布施。

想要打发离开长安前的剩余时光，不妨去听场从晨光初起讲到黄昏时分的俗讲。这是除走街串巷外，亲近百姓生活的最好方式。俗讲之精彩既在讲坛上，也在你的身边。听讲时请多观察和感受身旁唐人的喜怒哀乐，这能让你对长安百姓的所思、所盼和所忧有更多的了解。

俗讲（佛道皆有俗讲，下文主要介绍唐代更为盛行的佛教俗讲）是唐代一门宗教气息浓厚的说唱艺术，内容包括**讲佛经和讲变文（佛经故事与民间传说）**[169]，有时需结合图画讲唱[170]。图卷从右至左徐徐展开，俗讲僧娓娓道来，讲述中还不时穿插歌吟，婉转悠扬，感人至深，使听众沉浸在佛经和人间世界上演的悲欢离合中。

唱导与讲经自古就是佛教的宣教方式，俗讲则是两者合流后的产物。它从唐初即开始流行，在长安城各大寺庙的讲院中都有开设，最早仅是为大众讲解经文。大诗人元稹长期混迹在永寿寺听讲，一待就是好几个晚上[171]。富家过生日举办斋会，也可邀请俗讲僧上门开讲助兴[172]。从僧人为老百姓讲解佛经开始，俗讲逐渐走向民间，发展为诙谈谑笑的娱乐方式，庶民艺人们也参与到讲唱佛教故事与民间传说中来，这一表演形式叫作“转变”，表演场地也从寺院移入戏场巷陌，它滋养并深刻影响了宋元盛极一时的“说话”艺术[173]。（图 9-32）

由女性转变艺术家演绎的《王昭君》尤其值得一看：画卷铺开，观众眼前是塞外黄云，衰蓬遍野；演员翠眉微蹙，演出千般宛委；檀口幽唱，道尽无限辛酸[174]。有了图卷的辅助，我们能更加身临其境。

中晚唐蔚然成风的俗讲在北宋真宗时代一度禁绝[175]，又在南

⊙图 9-32　唐金乡县主墓出土的跽坐双垂髻说唱女俑（左），现藏于西安博物院

宋被彻底画上句号[176]。但说话艺术在北宋中后期逐渐成熟并发展出细分科目，成为汴梁城瓦子里最受欢迎的表演之一。

温馨提示

有的俗讲持续时间较长，直到傍晚[177]，请尽量选择自己住处附近的寺庙与道观，以免坊门关闭后无法回去。若一定要去特定的寺观，则需做好回不了旅店的准备。

不要走错片场

讲经分为**僧讲**和**俗讲**[178]。僧讲是面对僧人的，内容通常为《法华经》《华严经》《涅槃经》等佛经经义，鲜有俗众参与。俗讲是僧人面向普通大众开设的表演，内容既有通俗易懂的佛经解说（讲经），也有宣扬因果的佛经故事和强调忠君爱国、孝顺父母的民间故事（变文）。相较而言，俗讲更商业化，开设的目的是接受布施，募集僧众生活及寺院修缮的费用。所以，可别两手空空地来！

长安城中的**资圣寺、菩提寺、云华寺、青龙寺**等各大寺院都开设俗讲。玄真观等道观也有类似的活动，讲的是《本际经》《南华经》之类的经典，以及道士叶静能等人的神异传奇。俗讲最多时能聚集上万人，尤其当讲师是名僧大德时更是如此[179]，且听众不只有老年人，很多唐代年轻人也十分热爱这门艺术[180]。是不是真喜欢呢？这很难说。但从日午讲到夕阳西下的漫长俗讲，的确为不少平时难得相见的青年男女创造了机会[181]。

俗讲台本——变文

20世纪初，英国人斯坦因与法国人伯希和等对刚刚重现人间的敦煌莫高窟藏经洞大肆劫掠，盗走大量敦煌文献。闻讯姗姗来迟的清政府这才将残余的文书卷子运往北京。罗振玉、王国维等中国学者们发现，遗书中有一部分是某类韵散兼备的通俗文学写卷，内容大多改编自佛经、历史故事和民间传说。郑振铎首次将它们命名为“变文”[182]。它们就是中古俗讲、转变与说话艺术的话本文字稿[183]。

我们在旅途中见到的俗讲话本尚未发黄残缺，也未被撕散，仍好端端地待在长安的寺院中，俗讲僧在翻动它们时都格外爱惜。

在藏经洞内发现的敦煌通俗文学写卷中，按照内容与文体大致可分为六类[184]：第一类是讲解或敷演佛经的讲经文[185]；第二类是一些佛经故事、民间传奇和历史人物事迹，大多图文并茂[186]，供表演者口头演绎，标题为《××变》《××变文》《××缘起》《××因缘》[187]；第三类是讲说以上两种内容时的功能性文本，如讲经开场前念的押座文、讲完后散场念的解座文等，如《八相押座文》《温室经讲唱押座文》《维摩经押座文》《解座文汇抄》[188]等；第四类是民间艺人们表演说话时使用的底稿，即话本，如《庐山远公话》《韩擒虎话本》[189]等；第五类是说话艺人的唱词，亦称“词文”，有《大汉三年季布骂阵词文》[190]；第六类是诙谐幽默、类似寓言的俗赋，如《韩朋赋》《燕子赋》和《茶酒论》[191]。

广义的变文包括以上六类写卷[192]；狭义的变文仅指第二类，用于俗讲和转变的文体。

变文中的“变”为何意直到今天也没有定论，有学者认为，这一文体发源自清商旧乐中的“变歌”[193]；也有人认为，既然依据佛经内容画成的图像被称为“变相图”“经变画”，那么依据佛经改编的文本就应该叫“变文”[194]；还有的观点说，讲唱变文需要配合图画，变文之“变”应该是音译，意为“图画”或“图像”，源于梵语的 Mandala，即曼荼罗图画艺术[195]。

开演时间

每逢俗讲日，寺院周边一定是车马充衢的景象，但人员聚集易生事端，各大寺院也将俗讲视作劝信众输物的手段。自开元后，俗讲便一直处于时禁时开的状态。这些禁令其实只针对大型寺庙中的俗讲，长安街头和全国各地的俗讲都还在举行。而皇帝下令开设的俗讲也仅是官方法会活动，以高僧大德宣讲经律为主。民间俗讲没有被彻底禁断，但也从未被官方明文支持过，它们开讲的时间很不固定。

想参加俗讲的游客仅需避开一个时段，即武宗朝“会昌毁佛”时期。但武宗在即位后至会昌五年（845）之间确实又召开过俗讲。

国家规格的官方俗讲一般开设于佛教的三长月（正、五、九），持续一个月。寺院内面向大众的俗讲则多在佛教的十斋日（每月初一、初八、十四、十五、十八、廿三、廿四、廿八、廿九、三十）。而平康坊的姑娘们在每月三八日（初八、十八、廿八），都要去保唐寺听大众俗讲。

至于街头艺人的讲唱转变，时间就更不固定了。只要你不犯懒待在旅店，出来闲逛总能碰上。（表 9-1）

表 9-1　唐代官方禁止或举办俗讲时间表

<table>
<tr><th>时间</th><th colspan="2">具体措施</th></tr>
<tr><td>玄宗开元十九年（731）四月</td><td colspan="2">因俗讲“眩惑闾阎，溪壑无厌，唯财是敛……无益于人，有蠹于俗”，玄宗禁除讲经、律之外的俗讲。[196]</td></tr>
<tr><td>宪宗元和十年（815）五月</td><td colspan="2">宪宗“恶其聚众，且虞变也”，对州县俗讲严加限制，长安的情况不甚明朗。[197]</td></tr>
<tr><td>文宗大和九年（835）</td><td colspan="2">禁断长安及州县所有俗讲。[198]</td></tr>
<tr><td rowspan="8">武宗会昌元年（841）</td><td colspan="2">武宗下令全长安七座寺庙开俗讲，请的全是重量级讲师。[199] 讲经从正月十五日起，至二月十五日结束。
同年五月一日和九月一日再敕开讲。[200]</td></tr>
<tr><td>崇仁坊资圣寺</td><td>由云华寺赐紫大德海岸法师讲《华严经》。</td></tr>
<tr><td>翊善坊保寿寺</td><td>由担任左街僧录、参加过三教论衡的赐紫引驾大德体虚法师讲《法华经》。</td></tr>
<tr><td>平康坊菩提寺</td><td>令招福寺内供奉、参加过三教论衡的大德齐高法师讲《涅槃经》。</td></tr>
<tr><td>常乐坊赵景公寺</td><td>光影法师主讲，讲经内容未知。</td></tr>
<tr><td>金城坊会昌寺</td><td>由内供奉、参加过三教论衡的赐紫引驾起居大德文溆法师讲《法华经》，这也是长安城中人气最高、演讲质量最高的法师。</td></tr>
<tr><td>怀德坊惠日寺</td><td>讲法师不详。</td></tr>
<tr><td>休祥坊崇福寺</td><td>讲法师不详。</td></tr>
<tr><td>武宗会昌二年（842）</td><td colspan="2">正月一日诏诸寺开俗讲，五月又诏开俗讲。[201]</td></tr>
<tr><td>武宗会昌五年（845）</td><td colspan="2">当年七月，“会昌毁佛”开始，至会昌六年（846）三月武宗去世结束。</td></tr>
</table>

观看礼仪与俗讲流程[202]

- 考虑到游客可能听不懂讲经内容，每位游客可到讲院借取一卷当天俗讲的变文台本。阅后请归还。
- 表演过程中请保持安静，不要打断讲师和都讲说话。

游客最好在前一晚提前准备早餐。开讲当日“酒坊鱼市尽无人”[203]，早点摊主全跑到寺院中去了，若不提前备好，你得一上午都饿着肚子。早到寺院的游客也不要掉以轻心，在里面漫无目的地溜达，请务必先进讲院占好位子。有的讲院前排有坐榻，而有的条件差些，听众得全程站着。寺院周边有小贩兜售胡床，建议你备上一张。

在哪里听俗讲

俗讲一般于**讲院**或**讲堂**内举行。还记得《住宿与出行指南》一章中唐代寺院的布局图（图 2–12）吗？小型寺院中，俗讲与僧讲会共用一个讲堂，通常是位于正殿后面的进院；大型寺院则会开辟专门的讲院，以容纳更多俗讲听众。

❗ 至于转变，艺人在客流量大的街边支个小摊就能开演。只不过旅途中的骗局和危险无处不在——因为转变太受老百姓欢迎了，一些官员会在路边设转变来吸引路人观看，然后趁机把人抓走充作壮丁[204]。

俗讲开始前，**维那**会鸣钟提醒大家讲院在此，速来坐好。时间一到，翠幕拉开，本场俗讲的主角俗讲僧们将准时升高座开讲[205]。（图 9–33）

⊙ 图 9–33　敦煌莫高窟中唐 361 窟《金刚经变》，法师坐在高座上为大家讲经[206]

游客眼前的两位俗讲僧人中，**讲师（亦称经师、法师）**坐在面东之西座，负责讲解经文和转读韵文，为听众开示佛法之旨义。讲师通常颜貌端正，一表人才，声音也清澈洪亮，因为只有这样才能让听众集中注意力[207]。东座是**都讲**，负责吟歌唱经，地位通常较讲师稍低（有的是讲师的弟子）。都讲要有良好的音准、节奏感和一副好嗓子，音量能达到高声干云、响彻里许的程度。有时也会讲师坐北向南，都讲坐南向北。场内其他诸僧，则有维持秩序的**维那**、点香的**香火**和朗咏歌赞的**梵呗师**[208]。

讲师和都讲都坐在高榻之上，要用床梯才能爬上去[209]。二位升座后，磬声敲响，所有人必须噤声，端正坐姿，准备观看俗讲[210]。接下来，将由维那领头，梵呗师颂梵呗[211]。作梵完毕，大家齐念**佛偈和菩萨圣号**[212]。这个过程十分庄严、隆重。随后讲师法音铮铮，念响**押座文**[213]。

知识补给

押座文的功能类似今天评话的开词和相声、评书的定场诗，用来吸引听众的注意力。内容常是七言韵文，是对经文内容和旨义的概括。有专为某一讲经文而写的押座文，也有可混搭任一讲经文的通用文[214]。

押座文毕，即是开题。都讲先唱出今天要讲的佛经题目；讲师接着对经文的序分、正宗分、流通分三个部分进行阐释和解说，**即唱释经题**，都讲也会代表听众向讲师提出问题。都讲和讲师将采用吟唱与念白结合的方式，提纲挈领地为听众讲述本次俗讲的大致内容。有时时间不够，就仅讲到这里，不进入佛经的正文[215]。

开题过后，众人再次**念响佛号**。讲师随即念诵**庄严文**，赞叹佛菩萨与当今人主，为众生祈福祝愿。在音信珍贵的古代，对善男信女最美好的祝愿不外乎保佑他们远行的家人，所以庄严文常祝“殊乡远客，早达家山。路上行人，不逢灾难”[216]，希望游子“早到家乡拜尊堂，莫遣慈亲倚门望”[217]。在当时，生育也是百姓最关心的事情之一，讲师们便顺祝冒着难产风险的产妇顺利生产，孩子聪明孝顺：“更有怀胎难月人，愿诞聪明孝养子。”[218]

回不去的故乡

大多数的敦煌写经卷子中都留有写经者的题记，记下了他们的姓名、写经原因与愿望。其中有不少因战乱和人口掠卖而流落至敦煌地区的异乡人。通过这些题记，我们得以在时间洪流中抓住一块块写经人命运的碎片。

贞观十五年（641），菩萨戒弟子辛闻香抄写完一份《大方便报恩经》，自述了“失乡破落，离别父母，生死各不相知”的境遇，希望在下一世，不要再遭受与亲人分开的苦痛：“愿弟子将来世中，父母眷属，莫相舍离。”[219]（图 9–34）

左庭芝比辛闻香幸运多了，虽说远离故土，他应该是和全家老小一起迁来沙州的。先天元年（712）六月某日，他抄完《佛说善恶因果经》时，许愿“合家大小，无诸才掌（灾障）”，能够“早见家乡”[220]。

自广德二年（764）吐蕃趁大唐内乱攻陷凉州始，唐之西域被

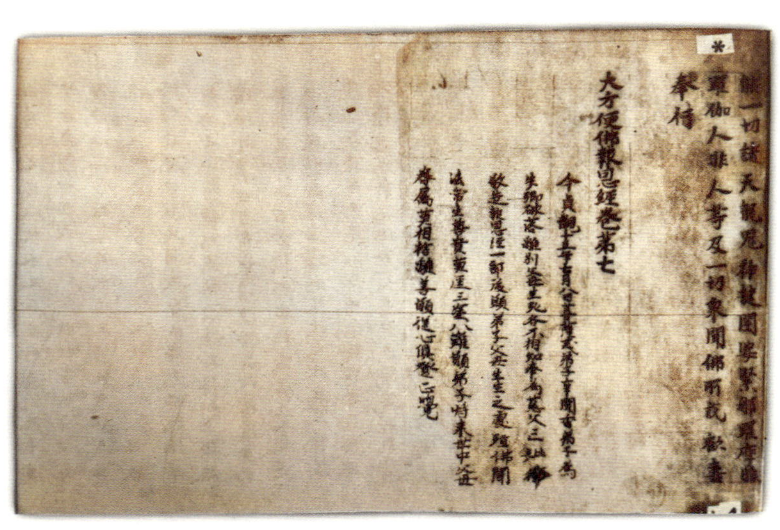

⊙ 图 9–34　敦煌文书 S.4284《大方便报恩经》卷七题记："今贞观十五年七月八日，菩萨戒弟子辛闻香，弟子为失乡破落，离别父母，生死各不相知。奉为慈父亡妣敬造《报恩经》一部。愿弟子父母生生之处，殖（值）佛闻法，常生尊贵。莫迳（经）三途八难。愿弟子将来世中，父母眷属，莫相舍离。善愿从心，俱登正觉。"[221]

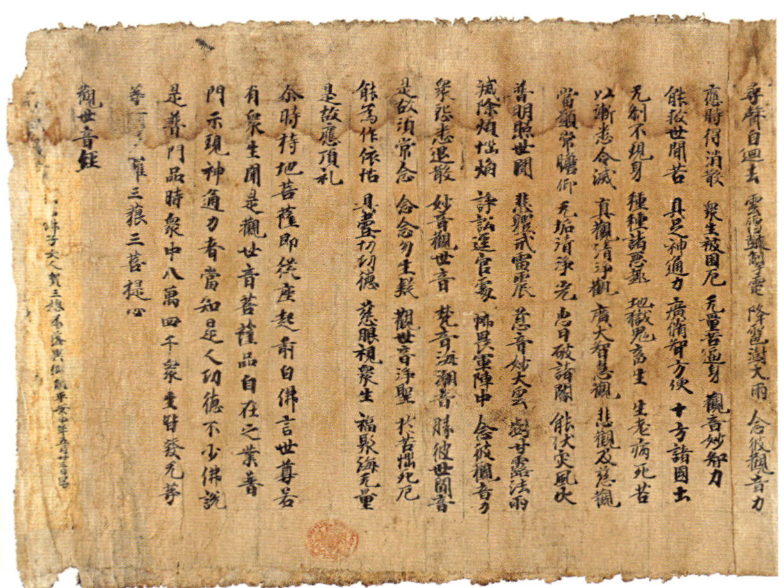

⊙ 图 9–35　敦煌文书 S.2992《观世音经》题记："清信佛子女人贺三娘为落异乡，愿平安。申年五月廿三日写。"

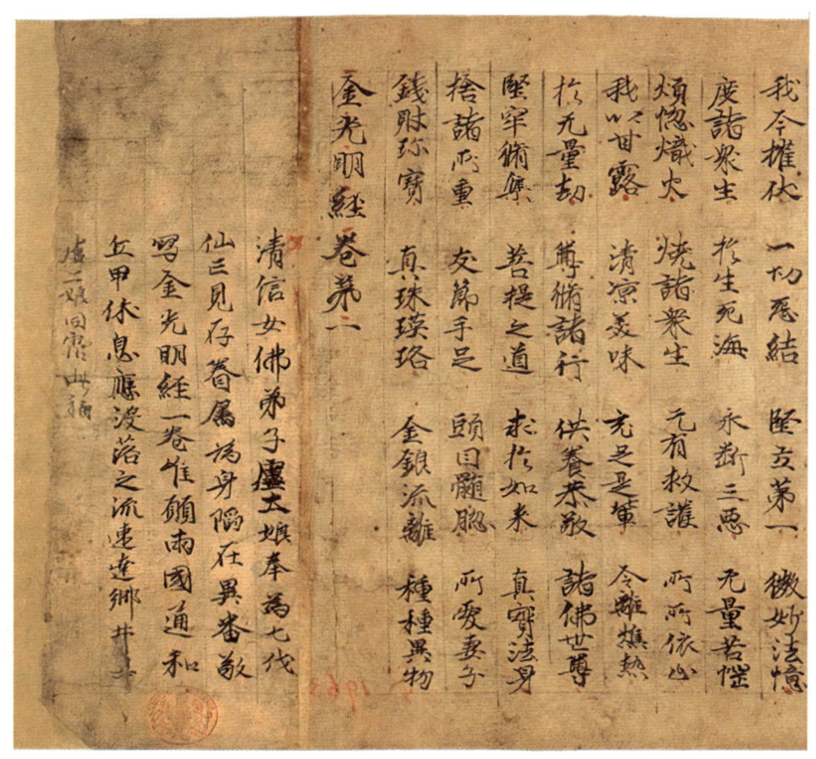

我今摧伏　一切惡結　堅立第一　微妙法幢
度諸衆生　於生死海　永斷三惡　无量苦惱
煩惱熾火　燒諸衆生　无有救護　无所依止
我以甘露　清涼美味　充足是輩　令離熾熱
於无量劫　尊脩諸行　供養恭敬　諸佛世尊
堅牢脩集　菩提之道　求於如來　真寶法身
捨諸所重　支節手足　頭目髓腦　所愛妻子
錢財珍寶　真珠瓔珞　金銀流離　種種異物
金光明經卷第一
清信女佛弟子盧大娘奉為七伐
仙亡見存眷屬為身陷在異番敬
寫金光明經一卷唯願兩國通和
丘甲休息應沒落之流速達鄉井
共盧二娘同霑此福

⦿ 图 9-36　敦煌文书 S.1963《金光明最胜王经》题记："清信女佛弟子卢大娘，奉为七伐（代）仙（先）亡见存眷属，为身陷在异番，敬写《金光明经》一卷。唯愿两国通和，丘（兵）甲休息，应没落之流，速达乡井。共卢二娘，同霑（沾）此福。"

一步步蚕食。建中二年（781），吐蕃占领沙州城，控制了敦煌地区。生活在大和年间的贺三娘很可能就是早前被吐蕃劫掠的汉族妇女。三娘留在《观世音经》题记中的愿望相当简短，只有"为落异乡，愿平安"七字，拒绝了后人对她身世的一切窥探。（图 9-35）

与之同时期身陷异番的还有卢大娘。（图 9-36）她是个做事颇为周全的人，深知国家动乱的覆巢之下，难有小家之完卵。抄写《金光明最胜王经》时，她先是想到了国家："唯愿两国通和，丘（兵）甲休息。”继而祝福其他饱受战乱之苦的同胞：“应没落之流，速达乡井。”（这也有可能是当时此类文本的套语。）最后，她才提到自己和妹妹：“共卢二娘，同霑（沾）此福。”[222]——老天啊，请让我们姐妹俩也沾沾国家安定的光，早日回家吧！

大中二年（848），沙州张议潮起兵抗击吐蕃，历时十三年，最终使河西十二州[223]重回大唐。唐王朝暂时胜利了，贺三娘等人后来的境遇未被历史书写。虽然他们的结局我们已无从得知，但我们仍希望这些陷蕃人最终都能回到故土，重逢慈颜。

庄严文的最后，讲师郑重问道：“已（以）下便即讲经，大众听不听？能不能？愿不愿？”众人默然点头。于是，都讲唱响经题，**讲经正式开始**[224]。

之后便进入**佛经和故事的主体内容**，都讲唱一段，讲师讲一段（似乎大家更喜欢听都讲唱，讲师说经时就老有人走神[225]）。在专业僧讲中，讲师与听者还会一道议论互动[226]。

香烟袅袅，佛灯清幽，高座之上的俗讲僧们离得很远，看不清面目，但他们声音洪亮，谈吐抑扬。即使没有麦克风，讲院外迟来的听众也能听得清清楚楚。遇到需要配图的情节，讲师会拿出一卷画轴挂在架上，铺陈展开，用细棍指着画面提醒听众注意看这里、看那里，把他们出走的注意力拉回来（讲变文时常用连贯画卷）。寺院中亦有现成的屏风画和壁画供讲师使用（讲经时多用壁画）[227]。若是皇家举办的讲经活动，道具就更加花样百出了，甚至会出动花车、牛车、鹿车，上有演员扮作菩萨、力士、鬼怪等从听众面前经过，打造出一场沉浸式听讲活动[228]。（图 9–37）

⊙图 9–37　大家听得聚精会神[229]

也不知过了多久，漫长的讲经终于结束了。讲堂内数十甚至数百人五体投地，在维那的引导下齐声念佛发愿，震天动地，气势撼人。讲师将功德回向众生后再次发愿，并念响宣告散场的解座文。

解座文内容多是宣扬人生道理和祝福大众，有劝诫年轻人的，如“莫恣怀，尽乱造，病来不怕君年少”[230]；也有嘱咐听众快回家的，如“各自念佛归舍去，来迟莫遣阿婆嗔”[231]。有时讲完整部经书需持续数日，讲师还会提醒听众明天准时再来：“今日为君宣此事，明朝早来听真经。”[232]

解座文宛如下课铃声，念完的瞬间，听众乌泱泱一片从大门涌出，互相分享着今日听讲的体会，在落日的余晖中各自回家[233]。有时讲经也会持续到半夜，直见星河易转，胜集难留，人们才恋恋不舍地散场。

讲院人去堂空，都讲与讲师卷起画卷，最后离去。

● 以上流程主要适用于讲经。在说变文故事时，讲师会相应免去作梵、念佛、开赞、发愿等流程[234]，并去掉都讲这一角色，一人完成说唱。

著名讲师

俗讲在中唐后变得异常兴盛，知名俗讲僧的受欢迎程度可与今天的娱乐明星相媲美，甚至连皇帝都是他们的粉丝。难懂的佛法奥义一经他们演绎，变得生动有趣，脍炙人口。但请小心，俗讲的确存在鱼目混珠的情况，有的会向民众灌输糟粕思想，有的竟用报应说恐吓听众，诱骗钱财。请擦亮双眼，注意防范。

游客可根据以下介绍的讲师来选择前往的场次。

◈灵润

灵润法师生于隋代，活跃于唐高宗时期，最擅长讲《涅槃经》。他出身富家却有志于释氏，本人清雅严肃，精通佛理。永徽三年（652），灵润在长安胜光寺讲《涅槃经》；显庆五年（660），又在玄法寺讲经[235]。连其他寺院的僧人也会慕名跑来听讲[236]。

◈法澄

武周时期兴圣寺法澄法师是位有故事的比丘尼，她见过繁华，也蹲过大牢。法澄俗姓孙，据传是蒋王李恽的姬妾。蒋王被诬告谋反后，孙氏在高宗上元二年（675）出家。可惜出家并不意味着六根清净，武后垂拱年间，又有传言说她将和蒋王之子汝南王李炜一同谋反，随即被没入掖庭。直到中宗执政，她才获得平反，被放出来继续做比丘尼。

这位法师“仁孝幼怀，容仪美丽”[237]，而且口齿伶俐，能与听众对答如流。

◈ **法藏**

武周时的僧人法藏是了不起的人物。相传他在云华寺讲经时，香风四起，空中五彩云雾久久不散。还有一次，法藏在洛阳的佛授记寺讲新译本《华严经》，讲到《华藏世界品》中华藏世界海震动这一段，讲室外突然传来震天巨响，底下密密麻麻的听众以为神迹，惊呼不已。这其实是当年洛阳发生的一次地震。[238]

◈ **文溆**

文溆法师一生共历穆、敬、文、武、宣五位皇帝，命运也一波三折。无论是在讲坛之上侃侃而谈，还是受到杖刑背脊溃烂、惨遭流放，他始终保持着令众生倾倒的魅力。文溆辗转于平康坊菩提寺、金城坊会昌寺和修德坊兴福寺讲经，在长安讲经界执牛耳长达二十余年。日本僧圆仁说：“城中俗讲，此法师为第一。”

从元和末年开始，文溆就在平康坊菩提寺开俗讲了，后来的游客能在佛殿内槽东壁看到当年文溆讲《维摩变》时用的配套壁画。壁画中的菩萨与舍利弗罗汉栩栩如生，可惜四十多年后（会昌、大中年间），颜料已经剥落，受损严重[239]。

文溆在他的时代非常受欢迎，人们不分贵贱贫富都对其顶礼膜拜，尊呼他为“和尚”。他讲的经文深入浅出，不识字的老人、未上学的孩童都能听懂，人们还以模仿他说话为时尚[240]。每次开讲，来晚了的人连大门也够不着[241]。挤不进去，在寺院外打地铺坐着听倒也不错，法师悠扬婉转的歌声穿透力极强，萦绕于寺院上空，往来的市民听闻其声便会心安[242]。

年轻且耽于玩乐的敬宗曾在宝历二年（826）驾临兴福寺看文溆俗讲；他的弟弟文宗还邀请文溆担任自己的内供奉僧。但人红是非多，文溆的名气越来越大，也引来了不少非议。在一些士流与僧徒眼中，他的俗讲偏离经义，为吸引听众、多邀布施，还好讲些淫秽鄙亵的内容，实在诓骗了不少“愚夫冶妇”。文溆终被以庸俗叛逆、仇视衣冠的罪名，处以杖刑，流放边地。数年后的开成、会昌年间，文溆才重回长安，但他的魅力丝毫不减，再一次成为整座城市的焦点。圆仁初入长安时见到的文溆，已是遍历艰辛归来。

并不是每个俗讲僧都有像文溆一样的名气和运势，不少僧人辗转各地讲经，一辈子穷困无名，漂泊终老。这些人还需自己抄写底稿，为如何更好地向听众传达故事而想破脑袋[243]。正是有他们的存在，我们看到了留在变文与讲经文边缘那些微末而真实的生命印记：敦煌文书 P.2187《破魔变》告诉后人，在天福九年（944）十一月初十，沙州天寒地冻的日子，僧人愿荣的笔都冻硬了，他是靠不断呵气才写完这卷变文的[244]。敦煌文书 P.2292《维摩诘经讲经文》的末尾，一位五代俗讲僧在书写完别人的故事后也留下了自己的痕迹：“广政十年八月九日，在西川静真禅院写此第廿卷文书，恰遇抵黑书了，不知如何得到乡地去。年至四十八岁，于州中（应）明寺开讲，极是温热。”[245]（图 9-38）五代后蜀广政十年（947），这位僧人已四十八岁了，在寺院开讲

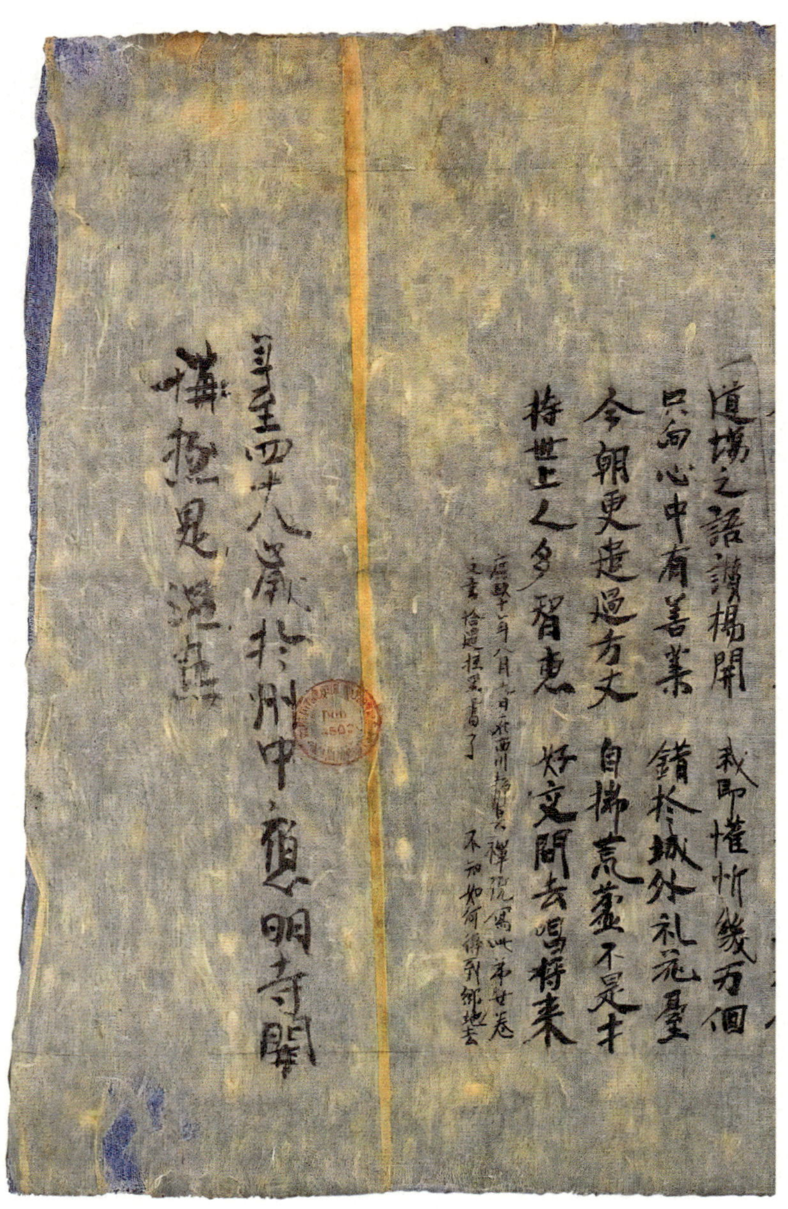

⊙ 图 9-38　敦煌文书 P.2292《维摩诘经讲经文》末尾题记

的反响不错，受到民众的热烈欢迎，他自豪地在文末记下一笔，但同时，他也正为不知如何回到家乡而发愁。由此猜想，讲经前庄严文中那些对远方游子的祝愿，或许也是这些俗讲僧的心声。

好了，赘言已毕。请放下手中的书，安静坐好。钟磬响起，俗讲马上就要开始。讲师清了清嗓子，朗声念出今天的押座文：

一世似风灯虚没没，
百年如春梦苦忙忙。
心头托手细参详，
世事从来不久长。[246]

你坐在前排，夏日干燥的空气中时有微风，送入一片鸟叫虫鸣。画卷被风吹拂，轻轻作响，身旁唐人正喃喃念佛。这些声音是如此惬意平常，同时，也渐渐远去……

睡意在逐渐消解，我们的旅途就要结束了。

等等，先别着急醒来。在睁眼开始忙碌的一天前，跨旅局还为游客准备了一封信。

跨旅局致所有游客的一封信

◈◈◈

我说，仍会有人记得我们，哪怕是相隔遥远的时空。

——公元前 6 世纪，萨福《断章 147》[1]

亲爱的游客：

你好！

祝贺你顺利踏上了归程。此刻打开信件，你的心情想必是复杂的。重回电话信号和网络的怀抱让人兴奋，但旅途的结束也意味着你要回到纷繁的现实中了。现在，请调亮床头灯，最后再留一点时间给长安，把这封信读完。

不知道你在长安时，有没有试着爬到高处去眺望全城。唐人舒元舆曾在冬夜和友人登上青龙寺高岗。月下雪中，长安城的宫阁楼宇小如玉塑，都人缈若蝼蚁。朗月的清光将长安拢于怀中，漫天雪花涤尽了纷浊之气。往昔的红尘俗地化身莹然鲜著的白玉京，似在云天汗漫之上，超脱了人间[2]。

这种登高而望的空灵之美，恰如我们隔着千年的距离去观看长安。

可只要生活在其中，长安会立时变得让人又爱又恨：她雨后动辄陷城为池，旅行中你多少会经历一次被风雨困住的时刻[3]，也一定听市民抱怨过当年水深三尺、房屋崩塌的惨状，一场大雨让多少人丢了家园和性命[4]；大风天土路扬尘，春季昏雾四塞，这现代人无法忍受的情形唐人却习以为常。游玩一天后，拖着疲惫的身躯想回旅店洗个热水澡，喝口热汤，却被告知今日薪柴已停止供应。而梦幻与壮丽的传奇也不是每天都会发生，大部分时间里，长安也像我们所处的城市一样乏味。市民汲汲营营，焦虑奔走，"各自身有事，不相知姓名"[5]。

只有深入其中，你才能看到朱楼高台的剥蚀与裂纹；城里"米如买珠，薪如束桂。膏肉如玉，酒楼如登天"[6]，煌煌盛世属于青史留名者，普通人的生活却尤为不易。哪怕是"稻米流脂粟米白，公私仓廪俱丰实"[7]的天宝盛世，也早早现出了大乱之兆。"朱门酒肉臭，路有冻死骨"[8]，贵府的银烛彻夜燃烧，能使天空也忘记昼夜；饿殍枯骨边的磷火，只堪发出幽暗的微光。同样在这个时代，疟疾[9]和天花[10]还未被消灭，人们平均在 59 岁[11]就要死去。

可唐长安仍然是跨旅局每年接待游客最多的目的地。终唐一世，更是有源源不断的外乡人涌往帝国的中心，渴望成为微不足道中再微不足道的一员。有将士在边地苦战数十年，临终前才来到向往的圣京[12]；有年轻人在旅店中焦虑地老去，"十年屡穷"[13]，等不来中举的消息；更有不幸者未曾到达就已死去，城外驿道上徘徊着不计其数的亡魂[14]。

长安之所以在当时和未来都充满魅力，因它是一头集美貌、激情、疯狂和野心于一体的幻兽，让唐人苦心追猎；又因时间差距产生了巨大的想象空间，使今人如此着迷。长安像一场不限身份，只求狂欢的沙龙，这里聚集着全国乃至世界上最好玩的人：有最风流多才的文士，最貌美的男女，最聪明的野心家，最狡猾的骗子和最狠毒的杀手；巨大而复杂的人流带来了无限的可能性，随雨水四处横流的，还有欲望和危险的泥浆。暗杀和阴谋在春暖花开时上演，机遇与灾祸在一刹那间游移；赌赢了一朝登天，玩脱了只能自吞苦果；长安有夜禁制度下极大的自由，亦有空前包容下最固化的思维。在近三百年的热闹场中，她冷眼默许着城中一切事物的发生：外国人可以荣登权力的中枢，三夷教得以在中原土地生根；冷漠的世情里，有杜甫和郑虔相濡以沫；泥潦满途的雨天，见证了“冲泥蹋水就君来”[15]的情谊；窦乂和罗会靠做小本生意发家致富；苦读的穷孩子韩愈、陆贽可成一国之文宗、宰辅。可还有更多人被城市无情地排除在中心之外，演绎出“寂寞何曾似在城”[16]的辛酸。每一个花繁柳暗名利处，都有人孤独悲歌泪满襟。近三百年来，居民们的情爱和悔恨，笑声与悲泣如幽灵般萦绕于城市上空，冰冷坚硬的城池因城中人的生死而有了血肉。

然而，万国来朝、昼夜歌钟的好戏终有散时。长安其实并不是固若金汤，黄巢之乱前，它曾三次被攻陷，天子落荒而逃。在我们关闭入境后，她经受了最大、最持久的一系列打击，直到宫室民宅尽皆拆毁，滔天火起，万物萧然一空。长安最终毁于天祐元年（904）。

兰德尔·柯林斯在《发现社会》的开头写道：“一个时代

结束的标志就是它开始被浪漫化。”[17]时间的遥远抹去了长安的不完美。相隔一千多年，21 世纪人们眼中的她依旧是青龙高冈上，那座雪下永恒的白玉京。作为游客的你，是为数不多在书中读过浪漫化的长安后，又能亲自到其中去生活一次的人。这一身份更赋予你们从上帝视角来观测城中人命运的特权：你们能看到裴度死前遗恨不曾盛放的牡丹；能代替柳宗元回长安赴宴，坐在刘禹锡的身边。你们早就知道李白执着于功名只是徒劳，也晓得杜甫身后的名望会盖过任何一位王侯；对旁人来说极为普通且无聊的一晚，是武元衡生命的最后几个小时；你不会去羡慕元载和王涯的生活，只因二人旋即家破人亡，尸骨无存。朱颜之颓残，人世之变幻只在弹指一瞬，就连长安都一朝毁于烽烟。

当撒入其中的泪水被时间风干，一座城的美好就会被无限放大。这个规则同样适用于我们自己的时代。游览一段时间后你会发现，长安的魅力不在于带来多少惊喜，而是赠予一种似曾相识。褪去巨唐恢宏之都的光环，它不过是我们自己的城市，只是换了人间。

等到千年后，当工作日讨厌的闹铃、拥堵的交通、旁人的不解、为生计的发愁，一局游戏的胜利、一顿饱餐的满足、有太阳的好天气、毛茸茸的小动物——种种恼人的琐事和片刻的治愈、所有个体的快乐与遗憾都湮灭于时光之海，你的城市或许也会被跨旅局开发成旅游项目，提供给向往它的后人参观。

跨旅局以梦的形式保存下了所有唐人和你们的集体回忆，每一丛回忆聚合体就是一座庞大的虚拟博物馆。物理的长安城已经轰毁，城中居民亦化为尘土，唯他们活过的痕迹还存于浩繁的典籍，也流连于无数人的梦乡。只要还能被人向往和铭记，长安市民和他们的城市就不可能真正死亡。

正因如此，当重游21世纪的西安，来到安仁坊遗址，你看到观景台下不再是干裂的黄土，仍是当年坊中烟雾缭绕的早点摊。大唐西市全变了样，可手臂还留有酸痛的记忆，因为梦中你曾拎着大包小包在这儿闲逛。曲江黄渠的千年之水依旧清澈，你仿佛还能听见浣衣女的絮语，闻见洗好衣服的芳香。而当辞旧迎新的景云钟声传来，那共鸣又是如此熟悉，因为千年前在景龙观内，你已亲耳听它敲响。

游客朋友们，送君千里，终有一别，是时候说再见了。希望你在未来的无数个梦中，仍能想起这次长安之行。

衷心地祝你和家人在21世纪生活美满，我们还将与你在下一个时空再会。

附　言

很抱歉，由于跨旅局的规定，你无法携带任何纪念品出境。既然这是一趟以梦境完成的旅程，梦醒后一切烟消云散，又有何物能证明你真的回到过这座城市？但如果你枕边真的有一件来自长安的东西，那么这次旅途还只是个梦吗？

英国诗人塞缪尔·柯勒律治曾遇到过和你一样的问题。他好奇，假如有人在梦中去过天堂，并在那采了一朵奇艳的花作为信物，当他醒来时，手中就握着这朵花，接下来又会发生什么呢？[18]

现在，请翻到书的最后。跨旅局为你特别准备了一份纪念品，更是一个证明你回去过的信物。

它有且仅有一个来源地：唐代的长安。

精心准备一场永不启程的旅行；
在那已消失的目的地，有最熟悉的街道和姓名。
请不要停止想象，也请不要灰心；
也许有朵天堂之花，就在枕边等你苏醒。

记
/M/A/R/K/
号

真知 卓思 洞见

注释

参考文献

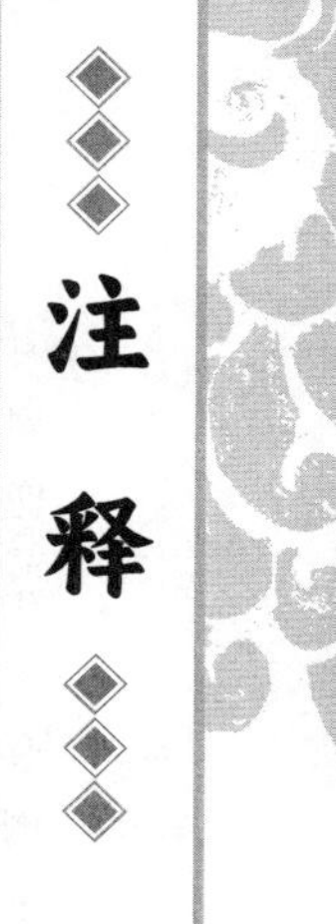

第一章　初到长安

1　岑参《秋夜闻笛》："长安城中百万家，不知何人吹夜笛。"彭定求等编《全唐诗》卷二〇一，北京：中华书局，1960 年，第 2107 页。

2　当年七月改元广德。

3　选址于此是因为进奏院大多集中在这里。

4　通过观察明德门遗址的车辙，推测中间三门不通车。"在五个门道中，只有东西两端的两个门道有车辙，有的车辙是从中间三个门道的前面绕至两端的门道通行的，可见当时中间的三门是不准行车。从车辙的绕门而行来看，这与《大唐六典》卷二五左右监门卫条所说'凡宫殿门及城门，皆左入，右出'的制度有关。据此，明德门的五个门道，其两端的二门为车马出入通行的，其次二门为出入行人通行。至于当中的一门，从雕刻精致的残石门槛来看，此门或不准一般人通行，而很可能是专供封建皇帝每年南郊'郊祀'和其他出行时通行的。"见中国科学院考古研究所西安工作队《唐代长安城明德门遗址发掘简报》，《考古》1974 年第 1 期，第 33—39 页。不过辛德勇提出了另一种观点，认为根据《旧唐书》中提及仆固怀恩叛乱，京师戒严时"塞京城二门之一"的记载，长安三门道城门有一门常年关闭，五门道城门有三门常年关闭。也就是说，五门道的明德门中间三门车辙绕行的原因，很可能是其常年关闭，仅左右最外侧城门供行人、车马出入；最中间门道照例留给天子，两侧门道留给重臣贵戚，仅需要时开放。见辛德勇《隋唐两京丛考》，西安：三秦出版社，2006 年，第 13—16 页。

5　有杨鸿勋、傅熹年等学者对明德门进行过复原的探讨。傅熹年将明德门城楼复原为单檐庑殿顶。杨鸿勋注意到敦煌莫高窟 138 窟晚唐《弥勒上生经变图》中，兜率天宫有一五道城门，认为其绘制原型应当就是长安的明德门，故明德门复原图中，城楼为单檐庑殿主楼，两侧带有夹庑（挟屋）。但 1972—1973 年的发掘仅明确了五道城门，并未清理东西两侧城墙，所以仍无法确定城楼两侧是否有阙楼。2018 年，中国社会科学院考古研究所西安唐城队对明德门遗址门墩东侧城墙探查证实，城墙南北缘平直，不存在阙楼。西侧虽被现代街道覆盖，但鉴于对称原则，也应该不存在阙楼。本书采纳杨鸿勋的复原方案，即借鉴莫高窟 138 窟的城楼建筑形式。详见杨鸿勋《唐长安城明德门复原探讨》，《文物》1996 年第 4 期，第 76—84 页；傅熹年《唐长安明德门原状的探讨》，《考古》1977 年第 6 期，第 409—412 页。

6　选址在此是因为京兆府廨位于这里。

7　《温庭筠全集校注》卷一二《乾𦠆子·窦乂》："乂西市柜坊，鏁钱盈余，即依直出钱市之。"温庭筠撰，刘学锴校注《温庭筠全集校注》，北京：中华书局，2007 年，第 1258 页。另见加藤繁《柜坊考》，加藤繁著，吴杰译《中国经济史考证》第一卷，北京：商务印书馆，1959 年，第 395—412 页。

8　《因话录》："有士鬻产于外，得钱数百缗，惧川途之难赍也，祈所知纳于公藏，而持牒以归，世所谓便换者。"李肇、赵璘《唐国史补因话录》，上海：上海古籍出版社，1979 年，第 112 页。《新唐书》卷五四《食货志》："时商贾至京师，委钱诸道进奏院及诸军、诸使富家，以轻装趋四方，合券乃取之，号'飞钱'。"欧阳修、宋祁撰，中华书局编辑部点校《新唐书》，北京：中华书局，1975 年，第 1388—1389 页。

9　《册府元龟》卷五〇一《邦计部·钱币》："兵部尚书判户部王绍、户部侍郎判度支卢坦、盐铁使王播等奏：'伏以京都时用，多重见钱。官中支计，近日殊少。盖缘此来，不许商人便换，因兹家有滞藏，所以物价转轻，钱多不出。臣等今商量，伏请许令商人于户部、度支、盐铁三司任便换见钱，一切依旧禁约。伏以此来，诸司诸使等或有便商人钱，多留城中，逐时收贮，积藏私室，无复通流。伏请自今已后，严加禁约。'诏从之。"王钦若等编纂，周勋初等校订《册府元龟》，南京：凤凰出版社，2006 年，第 5690 页。

10　实际上，私人便换仍然屡禁不止。见《册府元龟》卷五〇一："长庆元年六月，诏：公私便换钱物，先已禁断。"《册府元龟》，第 5691 页。

11　《新唐书》卷五四《食货志》："自京师禁飞钱，家有滞藏，物价浸轻。判度支卢坦、兵部尚书判户部事王绍、盐铁使王播请许商人于户部、度支、盐铁三司飞钱，每千钱增给百钱，然商人无至者。复许与商人敌贯而易之，然钱重帛轻如故。”《新唐书》，第 1389 页。

12 贞元年间有过限制铜钱出境的措施，见《新唐书》卷五四《食货志》：“贞元初，骆谷、散关禁行人以一钱出者。”《新唐书》卷一四九《李若初列传》：“时天下钱少货轻，州县禁钱不出境，商贾不通。”《新唐书》，第 1377、4799 页。

13 许浑《郑秀才东归凭达家书》：“欲寄家书客未过，闭门心远洞庭波。”许浑撰，罗时进笺证《丁卯集笺证》卷七，北京：中华书局，2012 年，第 407 页。

14 白居易《醉封诗筒寄微之》：“为向两州邮吏道，莫辞来去递诗筒。”白居易撰，谢思炜校注《白居易诗集校注》卷二三，北京：中华书局，2006 年，第 1806 页。柳宗元《与李翰林建书》：“州传遽至，得足下书。”柳宗元著《柳宗元集》卷三〇，北京：中华书局，1979 年，第 801 页。

15 《新辑玉泉子·旧本玉泉子疑文辨证》：“李德裕在中书，尝饮惠山泉，自毗陵至京置递铺。”佚名撰，夏婧点校《新辑玉泉子》，《奉天录（外三种）》，北京：中华书局，2014 年，第 164 页。另见黄正建《唐代的“传”与“递”》，《中国史研究》1994 年第 4 期，第 77—81 页。

16 许浑《郑秀才东归凭达家书》。

17 吐鲁番阿斯塔那 24 号墓出土《唐贞观二十年（646）赵义深自洛州致西州阿婆家书》。文书内容及图片详见国家文物局古文献研究室、新疆维吾尔自治区博物馆、武汉大学历史系编《吐鲁番出土文书》第 5 册，北京：文物出版社，1983 年，第 9—10 页。敦煌与吐鲁番文书中的“阿婆”一词有诸多解释。此处的阿婆应该指母亲。

18 朱雷《龙门石窟高昌张安题记与唐太宗对鞠朝大族之政策》，朱雷《敦煌吐鲁番文书论丛》，兰州：甘肃人民出版社，2000 年，第 89—96 页。刘安志《唐初西州的人口迁移》，刘安志《敦煌吐鲁番文书与唐代西域史研究》，北京：商务印书馆，2011 年，第 24—40 页。

19 有的文章与纪录片会将居子解读为赵义深的妻子。然而原书信中，居子是写在义深前的，如“居子、义深再拜”“居子等憘悦不可言”，推测居子可能为男性，且在年纪或辈分上较义深略长。唐时男性名字最后一个字为“子”的情况在敦煌和吐鲁番文书中比女性要更为普遍。

20 《唐憙连、武通家书》，《吐鲁番出土文书》第 5 册，第 14—15 页。武通应该为憙连的儿子。做出这种推测是因为阿斯塔那 24 号墓中还出土了一封署名憙连的信（原件仅剩一个“连”字，乃根据先前的憙连家书补缺），信中提到“憙连母子”。

21 阿斯塔那 24 号墓中没有出土墓志和随葬衣物，墓主身份不得而知，因此无法得知其是否与赵义深、麹连等寄信人存在亲属关系。但赵义深的书信被剪成了鞋底；出土的其他书信也或被粘贴、涂色，或被折叠成为鞋面，造成大量内容缺失。怎么看都不像是为了保存，很明显是废纸的二次利用。详见裴成国《唐朝初年西州人与洛州亲属间的几通家书》，荣新江主编《唐研究》第22卷，北京：北京大学出版社，2016年，第321—355页；陆锡兴《吐鲁番古墓纸明器研究》,《西域研究》2006年第03期，第50–55页。

22 全文见王使臻《两件敦煌书札浅释》,《历史档案》2011年第2期，第129—132页。白话译文有删节。

23 朱士光、王元林、呼林贵《历史时期关中地区气候变化的初步研究》,《第四纪研究》1998年第1期，第1—11页。

24 关于唐代气候，有“较现代温暖”说（竺可桢《中国近五千年来气候变迁的初步研究》,《考古学报》1972年第1期，第168—189页）和“前期与现代相近，8世纪中叶转寒”说（满志敏《关于唐代气候冷暖问题的讨论》,《第四纪研究》1998年第1期，第20—30页），亦有人认为转寒期是8世纪末而非中期，并将时间定于贞元十三年（797）前后（吴宏岐、党安荣《隋唐时期气候冷暖特征与气候波动》,《第四纪研究》1998年第1期，第31—38页）。目前，唐代气候前期较温暖湿润，在8世纪中后期转寒的看法已逐渐达成共识，详见葛全胜、方修琦、郑景云《中国历史时期温度变化特征的新认识——纪念竺可桢〈中国过去五千年温度变化初步研究〉发表30周年》,《地理科学进展》2002年第4期，第311—317页；蓝勇《唐代气候变化与唐代历史兴衰》,《中国历史地理论丛》2001年第1期，第4—15页。

25 白居易《早朝贺雪寄陈山人》,《白居易诗集校注》卷九，第747页。

26 《唐会要》卷八六《道路》:“开元二十八年正月十三日，令两京道路，并种果树。”王溥撰《唐会要》，北京：中华书局，1960年，第1573页。曹松《武德殿朝退望九衢春色》:“夹道夭桃满，连沟御柳新。”《全唐诗》卷七一七，第8246页。

27 王勃《春思赋》，王勃著，杨晓彩点校《王勃集》卷一，西安：三晋出版社，2017年，第2页。

28 《太平广记》卷二四三《治生·窦乂》:“五月初，长安盛飞榆荚。”李昉等编《太平广记》，北京：中华书局，1961年，第1876页。

29 《旧唐书》卷三七《五行志》:“（大历）四年九月己卯，虎入京城长寿坊元载私庙，将军周皓格杀之……六年八月丁丑，太极殿内廊下获白兔……（贞元四年）三月癸丑，鹿入京师西市门，众杀之。”刘昫等撰，中华书局编辑部点校《旧唐书》，北京：中华书局，1975 年，第 1370 页。《新唐书》卷三五《五行志》："乾元二年十月，诏百官上勤政楼观安西兵赴陕州，有狐出于楼上，获之……贞元二年二月乙丑，有野鹿至于含元殿前，获之……开成四年四月，有獐出于太庙，获之。"《新唐书》，第 923 页。《新唐书》卷三六《五行志》："先天二年六月，京师朝堂砖下有大蛇出，长丈余。"《新唐书》，第 951 页。

30 《新唐书》卷三五《五行志》："建中三年九月己亥夜，虎入宣阳里，伤人二，诘朝获之。"《新唐书》，第 923 页。

31 《千金翼方校注》卷三〇："夫草野山林行见恶虫，但闭右目，以左目营之三匝，鬼神见之伏而头胁着地也。"孙思邈撰，朱邦贤等校注《千金翼方校注》，上海：上海古籍出版社，1999 年，第 855 页。

32 刘锡涛、吴家洲《浅析唐代沙尘灾害的时空分布》，《陕西历史博物馆论丛》第 25 辑，2018 年，第 175—188 页。

33 白居易《苦热题恒寂师禅室》，《白居易诗集校注》卷一五，第 1203 页。

34 权德舆《病中苦热》，权德舆撰，蒋寅笺，唐元校，张静注《权德舆诗文集编年校注》，沈阳：辽海出版社，2013 年，第 732 页。

35 薛逢《镊白曲》，《全唐诗》卷五四八，第 6319 页。

36 韩愈、孟郊《纳凉联句》："蝉烦鸣转喝，乌噪饥不啄。昼蝇食案繁，宵蚋肌血渥。"韩愈撰，魏仲举集注，郝润华、王东峰整理《五百家注韩昌黎集》卷八，北京：中华书局，2019 年，第 503 页。

37 杜甫《秋雨叹三首》，杜甫著，仇兆鳌《杜诗详注》卷三，北京：中华书局，1979 年，第 216 页。

38 李贺《崇义里滞雨》，李贺撰，吴正子笺注，刘辰翁评点，刘朝飞点校《李贺歌诗笺注》卷三，北京：中华书局，2021 年，第 131 页。

39 白居易《早朝贺雪寄陈山人》，《白居易诗集校注》卷九，第 747 页。

40 刘沧《长安冬夜书情》，《全唐诗》卷五八六，第 6795 页。

41 朱士光、王元林、呼林贵《历史时期关中地区气候变化的初步研究》，《第四纪研究》1998 年第 1 期，第 5 页。

42 《唐代赵逸公与夫人合葬墓壁画》，邓本章总主编《中原文化大典 · 文物典 · 壁画》，郑州：中州古籍出版社，2008 年，第 170 页。

43 《旧唐书》卷三七《五行志》："其年六月二十一日夜，暴雨……京城兴道坊一夜陷为池，一坊五百余家俱失。"《旧唐书》，第 1357 页。

44 《通典》卷七《食货》："十三载，京城秋霖……其所在川谷泛溢，京城坊市墙宇崩坏向尽。"杜佑撰，王文锦等点校《通典》，北京：中华书局，1988 年，第 153 页。

45 《旧唐书》卷三七《五行志》："贞元二年夏，京师通衢水深数尺。吏部侍郎崔纵，自崇义里西门为水漂浮行数十步，街铺卒救之获免；其日，溺死者甚众。"《旧唐书》，第1359页。

46 详见靳强《唐代地震灾害初探——以两〈唐书〉为例》，《江汉论坛》2012年第3期，第47—53页；潘明娟《唐代京师地震及唐人地震观》，《长安大学学报（社会科学版）》2019年第2期，第40—48页。顾功叙《中国地震目录》，北京：科学出版社，1983年，第6—9页。想知道具体地震日期，请自行翻阅两《唐书》的《五行志》与《唐会要》卷四二，本书不一一列出。

47 本节全部数据均来自中国科学院考古研究所西安唐城发掘队《唐代长安城考古纪略》，《考古》1963年第11期，第595—611页。

48 此数据来自《唐代长安城考古纪略》。然而根据西安市2022年发掘的五桥并列遗址，测得中桥中心线与朱雀大街东侧水沟西岸相距63.5米，可推算出朱雀大街实际宽度为127米。详见西安市文物保护考古研究院《陕西西安隋唐长安城朱雀大街五桥并列遗址》，《中国文物报》2023年3月24日。

49 据《唐代长安城考古纪略》，外郭城北城第一顺城街向南的三条街都已被当代建筑所压，因此这三条街的数据无法探得。所谓最宽达120米乃是排除了这三条街。

50 《新唐书》卷一七七《李景让列传》："元和后，大臣有德望者，以居里显。"《新唐书》，第5291页。

51 李好文《长安志图》卷上："新城。唐天祐元年，匡国节度使韩建筑。时朱全忠迁昭宗于洛，毁长安宫室百司及民庐舍，长安遂墟。建遂去宫城，又去外郭城，重修子城……东、西又有小城二，以为长安、咸宁县治所。"宋敏求、李好文撰，辛德勇、郎洁点校《长安志　长安志图》，西安：三秦出版社，第20页。

52 释道宣《齐邺下大庄严寺释圆通传》，李时人编校，何满子审定，詹绪左覆校《全唐五代小说》，北京：中华书局，2014年，第20页。

53 东南隅曲江占一坊，东北角永福坊改为十六王宅，兴庆坊改为兴庆宫。

54 据《唐代长安城考古纪略》，发掘队仅实测了皇城以南各坊和皇城左右的金城坊。皇城北诸坊被建筑所压，无法探明。

55 《长安志》卷七《唐京城》："皇城之南东西四坊，以象四时，南北九坊，取则周礼王城九逵之制……每坊但开东西二门，中有横街而已。盖以在宫城直南，不欲开北街泄气以冲城阙。"《长安志 长安志图》，第256页。中国科学院考古研究所西安唐城发掘队《唐代长安城考古纪略》："从钻探的怀德坊与长兴坊来看，与《长安志》所记相符。"

56　薛能《寄李频》,《全唐诗》卷五五九，第 6489 页。

57　《通典》卷三《食货》:“大唐令：诸户以百户为里，五里为乡，四家为邻，五家为保。每里置正一人……掌按比户口，课植农桑，检察非违，催驱赋役。在邑居者为坊，别置正一人，掌坊门管钥，督察奸非，并免其课役。”《通典》，第 63 页。在笔记小说中，曾提及长安城坊中也存在里胥、里长这类职务，至于此类称呼是否为坊正之泛指，抑或长安坊中的确另设有里正，还有待进一步研究，见万晋《唐长安的“里”、“坊”与“里正”、“坊正”》,《东岳论丛》2013 年第 1 期，第 79—84 页。徐畅则认为长安城内没有推行乡里制，坊正一人兼管治安、治民事务，见徐畅《城郭内外——乡里村坊制在唐长安的实施再探》，荣新江主编《唐研究》第 21 卷，北京：北京大学出版社，2015 年，第 303—326 页。

58　《唐律疏议笺解》卷八《卫禁》:“越官府廨垣及坊市垣篱者，杖七十。”刘俊文《唐律疏议笺解》，北京：中华书局，1996 年，第 633 页。实际考古勘探并未得到关于坊墙高度的完整数据，但中国科学院考古研究所西安唐城发掘队《唐代长安城考古纪略》认为坊墙墙基厚度为 2.5—3 米。根据卢俌《洛阳县申界内坊墙因雨颓倒比令修筑坊人诉称皆合当面自筑不伏率坊内众人共修》中提及的“垣高不可及肩，板筑何妨当面”可知，洛阳城内坊墙应该不到人的肩高，但未必是长安城坊墙的情况。卢俌《洛阳县申界内坊墙因雨颓倒比令修筑坊人诉称皆合当面自筑不伏率坊内众人共修》，董诰等编《全唐文》卷二六七，北京：中华书局，1983 年，第 2713 页。

59　后唐明宗《令道路置碑晓谕路人敕》:“道路街巷，贱避贵，少避长，重避轻，去避来……雕刻四件事文字，兼于要会坊门及诸桥柱刻碑，晓谕路人。”《全唐文》卷一一一，第 1131 页。这段文献虽记录五代后唐事，但或可作为唐时情形之参考。

60　见杨鸿年《隋唐两京考》，武汉：武汉大学出版社，2005 年，第 306 页。

61　《长安志》卷七《唐京城》:“自朱雀门南第六横街以南，率无居人第宅。”《长安志　长安志图》，第 260 页。《唐两京城坊考》卷二《西京·外郭城》:“自威远军向南三坊，俗称围外地，至闲僻，于此置庙，无所妨碍。”徐松撰，张穆校补，方严点校《唐两京城坊考》，北京：中华书局，1985 年，第 42 页。《长安志》卷七《唐京城》:“自兴善寺以南四坊，东西尽郭，虽时有居者，烟火不接，耕垦种植，阡陌相连。”《长安志　长安志图》，第 260 页。贾岛《寄贺兰朋吉》:“野菜连寒水，枯株簇古坟。”贾岛撰，齐文榜校注《贾岛集校注》卷三，北京：中华书局，2020 年，第 122 页。

62　《续玄怪录·张庚》:“庚自度此坊（升道坊）南街，尽是墟墓，绝无人住。”牛僧孺、李复言撰，林宪亮译注《玄怪录　续玄怪录》，北京：中华书局，2019 年。

63 这里所说的第七横街，是以皇城南金光门至春明门大街作为第一横街算起。

64 本图根据张永帅《空间及其过程：唐长安住宅的分布特征及其形成机制》一文绘制。文中借助《长安志》《唐两京城坊考》和碑志材料对长安 109 坊的住宅进行了统计（该统计未区分具体时段，针对大唐近三百年间所有存在过的主要住宅）。须明确的是，文中列出住宅密度超 100 处 / 平方公里的坊共 67 个，杨鸿年所说的较为冷僻的金城、休祥二坊实际上也在其中，甚至第六横街以南、围外地区也仍有住宅密度较大的坊（兰陵、丰安、昭国、晋昌等），因此古籍中对长安热闹与冷清区域的表述仅是大致概括，并非一定如此。平康坊、东西市虽不在居住密度较大的 67 坊中，但其位置与功能注定了它们不可能冷清，因此也被列为热闹区域。靖善坊尽一坊之地为大兴善寺，坊中没有住宅，无法界定热闹与否，故与其他介于热闹与冷清的区域一样，未予标色。此外，能够被记录在史籍和碑志材料中的住宅一般为名人、世家或高官之住所，故此图或无法代表平民住宅的分布。张永帅《空间及其过程：唐长安住宅的分布特征及其形成机制》，《史林》2012 年第 1 期，第 49—59 页。

65 此处仅指外国人在长安的居住地，并不是大唐设在广州、泉州等沿海地区，由蕃人侨民自治的“蕃坊”。目前没有记载表明长安城内存在过蕃坊。

66 这句话本用来形容东晋名僧康僧渊，此处借用其意。释道世著，周叔迦、苏晋仁校注《法苑珠林校注》卷五三《机辩篇 · 罗汉部》，北京：中华书局，2003 年，第 1590 页。

67 图中将头冠插鸟羽的形象归为高丽人，依据的是台北故宫博物院藏阎立本《王会图》榜题，但实际上，百济也有朝拜祭祀时“冠两厢加翅”的打扮，见令狐德棻等撰，中华书局编辑部点校《周书》卷四九《异域 · 百济列传》，北京：中华书局，1971 年，第 886 页。

68 两《唐书》中常用“高丽”来简称“高句丽”，此处的“高丽”并非 10 世纪朝鲜半岛的王氏高丽，请注意区分。

69 详见以下记载：《入唐求法巡礼行记校注》卷四《会昌三年》：“八月十三日。为求归国，投左神策军押衙李元佐，是左军中尉亲事押衙也。信敬佛法，极有道心。本是新罗人。宅在永昌坊。”圆仁著，白化文、李鼎霞、许德楠校注，周一良审阅《入唐求法巡礼行记校注》，北京：中华书局，2019 年，第 422 页。崇贤坊有新罗王室成员金日晟宅。见《有唐故银青光禄大夫光禄卿赠兖州都督金府君墓志》，胡戟、荣新江主编《大唐西市博物馆藏墓志》，北京：北京大学出版社，2012 年，第 622—623 页。道政坊有百济将领沙吒利宅。见姜清波《百济人沙吒忠义在唐事迹考论》，《暨南史学》第 5 辑，第 176—183 页。兴宁坊有高丽人泉男生宅、王毛仲宅。见《唐两京城坊考》卷三《西京》，第 82 页。大宁坊有高丽后裔、宦官似先义逸宅。见徐松撰，李健超增订《最新增订唐两京城坊考》，西安：三秦出版社，2019 年，第 144 页。宣阳坊有高丽人高仙芝宅。见《唐两京城坊考》卷三《西京》，第 59 页。来庭坊有高丽人高提昔宅。见拜根兴《从新见入唐高丽移民墓志看唐代东亚人员流动》，《古代东亚欧研究年报》第 3 号，2017 年，第 52—53 页。

70 居布政坊见《唐故薛突利施匐阿施夫人墓志铭》，吴钢主编《全唐文补遗》第 2 辑，西安：三秦出版社，1995 年，第 565 页。居醴泉坊见《大唐故特进右卫大将军雁门郡开国公俾失公（十囊）墓志铭》，《全唐文补遗》第 5 辑，368 页。居怀德坊见《唐故三十姓可汗贵女贤力毗伽公主云中郡夫人阿那氏之墓志》，周绍良主编《唐代墓志汇编》，上海：上海古籍出版社，1992 年，第 1280 页。

71 由于人数众多，不便一一列出，详见《唐两京城坊考》中各坊提到的胡人住宅，以及波斯后裔李元谅、粟特人安菩夫妇、波斯人李素及其妻子等人的墓志铭。

72 《旧唐书》卷一九五《回纥列传》载元和四年（809）回纥可汗遣使请更名为回鹘，然贞元十一年（795）的《回鹘葛啜王子墓志》中已采用“回鹘”一名。见罗新《葛啜墓志》研究专栏编者按，荣新江主编《唐研究》第 19 卷，北京：北京大学出版社，2013 年，第 423—424 页。

73 据《大唐故回纥府君墓志》，志主回纥琼生前居住群贤坊。见周绍良、赵超主编《唐代墓志汇编续集》，上海：上海古籍出版社，2001 年，第 681 页。据《唐故回鹘白夫人墓志》，志主为故回鹘可汗夫人，居住怀真坊。见郑东、杨富学《西安新出〈唐故回鹘白夫人墓志〉疏证》，《敦煌研究》2020 年第 4 期，第 81—88 页。

74 见段成式《髻鬟品》和宇文氏《妆台记》，虫天子编《香艳丛书》第 1 册，上海：上海书店出版社，2014 年。《新五代史》卷七四《四夷附录》：“妇人总发为髻，高五六寸，以红绢囊之。”欧阳修撰，徐无党注，中华书局编辑部点校《新五代史》，北京：中华书局，1974 年，第 916 页。

75 花蕊夫人徐氏《宫词》：“回鹘衣装回鹘马，就中偏称小腰身。”《全唐诗》卷七九八，第 8978 页。

76 《唐会要》卷四九《大秦寺》：“天宝四载九月，诏曰：‘波斯经教，出自大秦。传习而来，久行中国。爰初建寺，因以为名。将欲示人，必修其本。其两京波斯寺，宜改为大秦寺。天下诸府郡置者，亦准此。’”《唐会要》，第 864 页。

77 醴泉坊内有一座祆祠，根据《两京新记》，当位于坊西北隅（《长安志》载位于西门之南，不从此说）；又原有一座景教寺院，位于十字街南之东，景龙年间被迁移到了布政坊，见《唐两京城坊考》卷四《西京》：“醴泉坊……十字街南之东，旧波斯胡寺。（仪凤二年，波斯王毕路斯奏请于此置波斯寺。景龙中，宗楚客筑此，寺地入其宅，遂移寺于布政坊之西南隅祆祠之西。）”《唐两京城坊考》，第 117 页。足立喜六和林悟殊都认为祆教属于萨珊波斯国教，毕路斯本人亦信仰祆教，故此条内容虽名为“波斯寺”，其实应为祆祠，而不是景教寺，且《大秦景教流行中国碑》中亦未见提及该座位于醴泉坊的景教寺，见林悟殊《波斯拜火教与古代中国》，台北：新文丰出版公司，1995 年，第 139—150 页。然而考虑到波斯萨珊王朝的王后大多信仰景教（见 D. D. Leslie, “Persian Temples in T'ang China”, *Monumenta Serica*, Vol. 35[1981–1983], pp.275–303），足立氏与林氏之论据便稍显不足，本书暂将醴泉坊十字街南之东的建筑属性定为景教寺院。由此，景龙年之后，醴泉坊余西北隅一座祆祠，无景教寺。而布政坊应有一座祆祠，在西南隅；一座景教寺，在祆祠西侧，概从醴泉坊迁移至此。

78 《唐两京城坊考》卷四《西京》：“义宁坊……十字街东之北，波斯胡寺。（贞观十二年，太宗为大秦国胡僧阿罗斯立）”《唐两京城坊考》，第 123 页。

79 一般认为长安城内有布政（西南隅）、醴泉（西北隅）、普宁（西北隅）、靖恭（十字街南之西）四座祆祠，见陈垣《火祆教入中国考》，《陈垣史学论著选》，上海：上海人民出版社，1981 年，第 109—132 页。但《唐两京城坊考·校补记》卷四《西京》中提到，宋《西溪丛语》记载：“贞观五年，有传法穆护何禄将祆教诣阙奏闻。敕令长安崇化坊立祆寺，号大秦寺，又名波斯寺。”对此，陈垣认为是义宁坊景教寺之误。林悟殊推断这座“崇化坊祆寺”也是祆教寺院的可能性很大，因崇化坊出土过一位祆教萨宝的墓志，见《波斯拜火教与古代中国》，第 139—150 页。这样看来，长安城内就有五所祆祠。

80 赵强、李喜萍、秦建明《唐长安城发现坊里道路遗迹》，《考古与文物》1995 年第 6 期，第 2—5 页。

81 白居易《酬张十八访宿见赠》：“长安久无雨，日赤风昏昏。怜君将病眼，为我犯埃尘。”《白居易诗集校注》卷六，第 575 页。

82 白居易《早送举人入试》：“日出尘埃飞，群动互营营。”《白居易诗集校注》卷五，第 458 页。

83 白居易《答元八宗简同游曲江后明日见赠》：“坐愁红尘里，夕鼓鼕鼕声。”《白居易诗集校注》卷五，第 451 页。

84 康軿《田膨郎偷玉枕》：“是时涉旬无雨，向晓埃尘颇甚。车马践踏，跬步间人不相见。”《全唐五代小说》卷七五，第 2592 页。

85 杜甫《狂歌行赠四兄》，《杜诗详注》卷一四，第 1220 页。

86 马子才《送陈自然西上序》：“骤雨至矣，黑潦满道。”《全唐文》卷九五六，第

9929 页。韩愈《雨中寄张博士籍侯主簿喜》："放朝还不报，半路蹋泥归。"韩愈著，方世举编年笺注，郝润华、丁俊丽整理《韩昌黎诗集编年笺注》卷一一，北京：中华书局，2012 年，第 634 页。

87 白居易《雨雪放朝因怀微之》："归骑纷纷满九衢，放朝三日为泥涂。"《白居易诗集校注》卷一四，第 1080 页。

88 《唐国史补》卷下："凡拜相，礼绝班行。府县载沙填路，自私第至子城东街，名曰沙堤。"《唐国史补　因话录》，第 49 页。《唐会要》卷八六《道路》："天宝三载五月，京兆尹萧炅奏，请于要道筑甬道，载沙实之，至于朝堂，从之。"《唐会要》，第 1573 页。

89 张籍《沙堤行呈裴相公》："长安大道沙为堤，风吹无尘雨无泥。"张籍撰，徐礼节、余恕诚校注《张籍集系年校注》卷一，北京：中华书局，2011 年，第 41 页。

90 《大唐开元礼》卷三："凡行路巷街，贱避贵，少避老，轻避重，去避来。"《大唐开元礼》，北京：民族出版社，2000 年，第 34 页。《新唐书》卷九八《马周列传》："城门入由左，出由右。"《新唐书》，第 3901 页。此处的"左右"应以面朝城外的方向来判断，即左为东、右为西，本质上是靠右侧通行。

91 王梵志诗。陈尚君辑校《全唐诗补编》，北京：中华书局，1992 年，第 104 页。

92 汪泛舟《〈太公家教〉考》，《敦煌研究》1986 年第 1 期，第 48—55 页。

93 张籍《沙堤行呈裴相公》："路傍高楼息歌吹，千车不行行者避。街官闾吏相传呼，当前十里惟空衢。"《张籍集系年校注》卷一，第 41 页。《太平广记》卷四九《神仙・温京兆》："旧制，京兆尹之出，静通衢，闭里门，有笑其前道者，立杖杀之。"《太平广记》，第 307 页。

94 《唐律疏议笺解》卷七《卫禁》："诸车驾行，冲队者，徒一年；冲三卫仗者，徒二年。误者，各减二等。"《唐律疏议笺解》，第 609 页。

95 《法苑珠林校注》卷四六《思慎篇》："不觉既至大街要路，踟蹰之间，看人逾千。有巡街果毅，瞋守街人何因聚众。守街人具述逗遛。"《法苑珠林校注》，第 1414 页。

96 见全和钧《我国古代的时制》，《中国科学院上海天文台年刊》1982 年总第 4 期，第 352—361 页。原文为："梁文帝天嘉中，又依古制改为百刻，以后就一直没有再改动。"天嘉是陈文帝的年号，此处更正。

97 《唐律疏议笺解》卷六《名例》："诸称'日'者，以百刻。"《唐律疏议笺解》，第 515 页。

98 图示出自孙逢吉《准斋心制几漏图式》，任继愈主编《中国科学技术典籍通汇 6 天文卷一》，郑州：大象出版社，2015 年，第 961—967 页。

99 陈侃理《十二时辰的产生与制度化》，《中华文史论丛》2020 年第 3 辑，第 19—56 页。

100 《新唐书》卷二五《历志》："唐终始二百九十余年，而历八改。初曰《戊寅元历》，曰《麟德甲子元历》，曰《开元大衍历》，曰《宝应五纪历》，曰《建中正元历》，曰《元和观象历》，曰《长庆宣明历》，曰《景福崇玄历》而止矣。"《新唐书》，第 534 页。此外还有短暂施行便遭废止的《至德历》、未颁行的《光宅历》和是否颁行存在争议的《景龙历》。

101 《新唐书》卷二八上《历志》："辰八刻百六十分。"《新唐书》，第 656 页。

102 见上文所说"开元年间僧一行的《大衍历》中，一刻等于四百八十分。"

103 王蕃《浑天象说》："人之昼夜，以昏明为限，日未出二刻半而明，日入后二刻半而昏。"严可均编《全上古三代秦汉三国六朝文·全三国文》卷七二，北京：中华书局，1958 年，第 1439—1440 页。

104 《新唐书》卷四九上《百官志》："五更二点，鼓自内发。"《新唐书》，第 1286 页。

105 这一计算过程依据的是今井清测算的唐开元元年日出、日中、日落时刻表。陈久金也提供过一个根据唐代《戊寅历》计算出的唐代全时段通用日出、日落表。按照陈表计算，夏至当天一更长 1 小时 40.8 分钟，一点长 19.8 分钟，与依据今井氏表计算出的结果误差较小，可忽略不计。详见陈久金《中国古代时制研究及其换算》，《自然科学史研究》1983 年第 2 期，第 118—132 页。

106 《旧唐书》卷七十四《马周列传》："先是，京城诸街，每至晨暮，遣人传呼以警众。周遂奏诸街置鼓，每击以警众，令罢传呼，时人便之，太宗益加赏劳。"《旧唐书》，第 2619 页。

107 六街指的是南北向的朱雀大街、启夏门至兴安门大街、安化门至芳林门大街；东西向的延兴门至延平门大街、春明门至金光门大街、通化门至开远门大街，见《最新增订唐两京城坊考》卷二《西京》，第 46 页。

108 《大唐新语》卷一〇《厘革》："马周献封章，始置街鼓，俗号'鼕鼕'，公私便焉。"刘肃撰，许德楠、李鼎霞点校《大唐新语》，北京：中华书局，1984 年，第 149 页。

109 《唐会要》卷七一《十二卫》："四月一日以后，五更二点放鼓契。九月一日以后，五更三点放鼓契。"《唐会要》，第 1284 页。

110 《异闻集校证》二五《任氏传》："既行，及里门，门扃未发。门旁有胡人鬻饼之舍，方张灯炽炉。"陈翰编，李小龙校证《异闻集校证》，北京：中华书局，2019 年，第 243 页。

111 《纪闻辑校》卷三《张无是》："天宝十二载冬，有司戈张无是居在布政坊。因行街中，夜鼓绝，门闭，遂趋桥下而跧。"牛肃撰，李剑国辑校《纪闻辑校》，北京：中华书局，2018 年，第 55 页。

112 《唐律疏议笺解》卷二六《杂律》："诸犯夜者笞二十，有故者不坐。"《唐律疏议笺解》，第 1825 页。

113 《旧唐书》卷一九〇下《温庭筠列传》："又乞索于杨子院，醉而犯夜，为虞候所击，败面折齿，方还扬州诉之。"《旧唐书》，第 5079 页。《新唐书》卷二〇七《刘贞亮列传》："又郭旻醉触夜禁，杖杀之。"《新唐书》，第 5869 页。

114 设立于城门附近的武候铺又称"助铺"，设立于坊角的又称"街铺"。见杨宽《中国古代都城制度史研究》，上海：上海人民出版社，2016 年，第 282 页。

115 《新唐书》卷四九上《百官志》："捉铺持更者，晨夜有行人必问，不应则弹弓而向之，复不应则旁射，又不应则射之。"《新唐书》，第 1288 页。

116 《唐律疏议笺解》卷二六《杂律》："【疏】但公家之事须行，及私家吉、凶、疾病之类，皆须得本县或本坊文牒然始合行。若不得公验，虽复无罪，街铺之人不合许过。"《唐律疏议笺解》，第 1825 页。

117 《唐会要》卷八六《街巷》："太（大）和五年七月，左右巡使奏……或鼓未动即先开，或夜已深犹未闭。"《唐会要》，第 1576 页。

118 《唐会要》卷二三《忌日》："贞元五年八月敕：天下诸上州，并宜国忌日准式行香。"《唐会要》，第 449 页。开成四年（839）曾一度废除，但不久再次施行，见宋敏求编《唐大诏令集》卷七八《废国忌日行香敕》，北京：中华书局，2008 年，第 447 页。

119 《唐律疏议笺解》卷二六《杂律》："诸国忌废务日作乐者杖一百。"《唐律疏议笺解》，第 1776 页。

120 见霍存福著《唐式辑佚》，北京：社会科学文献出版社，2009 年，第 336 页。甚至在诸多文献（如《唐会要》《唐六典》和敦煌抄本 P. 2504《国忌表》）中，记载的同一位君主的忌日也各不相同，见聂顺新《元和元年长安国忌行香制度研究——以新发现的〈续通典〉佚文为中心》，《魏晋南北朝隋唐史资料》2015 年第 2 期，第 131—149 页。

121 此数据综合了多方观点。平冈武夫、武伯纶、冻国栋等学者认同"长安人口百万说"，见（日）平冈武夫编《唐代的长安与洛阳 地图》，上海：上海古籍出版社，1991 年，第 26—27 页；武伯纶编《西安历史述略》，西安：陕西人民出版社，1979 年，第 175 页。冻国栋认为甚至在唐初，城内就已有百万人口，见冻国栋著《唐代人口问题研究》，武汉：武汉大学出版社，1993 年，第 169 页。而严耕望推断长安城人口有 170 万 ~ 180 万之多，见《唐代长安人口数量的估测》，载严耕望著《严耕望史学论文集 下》，上海：上海古籍出版社，2009 年，第 1069—1099 页。妹尾达彦在对比前人研究后，考证 8 世纪前半期长安人口有 70 万左右，见妹尾达彦《唐都长安城的人口数与城内人口分布》,《中国古都研究（第十二辑）》,1994年，第179—189页。与之估算近似的还有王社教，见王社教《论唐都长安的人口数量》，史念海主编《汉唐长安与关中平原》，1999年，第88—116页。张天虹提出，在中唐时期，由于商品经济发展和流动人口增加，长安城内人口达到百万是完全有可能的，见张天虹《再论唐代长安人口的数量问题——兼评近15年来有关唐长安人口研究》,《唐都学刊》2008年第03期，第11—14页。不过郑显文在《唐代长安城人口百万说质疑》中认为所谓“城中有百万家”多为文学家言，且过去研究中对于每户人口数计算有误，不足为凭，长安城实际人口应当在五六十万左右，见郑显文《唐代长安城人口百万说质疑》,《人文杂志》，1991年第2期，第91—92页；董卫在《隋唐长安城的历史环境－空间逻辑初探》一文中也表示，考虑到整个京兆府从事农业的人口，历史上峰值的长安城人口可能仅有40万~50万左右，见董卫《隋唐长安城的历史环境－空间逻辑初探》,《城市规划》2021年第06期，第84—97页。

122 《旧唐书》卷一四〇《张建封列传》：“京师游手堕业者数千万家。”《旧唐书》，第3831页。《新唐书》卷一九七《薛元赏列传》：“都市多侠少年，以黛墨镵肤，夸诡力，剽夺坊闾。”《新唐书》，第5633页。

123 《旧唐书》卷九《玄宗本纪》：“郾国公主之子薛谂与其党李谈、崔洽、石如山同于京城杀人，或利其财，或违其志，即白日椎杀，煮而食之。其夏事发，皆决杀于京兆府门，谂以国亲流瀼州，赐死于城东驿。”《旧唐书》，第211页。

124 《唐语林校证》卷一《政事》：“先是京城恶少及屠沽商贩多系名诸军，干犯府县法令，有罪即逃入军中，无由追捕。”王谠撰，周勋初校证《唐语林校证》，北京：中华书局，2008年，第73页。王维《大唐吴兴郡别驾前荆州大都督府长史山南东道采访使京兆尹韩公墓志铭》：“外家公主，敢纵苍头庐儿；黠吏恶少，自擒赭衣偷长。”《全唐文》卷三二七，第3315页。

125 《长安志》卷一〇《唐京城》：“长安县所领四万余户，比万年为多，浮寄流寓，不可胜计。”《长安志　长安志图》，第337页。

126 陈子昂《上蜀川安危事》：“今诸州逃走户有三万余，在蓬、渠、果、合、遂等州山林之中，不属州县。土豪大族，阿隐相容，征敛驱役，皆入国用。其中游手惰业亡命之徒，结为光火大贼，依凭林险，巢穴其中。若以甲兵捕之，则鸟散山谷；如州县怠慢，则劫杀公行。”《全唐文》卷二一一，第2133页。

127 今天留存的咏洛阳牡丹的唐诗远少于咏长安者，情致也更为平和克制。

128 见《异闻集校证》一〇《李娃传》，第67页。

129 康骈《剧谈录·潘将军失珠》,《全唐五代小说》卷七五，第2578页。

130 《旧唐书》卷一六一《李光进列传》:“是岁冬十月，葬母于京城之南原，将相致祭者凡四十四幄，穷极奢靡，城内士庶，观者如堵。”《旧唐书》，第 4217—4218 页。

131 《资治通鉴》卷二二八《唐纪》，司马光编著，胡三省音注，标点资治通鉴小组点校《资治通鉴》，北京：中华书局，1956 年，第 7353 页。

132 《岁时广记》卷一七《清明》:“唐《辇下岁时记》:‘清明，都人并在延兴门，看人出城洒扫，车马喧阗。’”陈元靓撰，许逸民点校《岁时广记》，北京：中华书局，2020 年，第 334 页。

133 今天，学者们借助《切韵》《唐韵》《广韵》《一切经音义》等韵书材料，结合汉语现代方言、日语汉音、汉藏对音、梵汉对音等进行了中古音和中古长安方音的拟音研究，但皆为推定，难以完全还原当时的自然语言。

134 道原著，顾宏义译注《景德传灯录译注》卷二七《有僧亲附老宿》，上海：上海书店出版社，2009 年，第 2204 页。

135 项楚《敦煌变文选注》下编《嶓山远公话》，北京：中华书局，2006 年，第 1905 页。

136 《敦煌变文选注》上编《降魔变文一卷》，第 679 页。

137 《事林广记 丁集》卷上《幼学类》:“凡叉手之法，以左手紧把右手大拇指，其左手小指则向右手腕，右手四指皆直，以左手大指向上。如以右手掩其胸，手不可太着胸，须令稍去胸二三寸许，方为叉手法也。”陈元靓撰《事林广记》，北京：中华书局，1999 年，第 93 页。

138 皇甫氏《原化记 · 车中女子》:“女乃升床，当局而坐，揖二人及客。”李剑国辑校《唐五代传奇集》第三编卷二一，北京：中华书局，2015 年，第 1695 页。张读《宣室志 · 韦氏子》:“妇人即揖韦坐田野。”《全唐五代小说》外编卷一五，第 4098 页。

139 肃拜分为席地而坐时的跪拜（原始肃拜）和坐用床榻以后的有拜无跪（后世肃拜），见张维慎《试论唐代女子拜礼的拜仪及其适用场合》，《陕西师范大学学报（哲学社会科学版）》2002 年第 6 期，第 64—69 页。文中说的简化礼即唐代的后世肃拜，唐宋时亦称“女人拜”，见《五灯会元》卷九《沩山灵祐禅师》:“师坐次，仰山入来，师以两手相交示之。仰作女人拜。”普济著，苏渊雷点校《五灯会元》，北京：中华书局，1984 年，第 524 页。唐代仍存在原始肃拜，但仅用于少数重要场合。

140 严格来说，直到明清，“万福”才完全变成女子专用。见郭作飞《“万福”补议——兼谈作品断代与语言证据》，《兰州学刊》2011 年第 6 期，第 210—212 页。

141 《温庭筠全集校注》卷一二《乾膘子·道政坊宅》："老母应曰：'高八丈万福。'"《温庭筠全集校注》，第 1266 页。《玄怪录》卷九《吴全素》："其家方食煎饼，全素至灯前拱曰：'阿姨万福！'不应。又曰：'姨夫安和！'又不应。"《玄怪录 玄怪续录》，第 94 页。陈劭《通幽录·卢顼》："良久，抠衣阔步而入，若人骑马状，直至堂而拜曰：'花容起居。'"《唐五代传奇集》第二编卷七，第 632 页。

142 薛渔思《河东记·李敏求》："须臾到一处，天地漆黑，张岸曰：'二郎珍重！'"《全唐五代小说》卷三七，第 1275 页。《酉阳杂俎校笺》前集卷一四《诺皋记》："敬伯辞出，以一刀子赠敬伯曰：'好去，但持此刀，当无水厄矣。'"段成式著，许逸民校笺《酉阳杂俎校笺》，北京：中华书局，2015 年，第 1019 页。《敦煌变文集》卷一《伍子胥变文》："子胥别姊称：'好住！不须啼哭泪千行。'"王重民、王庆菽、向达、周一良、启功、曾毅公编《敦煌变文集》，北京：人民文学出版社，1957 年，第 8 页。

143 《唐大诏令集》卷一〇九《禁止街坊轻浮言语诏》："如闻辇毂之下，闾阎之内，口无择言，行不近礼，则失长幼之序，岂仪刑之政？宜令府县长官、左右金吾，明加训导捉搦。若有犯者，随事科绳。"《唐大诏令集》，第 565 页。《温庭筠全集校注》卷一二《乾膘子·李傕伯》："见三尺小青竹挂一触髅髅然。金吾以其事上闻。"《温庭筠全集校注》，第 1270 页。原文为"触髅"，当为"髑髅"之误。

144 《唐律疏议笺解》卷一八《贼盗》："诸造祆书及祆言者，绞。传用以惑众者，亦如之。……【疏】议曰：'传用以惑众者'，谓非自造，传用祆言、祆书，以惑三人以上，亦得绞罪。"《唐律疏议笺解》，第 1329 页。

145 详见雷闻《隋唐时期的聚众之禁——中古国家与宗教仪式关系之一侧面》，《文史哲》2022 年第 04 期，第 118—134 页。

146 《旧唐书》卷一百七十一《高元裕传》："寻而蓝田县人贺兰进与里内五十余人相聚念佛，神策镇将皆捕之，以为谋逆，当大辟。元裕疑其冤，上疏请出贺兰进等付台覆问，然后行刑，从之。"《旧唐书》，第 4452 页。

147 《唐会要》卷三二《舆服》："武德初，袭齐隋旧制，妇人多着幂䍦。虽发自戎夷，而全身障蔽。"《唐会要》，第 585 页。《旧唐书》卷四五《舆服志》："武德、贞观之时，宫人骑马者，依齐、隋旧制，多着幂䍦。"《旧唐书》，第 1957 页。

148 《唐会要》卷三二《舆服》："至永徽已后，皆用帷帽，拖裙到颈。"《唐会要》，第 585 页。

149 《唐会要》卷三二《舆服》："咸亨二年八月二十二日，又敕下百官家口，咸预士流。至于衢路之间，岂可全无障蔽。比来多着帷帽，遂弃幂䍦。曾不乘车，别坐檐子。递相仿效，寖成风俗。过为轻率，深失礼容。"不过到了晚唐，担子已经发展成为有门、帘的封闭式坐具。见《唐语林》卷一《政事上》："李卫公镇浙西……乃立召兜子数乘，命关连僧入对事。咸遣坐檐子，下帘，指挥门下不令相对。"《唐语林》，第 35 页；《唐摭言》卷二："公（宣宗朝宰相魏謩）闻之，倒持尘尾，敲檐子门令止。"第 29 页。

150 《旧唐书》卷四五《舆服志》："开元初，从驾宫人骑马者皆着胡帽，靓粧露面，无复障蔽。士庶之家，又相仿效，帷帽之制，绝不行用。俄又露驰骋，或有着丈夫衣服靴衫，而尊卑内外，斯一贯矣。"《旧唐书》，第 1957 页。

151 坊正勘查偷盗事，见《唐永淳元年（公元六八二年）坊正赵思艺牒为勘当失盗事》，国家文物局古文献研究室、新疆维吾尔自治区博物馆、武汉大学历史系编《吐鲁番出土文书》第 7 册，北京：文物出版社，1986 年，第 76 页。

152 开元十三年（725）后金吾、彍骑联合执法。《新唐书》卷五〇《兵志》："十三年，始以彍骑分隶十二卫，总十二万，为六番，每卫万人。"《新唐书》，第 1327 页。《新唐书》卷四九上《百官志》："凡城门坊角，有武候铺，卫士、彍骑分守。"《新唐书》，第 1285 页。

153 《新唐书》卷一一八《李渤列传》："五坊卒夜斗，伤县人。"《新唐书》，第 4286 页。

154 成书于开元二十六年（738）的《唐六典》中已出现此官职，见李林甫等撰，陈仲夫点校《唐六典》卷二三《将作都水监》，北京：中华书局，1992 年，第 594 页。

155 《新唐书》卷四九上《百官志》："左右翊中郎将府中郎将，掌领府属，督京城左右六街铺巡警，以果毅二人助巡探。"《新唐书》，第 1285 页。《新唐书》卷四九上《百官志》："左右街使，掌分察六街徼巡。……乙夜，街使以骑卒循行叫呼，武官暗探。"《新唐书》，第 1285 页。

156 《通典》卷二四《职官》："开元初，革以殿中掌左右巡，监察或权掌之，非本任也。职务繁杂，百司畏惧，其选拜多自京畿县尉。"《通典》，第 675 页。

157 《资治通鉴》卷二三九《唐纪》："若死于街衢，金吾街使当奏；在坊内，左右巡使当奏。"《资治通鉴》，第 7726 页。但似乎巡使的巡查范围也不总限于坊内，见宁欣《唐宋都城社会结构研究》，北京：商务印书馆，2009 年，第 93 页。

158 《异闻集校证》三四《后土夫人传》："又怪衢中金吾街吏，不为静路。"《异闻集校证》，第 294 页。

159 《资治通鉴》卷二三三《唐纪》："禁军恃恩骄横，侵暴百姓。"《资治通鉴》，第 7523 页。《唐语林校证》卷一《政事》："先是京城恶少及屠沽商贩多系名诸军，干犯府县法令，有罪即逃入军中，无由追捕。"《唐语林校证》，第 73 页。

160 《唐律疏议笺解》卷二六《杂律》："其穿垣出秽污者杖六十，出水者勿论。主司不禁，与同罪。"《唐律疏议笺解》，第 1822 页。

161 李隆基《修整街衢坊市诏》："京洛两都，是唯帝宅。街衢坊市，固须修整。比闻取土穿掘，因作秽污坑堑。四方远近，何以瞻瞩？顷虽处分，仍或有违。"《全唐文》卷三〇，第 339 页。

162 当年隋文帝之所以放弃汉长安城，一个重要原因就是其地下水已经"咸卤"。《隋书》卷七八《庾季才传》："且汉营此城，经今将八百岁，水皆咸卤，不甚宜人。"魏徵等撰，中华书局编辑部点校《隋书》，北京：中华书局，1973 年，第 1766 页。

163 姚合《街西居三首》："浅浅一井泉，数家同汲之。独我恶水浊，凿井庭之陲。"《全唐诗》卷四九八，第 5660 页。姚合《新昌里》："旧客常乐坊，井泉浊而咸。新屋新昌里，井泉清而甘。"《全唐诗》卷五〇二，第 5714 页。

164 《朝野佥载·补辑》："少府监裴匪舒奏卖苑中官马粪，岁得钱二十万贯。"张鷟撰，赵守俨点校《朝野佥载》，北京：中华书局，1979 年，第 172 页。吐鲁番阿斯塔那古墓出土的《唐天宝二年（743）交河郡市估案》中还有根据质量对大粪进行的估价："粪壹大车，上直钱贰拾伍文，次贰拾贰文，下贰拾文。"见池田温《中国古代籍帐研究：概观·录文》，东京：东京大学出版会，1979 年，第 453 页。《朝野佥载》卷三："长安富民罗会以剔粪为业，里中谓之'鸡肆'，言若归之因剔粪而有所得也。会世副其业，家财巨万。"《朝野佥载》，第 75 页。

165 见张志斌《中国古代疫病流行年表》，福州：福建科学技术出版社，2007 年，第 162—165 页。么振华《唐代自然灾害及其社会应对》，上海：上海古籍出版社，2014 年，第 134—139 页。

166 《旧唐书》卷一九一《许胤宗列传》："武德初……时关中多骨蒸病，得之必死，递相连染，诸医无能疗者。"《旧唐书》，第 5091 页。

167 中国北方出现的多为间日疟、三日疟，属非恶性疟疾，但也须警惕。见于赓哲《从疾病到人心——中古医疗社会史再探》，北京：中华书局，2022 年，第 91 页。

168 《酉阳杂俎校笺》前集卷十七《广动植之二》："长安秋多蝇，成式蠹书，常日读百家五卷，颇为所扰，触睫隐字，驱不能已。"《酉阳杂俎校笺》，第 1246 页。

169 《备急千金要方校释》卷九："辟疫气，令人不染温病及伤寒，岁旦屠苏酒方：大黄十五铢，白术十八铢，桔梗、蜀椒各十五铢，桂心十八铢，乌头六铢，菝葜十二铢，一方有防风一两。右七味㕮咀，绛袋盛，以十二月晦日日中悬沉井中。"孙思邈著，李景荣等校释《备急千金要方校释》，北京：人民卫生出版社，2014 年，第 338 页。

170 《类编长安志》卷七："《长安志》：'善和坊，有井水甘美，以供内厨。开元中，日以骆驼驮入内，以给六宫，谓之御井。'”骆天骧撰，黄永年点校《类编长安志》，北京：中华书局，1990 年，第 237 页。

171 《抱朴子内篇校释》卷一三《极言》：“不欲多睡，不欲奔车走马，不欲极目远望，不欲多啖生冷，不欲饮酒当风，不欲数数沐浴，不欲广志远愿，不欲规造异巧。”葛洪著，王明校释《抱朴子内篇校释》，北京：中华书局，1985 年，第 245 页。

172 白居易《因沐感发，寄朗上人二首》：“年长身转慵，百年无所欲；乃至头上发，经年方一沐。沐稀发苦落，一沐仍半秃。”白居易撰，顾学颉校点《白居易集》卷一〇，北京：中华书局，1979 年，第 205 页。

173 《大唐开元礼》卷一五〇：“父母之丧，居倚庐，寝苫枕块，寝不脱绖带。头有疮则沐，身有疡则浴。”《大唐开元礼》，第 722 页。《续世说》卷一《德行》：“柳公绰丁母崔夫人之丧，三年不沐浴。”孔平仲撰，池洁整理《续世说》，《全宋笔记》第 19 册，郑州：大象出版社，2019 年，第 11 页。

174 韩愈《答胡直钧书》：“愈顿首，胡生秀才足下：雨不止，薪刍价益高。”韩愈著，阎琦校注《韩昌黎文集注释》卷三，西安：三秦出版社，2004 年，第 273 页。

175 龚胜生《唐长安城薪炭供销的初步研究》，《中国历史地理论丛》1991 年第 3 期，第 137—153 页。

176 文中描述的行为被称为“宫市”，本意为内廷向民间采买临时需要或自身供给不足的物资，开元时期已有类似的采购行为。德宗以后开始由宦官担任宫市使，在德宗的纵容下，宫市也逐渐变味，“名为宫市，其实夺之”（《旧唐书》卷一四〇《张建封列传》，第 3831 页）。详见第五章《逛街购物指南》。白居易创作于元和四年（809）左右的《卖炭翁》写道：“一车炭，千余斤，宫使驱将惜不得。半匹红纱一丈绫，系向牛头充炭直。”《白居易诗集校注》卷四，第 393 页。《册府元龟》卷二六一《储宫部·忠谏》：“贞元中，中官多诈称宫市肆夺人物，百姓怨苦。”《册府元龟》，第 2962 页。

177 任冠、魏坚《唐朝墩古城浴场遗址的发现与初步研究》，《西域研究》2020 年第 2 期，第 67 页。

178 该段描述根据 2018—2020 年发掘的新疆奇台县唐朝墩古城高昌回鹘时期浴场遗址撰写。浴场详细情况见任冠、于柏川《新疆奇台县唐朝墩城址 2018~2019 年发掘简报》，《考古》2020 年第 5 期，第 38—64 页；任冠、魏坚《二〇一八~二〇二〇年唐朝墩古城遗址考古发掘的主要收获》，《文物天地》2021 年第 7 期，第 118—121 页。

179 推测唐朝墩古城浴场内西北独立空间为桑拿室，因墙上有严重烟熏痕迹。见任冠、魏坚《唐朝墩古城浴场遗址的发现与初步研究》，第 58—68 页。

180　寇坦《同皇甫兵曹天官寺浴室新成招友人赏会》："温室欢初就，兰交托胜因。共听无漏法，兼濯有为尘。水洁三空性，香沾四大身。清心多善友，颂德慰同人。"《全唐诗》卷一二〇，第1211页。

181　道宣《教诫新学比丘行护律仪·入温室法》："十、不得浴室内大小便，当须预出入，然后方入。……十五、在浴室内，不得洟唾。十六、浴了当用汤水洗泼坐处令净，不得皂荚狼藉。"高楠顺次郎等《大正新修大藏经》第45卷，东京：大藏出版株式会社，1988年，第873页。

182《佛说温室洗浴众僧经》："杨枝……口齿香好，方白齐平。"永乐北藏整理委员会《永乐北藏》第47册，北京：线装书局，2000年，第570页。

183　见《外台秘要方校注》卷二二所列诸条有关口齿的医方。王焘撰，高文柱校注《外台秘要方校注》，北京：学苑出版社，2011年，第728—776页。

184《南海寄归内法传校注》卷一："每日旦朝，须嚼齿木。揩齿刮舌，务令如法。盥漱清净，方行敬礼。若其不然，受礼礼他，悉皆得罪。其齿木者，梵云惮哆家瑟诧。惮哆译之为齿，家瑟诧即是其木。"义净著，王邦维校注《南海寄归内法传校注》，北京：中华书局，1995年，第44页。

185《启颜录笺注》上编《昏忘》："鄠县有一人多忘，将斧向田斫柴，并妇亦相随。至田中，遂急便转，因放斧地上。旁便转讫，忽起见斧，大欢喜云：'得一斧！'仍作舞跳跃，遂即自踏着大便处。"《启颜录笺注》，第33页。

186《汉书》卷七三《韦玄成传》："师古曰：'便利，大小便。'"班固撰，颜师古注，中华书局编辑部点校《汉书》，北京：中华书局，1962年，第3109页。

187　莫高窟159窟南壁《弥勒经变》，敦煌研究院主编，谭蝉雪分卷主编《敦煌石窟艺术全集·民俗画卷》，上海：同济大学出版社，2016年，第74页。

188《太平广记》卷三六六《妖怪·秄儿》："咸通丁亥岁，夜聚诸子侄，藏钩食煎饼，厨在西厢，小童秄儿持器下食。时月晦云惨，指掌莫分。秄儿者忽失声仆地而绝，秉炬视之，则体冷面黑，口鼻流血矣。擢发灸指，少顷而苏。复令数夫束组火循廊之北，于仓后得所持器。仓西则大厕，厕上得一煎饼，溷中复有一饼焉。"《太平广记》，第2907页。李复言《续玄怪录》卷三《钱方义》："夜如厕，童仆无从者。忽见蓬头青衣者，长数尺，来逼。"《玄怪录　续玄怪录》，第426页；《纪闻辑校》卷七《王昇》："忽见物，两手据厕，大耳深目，虎鼻猪牙，面色紫而斑斓，直视于昇。"牛肃撰，李剑国辑校《纪闻辑校》，北京：中华书局，2018年，第133—134页；《纪闻辑校》卷七《刁缅》："有厕神形见外厩，形如大猪，遍体皆有眼，出入溷中，游行院内。"《纪闻辑校》，第132页。

189《封氏闻见记校注》卷七："海内温汤甚众，有新丰骊山汤，蓝田石门汤，岐州风泉汤……”封演撰，赵贞信校注《封氏闻见记校注》，北京：中华书局，2005年，第 70 页。

190 《唐六典》卷一九《司农寺》：“凡王公已下，至于庶人，汤泉馆室有差，别其贵贱，而禁其逾越。”《唐六典》，第 529 页。

191 杜甫《谒文公上方》：“金篦刮眼膜，价重百车渠。”《杜诗详注》卷一一，第 951 页。《大般涅槃经》卷八：“佛言。善男子，如百盲人为治目故造诣良医，是时良医即以金錍决其眼膜。”《永乐北藏》第 32 册，第 871 页。这种金针拨障术的原理是用金针挑断晶体悬韧带，拨动已浑浊的晶状体，使其进入玻璃体内，短时间内可稍微缓解白内障症状，但患者却会因晶状体缺失变成远视，且工具易引发感染。金针拨障术的确功效不凡，是古代人民智慧的体现，但也如元代倪维德所说：“此法治者五六，不治者亦四五。”倪维德著，薛己校补《原机启微》卷上，上海：上海卫生出版社，1958 年，第 8 页。

192 《外台秘要方校注》卷二一：“宜用金篦决，一针之后，豁若开云，而见白日。”《外台秘要方校注》，第 697 页。刘禹锡《赠眼医婆罗门僧》：“三秋伤望远，终日泣途穷。两目今先暗，中年似老翁。看朱渐成碧，羞日不禁风。师有金篦术，如何为发蒙？”刘禹锡撰，陶敏、陶红雨校注《刘禹锡全集编年校注》卷一二，北京：中华书局，2019 年，第 1378 页。

193 《唐大和上东征传》：“时和上频经炎热，眼光暗昧，爰有胡人言能治目，遂加疗治，眼遂失明。”真人元开著，汪向荣校注《唐大和上东征传》，北京：中华书局，2000 年，第 74 页。

194 见崔世平《唐五代时期的凶肆与丧葬行业组织考论》，《暨南史学》2013 年，第 107—119 页；黄旨彦《送行者的乐章：唐代挽歌文化初探》，《第三届中国中古史青年学者联谊会报告汇编》，2009 年，第 349—372 页。

195 《纪闻辑校》卷三《李思元》：“思元父为署令，其家颇富，因命具馔，且凿纸为钱。”《纪闻辑校》，第 51 页。

196 释道真《某人述》，徐俊纂辑《敦煌诗集残卷辑考·敦煌诗集残卷辑考卷上（法藏部分）》，北京：中华书局，2000 年，第 116 页。

197 《长安志》卷七《唐京城》，《长安志　长安志图》，第 256 页。

198 长安城东北第一坊（原永福坊）在开元十三年（725）被改建为玄宗诸子居住的十王宅（《旧唐书》等记载为开元十三年，《资治通鉴》记载为开元十五年）；开元二十一年，新受封的皇子们又陆续入住，遂更名为十六王宅。

199 见福山敏男《中国建筑与金石文之研究》，东京：中央公论美术出版，1983 年，第 114—162 页。

200　黄永年《述〈类编长安志〉》，中国古都学会编《中国古都研究》第 1 辑，杭州：浙江人民出版社，1985 年，第 102—123 页。

201　赵力光《唐长安城善和通化两坊考》，《文博》1993 年第 5 期，第 39—42 页。

202　贺梓城《唐长安城历史与唐人生活习俗——唐代墓志铭札记之二》，《文博》1984 年第 2 期，第 35—43 页。

203　见程凯丽《唐长安城怀真坊坊名考辨》，《兰台世界》2016 年第 15 期，第 154—157 页。

204　本表参考以下文献：《长安志　长安志图》；《类编长安志》；《最新增订唐两京城坊考》；《隋唐两京丛考》；辛德勇《隋大兴城坊考稿》，《燕京学报》总第 27 期，第 25—72 页。本表仅列出入唐以来长安城坊名的变迁，隋代已更名者不计在内。

205　《旧唐书》卷一七〇《裴度列传》："度平乐里第，偶当第五岗，故权舆取为语辞。"《旧唐书》，第 4413 页。

206　李永《〈唐摭言〉所见唐长安城"客户坊"小考》，《史学史研究》2012 年第 1 期，第 118—126 页。

207　《最新增订唐两京城坊考》卷三《西京》："贞观、永徽间，颜师古、欧阳询、沈越宾住此坊。颜即南朝旧族，欧阳与沈又江左士人，时人呼为'吴儿坊'。"《最新增订唐两京城坊考》，第 204 页。本条目原在"敦化坊"下，但据辛德勇考辨，应为"通化坊"之误。见《隋唐两京丛考》，第 87—92 页。

208　《唐会要》卷八六《城郭》："至德二载……及坊名有安者，悉改之。寻并却如故。"《唐会要》，第 1584 页。《唐会要》记载为至德二载，但彼时唐军尚未收复长安，当误，故辛德勇更正为"至德三载"。见《隋唐两京丛考》，第 12 页。

209　该表由今井清测算绘制，见平冈武夫编《唐代的历》，上海：上海古籍出版社，1990 年，第 359 页。

210　表中内容整理自《岁时广记》《辇下岁时记》《荆楚岁时记》《岁华纪丽》《秦中岁时记》《四时纂要》《唐会要》《唐大诏令集》等。其中，《荆楚岁时记》记载的是南北朝荆楚地区的节俗，但有的条目同时也出现于唐时的《辇下岁时记》《秦中岁时记》《岁华纪丽》等书中，故作为唐代长安节俗的参考。本表主要记录有大型民众活动的节日和假期，其他重要的唐代节日，如二月十五老子降圣节等，因为以宗教活动为主，不涉及大规模的民众活动，故未见录。

211　唐人一年中有近四十天的节日假期。节假日天数参考天一阁博物馆、中国社会科学院历史研究所天圣令整理课题组校证《天一阁藏明钞本天圣令校证》附《唐假宁令复原清本》，北京：中华书局，2006 年，第 600 页。

212　《入唐求法巡礼行记》卷三《会昌二年》："正月一日　家家立竹杆，悬幡子。新岁祈长命。诸寺开俗讲。"《入唐求法巡礼行记校注》，第 386 页。来鹄《早春》："新历才将半纸开，小庭犹聚爆竿灰。偏憎杨柳难钤辖，又惹东风意绪来。"《全唐诗》卷六四二，第 7358 页。

213 五辛盘：大蒜、小蒜、韭菜、云台（芸苔）、胡荽（香菜）。见宗懔撰，杜公瞻注《荆楚岁时记》，北京：中华书局，2018 年，第 5 页。

214 《法苑珠林校注》卷七四《十恶篇》："唐长安市里风俗，每至岁元日已后，递作饮食相邀，号为传坐。"《法苑珠林校注》，第 2198 页。

215 《清异录》卷上《药品门》："咸通后，士风尚于正旦未明佩紫赤囊，中盛人参木香如豆样，时时倾出嚼吞之，至日出乃止，号'迎年佩'。"陶谷撰，郑村声、俞钢整理《清异录》，《全宋笔记》第 2 册，郑州：大象出版社，2019 年，第 66 页。

216 灵澈《元日观郭将军早朝》："欲曙九衢人更多，千条香烛照星河。"《全唐诗》卷八一〇，第 9133 页。

217 《入唐求法巡礼行记》卷一《开成四年》："正月十四日　立春。市人作莺卖之。人买玩之。"《入唐求法巡礼行记校注》，第 93—94 页。

218 《岁时广记》卷八《立春》："《唐四时宝镜》：'立春日，食芦菔、春饼、生菜，号春盘。'"《岁时广记》，第 171 页。

219 崔液《上元夜六首》，《全唐诗》卷五四，第 667 页。

220 《开元天宝遗事》卷下："都中每至正月十五日，造面蠒，以官位帖子卜官位高下，或赌筵宴，以为戏笑。"《开元天宝遗事》，第 36 页。自南宋开始，就有学者对《开元天宝遗事》一书是否为五代王仁裕所著，所载史实是否准确存有异议。而"面茧"这类食物在唐代史籍中确为孤例。

221 《唐会要》卷四九《燃灯》："天宝三载十一月敕：每载依旧正月十四、十五、十六日开坊市燃灯，永为常式。"《唐会要》，第 862 页。

222 《唐会要》卷四九《燃灯》："开元二十八年，以正月望日，御勤政楼，宴群臣，连夜燃灯，会大雪而罢。因命自今常以二月望日夜为之。天宝三载十一月敕：每载依旧正月十四、十五、十六日开坊市燃灯，永为常式。"《唐会要》，第 862 页。

223 《册府元龟》卷六〇《帝王部·立制度》："六载……又诏曰：'重门夜开，以达阳气；群司朝宴，乐在时和。属此上元，当修斋箓。其于赏会，必备荤膻。比来因循，稍将非便，自今已后，每至正月，改取十七、十八、十九日夜，开坊市门，仍永为常式。'"《册府元龟》，第 638 页。

224 《荆楚岁时记》："元日至于月晦，并为酺聚饮食。士女泛舟，或临水宴乐。"《荆楚岁时记》，第 25 页。

225 《唐大诏令集》卷八〇《以二月一日为中和节敕》："自今宜以二月一日为中和节，

以代正月晦日，备三令节之数。内外官司，休假一日。贞元五年正月。”《唐大诏令集》，第 461 页。设立中和节后，正月晦日的重要性就有所下降了。

226 《新唐书》卷一三九《李泌列传》：“以二月朔为中和节……里闾酿宜春酒。”《新唐书》，第 4637 页。

227 《旧唐书》卷一三《德宗本纪》：“士庶以刀尺相问遗。”《旧唐书》，第 367 页。

228 《新唐书》卷一三九《李泌列传》：“民间以青囊盛百谷瓜果种相问遗，号为献生子。”《新唐书》，第 4637 页。

229 白居易《二月二日》，《白居易诗集校注》卷三三，第 2502 页。

230 《西安府志》卷七四《拾遗志》：“《秦中岁时记》：二月二日，曲江拾菜士民极盛。”舒其绅等修，严长明等纂，何炳武等校点《西安府志》，西安：三秦出版社，2011 年，第 1651 页。

231 白居易《中和节颂》，见白居易著，谢思炜校注《白居易文集校注》卷九，北京：中华书局，2011 年，第 379 页。

232 罗隐《寒食日早出城东》：“不得高飞便，回头望纸鸢。”雍文华校辑《罗隐集·甲乙集》，北京：中华书局，1983 年，第 85 页。

233 《初学记》卷四《岁时部》：“《玉烛宝典》曰：此节城市尤多斗鸡卵之戏。《左传》有季郈斗鸡，其来远矣。古之豪家，食称画卵。今代犹染蓝茜杂色，仍加雕镂，递相饷遗，或置盘俎。”徐坚《初学记》，北京：中华书局，2004 年，第 67 页。

234 《初学记》卷四《岁时部》：“《玉烛宝典》曰：今人悉为大麦粥。研杏仁为酪，引饧沃之。”《初学记》，第 67 页。

235 《唐会要》卷八二《休假》：“二十四年二月十一日敕：寒食清明，四日为假。至大历十三年二月十五日敕：自今已后，寒食通清明休假五日。至贞元六年三月九日敕：寒食清明，宜准元日节，前后各给三日。”《唐会要》，第 1518 页。

236 《景龙文馆记》附录《景龙文馆记考》：“四年清明，中宗幸梨园，命侍臣为拔河之戏。以大麻絙两头系十余小索，数人执之以挽，争絙，力弱者为输。”武平一撰，陶敏辑校《景龙文馆记》，北京：中华书局，2015 年，第 167 页。

237 《岁时广记》卷一七《清明》：“唐《辇下岁时记》：‘清明，都人并在延兴门，看人出城洒扫，车马喧阗。’”《岁时广记》，第 334 页。

238 《岁时广记》卷一七《清明》：“唐《辇下岁时记》：‘清明，新进士开宴，集于曲江亭。既撤馔，则移乐泛舟。又有月灯阁打球之会。’”《岁时广记》，第 331 页。

239 《荆楚岁时记》：“是日，取鼠曲汁、蜜和粉，谓之龙舌粄，以厌时气。”《荆楚岁时记》，第 36 页。

240 《唐六典》卷一五《光禄寺》：“正月七日、三月三日加煎饼。”《唐六典》，第 446 页。

241 《南部新书》卷乙："贞元后……四月八日，崇圣寺佛牙开，至十五日毕。"钱易撰，黄寿成点校《南部新书》，北京：中华书局，2002年，第18页。

242 《荆楚岁时记》引《高僧传》（后者原文无此记载）："四月八日浴佛，以都梁香为青色水，郁金香为赤色水，丘隆香为白色水，附子香为黄色水，安息香为黑色水，以灌佛顶。"《荆楚岁时记》，第39页。

243 《法显传·摩竭提国巴连弗邑》："年年常以建卯月八日行像。作四轮车，缚竹作五层，有承栌、揠戟，高二匹余许，其状如塔。又白氎缠上，然后彩画，作诸天形像。以金、银、琉璃庄校其上，悬缯幡盖。四边作龛，皆有坐佛，菩萨立侍。可有二十车，车车庄严各异。"沙门释法显撰，章巽校注《法显传校注》，北京：中华书局，2008年，第88页。

244 敦煌抄本S.6537郑余庆《大唐新定吉凶书仪》："四月八日赏糕糜，浴佛行道。"

245 《南部新书》卷乙："贞元后，每岁二月八日，总章寺佛牙开，至十五日毕。"《南部新书》，第18页。

246 《岁时广记》卷二一《端五》："又《秦中岁时记》云：'端五前二日，东市谓之扇市，车马于是特盛。'"《岁时广记》，第417页。

247 《翰林志》："端午，衣一副；金花银器一事；百索一轴；青团镂竹大扇一柄；角粽三服，粆蜜。"李肇《翰林志》，清知不足斋丛书本。

248 敦煌抄本S.799《隶古定尚书》背面。"五五天天天"是抄写者练字的闲笔。见《敦煌诗集残卷辑考·敦煌遗书诗歌散录卷中（英藏部分）》，第857页。

249 《荆楚岁时记》："以菖蒲或镂或屑，以泛酒。"《荆楚岁时记》，第45页。

250 《初学记》卷四《岁时部》："是月俗多禁忌盖屋及暴荐席。（《风俗通》云：五月盖屋，令人头秃。）"《初学记》，第74页。《酉阳杂俎校笺》前集卷一一《广知》："俗讳五月上屋，言五月人蜕，上屋见影，魄当去。"《酉阳杂俎校笺》，第805页。《风俗通义校注·佚文·释忌》："俗说：五月五日生子，男害父，女害母。"应劭撰，王利器校注《风俗通义校注》，北京：中华书局，1981年，第561页。

251 其实七夕乞巧也是小孩子们的游戏，不限于女性。见权德舆《七夕见与诸孙题乞巧文》，《权德舆诗文集编年校注》，第774页。

252 《开元天宝遗事》卷下："时宫女辈陈瓜花酒馔列于庭中，求恩于牵牛、织女星也。"王仁裕、姚汝能撰，曾贻芬点校《开元天宝遗事 安禄山事迹》，北京：中华书局，2006年，第38页。《岁时广记》卷二六《七夕》："《荆楚岁时记》：'七夕，妇人以彩缕穿七孔针，或以金银鍮石为针。'"《岁时广记》，第527页。

253 《入唐求法巡礼行记》卷四《会昌四年》："城中诸寺七月十五日供养。诸寺作花：蜡花餅、假花果树等，各竞奇妙。常例皆于佛殿前铺设供养，倾城巡寺随喜，甚是盛会。”《入唐求法巡礼行记校注》，第 434 页。《荆楚岁时记》：“四月八日，有染绢为芙蓉，拈腊（另有版本作“蜡”）为菱藕。”《荆楚岁时记》，第 41 页。《荆楚岁时记》此段描写的是浴佛节的假花树，但料想盂兰盆节也是如此。

254 尉迟偓《中朝故事·徐彦枢》：“徐彦若弟彦枢，大中末，遇京国中元夜，观灯于坊曲间。”《全唐五代小说》卷八三，第 2888 页。

255 僧栖白《八月十五夜月》，韦庄编，傅璇琮等编《又玄集》卷下，北京：中华书局，2014 年，第 865 页。

256 《旧唐书》卷一九九上《东夷·新罗列传》：“新罗国……又重八月十五日，设乐饮宴，赉群臣，射其庭。”《旧唐书》，第 5334 页。《入唐求法巡礼行记》卷二《开成四年》：“八月十五日　寺家设餺飥、饼食等，作八月十五日之节。斯节诸国未有，唯新罗国独有此节。老僧等语云：‘新罗国与渤海相战之时，以是日得胜矣。仍作节乐而喜舞，永代相续不息。设百种饮食，歌舞管弦以昼续夜，三个日便休。’”《入唐求法巡礼行记校注》，第 172 页。新罗的八月十五节自成体系，与起源于中国赏月传统的中秋节是两回事，只是刚好两个日期碰到一起了，并不能说明中秋节起源于古代新罗。

257 《唐六典》卷二《尚书吏部》：“八月十五日、夏至及腊各三日。”《唐六典》，第 35 页。但此处“八月十五日”当为“八月五日”（玄宗千秋节）之讹。《旧唐书》卷八《玄宗本纪》：“百僚表请以每年八月五日为千秋节……休暇三日。”《旧唐书》，第 193 页。参见《天一阁藏明钞本天圣令校证》附《唐令复原研究》，第 590—591 页。

258 《入唐求法巡礼行记》卷一《承和五年》：“十一月廿七日，冬至之节，道俗各致礼贺。住俗者，拜官，贺冬至节。见相公即道：‘晷运推移，日南长至。伏惟相公尊体万福。’贵贱官品并百姓皆相见拜贺。出家者相见拜贺，口叙冬至之辞，互相礼拜。俗人入寺，亦有是礼。”《入唐求法巡礼行记校注》，第 76 页。

259 《入唐求法巡礼行记》卷一《承和五年》：“俗家、寺家各储希膳，百味总集。随前人所乐，皆有贺节之辞。”《入唐求法巡礼行记校注》，第 76 页。

260 《入唐求法巡礼行记》卷一《承和五年》：“十一月廿六日　夜，人咸不睡。”《入唐求法巡礼行记校注》，第 75 页。

261 《初学记》卷四《岁时部》：“冬至日……作赤豆粥。”《初学记》，第 82 页。《入唐求法巡礼行记》卷三《开成五年》：“十一月廿六日　冬至节……吃粥时，行馄饨、果子。”《入唐求法巡礼行记校注》，第 351—352 页。

262 《唐六典》中记载太极宫承天门用于举行元日和冬至大朝会，但此条记述为孤例：“若元正、冬至大陈设，燕会，赦过宥罪，除旧布新，受万国之朝贡，四夷之宾客，则御承天门以听政。”《唐六典》卷七《尚书工部》，第217页。学者推测，太极宫内实际承担元正、冬至大朝会的应为太极殿，见陈涛、李相海《隋唐宫殿建筑制度二论——以朝会礼仪为中心》，《中国建筑史论汇刊》2008年，第117—135页。

263 《唐六典》卷七《尚书工部》：“丹凤门内正殿曰含元殿……今元正、冬至于此听朝也。”《唐六典》，第218页。

264 《唐六典》卷四《尚书礼部》：“时，殿上皆呼万岁。”《唐六典》，第110页。

265 《法苑珠林校注》卷三三《兴福篇》：“如《譬喻经》云：‘佛以腊月八日神通降伏六师，六师不如，投水而死。仍广说法，度诸外道。外道伏化，白佛言：佛以法水洗我心垢，我今请僧洗浴，以除身秽，仍为常缘也。’”《法苑珠林校注》，第1051页。

266 《岁时广记》卷三九《腊日》：“《岁时杂记》：‘京师士大夫，腊日多就僧寺澡浴，因饮宴或赋诗，不知其所起也。’”《岁时广记》，第723页。

267 《酉阳杂俎校笺》续集卷四《贬误》：“俗好于门上画虎头，书‘聻’字，谓阴刀鬼名，可息疟疠也。”《酉阳杂俎校笺》，第1645页。

268 《乐府杂录·驱傩》：“用方相四人，戴冠及面具，黄金为四目，衣熊裘，执戈扬盾，口作傩傩之声，以逐疫也。”段安节撰，吴企明点校《乐府杂录》，北京：中华书局，2012年，第120页。

269 《岁时广记》卷四〇《岁除》：“李绰《秦中岁时记》云：‘岁除日傩，皆作鬼神状，二老人名为傩翁、傩母。’”《岁时广记》，第728页。

270 孟郊《弦歌行》：“驱傩击鼓吹长笛，瘦鬼染面惟齿白。暗中崒崒拽茅鞭，倮足朱裈行戚戚。相顾笑声冲庭燎，桃弧射矢时独叫。”孟郊著，韩泉欣校注《孟郊集校注》卷一《乐府》，杭州：浙江古籍出版社，2012年，第24页。

271 《乐府杂录·驱傩》：“事前十日，太常卿并诸官于本寺先阅傩，并遍阅诸乐。其日大宴，三五署官其朝寮家皆上棚观之，百姓亦入看，颇谓壮观也。”《乐府杂录》，第120页。

272 《唐会要》卷二九《节日》：“至天宝二年八月一日，刑部尚书兼京兆尹萧炤，及百寮请改千秋节为天长节。”《唐会要》，第542页。此处时间与《册府元龟》《旧唐书》记载有出入，后两者皆作天宝七载（748）。

273 《唐会要》等作“天平地成节”，《资治通鉴》等作“天成地平节”。

274 武宗生日《旧唐书》与《唐会要》记载有出入，本书根据毛阳光《〈旧唐书〉唐武宗生日辩误》一文修正为六月十一日。见毛阳光《〈旧唐书〉唐武宗生日辩误》，《陕西师范大学学报（哲学社会科学版）》1999年第4期，第64页。

275 《册府元龟》卷一一〇《帝王部·宴享》："又召京兆父老等宴之，敕曰：'今兹节日，谷稼有成，顷年以来，不及今岁。百姓既足，朕实多欢。故于此时与父老同宴。自朝及野，福庆同之，并宜坐食，食讫乐饮，兼赐少物，宴讫领取。'"《册府元龟》，第1199页。

276 《异闻集校证》三九《东城老父传》："昭成皇后之在相王府，诞圣于八月五日。中兴之后，制为千秋节。赐天下民牛酒乐三日，命之曰酺，以为常也，大合乐于宫中。"《异闻集校证》，第332页。《唐会要》卷二九《节日》："士庶以丝结承露囊，更相遗问。村社作寿酒宴乐。"《唐会要》，第542页。赠承露囊本是八月一日的习俗，因八月五日离得近，故沿袭了这一习俗。《荆楚岁时记》："按《述征记》云：'八月一日作五明囊，盛取百草头露洗眼，令眼明也。'"《荆楚岁时记》，第63页。

第二章　住宿与出行指南

1 根据爱德华·菲茨杰拉德（Edward FitzGerald）于1859年出版的英译本《鲁拜集》（*The Rubáiyát of Omar Khayyám*）翻译。

2 《贞观政要集校》卷七《论礼乐》："贞观十二年，太宗谓侍臣曰：'……汉家京城，亦为诸郡立邸舍。顷闻考使至京师者，皆赁房以坐，与商人杂居，才得容身而已。既待礼之不足，必是人多怨叹，岂肯竭情于共理哉！'乃令就京城闲坊，为诸州考使各造邸第。"吴兢撰，谢保成集校《贞观政要集校》，北京：中华书局，2009年，第400页。

3 《旧唐书》卷一一《代宗本纪》："（大历十二年五月）甲寅，诸道邸务在上都名曰留后，改为进奏院。"刘昫等撰，中华书局编辑部点校《旧唐书》，北京：中华书局，1975年，第312页。《演繁露》卷一二《知后典》："《国朝会要》：唐藩镇皆置邸京师，谓之上都留候院。大历十二年，改为上都知进奏院。"程大昌撰，许沛藻、刘宇整理《演繁露》，《全宋笔记》第43册，郑州：大象出版社，2019年，第210页。张国刚认为，"上都留后"这一机构设置时间应不晚于安史之乱。见张国刚《唐代藩镇研究》，长沙：湖南教育出版社，1987年，第167—169页。

4 《唐律疏议笺解》卷四《名例》："【疏】议曰：邸店者，居物之处为邸，沽卖之所为店。"刘俊文《唐律疏议笺解》，北京：中华书局，1996年，第338页。

5 《唐六典》卷五《尚书兵部》："凡三十里一驿，天下凡一千六百三十有九所。"李林甫等撰，陈仲夫点校《唐六典》，北京：中华书局，1992年，第163页。在杜佑编撰《通典》的贞元年间，馆驿数量有所下降："自至德之后，民贫不堪命，遂以官司掌焉。凡天下水陆驿一千五百八十七。”杜佑撰，王文锦等点校《通典》卷三三《职官》，北京：中华书局，1988 年，第 924 页。

6 严耕望《唐代交通图考》列出长安城内有两处都亭驿，一在朱雀街西皇城南第二坊，一在曲江池北敦化坊。但据辛德勇考证，多出来的“敦化坊”都亭驿实为今本《长安志》对原内容的颠倒错乱所致，唯有朱雀街西皇城南第二坊（经推测应为通化坊）内都亭驿记载准确。见辛德勇《唐长安都亭驿考辨——兼述今本〈长安志〉通化坊阙文》，史念海主编《唐史论丛》第 1 辑，西安：陕西人民出版社，1988 年，第 136—140 页。

7 《唐律疏议笺解》卷二六《杂律》：“【疏】议曰：《杂令》：‘私行人，职事五品以上、散官二品以上、爵国公以上欲投驿止宿者，听之。边远及无村店之处，九品以上、勋官五品以上及爵遇屯驿止宿，亦听。并不得辄受供给。’”《唐律疏议笺解》，第 1833 页。

8 《宋史》卷一五四《舆服志》：“符券。唐有银牌，发驿遣使，则门下省给之。其制，阔一寸半，长五寸，面刻隶字曰‘敕走马银牌’，凡五字。”脱脱等撰，中华书局编辑部点校《宋史》，北京：中华书局，1985 年，第 3594 页。《唐律疏议笺解》卷一〇《职制》：“【疏】议曰：依令：‘给驿者给铜龙传符，无传符处为纸券。’”《唐律疏议笺解》，第 814 页。

9 《青箱杂记》卷八：“唐以前，馆驿并给传（符）往来。开元中，务从简便，方给驿券，驿之给券，自此始也。”吴处厚撰，夏广兴整理《青箱杂记》，《全宋笔记》第 12 册，郑州：大象出版社，2019 年，第 78 页。《唐会要》卷六一《御史台》：“（开元）十八年六月十三日敕……自今已后，应乘传者，宜给纸券。”王溥《唐会要》，北京：中华书局，1960 年，第 1060 页。

10 《唐律疏议笺解》卷二六《杂律》：“诸不应入驿而入者笞四十，辄受供给者杖一百，计赃重者准盗论。虽应入驿，不合受供给而受者，罪亦如之。”《唐律疏议笺解》，第 1833 页。

11 《新唐书》卷一七四《元稹列传》中记述元稹从洛阳经华州回长安时，“次敷水驿，中人仇士良夜至，稹不让，中人怒，击稹败面”。欧阳修、宋祁撰，中华书局编辑部点校《新唐书》，北京：中华书局，1975 年，第 5227—5228 页。但在《旧唐书》卷一六六《元稹列传》中，鞭打元稹的宦官却是刘士元：“宿敷水驿，内官刘士元后至，争厅，士元怒，排其户，稹袜而走厅后。士元追之，后以箠击稹伤面。”《旧唐书》，第 4331 页。赵翼认为：“案白居易救稹疏，亦谓与刘士元争厅，而新书云仇士良者，盖士元随士良至而击稹耳。(《仇士良传》亦言与稹争厅，则是时士良实亲至敷水驿也。)”赵翼著，王树民校证《廿二史劄记校证》卷一八

《新旧书互异处》，北京：中华书局，2013 年，第 413—414 页。

12 元稹《论转牒事》："伏准前后制敕，入驿须给正券，并无转牒供拟之例。……谨检兴元元年闰十月十四日敕：'应缘公事乘驿，一切合给正券，比来或闻诸州诸使，妄出食牒，烦扰馆驿。自今已后，除门下省、东都留守及诸州府给券外，余并不得辄入馆驿。'"元稹撰，冀勤点校《元稹集》卷三八，北京：中华书局，2010 年，第 496 页。

13 《唐语林校证》卷六《补遗》："于襄阳云：'今之方面，权胜于列国诸侯远矣。且蝢押一字，转牒天下，皆供给承禀；列国止于我疆而已，不亦胜乎！'"王谠撰，周勋初校证《唐语林校证》，北京：中华书局，2008 年，第 576 页。

14 《唐律疏议笺解》卷二五《诈伪》："诸伪写宫殿门符、发兵符、传符者绞。"《唐律疏议笺解》，第 1692 页。不过这一条可能针对的是出入禁中和发兵的符牒，不知是否涉及驿站符券。

15 新疆维吾尔自治区博物馆编《新疆出土文物》，北京：文物出版社，1975 年，第 63 页。

16 见《唐大历七年（公元七七二年）马寺尼法慈为父张无价身死请给墓夫赙赠事牒》，国家文物局古文献研究室、新疆维吾尔自治区博物馆、武汉大学历史系编《吐鲁番出土文书》第 10 册，北京：文物出版社，1991 年，第 8—9 页。

17 见《交河郡马料文卷》（一）（十五），《吐鲁番出土文书》第 10 册，第 60、179 页。原文书中馆驿名均已佚，由朱雷考证复原。见朱雷《吐鲁番出土天宝年间马料文卷中所见封常清之北庭行》，《魏晋南北朝隋唐史资料》第 15 辑，武汉：武汉大学出版社，1997 年，第 100—108 页。

18 张无价为五品散官、四品职事官。见白须净真《吐鲁番的古代社会——新兴平民阶层的崛起与望族的没落》，谷川道雄主编《魏晋南北朝隋唐史学的基本问题》，北京：中华书局，2010 年，第 108—131 页。

19 《唐天宝十载（公元七五一年）制授张无价游击将军官告》，《吐鲁番出土文书》第 10 册，第 2—5 页。该文书图见唐长孺主编《吐鲁番出土文书（图录本肆）》，北京：文物出版社，1996 年，第 392—393 页。根据文书说明，官告出自张无价衣内，从告身抄件所在的特殊位置，足见张无价对此物的珍视程度。关于张无价告身的更多背景，请见吕博《践更之卒，俱授官名——"唐天宝十载制授张无价游击将军告身"出现的历史背景》，《中国史研究》2019 年第 3 期，第 96—109 页。

20 荣新江认为张无价去世时间应该是大历四年，依据是《唐大历四年（公元七六九年）张无价买阴宅地契》，《吐鲁番出土文书》第 10 册，第 6—7 页。而白须净真定为大历七年，依据是《唐大历七年（公元七七二年）马寺尼法慈为父张无价身死请给墓夫赙赠事牒》。

21 详见新疆维吾尔自治区博物馆、西北大学历史系考古专业《1973年吐鲁番阿斯塔那古墓群发掘简报》,《文物》1975年第7期，第8—26页。然而游自勇提出的另一截然不同的观点，则有可能推翻上文的故事。从《唐大历七年（公元七七二年）马寺尼法慈为父张无价身死请给墓夫赙赠事牒》牒文之书写行文和称谓等角度分析，游自勇推测牒文中所说的死者应该不是死于大历四年的张无价，而是死于大历七年的亡女（因死者晚年在尼寺居住），而法慈则是寺中为其操持后事的女尼。详见游自勇《唐西州“张无价文书”新考》,《唐研究》第22卷，北京：北京大学出版社，2016年，第269—282页。

22 《新疆出土文物》，第66页。

23 《交河郡马料文卷》(一),《吐鲁番出土文书》第10册，第60页。

24 《交河郡马料文卷》(十五),《吐鲁番出土文书》第10册，第179页。

25 《旧唐书》卷一〇四《封常清列传》:“贼大军继至，常清退入（洛阳）上东门，又战不利，贼鼓噪于四城门入，杀掠人吏。常清又战于都亭驿，不胜。”《旧唐书》，第3209页。令狐楚《奏太原府资望及官吏选数状》:“伏以太原府龙兴盛业，天启雄藩。有义旗起建之堂，为仙驾留游之地。官标留守，驿署都亭。”董诰等编《全唐文》卷五四二，北京：中华书局，1983年，第5504页。

26 见朱关田著，姚建杭编《思微室颜真卿研究》，杭州：西泠印社出版社，2021年，第3—8页。

27 《唐两京城坊考》和《长安志》将颜师古、欧阳询宅归于敦化坊,《两京新记》则归于通化坊。经辛德勇辨正，当以“敦化坊”为是。见辛德勇《隋唐两京丛考》，西安：三秦出版社，2006年，第89—91页。

28 《新唐书》卷一九八《欧阳询列传》:“貌寝侻，敏悟绝人。”《新唐书》，第5645页。《旧唐书》卷八二《许敬宗列传》:“率更令欧阳询状貌丑异，众或指之，敬宗见而大笑，为御史所劾。”《旧唐书》，第2761页。

29 《隋唐嘉话》:“太宗宴近臣，戏以嘲谑，赵公无忌嘲欧阳率更曰：‘耸髆成山字，埋肩不出头。谁家麟阁上，画此一猕猴？’”刘餗、张鷟撰，程毅中、赵守俨点校《隋唐嘉话　朝野佥载》，北京：中华书局，1979年，第23页。

30 卞孝萱认为此人是褚遂良，是他授意手下文人创作了这篇小说，以污蔑欧阳询。见卞孝萱《〈补江总白猿传〉新探》,《西北师大学报（社会科学版）》1991年第3期，第41—45页。

31 《大慈恩寺三藏法师传》卷五：“官司不知迎接，威仪莫暇陈设，而闻者自然奔凑，观礼盈衢，更相登践，欲进不得，因宿于漕上矣。”慧立、彦悰著，孙毓堂、谢方点校《大慈恩寺三藏法师传》，北京：中华书局，2000年，第125页。

32 《大慈恩寺三藏法师传》卷六："京城留守左仆射梁国公房玄龄等承法师赍经、像至，乃遣右武侯大将军侯莫陈实、雍州司马李叔眘、长安县令李乾祐奉迎，自漕而入，舍于都亭驿，其从若云。"《大慈恩寺三藏法师传》，第 126 页。

33 《续高僧传》卷四《译经篇・唐京师大慈恩寺释玄奘传》："从午至晡，像入弘福，方始歇灭。致使京都五日，四民废业，七众归承，当此一期，倾仰之高，终古罕类也。"道宣撰，郭绍林点校《续高僧传》，北京：中华书局，2014 年，第 119 页。

34 《续高僧传》卷四《译经篇・唐京师大慈恩寺释玄奘传》："奘虽逢荣问，独守馆宇，坐镇清闲，恐陷物议，故不临对。"《续高僧传》，第 119 页。

35 《大慈恩寺三藏法师传》卷六："法师又奏曰：'百姓无知，见玄奘从西方来，妄相观看，遂成阛阓，非直违触宪纲，亦为妨废法事，望得守门以防诸过。'"《大慈恩寺三藏法师传》，第 130 页。

36 《大慈恩寺三藏法师传》卷一〇："然《般若》部大，京师多务，又人命无常，恐难得了，乃请就于玉华宫翻译，帝许焉。"《大慈恩寺三藏法师传》，第 215 页。最初玄奘回到京城，要求太宗派人为他守门、不让百姓进来，的确是希望能静下心来译经，但晚年奏请从西明寺移居玉华宫寺，除京师俗务纷扰外，亦很可能是目睹高宗与武后清除旧臣之政坛变局，倍有身处漩涡、物是人非之感。关于玄奘生命的最后时刻，见刘淑芬《玄奘的最后十年（655—664）——兼论总章二年（669）改葬事》，《中华文史论丛》2009 年第 3 期，第 1—97 页。

37 白居易《长乐坡送人赋得愁字》，白居易撰，谢思炜校注《白居易诗集校注》卷一八，北京：中华书局，2006 年，第 1494 页。

38 《长安志》卷一一《县》："长乐驿……西去都亭驿一十三里。"宋敏求、李好文撰，辛德勇、郎洁点校《长安志　长安志图》，西安：三秦出版社，2013 年，第 359 页。

39 根据严耕望《唐代交通图考》改绘，并参考李健超、程义、郭声波、李久昌等人的研究，确定了临皋驿、宫人斜、广运潭和长乐驿的位置。见严耕望《唐代交通图考》图一，北京：北京联合出版公司，2021 年；李健超《汉唐两京及丝绸之路历史地理论集》，西安：三秦出版社，2007 年，第 106—108 页；程义《唐代宫人斜与临皋驿地望考证》，杜文玉主编《唐史论丛》第 17 辑，西安：三秦出版社，2013 年，第 100—106 页；郭声波《隋唐长安水利设施的地理复原研究》，纪宗安、汤开建主编《暨南史学》第 3 辑，广州：暨南大学出版社，2004 年，第 11—31 页；李久昌《唐长安长乐驿与临皋驿》，中国古都学会编《中国古都研究》第 34 辑，西安：陕西师范大学出版社，2018 年，第 74—83 页。

40 详见《旧唐书》卷一〇五《韦坚列传》，第 3222—3223 页。

41 《旧唐书》作天宝二年，《元和郡县图志》作天宝三载（744）。

42 崔成甫《赠李十二白》:“我是潇湘放逐臣，君辞明主汉江滨。天外常求太白老，金陵捉得酒仙人。”彭定求等编《全唐诗》卷二六一，北京：中华书局，1960年，第2906页。

43 严耕望在《唐代交通图考》中提及临皋驿在开远门外约十里，不过根据《杜玄礼墓志》等金石资料，临皋驿位置应在开远门外七里，李健超考证即今天西安西郊大土门村西北3.5千米处；程义进一步将宫人斜与临皋驿的范围精确于土门西北的三民村附近，见李健超《汉唐两京及丝绸之路历史地理论集》，第106—108页；程义《唐代宫人斜与临皋驿地望考证》。宫人斜附近亦有宦官墓地。

44 权德舆《宫人斜绝句》，权德舆撰，蒋寅笺，唐元校，张静注《权德舆诗文集编年校注》，沈阳：辽海出版社，2013年，第750页。

45 李商隐《雨中长乐水馆送赵十五滂不及》，李商隐著，聂石樵、王汝弼笺注《玉谿生诗醇》，北京：中华书局，2008年，第346页。刘禹锡《元和甲午岁诏书尽征江湘逐客余自武陵赴京宿于都亭有怀续来诸君子》，刘禹锡撰，《刘禹锡集》整理组点校，卞孝萱校订《刘禹锡集》卷二四，北京：中华书局，1990年，第306页。祖咏《长乐驿留别卢象裴总》，《全唐诗》卷一三一，北京：中华书局，1960年，第1333页。

46 《唐摭言》卷七《起自苦寒》:“王播少孤贫，尝客扬州惠昭寺木兰院，随僧斋餐。诸僧厌怠，播至，已饭矣。后二纪，播自重位出镇是邦，因访旧游，向之题已皆碧纱幕其上。播继以二绝句曰：‘二十年前此院游，木兰花发院新修。而今再到经行处，树老无花僧白头。’‘上堂已了各西东，惭愧阇黎饭后钟。二十年来尘扑面，如今始得碧纱笼。’”王定保撰，黄寿成点校《唐摭言》，西安：三秦出版社，2011年，第97页。

47 这类诗有杜甫《题桃树》，岑参《题平阳郡汾桥边柳树》，李白《流夜郎题葵叶》，司空曙《题落叶》，韦应物《题桐叶》、《题石桥》，白居易《和李相公留守题漕上新桥六韵》等。《太平广记》卷六九《女仙·慈恩塔院女仙》:“乃于北廊柱上题诗曰……”李昉等编《太平广记》，北京：中华书局，1961年，第432页。

48 王维撰，陈铁民校注《王维集校注》卷七《赠吴官》，北京：中华书局，1997年，第583页。

49 徐铉《稽神录·茅山道士》:“茅山道士陈某，壬子岁游海陵，宿于逆旅。雨雪方甚，有同宿者身衣单葛，欲与同寝，而嫌其垢弊。”徐铉撰，张剑光整理《稽神录》，《全宋笔记》第2册，郑州：大象出版社，2019年，第240页。

50 最北侧高岗有一部分斜穿过东北大明宫。影响皇城和外郭城的主要是另五条高岗。

51 《元和郡县图志》卷一《关内道·京兆府》:“初，隋氏营都，宇文恺以朱雀街南北有六条高坡，为乾卦之象，故以九二置宫殿以当帝王之居，九三立百司以应君子之数，九五贵位，不欲常人居之，故置玄都观及兴善寺以镇之。”李吉甫撰，贺次君点校《元和郡县图志》，北京：中华书局，1983 年，第 1—2 页。

52 对此，李令福的解释为：“隋唐时代，在兴善寺与玄都观的北面，乐游原黄土梁与西安交大黄土梁并无明显的洼地，可以看作是连在一起的。到了后来，为了排泄东南方向汇聚而来的雨水，在此开凿了一条泄洪沟，而且随着时代的发展越来越深，到后来形成了较为宽大的洼地，从而将这个黄土梁一分为二。”李令福《隋唐长安城六爻地形及其对城市建设的影响》，《陕西师范大学学报（哲学社会科学版）》2010 年第 4 期，第 120—128 页。

53 本图根据马正林《唐长安六坡示意图》（马正林《正林行集》，北京：光明日报出版社，2005 年，第 138 页）、李令福《隋唐长安城六爻地形及其对城市建设的影响》中的隋唐长安城中的六爻地形示意图和李春林《隋唐长安城规划布局的地势因素》（《大众考古》2019 年第 12 期，第 44—47 页）中的隋唐长安城遗址与“六爻”地势图改绘。但李令福指出，西安市内大多为微地貌，有时高岗和洼地之间的高程相差不过 10 米，绘制隋唐长安城中的六爻地形示意图时等高线间差为 5~10 米，这种微地貌在一般西安市周边地形图中是看不到明显高低起伏的，而且图中的高岗、低地都是相对附近地形而言的。比如虽然同为高岗，城东南的高岗要比城北的初九、九二、九三高多了。鉴于此，读者在第六章《赏花指南》中会看到本书改绘的曲江流域示意图（根据简锦松《长安唐诗与乐游原现地研究》，《台大文史哲学报》2014 年 5 月，第 75—112 页）在城东南的高岗、低地部分与李令福图略有出入，就是因为此图更聚焦曲江附近的局部地形，从而使地势的相对高低关系有所改变。

54 《长安志》卷八《唐京城》：“次南崇仁坊。（北街当皇城之景风门，与尚书省选院最相近，又与东市相连。按选人京城，无第宅者，多停憩此。因是工贾辐凑，遂倾两市，昼夜喧呼，灯火不绝，京中诸坊，莫之与比。）”《长安志　长安志图》，第 275 页。

55 《唐摭言》卷一五《杂记》：“进士旧例于都省考试，南院发榜，张榜墙乃南院东墙也。别筑起一堵，高丈余，外有壖垣，未辨色。即自北院将榜就南院张挂之。”《唐摭言》，第 221 页。

56 《通典》卷七《食货》：“东至宋、汴，西至岐州，夹路列店肆待客，酒馔丰溢。每店皆有驴赁客乘，倏忽数十里，谓之驿驴。”《通典》，第 152 页。

57 《纪闻辑校》卷八《武德县民》：“武德县逆旅家，有人锁闭其室，寄物一车。”牛肃撰，李剑国辑校《纪闻辑校》，北京：中华书局，2018 年，第 144 页。

58 岑参《临河客舍呈狄明府兄留题县南楼》："河边酒家堪寄宿，主人小女能缝衣。"岑参撰，廖立笺注《岑参诗笺注》卷二，北京：中华书局，2018 年，第 381 页。

59 杜甫《今夕行》："咸阳客舍一事无，相与博塞为欢娱。"杜甫著，仇兆鳌注《杜诗详注》卷一，北京：中华书局，1979 年，第 59 页。

60 本图根据韩香《唐代长安的旅舍》（荣新江主编《唐研究》第 15 卷，北京：北京大学出版社，2009 年，第 51—73 页）中整理的表格改绘，并参考《最新增订唐两京城坊考》《太平广记》等书内容进行了增补。

61 至迟在明代，已有关于店历的明确记录。《大明会典》卷三五《户部》："凡客店，每月置店历一扇，在内赴兵马司、在外赴有司署押讫。逐日附写到店客商姓名人数、起程月日。月终各赴所司查照。"申时行修，赵用贤纂《大明会典》，明万历十五年（1587）刻本。

62 《旧唐书》卷一八四《刘希暹列传》："或有举选之士，财货稍殷，客于旅舍，遇横死者非一。坊市苦之，谓之'入地牢'。"《旧唐书》，第 4765 页。

63 张谓《题长安壁主人》："世人结交须黄金，黄金不多交不深。纵令然诺暂相许，终是悠悠行路心。"《全唐诗》卷一九七，第 2022 页。

64 根据傅璇琮《唐代科举与文学》，每年十月集中于京城的举子有一千六百人左右。傅璇琮《唐代科举与文学》，西安：陕西人民出版社，1986 年，第 48—49 页。《通典》卷一五《选举》："开元以后，四海晏清，士无贤不肖，耻不以文章达，其应诏而举者，多则二千人，少犹不减千人，所收百才有一。"《通典》，第 357 页。

65 《唐摭言》卷一《统序科第》："始自武德辛巳岁四月一日，敕诸州学士及早有明经及秀才、俊士、进士，明于理体为乡里所称者，委本县考试，州长重覆，取其合格，每年十月随物入贡。"《唐摭言》，第 1 页。

66 牛希济《荐士论》："郡国所送群众千万。孟冬之月，集于京师。麻衣如雪，纷然满于九衢。"《全唐文》卷八四六，第 8890 页。

67 《资治通鉴》卷二三六《唐纪》："客候见叔文、伾者，至宿其坊中饼肆、酒垆下，一人得千钱，乃容之。"这段内容记述的主体并不是举子，而是王叔文等人得势时前来拜访他们的人群，但也可供我们一窥长安城中旅店爆满时的景象。司马光编著，胡三省音注，标点资治通鉴小组点校《资治通鉴》，北京：中华书局，1956 年，第 7610 页。

68 张说《温泉冯刘二监客舍观妓》。张说著，熊飞校注《张说集校注》卷五，北京：中华书局，2013 年，第 200 页。

69 戴叔伦《除夜宿石头驿》。姚合编，傅璇琮等编《极玄集》，北京：中华书局，2014 年，第 706 页。寒灯，原误作"寒镫"。

70 窦义事迹，详见温庭筠《乾𦠆子·窦义》，温庭筠撰，刘学锴校注《温庭筠全集校注》卷一二，北京：中华书局，2007 年，第 1256—1260 页。

71 见冯翊子《桂苑丛谈》，《松窗杂录　杜阳杂编　桂苑丛谈》，北京：中华书局，1958 年，第 76 页。

72 《太平广记》卷四九五《杂录·邹凤炽》："西京怀德坊南门之东有富商邹凤炽，肩高背曲，有似骆驼，时人号为邹骆驼。其家巨富，金宝不可胜计。其家男女婢仆，锦衣玉食，服用器物，皆一时惊异。尝因嫁女，邀诸朝士往临礼席，宾客数千。夜拟供帐，备极华丽。及女郎将出，侍婢围绕，绮罗珠翠，垂钗曳履。尤艳丽者，至数百人。众皆愕然，不知孰是新妇矣。"《太平广记》，第 4062 页。

73 详见《酉阳杂俎校笺》前集卷九《盗侠》，段成式撰，许逸民校笺《酉阳杂俎校笺》，北京：中华书局，2015 年，第 700 页。

74 详见《太平广记》卷三七四《灵异·程颜》，第 2971 页。

75 你会发现这张长安城图里，左下角的和平与永阳两坊与前面有点不一样，这是为了详细表示它们的真实状况。两坊名义上是分开的坊，但实际上，大总持寺横跨了南北两坊的街西，大庄严寺横跨街东。两座寺院各占两坊的一半。

76 薛用弱《集异记·徐智通》："而寺前负贩、戏弄、观看人数万众。"李时人编校，何满子审定，詹绪左覆校《全唐五代小说》卷二九，北京：中华书局，2014 年，第 1014 页。敦煌作品《十二时·其四》："吃腥膻，饮醲酒。业障痴心难化诱。也知寺里讲筵开，却趁寻春玩花柳。"曾昭岷、曹济平、王兆鹏、刘尊明编撰《全唐五代词》副编卷二，北京：中华书局，1999 年，第 1152 页。

77 《入唐求法巡礼行记》卷四《会昌四年》："且长安城里坊内佛堂三百余所。"圆仁著，白化文、李鼎霞、许德楠校注，周一良审阅《入唐求法巡礼行记校注》，北京：中华书局，2019 年，第 435 页。孙昌武根据《长安志》《西京杂记》《唐两京城坊考》等书统计，长安城内有 160 多所被明确记载的寺院，此外应该还有更多不知名寺院，经介永强增补后，多达 220 所。详见孙昌武《唐长安佛寺考》，荣新江主编《唐研究》第 2 卷，北京：北京大学出版社，1996 年，第 1—49 页；介永强《〈唐长安佛寺考〉补苴》，《中国历史地理论丛》2009 年第 3 期，第 130—136 页。

78 《敕修百丈清规》卷四《两序章》："知客。职典宾客，凡官员、檀越、尊宿，诸方名德之士相过者，香茶迎待，随令行者通报方丈，然后引上相见。"《精缩新版乾隆大藏经》第 149 册，台北：传正有限公司，2002 年，第 787—788 页。《百丈清规》为唐百丈怀海禅师所撰，元代奉敕重新编修，聊作参考。

79 此类寺院交游诗作有段成式等《游长安诸寺联句》，李益等《（安国寺）红楼下联句》，王缙《同王昌龄裴迪游青龙寺昙壁上人兄院集和兄维》，杜甫、岑参等《同诸公登慈恩寺塔》，元稹《与杨十二、李三早入永寿寺看牡丹》……

80 《四分律删繁补阙行事钞》卷一："俗人本非应斋食者，然须借问能斋与食，不能斋者示语因果，使信罪福，知非为吝，怀欢而退。"高楠顺次郎等《大正新修大藏经》第40卷，东京：大藏出版株式会社，1988年，第22页。

81 佛教召集僧人或用于计时的法器，由梵文转写为ghaṇṭā，汉语音译为"犍稚"，意译可以是"鼓""钟""板""钲"等。在唐代的诗文中，饭钟出现的可能性更大，亦有王播"饭后钟"之典故广为流传，因此本书解释为吃饭鸣钟。详见白化文《汉化佛教法器服饰略说》，北京：商务印书馆，1998年，第18—19页。《法苑珠林校注》卷七四《十恶篇》："为其施主，本舍一毫一粒，拟供十方出家凡圣，令其食用，日夜修道，不欲供俗。是以鸣钟一响，遐迩同餐。"释道世著，周叔迦、苏晋仁校注《法苑珠林校注》，北京：中华书局，2003年，第2183页。

82 《续高僧传》卷二二《明律篇·唐京师胜光寺释智保传》："僧众四百，同食一堂，新菜果瓜，多选香美。"《续高僧传》，第846页。《四分律》卷一三："时婆罗门观诸供养之者皆无有饼，即其夜供办种种美味，酥油、胡麻子、乳、净水、姜椒、荜茇，作种种粥及饼。"《大正新修大藏经》第22卷，第655页。

83 《教诫新学比丘行护律仪》："钵碗中若有余残，不得将归房院。"《大正新修大藏经》第45卷，第872页。

84 《摩诃僧祇律》卷三〇："非时者，从日没至明相未出教诫，是名非时。"《大正新修大藏经》第22卷，第475页。《四分律删繁补阙行事钞》卷中："非时者，从日中，乃至明相未出。"《大正新修大藏经》第40卷，第82页。

85 《四分律删繁补阙行事钞》卷下："非时浆者。《僧祇》：一切豆、谷、麦，煮之头不卓破者之汁。若酥、油、蜜、石蜜十四种果浆、生果汁，要以水作净。若器底残水，被雨溅等，亦名净。《十诵》若蒲萄不以火净，汁中不以水净，及互不净，不应饮；俱净得饮。"《大正新修大藏经》第40卷，第118页。

86 若犯食蒜，比丘得较轻的突吉罗罪，比丘尼则得较重的波逸提罪。

87 《摩诃僧祇律》卷三一："服已应七日行随顺法，在一边小房中，不得卧僧床褥，不得上僧大小便处行，不得在僧洗脚处洗脚，不得入温室、讲堂、食屋，不得受僧次差会，不得入僧中食及禅坊，不得入说法布萨僧中。若比丘集处一切不得往、不应绕塔。若塔在露地者，得下风遥礼。七日行随顺法已，至八日，澡浴浣衣熏已，得入僧中。若比丘不病食蒜、病食蒜不行随顺法，二俱越比尼罪。是名蒜法。"《大正新修大藏经》第22卷，第483页。

88 《增一阿含经》《瑜伽师地论》将一天划分为两部分，即"昼分"与"夜分"；夜分又分为“初夜分”“中夜分”“后夜分”，每段四小时，僧人们“于昼分经行、宴坐；于初夜分亦复如是；于中夜分右胁而卧；于后夜分疾疾还起，经行、宴坐”，仅有中夜分可以睡眠四个小时。见《瑜伽师地论》卷三〇，《大正新修大藏经》第30卷，第450页。按照佛教“六时”的计时法，换算成今天的二十四小时制，夜晚约十时开始为中夜分，四小时后，也就是凌晨两点左右就要起床打坐。《敕修百丈清规》卷八《法器章》：“大钟。丛林号令资始也。晓击则破长夜警睡眠，慕击则觉昏衢疏冥昧。”《精缩新版乾隆大藏经》第149册，第858页。

89 《四分律》卷三五：“若复睡眠，佛言：‘听以水洒之。’其中有得水洒者，若呵不受，亦当如法治。若故复睡眠，佛言：‘当拉眼、若以水洗面。’时诸比丘，犹故复睡眠。佛言：‘当自摘耳鼻、若摩额上。若复睡眠，当披张郁多罗僧以手摩扪其身，若当起出户外瞻视四方仰观星宿，若至经行处守摄诸根令心不散。’”《大正新修大藏经》第22卷，第817页。

90 《弥沙塞部和醯五分律》卷一一：“诸比丘尼如法如律谏其所犯，答言：‘阿姨！汝莫语我若好、若恶；我亦不以好、恶语汝。’”《大正新修大藏经》第22卷，第81页。《敦煌变文选注》下编《佛说阿弥陀经讲经文》：“善男善女，檀越信心，奉戒持斋，精修不倦。更有诸都统、毗尼法师、三藏、法律、僧政、寺主、禅师、头陀、尼众、阿姨师等，不及一一称名。”项楚《敦煌变文选注（增订本）》，北京：中华书局，2006年，第1202页。“阿姨师”用以称呼有地位的比丘尼，亦为比丘尼之尊称。

91 《入唐求法巡礼行记》卷一《承和五年》：“请益法师为供寺僧，唤寺库司僧令端问寺僧数。‘都有一百僧。’即沙金小二两宛设供料，留学僧亦出二两，总计小四两，以送寺衙。”《入唐求法巡礼行记校注》，第37页。

92 李洞《废寺闲居寄怀一二罢举知己》：“处世堪惊又堪愧，一坡山色不论钱。”《全唐诗》卷七二三，第8294页。

93 《唐摭言》卷七《起自苦寒》：“徐商相公，常于中条山万固寺泉，入院读书，家庙碑云：‘随僧洗钵。’”《唐摭言》，第98页。

94 参见《酉阳杂俎校笺》续集卷五、卷六《寺塔记》。

95 周繇《嘲段成式》：“促坐疑辟弭，衔杯强朵颐。恣情窥窈窕，曾恃好风姿。”《全唐诗》卷六三五，第7293页。

96 《酉阳杂俎校笺》续集卷五《寺塔记》：“武宗癸亥三年夏，予与张君希复善继同官秘丘，郑君符梦复连职仙署。会暇日，游大兴善寺，因问《两京新记》及《游目记》，多所遗略。乃约一旬寻两街寺，以街东兴善为首，二《记》所不具，则别录之。游及慈恩，初知官将并寺，僧众草草，乃泛问一二上人及记塔下画迹，游于此遂绝。后三年，予职于京洛及刺安成，至大中七年归京，在外六甲子，所留书籍，揃坏居半。于故简中，睹与二亡友游寺，沥血泪交，当时造适乐事，邈不可追。复方刊整，才足续穿蠹，然十亡五六矣。次成两卷，传诸释子。东牟人段成式柯古。"《酉阳杂俎校笺》，第 1743 页。

97 《续高僧传》卷一四《义解篇·唐越州嘉祥寺释智凯传》："时越常俗多弃狗子，凯闻怜之，乃令拾聚，三十五十，常事养育，毡被卧寝，不辞污染。"《续高僧传》，第 504 页。

98 《续高僧传》卷三〇《兴福篇·唐京师清禅寺释慧胄传》："寺足净人，无可役者，乃选取二十头令学鼓舞，每至节日，设乐像前，四远同观，以为欣庆。故家人子弟，接踵传风，声伎之最，高于俗里。"《续高僧传》，第 1224 页。

99 有很多都是亡故僧人留下的遗物。详见道宣《量处轻重仪》卷一："五诸杂乐具（其例有四）初谓八音之乐（一金乐，谓钟铃等。二石乐，谓磬等。三丝乐，谓琴瑟等。四竹乐，谓笙笛等。五匏乐，谓箜篌等。六土乐，即埙等。七革乐，谓鼓等。八木乐，即上音柷敔者也）。二所用戏具（谓傀儡、戏面、竿桡、影舞、师子、白马，俳优传述众像变现之像也）。三服饰之具（谓花冠、帕索、裙帔、袍棂、缠束、杂彩众宝绮错之属也）。"《大正新修大藏经》第 45 卷，第 842 页。之所以只能由净人来演奏音乐，是因内律和唐代官府皆不允许僧尼接触伎乐。道宣《量处轻重仪》卷二："受十戒者，不应观听伎乐等。"《大正新修大藏经》第 45 卷，第 849 页。《唐六典》卷四《尚书礼部》："（男女道士、僧尼）若服俗衣及绫罗、乘大马、酒醉、与人斗打、招引宾客、占相吉凶、以三宝物饷馈官寮、勾合朋党者，皆还俗。若巡门教化、和合婚姻、饮酒食肉、设食五辛、作音乐博戏、毁骂三纲、凌突长宿者，皆苦役也。"而《量处轻重仪》中也说了，按道理僧人生前是不应该保存这些"荡逸之具"的，所以主张卖掉。

100 《酉阳杂俎校笺》续集卷六《寺塔记》："景云二年，又赐真容坐像，诏寺中别建圣容院，是睿宗在春宫真容也。"《酉阳杂俎校笺》，第 1904 页。

101 改绘自张亦驰《6—11 世纪莫高窟净土变建筑图像设计与平面布局研究》，《中国建筑史论汇刊》2019 年第 2 期，第 177—228 页。

102 关于唐代佛教宗派，存在相当多的争议和看法，但无论怎样，唐代寺院中囊括了不同派别的僧人当无异议。参见杨维中《"宗派"分野与"专业分工"——关于隋唐佛教成立宗派问题的思考》，《河北学刊》2020 年第 3 期，第 47—55 页；圣凯《隋唐佛教宗派的"祖统"观念》，《五台山研究》2022 年第 1 期，第 3—8 页；孙英刚《夸大的历史图景：宗派模式与西方隋唐佛教史书写》，朱政惠、崔丕主编《北美中国学的历史和现状》，上海：上海辞书出版社，2013 年，第

361—373 页；圣凯《佛教观念史与社会史研究方法论》，北京：宗教文化出版社，2022 年。

103 《酉阳杂俎校笺》续集卷五《寺塔记》：“长乐坊安国寺　红楼，睿宗在藩时舞榭。”《酉阳杂俎校笺》，第 1773 页。

104 《历代名画记》卷三《记两京外州寺观画壁》：“万安观，公主影堂东北小院南行，屋门外北壁，李昭道画山水。”张彦远撰《历代名画记》，杭州：浙江人民美术出版社，2019 年，第 51 页。

105 《酉阳杂俎校笺》续集卷六《寺塔记》：“永安坊永寿寺　三门东，吴道子画，似不得意。佛殿名会仙，本是内中梳洗殿。”《酉阳杂俎校笺》，第 1920 页。“永安坊”应为“永乐坊”之讹，见辛德勇《隋唐两京丛考》，第 74—75 页。

106 《六艺之一录》卷七九《崇圣寺佛牙宝塔碑》：“忠武军节度判官、监察御史内供奉孙朴撰，检校太子宾客濮王府司马王君平书。据碑，高宗仪凤中始建崇圣寺于京师，武宗废佛法，寺亦被毁。宣宗初复，以太平坊之温国寺为崇圣寺。崇圣旧寺所藏佛牙者，显庆中沙门道宣得之于神人，至此，建塔以奉之。碑无所立年月。”倪涛编，钱伟强等点校《 六艺之一录》，杭州：浙江人民美术出版社，2015 年，第 1829—1830 页。《资治通鉴》胡三省注作“清国寺”，当谬。《资治通鉴》卷二四八《唐纪》，第 8024 页。

107 此时间《旧唐书》载为会昌六年五月，《唐会要》载为会昌六年正月，应是“五”与“正”之字形混淆所致。会昌六年三月武宗驾崩，宣宗即位，重振佛教，故五月才是正确的时间。但在一些今人所著书籍和论文中，更名时间出现了“大中六年”“大中元年”等说法，大概是将原文中的“六年”理解为宣宗年号“大中六年”，或想当然地认为宣宗即位是在大中元年。实际武宗三月去世后，会昌年号沿用至当年年底，次年方改元大中。

108 本章中所有寺院更名，除非特别标注，均参考自《唐会要》卷四八《寺》和《旧唐书》卷一八下《宣宗本纪》。见《唐会要》，第 845—855 页；《旧唐书》，第 615 页。

109 王勋成通过分析李商隐的几篇《上令狐相公状》及其诗歌，推断出李商隐及第的开成二年（837）关试举行于发榜后的十三天。由于关试与发榜间隔时间极短，因此樱桃宴、佛牙宴等也可能是在关试后举行的。王勋成《唐代铨选与文学》，北京：中华书局，2021 年，第 9—10、51—60 页。

110 《唐摭言》卷三《宴名》：“佛牙楼，宝寿、定水、庄严皆有之。”《唐摭言》，第 38 页。

111 《开天传信记》：“宣律精苦之甚，常夜行道，临阶坠堕，忽觉有人捧承其足。宣律顾视之，乃少年也。宣律遽问：‘弟子何人，中夜在此？’少年曰：‘某非常人，即毗沙王之子那吒太子也。护法之故，拥护和尚久矣。’宣律曰：‘贫道修行，无事烦太子，太子威神自在，西域有可作佛事者，愿太子致之。’太子曰：‘某有佛牙，宝事虽久，头目犹舍，敢不奉献。’宣律求之，即今崇圣寺佛牙是也。”郑綮撰，吴企明点校《教坊记（外三种）》，北京：中华书局，2012 年，第 96—97 页。

112 《入唐求法巡礼行记》卷三《开成六年》：“二月廿五日　诣崇圣寺，礼释迦牟尼佛牙会。”《入唐求法巡礼行记校注》，第 374 页。

113 《唐摭言》卷三《宴名》：“看佛牙，每人二千以上。”《唐摭言》，第 38 页。

114 见《入唐求法巡礼行记校注》卷三《开成六年》，第 365 页。

115 《岁时广记》卷二《夏》：“唐《辇下岁时记》：‘四月十五日，自堂厨至百司厨，通谓之樱笋厨。’又韩偓《樱桃》诗注云：‘秦中以三月为樱笋时。’”陈元靓撰，许逸民点校《岁时广记》，北京：中华书局，2020 年，第 66 页。

116 《唐摭言》卷三《慈恩寺题名游赏赋咏杂记》：“新进士尤重樱桃宴。乾符四年，永宁刘公第二子覃及第。时公以故相镇淮南，敕邸吏日以银一铤资覃醵罚，而覃所费往往数倍。邸吏以闻，公命取足而已。会时及荐新状元，方议醵率，覃潜遣人厚以金帛预购数十硕矣。于是独置是宴，大会公卿。时京国樱桃初出，虽贵达未适口，而覃山积铺席，复和以糖酪者，人享蛮榼一小盎，亦不啻数升。以至参御辈，靡不沾足。”《唐摭言》，第 49 页。

117 《酉阳杂俎校笺》续集卷五《寺塔记》：“不空三藏塔前，多老松。……发塔内有隋朝舍利。”《酉阳杂俎校笺》，第 1750—1753 页。

118 《酉阳杂俎校笺》续集卷六《寺塔记》：“光宅坊光宅寺　本官蒲萄园。”《酉阳杂俎校笺》，第 1869 页。《宋高僧传》卷二六《兴福篇·周京师法成传》：“仪凤二年，望气者云：‘此坊有异气。’敕掘之，得石函，函内贮佛舍利万余粒，光色粲烂而坚刚。敕于此处造光宅寺。”赞宁撰，范祥雍点校《宋高僧传》，北京：中华书局，1987 年，第 653 页。

119 《唐两京城坊考》卷三《西京》：“普贤堂本天后梳洗堂。”徐松撰，张穆校补，方严点校《唐两京城坊考》，北京：中华书局，1985 年，第 50 页。

120 南卓《羯鼓录》：“宋沇即某之中外亲丈人，知音之异事，非止于此也。尝为太常丞，每诸悬钟磬，亡坠至多，补亡者又乖律吕。一日早于光宅佛寺待漏，闻塔上风铎声，倾听久之。朝回复至寺舍，问寺主僧曰：‘上人塔上铎，皆知所自乎？’曰：‘不能知。’沇曰：‘其间有一是古制，某请一登塔循金索，试历扣以辨之，可乎？’僧初难后许。乃扣而辨焉。寺众即言：‘往往无风自摇，洋洋有闻，非此也耶？’沇曰：‘是耳，必因祠祭考本悬钟而应也。’固求摘取而观之，曰：‘此姑洗之编钟耳，请且独缀于僧庭。’归太常，令乐工与僧同临之，约其时彼扣本乐悬，此果应之，遂购而获焉。”《羯鼓录 乐府杂录 碧鸡漫志》，上海：古典文学出版社，1957 年，第 11 页。

121 《大慈恩寺三藏法师传》卷六：“翌日大会于朱雀街之南，凡数百件，部伍陈列。即以安置法师于西域所得如来肉舍利一百五十粒。”卷七：“己巳，旦集安福门街，迎像送僧入大慈恩寺。”《大慈恩寺三藏法师传》，第 126、156 页。

122 《大慈恩寺三藏法师传》卷七：“法师欲于寺端门之阳造石浮图，安置西域所将经、像……于是用砖，仍改就西院。其塔基面各一百四十尺，仿西域制度，不循此旧式也。塔有五级，并相轮、霜盘凡高一百八十尺。层层中心皆有舍利，或一千、二千，凡一万余粒。”《大慈恩寺三藏法师传》，第 160 页。

123 见《入唐求法巡礼行记校注》卷三《开成六年》，第 365 页。

124 《入唐求法巡礼行记》卷三《开成六年》：“从二月八日至十五日，荐福寺开佛牙供养。蓝田县从八日至十五日设无碍茶饭，十方僧俗尽来吃。左街僧录体虚法师为会主，诸寺赴集。各设珍供：百种药食，珍妙果花，众香严备，供养佛牙及供养楼廊下敷设不可胜计。佛牙在楼中庭。城中大德尽在楼上，随喜赞叹。举城赴来，礼拜供养。有人施百石粳米、廿石粟米；有人施无碍供餢头足；有人施无碍供杂用钱足；有人供无碍薄饼足；有人施诸寺大德老宿供足。如是各各发愿布施，庄严佛牙会，向佛牙楼散钱如雨。求法僧等十日往彼随喜。登佛牙楼上，亲见佛牙，顶戴礼拜。”《入唐求法巡礼行记校注》，第 365 页。

125 《入唐求法巡礼行记》卷三《开成六年》：“街西兴福寺亦二月八日至十五日开佛牙供养。”《入唐求法巡礼行记校注》，第 365 页。

126 《大唐西域记校注》卷五《羯若鞠阇国》：“五岁一设无遮大会。”玄奘、辩机原著，季羡林等校注《大唐西域记校注》，北京：中华书局，2000 年，第 429 页。

127 道宣《集神州三宝感通录》卷一：“舍利高出众人同见。于方骨上见者不同，或见如玉白光映彻，或见绿色，或不见者问众人曰‘舍利何在’。时有一人，以不见故感激懊恼，锤胸而哭，众人愍之。”《大正新修大藏经》第 52 卷，第 406 页。

128 《洛阳伽蓝记校释》卷一《城内》：“像停之处，观者如堵，迭相践跃，常有死人。”杨衒之撰，周祖谟校释《洛阳伽蓝记校释》，北京：中华书局，2010 年，第 37 页。

129 《法苑珠林校注》卷三八《敬塔篇》：“于时京邑内外道俗，连接二百里间，往来相续，皆称佛德一代光华。……至显庆五年春三月，下敕请舍利往东都，入内供养。”《法苑珠林校注》，第 1214 页。

130 详见崔致远《唐大荐福寺故寺主翻经大德法藏和尚传》，法藏著，方立天校释《华严金师子章校释》附录，北京：中华书局，1983 年，第 173 页。

131 志磐《佛祖统纪》卷四〇："诏迎凤翔法门寺佛骨入禁中立道场，命沙门朝夕赞礼。"《大正新修大藏经》第 49 卷，第 376 页。但《佛祖统纪》有个谬误，它将该内容定于至德元载（756），彼时肃宗尚未收复长安，几乎不可能迎佛骨。本书此处采纳张彧《圣朝无忧王寺大圣真身宝塔碑铭》的记载："上元初五月十□日，敕僧法澄中使宋合礼府尹崔光远启发，迎赴内道场。"《全唐文》卷五一六，第 5246 页。

132 《资治通鉴》卷二三三《唐纪》："（贞元六年）春，诏出岐山无忧王寺佛指骨迎置禁中，又送诸寺以示众，倾都瞻礼，施财巨万。"《资治通鉴》，第 7520 页。

133 法门寺博物馆、韩生编著《法门寺文物图饰》，北京：文物出版社，2009 年，第 150 页。

134 参见苏鹗《杜阳杂编 · 迎佛骨》，李剑国辑校《唐五代传奇集》第三编卷三八，北京：中华书局，2015 年，第 2236—2238 页；康骈《剧谈录》卷下《真身》，刘世珩辑校，郑玲校点《贵池唐人集》，合肥：黄山书社，2013 年，第 58—60 页；《旧唐书》卷一九上《懿宗本纪》，第 683 页。

135 道宣《集神州三宝感通录》卷一："其塔故地仍为寺庄。唐运伊始义宁二年，宝昌寺僧普贤慨寺被废，没诸草莽，具状上请。于时特蒙大丞相见识昔曾经往，览表欣然仍述本由，可名法门寺。"《大正新修大藏经》第 52 卷，第 406 页。张彧《圣朝无忧王寺大圣真身宝塔碑铭》："武德八年，改为法门寺。"《全唐文》卷五一六，第 5245 页。

136 张彧《圣朝无忧王寺大圣真身宝塔碑铭》："景龙四年二月十一日，中宗孝和皇帝旌为圣朝无忧王寺。"《全唐文》卷五一六，第 5246 页。

137 张仲素《佛骨碑》："岐阳法门寺鸣鸑阜，有阿育王造塔，藏佛身指节。"《全唐文》卷六四四，第 6522 页。

138 《扶风县志》卷八："开成三年，五色云现近此寺，因改名法云，后仍旧。" 宋世荦纂修《扶风县志》，清嘉庆二十四年（1819）刻本。

139 僧澈《大唐咸通启送岐阳真身志文》："睹彼岐阳重真寺及其一也。" 文本录自气贺泽保规著，石青译《关于唐法门寺咸通十四年（873）舍利供养的考察——兼论法门寺〈真身志文〉碑》，《魏晋南北朝隋唐史资料》2020 年第 2 期，第 199—237 页。

140 钱大昕《潜研堂金石文跋尾》卷一〇《法门寺塔庙记》，南京：凤凰出版社，2016 年，第 232 页。

141 虽然没有查到会昌毁佛期间兴福寺的情况，但按照城中不应出现两座兴福寺的常理，结合圣善寺之更名推断，原兴福寺可能被毁。

142 见张读《宣室志·十光佛》，《全唐五代小说》，第 4027 页。

143 《长安志》卷第十《唐京城四》："寺北有果园，复有万花池二所。太宗时广召天下名僧居之，沙门玄奘于西域回，居此寺西北禅院翻译。"《长安志　长安志图》，第 327 页。

144 见林梅村《唐长安城圣善寺考》，《考古与文物》2021 年第 4 期，第 101—110 页；史红帅《唐两京"圣善寺"考辨》，《中国历史地理论丛》1999 年第 4 期，第 248 页。

145 《唐国史补》卷中："旧说：圣善寺阁，常贮醋数十瓮，恐为蛟龙所伏，以致雷霆也。"李肇、赵璘《唐国史补　因话录》，上海：上海古籍出版社，1979 年，第 46 页。《北梦琐言》逸文卷四《乘龙入口》："世言乖龙苦于行雨，而多窜匿，为雷神捕之。或在古木及楹柱之内。"孙光宪撰，贾二强校点《北梦琐言》，北京：中华书局，2002 年，第 436 页。

146 李绰编，罗宁点校《尚书故实》："郑广文作《圣善寺报慈阁大像记》云：'自顶至颐，八十三尺，额珠以银铸成，虚中盛八石。'"《大唐传载（外三种）》，北京：中华书局，2019 年，第 123 页。

147 《唐大诏令集》卷一一三宝应元年《条贯僧尼敕》："如闻州县公私，多借寺观居止，因兹亵渎，切宜禁断，务令清肃。"宋敏求编《唐大诏令集》，北京：中华书局，2008 年，第 590 页。《唐大诏令集》卷一一三大历《禁天下寺观停客制》："如闻天下寺观，多被军士及官吏诸客居止，狎而黩之，曾不畏忌。缁黄屏窜，堂居毁撤，寝处于象设之门，庖厨于廊庑之下，缅然遐想，愧叹良深。自今已后，切宜禁断。"《唐大诏令集》，第 590 页。

148 《册府元龟》卷五二《帝王部·崇释氏》："（贞元）五年三月，诏曰：'释道二教，福利群生。馆宇经行，必资严洁。自今州府寺观，不得宿客居住。屋宇破坏，各随事修葺。'"王钦若等编纂，周勋初等校订《册府元龟》，南京：凤凰出版社，2006 年，第 548 页。

149 《入唐求法巡礼行记》卷三《会昌二年》："城中有回鹘人数百，准敕尽斩杀讫。"卷四《会昌三年》："路府留后院在京右街平康坊，路府押衙畺孙在院知本道事，敕令捉，其人走脱不知去处。诸处寻捉不获，唯捉得妻、儿女等，斩杀破家。有人告报：'路府留后押衙畺孙剃头，今在城，僧中隐藏。'仍敕令两街功德使疏理城中等僧：公案无名者尽勒还俗，递归本贯。诸道州府亦同斯例。近住寺僧不委来由者尽捉。京兆府捉新裹头僧，于府中打杀三百余人。""打路府兵入他界不得，但在界首。频有敕催，怪无消息：'征兵多时，都不闻征罚者何？'彼兵众惊惧，捉界首牧牛儿、耕田夫等送入京，妄称捉叛人来。敕赐封刀，于街衢而斩三段。两军兵马围着杀之。如此送来，相续不绝兵马，寻常街里被斩尸骸满路，血流湿土为泥。看人满于道路。天子时时看来，旗枪交横辽乱。见说：'被送来者不是唐叛人，但是界首牧牛、耕种百姓，枉被捉来。国家兵马元来不入他界，恐王怪无事，妄捉无罪人送入京也。'两军健儿每斩人了，割其眼肉吃。诸坊人皆云：'今年长安人吃人！'"《入唐求法巡礼行记校注》，第389、424、434页。

150 《四分律删繁补阙行事钞》卷三，《大正新修大藏经》第40卷，第135页。

151 "破镜重圆"这个故事曾被钱锺书、曹道衡等人认为是不可能发生的，但陈尚君其《破镜重圆的原委和真相》一文中论证了其真实性。见陈尚君《行走大唐》，桂林：广西师范大学出版社，2018年，第63—69页。

152 根据日本法隆寺藏《唐西明寺图》与《西明寺遗址遗迹总平面图》改绘。《唐西明寺图》见刘克明《中国建筑图学文化源流》，武汉：湖北教育出版社，2006年，第156页；《西明寺遗址遗迹总平面图》见中国社会科学院考古研究所编著《青龙寺与西明寺》，北京：文物出版社，2015年，第123页。

153 《大慈恩寺三藏法师传》卷一〇："而廊殿楼台，飞惊接汉，金铺藻栋，眩目晖霞。凡有十院，屋四千余间。庄严之盛，虽梁之同泰、魏之永宁，所不能及也。"《大慈恩寺三藏法师传》，第214页。

154 见《太平广记》卷一八〇《贡举·宋济》，第1338页。

155 《旧唐书》卷一六五《柳公权列传》："上都西明寺《金刚经碑》，备有钟、王、欧、虞、褚、陆之体，尤为得意。"《旧唐书》，第4312页。

156 敦煌拓本《金刚经》是否出自柳公权之手，学界争论不断。见赵运《从〈严公贶墓志〉再探敦煌本柳公权书〈金刚经〉》，《敦煌学辑刊》2024年第03期，第173—184页。

157 《酉阳杂俎校笺》前集卷一九《广动植》："茄子熟者……僧人多炙之，甚美。有新罗种者，色稍白，形如鸡卵，西明寺僧造玄院中，有其种。"《酉阳杂俎校笺》，第1394页。

158 《阙史》卷下："咸通初，有渤海僧萨多罗者，寓于西明精舍，云能通鸟兽之言，往往闻鸟鹊燕雀啅噪，则说休咎及闾巷间事，如目击者，佛图澄之听铃语，不是过也。"高彦休《阙史》，北京：中华书局，1985年，第27页。

159 孟郊《寄张籍》："西明寺后穷瞎张太祝。"孟郊著，韩泉欣校注《孟郊集校注》卷七《寄怀》，杭州：浙江古籍出版社，2012年，第292页。

160 《大慈恩寺三藏法师传》卷一〇："显庆三年……秋七月，敕法师徙居西明寺。"《大慈恩寺三藏法师传》，第214页。

161 《宋高僧传》卷二《译经篇·唐洛京圣善寺善无畏传》："开元四年丙辰，赍梵夹始届长安，敕于兴福寺南院安置。续宣住西明寺，问劳重叠，锡贶异常。至五年丁巳，奉诏于菩提院翻译。"《宋高僧传》，第 20 页。

162 李贤《西明寺钟铭》："皇太子奉为二圣于西明寺造铜钟一口，可一万斤。"《全唐文》卷九九，第 1019 页。

163 见《太平广记》卷一一六《报应·西明寺》，第 813 页。

164 《南部新书》卷乙："长安举子，自六月已后，落第者不出京，谓之'过夏'。多借静坊庙院及闲宅居住，作新文章，谓之'夏课'。亦有十人五人醵率酒馔，请题目于知己朝达，谓之'私试'。七月后，投献新课，并于诸州府拔解。人为语曰：'槐花黄，举子忙。'"钱易撰，黄寿成点校《南部新书》，北京：中华书局，2002 年，第 21—22 页。

165 《唐会要》卷七六《贡举》："元和三年三月敕：制举人试讫，有逼夜纳策，计不得归者，并于光宅寺止宿。应巡检勾当官吏并随从人等，待举人纳策毕，并赴保寿寺止宿。仍各仰金吾卫使差人监引，送至宿所。如勾当，勿令喧杂。"《唐会要》，第 1393 页。

166 《唐会要》卷四八《寺》："（会昌六年）庄严寺改为圣寿寺。"《唐会要》，第 853 页。

167 《酉阳杂俎校笺》前集卷四《祸兆》："姜楚公皎，尝游禅定寺，京兆办局甚盛。及饮酒，座上一妓绝色，献杯整鬟，未尝见手，众怪之。有客被酒，戏曰：'勿六指乎？'乃强牵视。妓随牵而倒，乃枯骸也。姜竟及祸焉。"《酉阳杂俎校笺》，第 479 页。

168 《宋高僧传》卷一六《明律篇·唐京兆圣寿寺慧灵传》："寺中常贡梨花蜜，其色白，其味愈常，蜡房所取者。"《宋高僧传》，第 392 页。

169 《最新增订唐两京城坊考》卷四《西京》："宇文恺以京城之西有昆明池，池势微下，乃奏于此（大庄严）寺建木浮图，崇三百三十尺。……（大总持寺）寺内制度与庄严寺正同，亦有木浮图，高下与西浮图不异。"徐松撰，李健超增订《最新增订唐两京城坊考》，西安：三秦出版社，2019 年，第 329 页。《类编长安志》作"三百二十尺"，见《类编长安志》卷之五，第 133 页。隋开皇官尺约为 29.494 厘米，参见丘光明编著《中国历代度量衡考》，北京：科学出版社，1992 年，第 87 页。此外，王贵祥提到塔修筑时采用了隋营造尺，一尺相当于 27.3 厘米，见王贵祥《隋大兴禅定寺高层木塔形式探》，《建筑史》2013 年第 1 期，第 43—73 页。那么大庄严寺与大总持寺的高度可能在 90~97 米。

170 《太平广记》卷三六八《精怪·南中行者》："南中有僧院，院内有九子母像，装塑甚奇。尝有一行者，年少，给事诸僧。不数年，其人渐甚羸瘠，神思恍惚。诸僧颇怪之。有一僧，见此行者至夜入九子母堂寝宿，徐见一美妇人至，晚引同寝，已近一年矣。僧知塑像为怪，即坏之。自是不复更见，行者亦愈，即落发为沙门。"《太平广记》，第 2931 页。

171 《唐会要》卷四八《寺》："武德元年，高祖为尼明照废宫置证果寺。……仪凤元年十一月十五日，敕废宫立开业寺。"《唐会要》，第 845 页。

172 见《南部新书》卷庚，第 98 页。

173 《类编长安志》卷五《寺观》："大兴善寺　初名遵善寺，隋文承周武之后大崇释氏，以收人望，移都先置此寺，以其本封名焉。神龙中，韦庶人追赠父玄贞为酆王，改此寺为酆国寺。景云元年，复旧。"骆天骧撰，黄永年点校《类编长安志》，北京：中华书局，1990 年，第 133 页。

174 《最新增订唐两京城坊考》卷二《西京》："大兴善寺，尽一坊之地。"《最新增订唐两京城坊考》，第 55 页。

175 《酉阳杂俎校笺》续集卷五《寺塔记》："东廊之南素和尚院庭，有青桐四株，素之手植。元和中，卿相多游此院。桐至夏有汗，污人衣如輠脂，不可浣。昭国东门郑相，尝与丞郎数人避暑，恶其汗，谓素曰：'弟子为和尚伐此树，各植一松也。'及暮，素戏祝树曰：'我种汝二十余年，汝以汗为人所恶，来岁若复有汗，我必薪之。'自是无汗。"《酉阳杂俎校笺》，第 1756 页。

176 本图绘制时参考了王贵祥《唐长安靖善坊大兴善寺大殿及寺院布局初探》，《中国建筑史论汇刊》2014 年第 2 期，第 61—103 页。

177 《酉阳杂俎校笺》续集卷五《寺塔记》："夜尝有貉子听经，斋时，鸟鹊就掌取食。"《酉阳杂俎校笺》，第 1756 页。

178 《入唐求法巡礼行记》卷三《开成五年》："八月廿二日……入春明门，到大兴善寺西禅院宿。八月廿三日……领僧等于资圣寺安置。"《入唐求法巡礼行记校注》，第 333—334 页。

179 《纪闻辑校》卷三："开元十八年，京菩提寺有长生猪，体柔肥硕。在寺十余年，其岁猪死，僧焚之。火既烬，灰中得舍利百余粒。"《纪闻辑校》，第 50 页。

180 《历代名画记》卷三《记两京外州寺观画壁》："菩提寺，佛殿内东西壁，吴画神鬼。西壁工人布色，损。佛殿壁带间，亦有杨廷光白画。殿内东西北壁，并吴画，其东壁有菩萨转目视人。"《历代名画记》，第 51 页。《酉阳杂俎校笺》续集卷五《寺塔记》："佛殿内槽东壁《维摩变》，舍利佛角而转睐。元和末，俗讲僧文淑装之，笔迹尽矣。"《酉阳杂俎校笺》，第 1843 页。

181 《酉阳杂俎校笺》续集卷五《寺塔记》："初，会觉上人以利施，起宅十余亩，工毕，酿酒百石，列缾瓮于两庑下，引吴道玄观之。因谓曰：'檀越为我画，以是赏之。’吴生嗜酒，且利其多，欣然而许。”《酉阳杂俎校笺》，第1844—1845页。

182 《酉阳杂俎校笺》续集卷五《寺塔记》：“食堂东壁上，吴道玄画《智度论色偈变》，偈是吴自题，笔迹遒劲，如磔鬼神毛发。次堵画礼骨仙人，天衣飞扬，满壁风动。……佛殿内槽后壁面，吴道玄画《消灾经》事，树石古崄。”《酉阳杂俎校笺》，第1840—1843页。

183 《历代名画记》卷三《记两京外州寺观画壁》：“菩提寺……佛殿上构栏，耿昌言画水族。”《历代名画记》，第51页。

184 《太平广记》卷一一一《报应·僧道宪》：“宪令画工持斋洁己，诸彩色悉以乳头香代胶，备极清净。”《太平广记》，第768页。

185 《酉阳杂俎校笺》续集卷五《寺塔记》：“寺之制度，钟楼在东，唯此寺缘李右座林甫宅在东，故建钟楼于西。”《酉阳杂俎校笺》，第1845页。

186 孙棨《北里志》：“诸妓以出里艰难，每南街保唐寺有讲席，多以月之八日，相牵率听焉。皆纳其假母一缗，然后能出于里。”《古今说海》，第2页。

187 《酉阳杂俎校笺》续集卷五《寺塔记》：“常乐坊赵景公寺　隋开皇三年置，本曰弘善寺，十八年改焉。南中三门里，东壁上，吴道玄画《地狱变》，笔力劲怒，变状阴怪，睹之不觉毛戴。吴画中得意处。”《酉阳杂俎校笺》，第1789页。

188 段成式等《吴画联句》，《全唐诗》卷七九二，第8920页。

189 樊锦诗主编《世界文化遗产·敦煌艺术精品》，北京：中国画报出版社，2006年，第77页；中国壁画全集编辑委员会编《中国壁画全集　敦煌6盛唐》，天津：天津人民美术出版社，1989年，第131页。

190 参见石守谦《风格与世变》，北京：北京大学出版社，2008年，第17—50页。

191 参见《历代名画记》卷三《记两京外州寺观画壁》，第48—58页；《酉阳杂俎校笺》续集卷五、卷六《寺塔记》，第1743—1958页。

192 《历代名画记》卷九《唐朝》：“吴道玄，阳翟人。好酒使气，每欲挥毫，必须酣饮。”《历代名画记》，第144页。

193 《唐朝名画录校注·神品上一人》：“又尝闻景云寺老僧传云：‘吴生画此寺地狱变相时，京都屠沽渔罟之辈，见之而惧罪改业者，往往有之，率皆修善。’”朱景玄著，吴企明校注《唐朝名画录校注》，合肥：黄山书社，2016年，第10页。

194 《东观余论》卷下《跋吴道玄地狱变相图后》。黄伯思撰，陈金林整理《东观余论》，《全宋笔记》第28册，郑州：大象出版社，2019年，第260页。

195 《太平广记》卷二一二《画·吴道玄》：“朱景玄云：有旧家人尹老年八十余，尝云：‘见吴生画中门内神，圆光最在后，一笔成。当时坊市老幼，日数百人，竞候观之。缚阑，施钱帛与之齐。及下笔之时，望者如堵。风落电转，规成月圆，喧呼之声，惊动坊邑。或谓之神也。'"《太平广记》，第 1622 页。

196 苏轼《书吴道子画后》："余于他画，或不能必其主名，至于道子，望而知其真伪也。然世罕有真者，如史全叔所藏，平生盖一二见而已。"曾枣庄主编《宋代序跋全编》卷一〇九，济南：齐鲁书社，2015 年，第 3044 页。

197 河北曲阳北岳庙德宁之殿内的壁画很可能是依吴道子粉本绘制的。

198 四川南充南部县文管所珍藏的《白衣观音像碑》被传为吴道子所作，但此说存疑。

199 见杭德州、雒忠如、田醒农《唐长安城地基初步探测》，《考古学报》1958 年第 3 期，第 79—94 页；简锦松《长安唐诗与乐游原现地研究》；《青龙寺与西明寺》，第 9—13 页。

200 朱庆余《题青龙寺》："寺好因岗势，登临值夕阳。"《全唐诗》，第 5868 页。

201 据中国社会科学院考古所西安唐城队《唐长安青龙寺遗址》(《考古学报》1989 年第 2 期，第 231—262 页)、《青龙寺与西明寺》改绘。

202 韩愈《游青龙寺赠崔群补阙》："秋灰初吹季月管，日出卯南晖景短。友生招我佛寺行，正值万株红叶满。光华闪壁见神鬼，赫赫炎官张火伞。然云烧树火实骈，金乌下啄赪虬卵。魂翻眼晕忘处所，赤气冲融无间断。有如流传上古时，九轮照烛乾坤旱。"韩愈撰，魏仲举集注，郝润华、王东峰整理《五百家注韩昌黎集》卷四，北京：中华书局，2019 年，第 221 页。如今青龙寺已是西安著名的赏樱去处。由于日本真言宗初祖空海和尚曾在青龙寺跟随密宗惠果大师学法，青龙寺也成为中日文化交流的重要见证地。1984 年，寺原址上建成了"惠果空海纪念堂"，两年后，日方又向青龙寺赠予多个品种的樱花。

203 郑谷《舟行》，《全唐诗》卷六七六，第 7751 页。

204 见《太平广记》卷三一二《神·新昌坊民》，第 2469 页。

205 见王维撰，陈铁民校注《王维集校注》卷三《青龙寺昙壁上人兄院集并序》，北京：中华书局，1997 年，第 228 页。

206 《资治通鉴》卷一九九《唐纪》："(贞观二十二年)十二月，庚午，太子为文德皇后作大慈恩寺成。"《资治通鉴》，第 6264 页。

207 《酉阳杂俎校笺》续集卷六《寺塔记》："慈恩寺　寺本净觉故伽蓝，因而营建焉。凡十余院，总一千八百九十七间。"《酉阳杂俎校笺》，第 1944 页。

208 《雍录》卷一〇《寺观·慈恩寺》："南临黄渠，水竹森邃，为京师之最。"程大昌撰，黄永年点校《雍录》，北京：中华书局，2002 年，第 224 页。

209 有关慈恩寺塔题名之起源，有"神龙以来"说，出自《唐摭言》卷三《慈恩寺题名游赏赋咏杂记》："进士题名，自神龙之后，过关宴后，率皆期集于慈恩塔下题名。"《唐摭言》，第 40 页。"大历年间"说，出自《刘宾客嘉话录》："慈恩题名起自张莒。”韦绚撰，陶敏、陶红雨校注《刘宾客嘉话录》，北京：中华书局，2019 年，第 88 页。以及《南部新书》卷乙：“韦肇初及第，偶于慈恩寺塔下题名。后进慕效之，遂成故事。”《南部新书》，第 22 页。时代相近，主角不同。“神龙以来”说时间虽早，却在宋代成书的《唐摭言》中才首次出现。李裕民认为，《封氏闻见记》中曾记载神龙以来，进士有登名《进士登科记》的做法：“好事者纪其姓名，自神龙以来迄于兹日，名曰《进士登科记》，亦所以昭示前良，发起后进也。”《唐摭言》很可能是将《进士登科记》与慈恩寺塔题名混淆，认为是神龙以来就有了。因此，“大历年间”说应更为准确，只是无法确定主角究竟是张莒还是韦肇。见封演撰，赵贞信校注《封氏闻见记校注》卷三《贡举》，北京：中华书局，2005 年，第 17 页；李裕民《雁塔题名研究》，《长安大学学报（社会科学版）》2010 年第 2 期，第 1—7 页。

210 《唐摭言》卷三《慈恩寺题名游赏赋咏杂记》：“他时有将相，则朱书之。”《唐摭言》，第 52 页。

211 《演繁露》卷一二《社日停针线取进士衣裳为吉利》：“又《送李余及第》云：‘归去惟将新诰牒，后来争取旧衣裳。’又知新进士衣物，人取之以为吉兆，唐俗亦既有之。”《演繁露》，第 208 页。

212 《唐摭言》卷三《慈恩寺题名游赏赋咏杂记》：“及第后知闻，或遇未及第时题名处，则为添‘前’字。”《唐摭言》，第 52 页。有资格参加进士科考试的举子统称为“进士”；进士及第却尚未过关试，称为“新及第进士”；过了关试但尚未参加吏部铨选，称“前进士”。请勿将此与明清时代的“进士”概念混淆。

213 见毕罗《论〈集王圣教序〉的书法特质》，《书法研究》2019 年第 2 期，第 34—52 页。

214 参见梁思成《图像中国建筑史》，北京：生活·读书·新知三联书店，2011 年，第 121 页。

215 《弇州山人题跋》卷一二：“今观之，无但意态生动，点点画画，皆如鸟惊石坠，而内擫法紧，笔笔无不藏筋蕴铁，转折处笔锋宛然，与手写者无异。”王世贞、孙鑛撰，汤志波点校《弇州山人题跋　书画题跋》，上海：上海书画出版社，2020 年，第 355 页。

216 《两京新记辑校》卷三《长安县所领坊》：“（兴福寺）寺内有碑，面文，贺兰敏之写《金刚经》；阴文，寺僧怀仁集王羲之书写太宗《圣教序》及高宗《述圣记》，为时所重。”韦述、杜宝撰，辛德勇辑校《两京新记辑校　大业杂记辑校》，北京：中华书局，2020 年，第 88 页。

217 根据《集王圣教序碑》碑文，怀仁于咸亨三年十二月八日立碑，换算为公历应该是 673 年 1 月 1 日。由于《两京新记》中曾明确记载,《集王圣教序碑》初刻于《金刚经碑》碑阴，但现存西安碑林的碑石另一侧却未见有磨石痕迹，故朱关田和王玉池都怀疑千福寺（即今碑林内）的《集王圣教序碑》很可能是重刻。至于初刻时间，或许不会早于董其昌《戏鸿堂法书》中所收怀仁又一集王字作品（晋孙绰《兰亭诗后序》）完成的时间——乾封二年（667），即贺兰敏之权势最盛之时。详见荣新江《怀仁〈集王羲之书圣教序〉碑的建立与迁移》，中国书法家协会、绍兴市人民政府编《王羲之与二王学的构建》，北京：书法出版社，2019 年，第 134—141 页；朱关田《初果集》，北京：荣宝斋出版社，2008 年，第 18—21 页；王玉池《现存〈唐怀仁集王羲之书圣教序〉为复刻等问题》，西安碑林博物馆编《第七届中国书法史论国际研讨会论文集》，北京：文物出版社，2009 年，第 124—128 页。

218 见荣新江《怀仁〈集王羲之书圣教序〉碑的建立与迁移》。朱关田则认为《集王圣教序碑》是在会昌毁佛后迁入千福寺的，详见朱关田《初果集》，第 134—141 页。

219 《唐朝名画录校注 · 妙品上八人》："王维字摩诘……慈恩寺东院与毕庶子、郑广文各画一小壁，时号三绝。"《唐朝名画录校注》，第 129 页。《历代名画记》卷三《记两京外州寺观画壁》："大殿东廓从北第一院，郑虔、毕宏、王维等白画。"《历代名画记》，第 49 页。唐代的"白画"究竟指什么，学界尚未有定论。可能是一种以线条或淡墨晕染来凸显立体结构的作画风格，见石守谦《风格与世变》，北京：北京大学出版社，2008 年，第 17—50 页。《历代名画记》卷三《记两京外州寺观画壁》：（大慈恩寺大殿东西）"两廊壁间，阎令画。"《历代名画记》，第 49 页。

220 《北宋拓集右军书圣教序：刘铁云本》，东京：二玄社，1991 年。

221 孙宝文编《集字圣教序（张应召藏本）》，上海：上海辞书出版社，2020 年。

222 见王泽民、巨亚丽、王磊《西安大雁塔名称溯源——兼论九百年来的一个误解》，《考古与文物》1994 年第 4 期，第 91—93 页；阎文儒《西安大雁塔考》，《史学月刊》1981 年第 2 期，第 14—17 页。

223 《大唐西域记校注》卷九《摩揭陀国》："因陀罗势罗窭诃山东峰伽蓝前有窣堵波，谓亘娑。昔此伽蓝，习玩小乘。小乘渐教也，故开三净之食。而此伽蓝遵而不坠。其后三净，求不时获。有比丘经行，忽见群雁飞翔，戏言曰：'今日众僧中食不充，摩诃萨埵宜知是时。'言声未绝，一雁退飞，当其僧前，投身自殒。比丘见已，具白众僧，闻者悲感，咸相谓曰：'如来设法，导诱随机，我等守愚，遵行渐教。大乘者，正理也，宜改先执，务从圣旨。此雁垂诫，诚为明导，宜旌厚德，传记终古。'于是建窣堵波，式昭遗烈，以彼死雁，瘗其下焉。"《大唐西域记校注》，第 770—771 页。

224 《唐摭言》卷三《慈恩寺题名游赏赋咏杂记》："会昌三年，赞皇公为上相，其年十一月十九日，敕谏议大夫陈商守本官权知贡举。……于是向之题名，各尽削去。盖赞皇公不由科第，故设法以排之。洎公失意，悉复旧态。"《唐摭言》，第 40 页。

225 《新唐书》卷二〇二《郑虔列传》："虔善图山水，好书，常苦无纸，于是慈恩寺贮柿叶数屋，遂往日取叶肄书，岁久殆遍。尝自写其诗并画以献，帝大署其尾曰：'郑虔三绝。'迁著作郎。"《新唐书》，第 5766 页。

226 冥祥《大唐故三藏玄奘法师行状》："有令造慈恩寺，于寺西北角造翻经院。敕法师移就翻译。"陈尚君辑校《全唐文补编》卷九，北京：中华书局，2005 年，第 110 页。

227 《大慈恩寺三藏法师传》卷七："其塔基面各一百四十尺，仿西域制度，不循此旧式也。塔有五级，并相轮、霜盘凡高一百八十尺。"《大慈恩寺三藏法师传》，第 160 页。

228 玄宗时人韦述在《两京新记》中说大慈恩寺"寺西院浮图，六级，高三百尺"（《两京新记辑校　大业杂记辑校》，第 75 页），已知武后长安年间重修过该塔，大概改到了六层（也有可能是七层，见后文）。目前有种看法认为，武后重修大雁塔改为十层（包括今大雁塔景区的告示牌亦如是说），依据为宋人张礼的《游城南记》："东南至慈恩寺。……长安中摧倒，天后及王公施钱，重加管建至十层。"张礼撰，史念海、曹尔琴校注《游城南记校注》，西安：三秦出版社，2006 年，第 23 页。张礼生活的年代距长安年间已过去四百年，而终唐一世，支持十层说的只有大历诗人章八元的《题慈恩寺塔》："十层突兀在虚空，四十门开面面风。"《全唐诗》卷二八一，第 3193 页。奇怪的是，假若武后将塔增至十层，仅五十年后，天宝十一载（752）岑参却在诗中说此塔："四角碍白日，七层摩苍穹。"《岑参诗笺注》卷一《与高适薛据同登慈恩寺塔》，第 177 页。彼时未有战乱，史料亦未见重修之记载，塔为何无缘无故少了三层？反而大历年间章八元登塔时，塔又加回十层？其中原因实在费解。按照常理推断，改建塔只能加多层数，不可能少，更不会少了再多。因此塔的层数应当是这样的顺序：初建时为五层——长安四年（704）武后重修至六或七层（韦述可能并未将第一层计算在内）——岑参时增加一层或仍是七层。保全认为章八元之十层说"可能是由于诗人行文，言其大致，且受字数、音韵、对仗诸多限制，似不能以此为据"，聊为一种解释。保全《大雁塔级数考》，《文博》1985 年第 6 期，第 34—36 页。由此，本书暂不采纳武后长安年间重修慈恩寺塔增至十层之说。

229 《唐国史补》卷上："李氏子为千牛，与其侪类登慈恩寺塔，穷危极险，跃出槛外，失身而坠，赖腰带挂钉，风摇久而未落。同登者惊倒槛内不能起。院僧迳望急呼，一寺皆出以救。连衣为绳，久乃取之下，经宿乃苏。"《唐国史补　因话录》，第 29 页。

230 《最新增订唐两京城坊考》卷二《西京》："（开化坊）半以南，大荐福寺。（寺院半以东，隋炀帝在藩旧宅，武德中赐尚书左仆射萧瑀为西园。后瑀子锐尚襄城公主，诏别营主第。主辞以姑妇异居有关礼则，因固陈请，乃取园地充主第。又辞公主棨戟，不欲异门，乃并施瑀之院门。襄城薨后，官市为英王宅。）"《最新增订唐两京城坊考》，第 48 页。

231 《新唐书》卷八三《诸帝公主列传》："襄城公主，下嫁萧锐。性孝睦，动循矩法，帝敕诸公主视为师式。"《新唐书》，第 3645 页。

232 胡宿《忆荐福寺牡丹》："十日春风隔翠岑，只应繁朵自成阴。"李天保等整理《唐诗鼓吹注解》卷八，天津：天津古籍出版社，2020 年，第 264 页。不过此诗存在争议，作者虽被标为胡宿（北宋人），但诗作却可能是唐人诗，被错冠以胡宿之名。见郭绍林《〈全唐诗·忆荐福寺牡丹〉确系唐人作品》，《唐都学刊》2005 年第 2 期，第 11—13 页。

233 《王维集校注》卷八《荐福寺光师房花药诗序》，第 749 页。

234 《长安志》卷七《唐京城》："寺东院有放生池，周二百余步，传云即汉代洪池陂也。"《长安志　长安志图》，第 257 页。

235 《南部新书》卷戊："长安戏场多集于慈恩，小者在青龙，其次荐福、永寿。尼讲盛于保唐，名德聚之安国，士大夫之家入道尽在咸宜。"《南部新书》，第 67 页。

236 《太平广记》卷三八《神仙·李泌》，第 238—244 页。

237 《纪闻辑校》卷三《僧伽大师》："景龙二年，中宗皇帝遣使迎师，入内道场，尊为国师。寻出居荐福寺。常独处一室，而其顶有一穴，恒以絮塞之。夜则去絮，香从顶穴中出，烟气满房，非常芬馥。及晓，香还入顶穴中，又以絮塞之。师常濯足，人取其水饮之，痼疾皆愈。一日，中宗于内殿语师曰：'京畿无雨，已是数月，愿师慈悲，解朕忧迫。'师乃将瓶水泛洒，俄顷阴云骤起，甘雨大降。"《纪闻辑校》，第 43 页。

238 《宋高僧传》卷一四《明律篇·唐光州道岸传》："中宗有怀罔极，追福因心，先于长安造荐福寺。事不时就，作者烦劳，敕岸与工部尚书张锡同典其任。广开方便，博施慈悲，人或子来，役无留务，费约功倍。帝甚嘉之，频邀赏锡，何间昏晓。"《宋高僧传》，第 337 页。

239 见《旧唐书》卷七《中宗本纪》，第 144、147 页；武平一撰，陶敏辑校《景龙文馆记》卷一，北京：中华书局，2015 年，第 35—37 页。

240 王维《大荐福寺大德道光禅师塔铭》："维十年座下，俯伏受教。"《王维集校注》

卷八，第 753 页。道光禅师去世于开元二十七年（739）。

241 李白《僧伽歌》：“真僧法号号僧伽，有时与我论三车。”《李白全集编年笺注》卷九，第 865 页。学者疑此诗为伪作，或曰此僧伽非彼僧伽。

242 见韩翃《题荐福寺衡岳禅师房》，韦庄编，傅璇琮等编《又玄集》卷上，北京：中华书局，2014 年，第 806 页；李端《同苗员外宿荐福寺僧舍》，《全唐诗》卷二八五，第 3244 页；司空曙《同苗员外宿荐福常师房》，《全唐诗》卷二九二，第 3316 页。

243 《类编长安志》卷五《寺观》：“南至浮图院，门北开，正与寺门隔街相对，景龙中宫人率钱所立。”《类编长安志》，第 135 页。

244 张乔《寄荐福寺栖白大师》：“高塔六街无不见，塔边名出只吾师。”《全唐诗》卷六三九，第 7326 页。

245 根据王龙飞复原平面图改绘。见王龙飞《唐荐福寺浮屠院布局初探》，《建筑与文化》2018 年第 7 期，第 212—214 页。

246 根据杨鸿勋复原立面图改绘上色。见杨鸿勋《唐长安荐福寺塔复原探讨》，《文物》1990 年第 1 期，第 88—91 页。

247 《宋高僧传》卷一《唐京兆大荐福寺义净传》：“睿宗唐隆元年庚戌，于大荐福寺出《浴像功德经》、《毗柰耶杂事二众戒经》、《唯识宝生》、《所缘释》等二十部，吐火罗沙门达磨末磨、中印度沙门拔弩证梵义，罽宾沙门达磨难陀证梵文，居士东印度首领伊舍罗证梵本，沙门慧积、居士中印度李释迦度颇多读梵本，沙门文纲、慧沼、利贞、胜庄、爱同、思恒证义，玄伞、智积笔受，居士东印度瞿昙金刚、迦湿弥罗国王子阿顺证译，修文馆大学士李峤、兵部尚书韦嗣立、中书侍郎赵彦昭、吏部侍郎卢藏用、兵部侍郎张说、中书舍人李乂二十余人次文润色，左仆射韦巨源、右仆射苏瑰监护，秘书大监嗣虢王邕同监护。”《宋高僧传》，第 2—3 页。

248 《入唐求法巡礼行记》卷三《开成六年》：“兼入翻经院，见义净三藏影。”《入唐求法巡礼行记校注》，第 365 页。

249 《云仙散录》五五《水松牌》：“《海墨微言》曰：李白游慈恩寺，僧用水松牌刷以吴胶粉，捧乞诗。白为题讫，僧献玄沙钵、绿英梅、檀香笔格，兰缣裤、紫琼霜。”冯贽编，张力伟点校《云仙散录》，北京：中华书局，2008 年，第 45 页。

250 张祜《题灵彻上人旧房》：“寂寞空门支道林，满堂诗板旧知音。秋风吹叶古廊下，一半绳床灯影深。”张祜撰，尹占华校注《张祜诗集校注》卷四，成都：巴蜀书社，2007 年，第 182 页。

251 《历代名画记》卷三《记两京外州寺观画壁》：“荐福寺，（天后飞白书额。）净土院门外两边，吴画神鬼，南边神头上龙为妙。西廊菩提院，吴画维摩诘本行变。……西南院佛殿内东壁及廊下行僧，并吴画，未了。”《历代名画记》，第48页。

252 徐夤《忆荐福寺南院》："忆昔长安落第春，佛宫南院独游频。灯前不动惟金像，壁上曾题尽古人。鶗鴂声中双阙雨，牡丹花际六街尘。啼猿溪上将归去，合问升平诣秉钧。"《全唐诗》卷七〇九，第 8158 页。

253 《旧唐书》和《长安志》中都记载千福寺在会昌毁佛后更名为兴元寺，然而张彦远《历代名画记》卷三《记两京外州寺观画壁》中却提到："（千福寺）在安定坊，会昌中毁寺后，却置不改旧额。"《历代名画记》，第 53 页。由于张彦远亲身经历过会昌毁佛，且他到访时匾额、多宝塔等重要建筑都在，因此他的记述应更为准确。详见季爱民《隋唐长安佛教社会史》，北京：中华书局，2016 年，第 280—281 页。

254 本图主要依据张彦远《历代名画记》卷三《记两京外州寺观画壁》中对千福寺内艺术真迹的描述绘制。然而由于张彦远的表述模糊或文字误抄，有些内容存在前后矛盾和表意不清的问题，故本图仅作参考。

255 其实多宝塔位置所在并不确定。按照张彦远文中所介绍的顺序，多宝塔在西塔院无疑，但却又加上一句"此东塔玄宗感梦置之"，让人疑惑。本文暂且理解多宝塔在西塔院，"此东塔"是针对前文塔院西廊的位置相对而言。

256 《多宝塔碑》，长春：吉林摄影出版社，2008 年。底本为东京国立博物馆藏北宋拓本。

257 《宣和画谱》卷一三："韩干，长安人。王维一见其画，遂推奖之。"佚名著，王群栗点校《宣和画谱》，杭州：浙江人民美术出版社，2019 年，第 146 页。

258 《酉阳杂俎校笺》续集卷六《寺塔记》："普贤堂，本天后梳洗堂，蒲萄垂实，则幸此堂。今堂中尉迟画，颇有奇处，四壁画像及脱皮白骨，匠意极崄。又变形三魔女，身若出壁。"《酉阳杂俎校笺》，第 1873 页。

259 《历代名画记》卷三《记两京外州寺观画壁》："（胜光寺）塔东南院，周昉画水月观自在菩萨掩障。"《历代名画记》，第 55 页。

260 《酉阳杂俎校笺》续集卷五《寺塔记》："道政坊宝应寺　韩干，蓝田人。少时，常为贳酒家送酒，王右丞兄弟未遇，每一贳酒漫游。干常征债于王家，戏画地为人马。右丞精思丹青，奇其意趣，乃岁与钱二万，令学画十余年。今寺中释梵天女，悉齐公妓小小等写真也。寺有韩干画《下生帧》，弥勒衣紫袈裟，右仰面菩萨及二狮子，犹入神。"《酉阳杂俎校笺》，第 1814 页。

261 郑嵎《津阳门诗》，《全唐诗》卷五六七，第 6565 页。

262 亦有说法认为无尽藏的性质属于出息和放贷机构，对此杨学勇曾有说明和辨误。见杨学勇《三阶教化度寺无尽藏机构的管理与运转》，《敦煌学辑刊》2017 年第 3 期，第 70—76 页。

263 《太平广记》卷四九三《杂录·裴玄智》："于化度寺置无尽藏。贞观之后，舍施钱帛金玉，积聚不可胜计。常使此僧监当。分为三分：一分供养天下伽蓝增修之备；一分以施天下饥馁悲田之苦；一分以充供养无碍。士女礼忏阗咽，施舍争次不得，更有连车载钱绢，舍而弃去，不知姓名。贞观中，有裴玄智者，戒行精勤，入寺洒扫，积十数年。寺内徒众，以其行无玷缺，使守此藏。后密盗黄金，前后所取，略不知数。寺众莫之觉也。因僧使去，遂便不还，惊疑所以，观其寝处，题诗云：'放羊狼颔下，置骨狗前头。自非阿罗汉，安能免得偷。'更不知所之。"《太平广记》，第 4047—4048 页。

264 尉迟偓撰，夏婧点校《中朝故事》卷上："京辇自黄巢退后，修葺残毁之处。镇州王家有一儿，俗号'王酒胡'，居于上都，巨有钱物，纳钱三十万贯，助修朱雀门。上又诏重修安国寺毕，亲降车辇，以设大斋。乃十二撞新钟，舍钱一万贯，令诸大臣各取意击之。上曰：'有人能舍钱一千贯文者，却打一槌。'斋罢，王酒胡半醉入来，径上钟楼，连打一百下，便于西市运钱十万贯入寺。"《奉天录（外三种）》，北京：中华书局，2014 年，第 223—224 页。

265 《化度寺碑》严格意义上讲并不是碑，而是一方塔铭。终唐一世，高僧去世后，记述其事迹功德的塔铭有的被镶嵌于塔底正面壁上，有的被埋在土中，有的被刻于幢上，因此名称也会相应地发生变化。

266 赵孟頫《郁逢庆书画题跋记》："唐贞观间能书者，欧阳率更为最善，而《邕禅师塔铭》又其最善者也。"宋濂《潜溪集》："今观此《塔铭》，其精神绝与之类，诚可宝玩也，然《塔铭》尤信本得意书，姜尧章所谓胜于《醴泉》，駸駸入于神品，亦知言哉。"《六艺之一录》卷七九，第 1802—1803 页。

267 翁方纲《跋九成宫醴泉铭（初颐园藏本）》："吾评唐人正书，《化度》第一，《庙堂》、《九成》次之。"翁方纲撰，沈津辑《翁方纲题跋手札集录》，桂林：广西师范大学出版社，2002 年，第 117 页。

268 《虚舟题跋》卷三《唐欧阳询化度寺邕禅师碑》："河南范谔遂谓其高王父雍举使关右，历南山佛寺，见断石砌下，视之乃此碑，称叹以为至宝，寺僧误以石中有宝，破石求之，不得，弃之寺后，公他日再至索之，则石已三段矣，乃以数十缣易之以归。靖康之乱，藏之井中，兵后，好事者出之，拓数十本，遂更碎其石。"王澍著，李文点校《虚舟题跋》，杭州：浙江人民美术出版社，2019 年，第 102 页。

269 见《酉阳杂俎校笺》续集卷二《支诺皋》，第 1549—1550 页。

270 东京国立博物馆、朝日新闻社编集《遣唐使と唐の美術》，东京：朝日新闻社，2005 年，第 98 页。

271 《唐の女帝・則天武后とその時代展—宮廷の栄華》，东京：大塚巧艺社，1998 年，第 106 页。

272 《北梦琐言》卷一〇《非意致祸》，第 218 页。

273 戴孚《广异记・章仇兼琼》："至汉州，入驿，堕马身死，独心上微暖。"《全唐五代小说》卷一五，第 513 页。《北梦琐言》卷一〇《非意致祸》："唐时杜彦林为朝官，一日，马惊蹶倒，踏镫既深，抽脚不出，为马拖行，一步一踏，以至于卒。"《北梦琐言》，第 218 页。

274 《北梦琐言》卷一〇《非意致祸》："杜相审权弟延美，亦登朝序，乘马入门，为门楣所轧，项颈低曲，伸脰前引，肩高于顶，乃一生之疾也。"《北梦琐言》，第 218 页。

275 《唐律疏议笺解》卷二六《杂律》："诸于城内街巷及人众中，无故走车马者笞五十，以故杀伤人者减斗杀伤一等。(【疏】议曰：有人于城内街衢巷衖之所若人众之中，众谓三人以上，无要速事故走车马者笞五十。以走车马唐突杀伤人者，减斗杀伤一等。)"《唐律疏议笺解》，第 1783 页。

276 见刘俊文《敦煌吐鲁番唐代法制文书考释》，北京：中华书局，1989 年，第 566 页。

277 落第举子与驴是唐传奇中的经典搭配，在《太平广记》中的《韦丹》《樱桃青衣》《李娃传》等故事中均有出现。

278 《新唐书》卷五一《食货志》："是时，海内富实……道路列肆，具酒食以待行人，店有驿驴，行千里不持尺兵。"《新唐书》，第 1346 页。

279 《唐会要》卷三一《舆服》："(大和)六年六月……又奏：商人乘马，前代所禁，近日得以恣其乘骑。雕鞍银镫，装饰焕烂，从以童骑，最为僭越，请一切禁断。"《唐会要》，第 575 页。

280 《唐会要》卷三一《舆服》："师僧道士，除纲维及两街大德。余并不得乘马。"《唐会要》，第 575 页。

281 山西博物院、新疆维吾尔自治区博物馆、吐鲁番博物馆编著《天山往事：古代新疆丝路文物精华》，太原：山西人民出版社，2012 年，第 167 页。

282 敦煌研究院主编《敦煌石窟艺术全集・交通画卷（25）》，上海：同济大学出版社，2016 年，第 159 页。

283 敦煌研究院主编《敦煌石窟艺术全集・交通画卷（25）》，上海：同济大学出版社，2016 年，第 185 页。

284 《入唐求法巡礼行记》卷二《开成五年》："此药家口多有舟船，贪载往还人。每人出五文，一头驴十五钱。"《入唐求法巡礼行记校注》，第 247 页。

285 《入唐求法巡礼行记》卷一《开成四年》："驴一头行廿里，功钱五十文。三头计百五十文。"《入唐求法巡礼行记校注》，第137页。

286 《酉阳杂俎校笺》前集卷十五《诺皋记》："开成初，东市百姓丧父，骑驴市凶具。……旋访主卖之，驴甚壮，报价只及五千。诣麸行，乃还五千四百，因卖之。"《酉阳杂俎校笺》，第1087页。

287 《旧唐书》卷四十五《舆服志》："咸亨二年八月二十二日，又敕下百官家口，咸预士流。至于衢路之间，岂可全无障蔽。比来多着帷帽，遂弃羃䍦。曾不乘车，别坐檐子。递相仿效，寖成风俗。过为轻率，深失礼容。"《旧唐书》，第1957页。《唐会要》卷三一《舆服》："(太和)六年六月敕……且妇人本合乘车，近来率用檐子，事已成俗。"《唐会要》，第574页。担子在晚唐发展出了门、帘，成为封闭式坐具(第一章中已有详述)。

288 《旧唐书》卷四十五《舆服志》："兜笼，巴蜀妇人所用。今乾元已来，蕃将多著勋于朝，兜笼易于担负，京城奚车、兜笼、代于车舆矣。"《旧唐书》，第1957页。兜笼应类似担子，只不过到了唐后期，兜笼多为庶人所乘，担子则逐渐为地位较高者出行坐具，见李志生《唐代妇女的出行礼仪——兼谈男女之防和等级秩序》，载《国学研究》2010年第25卷，第165—198页。

289 《太平广记》卷七四《道术·陈生》："偶至延陵，到佣作坊，求人负担药物。"《太平广记》，第464页。温庭筠《乾𦠆子·窦乂》："雇日佣人，于崇贤西门水涧，从水洗其破麻鞋，曝干，贮庙院中。"《温庭筠全集校注》卷一二，第1257页。《入唐求法巡礼行记》卷一《开成四年》："四月七日　卯时，子巡军中张亮等二人傭夫令荷随身物，将僧等去。"《入唐求法巡礼行记校注》，第137页。

290 《金泥玉屑丛考》卷五《唐五代物价考》："《太平广记》卷二三引《原仙记》：唐贞元(公元七八五至八〇五年)初，广陵人冯俊以佣工资生，尝遇一道士于市，置一囊重百余斤，募能独负者，当倍酬其直。俊乃请行，至六合，约酬一千文，至彼取资。《酉阳杂俎》：元和(公元八〇六至八二〇年)初，洛阳村百姓王清佣力，得钱五环(五百钱)。《太平广记》卷五三引《续玄怪录》：南阳张茂实，家于华山下，唐大中(公元八四七至八五九年)初，偶游洛中，假仆于南市，得一人焉，其名曰王夐，年可四十余，佣作之直月五百。"王仲荦遗著，郑宜秀整理《金泥玉屑丛考》，北京：中华书局，1998年，第177页。在以上记载中，有一个月五百的，也有一次性给五百的，所以还是要根据具体情况来看。

291 李国珍主编，范淑英撰稿《新城、房陵、永泰公主墓壁画》，北京：文物出版社，2002年，第17页。

292 这仅仅是一个推测。唐代存在出租、暂存车马的民间商业或官用车坊，鉴于兴唐寺外的这间车坊并没有详细记载，因此姑且猜测为商业性质，且属于寺院的创收项目。

293 《旧唐书》卷一八四《鱼朝恩列传》："章敬太后忌日，百僚于兴唐寺行香，朝恩置斋馔于寺外之车坊，延宰臣百僚就食。"《旧唐书》，第4764页。

294 《唐国史补》卷中："旧百官早期，必立马于望仙建福门外，宰相于光宅车坊，以避风雨。元和初，始制待漏院。"《唐国史补　因话录》，第39页。《旧唐书》卷一四《宪宗本纪》："至德中有吐蕃囚自金吾仗亡命，因敕晚开门，宰相待漏于太仆寺车坊。"《旧唐书》，第421页。

295 见薛用弱《集异记·奚乐山》，《全唐五代小说》卷二九，第996—997页。

296 薛渔思《河东记·辛察》："察思度良久，忽悟其所居（胜业坊）之西百余步，有一力车佣载者，亦常往来。遂与黄衫俱诣其门，门即闭关矣。察叩之，车者出曰：'夜已久，安得来耶？'察曰：'有客要相顾，载钱至延平门外。'车曰：'诺。即来。'"《全唐五代小说》卷三八，第1315页。

297 见《续玄怪录》补遗《马震》，牛僧孺、李复言撰，林宪亮译注《玄怪录　续玄怪录》，北京：中华书局，2019年，第486—487页。

298 《酉阳杂俎校笺》前集卷十五《诺皋记下》："行百步，驴忽曰：'我姓白名元通，负君家力已足，勿复骑我。南市卖麸家，欠我五千四百，我又负君钱，数亦如之，今可卖我。'"《酉阳杂俎校笺》，第1087页。

299 唐温如《题龙阳县青草湖》，《全唐诗》卷七七二，第8758页。作者唐珙，字温如，元末明初人，《全唐诗》误收此诗。见陈永正《〈全唐诗〉误收的一首七绝——唐温如的〈题龙阳县青草湖〉》，《中山大学学报（哲学社会科学版）》1987年第1期，第103—104页。

300 《朝野佥载》卷一："开元五年春，司天奏：'玄象有眚见，其灾甚重。'玄宗震惊，问曰：'何祥？'对曰：'当有名士三十人同日冤死，今新及第进士正应其数。'其年及第李蒙者，贵主家婿，上不言其事，密戒主曰：'每有大游宴，汝爱婿可闭留其家。'主居昭国里，时大合乐，音曲远畅，曲江涨水，联舟数艘，进士毕集。蒙闻，乃逾垣奔走，群众惬望。才登舟，移就水中，画舸平沉，声妓、篙工不知纪极，三十进士无一生者。"《隋唐嘉话　朝野佥载》，第14页。

301 《唐国史补》卷下："古之饮酒，有杯盘狼籍、扬觯绝缨之说，甚则甚矣，然未有言其法者。国朝麟德中，璧州刺史邓宏庆始创'平''索''看''精'四字，令至李稍云而大备，自上及下，以为宜然。"《唐国史补　因话录》，第61页。

302 据辛德勇《唐长安都亭驿考辨——兼述今本〈长安志〉通化坊阙文》改。

303 《类编长安志》卷七《桥渡》："《方舆记》曰：汉灞桥，在古长安城灞城门东二十里灞店。南北两桥，以通新丰道。汉人送客，至此赠别，谓之销魂桥，王莽改为长存桥。唐灞陵桥，在京兆通化门东二十五里，近汉文帝灞陵，谓之灞陵桥，孟浩然骑驴处，隋开皇三年造，唐隆二年仍旧。"《类编长安志》，第 201 页。

304 《元和郡县图志》卷一《关内道・京兆府》："霸桥，隋开皇三年造，唐隆二年仍在旧所创制为南北二桥。"《元和郡县图志》，第 4 页。"唐隆"为李重茂年号，未满一年即被废，此处当为"景云"之讹。

305 见辛德勇《古代交通与地理文献研究》，北京：中华书局，1996 年，第 144 页。

306 见李健超《汉唐两京及丝绸之路历史地理论集》，第 106—108 页；程义《唐代宫人斜与临皋驿地望考证》。

307 见郭声波《隋唐长安水利设施的地理复原研究》。

第三章 食物指南

1 本段的英文原文来自 Van de Mieroop, M.(2003). Reading Babylon. *American Journal of Archaeology*, 107(2), 257—275. 书中引述了此段铭文的阿卡德文转写（出自斯蒂芬・赫伯特・兰登 [Stephen Herbert Langdon] 于 1912 年出版的书籍《新巴比伦国王铭文》[*Die neubabylonischen königsinschriften*]），并将其翻译成英文。本段译自该英文。

2 《唐大诏令集》卷六八《贞观十七年南郊德音》："牛之为用，耕稼所资。多有宰杀，深乖恻隐。"宋敏求编《唐大诏令集》，北京：中华书局，2008 年，第 379 页。《册府元龟》卷四二《帝王部・仁慈》："（玄宗天宝）六载正月，诏曰：'……况牛之为畜，人实有赖，既功施播种，亦力被车舆。自此余牲，尤可矜悯。'"卷七〇《帝王部・务农》："（宣宗大中）二年正月，制云：'……爱念农耕，是资牛力，绝其屠宰，须峻科条。'"王钦若等编纂，周勋初等校订《册府元龟》，南京：凤凰出版社，2006 年，第 456、748 页。

3 此处涉及史料过多，不一一详列。感兴趣的读者可以试着在《唐会要》《册府元龟》《唐大诏令集》《唐大诏令集补编》中检索"屠"字。

4 武宗仅在会昌四年（844）颁布过一条禁令，且是对已有的玄宗三元日禁令的重申，其他的三长斋月禁屠令被废除，见《唐会要》卷四一《断屠钓》："仍望准开元二十二年十月二十日敕，正月七月十月三元日，各断屠三日，余望并停。"王溥《唐会要》，北京：中华书局，1960 年，第 733 页。宣宗即位后，断屠日尽数恢复。

5 十斋日脱胎于佛教之六斋日，为道教所遵守，而道教十斋日在中唐后又被吸纳成为佛教斋日，见苏远鸣著，辛岩译《道教的十日斋》,《法国汉学》编委会编《法国汉学》第2辑，北京：清华大学出版社，1997年，第28—49页。但王承文又提出，佛教六斋日本也是借鉴了道教的概念，此处不赘。见王承文《敦煌古灵宝经与晋唐道教》，北京：中华书局，2002年，第392—395页。在唐代初期，十斋日是作为道教斋日来遵守和推广的。

6 《唐会要》卷四一《断屠钓》："武德二年正月二十四日诏：'自今以后，每年正月九日，及每月十斋日，并不得行刑，所在公私，宜断屠钓。'"《唐会要》，第731页。

7 《册府元龟》卷五三《帝王部·尚黄老》："(开元)二十二年十月，敕曰：'……每年正月、七月、十月元日，起十三至十五，兼宜禁断。'"《册府元龟》，第560页。

8 见刘淑芬《中古的佛教与社会》，上海：上海古籍出版社，2008年，第76页。

9 武后统治期间曾颁布禁屠相关诏令五条，玄宗时为九条。

10 《资治通鉴》卷二〇五《唐纪》："(武后长寿元年)五月，丙寅，禁天下屠杀及捕鱼虾。江淮旱，饥，民不得采鱼虾，饿死者甚众。"司马光编著，胡三省音注，标点资治通鉴小组点校《资治通鉴》，北京：中华书局，1956年，第6482页。

11 《唐律疏议笺解》卷一五《厩库》："诸故杀官私马牛者，徒一年半……主自杀马牛者，徒一年。"卷一九《贼盗》："诸盗官私马牛而杀者，徒二年半。"刘俊文《唐律疏议笺解》，北京：中华书局，1996年，第1107—1108、1372页。

12 《唐会要》卷四一《断屠钓》："(先天)二年六月敕：'杀牛马骡等，犯者科罪，不得官当荫赎。公私贱隶犯者，先决杖六十，然后科罪。'"《唐会要》，第732页。

13 《唐会要》卷四一《断屠钓》："又弛禁不一，只断屠羊，宰杀驴牛，其数不少。"《唐会要》，第733页。

14 《册府元龟》卷七〇《帝王部·务农》，第748页。

15 《朝野佥载》卷三："洛州司佥严升期摄侍御史，于江南巡察，性嗜牛肉，所至州县，烹宰极多。事无大小，入金则弭，凡到处金银为之踊贵，故江南人谓为'金牛御史'。"刘餗、张鷟撰，程毅中、赵守俨点校《隋唐嘉话　朝野佥载》，北京：中华书局，1979年，第77—78页。《云仙散录》二九〇《甲乙膏》："《浣花旅地志》曰：蜀人二月好以豉杂黄牛肉为甲乙膏。"冯贽编，张力伟点校《云仙散录》，北京：中华书局，2008年，第139页。《新唐书》卷二〇一《杜甫列传》："令尝馈牛炙白酒，大醉，一昔卒，年五十九。"欧阳修、宋祁撰，中华书局编辑部点校《新唐书》，北京：中华书局，1975年，第5738页。《清异录》卷下《馔羞门》："水炼犊。"陶谷撰，郑村声、俞钢整理《清异录》，《全宋笔记》第2册，郑州：大象出版社，2019年，第121页。

16 《资治通鉴》卷二〇五《唐纪》:“右拾遗张德，生男三日，私杀羊会同僚，补阙杜肃怀一餤，上表告之。明日，太后对仗，谓德曰：‘闻卿生男，甚喜。’德拜谢。太后曰：‘何从得肉？’德叩头服罪。太后曰：‘朕禁屠宰，吉凶不预。然卿自今召客，亦须择人。’出肃表示之。肃大惭，举朝欲唾其面。”《资治通鉴》，第6482页。

17 《唐会要》卷四一《断屠钓》，第733页。

18 见苑咸《为李林甫谢赐鹿肉状》、常衮《谢赐鹿状》，董诰等编《全唐文》卷五六三、四一八，北京：中华书局，1983年，第3372、4278页。

19 虽然这份经卷并未署名，但杨宝玉、赵鑫晔等人通过对比字迹、抄写格式，均推测该经文抄写者很可能是流落至敦煌的越州山阴籍文士张球。张球大致出生于长庆四年（824），时年八十八岁。详见赵鑫晔《S.2607+S.9931书手为张球考》、杨宝玉《写本群意识与敦煌文书整理琐议——以张球及其作品研究为例》，伏俊琏主编《写本学研究》第2辑，北京：商务印书馆，2022年，第1—11、12—25页。

20 文书录文见池田温《中国古代写本识语集录》，东京：大藏出版株式会社，1990年，第454页。

21 详见张鸿勋、张臻《敦煌本〈祭驴文〉发微》，《敦煌研究》2008年第4期，第59—66页。

22 录文见郝春文、赵贞编著《英藏敦煌社会历史文献释录》第7卷，北京：社会科学文献出版社，2010年，第132—136页。

23 “书既不载埋驴，途乃付于屠者。”

24 《入唐求法巡礼行记》卷四《会昌五年》:“山村风俗：不曾煮羹吃，长年唯吃冷菜。上客殷重极者，便与空饼、冷菜，以为上馔。”圆仁著，白化文、李鼎霞、许德楠校注，周一良审阅《入唐求法巡礼行记校注》，北京：中华书局，2019年，第478页。《吐蕃占领敦煌时期荣清牒》:“荣清不幸薄福，父母并亡，债负深广，艰苦非常，食无脱粟，衣罄皮宲，昼则饮水为飧，夜则寒吟彻晓。”吴钢主编《全唐文补遗》第9辑，西安：三秦出版社，2007年，第108页。杜荀鹤《山中寡妇》:“时挑野菜和根煮，旋斫生柴带叶烧。”彭定求等编《全唐诗》卷六九二，北京：中华书局，1960年，第7958页。皮日休《橡媪叹》:“自冬及于春，橡实诳饥肠。”《全唐诗》卷六〇八，第7019页。

25 另有下毒害人相关法条，见《唐律疏议笺解》卷一八《贼盗》:“诸以毒药药人及卖者，绞；（谓堪以杀人者。虽毒药，可以疗病，买者将毒人，卖者不知情，不坐。）即卖买而未用者，流二千里。”《唐律疏议笺解》，第1304页。

26 《唐律疏议笺解》卷一八《贼盗》:“脯肉有毒，曾经病人，有余者速焚之，违者杖九十；若故与人食并出卖，令人病者徒一年，以故致死者绞；即人自食致死者，从过失杀人法。（盗而食者，不坐。）”《唐律疏议笺解》，第 1304 页。

27 见《稽神录》卷一《庐山卖油者》，徐铉撰，张剑光整理《稽神录》，《全宋笔记》第 2 册，郑州：大象出版社，2019 年。

28 向达在《唐代长安与西域文明》中提到饆饠来源时曾列出这一说法，最早出自亨利 · 尤尔（Henry Yule）和阿瑟 · 伯内尔（Arthur Burnell）于 1886 年写就的《霍布森 – 乔布森》（Hobson–Jobson），其中谈到中亚等国流行的抓饭被称为 pilau（亦作 pilow、pilaf），后世遂有观点认为唐时的饆饠由此音译。但查阅其他文献，便可知饆饠不是抓饭，比如提到饆饠时，以“枚”“个”为量词。参见向达《唐代长安与西域文明》，石家庄：河北教育出版社，2001 年，第 51 页。

29 《太白阴经》卷五《预备》：“饆饠一人一枚，一万二千五百枚。一斗面作八十个，面一十五石六斗二升五合。”李筌《太白阴经》，《守山阁丛书》本。

30 《太平广记》卷二三四《食 · 御厨》：“翰林学士每遇赐食，有物若毕罗，形粗大。”李昉等编《太平广记》，北京：中华书局，1961 年，第 1792 页。

31 深圳博物馆编《丝路遗韵——新疆出土文物展图录》，北京：文物出版社，2011 年，第 129 页。

32 《酉阳杂俎校笺》前集卷七《酒食》：“韩约能作樱桃饆饠，其色不变。又能造冷胡突，鲙醴鱼臆，连蒸獐獐皮，索饼。”段成式撰，许逸民校笺《酉阳杂俎校笺》，北京：中华书局，2015 年，第 607 页。

33 《旧唐书》卷一六九《李训传》：“须臾，内官率禁兵五百人，露刃出阁门，遇人即杀。”刘昫等撰，中华书局编辑部点校《旧唐书》，北京：中华书局，1975 年，第 4398 页。

34 《酉阳杂俎校笺》续集卷一《支诺皋》：“元和初，上都市恶少李和子，父名努眼。和子性忍，常攘狗及猫食之，为坊市之患。常臂鹞立于衢，见二人紫衣，呼曰：‘公非李努眼子名和子乎？’和子即遽祗揖。又曰：‘有故，可隙处言也。’因行数步，止于人外，言：‘冥司追公，可即去。’和子初不受，曰：‘人也，何绐言！’又曰：‘我即鬼。’因探怀中，出一牒，印窠犹湿。见其姓名分明，为猫犬四百六十头论诉事。和子惊惧，乃弃鹞子，拜祈之，且曰：‘我分死，尔必为我暂留，具少酒。’鬼固辞不获已。初，将入毕罗肆，鬼掩鼻，不肯前。”《酉阳杂俎校笺》，第 1483 页。

35 《酉阳杂俎校笺》续集卷一《支诺皋》：“柳璟知举年，有国子监明经，失姓名，昼寝，梦徙倚于监门。有一人，负衣囊，衣黄，访明经姓氏，明经语之，其人笑曰：‘君来春及第。’明经因访邻房乡曲五六人，或言得者。明经遂邀入长兴里毕罗店，常所过处，店外有犬竞，惊曰：‘差矣！’梦觉，遽呼邻房数人，语其梦。忽见长兴店子入门曰：‘郎君与客食毕罗，计二斤，何不计直而去也？’明经大骇，褫衣质之。且随验所梦，相其榻器，皆如梦中，乃谓店主曰：‘我与客俱梦中至是，客岂食乎？’店主惊曰：‘初怪客前毕罗悉完，疑其嫌置蒜也。’来春，明经与邻房三人梦中所访者及第。”《酉阳杂俎校笺》，第1489—1490页。

36 《岭表录异》卷下：“赤蟹，母壳内黄赤膏，如鸡鸭子黄，肉白如豕膏，实其壳中。淋以五味，蒙以细面，为蟹饆，珍美可尚。”刘恂《岭表录异》，《钦定四库全书》本。蟹饆，另有版本作“蟹饦”，见刘恂《岭表录异　始兴记　南海百咏》，上海：商务印书馆，1936年，第20页。

37 《北户录》卷二《食目》：“广之人食品中有团油飰。（飰以煎虾、鱼炙、鸡鹅、煮猪羊、鸡子羹、饼灌肠、蒸肠菜、粉餈、粔籹、蕉子、姜桂、盐豉之属，装而食之是也。”段公路撰，崔龟图注《异物志　北户录（附校勘记）》，上海：商务印书馆，1936年，第29页。

38 《山堂肆考》羽集卷二《饮食》：“饼饵闲谈：‘饼，面餈也。搜麦面使合并为之，然其状不一，入炉熬者，名熬饼，亦曰烧饼；入笼蒸者，名蒸饼，亦曰馒头；入汤烹之，名汤饼，亦曰湿面，曰不托，亦曰馎饦。’”彭大翼辑，张幼学增定《山堂肆考》，万历四十七年（1619）梅墅石渠阁刊本。《剑南诗稿校注》卷一三《蔬园杂咏·巢》自注：“蜀中杂彘肉作巢馒头，佳甚。唐人正谓馒头为笼饼。”陆游著，钱仲联、马亚中主编《陆游全集校注》，杭州：浙江古籍出版社，2015年，第295页。

39 《酉阳杂俎校笺》前集卷七《酒食》：“蒸饼法：用大例面一升，练猪膏三合。”《酉阳杂俎校笺》，第604页。

40 《清异录》卷下《馔羞门》：“赵宗儒在翰林时，闻中使言：‘今日早馔玉尖面，用消熊栈鹿为内馅，上甚嗜之。’问其形制，盖人间出尖馒头也。又问‘消’之说，曰：‘熊之极肥者曰消，鹿以倍料精养者曰栈。’”《清异录》，第124页。

41 《朝野佥载》卷四：“周张衡，令史出身，位至四品，加一阶，合入三品，已团甲。因退朝，路旁见蒸饼新熟，遂市其一，马上食之，被御史弹奏。则天降敕：‘流外出身，不许入三品。’遂落甲。”《朝野佥载》，第94页。《刘宾客嘉话录》：“刘仆射晏五鼓入朝，时寒，中路见卖烝胡饼之处，热气上腾，使人买之，以袍袖包裙帽底啖之，且谓同列曰：‘美不可言，美不可言。’”韦绚撰，陶敏、陶红雨校注《刘宾客嘉话录》，北京：中华书局，2019年，第41页。

42 《续玄怪录》卷二《李岳州》：“初五更，俊将候祭酒，里门未开，立马门侧，傍有鬻餻者，其气爞爞。”牛僧孺、李复言撰，林宪亮译注《玄怪录　续玄怪录》，北京：中华书局，2019年，第379页。

43 《太平广记》卷二五八《嗤鄙·侯思正》："思正尝命作笼饼，谓膳者曰：'与我作笼饼，可缩葱作。'比市笼饼，葱多而肉少，故令缩葱加肉也。时人号为'缩葱侍御史'。"《太平广记》，第 2012 页。

44 赵声良主编，敦煌研究院编《敦煌壁画五台山图》，南京：江苏凤凰美术出版社，2018 年，第 103 页。

45 《朝野佥载》卷五："邹骆驼，长安人。先贫，常以小车推蒸饼卖之。每胜业坊角有伏砖，车触之即翻，尘土涴其饼，驼苦之。乃将镢斸去十余砖，下有瓷瓮，容五斛许，开看，有金数斗，于是巨富。"《朝野佥载》，第 119—120 页。

46 《两京新记辑校》卷三《长安县所领坊》："凤炽……又尝谒见高祖，请市终南山，山中每树估绢一匹。自云：'山树虽尽，而臣绢未竭。'事虽不行，终为贵贱之所惊。"韦述、杜宝撰，辛德勇辑校《两京新记辑校　大业杂记辑校》，北京：中华书局，2020 年，第 128 页。有记载的长安首富主要有两人，一是高祖时期的邹凤炽，一是玄宗时期的王元宝，二人事迹常有混淆，如李亢《独异志》将此事系于王元宝名下，但考虑到《两京新记》作者韦述本人便生活于玄宗朝，早于《独异志》成书时间，所记当更为准确。

47 《太平广记》卷四九五《杂录·邹凤炽》："后犯事流瓜州，会赦还。及卒，子孙穷匮。"《太平广记》，第 4062 页。

48 《齐民要术今释》卷五《种槐、柳、楸、梓、梧、柞》："成树之后，树别下子一石。子于叶上生；多者五六，少者二三也。炒食甚美。"卷六《养鸡》："炒鸡子法：打破，着铜铛中；搅令黄白相杂。细擘葱白，下盐米、浑豉，麻油炒之，甚香美。"卷八《作酱法》："临食，细切葱白，着麻油炒葱，令熟，以和肉酱，甜美异常也。"贾思勰著，石声汉校释《齐民要术今释》，中华书局，2009 年，第 449、587、745 页。不过"炒"字在唐以前写作"煼"，现代的"炒"字首次出现于宋代《广韵》。在《广韵》中，"煼"是"熬"的意思；而"熬"字在《说文解字》中为"干煎"之义，不过到了魏晋时期，也演化出"文火慢煮"的意思。所以未可知贾思勰使用"煼"字时，是否指"炒"。详见李朝虹《"煎"、"熬"本义考辨》，《西南交通大学学报（社会科学版）》2007 年第 6 期，第 42—46 页。

49 《齐民要术今释》卷三《荏、蓼》："荏油色绿可爱，其气香美；煮饼亚胡麻油，而胜麻子脂膏。"《齐民要术今释》，第 267 页。蔓菁油、荏油、红蓝花油、乌桕油之类的植物油主要还是用于制药、照明、制作器皿和油衣等方面。

50 《云溪友议校笺》卷下《杂嘲戏》："钑镂银盘盛炒虾，镜湖莼菜乱如麻。"范摅撰，唐雯校笺《云溪友议校笺》，中华书局，2017 年，第 192 页。之所以说"顾况或许吃过炒虾"，是因为这句诗在明王良栋抄本《云溪友议》中作"钑镂银盘盛沙虾"。

51 《岭表录异》卷下："蚝肉大者腌为炙。小者炒食。"《岭表录异　始兴记　南海百咏》，第 21 页。《岭表录异》今存最早版本为《永乐大典》本（亦即《四库全书》底本），故不知最原始版本中的"炒"字作何字。

52 《岭表录异》卷下："（蜂子）以盐炒，曝干，寄入京洛，以为方物。"《岭表录异　始兴记　南海百咏》，第 23—24 页。

53 有观点认为，唐代炒制未推广，是因适宜炒菜的铁锅尚未普及，且食用油产量低。但自魏晋时代起，铜铛炒法已可满足基本的炒制需求；唐人盛行吃油煎饼与炙烤食物，动物脂油、芝麻油、荏油已成为日常烹饪用油。荏油产量较少，流行于江东地区（《本草拾遗》："江东以荏子为油，北土以大麻为油。"陈藏器撰，尚志钧辑释《〈本草拾遗〉辑释》卷一〇《解纷》，合肥：安徽科学技术出版社，2002 年，第 448 页）。虽没有关于唐代芝麻油产量的直接记载，但根据《证类本草》《新修本草》中使用芝麻油来摩发、治疗疾病等记载，用途之广必然源于产量可观。圆仁在《入唐求法巡礼行记》中记载曾遇见寺院用五十头驴来驮采购的麻油，黄河流域和南方荆、郢等州皆有胡麻种植。唐人不喜炒制，猜测是因为唐代崇尚面食、肉食，适于炒制的食材较少，且需要将食材加工成薄片，对刀功要求较高。改变饮食习惯是个缓慢的过程，须慢慢过渡。

54 《新唐书》卷五四《食货志》："天宝、至德间，盐每斗十钱。"《新唐书》，第 1378 页。

55 详见于赓哲《唐代人均食盐量及盐的使用范围》，杜文玉主编《唐史论丛》第 10 辑，西安：三秦出版社，2008 年，第 186—193 页。

56 《新唐书》卷五四《食货志》："及琦为诸州榷盐铁使，尽榷天下盐，斗加时价百钱而出之，为钱一百一十。"《新唐书》，第 1378 页。

57 《新唐书》卷五四《食货志》："自此江淮盐每斗亦增二百，为钱三百一十，其后复增六十，河中两池盐每斗为钱三百七十。"《新唐书》，第 1378 页。不过要注意，这是榷盐价，即政府卖给商人的价格，非市场价。

58 官方价格为三百钱，市场价为二百钱，听上去很不合理，照理市场价应该比官方价更贵才可让商人牟利。实际上，官方榷价三百为虚估，即以官方制定的绢帛价格为准；市场价二百为实估，即实际在市场上交易的价格。后来随着绢帛实际价格的下跌，虚实估的差距越来越大，以至于到了"榷盐法大坏，多为虚估，率千钱不满百三十而已"的地步（《新唐书》卷五四《食货志》，第 1379 页）。不过魏道明对虚实估提出了不同的见解，他认为虚实估并非官方制定价格与市场实际价格，而是好钱与恶钱之别。虚实估的问题非常复杂，学界对其意义的解读也不一致。参见魏道明《论唐代的虚估与实估》，《中国经济史研究》2002 年第 4 期，第 101—109 页；原康、张剑光《唐代盐利虚估和两税虚估新探》,《中国社会经济史研究》2020 年第 4 期，第 1—8 页；李锦绣《唐后期的虚钱、实钱问题》,《北京大学学报（哲学社会科学版）》1989 年第 2 期，第 11—23 页。

59 《新唐书》卷五四《食货志》:“盐估益贵，商人乘时射利，远乡贫民困高估，至有淡食者。巡吏既多，官冗伤财，当时病之。其后军费日增，盐价浸贵，有以谷数斗易盐一升。私粜犯法，未尝少息。”《新唐书》，第 1379 页。

60 辣椒原产于南美洲，16 世纪晚期才传入中国。

61 胡饼有放油和不放油之分。放油的也称“油胡饼”。见高启安、索黛《敦煌古代僧人官斋饮食检阅——敦煌文献 P.3231 卷内容研究》,《敦煌研究》1998 年第 3 期，第 60—74 页。《松陵集》卷一皮日休《初夏即事寄鲁望》:“胡饼蒸甚熟，貊盘举尤轻。”何锡光校注《陆龟蒙全集校注》，南京：凤凰出版社，2015 年，第 1324 页。

62 《释名》卷四《释饮食》:“胡饼，作之大漫沍也。亦言以胡麻著上也。”刘熙撰，愚若点校《释名》，北京：中华书局，2020 年，第 58 页。但吐鲁番阿斯塔那 149 号墓出土的胡饼上就没有胡麻。

63 新疆维吾尔自治区博物馆编《新疆出土文物》，北京：文物出版社，1975 年，第 126 页。

64 孙维国《漫谈阿斯塔那墓地出土的月饼及相关问题》,《文物天地》2022 年第 10 期，第 43—46 页。

65 高启安、索黛《唐五代敦煌饮食中的饼浅探——敦煌饮食文化研究之二》,《敦煌研究》1998 年第 4 期，第 76—87 页。

66 《唐语林》卷六《补遗》:“时豪家食次，起羊肉一斤，层布于巨胡饼，隔中以椒豉，润以酥，入炉迫之，候肉半熟食之，呼为‘古楼子’。马晨起啖古楼子以伫。”王谠撰，周勋初整理《唐语林》,《全宋笔记》第 18 册，郑州：大象出版社，2019 年，第 218 页。

67 《唐语林》卷六《补遗》:“马晨起啖古楼子以伫。士元至，马喉干如窑，即命急烹茶，各啜二十余瓯。”《唐语林》，第 218 页。

68 “胡麻”一词存在同名异物的情况。亦有学者认为胡麻是亚麻，见吴征镒、王锦秀、汤彦承《胡麻是亚麻，非脂麻辨——兼论中草药名称混乱的根源和〈神农本草经〉的成书年代及作者》,《植物分类学报》2007 年第 4 期，第 458—472 页。不过亚麻的适口性很差，有异味，李时珍在《本草纲目》中说它“气恶不堪食”。

69 见郑燕燕《中国古代麻作物析论》，荣新江主编《唐研究》第 20 卷，北京：北京大学出版社，2014 年，第 455—456 页。

70　见《本事诗·情感》，孟棨撰，董希平等评注《本事诗》，北京：中华书局，2014年，第20页。

71　明人李祯所著《剪灯馀话》中有一篇故事叫《长安夜行录》，说在明洪武年间，洛阳人巫马期仁因未赶上友人，误入一座偏远民宅，邂逅了唐代饼师夫妇二人的鬼魂。饼师之妻对他哭诉宁王霸占自己的事实，想为自己背负了七百年的“不贞”骂名翻案。

72　《刘宾客嘉话录》：“刑部侍郎从伯伯刍尝言：某所居安邑里巷口有鬻饼者，早过户，未尝不闻讴歌，而当炉兴甚早。一旦召之与语，贫窘可怜，因与万钱，令多其本，日取饼以偿之。欣然持镪而去。后过其户，则寂然不闻讴歌之声，谓其逝矣。及呼，乃至。谓曰：‘尔何辍歌之遽乎？’曰：‘本流既大，心计转粗，不暇唱《渭城》矣。’从伯曰：‘吾思官徒亦然。’因成大噱。”《刘宾客嘉话录》，第9页。

73　《酉阳杂俎校笺》前集卷一七《广动植》：“国朝律：取得鲤鱼，即宜放，仍不得吃。号赤鲩公，卖者杖六十，言鲤为李也。”《酉阳杂俎校笺》，第1216页。这可能是段成式时代的临时性禁令，成书于永徽三年（652）的《唐律疏议》并无这条。

74　《册府元龟》卷二六〇《储宫部·礼士》：“（唐隐太子建成）尝往温汤，纲时以疾不从，有进生鱼于建成者，将召饔人作脍，时唐俭、赵元楷在座，各自赞能为脍，建成从之。既而谓曰：‘飞刀鲙鲤，调和鼎食，公实有之。至于审谕弼谐，固属于李纲矣。’于是遣使送绢二百匹以遗之。”《册府元龟》，第2952页。白居易《舟行》：“船头有行灶，炊稻烹红鲤。”白居易撰，顾学颉校点《白居易集》卷六，北京：中华书局，1979年，第127页。《酉阳杂俎校笺》前集卷三《贝编》：“常止于废寺殿中，无冬夏常积火，坏幡木像悉火之。好活烧鲤鱼，不待熟而食。”《酉阳杂俎校笺》，第418页。

75　孟郊《与王二十一员外涯游枋口柳溪》：“灵味荐鲂瓣，金花屑橙齑。”孟郊著，韩泉欣校注《孟郊集校注》卷五，杭州：浙江古籍出版社，2012年，第194页。

76　杜甫《阌乡姜七少府设脍戏赠长歌》：“姜侯设鲙当严冬，昨日今日皆天风。河冻味鱼不易得，凿冰恐侵河伯宫。饔人受鱼鲛人手，洗鱼磨刀鱼眼红。无声细下飞碎雪，有骨已剁觜春葱。”杜甫著，仇兆鳌注《杜诗详注》卷六，北京：中华书局，1979年，第502—503页。

77　李商隐《赠郑谠处士》：“越桂留烹张翰鲙，蜀姜供煮陆机莼。”李商隐著，聂石樵、王汝弼笺注《玉谿生诗醇》，北京：中华书局，2008年，第290页。

78　昝殷《食医心鉴》“治九痢赤白鲫鱼鲙方”：“鲫鱼作鲙，蒜齑食之。”《食医心鉴》，东方学会刊辑佚本，1942年。

79 白居易《和三月三十日四十韵》："鱼鲙芥酱调，水葵盐豉絮。"白居易撰，谢思炜校注《白居易诗集校注》卷二二，北京：中华书局，2006年，第1735页。

80 《酉阳杂俎校笺》前集卷四《物革》："进士段硕，常识南孝廉者，善斫鲙，縠薄丝缕，轻可吹起。操刀响捷，若合节奏。因会客衒技，先起鱼架之，忽暴风雨，雷震一声，鲙悉化为蝴蝶飞去。南惊惧，遂折刀，誓不复作。"《酉阳杂俎校笺》，第484页。

81 《说郛》卷九五上："《膳夫录》：鲙莫先于鲫鱼，鳊、魴、鲷、鲈次之，鲚、鮇、鲶、黄、竹五种为下，其他皆强为。"陶宗仪辑《说郛》，宛委山堂刊本。

82 见《隋书》卷七八《杨伯丑列传》，魏徵等撰，中华书局编辑部点校《隋书》，北京：中华书局，1973年，第1778页。

83 《茶香室丛钞·三钞》卷二五（传唐人所著）《砍脍书》："末有下豉醯及泼沸之法。"俞樾撰，贞凡等点校《茶香室丛钞》，北京：中华书局，1995年，第1363页。

84 《食医心鉴》"治肠胃冷下赤白痢鲫鱼粥方"："鲙（四两），粳米（二合），右淅米，和鲙煮粥，椒盐、葱白任意食之。"

85 韩愈《正议大夫尚书左丞孔公墓志铭》："明州岁贡海虫、淡菜、蛤蚶可食之属，自海抵京师。"《全唐文》卷五六三，第5703页。

86 《清异录》卷上《鱼门》："京洛白鳝极佳，烹治四方罕有得法者。周朝寺人杨承禄造脱骨，独为魁冠，禁中时亦宣索，承禄进之，文其名曰'软钉雪笼'。"《清异录》，第80页。

87 怀素《食鱼帖》："老僧在长沙食鱼，及来长安城中，多食肉，又为常流所笑，深为不便，故久病，不能多书。"《全唐文》卷九一二，第950页。

88 《太平广记》卷一百五十六《定数·崔洁》："过天门街，偶逢卖鱼甚鲜。崔公都忘陈君之言，曰：'此去亦是闲人事，何如吃鲙？'遂令从者取钱买鱼，得十斤。"《太平广记》，第1125页。

89 《茶香室丛钞·三钞》卷二五《砍脍书》："中云蒻香柔花叶为芼，取其殷红翠碧，与银丝相映，不独爽喉，兼亦艳目，然竟不知香柔花为何花也。"《茶香室丛钞》，第1363页。

90 《大业杂记》："吴郡又献蜜蟹三千头，作如糖蟹法。"《两京新记辑校 大业杂记辑校》，第230页。

91 白居易《题周皓大夫新亭子二十二韵》："茶香飘紫笋，脍缕落红鳞。"《白居易诗集校注》卷一五，第1183页。

92 白居易《春末夏初闲游江郭二首》："绿蚁杯香嫩，红丝鲙缕肥。"《白居易诗集校注》卷一六，第1283页。

93 戴孚《广异记·张纵》："唐泉州晋江县尉张纵者，好啖脍。忽被病死。"李时人编校，何满子审定，詹绪左覆校《全唐五代小说》卷一三，北京：中华书局，2014 年，第 442 页。

94 戴孚《广异记·句容佐史》："句容县佐史能啖脍至数十斤，恒食不饱。县令闻其善啖，乃出百斤。史快食至尽，因觉气闷。久之，吐出一物，状如麻鞋底。"《全唐五代小说》卷一三，第 443—444 页。

95 《朝野佥载》卷一："永徽中有崔爽者，每食生鱼三斗乃足。于后饥，作鲙未成，爽忍饥不禁，遂吐一物，状如虾蟆。自此之后，不复能食鲙矣。"《朝野佥载》，第 5 页。

96 《北梦琐言》卷一〇《疗疑病》："有一少年，眼中常见一小镜子。医工赵卿诊之，与少年期，来晨以鱼脍奉候。少年及期赴之，延于阁子内，且令从容，俟客退后，方得攀接。俄而设台子，止施一瓯芥醋，更无他味，卿亦未出。迨禺中久候不至，少年饥甚，且闻醋香，不免轻啜之，逡巡又啜之，觉胸中豁然，眼花不见，因竭瓯啜之。赵卿探知，方出，少年以啜醋惭谢，卿曰：'郎君先因吃鲙太多，非酱醋不快。又有鱼鳞在胸中，所以眼花。适来所备酱醋，只欲郎君因饥以啜之，果愈此疾。烹鲜之会，乃权诳也，请退谋餐。'"孙光宪撰，贾二强校点《北梦琐言》，北京：中华书局，2002 年，第 217 页。

97 《明皇杂录》卷上："和璞谓房（琯）曰：'君殁之时，必因食鱼脍……'其后谴于阆州，寄居州之紫极宫，卧疾数日，使君忽具鲙邀房于郡斋，房亦欣然命驾，食竟而归，暴卒。"郑处诲、裴庭裕撰，田廷柱点校《明皇杂录　东观奏记》，北京：中华书局，1994 年，第 11 页。

98 见《太平广记》卷一四二《征应·唐望之》，第 1022 页。

99 《北梦琐言》逸文卷一《向隐射覆》："先是，武信王赐姓朱，后复本姓，果符国亲之说。克修失主，流落渚宫，收得名方，仍善修合，卖药自给，亦便行医。"《北梦琐言》，第 376 页。

100 《唐国史补》卷中："宋清卖药于长安西市，朝官出入移贬，清辄赍药迎送之。贫士请药，常多折券，人有急难，倾财救之。岁计所入，利亦百倍。长安言：'人有义声，卖药宋清。'"李肇、赵璘《唐国史补　因话录》，上海：上海古籍出版社，1979 年，第 46 页。

101 见王仁裕《玉堂闲话·田令孜》，《全唐五代小说》外编卷二三，第 4445 页。

102 《北梦琐言》卷一八《刘皇后笞父》："（后唐）庄宗好俳优，宫中暇日，自负蓍囊药箧，令继岌破帽相随，似后父刘叟以医卜为业也。"《北梦琐言》，第 333 页。

103 《北梦琐言》卷一〇《新赵意医》："时有鄜州马医赵鄂者，新到京都，于通衢自榜姓名，云攻医术士。"《北梦琐言》，第 215 页。

104 《资治通鉴》卷二四九《唐纪》："医工无职于尚药局，不待诏于翰林院，但以医术自售于闾阎之间，故谓之闾阎医工。"《资治通鉴》，第 8057—8058 页。

105 比如刘禹锡和狄仁杰。刘禹锡自撰过一本今天已失传的医书《传信方》，狄仁杰的拿手技法是针灸术。

106 《纪闻辑校》卷二《洪昉禅师》："昉于陕城中，选空旷地造龙光寺。又建病坊，常养病者数百人。"牛肃撰，李剑国辑校《纪闻辑校》，北京：中华书局，2018 年，第 36 页。《酉阳杂俎校笺》续集卷三《支诺皋》："成都乞儿严七师，幽陋凡贱，涂垢臭秽不可近，言语无度，往往应于未兆，居西市悲田坊。"《酉阳杂俎校笺》，第 1599 页。

107 《唐会要》卷四九《病坊》："悲田养病，从长安以来，置使专知。国家矜孤恤穷，敬老养病，至于安庇，各有司存。……断京城乞儿，悉令病坊收管，官以本钱收利给之。"《唐会要》，第 863 页。

108 《齐民要术今释》卷九《粽糙法》："《风土记》注云：俗，先以二节日，用菰叶裹黍米，以淳浓灰汁煮之，令烂熟。于五月五日、夏至啖之。黏黍一名'粽'，一曰'角黍'。盖取阴阳尚相裹，未分散之时象也。"《齐民要术今释》，第 934 页。

109 《酉阳杂俎校笺》前集卷七《酒食》："庾家粽子，白莹如玉。"《酉阳杂俎校笺》，第 607 页。

110 元稹《表夏十首》："彩缕碧筠粽，香粳白玉团。"元稹撰，冀勤点校《元稹集》卷七，北京：中华书局，2010 年，第 88 页。

111 《清异录》卷下《馔羞门》："赐绯含香粽子（蜜淋）。"《清异录》，第 121 页。

112 《法苑珠林校注》卷六《六道篇》："鬼神道亦有食，然不能得饱，常苦饥渴。若得人食，便得一年饱。众鬼多偷窃人食。"释道世著，周叔迦、苏晋仁校注《法苑珠林校注》，北京：中华书局，2003 年，第 197 页。

113 见佚名《会昌解颐录·牛生》，李剑国辑校《唐五代传奇集》，北京：中华书局，2015 年，第 1377—1378 页。

114 《北户录》卷二《食目》："浑沌饼。（颜之推云：'今之馄饨，形如偃月，天下通食也。'）"《异物志　北户录（附校勘记）》，第 30 页。其实唐代的馄饨与今天的饺子也并不能完全对应。根据文献记载，唐代的馄饨可以有很多花形，如韦巨源烧尾宴中的"生进二十四气馄饨"，花形馅料各异，凡二十四种。有看法认为段成式《酉阳杂俎》中提到的"牢丸"也是馄饨，但似乎不太准确。晋人束皙《汤饼赋》中说它"通冬达夏，终岁常施，四时从用"；但在唐宋（晋代记载缺失），馄饨是冬至节气食品，如圆仁《入唐求法巡礼行记》："十一月廿六日　冬至节……吃粥时，行馄饨、果子。"又如陆游《岁首书事》自注："岁日必用汤饼，谓之冬馄饨、年馎饦。”所以对照束晳的说法，四时皆宜的牢丸可能不是馄饨。至于牢丸为何物，除馄饨说外，有包子说、汤圆说、烧麦说等，真相实难弄清，也许它在今天根本没有对应的食物，是一种已经消失的美食。以上引文见《酉阳杂俎校笺》前集卷七《酒食》，第 581 页；虞世南《北堂书钞》卷一四四《酒食部》引束晳《汤饼赋》，杭州：浙江古籍出版社，2021 年，第 648 页；《入唐求法巡礼行记校注》卷三《开成五年》，第 351—352 页；《陆游全集校注·剑南诗稿校注》卷三八《岁首书事》，第 97 页。

115 《酉阳杂俎校笺》前集卷七《酒食》：“今衣冠家名食，有萧家馄饨，漉去汤肥，可以瀹茗。”《酉阳杂俎校笺》，第 607 页。不过段成式并未记录萧家馄饨的地点，本书推测它可能在馄饨曲。

116 《新疆出土文物》，第 126 页；侯知军《穿越时空的文化地标——阿斯塔那古墓群一瞥》，《中国民族》2023 年第 5 期，第 58—59 页；孙维国《漫谈阿斯塔那墓地出土的月饼及相关问题》。

117 《齐民要术今释》卷九《饼法》：“馎饦：挼如大指许，二寸一断，著水盆中浸，宜以手向盆旁，挼使极薄。皆急火逐沸熟煮。非直光白可爱，亦自滑美殊常。”《齐民要术今释》，第 924 页。

118 见《太平广记》卷二八三《巫·白行简》，第 2258 页。

119 《续高僧传》卷二六《感通·唐京师辩才寺释智则传》：“则性嗜馎饦，寺北有王摩诃家，恒令办之，须便辄往。”道宣撰，郭绍林点校《续高僧传》，北京：中华书局，2014 年，第 1030 页。

120 《云仙散录》三四《透花糍》：“《品物类聚记》曰：吴兴米，炊之甑香；白马豆，食之齿醉。虢国夫人厨吏邓连以此米捣为透花糍，以豆洗去皮作灵沙臛，以供翠鸳堂。”《云仙散录》，第 34 页。目前对透花糍的复原多是将豆沙（灵沙臛）裹入透明的吴兴米团中，而考察原文语意，两者当作独立的点心，详见《被误解的透花糍》一文。

121 图中大部分面点为吐鲁番阿斯塔那 331 号古墓中出土的至今保存完好的烘烤面点，现藏新疆维吾尔自治区博物馆。面点实物照片出自山西博物院、新疆维吾尔自治区博物馆、吐鲁番博物馆编著《天山往事：古代新疆丝路文物精华》，太原：山西人民出版社，2012 年，第 161 页。右下角面点现藏于大英博物馆，为斯坦因从阿斯塔那带回，馆藏编号 1928, 1022.128。

122 新疆维吾尔自治区博物馆编《新疆出土文物》，北京：文物出版社，1975 年，第 127 页。

123 《云仙散录》一五五《锁子鱼袋》：“《海墨微言》曰：宣慈寺每求化人，先留食软枣糕。柳尚书来，方食糕，袖疏欲出，尚书急解连带、绯袍、锁子、鱼袋施之。”《云仙散录》，第 87 页。

124 《云仙散录》八《柳神》：“《三峰集》曰：李固言未第前，行古柳下，闻有弹指声，固言问之，应曰：‘吾柳神九烈君，已用柳汁染子衣矣，科第无疑。果得蓝袍，当以枣糕祀我。’”固言许之。未久，状元及第。”《云仙散录》，第 19 页。

125 《唐国史补》卷中：“德宗非时召吴凑为京兆尹，便令赴上，凑疾驱诸客至府，已列筵毕。或问曰：‘何速？’吏对曰：‘两市日有礼席，举铛釜而取之，故三五百人馔，常可立办也。’”《唐国史补 因话录》，第 35 页。

126 《开元天宝遗事》卷下：“长安富家子刘逸、李闲、卫旷，家势巨豪，而好接待四方之士，疏财重义，有难必救，真慷慨之士，人皆归仰焉。每至暑伏中，各于林亭内植画柱，以锦绮结为凉棚，设坐具，召长安名妓间坐，递相延请，为避暑之会，时人无不爱羡也。”王仁裕、姚汝能撰，曾贻芬点校《开元天宝遗事 安禄山事迹》，北京：中华书局，2006 年，第 42 页。

第四章 饮品指南

1 阿里斯托芬著，罗念生译《罗念生全集》第四卷《阿里斯托芬喜剧六种》，上海：上海人民出版社，2007 年，第 77 页。

2 《千金食治》：“常日未没食讫，即莫饮酒。”孙思邈、忽思慧撰，吴受琚注释，任应秋、吴受琚笺注《千金食治 食疗方》，北京：中国商业出版社，1985 年，第 66 页。

3 刘禹锡撰，陶敏、陶红雨校注《刘禹锡全集编年校注》卷一二《百花行》，北京：中华书局，2019 年，第 1364 页。

4 此处指隶属于大明宫内宣徽院的宣徽酒坊。1979 年，西安西郊出土过一只唐咸通十三年（872）银酒注，下有“宣徽酒坊”铭文。宣徽酒坊设立时间不可考，但据王永平与王孙盈政的研究，宣徽院的规模与职能在代宗、德宗年间不断扩大，重要性逐渐增强，宣徽酒坊之出现也大约在这一时段。此酒坊地点不见记载，应该是在大明宫内。大中四年（850）《王守琦墓志铭》中提到志主父亲王意通曾在会昌或开成时担任过内酒坊使，有可能指的就是宣徽酒坊。参见王永平《论唐代宣徽使》，《中国史研究》1995 年第 1 期，第 73—79 页；王孙盈政《再论唐代的宣徽使》，《中华文史论丛》2018 年第 3 期，第 71—91 页。刘景夫《唐故正议大夫行内侍省内府局丞员外置同正员上柱国太原县开国男食邑三百户赐绯鱼袋王公墓志铭》，董诰等编《全唐文·唐文拾遗》卷三一，北京：中华书局，1983 年，第 10723 页。

5 《旧唐书》卷四四《职官》："良酝署……令掌供奉邦国祭祀五齐三酒之事。……若应进者，则供春暴、秋清、酴醾、桑落等酒。"但很难说这些御酒一定不存在于民间。刘昫等撰，中华书局编辑部点校《旧唐书》，北京：中华书局，1975年，第1878页。

6 《齐民要术今释》卷七《法酒》："作桑落酒法：曲末一斗，熟米二斗。其米，令精细。净淘，水清为度。用熟水一斗，限三酘便止。渍曲。候曲向发，便酘，不得失时。勿令小儿人狗食黍。"贾思勰著，石声汉校释《齐民要术今释》，北京：中华书局，2009年，第721—722页。

7 置县于天宝三载（744），七载（748）由会昌县改名为昭应县，位于今陕西临潼。

8 《开元天宝遗事》卷下："长安自昭应县至都门，官道左右村店之民，当大路市酒，量钱数多少饮之，亦有施者与行人解之，故路人号为'歇马杯'。"王仁裕、姚汝能撰，曾贻芬点校《开元天宝遗事 安禄山事迹》，北京：中华书局，2006年，第46页。

9 《新唐书》卷五四《食货志》："唐初无酒禁。"欧阳修、宋祁撰，中华书局编辑部点校《新唐书》，北京：中华书局，1975年，第1381页。

10 《册府元龟》卷五〇四《邦计部·榷酤》："唐高祖武德二年闰二月，诏曰：'酒醪之用，表节制于欢娱。刍豢之滋，致肥甘于丰衍。然而沉湎之辈，绝业亡资。惰窳之民，骋嗜奔欲。方今烽燧尚警，兵革未宁。年数不登，市肆腾踊。趣末者众，浮冗尚多。肴羞曲蘖，重增其费。救弊之术，要在权宜。关内诸州官民，具断屠酤。'"王钦若等编纂，周勋初等校订《册府元龟》，南京：凤凰出版社，2006年，第5726页。《册府元龟》卷五〇四《邦计部·榷酤》："高宗咸亨元年七月庚戌，粟麦贵，断五熟杂食酤酒。"《册府元龟》，第5726页。《册府元龟》卷五〇四《邦计部·榷酤》："玄宗先天二年十一月，禁京城酤酒，岁饥故也。"《册府元龟》，第5726页。《册府元龟》卷五〇四《邦计部·榷酤》："肃宗乾元元年三月，诏曰：'为政之本，期于节用。今农工在务，廪食未优，如闻京城之中，酒价尤贵。但以曲蘖之费，有损国储，游惰之徒，益资废业。其京城内沽酒，即宜禁断，麦熟之后，任依常式。'二年十月，禁沽酒，除光禄供进祭祀及宴蕃客外，一切禁断。"《册府元龟》，第5726页。

11 《册府元龟》卷五〇四《邦计部·榷酤》："广德二年十二月，诏天下州县，各量定酤酒户，随月纳税。除此之外，不问官私，一切禁断。"《册府元龟》，第5726页。

12 《旧唐书》卷四九《食货志》："建中三年，初榷酒，天下悉令官酿。……委州县综领。醨薄私酿，罪有差。以京师王者都，特免其榷。"《旧唐书》，第2130页。

《唐大诏令集》卷五《改元元和赦》："京畿诸县，今年十二月苗钱及榷酒钱，并宜放免。"宋敏求编《唐大诏令集》，北京：中华书局，2008 年，第 29 页。

13 贞元二年（786）十二月，再次允许酒户酤酒，见《新唐书》卷五四《食货志》："贞元二年……天下置肆以酤者，斗钱百五十，免其徭役，独淮南、忠武、宣武、河东榷曲而已。"《新唐书》，第 1381 页。

14 陆贽《论关中事宜状》："具言京辇之下，百役殷繁，且又万方会同，诸道朝奏，恤勤怀远，理合优容。其京城及畿县所税间架、榷酒、抽贯、贷商、点召等，诸如此类，一切停罢。"陆贽撰，王素点校《陆贽集》卷一一，北京：中华书局，2006 年，第 351 页。虽无明确记载，但从此处所引史料反推，如果不是不久后京城被纳入榷酒范围，陆贽是不会这么说的。

15 《册府元龟》卷五〇四《邦计部·榷酤》："五年正月，江西观察使裴谊奏：'当道从太（大）和元年观察使李宪以军用不足，奏请禁百姓造酒，官中自酤。吏缘为奸，酒味薄恶，老病生产，尽不堪任。'"《册府元龟》，第 5727 页。

16 白居易《府酒五绝·变法》："唯是改张官酒法，渐从浊水作醍醐。"白居易撰，谢思炜校注《白居易诗集校注》卷二八，北京：中华书局，2006 年，第 2237 页。元稹《酬窦校书二十韵》："官醪半清浊，夷馔杂腥膻。"元稹撰，冀勤点校《元稹集》卷一一，北京：中华书局，2010 年，第 146 页。

17 曹植《名都篇》："归来宴平乐，美酒斗十千。"郭茂倩编《乐府诗集》，北京：中华书局，1979 年，第 912 页。

18 《旧唐书》卷四九《食货志》："建中三年，初榷酒，天下悉令官酿。斛收直三千，米虽贱，不得减二千。"《旧唐书》，第 2130 页。

19 《新唐书》卷五四《食货志》："贞元二年……天下置肆以酤者，斗钱百五十。"《新唐书》，第 1381 页。

20 长期以来，根据李时珍《本草纲目》"烧酒非古法也，自元时始创其法"一句，学界主流观点认为直到元代才出现蒸馏酒。1956 年，袁翰青首次提出，唐代已有蒸馏酒，其后涌现出诸多讨论与考证，所用材料大多集中在三个方面。①《唐会要》记载："及破高昌，收马乳葡萄实，于苑中种之，并得其酒法，自损益造酒。酒成，凡有八色，芳香酷烈，味兼醍醐。既颁赐群臣，京中始识其味。"此段与李时珍《本草纲目》中提到的葡萄酒烧法相印证："葡萄酒有二样：酿成者味佳，有如烧酒法者有大毒。酿者，取汁同曲，如常酿糯米饭法。无汁，用干葡萄末亦可。魏文帝所谓葡萄酿酒，甘于曲米，醉而易醒者也。烧者，取葡萄数十斤，同大曲酿酢，取入甑蒸之，以器承其滴露，红色可爱。古者西域造之，唐时破高昌，始得其法。"由此认为，太宗破高昌后，学到了用葡萄作为原料的蒸馏酒法，所得葡萄酒芳香酷烈，类似后世的白兰地。②根据白居易和雍陶关于“烧酒”的诗句，如“荔枝新熟鸡冠色，烧酒初开琥珀香”“自到成都烧酒熟，不思身更入长安”等，认为唐诗中的“烧酒”就是后世的蒸馏“烧酒”。③根据《太平广记》：“南方饮既烧，即实酒满瓮，泥其上，以火烧方熟。不然，不中饮。”认为里面的“既烧”也是烧酒。但综合来看，首先，《本草纲目》记载的蒸馏酒制法为明代人遥想唐代事，而《唐会要》中的记载可能为真，却过于简略，无法明证确为蒸馏酒。再者，唐代的“烧酒”未必和今天的烧酒为一回事，黄时鉴等学者提出过“烧酒”之“烧”仅指其颜色通红而言（虽不尽然）；亦有周嘉华认为《太平广记》中的“既烧”仅指火烧加热灭菌，王赛时认为唐之烧酒应为低温加热灭菌。近年，张厚墉、邢润川从出土的酒杯等实物来印证唐代已出现蒸馏酒，但此观点争议巨大，还有待进一步探讨。故本书仍采用较流行的元代出现蒸馏酒之说。参见袁翰青《中国化学史论文集》，北京：生活·读书·新知三联书店，1956 年，第 73—100 页；王溥《唐会要》卷一〇〇《杂录》，北京：中华书局，1960 年，第 1796—1797 页；李时珍《本草纲目》卷二五《谷部》，明万历三十一年（1603）张鼎思刻本；白居易《荔枝楼对酒》，《白居易诗集校注》卷一八，第 1477 页；雍陶《到蜀后记途中经历》，彭定求等编《全唐诗》卷五一八，北京：中华书局，1960 年，第 5915 页；黄时鉴《阿剌吉与中国烧酒的起始》，《文史》1988 年第 31 辑，第 159—171 页；周嘉华《中国蒸馏酒源起的史料辨析》，《自然科学史研究》1995 年第 3 期，第 227—238 页；王赛时《中国烧酒名实考辨》，《历史研究》1994 年第 6 期，第 73—85 页；张厚墉《由唐墓出土的烧酒杯看我国烧酒出现时间》，《陕西中医》1987 年第 4 期，第 188—189 页；邢润川《论蒸馏酒源出唐代——关于我国蒸馏酒起源年代的再探讨》，《酿酒科技》1982 年第 2 期，第 2—5 页。不过近年亦有郑州大学历史文化遗产保护研究中心通过对海昏侯墓中出土的蒸馏器进行研究，证实其为一套早期蒸馏酒装置，此处不赘。

21 清酒自古以来就是祭祀用酒。《周礼正义·天官冢宰·酒正》：“辨三酒之物，一曰事酒，二曰昔酒，三曰清酒。（郑司农云：‘事酒，有事而饮也。昔酒，无事而饮也。清酒，祭祀之酒。’）”孙诒让撰，王文锦、陈玉霞点校《周礼正义》，北京：中华书局，2013 年，第 347 页。玄宗曾将清酒赐给安禄山，见《酉阳杂俎校笺》前集卷一《忠志》：“安禄山恩宠莫比，锡赉无数。其所赐品目有：桑落酒，阔尾羊窟利，马酪，音声人两部，野猪鲊，鲫鱼并鲙手刀子，清酒，大锦……”段成式撰，许逸民校笺《酉阳杂俎校笺》，北京：中华书局，2015 年，第 31 页。

22 白居易《尝黄醅新酎忆微之》：“世间好物黄醅酒，天下闲人白侍郎。”《白居易诗集校注》卷二八，第 2181 页。权德舆《放歌行》：“春酒盛来琥珀光，暗闻兰麝几般香。”权德舆撰，蒋寅笺，唐元校，张静注《权德舆诗文集编年校注》，沈阳：辽海出版社，2013 年，第 14 页。杜甫《郑驸马宅宴洞中》：“春酒杯浓琥珀薄，冰浆碗碧玛瑙寒。”杜甫著，仇兆鳌注《杜诗详注》卷一，北京：中华书局，1979 年，第 47 页。

23 岑参《与鲜于庶子泛汉江》：“酒光红琥珀，江色碧琉璃。”岑参撰，廖立笺注《岑嘉州诗笺注》卷三，北京：中华书局，2004 年，第 473 页。

24 见赖卫华、许杨《红曲霉产桔霉素的研究动态》，《食品科学》2002 年第 7 期，第 139—141 页；梁爽、倪莉《红曲霉菌株固态发酵特性的比较研究》，《中国食品学报》2015 年第 10 期，第 100—104 页。

25 郑嵎《津阳门诗》：“白醪软美甘如饴。”计有功撰，王仲镛校笺《唐诗纪事校笺》卷六二，北京：中华书局，2007 年，第 2083 页。其制作过程见《齐民要术今释》卷七《白醪酒》，第 672 页。

26 《新修本草》卷一七：“蒲陶作酒法，总收取子汁酿之自成酒。”卷一九：“作酒醴以曲为。而蒲桃、蜜等，独不用曲。”苏敬等《新修本草》，上海：上海卫生出版社，1957 年，第 243、301 页。王绩《题酒店楼壁绝句八首其二》：“竹叶连糟翠，蒲桃带曲红。”王绩著，夏连保校注《王绩文集》卷三，太原：三晋出版社，2016 年，第 136 页。

27 《册府元龟》卷九七〇《外臣部·朝贡》：“及破高昌，收马乳蒲桃实于苑中种之，并得其酒法，帝自损益，造酒成。凡有八色，芳辛酷烈，味兼缇盎。既颁赐群臣，京师始识其味。”《册府元龟》，第 11231 页。李白《杂歌谣辞襄阳歌》：“遥看汉水鸭头绿，恰似蒲萄初酦醅。”李白著，王琦注《李太白全集》卷七，北京：中华书局，1977 年，第 369 页。王绩《题酒店楼壁绝句八首其二》：“竹叶连糟翠，蒲桃带曲红。”《王绩文集》卷三，第 136 页。

28 2019 年发掘的甘肃武威唐代吐谷浑王族墓葬群中发现了唐代的白葡萄酒遗存。

29 《宋史》卷四八九《外国列传》：“三佛齐国……有花酒、椰子酒、槟榔酒、蜜酒，皆非曲蘖所醞，饮之亦醉。……唐天祐元年贡物。”脱脱等撰，中华书局编辑部点校《宋史》，北京：中华书局，1985 年，第 14088 页。《岭南荔支谱》卷六：“唐李文孺往昌乐泷家，奴藏荔子于盎中，文孺初不知也。盛夏溽暑，香出盎外，流浆泛艳，因以曲和粳饭投之，三日成酒，芳烈过于椒桂，人多效之，因作《荔酒歌》。”吴应逵《岭南荔枝谱》，《岭南遗书》本。

30 《南史》卷七八《海南诸国列传》：“顿逊国……又有酒树似安石榴，采其花汁停瓮中，数日成酒。”李延寿撰，中华书局编辑部点校《南史》，北京：中华书局，

1975 年，第 1951 页。殷尧藩《醉赠刘十二》：“椰花好为酒，谁伴醉如泥。”《全唐诗》卷四九二，第 5566 页。《诸蕃志校释》卷下《志物》：“椰子……南毗诸国取其树花汁用蜜糖和之为酒。”赵汝适著，杨博文校释《诸蕃志校释》，北京：中华书局，2000 年，第 188 页。

31 《唐国史补》卷下：“又有三勒浆类酒，法出波斯。三勒者，谓庵摩勒、毗梨勒、诃梨勒。”李肇、赵璘《唐国史补　因话录》，上海：上海古籍出版社，1979 年，第 60 页。

32 《南海寄归内法传校注》卷三：“又诃黎勒若能每日嚼一颗咽汁，亦终身无病。”义净著，王邦维校注《南海寄归内法传校注》，北京：中华书局，1995 年，第 160 页。

33 《本草拾遗》卷八：“庵摩勒　主补益，强气力。……取子压取汁，和油涂头，生发，去风痒。初涂发脱后生如漆。”陈藏器撰，尚志钧辑释《〈本草拾遗〉辑释》，合肥：安徽科学技术出版社，2002 年，第 386 页。《新修本草》卷一三：“毗梨勒 味苦，寒，无毒。功用与摩勒同。”《新修本草》，第 147 页。

34 《千手千眼观世音菩萨治病合药经》：“若有人等患眼精坏者，若有清盲暗者，若白晕赤瞙无光明者，取呵梨勒果、庵摩勒果、鞞醯勒果三各一颗，捣破油下筛……”高楠顺次郎等《大正新修大藏经》第 20 卷，东京：大藏出版株式会社，1988 年，第 104 页。

35 《齐民要术今释》卷七《笨麴并酒》：“胡椒酒法：以好春酒五升；干姜一两，胡椒七十枚，皆捣末；好美安石榴五枚，押取汁。皆以姜椒末，及安石榴汁，悉内着酒中，火暖取温。亦可冷饮，亦可热饮之。”《齐民要术今释》，第 693—694 页。

36 邹阳《酒赋》：“其品类，则沙洛渌酃，程乡若下，高公之清，关中白薄，清渚萦停。凝醳醇酎，千日一醒。”葛洪撰，周天游校注《西京杂记》卷四，西安：三秦出版社，2006 年，第 184 页。

37 （传）柳宗元《龙城录》卷下《魏徵善治酒》：“魏左相能治酒，有名曰醽渌、翠涛。常以大金罂内贮盛，十年饮不败其味，即世所未有。太宗文皇帝常有诗赐公，称：‘醽渌胜兰生，翠涛过玉薤。千日醉不醒，十年味不败。’”柳宗元撰，尹占华、韩文奇校注《柳宗元集校注》，北京：中华书局，2013 年，第 3447—3448 页。然而此事不见载于他书。《龙城录》大概率为宋人假托柳宗元名的伪作，因此这条内容真实性存疑。

38 《封氏闻见记校注》卷五《第宅》：“太子太师魏徵，当朝重臣也，所居室宇卑陋。太宗欲为营第，辄谦让不受。”封演撰，赵贞信校注《封氏闻见记校注》，北京：中华书局，2005 年，第 44 页。

39 《龙城录》卷上《魏徵嗜醋芹》:“侍臣曰:‘魏徵嗜醋芹,每食之,欣然称快,此见其真态也。’明日,召赐食,有醋芹三杯。公见之,欣喜翼然,食未竟而芹已尽。”《柳宗元集校注》,第3414页。

40 吕才《东皋子后序》:“贞观初,以足疾罢归,欲定长往之计,而困于贫。贞观中,以家贫赴选。时太学有府史焦革,家善醖酒,冠绝当时。君苦求为太乐丞,选司以非士职,不授。君再三请曰:‘此中有深意,且士庶清浊,天下所安,不闻庄周避漆园,老聃耻柱下。’卒授焉。数月而焦革死。妻袁氏,时送美酒。岁余,袁又死。君叹曰:‘天乃不令吾饱美酒。’遂挂冠归田。”《全唐文》卷一六〇,第1639页。太学,当作太乐。

41 《云仙散录》二二五《鸭肝猪肚》:“《醉仙图记》曰:王缙饮酒,非鸭肝猪肚,箸辄不举。”冯贽编,张力伟点校《云仙散录》,北京:中华书局,2008年,第112页。

42 法藏《梵网经菩萨戒本疏》卷四:“夫酒为毒药,酒为毒水,酒为毒气。”《大正新修大藏经》第40卷,第636页。

43 《梵网经》卷二:“若佛子!故饮酒而生酒过失无量。若自身手过酒器与人饮酒者,五百世无手,何况自饮。”《大正新修大藏经》第24卷,第1005页。

44 敦煌文书S.4649《庚午年二月十日沿寺破历》:“博士吃用。同日,粟叁斗,沽酒佛住入桑解劳小和尚用。……六月十八日,粟肆斗,沽酒东窟造作众僧吃用。”王祥伟《敦煌寺院经济文书考证十一则》,《敦煌研究》2020年第2期,第58—67页。敦煌文书S.4899《丁丑年诸色斛斗破历》:“十八日粟壹硕壹斗、麦叁斗付丑子卧酒屈肃州僧用,粟壹斗勘僧席(籍)用。”唐耕耦、陆宏基编《敦煌社会经济文献真迹释录》第3辑,北京:全国图书馆文献缩微复制中心,1990年,第184页。

45 参见李正宇《八至十一世纪敦煌世俗佛教》,兰州:甘肃人民出版社,2021年,第212页。唐代1斗为10升,1升约合600毫升,详见胡戟《唐代度量衡与亩里制度》,《西北大学学报(哲学社会科学版)》1980年第4期,第34—41页。

46 敦煌文书S.6452《壬午年净土寺常住库酒破历》:“廿六日,酒壹角,僧正三人、法律二人就店吃用。”高启安《唐五代敦煌人的饮酒习俗述论》,《敦煌研究》2000年第3期,第82—89页。敦煌文书S.6452《辛巳年—壬午年付酒本粟麦历》:“辛巳年十二月廿六日,氾法律店酒本粟叁硕伍斗。”唐耕耦、陆宏基编《敦煌社会经济文献真迹释录》第2辑,北京:全国图书馆文献缩微复制中心,1990年,第243页。

47 见郝春文《唐后期五代宋初敦煌僧尼的社会生活》,北京:中国社会科学出版社,

1998 年，第 74—88 页。参见敦煌遗书 Ch.00144《甲戌年四月沙州丈人邓定子妻邓庆连致肃州僧李保佑状》，录文见荣新江《海外敦煌吐鲁番文献知见录》，南昌：江西人民出版社，1996 年，第 10 页。

48 玄宗《禁僧道不守戒律诏》："缁黄二法，殊途一致；道存仁济，业尚清虚。迩闻道僧，不守戒律，或公讼私竞，或饮酒食肉，非处行宿，出入市廛，罔避嫌疑，莫遵本教，有一尘累，深坏法门。宜令州县官严加捉搦禁止。"《全唐文》卷二九，第 327 页。如果没有僧人喝酒吃肉的话，玄宗是不会发布这条诏令的。而且当时有相当多的僧人会饮用药酒来养生、治病，事迹散见于张籍、姚合等人的诗句和《太平广记》。有趣的是，僧人还会诈病来讨口酒喝，针对这种情况，法藏曾告诫僧人："不得言有疾欺饮药酒，不得至酒家，不得与酒客共语。"《梵网经菩萨戒本疏》卷四，《大正新修大藏经》第 40 卷，第 636 页。

49 《新唐书》卷八一《三宗诸子列传》："琎眉宇秀整，性谨絜，善射，帝爱之。"《新唐书》，第 3599 页。

50 《云仙散录》五六《泛春渠》："《醉仙图记》曰：汝阳王琎取云梦石甃泛春渠以置酒，作金银龟鱼浮沉其中，为酌酒具，自称'酿王兼曲部尚书'。"《云仙散录》，第 45 页。

51 《类编长安志》卷三《苑囿池台》："在兴庆池西。唐宁王山池院，引兴庆池水西流，疏凿屈曲连环，为九曲池。筑土为基，叠石为山，上植松柏，有落猿岩、栖龙岫，奇石异木、珍禽怪兽毕有。又有鹤洲、仝渚，殿宇相连。前列二亭，左沧浪，右临漪。王与宫人宾客，宴饮、弋钓其中。"骆天骧撰，黄永年点校《类编长安志》，北京：中华书局，1990 年，第 85 页。

52 段安节《乐府杂录·羯鼓》："明皇好此伎。有汝阳王花奴，尤善击鼓。花奴时戴砑绢帽子，上安葵花。数曲曲终，花不落，盖能定头项尔。黔帅南卓著《羯鼓录》中具述其事。"崔令钦等撰，吴企明点校《教坊记（外三种）》，北京：中华书局，2012 年，第 139 页。

53 《清异录》卷下《酒浆门》："汝阳王琎家有酒法，号'甘露经'，四方风俗，诸家材料，莫不备具。"陶谷撰，郑村声、俞钢整理《清异录》，《全宋笔记》第 2 册，郑州：大象出版社，2019 年，第 112 页。

54 白居易著，谢思炜校注《白居易文集校注》卷三三《醉吟先生传》，北京：中华书局，2011 年，第 1982—1983 页。

55 白居易《酒熟忆皇甫十》："疏索柳花盌，寂寥荷叶杯。"《白居易诗集校注》卷三二，第 2482 页。

56 白居易《北窗三友》："今日北窗下，自问何所为？欣然得三友，三友者为谁？

琴罢辄举酒，酒罢辄吟诗。三友递相引，循环无已时。”《白居易诗集校注》卷二九，第 2280 页。

57 白居易撰，顾学颉校点《白居易集》卷二六《咏家醞十韵》，北京：中华书局，1979 年，第 597 页。

58 《白居易诗集校注》卷一六《东南行一百韵寄通州元九侍御澧州李十一舍人果州崔二十二使君开州韦大员外庾三十二补阙杜十四拾遗李二十助教员外窦七校书》，第 1246 页。

59 虽然白居易夸仇家酒“软美”，但他同时也说过“时到仇家非爱酒，醉时心胜醒时心”，说明他并不是因为酒好才来，而是因为醉着比醒着快乐。见《白居易诗集校注》卷一五《仇家酒》，第 1179 页。

60 《云仙散录》九四《半天回》：“《酒中玄》曰：饮酒者嚼鸡舌香则量广，浸半天回则不醉。”《云仙散录》，第 62 页。

61 《酉阳杂俎校笺》前集卷一八《广动植》：“酒杯藤　大如臂，花坚可酌酒。实大如指，食之消酒。”《酉阳杂俎校笺》，第 1316 页。

62 《唐摭言》卷一二《酒失》：“元相公在浙东时，宾府有薛书记，饮酒醉后，因争令掷注子，击伤相公犹子，遂出幕。”王定保撰，黄寿成点校《唐摭言》，西安：三秦出版社，2011 年，第 197 页。《太平广记》卷一二四《报应・赵安》：“蜀郭景章，豪民也。因醉，以酒注子打贫民赵安，注子嘴入脑而死。”《太平广记》，第 881 页。

63 《云仙散录》二一八《鼻出黄胶》：“《从容录》曰：贺知章忽鼻出黄胶数盆，医者谓饮酒之故。”《云仙散录》，第 109 页。

64 《清异录》卷下《酒浆门》：“裴晋公，盛冬常以鱼儿酒饮客。其法用龙脑凝结，刻成小鱼形状，每用沸酒一盏，投一鱼其中。”《清异录》，第 112 页。

65 朱长祚撰，仇正伟点校《玉镜新谭》卷二《罗织》，北京：中华书局，1989 年，第 21 页。

66 王绩《题酒店壁》，《全唐诗》卷三七，第 484 页。

67 韦庄《题酒家》，《全唐诗》卷七〇〇，第 8044 页。

68 贺朝《赠酒店胡妃》，芮挺章编，傅璇琮等编《国秀集》卷中，北京：中华书局，2014 年，第 326 页。原文即为“妃”。

69 杜牧撰，何锡光校注《樊川文集校注》别集《黄州偶见作》，成都：巴蜀书社，2007 年，第 1478 页。

70 《南部新书》卷辛：“玄宗曰：‘我闻至富可敌贵，朕天下之贵，元宝天下之富。’”钱易撰，黄寿成点校《南部新书》，北京：中华书局，2002 年，第 125 页。

71 《开元天宝遗事》卷上："巨豪王元宝，每至冬月大雪之际，令仆夫自本家坊巷扫雪为径路，躬亲立于坊巷前迎揖宾客，就本家具酒炙宴乐之，为暖寒之会。"《开元天宝遗事　安禄山事迹》，第 13—14 页。

72 《齐民要术今释》卷七《笨麹并酒》："《博物志》胡椒酒法：以好春酒五升；干姜一两，胡椒七十枚，皆捣末；好美安石榴五枚，押取汁。皆以姜椒末，及安石榴汁，悉内着酒中，火暖取温。亦可冷饮，亦可热饮之。此胡人所谓荜拨酒也。"《齐民要术今释》，第 693—694 页。

73 岑参《题井陉双溪李道士所居》："五粒松花酒，双溪道士家。"《岑嘉州诗笺注》卷六，第 748 页。白居易《病中诗十五首・枕上作》："腹空先进松花酒。"《白居易诗集校注》卷三五，第 2629 页。

74 《备急千金要方校释》卷八："松节酒　主历节风，四肢疼痛，犹如解落方。"孙思邈著，李景荣等校释《备急千金要方校释》，北京：人民卫生出版社，2014 年，第 316 页。

75 《备急千金要方校释》卷一一："补肝酒　治肝虚寒，或高风眼泪等杂病，酿松膏酒方。……酒香满一室。"《备急千金要方校释》，第 412 页。

76 《备急千金要方校释》卷七："虎骨酒　治骨髓疼痛，风经五脏方。"卷一九："治骨虚，酸疼不安，好倦，主膀胱寒，虎骨酒方。"《备急千金要方校释》，第 283 页、679 页。

77 《备急千金要方校释》卷二三："凡疮疥……黄芷酒中加乌蛇脯一尺，亦大效。"《备急千金要方校释》，第 821 页。

78 《备急千金要方校释》卷六下："以酒渍桃花服之，好颜色，治百病。"《备急千金要方校释》，第 252 页。

79 孙思邈《养生百字铭》，刘泽民、李玉明主编，魏民分册主编《三晋石刻大全・太原市杏花岭区卷》，太原：三晋出版社，2011 年，第 193 页。

80 《战国策》卷二九《燕策》："其妻曰：'公勿忧也，吾已为药酒以待之矣。'后二日，夫至。妻使妾奉卮酒进之。妾知其药酒也，进之则杀主父，言之则逐主母，乃阳僵弃酒。"何建章注释《战国策注释》，北京：中华书局，1990 年，第 1091 页。

81 关于董仲舒墓的位置有三种看法：一是在今西安和平门内以西，这一说法起源于明代，却被官方采纳；二是在今西安交通大学校园南区的常乐坊旧址，但已被《长安志》否定了；三是董仲舒陪葬汉武帝于今咸阳市兴平市东北茂陵，从逻辑上来说较为可信，见《汉代长安词典》和《西安历史地图集》。

82 《太平广记》卷二三三《酒・南方酒》："南方饮既烧，即实酒满瓮，泥其上，以火烧方熟。不然，不中饮。"《太平广记》，第 1786 页。

83 按照作者王黼的理解，盘中放冰，食物和酒器放入中间镂空的冰鉴内。

84 《开元天宝遗事》卷上：“杨氏子弟，每至伏中，取大冰，使匠琢为山，周围于席间。座客虽酒酣，而各有寒色，亦有挟纩者。其骄贵如此也。”《开元天宝遗事安禄山事迹》，第 29 页。

85 《宣和博古图录》卷二〇：“今其规模上方如斗，四旁尘镂底，作风窗，承以大盘，立之四足，岂非置食于上，而设冰于盘，使寒气通彻以御温气耶？大抵汉唐之器，致用设饰略相仿象，然所以异者，汉鉴圜而唐鉴方；汉鉴近于古，而唐鉴则近于今矣。”王黼《宣和博古图录》，明万历十六年（1588）泊如斋刊本。

86 《云仙散录》二五一《冰雪论筐》：“《止戈集》曰：长安冰雪至夏月则价等金璧。白少傅诗名动于闾阎，每需冰雪，论筐取之，不复偿价，日日如是。”《云仙散录》，第 121 页。

87 见《太平广记》卷八三《异人·贞元末布衣》，第 536—537 页。

88 《唐会要》卷八六《市》：“开成五年十二月敕：京夜市宜令禁断。”《唐会要》，第 1583 页。

89 见薛用弱《集异记·贾人妻》，李剑国辑校《唐五代传奇集》第二编卷一七，北京：中华书局，2015 年，第 961—962 页。

90 元稹《白氏长庆集序》：“至于缮写模勒，炫卖于市井，或持之以交酒茗者，处处皆是。”《白居易集》，第 1 页。

91 《宾退录》卷三：“《岭表录异》云：‘广州人多好酒。生酒行两面罗列，皆是女人招呼鄙夫，先令尝酒。盎上白瓷瓯谓之瓿，一瓿三文。不持一钱来去尝酒致醉者，当垆妪但笑弄而已。’”赵与时撰，姜汉椿整理《宾退录》，《全宋笔记》第 73 册，郑州：大象出版社，2019 年，第 112 页。但此文不见载于今本《岭表录异》。

92 韦应物《陪元侍御春游》：“贳酒宣平里，寻芳下苑中。”韦应物撰，孙望校笺《韦应物诗集系年校笺》卷二，北京：中华书局，2002 年，第 67 页。

93 《三辅黄图校注》卷一《都城十二门》：“长安城东出南头第一门曰霸城门，民见门色青，名曰青城门，或曰青门。”何清谷校注《三辅黄图校注》，西安：三秦出版社，2006 年，第 87 页。

94 《刘禹锡全集编年校注》卷八《和令狐相公别牡丹》，第 836 页。

95 《岑嘉州诗笺注》卷二《送宇文南金放后归太原寓居因呈太原郝主簿》，第 370 页。

96 《李太白全集》卷一七《送裴十八图南归嵩山二首》，第 807 页。

97 苏鹗《杜阳杂编·伊祁玄解》：“龙膏酒黑如纯漆，饮之令人神爽，此本乌弋山离国所献。”李时人编校，何满子审定，詹绪左覆校《全唐五代小说》外编卷二〇，北京：中华书局，2014 年，第 4321 页。

98 见妹尾达彦《都城与葬地——隋唐长安官人居住地与埋葬地的变迁》，夏炎主编《中古中国的都市与社会》，上海：中西书局，2019年，第89—164页。

99 王涣《悼亡》，《全唐诗》卷六九〇，第7919页。

100 胡旋舞最大的特点便是快速转圈，男女皆可跳。白居易《胡旋女》："回雪飘飖转蓬舞。"《白居易诗集校注》卷三，第305页。《新唐书》卷二二五上《安禄山列传》："晚益肥，腹缓及膝，奋两肩若挽牵者乃能行，作胡旋舞帝前，乃疾如风。"《新唐书》，第6413页。

101 《乐府杂录·俳优》："舞有骨鹿舞、胡旋舞，俱于一小圆球子上舞，纵横腾踏，两足终不离于球子上，其妙如此也。"《教坊记（外三种）》，第129页。

102 《丝绸之路：大西北遗珍》编辑委员会编著《丝绸之路：大西北遗珍》，北京：文物出版社，2010年，第151页。

103 张祜《观杭州柘枝》："舞停歌罢鼓连催，软骨仙蛾暂起来。红罨画衫缠腕出，碧排方胯背腰来。旁收拍拍金铃摆，却踏声声锦靿摧。看着遍头香袖褶，粉屏香帕又重限。"《全唐诗》卷五一一，第582页。白居易《柘枝妓》："平铺一合锦筵开，连击三声画鼓催。红蜡烛移桃叶起，紫罗衫动柘枝来。带垂钿胯花腰重，帽转金铃雪面回。看即曲终留不住，云飘雨送向阳台。"《白居易诗集校注》卷二三，第1822页。刘禹锡《和乐天柘枝》："鼓催残拍腰身软，汗透罗衣雨点花。"《刘禹锡全集编年校注》卷五，第523页。有关柘枝舞的表演形式，详见向达《唐代长安与西域文明》，石家庄：河北教育出版社，2001年，第98—105页。

104 沈亚之《柘枝舞赋》："鹜游思于情杳兮，注横波于秾睇。"《全唐文》卷七三四，第7572页。

105 薛能《柘枝词》："急破催摇曳，罗衫半脱肩。"《全唐诗》卷二二，第290页。

106 《新唐书》卷二一《礼乐志》，第470页。

107 刘言史《王中丞宅夜观舞胡腾》："石国胡儿人见少，蹲舞尊前急如鸟。"《全唐诗》卷四六八，第5324页。

108 《丝绸之路：大西北遗珍》，第180页。

109 敦煌研究院主编《敦煌石窟艺术全集·舞蹈画卷（17）》，上海：同济大学出版社，2016年，第82—83页。

110 咸阳市文物考古研究所编著《五代冯晖墓》，重庆：重庆出版社，2001年，图版第3页。

111 徐光冀主编《中国出土壁画全集7》，北京：科学出版社，2012年，第374页。

112 《丝绸之路：大西北遗珍》，第178页。葛承雍认为这尊铜人也可能是在进行巫术仪式的胡人巫师，见葛承雍《甘肃山丹收藏的“胡腾舞俑”辨析》，《文物》2021年第6期，第62—69页。

113 左图：美国国立亚洲艺术博物馆线上展览，The Sogdians: Influencers on the Silk Roads，网址：https://sogdians.si.edu/ceramic-dancing-figure-from-xiudingsi/；右图：克利夫兰艺术博物馆官网。

114 陈寅恪曾引《教坊记》中记述竿木表演艺术家范大娘有“愠羝”的内容，推测腋气“即是胡臭”。“裴为疏勒国姓……范汉女大娘子……亦杂有西胡血统。故疑此戏（本书按：竿木之戏）亦来自西域也。”见陈寅恪《元白诗笺证稿》，北京：生活·读书·新知三联书店，2009年，第161页。

115 《太平广记》卷六〇《女仙·阳都女》：“阳都市酒家女也，生有异相，眉连，耳细长，众以为异，疑其天人也。”《太平广记》，第371页。

116 《朝野佥载》卷五：“兵部郎中朱前疑貌丑，其妻有美色。天后时，洛中殖业坊西门酒家有婢，蓬头垢面，伛肩皤腹，寝恶之状，举世所无。而前疑大悦之，殆忘寝食。乃知前世言宿瘤蒙爱，信不虚也。”刘餗、张鷟撰，程毅中、赵守俨点校《隋唐嘉话　朝野佥载》，北京：中华书局，1979年，第113页。

117 柳宗元《河间传》：“召长安无赖男子，晨夜交于门，犹不慊。又为酒垆西南隅，己居楼上，微观之，凿小门，以女侍饵焉。凡来饮酒，大鼻者，少且壮者，美颜色者，善为酒戏者，皆上与合。且合且窥，恐失一男子也。犹日呻呼懵懵以为不足。”《柳宗元集校注》外集卷上，第3303页。

118 《长安志》作“昌化坊”，《唐两京城坊考》与《杜阳杂编》作“广化坊”，辛德勇认为它们是同一个地方，见辛德勇《隋唐两京丛考》，西安：三秦出版社，2006年，第43页。

119 《云仙散录》三〇九《二色酒》：“《常新录》曰：西门季玄造二色酒，白酒中有墨花，斟于器中，花亦不散，其中有肝石故也。”《云仙散录》，第148页。

120 苏鹗《杜阳杂编·同昌公主》：“是时，中贵人买酒于广化旗亭，忽相谓曰：‘坐来香气，何太异也？’同席曰：‘岂非龙脑耶？’曰：‘非也，余幼给事于嫔御宫，故常闻此，未知今日由何而致？’因顾问当垆者，遂云：‘公主步辇夫以锦衣换酒于此也。’中贵人共视之，益叹其异。”《全唐五代小说》外编卷二〇，第4336页。

121 王仁裕《玉堂闲话·田令孜》：“长安完盛日，有一家于西市卖饮子。用寻常之药不过数味，亦不闲方脉，无问是何疾苦，百文售一服。千种之疾，入口而愈。常于宽宅中置大锅镬，日夜剉斫煎煮，给之不暇。人无远近，皆来取之。门市骈罗，喧阗京国。至有赍金守门，五七日间，未获给付者。获利甚极。”《全唐五代小说》外编卷二三，第4445页。

122 《肘后备急方校注》卷二：“《药性论》云：虎杖治大热烦燥，止渴，利小便，压一切热毒。暑月和甘草煎，色如琥珀，可爱堪著，尝之甘美，瓶置井中，令冷彻如水，白瓷器及银器中贮，似茶啜之，时人呼为冷冻饮子，又且尊于茗。”葛洪撰，古求知等校注《肘后备急方校注》，北京：中医古籍出版社，2015 年，第 50 页。

123 《大业杂记》：“先有筹禅师，甚妙医术，仁寿间常在内供养，造五色饮。以扶芳叶为青饮，拔楔根为赤饮，酪浆为白饮，乌梅浆为玄饮，江笙为黄饮。”韦述、杜宝撰，辛德勇辑校《两京新记辑校　大业杂记辑校》，北京：中华书局，2020 年，第 222 页。“江笙”为何物有两种说法，一为“江珧”，即一种贝类海鲜；一为江桂，即桂皮，本书采用后一说。详见付婷、杜文玉《隋唐时期“杂饮”考辨》，《武汉大学学报（人文科学版）》2015 年第 4 期，第 91—98 页。

124 《大业杂记》：“又作五香饮，第一沉香饮，次丁香饮，次檀香饮，次泽兰香饮，次甘松香饮，皆有别法，以香为主，更加别药，有味而止渴，兼于补益。”《两京新记辑校　大业杂记辑校》，第 222 页。

125 《大业杂记》：“尚食直长谢讽造《淮南王食经》，有四时饮。春有扶芳饮、桂饮、江桂饮、竹叶饮、荠苊饮、桃花饮，夏有酪饮、乌梅饮、加蜜沙糖饮、姜饮、加蜜谷叶饮、皂李饮、麻饮、麦饮，秋有莲房饮、瓜饮、香茅饮、加沙糖茶饮、麦门冬饮、葛花饮、槟榔饮，冬有茶饮、白草饮、枸杞饮、人参饮、茗饮、鱼荏饮、苏子饮，并加米糫。”《两京新记辑校　大业杂记辑校》，第 223 页。

126 王维《敕赐百官樱桃》：“饱食不须愁内热，大官还有蔗浆寒。”《王维集校注》卷四，第 303 页。

127 《齐民要术今释》卷四《种枣》：“作酸枣麨法：多收红软者。箔上日曝令干，大釜中煮之，水仅自淹。一沸即漉出，盆研之。生布绞取浓汁，涂盘上或盆中。盛暑，日曝使干，渐以手摩挲，取为末。以方寸匕投一碗水中，酸甜味足，即成好浆。远行用和米麨，饥渴俱当也。”《齐民要术今释》，第 332 页。

128 沈佺期《题椰子树》：“玉房九霄露，碧叶四时春。”沈佺期撰，陶敏、易淑琼校注《沈佺期集校注》卷二，北京：中华书局，2001 年，第 121 页。《岭表录异》卷中：“椰子树……壳中有液，数合如乳，亦可饮之，冷而动气。”刘恂、王韶之、方信孺《岭表录异　始兴记　南海百咏》，上海：商务印书馆，1936 年，第 12 页。

129 《齐民要术今释》卷九《醴酪》：“煮杏酪粥法：用宿穬麦；……打取杏仁，以汤脱去黄皮，熟研。以水和之，绢滤取汁；汁唯淳浓便美，水多则味薄。”《齐民要术今释》，第 944 页。

130 韩翃《送客之江宁》：“从来此地夸羊酪，自有莼羹定却人。”高棅编纂，汪宗尼校订，葛景春、胡永杰点校《唐诗品汇》，北京：中华书局，2015 年，第 1140 页。

131 《封氏闻见记校注》卷六《饮茶》："开元中，泰山灵岩寺有降魔师大兴禅教，学禅务于不寐，又不夕食，皆许其饮茶。人自怀挟，到处煮饮，从此转相仿效，遂成风俗。"《封氏闻见记校注》，第 51 页。

132 《新修本草》卷一三："茗，味甘、苦，微寒，无毒。主瘘疮，利小便，去痰热、渴，令人少睡，秋采之。苦荼，主下气，消宿食，作饮加茱萸、葱、姜等，良。"《新修本草》，第 140 页。

133 陆羽撰，沈冬梅译注《茶经译注》卷下《六之饮》，北京：北京科学技术出版社，2024 年，第 121 页。

134 唐人以茶汤青碧为上等。《砉旧续闻》卷八："唐李泌茶诗'旋沫翻成碧玉池'，亦以碧色为贵。"陈鹄录正，储玲玲整理《砉旧续闻》，《全宋笔记》第 62 册，郑州：大象出版社，2019 年，第 291 页。晚唐诗僧齐己《谢灉湖茶》有诗："灉湖唯上贡，何以惠寻常。还是诗心苦，堪消蜡面香。碾声通一室，烹色带残阳。若有新春者，西来信勿忘。"根据其中"烹色带残阳"一句，可推测唐代陈茶茶汤应为红黄色，新茶为绿色。李群玉等撰，黄仁生、陈圣争校点《唐代湘人诗文集》，长沙：岳麓书社，2013 年，第 341—342 页。

135 薛能《蜀州郑史君寄鸟觜茶因以赠答八韵》："盐损添常诫，姜宜著更夸。"《全唐诗》卷五六〇，第 6494 页。

136 《海录碎事》卷六《饮食器用部·茶门》："皇孙奉节王好诗。初，煎茶如酥椒之类，求诗，泌戏云：'旋沫番成碧玉池，添酥散出瑠璃眼。'奉节王，即德宗。"叶廷珪撰，李之亮校点《海录碎事》，北京：中华书局，2002 年，第 230 页。

137 苏轼《书薛能茶诗》："唐人煎茶用姜。故薛能诗云：'盐损添常戒，姜宜著更夸。'据此，则又有用盐者矣。近世有用此二物者，辄大笑之。然茶之中等者，用姜煎信佳也，盐则不可。"苏轼著，李之亮笺注《苏轼文集编年笺注》卷六七，成都：巴蜀书社，2011 年，第 247 页。黄庭坚《煎茶赋》："寒中瘠气，莫甚于茶，或济之盐，勾贼破家，滑窍走水。"曾枣庄、刘琳主编《全宋文》第 104 册卷二二七八，上海：上海辞书出版社、合肥：安徽教育出版社，2006 年，第 239 页。

138 《新唐书》卷五四《食货志》："其后王涯判二使，置榷茶使，徙民茶树于官场，焚其旧积者，天下大怨。"《新唐书》，第 1382 页。《旧唐书》卷一六九《郑注列传》："初浴堂召对，上访以富人之术，乃以榷茶为对。其法，欲以江湖百姓茶园，官自造作，量给直分，命使者主之。帝惑其言，乃命王涯兼榷茶使。"《旧唐书》，第 4300 页。

139 图中所用茶器实物照片皆为法门寺地宫出土唐代鎏金茶器，见陕西省考古研究院等编著《法门寺考古发掘报告》，北京：文物出版社，2007 年。

140 《旧唐书》卷一七下《文宗本纪》："（大和九年）冬十月……王涯献榷茶之利，乃以涯为榷茶使。茶之有榷税，自涯始也。……十二月壬申朔，诸道盐铁转运榷茶使令狐楚奏榷茶不便于民，请停，从之。"《旧唐书》，第561—563页。榷茶之法前后持续不过三个月。

141 《旧唐书》卷一六九《王涯列传》："（大和九年）十一月二十一日，李训事败，文宗入内，涯与同列归中书会食，未下箸，吏报有兵自阁门出，逢人即杀。涯等苍惶步出，至永昌里茶肆，为禁兵所擒，并其家属奴婢，皆系于狱。……狱具，左军兵马三百人领涯与王璠、罗立言，右军兵马三百人领贾餗、舒元舆、李孝本，先赴郊庙，徇两市，乃腰斩于子城西南隅独柳树下。"《旧唐书》，第4404—4405页。

142 《封氏闻见记校注》卷六《饮茶》："自邹、齐、沧、棣，渐至京邑，城市多开店铺煎茶卖之，不问道俗，投钱取饮。"《封氏闻见记校注》，第51页。

143 见姚合《乞新茶》："嫩绿微黄碧涧春，采时闻道断荤辛。"《全唐诗》卷五〇〇，第5689页。《唐国史补》卷下："风俗贵茶，茶之名品益众。剑南有蒙顶石花，或小方，或散牙，号为第一。"《唐国史补 因话录》，第60页。皎然《饮茶歌诮崔石使君》："越人遗我剡溪茗，采得金牙爨金鼎。素瓷雪色缥沫香，何似诸仙琼蕊浆。"《全唐诗》卷八二一，第9260页。张文规《湖州贡焙新茶》："凤辇寻春半醉回，仙娥进水御帘开。牡丹花笑金钿动，传奏吴兴紫笋来。"《全唐诗》卷三六六，第4134页。《画墁录》："贞元中常衮为建州刺史，始蒸焙而研之，谓研膏茶。"张舜民撰，汤勤福整理《画墁录》，《全宋笔记》第12册，郑州：大象出版社，2019年，第296页。

144 《册府元龟》卷一六八《帝王部·却贡献》："哀帝天祐二年六月，以福建每年进橄榄子，敕曰：'……福建一道，远在海隅，常勤土贡……每年但供进腊面茶外，不要进奉橄榄子，永为常例。'"《册府元龟》，第1871页。宋代杨文公："江左方有蜡面之号，是也。今人多书蜡为腊，云取先春为义，失其本矣。"鉴于此，本书采信"蜡"字。

145 李郢《茶山贡焙歌》："茶成拜表贡天子，万人争啖春山摧。驿骑鞭声砉流电，半夜驱夫谁复见。十日王程路四千，到时须及清明宴。"《全唐诗》卷五九〇，第6847页。

146 见常衮《社日谢赐羊酒海味及茶等状》，《全唐文》卷四一八，第4277页。

147 《封氏闻见记校注》卷六《饮茶》："楚人陆鸿渐为《茶论》，说茶之功效并煎茶炙茶之法，造茶具二十四事以'都统笼'贮之。远近倾慕，好事者家藏一副。有常伯熊者，又因鸿渐之论广润色之，于是茶道大行，王公朝士无不饮者。御史大夫李季卿宣慰江南，至临淮县馆，或言伯熊善茶者，李公请为之。伯熊着黄被衫，乌纱帽，手执茶器，口通茶名，区分指点，左右刮目。茶熟，李公为歠两杯而止。既到江外，又言鸿渐能茶者，李公复请为之。鸿渐身衣野服，随茶具而入，既坐，教摊如伯熊故事。李公心鄙之。茶毕，命奴子取钱三十文酬煎茶博士。鸿渐游江介，通狎胜流，及此羞愧，复著《毁茶论》。"《封氏闻见记校注》，第 51—52 页。

148 见张又新《煎茶水记》，《全唐文》卷七二一，第 7420—7421 页。

149 《茶经译注》卷下《五之煮》："其水，用山水上，江水次，井水下。"《茶经译注》，第 99 页。

150 陆龟蒙《奉和袭美茶具十咏·煮茶》，《全唐诗》卷六二〇，第 7145 页。

151 《封氏闻见记校注》卷六《饮茶》："伯熊饮茶过度，遂患风气，晚节亦不劝人多饮也。"《封氏闻见记校注》，第 52 页。

152 《大唐新语》卷一一《褒锡》："右补阙毋煚，博学有著述才，上表请修古史，先撰目录以进。玄宗称善，赐绢百匹。性不饮茶，制代茶余序，其略曰：'释滞销壅，一日之利暂佳；瘠气侵精，终身之累斯大。获益则归功茶力，贻患则不为茶灾。岂非福近易知，祸远难见。'"刘肃撰，许德楠、李鼎霞点校《大唐新语》，北京：中华书局，1984 年，第 166 页。

第五章　逛街购物指南

1 本诗收录于克里斯蒂娜·罗塞蒂（Christina Rossetti）于 1862 年出版的诗集《妖精集市》（*Goblin Market and Other Poems*），据原文译出。

2 妹尾达彦著，李全福译《唐都长安城的人口数与城内人口分布》，中国古都学会编《中国古都研究》第 12 辑，太原：山西人民出版社，1994 年，第 179—189 页。

3 《唐六典》卷二〇《太府寺》："凡市以日午，击鼓三百声而众以会；日入前七刻，击钲三百声而众以散。"李林甫等撰，陈仲夫点校《唐六典》，北京：中华书局，1992 年，第 543—544 页。

4 《荆楚岁时记》："古之豪家，食称画卵。今代犹染蓝茜杂色，仍加雕镂，递相饷遗，或置盘俎。"宗懔撰，杜公瞻注，姜彦稚辑校《荆楚岁时记》，北京：中华书局，2018 年，第 32 页。

5 《荆楚岁时记》："以五彩丝系臂，名曰辟兵，令人不病瘟。……按：《孝经援神契》曰：'仲夏蚕始出，妇人染练，咸有作务。'日月、星辰、鸟兽之状，文绣金镂，贡献所尊。一名长命缕，一名续命缕，一名辟兵缯，一名五色丝，一名朱索，名拟甚多。"《荆楚岁时记》，第 49—50 页。

6 《文昌杂录》卷三："唐岁时节物……五月五日则有百索粽子。"庞元英撰，金圆整理《文昌杂录》,《全宋笔记》第 12 册，郑州：大象出版社，2019 年，第 163 页。

7 《入唐求法巡礼行记》卷三《开成六年》："正月六日　立春节。赐胡饼、寺粥。时行胡饼，俗家皆然。"圆仁于开成末、会昌初曾寄住在长安资圣寺。圆仁著，白化文、李鼎霞、许德楠校注，周一良审阅《入唐求法巡礼行记校注》，北京：中华书局，2019 年，第 356 页。

8 《旧唐书》卷一五《宪宗本纪》："乃诏京城诸道，能捕贼者赏钱万贯，仍与五品官，敢有盖藏，全家诛戮。乃积钱二万贯于东西市。"刘昫等撰，中华书局编辑部点校《旧唐书》，北京：中华书局，1975 年，第 453 页。

9 《旧唐书》卷三七《五行志》："贞元四年……三月癸丑，鹿入京师西市门，众杀之。"《旧唐书》，第 1370 页。

10 《新唐书》卷四九上《百官志》："日暮，鼓八百声而门闭；……五更二点，鼓自内发，诸街鼓承振，坊市门皆启，鼓三千挝，辨色而止。"欧阳修、宋祁撰，中华书局编辑部点校《新唐书》，北京：中华书局，1975 年，第 1286 页。卷四八《百官志》："凡市，日中击鼓三百以会众，日入前七刻，击钲三百而散。"《新唐书》，第 1264 页。

11 《唐律疏议笺解》卷八《卫禁》："越官府廨垣及坊市垣篱者，杖七十。侵坏者，亦如之。(从沟渎内出入者，与越罪同。越而未过，减一等。)"刘俊文《唐律疏议笺解》，北京：中华书局，1996 年，第 633 页。

12 《唐会要》卷八六《市》："宝历二年十月，京兆尹刘栖楚奏：'术者，数之妙。苟利于时，必以救患。伏以前度甚雨，闭门得晴。臣请今后每阴雨五日，即令坊、市闭北门，以禳诸阴；晴三日，便令尽开。使启闭有常，永为定式。'从之。"王溥《唐会要》，北京：中华书局，1960 年，第 1582—1583 页。这是雩（求雨）禜（止雨）古礼的一种变形，并将五方与阴阳学说结合起来，认为南门属阳，北门属阴，为了止雨自然要"抑阴兴阳"。

13 《资治通鉴》卷二二三《唐纪》："吐蕃剽掠府库市里，焚闾舍，长安中萧然一空。"司马光编著，胡三省音注，标点资治通鉴小组校点《资治通鉴》，北京：中华书局，1956 年，第 7152 页。

14 《旧唐书》卷一九五《回纥列传》："（大历）六年正月，回纥于鸿胪寺擅出坊市，掠人子女，所在官夺返，殴怒，以三百骑犯金光门、朱雀门。是日，皇城诸门尽闭……十年九月，回纥白昼刺人于东市，市人执之，拘于万年县。其首领赤心闻之，自鸿胪寺驰入县狱，劫囚而出，斫伤狱吏。"《旧唐书》，第 5207 页。

15 《旧唐书》卷一三五《卢杞列传》："杞乃以户部侍郎赵赞判度支，赞亦计无所施，乃与其党太常博士韦都宾等谋行括率，以为泉货所聚，在于富商，钱出万贯者，留万贯为业，有余，官借以给军，冀得五百万贯。上许之，约以罢兵后以公钱还。敕既下，京兆少尹韦祯督责颇峻，长安尉薛苹荷校乘车，搜人财货，意其不实，即行搒箠，人不胜冤痛，或有自缢而死者，京师嚣然如被贼盗。都计富户田宅奴婢等估，才及八十八万贯。又以僦柜纳质积钱货贮粟麦等，一切借四分之一，封其柜窖，长安为之罢市，百姓相率千万众邀宰相于道诉之。"《旧唐书》，第 3715 页。

16 《唐会要》卷四四《火》："十五年正月，京师西市火，焚死者众。"《唐会要》，第 788 页。

17 《旧唐书》卷三七《五行志》："九年六月乙亥朔，西市火。"《旧唐书》，第 1367 页。《资治通鉴》卷二四五《唐纪》："坊市恶少年因之报私仇，杀人，剽掠百货，互相攻劫，尘埃蔽天。"《资治通鉴》，第 7914 页。

18 《入唐求法巡礼行记校注》卷四《会昌三年》："六月廿七日　夜三更，东市失火，烧东市曹门已西十二行四千余家，官私钱物金银绢药等总烧尽。"《入唐求法巡礼行记校注》，第 415 页。《旧唐书》卷三七《五行志》："会昌三年六月，万年县东市火，烧屋宇货财不知其数。"《旧唐书》，第 1367 页。

19 《旧唐书》卷一八二《王处存列传》："中和元年四月……贼侦知，自灞上复袭京师，市人以为王师，欢呼迎之。处存为贼所迫，收军还营。贼怒，召集两市丁壮七八万，并杀之，血流成渠。"《旧唐书》，第 4700 页。

20 韦庄《秦妇吟》："长安寂寂今何有？废市荒街麦苗秀。"辛文房撰，周绍良笺证《唐才子传笺证》卷一〇《韦庄》，北京：中华书局，2010 年，第 2214 页。

21 《旧五代史》卷二六《唐书·武皇纪》："（七月）己未，同州节度使王行约弃城奔京师，与左军兵士劫掠西市，都民大扰。"薛居正等撰，中华书局编辑部点校《旧五代史》，北京：中华书局，1976 年，第 351 页。

22 《资治通鉴》卷二六〇《唐纪》："茂贞遂入长安，自中和以来所葺宫室、市肆，燔烧俱尽。"《资治通鉴》，第 8491 页。

23 《唐代长安与西域文明》："关于金市之解释，余亦同意于石田干之助氏之说，以为系指长安之西市而言。"向达《唐代长安与西域文明》，石家庄：河北教育出版社，2001 年，第 41 页。不过，西市称金市也有可能是出于五行之考虑，比如北魏洛阳城西的集市也被称为金市。《太平寰宇记》卷三《河南道》："《洛阳记》云：'大市名金市，在大城西，南市在大城南，马市在大城东。按金市在临商观西，兑为金，故曰金市。'"乐史撰，王文楚等点校《太平寰宇记》，北京：中华书局，2007 年，第 54 页。

24 《最新增订唐两京城坊考》卷二："次南安善坊。尽一坊之地为教弩场。（隋明堂在此坊。高宗时，并此坊及大业坊之半立中市署，领口马牛驴之肆。然已偏处京城之南，交易者不便，后但出文符于署司而已，货鬻者并移于市。至武太后末年，废为教弩场，其场隶威远军。）”徐松撰，李健超增订《最新增订唐两京城坊考》，西安：三秦出版社，2019 年，第 80 页。《唐会要》卷八六《市》：“长安元年十一月二十八日，废京中市。至天宝八载十月五日，西京威远营置南市。”《唐会要》，第 1581 页。威远营也在安善坊。

25 白居易《送张山人归嵩阳》。白居易撰，谢思炜校注《白居易诗集校注》卷第十二，北京：中华书局，2006 年，第 907 页。

26 《通典》卷六《食货》：“准令，布帛皆阔尺八寸、长四丈为匹，布五丈为端。”杜佑撰，王文锦等点校《通典》，北京：中华书局，1988 年，第 107—108 页。

27 唐朝政府一直在维系绢帛的法定地位，但大臣中建议增加铸钱，推动货币流通的大有人在，如张九龄、杜佑、陈子昂等，因为绢帛实在不太方便，流通货币少又容易影响经济。详见彭信威《中国货币史》，上海：上海人民出版社，2015 年，第 267—269 页。

28 见加藤繁《唐宋时代金银之研究——以金银之货币机能为中心》，北京：中华书局，2006 年；王承文《晋唐时代岭南地区金银的生产和流通》，荣新江主编《唐研究》第 13 卷，北京：北京大学出版社，2007 年，第 505—548 页。

29 见《中国货币史》，第 240 页。“一金”在特定语境中也可能指一贯钱（一千文）。

30 虽然大历四年（769）和建中初都有铸造钱币的记载，但未留下钱币名称。彭信威认为大历元宝和建中通宝制作不精，是私铸。目前发现的这两种钱币大致集中在唐安西都护府辖境内，可能是抗击吐蕃时安西守军们的自铸钱。见《中国货币史》，第 216 页；王永生《大历元宝、建中通宝铸地考——兼论上元元年（760 年）后唐对西域的坚守》，中国钱币学会编《中国钱币论文集》第 3 辑，北京：中国金融出版社，1998 年，第 309—319 页。

31 “得壹元宝”和“顺天元宝”为安史叛军铸钱。

32 两《唐书》均未记载此钱，最早记载见南宋洪遵《泉志》卷三：“右咸通钱，旧谱曰：唐咸通十一年，桂阳监铸钱官王彤进新铸钱，文曰‘咸通玄宝’，寻有敕停废不行。”洪遵撰，胡震亨校订《泉志》，日本元禄十年（1697）刊本。咸通玄宝在 20 世纪八九十年代出土于四川和甘肃的五代十国钱币窖藏。

33 《旧唐书》卷一八《武宗本纪》：“（会昌五年）天下废寺，铜像、钟磬委盐铁使铸钱。”《旧唐书》，第 605 页。

34 王春法主编《大唐风华》，北京：北京时代华文书局，2019 年，第 81 页。

35 何家村窖藏出土的金开元通宝被存放于“大粒光明砂”银药盒中，药盒内壁写道："大粒光明砂一大斤，白玛瑙铰具一十五事，失玦。真黄钱卅……"详见齐东方《行走在汉唐之间》，上海：上海古籍出版社，2022 年，第 44 页。

36 新疆维吾尔自治区博物馆编《新疆维吾尔自治区博物馆》，北京：文物出版社，1991 年，第 69 页。

37 《旧唐书》卷四八《食货志》："显庆五年九月，敕以恶钱转多，令所在官私为市取，以五恶钱酬一好钱。百姓以恶钱价贱，私自藏之，以候官禁之弛。高宗又令以好钱一文买恶钱两文，弊仍不息。……（天宝）十一载二月，下敕曰：'钱货之用，所以通有无；轻重之权，所以禁逾越。故周立九府之法，汉备三官之制。永言适便，必在从宜。如闻京师行用之钱，颇多滥恶，所资惩革，绝其讹谬。然安人在于存养，化俗期于变通，法若从宽，事堪持久。宜令所司即出钱三数十万贯，分于两市，百姓间应交易所用钱不堪久行用者，官为换取，仍限一月日内使尽。庶单贫无患，商旅必通。其过限辄违犯者，一事已上，并作条件处分。'是时京城百姓，久用恶钱，制下之后，颇相惊扰。时又令于龙兴观南街开场，出左藏库内排斗钱，许市人博换，贫弱者又争次不得。俄又宣敕，除铁锡、铜沙、穿穴、古文，余并许依旧行用，久之乃定。"《旧唐书》，第 2095—2099 页。又开元八年（720）诏："百姓情愿出恶钱一千文计秤满六斤，即官以好钱三百文。"见王钦若等编纂，周勋初等校订《册府元龟》卷五〇一《邦计部 · 钱币》，南京：凤凰出版社，2006 年，第 5685 页。

38 《旧唐书》卷四八《食货志》："则天长安中，又令悬样于市，令百姓依样用钱。"《旧唐书》，第 2096 页。

39 《旧唐书》卷一七《文宗本纪》："壬申，敕：'元和四年敕禁铅锡钱皆纳官，许人纠告，一钱赏百钱，此为太过。此后以铅锡钱交易者，一贯以下，州府常行杖决脊杖二十；十贯以下决六十，徒三年；过十贯已上，集众决杀。能纠告者，一贯赏钱五十文。'"《旧唐书》，第 531 页。

40 下面提到的米价均为关中和京畿地区的数据，也包括了未明确记载地点的米价。若数据来自其他区域，均有特别说明。

41 唐量分为大斗和小斗，据《唐六典》卷三，三小斗为一大斗，且小斗常用于天文、乐律、合汤药等方面，推测粮食买卖时当以大斗计。然而由于记载未详，且唐代存在大小斗混用（如吐鲁番出土唐代文书口给粮账中的斗即为小斗）、市斗与官量规格有出入的情况，因此不可能还原出准确的"古今汇率比"。唐代大斗约为 6000 毫升，约合 9.6 市斤大米。详见郭正忠《三至十四世纪中国的权衡度量》，北京：中国社会科学出版社，2008 年，第 276 页；丘光明编著《中国历代度量衡考》，北京：科学出版社，1992 年，第 259 页；吴慧《魏晋南北朝隋唐的度量衡》，《中国社会经济史研究》1992 年第 3 期，第 7—18 页。

42 《通典》卷七《食货》："初，自贞观以后，太宗励精为理，至八年、九年，频至丰稔，米斗四五钱，马牛布野，外户动则数月不闭。至十五年，米每斗值两钱。"《通典》，第 149 页。

43 《通典》卷七《食货》："永淳元年，京师大雨，饥荒，米每斗四百钱，加以疾疫，死者甚众。"《通典》，第 149 页。

44 《资治通鉴》卷二〇九《唐纪》："是岁（景龙三年）关中饥，米斗百钱。"《资治通鉴》，第 6639 页。

45 《唐语林校证》卷三《夙慧》："开元初……户计一千余万，米每斗三钱。"王谠撰，周勋初校证《唐语林校证》，北京：中华书局，2008 年，第 309 页。

46 《通典》卷七《食货》："至十三年封泰山，米斗至十三文，青、齐谷斗至五文。自后天下无贵物，两京米斗不至二十文。"《通典》，第 152 页。

47 《旧唐书》卷三六《天文志》："（乾元三年）逆贼史思明再陷东都，米价踊贵，斗至八百文，人相食，殍尸蔽地。"卷一〇《肃宗本纪》："是岁（乾元三年）饥，米斗至一千五百文。"《旧唐书》，第 1324、258 页。

48 《旧唐书》卷二〇〇上《安庆绪列传》："庆绪自十月被围至二月，城中人相食，米斗钱七万余，鼠一头直数千。"《旧唐书》，第 5373 页。

49 李翱《疏改税法》："臣以为自建中元年初定两税，至今四十年矣。当时绢一匹为钱四千，米一斗为钱二百。"董诰等编《全唐文》卷六三四，北京：中华书局，1983 年，第 6403 页。

50 《资治通鉴》卷二三一《唐纪》："时（兴元元年）关中兵荒，米斗直钱五百。……今天下旱、蝗，关中米斗千钱。"《资治通鉴》，第 7429、7448 页。

51 陆贽《请减京东水运收脚价于缘边州镇储蓄军粮事宜状》："今（贞元八年）岁关中之地，百谷丰成……米价约七十以下。"陆贽撰，王素点校《陆贽集》卷一八，北京：中华书局，2006 年，第 596 页。李翱《疏改税法》："今（约元和十五年）税额如故，而粟帛日贱，钱益加重，绢一匹价不过八百，米一斗不过五十。"《全唐文》卷六三四，第 6403 页。李翱《进士策问二道》："（贞元末年）粟帛日卑，粟一斗价不出二十，帛一匹价不出八百。"《全唐文》卷六三四，第 6399 页。据胡如雷考证，唐代粟的价格一般是米价的 60%，故斗米约三十三钱。见胡如雷《隋唐五代社会经济史论稿》，北京：中国社会科学出版社，1996 年，第 149 页。

52 《资治通鉴》卷二三八《唐纪》："是岁（元和六年），天下大稔，米斗有直二钱者。"《资治通鉴》，第 7688 页。

53 《旧唐书》卷二〇〇下《黄巢列传》："时（中和元年）京畿百姓皆砦于山谷，累年废耕耘，贼坐空城，赋输无入，谷食腾踊，米斗三十千。"《旧唐书》，第 5394 页。

54 《旧唐书》卷一八二《高骈传》："（光启三年）既而蔡贼杨行密自寿州率兵三万，乘虚攻城。城中米斗五十千，饿死大半。"《旧唐书》，第 4711 页。

55 此法自南朝梁始，也称"除陌"。"除陌"一词运用范围很广，本义是"扣除百分之几"，但在不同语境中有不同含义。史料中若出现"除陌"二字，不一定是指文中这种钱荒状态下的权宜之法，有时也用于征税、抽取经费等场合。详见赖瑞和《唐代除陌法和除陌钱新解》，杜文玉主编《唐史论丛》第 23 辑，西安：三秦出版社，2016 年，第 10—28 页。

56 《旧唐书》卷四八《食货志》："（元和）四年闰三月，京城时用钱每贯头除二十文。"《旧唐书》，第 2102 页。《新唐书》卷五四《食货志》："民间垫陌有至七十者。"《新唐书》，第 1390 页。

57 《旧唐书》卷四八《食货志》："长庆元年九月，敕：'……其内外公私给用钱，从今以后，宜每贯一例除垫八十，以九百二十文成贯，不得更有加除及陌内欠少。'"《旧唐书》，第 2105 页。

58 唐中后期因筹集军费、战后恢复等需要而加重税收，开始对私人交易收取交易税。比如建中四年（783）税率为 5%，见《旧唐书》卷一三五《卢杞列传》："除陌法，天下公私给与贸易，率一贯旧算二十，益加算为五十，给与物或两换者，约钱为率算之。"见《旧唐书》，第 3715 页。此法半年即被废除。至于天宝九年（750）之"除陌钱每贯二十文"，鞠清远（《唐代财政史》）、李锦绣（《唐代财政史稿》）等学者认为是交易税，而杜希德（《唐代财政》）、加藤繁（译注《旧唐书食货志　旧五代史食货志》）、赖瑞和（《唐代除陌法和除陌钱新解》）认为这只是一种官定货币短钱标准，即短陌。

59 明确记载旗亭为集市中最高楼且具有监察作用的，多为汉代和北魏史料，如张衡《西京赋》："尔乃廓开九市，通阛带阓。旗亭五重，俯察百隧。"《史记》卷一三《三代世表》集解："《西京赋》曰'旗亭五里。'薛综曰：'旗亭，市楼也。立旗于上，故取名焉。"以及《洛阳伽蓝记》卷二："阳渠北有建阳里，里内有土台，高三丈，上作二精舍。（赵逸云：'此台是中朝旗亭也。'上有二层楼，悬鼓，击之以罢市。）"《旧唐书》卷四四《职官志》："两京都市署……凡建标立候，陈肆辨物。"推测"候"为"堠"，本义是为了望远预警而设的堡垒，可能就是旗亭。杨宽认为，唐代市集中也有旗亭，作为最高建筑来观察市集情况，并且旗亭在这一时期也衍生出了酒楼的含义，见杨宽《中国古代都城制度史研究》，上海：上海人民出版社，2016 年，第 267 页。

60 《新唐书》卷四八《百官志》："凡市……。有果毅巡泄。平货物为三等之直，十日为簿。"《新唐书》，第 1264 页。果毅都尉原本为唐代中前期折冲府中的基层军事官员，此处之"果毅"不知是实指还是虚指，也可能是指类似的基层武官，负责巡视市场。

61 见《唐天宝二年（743）交河郡市估案》，池田温《中国古代籍帐研究：概观·录文》，东京：东京大学出版社，1979 年，第 453 页。大谷文书 3057、3051、3080 号《物价文书》，见小田义久主编《大谷文书集成》第 2 卷，京都：法藏馆，1991 年，图版二一。

62 《唐令拾遗》："（开元七年、开元二十五年令）诸市，每肆立标，题行名。依《令》，每月旬别三等估。"仁井田陞原著，栗劲等编译《唐令拾遗》，长春：长春出版社，1989 年，第 644 页。

63 见池田温《唐研究论文选集》，北京：中国社会科学出版社，1999 年，第 147—150 页；赖瑞和《唐人在多元货币下如何估价和结账》，《中华文史论丛》2016 年第 3 期，第 61—112 页。

64 《唐会要》卷六六《太府寺》："关市令：诸官私斗尺秤度，每年八月，诣金部太府寺平较。不在京者，诣所在州县平较，并印署，然后听用。"《唐会要》，第 1154 页。

65 《唐六典》卷二〇《太府寺》："以伪滥之物交易者，没官；短狭不中量者，还主。"《唐六典》，第 543 页。《唐律疏议笺解》卷二六《杂律》："诸造器用之物及绢布之属，有行滥、短狭而卖者各杖六十。"《唐律疏议笺解》，第 1859 页。"行滥"指货物伪劣，"短狭"指缺斤少两。

66 《唐律疏议笺解》卷二六《杂律》："立券之后，有旧病者三日内听悔，无病欺者市如法，违者笞四十。"《唐律疏议笺解》，第 1871 页。

67 元稹《和李余古题乐府九首·估客乐》："火伴相勒缚，卖假莫卖诚。交关但交假，本生得失轻。自兹相将去，誓死意不更。一解市头语，便无乡里情。鍮石打臂钏，糯米吹项瓔。归来村中卖，敲作金玉声。村中田舍娘，贵贱不敢争。所费百钱本，已得十倍赢。"元稹原著，吴伟斌辑佚编年笺注《新编元稹集》，西安：三秦出版社，2015 年，第 4231 页。

68 《唐会要》卷八六《市》："大中二年九月敕：比有无良之人，于街市投匿名文书，及于箭上或旗旛，纵为奸言，以乱国法。此后所由潜加捉搦，如获此色，使即焚瘗，不得上闻。"《唐会要》，第 1583 页。

69 《唐会要》卷八六《市》："贞观元年十月敕：五品以上，不得入市。"《唐会要》，第 1581 页。

70 《旧唐书》卷一四〇《张建封列传》:“时宦者主宫中市买,谓之宫市,抑买人物,稍不如本估。末年不复行文书,置白望数十百人于两市及要闹坊曲,阅人所卖物,但称宫市,则敛手付与,真伪不复可辨,无敢问所从来及论价之高下者,率用直百钱物买人直数千物,仍索进奉门户及脚价银。人将物诣市,至有空手而归者,名为宫市,其实夺之。尝有农夫以驴驮柴,宦者市之,与绢数尺,又就索门户,仍邀驴送柴至内。农夫啼泣,以所得绢与之,不肯受,曰:‘须得尔驴。’农夫曰:‘我有父母妻子,待此而后食;今与汝柴,而不取直而归,汝尚不肯,我有死而已。’遂殴宦者。街使擒之以闻,乃黜宦者,赐农夫绢十匹。然宫市不为之改。”《旧唐书》,第3830—3831页。

71 《新唐书》卷五二《食货志》:“户部侍郎苏弁言:‘京师游手数千万家,无生业者仰宫市以活。’”《新唐书》,第1359页。

72 《新唐书》卷五二《食货志》:“宫中取物于市,以中官为宫市使。两市置‘白望’数十百人,以盐估敝衣、绢帛,尺寸分裂酬其直。又索进奉门户及脚价钱,有赍物入市而空归者。每中官出,沽浆卖饼之家皆彻肆塞门。”《新唐书》,第1358—1359页。

73 宣宗《委京兆府捉获奸人诏》:“如闻近日多有闲人,不务家业,尝怀凶恶,肆意行非,专于坊市之闲,恐胁取人财物。又其中亦有曾为趋吏,依倚门栏,自恐愆尤,遂致停解,不思己过,却务怨仇,妄构虚辞,恣行恐吓。要惩此弊,以静奸源。自今已后,宜委京兆府切加访察,如有此色,便捉获痛加刑断。”《全唐文》卷八〇,第840页。

74 《旧唐书》卷一九八《拂菻列传》:“乾封二年,遣使献底也伽。”《旧唐书》,第5315页。《新修本草》记述为:“底野迦……状似久坏丸药,赤黑色。”苏敬等《新修本草》,上海:上海卫生出版社,1957年,第195页。

75 《唐关市令》:“诸市,每肆各标行名。”天一阁博物馆、中国社会科学院历史研究所天圣令整理课题组校证《天一阁藏明钞本天圣令校证》附《唐关市令复原清本》,北京:中华书局,2006年,第540页。

76 《唐关市令》:“诸在市兴贩,男女别坐。”《天一阁藏明钞本天圣令校证》附《唐关市令复原清本》,第540页。

77 这种黄色并不是皇帝专用的赤黄。在武德初年,赤黄为君主专用,唐朝士庶一般穿着其他黄色。《新唐书》卷四五《舆服志》:“武德初,因隋旧制,天子宴服,亦名常服,唯以黄袍及衫,后渐用赤黄,遂禁士庶不得以赤黄为衣服杂饰。四年八月敕:‘……流外及庶人服绸、絁、布,其色通用黄。’”《新唐书》,第1952页。某些著作会引《旧唐书》卷四五《舆服志》“总章元年,始一切不许着黄”的记载，说总章后百姓连非赤黄的黄色都不能穿了。但根据孙机《中国古舆服论丛》，并参看《通典》卷六一《礼》，会发现“始”字前脱“朝参”二字，因此该内容并非针对平民。其实，唐代诗文中经常可以看到普通人与道士穿黄（非赤黄）的现象，如杜甫《少年行》：“黄衫年少来宜数。”刘禹锡《乐天以愚相访沽酒致欢因成七言聊以奉答》：“少年曾醉酒旗下，同辈黄衣颔亦黄。”蒋防《霍小玉传》：“大历中……忽有一豪士，衣轻黄纻衫。”王建《题东华观》：“白发道心熟，黄衣仙骨轻。”不过，记载最多的穿黄衣者，还是与皇家关系密切的宦官。唐代庶民则多服白衣，如牛希济《荐士论》形容举子赴京赶考：“孟冬之月，集于京师，麻衣如雪，纷然满于九衢。”于濆《恨从军》：“不嫁白衫儿，爱君新紫衣。”当然，民间也一直存在逾越服制的现象，要么公然犯禁，要么暗度陈仓。见《唐大诏令集》卷一〇八《官人百姓衣服不得逾令式诏》：“敕：采章服饰，本明贵贱，升降有殊，用崇劝奖。如闻在外官人百姓，有不依式令，遂于袍衫之内，着朱紫青绿等色短袄子，或于闾野，公然露服，贵贱莫辨，有蠹彝伦。自今已后，衣服上下，各依品秩。上得通下，下不得僭上。仍令所司严切禁断，勿使更然。”宋敏求编《唐大诏令集》，北京：中华书局，2008 年，第 562 页。

78 《唐语林校证》卷七《补遗》：“唐末士人之衣色尚黑，故有紫绿，有墨紫。迨兵起，士庶之衣俱皂，此其谶也。”《唐语林校证》，第 681 页。

79 中古时棉花品种分为印度树棉和非洲草棉。树棉从印度传入中国云南与东南沿海，草棉最早于魏晋南北朝时期在吐鲁番地区种植，两种棉花在唐时尚未引进中原种植。《异闻集校证》三九《东城老父传》记载“（开元时）老人岁时伏腊得归休，行都市间，见有卖白衫白叠布”，由此可知开元时市集内有销入中原的白叠布。“白叠”“白氎”或俗字“緤”均为棉布之古称的不同写法，如《一切经音义》卷三三中提到：“氎者，西国木绵草，花如柳絮。彼国土俗，皆抽捻以纺成缕，织以为布。”徐时仪校注《一切经音义三种校本合刊》，上海：上海古籍出版社，2012年，第 1097 页。另请参见王仲荦《唐代西州的緤布》，《文物》1976 年第 1 期，第 85—88 页；郑炳林《晚唐五代敦煌地区种植棉花研究》，《中国史研究》1999 年第 3 期，第 83—95 页。关于“白氎”，刘进宝曾提出它亦有可能被用指毛织物，并不是完全指代棉布，参见刘进宝《唐五代敦煌棉花种植研究——兼论棉花从西域传入内地的问题》，《历史研究》2004 年第 6 期，第 27—40 页。对此，张秉权认为“氎”原指毛布，后来沿用为指代棉织品，至少在魏晋时已经通行，所以不存在刘进宝提出的混用问题。参见张秉权《中国古代的棉织品》，《“中央研究院”历史语言研究所集刊》第 52 本第 2 分册，第 214 页；另见毕波《古代于阗的一种织物——白氎》，《中国经济史研究》2018 年第 3 期，第 162—170 页。

80　严格来说，绫是斜纹地斜纹显花，绮为平纹地斜纹显花；绫盛于唐，绮盛于汉，不过唐亦称绮为绫。

81　敦煌藏经洞内发现了含有缎纹地的织物。见高汉玉、屠恒贤《敦煌窟藏的丝绸与刺绣》，《丝绸》1988 年第 2 期，第 10—13 页。现存最早的缎类织物为出土于江苏无锡元代钱裕墓中的暗花缎。

82　曾昭岷等编撰《全唐五代词》正编卷四《云谣集杂曲子·凤归云》，北京：中华书局，1999 年，第 802 页。

83　白居易《缭绫》。白居易撰，谢思炜校注《白居易诗集校注》卷四，北京：中华书局，2006 年，第 390 页。

84　唐代流行的斜纹纬锦有两种——“唐式全明经斜纹纬锦”与“辽式半明经斜纹纬锦”。从唐初开始，斜纹经锦过渡为唐式全明经斜纹纬锦，至晚唐发展出辽式半明经斜纹纬锦。辽式半明经斜纹纬锦因最早在辽代墓葬中大量发现而得名，但这种织物实际晚唐已有出现。

85　李濬《松窗杂录》：“西蜀织成《兰亭》。”不著撰人，罗宁点校《大唐传载（外三种）》，北京：中华书局，2019 年，第 99 页。

86　《苏氏演义》卷下：“顺宗时，南海贡奇女卢眉娘，年十四，能于一尺绡上绣《法华经》七卷，字如粟米，点画分明，细于毛发。”《苏氏演义（外三种）》，第 37 页。

87　文献中明确记载夹缬起源的有两处，一为马缟《中华古今注》卷中《裙衬裙》：“隋大业中，炀帝制五色夹缬花罗裙，以赐宫人及百僚母、妻。”苏鹗等撰，吴企明点校《苏氏演义（外三种）》，北京：中华书局，2012 年，第 103 页；另一处为《唐语林校证》卷四《贤媛》（一些文献误以为是《因话录》，实际上《因话录》中关于柳婕妤的记载并未提及发明夹缬一事）：“玄宗柳婕妤有才学，上甚重之。婕妤妹适赵氏，性巧慧，因使工镂板为杂花，象之而为夹结。因婕妤生日，献王皇后一匹，上见而赏之，因敕宫中依样制之。当时甚秘，后渐出，遍于天下，乃为至贱所服。”《唐语林校证》，第 405 页。隋代说至今缺乏出土实物，根据《唐语林》记载及现出土的盛唐以后文物实例，暂且认为夹缬在盛唐后出现。

88　国家文物局、中国科学技术协会编《奇迹天工——中国古代发明创造文物展》，北京：文物出版社，2008 年，第 63 页。

89　孙棨《北里志·王团儿》：“宣阳彩缬铺张言为街使郎官置宴，张即宜之所主也。”陆楫编《古今说海》，上海：上海文艺出版社，1989 年，第 11 页。

90　康骈《剧谈录·潘将军失珠》：“止于胜业坊北门短曲，有母同居，盖以纫针为业。”李时人编校，何满子审定，詹绪左覆校《全唐五代小说》卷七五，北京：中华书局，2014 年，第 2578 页。

91 《元和郡县图志》卷一七《河北道·赵州》：“出白土，细滑如膏，以之濯绵，色如霜雪。”李吉甫撰，贺次君点校《元和郡县图志》，北京：中华书局，1983 年，第 491 页。

92 唐代被冠以“朝霞”二字的织物有很多，有朝霞衣、朝霞布、朝霞绸、朝霞氎等。玄奘在《大唐西域记》中提到一种“朝霞衣”，见《大唐西域记校注》卷四：“磔迦国……衣服鲜白，所谓憍奢耶衣、朝霞衣等。”卷二：“其所服者谓憍奢耶衣及氎布等。憍奢耶者，野蚕丝也。”见玄奘、辩机原著，季羡林等校注《大唐西域记校注》，北京：中华书局，2000 年，第 352、176 页。憍奢耶衣、朝霞衣并列，当皆为白色的野蚕丝织物，“朝霞”很可能是梵语野蚕丝（kauseya）“憍奢耶”之音译，详见杜朝晖《敦煌文献名物研究》，北京：中华书局，2011 年，第 246 页。唐代“朝霞”发音是否与 kauseya 接近仍存疑，不过朝霞布同样出现在《旧唐书》卷一九七《陀洹列传》中：“陀洹国，在林邑西南大海中……土无蚕桑，以白氎朝霞布为衣。”又同卷《骠国列传》：“其衣服悉以白氎为朝霞，绕腰而已。不衣缯帛，云出于蚕，为其伤生故也。”骠国不愿伤生而不衣缯帛，所以此处的“朝霞布”可能不再指蚕丝，而是白色棉布制品，因外观与野蚕丝制品相同而使记录者混淆了称呼。综合来看，两处文献中的朝霞布无论是蚕丝还是棉布，均为白色。除此之外，在《隋书》卷八二《赤土列传》中，还提到南海赤土国“男女通以朝霞、朝云杂色布为衣”，遂推测朝霞布为白色，而朝云布是杂色布。另外，在唐代，人们有以“朝霞”之色来形容华彩织物的传统，导致文学作品中的“朝霞”泛指五彩织锦。“朝霞”一词的指代复杂性可见一斑。

93 《太平广记》卷四八〇《蛮夷·女蛮国》：“大中初，女蛮国贡……明霞锦，云炼水香麻以为色，光辉映曜，芬馥著人，五色相间，而美于中华锦。”李昉等编《太平广记》，北京：中华书局，1961 年，第 3955 页。

94 《新唐书》卷四一《地理志》：“抚州临川郡，上。土贡：金丝布……”《新唐书》，第 1070 页。

95 桂布的原料究竟是什么已不可知，暂且推测是至迟于东汉、三国时期传入中国西南、海南和两广地区的木本棉（即前文提到的印度树棉），参见石声汉、李凤岐《明末以前棉及棉织品输入的史迹》，《中国农史》1981，第 31—38 页。区别于“绵”字的“棉”字最早见于北宋，故唐与唐前文献中的“木绵”并不是今人熟知的英雄树（攀枝花），而特指木本棉花，即树棉。

96 见佚名《新辑玉泉子》。赵元一等撰，夏婧点校《奉天录（外三种）》，北京：中华书局，2014 年，第 162 页。

97 《北梦琐言》卷三：“夏侯孜相国未偶，伶俜风尘，蹇驴无故坠井，每及朝士之门，舍逆旅之馆，多有龃龉，时人号曰‘不利市秀才’。”孙光宪撰，贾二强点校《北梦琐言》，北京：中华书局，2002 年，第 42 页。

98 《马可波罗行纪》第五九章《欣斤塔剌思州》：“君等应知此山并有一种矿脉，其矿可制火鼠（salamandre）。须知此火鼠非兽，如我辈国人之所云，实为采自地中之物。其法如下。由其性质，此物非兽无疑，盖凡动物皆为四元素所结合，不能御火也。马可波罗有一突厥伴侣名称苏儿非哈儿（Surficar），广有学识，为大汗尽职于此地者三年。采取火鼠以献大汗。据称，掘此山中，得此矿脉。取此物碎之，其中有丝，如同毛线。曝之使干，既干，置之铁臼中。已而洗之，尽去其土，仅余类似羊毛之线，织之为布。布成，色不甚白。置于火中炼之。取出毛白如雪。每次布污，即置火中使其色白。”马可波罗口述，沙海昂注，冯承钧译《马可波罗行纪》，北京：中国旅游出版社、商务印书馆，2016 年，第 103—105 页。

99 《后汉书》卷八六《白马氐列传》注引《神异经》：“南方有火山……火中有鼠，重千斤，毛长二尺余，细如丝，恒居火中，时时出外，而毛白，以水逐沃之即死。绩取其，织以作布。用之若污，以火烧之，则清洁也。”范晔撰，李贤等注，中华书局编辑部点校《后汉书》，北京：中华书局，1965 年，第 2861 页。《法苑珠林校注》卷二八《神异篇》：“《吴录》曰：日南北景县有火鼠，取毛为布，烧之而精，名火浣布。”释道世著，周叔迦、苏晋仁校注《法苑珠林校注》，北京：中华书局，2003 年，第 884 页。

100 房陵大长公主墓托果盘宫女图、持杯提壶仕女图等唐墓壁画中常有双面异色帔帛的出现。

101 新疆维吾尔自治区博物馆编《新疆出土文物》，北京：文物出版社，1975 年，第 113 页。

102 《四时纂要校释》夏令卷三：“取好紧薄绢，捣练如法后制造。以生丝线夹缝缝，上油，每度干后，以皂角水净洗，又再上。如此水试不漏，即止。即油衣常软，兼明白，且薄而光透。”韩鄂撰，缪启愉校释《四时纂要校释》，北京：农业出版社，1981 年，第 162 页。

103 《入唐求法巡礼行记校注》卷四《会昌五年》：“李侍御送路不少：吴绫十匹、檀香木一、檀龛像两种、和香一瓷瓶、银五股拔折罗一、毡帽两顶、银字《金刚经》一卷、软鞋一量、钱二贯文，数在别纸也。”《入唐求法巡礼行记校注》，第 455 页。

104 《近事会元》卷五：“唐高祖武德已来，妇人著履，规制亦重，又著线靴。开元以来，例著线鞋，取轻妙便于事。”李上交撰，虞云国、吴爱芬整理《近事会元》，《全宋笔记》第 8 册，郑州：大象出版社，2019 年，第 52 页。

105 《旧唐书》卷四五《舆服志》:“太宗……常服，赤黄袍衫，折上头巾，九环带，六合靴，皆起自魏、周，便于戎事。”又同卷:“武德初……其折上巾，乌皮六合靴，贵贱通用。”《旧唐书》第 1938、1952 页。

106 《新疆维吾尔自治区博物馆》，第 146 页。

107 “国立”历史博物馆编辑委员会编《丝路传奇：新疆文物大展》，台北：“国立”历史博物馆，2008 年，第 45 页。

108 《云仙散录》二《飞云履》:“《樵人直说》曰：白乐天烧丹于庐山草堂，作飞云履，玄绫为质，四面以素绡作云朵，染以四选香，振履则如烟雾。乐天著示山中道友，曰：‘吾足下生云，计不久上升朱府矣。’”冯贽编，张力伟点校《云仙散录》，北京：中华书局，2008 年，第 17 页。

109 《云仙散录》三四七《桃花织鞋》:“《青州杂记》曰：青齐间有一种桃花盛开时垂丝三二尺者，采之，练以松脂，递相缠结，织成鞋履，寄往都下，人皆不辨何物。”《云仙散录》，第 165 页。

110 张鷟《朝野佥载》卷三：“宗楚客造一新宅成……磨文石为阶砌及地，着吉莫靴者，行则仰仆。”刘餗、张鷟撰，程毅中、赵守俨点校《隋唐嘉话　朝野佥载》，北京：中华书局，1979 年，第 70 页。

111 张鷟《朝野佥载》卷六：“柴绍之弟某，有材力，轻矫迅捷，踊身而上，挺然若飞……尝着吉莫靴走上砖城，直至女墙，手无攀引。又以足踏佛殿柱，至檐头，捻椽覆上。越百尺楼阁，了无障碍。”《隋唐嘉话　朝野佥载》，第 138 页。

112 见孙机《中国古舆服论丛》，上海：上海古籍出版社，2013 年，第 231 页。

113 李匡文《资暇集》卷下《席帽》:“永贞之前，组藤为盖，曰‘席帽’，取其轻也。后或以太薄，冬则不御霜寒，夏则不障暑气，乃细色罽代藤，曰‘毡帽’，贵其厚也。非崇贵莫戴，而人亦未尚。”《苏氏演义（外三种）》，第 206 页。

114 李匡文《资暇集》卷下《席帽》:“大和末，又染缯而复代罽，曰‘叠绡帽’，虽示其妙，与毡帽之庇悬矣。会昌已来，吴人炫巧，抑有结丝帽若网。其巧之淫者，织花鸟相厕焉。（近又染藤为紫，复以轻相尚。）”《苏氏演义（外三种）》，第 206 页。

115 马缟《中华古今注》卷中《席帽》:“至马周以席帽油御雨从事。”《苏氏演义（外三种）》，第 106 页。

116 见薛渔思《河东记·李敏求》，李剑国辑校《唐五代传奇集》第三编卷九，北京：中华书局，2015 年，第 1287—1290 页。

117 本图根据敦煌遗书 P.2003 号《佛说阎罗王授记四众预修生七往生净土经》中泰山王形象改绘。泰山府君为东汉至唐前民间信仰中的冥界主管，唐初佛教盛行，此角色逐渐变为阎罗王。中晚唐地藏信仰开始流行，形成了以地藏菩萨为主宰，下辖十王的冥界统治结构。泰山府君演化为十王中的第七位：泰山王。

118 不过纳春英认为，从裴度遇刺时间在六月、圆仁在三月末戴毡帽等史料来看，毡帽可能在中晚唐已发展为有帽盔和帽檐的帽子的通称，可以是毛线帽（细色罽）或其他材质，不一定为毛毡。详见纳春英《圆仁视野中晚唐长安平民男子的服饰》，杜文玉主编《唐史论丛》第 17 辑，西安：陕西师范大学出版总社有限公司，2014 年，第 124—135 页。

119 由于羃䍦没有实物或形象留存，不知其具体样貌，但可知有以下特征：全身遮蔽、掩面。《旧唐书》卷四五《舆服志》：“（羃䍦）虽发自戎夷，而全身障蔽，不欲途路窥之。”《旧唐书》，第 1957 页。《石林燕语》卷三：“观其图乃帽上加皂色幅巾，垂于肩后，但不似羃䍦掩面耳。”叶梦得撰，徐时仪整理《石林燕语》，《全宋笔记》第 26 册，郑州：大象出版社，2019 年，第 107—108 页。且可以从中间撩开，见梅尧臣《陌上二女》：“素手搴羃䍦，柔纤明春荑。”梅尧臣著，夏敬观选注《梅尧臣诗》，上海：商务印书馆，1940 年，第 96 页。详见周锡保《中国古代服饰史》，北京：中央编译出版社，2011 年，第 210 页。沈从文、高春明等人则认为羃䍦在日常生活中或是一种首服，类似观音兜（风帽），下垂至肩颈部，不遮挡面容。见沈从文编著《中国古代服饰研究》，上海：上海书店出版社，2005 年，第 290 页；高春明《中国服饰名物考》，上海：上海文化出版社，2001 年，第 297—298 页。

120 见《中国古代服饰研究》，第 290 页。

121 《新唐书》卷三四《五行志》：“唐初，宫人乘马者，依周旧仪，著羃䍦，全身障蔽，永徽后，乃用帷帽，施裙及颈，颇为浅露，至神龙末，羃䍦始绝，皆妇人预事之象。”《新唐书》，第 878 页。

122 《唐会要》卷三一《舆服》，第 570 页。

123 李华《与外孙崔氏二孩书》：“吾小时南市帽行，见貂帽多、帷帽少，当时旧人，已叹风俗。中年至西京市，帽行乃无帷帽，貂帽亦无。男子衫袖蒙鼻，妇人领巾覆头。向有帷帽羃离，必为瓦石所及。”《全唐文》卷三一五，第 3196 页。

124 昭陵博物馆编《昭陵唐墓壁画》，北京：文物出版社，2016 年，第 150 页。

125 《丝绸之路：大西北遗珍》编辑委员会编著《丝绸之路：大西北遗珍》，北京：文物出版社，2010 年，第 175 页；《丝路传奇：新疆文物大展》，第 78 页。

126 《唐の女帝・則天武后とその時代展—宮廷の栄華》，东京：大塚巧艺社，1998 年，第 95 页。

127 李华《与外孙崔氏二孩书》：“向有帷帽羃离，必为瓦石所及。”《全唐文》卷三一五，第 3196 页。

128 《草木子》卷四下："北人杀小牛，自脊上开一孔，逐旋取去内头骨肉，外皮皆完，揉软用以盛乳酪酒湩，谓之浑脱。"叶子奇《草木子》，北京：中华书局，1959 年，第 85 页。

129 《新唐书》卷三四《五行志》："太尉长孙无忌以乌羊毛为浑脱毡帽，人多效之，谓之'赵公浑脱'。"《新唐书》，第 878 页。

130 《昭陵唐墓壁画》，第 186 页。

131 杨瑾《"女为胡妇学胡妆"再解读——从馆藏胡服女性形象谈起》，《文物天地》2016 年第 6 期，第 68—75 页。

132 王子云编《中国古代石刻画选集》，北京：中国古典艺术出版社，1957 年，图版二〇（8）。

133 《中华古今注》卷中《搭耳帽》："本胡服。以韦为之，以羔毛络缝。赵武灵王更以绫绢皂色为之，始并立其名'爪牙帽子'，盖军戎之服也。"《中华古今注》，第 106 页。

134 冀东山主编，申秦雁分卷主编《神韵与辉煌：陕西历史博物馆国宝鉴赏（陶俑卷）》，西安：三秦出版社，2006 年，第 82 页。

135 见沈既济《任氏传》，《唐五代传奇集》第二编卷一，第 435—443 页。

136 见段成式撰，许逸民校笺《酉阳杂俎校笺》前集卷六《器奇》，北京：中华书局，2015 年，第 547 页。

137 该谜题来自敦煌文书 P.2564 等《晏子赋》。

138 《异闻集校证》一六《莺莺传》："明年，文战不胜，张遂止于京。因贻书于崔，以广其意。崔氏缄报之词，粗载于此，曰：捧览来问，抚爱过深，儿女之情，悲喜交集。兼惠花胜一合，口脂五寸，致耀首膏唇之饰。"陈翰编，李小龙校证《异闻集校证》，北京：中华书局，2019 年，第 156 页。

139 《外台秘要方校注》卷三二："《千金翼》口脂方……以甲煎和为膏，盛于匣内，即是甲煎口脂。如无甲煎即名唇脂，非口脂也。"王焘撰，高文柱校注《外台秘要方校注》，北京：学苑出版社，2011 年，第 1161—1162 页。

140 白居易《江南喜逢萧九彻因话长安旧游戏赠五十韵》："暗娇妆靥笑，私语口脂香。"《白居易诗集校注》外集卷上，第 2899 页。

141 《外台秘要方校注》卷三二："崔氏烧甲煎香泽合口脂方……择紫草一大斤，用长竹箸挟取一握，置于蜡中煎，取紫色，然后擢出，更著一握紫草，以此为度，煎紫草尽一斤，蜡色即足。若作紫口脂，不加余色；若造肉色口脂，著黄蜡、紫蜡各少许；若朱色口脂，凡一两蜡色中和两大豆许朱砂即得。"《外台秘要方校注》，第 1163—1164 页。

142 改绘自2022年西安浐灞生态区白杨寨M1373号唐墓出土壁画。此墓属于宪宗朝权宦刘弘规的家族成员，壁画中女子均涂乌唇，眼下有多道赭色斜痕。关于此斜痕，学界有血晕妆（《唐语林校证》卷六《补遗》："长庆中，京城……妇人去眉，以丹紫三四横约于目上下，谓之'血晕妆'。"《唐语林校证》，第593页）、元和时世妆中的赭面、斜红、檀妆（徐凝《宫中曲》："恃赖倾城人不及，檀妆唯约数条霞。"《全唐诗》卷四七四，第5479页）等诸多看法。

143 白居易《时世妆》："时世妆，时世妆，出自城中传四方。时世流行无远近，腮不施朱面无粉。乌膏注唇唇似泥，双眉画作八字低。妍蚩黑白失本态，妆成尽似含悲啼。"《白居易诗集校注》卷四，第402页。

144 王国维根据日本奈良正仓院藏唐尺与仿唐尺，测出唐大尺为31厘米左右。吴大澂测其所藏开元通宝钱十枚，直径约25厘米，为唐小尺。后陈梦家、曾武秀、胡戟、丁福保等人亦做了相关考证，兼有中国出土的唐尺实测数据，可确定唐大尺基本为29~31厘米，小尺为24~25厘米。虽略有出入，但当如王国维所言："寸寸累之，又不能无稍赢余，其相去实属无几。"《唐六典》记载一尺二寸为大尺，十寸为一（小）尺，故唐大尺当十二寸，按大尺为30厘米计算，一寸为2.5厘米。详见王国维《日本奈良正仓院藏六唐尺摹本跋》，傅芸子《正仓院考古记》，上海：上海书画出版社，2014年，第165—166页；吴大澂《权衡度量实验考》，民国初期刊本；曾武秀《中国历代尺度概述》，《历史研究》1964年第3期，第163—182页；丘光明编著《中国历代度量衡考》，北京：科学出版社，1992年，第88页。

145 《外台秘要方校注》卷三二："《古今录验》合口脂法……取竹筒合两口脂法，纸裹绳缠，以溶脂注满，停冷即成。于口脂摸法，取干竹径头一寸半，一尺二寸锯截下两头，并不得节坚头，三分破之，去中分，前两相者合令蜜，先以冷甲煎涂摸中，合之，以四重纸裹筒底，又以纸裹筒，令缝上不得漏，以绳子牢缠，消口脂，泻中令满，停冷解开，就摸出四分，以竹刀子约筒截割，令齐整。所以约筒者，筒口齐故也。"《外台秘要方校注》，第1162页。

146 杜甫《腊日》："口脂面药随恩泽，翠管银罂下九霄。"翠管应当是碧玉雕镂口脂筒，也有可能是采用了拨镂技艺的染绿象牙筒，类似今东京国立博物馆藏的8世纪绿牙拨镂针筒。杜甫著，仇兆鳌注《杜诗详注》卷五，北京：中华书局，1979年，第426页。

147 见《清异录》卷下《装饰门》。陶谷撰，郑村声、俞钢整理《清异录》，《全宋笔记》第2册，郑州：大象出版社，2019年，第93—94页。

148 《异闻集校证》二五《任氏传》："（韦崟）遽命汲水澡颈，巾首膏唇而往。"《异闻集校证》，第244页。

149 见《齐民要术今释》卷五《种红蓝花及栀子》。贾思勰著，石声汉校释《齐民要术今释》，北京：中华书局，2009 年，第 463—464 页。

150 李端《胡腾儿》："扬眉动目踏花毡，红汗交流珠帽偏。"高棅编纂，汪宗尼校订，葛景春、胡永杰点校《唐诗品汇》卷九，北京：中华书局，2015 年，第 1158 页。

151 阙名《大业拾遗记》："司宫吏日给螺子黛五斛，号为蛾绿。螺子黛出波斯国，每颗直十金。后征赋不足，杂以铜黛给之，独绛仙得赐螺黛不绝。"《唐五代传奇集》第三编卷一九，第 1641 页。

152 薛爱华在《撒马尔罕的金桃》中提出，"螺子黛"一名让人联想到古代腓尼基人和罗马皇帝崇尚的奢侈染料"泰尔紫"（Tyrian purple），即提取自地中海某种骨螺的天然色素，由此推测螺子黛可能是深紫红色。但《大业拾遗记》中点明螺子黛为"蛾绿"，若"蛾绿"作颜色解，则当为绿色。唐赵鸾鸾《柳眉》诗云："妩媚不烦螺子黛，春山画出自精神。"言螺子黛可画眉如春山。宋谢薖也有《雨后秋山》："如将螺子绿，画作长蛾样。"然此二人究竟是实际见过螺子黛还是想象之言亦未可知。不过，考察《大业拾遗记》原文，螺子黛不够的时候会用铜黛代替，所以螺子黛很可能就是绿色的。录此供读者参考。

153 《齐民要术》已记载详细的蓝草制淀之法。有了制淀之法后，才有国产青黛的产生。见《齐民要术今释》卷五《种蓝》，第 477 页。

154 《备急千金要方校释》卷一〇："真波斯青黛，大如枣，水服之，瘥。"孙思邈著，李景荣等校释《备急千金要方校释》，北京：人民卫生出版社，2014 年，第 368 页。

155 中国美术全集编委会编《中国美术全集 29：敦煌彩塑》，北京：人民美术出版社，2015 年，第 161 页。

156 《备急千金要方校释》卷六下"玉屑面脂方"，第 250 页。

157 贴金箔蛤盒、巩义窑白釉倭角盖盒、黄釉蓝彩盖盒、绿釉盖盒：杭州南宋官窑博物馆、深圳望野博物馆编《长安春：七至九世纪的大唐器用》，杭州：浙江古籍出版社，2018 年，第 101、96、99、98 页。鎏金鸿雁鸳鸯纹银蚌盒：齐东方主编《中国美术全集·金银器玻璃器》，合肥：黄山书社，2010 年，第 134 页。玉石质胭脂盒：《大唐风华》，第 98 页。宝相花纹滑石盒：现藏于陕西历史博物馆。三彩粉盒：西安市新城区韩森寨王家坟出土，现藏于陕西历史博物馆。鸳鸯纹银盒：西安市雁塔区月登阁村唐杜华墓出土，现藏于陕西考古博物馆。

158 见《千金翼方校注》卷五《妇人》："悦泽面方：雄黄（研）、朱砂（研）、白僵蚕（各一两）、真珠（十枚，研末）。上四味，并粉末之，以面脂和胡粉，内药和搅，涂面作妆，晓以醋浆水洗面讫，乃涂之。三十日后如凝脂，五十岁人涂之，面如弱冠。夜常涂之勿绝。"孙思邈撰，朱邦贤、陈文国等校注《千金翼方校注》，上海：上海古籍出版社，1999 年，第 159 页。

159 见《备急千金要方校释》卷六下“令黑者皆白，老者皆少方”，第 250 页。

160 《外台秘要方校注》卷三二：“文仲疗人面无光润，黑皮皱，常傅面脂方”，第 1129 页。

161 《外台秘要方校注》卷三二：“文仲令人面白似玉色光润方。羊脂、狗脂（各一升）、白芷（半升）、乌喙（十四枚）、大枣（十枚）、麝香（少许）、桃人（十四枚）、甘草（一尺，炙）、半夏（半两，洗）。右九味，合煎，以白芷色黄，去滓，涂面，二十日即变，五十日如玉光润，妙。”《外台秘要方校注》，第 1131 页。

162 《外台秘要方校注》卷三二：“刘涓子疗面皻疱，木兰膏方”，第 1140 页。

163 《千金翼方校注》卷五《妇人》：“手膏方　桃仁、杏仁（各二十枚，去皮、尖），橘仁（一合），赤瓝（十枚），大枣（三十枚）、辛夷、芎藭、当归、牛脑、羊脑、白狗脑（各二两，无白狗，诸狗亦得）。右一十一味，先以酒渍脑，又别以酒六升，煮赤瓝以上药，令沸，停冷，乃和诸脑等，然后碎辛夷三味，以绵裹之，去枣皮核，合内酒中，以瓷器贮之。五日以后，先净讫，取涂手，甚光润，而忌近火炙手。”《千金翼方校注》，第 162 页。

164 《四时纂要校释》秋令卷四：“面药：七日取乌鸡血，和三月桃花末，涂面及身，二三日后，光白如素。（太平公主秘法。）”《四时纂要校释》，第 177 页。

165 《备急千金要方校释》卷六下：“鹿角散　令百岁老人面如少女，光泽洁白方。鹿角（长一握），牛乳（三升），芎藭、细辛、天门冬、白芷、白附子、白术、白蔹（各三两），杏仁（二七枚），酥（三两）。上十一味㕮咀，其鹿角先以水渍一百日，出，与诸药纳牛乳中，缓火煎令汁尽，出角，以白练袋贮，余药勿收，至夜取牛乳石上磨鹿角，取涂面，旦以浆洗之。无乳，小便研之亦得。”《备急千金要方校释》，第 251—252 页。

166 《外台秘要方校注》卷三二：“《救急》疗面皯方”，第 1134 页。

167 《外台秘要方》中记载有崔知悌的澡豆方。崔知悌是唐高宗时期的户部尚书，业余精通医术。

168 《外台秘要方校注》卷三二：“崔氏澡豆悦面色如桃花，光润如玉，急面皮，去皯䵴粉刺方”，第 1160 页。

169 《千金翼方校注》卷五《妇人》：“丁香、沉香、青木香、桃花、钟乳粉、真珠、玉屑、蜀水花、木瓜花（各三两），柰花、梨花、红莲花、李花、樱桃花、白蜀葵花、旋覆花（各四两）、麝香（一铢）。上一十七味，捣诸花，别捣诸香，真珠、玉屑别研成粉，合和，大豆末七合，研之千遍，密贮勿泄。常用洗手面作妆。一百日，其面如玉，光净润泽，臭气粉滓皆除。咽喉、臂膊皆用洗之，悉得如意。”《千金翼方校注》，第 160 页。

170 《外台秘要方校注》卷三二：“《近效》则天大圣皇后炼益母草留颜方。用此草每朝将以洗手面，如用澡豆法，面上皯䵳及老人皮肤兼皱等，并展落浮皮，皮落着手上如白垢，再洗，再有效。淳用此药已后欲和澡豆洗亦得，以意斟酌用之。初将此药洗面，觉面皮手滑润，颜色光泽，经十日许特异于女面，经月余生血色，红鲜光泽异于寻常，如经年久用之，朝暮不绝，年四五十妇人，如十五女子……五月五日收取益母草，曝令干，烧作灰。收草时勿令根上有土，有土即无效。烧之时预以水洒一所地，或泥一炉烧益母草，良久烬无，取斗罗筛。此灰干，以水熟搅和溲之令极熟，团之如鸡子大作丸，于日里曝令极干讫，取黄土作泥，泥作小炉子，于地四边各开一小孔子，生刚炭，上下俱着炭，中央著药丸……切不得猛火。若药熔变为瓷巴黄，用之无验。火微即药白色细腻，一复时出之，于白瓷器中，以玉捶研，绢筛。又研三日不绝，收取药以干器中盛，深藏。旋旋取洗手面，令白如玉。女项颈上黑，但用此药揩洗，并如玉色。秘之，不可传。如无玉捶，以鹿角捶亦得。神验。”《外台秘要方校注》，第 1132 页。

171 见令狐楚《谢赐腊日口脂红雪紫雪历日等状》，《全唐文》卷五四一，第 5494 页。刘禹锡《为李中丞谢赐紫雪面脂等表》：“臣某言：中使某乙至，奉宣圣旨，赐臣紫雪、红雪、面脂、口脂各一合，澡豆一袋。”刘禹锡撰，陶敏、陶红雨校注《刘禹锡全集编年校注》卷一三，北京：中华书局，2019 年，第 1503 页。元稹《为令狐相国谢赐金石凌红雪状》：“右，中使窦千乘至，奉宣进止。以臣将赴山陵，时属炎暑，赐前件红雪等。”《新编元稹集》，第 5324 页。

172 见《外台秘要方校注》卷三二，第 1132、1139、1152 页。《千金翼方校注》卷五，第 159 页。《备急千金要方校释》卷六下，第 251 页。

173 《释名》卷四《释首饰》：“香泽者，人发恒枯悴，以此濡泽之也。”刘熙撰，愚若点校《释名》，北京：中华书局，2020 年，第 70 页。

174 《备急千金要方校释》卷六上：“沉香、甲香、丁香、麝香、檀香、苏合香、薰陆香、零陵香、白胶香、藿香、甘松香、泽兰。上十二味各六两，胡麻油五升，先煎油令熟，乃下白胶、藿香、甘松、泽兰，少时下火，绵滤纳瓷瓶中。余八种香捣作末，以蜜和，勿过湿，纳著一小瓷瓶中令满，以绵幕口，竹十字络之，以小瓶覆大瓶上，两口相合，密泥泥之，乃掘地埋油瓶令口与地平，乃聚干牛粪烧之七日七夜，不须急，满十二日烧之弥佳，待冷出之即成。其瓶并须熟泥匀厚一寸曝干乃可用。”《备急千金要方校释》，第 228 页。此香泽同时是制作甲煎口脂用到的一种香膏原料。

175 《云仙散录》二九《郁金油》：“《传芳略记》曰：周光禄诸妓掠鬓用郁金油，傅面用龙消粉，染衣以沉香水。”《云仙散录》，第 31 页。中古所称郁金、郁金香与今天荷兰的郁金香为三种不同的东西。郁金产自中国本土，指姜黄属植物，块根可以做染料、泡酒；郁金香为番红花，带有香气，原产波斯、罽宾国、大秦等地，自魏晋进入中国，郁金发油即为此物产品。不过由于名字相近，中古时期郁金和郁金香多有混淆。至于荷兰国花郁金香，则为百合科郁金香属观赏花卉，与前两者无关。详见俞香顺《“郁金”考辨——兼论李白“兰陵美酒郁金香”》，《中国韵文学刊》2013 年第 3 期，第 104—107 页；余欣、翟旻昊《中古中国的郁金香与郁金》，《复旦学报（社会科学版）》2014 年第 3 期，第 46—56 页；梁树风《唐代郁金考述》，《汉学研究》2023 年第 1 期，第 77—117 页。

176 《外台秘要方校注》卷三二“莲子草膏，疗头风白屑，长发令黑方”，第 1146 页。

177 《外台秘要方校注》卷三二：“取黑葚水渍之，频沐发即黑，效。可涂傅之。……取生麻油浸乌梅，涂发良。”《外台秘要方校注》，第 1150 页。

178 《食疗本草译注》卷中：“羊屎：黑人毛发。”《食疗本草译注》，第 188 页。

179 《〈本草拾遗〉辑释》卷八《解纷》：“庵摩勒　主补益，强气力。……取子压取汁，和油涂头，生发，去风痒。初涂发脱后生如漆。”陈藏器撰，尚志钧辑释《〈本草拾遗〉辑释》，合肥：安徽科学技术出版社，2002 年，第 386 页。

180 《食疗本草译注》卷上：“石榴……其花叶阴干，捣为末，和铁丹服之。一年白发尽黑，益面红色。仙家重此，不尽书其方。”孟诜著，郑金生、张同君译注《食疗本草译注》，上海：上海古籍出版社，1992 年，第 183 页。

181 《外台秘要方校注》卷三二：“深师疗头风乌喙膏，生发令速长而黑光润方”，第 1148 页。

182 《外台秘要方校注》卷三二：“疗发秃落，生发膏方”，第 1154 页。

183 《酉阳杂俎校笺》前集卷一六《广动植》：“狒狒　饮其血，可以见鬼。……血可染绯，发可为髲。”《酉阳杂俎校笺》，第 1207 页。《新唐书》卷二二〇《新罗列传》：“兴光亦上异狗马、黄金、美髢诸物。”《新唐书》，第 6205 页。《唐会要》卷九五《新罗》：“开元十年，频遣使献方物。十二年，兴光遣使献果下马二匹、牛黄、人参、头发朝霞绸、鱼牙、纳绸、镂鹰铃、海豹皮、金银等。”《唐会要》，第 1712 页。

184 章孝标《少年行》，彭定求等编《全唐诗》卷五〇六，北京：中华书局，1960 年，第 5756 页。

185 见《齐民要术今释》卷五《种红蓝花及栀子》，第 467—468 页。

186 《备急千金要方校释》卷六上：“五香丸　治口及身臭，令香，止烦散气方。豆蔻、丁香、藿香、零陵香、青木香、白芷、桂心（各一两），香附子（二两），甘松香、当归（各半两），槟榔（二枚）。上十一味末之，蜜和丸，常含一丸如大豆，咽汁，日三夜一，亦可常含咽汁。五日口香，十日体香，二七日衣被香，三七日下风人闻香，四七日洗手水落地香，五七日把他手亦香。慎五辛。下气去臭。”《备急千金要方校释》，第 221 页。

187 一般认为来自大食的蔷薇露直到五代才进入中国，见《新五代史》卷七四《四夷附录第三》：“占城，在西南海上。……其人，俗与大食同。……自前世未尝通中国。显德五年，其国王因德漫遣使者莆诃散来，贡猛火油八十四瓶、蔷薇水十五瓶……蔷薇水，云得自西域，以洒衣，虽敝而香不灭。”欧阳修撰，徐无党注，中华书局编辑部点校《新五代史》，北京：中华书局，1974 年，第 922 页。而唐人关于蔷薇露的记事仅见成书于五代的《云仙散录》二六八《玉蕤香》：“《好事集》曰：柳宗元得韩愈所寄诗，先以蔷薇露盥手，薰以玉蕤香，然后发读。曰：‘大雅之文，正当如是。’”《云仙散录》，第 129 页。《好事集》成书年代未知。

188 《酉阳杂俎校笺》前集卷一八《广动植》：“野悉蜜　出拂林国，亦出波斯国。苗长七八尺，叶似梅叶，四时敷荣。其花五出，白色，不结子。花若开时，遍野皆香，与岭南詹糖相类。西域人常采其花，压以为油，甚香滑。”《酉阳杂俎校笺》，第 1358—1359 页。野悉蜜，耶悉茗的不同译名。

189 《经行记笺注》一〇《大食国》：“香油贵者有二：一名耶塞漫，一名没匝师。”慧超、杜环原著，张毅笺释，张一纯笺注《往五天竺国传笺释　经行记笺注》，北京：中华书局，2000 年，第 54 页。耶塞漫，耶悉茗的不同译名。

190 高似孙《纬略》卷九：“《广州图经》曰：‘舶上有耶悉茗油，盖胡人取花压油，偏宜麻风。膏摩于手心，香透于手背。’”高似孙著，王群栗点校《高似孙集》，杭州：浙江古籍出版社，2015 年，第 695 页。

191 《酉阳杂俎校笺》前集卷四《境异》：“拨拔力国，在西南海中，不食五谷，食肉而已。……土地唯有象牙及阿末香。”《酉阳杂俎校笺》，第 445 页。龙涎香是抹香鲸肠胃中因食物未完全消化而产生的病理性分泌物，唐人称之为“阿末香”，在宋代的文献中始称“龙涎香”。

192 《梁书》卷五四《中天竺列传》：“又云大秦人采苏合，先笮其汁以为香膏，乃卖其滓与诸国贾人，是以展转来达中国，不大香也。”姚思廉撰，中华书局编辑部点校《梁书》，北京：中华书局，1973 年，第 798 页。《太平广记》卷二三七《奢侈·杨收》：“崔公曰：‘某觉一香气异常酷烈。’杨顾左右，令于厅东间阁子内缕金案上，取一白角楪子，盛一漆球子，呈崔公曰：‘此是罽宾国香。’崔大奇之。”《太平广记》，第 1825 页。

193 柳宗元《读韩愈所著毛颖传后题》："苦咸酸辛，虽蜇吻裂鼻，缩舌涩齿，而咸有笃好之者。"《柳宗元集校注》卷二一，第 1436 页。

194 刘长卿《少年行》。刘长卿著，储仲君笺注《刘长卿诗编年笺注》，北京：中华书局，1996 年，第 83 页。

195 《鲍威尔抄本》残卷第二部分《精髓集》第三章："It is an excellent preparation to produce strength and colour, and to create intelligence and memory." 抄录自A.F. Rudolf. Hoernle, *The Bower Manuscript: Facsimile Leaves, Nagari Transcript, Romanised Transliteration and English Translation With Notes*, Calcutta: Office of the Superintendent of Government printing, 1893, p.112。

196 《鲍威尔抄本》残卷第二部分《精髓集》第三章："Also to men whose semen is exhausted, or to people who are suffering from sterility caused by jealousy." *The Bower Manuscript*, p.111。

197 《备急千金要方校释》卷六下："桃花丸　治面黑皯，令人洁白光悦方。桃花（二升），桂心、乌喙、甘草（各一两）。上四味末之，白蜜为丸，服如大豆许十丸，日二，十日易形。"《备急千金要方校释》，第 252 页。

198 见柳宗元《宋清传》，《柳宗元集校注》卷一七，第 1161—1162 页。原文中称宋清为"长安西部药市人。"

199 张籍《赠任道人》："长安多病无生计，药铺医人乱索钱。"张籍撰，徐礼节、余恕诚校注《张籍集系年校注》卷六，北京：中华书局，2011 年，第 677 页。

200 柳宗元《辨伏神文》："余病痞且悸，谒医视之。曰：'惟伏神为宜。'明日，买诸市，烹而饵之，病加甚。召医而尤其故，医求观其滓。曰：'吁！尽老芋也。彼鬻药者欺子而获售。子之懵也，而反尤于余，不以过乎？'余戍然惭，忾然忧。推是类也以往，则世之以芋自售而病乎人者众矣，又谁辨焉！"柳宗元《柳宗元集》卷一八，北京：中华书局，1979 年，第 503 页。

201 见王仁裕《玉堂闲话·目老叟为小儿》。《全唐五代小说》卷八二，第 2871—2872 页。

202 见《太平广记》卷五二《神仙·殷天祥》，第 320 页。

203 见《太平广记》卷三七《神仙·卖药翁》，第 236 页。

204 张鷟《朝野佥载》卷一："郝公景于泰山采药，经市过。有见鬼者，怪群鬼见公景皆走避之。遂取药和为'杀鬼丸'，有病患者服之差。"《隋唐嘉话　朝野佥载》，第 4 页。

205 《备急千金要方校释》卷九："辟温，虎头杀鬼丸方。虎头（五两），朱砂、雄黄、雌黄（各一两半），鬼臼、皂荚、芜荑（各一两）。上七味末之，以蜜蜡和为丸，如弹子大，绛袋盛系臂，男左女右，及悬屋四角，晦望夜半中庭烧一丸。”又：“辟温杀鬼丸　熏百鬼恶气方。雄黄、雌黄（各二两），羖羊角、虎骨（各七两），龙骨、龟甲、鲮鲤甲、猬皮（各三两），樗鸡（十五枚），空青（一两），芎䓖、真珠（各五两），东门上鸡头（一枚）。上十三味末之，烊蜡二十两，并手丸如梧子。正旦，门户前烧一丸，带一丸，男左女右。辟百恶。独宿吊丧问病，各吞一丸小豆大。天阴大雾日，烧一丸于户牖前，佳。”《备急千金要方校释》，第 339—340 页。

206 杜甫《进三大礼赋表》：“顷者，卖药都市，寄食友朋。”《杜诗详注》卷二四，第 2103 页。

207 参见杜甫《陪郑广文游何将军山林十首》：“万里戎王子，何年别月支。异花来绝域，滋蔓匝清池。汉使徒空到，神农竟不知。露翻兼雨打，开拆渐离披。”《杜诗详注》卷二，第 149 页。关于何将军身份的推测，见荣新江《从张骞到马可·波罗》，南昌：江西人民出版社，2022 年，第 249 页。

208《旧唐书》卷一百三十二《李抱真传》：“凡服丹二万丸，腹坚不食，将死，不知人者数日矣。道士牛洞玄以猪肪谷漆下之，殆尽。病少间，季长复曰：‘垂上仙，何自弃也！’益服三千丸，顷之卒。”《旧唐书》，第 3649 页。

209《太平广记》卷三一〇《神·张无颇》：“长庆中，进士张无颇，居南康，将赴举，游丐番禺。值府帅改移，投诣无所，愁疾卧于逆旅，仆从皆逃。忽遇善易者袁大娘，来主人舍，瞪视无颇曰：‘子岂久穷悴耶？’遂脱衣买酒而饮之，曰：‘君窘厄如是，能取某一计，不旬朔，自当富赡，兼获延龄。’无颇曰：‘某困饿如是，敢不受教。’大娘曰：‘某有玉龙膏一合子，不惟还魂起死，因此亦遇名姝。但立一表白，曰‘能治业疾’。若常人求医，但言不可治；若遇异人请之，必须持此药而一往，自能富贵耳。’”《太平广记》，第 2451 页。

210《太平广记》卷四〇五《奇物·玉龙膏》：“安南有玉龙膏，南人用之，能化银液。说者曰：‘此膏不可持北来，苟有犯者，则祸且及矣。’大和中，韩约都护安南，得其膏，及还，遂持以归。人有谓曰：‘南人传此膏不可持以北，而公持去，得无有悔于后耶！’约不听，卒以归焉。后约为执金吾，是岁京师乱，约以附会郑注，竟赤其族，岂玉龙膏之所归祸乎？由士南去者不敢持以北也。”《太平广记》，第 3270 页。

211 这是来自敦煌文书 P.2555 和 Дx.3871 的一首咏物谜题。

212 法门寺地宫甬道《应从重真寺随真身供养道具及恩赐金银器物宝函等并新恩赐到金银宝器衣物帐》中将金属香球记为“香囊”。

213 有一个例外，法门寺地宫内出土的僖宗时期鎏金双蛾团花纹银香囊直径达 12.8 厘米。

214 陕西历史博物馆等编著《花舞大唐春：何家村遗宝精粹》，北京：文物出版社，2003年。

215 《封氏闻见记校注》卷四："玄宗开元十七年，丞相张说遂奏以八月五日降诞日为千秋节，百僚有献承露囊者。"封演撰，赵贞信校注《封氏闻见记校注》，北京：中华书局，2005年，第28页。杜牧《过勤政楼》："千秋佳节名空在，承露丝囊世已无。"杜牧撰，吴在庆校注《杜牧集系年校注·樊川文集》卷二，北京：中华书局，2008年，第204页。

216 见敦煌文书P.3432《龙兴寺器物历》："杂色绢路（络）袋壹，方圆壹箭。"而阿斯塔那408号墓出土的包袋则以桔黄、灰绿、黑三色丝带编织而成，长5.1厘米，宽5厘米。见李肖、张永兵《新疆吐鲁番地区阿斯塔那古墓群西区408、409号墓》，《考古》2006年第12期，第3—11页。

217 见敦煌文书P.2706《某寺常住什物交割点检历》："错菜（彩）路（络）袋壹。"

218 《旧唐书》卷四五《舆服志》："鞶囊，二品以上金缕，三品以上银缕，五品以上彩缕，文官寻常入内及在本司常服之。"《旧唐书》，第1930页。

219 甘肃省博物馆藏唐代褐地刺绣花卉纹绫袋（鞶囊）和红地刺绣圆珠纹绫袋（鞶囊）的大小为23厘米×13厘米、27.5厘米×18厘米，同时在一些唐墓壁画中也可看到更加小巧的鞶囊。

220 《清异录》卷下《器具门》："唐季王侯，竞作方便囊，重锦为之，形如今之照袋。每出行，杂置衣巾、篦鉴、香药、词册，颇为简快。"《清异录》，第101页。

221 中国敦煌壁画全集编辑委员会编《中国敦煌壁画全集8 晚唐》，天津：天津人民美术出版社，2006年，第18页。

222 "蹀躞七事"原本为唐代朝服的一项制度，开元初年罢。

223 《新唐书》卷二四《车服志》："黄为流外官及庶人之服，铜铁带銙七。"《新唐书》，第529页。《通典》卷六三《礼》："庶人服黄铜铁带，六銙。"《通典》，第1769页。此处取七銙之说。

224 《唐会要》卷三一《舆服》："三品已上饰以玉，四品已上饰以金，五品已上饰以银者，宜于腰带及马镫酒杯杓依式。"《唐会要》，第570页。

225 仅为推测，实际用途不明。

226 仅为推测，亦有说法为一种祆教法器。

227 《中国美术全集·金银器玻璃器》，第196—197页。

228 《中国美术全集·金银器玻璃器》，第198页。

229 张鷟《朝野佥载》卷六："巧人张崇者，能作灰画腰带铰具，每一胯大如钱，灰画烧之，见火即隐起，作龙鱼乌兽之形，莫不悉备。"《隋唐嘉话 朝野佥载》，第141页。

230 张鷟《朝野佥载》卷三："彩帨为鱼形，结帛作之。取鱼之象，强之兆也。"《隋唐嘉话　朝野佥载》，第 68 页。

231 《演繁露校证》卷四："于是案今制以求古，则鱼袋之上设为鱼形者，唐谓以玉、金、银为饰者也；鱼饰之下，有黑韦浑裹方木，附身以垂者，唐制谓书其官姓名于木，而中分为二者也。"程大昌撰，许逸民校证《演繁露校证》，北京：中华书局，2018 年，第 311 页。

232 寺岛良安编《倭汉三才图会》上卷，中近堂 1888 年刻本，第 1334 页。

233 参见陕西凤翔南郊唐墓 M17 出土的绢质汉文《陀罗尼经咒》。

234 其实这种装有经咒的臂钏多见于墓葬随葬品，不知生人是否也会日常佩戴。不过《入唐求法巡礼行记》等书记载晚唐民间"随求"信仰非常普及，根据该护身符出土的频繁程度和唐晚期雕版印刷兴盛的情况，暂且推测生人可能也会佩戴。详见霍巍《唐宋墓葬出土陀罗尼经咒及其民间信仰》，《考古》2011 年第 5 期，第 81—93 页；黄阳兴《略论唐宋时代的"随求"信仰（上）》，《普门学报》2006 年第 34 期，第 1—20 页；黄阳兴《略论唐宋时代的"随求"信仰（下）》，《普门学报》2006 年第 35 期，第 1—15 页。

235 见马世长《大随求陀罗尼曼荼罗图像的初步考察》，荣新江主编《唐研究》第 10 卷，北京：北京大学出版社，2004 年，第 529—530 页。

236 《丝绸之路：大西北遗珍》，第 246 页。

237 《太平广记》卷四七《神仙・许栖岩》："出洞时，二玉女托买虢县田婆针，乃市之。……栖岩幼在乡里，已见田婆，至此惟田婆容状如旧，盖亦仙人也。"《太平广记》，第 294 页。

238 《清异录》卷下《装饰门》："洛阳少年崔瑜卿，多赀，喜游冶，尝为娼女玉润子造绿象牙五色梳，费钱近二十万。"《清异录》，第 94 页。

239 《云仙散录》一〇二《百齿梳》："孙思邈以交加木造百齿梳，用之，养生要法也。"《云仙散录》，第 65 页。

240 《大唐风华》，第 100 页。

241 《中国美术全集・金银器玻璃器》，第 206 页。

242 钱起《白石枕》："起与监察御史毕公耀交之厚矣。顷于蓝水得片石，皎然霜明，如其德也，许为枕赠之。"钱起著，王定璋校注《钱起集校注》卷一，杭州：浙江古籍出版社，2015 年，第 33—34 页。刘禹锡《赠元九侍御文石枕以诗奖之》："文章似锦气如虹，宜荐华簪绿殿中。纵使凉飙生旦夕，犹堪拂拭愈头风。"《刘禹锡全集编年校注》卷二，第 175 页。

243 《旧唐书》卷三七《五行志》："韦庶人妹七姨，嫁将军冯太和，权倾人主，尝为豹头枕以辟邪，白泽枕以辟魅，伏熊枕以宜男。”《旧唐书》，第 1377 页。

244 罗衮《枕铭》：“或枕或敧，有安有危，勿邪其思。”《全唐文》卷八二八，第 8729 页。

245 《唐の女帝 · 則天武后とその時代展—宮廷の栄華》，第 115 页。

246 现藏于苏州博物馆的唐代巩县窑褐绿彩绞胎花枕采用了绞胎技法，枕底刻有制造商名号“裴家”。中国嘉德国际拍卖有限公司于 2016 年拍出一只河南巩县窑绿釉绞胎镶嵌如意形枕，底部刻有“杜家花枕”，上海博物馆也藏有一只同样刻铭的花枕。两只瓷枕都不在长安出土，但可以想象，当年东西市应该也会有这样的瓷枕专售店铺。此类花枕因绞胎图案近似唐巩县窑制品，在过去常被定期为唐代。随着出土实物增多，这类花枕的年代被认为上至晚唐，下至北宋早期。详见嘉德 2016 年秋季拍卖图录《抟泥幻化——中国古代陶瓷》“巩县窑绿釉绞胎镶嵌如意形杜家花枕”解说词。有学者认为上海博物馆的杜家瓷花枕为北宋早期产品，见范冬青《陶瓷枕略论》，《上海博物馆集刊》1987 年，第 267—291 页；李仲谋《上海博物馆藏绞胎陶瓷及相关诸问题》，《上海博物馆集刊》2000 年，第 263—282 页。

247 中国陶瓷全集编辑委员会编《中国陶瓷全集 隋唐》，上海：上海人民美术出版社，2000 年，第 199 页。

248 嘉德 2016 年秋季拍卖图录《抟泥幻化——中国古代陶瓷》。

249 见《太平广记》卷二二七《伎巧 · 重明枕》。第 1742 页。

250 《开元天宝遗事》卷上：“龟兹国进奉枕一枚，其色如玛瑙，温温如玉，其制作甚朴素。若枕之，则十洲三岛、四海五湖尽在梦中所见。帝因名为‘游仙枕’，后赐与杨国忠。”王仁裕、姚汝能撰，曾贻芬点校《开元天宝遗事　安禄山事迹》，北京：中华书局，2006 年，第 14—15 页。

251 敦煌文书 P.5037 刘瑕《驾幸温汤赋》。录文见张锡厚录校《敦煌赋汇》，南京：江苏古籍出版社，1996 年，第 225 页。另有一抄本，编号为 P.2976。

252 这道谜语来自李绰《尚书故实》中的记载：“杜紫微顷于宰执求小仪不遂，请小秋又不遂。尝梦人谓曰：‘辞春不及秋，昆脚与皆头。’后果得比部员外。（又杜公自述，不曾历小比，此必传之误。）”见《大唐传载（外三种）》，第 136 页。但杜牧在《自撰墓志铭》中说过自己曾担任比部员外郎，因此注文恐有误，参见《杜牧集系年校注 · 樊川文集》卷一〇《自撰墓志铭》，第 812 页。

253 《太平寰宇记》卷一四九《山南东道》：“按段氏《游蜀记》云：‘忠州垫江县以苏薰为蓆，丝为经，其色深碧。’”乐史撰，王文楚等点校《太平寰宇记》，北京：中华书局，2007 年，第 2889 页。

254 白居易《郡中春宴因赠诸客》："薰草席铺座，藤枝酒注樽。"《白居易诗集校注》卷一一，第 873 页。

255 李商隐《小园独酌》："柳带谁能结，花房未肯开。空余双蝶舞，竟绝一人来。半展龙须席，轻斟玛瑙杯。年年春不定，虚信岁前梅。"李商隐撰，刘学锴、余恕诚著《李商隐诗歌集解》，北京：中华书局，2004 年，第 547 页。但其实龙须席与玛瑙杯、琥珀杯一样，是唐代诗人常用的意象。

256 《安禄山事迹》卷上："九载（八月），禄山献俘入京，方命入此新宅，玄宗赐……龙须夹贴席一十四领。"《开元天宝遗事　安禄山事迹》，第 78 页。

257 《通典》卷六《食货》："彭原郡（贡五色龙须席十领）。"《通典》，第 112 页。

258 《清异录》卷下《陈设门》："李文饶家藏会昌所赐大同簟，其体白竹也，斗磨平密，了无罅隙，但如一度腻玉耳。"《清异录》，第 95 页。

259 《北堂书钞》卷一三四："大秦国以野茧织成氍毹，非独以羊毛为织，具以五色毛，六七寸中，居采相次，为鸟兽人物、草木云气，千奇万变，唯意所作。上有鹦鹉，远望轩轩若飞。"虞世南《北堂书钞》，天津：天津古籍出版社，1988 年，第 583 页。

260 《太平广记》卷四〇四《宝・万佛山》："遇新罗国献五色氍毹……以氍毹籍其地。氍毹之巧丽，亦冠绝于一时，每方寸之内，即有歌舞妓乐、列国山川之状，或微风入室，其上复有蜂蝶动摇，燕雀飞舞，俯而视之，莫辨其真假。"《太平广记》，第 3257 页。

261 《酉阳杂俎校笺》续集卷五《寺塔记》："康本住靖恭里毡曲。"《酉阳杂俎校笺》，第 1803 页。

262 《遣唐使と唐の美術》，第 40 页。

263 《清异录》卷下《器具门》："有刁萧者携一镜，色碧体莹，背有字，曰：'碧金仙，大中元年十二月，铜坊长老白九峰造。'余以俸粒五石换之，置于文瑞堂，呼为'铜此君'。"《清异录》，第 103 页。

264 《唐国史补》卷下："扬州旧贡江心镜，五月五日扬子江中所铸也。或言无有百炼者，或至六七十炼则已，易破难成，往往有自鸣者。"《唐国史补　因话录》，第 64 页。现今唯一一件发现的江心镜实物来自唐代沉船"黑石号"，上有"唐乾元元年戊戌十一月廿九日于扬州，扬子江心百炼造成"刻字。

265 见《异闻集校证》四《镜龙记》，第 14—15 页。

266 《抱朴子内篇校释》卷一七《登涉》："是以古之入山道士，皆以明镜径九寸已上，悬于背后，则老魅不敢近人。"葛洪著，王明校释《抱朴子内篇校释》，北京：中华书局，1985 年，第 300 页。

267 朱昼《赠友人古镜》："我有古时镜，初自坏陵得。蛟龙犹泥蟠，魑魅幸月蚀。摩久见菱蕊，青于蓝水色。赠君将照色，无使心受惑。"《全唐诗》卷四九一，第 5561 页。

268 李隆基《千秋节赐群臣镜》："铸得千秋镜，光生百炼金。分将赐群后，遇象见清心。台上冰华澈，窗中月影临。更衔长绶带，留意感人深。"《全唐诗》卷三，第 32 页。

269 《北户录》卷三："琼州出五色藤、合子书囊之类，花多织走兽飞禽，细于锦绮，亦藤工之妙手也。……今海丰岁贡五色藤镜匣一、筌台一是也。"杨孚撰，曾剑辑；段公路撰，崔龟图注《异物志　北户录（附校勘记）》，上海：商务印书馆，1936 年，第 41 页。

270 《册府元龟》卷五〇一《邦计部·钱币》："七年十二月，禁天下新铸造铜器，唯镜得铸，其器旧者听用之，不得货鬻，将广钱货资国用也。"《册府元龟》，第 5688 页。

271 刘禹锡撰，《刘禹锡集》整理组点校，卞孝萱校订《刘禹锡集》卷三一《和乐天以镜换酒》，北京：中华书局，1990 年，第 429 页。

272 《开元天宝遗事》卷上："叶法善有一铁镜，鉴物如水，人每有疾病，以镜照之，尽见脏腑中所滞之物，后以药疗之，竟至痊瘥。"《开元天宝遗事　安禄山事迹》，第 21 页。

273 《太平广记》卷二三一《器玩·渔人》："唐贞元中，有渔人……下网取鱼，一无所获。网中得物，乃是镜，而不甚大……渔人异之，遂取其镜视之，才七八寸。照形悉见其筋骨脏腑，溃然可恶，其人闷绝而倒。众人大惊。其取镜鉴形者，即时皆倒，呕吐狼藉。"《太平广记》，第 1774 页。

274 《西溪丛语》卷上："何都巡出古镜，背龟纽以莲叶承之，左右弹琴仙人，一凤皇对舞。蒂有铭云：'对凤皇舞，铸黄金蒂。阴阳各有配，日月恒相会。白玉芙蓉匣，翠羽琼瑶带。同心人，心相亲，照心照胆保千春。'"姚宽撰，汤勤福、宋斐飞整理《西溪丛语》，《全宋笔记》第 39 册，郑州：大象出版社，2019 年，第 151 页。此镜铭常见于真子飞霜题材的铜镜上，如故宫博物院藏真子飞霜镜、陕西历史博物馆藏真子飞霜镜。

275 见鹤壁市博物馆藏唐代团花草叶纹铜镜镜铭。

276 见郑还古《博异志·敬元颖》，《唐五代传奇集》第三编卷一二，第 1389 页。

277 如果你卡壳了，那就翻翻《五灯会元》卷八中婺州国泰院瑫禅师的故事吧。

278 美国私人藏品。见西村俊范《中·晚唐时代の镜と日本への影响》，《人间文化研究：京都学园大学人间文化学会纪要（33）》2014 年，第 77—96 页。

279 见《太平广记》卷一九三《豪侠·车中女子》，第 1450—1451 页。

280 见《太平广记》卷三三一《鬼·薛矜》，第 2627 页。

281 见《太平广记》卷四五八《蛇·李黄》，第 3750—3752 页。

282 始置时间未详，详见《唐代金银器研究》，第 277 页。

283 《花舞大唐春：何家村遗宝精粹》，第 75、77 页。

284 《大唐风华》，第 60 页。

285 《花舞大唐春：何家村遗宝精粹》，第 253 页。

286 《唐の女帝・則天武后とその時代展—宮廷の栄華》，第 124 页。

287 《花舞大唐春：何家村遗宝精粹》，第 180 页。

288 《遣唐使と唐の美術》，第 60—61 页。

289 《花舞大唐春：何家村遗宝精粹》，第 64—65 页。

290 《花舞大唐春：何家村遗宝精粹》，第 227 页。

291 《杜诗详注》卷一六《往在》，第 1433 页。令狐楚则说得更为明白："伏以首夏清和，含桃香熟。每闻采撷，须有提携。以其鲜红，宜此洁白。"令狐楚《进金花银樱桃笼等状》，《全唐文》卷五四二，第 5502 页。尚刚认为法门寺地宫金银丝结条笼可能并不像传统观点所言，是用来放茶饼的，而更可能是用来盛放樱桃的，见尚刚《唐代诗文与工艺美术》，《装饰》2017 年第 3 期，第 67—69 页。

292 《太平广记》卷八四《异人・王居士》："果有延寿坊鬻金银珠玉者。"《太平广记》，第 542 页。温庭筠《乾𦠆子・窦乂》："延寿坊召玉工观之。"温庭筠撰，刘学锴校注《温庭筠全集校注》卷一二，北京：中华书局，2007 年，第 1258 页。

293 《旧唐书》卷一九七《林邑列传》："（贞观）四年，其王范头黎遣使献火珠，大如鸡卵，圆白皎洁，光照数尺，状如水精，正午向日，以艾承之，即火燃。"《旧唐书》，第 5270 页。

294 刘敬叔《异苑》卷七："晋温峤至牛渚矶，闻水底有音乐之声，水深不可测。传言下多怪物，乃燃犀角而照之。须臾，见水族覆火，奇形异状，或乘马车，著赤衣帻。其夜，梦人谓曰：'与君幽明道阁，何意相照耶？'峤甚恶之，未几卒。"《丛书集成新编》第 82 册，台北：新文丰出版公司，1985 年，第 535 页。

295 《酉阳杂俎校笺》前集卷九《盗侠》："马侍中尝宝以玉精碗，夏蝇不近，盛水经月，不腐不耗。或目痛，含之立愈。"《酉阳杂俎校笺》，第 699 页。

296 杜甫《丽人行》："紫驼之峰出翠釜，水精之盘行素鳞。"《杜诗详注》，第 158 页。

297 《泾州大云寺舍利石函铭》："遽开砖室，爰得石函。中有瑠璃瓶、舍利十四粒。"1965 年发掘时，石函内确有鎏金铜匣、银椁、金棺与玻璃瓶，内装 14 颗佛舍利。见赵超、邱亮《甘肃泾川大云寺舍利石函铭与佛教塔基考古研究》，《考古》2016 年第 6 期，101—110 页。法门寺地宫《应从重真寺随真身供养道具及恩赐金银器物宝函等并新恩赐到金银宝器衣物帐》："琉璃茶碗、柘子一副。"出土实物为吹制成型的淡黄色玻璃茶碗和茶托。在建筑领域，"琉璃"一词也被用于指铅釉陶砖瓦。

298 何家村窖藏莲瓣纹提梁银罐盖内唐人墨书："颇黎等十六□。"实物为绿、蓝等多色宝石。颇黎当大小如同酸枣，见《新唐书》卷二二一上《罽宾列传》："罽宾，隋漕国也，居葱岭南。……武德二年，遣使贡宝带、金锁、水精盏、颇黎状若酸枣。"《新唐书》，第6240—6241页。

299 《广雅疏义》卷一八《释地》："水精谓之石英。"钱大昭撰，黄建中、李发舜点校《广雅疏义》，北京：中华书局，2016年，第731页。

300 慧琳《一切经音义》卷七二："颇胝迦……古译云颇黎。似水晶，又非水晶，然亦其类。"《大正新修大藏经》第54卷，第773页。

301 《抱朴子内篇校释》卷二《论仙》："外国作水精碗，实是合五种灰以作之。今交广多有得其法而铸作之者。今以此语俗人，俗人殊不肯信。乃云水精本自然之物，玉石之类。"《抱朴子内篇校释》，第22页。另见林梅村《丝绸之路考古十五讲》，北京：北京大学出版社，2006年，第94页。

302 何家村唐代窖藏中出土的银罐上墨书所称"琉璃杯"实际是天然水晶杯，见林梅村《唐武德二年罽宾国贡品考——兼论西安何家村唐代窖藏原为大明宫琼林库皇家宝藏》，《考古与文物》2017年第6期，94—103页。

303 参见余欣《西域文献与中古中国知识－信仰世界》，兰州：甘肃教育出版社，2023年，第147—156页。

304 林梅村《唐武德二年罽宾国贡品考——兼论西安何家村唐代窖藏原为大明宫琼林库皇家宝藏》（左上）；《花舞大唐春》，第97（左下二图）、215（右二图）页。

305 韩生编著《法门寺文物图饰》，北京：文物出版社，2009年，第299页。

306 《刘禹锡全集编年校注》卷八《刘驸马水亭避暑》，第935页。

307 《酉阳杂俎校笺》前集卷一一《广知》："深二尺，当得物如虎珀，盖虎目光沦入地所为也。"《酉阳杂俎校笺》，第846页。

308 《中国印度见闻录》："琥珀生长在海底，状似植物，当大海狂吼，怒涛汹涌，琥珀便从海底抛到岛上：状如蘑菇，又似松露。"穆根来、汶江、黄倬汉译《中国印度见闻录》，北京：中华书局，1983年，第4页。

309 鹦鹉螺是国家一级保护动物，属濒危物种。

310 《岭表录异》卷下："鹦鹉螺，旋尖处屈而朱，如鹦鹉嘴，故以此名。壳上青绿斑文，大者可受三升，壳内光莹如云母，装为酒杯，奇而可玩。"刘恂、王韶之、方信孺《岭表录异　始兴记　南海百咏》，上海：商务印书馆，1936年，第20页。

311 《清异录》卷下《器具门》："抵鹊杯，房州刺史元自诚物也，类珉而色浅黄，夏月用浸桃李，虽无坚雪，而水与果俱冰齿，盛冬贮水，则竟不冻。”《清异录》，第 99 页。

312 瑟瑟石是一种来自西域石国、于阗等地的碧色宝石，但具体是什么至今未有定论，有埃米尔·布雷特施奈德（Emil Bretschneider）“绿松石说”（见章鸿钊《石雅》）、劳费尔（Berthold Laufer）“萨珊朝宝石说”（《中国伊朗编》）、薛爱华（Edward Hetzel Schafer）“青金石说”（《撒马尔罕的金桃》，但请注意，中译本将原文中的青金石“lazurite”译成了“天青石”。天青石与青金石虽然在中文里偶有名称混用的情况，但它们本质上是两种不同的物质）、章鸿钊“蓝宝石说”（《石雅》）等。

313 温庭筠《瑟瑟钗》：“翠染冰轻透露光，堕云孙寿有余香。只应七夕回天浪，添作湘妃泪两行。”《温庭筠全集校注》卷九，第 847 页。《旧唐书》卷一六三《卢简辞列传》：“又福建盐铁院官卢昂坐赃三十万，简辞按之，于其家得金床、瑟瑟枕大如斗。”《旧唐书》，第 4270 页。《太平广记》卷二三七《奢侈·芸辉堂》：“元载造芸辉堂于私第。……内设悬黎屏风、紫绡帐。其屏风本杨国忠之宝也，其上刻前代美女妓乐之形。外以玳瑁水晶为押，络饰以真珠、瑟瑟。”《太平广记》，第 1821 页。《唐国史补》卷下：“蜀中雷氏斫琴，常自品第，第一者以玉徽，次者以瑟瑟徽，又次者以金徽，又次者螺蚌之徽。”《唐国史补　因话录》，第 58 页。

314 参见张泽咸《唐代工商业》，北京：中华书局，1995 年，第 338 页；加藤繁著，吴杰译《中国经济史考证》，北京：商务印书馆，1959 年，第 450 页。有看法认为，寄附铺兼有典当与举债业务，见《唐会要》卷八八《杂录》：“开元十五年七月二十七日敕：应天下诸州县官，寄附部人兴易，及部内放债等，并宜禁断。”及林政忠《唐代寄附铺新解》，《史学汇刊》2013 年第 32 期，第 85—97 页。

315 《异闻集校证》一二《霍小玉传》：“寻求既切，资用屡空。往往私令侍婢潜卖箧中服玩之物，多托于西市寄附铺侯景先家货卖。曾令侍婢浣沙，将紫玉钗一只，诣景先家货之。”《异闻集校证》，第 119 页。

316 见《异闻集校证》二二《李章武传》，第 213 页。

317 见黄正建《唐代的戒指（下）》，《文史知识》2017 年第 2 期，第 73—79 页。

318 《太平广记》卷二七四《情感·韦皋》：“以玉环著于中指而同殡焉。”《太平广记》，第 2160 页。

319 《唐の女帝·則天武后とその時代展—宮廷の栄華》，第 147 页。

320 《云仙散录》三三〇《石眼》：“《影灯记》曰：上元夜，萧余于宣阳里酒盘下得一物，如人眼睛，其体类美石，光彩射人。余夜游市肆，闲置掌中，每行黑暗衢巷，随身光明三尺，毫末可明。后因雨飞去。”《云仙散录》，第 156—157 页。

321 见《太平广记》卷三八九《冢墓·杨知春》，第 3109—3110 页。

322 这首诗来自国家图书馆藏敦煌文书 BD02126 图诗《夕夕多长夜》，如果你需要更多线索，可参看淮北博物馆藏的唐长沙窑青釉题诗执壶。

323 《新唐书》卷二二一下《康国列传》："生儿以石蜜啖之，置胶于掌，欲长而甘言，持珤若黏云。"《新唐书》，第 6243—6244 页。

324 《太平广记》卷一九七《博物·傅奕》："唐贞观中，有婆罗门僧言得佛齿，所击前无坚物。于是士女奔凑，其处如市。傅奕方卧病，闻之，谓其子曰：'非佛齿。吾闻金刚石至坚，物莫能敌，唯羚羊角破之。汝可往试焉。'僧缄縢甚严。固求，良久乃见。出角叩之，应手而碎，观者乃止。"《太平广记》，第 1478 页。

325 《太平广记》卷四〇〇《宝·成弼》："婆罗门令舒毯于地，以水濡之。水皆流去，毯竟不湿。至今外国传成弼金，以为宝货也。"《太平广记》，第 3215 页。

326 李复言《续玄怪录》卷三《苏州客》："客曰：'此乃罽宾国镇国碗也，在其国大穰，人民忠孝。此碗失来，其国大荒，兵戈乱起。'"牛僧孺、李复言撰，林宪亮译注《玄怪录　续玄怪录》，北京：中华书局，2019 年，第 411 页。

327 《南部新书》卷己："西市胡人贵蚌珠而贱蛇珠。蛇珠者，蛇所吐尔，唯胡人辨之。"钱易撰，黄寿成点校《南部新书》，北京：中华书局，2002 年，第 80 页。

328 《太平广记》卷四〇二《宝·守船者》："前视之，乃一珠径寸，光耀射目。此人得之，恐光明为人所见，以衣裹之。光透出。因思宝物怕秽，乃脱亵衣裹之，光遂不出。后无人知者。至扬州胡店卖之，获数千缗。问胡曰：'此何珠也？'胡人不告而去。"《太平广记》，第 3241—3242 页。

329 《太平广记》卷四〇二《宝·鲸鱼目》："南海有珠，即鲸目瞳。夜可以鉴，谓之夜光。"《太平广记》，第 3236 页。

330 《太平广记》卷四〇二《宝·严生》："胡人曰：'我，西国人。此乃吾国之至宝，国人谓之"清水珠"，若置于浊水，泠然洞彻矣。自亡此宝且三岁，吾国之井泉尽浊，国人俱病。故此越海逾山，来中夏以求之。今果得于子矣。'胡人即命注浊水于缶，以珠投之，俄而其水澹然清莹，纤毫可辨。生于是以珠与胡，获其价而去。"《太平广记》，第 3242 页。

331 《太平广记》卷三四《神仙·崔炜》："崔子诘胡人曰：'何以辨之？'曰：'我大食国宝阳燧珠也。昔汉初，赵佗使异人梯山航海，盗归番禺，今仅千载矣。'"《太平广记》，第 219 页。

332 《纪闻辑校》卷九《水珠》："胡人曰："吾大食国人也。王贞观初通好，来贡此珠。后吾国常念之，募有得之者，当授相位。求之七八十岁，今幸得之。此水珠也，每军行休时，掘地二尺，埋珠于其中，水泉立出，可给数千人，故军行常不乏水。自亡珠后，行军每苦渴乏。”牛肃撰，李剑国辑校《纪闻辑校》，北京：中华书局，2018 年，第 157 页。

333 《太平广记》卷四〇二《宝·径寸珠》：“近世有波斯胡人，至扶风逆旅，见方石在主人门外，盘桓数日。主人问其故，胡云：‘我欲石捣帛。’因以钱二千求买，主人得钱，甚悦，以石与之。胡载石出，对众剖得径寸珠一枚，以刀破臂腋，藏其内，便还本国。”《太平广记》，第 3237 页。

334 李昂《禁与蕃客交关诏》：“如闻顷来京城内衣冠子弟及诸军使并商人百姓等，多有举诸蕃客本钱。”《全唐文》卷七二，第 755 页。

335 《太平广记》卷四七六《昆虫·陆颙》：“遂吐出一虫，长二寸许，色青，状如蛙。胡人曰：‘此名消面虫，实天下之奇宝也。’”《太平广记》，第 3921 页。

336 参见《太平广记》卷四〇二《宝·鬻饼胡》，第 3243—3244 页。

337 详见温翠芳《唐代长安西市中的胡姬与丝绸之路上的女奴贸易》，《西域研究》2006 年 2 期，第 19—22 页；林梅村《粟特文买婢契与丝绸之路上的女奴贸易》，《文物》1992 年 9 期，第 49—54 页。

338 《茶经译注》卷中《四之器》：“或者以邢州处越州上，殊为不然。若邢瓷类银，越瓷类玉，邢不如越一也；若邢瓷类雪，则越瓷类冰，邢不如越二也；邢瓷白而茶色丹，越瓷青而茶色绿，邢不如越三也。”陆羽著，沈冬梅译注《茶经译注》，北京：北京科学技术出版社，2024 年，第 66 页。

339 李肇《唐国史补》卷下：“内邱白瓷瓯，端溪紫石砚，天下无贵贱通用之。”《唐国史补　因话录》，第 60 页。邢州内丘县（文献之“内邱”为清代避孔丘讳所改）即邢窑窑址所在。

340 张海军《赞美题记和价格广告在长沙窑瓷上的运用及原因分析》，《收藏界》2014 年第 3 期，第 62—67 页。

341 长沙窑编辑委员会编《长沙窑（综述卷）》，长沙：湖南美术出版社，2004 年，第 75 页。

342 刘美观《解读长沙窑》，北京：文物出版社，2006 年，第 39 页。

343 2003 年发掘小雁塔塔基东南侧晚唐灰坑时，考古人员在出土的遗物中发现了长沙窑产品。详见龚国强、张全民、何岁利《西安小雁塔东院出土唐荐福寺遗物》，《考古》2006 年第 1 期，第 48—53 页。目前西安市内出土长沙窑产品非常少，大多来自荐福寺和实际寺，在西安东市遗址中出土过长沙窑瓷器残片，见杜文《启示 陕西出土的唐长沙窑瓷器》，《收藏》2020 年 7 期，第 88—93 页。

344 “唐三彩”为其在清末民初被发现时流行于古董商中的称呼。至今未见唐代典籍中提到过这种陶器，不知唐三彩在唐代作何名称。

345 唐三彩虽作为明器大量出土于墓葬中，但当时可能也作为日用器。不过，唐三彩烧制过程中采用了对人体有害的氧化铅作为助熔剂，导致三彩制品其实并不适合活人使用。宋、辽三彩中，氧化铅含量逐渐降低，辽三彩更是未检测出含有氧化铅，宋、辽三彩中有很多日用的实例，见李红军、赵红《辽三彩与唐、宋三彩的鉴别研究》，《辽宁省博物馆学术论文集》第 3 辑（1999—2008），沈阳：辽海出版社，2009 年，第 1916—1919 页。

346 《启颜录笺注》下编："唐有姓房人，好矜门地，但有姓房为官，必认云亲属。知识疾其如此，乃谓之曰：'丰邑公相是君何亲？'曰：'是某乙再从伯父。'人大笑曰：'君既是方相侄儿，只堪吓鬼。'"侯白撰，董志翘笺注《启颜录笺注》，北京：中华书局，2014 年，第 183 页。

347 徐夤《贡余秘色茶盏》："捩翠融青瑞色新，陶成先得贡吾君。巧剜明月染春水，轻施薄冰盛绿云。"《全唐诗》卷七一〇，第 8174 页。

348 《清波杂志》卷五《定器》："越上秘色器，钱氏有国日供奉之物，不得臣下用，故曰'秘色'。"周煇撰，刘永翔、许丹整理《清波杂志》，《全宋笔记》第 56 册，郑州：大象出版社，2019 年，第 58 页。南宋时已有人指出这一记载有误，见赵令畤《侯鲭录》卷六："今之秘色瓷器，世言钱氏有国，越州烧进，为供奉之物，臣庶不得用之，故云秘色。比见陆龟蒙进越器诗云：'九秋风露越窑开，夺得千峯翠色来。好向中宵盛沆瀣，共嵇中散鬬遗杯。'乃知唐时已有秘色，非自钱氏始。"赵令畤等撰，孔凡礼点校《侯鲭录　墨客挥犀　续墨客挥犀》，北京：中华书局，2002 年，第 149 页。

349 秘色瓷出产于越窑上林湖贡窑，此看法目前没有争议。根据 1977 年慈溪上林湖出土的光启三年（887）墓志罐，可知唐廷于上林湖越窑设置了贡窑。但唐代所谓的贡窑其实仍是民窑，只不过是被分配了烧造贡瓷任务的民窑，采用官监民烧的方式，挑选质量上乘的瓷器进奉朝廷，剩下的瓷器会流入民间。这就是徐夤诗中所说的"陶成先得贡吾君"，徐夤生活的时代跨越晚唐、五代，其所言亦值得参考。详见王永兴《唐代土贡资料系年——唐代土贡研究之一》，《北京大学学报（哲学社会科学版）》1982 年第 4 期，第 61—66 页；童兆良《贡窑概论》，中国古陶瓷研究会、中国古外销陶瓷研究会编《中国古代陶瓷的外销——一九八七年福建晋江年会论文集》，北京：紫禁城出版社，1988 年，第 147—151 页；袁南征《重新认识官窑——关于官窑概念的探讨》，《文博》1995 年第 6 期，第 150—154 页。

350 参见汪庆正《唐越窑秘色釉和艾色釉》，《文博》1995 年第 6 期，第 75—76 页；侯佳钰、徐巍、厉祖浩、沈岳明、郑建明《上林湖后司岙窑址秘色瓷的釉色特征及呈色影响因素研究》，《故宫博物院院刊》2017 年第 6 期，第 133—141 页。

351 浙江省文物考古研究所、慈溪市文物管理委员会办公室编著《秘色越器——上林湖后司岙窑址出土唐五代秘色瓷器》，北京：文物出版社，2017，第 170 页。

352 《法门寺文物图饰》，第 282 页。

353 《法门寺文物图饰》，第 285 页。

354 主流观点的“青花”以元青花为标准，指以 1300℃左右高温一次烧成的釉下彩瓷器。而唐代不同时段出现的白釉蓝彩器则胎体有的为陶、有的为瓷，釉上彩、釉下彩皆有，所以整体很难被严格定义为“青花”，只能说接近。而针对单个物件，比如 9 世纪沉船“黑石号”上的瓷盘与郑州市上街区峡窝镇唐墓出土的塔式罐，则基本满足“青花”的条件，但若深究，这些器物的钴料仍与元明清青花所采用的存在差异。

355 1983 年，扬州文昌阁附近工地出土了一批近似青花瓷的唐代釉下彩残器，通过对胎、釉、色料等化学组分和其他特征的综合分析，确定它们来自巩县窑口。见张志刚、郭演仪等《唐代青花瓷器研讨》，《景德镇陶瓷学院学报》1989 年第 2 期，第 65—72 页。1998 年，从沉没于印尼忽里洞岛附近的 9 世纪商船“黑石号”上，也打捞出了完整的伊斯兰风格青花瓷。通过科技分析，这批瓷器着色元素为低锰、低铁、低铜的钴料，与巩县窑蓝釉相近，瓷胎化学成分接近河南三彩，推测烧造地点在河南巩义一带，详见齐东方《“黑石号”沉船出水器物杂考》，《故宫博物院院刊》2017 年第 3 期，第 6—19 页。不过，目前并未在西安发现类似扬州出土的青花瓷器，只出土了许多蓝釉三彩器。

356 经考古发掘，西市东大街南部出土有捺印“刑（邢）娘”两字的陶片，推测这里可能是陶器行，见何岁利《考古学视野下的唐长安东市和西市》。

357 本内容改编自现藏于韩国国立中央博物馆的两件长沙窑贴花三耳瓷壶，一件上书“汴（卞）家小口，天下第一”，另一件书“郑家小口，天下有名”，亦参考了现藏于北京故宫博物院的唐白釉刻划朵花“丁道刚作瓶大好”铭花口执壶。

358 顾万发、汪旭等《郑州上街峡窝唐墓发掘简报》，《文物》2009 年第 1 期，第 22—26 页。

359 王少宇《唐代外销瓷与销往地区的宗教文化关系》，《中国陶瓷工业》2017 年第 6 期，第 25—34 页。

360 李肇《唐国史补》卷中：“巩县陶者多为瓮偶人，号陆鸿渐，买数十茶器得一鸿渐，市人沽茗不利，辄灌注之。”《唐国史补　因话录》，第 34 页。

361 经孙机等人考证，这尊小瓷人很可能就是文献中记载的陆羽像。见孙机、刘家琳《记一组邢窑茶具及同出的瓷人像》，《文物》1990 年第 4 期，第 37—40 页。

362 段安节《乐府杂录》：“武宗朝郭道源，后为凤翔府天兴县丞，充太常寺调音律官。亦善击瓯，率以邢瓯、越瓯共十二只，旋加减水于其中，以箸击之。其音妙于方响也。”崔令钦等撰，吴企明点校《教坊记（外三种）》，北京：中华书局，2012 年，第 138 页。文中说郭道源在西市陶器行表演，仅是推测。

363 温庭筠《郭处士击瓯歌》：“宫中近臣抱扇立，侍女低鬟落翠花。乱珠触续正跳荡，倾头不觉金乌斜。我亦为君长叹息，缄情远寄愁无色。莫沾香梦绿杨丝，千里春风正无力。”《温庭筠全集校注》卷一，第 16 页。

364 《新唐书》卷四〇《地理志》：“襄州襄阳郡，望。土贡：纶巾，漆器，库路真二品：十乘花文、五乘碎石文。”《新唐书》，第 1030 页。李肇《唐国史补》卷中：“襄州人善为漆器，天下取法，谓之襄样。”《唐国史补　因话录》，第 37 页。

365 见皮日休《诮虚器》：“襄阳作髹器，中有库露真。持以遗北虏，给云生有神。”《全唐诗》卷六〇八，第 7021 页。至于襄州出产的名贵漆器为何被称作异域风情十足的“库露真”，学界有来源于古代突厥语、鲜卑语、工匠名、作坊名、一种金银平脱技法名等看法。

366 陈振裕、蒋迎春、胡德生主编《中国美术全集·漆器家具》，合肥：黄山书社，2010 年，第 230 页。

367 《历代名画记》卷二：“好事家宜置宣纸百幅，用法蜡之，以备摹写。”张彦远《历代名画记》，杭州：浙江人民美术出版社，2019 年，第 29 页。

368 《履园丛话》一二《艺能》：“书笺花样多端，大约起于唐、宋，所谓衍波笺、浣花笺，今皆不传。”钱泳撰，张伟点校《履园丛话》，北京：中华书局，1979 年，第 319 页。《丹铅总录校证》卷一五：“唐太宗诗：‘水摇文鷁动，浪转锦花浮。’唐世有鷁纸，一名衍波笺，盖纸文如水文也。”杨慎撰，丰家骅校证《丹铅总录校证》，北京：中华书局，2019 年，第 663 页。

369 段成式《与温庭筠云蓝纸绝句（并序）》：“予在九江，出意造云蓝纸。既乏左伯之法，全无张永之功。辄分送五十枚，并绝句一首。”陈尚君辑校《全唐诗补编》，北京：中华书局，1992 年，第 421 页。云蓝纸工艺考证见潘吉星《中国造纸史》，上海：上海人民出版社，2009 年，第 237—238 页。

370 《负暄野录》：“高丽纸，类蜀中冷金，缜实而莹。”陈槱、赵希鹄《负暄野录　洞天清禄集》，上海：商务印书馆，1939 年，第 11 页。《考槃余事》卷二《纸笺》：“（高丽纸）以绵茧造成，色白如绫，坚韧如帛，用以书写，发墨可爱。此中国所无，亦奇品也。”屠隆撰，秦跃宇点校《考槃余事》，南京：凤凰出版社，2017 年，第 45 页。

371 李肇《翰林志》：“凡将相告身，用金花五色绫纸所司印。凡吐蕃赞普书及别录，用金花五色绫纸……回纥可汗，新罗、渤海王书及别录，并用金花五色绫纸。”《左

氏百川学海　乙集上　隋遗录　翰林志　宋朝燕翼诒谋录》，民国陶湘景刊宋本。

372 《事类赋注》卷一五《什物部》："东阳鱼卵。(《墨薮》云：纸取东阳鱼卵，虚柔滑净。)" 吴淑撰注，冀勤等点校《事类赋注》，北京：中华书局，1989年，第317页。

373 《新唐书》卷五七《艺文志》："既而太府月给蜀郡麻纸五千番。"《新唐书》，第1422页。

374 《唐六典》卷九："四库之书，两京各二本，共二万五千九百六十卷，皆以益州麻纸写。"《唐六典》，第280页。

375 李匡文《资暇集》卷下《薛涛笺》："松花笺，代以为'薛涛笺'，误也。松花笺其来旧矣。元和初，薛涛尚斯色，而好制小诗，惜其幅大，不欲长，乃命匠人狭小之。蜀中才子既以为便，后减诸笺亦如是，特名曰'薛涛笺'。今蜀纸有小样者，皆是也，非独松花一色。"《苏氏演义（外三种）》，第198页。

376 《天工开物》卷一三："四川薛涛笺，亦芙蓉皮为料煮糜，入芙蓉花末汁。" 宋应星著，杨维增译注《天工开物》，北京：中华书局，2021年，第355页。

377 关于薛涛在成都的住所，同时代较为清晰的记载见王建《寄蜀中薛涛校书》所写"万里桥边女校书，枇杷花里闭门居"，应当是在万里桥附近，也就是今天成都的南河浣花溪流域。李商隐亦有诗《送崔珏往西川》："浣花笺纸桃花色，好好题诗咏玉钩。"

378 顾况《剡纸歌》："云门路上山阴雪，中有玉人持玉节。宛委山里禹余粮，石中黄子黄金屑。剡溪剡纸生剡藤，喷水捣后为蕉叶。欲写金人金口经，寄与山阴山里僧。手把山中紫罗笔，思量点画龙蛇出。政是垂头蹋翼时，不免向君求此物。"《全唐诗》卷二六五，第2950页。

379 皮日休《二游诗》："宣毫利若风，剡纸光于月。" 皮日休、陆龟蒙等撰，王锡九校注《松陵集校注》卷一，北京：中华书局，2018年，第225页。

380 崔道融《谢朱常侍寄贶蜀茶剡纸二首》："百幅轻明雪未融，薛家凡纸漫深红。不应点染闲言语，留记将军盖世功。"《全唐诗》卷七一四，第8210页。

381 见舒元舆《悲剡溪古藤文》，吕祖谦著，黄灵庚点校《吕祖谦全集·东莱集注观澜文集》丙集卷一六，杭州：浙江古籍出版社，2017年，第712页。《浙江通志》卷一〇四《物产》引《嵊志》："剡藤纸，名擅天下……今莫有传其术者。" 见嵇曾筠、李卫等修，沈翼机，傅王露等纂《浙江通志》，清嘉庆十七年（1812）刻本。

382 《云仙散录》附录："贞观中，太宗诏用麻纸写敕诏。高宗以白纸多虫蛀，尚书省颁下州县，并用黄纸。"《云仙散录》，第189页。

383 李肇《翰林志》："凡赦书、德音、立后、建储、大诛讨、免三公宰相、命将，曰制，并用白麻纸……凡赐与、征召、宣索、处分，曰诏，用白藤纸。凡慰军旅，用黄麻纸并印……凡太清宫道观荐告词文，用青藤纸，朱字，谓之青词。凡诸陵荐告上表、内道观叹道文，并用白麻纸。”

384 《法苑珠林校注》卷七九《十恶篇》："令用六十钱买白纸百张作钱，并酒食。"《法苑珠林校注》，第 2324 页。

385 段安节《乐府杂录》："文宗朝，有内人郑中丞，善胡琴。内库有二琵琶，号大小忽雷。郑尝弹小忽雷，偶以匙头脱，送崇仁坊南赵家修理。大约造乐器，悉在此坊，其中二赵家最妙。"《教坊记（外三种）》，第 132 页。

386 见《太平广记》卷一七九《贡举·陈子昂》，第 1331 页。但想要得到高层的赏识自然没那么简单，真正让陈子昂引起武后注意的是他的政论。

387 陈尚君提出，这首《登幽州台歌》很可能不是陈子昂原作，而是好友卢藏用根据其赠给卢的七首诗概括而成，后又被明代杨慎冠以《登幽州台歌》之名。见陈尚君《行走大唐》，桂林：广西师范大学出版社，2018 年，第 187—190 页。

388 这张琴腹内左侧"开元癸丑三年斫"款疑为后刻。参见刘国梁《故宫名琴记》，《紫禁城》2021 年第 7 期，第 14—29 页；郑珉中《古琴辨伪琐谈》，《故宫博物院院刊》1994 年第 4 期，第 3—11 页。

389 《夜航船》卷九《礼乐部》："雷威作琴，不必皆桐，遇大风雪，独往峨眉山，着蓑笠入深松中，听其声连绵清越者，伐之以为琴，妙过于桐，世称雷公琴。"张岱纂，郑凌峰点校，卿朝辉审订《夜航船》，杭州：浙江古籍出版社，2020 年，第 395 页。

390 郑珉中撰文《故宫古琴图典》，北京：紫禁城出版社，2010 年，第 25 页。

391 《故宫古琴图典》，第 31 页。

392 李绰《尚书故实》："又李汧公取桐孙之精者，杂缀为之，谓之百衲琴。用蜗壳为徽，其间三面尤绝异，通谓之'响泉'、'韵磬'。弦一上，可十年不断。"《大唐传载（外三种）》，第 126 页。又李肇《唐国史补》卷下："李汧公雅好琴，常斫桐，又取漆桶为之，多至数百张，求者与之。有绝代者，一名响泉，一名韵磬，自宝于家。"《唐国史补　因话录》，第 58 页。

393 李肇《唐国史补》卷中："或说天下未有兵甲时，常多刺客。李汧公勉为开封尉，鞫狱，狱囚有意气者，感勉求生，勉纵而逸之。后数岁，勉罢秩，客游河北，偶见故囚。故囚喜迎归，厚待之，告其妻曰：'此活我者，何以报德？'妻曰：'偿缣千匹可乎？'曰：'未也。'妻曰：'二千匹可乎？'亦曰：'未也。'妻曰：'若此，不如杀之。'故囚心动。其僮哀勉，密告之。勉衩衣乘马而逸。比夜半，行百余里，至津店，店老父曰：'此多猛兽，何敢夜行？'勉因话言。言未毕，梁上有人瞥下曰：'我几误杀长者！'乃去。未明，携故囚夫妻二首以示勉。"《唐国史补　因话录》，第 47 页。

394 《唐国史补》卷下："京师又以樊氏、路氏琴为第一。路氏琴有房太尉石枕，损处惜之不理。"《唐国史补　因话录》，第 58 页。

395 《梦溪笔谈》卷五："琴虽用桐，然须多年木性都尽，声始发越。予曾见唐初路氏琴，木皆枯朽，殆不胜指，而其声愈清。又常见越人陶道真畜一张越琴，传云古冢中败棺杉木也，声极劲挺。"沈括撰，胡静宜整理《梦溪笔谈》，《全宋笔记》第 13 册，郑州：大象出版社，2019 年，第 46 页。

396 《能改斋漫录》卷一四："向见柳公权一帖谢人惠笔云：'近蒙寄笔，深荷远情。虽毫管甚佳，而出锋太短。伤于劲硬，所要优柔。'"吴曾撰，刘宇整理《能改斋漫录》，《全宋笔记》第 37 册，郑州：大象出版社，2019 年，第 155 页。

397 敦煌文书斯坦因 S.5073 号文书《癸未至乙酉年沙州诸乡人户纳欠官柴历》，背面有题杂写："若人造笔先看头，腰粗尾细似箭镞。"

398 白居易《鸡距笔赋》："毛之劲兮有兔毛。"白居易著，谢思炜校注《白居易文集校注》卷一，北京：中华书局，2011 年，第 46 页。

399 齐己《寄黄晖处士》："蒙氏艺传黄氏子，独闻相继得名高。锋铓妙夺金鸡距，纤利精分玉兔毫。濡染只应亲赋咏，风流不称近方刀。何妨寄我临池兴，忍使江淹役梦劳。"《全唐诗》卷八四四，第 9540 页。

400 唐临《冥报记》："长安市里风俗，每岁元日已后，递作饮食相邀，号为'传座'。东市笔工赵太次当设之，有客先到，如厕，见其碓上有童女，年可十三四，著青裾白衫，以汲索系颈，属于碓柱，泣谓客曰：'我是主人女也。往年未死时，盗父母钱一百，欲置脂粉，未及而死。其钱今在厨舍内西北角壁中。然虽未用，既已盗之，坐此得罪。今当偿父母命。'言毕，化为青羊白项。客惊告主人，主人问其形貌，乃其小女，死二年矣。于厨壁取得百钱，似久安处。于是送羊僧寺，合门不复食肉。"《全唐五代小说》卷三，第 92 页。另有版本作"笔生赵太"。

401 白居易《代书诗一百韵寄微之》："策目穿如札，毫锋锐若锥。"自注："时与微之各有纤锋细管笔，携以就试，相顾辄笑，目为毫锥。"《白居易诗集校注》卷一三，第 978 页。

402 段成式《寄余知古秀才散卓笔十管软健笔十管书》："前寄笔出自新铨，散卓尤精。"《全唐文》卷七百八十七，第 8232 页。

403 见傅芸子《正仓院考古记》，第 78 页。

404 在《唐摭言》中，此诗被记为元稹所作，后世不少人提出异议。卞孝萱在《元稹年谱》中认为，该诗实际当为薛涛呈韦皋之作，见卞孝萱《元稹年谱》，济南：齐鲁书社，1980 年，第 115 页。

405 《新唐书》卷四一《地理志》："宣州宣城郡，望。土贡：银、铜器、绮、白纻、丝头红毯、兔褐、簟、纸、笔……”《新唐书》，第 1066 页。《清异录》卷下《文用门》：“伪唐宜春王从谦，喜书札，学晋二王楷法。用宣城诸葛笔，一枝酬以十金。”《清异录》，第 108 页。这是五代时的价格。

406 《元和郡县图志》卷二八《江南道·宣州》：“中山，在（溧水）县东南一十五里。出兔毫，为笔精妙。”《元和郡县图志》，第 685 页；李白《草书歌行》：“墨池飞出北溟鱼，笔锋杀尽中山兔。”李白撰，安旗等笺注《李白全集编年笺注》，北京：中华书局，2015 年，第 1447 页。

407 白居易《紫毫笔》：“每岁宣城进笔时，紫毫之价如金贵。”《白居易诗集校注》卷四，第 424 页。

408 《铁围山丛谈》卷五：“宣州诸葛氏，素工管城子，自右军以来世其业，其笔制散卓也。”蔡绦撰，李国强整理《铁围山丛谈》，《全宋笔记》第 35 册，郑州：大象出版社，2019 年，第 118 页。《邵氏闻见后录》卷二八：“宣城陈氏家传右军求笔帖，后世益以作笔名家。”邵博撰，李剑雄、刘德权点校《邵氏闻见后录》，北京：中华书局，1983 年，第 218 页。

409 《铁围山丛谈》卷五：“吾闻诸唐季时有名士，就宣帅求诸葛氏笔，而诸葛氏知其有书名，乃持右军笔二枝乞与，其人不乐。宣帅再索，则以十枝去，复报不入用。诸葛氏惧，因请宣帅一观其书札，乃曰：‘似此特常笔与之尔。前两枝，非右军不能用也。’”《铁围山丛谈》，第 118 页。

410 阿不来提·赛买提《器蕴才华——记几件新疆出土的“文房四宝”》，《文物鉴定与鉴赏》2022 年 12 期，第 1—5 页。

411 阿不来提·赛买提《器蕴才华——记几件新疆出土的“文房四宝”》。

412 《揭秘唐代吐谷浑王族墓葬》，《西海都市报》2022 年 6 月 8 日 B13 版。

413 《邵氏闻见后录》卷二八：“柳公权求笔，但遗以二枝，曰：‘公权能书，当继来索，不必却之。’果却之，遂多易以常笔。曰‘前者右军笔，公权固不能用也’。”《邵氏闻见后录》，第 218 页。柳公权的这则故事与上条注释中宣帅求笔的故事有类似之处，其实证明的是因毛笔制作理念和工艺的差异，王羲之时代的笔到了晚唐已经不适用了。

414 张鷟《朝野佥载》卷三：“欧阳通，询之子，善书，瘦怯于父。常自矜能书，必以象牙、犀角为笔管，狸毛为心，覆以秋兔毫。”《隋唐嘉话　朝野佥载》，第 67 页。

415 见僧空海《献狸毛笔表》。《全唐文·唐文续拾》卷一六，第 11357 页。

416 见《图画见闻志校注》卷五《卢氏宅》。郭若虚撰，吴企明校注《图画见闻志校注》，上海：上海书画出版社，2020 年，第 567 页。

417 李德裕《斑竹管赋》：“余寓居郊外精舍，有湘中守赠以斑竹笔管，奇彩烂然。

爱玩不足，因为小赋以报之。”李德裕撰，傅璇琮、周建国校笺《李德裕文集校笺》别集卷二，北京：中华书局，2018 年，第 517 页。

418 《酉阳杂俎校笺》前集卷六《艺绝》：“开元中，笔匠名铁头，能莹管如玉，莫传其法。”《酉阳杂俎校笺》，第 531 页。

419 《云仙散录》一《幽人笔》：“司空图隐于中条山，芟松枝为笔管。人问之，曰：‘幽人笔正当如是。’”《云仙散录》，第 17 页。

420 阿不来提 · 赛买提《器蕴才华——记几件新疆出土的“文房四宝”》。

421 《清异录》卷下《文用门》：“唐世举子将入场，嗜利者争卖健豪圆锋笔，其价十倍，号‘定名笔’。笔工每卖一枝，则录姓名，俟其荣捷，则诣门求阿堵，俗呼‘谢笔’。”《清异录》，第 106 页。

422 《墨经》：“唐则易州、潞州之松，上党松心尤先见贵。”晁贯之著，朱学博整理点校《墨经》，上海：上海书店出版社，2015 年，第 124 页。李白《酬张司马赠墨》：“上党碧松烟，夷陵丹砂末。”李白著，王琦注《李太白全集》卷一九，北京：中华书局，1977 年，第 875 页。

423 《旧唐书》卷一六五《柳公权列传》：“（柳公权）常评砚，以青州石末为第一，言墨易冷，绛州黑砚次之。”《旧唐书》，第 4312 页。

424 刘禹锡《唐秀才赠端州紫石砚以诗答之》：“端州石砚人间重，赠我因知正《草玄》。”《刘禹锡全集编年校注》卷一二，第 1329 页。李贺《杨生青花紫石砚歌》：“端州石工巧如神，踏天磨刀割紫云。”李贺著，吴企明笺注《李长吉歌诗编年笺注》卷二，北京：中华书局，2012 年，第 155 页。皮日休《以紫石砚寄鲁望兼酬见赠》：“样如金蹙小能轻，微润将融紫玉英。石墨一研为凤尾，寒泉半勺是龙睛。”《松陵集校注》卷六，第 1341 页。

425 李肇《唐国史补》卷下：“内邱白瓷瓯，端溪紫石砚，天下无贵贱通用之。”《唐国史补　因话录》，第 60 页。

426 《歙州砚谱 · 采发》：“婺源砚。在唐开元中，猎人叶氏逐兽至长城里，见叠石如城垒状，莹洁可爱，因携以归，刊粗成砚，温润大过端溪。后数世，叶氏诸孙持以与令。令爱之，访得匠手斫为砚，由是山下始传。”唐积著，朱学博整理点校《文房四谱（外十七种）》，上海：上海书店出版社，2015 年，第 175 页。

427 徐夤《割字刀子赋》：“物有至大而无所为，物有至小而功且奇。当彩笔临文之际，见铦锋入目之时，改雕虫篆刻之非。重修丽藻，正垂露崩云之误。”《全唐文 · 唐文拾遗》卷四五，第 10888 页。

428 王起《獭皮书袋赋》：“懿彼元獭，生于水乡。始杀身于河涘，卒成器于书囊。仍彼残文，不假乎雕刻；裁以新制，自合乎圆方。”《全唐文》卷六四二，第 6491 页。

429　天津博物馆编《器蕴才华——文房清供陈列》，北京：文物出版社，2013 年，第 68 页。

430　杜文《辟雍砚相伴白居易振笔疾书》，《艺术市场》2008 年第 07 期，第 80—82 页。

431　《云仙散录》二六《芙蓉粉》："《文房宝饰》曰：养笔以硫黄酒舒其毫；养纸以芙蓉粉惜其色；养砚以文绫盖，贵乎隔尘；养墨以豹皮囊，贵乎远湿。"《云仙散录》，第 29—30 页。

432　《新唐书》卷三六《五行志》："元和八年四月，长安西市有豕生子，三耳八足，自尾分为二。足多者，下不一也。"《新唐书》，第 941 页。

433　张鷟《朝野佥载·补辑》："唐魏伶为西市丞，养一赤嘴乌，每于人众中乞钱。人取一文而衔以送伶处，日收数百，时人号为'魏丞乌'。"《隋唐嘉话　朝野佥载》，第 167—168 页。

434　尉迟偓《中朝故事》卷下："李思齐者，常著绿，戴席帽于京辇，状貌若三十许人。每阅市场，登酒肆，逢人即与相善。令狐楚闻之，召至宅，语言非常人。楚子绹侍立睹之，亦觉其异。云在昊天观安下。明日，楚令人觅之，无踪。咸通中，绹为淮南节度使，已逾三十年矣。门吏于市肆见思齐，貌若当时，惊而白绹。"《奉天录（外三种）》，第 229—230 页。

435　《新唐书》卷一一三《张文瓘列传》："勣入朝，文瓘与属僚二人皆饯，勣赠二人以佩刀、玉带，而不及文瓘。"《新唐书》，第 4186 页。

436　《新唐书》卷九七《魏徵列传》："亲解佩刀，以赐二人。"《新唐书》，第 3876 页。

437　《乾𦠆子·窦乂》："安州土出丝履，敬立赍十数辆散甥侄。"《温庭筠全集校注》卷一二，第 1256 页。

438　《唐会要》卷二九《节日》："士庶以丝结承露囊，更相遗问。村社作寿酒宴乐。"《唐会要》，第 542 页。

439　敦煌文献 P.2675 抄本《新集备急灸经》，题有"京中李家于市东印"，表示该抄本抄自李家刻印的原始文本。敦煌文献 P.2633 抄本《崔氏夫人要女文》，末尾题"上都李家印崔氏夫人壹本"。此卷虽为手抄，底本当为长安李家印铺的印本。

440　见敦煌文献 Or.8210/P.12《上都东市大刁家大印历日》残片。

441　见邓文宽《从"历日"到"具注历日"的转变》，载氏著《敦煌吐鲁番天文历法研究》，兰州：甘肃教育出版社，2002 年，第 134—144 页；陈昊《"历日"还是"具注历日"——敦煌吐鲁番历书名称与形制关系再讨论》，《历史研究》2007 年第 2 期，第 60—68 页；刘永明《唐宋之际历日发展考论》，《甘肃社会科学》2003 年第 1 期，第 143—147 页。

442　《唐六典》卷一〇《秘书省》："太史令掌观察天文，稽定历数。……每年预造来岁历，颁于天下。”《唐六典》，第 303 页。

443 《旧唐书》卷一七下《文宗本纪》：“敕诸道府不得私置历日板。”《旧唐书》，第 563 页。《册府元龟》卷一六〇《帝王部・革弊》：“（大和）九年十二月丁丑，东川节度使冯宿奏，准敕禁断印历日版。剑南、两川及淮南道皆以版印历日鬻于市，每岁司天台未奏颁下新历，其印历已满天下，有乖敬授之道，故命禁之。”《册府元龟》，第 1782 页。《唐语林校证》卷七《补遗》：“僖宗入蜀。太史历本不及江东，而市有印货者，每差互朔晦，货者各征节候，因争执。里人拘而送公，执政曰：‘尔非争月之大小尽乎？同行经纪，一日半日，殊是小事。’遂叱去。而不知阴阳之历，吉凶是择，所误于众多矣。”《唐语林校证》，第 671—672 页。

444 《三辅黄图校注》：“诸生朔望会且市，各持其郡所出货物，及经传书记，笙磬乐器，相与买卖，雍容揖让，论议槐下。”何清谷校注《三辅黄图校注》，西安：三秦出版社，2006 年，第 476—477 页。

445 《法苑珠林校注》卷五七《债负篇》：“今既待经在家，有一部《法华》。兄赎取此经，向直一千钱。陈夫将四百钱赎得。”《法苑珠林校注》，第 1727 页。

446 《新唐书》卷五七《艺文志》：“安禄山之乱，尺简不藏。元载为相，奏以千钱购书一卷，又命拾遗苗发等使江淮括访。”《新唐书》，第 1423 页。

447 《入唐求法巡礼行记校注》卷一《承和五年》：“十一月二日　买《维摩关中疏》四卷，价四百五十文。”《入唐求法巡礼行记校注》，第 59 页。

448 目前所知最早有明确纪年的（雕版）印刷品为现藏英国国家图书馆，编号为 Or.8210/P.2 的唐咸通九年（868）《金刚般若波罗蜜经》，卷末刊记：“咸通九年四月十五日王玠为二亲敬造普施。”不过，没有纪年的印刷品则可以追溯到更早以前，俄藏敦煌文献编号 Дx02880 的历日印本碎片，经考证为唐大和八年甲寅岁（834）的具注历日，见邓文宽《敦煌三篇具注历日佚文校考》，《敦煌研究》2000 年第 3 期，第 108—112 页。宿白推测雕版印刷起源于唐玄宗时代，见宿白《唐五代时期雕版印刷手工业的发展》，《文物》1981 年第 5 期，第 65—68 页。但 1906 年，吐鲁番附近发现了印本《妙法莲华经》残卷，后为日本人中村不折收藏，日本学者长泽规矩也通过其中混用了武周制字，推测印制时代距武则天时期不远；1966 年，韩国庆州佛国寺释迦塔藏经洞内出土一《无垢净光大陀罗尼经》刻本，近五十年间，中韩学者对此刻本的刊刻时间与地点进行了论证交锋，也经由武周制字认定该刻本大致印刷于 702 年武则天统治时期，由于再无其他文献与文物证据证明当时新罗有印刷活动，该刻本当印刷于中国。然而近年来，辛德勇提出对《妙法莲华经》残卷时代的质疑，认为就其字体刻制精良程度而言，很可能是唐以后的印本；而《无垢净光大陀罗尼经》出现时用时不用武周制字的混杂现象，这其实恰恰说明不可能印刷于管控严格的武则天统治时期，更可能是武后新字废除若干年后出现的情况，至少也是开元以后了，见辛德勇《论中国书籍雕版印刷技术产生的社会原因及其时间》，《中国典籍与文化论丛》2014 年，第 4—176 页。以上是出土实物的情况，而最早明确记载雕版印刷的文献，为前文注释提到的文宗大和九年（835）关于禁止民间印刷历日的敕文。综上所述，本书采取较为保守的观点，即至迟到文宗时期，雕版印刷已较成熟，但其具体何时出现仍有待进一步讨论。

449 详见赖瑞和《刘知几与唐代的书和手抄本：一个物质文化的观点》，《台湾师大历史学报》2011 年第 46 期，第 111—140 页。

450 学界对于“梵夹装”与“经折装”的认识存在争议，有学者（周绍良、刘国钧、陈国庆等）认为梵夹装就是经折装；也有学者（李致忠等）认为梵夹装等同于贝叶装，而经折装是在贝叶装或卷轴装的基础上发展而来的，两者是不同的东西。贝叶装为流行于印度和东南亚等地的原始装帧方式，当时经文大多书写在贝多罗树叶（一种棕榈叶）上，树叶打孔，或以两块木板夹住封面封底，木板亦打孔，用细绳穿过木板和书页，系紧固定。而黄永年提出，在北宋王巩《闻见近录》中，已用“梵夹装”一词来称呼“旋风装”了。结合下条注释中周绍良、黄永年、辛德勇等人考证，旋风装亦属于经折装，既然言旋风装近似梵夹装，那么梵夹装应该也属于经折装。

451 “旋风叶”一词最早见于宋张邦基《墨庄漫录》，其中提到宋代存世的《唐韵》都为旋风叶，即后人所说的旋风装。与梵夹装之迷思一样，旋风叶的构造众说纷纭。岛田翰（《古文旧书考》）认为，旋风叶是一种由硬书衣包住封面、封底和侧面的特殊经折装，但折面不与书衣相连。李致忠（《古书“旋风装”考辨》）认为，旋风装等同于唐后期出现的龙鳞装，即故宫藏（传）唐吴彩鸾手抄王仁昫《刊谬补缺切韵》的装帧方式，将书页鳞次相错粘贴于同一张纸底上，纸张错落有致，宛如龙的鳞片。这是现今最为流行的说法，将龙鳞装等同于旋风装。又杜伟生（《从敦煌遗书的装帧谈“旋风装”》）提到，敦煌遗书中有一种疑似为旋风装的装帧方式，即所有长短不一的书页均以一侧为基准粘贴整齐，后以木板或竹条固定粘贴的一侧，形成卷起为卷轴、打开为册页的形式（如 S.6349《易三备》）。后李致忠、吴芳思（《古书梵夹装、旋风装、蝴蝶装、包背装、线装的起源与流变》）进一步指出，敦煌出土有一册晚唐天祐二年（905）的 S. 5444《金刚经》，其装帧形式近似故宫藏《切韵》，但同时又接近册页装，因为所有书页都相错粘贴在前一张书页上，无底纸。但周绍良（《书籍形成的过程——略谈梵夹本的产生》）、黄永年（《古籍版本学》）、辛德勇等人认为，旋风装应该就是经折装的一种。辛德勇在《重论旋风装》中进行了溯源式考证，根据宋人记述，他认为旋风装外观上与宋人所称之册子（“策子”）相近，那便不可能为卷轴装；故宫藏《切韵》所用之龙鳞装为卷轴装，但旋风装应是一种册页，二者不同，且相比龙鳞装，经折装的册页如呈半圆形打开也更像旋风；南宋罗璧《罗氏识遗》有言，册子“叠纸成卷”，推测旋风装应该属于经折装的一种。作者浅见，最后一种解释是较有说服力的。

452 有关粘叶装的形制，详见方广锠《现存最早的粘叶装书籍——敦煌遗书斯 05478 号〈文心雕龙〉装帧研究》，《文献》2016 年第 3 期，第 3—13 页；方广锠《方广锠敦煌遗书散论》，上海：上海古籍出版社，2011 年，第 154—183 页。

453 李致忠等人认为此卷装帧方式接近后世所谓的龙鳞装，且等于旋风装，只不过没有卷起成卷轴。但结合方广锠对于公元 7 世纪后期即出现的粘叶装的考证，这种装帧形式实际上属于粘叶装的变种。

454 《唐六典》卷九《中书省》：“其经库书钿白牙轴、黄带、红牙签，史库书钿青牙轴、缥带、绿牙签，子库书雕紫檀轴、紫带、碧牙签，集库书绿牙轴、朱带、白牙签，以为分别。”《唐六典》，第 280 页。

455 韩愈《送诸葛觉往随州读书》：“邺侯家多书，插架三万轴。一一悬牙签，新若手未触。”韩愈撰，魏仲举集注，郝润华、王东峰整理《五百家注韩昌黎集》卷七，北京：中华书局，2019 年，第 456 页。陆龟蒙《奉和二游诗》：“插架几万轴，森森若戈鋋。风吹签牌声，满室铿锵然。”《松陵集校注》卷一，第 256 页。

456 《法书要录校理》卷四《唐张怀瓘二王等书录》：“二王缣素书珊瑚轴二帙二十四卷，纸书金轴二帙二十四卷，又纸书玳瑁轴五帙五十卷，并金题玉躞织成带。”张彦远纂辑，刘石校理《法书要录校理》，北京：中华书局，2021 年，第 205 页。

457 《旧唐书》卷一八九上《徐文远列传》：“其兄休，鬻书为事，文远日阅书于肆，博览《五经》，尤精《春秋左氏传》。”《旧唐书》，第 4942 页。皮日休《鲁望昨以五百言见贻，过有褒美，内揣庸陋，弥增愧悚，因成一千言，上述吾唐文物之盛，次叙相得之欢，亦迭和之微旨也》：“阅彼图籍肆，致之千百编。携将入苏岭，不就无出缘。”《松陵集校注》卷一，第 52 页。

458 《太平广记》卷一一六《报应 · 僧义孚》：“同寺有数辈，贩鬻经像。”《太平广记》，第 814 页。

459 柳玭《柳氏家训序》：“中和三年癸卯夏，銮舆在蜀之三年也。余为中书舍人。旬休，阅书于重城之东南。其书多阴阳杂记、占梦相宅、九宫五纬之流，又有字书小学。率雕板印纸，浸染不可尽晓。”《全唐文补编》卷八七，第 1067 页。

460 元稹《白氏长庆集序》：“至于缮写模勒，衒卖于市井，或持之以交酒茗者，处处皆是。其甚者有至于盗窃名姓，苟求自售，杂乱闲厕，无可奈何。”白居易撰，顾学颉点校《白居易集》，北京：中华书局，1979 年，第 1—2 页。

461 裴铏《文萧传》：“姝曰：‘君但具纸，吾写孙愐《唐韵》。’日一部，运笔如飞，每鬻获五缗。缗将尽，又为之。如此仅十载。……今钟陵人多有吴氏所写《唐韵》在焉。”《唐五代传奇集》第三编卷四三，第 2446 页。今故宫博物院中藏有据说是吴彩鸾手书的龙鳞装《刊谬补缺切韵》五卷。明陶宗仪《书史会要》中称赞吴彩鸾手书《唐韵》：“字书虽小，而宽绰有余，全不类世人笔，当于仙品中别有一种风度。”陶宗仪撰，徐美洁点校《书史会要》卷五，杭州：浙江人民美术出版社，2019 年，第 126 页。

462 但严格来说，目前有明确纪年的最早的雕版印刷品其实是俄藏敦煌文献Дx.02881+Дx.02882《唐开元二十九年（741）二月九日沙州大云寺授菩萨戒牒》上的几个捺印佛像。详见荣新江《现存最早的雕版印刷品——开元二十九年戒牒》，《中国典籍与文化》2024 年 4 期，第 4—8 页。

463 《太平广记》卷七四《道术・陈季卿》：“陈季卿者，家于江南，辞家十年，举进士，志不能无成归。羁栖辇下，鬻书判给衣食。”《太平广记》，第 462 页。

464 《异闻集校证》一〇《李娃传》：“娃命车出游，生骑而从。至旗亭南偏门鬻坟典之肆，令生拣而市之，计费百金，尽载以归。”《异闻集校证》，第 69 页。

465 《唐诗纪事校笺》卷三《上官昭容》：“贞元十四年，崔仁亮于东都买得《研神记》一卷，有昭容列名书缝处。吕温感叹，因赋《上官昭容书楼歌》云：汉家婕好唐昭容，工诗能赋千载同。……君不见洛阳南市卖书肆，有人买得《研神记》。纸上香多蠹不成，昭容题处犹分明，令人惆怅难为情。”计有功撰，王仲镛校笺《唐诗纪事校笺》，北京：中华书局，2007 年，第 65 页。

466 《法苑珠林校注》卷二六《宿命篇》：“客谓主人曰：吾昔所读《法华经》，并金钗五只藏此壁中，高处是也。其经第七卷尾后纸火烧失文字，吾今每诵此经至第七卷尾，恒忘失不能记得。因令左右凿壁，果得经函。开第七卷尾及金钗，并如其言。主人涕泣曰：亡妻存日，常诵此经。钗亦是其处。”《法苑珠林校注》，第 825 页。

467 何延之《兰亭记》：“帝命供奉拓书人赵模、韩道政、冯承素、诸葛贞等四人各拓数本，以赐皇太子、诸王、近臣。”张彦远撰，武良成、周旭点校《法书要录》卷三，杭州：浙江人民美术出版社，2019 年，第 106 页。

468 《历代名画记》卷二：“则董伯仁、展子虔、郑法士、杨子华、孙尚子、阎立本、吴道玄，屏风一片，值金二万，次者售一万五千。……其杨契丹、田僧亮、郑法轮、乙僧、阎立德一扇，值金一万。”《历代名画记》，第 32 页。

469 何延之《兰亭记》："今赵模等所拓在者，一本尚直钱数万也。"《法书要录》卷三，第 106 页。

470 张怀瓘《书估》："近日有钟尚书绍京，亦为好事，不惜大费，破产求书，计用数百万钱，唯市得右军行书五纸，不能致真书一字。崔、张之迹，固乃寂寥然，唯天府之内，仅有存焉。"《法书要录》卷四，第 116 页。

471 《太平广记》卷二一四《画・杂编》："长安初，张易之奏召天下名工，修葺图画，潜以同色故帛，令各推所长，共成一事，仍旧缥轴，不得而别也，因而窃换。张氏诛后，为少保薛稷所收。稷败后，悉入岐王。初不奏闻，窃有所虑，因又焚之。于是图画奇迹，荡然无遗矣。"《太平广记》，第 1644 页。

472 《广川书跋》卷六："唐初购书以金，故人得伪造以进。当时李怀琳好为伪迹，其用意至到，或谓乱真。昔人谓《急就章》为王逸少书，《七贤帖》假云薛道衡作序（缺三字），装褙持以质钱。"董逌《广川书跋》，明吴宽丛书堂红格钞本。

473 温宪《唐集贤直院官荣王府长史程公墓志铭》："丞相卫国公闻有客藏右军书帖一幅，卫国公购以千金。因持以示公，公曰：'此修己给彼，而非真也。'因以水濡纸抉起，果有公之姓字。"《全唐文・唐文拾遗》卷三二，第 10738—10739 页。《太平广记》卷二〇九《画・杂编》："李德裕作相日，人献书帖。德裕得之执玩，颇爱其书。卢弘宣时为度支郎中，有善书名。召至，出所获者书帖，令观之。弘宣持帖，久之不对。德裕曰：'何如？'弘宣有恐悚状曰：'是某顷年所临小王帖。'太尉弥重之。"《太平广记》，第 1603 页。

474 《阙史》卷上《李文公夜醮》："时延寿里有水墨李处士，以精别画品游公卿门。"高彦休《阙史》，北京：中华书局，1985 年，第 8 页。

475 《尚书故实》："京师书侩孙盈者，名甚著。盈父曰仲容，亦鉴书画，精于品目。豪家所宝，多经其手，真伪无逃焉。王公《借船帖》是孙盈所蓄，人以厚价求之不果。卢公其时急切，减而赈之，曰：'钱满百千方得。'卢公，韩太冲外孙也，故书画之尤者，多阅而识焉。"《尚书故实》，第 136—137 页。

476 《云仙散录》八〇《礬卿换麻》："有人收得虞世南与圆机书一纸，剪开字字卖之，至"礬""卿"二字得麻一斗，"鹳""口"二字得铜砚一枚，"房""材"二字得芋千头，随人好之浅深。"《云仙散录》，第 55 页。

477 《书史》："怀素绢帖一轴杂论故事，后人分剪为二十余处，王诜累年遂求足元数……"米芾撰，吴晓琴、汤勤福整理《书史》，《全宋笔记》第 20 册，郑州：大象出版社，2019 年，第 148 页。

478 见《阙史》卷上《裴丞相古器》，第 12 页。

479 《唐朝名画录校注》："又李仲昌、李仿、孟仲晖，皆以写真最得其妙。"朱景玄著，吴企明校注《唐朝名画录校注》，合肥：黄山书社，2016 年，第 251 页。

480 《唐朝名画录·神品中一人》："又郭令公婿赵纵侍郎尝令韩幹写真，众称其善。后又请周昉长史写之。二人皆有能名，令公尝列二真置于坐侧，未能定其优劣。因赵夫人归省，令公问云：'此画何人？'对曰：'赵郎也。'又云：'何者最似？'对曰：'两画皆似，后画尤佳。'又问：'何以言之？'云：'前画者空得赵郎状貌，后画者兼移其神气，得赵郎情性笑言之姿。'令公问曰：'后画者何人？'乃云：'长史周昉。'是日遂定二画之优劣，令送锦彩数百段与之。"《唐朝名画录校注》，第 31 页。

481 敦煌文书 P.3268《氾府君图真赞》："奈何神灵不佑，疾染多时。累访良医，无能救济。自觉病源深重，方便咨谏于慈亲；留嘱再三，莫念生子而不孝。执姊妹手，千万好事于娘娘；别妻子颜，此世难逢而再会。付嘱已毕，魄逐飞仙。"饶宗颐、姜伯勤主编《敦煌邈真赞校录并研究》，台北：新文丰出版公司，1994 年，第 332 页。

482 见《云仙散录》一〇九《兔头羹》，第 68 页。

483 想不出来？去看看《太平广记》卷三七〇《精怪·崔毂》这个故事吧。

484 《唐律疏议笺解》卷一六《擅兴》："诸私有禁兵器者徒一年半（谓非弓、箭、刀、楯、短矛者）。"《唐律疏议笺解》，第 1217 页。

485 《唐六典》卷二〇《太府寺》："其造弓矢、长刀，官为立样，仍题工人姓名，然后听鬻之；诸器物亦如之。"《唐六典》，第 543 页。

486 《新唐书》卷六《代宗本纪》："（大历十三年）十月己丑，禁京畿持兵器捕猎。"《新唐书》，第 180 页。《册府元龟》卷六四《帝王部·发号令》："（贞元）八年六月，诏曰：'枪甲之属，不畜私家，令式有闻，宜当遵守。如闻京城士庶之家所藏器械，宜令京兆府宣示，俾纳官司，他如律令。'"《册府元龟》，第 684 页。

487 鄣刀的形制争议较大，有匕首、长刀等说法。至今我们仍未能见到明确为鄣刀的壁画形象，也没有出土实物。

488 《新唐书》卷九二《阚稜列传》："阚稜，伏威邑人也。貌魁雄，善用两刃刀，其长丈，名曰'拍刀'，一挥杀数人，前无坚对。"《新唐书》，第 3801 页。拍刀，当作"陌刀"。《唐六典》卷一六《卫尉宗正寺》："陌刀，长刀也，步兵所持，盖古之断马剑。"《唐六典》，第 461 页。有关陌刀的形制和用途，详见郑炳林《敦煌写本〈张淮深变文〉所见兵器陌刀考》，《庆祝宁可先生八十华诞论文集》，北京：中国社会科学出版社，2008 年，第 295—302 页。龚剑认为陌刀应为双手长刀，用于劈砍，长度与人身高接近，见龚剑《中国刀剑史》，北京：中华书局，2021 年，第 71 页。

489 徐光冀主编《中国出土壁画全集 6 陕西 上》，北京：科学出版社，2012 年，第 195 页。

490 黑龙江宁安虹鳟鱼场渤海墓地出土渤海国仿唐铁刀长 62.8 厘米，段元哲墓出土唐横刀残长 79 厘米，窦曒墓出土唐横刀长 84 厘米。

491 慧琳《一切经音义》卷三五：“镔铁出罽宾等外国，以诸铁和合，或极精利，铁中之上者是也。”《大正新修大藏经》第 54 卷，第 543 页。镔铁实际上是坩埚钢的一类统称。

492 李白《暖酒》：“热暖将来宾铁文，暂时不动聚白云。”《李白全集编年笺注》卷一六，第 1631 页。不过这首诗是否确为李白所作仍存疑。

493 《唐天宝二年（743）交河郡市估案》：“镔横刀壹口鍮石铰，上直钱贰阡伍伯文，次贰阡文，下壹阡捌伯文。钢横刀壹口白铁铰，上直钱玖伯文，次捌伯文，下柒伯文。”见《中国古代籍帐研究：概观 · 录文》，第 452 页。

494 《唐律疏议笺解》卷二六《杂律》：“诸造器用之物及绢布之属，有行滥、短狭而卖者各杖六十（不牢谓之行，不真谓之滥。即造横刀及箭镞用柔铁者，亦为滥）。”《唐律疏议笺解》，第 1859 页。

495 国家文物局国家文物鉴定委员会《文物藏品定级标准图例（兵器卷）》，北京：文物出版社，2011 年，第 300 页。

496 《大唐风华》，第 20 页。

497 “胡禄”一词为突厥语“Qurluq”之音译。见岑仲勉《隋唐史》，北京：中华书局，1982 年，第 222 页。

498 《汉书》卷二七下《五行志》颜师古注：“服，盛箭者，即今之步叉也。”班固著，颜师古注，中华书局编辑部点校《汉书》，北京：中华书局，1962 年，第 1466 页。

499 《通典》卷一五二《兵》：“令人枕空胡禄卧，有人马行三十里外，东西南北，皆响见于胡禄中，名曰‘地听’，则先防备。”《通典》，第 3902 页。

500 徐光冀主编《中国出土壁画全集 7 陕西 下》，北京：科学出版社，2012 年，第 276 页。

501 江西省博物馆编《天山往事：古代新疆丝路文明展》，上海：上海锦绣文章出版社，2014 年，第 133 页。

502 见《太平广记》卷四二引《原化记》《神仙 · 贺知章》，第 263 页。

503 《法苑珠林校注》卷五二《眷属篇》：“唐京都西市北店有王会师者，其母先终，服制已毕。至显庆二年内，其家乃产一青黄母狗。会师妻为其盗食，乃以杖击之数下。狗遂作人语曰：我是汝姑，新妇杖我大错。我为严酷家人过甚，遂得此报。今既被打，羞向汝家。因即走出。会师闻而涕泣，抱以归家，而复还去。凡经四五，会师见其意正，乃屈请市北大街中，正是已店北大墙后，作小舍安置，每日送食。市人及行客就观者极众，投饼与者，不可胜数。此犬恒不离此舍，过斋时即不肯食，经一二岁，莫知所之。"《法苑珠林校注》，第 1565—1566 页。

504 见《异闻集校证》一〇《李娃传》，第 63—71 页。

505 见薛用弱《集异记·王涣之》（当作"王之涣"，原文即如此），《全唐五代小说》卷二八，第 975—976 页。不过，这则奇妙的故事很可能并未实际发生过。据傅璇琮考证，故事中提到的王昌龄《芙蓉楼送辛渐》一诗写于江宁丞任上，他出任江宁丞是开元二十九年（741）后。一年后（天宝元年，742）王之涣去世，而王昌龄直到天宝二年（743）才回到长安。由此可知，王之涣与王昌龄是碰不到面的。傅璇琮《唐代诗人丛考》，北京：中华书局，2003 年，第 109—150 页。

506 见《仙传拾遗》卷三《穆将符》，杜光庭撰，罗争鸣辑校《杜光庭记传十种辑校》，北京：中华书局，2013 年，第 820—821 页。

507 见《太平广记》卷三〇二《神·卫庭训》，第 2395—2396 页。

508 《最新增订唐两京城坊考》卷四："东门之北，慧日寺。（开皇六年所立，本富商张通宅，舍而立寺。通妻陶氏常于西市鬻饭，精而价贱。时人呼为陶寺。）"《最新增订唐两京城坊考》，第 251—252 页。张通及其妻子事迹，另见隋开皇十七年（597）《大将军昌乐公府司士行参军张通妻陶贵墓志》。

509 《纪闻辑校》卷二《李淳风》："李淳风尝奏曰：'北斗七星当化为人，明日至西市饮酒，宜令候取。'太宗从之，乃使人往候。有婆罗门僧七人，入自金光门，至西市酒肆。登楼，命取酒一石，持碗饮之。须臾酒尽，复添一石。"《纪闻辑校》，第 21 页。

510 见《太平广记》卷三四八《鬼·牛生》，第 2758—2759 页。

511 寒山《怜底众生病》："怜底众生病，餐尝略不厌。蒸豚搵蒜酱，炙鸭点椒盐。去骨鲜鱼脍，兼皮熟肉脸。不知他命苦，只取自家甜。"寒山著，项楚注《寒山诗注》，北京：中华书局，2000 年，第 532 页。这是一首讽刺富人的诗，因此用在名流出入，却暗藏肮脏交易的张家楼。

512 见《酉阳杂俎校笺》续集卷一《支诺皋》，第 1483 页。

513 《酉阳杂俎校笺》前集卷八《黥》："上都街肆恶少，率髡而肤札，备众物形状。恃诸军，张拳强劫，至有以蛇集酒家，捉羊胛击人者。"《酉阳杂俎校笺》，第 621 页。

514 见康軿《剧谈录·管万敌遇壮士》。《全唐五代小说》外编二一，第 4358—4359 页。

515 《酉阳杂俎校笺》前集卷八《黥》："宝历中，长乐里门有百姓刺臂，数十人环瞩之。"《酉阳杂俎校笺》，第 632 页。

516 《酉阳杂俎校笺》前集卷八《黥》："荆州街子葛清，勇不肤挠，自颈已下，遍刺白居易舍人诗。成式常与荆客陈至，呼观之，令其自解，背上亦能暗记。反手指其札处，至'不是此花偏爱菊'，则有一人持杯临菊藂；又'黄夹缬林寒有叶'，则指一树，树上挂缬，缬窠鏁胜绝细。凡刻三十余首，体无完肤，陈至呼为'白舍人行诗图'也。"《酉阳杂俎校笺》，第627页。

517 《酉阳杂俎校笺》前集卷八《黥》："又有王力奴，以钱五千召札工，可胸腹为山亭院，池榭，草木，鸟兽，无不悉具，细若设色。"《酉阳杂俎校笺》，第621页。

518 《酉阳杂俎校笺》前集卷八《黥》："李夷简，元和末在蜀。蜀市人赵高，好斗，常入狱，满背镂毗沙门天王。吏欲杖背，见之辄止。"《酉阳杂俎校笺》，第625页。

519 《酉阳杂俎校笺》前集卷八《黥》："崔承宠，少从军，善驴鞠，逗脱杖捷如胶焉。后为黔南观察使。少，遍身刺一蛇，始自右手，口张臂食两指，绕腕匝颈，齟齬在腹，拖尾而及骭焉。对宾侣，常衣覆其手，然酒酣辄袒而努臂戟手，捉优伶辈曰：'蛇咬尔！'优伶等即大叫毁而为痛状，以此为戏乐。"《酉阳杂俎校笺》，第630—631页。

520 《清异录》卷下《肢体门》："自唐末，无赖男子以札刺相高，或铺辋川图一本，或砌白乐天、罗隐二人诗百首，至有以平生所历郡县饮酒蒱博之事，所交妇人姓名齿行第坊巷形貌之详，一一标表者，时人号为'针史'。"《清异录》，第86页。

521 《备急千金要方校释》卷第六下，第258页。

522 《新修本草》卷一八："菘菜，不生北土……其菘有三种：有牛肚菘，叶最大，原味甘；紫菘，叶薄细，味小苦；白菘，似蔓菁也。"《新修本草》，第270页。

523 《新修本草》卷一八："菘菜，不生北土，有人将子北种，初一年半为芜菁，二年菘种都绝；将芜菁子南种，亦二年都变。土地所宜，颇有此例。"《新修本草》，第270页。

524 《〈本草拾遗〉辑释》卷七《果菜米部》："胡荽，味辛，温，消谷……石勒讳胡，并、汾人呼为香荽也。"《〈本草拾遗〉辑释》，第286页。

525 见《太平广记》卷二四三《治生·裴明礼》，第1874-1875页。

526 柳宗元《种树郭橐驼传》："其乡曰丰乐乡，在长安西。驼业种树，凡长安豪富人为观游及卖果者，皆争迎取养。"《柳宗元集校注》卷一七，第1172页。

527 皎然《洞庭山维谅上人院阶前孤生橘树歌》："洞庭仙山但生橘，不生凡木与梨栗。"《全唐诗》卷八二一，第9263页。白居易《拣贡橘书情》："洞庭贡橘拣宜精，太守勤王请自行。"《白居易诗集校注》卷二四，第1894页。

528 《新唐书》卷四一《地理志》："温州永嘉郡……土贡：布、柑、橘……台州临海郡……土贡：金漆、乳柑。"《新唐书》，第 1063 页。《橘录校注》卷上："一名乳柑，谓其味之似乳酪。温四邑之柑，推泥山为最。泥山地不弥一里，所产柑，其大不七寸围，皮薄而味珍，脉不黏瓣，食不留滓，一颗之核才一二，间有全无者。"韩彦直撰，彭世奖校注《橘录校注》，北京：中国农业出版社，2010 年，第 7 页。泥山，即宜山。

529 见《全芳备祖》卷三引《太真外传》："开元末，江陵进乳柑橘，上以十枚种于蓬莱宫。至天宝十载九月，结实。宣示宰臣曰：'朕近于宫内种柑子数株，今秋已结实一百五十颗。乃与江南及蜀道所进不异。'"陈景沂编辑，祝穆订正，程杰、王三毛点校《全芳备祖》，杭州：浙江古籍出版社，2014 年，第 692 页。

530 贯休《田家作》："田家老翁无可作，昼甑蒸梨香漠漠。"《全唐诗》卷八二六，第 9310 页。《太平广记》卷三八《神仙・李泌》："又肃宗尝夜坐，召颖王等三弟，同于地炉罽毯上食，以泌多绝粒，肃宗每自为烧二梨以赐泌。"《太平广记》，第 241 页。

531 《北户录》卷二："窦州出梨，梨大如拳，有类浙东成家梨，可蒸而食，乃皮厚肉硬。"《异物志　北户录（附校勘记）》，第 28 页。

532 《世说新语笺疏》卷下之下《轻诋》："桓南郡每见人不快，辄嗔云：'君得哀家梨，当复不烝食不？'（旧语：秣陵有哀仲家梨甚美，大如升，入口消释。言愚人不别味，得好梨烝食之也。）"刘义庆著，刘孝标注，余嘉锡笺疏，周祖谟、余淑宜、周士琦整理《世说新语笺疏》，北京：中华书局，2007 年，第 998 页。《南部新书》卷壬："长安盛要，哀家梨最为清珍。谚谓愚者得哀家梨，必蒸吃。今咸阳出水蜜梨，尤佳。鄠杜间亦有之，父老或谓是哀家种。"《南部新书》，第 153 页。

533 明确由唐人记载的荔枝或荔枝煎的进贡地主要有岭南（天宝年间杨贵妃所食，李肇《唐国史补》）、巴蜀（元和年间，元稹《浙东论罢进海味状》）和闽地（晚唐昭宗，韩偓《荔枝三首》）。考虑到荔枝质量、路况等条件，供唐代上层食用的荔枝以岭南的可能性更大，见杨宝霖《唐代岭南贡荔小考》，《古今农业》1990 年第 1 期，第 31—32 页；于赓哲《再谈荔枝道：杨贵妃所吃荔枝来自何方》，澎湃新闻・私家历史 2015 年 11 月 21 日，http://www.thepaper.cn/newsDetail_forward_1396299。

534 《新唐书》卷四二《地理志六》："戎州南溪郡……土贡：葛纤、荔枝煎。"《新唐书》，第 1085 页。蔡襄《荔枝谱》："蜜煎：剥生荔枝，笮去其浆，然后蜜煎之。余前知福州，用晒及半干者为煎，色黄白而味美可爱。"曾枣庄、刘琳主编《全宋文》第 47 册卷一〇一九，上海：上海辞书出版社、合肥：安徽教育出版社，

2006 年，第 216 页。《清异录》卷上《百果门》：“一时之果，品类几何，惟假蜂蔗、川糖、白盐、药物，煎酿曝粉，各随所宜。”《清异录》，第 63 页。

535 韦述《两京新记辑校》卷五：“嘉庆坊　有李树，其实甘鲜，为京都之美，故称嘉庆李。”韦述、杜宝撰，辛德勇辑校《两京新记辑校　大业杂记辑校》，北京：中华书局，2020 年，第 157 页。

536 《义山杂纂》“富贵相”：“骏马嘶。蜡烛泪。栗子皮。荔枝壳。”见祝允明《春社猥谈》，北京：文物出版社，2019 年，第 155 页。不过历来有看法认为此书非李商隐所著，如鲁迅在《中国小说史略》中即推测其为中和年间任临晋令的李就今所作，此人亦号义山，见鲁迅先生纪念委员会编纂《鲁迅全集》第 9 卷，北京：人民文学出版社，1973 年，第 287 页。

537 《酉阳杂俎校笺》前集卷一八《广动植》：“南诏石榴，子大，皮薄如藤纸，味绝于洛中。”《酉阳杂俎校笺》，第 1289 页。

538 《酉阳杂俎校笺》前集卷一八《广动植》：“婆那娑　树出波斯国，亦出拂林，呼为阿萨亸。树长五六丈，皮色青绿。叶极光净，冬夏不凋。无花结实，其实从树茎出，大如冬瓜，有壳裹之，壳上有刺，瓤至甘甜，可食。核大如枣，一实有数百枚。核中仁如栗黄，炒食之，甚美。”《酉阳杂俎校笺》，第 1338—1339 页。

539 《岭表录异》卷中：“（刘）恂曾于番酋家食本国将来者，（波斯枣）色类沙糖，皮肉软烂，饵之乃火烁水蒸之味也。”《岭表录异　始兴记　南海百咏》，第 11 页。

540 另有观点认为，“阿月浑子”是波斯语紫荆一词“arghavān”的音译，因此阿月浑子本义可能是指一种类似紫荆的植物果实，或指紫色的开心果，并不能严格对标现代汉语中的（黄绿色）开心果。详见肖超宇《阿月浑子考》，《民族史研究》2013 年，第 258—271 页。

541 《史记》卷五三《萧相国世家》：“邵平者，故秦东陵侯。秦破，为布衣，贫，种瓜于长安城东，瓜美，故世俗谓之‘东陵瓜’。”司马迁撰，裴骃集解，司马贞索隐，张守节正义，中华书局编辑部点校《史记》，北京：中华书局，1982 年，第 2017 页。陆机《瓜赋》：“（东陵瓜、桂髓瓜）五色比象，殊形异端。”陆机著，刘运好校注整理《陆士衡文集校注》卷一，南京：凤凰出版社，2007 年，第 110 页。

542 《入唐求法巡礼行记校注》卷三《开成六年》：“五月十四日　吃瓜，美熟。”《入唐求法巡礼行记校注》，第 382 页。

543 方夔《食西瓜》：“恨无纤手削驼峰，醉嚼寒瓜一百筩。”杨镰主编《全元诗》第 14 册，北京：中华书局，2013 年，第 139 页。

544 最早出现的有关西瓜的记载，是《新五代史》卷七三《四夷附录》征引的五代胡峤《陷虏记》：“自上京东去四十里……遂入平川，多草木，始食西瓜，云契丹破回纥得此种，以牛粪覆棚而种，大如中国冬瓜而味甘。”《新五代史》，第 906 页。明杨慎《丹铅总录》引用这段时，误作：“峤于回纥得瓜……是西瓜至五代始入中国也。”《丹铅总录校证》，第 168 页。继而李时珍也如此转述。这便造成了后世对西瓜已在五代或五代前传入中国的误解。西瓜于八九世纪盛产于今乌兹别克斯坦一带的阿姆河三角洲地区，后由摩尼教徒带至回纥，再由辽太祖从回纥故都带到辽上京（今内蒙古赤峰一带）种植。而西瓜最早引种内地，则要到南宋绍兴十三年（1143）洪皓使金回到临安（今浙江杭州）了。他在所著《松漠纪闻》里写道：“西瓜形如匾蒲而圆，色极青翠，经岁则变黄。其瓞类甜瓜，味甘脆，中有汁尤冷。《五代史·四夷附录》云：以牛粪覆棚种之。予携以归，今禁圃、乡囿皆有。”洪皓撰，张剑光、刘丽整理《松漠纪闻续》，《全宋笔记》第 32 册，郑州：大象出版社，2019 年，第 46 页。至于近年来考古发现唐前或早期文明遗址中的“西瓜籽”，经鉴定多为冬瓜籽，且所传之西安东郊唐墓出土的唐三彩西瓜因盗墓者口述情况难以查实，不足为证。西瓜传入中国的脉络，详见黄盛璋《西瓜引种中国与发展考信录》，《农业考古》2005 年第 1 期，第 266—271 页；程杰《西瓜传入我国的时间、来源和途径考》，《南京师大学报（社会科学版）》2017 年第 4 期，第 79—93 页。

545 《最新增订唐两京城坊考》卷二：“坊西官园，供进梨花蜜。”《最新增订唐两京城坊考》，第 81 页。

546 《太平广记》卷二四三《治生·裴明礼》：“唐裴明礼……乃缮甲第，周院置蜂房，以营蜜。广栽蜀葵杂花果，蜂采花逸而蜜丰矣。”《太平广记》，第 1875 页。

547 李匡文《资暇集》卷下《李环饧》：“苏乳所煎之轻饧，咸云十年来始有，出河中。余实知其由，此武臣李环家之法也。余弱冠前步月洛之绥福里，方见夜作，问之，云乳饧。时新开是肆，每斤六十文，明日市得而归，不三数月，满洛阳盛传矣。”《苏氏演义（外三种）》，第 199—200 页。

548 《云仙散录》三一《芋魁遭遇》：“李华烧三城绝品炭，以龙脑裹芋魁煨之，击炉曰：‘芋魁遭遇矣！’”《云仙散录》，第 32 页。

549 《汉书》卷七四《魏相丙吉传》：“自曾孙遭遇，吉绝口不道前恩。”颜师古注：“遭遇谓升大位也。”《汉书》，第 3144—3145 页。

550 《新唐书》卷四一《地理志》：“扬州广陵郡……土贡：……糖蟹、蜜姜。”“杭州余杭郡，上。土贡：白编绫、绯绫、藤纸、木瓜、橘、蜜姜。”《新唐书》，第 1051、1059 页。

551 范摅撰，唐雯校笺《云溪友议校笺》卷下《蜀僧喻》，北京：中华书局，2017 年，第 189 页。爱若，亦有版本作“我有”。

552 见赵自勤《定命录·卖䭔媪》。《全唐五代小说》卷一一，第 397—398 页。明冯梦龙《喻世明言》中《穷马周遭际卖䭔媪》的故事就据此改编。

553 《证类本草》卷二六："主痔疾，骆驼脂作煎饼服之。"唐慎微撰，尚志钧等点校《证类本草》，北京：华夏出版社，1993 年，第 597 页。《证类本草》写于北宋，但这一条引用了唐代萧炳的《四声本草》，推测唐时应该有这种骆驼脂煎饼。

554 《鉴诫录校注》卷一〇《攻杂咏》："满子面甜糖脆饼。"何光远撰，邓星亮等校注《鉴诫录校注》，成都：巴蜀书社，2011 年，第 247 页。

555 《唐摭言》卷一五："寻宣赐银饼餡，食之甚美……银饼餡，皆乳酪膏腴所制也。"《唐摭言》，第 222 页。

556 《释名》卷四《释饮食》："蒸饼、汤饼、蝎饼、髓饼、金饼、索饼之属，皆随形而名之也。"《释名》，第 58 页。索饼当如绳索一般，是面条。

557 刘崇远《金华子杂编》卷下："往往直入人家云：'贫道爱吃脂葱杂面馎饦，速便煮来。'人家见之，莫不延接。"《奉天录（外三种）》，第 296 页。

558 杜甫《槐叶冷淘》："青青高槐叶，采掇付中厨。新面来近市，汁滓宛相俱。入鼎资过熟，加餐愁欲无。碧鲜俱照箸，香饭兼苞芦。经齿冷于雪，劝人投比珠。愿随金騕褭，走置锦屠苏。路远思恐泥，兴深终不渝。献芹则小小，荐藻明区区。万里露寒殿，开冰清玉壶。君王纳凉晚，此味亦时须。"《杜诗详注》卷一九，第 1645—1646 页。

559 《云仙散录》一七二《葫芦酱》："《晋公遗语》曰：唐世风俗，贵重葫芦酱、桃花醋、照水油。"《云仙散录》，第 94 页。

560 《太平广记》卷三九《神仙·崔希真》："老父曰：'大麦受四时气，谷之善者也。能沃以豉汁，则弥佳。'"《太平广记》，第 247 页。

561 录文参考张涌泉主编、审订《敦煌经部文献合集》，北京：中华书局，2008 年，第 4285、4291—4292 页。

562 《海录碎事》卷九上："长安市人语各不同，有胡芦语、有锁子语、纽语、练语、三折语，通谓之市语。"叶廷珪撰，李之亮点校《海录碎事》，北京：中华书局，2002 年，第 395 页。

563 《太平广记》卷三八八《悟前生·齐君房》："俄尔有胡僧自西而来……乃探钵囊，出一枣，大如拳，曰：'此吾国所产，食之知过去未来事，岂止于前生尔。'"《太平广记》，第 3092 页。

564 这是出自敦煌文书 P.5222 的咏物谜语。

565 当你猜出或从书中找到六个谜题的答案后（请注意：第七题没有答案），将答案第一个字的拼音首字母按题号顺序组合，即可得到一组六位密码。发送邮件至

reader@bjkjpress.com 索取隐藏章节，用这个密码打开它，会有意外收获。

566 《清异录》卷上《百虫门》：“唐世，京城游手夏月采蝉货之，唱曰：‘只卖青林乐。’妇妾小儿争买，以笼悬窗户间。亦有验其声长短为胜负者，谓之‘仙虫社’。”《清异录》，第 79 页。

567 《五百家注韩昌黎集》卷八《斗鸡联句》，第 498 页。

568 李白《叙旧赠江阳宰陆调》：“我昔斗鸡徒，连延五陵豪。”《李白全集编年笺注》卷八，第 822 页。

569 唐代非法买卖人口有三种方式：“掠（略）卖”“和诱”与“和同相卖”。掠卖指动用暴力手段来拐卖良人；和诱指诱骗良人；和同相卖指被卖者知情且同意被卖。掠卖良人为奴婢，动手绑人者和卖家都要绞死；和诱减一等，卖家流放三千里；和同相卖，卖人者及被卖者皆流放二千里。如果被卖人不到十岁，那么就算是和诱或和同相卖，卖家也必须处死（见《唐律疏议笺解》卷二〇《贼盗》：“诸略人、略卖人［不和为略。十岁以下，虽和，亦同略法］为奴婢者，绞。”）但请注意，法律中规定的是良人被卖为奴婢和部曲的情况，压良为贱之“贱”主要指奴婢和部曲，而奴婢买卖却是合法的。

570 《唐律疏议笺解》卷二〇《贼盗》：“诸知略、和诱、和同相卖及略、和诱部曲奴婢而买之者，各减卖者罪一等。”《唐律疏议笺解》，第 1436 页。不过，即便有法律规定，也无法禁止良人买卖。李绛、白居易曾在元和四年（809）上书，称“岭南、黔中、福建风俗，多掠良人卖为奴婢，乞严禁止”，见《资治通鉴》卷二三七《唐纪》，第 7657 页。此外，唐律中还对掠卖自己家亲属为奴婢的行为做出了规定：“诸略卖期亲以下卑幼为奴婢者，并同斗殴杀法；（无服之卑幼亦同。）即和卖者，各减一等。其卖余亲者，各从凡人和略法。”《唐律疏议笺解》卷二〇，第 1431 页。

571 在唐代还有两种贱民：“部曲”和“客女”。二者地位稍高于奴婢，但也是主人的附属。客女为部曲之女（部曲亦可娶客女为妻），或是被主人放免的婢女。部曲与客女不能公开买卖，只能通过“量酬衣食之值”，在不同的主人之间转让。详见张泽咸《唐代的部曲》，《社会科学战线》1985 年第 4 期，第 264—271 页。

572 邹宗绪主编《千年古都西安》，香港：商务印书馆，1987 年，第 149 页。

573 敦煌文书 S.3877 背面《丙子年阿吴卖儿契》。录文见沙知录校《敦煌契约文书辑校》，南京：江苏古籍出版社，1998 年，第 75 页。其中“或有恩勅（敕）流行，亦不在论理之限”一句其实是当时契约的规范用语，并非阿吴自己的说辞。

574 东市刑场狗脊岭位置基本没有争议，而独柳地点存在较大争议，观点分歧于独柳是否就是西市刑场。赵望秦认为，既有重臣要员不得入市的规定，斩首要犯的独柳就不应该在西市内，否则便无法对百官起到儆戒的作用，且西市内部另有刑场，详见赵望秦《唐代长安新设刑场独柳树考论》,《史学月刊》2003 年第 2 期，第 121—123 页。辛德勇则认为西市刑场就是独柳，只不过其不在西市内，而是位于西市东北角外，皇城西南的十字路口，详见辛德勇《隋唐两京丛考》，西安：三秦出版社，2006 年，第 53—58 页。又《册府元龟》卷一二《帝王部・告功》：“逆贼吴元济见于楼下，命献于太庙、太社毕，徇东、西市，乃斩于子城西南隅。”《册府元龟》，第 124 页。因此被押往独柳的犯人很可能要先在东西二市游街。

575 宋敏求《长安志》卷一〇《唐京城》：“延平坊。其街乃刑人之所。(元和五年，斩成德军逆将一十五人于延平坊街，范阳所献也。)”宋敏求、李好文撰，辛德勇、郎洁点校《长安志　长安志图》，西安：三秦出版社，2013 年，第 344—345 页。

576 资圣寺位于崇仁坊内，见《唐会要》卷四八《寺》：“资圣寺　崇仁坊，本太尉长孙无忌宅。”《唐会要》，第 846 页。另参见《隋唐两京丛考》，第 53—58 页。

577 会昌六年（846）五月宣宗即位后，将位于道政坊的宝应寺改名为资圣寺，由于一座城中不太可能有两座同名寺院，因此推测原崇仁坊的资圣寺可能于会昌年间被毁。

578 《旧唐书》卷四三《职官志》：“每岁立春后至秋分，不得决死刑。大祭祀及致斋、朔望、上下弦、二十四气、雨未晴、夜未明、断屠月日及休假，亦如之。”《旧唐书》，第 1838 页。

579 《唐六典》卷六《尚书刑部》：“凡决大辟罪皆于市。(古者，决大辟罪皆于市。自今上临御以来无其刑，但存其文耳。)五品已上犯非恶逆已上，听自尽于家。”《唐六典》，第 189 页。虽说五品以上非恶逆罪以上者可以不去刑场，但《唐六典》卷六《尚书刑部》中同时也有这样的记载：“五品已上非恶逆者，听乘车并官给酒食。”《唐六典》，第 189 页。也就是有时候也会去往刑场，并提供囚车和酒食。

580 《新唐书》卷一五八《刘闢列传》：“乃伏罪。献庙社，徇于市，斩于城西南独柳下。”卷二一四《吴元济列传》：“帝御兴安门受俘，群臣称贺，以元济献庙社，徇于市斩之，年二十五。”《新唐书》，第 4938、6008 页。《唐六典》卷六《尚书刑部》：“决大辟罪皆防援至刑所，囚一人防援二十人，每一人加五人。”《唐六典》，第 189 页。唐前期，防援有时是金吾卫，到了后期是神策军。

581 《旧唐书》卷一〇《肃宗本纪》：“斩达奚珣等于子城西南隅独柳树，仍集百僚往观之。”《旧唐书》，第 251 页。

582 马炜、蒙中编著《敦煌遗珍（经变 2）》，杭州：浙江人民美术出版社，2021 年，第 28 页。

583 《资治通鉴》卷二〇四《唐纪》：“像贤临刑，极口骂太后，发扬宫中隐慝，夺市人柴以击刑者；金吾兵共格杀之。”《资治通鉴》，第 6448 页。

584 《旧唐书》卷一六九《王涯列传》：“涯以榷茶事，百姓怨恨，诟骂之，投瓦砾以击之。”《旧唐书》，第 4405 页。

585 《新唐书》卷二〇九《来俊臣列传》：“有诏斩于西市，年四十七，人皆相庆，曰：‘今得背着床瞑矣！’争抉目、擿肝、醢其肉，须臾尽，以马践其骨，无孑余，家属籍没。”《新唐书》，第 5907 页。

586 《新唐书》卷七六《韦皇后列传》：“分捕诸韦、诸武与其支党，悉诛之，枭后及安乐首东市。”《新唐书》，第 3487 页。

587 《旧唐书》卷九《玄宗本纪》亦记为“渭水”，徐松《唐两京城坊考》卷四《西京》则引作“潏水”，王开主编的《陕西航运史》也采用了潏水之说，而李健超认为以“渭水”为宜，此处保留《唐会要》《旧唐书》原文。

第六章　赏花指南

1 摘自萨迪著，张鸿年译《蔷薇园》，长沙：湖南文艺出版社，2000 年，第 9 页。

2 令狐楚《春游曲三首》，彭定求等编《全唐诗》卷三三四，北京：中华书局，1960 年，第 3749 页。

3 杨巨源《城东早春》，《全唐诗》卷三三三，第 3737 页。

4 卢纶《春词》：“醉眠芳树下，半被落花埋。”韦縠编，傅璇琮等编《才调集》卷二，北京：中华书局，2014 年，第 992 页。

5 姚合《春日游慈恩寺》，《全唐诗》卷五〇〇，第 5684—5685 页。

6 见森安孝夫著，张雅婷译《丝路、游牧民与唐帝国》，台北：八旗文化，2018 年，第 18 页。

7 卢肇《牡丹》，陈尚君辑校《全唐诗补编》续拾卷三一，北京：中华书局，1992 年，第 1152 页。

8 舒元舆《牡丹赋序》：“古人言花者，牡丹未尝与焉。盖遁于深山，自幽而芳，不为贵者所知，花则何遇焉。天后之乡西河也，有众香精舍，下有牡丹，其花特异。天后叹上苑之有阙，因命移植焉。由此京国牡丹，日月寖盛。”董诰等编《全唐文》卷七二七，北京：中华书局，1983 年，第 7485 页。

9 徐夤《牡丹花二首》，《全唐诗》卷七〇八，第 8150 页。

10 李肇《唐国史补》卷中：“元和末，韩令始至长安，居第有之，遽命斫去，曰：‘吾岂效儿女子耶！’”李肇、赵璘《唐国史补　因话录》，上海：上海古籍出版社，1979 年，第 45 页。

11 《南部新书》丁卷:“京城贵游尚牡丹，三十余年矣。每春暮，车马若狂，以不耽玩为耻。执金吾铺官围外寺观种以求利，一本有直数万者。”钱易撰，黄寿成点校《南部新书》，北京：中华书局，2002年，第49页。

12 《青琐高议》前集卷六：“宫中牡丹品最上者御衣黄，色若御服。次曰甘草黄，其色重于御衣，次曰建安黄，次皆红紫，各有佳名，终不出三花之上。”刘斧撰辑，王友怀、王晓勇注《青琐高议》，西安：三秦出版社，2004年，第77页。

13 《青琐高议》前集卷六：“帝（玄宗）又好花木，诏近郡送花赴骊宫。当时有献牡丹者，谓之‘杨家红’，乃卫尉卿杨勉家花也。其花微红，甚爱之，命高力士将花上贵妃。贵妃方对妆，妃用手拈花，时匀面手脂在上，遂印于花上。帝见之，问其故，妃以状对。诏其花栽于先春馆。来岁花开，花上复有指红迹。帝赏花惊叹，神异其事。开宴召贵妃，乃名其花为‘一捻红’。”《青琐高议》，第77页。

14 欧阳修《洛阳牡丹记・花释名》：“传云唐末有中官，为观军容使者，花出其家，亦谓之军容紫。岁久失意其姓氏矣。”欧阳修著，李逸安点校《欧阳修全集》卷七五，北京：中华书局，2001年，第1100页。

15 《南部新书》丁卷：“慈恩寺元果院牡丹，先于诸牡丹半月开；太真院牡丹，后诸牡丹半月开。”《南部新书》，第49页。

16 见康骈《剧谈录》卷下《慈恩寺牡丹》。刘世珩辑校，郑玲校点《贵池唐人集》，合肥：黄山书社，2013年，第37—38页。浴堂院，《唐语林》作“浴室院”。

17 《南部新书》丁卷：“故裴兵部怜白牡丹诗，自题于（慈恩寺）佛殿东颊唇壁之上。大和中，车驾自夹城出芙蓉苑，路幸此寺，见所题诗，吟玩久之，因令宫嫔讽念。及暮归大内，即此诗满六宫矣。其诗曰：‘长安豪贵惜春残，争赏先开紫牡丹。别有玉杯承露冷，无人起就月中看。’兵部时任给事。”《南部新书》，第49页。然而在《酉阳杂俎》中还记载了另外一个版本：“开元末，裴士淹为郎官，奉使幽冀回，至汾州众香寺，得白牡丹一窠，植于长安私第。天宝中，为都下奇赏。当时名公有《裴给事宅看牡丹》诗，时寻访未获。一本有诗云：‘长安年少惜春残，争认慈恩紫牡丹。别有玉盘乘露冷，无人起就月中看。’”段成式撰，许逸民校笺《酉阳杂俎校笺》前集卷一九《广动植》，北京：中华书局，2015年，第1383—1384页。裴潾曾任给事中、兵部侍郎，生活于敬宗、文宗时期；而裴士淹是开元末人，亦曾任给事中。两首诗如此相似，不知何故，暂将两则记载并录于此。

18 《旧唐书》卷一七一《张皋列传》：“潾以道义自处，事上尽心，尤嫉朋党，故不为权幸所知。”刘昫等撰，中华书局编辑部点校《旧唐书》，北京：中华书局，1975年，第4449页。

19 宋敏求《长安志》卷七：“次南靖安坊。……西南隅，崇敬尼寺。本僧寺，隋文帝所立。大业中废。龙朔二年，高宗为长安定安公主薨后改立为尼寺。”宋敏求、李好文撰，辛德勇、郎洁点校《长安志　长安志图》，西安：三秦出版社，2013年，第266页。

20　白居易《代书诗一百韵寄微之》：“唐昌玉蕊会，崇敬牡丹期。”自注：“唐昌观玉蕊，崇敬寺牡丹，花时多与微之有期。”白居易撰，谢思炜校注《白居易诗集校注》卷第一三，北京：中华书局，2006年，第977页。

21　元稹撰，冀勤点校《元稹集》卷五《与杨十二、李三早入永寿寺看牡丹》，北京：中华书局，2010年，第58页。

22　见《白居易诗集校注》卷九《西明寺牡丹花时忆元九》、卷一四《重题西明寺牡丹（时元九在江陵）》，第721、1075页。

23　见王梦鸥《霍小玉传之作者及故事背景》，《书目季刊》第7卷第1期，1972年，第3—10页；傅锡壬《试探蒋防霍小玉传的创作动机》，《古典文学》第2期，1980年，第183—197页；卞孝萱《〈霍小玉传〉是早期“牛李党争”的产物》，《社会科学战线》1986年第02期，第266—271页。

24　李益《咏牡丹赠从兄正封》：“紫蕊丛开未到家，却教游客赏繁华。”李益著，郝润华整理《李益诗集》卷四，北京：中华书局，2014年，第78页。

25　《酉阳杂俎校笺》前集卷一九《广动植》：“兴唐寺有牡丹一窠，元和中著花一千二百朵。其色有正晕、倒晕、浅红、浅紫、深紫、黄白檀等，独无深红。又有花叶中无抹心者。重台花者，其花面径七八寸。”《酉阳杂俎校笺》，第1384页。

26　《酉阳杂俎校笺》前集卷一九《广动植》：“兴善寺素师院牡丹，色绝佳。元和末，一枝花合欢。”《酉阳杂俎校笺》，第1384页。双头并蒂牡丹可能在唐初就已出现，见（传）柳宗元《龙城录》卷下：“高皇帝御群臣赋宴，赏双头牡丹，诗惟上官昭容一联为绝丽，所谓‘势如连璧友，心若臭兰人’者。”柳宗元撰，尹占华、韩文奇校注《柳宗元集校注》，北京：中华书局，2013年，第3446—3447页。

27　见李子卿《兴唐寺圣容瑞光赋》，《全唐文》卷四五四，第4636页。

28　《长安志》卷七：“次南开化坊。……尚书左仆射令狐楚宅。（按《酉阳杂俎》，楚宅在开化坊，牡丹最盛。而李商隐诗多言晋阳里第，未详。）”《长安志　长安志图》，第257页。

29　刘禹锡《和令狐相公别牡丹》：“平章宅里一栏花，临到开时不在家。莫道两京非远别，春明门外即天涯。”刘禹锡撰，《刘禹锡集》整理组点校，卞孝萱校订《刘禹锡集》卷三三，北京：中华书局，1990年，第465页。

30　白居易《看浑家牡丹花戏赠李二十》：“香胜烧兰红胜霞，城中最数令公家。人人散后君须看，归到江南无此花。”《白居易诗集校注》卷一三，第1016页。

31　王仁裕《开元天宝遗事》卷上："初，有木芍药植于沉香亭前，其花一日忽开，一枝两头，朝则深碧，午则深红，暮则深黄，夜则粉白，昼夜之内，香色各异。帝谓左右曰：'此花木之妖，不足讶也。'"王仁裕、姚汝能撰，曾贻芬点校《开元天宝遗事　安禄山事迹》，北京：中华书局，2006年，第19页。

32　《龙城录》卷下："洛人宋单父字仲孺，善吟诗，亦能种艺术。凡牡丹变易千种，红白斗色，人亦不能知其术。上皇召至骊山，植花万本，色样各不同。赐金千余两，内人皆呼为花师。亦幻世之绝艺也。"《柳宗元集校注》，第3465页。

33　故事见《酉阳杂俎校笺》前集卷一九《广动植》，第1384页；杜光庭撰，罗争鸣辑校《仙传拾遗》卷三《韩愈外甥》，北京：中华书局，2013年，第831页。不过这个故事的可信度很低。其最早的版本不见于正史，而是出现在《酉阳杂俎》中，具有异能者是韩愈的"从子侄"。杜光庭为唐末五代人，《仙传拾遗》的记述当是基于《酉阳杂俎》的完善与改编，且主角变成了韩愈的外甥。而《酉阳杂俎》的记载可能正是由《左迁至蓝关示侄孙湘》演绎而来，此诗原是韩愈写给侄孙韩湘的。

34　见《唐摭言》卷三《慈恩寺题名游赏赋咏杂纪》。王定保撰，黄寿成点校《唐摭言》，西安：三秦出版社，2011年，第51页。

35　见《北梦琐言》卷九《白莲女惑苏昌远》。孙光宪撰，贾二强校点《北梦琐言》，北京：中华书局，2002年，第190页。

36　白居易《同李十一醉忆元九》："花时同醉破春愁，醉折花枝作酒筹。"《白居易诗集校注》卷一四，第1067页。

37　姚合《送别友人》："摘花浸酒春愁尽，烧竹煎茶夜卧迟。"《全唐诗》卷四九六，第5624页。

38　康骈《剧谈录》卷下："通义坊刘相国宅，本文宗朝朔方节度使李进贤旧第。进贤起自戎旅，而倜傥瑰玮，累居藩翰，富于财宝。虽豪侈奉身，雅好宾客。有中朝宿德，常话在名场日，失意边游，进贤接纳甚至，其后京华相遇，时亦造其门。属牡丹盛开，因以赏花为名，及期而往。厅事备陈饮馔，宴席之间，已非寻常。举杯数巡，复引众宾归内。室宇华丽，楹柱皆设锦绣，列筵甚广，器用悉是黄金。阶前有花数丛，覆以锦幄，妓妾俱服纨绮，执丝簧，善歌舞者至多。客之左右，皆有女仆双鬟者二人，所须无不必至，承接之意，常日指使者不如。芳酒绮肴，穷极水陆，至于仆乘供给，靡不丰盈。自午迄于明晨，不睹杯盘狼藉。朝士云：'迩后历观豪贵之属，筵席臻此者甚稀。'"《贵池唐人集》，第35页。

39　《唐两京城坊考》卷三："次南修政坊。……尚书省亭子、宗正寺亭子。《辇下岁时记》曰：新进士牡丹宴或在于此。"徐松撰，李健超增订《最新增订唐两京城坊考》，西安：三秦出版社，2019 年，第 173 页。《唐两京城坊考》卷四：“次南永达坊。……华阳池。度支亭子。《辇下岁时记》：新进士牡丹宴，或在永达亭子。《玉泉子》：崔郢为京兆尹日，三司使在永达亭子宴丞郎。盖为度支游憩之所，故三司使于此宴客也。”《最新增订唐两京城坊考》，第 217 页。牡丹宴实际举办时间史料未载，因牡丹花期通常在三月，故推测牡丹宴于三月举办。

40 《太平广记》卷一九六《豪侠·宣慈寺门子》：“时进士同日有宴，都人观者甚众。”《太平广记》，第 1468 页。

41 作者或作“许浑”。

42 见白居易《买花》：“一丛深色花，十户中人赋。”《白居易诗集校注》卷二，第 181 页。

43 帛的价格见李翱《进士策问二道》：“（贞元末）粟帛日卑，粟一斗价不出二十，帛一匹价不出八百。”《全唐文》卷六三四，第 6399 页。权德舆《论旱灾表》：“大历中，绢一匹价近四千，今（贞元十九年）止八百、九百。”权德舆撰，蒋寅笺，唐元校，张静注《权德舆诗文集编年校注》，沈阳：辽海出版社，2013 年，第 463 页。

44 《膳夫经手录》：“蒙顶，自此以降言少而精者，始蜀茶，得名蒙顶也。元和以前，束帛不能易一斤先春蒙顶，是以蒙顶前后之人竞栽茶，以规厚利。”杨晔《膳夫经手录》，明嘉靖内府朱丝栏钞本。

45 白居易《白牡丹诗》：“白花冷澹无人爱，亦占芳名道牡丹。”《白居易诗集校注》卷一五，第 1200 页。

46 吴融《卖花翁》：“和烟和露一丛花，担入宫城许史家。惆怅东风无处说，不教闲地着春华。”《全唐诗》卷六八五，第 7873 页。司马扎《卖花者》：“少壮彼何人，种花荒苑外。不知力田苦，却笑耕耘辈。当春卖春色，来往经几代。长安甲第多，处处花堪爱。良金不惜费，竟取园中最。一蕊才占烟，歌声已高会。”《全唐诗》卷五九六，第 6900 页。

47 《独异志》卷上：“唐裴晋公度寝疾永乐里，暮春之月，忽遇游南园，令家仆僮舁至药栏，语曰：‘我不见此花而死，可悲也。’怅然而返。明早，报牡丹一丛先发，公视之，三日乃薨。”李亢《独异志》，上海：商务印书馆，1937 年，第 14 页。

48 孟郊《看花》：“家家有芍药，不妨至温柔。”孟郊著，韩泉欣校注《孟郊集校注》卷五，杭州：浙江古籍出版社，2012 年，第 185 页。

49 杜牧《长兴里夏日寄南邻避暑》：“侯家大道傍，蝉噪树苍苍。开锁洞门远，卷帘官舍凉。栏围红药盛，架引绿萝长。永日一欹枕，故山云水乡。”杜牧撰，吴在庆校注《杜牧集系年校注》，北京：中华书局，2008 年，第 1390—1391 页。

50 刘禹锡《秋日题窦员外崇德里新居》："疏种碧松通月朗，多栽红药待春还。"刘禹锡撰，陶敏、陶红雨校注《刘禹锡全集编年校注》卷七，北京：中华书局，2019年，第793页。

51 刘禹锡《赏牡丹》："庭前芍药妖无格，池上芙蕖净少情。唯有牡丹真国色，花开时节动京城。"《刘禹锡全集编年校注》卷七，第759页。

52 《清异录》卷上《百花门》："桑维翰曰：'唐末文人有谓芍药为婪尾春者。婪尾酒，乃最后之杯，芍药殿春，亦得是名。'"陶谷撰，郑村声、俞钢整理《清异录》，郑州：大象出版社，2019年，第57页。苏鹗《苏氏演义》卷下："牛亨问曰：'将离别，赠之以芍药者何？'答曰：'芍药，一名可离，故将别以赠之。'"《苏氏演义（外三种）》，第40页。

53 王仁裕《开元天宝遗事》卷上："杨国忠子弟，每春至之时，求名花异木，植于槛中。以板为底，以木为轮，使人牵之自转，所至之处，槛在目前，而便即叹赏，目之为'移春槛'。"《开元天宝遗事　安禄山事迹》，第29页。

54 参见祁振声《唐代名花"玉蕊"原植物考辨》，《农业考古》1992年第3期，第211—219页。

55 《广群芳谱》卷三七引《长安志》："安业坊唐昌观，旧有玉蘂花，乃唐昌公主所植。"《御定佩文斋广群芳谱》，清康熙四十七年（1708）内府刊本。今本《长安志》中没有这句话。

56 康骈《剧谈录》卷下："上都安业坊唐昌观，旧有玉蕊花甚繁，每发，若瑶林琼树。元和中，春物方盛，车马寻玩者相继。忽一日，有女子年可十七八，衣绣绿衣，乘马，峨髻双鬟，无簪珥之饰，容色婉约，迥出于众。从以二女冠，三女仆，仆者皆丱头黄衫，端丽无比。既下马，以白角扇障面，直造花所，异香芬馥，闻于数十步之外。观者以为出自宫掖，莫敢逼而视之。伫立良久，令小仆取花数枝而出。将乘马，回谓黄冠者曰：'曩者玉峰之约，自此可以行矣。'时观者如堵，咸觉烟霏鹤唳，景物辉焕。举辔百步，有轻风拥尘，随之而去，须臾尘灭，望之已在半天，方悟神仙之游，余香不散者经月余日。时严给事休复、元相国、刘宾客、白醉吟俱有《闻玉蕊院真人降》诗。"《贵池唐人集》，第40—41页。

57 柳宗元《礼部贺白龙并青莲花合戏莲子黄瓜等表》："臣某言：伏见今月日，内出沧州所进《白龙见图》，又出西内定礼池中青莲花，并神龙寺前合欢莲子示百僚。"柳宗元《柳宗元集》卷三七，北京：中华书局，1979年，第965页。

58 《北梦琐言》卷一〇："杜给事孺休典湖州，有染户家池生青莲花。刺史收莲子，归京种于池沼，或变为红莲，因异，驿致书问染工。曰：'我家有三世治靛瓮，常以莲子浸于瓮底，俟经岁年然后种之。若以所种青莲花子为种，即为红矣。盖还本质，又何足怪。’乃以所浸莲子寄奉之。道士田匡图亲看此花，为愚话之。”《北梦琐言》，第 224 页。

59 本书提到的曲江（广义）包括两部分地带：芙蓉苑内的曲江池，以及乐游原、杏园、大慈恩寺等地的曲江下游流域（狭义的曲江）。

60 见郭声波《隋唐长安水利设施的地理复原研究》；辛德勇《隋唐两京丛考》，第 34—42 页；曹尔琴《长安黄渠考》，《中国历史地理论丛》1990 年第 1 期，第 53—66 页。

61 康骈《剧谈录》卷下：“曲江池，本秦世隑洲，开元中疏凿，遂为胜境。”《贵池唐人集》，第 57 页。

62 《雍录》卷六：“《长安志》曰：‘今为民田’（今者，唐世作图经时也）。夫既可为民田，则元非有水之地矣。……《括地志》曰：‘沣、镐二水皆已堰入昆明池，无复流派。’《括地志》作于太宗之世，则唐初仍目壅堰不废。至文宗而犹尝加浚也。然则图经之作当在文宗后，故水竭而为田也。”程大昌撰，黄永年点校《雍录》，北京：中华书局，2002 年，第 128 页。

63 本图中的绿色部分为长安城东南部高岗所在地，深绿色部分为海拔 445 米以上区域。绘图依据简锦松《长安唐诗与乐游原现地研究》，《台大文史哲学报》，2014 年，第 75—112 页。曲江流域的绘制参考了郭声波《隋唐长安水利设施的地理复原研究》，纪宗安、汤开建主编《暨南史学》第 3 辑，广州：暨南大学出版社，2004 年，第 11—31 页；辛德勇《隋唐两京丛考》，西安：三秦出版社，2006 年，第 34—42 页。据考古勘测（中国科学院考古研究所西安唐城发掘队《唐代长安城考古纪略》，《考古》1963 年第 11 期，第 595—611 页），曲江池占地一坊有余（占去西边坊一部分），那么流经曲江池北城东南各坊的当为泄水道，而非北流为池，因此，泄水道称为“曲江”，芙蓉苑中水域称为“曲江池”（又称“芙蓉池”）。至于是否如图所示有西、北两条支流还存在争议，本书根据郭声波的研究，画出了西、北两条支流。学界还有一种观点，认为芙蓉苑以北诸坊中还存在一个池子，名为曲江池，而芙蓉苑内的池子名为芙蓉池。这一说法的前提是曲江池的占地面积须包括长安城东南角和以北诸坊，这是目前未被考古实测证实的，因此本书还是采纳第一个观点：曲江池下游流域为曲江，芙蓉苑内水域为曲江池，亦称芙蓉池。曲江为大众游赏地，芙蓉苑为皇家专用，不对外开放。

64 《新唐书》卷四四《选举志》：“初，举人既及第，缀行通名，诣主司第谢。其制，序立西阶下，北上东向；主人席东阶下，西向；诸生拜，主司答拜；乃叙齿，谢恩，遂升阶，与公卿观者皆坐；酒数行，乃赴期集。又有曲江会、题名席。至是，德裕奏：‘国家设科取士，而附党背公，自为门生。自今一见有司而止，其期集、参谒、曲江题名皆罢。'"《新唐书》，第 1168—1169 页。宣宗即位后，游宴之风反而更盛，朝廷虽曾试图制止（见僖宗《戒约新及第进士宴游敕》），但靡费轻浮之风一直持续到黄巢之乱前。

65 《唐摭言》卷三："曲江亭子，安、史未乱前，诸司皆列于岸浒；幸蜀之后，皆烬于兵火矣，所存者惟尚书省亭子而已。"《唐摭言》，第 43 页。《旧唐书》卷一七下《文宗本纪》："（大和九年）二月丁亥，发神策军一千五百人修淘曲江。如诸司有力，要于曲江置亭馆者，宜给与闲地。"《旧唐书》，第 557 页。

66 《唐会要》卷三〇《杂记》："（大和）九年七月，敕修紫云楼于芙蓉北垣。"王溥《唐会要》，北京：中华书局，1960 年，第 563 页。

67 《唐会要》卷二九《节日》："敕庆成节，宜令京兆府准上巳、重阳例，于曲江宴会文武百官。"《唐会要》，第 547 页。

68 尉迟偓《中朝故事》卷上："天街两畔槐树，俗号为'槐衙'。曲江池畔多柳，亦号为'柳衙'。意谓其成行列，如排衙也。"赵元一等撰，夏婧点校《奉天录（外三种）》，北京：中华书局，2014 年，第 225 页。

69 韩愈《奉酬卢给事云夫四兄曲江荷花行见寄并呈上钱七兄阁老张十八助教》："曲江千顷秋波净，平铺红云盖明镜。"韩愈撰，魏仲举集注，郝润华、王东峰整理《五百家注韩昌黎集》卷七，北京：中华书局，2019 年，第 426 页。

70 唐代通常在二月发榜，但也有例外在正月或三月的情形。详见傅璇琮《唐代科举与文学》，西安：陕西人民出版社，1986 年，第 289—290 页。

71 关试后举行的一系列宴会活动统称为关宴，其中包括了曲江亭宴和杏园宴等。见王勋成《唐代铨选与文学》，北京：中华书局，2021 年，第 53 页。《唐摭言》卷一："大宴于曲江亭子谓之'曲江会'。"《唐摭言》，第 5 页。

72 《唐摭言》卷三："曲江之宴，行市罗列，长安几于半空。"《唐摭言》，第 34 页。

73 王棨《曲江池赋》："曷若轮蹄辐凑，贵贱雷同。"《全唐文》卷七七〇，第 8027 页。

74 据简锦松《长安唐诗与乐游原现地研究》实测地形，长安城内有三处海拔为 440 ~ 460 米的高岗，分别位于城南修政坊北、昇平坊东北及新昌坊东南。乐游原之定位，过往普遍依据宋敏求《长安志》卷八的记述："次南昇平坊。东北隅汉乐游庙。（汉宣帝所立，因乐游苑为名，在高原上，余址尚存……其地居京城之最高，四望宽敞，京城之内，俯视指掌。）"认为昇平坊北高地为乐游原。在史念海《唐代长安外郭城街道及里坊的变迁》与武伯纶《唐代长安东南隅》中，又进一步认为乐游原包括新昌坊的部分，将新昌坊东南高地（青龙寺就处在此处的最高点上，该高地亦称青龙高岗）纳入乐游原，即一条横跨昇平坊、新昌坊的东北—西南走向的原。这是目前较为流行的观点。不过，洛天骧《类编长安志》却认为乐游原在更南侧的青龙坊："在京城清（青）龙坊有宣帝乐游庙基址。"近年来，简锦松提出乐游原应该在紧邻曲江池的修政坊北，并将实地勘测结合唐人诗中记述，得出修政坊北高岗就是乐游原的结论，且实测青龙坊内无高岗，《类编长安志》所言当误。简锦松通过唐诗考证乐游原位置，新颖且翔实，但诗歌有时只是唐人印象与想象之整合，无法一一与实际对应。简锦松一文非常重视"乐游原可以望见曲江"的特征，并以此作为确定乐游原所在的关键。而结合曲江下游泄水道流向来看，乐游原无论在更北侧的昇平—新昌坊，还是在南侧的修政坊，其实都可以做到"乐游原临曲江，并能望见曲江"，只不过"昇平—新昌坊"乐游原紧邻的是曲江下游水道（狭义曲江），"修政坊北"乐游原望见的是曲江池。因此本书仍采用较为流行的"昇平—新昌坊"观点，同时为便于区分，将新昌坊内的部分称为"乐游原—青龙寺高岗"。参见《长安志　长安志图》卷八，第 293 页；洛天骧撰，黄永年点校《类编长安志》卷四，北京：中华书局，1990 年，第 124 页；史念海《唐代长安外郭城街道及里坊的变迁》，《中国历史地理论丛》1994 年第 1 期，第 1—39 页；武伯纶《唐代长安东南隅（上）》，《文博》1984 年第 1 期，第 33—38 页；武伯纶《唐代长安东南隅（下）》，《文博》1984 年第 3 期，第 33—42 页。

75　王勃《三月上巳祓禊序》："王孙春草，处处争鲜；仲统芳园，家家并翠。于是携旨酒，列芳筵，先祓禊于长洲，却申交于促席。"《全唐文》卷一八一，第 1839 页。《唐摭言》卷三："人置被袋，例以图障、酒器、钱绢实其中，逢花即饮。"《唐摭言》，第 34 页。扬之水《行障与挂轴》，《中国历史文物》2005 年 05 期，第 65—72 页。

76　王仁裕《开元天宝遗事》卷下："都人士女每至正月半后，各乘车跨马，供帐于园圃或郊野中，为探春之宴。"《开元天宝遗事　安禄山事迹》，第 56 页。

77　王仁裕《开元天宝遗事》卷下："长安士女游春野步，遇名花则设席藉草，以红裙递相插挂，以为宴幄。其奢逸如此也。"《开元天宝遗事　安禄山事迹》，第 49 页。

78　刘驾《上巳日》："上巳曲江滨，喧于市朝路。相寻不见者，此地皆相遇。"《全唐诗》卷五八五，第 6775 页。

79　東京国立博物館、NHK、NHK プロモーション编《唐の女帝・則天武后とその時代展一宮廷の栄華》，東京：大塚巧艺社，1998 年。

80　白行简《李娃传》："至其室，父责曰：'志行若此，污辱吾门，何施面目，复相见也？'乃徒行出，至曲江西杏园东，去其衣服。以马鞭鞭之数百。"陈翰编，李小龙校证《异闻集校证》，北京：中华书局，2019 年，第 68 页。

81　先天年间，十王宅附近就有复道夹城。开元二年营建兴庆宫时，玄宗对原有夹城进行了扩建，将其延伸至兴庆宫。详见徐雪强《唐长安夹城复道新开门考》，杜文玉主编《唐史论丛》第 22 辑，西安：三秦出版社，2016 年，第 251—258 页。

82　康骈《剧谈录》卷下："百辟会于山亭，恩赐太常及教坊声乐，池中备彩舟数只，唯宰相、三使、北省官与翰林学士登焉。每岁倾动皇州，以为盛观。"《贵池唐人集》，第 57 页。

83　《食疗本草》："藕，寒。生食则主治霍乱后虚渴烦闷不能食，长服生肌肉，令人心喜悦。……蒸食甚补益下焦，令肠胃肥厚，益气力。与蜜食相宜，令腹中不生诸虫。"见敦煌文书 S.76 孟诜《食疗本草》残卷。

84　《云仙散录》五七《百花狮子》："《曲江春宴录》曰：曲江贵家游赏，则剪百花装成狮子，互相送遗。狮子有小连环，欲送，则以蜀锦流苏牵之，唱曰：'春光且莫去，留与醉人看。'"冯贽编，张力伟点校《云仙散录》，北京：中华书局，2008 年，第 46 页。

85　《云仙散录》一五六《锥刺藕孔》："《曲江春宴录》曰：霍定与友生游曲江，以千金募人窃贵侯亭榭中兰花，插帽兼自持，往绮罗丛中卖之。士女争买，抛掷金钱。"《云仙散录》，第 87 页。

86　李远《慈恩寺避暑》："香荷疑散麝，风铎似调琴。"《全唐诗》卷五一九，第 5935 页。

87　李端《同苗发慈恩寺避暑》，《全唐诗》卷二八五，第 3257—3258 页。

88　《云仙散录》八七《争春馆》："开元中，宴罢夜阑，人或闻花有叹声。"《云仙散录》，第 58 页。

89　王仁裕《开元天宝遗事》卷上："御苑新有千叶桃花。帝亲折一枝，插于妃子宝冠上，曰：'此个花尤能助娇态也。'"《开元天宝遗事　安禄山事迹》，第 21 页。

90　有人认为刘禹锡《元和十年自朗州承召至京戏赠看花诸君子》一诗意在讥讽，才得罪当权者，因诗获罪，再次被贬播州。瞿蜕园认为此观点稍有附会之嫌："自唐史采摭传说，几于众口一词，牢不可破，一似禹锡真以桃花诗而妨仕进者。殊不知同贬者尚有永贞一案中人，又有不在此案中之元稹。何尝皆缘此诗？甚矣史之难尽信也。然禹锡为此二诗，固必为当时传诵，恶之者从而加谤，谅亦事实耳。"详见瞿蜕园《刘禹锡集笺证》，上海：上海古籍出版社，2009 年，第 704—706 页。

91　刘禹锡《再游玄都观绝句（并引）》："余贞元二十一年为屯田员外郎，时此观未有花木。是岁，出牧连州，寻贬朗州司马。居十年，召至京师，人人皆言有道士手植仙桃，满观如红霞，遂有前篇以志一时之事。旋又出牧，于今十有四年，复为主客郎中。重游玄都，荡然无复一树，唯兔葵燕麦动摇于春风耳。因再题二十八字，以俟后游。时大和二年三月。百亩中庭半是苔，桃花净尽菜花开。种桃道士归何处？前度刘郎今独来！”《刘禹锡集》卷二四，第 308 页。另有版本作“前度刘郎今又来”。

92 杜践言《大唐故朝散大夫开府仪同三司玄都观观主牛法师（弘满）墓志铭并序》：“帝里高门，由（尤）多胜侣。法师卓尔孤出，拔萃不群。……然而薄己厚物，革侈循恭，凡有所臻，并持充施，帝城豪杰，戚里贵游。仰喻马之高谈，挹如龙之盛德。”吴钢主编《全唐文补遗》第 2 辑，西安：三秦出版社，1995 年，第 4 页。

93 姚合《游昊天、玄都观》，《全唐诗》卷五〇〇，第 5686 页。

94 《太平广记》卷二一一《画·阎立本》：“尝奉诏写太宗真容。后有佳手，传写于玄都观东殿前间，以镇九五冈之气，犹可以仰神武之英威也。”《太平广记》，第 1617 页。

95 《叶净能诗》：“张令见妻所说，喜悦自胜，遂与妻同礼谢净能，启言：‘尊师救得妻子再活，恩重岳山，未委将何酬答？’”项楚《敦煌变文选注》，北京：中华书局，2006 年，第 438 页。《叶净能诗》：“皇帝心不欢悦，谓净能曰：‘朕今饮宴，都不似；天师有章令，使宴乐欢娱？’”《敦煌变文选注》，第 449 页。

96 张礼《游城南记》：“张注曰：杏园与慈恩寺南北相直，唐新进士多游宴于此。”张礼撰，史念海、曹尔琴校注《游城南记校注》，西安：三秦出版社，2006 年，第 81 页。

97 《南部新书》卷乙：“进士春关宴曲江亭，在五六月间。”《南部新书》，第 19 页。不过僖宗时又曾下《戒约新及第进士宴游敕》，规定吏部关试和关宴必须在四月之内结束：“其开试开宴，并须在四月内。稍有违越，必举朝章。”《全唐文》卷八八，第 920—921 页。

98 孙棨《北里志》：“由是仆马豪华，宴游崇侈，以同年俊少者为两街探花使，鼓扇轻浮，仍岁滋甚。”陆楫编《古今说海》，上海：上海文艺出版社影印，1989 年。李淖《秦中岁时记》：“进士杏园初宴，谓之探花宴。差少俊二人为探花使，遍游名园。若它人先拆（折）花，二使皆被罚。”陶宗仪等编《说郛三种》卷六九，上海：上海古籍出版社，1988 年，第 3219 页。

99 翁承赞《擢探花使三首》，《全唐诗》卷七〇三，第 8091 页。

100 白居易《杏园花下赠刘郎中》，《白居易诗集校注》卷二五，第 2004 页。

101 《唐摭言》卷三：“逼曲江大会，则先牒教坊请奏，上御紫云楼，垂帘观焉。……曲江之宴，行市罗列，长安几于半空。公卿家率以其日拣选东床，车马阗塞，莫可殚述。”《唐摭言》，第 34 页。

102　刘禹锡《杏园花下酬乐天见赠》,《刘禹锡全集编年校注》卷七，第 752 页。

103　皮日休《病中庭际海石榴花盛发感而有寄》："火齐满枝烧夜月，金津含蕊滴朝阳。"皮日休、陆龟蒙等撰，王锡九校注《松陵集校注》卷六，北京：中华书局，2018 年，第 1213 页。

104　杜牧《山石榴》："一朵佳人玉钗上，只疑烧却翠云鬟。"杜牧撰，吴在庆校注《杜牧集系年校注》，北京：中华书局，2008 年，第 426 页。

105　《北户录》卷三："又郑公虔云：'石榴花堪作烟支。代国长公主，睿宗女也。少尝作烟支，弃子于阶。后乃丛生，成树，花实敷芬，既而叹曰：'人生能几，我昔初笄，尝为烟支，弃其子，今成树阴，映琐闼人，岂不老乎！'"杨孚撰，曾剑辑；段公路撰，崔龟图注《异物志　北户录（附校勘记）》，上海：商务印书馆，1936 年，第 45 页。

106　白居易《题孤山寺石榴花示诸僧众》："山榴花似结红巾，容艳新妍占断春。色相故关行道地，香尘拟触坐禅人。瞿昙弟子君知否，恐是天魔女化身。"《白居易诗集校注》卷二〇，第 1618—1619 页。

107　韦庄《对雨独酌》："榴花新酿绿于苔。"南北朝至唐的诗歌中多见榴花酒，如南朝梁萧绎《刘生》："榴花聊夜饮，竹叶解朝酲。"郭茂倩编《乐府诗集》卷二四，北京：中华书局，1979 年，第 359 页。白居易《咏家醖十韵》："常嫌竹叶犹凡浊，始觉榴花不正真。"《白居易诗集校注》卷二六，第 2087 页。据《本草拾遗》，榴花具有药用价值。至于榴花如何酿酒，可参考《梁书》卷五四《诸夷列传》："顿逊国……又有酒树，似安石榴，采其花汁停瓮中，数日成酒。"姚思廉撰，中华书局编辑部点校《梁书》，北京：中华书局，1973 年，第 787 页。

108　《两京新记辑校》卷二："唐长安中太平公主于原上置亭游赏，其地最高，四望宽敞。"韦述撰，辛德勇辑校《两京新记辑校　大业杂记辑校》，北京：中华书局，2020 年，第 77 页。

109　《西京杂记》卷一："乐游苑自生玫瑰树，树下多苜蓿……风在其间，常萧萧然。"葛洪撰，周天游校注《西京杂记》，西安：三秦出版社，2006 年，第 21 页。

110　李商隐《菊花》，李商隐撰，刘学锴、余恕诚著《李商隐诗歌集解》，北京：中华书局，2004 年，第 514 页。

111　韦庄《庭前菊》："为忆长安烂熳开，我今移尔满庭栽。"《全唐诗》卷六九七，第 8029 页。

112　王毂《红蔷薇歌》："红霞烂泼猩猩血，阿母瑶池晒仙缬。"《全唐诗》卷六九四，第 7987 页。

113　《酉阳杂俎校笺》续集卷九《支植》："东都敦化坊百姓家，太（大）和中有木兰一树，色深红。后桂州观察使李勃看宅人，以五千买之。宅在水北。经年，花紫色。”《酉阳杂俎校笺》，第 2109 页。

114 《开元天宝遗事》卷下：“长安贵家子弟每至春时，游宴供帐于园圃中，随行载以油幕，或遇阴雨以幕覆之，尽欢而归。”《开元天宝遗事 安禄山事迹》，第 49 页。

115 《开元天宝遗事》卷上：“学士许慎选，放旷不拘小节，多与亲友结宴于花圃中，未尝具帷幄，设坐具，使童仆辈聚落花铺于坐下。慎选曰：‘吾自有花裀，何消坐具。’”《开元天宝遗事 安禄山事迹》，第 24 页。

116 《义山杂纂·煞风景》：“花间喝道。看花泪下。苔上铺席。”见祝允明《春社猥谈》，北京：文物出版社，2019 年，第 157 页。

117 《开元天宝遗事》卷下：“长安士女游春野步，遇名花则设席藉草，以红裙递相插挂，以为宴幄。其奢逸如此也。”《开元天宝遗事 安禄山事迹》，第 49 页。

118 《荆楚岁时记》：“四民蹋百草，今人又有斗百草之戏。”宗懔撰，杜公瞻注，姜彦稚辑校《荆楚岁时记》，北京：中华书局，2018 年，第 45 页。郑谷《采桑》：“何如斗百草，赌取凤皇钗。”《全唐诗》卷六七四，第 7705 页。

119 《开元天宝遗事》卷下：“长安王士安于春时斗花，戴插以奇花多者为胜，皆用千金市名花植于庭院中，以备春时之斗也。”《开元天宝遗事 安禄山事迹》，第 49 页。

120 白居易《观儿戏》：“弄尘复斗草，尽日乐嬉嬉。”《白居易诗集校注》卷一〇，第 792 页。韩愈、孟郊《城南联句》：“蹙绳觐娥婺，斗草撷玑珵。粉汗泽广额，金星堕连璎。”韩愈著，方世举编年笺注，郝润华、丁俊丽整理《韩昌黎诗集编年笺注》卷五，北京：中华书局，2012 年，第 285 页。根据明清两代的小说、诗歌与画作，推测明清时期的斗草有两种类型：一是比试谁手上的草茎更韧，两位玩家会把草茎结成“十”字，两人各持一端向后拉，草茎断的人输（见清金廷标《群婴斗草图》）。这可能类似唐人记载中能让妇女粉汗大出的斗草玩法。另一种则是以植物名对对子，比如“木王（梓树）”对“花相（芍药）”、“巴豆”对“蜀椒”、“鸦舅影（乌桕）”对“鼠姑心（牡丹）”等（见明吴兆《秦淮斗草篇》、清李汝珍《镜花缘》第七十七回）。这个玩法对文学、植物知识储备要求较高，未见于唐代记载。

121 崔道融《春题二首》：“路逢白面郎，醉插花满头。”《全唐诗》卷七一四，第 8205 页。《太平广记》卷二〇五《乐·羯鼓》：“琎尝戴砑绢帽打曲，上自摘红槿花一朵，置于帽上。”《太平广记》，第 1560 页。

122 杜牧《九日齐山登高》：“尘世难逢开口笑，菊花须插满头归。”《杜牧集系年校注》，第 371 页。

123 朱放《九日与杨凝崔淑期登江上山会有故不得往因赠之》："那得更将头上发，学他年少插茱萸。"《全唐诗》卷三一五，第 3542 页。

124 《开元天宝遗事》卷下："长安春时，盛于游赏，园林树木无间地。故学士苏颋应制云：'飞埃结红雾，游盖飘青云'。帝览之，嘉赏焉，遂以御花亲插颋之巾上。时人荣之。"《开元天宝遗事　安禄山事迹》，第 44 页。

125 窦叔向《贞懿皇后挽歌》："命妇羞苹叶，都人插柰花。"《全唐诗》卷二七一，第 3028 页。杨慎《丹铅总录》卷四："（末利）北土云'奈'，《晋书》都人簪奈花，云为'织女带孝'是也。"杨慎撰，丰家骅校证《丹铅总录校证》，北京：中华书局，2019 年，第 153 页。不过，奈花亦指白色带晕的苹果花。

126 敦煌词《杨柳枝》。见曾昭岷、曹济平、王兆鹏、刘尊明编撰《全唐五代词》正编卷四，北京：中华书局，1999 年，第 893 页。

第七章　名人宅邸家访指南

1 卞之琳《卞之琳译文集（中卷）》，合肥：安徽教育出版社，2003 年，第 33 页。

2 《旧唐书》卷一〇四《哥舒翰列传》："翰家富于财，倜傥任侠，好然诺，纵蒱酒。"《旧唐书》，第 3211 页。

3 参见妹尾达彦著，李全福译《唐都长安城的人口数与城内人口分布》，《中国古都研究》第 12 辑，太原：山西人民出版社，1998 年，第 179—189 页。

4 参见郑显文《唐代长安城人口百万说质疑》，《中国社会经济史研究》1991 年第 2 期，第 94—97 页。

5 参见张天虹《再论唐代长安人口的数量问题——兼评近 15 年来有关唐长安人口研究》，《唐都学刊》2008 年第 3 期，第 11—14 页。

6 参见杜文玉《唐代长安的宦官住宅与坟茔分布》，《中国历史地理论丛》1997 年第 4 期，第 79—94 页。

7 见华林甫《唐亩考》，《农业考古》1991 年第 3 期，第 152—154 页。文中考证一唐亩相当于 521.9 平方米，与杨际平的结论一致，参见杨际平《唐代尺步、亩制、亩产小议》，《中国社会经济史研究》1996 年第 2 期，第 32—44 页。鲁西奇《一堂二内》则采用一亩 540 平方米，见鲁西奇《一堂二内》，成都：巴蜀书社，2022 年，第 102 页。

8 《唐六典》卷三："凡天下百姓给园宅地者，良口三人已下给一亩，三口加一亩；贱口五人给一亩，五口加一亩。其口分永业不与焉。（若京城及州县郭下园宅，不在此例。）"李林甫等，陈仲夫点校《唐六典》，北京：中华书局，1992 年，第 74—75 页。

9 敦煌文书 S.4707、S.6067《马法律宅院地皮帐》。晚唐五代敦煌文书中名叫“法律”的人很多，“法律”可能不是名字，而是僧官职位。晚唐五代敦煌僧人可以有自己的财产和家庭。严格来讲，马法律不是平民。

10 见黄正建《敦煌文书所见唐宋之际敦煌民众住房面积考略》，黄正建《走进日常：唐代社会生活考论》，上海：中西书局，2016 年，第 151—165 页。不过，鲁西奇认为这份文书记录的仅是宅的面积，不包括园子，住宅面积占三分之一亩。见《一堂二内》，第 140 页。

11 《乾膜子·寇鄘》：“上都永平里西南隅有一小宅……有堂屋三间，甚庳，东西厢共五间，地约三亩，榆楮数百株。”温庭筠撰，刘学锴校注《温庭筠全集校注》卷一二，北京：中华书局，2007 年，第 1272 页。

12 白居易《池上篇并序》：“地方十七亩，屋室三之一，水五之一，竹九之一，而岛池桥道间之。”白居易撰；顾学颉校点《白居易集》卷第六十九，北京：中华书局，1979 年，第 1450 页。

13 见杜牧撰，吴在庆校注《杜牧集系年校注·樊川文集》卷一六《上宰相求湖州第二启》，北京：中华书局，2008 年，第 1008 页。

14 《最新增订唐两京城坊考》卷三：“次南亲仁坊。……尚父汾阳郡王郭子仪宅。《谭宾录》曰：宅居其地四分之一，通永巷。家人三千，相入出者不知其居。又曰：亲仁里大启其地，里巷负贩之人，上至公子簪缨之士，出入不间。”徐松撰，李健超增订《最新增订唐两京城坊考》，西安：三秦出版社，2019 年，第 97 页。

15 现存《营缮令》部分内容，散见于《唐会要》《唐六典》《唐律疏议》《册府元龟》等书。现抄录部分复原的《营缮令》（主要依据开元令）于此：“诸王公以下，舍屋不得施重拱、藻井。三品以上不得过九架，五品以上不得过七架，并厅厦两头。六品以下不得过五架。其门舍，三品以上不得过五架三间，五品以上不得过三间两厦，六品以下及庶人不得过一间两厦。五品以上仍通作乌头大门。勋官各依本品。非常参官不得造轴心舍，及施悬鱼、对凤、瓦兽，通栿乳梁装饰。父、祖舍宅及门，子孙虽荫尽，仍听依旧居住。其士庶公私第宅，皆不得起楼阁，临视人家。”见天一阁博物馆、中国社会科学院历史研究所天圣令整理课题组校证《天一阁藏明钞本天圣令校证》附《唐令复原研究》，北京：中华书局，2006 年，第 672 页。《唐会要》《册府元龟》等书引用的《营缮令》实经大和六年（832）宰相王涯上奏整改，与开元《营缮令》略有出入，亦辑录于此：“又奏，准《营缮令》：王公已下，舍屋不得施重栱藻井。三品已上堂舍，不得过五间九架，厅厦两头，门屋不得过五间五架。五品已上堂舍，不得过五间七架，厅厦两头，门屋不得过三间两架，仍通作鸟（乌）头大门。勋官各依本品。六品、七品已下堂舍，不得过三间五架，门屋不得过一间两架。非常参官，不得造轴心舍，及施悬鱼对凤瓦兽通栿乳梁装饰。其祖父舍宅，门荫子孙，虽荫尽，听依仍旧居住。其士庶公私第宅，皆不得造楼阁，临视人家。近者或有不守敕文，因循制造，自今以后，伏请禁断。又庶人所造堂舍，不得过三间四架，门屋一间两架，仍不得辄施装饰。”王溥撰《唐会要》卷三一，北京：中华书局，1960 年，第 575 页。

16 《留青日札》卷一八：“重栱者，谓四铺作、五铺作、六铺、七铺、八铺作，即今之叠栱也。”田艺蘅著，朱碧莲点校《留青日札》，杭州：浙江古籍出版社，2012 年，第 271 页。

17 轴心舍有两种可能的形式，一是如《留青日札》卷一八所言：“抽（轴）心舍，穿廊也。”即以廊连接前后堂舍的工字布局。二是大门与厅堂位于同一条中轴线上，这本应是官署的布置。详见牛来颖《冲突与妥协：建筑环境中的唐宋城市——以〈营缮令〉第宅制度为中心》，《隋唐辽宋金元史论丛》2013 年，第 67—78 页。

18 《天一阁藏明钞本天圣令校证》：“诸文武职事、散官三品以上及爵一品在两京，若职事、散官五品以上及郡、县公在诸州县，欲向大街开门，检公私无妨者，听之。”《天一阁藏明钞本天圣令校证》，第 375 页。

19 此规定大约出现在至德至长庆年间。《唐会要》卷八六：“及至德长庆年中前后敕文：非三品以上，及坊内三绝，不合辄向街开门。”《唐会要》，第 1576 页。关于“三绝”的含义，有两种说法，一种是认为有“三绝”名号的人才可临街开门，如郑虔、李揆都曾有此称号，见史念海《唐代长安外郭城街道及里坊的变迁》，《中国历史地理论丛》1994 年第 1 期，第 1—25 页，但史念海也在文中提及这样的解释可能不妥。另一种说法是该房屋处于循墙曲，因为邻家的权贵土地扩张导致三面绝路，见宫崎市定《中国聚落形态的变迁》，上海：上海古籍出版社，2018 年，第 161 页。

20 刘昫等撰，中华书局编辑部点校《旧唐书》卷八一《李义琰列传》，北京：中华书局，1975 年，第 2757 页。

21 《旧唐书》卷一五二《马璘列传》：“天宝中，贵戚勋家，已务奢靡……内臣戎帅，竞务奢豪，亭馆第舍，力穷乃上，时谓木妖。”《旧唐书》，第 4067 页。

22 《唐六典》卷四：“凡太庙、太社及诸宫殿门，东宫及一品以下、诸州门，施戟有差：凡太庙、太社及诸宫殿门，各二十四戟；东宫诸门，施十八戟；正一品门，十六戟；开府仪同三司、嗣王、郡王、若上柱国·柱国带职事二品以上及京兆·河南·太原府、大都督、大都护门，十四戟；上柱国·柱国带职事三品以上、中都督府、上州、上都护门，十二戟；国公及上护军·护军带职事三品，若下都督、中·下州门，各一十戟。”《唐六典》，第 116 页。私宅仅主人官、阶、勋均至三品以上方可列戟，且需申请，审核后方获批准，见《旧唐书》卷一五八《郑余庆列传》，第 4164 页。

23 《太平广记》卷四五八《蛇·李黄》：“犊车入中门，白衣姝一人下车，侍者以帷拥之而入。”李昉等编《太平广记》，北京：中华书局，1961 年，第 3751 页。

24 戎昱《苦哉行》：“妾家青河边，七叶承貂蝉。身为最小女，偏得浑家怜。亲戚不相识，幽闺十五年。有时最远出，只到中门前。”彭定求等编《全唐诗》卷一九，北京：中华书局，1960 年，第 233 页。

25 敦煌变文 P.2653《莺子赋（乙）》，项楚《敦煌变文选注》，北京：中华书局，2006 年，第 540 页。

26 图中出现的三彩大门、箭垛、小桥、水井、亭等皆为 2012 年陕西历史博物馆征集到的三彩庭院模型；假山为 1959 年西安西郊中堡村唐墓出土的三彩住宅模型中的一件。本图绘制时参考：黄正建《敦煌文书所见唐宋之际敦煌民众住房面积考略》；呼啸《唐代三彩庭院的初步研究——从陕西历史博物馆新征集三彩庭院说起》，《南方文物》2022 年第 2 期，第 285—290 页；王晖、王璐《由〈大唐开元礼〉所见唐代品官住居的堂室格局》，《建筑师》2020 年第 5 期，第 104—110 页；李志生《中门和中堂：唐代住宅建筑中的妇女生活空间》，《中国社会历史评论》2013 年，第 198—223 页；杨清越、龙芳芳《长安物贵 居大不易——唐代长安城住宅形式及住宅价格研究》，《乾陵文化研究》2011 年，第 221—238 页。

27 《封氏闻见记校注》卷五：“士子初登荣进及迁除，朋僚慰贺，必盛置酒馔音乐以展欢宴，谓之‘烧尾’。说者谓虎变为人，惟尾不化，须为焚除，乃得成人；故以初蒙拜授。如虎得为人，本尾犹在，体气既合，方为焚之，故云‘烧尾’。一云新羊入群，乃为诸羊所触，不相亲附，火烧其尾，则定。”封演撰，赵贞信校注《封氏闻见记校注》，北京：中华书局，2005 年，第 42 页。

28 以下内容主要来自陶谷《清异录》的记述。但因原文描述简略，且缺乏更多相关资料，有些菜品的做法与外形仅可凭猜测，不一定就是历史原貌。本书对烧尾宴中菜品的解释部分参考自王明军《唐宋御宴》，上海：学林出版社，2016 年。

29 《清异录》卷下：“孙承祐在浙右，尝馔客，指其盘筵曰：‘今日坐中，南之蝤蛑，北之红羊，东之虾鱼，西之粟，无不毕备，可谓富有小四海矣。’”陶谷撰，郑村声、俞钢整理《清异录》，《全宋笔记》第 2 册，郑州：大象出版社，2019 年，第 124 页。

30 豌豆在唐前就已传入中国，敦煌遗书医方残卷中已有“豌豆”，又被称为“胡豆”。不过当时的“胡豆”存在同名异物现象，也指蚕豆和大豆。见王亚丽《敦煌写本医籍语言研究》，北京：中央民族大学出版社，2017 年，第 284—286 页。

31 江西省博物馆编《天山往事：古代新疆丝路文明展》，上海：上海锦绣文章出版社，2014 年。

32 《旧唐书》卷九二《韦巨源列传》，第 2965 页。

33 《新唐书》卷二〇七《仇士良列传》："士良杀二王、一妃、四宰相，贪酷二十余年，亦有术自将，恩礼不衰云。"《新唐书》，第 5875 页。

34 《新唐书》卷一七四《元稹列传》："（元稹）次敷水驿，中人仇士良夜至，稹不让，中人怒，击稹败面。"《新唐书》，第 5227—5228 页。

35 但仇士良在死后第二年遭到了清算。《新唐书》卷二〇七《仇士良列传》："死之明年，有发其家藏兵数千物，诏削官爵，籍其家。"《新唐书》，第 5875 页。

36 《云仙散录》八三《郇公厨》："《长安后记》曰：韦陟厨中饮食之香错杂。人入于中，多饱饫而归。俗语曰：'人欲不饭筋骨舒，夤缘须入郇公厨。'"冯贽编，张力伟点校《云仙散录》，北京：中华书局，2008 年，第 56 页。韦陟为韦安石之子，袭郇国公。

37 《云仙散录》一八三《烛围》："《长安后记》曰：韦陟家宴，使每婢执一烛，四面行立，人呼为'烛围'。"《云仙散录》，第 98 页。

38 《酉阳杂俎校笺》续集卷三《支诺皋》："其于馔羞，尤为精洁，仍以鸟羽择米。每食毕，视厨中所委弃，不啻万钱之直。若宴于公卿，虽水陆具陈。曾不下筯。"段成式撰，许逸民校笺《酉阳杂俎校笺》，北京：中华书局，2015 年，第 1609—1610 页。

39 《旧唐书》卷九二《韦陟列传》："陟刚肠嫉恶，风彩严正，选人疑其有瑕，案声盘诘，无不首伏。"《旧唐书》，第 2959 页。《酉阳杂俎校笺》续集卷三《支诺皋》："（韦陟）自以门地才华，坐取卿相。而接物简傲，未尝与人款曲。"《酉阳杂俎校笺》，第 1609 页。

40 《酉阳杂俎校笺》续集卷三《支诺皋》："陟唯署名。尝自谓所书陟字，如五朵云，当时人多仿效，谓之郇公五云体。尝以五彩纸为缄题。"《酉阳杂俎校笺》，第 1610 页。

41 《旧唐书》卷九二《韦安石传》："张九龄一代辞宗，为中书令，引陟为中书舍人，时人以为美谈。"《旧唐书》，第 2958 页。

42 王维有《奉寄韦太守陟》诗。《旧唐书》卷九二《韦陟列传》："于时才名之士王维、崔颢、卢象等，常与陟唱和游处。"《旧唐书》，第 2958 页。

43 赵璘《因话录》卷二《商部》："段相文昌，性介狭，宴席宾客，有眉睫之失，必致怪讶。在西川，有进士薛太白饮酒，称名太多，明日遂不复召。"李肇、赵璘撰《唐国史补　因话录》，上海：上海古籍出版社，1979 年，第 78 页。

44 《新唐书》卷八九《段文昌列传》："疏爽任义节，不为龌龊小行。"欧阳修、宋祁撰，中华书局编辑部点校《新唐书》，第 3763 页。《旧唐书》卷一六七《段文昌列传》："文昌家于荆州，倜傥有气义。"《旧唐书》，第 4368 页。

45 《太平广记》卷一三八《征应·段文昌》："唐丞相邹平公段文昌，负才傲俗，落拓荆楚间。常半酣，靸屐于江陵大街往来。雨霁泥甚，街侧有大宅，门枕流渠，公乘醉，于渠上脱屐濯足，旁若无人。自言：'我作江陵节度使，必买此宅。'闻者皆笑。其后果镇荆南，遂买此宅。"《太平广记》，第 991 页。

46 《清异录》卷下："段文昌丞相尤精馔事，第中庖所榜曰'炼珍堂'，在涂号'行珍馆'。家有老婢，掌修脔之法，指授女仆。老婢名膳祖，四十年阅百婢，独九者可嗣法。文昌自编《食经》五十章，时称'邹平公食宪章'。"《清异录》，第 123 页。

47 《唐语林》卷六："文昌晚贵，以金莲花盆盛水濯足，徐相商以书规之。文昌曰：'人生几何，要酬平生不足也！'……在中书厅事，地衣皆锦绣，诸公多撤去，而文昌每令整饬，方践履。同列或劝之，文昌曰：'吾非不知，常恨少贫太甚，聊以自慰耳。'"王谠撰，周勋初整理《唐语林》，《全宋笔记》第 18 册，郑州：大象出版社，2019 年，第 226 页。

48 《旧唐书》卷一六八《钱徽列传》："凭子浑之求进，尽以家藏书画献文昌，求致进士第。"《旧唐书》卷一六八《钱徽列传》，第 4383 页。

49 《旧唐书》卷一六七《段文昌列传》："文昌布素之时，所向不偶。及其达也，扬历显重，出入将相，洎二十年。其服饰玩好、歌童妓女，苟悦于心，无所爱惜，乃至奢侈过度，物议贬之。"《旧唐书》，第 4369 页。

50 《旧唐书》卷一六七《段文昌列传》："九年三月，赐春衣中使至，受宣毕，无疾而卒，年六十三，赠太尉。"《旧唐书》，第 4369 页。

51 《酉阳杂俎校笺》前集卷一七《广动植》："成式儿戏时，常以棘刺标蝇，寘其来路，此蚁触之而返，或去穴一尺或数寸，才入穴中者，如索而出，疑有声而相召也。其行每六七，有大首者间之，整若队伍。至徙蝇时，大首者或翼或殿，如备异蚁状也。""异蜂　有蜂如蜡蜂，稍大，飞劲疾。好圆裁树叶，卷入木窍及壁罅中作窠。成式常发壁寻之，每叶卷中，实以不洁，或云将化为蜜也。""天牛虫　黑甲虫也。长安夏中，此虫或出于篱壁间，必雨。成式七度验之，皆应。""蝎　鼠负虫巨者多化为蝎。蝎子多负于背，成式常见一蝎负十余子，子色犹白，才如稻粒。"《酉阳杂俎校笺》，第 1241、1249、1251、1266 页。

52 章渊《稿简赘笔》："蜀妓薛涛，字弘度，本长安良家子。父郑（郧），因官寓蜀。涛八九岁，知声律。其父一日坐庭中，指井梧而示之曰：'庭除一古桐，耸干入云中。'令涛续之。即应声曰：'枝迎南北鸟，叶送往来风。'父愀然久之。

父卒，母孀居，韦皋镇蜀，召令侍酒赋诗，因入乐籍。涛暮年屏居浣花溪，着女冠服，有诗五百首。”程毅中主编《宋人诗话外编》，北京：中华书局，2017 年，第 1214 页。关于薛涛的出生地，亦有嘉州、成都等观点。

53 薛涛《柳絮》：“他家本是无情物，一任南飞又北飞。”薛涛著，张篷舟笺《薛涛诗笺》，北京：人民文学出版社，2012 年，第 64 页。

54 薛涛之生卒年目前尚无定论。各家观点中，薛涛出生的年份相差有二十余年，卒年则大致定于大和四年或五年。本书所谓的贞元初至大和中，大概是薛涛被贬松州后回成都，居于浣花溪，至其去世前居于碧鸡坊的时间。

55 《太平广记》卷一九七《博物·段成式》：“成式多禽荒，其父文昌尝患之，复以年长，不加面斥其过，而请从事言之。幕客遂同诣学院，具述丞相之旨，亦唯唯逊谢而已。翌日，复猎于郊原，鹰犬倍多。既而诸从事各送兔一双，其书中征引典故，无一事重叠者。从事辈愕然，多其晓其故实。于是齐诣文昌，各以书示之。文昌方知其子艺文该赡。”《太平广记》，第 1481 页。

56 刘崇远《金华子杂编》卷上：“段郎中成式博学精敏，文章冠于一时。著书甚众，《酉阳杂俎》最传于世。牧庐陵日，常游山寺，读一碑文，不识其间两字，谓宾客曰：‘此碑无用于世矣，成式读之不过，更何用乎？’客有以此两字遍谘字学之众，实无有识者，方验郎中之奥古绝伦焉。”赵元一等撰，夏婧点校《奉天录（外三种）》，北京：中华书局，2014 年，第 260 页。

57 《清异录》卷下：“段成式驰猎饥甚，叩村家主人。老姥出彘臛，五味不具，成式食之，有余五鼎，曰：‘老姥初不加意，而殊美如此。’常令庖人具此品，因呼‘无心炙’。”《清异录》，第 119 页。

58 《酉阳杂俎校笺》前集卷一七《广动植》：“段成式修行里私第，果园数亩。”《酉阳杂俎校笺》，第 1252 页。

59 刘崇远《金华子杂编》卷上：“与成式甚相善，以其古学相遇，常送墨一铤与飞卿，往复致谢，递搜故事者九函，在禁集中。”《奉天录（外三种）》，第 260 页。

60 《南楚新闻》：“太常卿段成式，相国文昌子也，与举子温庭筠亲善，咸通四年六月卒。庭筠居闲辇下，是岁十一月十三日冬至，大雪，凌晨有扣门者，仆夫视之，乃隔扉授一竹筒，云：‘段少常送书来。’庭筠初谓误，发筒获书，其上无字，开之乃成式手札也。庭筠大惊，驰出户，其人已灭矣。”《全唐五代小说》外编卷二一，第 4373 页。

61 见吴汝煜《唐五代人交往诗索引》，上海：上海古籍出版社，1993 年。

62 本条目中的时间与事迹参考刘学锴《李商隐传论》，合肥：黄山书社，2013 年；张采田《玉谿生年谱会笺》，上海：上海古籍出版社，2010 年。

63 李商隐《与陶进士书》："私自恐惧，忧若囚械，后幸有中书长者曰：'此人不堪。'抹去之，乃大快乐，曰：'此后不能知东西左右，亦不畏矣。'"李商隐著，刘学锴、余恕诚校注《李商隐文编年校注》，北京：中华书局，2002年，第435页。

64 《新唐书》卷二〇三《李商隐列传》："调弘农尉，以活狱忤观察使孙简，将罢去。"《新唐书》，第5792页。孙简实际上是令狐绹堂弟的岳父，孙简去世时，是令狐绹撰写的墓志。所以有学者推测这次调任背后的指使者，可能是对李商隐不满的令狐绹。

65 李商隐《樊南甲集序》："十年京师，寒且饿。"《李商隐文编年校注》，第1713页。

66 《宋高僧传》卷六《唐彭州丹景山知玄传》："有李商隐者，一代文宗，时无伦辈，常从事河东柳公梓潼幕，久慕玄之道学，后以弟子礼事玄，时居永崇里，玄居兴善寺。"赞宁撰，范祥雍点校《宋高僧传》卷六，北京：中华书局，1987年，第132页。

67 《太平广记》卷二三四《食・热洛河》："玄宗命射生官射鲜鹿，取血煎鹿肠，食之，谓之热洛河，赐安禄山及哥舒翰。"《太平广记》，第1794页。

68 杜甫有《投赠哥舒开府翰二十韵》诗。

69 《南部新书》："冯衮给事亲仁坊有宅，南有山，庭院多养鹅鸭及杂禽之类，常一家人掌之，时人谓之'鸟省'。"钱易撰，黄寿成点校《南部新书》，北京：中华书局，2002年，第69页。

70 见《太平广记》卷二三四《食・尚食令》，第1795页。

71 《启颜录笺注》上编："尝有一僧忽忆◎吃，即于寺外作得数十个◎，并买得一瓶蜜，于房中私食。食讫，残◎留钵盂中，蜜瓶送床脚下。语弟子云：'好看我◎，勿使欠少，床底瓶中，是极毒药，吃即煞人。'此僧即出。弟子待僧去后，即取瓶写蜜搵◎食之，唯残两个。"侯白撰，董志翘笺注《启颜录笺注》，北京：中华书局，2014年，第80页。

72 《太平广记》卷二五一《诙谐・冯衮》："唐冯衮牧苏州，江外优佚，暇日多纵饮博。因会宾僚掷卢，冯突胜，以所得均遗一座，乃吟曰：'八尺台盘照面新。千金一掷斗精神。合是赌时须赌取。不妨回首乞闲人。'"《太平广记》，第1951页。

73 《太平广记》卷二六一《嗤鄙・张茂昭》："唐张茂昭为节镇，频吃人肉。及除统军，到京，班中有人问曰：'闻尚书在镇好人肉，虚实？'昭笑曰：'人肉腥而且肥，争堪吃？'"《太平广记》，第2035页。

74 《酉阳杂俎校笺》续集卷六《寺塔记》："保寿寺本高力士宅。天宝九载，舍为寺。初铸钟成，力士设斋庆之，举朝毕至。一击百千。有规其意，连击二十杵。"《酉阳杂俎校笺》，第1880页。

75 见《酉阳杂俎校笺》续集卷六《寺塔记》，第1882页。

76 卢照邻《病梨树赋》："于时天子避暑甘泉，邈亦征诣行在。余独卧病兹邑，阒寂无人，伏枕十旬，闭门三月。"卢照邻著，李云逸校注《卢照邻集校注》卷一，北京：中华书局，1998年，第25—26页。

77 卢照邻《粤若》："余幼服此殊惠兮，遂阅礼而闻诗，于是裹粮寻师，搴裳访古，探旧篆于南越，得遗书于东鲁，意有缺而必刊，简无文而咸补。"《卢照邻集校注》卷五，第246页。

78 《新唐书》卷二〇一《卢照邻列传》："调邓王府典签，王爱重，谓人曰：'此吾之相如也。'"《新唐书》，第5742页。

79 卢照邻《穷鱼赋并序》："余曾有横事被拘，为群小所使，将致之深议，友人救护得免。"《卢照邻集校注》卷一，第9页。

80 《新唐书》卷二〇一《卢照邻列传》："调新都尉，病去官，居太白山，得方士玄明膏饵之，会父丧，号呕，丹辄出，由是疾益甚。"《新唐书》，第5742页。

81 卢照邻《寄裴舍人诸公遗衣药直书》："余家咸亨中良贱百口，自丁家难，私门弟妹凋丧，七八年间，货用都尽。余不幸遇斯疾，母兄哀怜，破产以供医药。"《卢照邻集校注》卷七，第393页。卢照邻《与洛阳名流朝士乞药直书》："空山卧疾，家业先贫，老母年尊，兄弟禄薄。若待家办，则委骨于巉岩之峰矣。意者欲以开岁五月谷子熟时，试合此药，非天下名流贵族，王公卿士，以仁恻之心，达枯骨朽株者，孰能济之哉？"《卢照邻集校注》卷七，第388页。

82 卢照邻《悲穷通》："骸骨半死，血气中绝，四支萎堕，五官欹缺。皮襞积而千皱，衣联褰而百结。毛落须秃，无叔子之明眉；唇亡齿寒，有张仪之羞舌。仰而视睛，翳其若瞢；俯而动身，羸而欲折。神若存而若亡，心不生而不灭。"《卢照邻集校注》卷四，第201页。

83 《新唐书》卷二〇一《卢照邻列传》："疾甚，足挛，一手又废，乃去具茨山下，买园数十亩，疏颍水周舍，复豫为墓，偃卧其中。……病既久，与亲属诀，自沉颍水。"《新唐书》，第5742页。

84 《卢照邻集校注》卷二《长安古意》，第78页。

85 《卢照邻集校注》卷五《粤若》，第261页。

86 《元日述怀》一诗系年于咸亨三年（672），见张志烈《初唐四杰年谱》，成都：巴蜀书社，1993年，第153页。由卢照邻在《寄裴舍人诸公遗衣药直书》中的自述可知，咸亨中期，他全家遭难，家道中落，后来又染上疾病。又据《朝野佥载》，卢照邻在离任后并未着急离开成都，而是"秩满，婆娑于蜀中，放旷诗酒"，见刘餗、张鷟撰，程毅中、赵守俨点校《隋唐嘉话　朝野佥载》，北京：中华书局，1979年，第141页。由此推断，咸亨初（670）离任新都尉时，卢照邻仍未患病。故新旧《唐书》说他因病去官有误。

87 卢照邻《与洛阳名流朝士乞药直书》："若诸君子家有好妙砂，能以见及，最为第一。无者各乞一二两药直，是庶几也。"《卢照邻集校注》卷七，第 389 页。卢照邻《寄裴舍人诸公遗衣药直书》："海内相识，亦时致汤药，恩亦多矣。"《卢照邻集校注》卷七，第 393 页。

88 《卢照邻集校注》中的《卢照邻年谱》与《初唐四杰年谱》认为，卢照邻去世于 682—683 年，杨炯去世于 693 年，见《卢照邻集校注》，第 508—509 页；《初唐四杰年谱》，第 217、253 页。

89 《新唐书》卷一一五《狄仁杰列传》："为吏诬诉，黜陟使阎立本召讯，异其才，谢曰：'仲尼称观过知仁，君可谓沧海遗珠矣。'荐授并州法曹参军。"《新唐书》，第 4207 页。

90 《旧唐书》卷七七《阎立本列传》："立本唯善于图画，非宰辅之器。"《旧唐书》，第 2680 页。

91 《旧唐书》卷七七《阎立本列传》："时已为主爵郎中，奔走流汗，俯伏池侧，手挥丹粉，瞻望座宾，不胜愧赧。退诫其子曰：'……汝宜深诫，勿习此末伎。'"《旧唐书》，第 2680 页。

92 《新唐书》卷一〇〇《阎立本列传》："然性所好，虽被訾屈，亦不能罢也。"《新唐书》，第 3942 页。

93 《封氏闻见记校注》卷五："立本以高宗总章元年迁右相，今之中书令也。时人号为丹书神化。今西京延康坊，立本旧宅。西亭，立本所画山水存焉。"《封氏闻见记校注》，第 47 页。

94 《历代名画记》卷三："慈恩寺……两廊壁间，阎令画。"张彦远《历代名画记》，杭州：浙江人民美术出版社，2019 年，第 49 页。玄都观内有阎立本绘太宗画像的摹本，见《太平广记》卷二一一《画・阎立本》："尝奉诏写太宗真容。后有佳手，传写于玄都观东殿前间，以镇九五冈之气，犹可以仰神武之英威也。"《太平广记》，第 1617 页。

95 洪惠镇《唐代泼墨泼色山水画先驱"顾生"考》，《美术观察》1998 年第 11 期，第 57—60 页。

96 见《封氏闻见记校注》卷五《图画》，第 48 页。

97 《历代名画记》卷一〇："王默，师项容，风颠酒狂，画松石山水，虽乏高奇，流俗亦好。醉后以头髻取墨，抵于绢画。王默早年授笔法于台州郑广文虔。贞元末，于润州殁，举柩若空，时人皆云化去。平生大有奇事，顾著作知新亭监时，默请为海中都巡，问其意，云：'要见海中山水耳。'为职半年，解去。尔后落笔有奇趣，顾生乃其弟子耳。”《历代名画记》，第 165—166 页。

98 《唐朝名画录校注》：“王墨者，不知何许人，亦不知其名，善泼墨画山水，时人故谓之王墨。多游江湖间，常画山水，松石、杂树，性多疏野，好酒，凡欲画图幛，先饮。醺酣之后，即以墨泼，或笑或吟，脚蹙手抹。或挥或扫，或淡或浓，随其形状，为山为石，为云为水。应手随意，倏若造化。图出云霞，染成风雨，宛若神巧，俯观不见其墨污之迹，皆谓奇异也。”朱景玄著，吴企明校注《唐朝名画录校注》，合肥：黄山书社，2016 年，第 268 页。

99 汤垕《古今画鉴》：“王洽泼墨成山水，烟云惨淡，脱去笔墨町畦。余少年见一帧，甚有意度。今日思之始知为洽画，再不可见也。”汤垕等《古今画鉴　画品　中麓画品　画说　杂评》，上海：商务印书馆，1937 年，第 5 页。

100 赵昌平认为顾况生于开元十五年（727）前后数年，卒于元和十五年（820）以后，年寿九十四。详见赵昌平《关于顾况生平的几个问题——与傅璇琮先生商榷》，《苏州大学学报》1984 年第 1 期，第 77—81 页。

101 刘太真《顾著作宣平里赋诗序》：“宣平里环堵之宅，嘉木垂阴，疏篁孕清，友生顾君寓之所也。前相国宜城伯、夏官卿、博陵公、陈蓬州、藏用上人贤顾君而访之，鄙夫与焉。披襟啸风，境邈神王；孰阙炎暑，焉知市朝。吾君则超然如在天坛华顶之上。意乔松可得而友也，乃赋六言诗以纪会。既明日，属文之士翕然而和之。八音铿其盈耳，环堵烂而溢目。举国传览，以为盛观。太真获因首唱，不敢遗继之美。”董诰等编《全唐文》卷三九五，北京：中华书局，1983 年，第 4016—4017 页。

102 见傅璇琮《唐代诗人丛考》，北京：中华书局，2003 年，第 396 页。

103 见朱金城《白居易年谱》，上海：上海古籍出版社，1982 年，第 12 页。不过哪怕时间、地点对得上，根据白居易后来在《吴郡诗石记》中对幼时在江南经历的回忆——“幼贱不得与（韦应物等大人物）游宴”，他大概率也不会和顾况碰面。该段考证详见魏景波《长安居，大不易：白居易科场轶事的“制造”与传播》，《长江学术》2024 年 4 期，第 16—23 页。

104 薛渔思《河东记・卢佩》：“贞元末，渭南县丞卢佩，性笃孝。其母先病腰脚，至是病甚，不能下床榻者累年，晓夜不堪痛楚。佩即弃官，奉母归长安，寓于常乐里之别第，将欲竭产以求国医王彦伯治之。彦伯声势重，造次不可一见，佩日往祈请焉。半年余，乃许一到。”李剑国辑校《唐五代传奇集》第三编卷九，北京：中华书局，2015 年，第 1298 页。

105 《唐国史补》卷中：“王彦伯自言医道将行，时列三四灶，煮药于庭。老少塞门而请，彦伯指曰：‘热者饮此，寒者饮此，风者饮此，气者饮此。’皆饮之而去。

翌日，各负钱帛来酬，无不效者。”《唐国史补　因话录》，第 46 页。

106　参见彭池《〈旧唐书〉所载武元衡被刺时间正误》，《史学月刊》1982 年第 2 期，第 67 页；邵志国《唐代刺客文化考》，《唐都学刊》2004 年第 4 期，第 44—50 页。

107　现只知武元衡宅位于靖安坊，坊中具体方位未知。从武元衡早上出东门可推测，其宅极有可能在靠近东门的南北两侧。根据武元衡尸身最终在其宅“东北隅墙”外可以猜测，武宅应该在东门北侧，因为刺客与武元衡相遇后，还向东南行十余步才将其杀害并抛尸。如果武宅在东门南侧，那么尸身要出现在武宅东北隅墙外，刺客须经过一次坊门，这太过惹眼了。刺客应该是借助行道树的掩护，在阴暗处将尸身丢弃，而不会再经过坊门，因此武宅当位于东门北侧。

108　《资暇集》卷下《席帽》：“折檐帽尚在裴氏私帑中。”李匡文撰，吴企明点校《资暇集》，北京：中华书局，2012 年，第 206 页。

109　白居易《与杨虞卿书》：“去年六月，盗杀右丞相于通衢中，迸血髓，磔发肉，所不忍道。”白居易著，谢思炜校注《白居易文集校注》卷七，北京：中华书局，2011 年，第 291 页。目前不知白居易昭国坊宅位于坊中何处，如果他刚好出坊西门去上朝，应该是能看到武元衡被刺现场的。

110　《资治通鉴》卷二三九《唐纪》：“贼遗纸于金吾及府县，曰：‘毋急捕我，我先杀汝。’”司马光编著，胡三省音注，标点资治通鉴小组点校《资治通鉴》，北京：中华书局，1956 年，第 7713—7714 页。

111　本条目中的时间与事迹参考白居易著，朱金城笺校《白居易集笺校》，上海：上海古籍出版社，1988 年；朱金城《白居易年谱》，上海：上海古籍出版社，1982 年。

112　白居易并未将两只华亭鹤带到长安，而是留在了洛阳履道坊宅中。因此刘禹锡在洛阳见到这两只孤独的鹤时写下《鹤叹二首》：“寂寞一双鹤，主人在西京。”刘禹锡撰，《刘禹锡集》整理组点校，卞孝萱校订《刘禹锡集》卷三一，北京：中华书局，1990 年，第 425 页。后来这两只鹤被裴度要走（经刘禹锡怂恿），养在他长安兴化坊宅中。

113　白居易《圣善寺白氏文集记》：“仍请不出院门，不借官客，有好事者任就观之。”《白居易文集校注》卷三三，第 1968 页。

114　白居易《白氏文集后序》：“集有五本，一本在庐山东林寺经藏院，一本在苏州南禅寺经藏内，一本在东都圣善寺益塔院律库楼，一本付侄龟郎，一本付外孙谈阁童，各藏于家，传于后。”《白居易文集校注》，第 2039 页。白居易《香山寺白氏洛中集记》：“《白氏洛中集》者，乐天在洛所著书也。大和三年春，乐天始以太子宾客分司东都，及兹十有二年矣。其间赋格律诗凡八百首，合为十卷。今纳于龙门香山寺经藏堂。”《白居易文集校注》卷三四，第 2015 页。

115 元稹《白氏长庆集序》："其甚者有至于盗窃名姓，苟求自售，杂乱间厕，无可奈何。"元稹原著，吴伟斌辑佚编年笺注《新编元稹集》，西安：三秦出版社，2015年，第7737—7738页。

116 见辛德勇《唐人模勒元白诗非雕版印刷说》，载《历史研究》2007年第06期，第36—54页。

117 白居易《与元九书》："知我者以为诗仙，不知我者以为诗魔。"《白居易文集校注》卷八，第327页。唐宣宗李忱《吊白居易》："缀玉联珠六十年，谁教冥路作诗仙？浮云不系名居易，造化无为字乐天。童子解吟长恨曲，胡儿能唱琵琶篇。文章已满行人耳，一度思卿一怆然。"《全唐诗》卷四，第49页。

118 魏颢《李翰林集序》："《大鹏赋》时家藏一本，故宾客贺公奇白风骨，呼为谪仙子。"李白著，王琦注《李太白全集》卷三一，北京：中华书局，1977年，第1449页。

119 有些论著中提到白居易曾在长安永宁坊购入房产，当为谬误，其出处大概是宋敏求《长安志》卷八："次南永宁坊。……前京兆尹杨凭宅。"毕沅按："《穷幽记》三白乐天得杨凭宅，竹木池馆，有林泉之致，因为《池上篇》。"宋敏求、李好文注，辛德勇、郎洁点校《长安志　长安志图》，西安：三秦出版社，2013年，第283页。又《最新增订唐两京城坊考》卷三："次南永宁坊。……太傅致仕白敏中宅。（……盖白公有杨凭旧宅，敏中所居即乐天第也。）"《最新增订唐两京城坊考》，第121页。《新唐书·杨凭列传》记载杨凭宅在永宁坊，故以上两处文献都误认为白居易购入的是永宁坊杨凭旧宅，且从弟白敏中居住于内。但实际上，白居易《池上篇》描写的是洛阳履道坊宅，而履道坊宅正是杨凭在洛阳的故邸，《旧唐书·白居易列传》中也明确了这一点。永宁坊杨凭旧宅实际为王涯买走，见《新唐书》卷一七九《王涯列传》："而涯居永宁里，乃杨凭故第，财贮巨万，取之弥日不尽。"《新唐书》，第5319页。此外，李商隐《白居易墓志》曰："仲冬南至，备宰相仪物，擎跪斋栗，给事寡嫂。永宁里中有兄弟家，指向健慕，以信公知人。"《李商隐文编年校注》，第1809页。此文原意应是白敏中曾在自己宅中奉养白居易孀妻，且永宁坊中有其他兄弟之宅。也许正是这句话加深了白居易置宅永宁坊的误会。详见龙成松《空间中的日常——白居易长安诗歌的"空间转向"》，《汉语言文学研究》2022年第1期，第71—80页。

120 据白居易《江南喜逢萧九彻因话长安旧游戏赠五十韵》中"寓居同永乐，幽会共平康"一句推测，白居易可能在年轻时住过永乐坊。见白居易撰，谢思炜校注《白居易诗集校注》外集卷上，北京：中华书局，2006年，第2898页。

121 白居易《与元九书》："二十已来，昼课赋夜课书，间又课诗，不遑寝息矣，以至于口舌成疮、手肘成胝，既壮而肤革不丰盈，未老而齿发早衰白，瞥瞥然如飞蝇垂珠在眸子中也，动以万数！”《白居易文集校注》卷八，第 324 页。

122 白居易《代书诗一百韵寄微之》。《白居易诗集校注》卷一三，第 977 页。

123 白居易《诏授同州刺史病不赴任因咏所怀》：“卖却新昌宅，聊充送老资。”《白居易集笺校》，第 2227 页。

124 白居易《新昌新居书事四十韵因寄元郎中张博士》：“巷狭开容驾，墙低垒过肩。”《白居易集笺校》，第 1269 页。

125 白居易《自题新昌居止因招杨郎中小饮》：“地偏坊远巷仍斜，最近东头是白家。”《白居易集笺校》，第 1820 页。新昌坊东侧从唐初起便是贫民区，详见后文提到的吐鲁番阿斯塔那 206 号墓出土的质库帐。白居易也数次在其诗作中称新昌坊宅“地偏坊远”，为“贫家”“僻处”。

126 白居易《庭松》：“一家二十口，移转就松来。”《白居易集笺校》，第 1592 页。

127 白居易《竹窗》：“开窗不糊纸，种竹不依行。”《白居易集笺校》，第 619 页。

128 白居易《新昌新居书事四十韵因寄元郎中张博士》。《白居易集笺校》卷一九，第 1269 页。

129 白居易《吾庐》：“新昌小院松当户，履道幽居竹绕池。”《白居易集笺校》，第 1592 页。

130 白居易《新昌新居书事四十韵因寄元郎中张博士》：“苔行滑如簟，莎坐软于绵。”《白居易集笺校》，第 1592 页。

131 白居易的所有居所中共有两处南园，即新昌坊宅南园（《自题新昌居止因招杨郎中小饮》：“能到南园同醉否，笙歌随分有些些。”《白居易诗集校注》卷二六，第 2061 页）和洛阳履道坊宅南园（《白居易诗集校注》卷二六《南园试小乐》，第 2061—2062 页）。

132 《白居易诗集校注》卷一一《庭松》，第 888 页。

133 白居易《新居早春二首》：“扫雪拥松根。”《白居易集笺校》，第 1268 页。

134 白居易《新居早春二首》：“呼童遣移竹，留客伴尝茶。”《白居易集笺校》卷一九，第 1268 页。

135 白居易《朝归书寄元八》：“却睡至日午。”《白居易诗集校注》卷六，第 577 页。

136 有说法认为白行简《李娃传》脱胎于话本《一枝花》。南宋曾慥《类说》在收录晚唐陈翰所编唐传奇集子《异闻集》时，于白行简《汧国夫人传》（汧国夫人即李娃）一篇注云“旧名《一枝花》”。《类书》现仅存明抄本，不知唐时《异闻集》是否有此注，故可靠性存疑。

137 元稹《酬翰林白学士代书一百韵》自注：“乐天每与予游从，无不书名屋壁，又尝于新昌宅说《一枝花》话，自寅至巳，犹未毕词也。”元稹撰，冀勤点校《元稹集》卷一〇，北京：中华书局，2010 年，第 133 页。不过有人认为，元稹提到的新昌宅有可能不是白居易的宅院，而是同在新昌坊的宰相崔群宅，参见张兵《一条唐“话本”资料的探考》，《文学遗产》1988 年第 3 期，第 117—118 页。

138 据刘谧之《庞郎赋》改编：“坐上诸君子，各各明君耳。听我作文章，说此河南事。”徐坚等《初学记》卷一九，北京：中华书局，2004 年，第 459 页。

139 《白居易诗集校注》卷一五《欲与元八卜邻先有是赠》，第 1172 页。

140 白居易《题新居寄元八》：“青龙冈北近西边，移入新居便泰然。莫羡昇平元八宅，自思买用几多钱。”《白居易诗集校注》卷一九，第 1519 页。

141 《白居易诗集校注》卷一九《和元少尹新授官》，第 1510 页。

142 白居易《新秋早起有怀元少尹》：“光阴纵惜留难住，官职虽荣得已迟。”《白居易诗集校注》卷一九，第 1531 页。

143 白居易《晚归有感》：“朝吊李家孤，暮问崔家疾；刘曾梦中见，元向花前失。”自注：“时李十一侍郎尚居忧，崔二十二员外三年卧病；刘三十二校书殁后，尝梦见之，元八少尹今春樱桃花时长逝。”《白居易诗集校注》卷一一，第 893 页。

144 白居易《宿简寂观》：“何以疗夜饥，一匀云母粉。”《晨兴》：“何以解宿斋，一杯云母粥。”《白居易诗集校注》卷七，第 601 页；卷二二，第 1778 页。

145 《千金翼方校注》卷一三《辟谷》：“凡服粉治百病，皆用粳米粥和服之。”孙思邈撰，朱邦贤等校注《千金翼方校注》，上海：上海古籍出版社，1999 年，第 387 页。

146 白居易《早服云母散》：“晓服云英漱井华，寥然身若在烟霞。”《白居易诗集校注》卷三一，第 2409 页。

147 《云仙散录》一九九《防风粥》：“白居易在翰林，赐防风粥一瓯，剔取防风得五合余，食之口香七日。”《云仙散录》，第 103 页。

148 白居易《食笋》：“置之炊甑中，与饭同时熟。紫箨坼故锦，素肌擘新玉。每日遂加餐，经时不思肉。”《白居易诗集校注》卷七，第 616 页。

149 《旧唐书》卷一六六《白居易列传》：“日者闻亲友间说，礼、吏部举选人，多以仆私试赋判为准的。其余诗句，亦往往在人口中。”《旧唐书》，第 4349 页。

150 第一、二等按惯例是虚设，不授予人。元和元年（806）制举无第三等，元稹为第一名，列第三次等，为“敕头”。《放制举人敕》：“明于体用科第三次等元稹、韦惇，第四等独孤郁、白居易、曹景伯、韦庆复。”宋敏求编《唐大诏令集》卷一〇六，北京：中华书局，2008 年，第 545 页。

151 白居易《酬张十八访宿见赠》：“昔我为近臣，君常稀到门。今我官职冷，君君来往频。”《白居易诗集校注》卷六，第 574 页。此诗系年于 814 年。

152 参见白居易《代书诗一百韵寄微之》：“唐昌玉蕊会，崇敬牡丹期。”自注：“唐昌观玉蕊，崇敬寺牡丹，花时多与微之有期。”《白居易诗集校注》卷一三，第 977 页。

153 参见《白居易诗集校注》卷一三《三月三十日题慈恩寺》，第 1015 页。

154 参见白居易《西京兴善寺传法堂碑铭》,《全唐文》卷六七八，第 6928—6929 页。

155 参见《白居易诗集校注》卷一三《春题华阳观》《华阳观桃花时招李六拾遗饮》《华阳观八月十五日夜玩月》，第 1008、1010、1013 页。

156 参见《白居易诗集校注》卷一四《和钱员外青龙寺上方望旧山》，第 1088 页。

157 参见《白居易诗集校注》卷九《西明寺牡丹花时忆元九》，第 721 页；卷一四《重题西明寺牡丹》，第 1075 页。

158 参见《白居易诗集校注》卷九《初与元九别后忽梦见之及寤而书适至兼寄桐花诗怅然感怀因以此寄》，第 749 页。

159 贞元末至元和初年，白居易与元稹最爱去的地方就是曲江。元稹《和乐天秋题曲江》：“七载定交契，七年镇相随。长安最多处，多是曲江池。”《新编元稹集》，第 2384 页。

160 白居易《失婢》：“宅院小墙庳，坊门帖榜迟。旧恩惭自薄，前事悔难追。笼鸟无常主，风花不恋枝。今宵在何处，唯有月明知。”《白居易诗集校注》卷二六，第 2110 页。

161 考古人员在履道坊白居易故居遗址中发现了可能是酿造作坊的圆形建筑遗迹，见赵孟林、冯承泽、王岩、李春林《洛阳唐东都履道坊白居易故居发掘简报》,《考古》1994 年第 8 期，第 692—701 页。

162 白居易《自题酒库》：“此翁何处富，酒库不曾空。”《白居易诗集校注》卷三四，第 2587 页。

163 白居易《咏家醞十韵》：“井泉王相资重九，曲蘖精灵用上寅。”《白居易诗集校注》卷二六，第 2087 页。

164 白居易《池上闲吟二首》：“莫愁客到无供给，家醞香浓野菜春。”《宿张云举院》：“美醞香醪嫩，时新异果鲜。”《寄李十一建》：“家醞及春熟，园葵乘露烹。”《白居易诗集校注》卷三一，第 2397 页；外集卷上，第 2897 页；卷五，第 483 页。

165 白居易《咏家醞十韵》：“常嫌竹叶犹凡浊，始觉榴花不正真。”《白居易诗集校注》卷二六，第 2087 页。

166 《云仙散录》二五一《冰雪论筐》：“《止戈集》曰：长安冰雪至夏月则价等金璧。白少傅诗名动于闾阎，每需冰雪，论筐取之，不复偿价，日日如是。”《云仙散录》，第 121 页。

167 白居易《郡斋暇日忆庐山草堂兼寄二林僧社三十韵多叙贬官已来出处之意》：“灭除残梦想，换尽旧心肠。”《白居易诗集校注》卷一八，第 1433—1434 页。

168 白居易《自在》:“小奴捶我足，小婢搔我背。”《白居易诗集校注》卷三〇，第2332页。

169 白居易《和令公问刘宾客归来称意无之作》:“闲尝黄菊酒，醉唱紫芝谣。称意那劳问，请钱不早朝。”《白居易诗集校注》卷三三，第2524页。

170 王铎在《中国古代苑园与文化》中通过白居易诗文和考古简报绘出白居易履道坊宅的想象图，本图按照该图改绘。图上可以看到在南园北侧尚有一“西园”，这是王岩提出的观点，但鞠培泉、黄一如认为履道坊宅应并无“西园”，考古发掘也未证实这一点。参见王铎《中国古代苑园与文化》，武汉：湖北教育出版社，2003年，第215页；王岩《有关白居易故居的几个问题》,《考古》2004年第9期，第58—64页；鞠培泉、黄一如《白居易履道西园之辨析》,《中国园林》2016年第3期，第107—111页。

171 白居易《胡吉郑刘卢张等六贤皆多年寿予亦次焉偶于弊居合成尚齿之会七老相顾既醉甚欢静而思之此会稀有因成七言六韵以纪之传好事者》:“七人五百七十岁，拖紫纡朱垂白须。”《白居易诗集校注》卷三七，第2805页。

172 《白居易诗集校注》卷三六《达哉乐天行》，第2747页。

173 《云仙散录》三二二《水底盘筵》:“《穷幽记》曰：白氏履道里宅有池水可泛舟，乐天每命宾客绕船以百十油囊悬酒炙沉水中，随船而行。一物尽则左右又取进之，藏盘筵于水底也。”《云仙散录》，第153页。

174 白居易旧宅在后唐同光年间被改为普明禅院，宋人称之为大字寺，也就是《洛阳名园记》中所说“大字寺园，唐白乐天旧园也”。见李格非撰，孔凡礼整理《洛阳名园记》,《全宋笔记》第21册，郑州：大象出版社，2019年，第22页。

175 白居易《别毡帐火炉》:“赖有青毡帐，风前自张设。复此红火炉，雪中相暖热。”《白居易诗集校注》卷二一，第1711页。

176 白居易《风雪中作》:“老夫何处宿，暖帐温炉前。两重褐绮衾，一领花茸毡。粥熟呼不起，日高安稳眠。”《白居易诗集校注》卷三〇，第2310页。此诗系年于834年。

177 白居易《朝归书寄元八》:“瓶中鄠县酒，墙上终南山。”《白居易集》卷六，第124页。

178 白居易《晚春闲居杨工部寄诗杨常州寄茶同到因以长句答之》:“闷吟工部新来句，渴饮毗陵远到茶。”《白居易诗集校注》卷三一，第2408页。

179 白居易《琴茶》:“琴里知闻唯渌水，茶中故旧是蒙山。”《白居易诗集校注》卷二五，第1954页。

180 白居易《与元九书》:“如今年春游城南时，与足下马上相戏，因各诵新艳小律，不杂他篇，自皇子陂归昭国里，迭吟递唱，不绝声者二十里余。樊、李在傍，无所措口。”《白居易文集校注》卷八，第 327 页。

181 白居易《赠梦得》：“闻道洛城人尽怪，呼为刘白二狂翁。”《白居易诗集校注》卷三三，第 2545 页。

182 裴度《白二十二侍郎有双鹤留在洛下予西园多野水长松可以栖息遂以诗请之》：“闻君有双鹤，羁旅洛城东。未放归仙去，何如乞老翁。且将临野水，莫闭在樊笼。好是长鸣处，西园白露中。”《全唐诗》卷三三五，第 3755 页。

183 《白居易诗集校注》卷一〇《梦与李七庾三十三同访元九》，第 841 页。此诗系年于元和十三年（818），白居易在江州司马任上。

184 白居易《醉吟先生传》：“洛城内外，六七十里间，凡观、寺、丘、墅，有泉石花竹者，靡不游。”《白居易文集校注》卷三三，第 1981 页。

185 白居易《过元家履信宅》：“鸡犬丧家分散后，林园失主寂寥时。落花不语空辞树，流水无情自入池。”《白居易诗集校注》卷二七，第 2166 页。

186 《最新增订唐两京城坊考》卷五：“次北履信坊。……太子宾客李仍淑宅。（宅有樱桃池，仍淑与白居易、刘禹锡会其上。）”《最新增订唐两京城坊考》，第 364 页。“淑”当为“叔”之讹。

187 《旧唐书》卷一七〇《裴度列传》：“又于午桥创别墅，花木万株，中起凉台暑馆，名曰绿野堂。引甘水贯其中，酾引脉分，映带左右。度视事之隙，与诗人白居易、刘禹锡酣宴终日，高歌放言，以诗酒琴书自乐，当时名士，皆从之游。”《旧唐书》，第 4432 页。

188 白居易《早春忆游思黯南庄因寄长句》：“南庄胜处心常忆，借问轩车早晚游。美景难忘竹廊下，好风争奈柳桥头。”《白居易诗集校注》卷三四，第 2584 页。

189 《旧唐书》卷一七二《牛僧孺列传》：“嘉木怪石，置之阶庭，馆宇清华，竹木幽邃。常与诗人白居易吟咏其间，无复进取之怀。”《旧唐书》，第 4472 页。白居易《题牛相公归仁里宅新成小滩》：“与君三伏月，满耳作潺湲。深处碧磷磷，浅处清溅溅。埼岸束呜咽，沙汀散沦涟。翻浪雪不尽，澄波空共鲜。”《白居易诗集校注》卷三六，第 2710 页。

190 白居易《崔十八新池》：“爱君新小池，池色无人知。见底月明夜，无波风定时。忽看不似水，一泊稀琉璃。”《白居易诗集校注》卷二二，第 1773 页。

191 白居易《题平泉薛家雪堆庄》：“怪石千年应自结，灵泉一带是谁开？蹙为宛转青蛇项，喷作玲珑白雪堆。赤日旱天长看雨，玄阴腊月亦闻雷。所嗟地去都门远，不得肩舁每日来。”《白居易诗集校注》卷二八，第 2212 页。白居易《斋居》：“明年官满后，拟买雪堆庄。”《白居易诗集校注》卷二八，第 2228 页。

192 刘禹锡《为京兆韦尹贺祈晴获应表》："臣当时于兴圣寺竹林神亲自祈祝。"《刘禹锡集》卷一三，第 156 页。白行简《李娃传》："他日，娃谓生曰：'与郎相知一年，尚无孕嗣。常闻竹林神者，报应如响，将致荐酹求之，可乎？'"《唐五代传奇集》第二编卷一五，第 900 页。

193 宋敏求《长安志》卷九："元和中，宰相武元衡遇害，或告匿于新昌坊向之竹林者。"《长安志　长安志图》，第 310 页。

194 《新唐书》卷一八一《李绅列传》："或欲以闻，谢曰：'本激于义，非市名也。'乃止。……所至务为威烈，或陷暴刻。"《新唐书》，第 5347—5350 页。而有关李绅的两个小故事，也许能让他的形象更加生动丰满。一是《游仙窟》作者张鷟的曾孙、诗人张又新曾在党争中诬陷过李绅，致其被贬端州。后来张又新被罢官，乘船经过宜兴时，船遇风浪翻覆，二子淹死，张又新不得已向当时的淮南节度使李绅写信求助。李绅说自己未曾忘记当年的恩怨，但眼见张又新全家蒙难，他深感同情，于是摈弃前嫌，两人"释然如旧交"（事见《本事诗》）。二是李绅的哥哥李继去世时，李绅因不满嫂子崔氏，在李继的墓志铭中对其大加诅咒，同时却又资助崔氏一家长达二十五年，直到她去世。详见陈尚君《诗人张又新的人品、水品与佚诗》，《文史知识》2018 年第 1 期，第 32—37 页；陈尚君《我认识的唐朝诗人》，北京：中华书局，2023 年，第 175—186 页。

195 韩愈《和裴仆射相公假山十一韵》："终朝岩洞间，歌鼓燕宾戚。"韩愈著，方世举编年笺注，郝润华、丁俊丽整理《韩昌黎诗集编年笺注》卷一二，北京：中华书局，2012 年，第 660 页。

196 张籍《和裴仆射看樱桃花》："昨日南园新雨后，樱桃花发旧枝柯。"张籍撰，徐礼节、余恕诚校注《张籍集系年校注》卷六，北京：中华书局，2011 年，第 707 页。

197 《旧唐书》卷一七〇《裴度列传》："宝历元年十一月，度疏请入觐京师。明年正月，度至，帝礼遇隆厚，数日，宣制复知政事。而逢吉党有左拾遗张权舆者，尤出死力。度自兴元请入朝也，权舆上疏曰：'度名应图谶，宅据冈原，不召自来，其心可见。'先是奸党忌度，作谣辞云：'非衣小儿坦其腹，天上有口被驱逐。''天口'言度尝平吴元济也。又帝城东西，横亘六岗，合易象乾卦之数。度平乐里第，偶当第五岗，故权舆取为语辞。昭愍虽少年，深明其诬谤，奖度之意不衰，奸邪无能措言。"《旧唐书》，第 4427—4428 页。

198 参见刘禹锡撰，陶敏、陶红雨校注《刘禹锡全集编年校注》卷七《春池泛舟联句》，北京：中华书局，2019 年，第 766—767 页。

199 参见《白居易诗集校注》卷二九《裴侍中晋公以集贤林亭即事诗三十六韵见赠猥蒙征和才拙词繁辄广为五百言以伸酬献》，第 2284 页。

200 “华亭鹤”一事极为有趣。先是白居易任职长安时，刘禹锡经过洛阳履道坊白宅，见白居易的两只华亭鹤孤零零怪可怜的，于是写下“寂寞一双鹤，主人在西京”（《鹤叹二首》）。裴度听说后，便主动要求收留这两只鹤（《白二十二侍郎有双鹤留在洛下予西园多野水长松可以栖息遂以诗请之》：“闻君有双鹤，羁旅洛城东。未放归仙去，何如乞老翁。且将临野水，莫闭在樊笼。好是长鸣处，西园白露中。”）。白居易感到不妙，婉言推托说这对鹤是自己晚年的伙伴，承蒙裴相公这等高门大户看得起，只是它们野惯了，不知能否消受得起相公那仙沼凤池（《答裴相公乞鹤》：“白首劳为伴，朱门幸见呼。不知疏野性，解爱凤池无。”）。还没等裴度发话，刘禹锡和张籍都来掺和一脚，劝他以鹤相赠（刘禹锡《和裴相公寄白侍郎求双鹤》、张籍《和裴司空以诗请刑部白侍郎双鹤》），白居易不得已只能将白鹤奉上，还叮嘱两只鹤别想自己（《送鹤与裴相临别赠诗》：“稳上青云勿回顾，的应胜在白家时。”）。双鹤送走后，白居易回到履道坊，越想越委屈，只能感叹：“别有夜深惆怅事，月明双鹤在裴家。”（《问江南物》）

201 郭沫若认为这批文物应该属于兴化坊邠王李守礼宅，是其在安史之乱时仓促埋下的，但根据段鹏琦对兴化坊内住宅的考索，何家村窖藏点并不位于邠王府，而在一处没有记载的私人府邸。荣新江也认为宝物属私人窖藏，而非来自宫廷；齐东方猜测宝物与负责管理官府财物的租庸调使刘震有关，他在泾原兵变时将其掩埋，后刘震被杀导致宝物被遗忘，不过黄正建认为这一说法本自《无双传》，非正史，不足为凭；林梅村认为遗宝本属皇帝私库“琼林库”，于泾原兵变时紧急掩埋；而韩建武等人则提出，何家村遗宝大多有精致包装，并以墨书做好记录，掩埋时应该是有条不紊的，并非匆忙掩埋于战乱时期。参见郭沫若《出土文物二三事》，北京：人民出版社，1972 年，第 34 页；段鹏琦《西安南郊何家村唐代金银器小议》，《考古》1980 年第 6 期，第 536—541 页；荣新江《隋唐长安：性别、记忆及其他》，上海：复旦大学出版社，2010 年，第 47—66 页；齐东方《何家村遗宝的埋藏地点和年代》，《考古与文物》2003 年第 2 期，第 70—74 页；黄正建《何家村遗宝和刘震有关吗？——与齐东方先生商榷》，《考古与文物》2004 年第 4 期，第 73—74 页；林梅村《唐武德二年罽宾国贡品考——兼论西安何家村唐代窖藏原为大明宫琼林库皇家宝藏》，《考古与文物》2017 年第 6 期，94—103 页；韩建武《西安何家村唐代窖藏几个问题的再探讨》，《收藏家》2007 年第 7 期，第 39—44 页。

202 《太平广记》卷四三七《畜兽·裴度》：“裴令公度性好养犬，凡所宿设燕会处，悉领之。所食物余者，便和碗与犬食。时子婿李甲见之，数谏。裴令曰：‘人与犬类，何恶之甚？’犬正食，见李谏，乃弃食，以目视李而去。裴令曰：‘此犬人性，必仇于子，窃虑之。’李以为戏言，将欲午寝，其犬乃蹲而向李，李见之，乃疑犬仇之。”《太平广记》，第3561页。

203 《北梦琐言》卷一〇：“唐裴晋公度，风貌不扬，自撰真赞云：‘尔身不长，尔貌不扬。胡为而将？胡为而相？’”孙光宪撰，贾二强校点《北梦琐言》，北京：中华书局，2002年，第211页。

204 赵璘《因话录》卷二：“公不信术数，不好服食，每语人曰：‘鸡猪鱼蒜，逢着则吃。生老病死，时至则行。’”《唐国史补　因话录》，第81页。

205 贾岛《延康吟》：“寄居延寿里，为与延康邻。不爱延康里，爱此里中人。人非十年故，人非九族亲。人有不朽语，得之烟山春。”贾岛撰，齐文榜校注《贾岛集校注》卷二，北京：中华书局，2020年，第86页。

206 《鉴诫录校注》卷八：“贾又吟病蝉之句，以刺公卿。公卿恶之，与礼闱议之，奏岛与平曾等风狂，挠扰贡院。是时逐出关外，号为‘十恶’。议者以浪仙自认病蝉，是无抟风之分。诗曰：‘病蝉飞不得，向我掌中行。折翼犹能薄，酸吟尚极清。露华疑在腹，尘点误侵睛。黄雀并乌鸟，俱怀害尔情。’”何光远撰，邓星亮等校注《鉴诫录校注》，成都：巴蜀书社，2011年，第194—195页。

207 贾岛《题兴化园亭》：“破却千家作一池，不栽桃李种蔷薇。蔷薇花落秋风起，荆棘满庭君始知。”《贾岛集校注·附集》，第613页。

208 宋陈振孙《直斋书录解题》卷十九：“盖宣宗好微行，小说载岛应对忤旨，好事者撰此制以实之，安有微行而显著训词者？首称‘奏卿风狂’，尤为可笑，当以本传为正，本传亦据《墓志》也。”陈振孙撰；徐小蛮，顾美华点校《直斋书录解题（下）》，上海：上海古籍出版社，2015年，第568页。

209 《唐才子传校笺》卷九：“洞，字才江，雍州人，诸王之孙也。家贫，吟极苦，至废寝食。酷慕贾长江，遂铜写岛像，戴之巾中。常持数珠念贾岛佛，一日千遍。人有喜岛诗者，洞必手录岛诗赠之，叮咛再四，曰：‘此无异佛经，归焚香拜之。’”辛文房著，傅璇琮主编《唐才子传校笺》，北京：中华书局，1995年，第213页。

210 《齐东野语》卷一六：“尝画贾岛像置屋壁，晨夕事之，人以为妖。”周密撰，俞钢、王燕华整理《齐东野语》，《全宋笔记》第98册，郑州：大象出版社，2019年，第268页。

211 《刘禹锡全集编年校注》卷一〇《予自到洛中与乐天为文酒之会时时措咏乐不可支则慨然共忆梦得而梦得亦分司至止欢惬可知因为联句》，第1136页。联句中“色色时堪惜，些些病莫推”一句为裴度所写。

212 《云仙散录》二五《松云岭》：“《晋公遗语》曰：公临终，告门人曰：‘吾死无所系，但午桥庄松云岭未成，软碧池绣尾鱼未长，注《汉书》未终篇，为可恨尔！'"《云仙散录》，第 29 页。

213 《白居易诗集校注》卷三五《雪后过集贤裴令公旧宅有感》，第 2639 页。

214 关于元稹与裴度之嫌隙，历来有多种解读。主流说法是元稹与裴度本无个人恩怨，只不过前者忌惮裴度的功绩会阻碍自己晋升，加上长庆元年（821）科场案两人立场不同，故元稹在政事上对裴度多有针对。两人的争执进而又被别有用心的李逢吉利用，终至不可收拾。

215 《太平广记》卷二〇四《乐·李龟年》："于东都大起第宅。僭侈之制，逾于公侯。宅在东都通远里，中堂制度，甲于都下（今裴晋公移于定鼎门南别墅，号绿野堂）。"《太平广记》，第 1549 页。

216 《云仙散录》一五九《白羊妆点》："《穷幽记》曰：午桥庄小儿坡茂草盈里。晋公每使数群白羊散于坡上，曰：'芳草多情，赖此妆点也。'"《云仙散录》，第 89 页。

217 见白居易《裴侍中晋公以集贤林亭即事诗三十六韵见赠猥蒙征和才拙词繁辄广为五百言以伸酬献》。《白居易诗集校注》卷二九，第 2283 页。

218 清代汪介人《中州杂俎》中曾记载裴度主持之雅集名为"春明会"，但此说未见于唐代史料。见汪介人《中州杂俎》，扬州：广陵书社，2003 年，第 578 页。

219 此图改绘自《中国古代苑园与文化》，第 211 页。

220 白居易《开成二年三月三日……奉十二韵以献》："召太子少傅白居易……等一十五人，合宴于舟中。由斗亭，历魏堤，抵津桥，登临溯沿，自晨及暮，簪组交映，歌笑间发，前水嬉而后妓乐，左笔砚而右壶觞，望之若仙，观者如堵。"《白居易诗集校注》卷三三，第 2547 页。

221 白居易《和刘汝州酬侍中见寄长句因书集贤坊胜事戏而问之》："洛川汝海封畿接，履道集贤来往频。一复时程虽不远，百余步地更相亲。朱门陪宴多投辖，青眼留欢任吐茵。闻道郡斋还有酒，花前月下对何人。"自注："汝去洛程一宿，履道、集贤两宅相去一百三十步。"《白居易诗集校注》卷三二，第 2468 页。

222 《洛阳名园记》："兼此六者，惟湖园而已。予尝游之，信然。在唐，为裴晋公宅园。"《全宋笔记》第 21 册，第 23 页。

223 贬谪路线大致为：荆南节度使—东都留守—太子少保分司东都—潮州司马—崖州司户参军。

224 按照司马光《资治通鉴》、范祖禹《唐鉴》，牛李党争始于宪宗元和三年（808）制举案，形成于长庆元年（821）贡举案，止于宣宗大中三年（849）李德裕逝世，此说虽存在争议，但仍为众多学者采纳。此外，本书中的"牛李党争"仅为传统提法，"牛李党争"的性质非常复杂，非单纯的士庶、政见之争，牛僧孺与李德裕不能被简单目之为两党“党魁”“领袖”，更为活跃的还有李逢吉、李宗闵等人，所谓“李党”是否真的存在也还有争议。正如柳诒徵所说：“唐之牛僧孺、李德裕虽似两党之魁，然所争者官位，所报者私怨，亦无政策可言。故虽号为党，而皆非政党也。”柳诒徵编著《中国文化史》下册，南京：钟山书局，1935年，第109页。

225 有关“玉碗”“金杯”的说法有多种版本，差异主要集中在风水师（高僧泓师或道士桑道茂）和被评价的宅邸主人（李吉甫和牛僧孺或李德裕和韦相，或王锷和马燧）上。详见刘世珩辑校，郑玲校点《贵池唐人集》第一康骈《剧谈录》卷下，合肥：黄山书社，2013年，第36—37页；《唐语林》卷七，第240页；《太平广记》卷四九七《杂录·王锷》，第4076页。

226 比起刚直孤峭的李德裕，牛僧孺的个性相对宽厚随和（圆滑）。大中二年（848），李德裕南贬经过汝州时，时任汝州长史的牛僧孺还不计前嫌，请他吃了一顿饭（李珏《故丞相太子少师赠太尉牛公神道碑铭》：“李崖州于公仇也，恤窜谪之穷途。厚供待于逆旅，其厚德欤。”《全唐诗》卷七二〇，第7408页）。牛僧孺和李德裕几乎前后脚去世，一个寿终洛阳城南别墅，一个贬死崖州。李去世四个月前，妻子刘氏（陈寅恪认为是妾，岑仲勉考证为妻）也病逝在海南旅舍。在自撰的刘氏墓志中，李德裕说自己“性直盗憎，位高寇至。道不能枉，世所不容。愧负淑人，局余伤寿。瞑目何报？寄怀斯文”。见李德裕撰，傅璇琮、周建国校笺《李德裕文集校笺》，北京：中华书局，2018年，第890页。

227 《新唐书》卷一八〇《李德裕列传》：“所居安邑里第，有院号‘起草’，亭曰‘精思’，每计大事，则处其中，虽左右侍御不得豫。”《新唐书》，第5343页。

228 《酉阳杂俎校笺》续集卷九《支植》：“卫公言：金钱花损眼……又云：欲松不长，以石抵其直下根，便不必千年方偃。”《酉阳杂俎校笺》，第2101页。李德裕《柳柏赋》：“予尝叹柏之为物，贞苦有余，而姿华不足。徒植于精舍，列于幽庭，不得处园池之中，与松竹相映。”《李德裕文集校笺》，第519页。

229 现藏于故宫博物院的《步辇图》卷左有北宋章伯益篆书题跋“唐相阎立本笔”及“太子洗马武都公李道志，中书侍郎平章事李德裕大和七年十一月十四日重装背”。米芾《画史》提到：“唐太宗《步辇图》有李德裕题跋，人后却猜是阎令画真笔。”米芾撰，燕永成整理《画史》，《全宋笔记》第20册，郑州：大象出版社，2019年，第174页。

230 北宋黄伯思《东观余论》和南宋洪迈《容斋三笔》卷六中都记载了李吉甫、李德裕父子的《辋川图》跋，但《容斋三笔》指出这些跋文很可能是后人伪造的。因此，正文中仅说是“传闻”李德裕收藏过。其实，据张彦远《历代名画记》卷一〇的记载“王维……清源寺壁上画辋川，笔力雄壮”可知，王维《辋川图》最早是一幅壁画，绘于辋川别业（后改为清源寺）墙上。张彦远又提到“人家所蓄（王维画），多是右丞指挥工人布色，原野簇成，远树过于朴拙，复务细巧，翻更失真”，结合前文所言的李赵公（吉甫）、李卫公（德裕）跋，如果二者为真，料想当年亦有《辋川图》绢本传世，但多为王维指导工人所画，难免失了神韵。参见洪迈撰，孔凡礼整理《容斋三笔》，《全宋笔记》第 46 册，郑州：大象出版社，2019 年，第 74—75 页；《历代名画记》，第 156 页。

231 《六逸图》卷末题：“会昌四年十一月冬至后三日，和景晏温，于后园高亭披阅，太尉平章事。”现藏故宫博物院的《六逸图》应当是摹本，该观款也是临摹原作的一部分。

232 《新唐书》卷一八〇《李德裕列传》：“不喜饮酒，后房无声色娱。”《新唐书》，第 5343 页。《唐语林》卷七：“李卫公性简俭，不好声妓，往往经旬不饮酒。”《唐语林》，第 241 页。

233 《入唐求法巡礼行记校注》卷一《承和五年》：“大使赠土物于李相公，彼相公不受，还却之。”“巳时，沈弁归来，陈相公传语，以谢得启。又唯留取大螺子不截尻一口。而截尻小螺二口及余珠、刀、笔付使退还。更差虞候人赠来白绢二匹、白绫三匹。”圆仁著，白化文、李鼎霞、许德楠校注，周一良审阅《入唐求法巡礼行记校注》，北京：中华书局，2019 年，第 27、64 页。

234 见《太平广记》卷四〇五《宝 · 李德裕》，第 3271 页。

235 《唐语林》卷七：“李卫公……在中书，不饮京城水，茶汤悉用常州惠山泉，时谓之‘水递’。”《唐语林》，第 241 页。

236 王绂《惠山煮茶》，卢文弨纂定，庄翊昆校补，庄毓鋐重校，许隽超、马振君点校《常郡八邑艺文志》卷一一，南京：凤凰出版社，2017 年，第 642 页。

237 张又新《煎茶水记》：“故刑部侍郎刘公讳伯刍，于又新丈人行也。为学精博，颇有风鉴。称较水之与茶宜者，凡七等：扬子江南零水第一，无锡惠山寺石泉水第二……”陆羽《水品》：“一庐山康王谷水帘水。二无锡惠山石泉水。”《中国茶书全集校证》，第 197、190 页。

238 《太平广记》卷二三七《奢侈 · 李德裕》：“武宗朝，宰相李德裕奢侈。每食一杯羹，其费约三万。为杂以珠玉宝贝，雄黄朱砂，煎汁为之。过三煎则弃其柤。”《太平广记》，第 1824 页。

239 康骈《剧谈录》卷下：“初德裕之营平泉也，远方之人多以土产异物奉之，故数年之闲，无物不有。时文人有题平泉诗者：‘陇右诸侯供语鸟，日南太守送花钱’，威势之使人也。”《贵池唐人集》，第 64 页。

240 康骈《剧谈录》卷下："平泉庄去洛城三十里，卉木台榭，若造仙府。有虚槛前引泉水，萦回穿凿，像巴峡、洞庭、十二峰、九派迄于海门江山景物之状。竹闲行径有平石，以手摩之，皆隐隐见云霞、龙凤、草树之形。有巨鱼胁骨一条，长二丈五尺，其上刻云：会昌六年海州送到。"《贵池唐人集》，第 36 页。

241 《贾氏谭录》："李德裕平泉庄……礼星石（其石纵广一丈，长丈余，有文理，成斗极象）。" 张洎撰，俞钢整理《贾氏谭录》，《全宋笔记》第 3 册，郑州：大象出版社，2019 年，第 154 页。

242 《旧五代史》卷六十《李敬义传》："有醒酒石，德裕醉即踞之，最保惜者。" 薛居正等撰；中华书局编辑部点校《旧五代史》，北京：中华书局，1976 年，第 806 页。

243 《贾氏谭录》："李德裕平泉庄……狮子石（石高二三尺，孔窍千万，递相通贯，其状宛如狮子，首尾眼鼻皆具平石）。"《贾氏谭录》，第 154 页

244 李德裕《泰山石》："鸡鸣口观望，远与扶桑对。沧海似镕金，众山如点黛。遥知碧峰首，独立烟岚内。此石依五松，苍苍几千载。"《李德裕文集校笺》，第 733 页。

245 李德裕《巫山石》："十二峰前月，三声猿夜愁。此中多怪石，日夕漱寒流。必是归星渚，先求历斗牛。（扬州是斗牛分。）还疑烟雨霁，仿佛是嵩丘。"《李德裕文集校笺》，第 734 页。

246 李德裕《钓台石》："我有严湍思，怀人访故台。客星依钓隐，仙石逐槎回。倒影含清沚，凝阴长碧苔。飞泉信可挹，幽客未归来。"《李德裕文集校笺》，第 728 页。

247 李德裕于宝历元年（825）开始营建平泉山居，开成元年（836）九月第一次入住。

248 《白居易诗集校注》卷二五《题洛中第宅》，第 1994 页。

249 《唐语林校证》卷七："李德裕自金陵追入朝，切欲大用，虑为人所先，且欲急行，至平泉别墅，一夕秉烛周游，不暇久留。" 王谠撰，周勋初校证《唐语林校证》，北京：中华书局，1987 年，第 616 页。

250 《永乐大典本河南志》："（北宋皇宫内园长春殿以西十字池亭）其南砌台、冰井、娑罗亭。（贮奇石处，世传是李德裕醒酒石。按，《五代通录》：德裕孙敬义，本名延古，居平泉旧墅。唐光化初，洛中监军取其石，置之家园。敬义泣谓张全义，请石于监军。监军忿然曰：黄巢贼后，谁家园池完复，岂独平泉有石哉！全义尝被巢命，以为诟己，即奏毙之，得石，徙致于此。其石以水沃之，有林木自然之状。今谓之娑罗石，盖以树名之，亭宇覆焉。）" 徐松辑，高敏点校《河南志》，北京：中华书局，2012 年，第 152 页。《贾氏谭录》："李德裕平泉庄，怪石名品甚

众，各为洛阳城有力者取去。唯礼星石（其石纵广一丈，长丈余，有文理，成斗极象）、狮子石（石高三四尺，孔窍千万，递相通贯，其状如狮子，首尾眼鼻皆具）为陶学士徙置梁园别墅。李德裕平泉庄，台榭百余所，天下奇花异草、珍松怪石，靡不毕具。自制《平泉花木记》，今悉以绝矣。"《贾氏谭录》，第 154 页。

251 见《洛阳名园记》。《全宋笔记》第 21 册，第 25 页。

252 《旧唐书》卷一七四《李德裕列传》："时德裕与李绅、元稹俱在翰林，以学识才名相类，情颇款密，而逢吉之党深恶之。"《旧唐书》，第 4510 页。

253 《北梦琐言》卷一："白少傅居易，文章冠世，不跻大位。先是，刘禹锡大和中为宾客时，李太尉德裕同分司东都，禹锡谒于德裕曰：'近曾得白居易文集否？'德裕曰：'累有相示，别令收贮，然未一披。今日为吾子览之。'及取看，盈其箱笥，没于尘坌。既启之而复卷之，谓禹锡曰：'吾于此人，不足久矣。其文章精绝，何必览焉！但恐回吾之心，所以不欲观览。'其见抑也如此。衣冠之士，并皆忌之，咸曰：'有学士才，非宰臣器。'"《北梦琐言》，第 24 页。白居易的确为李德裕写过和诗，但数量不多（如《奉和李大夫题新诗二首》《小童薛阳陶吹觱篥歌，和浙西李大夫作》），《北梦琐言》中说白居易"累有相示"并不成立，这则故事也未必是真。而白居易游玩平泉多次，只字未提李德裕平泉山居，应该还是有意避开。关于李德裕和白居易的关系，可参见傅璇琮《李德裕年谱》，石家庄：河北教育出版社，2001 年，第 257—259 页。

254 元稹在严格意义上不能算作李党，但其政治主张偏向李党，又确与牛党主要人物李逢吉、李宗闵等人交恶。实际上，他从未实质参与党争。

255 《新唐书》卷一七九《王涯列传》："帝以其孤进自树立，数访逮，以私居远，或召不时至，诏假光宅里官第，诸学士莫敢望。"《新唐书》，第 5317 页。

256 见温庭筠《题丰安里王相林亭二首》。《温庭筠全集校注》卷七，第 628 页。

257 《旧唐书》卷一六九《王涯列传》："涯博学好古，能为文，以辞艺登科，践扬清峻，而贪权固宠，不远邪佞之流，以至赤族。"《旧唐书》，第 4405 页。

258 《新唐书》卷一七九《王涯列传》："涯从弟沐，客江南，困穷来京师谒涯，二岁乃得见，许以禄仕，难作，亦死。"《新唐书》，第 5319 页。

259 《新唐书》卷一七九《王涯列传》："性鄙吝，不畜妓妾，恶卜祝及它方伎，别墅有佳木流泉，居常书史自怡，使客贺若夷鼓琴娱宾。"《新唐书》，第 5319 页。

260 《新唐书》卷一六三《柳玭列传》："永宁王相国涯居位，窦氏女归，请曰：'玉工货钗直七十万钱。'王曰：'七十万钱，岂于女惜？但钗直若此，乃妖物也，祸必随之。'女不复敢言。后钗为冯球外郎妻首饰，涯曰：'为郎吏妻，首饰有七十万钱，其可久乎！'"《新唐书》，第 5028 页。

261 李绰《尚书故实》：“《清夜游西园图》，顾长康画，有梁朝诸王跋尾处，云：‘图上若干人，并食天厨。’唐贞观中褚河南装背，题处具在。本张惟素收得，传至相国张公。元和中，准宣索并钟元常书《道德经》同进入内。后中贵人崔潭峻自禁中将出，复流落人间。维素子周封，前泾州从事，在京。一日有人将此图求售，周封惊异之，遽以绢数匹赎得。经年，忽闻款关甚急，问之，见数人同称仇中尉传语评事，知《清夜图》在宅，计闲居家贫，请以绢三百匹易之。周封惮其迫胁，遽以图授使人。明日果赍绢至，后方知其诈伪。乃是一力足人求江淮大盐院，时王庶人涯判盐铁，酷好书画，谓此人曰：‘为余访得此图，然遂公所请。’因为计取耳。”佚名等撰，罗宁点校《大唐传载（外三种）》，北京：中华书局，2019 年，第 124 页。

262 米芾《跋谢安石帖》：“右，晋太傅南郡公谢安字安石书，六十五字。四角开元小玺，御府书也；‘永存珍秘’印，入唐相王涯家。”曾枣庄主编《宋代序跋全编》卷一一七，济南：齐鲁书社，2015 年，第 3299 页。

263 《兰亭考》卷五：“《兰亭》为王晋卿家物，背有涯字小印，是唐王涯，多蓄古图书，遭难散失，所见殆是耶。”桑世昌集，白云霜点校《兰亭考》，杭州：浙江人民美术出版社，2019 年，第 74 页。

264 米芾《跋王右军帖》：“右，晋金紫光禄大夫、右将军、会稽内史王羲之字逸少《王略帖》，八十一字，入梁、唐御府，已见陶谷跋。末全印及首半印曰‘永存珍秘’，唐相王涯印也。”《宋代序跋全编》卷一一七，第 3300 页。

265 《旧唐书》卷一六九《王涯列传》：“前代法书名画，人所保惜者，以厚货致之；不受货者，即以官爵致之。厚为垣，窍而藏之复壁。”《旧唐书》，第 4405 页。

266 《太平广记》卷二三七《奢侈・王涯》：“文宗朝，宰相王涯奢豪。庭穿一井，金玉为栏，严其锁钥，天下宝玉真珠，悉投于中。汲其水，供涯所饮。未几犯法，为大兵枭戮，赤其族。涯骨肉色并如金。”《太平广记》，第 1824 页。

267 《白居易诗集校注》卷三二《九年十一月二十一日感事而作》，第 2482 页。

268 根据温庭筠《题丰安里王相林亭二首》可知，王涯在丰安坊另有一宅，且温庭筠去过那里。从诗中“嘉游集上才”“东府旧池莲”两句可以看出温庭筠与王涯是旧相识，后者对他有过知遇之恩，而“含情更惘然”一句尤显悲哀。详见陈尚君《从有志青年到文场浪子——诗人温庭筠的早年经历》，《文史知识》2019 年第 10 期，第 61—70 页。

269 《旧唐书》卷一九〇下《温庭筠列传》：“初至京师，人士翕然推重。然士行尘杂，不修边幅，能逐弦吹之音，为侧艳之词，公卿家无赖子弟裴诚、令狐缟之徒，相与蒱饮，酣醉终日，由是累年不第。”《旧唐书》，第 5078—5079 页。

270 《旧唐书》卷一二《德宗本纪上》："（大历十四年七月）壬申，毁元载、马璘、刘忠翼之第，以其雄侈逾制也。"《旧唐书》，第 322 页。其实历史上元载的几处宅邸都被拆掉了。文中的警示教育基地是虚构的。

271 见苏鹗《杜阳杂编》卷上《芸辉堂》。《唐五代传奇集》第三编卷三十八，第 2199—2202 页。

272 《新唐书》卷一四五《元载列传》："籍其家，钟乳五百两，诏分赐中书、门下台省官，胡椒至八百石，它物称是。"《新唐书》，第 4714 页。《太平广记》卷二四三《治生·元载》："唐元载破家，藉财物，得胡椒九百石。"《太平广记》，第 1883 页。

273 《杜阳杂编》载蕴秀乃王维弟王缙之女，但两《唐书》都说其父为大将王忠嗣。有关王韫秀其人，两《唐书》与《云溪友议》的记载出入很大。《新唐书》说王韫秀本人悍骄戾沓，气焰嚣张，连元载也管不了："王氏，河西节度使忠嗣女，悍骄戾沓，载叵禁。"而《云溪友议》则说王韫秀"少有识量，节概固高"。见《新唐书》卷一四五《元载列传》，第 4714 页；范摅撰，唐雯校笺《云溪友议校笺》卷下，北京：中华书局，2017 年，第 197 页。

274 《云溪友议校笺》卷下："韫秀谓夫曰：'何不增学，妾有奁幌资装，尽为纸墨之费。'"《云溪友议校笺》，第 197 页。

275 《云溪友议校笺》卷下："韫秀少有识量，节概固高。丞相已谢，上令入宫备彤管箴规之任。叹曰：'王家十三娘，二十年太原节度使女，十六年宰相妻，谁能书得长信、昭阳之事？死亦幸矣！'坚不从命。或曰上宥连罪，或云京兆笞而毙矣。"《云溪友议校笺》，第 198 页。

276 《太平广记》卷二三七《奢侈·芸辉堂》："衣龙绡之衣，一袭无一二两，抟之不盈一握。载以瑶英体轻不胜重衣，故于异国以求是服也。"《太平广记》，第 1823 页。

277 见牛僧孺《玄怪录》补遗。牛僧孺、李复言撰，林宪亮译注《玄怪录 续玄怪录》，北京：中华书局，2019 年，第 299 页。

278 《云仙散录》二一七《鱼藻洞》："《南康记》曰：鱼朝恩有洞房，四壁夹安琉璃板，中贮江水及萍藻、诸色虾，号'鱼藻洞'。"《云仙散录》，第 109 页。

279 《资治通鉴》卷第二百二十五《唐纪四十一》："载请主者：'愿得快死！'主者曰：'相公须受少污辱，勿怪！'乃脱秽袜塞其口而杀之。"《资治通鉴》，第 7242 页。

280 《旧唐书》卷一五二《马璘列传》："璘之第，经始中堂，费钱二十万贯，他室降等无几。及璘卒于军，子弟护丧归京师，士庶观其中堂，或假称故吏，争往赴吊者数十百人。德宗在东宫，宿闻其事，及践祚，条举格令，第舍不得逾制，仍诏毁璘中堂及内官刘忠翼之第，璘之家园，进属官司。自后公卿赐宴，多于璘之山池。”《旧唐书》，第 4067 页。

281 《封氏闻见记校注》卷五：“至天宝中，御史大夫王鉷有罪赐死，县官簿录太平坊宅，数日不能遍。”《封氏闻见记校注》，第 44 页。

282 《封氏闻见记校注》卷五：“宅内有自雨亭，从檐上飞流四注，当夏处之，凛若高秋。”《封氏闻见记校注》，第 44 页。

283 王仁裕《开元天宝遗事》卷下：“杨国忠子弟恃后族之贵，极于奢侈，每春游之际，以大车结彩帛为楼，载女乐十人，自私第声乐前引，出游园苑中，长安豪民贵族皆效之。”王仁裕、姚汝能撰，曾贻芬点校《开元天宝遗事　安禄山事迹》，北京：中华书局，2006 年，第 53 页。

284 《新唐书》卷七六《杨贵妃列传》：“虢国……每入谒，并驱道中，从监、侍姆百余骑，炬蜜如昼，靓妆盈里，不施帏障。”《新唐书》，第 3495 页。

285 郑嵎《津阳门诗》：“八姨新起合欢堂，翔鹍贺燕无由窥。万金酬工不肯去，矜能恃巧犹嗟咨。”自注：“虢国创一堂，价费万金。”《全唐诗》卷五六七，第 6562 页。

286 见《云仙散录》二四九《洞天瓶》，第 120 页。

287 《旧唐书》卷一〇六《杨国忠列传》：“国忠山第在宫东门之南，与虢国相对，韩国、秦国甍栋相接，天子幸其第，必过五家，赏赐宴乐。”《旧唐书》，第 3245 页。

288 《新唐书》卷二〇六《杨国忠列传》：“虢国居宣阳坊左，国忠在其南。”《新唐书》，第 5848 页。

289 《旧唐书》卷一〇六《杨国忠列传》：“贵妃姊虢国夫人，国忠与之私，于宣义里构连甲第，土木被绨绣，栋宇之盛，两都莫比，昼会夜集，无复礼度。”《旧唐书》，第 3245 页。锦绣软装的建筑实际应当是杨国忠位于宣义坊的宅第，但其宣阳坊宅想必亦不亚于此。

290 王仁裕《开元天宝遗事》卷下：“每于春时，木芍药盛开之际，聚宾友于此阁上赏花焉。”《开元天宝遗事　安禄山事迹》，第 58 页。

291 姚汝能《安禄山事迹》卷上：“禄山旧宅在道政坊，玄宗以其陋隘，更于亲仁坊选宽爽之地，出御库钱更造宅焉。今亲仁坊东南隅玄元观，即其地也。敕所司穷极华丽，不限财物，堂隍院宇，重复窈窱，匼帀诘曲，窗牖绮疏，高台曲池，宛若天造，帏帐幔幕，充牣其中。”《开元天宝遗事　安禄山事迹》，第 77 页。

292 《资治通鉴》卷二一六《唐纪》：“安禄山屡诱奚、契丹，为设会，饮以莨菪酒，醉而坑之，动数千人，函其酋长之首以献，前后数四。”《资治通鉴》，第 6900 页。

293 姚汝能《安禄山事迹》卷上：“禄山将入朝……又赐永宁园充使院。今司天台，是其地也。禄山将及戏水，杨国忠兄弟、虢国姊妹并至新丰以来会焉。”《开元天宝遗事　安禄山事迹》，第 80 页。《最新增订唐两京城坊考》卷三：“次南永宁坊。……司天监。(乾元元年，改太史监为司天监，于永宁坊张守俌宅置官六十人。其地即安禄山所赐永宁园也。)”《最新增订唐两京城坊考》，第 120 页。

294 姚汝能《安禄山事迹》卷上：“又赐永穆公主池亭以为游宴之地。”《开元天宝遗事　安禄山事迹》，第 81 页。永穆公主为玄宗第二十九女，天宝七载（748）出家为道，其宅改为万安观，内有山水池亭。

295 姚汝能《安禄山事迹》卷上：“禄山尝令麾下将刘骆谷在京伺察朝廷旨意动静，皆并代为笺表，便随所要而通之。”《开元天宝遗事　安禄山事迹》，第 77 页。

296 姚汝能《安禄山事迹》卷中：“庆宗尚荣义郡主，供奉在京，密报其父。”《开元天宝遗事　安禄山事迹》，第 93 页。

297 《旧唐书》卷一八六下《吉温列传》：“温于范阳辞，禄山令累路馆驿作白绸帐以候之，又令男庆绪出界送，拢马出驿数十步。及至西京，朝廷动静，辄报禄山，信宿而达。”《旧唐书》，第 4856 页。

298 王元宝事迹详见《开元天宝遗事》卷上“扫雪迎宾”“豪友”及卷下“富窟”,《开元天宝遗事 安禄山事迹》，第 13、17、37 页。

299 《新唐书》卷二二三上《许敬宗列传》：“敬宗营第舍华僭，至造连楼，使诸妓走马其上，纵酒奏乐自娱。”《新唐书》，第 6338 页。

300 许敬宗事迹，见《旧唐书》卷八二《许敬宗列传》，第 2761—2765 页。

301 《封氏闻见记校注》卷五：“中书令郭子仪，勋伐盖代，所居宅内，诸院往来乘车马，僮客于大门出入各不相识……郭令曾将出，见修宅者，谓曰：“好筑此墙，勿令不牢。”筑者释锺而对曰：‘数十年来，京城达官家墙皆是某筑，只见人自改换，墙皆见在。’郭令闻之，怆然动容，遂入奏其事，因固请老。”《封氏闻见记校注》，第 45 页。

302 张鷟《朝野佥载》卷二：“杨务廉，孝和时造长宁、安乐宅仓库成，特授将作大匠，坐赃数千万免官。又上章奏闻陕州三门，凿山烧石，岩侧施栈道牵船。河流湍急，所顾夫并未与价直，苟牵绳一断，栈梁一绝，则扑杀数十人。取顾夫钱籴米充数，即注夫逃走，下本贯禁父母兄弟妻子。牵船皆令系二鈲于胸背，落栈着石，百无一存，满路悲号，声动山谷。皆称杨务廉‘人妖’也，天生此妖以破残百姓。”《隋唐嘉话　朝野佥载》，第 36 页。

303 张鷟《朝野佥载》卷六：“将作大匠杨务廉甚有巧思，常于沁州市内刻木作僧，手执一碗，自能行乞。碗中钱满，关键忽发，自然作声云‘布施’。市人竞观，欲其作声，施者日盈数千。”《隋唐嘉话　朝野佥载》，第 142 页。

304 结合西方近代自动装置构造做出推测，大抵是在它体内放置了一个风箱，用丝绸模拟人的喉咙肌肉，簧片为声带，以猪皮为声道，还剪出人造声门，以此发声。

305 张鷟《朝野佥载》卷六：“郴州刺史王琚刻木为獭，沉于水中，取鱼引首而出。盖獭口中安饵，为转关，以石缒之则沉。鱼取其饵，关即发，口合则衔鱼，石发则浮出矣。”《隋唐嘉话　朝野佥载》，第 142—143 页。

306《纪闻辑校》卷五：“开元初修法驾，东海马待封能穷伎巧……又为皇后造妆具，中立镜台，台下两层，皆有门户。后将栉沐，启镜奁后，台下开门。有木妇人手执巾栉至。后取已，木人即还。至于面脂妆粉，眉黛髻花，应所用物，皆木人执。继至，取毕即还，门户复闭。如是供给皆木人。后既妆罢，诸门皆阖，乃持去。其妆台金银彩画，木妇人衣服装饰，穷极精妙焉。”牛肃撰，李剑国辑校《纪闻辑校》，北京：中华书局，2018 年，第 91 页。

307 张鷟《朝野佥载》卷六：“洛州殷文亮曾为县令，性巧好酒，刻木为人，衣以缯彩，酌酒行觞，皆有次第。又作妓女，唱歌吹笙，皆能应节。饮不尽，即木小儿不肯把；饮未竟，则木妓女歌管连理催。此亦莫测其神妙也。”《隋唐嘉话　朝野佥载》，第 142 页。

308 即先以陶土塑形为泥胎，在泥胎外包裹数层刷了大漆的苎麻布，反复阴干后去掉泥胎，上漆，得到由苎麻布和漆混合而成的中空漆器。

309 见《纪闻辑校》卷五《马待封》，第 92 页。

310《太平广记》卷二六八《酷暴·酷吏》：“俊臣与其党朱南山等，造《罗织经》一卷。每鞫囚，无轻重，先以醋灌鼻，禁地牢中，以火围绕，绝其粮，多抽衣絮以啗之。将有赦，必先尽杀其囚。又作大枷凡十。（一曰定百脉，二曰喘不得，三曰突地吼，四曰着即承，五曰失魂胆，六曰实同反，七曰反是实，八曰死猪愁，九曰求得死，十曰求破家。）遭其枷者，闷转于地，莫不自诬。”《太平广记》，第 2098 页。

311 本条目中的时间与事迹参考卞孝萱《元稹年谱》，济南：齐鲁书社，1980 年；周相录《元稹年谱新编》，上海：上海古籍出版社，2004 年。有看法认为元稹曾住过安仁坊，依据是范摅《云溪友议》卷下《艳阳词》云：“安人（仁）元相国……”此处当是元载之误，详见《元稹年谱新编》，第 80—81 页。

312 元稹《唐故朝议郎侍御史内供奉盐铁转运河阴留后河南元君墓志铭》：“先府君违养之岁，前累月而季父侍御史府君捐馆，予伯兄由官阻于蔡，叔季皆十年而下，遗其家唯环堵之宫耳，皆曰货是以襄二事可也，君跪言于先太君曰：‘斯宇也，尚书府君受赐于隋氏，乃今传七代矣，敢有守失以贻太夫人忧，死无以见先人于地下。’”《元稹集》卷五七，第 695 页。

313 白居易《代书诗一百韵寄一百韵》“南宅访辛夷”一句，自注曰：“微之宅中有辛夷两树，常与微之游息其下。”《白居易诗集校注》卷一三，第 979—980 页。元稹对辛夷花很是偏爱，曾写诗给韩愈索要：“韩员外家好辛夷，开时乞取三两枝。”《新编元稹集》，第 1660 页。

314 《旧唐书》卷一一六《元稹列传》：“稹初罢相，三司狱未奏，京兆尹刘遵古遣坊所由潜逻稹居第，稹奏诉之。上怒，罚遵古，遣中人抚谕稹。”《旧唐书》，第 4334 页。穆宗《罚刘遵古俸料诏》：“遵古官守尹寺，所寄非轻。奏事之闲，先须摭实，阙于详审，须示薄惩。宜罚一月俸料。”《全唐文》卷六五，第 693 页。

315 元稹于当年三月出发，三月末到达东川，六月已在长安，考虑到旅途时间，在东川停留不过两个月。

316 薛涛与元稹之间不存在爱情关系的看法，卞孝萱、吴伟斌、陈坦、刘知渐等学者从二人见面之可能性、介绍人严绶是否在场、《寄赠薛涛》之真伪、二人相识时间与年龄差等方面进行了论证。参见卞孝萱《元稹年谱》；周相录《元稹年谱新编》；吴伟斌《也谈元稹与薛涛的“风流韵事”》，《扬州大学学报（人文社会科学版）》1988 年第 3 期，第 90—97 页；陈坦《〈薛涛与元稹的关系问题及其他〉一文辨误——与邓剑鸣、李华飞同志商榷》，《社会科学研究》1986 年第 2 期，第 117—118 页；刘知渐《关于元稹、薛涛的关系问题》，《社会科学研究》1986 年第 5 期，第 123—125 页。持相反观点的有邓剑鸣、李华飞《薛涛与元稹的关系问题及其他》，《社会科学研究》1984 年第 4 期，第 104—107 页；朱德慈《元薛姻缘脞证》，《成都大学学报（社会科学版）》1989 年第 2 期，第 66—70 页。

317 “张生为元稹自寓”说始于赵令畤《侯鲭录》卷五《辨传奇莺莺事》：“则所谓传奇者，盖微之自叙，特假他姓以自避耳。”赵令畤等撰，孔凡礼点校《侯鲭录 墨客挥犀 续墨客挥犀》，北京：中华书局，2002 年，第 126 页。陈寅恪《元白诗笺证稿》、鲁迅《中国小说史略》等都赞同此说。此后陆续有霍松林、吴伟斌等学者撰文反对此观点，见霍松林《略谈“莺莺传”》，《光明日报》副刊《文学遗产》1956 年第 105 期；吴伟斌《“张生即元稹自寓说”质疑》，《中州学刊》1987 年第 2 期，第 92—95 页；吴伟斌《关于元稹婚外的恋爱生涯——〈元稹年谱〉疏误辨证》，《文学遗产》2001 年第 1 期，第 35—41 页。针对这些观点，也有学者表示质疑，见周相录《吴伟斌先生〈莺莺传〉研究中的失误——兼谈学术批评规范》，《烟台师范学院学报（哲学社会科学版）》2002 年第 1 期，第 65—70 页；程国斌《论元稹的小说创作及其婚外恋——与吴伟斌先生商榷》，《文学遗产》2002 年第 1 期，第 14—19 页。

318 见《白居易文集校注》卷三三《唐故武昌军节度处置等使正议大夫检校户部尚书鄂州刺史兼御史大夫赐紫金鱼袋尚书右仆射河南元公墓志铭》，第 1930 页。

319 元稹《永福寺石壁法华经记》："又明年，徙会稽，路出于杭。杭民竞相观睹，刺史白怪问之，皆曰：'非欲观宰相，盖欲观曩所闻之元白耳！'由是，僧之徒误以予为名声人，相与日夜攻刺史白，乞予文。"《新编元稹集》，第 7587 页。

320 见元稹《为乐天自勘诗集，因思顷年城南醉归，马上递唱艳曲，十余里不绝。长庆初，俱以制诰侍宿南郊斋宫，夜后偶吟数十篇，两掖诸公洎翰林学士三十余人惊起就听，逮至卒吏，莫不众观，群公直至侍从行礼之时，不复聚寐，予与乐天吟哦竟亦不绝，因书于乐天卷后，越中冬夜风雨，不觉将晓，诸门互启关锁，即事成篇》，《新编元稹集》，第 7766 页。

321 白居易《酬寄牛相公同宿话旧劝酒见赠》："每来故（另有版本作"政"）事堂中宿，共忆华阳观里时。日暮独归愁米尽，泥深同出借驴骑。交游今日唯残我，富贵当年更有谁？彼此相看头雪白，一杯可合重推辞？"《白居易诗集校注》卷三七，第 2795 页。

322 李绅《忆被牛相留醉州中时无他宾牛公夜出真珠辈数人》："淮海一从云雨散，杳然俱是梦魂中。"李绅著，卢燕平校注《李绅集校注》，北京：中华书局，2009 年，第 139 页。

323 李贺《洛姝真珠》。李贺著，吴企明笺注《李长吉歌诗编年笺注》卷一，北京：中华书局，2012 年，第 57 页。

324 《资治通鉴》卷二四八《唐纪》："李德裕怨太子太傅·东都留守牛僧孺、湖州刺史李宗闵，言于上曰：'刘从谏据上党十年，太（大）和中入朝，僧孺、宗闵执政，不留之，加宰相纵去，以成今日之患，竭天下力乃能取之，皆二人之罪也。'德裕又使人于潞州求僧孺、宗闵与从谏交通书疏，无所得，乃令孔目官郑庆言从谏每得僧孺、宗闵书疏，皆自焚毁。诏追庆下御史台按问，中丞李回、知杂郑亚以为信然。河南少尹吕述与德裕书，言稹破报至，僧孺出声叹恨。德裕奏述书，上大怒，以僧孺为太子少保、分司……十一月，复贬牛僧孺循州长史。"但岑仲勉认为此事颇有抵牾处，实有伪造痕迹，详见岑仲勉《通鉴隋唐纪比事质疑》，北京：中华书局，1964 年，第 296 页。

325 刘禹锡早年曾为前来行卷的牛僧孺改过文章，点评时不留情面。后来牛僧孺官做得竟比刘禹锡大，再见面难免尴尬，不过两人交往仍然不断。详见《云溪友议校笺》卷中，第 130 页。

326 《唐语林校证》卷七："牛宅本将作大匠康䛒宅。䛒自辨冈阜形势，谓其宅当出宰相，每命相有案，䛒必延颈望之。宅竟为牛相所得。"《唐语林校证》，第 619—610 页。

327 《唐语林校证》卷七："公（李德裕）曰：'……然弟子（李德裕自称）于世，无常人嗜欲：不求货殖，不迩声色，无长夜之欢，未尝大醉。'"《唐语林校证》，第613页。

328 白居易《和思黯居守独饮偶醉见示六韵时梦得和篇先成颇为丽绝因添两韵继而美之》："主人中夜起，妓烛前罗列。"《白居易诗集校注》卷三六，第2717页。

329 皇甫松是牛僧孺的表甥，曾请牛僧孺举荐自己，未得准许，因是颇有怨言，后恰逢牛僧孺镇守的襄阳发大水，便作诗嘲讽其贪好女色，不务正业，是水灾的罪魁祸首。见《唐摭言》卷一〇："或曰：松，丞相奇章公表甥，然公不荐。因襄阳大水，遂为《大水辨》，极言诽谤。有'夜入真珠室，朝游玳瑁宫'之句。公有爱姬名真珠。"王定保撰，黄寿成点校《唐摭言》，西安：三秦出版社，2011年，第159页。

330 刘禹锡《酬牛相公独饮偶醉寓言见示》："华堂列红烛，丝管静中发。歌眉低有思，舞体轻无骨。"《刘禹锡全集编年校注》卷一一，第1184页。

331 白居易《太湖石记》："先是，公之僚吏多镇守江湖，知公之心，惟石是好。乃钩深致远，献瑰纳奇。四五年间，累累而至。公于此物，独不廉让。东第南墅，列而置之。"《白居易文集校注》补遗，第2059页。

332 《邵氏闻见后录》卷二七："今洛阳公卿园圃中石，刻'奇章'者，僧孺故物，刻'平泉'者，德裕故物，相半也。"邵博撰，李剑雄、刘德权点校《邵氏闻见后录》，北京：中华书局，1983年，第212页。

333 李格非《洛阳名园记》："归仁，其坊名也，园尽此一坊，广轮皆里余。北有牡丹、芍药千株，中有竹百亩，南有桃李弥望。唐丞相牛僧孺园七里桧，其故木也，今属中书李侍郎，方创亭其中。河南城方五十余里，中多大园池，而此为冠。"《全宋笔记》第21册，第19页。《河南志》："观文殿学士丁度园，本唐相牛僧孺归仁园。"《河南志》，第22页。

334 《唐摭言》卷七："奇章公始举进士，致琴书于灞浐间。先以所业谒韩愈、皇甫湜。时首造愈，值愈他适，留卷而已。无何，愈访湜。时僧孺亦及门。二贤览刺忻然，同契延接，询及所止。对曰：'某方以薄伎小丑呈于宗匠，进退惟命，一囊犹置于国门之外。'二公披卷，卷首有《说乐》一章，未阅其词，遽曰：'斯高文。且以拍板为何等？'对曰：'谓之乐句。'二公相顾大喜曰：'斯高文必矣。'僧孺因谋所居，二公沉然良久，乃曰：'可于客户税一庙院。'公如所教，造门致谢，二公又诲之曰：'某日可游青龙寺，薄暮而归。'二公联镳至彼。因大署其门曰：'韩愈、皇甫湜同访几官先辈不遇。'翌日，辇毂名士咸观焉。奇章之名，由是赫然矣。"《唐摭言》，第100页。

335 见《太平广记》卷二七三《妇人·杜牧》。第 2151 页。

336 本条目中的时间与事迹参考缪钺《杜牧年谱》，北京：人民文学出版社，1980 年。

337 杜牧《上知己文章启》："上都有旧第，唯书万卷。"《杜牧集系年校注·樊川文集》卷一六，第 999 页。

338 杜牧《上宰相求湖州第二启》："某幼孤贫，安仁旧第，置于开元末，某有屋三十间。去元和末，酬偿息钱，为他人有，因此移去。八年中凡十徙其居。"《杜牧集系年校注·樊川文集》卷一六，第 1008 页。然而似乎杜牧回到长安后又把这个房子买了回来，因为《旧唐书》卷一四七《杜牧列传》中提到他最后"以疾终于安仁里"，见《旧唐书》，第 3987 页。

339 杜佑《杜城郊居王处士凿山引泉记》："佑此庄贞元中置，杜曲之右，朱陂之阳。"《全唐文》卷四七七，第 4878 页。《将仕郎守京兆府蓝田县尉充集贤殿校理裴延翰撰序》："长安南下杜樊乡……延翰外曾祖司徒岐公之别墅在焉。上五年冬，仲舅自吴兴守拜考功郎中、知制诰，尽吴兴俸钱，创治其墅。出中书直，亟召昵密，往游其地。"杜牧撰，何锡光校注《樊川文集校注》，成都：巴蜀书社，2007 年，第 1 页。

340 《将仕郎守京兆府蓝田县尉充集贤殿校理裴延翰撰序》："明年冬，迁中书舍人，始少得恙，尽搜文章，阅千百纸，掷焚之，才属留者十二三。"《樊川文集校注》，第 1 页。

341 陈国灿《从吐鲁番出土的"质库帐"看唐代的质库制度》，唐长孺主编《敦煌吐鲁番文书初探》，武汉：武汉大学出版社，1983 年，第 316—343 页。

342 中国文物研究所、新疆维吾尔自治区博物馆、武汉大学历史系编，唐长孺主编《吐鲁番出土文书贰》，北京：文物出版社，1994 年，第 334 页。

343 录文见国家文物局古文献研究室、新疆维吾尔自治区博物馆、武汉大学历史系编《吐鲁番出土文书》第五册，北京：文物出版社，1985 年，第 314—340 页。

344 本条目中的时间与事迹参考陈克明《韩愈年谱及诗文系年》，成都：巴蜀书社，1999 年。

345 《唐摭言》卷一三："章孝标及第后，寄淮南李相曰：'及第全胜十改官，金汤镀了出长安。马头渐入扬州郭，为报时人洗眼看。'绅亟以一绝箴之曰：'假金方用真金镀，若是真金不镀金。十载长安得一第，何须空腹用高心。'"《唐摭言》，第 204 页。此诗是否为李绅所作存疑。

346 韩愈《示儿》："始我来京师，止携一束书。辛勤三十年，以有此屋庐。"韩愈著，方世举编年笺注，郝润华、丁俊丽整理《韩昌黎诗集编年笺注》卷九，北京：中华书局，2012 年，第 499 页。

347 韩愈《南溪始泛》："幸有用余俸，置居在西畴。"韩愈撰，魏仲举集注，郝润华、王东峰整理《五百家注韩昌黎集》卷七，北京：中华书局，2019 年，第 459 页。

348 韩愈《示儿》："庭内无所有，高树八九株。有藤娄络之，春华夏阴敷。东堂坐见山，云风相吹嘘。松果连南亭，外有瓜芋区。西偏屋不多，槐榆翳空虚。山鸟旦夕鸣，有类涧谷居。"《韩昌黎诗集编年笺注》卷九，第 499 页。

349 贺从容根据韩愈的《示儿》诗，绘出了三版韩愈宅可能的布局，本文选取其中两种进行改绘。见贺从容《隋唐长安城坊内官员住宅基址规模之探讨》,《中国建筑史论汇刊》2008 年，第 175—203 页。

350 见韩愈《初南食贻元十八协律》。《韩昌黎诗集编年笺注》卷一一，第 594 页。

351 韩愈《醉赠张秘书》："阿买不识字，颇知书八分。诗成使之写，亦足张吾军。"《韩昌黎诗集编年笺注》卷四，第 215 页。

352 白居易《老戒》："我有白头戒，闻于韩侍郎。老多忧活计，病更恋班行。矍铄夸身健，周遮说话长。不知吾免否，两鬓已成霜。"《白居易诗集校注》卷二六，第 2093 页。这首诗是白居易复述韩愈说过的内容。

353 韩愈《郑群赠簟》："蕲州笛竹天下知，郑君所宝尤瑰奇……倒身甘寝百疾愈，却愿天日恒炎曦。"《韩昌黎诗集编年笺注》卷四，第 198 页。

354 《邵氏闻见后录》卷二七："予旧于涅城孔宁极家，见孔戣私纪一编，有云：'退之丰肥喜睡，每来吴家，必命枕簟。'"《邵氏闻见后录》，第 215 页。

355 韩愈《祭兄子十二郎老成文》："吾年未四十，而视茫茫，而发苍苍，而齿牙动摇。"《五百家注韩昌黎集》卷二三，第 1098 页。

356 韩愈《赠刘师服》："羡君齿牙牢且洁，大肉硬饼如刀截。我今豁落者多，所存十余皆兀靴。匙抄烂饭稳送之，合口软嚼如牛呞。妻儿恐我生怅望，盘中不饤栗与梨。"《韩昌黎诗集编年笺注》卷八，第 426—427 页。

357 韩愈是否服硫黄的问题存在争议，本书倾向于韩愈服食硫黄，但原因并非像《清异录》中所说是出于亲近脂粉的需要（《清异录》卷上："昌黎公愈晚年颇亲脂粉。故事服食，用硫黄末搅粥饭啖鸡男，不使交千日。烹庖，名火灵库，公间日进一只焉。始亦见功，终致绝命。"），而是出于身体保健。他晚年患有足弱（脚气）病（韩愈《南溪始泛三首》："足弱不能步，自宜收朝迹"），硫黄末正是治疗之方。至于白居易《思旧》诗中所说的"退之服流黄"，卞孝萱认为此"退之"是韩愈，而陈克明认为可能是卫退之。详见卞孝萱《"退之服硫黄"五说考辨》,《东南大学学报（哲学社会科学版）》1999 年第 4 期，第 84—88 页。陈克明编《韩愈述评》，北京：中国社会科学出版社，1985 年，第 48 页。

358 《旧唐书》卷一六〇《韩愈列传》："愈性弘通，与人交，荣悴不易……而颇能诱厉后进，馆之者十六七，虽晨炊不给，怡然不介意。大抵以兴起名教弘奖仁义为事。凡嫁内外及友朋孤女仅十人。”《旧唐书》，第4203页。

359 韩愈《此日足可惜一首赠张籍》：“日念子来游，子岂知我情。别离未为久，辛苦多所经。对食每不饱，共言无倦听。连延三十日，晨坐达五更。”《韩昌黎诗集编年笺注》卷一，第33页。

360 韩愈《盆池五首》：“从今有雨君须记，来听萧萧打叶声。”《韩昌黎诗集编年笺注》卷七，第379页。

361 韩愈《独钓四首》：“所嗟无可召，不得倒吾瓶。”《韩昌黎诗集编年笺注》卷一〇，第561页。

362 韩愈《游城南十六首·晚雨》：“廉纤晚雨不能晴，池岸草间蚯蚓鸣。投竿跨马蹋归路，才到城门打鼓声。”《韩昌黎诗集编年笺注》卷九，第482页。

363 元和六年（811）贾岛随韩愈进京，居于青龙寺内，且本年韩愈作《送无本师归范阳》，由此推测贾岛当时犹未还俗。

364 《新唐书》卷一七六《贾岛列传》：“岛，字浪仙，范阳人。初为浮屠，名无本。来东都，时洛阳令禁僧午后不得出，岛为诗自伤。愈怜之，因教其为文，遂去浮屠，举进士。”《新唐书》，第5268页。

365 孟郊、韩愈订交于贞元八年（792）年前后。

366 孟郊《长安羁旅行》：“十日一理发，每梳飞旅尘。”孟郊著，韩泉欣校注《孟郊集校注》卷一，杭州：浙江古籍出版社，2012年，第3页。

367 《新唐书》卷一七六《孟郊列传》：“郊闲往坐水旁，裴回赋诗，而曹务多废。”《新唐书》，第5265页。

368 白居易《酬张十八访宿见赠》：“怜君将病眼，为我犯埃尘；远从延康里，来访曲江滨。”《白居易诗集校注》卷六，第575页。

369 张籍《祭退之》：“中秋十六夜，魄圆天差晴。公既相邀留，坐语于阶楹。乃出二侍女，合弹琵琶筝。”《张籍集系年校注》卷七，第914页。

370 《唐语林校证》卷六：“韩退之有二妾，一曰绛桃，一曰柳枝，皆能歌舞……柳枝后逾垣遁去，家人追获……自是，专宠绛桃矣。”《唐语林校证》，第585页。

371 两《唐书》均言为协律郎，当误。李贺自己有诗，题为《始为奉礼忆昌姑山居》。

372 清人方成珪《昌黎先生诗文年谱》将韩愈《听颖师弹琴》系于元和十一年（816），认为李贺《听颖师弹琴歌》先作，而其亦亡于此年，韩愈时遭贬谪，加之思念李贺，方才“湿衣泪滂滂”。另一说认为韩诗作于元和七年（812），其时李贺在长安任奉礼郎，与韩愈听的是同一场音乐会，见李一飞《韩愈诗系年考辨六则》，《四川大学学报（哲学社会科学版）》1993年第4期，第59—63页。

373 钱仲联《李贺年谱会笺》认为李贺是在元和八年（813）春离开长安的，见钱仲联《梦苕庵专著二种》，北京：中国社会科学出版社，1984 年，第 1—64 页。朱自清《李贺年谱》则认为是元和九年（814），见朱乔森编《朱自清全集》第 8 卷，南京：江苏教育出版社，1993 年，第 225—259 页。

374 韩愈《听颖师弹琴》："昵昵儿女语，恩怨相尔汝。划然变轩昂，勇士赴敌场。浮云柳絮无根蒂，天地阔远随飞扬。……推手遽止之，湿衣泪滂滂。颖乎尔诚能，无以冰炭置我肠！"《韩昌黎诗集编年笺注》卷九，第 522 页。李贺《听颖师弹琴歌》："别浦云归桂花渚，蜀国弦中双凤语。芙蓉叶落秋鸾离，越王夜起游天姥。暗佩清臣敲水玉，渡海娥眉牵白鹿。谁看挟剑赴长桥？谁看浸发题春竹？"《李长吉歌诗编年笺注》卷三，第 337 页。

375 张籍《祭退之》："顾我数来过，是夜凉难忘。"《张籍集系年校注》卷七，第 914 页。

376 《韩昌黎诗集编年笺注》卷一二，第 678 页。根据方世举《韩昌黎诗集编年笺注》所言，此乃韩愈绝笔："案旧人皆以《南溪始泛》为绝笔，然张籍《祭退之》诗云：'中秋十六夜，魄圆天差晴。公既相邀留，坐语于阶楹。乃出二侍女，合弹琵琶筝。临风听繁丝，忽遽闻再更。顾我数来过，是夜凉难忘。公疾浸日加，孺人视药汤。来候不得宿，出门每回遑。'则与籍泛南溪乃在夏时，病尚未笃，自此玩月之后，病始寖加，足知此作为绝笔矣。"《韩昌黎诗集编年笺注》，第 679 页。

377 《瓯北诗话校注》卷四："盖白与韩本不相识，籍为之作合也。"赵翼著，江守义、李成玉校注《瓯北诗话校注》，北京：人民文学出版社，2013 年，第 104—167 页。

378 韩愈《调张籍》："李杜文章在，光焰万丈长。不知群儿愚，那用故谤伤。蚍蜉撼大树，可笑不自量。伊我生其后，举颈遥相望。"《韩昌黎诗集编年笺注》卷九，第 517 页。韩愈《醉留东野》："昔年因读李白杜甫诗，长恨二人不相从。"《五百家注韩昌黎集》卷五，第 280 页。

379 白居易《与元九书》："诗之豪者，世称李杜。李之作才矣、奇矣，索其风雅比兴，十无一焉。杜诗最多，可传者千余首。至于贯穿古今，覙缕格律，尽工尽善，又过于李焉。然撮其《新安》《石壕》《潼关吏》《芦子关》《花门》之章，'朱门酒肉臭，路有冻死骨'之句，亦不过十三四。杜尚如此，况不迨杜者乎？仆常痛诗道崩坏，忽忽愤发，或废食辍寝，不量才力，欲扶起之。"《白居易文集校注》卷八，第 323 页。但白居易对李白和杜甫还是总体持肯定态度的，其有诗《李白墓》："可怜荒陇穷泉骨，曾有惊天动地文。"又有《初授拾遗》："杜甫陈子昂，才名括天地。"《白居易诗集校注》卷一七、一，第 1383、35 页。

380 韩愈《赴江陵途中寄赠王二十补阙李十一拾遗李二十六员外翰林三学士》："同官尽才俊，偏善刘与柳。"《韩昌黎诗集编年笺注》卷三，第 160 页。

381 参见陈尚君《韩愈与柳宗元的友谊》，《文史知识》2019 年第 2 期，第 31—40 页。

382 参见钱仲联《李贺年谱会笺》，北京：中国社会科学出版社，1984 年；《李长吉歌诗编年笺注》附《李贺年谱新编》，第 761—903 页。

383 李贺《申胡子觱篥歌并序》："申胡子，朔客之苍头也。朔客李氏本亦世家子，得祀江夏王庙。当年践履失序，遂奉官北郡。自称学长调短调，久未知名。今年四月，吾与对舍于长安崇义里，遂将衣质酒，命予合饮。气热杯阑，因谓吾曰：'李长吉，尔徒能长调，不能作五字歌诗，直强回笔端，与陶谢诗势相远几里。'吾对后，请撰《申胡子觱篥歌》，以五字断句。歌成，左右人合噪相唱，朔客大喜，擎觞起立，命花娘出幕，徘徊拜客。吾问所宜，称善平弄，于是以弊辞配声，与予为寿。"《李长吉歌诗编年笺注》卷三，第 244 页。

384 李贺《申胡子觱篥歌并序》："今夕岁华落，令人惜平生。心事如波涛，中坐时时惊。"《李长吉歌诗编年笺注》卷三，第 244 页。

385 钱钟书《谈艺录》，北京：生活·读书·新知三联书店，2001 年，第 179—180 页。

386 李贺《崇义里滞雨》："落漠谁家子，来感长安秋。壮年抱羁恨，梦泣生白头。"《李长吉歌诗编年笺注》卷二，第 226 页。

387 李贺《出城别张又新酬李汉》："小人如死灰，心切生秋榛。"《李长吉歌诗编年笺注》卷四，第 454 页。

388 刘禹锡《答道州薛郎中论方书书》："愚少多病，犹省为童儿时，夙具襦袴，保姆抱之以如医巫家。针烙灌饵，咺然啼号。巫妪辄阳阳满志，引手直求，竟未知何等方何等药饵。及壮，见里中儿年齿比者，必睨然武健可爱，羞己之不如。遂从世医号富于术者，借其书伏读之……尔来垂三十年，其术足以自卫。或行乎门内，疾辄良已。家之婴儿未尝诣医门求治者。"《刘禹锡全集编年校注》卷一五，第 1763 页。

389 根据柳宗元《下殇女子墓砖记》，得知其女儿和娘出生于贞元十六年（800）的善和坊宅。在这之前，他出生和居住于亲仁坊，柳宗元《先侍御史府君神道表》中提到贞元九年（793）其父柳镇卒于亲仁坊宅。

390 柳宗元出生于长安，长到九岁，于建中四年（783）避泾原兵变，前往父亲柳镇所在的夏口，约十五岁时返回长安。

391 柳宗元《重别梦得》："二十年来万事同，今朝岐路忽西东。皇恩若许归田去，晚岁当为邻舍翁。"柳宗元撰，尹占华、韩文奇校注《柳宗元集校注》卷四二，北京：中华书局，2013 年，第 2806 页。

392 《刘宾客嘉话录·慈恩塔题名》："唐柳宗元与刘禹锡同年及第，题名于慈恩塔。谈元茂秉笔。时不欲名字著彰，曰：'押缝版子上者，率多不达，或即不久物故。'柳起草，暗斟酌之。张复元以下，马征、邓文佐名尽著版子矣。题名皆以姓望，而幸南容人莫知之。元茂阁笔曰：'请幸先辈言其族望。'幸君适在他处。柳曰：'东海人。'元茂曰：'争得知？'柳曰：'东海之大，无所不容。'俄而幸至，人问其望，曰：'渤海。'众大笑。"韦绚撰，陶敏、陶红雨校注《刘宾客嘉话录》，北京：中华书局，2019年，第87—88页。

393 此现象可能是球状闪电。

394 （传）柳宗元《龙城录》卷上："君诲尝夜坐与退之、余三人谈鬼神变化，时风雪寒甚，窗外点点微明若流萤，须臾千万点，不可数度，顷入室中。或为圆镜，飞度往来，乍离乍合，变为大声去，而三人虽退之刚直，亦为之动颜，君诲与余但匍匐掩目前席而已。信乎，俗谚曰：'白日无谈人，谈人则害生。昏夜无说鬼，说鬼则怪至。'亦至言也。余三人后皆不利。"《柳宗元集校注》，第3431页。不过《龙城录》究竟是否为柳宗元所写尚存在争议，有人认为此书乃宋人王铚或刘焘的伪作。

395 详见张读《宣室志》卷一〇。张读、裴铏撰，萧逸、田松青校点《宣室志 裴铏传奇》，上海：上海古籍出版社，2012年，第75—76页。

396 郑綮《开天传信记》："平康坊南街废蛮院，即李林甫旧宅也。林甫于正堂后别创一堂，制度弯曲，有却月之形，名曰'偃月堂'。木土秀丽精巧，当时莫俦也。林甫每欲破灭人家，即入此堂精思极虑，喜悦而出，其家必不存焉。"崔令钦等撰，吴企明点校《教坊记（外三种）》，北京：中华书局，2012年，第99页。

397 《资治通鉴》卷二一五《唐纪》："林甫自以多结怨，常虞刺客，出则步骑百余人为左右翼，金吾静街，前驱在数百步外，公卿走避；居则重关复壁，以石甃地，墙中置板，如防大敌，一夕屡徙床，虽家人莫知其处。宰相驺从之盛，自林甫始。"《资治通鉴》，第6884页。

398 郑处诲《明皇杂录》卷上："李林甫宅亦屡有怪妖。其南北隅沟中，有火光大起，或有小儿持火出入，林甫恶之。奏于其地立嘉猷观。林甫将疾，晨起将朝，命取书囊，即常时所要事目也。忽觉书囊颇重于常，侍者开视之，即有二鼠出焉，投于地，即变为狗，苍色壮大，雄目张牙，仰视林甫。命弓射之，殷然有声，狗形即灭。林甫恶之，称疾不朝，其日遂病，不逾月而卒。"郑处诲、裴庭裕撰，田廷柱点校《明皇杂录 东观奏记》，北京：中华书局，1994年，第16—17页。《宣室志》卷一〇："唐李林甫方居相位，尝退朝坐于堂之前轩。见一玄狐，其质甚大，若牛马而毛色黯黑有光，自堂中出，驰至庭，顾望左右。林甫命弧矢将射之，未及，已亡见矣。自是凡数日，每昼坐，辄有一玄狐出焉。其岁，林甫籍没被诛。”《宣室志　裴铏传奇》，第 72 页。郑綮《开天传信记》：“平康坊南街废蛮院，即李林甫旧第也……及将败，林甫于堂上，见一物如人，遍体被毛，毛如猪立，踞身钩爪，长三尺余。以手戟林甫，目如电光而怒视之。林甫连叱不动，遽命弧矢，毛人笑而跳入前堂，堂中青衣，遇而暴卒。经于厩。厩中善马亦卒。不累月而林甫败。”《教坊记（外三种）》，第 99 页。

399 王仁裕《开元天宝遗事》卷上：“李林甫有女六人，各有姿色。雨露之家，求之不允。林甫厅事壁间开一横窗，饰以杂珠，幔以绛纱，常日使六女戏于窗下。每有贵族子弟入谒，林甫即使女于窗中自选，可意者事之。”《开元天宝遗事　安禄山事迹》，第 28 页。

400 李白《送内寻庐山女道士李腾空二首》。李白撰，安旗等笺注《李白全集编年笺注》卷一五，北京：中华书局，2015 年，第 1520 页。

401 宋敏求《长安志》卷八：“次南平康坊。……东南隅，右相李林甫宅。（……又说其宅有妖怪……林甫恶之，奏分其宅东南隅，立为嘉猷观。）嘉猷观。（见上。明皇御书金字额以赐之。林甫奏女为观主。观中有精思院，王维、郑虔、吴道子皆有画壁。林甫死，后改为道士观，择道术者居之。）”《长安志　长安志图》，第 278 页。

402 晚唐皇甫枚《三水小牍》记载鱼玄机字幼微，五代孙光宪《北梦琐言》言其字蕙兰。鱼玄机的生卒年月不可考，只能凭仅有的记载反推大概。相比元代《唐才子传》中说她“咸通中及笄”，晚唐皇甫枚的《三水小牍》占了成书时间更近的优势。《三水小牍》卷下：“破瓜之岁，志慕清虚，咸通初，遂从冠帔于咸宜。”故以《三水小牍》为推断依据。咸通初年，鱼玄机十六岁（破瓜），那么她因志慕清虚而入道观的年份当最早在咸通元年（860）。由此反推玄机当出生于会昌四年（844）。见《唐才子传校笺》卷八，第 448 页；皇甫枚《三水小牍》，北京：中华书局，1958 年，第 32 页。

403 鱼玄机有《冬夜寄温飞卿》《寄飞卿》两首诗，语气较为熟悉亲近，温庭筠答诗已佚。另有《酬李郢夏日钓鱼回见示》《闻李端公垂钓回寄赠》。

404 清人徐松在《登科记考》中引明徐应秋《玉之堂谈荟》卷二之记载，认定李亿为唐大中二年（848）状头。

405 此处《三水小牍》和《北梦琐言》的记载略有出入。《三水小牍》说鱼玄机是咸通初年因“志慕清虚”而入道观的。（《三水小牍》卷下：“西京咸宜观女道士鱼玄机，字幼微，长安倡家女也。色既倾国，思乃入神。喜读书属文，尤致意于一吟一咏。破瓜之岁，志慕清虚。咸通初，遂从冠帔于咸宜，而风月赏玩之佳句，往往播于士林”）而《北梦琐言》则认为她是被李亿抛弃后入道观的（《北梦琐言》卷九：“唐女道鱼玄机，字蕙兰，甚有才思。咸通中，为李亿补阙执箕帚，后爱衰下山，隶咸宜观为女道士”）。针对鱼玄机入道观动机与时间的差异，在假设两处记载皆无误的情况下，可姑且理解为咸通初年鱼玄机先入道观修行，其间嫁于状头李亿做妾，被正妻排挤后再次回到道观。

406 《唐才子传校笺》卷八：“玄机，长安人，女道士也。性聪慧，好读书，尤工韵调，情致繁缛。咸通中及笄，为李亿补阙侍宠。夫人妒不能容，亿遣隶咸宜观披戴。有怨李诗云：‘易求无价宝，难得有心郎。’与李郢端公同巷，居止接近，诗简往反。复与温庭筠交游，有相寄篇什。”《唐才子传校笺》卷八，第448页。

407 见《三水小牍》卷下《鱼玄机笞毙绿翘致戮》，第32—33页。

408 参见牟怀川《温庭筠从游庄恪太子考论》，中国唐代文学会等主编《唐代文学研究》第1辑，太原：山西人民出版社，1988年，第339—359页。

409 据夏承焘《唐宋词人年谱》，温庭筠出生于元和七年（812）左右。但陈尚君提出了另一种说法，为贞元十七年（801）。两者相差十余年。夏、陈二人主要根据温诗《感旧陈情五十韵献淮南李仆射》中“稔绍垂髫日，山涛筮仕年”句来推断温庭筠的年龄，而分歧点在于诗中的李仆射究竟是李德裕还是李绅。参见陈尚君《温庭筠早年事迹考辨》，《中华文史论丛》1981年第2辑，第245—267页。其他学者还有认为李仆射为李珏的观点，见黄震云《温庭筠籍贯及生卒年》，《徐州师范学院学报》1982年第3期，第41—44页。本书采陈尚君之说。

410 裴庭裕《东观奏记》下卷：“大中九年正月十九日……初，裴谂兼上铨，主试宏、拔两科。其年，争名者众，应宏词选，前进士苗台符、杨岩、薛欣、李询、古敬翊已下一十五人就试。谂宽豫仁厚，有赋题不密之说。前进士柳翰，京兆尹柳憙之子也。故事，宏词科只三人，翰在选中。不中选者言翰于谂处先得赋题，托词人温庭筠为之。翰既中选，其声聒不止，事彻宸听。”《明皇杂录 东观奏记》，第125页。

411 本条目中的时间与事迹主要参考夏承焘《唐宋词人年谱》，北京：商务印书馆，2017年。温庭筠卒年应据《宝刻丛编》卷八著录的温庭皓撰《唐国子助教温庭筠墓志铭》所记，定为咸通七年（866）。

412 《北梦琐言》卷一〇：“薛侍郎昭纬气貌昏浊，杜紫微唇厚，温庭筠号‘温钟馗’。”《北梦琐言》，第211页。《旧唐书》卷一九〇下《温庭筠列传》：“又乞索于杨子院，醉而犯夜，为虞候所击，败面折齿，方还扬州诉之。”《旧唐书》，第5079页。

413 见贺从容《隋唐长安城坊内官员住宅基址规模之探讨》，《中国建筑史论汇刊》2008年，第175—203页。

414 据考古实测，亲仁坊南北长540米，东西宽1022米，占坊四分之一的郭子仪宅总面积约为13.8万平方米。

415 《唐语林校证》卷五："中书令郭子仪勋伐盖代，所居宅内诸院往来乘车马，僮客于大门出入，各不相识。"《唐语林校证》，第499页。

416 《太平广记》卷一七六《器量·郭子仪》："公子弘广常于亲仁里大启其第，里巷负贩之人，上至公子簪缨之士，出入不问。或云：王夫人赵氏爱女，方妆梳对镜，往往公麾下将吏出镇去。及郎吏，皆被召，令汲水持帨，视之不异仆隶。他日，子弟焦列启谏，公三不应。于是继之以泣曰：'大人功业已成，而不自崇重。以贵以贱，皆游卧内。某等以为虽伊、霍不当如此也。'公笑而谓曰：'尔曹固非所料。且吾官马粟者五百匹，官饩者一千人，进无所往，退无所据。向使崇垣扃户，不通内外，一怨将起，构以不臣。其有贪功害能徒，成就其事，则九族齑粉，噬脐莫追。今荡荡无间，四门洞开，虽谗毁是兴，无所加也。'"《太平广记》，第1311—1312页。

417 元稹《亚枝红》自注："往岁，与乐天曾于郭家亭子竹林中，见亚枝红桃花半在池水。自后数年不复记得，忽于褒城驿池岸竹间见之，宛如旧物，深所怆然。"《新编元稹集》，第1330页。

418 《资治通鉴》卷二二六《唐纪》："御史中丞卢杞，奕之子也。貌丑，色如蓝，有口辩；上悦之，丁未，擢为大夫，领京畿观察使。郭子仪每见宾客，姬妾不离侧。杞尝往问疾，子仪悉屏侍妾，独隐几待之。或问其故，子仪曰：'杞貌陋而心险，妇人辈见之必笑，他日杞得志，吾族无类矣！'"《资治通鉴》，第7297页。

419 王仁裕《开元天宝遗事》卷下："早朝百辟趋班，帝见张九龄，风威秀整，异于众僚。谓左右曰：'朕每见九龄，使我精神顿生。'"《开元天宝遗事　安禄山事迹》，第44页。

420 王仁裕《开元天宝遗事》卷上："张九龄少年时家养群鸽，每与亲知书信往来，只以书系鸽足上，依所寄之处飞往投之。九龄目之为'飞奴'。时人无不爱说。"《开元天宝遗事　安禄山事迹》，第16页。

421 张九龄《感遇其一》："草木有本心，何求美人折。"张九龄撰，熊飞校注《张九龄集校注》卷二，北京：中华书局，2008年，第171页。

422 王仁裕《开元天宝遗事》卷下："张九龄善谈论，每与宾客议论经旨，滔滔不竭，如下阪走丸也。时人服其俊辩。"《开元天宝遗事　安禄山事迹》，第56页。

423 《清异录》卷上："尝因狂风发其一根，解为器具，花纹甚奇。人又以公（张九龄）之手笔冠世，目之曰'文章树'。"《清异录》，第54页。

424 见王维《献始兴公》《寄荆州张丞相》等诗。

425 孟浩然曾写诗呈张九龄，称呼他为故人，想来有一定的交情，见《送丁大凤进士赴举呈张九龄》：“吾观鹪鹩赋，君负王佐才。惜无金张援，十上空归来。弃置乡园老，翻飞羽翼摧。故人今在位，岐路莫迟回。”《全唐诗》卷一五九，第1621页。王士源《孟浩然集序》中也说：“丞相范阳张九龄、侍御史京兆王维……率以浩然为忘形之交。”《全唐文》卷三七八，第3837页。不过，《四库全书总目》却对这一表述提出异议：“至序中丞相范阳张九龄等与浩然为忘形之交语，考《唐书》，张说尝谪岳州司马，集中称张相公、张丞相者凡五首，皆为说作。若九龄则籍隶岭南，以曲江著号，安得署曰范阳？亦明人以意妄改也。以今世所行别无他本，姑仍其旧录之，而附订其舛互如右。”永瑢等撰《四库全书总目》卷一四九，北京：中华书局，1965年，第1283页。

426 山西介休《大唐汾州抱腹寺碑》右侧贺知章诗题记：“醉后逢汾州人寄马使君题报腹寺……四明狂客贺季真正癫发时作。”参见王轩等纂修《山西通志（清光绪版）》卷九七，太原：三晋出版社，2015年，第4560页。

427 《嘉泰会稽志》卷一六：“贺知章，字季真，会稽人。善隶草，常与张旭游于人间，凡人家厅馆好墙壁及屏障，忽忘机兴发，落笔数行，如虫篆飞走，虽古之张、索不如也。好事者供其笺翰，共传宝之。”沈作宾修，施宿纂《嘉泰会稽志》，嘉庆十三年（1808）采鞠轩重刊本。

428 贺知章草书现仅存《孝经》，藏于日本东京宫内厅三之丸尚藏馆，曾属于王涯的王羲之《丧乱帖》唐摹本也在那里。贺知章留在绍兴市宛委山南的《龙瑞宫山界至记》摩崖石刻在南宋嘉泰年间已毁，今天所存者为后人重刻，见《嘉泰会稽志》卷一六：“《龙瑞宫记》，贺知章撰，并正书刻于宫后葛仙公炼丹井侧飞来石上，漫灭仅存，宫内有重刻本。”另见浙江省文物局编《文物考古资料（1）》，杭州：浙江省文物局，1984年，第149页。

429 目前已知贺知章至少为姚彝、许临、张有德、戴令言、陆景献、郑绩、杨执一等十四人撰写过墓志铭。详见陈尚君《贺知章的醉与醒》，《文史知识》2017年第5期，第36—40页。

430 李白《对酒忆贺监二首并序》：“太子宾客贺公于长安紫极宫一见余，呼余为谪仙人，因解金龟换酒为乐。”李白撰，安旗等笺注《李白全集编年笺注》卷八，北京：中华书局，2015年，第775页。《本事诗·高逸》则记载贺知章是亲自去旅店拜访的李白：“李太白初自蜀至京师，舍于逆旅。贺监知章闻其名，首访之。既奇其姿，复请所为文，出《蜀道难》以示之。读未竟，称叹者数四，号为谪仙，解金龟换酒，与倾尽醉。期不间日，由是称誉光赫。”孟棨撰，董希平等评注《本事诗》，北京：中华书局，2014年，第99页。本书以李白自叙为准。

另，李白遇贺知章的时间有“开元说”与“天宝说”，本书采用更为合理的“天宝说”，详见徐贺安《“谪仙人”与“谪仙歌”——天宝初李白长安行止探微》，《古籍整理研究学刊》2020年第3期，第92—98页；周勋初《李白评传》，南京：南京大学出版社，2005年，第102页。

431 本条目中李白的生平与事迹参考《李白全集编年笺注》；安旗、薛天纬编《李白年谱》，济南：齐鲁书社，1982年；李白著，瞿蜕园、朱金城校注《李白集校注》，上海：上海古籍出版社，2018年。

432 关于李白入长安，学界有一次（首次进京时间争议较大，本书采取郁贤皓、郭沫若的开元十八年之说）、两次（开元十八年与天宝元年）和三次（前两次加天宝十一二载间的一次）的看法。“两次入京”说已大体上得到承认。李从军、安旗、康怀远等人提出的李白“三入长安”的观点，更多是基于侧面推测，故本书还是沿用“两次入京”说。

433 魏颢《李翰林集序》：“颢始名万，次名炎。万之日，不远命驾江东访白。游天台，还广陵，见之。”《李白全集编年笺注》，第1951页。李白《送王屋山人魏万还王屋》：“东浮汴河水，访我三千里。”《李白全集编年笺注》卷一一，第1089页。

434 罗隐《西京居崇德里》：“进乏梯媒退又难，强随豪贵滞长安。风从昨夜吹银汉，泪拟何门落玉盘。抛掷红尘应有恨，思量仙桂也无端。锦鳞赪尾平生事，却被闲人把钓竿。”雍文华校辑《罗隐集》，北京：中华书局，1983年，第21页。

435 《唐语林》卷七：“黄寇事平，朝贤意欲召之，韦贻范沮之，曰：‘某与之同舟而载，虽未相识，舟人告云：“此有朝官。”罗曰：“是何朝官！我脚夹笔，可以敌得数辈。”必若登科通籍，吾徒为秕糠也。’由是不果召。”《唐语林》，第268页。

436 《唐才子传校笺》卷九：“诗文凡以讥刺为主，虽荒祠木偶，莫能免者。”《唐才子传校笺》，第123页。《鉴诫录校注》卷八：“隐又与顾云先辈谒淮南高相公骈。顾为人风雅，时渤海公辟留，隐遂辞归钱塘。高与宾幕小酌，贶隐于海风亭。是时盛暑，有青蝇入座，渤海公命扇驱之。顾谑隐曰：‘青蝇被扇扇离座。’隐立酬之曰：‘白泽遭钉钉在门。’议者以才调相讥，两俱全美。隐度高公欲继淮王求仙，所为妖乱，潜题后土庙刺之，连夕挂帆而迈。巫者告公，公既悔且怒，急棹追之，已出境矣。”《鉴诫录校注》，第208页。

437 《云仙散录》一二一《文章货》：“《龙须志》曰：罗隐喜笔工芪凤，语之曰：‘笔，文章货也，吾以一物助子取高价。’即赠布头笺百幅，士大夫闻之，怀金买之，或以彩罗大组换之。”《云仙散录》，第73—74页。

438 《清异录》卷下：“罗隐帽轻巧简便省朴，人窃仿学，相传为‘减样方平帽’。”《清异录》，第91页。

439 《五代史补》卷一："媪叹曰：'秀才何自迷甚焉？且天下皆知罗隐，何须一第然后为得哉！'"陶岳撰，黄宝华整理《五代史补》，《全宋笔记》第3册，郑州：大象出版社，2019年，第258页。

440 《唐才子传校笺》卷九："隐，字昭谏，钱塘人也。少英敏，善属文，诗笔尤俊拔，养浩然之气。"《唐才子传校笺》，第114页。

441 《清异录》卷下："自唐末，无赖男子以札刺相高，或铺辋川图一本，或砌白乐天、罗隐二人诗百首，至有以平生所历郡县饮酒蒱博之事、所交妇人姓名齿行第坊巷形貌之详，一一标表者，时人号为'针史'。"《清异录》，第86页。

442 《唐诗纪事校笺》卷六九："（罗隐）字昭谏，余杭人。隐池之梅根浦，自号江东生，为唐相郑畋、李蔚所知。畋女览隐诗，讽诵不已。畋疑有慕才意。隐貌寝陋，女一日垂帘窥之，自此绝不咏其诗。"计有功撰，王仲镛校笺《唐诗纪事校笺》，北京：中华书局，2007年，第2307页。

443 《古今谭概·委蜕部》："郑畋少女好罗隐诗，常欲委身。一日隐谒畋。畋命其女隐帘窥之。见其寝陋，遂终身不读江东篇什。举子或以此谑隐。答曰："以貌取人，失之子羽。"众皆启齿。（白傅与李赞皇不协。每有所寄文章，李缄之一箧，未尝开视，曰：'见词翰则回吾心矣！'郑女终身不读江东篇什，亦是恐回心故。予谓李相、郑女乃真正怜才者。）"冯梦龙编著，栾保群点校《古今谭概》，北京：中华书局，2018年，第288页。

444 颜真卿《张长史十二意笔法记》："予罢秩醴泉，特诣京洛，访金吾长史张公旭，请师笔法。长史于时在裴儆宅憩止，已一年矣。"《全唐文》卷三三七，第3417页。殷亮《颜鲁公行状》："天宝元年秋，扶风郡太守崔琇举博学文词秀逸，元宗御勤政楼，策试上第。以其年授京兆府醴泉县尉。黜陟使户部侍郎王珙以清白名闻，授通直郎长安尉。六载，迁监察御史。"《全唐文》卷五一四，第5223页。颜真卿于天宝元年（742）任醴泉尉，天宝五载（746）任长安尉（据朱关田考证）。参考天宝年间的官员任期和守选制度，大致推测颜真卿拜访裴儆宅应在天宝三载（744）左右。参见朱关田编《颜真卿年谱》，杭州：西泠印社出版社，2008年，第59页。

445 李颀著，王锡九校注《李颀诗歌校注》卷一《赠张旭》，北京：中华书局，2018年，第51页。

446 李颀《赠张旭》："张公性嗜酒，豁达无所营。皓首穷草隶，时称太湖精。露顶据胡床，长叫三五声。兴来洒素壁，挥笔如流星。"《李颀诗歌校注》卷一，第51页。

447 李肇《唐国史补》卷上："张旭草书得笔法，后传崔邈、颜真卿。旭言：'始吾见公主担夫争路，而得笔法之意。'"《唐国史补　因话录》，第17页。

448　杜甫《观公孙大娘弟子舞剑器行并序》："昔者吴人张旭，善草书书帖，数尝于郾县见公孙大娘舞西河剑器，自此草书长进。"杜甫著，仇兆鳌注《杜诗详注》卷二〇，北京：中华书局，1979 年，第 1815 页。

449　张旭曾任常熟县尉、左率府长史、金吾长史。

450　李肇《唐国史补》卷上："旭饮酒辄草书，挥笔而大叫，以头揾水墨中而书之，天下呼为'张颠'。醒后自视，以为神异，不可复得。"《唐国史补　因话录》，第 17 页。

451　李颀《赠张旭》："微禄心不屑，放神于八纮。时人不识者，即是安期生。"《李颀诗歌校注》卷一，第 51 页。

452　《中国书法》2020 年第 9 期，第 8—9 页。

453　苏轼《书张少公判状》："张旭为常熟尉，有父老诉事，为判其状，欣然持去。不数日，复有所诉，亦为判之。他日复来。张甚怒，以为好讼。叩头曰：'非敢讼也，诚见少公笔势殊妙，欲家藏之尔。'"曾枣庄、刘琳主编《全宋文》第 89 册卷一九三九，上海：上海辞书出版社、合肥：安徽教育出版社，2006 年，第 361 页。

454　李颀《赠张旭》："荷叶裹江鱼，白瓯贮香粳。"《李颀诗歌校注》卷一，第 51 页。

455　参见颜真卿《张长史十二意笔法记》，《全唐文》卷三三七，第 3417—3419 页。

456　大历七年（772），颜真卿回到洛阳，打算将伯父颜元孙夫妇的灵柩迁回长安，游历至此的怀素前来拜访。怀素《藏真帖》："怀素，字藏真，生于零陵，晚游中州，所恨不与张颠长史相识，近于洛下，偶逢颜尚书真卿自云，颇传长史笔法，闻斯法，若有所得也。"李群玉等撰，黄仁生、陈圣争校点《唐代湘人诗文集》，长沙：岳麓书社，2013 年，第 557 页。

457　唐代出现过多位获称"三绝"者。《新唐书》卷二〇二《李白传》："文宗时，诏以白歌诗、裴旻剑舞、张旭草书为'三绝'。"《新唐书》，第 5764 页。另有玄宗封郑虔诗、书、画三绝，《新唐书》卷二〇二《郑虔列传》："郑虔……尝自写其诗并画以献，帝大署其尾曰：'郑虔三绝。'"《新唐书》，第 5766 页。《新唐书》卷二〇二《宋之问列传》谓其父宋令文："富文辞，且工书，有力绝人，世称'三绝'。"《新唐书》，第 5751 页。《新唐书》卷一一四《徐彦伯列传》："时司户韦暠善判，司士李亘工书，而彦伯属辞，时称'河东三绝'。"《新唐书》，第 4201—4202 页。《旧唐书》卷一二六《李揆列传》："肃宗赏叹之，尝谓揆曰：'卿门地、人物、文章，皆当代所推。'故时人称为三绝。"《旧唐书》，第 3560 页。

458　《杜诗详注》卷二〇《观公孙大娘弟子舞剑器行并序》，第 1815 页。

459　公孙大娘之身份当为梨园弟子，可能是经选拔供奉内廷的民间艺人。当年杜甫在郾城观看的那场表演，也许正是宫廷艺人为响应玄宗《示节俭敕》号召，在宫外为百姓们举行的巡演。见《册府元龟》卷五六《帝王部·节俭》："十二年正月戊寅，敕曰：'朕闻舞者所以节八音而行八风，岂徒夸诩时代，眩曜耳目而已也。自立云韶内府，百有余年，都不出于九重。今欲陈于万姓，冀与群公同乐，岂独娱于一身。'"王钦若等编纂，周勋初等校订《册府元龟》，南京：凤凰出版社，2006 年，第 591 页。

460 《太平御览》卷五六九引《明皇杂录》："时有公孙大娘者，善剑舞，能为邻里曲及裴将军，士谓之春秋设。大张伎乐，虽小大优劣不同，而剧其华侈。遐方僻郡，欢纵亦然。"李昉等撰《太平御览》，北京：中华书局，1960 年，第 2573 页。但这一记载在今本《明皇杂录》中并未出现，也许是《太平御览》错录，也许是佚文。又杜甫《观公孙大娘弟子舞剑器行并序》："开元三载，余尚童稚，记于郾城观公孙氏舞剑器浑脱。……昔者吴人张旭善草书书帖，数尝于邺县见公孙大娘舞西河剑器。"《杜诗详注》卷二〇，第 1815 页。

461 杜甫《观公孙大娘弟子舞剑器行》："观者如山色沮丧。"《杜诗详注》卷二〇，第 1815 页。

462 《独异志校注》卷中《吴道子图神鬼》："（裴旻）走马如飞，左旋右抽，掷剑入云。高数十丈，若电光下射。旻引手执鞘承之，剑透空而下。"李伉撰，李剑国校证《独异志校证》，北京：中华书局，2023 年，第 210 页。关于公孙大娘剑器舞的道具究竟是不是剑，历代有诸多讨论，如南宋曾季貍、马端临、清人胡鸣玉等认为是空手而舞；清人桂馥认为是执绸而舞等，此处不赘。

463 杜甫《观公孙大娘弟子舞剑器行》："玳筵急管曲复终，乐极哀来月东出。老夫不知其所往，足茧荒山转愁疾。"《杜诗详注》卷二〇，第 1815 页。

464 蒋防原文写得过于隐晦，但仍有一些细节可以看出霍小玉的妓女身份。比如文中说李益"博求名妓，久而未谐"，于是便有媒人鲍十一娘将小玉介绍给他。且小玉也对李益说过这样的话："妾年始十八，君才二十有二，迨君壮士之秋，犹有八岁。一生欢爱，愿毕此期。然后妙选高门，以谐秦晋，亦未为晚。妾便舍弃人事，剪发披缁，夙昔之愿，于此足矣。"陈翰编，李小龙校证《异闻集校证》一二《霍小玉传》，北京：中华书局，2019 年，第 116 页。至于"夫人""夫婿"的称呼，很可能仅是美化而已。

465 此处的李益为传奇中的虚构人物，而非诗人李益。

466 见《异闻集校证》一二《霍小玉传》，第 116—123 页。

467 《异闻集校证》一〇《李娃传》，第 63 页。

468 参见《异闻集校证》三九《东城老父传》，第 331—335 页。

469　宋敏求《长安志》卷七："昊天观，尽一坊之地。（贞观初为晋王宅，显庆元年为太宗追福，立为观。）"《长安志　长安志图》，第 260 页。

470　《旧唐书》卷一五〇《蕲王缉列传》："唐室自艰难已后，两河兵革屡兴，诸王虽封，竟不出阁。"《旧唐书》，第 4050 页。

471　大明宫内有两处少阳院。西少阳院位于麟德殿、翰林院附近；穆宗时，少阳院迁移至史馆东侧，左银台门西南，称东少阳院。

472　《旧唐书》卷一〇七《凉王璿列传》："先天之后，皇子幼则居内，东封年，以渐成长，乃于安国寺东附苑城同为大宅，分院居，为十王宅。令中官押之，于夹城中起居，每日家令进膳，又引词学工书之人入教，谓之侍读。"《旧唐书》，第 3271 页。

473　《资治通鉴》卷二一二《唐纪》："是岁（开元九年），诸王为都督、刺史者，悉召还京师。"《资治通鉴》，第 6748 页。

474　参见辛德勇《隋唐两京丛考》，西安：三秦出版社，2006 年，第 29 页。

475　《旧唐书》卷五一《玄宗杨贵妃列传》："而十宅诸王百孙院婚嫁，皆因韩、虢为绍介，仍先纳赂千贯，而奏请罔不称旨。"《旧唐书》，第 2180 页。

476　《新唐书》卷八二《宣宗诸子列传》："后三日，（韩建）与刘季述矫诏以兵攻十六宅。诸王被发乘垣走，或升屋极号曰：'帝救我！'建乃将十一王并其属至石隄谷杀之。"《新唐书》，第 3636 页。《资治通鉴》卷二六三《唐纪》："上（昭宗）曰：'十六宅诸王以下，冻馁死者日有数人。在内诸王及公主、妃嫔，一日食粥，一日食汤饼，今亦竭矣。卿等意如何？'"《资治通鉴》，第 8588 页。

477　《旧唐书》卷一五〇《珍王諴传》："初，开元中置礼会院于崇仁里。自兵兴已来，废而不修，故公、郡、县主不时降嫁，殆三十年，至有华发而犹丱者，虽居内馆，而不获觐见十六年矣。凡皇族子弟，皆散弃无位，或流落他县，湮沉不齿录，无异匹庶。及德宗即位，叙用枝属，以时婚嫁，公族老幼，莫不悲感。"《旧唐书》，第 4046 页。

478　《新唐书》卷七九《滕王元婴传》："巡省部内，从民借狗求罝，所过为害；以丸弹人，观其走避则乐。"《新唐书》，第 3560 页。

479　《旧唐书》卷六四《滕王元婴传》："高宗与书诫之曰：'赵孝文趋走小人，张四又倡优贱隶，王亲与博戏，极为轻脱，一府官僚，何所瞻望？凝寒方甚，以雪埋人，虐物既深，何以为乐？'"《旧唐书》，第 2436 页。

480　《新唐书》卷七九《滕王元婴传》："在太宗丧，集官属燕饮歌舞，狎昵厮养……官属妻美者，绐为妃召，逼私之。"《新唐书》，第 3560 页。

481　朱景玄《唐朝名画录校注》："嗣滕王善画蜂蝉、燕雀、驴子、水牛，曾见一本，能巧之外，曲尽情理，未敢定其品格。”《唐朝名画录校注》，第 1 页。王建《宫词一百首》：“内中数日无呼唤，拓得滕王蛱蝶图。”王建撰，尹占华校注《王建诗集校注》卷一〇，成都：巴蜀书社，2006 年，第 504 页。

482 《旧唐书》卷六四《江王元祥列传》：“时滕王元婴、蒋王恽、虢王凤亦称贪暴，有授得其府官者，以比岭南恶处，为之语曰：‘宁向儋、崖、振、白，不事江、滕、蒋、虢。’”《旧唐书》，第 2435 页。

483 《旧唐书》卷九五《让皇帝宪列传》，第 3011 页。

484 《龙城录》卷上：“宁王善画马，开元兴庆池南华萼楼下，壁上有《六马滚尘图》。内明皇最眷爱玉面花骢，谓无纤悉不备，风鬃雾鬣，信伟如也。后，壁唯有五马，其一者失去。信知神妙，将变化俱也。”《柳宗元集校注》，第 3423 页。

485 《类编长安志》卷三：“唐宁王山池院引兴庆水西流，疏凿屈曲，连环为九曲池。上筑土为基，垒石为山，植松柏。有落猿岩、栖龙岫，奇石异木，珍禽怪兽，又有鹤仙渚，殿宇相连，左沧浪，右临漪。”骆天骧撰，黄永年点校《类编长安志》，北京：中华书局，1990 年，第 85 页。

486 王仁裕《开元天宝遗事》卷下：“宁王骄贵，极于奢侈，每与宾客议论，先含嚼沈麝，方启口发谈，香气喷于席上。”《开元天宝遗事　安禄山事迹》，第 57 页。

487 李隆基《同玉真公主过大哥山池》：“地有招贤处，人传乐善名。鹜池临九达，龙岫对层城。桂月先秋冷，苹风向晚清。凤楼遥可见，仿佛玉箫声。”《唐诗品汇》，第 1961 页。

488 《云仙散录》三四一《磁石枕》：“《丰宁传》曰：益眼者无如磁石，以为盆枕，可老而目不昏。宁王宫中多用之。”《云仙散录》，第 162 页。

489 王仁裕《开元天宝遗事》卷下：“宁王宫中，每夜于帐前罗列木雕矮婢，饰以彩绘，各执华灯，自昏达旦。故目之为‘灯婢’。”《开元天宝遗事　安禄山事迹》，第 48 页。

490 崔宗之《赠李十二白》：“怀中茂陵书，双眸光照人。”《全唐诗》卷二六一，第 2906 页。魏颢《李翰林集序》：“眸子炯然，哆如饿虎，或时束带，风流蕴藉。”《李太白全集》卷三一，第 1450 页。

491 王仁裕《开元天宝遗事》卷下：“宁王宫有乐妓宠姐者，美姿色，善讴唱。每宴外客，其诸妓女尽在目前，惟宠姐客莫能见。饮及半酣，词客李太白恃醉戏曰：‘白久闻王有宠姐善歌，今酒肴醉饱，群公宴倦，王何吝此女示于众！’王笑谓左右曰：‘设七宝花障。’召宠姐于障后歌之，白起谢曰：‘虽不许见面，闻其声亦幸矣。’”《开元天宝遗事　安禄山事迹》，第 52—53 页。

492 据张清华《王维年谱》，上海：学林出版社，1988 年，第 27 页。

493 杜甫《赠特进汝阳王二十韵》："精理通谈笑，忘形向友朋。寸长堪缱绻，一诺岂骄矜？"《杜诗详注》卷一，第 62 页。

494 本条目中的时间与事迹参考刘文典《杜甫年谱》，昆明：云南人民出版社，2013 年；陈贻焮《杜甫评传》，北京：北京大学出版社，2003 年；莫砺锋《杜甫评传》，南京：南京大学出版社，1993 年。

495 杜甫于乾元元年（758）冬离开长安至洛阳。见《杜诗详注 · 杜工部年谱》，第 16 页。

496 不过杜甫天宝六载（747）制举下第一事可能为送人对杜诗的误读。其挫折应源于天宝九载（750）冬献赋后的仕途受阻。详见卢多果《杜甫应天宝六载制举事质疑——兼论天宝中杜甫的行止》，《文史》2023 年第 1 期，第 267—274 页。

497 闻一多认为杜甫是来到长安后初遇郑虔的，但也有其他学者如陈怡焮认为两人可能之前就认识，不过在长安交往得更为密切。参见闻一多《唐诗杂论》，上海：上海古籍出版社，1998 年，第 56 页；陈怡焮《杜甫评传》，第 111 页。

498 杜甫《醉时歌》："诸公衮衮登台省，广文先生官独冷。甲第纷纷厌粱肉，广文先生饭不足。"《杜诗详注》卷三，第 174 页。

499 关于杜甫在长安城南的居住地有很多说法，包括下杜城（闻一多）、樊川（杜甫远祖故里）、杜曲（仇兆鳌）、少陵（陈贻焮）等。本书认同杜甫住在少陵畔杜曲东村之说，详见王井南《从〈夏日李公见访〉探索杜甫在长安的故居》，《西安教育学院学报》2003 年第 2 期，第 71—72 页。

500 杜甫《醉时歌》："得钱即相觅，沽酒不复疑。"《杜诗详注》卷三，第 175 页。

501 杜甫《郑驸马宅宴洞中》："主家阴洞细烟雾，留客夏簟清琅玕。春酒杯浓琥珀薄，冰浆碗碧玛瑙寒。误疑茅堂过江麓，已入风磴霾云端。自是秦楼压郑谷，时闻杂佩声珊珊。"《杜诗详注》卷一，第 47 页。

502 杜甫《陪郑广文游何将军山林》："百顷风潭上，千章夏木清。卑枝低结子，接叶暗巢莺。鲜鲫银丝脍，香芹碧涧羹。翻疑柁楼底，晚饭越中行。"《杜诗详注》卷二，第 148 页。杜甫《重过何氏五首》："问讯东桥竹，将军有报书。倒衣还命驾，高枕乃吾庐。花妥莺捎蝶，溪喧獭趁鱼。重来休沐地，真作野人居。"《杜诗详注》卷三，第 167 页。

503 杜甫《戏简郑广文兼呈苏司业》："赖有苏司业，时时乞酒钱。"《杜诗详注》卷三，第 249 页。

504 杜甫《秋述》："秋，杜子卧病长安旅次，多雨生鱼，青苔及榻。常时车马之客，旧雨来，今雨不来……子魏子独踽踽然来，汗漫其仆夫，夫又不假盖，不见我病色，适与我神会。我弃物也，四十无位，子不以官遇我，知我处顺故也。”《杜诗详注》卷二五，第2208页。

505 杜甫《病后遇过王倚饮赠歌》：“惟生哀我未平复，为我力致美肴膳。”《杜诗详注》卷三，第199页。

506 杜甫《送郑十八虔贬台州司户伤其临老陷贼之故阙为面别情见于诗》：“便与先生应永诀，九重泉路尽交期。”《杜诗详注》，第424—425页。

507 虽然杜甫在生前诗作也得到过友人的超高评价，如韦迢称其“大名诗独步”（韦迢《潭州留别杜员外院长》，《全唐诗》卷二六一，第2908页），韦济曾向百官诵读他的诗：“每于百僚上，猥诵佳句新。”《杜诗详注》卷一《奉赠韦左丞丈二十二韵》，第77页。但杜甫的影响力终究还是在小范围内。陈尚君认为杜甫与李白齐名要迟至大历、贞元年间，见陈尚君《李杜齐名之形成》，《岭南学报》2015年第1、2辑合刊，第15—32页。

508 《杜诗详注》卷三《苦雨奉寄陇西公兼呈王征士》，第214页。

509 《杜诗详注》卷一一《过郭代公故宅》，第957—959页。

510 《杜诗详注》卷三《上韦左相二十韵》，第224—227页。

511 《杜诗详注》卷一《奉寄河南韦尹丈人》，第68—70页；卷一《赠韦左丞丈济》，第71—73页；卷一《奉赠韦左丞丈二十二韵》，第73—77页。

512 《杜诗详注》卷二《奉赠鲜于京兆二十韵》，第140—143页。

513 《杜诗详注》卷二《赠翰林张四学士垍》，第98—100页；卷三《奉赠太常张卿垍二十韵》，第219—223页。

514 《杜诗详注》卷二《敬赠郑谏议十韵》，第110—111页。

515 《杜诗详注》卷三《赠陈二补阙》，第196—197页。

516 《杜诗详注》卷三《赠献纳使起居田舍人澄》，第202—203页。

517 《杜诗详注》卷三《投赠哥舒开府翰二十韵》，第188—192页。

518 《杜诗详注》卷二《高都护骢马行》，第86—88页。

519 《杜诗详注》卷二《杜位宅守岁》，第109页；卷一〇，第827页。杜位为李林甫的女婿，官至右补阙。

520 《杜诗详注》卷五《奉和贾至舍人早朝大明宫》，第427—428页。

521 杜甫困守长安时期的诗歌主要有《赠特进汝阳王二十韵》《陪诸贵公子丈八沟携妓纳凉晚际遇雨二首》《奉寄河南韦尹丈人》《赠韦左丞丈济》《奉赠韦左丞丈二十二韵》《上韦左相二十韵》《赠翰林张四学士》《敬赠郑谏议十韵》《赠田九判官》《赠陈二补阙》《赠献纳使起居田舍人澄》《赠比部萧郎中十兄》《奉赠鲜

于京兆二十韵》《投赠哥舒开府二十韵》《奉陪郑驸马韦曲二首》《陪李金吾花下饮》等。

522 杜甫《奉陪郑驸马韦曲二首》："石角钩衣破，藤梢刺眼新。"《杜诗详注》卷三，第 165 页。

523 杜甫《陪诸贵公子丈八沟携妓纳凉晚际遇雨二首》："雨来霑席上，风急打船头。"《杜诗详注》卷三，第 173 页。

524 杜甫《陪诸贵公子丈八沟携妓纳凉晚际遇雨二首》："公子调冰水，佳人雪藕丝。片云头上黑，应是雨催诗。"《杜诗详注》卷之三，第 172 页。

525 《杜诗详注》卷二《乐游园歌》，第 103 页。

526 刘餗《隋唐嘉话》卷下："王右军《告誓文》，今之所传，即其稿草，不具年月日朔。其真本云：'维永和十年三月癸卯朔九日辛亥。'而书亦真小。开元初年，润州江宁县瓦官寺修讲堂，匠人于鸱吻内竹筒中得之，与一沙门。至八年，县丞李延业求得，上岐王，岐王以献帝，便留不出。或云：后却借岐王。十二年王家失火，图书悉为煨烬，此书亦见焚云。"《隋唐嘉话　朝野佥载》，第 54 页。

527 王仁裕《开元天宝遗事》卷上："宫中每到端午节，造粉团、角黍、贮于金盘中。以小角造弓子，纤妙可爱。架箭射篮中粉团，中者得食。盖粉团滑腻而难食也。都中盛于此戏。"《开元天宝遗事　安禄山事迹》，第 29 页。

528 从宋代开始，有不少人对杜甫为《江南逢李龟年》作者一事提出质疑，如南宋人胡仔、明人胡震亨，今人吴企明、王辉斌等，其中较重要的依据是开元十四年（726）岐王去世时，杜甫只有十四岁，史料中没有留下他在开元十四年前到过洛阳的记载，且唐人的门阀观念尚不允许没有官职、地位的杜甫出入王府。但换个角度想，没有记载并不代表杜甫真的没去过或不能去。他在《壮游》中写道："往昔十四五，出游翰墨场。"《杜诗详注》卷一六，第 1438 页。年少时就略有诗名的杜甫在壮游时也可能去过岐王等王公贵族的宅邸，参见吴明贤《杜甫〈江南逢李龟年〉著作权不容否定》，《杜甫研究学刊》2005 年第 4 期，第 37—47 页。

529 本条目中的时间与事迹参考张清华《王维年谱》；陈铁民《王维新论》，北京：北京师范学院出版社，1990 年。

530 王维在王府中的时间当不超过开元八年（720）。《资治通鉴》卷二一二《唐纪》："（开元八年十月）上禁约诸王，不使与群臣交结。"《资治通鉴》，第 6741 页。

531 王维大概在开元九年（721）中举，见《唐代科举与文学》，第 65 页；《王维年谱》，第 23 页。

532 王维撰，陈铁民校注《王维集校注》卷四《春日与裴迪过新昌里访吕逸人不遇》，北京：中华书局，1997 年，第 356 页。

533 王维长期在寺内道光禅师座下学习佛法。王维《大荐福寺大德道光禅师塔铭》："维十年座下，俯伏受教。"《王维集校注》卷八，第752—753页。

534 《王维集校注》卷三《青龙寺昙壁上人兄院集》，第228页。参见傅璇琮《唐代诗人丛考》，第128—129页。

535 《云仙散录》三四〇《两童缚帚》："《洛阳要记》曰：王维居辋川，宅宇既广，山林亦远，而性好温洁，地不容浮尘。日有十数扫饰者，使两童专缚帚，而有时不给。"《云仙散录》，第162页。

536 《太平广记》卷二一一《画·王维》："又维尝至招国坊庾敬休宅，见屋壁有画《奏乐图》，维熟视而笑。或问其故，维曰：'此《霓裳羽衣曲》第三叠第一拍。'好事者集乐工验之，一无差者。"《太平广记》，第1619页。但据《碧鸡漫志》所载，《霓裳羽衣曲》第一至第六叠皆无拍，也许是传抄中产生了偏差，见彭东焕、王映珏《碧鸡漫志笺证》卷三，成都：巴蜀书社，2019年，第132页。

537 宋之问撰，陶敏、易淑琼校注《宋之问集校注》卷五《太平公主山池赋》，北京：中华书局，2001年，第637页。

538 《新唐书》卷七七《郭淑妃列传》："懿宗淑妃郭氏，幼入郓王邸。宣宗在位，春秋高，恶人言立太子事。王以嫡长居外宫，心常忧惴。妃护侍左右，慰安起居，终得无恙。生女未能言，忽曰：'得活。'王惊异之。及即位，以妃为美人，进拜淑妃。"《新唐书》，第3511页。

539 详见《太平广记》卷二三七《奢侈·同昌公主》，第1825—1828页。

540 《太平广记》卷二三七《奢侈·同昌公主》："九玉钗上刻九鸾，皆九色，上有字曰'玉儿'。工巧妙丽，殆非人工所制。有金陵得之者，以献，公主酬之甚厚。一日昼寝，梦绛衣奴授语云：'南齐潘淑妃取九鸾钗。'及觉，具以梦中之言言于左右。洎公主薨，其钗亦亡其处。韦氏异其事，遂以实话于门人。或有云：玉儿即潘妃小字也。"关于同昌公主的婚姻与家庭，《新唐书》卷七七《郭淑妃列传》中还有一段记载："女为同昌公主，下嫁韦保衡。保衡处内宅，妃以主故，出入娱饮不禁，是时哗言与保衡乱，莫得其端。"《新唐书》，第3511页。

541 《太平广记》卷二三七《奢侈·同昌公主》："及庭祭日，百司内官皆用金玉饰车舆服玩，以焚于韦氏之庭，家人争取其灰以择金宝。"《太平广记》，第1827页。

542 《旧唐书》卷一九上《懿宗本纪》："（咸通）十一年……同昌公主薨，追赠卫国公主，谥曰文懿。主，郭淑妃所生，主以大中三年七月三日生，咸通九年二月二日下降。上尤钟念，悲惜异常。以待诏韩宗绍等医药不效，杀之，收捕其亲族三百余人，系京兆府。宰相刘瞻、京兆尹温璋上疏论谏行法太过，上怒，叱出之。"《旧唐书》，第675页。

543 参见袁行霈、丁放《盛唐诗坛研究》，北京：北京大学出版社，2012 年，第 40—61 页。

544 《旧唐书》卷九八《魏知古列传》："景云二年，迁右散骑常侍。睿宗女金仙、玉真二公主入道，有制各造一观，虽属季夏盛暑，尚营作不止。知古上疏谏曰……疏奏不纳。"《旧唐书》，第 3061 页。《旧唐书》卷一〇一《李乂列传》："时睿宗令造金仙、玉真二观，乂频上疏谏，帝每优容之。"《旧唐书》，第 3136 页。《旧唐书》卷一〇一《韦凑列传》："明年春，起金仙、玉真两观，用工巨亿。凑进谏曰……帝不应。"《旧唐书》，第 3145 页。

545 《清异录》卷下："睿宗闻金仙玉真公主饮素，日令以九龙食舆装逍遥炙赐之。"《清异录》，第 120 页。

546 《王维集校注》卷三《奉和圣制幸玉真公主山庄因题石壁十韵之作应制》，第 240 页。

547 关于王维中举时间，有开元元年（713）、开元九年（721）、开元十九年（731）等多种说法，但无论哪一年都无法对应张九皋中举的景龙三年（709）。

548 见姚骥《大唐荷恩寺故大德敕谥号法津禅师墓志铭并序》："天宝中，玉真公主因访古□山，仰其业艺，屈膝邀请，闻于玄宗。"录文见赵青山《唐代法津禅师墓志铭、塔铭研究》，《敦煌学辑刊》2018 年第 1 期，第 145—155 页。

549 《旧唐书》卷一九〇下《王维列传》："在京师日饭十数名僧，以玄谈为乐。斋中无所有，唯茶铛、药臼、经案、绳床而已。退朝之后，焚香独坐，以禅诵为事。"《旧唐书》，第 5052—5053 页。

550 《旧唐书》卷六二《杨师道列传》："师道退朝后，必引当时英俊，宴集园池，而文会之盛，当时莫比。雅善篇什，又工草隶，酣赏之际，援笔直书，有如宿构。太宗每见师道所制，必吟讽嗟赏之。"《旧唐书》，第 2383 页。

551 见傅璇琮、陶敏《新编唐五代文学编年史（初盛唐卷）》，沈阳：辽海出版社，2012 年，第 60 页。

552 许敬宗《安德山池宴集》，《全唐诗》卷三五，第 467 页。

553 李肇《唐国史补》卷上："郭暧，昇平公主驸马也。盛集文士，即席赋诗，公主帷而观之。李端中宴诗成，有'荀令''何郎'之句，众称妙绝。或谓宿构，端曰：'愿赋一韵。'钱起曰：'请以起姓为韵。'复有'金埒''铜山'之句。暧大出名马、金帛遗之。是会也，端擅场。《送王相公之镇幽朔》，韩翃擅场；《送刘相之巡江淮》，钱起擅场。"《唐国史补　因话录》，第 21—22 页。沈亚之《唐故银青光禄大夫检校左散骑常侍兼宫苑闲厩使驸马都尉郭公墓志铭》："故长安中名人文士，自李端、司空曙之徒，咸游其门，赋诗席酒更日。"《全唐文》卷七三八，第 7618 页。

554 罗隐《昇平公主旧第》，《罗隐集》，第 121 页。

555 《最新增订唐两京城坊考》卷三：“次南平康坊。……西北隅，隋太师、申国公李穆宅。（其地景龙中为长宁公主府及鞠场，景云中废，并球场散卖与居人。）”《最新增订唐两京城坊考》，第 102 页。

556 唐中宗最喜欢游宴和民间娱乐，甚至对有伤风化的泼寒胡戏、俚俗歌曲表现出极大兴趣。他还多次微服出行观灯，沿路慰问大臣。《旧唐书》卷七《中宗本纪》：“四年春正月乙卯，于化度寺门设无遮大斋。丙寅上元夜，帝与皇后微行观灯，因幸中书令萧至忠之第。……丁卯夜，又微行看灯。”《旧唐书》，第 149 页。

557 见《新编唐五代文学编年史（初盛唐卷）》，第 313 页。

558 《新唐书》卷二〇二《李适列传》：“初，中宗景龙二年……凡天子飨会游豫，唯宰相及学士得从……帝有所感即赋诗，学士皆属和。当时人所歆慕，然皆狎猥佻佞，忘君臣礼法，惟以文华取幸。”《新唐书》，第 5748 页。

559 韦述《两京新记辑校》卷二：“西南隅，景龙观。（本长宁公主宅，既承恩，盛加雕饰，朱楼绮阁，一时胜绝。又有山池别院，山谷亏蔽，势若自然。中宗及韦庶人数游于此第，留连弥日，赋诗饮宴，上官昭容操翰于亭子柱上写之。）”韦述、杜宝撰，辛德勇辑校《两京新记辑校　大业杂记辑校》，北京：中华书局，2020 年，第 73 页。

560 《资治通鉴》卷二〇九《唐纪》：“每游幸禁苑，或宗戚宴集，学士无不毕从，赋诗属和，使上官昭容第其甲乙，优者赐金帛。”《资治通鉴》，第 6622 页。

561 崔惠童《宴城东庄》，《全唐诗》卷二五八，第 2878 页。

562 韦述《两京新记辑校》卷二：“韦氏败，公主随夫为外官，初欲出卖，木石当二千万，山池别馆仍不为数。遂奏为观，请以中宗年号为名。词人名士，竞入游赏。”《两京新记辑校　大业杂记辑校》，第 73 页。

563 苏颋《景龙观送裴士曹》，《全唐诗》卷七三，第 805 页。

564 杜甫《九日五首》：“旧与苏司业，兼随郑广文。采花香泛泛，坐客醉纷纷。野树攲还倚，秋砧醒却闻。”《杜诗详注》卷二〇，第 1765 页。

第八章　平康坊指南

1 译自 Walt Whitman, To a Certain Civilian, *Leaves of Grass, Garden City*, New York: Doubleday, Page & Company, 1919, Drum-taps p.89。

2 《类编长安志》卷七：“在宣平坊南。开元、天宝间，皆妓馆倡女所居……翡翠坡，在虾蟆陵下，亦是妓馆所居。”骆天骧撰，黄永年点校《类编长安志》，北京：中华书局，1990 年，第 220—221 页。

3 卢照邻著，李云逸校注《卢照邻集校注》卷二《长安古意》，北京：中华书局，1998 年，第 81 页。

4 《最新增订唐两京城坊考》卷三："次南崇仁坊。(……与尚书省选院最相近，又与东市相连，选人京城无第宅者多停憩此。)"徐松撰，李健超增订《最新增订唐两京城坊考》，西安：三秦出版社，2019 年，第 96 页。

5 《资治通鉴》卷一九五《唐纪》："于是四方学者云集京师，乃至高丽、百济、新罗、高昌、吐蕃诸酋长亦遣子弟请入国学，升讲筵者至八千余人。"司马光编著，胡三省音注，标点资治通鉴小组点校《资治通鉴》，北京：中华书局，1956 年，第 6153 页；《册府元龟・学校部》："若常以此数而取，臣恐三千学徒，虚废官廪。"王钦若等编纂，周勋初等校订《册府元龟》卷第六百四，南京：凤凰出版社，2006 年，第 6966 页。

6 王仁裕《开元天宝遗事》卷上："长安有平康坊，妓女所居之地。……时人谓此坊为风流薮泽。"王仁裕、姚汝能撰，曾贻芬点校《开元天宝遗事　安禄山事迹》，北京：中华书局，2006 年，第 25 页。

7 李肇《唐国史补》卷下："长安风俗，自贞元侈于游宴。"李肇、赵璘撰《唐国史补　因话录》，上海：上海古籍出版社，1979 年，第 60 页。

8 元稹《和李校书新题乐府十二首・西凉伎》。元稹原著，吴伟斌辑佚编年笺注《新编元稹集》，西安：三秦出版社，2015 年，第 1124 页。

9 官妓中最具代表性的是"营妓"。此处的"营"并不指军营，而是隶属于唐代节镇的官方音乐机构乐营，妓女们受乐营管理，住在乐营中。地方州县蓄官妓，但是否设乐营，学界有不同看法。任中敏认为乐营"乃地方上官乐与官妓之所集"，但由于未见州县政府有乐营的史料记载，故欧燕等人认为州县不设乐营。详见任中敏著，杨晓霭、肖玉霞整理《唐戏弄》，南京：凤凰出版社，2013 年，第 801 页；欧燕《唐代城市乐人研究》，北京：商务印书馆，2016 年，第 157 页。

10 《太平广记》卷二七四《情感・欧阳詹》："一车无停轮，流萍与系瓠。"李昉等编《太平广记》卷二七四，北京：中华书局，1961 年，第 2161 页。

11 《资治通鉴》卷二三二《唐纪》："初，李晟尝将神策军戍成都，及还，以营妓高洪自随。西川节度使张延赏怒，追而还之，由是有隙。"《资治通鉴》，第 7466 页。

12 关于词的起源众说纷纭，教坊与民间传唱的曲子辞与中唐后的酒令著辞是一种可能的来源。参见夏承焘《令词出于酒令考》，龙榆生主编《词学季刊》1936 年第 3 卷第 2 号，上海：开明书店，1936 年，第 12—14 页；王昆吾《唐代酒令艺术》，北京：东方出版中心，1995 年。

13 《醉乡日月》:“明府之职，前辈极为重难。盖二十人为饮，而一人为明府，所以观其斟酌之道。”吴龙辉译注《醉乡日月》，北京：中国社会科学出版社，1993年，第40页。

14 《唐诗纪事校笺》卷四六:“汝士镇东川，其子知温及第，命妓张宴，人与红绫一疋。诗曰：‘郎君得意及青春，蜀国将军又不贫。一曲高歌红一疋，两头娘子谢夫人。’”计有功撰，王仲镛校笺《唐诗纪事校笺》，北京：中华书局，2007年，第1579页。

15 权德舆一生创作了三十余首寄内诗，写给陪伴他终生的、唯一的妻子崔氏。参见李芊《权德舆婚姻问题辨正——兼与王辉斌先生商榷》,《天水师范学院学报》2010年第3期，第9—11页。

16 《唐摭言校证》卷九:“(郑)隐狎游多不馆宿，左右争告,(崔)沆召隐微辨，隐以实对。沆又资以财帛，左右尤不测也。”王定保撰，陶绍清校证《唐摭言校证》，北京：中华书局，2021年，第366页。

17 孙棨《北里志序》:“其中诸伎，多能谈吐，颇有知书言话者，自公卿以降，皆以表德呼之。其分别品流，衡尺人物，应对非次，良不可及。”董诰等编《全唐文》卷八二七，北京：中华书局，1983年，第8715页。

18 孙棨《北里志序》:“信可辍叔孙之朝，致杨秉之惑。比常闻蜀妓薛涛之才辩，必谓人过言，及睹北里二三子之徒，则薛涛远有惭德矣。”《全唐文》卷八二七，第8715页。

19 但这也不是绝对的情况，唐代有学识、能作诗的妇女大有人在。唐人蔡省风编过《瑶池新咏集》一书，里面收录了二十三位女性的一百一十五首诗，身份有女官、平民女子、官员的夫人与女儿、女道士、倡妓等。此书已佚，女子们的诗作散见于俄藏敦煌文书 Д x 3861、Д x 3872、Д x 3874 等残卷，以及《才调集》等文献中。

20 《北梦琐言》卷六:“唐乐安孙氏，进士孟昌期之内子，善为诗。一旦并焚其集，以为才思非妇人之事，自是专以妇道内治。”孙光宪撰，贾二强校点《北梦琐言》，北京：中华书局，2002年，第145—146页。

21 《义山杂纂》:“措大解音则废业，妇人解诗则犯物议。”李商隐等撰《义山杂纂》，长沙：岳麓书社，2005年，第7页。《北梦琐言》:“李义山《杂纂》云：‘妇人识字即乱情，尤不可作诗，诗思不出二百里。’”《北梦琐言》逸文补遗，第462页。

22 薛渔思《河东记·申屠澄》:“其妻终日吟讽，似默有和者，然未尝出口。每谓澄曰：‘为妇之道，不可不知书，倘更作诗，反似姬妾耳。’”李剑国辑校《唐五代传奇集》第三编卷一〇，北京：中华书局，2015年，第1336页。

23 白居易《醉戏诸妓》。白居易撰，谢思炜校注《白居易诗集校注》卷二三，北京：

中华书局，2006 年，第 1818 页。

24 参见白居易《江南喜逢萧九彻因话长安旧游戏赠五十韵》。《白居易诗集校注》外集卷上，第 2898—2899 页。

25 《北梦琐言》卷六："唐裴宰相公休，留心释氏，精于禅律。师圭峰密禅师，得达摩顿门。密师注《法界观》《禅诠》，皆相国撰序。常被毳衲，于歌妓院持钵乞食。自言曰：'不为俗情所染，可以说法为人。'"《北梦琐言》，第 122 页。

26 孙棨《北里志》："胡证尚书质状魁伟，膂力绝人，与裴晋公度同年。公尝狎游，为两军力士十许辈凌轹，势甚危窘。公潜遣一介求救于胡，胡衣皂貂金带，突门而入，诸力士睨之失色。"陆楫编《古今说海·北里志》，上海：上海文艺出版社，1989 年，第 17 页。

27 孙棨《北里志序》："诸妓皆居平康里，举子，新及进士，三司幕府但未通朝籍、未直馆殿者，咸可就诣。"《全唐文》卷八二七，第 8715 页。

28 有关《北里志》的作者，学界一直存在争议，本书采用最通行的说法，即作者为孙棨。

29 孙棨《北里志序》："常欲纪述其事，以为他时谈薮。顾非暇豫，亦窃俟其叨忝耳。不谓泥蟠未伸，俄逢丧乱，銮舆巡省，崤函鲸鲵，逋窜山林，前志扫地尽矣。静思陈事，追念无因，而久罹惊危，心力减耗，向来闻见，不复尽记，聊以编次，为太平遗事云。时中和甲辰岁，无为子序。"《全唐文》卷八二七，第 8715 页。

30 韦庄《咸通》，彭定求等编《全唐诗》卷六九六，北京：中华书局，1960 年，第 8006 页。

31 卢携《乞蠲租赈给疏》："臣窃见关东去年旱灾，自虢至海，麦才半收。秋稼几无，冬菜至少，贫者磑蓬实为面，蓄槐叶为齑。"《全唐文》卷七九二，第 8302 页。《新唐书》卷五二《食货志》："乾符初，大水，山东饥。"欧阳修、宋祁撰，中华书局编辑部点校《新唐书》，北京：中华书局，1975 年，第 1362 页。

32 见徐俊纂辑《敦煌诗集残卷辑考》卷中《伯三三八一　韦庄秦妇吟》，北京：中华书局，2000 年，第 235 页。

33 孙棨《北里志·海论三曲中事》："其南曲中者门前通十字街，初登馆阁者，多于此窃游焉。"《古今说海·北里志》，第 1 页。

34 孙棨《北里志·海论三曲中事》："妓中有铮铮者，多在南曲、中曲。其循墙一曲，卑屑妓所居，颇为二曲轻斥之。"《古今说海·北里志》，第 1 页。

35 孙棨《北里志·海论三曲中事》："二曲中居者，皆堂宇宽静，各有三数厅事，前后植花卉，或有怪石盆池，左右对设，小堂垂帘，茵榻帷幌之类称是。"《古今说海·北里志》，第 1 页。

36 参见孙棨《北里志》对三曲的描述："平康里入北门东回三曲，即诸妓所居之聚也。"《古今说海·北里志》，第 1 页；本图绘制时参考了贺从容《唐长安平康坊内割宅之推测》，《建筑师》2007 年第 2 期，第 151—159 页。

37 孙棨《北里志·海论三曲中事》："诸女自幼丐，有或佣其下里贫家，常有不调之徒，潜为渔猎，亦有良家子为其家聘之，以转求厚赂。误陷其中，则无以自脱。"《古今说海·北里志》，第 1 页。

38 孙棨《北里志·海论三曲中事》："初教之歌令而责之，其赋甚急。一旦有所懈怠，微涉退怠，则鞭朴备至。"《古今说海·北里志》，第 1 页。

39 孙棨《北里志·海论三曲中事》："妓之母，多假母也（俗呼为爆炭，不知其因，应以难姑息之故也），亦妓之衰退者为之。"《古今说海·北里志》，第 1 页。

40 孙棨《北里志序》："京中饮妓，籍属教坊。"《全唐文》卷八二七，第 8715 页。但从《北里志》关于妓馆的记载来看，仅部分市井妓隶属教坊，更多的妓女立定的是私人契约，不属于官贱民，也就是说，她们可能在以良人身份卖身。

41 孙棨《北里志·郑举举》："曲内妓之头角者，为都知，分管诸妓，俾追召匀齐。"《古今说海·北里志》，第 5 页。

42 孙棨《北里志·海论三曲中事》："多有游惰者，于三曲中而为诸倡所豢养，必号为庙容。"《古今说海·北里志》，第 1 页。原文为"庙容"，据其他版本改为"庙客"。

43 孙棨《北里志·海论三曲中事》："诸母亦无夫，其未甚衰者，悉为诸邸将辈主之。或私蓄侍寝者，亦不以夫礼待。"《古今说海·北里志》，第 1 页。

44 孙棨《北里志·海论三曲中事》："呼以女弟女兄为之行第。"《古今说海·北里志》，第 1 页。

45 孙棨《北里志序》："京中饮妓，籍属教坊。凡朝士宴聚，须假诸曹署行牒，然后能致于他处。惟新进士设筵顾吏，故便可行牒追，其所赠之资，则倍于常数。"《全唐文》卷八二七，第 8715 页。

46 孙棨《北里志·海论三曲中事》："有一妪号汴州人也，盛有财货，亦育数妓，多蓄衣服器用，僦赁于三曲中。亦有乐工聚居其侧，或呼召之立至。每饮率以三锾，继烛即倍之。"又后文《北里志·郑举举》："曲中常价，一席四锾，见烛即倍。"《古今说海·北里志》，第 2、5 页。

47 锾是古代重量和货币单位。关于一锾在唐代等于多少文钱，有两种说法。王仲荦认为，一锾等于一百文；而岸边成雄则提出，一锾等于两千四百文。王仲荦依据的，可能是唐宋时的惯例，如龚鼎臣《东原录》："世俗谓一钱为金，百金为一锾。"但参照咸通时的物价（斗米四十文），在北里一桌四锾的酒席包括酒菜、布置和妓女，如果只要四百文钱，实在是有些便宜了。因此，岸边成雄的说法或许更为可信，即一桌酒席为九千六百文。这一价格虽高，却不及当时中下品级京官的月俸钱，也符合官员消费得起、寻常百姓触及不到的事实。参见王仲荦遗著，郑宜秀整理《金泥玉屑丛考》卷五，北京：中华书局，1998 年，第 144 页；岸边成雄著，梁在平、黄志炯译《唐代音乐史的研究》，台北：中华书局，2017 年，第 394 页；龚鼎臣撰，黄宝华整理《东原录》，《全宋笔记》第 10 册，郑州：大象出版社，2019 年，第 15 页。

48 《太平广记》卷四九一《杂传记·杨娼传》："长安诸儿一造其室，殆至亡生破产而不悔。"《太平广记》，第 4032 页。

49 孙棨《北里志·王团儿》："曲中诸子，多为富豪辈日输一缗于母，谓之买断。但未免官使，不复祗接于客。"《古今说海·北里志》，第 11 页。

50 孙棨《北里志·王团儿》："某幸未系教坊籍，君子倘有意，一二百金之费尔。"《古今说海·北里志》，第 10 页。在唐代，金银都没有价值尺度功能，不参与商品交易，但有时人们会用"金"来指代铜钱。一金没有固定的标准，可能指一贯铜钱，也可能指一文。姑且认为此处赎身价为十万至二十万文钱，大约合中晚唐中下品级京官一年的俸禄。参见彭信威《中国货币史》，上海：上海人民出版社，2015 年，第 240 页。

51 孙棨《北里志·海论三曲中事》："故保唐寺每三八日士子极多，益有期于诸妓也。"《古今说海·北里志》，第 2 页。

52 从各类文献记载中可以清楚地知道保唐寺（菩提寺）是僧寺，而非尼寺。但《南部新书》卷戊中却说："尼讲盛于保唐。"钱易撰，黄寿成点校《南部新书》，北京：中华书局，2002 年，第 67 页。可能是因为女性听众（平康坊妓）较多，所以有比丘尼专程到寺中讲经。向达认为"尼讲"或系"俗讲"一词讹误。见向达《唐代长安与西域文明》，石家庄：河北教育出版社，2001 年，第 292 页。

53 王仁裕《开元天宝遗事》卷下："新进士每及第，以泥金书帖子，附于家书中，至乡曲姻戚，例以声乐相庆，谓之'喜信'也。"《开元天宝遗事　安禄山事迹》，第 40 页。

54 《唐摭言》卷三《慈恩寺题名游赏赋咏杂纪》："薛监晚年厄于宦途，尝策羸赴朝，值新进士榜下，缀行而出。时进士团所由辈数十人，见逢行李萧条，前导曰：'回避新郎君！'逢輾然，即遣一介语之曰：'报道莫贫相！阿婆三五少年时，也会东涂西抹来。'"王定保撰，黄寿成点校《唐摭言》，西安：三秦出版社，2011 年，第 50 页。

55 《唐摭言》卷三《散序》："所以长安游手之民，自相鸠集，目之为'进士团'。初则至寡，洎大中、咸通已来，人数颇众。其有何士参者为之酋帅，尤善主张筵席。凡今年才过关宴，士参已备来年游宴之费，由是四海之内，水陆之珍，靡不毕备。时号‘长安三绝’。团司所由百余辈，各有所主。大凡谢后便往期集院院内供帐宴馔。卑于辇毂。其日，状元与同年相见后，便请一人为录事其余主宴、主酒、主乐、探花、主茶之类，咸以其日辟之。主两人，一人主饮妓。"《唐摭言》，第 33 页。

56 《唐摭言》卷三《散序》："敕下后，人置被袋，例以图障、酒器、钱绢实其中，逢花即饮。故张籍诗云：'无人不借花园宿，到处皆携酒器行。'其被袋，状元、录事同检点，阙一则罚金。"《唐摭言》，第 34 页。

57 《南部新书·乙》："进士春关，宴曲江亭，在五六月间。一春宴会，有何士参者，都主其事，多有欠其宴罚钱者，须待纳足，始肯置宴。盖未过此宴，不得出京，人戏谓何士参索债宴。士参卒，其子汉儒继其父业。"钱易撰，黄寿成点校《南部新书》，北京：中华书局，2002 年，第 19 页。

58 宋敏求编《唐大诏令集》卷一〇六《厘革新及第进士宴会敕》，北京：中华书局，2008 年，第 550 页。

59 见《太平广记》卷三五二《鬼·李云》，第 2786 页。

60 孙棨《北里志》："令狐博士滈，相君当权日，尚为贡士，多往此曲，有昵熟之地，往访之。一旦，忽告以亲戚聚会，乞辍一日，遂去之。滈于邻舍密窥，见母与女共杀一醉人而瘗之室后。来日复再诣之宿，中夜问女，女惊而扼其喉，急呼其母，将共毙之，母劝而止。及旦，归告大京尹捕之，其家已失所在矣。"《古今说海·北里志》第 18 页。

61 孙棨《北里志》："王金吾，故山南相国起之子，少狂逸，曾昵行此曲。遇有醉而后至者，遂避之床下。俄顷，又有后至者，仗剑而来，以醉者为金吾也，因枭其首而掷之曰：'来日更呵殿入朝耶？'遂据其状。金吾获免，遂不入此曲，其首家人收瘗之。"《古今说海·北里志》第 18—19 页。

62 北里妓不以色为上品，巧言而辩慧者更为出众。详见廖美云《唐伎研究》，台北：学生书局，1995 年，第 213—218 页。

63 参见孙棨《北里志·天水仟哥》，《古今说海·北里志》，第 2—3 页。

64 《古今说海》中作"雷"，根据诗意从《全唐诗》改为"云"。

65 参见孙棨《北里志·楚儿》，《古今说海·北里志》，第 3—4 页。

66 参见孙棨《北里志·颜令宾》，《古今说海·北里志》，第 6—7 页。

67 参见孙棨《北里志·杨妙儿》，《古今说海·北里志》，第 7—9 页。

68 参见孙棨《北里志·王团儿》，《古今说海·北里志》，第 9—12 页。

69 或作"亲"。

70 参见孙棨《北里志·王苏苏》，《古今说海·北里志》，第 13 页。

71　根据《酉阳杂俎》的记载，青蚨是一种外形近似蝉的昆虫，传说此虫母子永不分离。所以人们会将子虫、母虫的血涂在铜钱上，并留下一枚钱。此后花出去的钱便都会回来。后人们以此昆虫作为钱的代称。见段成式撰，许逸民校笺《酉阳杂俎校笺》，北京：中华书局，2015 年，第 2049 页。

72　参见孙棨《北里志·张住住》，《古今说海·北里志》，第 14—16 页。

73　不知为何，孙棨明确提到了住在南曲和北曲的妓女（楚儿的住处未提及，但根据其“三曲之尤”的称呼，可以推测她住在南曲），却没有提到住在中曲的妓女。书中部分妓女（如王莲莲）的住处不详，还有一部分妓女，孙棨只提到她们在“曲中”，并未明说在哪一曲，本书暂将她们都归到“中曲”。

74　参见孙棨《北里志·郑举举》，《古今说海·北里志》，第 4—5 页。

75　参见孙棨《北里志·俞洛真》，《古今说海·北里志》，第 12—13 页。

76　参见孙棨《北里志·王莲莲》，《古今说海·北里志》，第 13—14 页。

77　参见孙棨《北里志·刘泰娘》，《古今说海·北里志》，第 14 页。

78　范摅撰，唐雯校笺《云溪友议校笺》卷中《澧阳宴》，北京：中华书局，2017 年，第 124 页。

79　详见《云溪友议校笺》卷下《讯岳灵》，第 149—150 页。

80　见蒋礼鸿主编《敦煌文献语言词典》，杭州：杭州大学出版社，1994 年，第 411 页。

81　《云溪友议校笺》卷中《澧阳宴》，第 124 页。

82　傅玄《猿猴赋》：“或颙仰而踟蹰，或悲啸而吟呻。既似老公，又类胡儿。”严可均编《全上古三代秦汉三国六朝文·全晋文》卷四六，北京：中华书局，1958 年，第 1721 页。

83　杜甫《从人觅小胡孙许寄》：“预哂愁胡面。”杜甫著，仇兆鳌注《杜诗详注》卷八，北京：中华书局，1979 年，第 631 页。

84　详见《云溪友议校笺》卷中《澧阳宴》，第 124 页。

85　见崔令钦撰，任半塘笺订《教坊记笺订》，北京：中华书局，1962 年，第 37 页。

86　刘崇远《金华子杂编》卷上，《奉天录（外三种）》，第 271 页。伶人或作“孙子多”，李绅作“赵绅”，窦修作“郑修”。

87　详见《教坊记笺订》，第 37 页。

88　详见《云溪友议校笺》卷中《辞雍氏》，第 93—95 页。

89　《新唐书》卷一二七《张嘉祐列传》：“嘉祐，嘉贞弟，有干略。方嘉贞为相时，任右金吾卫将军，昆弟每上朝；轩盖驺导盈闾巷，时号所居坊曰‘鸣珂里’。”《新唐书》，第 4449 页。

90　详见康骈《剧谈录》卷上《郭鄩见穷鬼》，刘世珩辑校，郑玲校点《贵池唐人集》，合肥：黄山书社，2013 年，第 22 页。

91 王仁裕《开元天宝遗事》卷上：“都中名姬楚莲香者，国色无双，时贵门子弟争相诣之。莲香每出处之间，则蜂蝶相随，盖慕其香也。”《开元天宝遗事　安禄山事迹》，第 13 页。

92 王仁裕《开元天宝遗事》卷下：“长安名妓刘国容，有姿色，能吟诗，与进士郭昭述相爱，他人莫敢窥也。后昭述释褐授天长簿，遂与国容相别。诘旦赴任，行至咸阳，国容使一女仆驰矮驹赍短书云：‘欢寝方浓，恨鸡声之断爱；恩怜未洽，叹马足以无情。使我劳心，因君减食。再期后会，以结齐眉。’”《开元天宝遗事　安禄山事迹》，第 43 页。

93 王仁裕《开元天宝遗事》卷上：“长安进士郑愚、刘参、郭保衡、王冲、张道隐等十数辈，不拘礼节，旁若无人。每春时，选妖妓三五人，乘小犊车，指名园曲沼，藉草裸形，去其巾帽，叫笑喧呼，自谓之颠饮。”《开元天宝遗事　安禄山事迹》，第 27 页。

94 冀东山主编，申秦雁分卷主编《神韵与辉煌：陕西历史博物馆国宝鉴赏（唐墓壁画卷）》，西安：三秦出版社，2006 年，第 224—225 页。

95 《类说》卷四三《醉乡日月》佚文：“酒徒谓不可与饮者，为欢场之害马。”曾慥编《类说》，上海：上海古籍出版社，1993 年，第 757 页。

96 《猗觉寮杂记》卷上：“酒斟满，捧觞必蘸指甲。牧之云：‘为君蘸甲十分饮。’梦得云：‘蘸甲须欢便到来。’”朱翌撰，朱凯、姜汉椿整理《猗觉寮杂记》，《全宋笔记》第 38 册，郑州：大象出版社，2019 年，第 117 页。

97 李肇《唐国史补》卷下：“有男女杂履舄者，有长幼同灯烛者，外府则立将校而坐妇人，其弊如此。”《唐国史补　因话录》，第 61 页。白居易《江楼宴别》：“楼中别曲催离酌，灯下红裙间绿袍。”《白居易诗集校注》卷一六，第 1267 页。

98 《旧唐书》卷一六《穆宗本纪》：“国家自天宝已后，风俗奢靡，宴席以喧哗沉湎为乐。而居重位、秉大权者，优杂倨肆于公吏之间，曾无愧耻。”刘昫等撰，中华书局编辑部点校《旧唐书》，北京：中华书局，1975 年，第 485—486 页。

99 敦煌研究院主编《敦煌石窟艺术全集 24 民俗画卷》，上海：同济大学出版社，2016 年，第 110 页。

100 参见王文锦《古人座次的尊卑和堂室制度——从鸿门宴的座次谈起》，《文史知识》1982 年第 4 期，第 56—60 页；汪少华《古人的坐姿与座次》，《南昌大学学报（人文社会科学版）》1999 年第 3 期，第 126—130 页。

101 参见《游仙窟校注》：“管弦寥亮，分张北户之间；杯盏交横，列坐南窗之下。”张文成撰，李时人、詹绪左校注《游仙窟校注》，北京：中华书局，2010 年，第

10 页。本图改绘自王晖、王璐《由〈大唐开元礼〉所见唐代品官住居的堂室格局》一文中的“唐代品官住居中正寝空间格局推想图”，《建筑师》2020 年第 5 期，第 104—110 页。

102 《敦煌石窟艺术全集 24 民俗画卷》，第 45 页。

103 《石林燕语》卷八：“白乐天诗‘三杯蓝尾酒，一碟胶牙饧’。唐人言蓝尾多不同，‘蓝’字多作‘啉’，云出于侯白《酒律》。谓酒巡匝，末坐者连饮三杯，为蓝尾。盖末坐远酒，得到常迟，故连饮以慰之。”叶梦得撰，徐时仪整理《石林燕语》，《全宋笔记》第 26 册，郑州：大象出版社，2019 年，第 175 页。

104 张读《宣室志·郑德楙》：“食毕命酒。”李时人编校，何满子审定，詹绪左覆校《全唐五代小说》卷五，北京：中华书局，2014 年，第 2026 页。郑还古《博异记·李黄》：“六七人具饭，食毕，命酒欢饮。”《全唐五代小说》卷三六，第 1258—1259 页。

105 《避暑漫抄》佚文：“萧瑀尝因宴，太宗谓近臣曰：‘自知一座最贵者，先把酒。’”陆游撰，李昌宪整理《避暑漫抄》，《全宋笔记》第 54 册，郑州：大象出版社，2019 年，第 244 页。

106 元稹《和乐天初授户曹喜而言志》：“归来高堂上，兄弟罗酒尊。各称千万寿，共饮三四巡。”《新编元稹集》，第 2194 页。

107 《资暇集》卷下：“元和初，酌酒犹用樽杓，所以丞相高公有‘斟酌’之誉，虽数十人，一樽一杓，挹酒而散，了无遗滴。居无何，稍用注子，其形若罃而盖觜柄皆具。太（大）和九年后，中贵人恶其名同郑注，乃去柄安系，若茗瓶而小异，目之曰‘偏提’。论者亦利其便，且言柄有碍而屡倾仄。今见行用。”李匡文撰，吴企明点校《资暇集》，北京：中华书局，2012 年，第 207 页。

108 《太平广记》中曾记载有两人打架，一方把注子嘴插入对手头部致死的事件，可见注子应当具有长流；《资暇集》中又说注子“柄有碍而屡倾仄”，说明其具有长柄。但同时长沙窑中又发现了带有“张注子”“赵家注子”款识的环柄执壶。可见中晚唐与五代所说之“注子”，最开始应指长流横柄壶，后也被广泛用来代称环柄执壶（即注子“去柄安系”后的偏提）。唐时执壶大多短流，器身矮胖。从五代开始，执壶的流、柄与器身逐渐修长。宋代还出现了与之配套用来温酒的小碗，即“注碗”。参见《太平广记》卷一二四《报应·赵安》，第 881 页；《资暇集》卷下，第 207 页；牟宝蕾《注子的起源及演变》，《文博》2015 年第 6 期，第 58—65 页。

109 刘呆运、赵海燕《陕西泾阳石刘村 M318 出土“胡人宴饮图”探析》，《故宫博物院院刊》2022 年第 8 期，第 49—61 页。

110 《神韵与辉煌：陕西历史博物馆国宝鉴赏（唐墓壁画卷）》，第 89 页。

111 楼钢《点漆未能绳纯黑——黑釉瓷的发展演变与鉴赏》，《收藏》2015 年第 5 期，第 42—52 页。

112 《醉乡日月》："明府之职，前辈极为重难。盖二十人为饮，立一人为明府，所以观其斟酌之道。每一明府管骰子一双，酒杓一双。"《醉乡日月》，北京：中国社会科学出版社，1993 年，第 40 页。

113 《醉乡日月》："夫律录事者，须有饮材。材有三，谓善令、知音、大户也。凡笼台以白金为之，中实以筹一十枚、旗一、纛一。旗所以指巡也，纛所以指饮也，筹所以指犯也。"《醉乡日月》，第 41 页。

114 《醉乡日月》："凡乌合为徒，以言笑动众，暴慢无节，或叠叠起坐，或附耳慑语，律录事以本户绳之，奸不衰也。觥录事宜以刚毅木讷之士为之。"《醉乡日月》，第 42 页。

115 《醉乡日月》："犯者右引觥，左执旗，附于胸，律录事顾伶曰：'命曲破送之。'饮讫，无坠酒，稽首，以旗、觥归于觥主。曰：'不敢滴沥。'"《醉乡日月》，第 42 页。

116 刘丽文《奢华的大唐风韵——镇江丁卯桥出土的唐代银器窖藏（下）》，《收藏》2013 年第 5 期，第 106—111 页。

117 元稹《黄明府诗并序》："小年曾于解县连月饮酒，予常为觥录事。曾于窦少府厅中，有一人后至，频犯语令，连飞十二觥，不胜其困，逃席而去。"《新编元稹集》，第 1311 页。《唐摭言》卷一二《酒失》："元相公在浙东时，宾府有薛书记，饮酒醉后，因争令掷注子击伤相公犹子，遂出幕。"《唐摭言》，第 197 页。

118 李肇《唐国史补》卷下："古之饮酒，有杯盘狼籍、杨觯绝缨之说。甚则甚矣，然未有言其法者。国朝麟德中，璧州刺史邓弘庆，始创平、索、看、精四字令，至李梢云而大备。自上及下，以为宜然。大抵有律令，有头盘，有抛打，盖工于举场，而盛于使幕、衣冠。"《唐国史补　因话录》，第 61 页。

119 《云麓漫钞》卷一〇："陶谷使越，钱王因举酒令曰：'白玉石，碧波亭上迎仙客。'陶对曰：'口耳王，圣明天子要钱塘。'"赵彦卫撰，朱旭强整理《云麓漫钞》，《全宋笔记》第 60 册，郑州：大象出版社，2019 年，第 132 页。

120 牛僧孺《玄怪录》卷六《刘讽》："又一女郎起传口令，仍抽一翠簪，急说，须传翠簪，翠簪过令不通即罚。令曰：'鸾脑老，头脑好，好头脑鸾老。'传说数巡，因令紫绥下坐，使说令，紫绥素吃讷，令至，但称'鸾鸾'。女郎皆笑，曰：'昔贺若弼弄长孙鸾侍郎，以其年老口吃，又无发，故造此令。'"牛僧孺、李复言撰，林宪亮译注《玄怪录　玄怪续录》，北京：中华书局，2019 年，第 129 页。"鸾脑老，头脑好"，"老"字疑衍。

121 牛僧孺《玄怪录》卷四《来君绰》："及至污蠖，改令曰：'以坐中人姓为歌声，自二字至三字。'令曰：'罗李，罗来李，罗李罗来，罗李罗李来。'众皆惭其辩捷。"《玄怪录 玄怪续录》，第 99 页。

122 温庭筠《李先生别墅望僧舍宝刹因作双韵声》。温庭筠撰，刘学锴校注《温庭筠全集校注》卷七，北京：中华书局，2007 年，第 679 页。

123 佚名《新辑玉泉子》："裴勋容貌幺么，而性尤率易。与父坦会饮，坦令飞盏，每属其人，辄自言状。坦付勋曰：'矬人饶舌，破车饶楔。裴勋十分。'勋饮讫而复其盏，曰：'蝙蝠不自见，笑他梁上燕。十一郎十分。'坦第十一也。坦怒笞之。"《奉天录（外三种）》，第 134 页。

124 《唐摭言》卷一三："沈亚之尝客游，为小辈所试曰：'某改令书俗各两句：伐木丁丁，鸟鸣嘤嘤，东行西行，遇饭遇羹。'亚之答曰：'如切如磋，如琢如磨，欺客打妇，不当喽啰。'"《唐摭言》，第 203—204 页。

125 窦苹《酒谱》："今人多以文句首末二字相联，谓之粘头续尾。尝有客云'维其时矣'，自谓文句必无'矣'字居首者，欲以见窘。予答：'矣焉也者。'矣焉也者，决辞也，出柳子厚文。遂浮以大白。"朱肱等著，任仁仁整理校点《北山酒经（外十种）》，上海：上海书店出版社，2016 年，第 65 页。

126 元稹《答姨兄胡灵之见寄五十韵并序》："军大夫张生好属词，多妓乐，歌者华奴，善歌《淅淅盐》。又有舞者媚子，每觥令禁言，张生常令相挠。"元稹撰，冀勤点校《元稹集》卷一一，北京：中华书局，2010 年，第 141 页。

127 《唐摭言》卷一〇："时蒯希逸在席，子发改令曰：'目前取一联象'，令主曰：'远望渔舟，不阔尺八。'岩杰遽饮酒一器，凭栏呕哕。须臾即席，还肇令曰：'凭栏一吐，已觉空喉。'"《唐摭言》，第 150 页。

128 传入中国的来通杯会在底部尖锐处开孔，在宽大的口沿处灌酒，从小孔饮用，这可能是当地人出于信仰，视来通杯为圣物，认为可以滤掉液体中的毒素。中国本土角杯底端未见有开孔，而是从上端敞口处饮用。参见孙机《论西安何家村出土的玛瑙兽首杯》，《文物》1991 年第 6 期，第 84—93 页。

129 白宇《邳州煎药庙西晋墓地出土鹦鹉螺杯初探》，《文物鉴定与鉴赏》2020 年第 19 期，第 20—21 页。

130 杭州南宋官窑博物馆、深圳望野博物馆编《长安春：七至九世纪的大唐器用》，杭州：浙江古籍出版社，2018 年。

131 秦大树《中国古代陶瓷外销的第一个高峰——9 至 10 世纪陶瓷外销的规模和特点》，《故宫博物院院刊》2013 年第 5 期，第 32—49 页。

132 东京国立博物馆、NHK、NHK プロモーション编《唐の女帝・則天武后とその

時代展一宮廷の栄華》，东京：大塚巧艺社，1998 年，第 113 页。原书作“凤首杯”，本书依陕西历史博物馆文物简介牌更改。

133 齐东方、申秦雁主编《花舞大唐春：何家村遗宝精粹》，北京：文物出版社，2003 年，第 92 页。

134 刘恂《岭表录异》卷下：“石头鱼，状如鳙鱼，随其大小，脑中有二石子如荞麦，莹白如玉。有好奇者，多市鱼之小者，贮于竹器，任其坏烂，即淘之，取其鱼脑石子，以植酒筹，颇为脱俗。”刘恂等撰《岭表录异　始兴记　南海百咏》，《丛书集成初编》第 3113 册，上海：商务印书馆，1936 年，第 18 页。

135 《新唐书》卷一三四《韦坚列传》：“豫章力士瓷饮器、茗铛、釜。”《新唐书》，第 4560 页。丁卯桥窖藏出土的众多银器都带有“力士”铭文。但也有说法认为“力士”是银器主人名。

136 杨伯达主编《中国金银玻璃珐琅器全集 2：金银器（二）》，石家庄：河北美术出版社，2004 年，第 42—43 页。

137 酒席上穿着最光鲜的人罚喝一满杯。

138 酒量最大的人连喝四杯。

139 年纪最小的人罚喝半杯。

140 地位最高的客人喝半杯。

141 酒桌如公堂，负责罚酒的觥录事要以身作则，自己喝半杯。

142 四海之内都是兄弟，请任意找个人敬酒。

143 自己不喝，也别逼人喝，本轮所有人安全。

144 《稿简赘笔》：“唐人酒戏极多。钓鳌竿堂上五尺，庭前七尺，红丝线系之。石盘盛诸鱼四十品，逐一作牌子刻鱼名，各有诗于牌上。或一钓连二事物，录事释其一，以行劝罚焉。又有探珠，局格与钓鳌实同而名异，后人复以人名易鱼。”程毅中主编，王秀梅等编录《宋人诗话外编》，北京：中华书局，2017 年，第 1214 页。

145 李白《梁园吟》。李白撰，安旗等笺注《李白全集编年笺注》卷二，北京：中华书局，2015 年，第 177 页。

146 《醉乡日月》：“大凡初筵，皆先用骰子。盖欲微酣，然后迤迩入酒令。”《醉乡日月》，第 44 页。

147 杜甫《今夕行》：“冯陵大叫呼五白，袒跣不肯成枭卢。”《杜诗详注》卷一，第 59 页。

148 《容斋续笔》卷一六：“予按皇甫松所著《醉乡日月》三卷，载《骰子令》云：聚十只骰子齐掷，自出手六（之）人，依采饮焉。堂印，本采人劝合席，碧油，劝掷外三人。骰子聚于一处，谓之酒星，依采聚散。”洪迈撰，孔凡礼整理《容斋续笔》,《全宋笔记》第 45 册，郑州：大象出版社，2019 年，第 417 页。王昆吾认为“聚十只骰子齐掷”指的是两套五木，但联系上下文来看，这里似应指双陆骰子，然而双陆骰子十个一起掷又似乎过多，未审原文究竟何意。参见《唐代酒令艺术》，第 14—15 页。

149 通常有两三枚，也可能多至十枚。参见《唐代酒令艺术》，第 14 页。

150 香港文化博物馆编《物华天宝：唐代贵族的物质生活》，香港：香港区域市政局、西安：陕西省对外文物展览公司，1993 年，第 87 页。

151 2015 年，荥阳一座唐墓中出土了两枚骨制骰子。其中“四点”施红彩，其余五面为墨彩，与文献记载稍有不同，但也可能是因为褪色。

152 成玄英疏《庄子》中说：“行五道而投琼曰博，不投琼曰塞。”郭象注，成玄英疏，曹础基、黄兰发点校《南华真经注疏》外篇卷四《骈拇》，北京：中华书局，1998 年，第 188 页。成玄英认为塞戏不用琼作为骰子。这一说法有误，学者已多有论述。参见张永庆《唐代博戏探究》，新北：花木兰文化出版社，2015 年；宋会群、苗雪兰《中国博弈文化史》，北京：社会科学文献出版社，2010 年。

153 六博戏自战国始，有“大博”和“小博”两种玩法。大博用的掷具为“箸”，小博为“茕”。东汉后大博渐渐淡出历史，而唐代时小博也已式微，其掷具茕演变为“琼”。目前出土的汉代茕为木制球状十四面体或十八面体，而琼一直没有出土实物。除了六博，塞戏也用琼作为骰子，其与六博的骰子虽然都称为“琼”，但形制似乎有所不同。隋代鲍宏《塞经》中说：“塞有四采，塞、白、乘、五是也。至五即格，不得行，谓之格五。”（见范晔撰，李贤等注，中华书局编辑部点校《后汉书》卷三四《梁冀列传》注文，北京：中华书局，1965 年，第 1178 页）意思是塞戏使用的琼有四个花色，倘若掷到“五”，则不得行棋。而鲍宏《博经》中说六博“琼有五采，刻一画者谓之塞，刻两画者谓之白，刻三画者谓之黑，一边不刻者，五、塞之间，谓之五塞”（《后汉书》卷三四《梁冀列传》，第 1178 页）。从文本来看，塞戏琼有四彩，六博琼有五彩；塞戏有一彩为“乘”，六博有一彩为“黑”、一彩空白，其他基本一致。劳榦认为，《博经》中的“五采”系误抄，当为“四采”，因为下文只提到“塞”“白”“黑”“五塞”四彩。见劳榦《六博及博局的演变》,《“中央研究院”历史语言研究所集刊》1964 年第 35 期，第 15—30 页。不过按照笔者理解，六博应该还是有五彩，鲍宏只是没有强调“五”这一彩，不然不会说“一边不刻者，五、塞之间，谓之五塞”。

总结一下，塞戏的琼有四彩“塞”“白”“乘”“五”；六博的琼有五彩“塞”“白”“黑”“五”，以及位于“五”和“塞”之间的“五塞”。据《古博经》（成书不晚于东晋）记载：“其掷采以琼为之。琼畟方寸三分，长寸五分，锐其头，钻刻琼四面为眼，亦名为齿。”（杨伯峻《列子集释》卷八《说符》注文，北京：中华书局，1979 年，第 262 页）推测琼应当是一种两头削尖的五棱柱，四面有花色，一面空白。而根据温庭筠诗中“双琼京兆博”的记述，唐代骰盘令应是一次使用两枚“琼”的，见《温庭筠全集校注》卷九《鸿胪寺有开元中锡宴堂楼台池沼雅为胜绝荒凉遗址仅有存者偶成四十韵》，第 809 页。

154 《酉阳杂俎校笺》前集卷五《怪术》：“宋居士说：‘掷骰子，咒云：伊谛弥谛，弥揭罗谛，念满万遍，彩随呼而成。’”《酉阳杂俎校笺》，第 518 页。

155 《敦煌石窟艺术全集 24 民俗画卷》，第 50 页。

156 《唐律疏议笺解》卷二六《杂律》：“诸博戏赌财物者各杖一百，赃重者各依己分准盗论。其停止主人及出九若和合者，各如之。赌饮食者，不坐。”刘俊文《唐律疏议笺解》，北京：中华书局，1996 年，第 1814 页。

157 王仁裕《开元天宝遗事》卷下：“都中每至正月十五日，造面茧，以官位帖子卜官位高下，或赌筵宴，以为戏笑。”《开元天宝遗事　安禄山事迹》，第 36 页。还有第七章中的冯衮。

158 《南部新书》卷庚：“李郃为贺牧，与妓人叶茂连江行，因撰骰子选，谓之‘叶子’。咸通以来，天下尚之。”《南部新书》，第 103 页。之所以得名叶子，可能是因为游戏用到的图案与文字规则写在册页上，唐人称这种册子为“叶子”。唐宋时的叶子戏类似后世的选官图（升官图），而与明代的叶子戏大相径庭。明代的叶子戏沿用了称呼，但实质是牌戏，道具为散页纸牌。

159 房千里《骰子选格序》：“开成三年春，予自海上北徙，舟行次洞庭之阳，有风甚急，系船野浦下三日。遇二三子号进士者，以六骰双双为戏，更投局上，以数多少为进身职官之差数，丰贵而约贱。卒局，座客有为尉掾而止者，有贵为相臣将臣者，有连得美名而后不振者，有始甚微而歘升于上位者。大凡得失，酷似前所谓不系贤不肖，但卜其偶不偶耳。达人以生死为劳息，万物为一马，果如是。”《全唐文》卷七六〇，北京：中华书局，1983 年，第 7901 页。

160 《清异录》卷下：“文宗属宦竖专横，动即掣肘，颇以酣饮为娱。嫔御之小户者厌患之，争赂内执事，则造黄金盏，以金莲荷菱芰，为玦束盘，其实中空，盏满则可潜引入盘中。人初不知也，遂有‘神通盏’、‘了事盘’之号。”陶谷撰，郑村声、俞钢整理《清异录》，《全宋笔记》，第 2 册，郑州：大象出版社，2019 年，第 98 页。

161 孟晖《暗藏机关的酒器：神通盏》，《明周文化》专栏《食艺谈》，2018 年 1 月 10 日。

162 见《醉乡日月》，第 44 页。

163 关于曲名中“盐”字的含义，较为可信的主要有三种观点。① 它就是盐的本意。

② 外语译音，乃曲之别称。比如突厥语中，yïr 为“歌曲、曲调”之义。③ 指曲将终之部分，节奏较快。《新唐书》卷三五《五行志》：“武后时，民饮酒讴歌，曲终而不尽者，谓之‘族盐’。”《新唐书》，第 921 页。参见张建华《盐题曲考论》，《音乐研究》2018 年第 3 期，第 83—95 页。

164 《本事诗·嘲戏》：“中宗朝，御史大夫裴谈崇奉释氏。妻悍妒，谈畏之如严君。尝谓人：‘妻有可畏者三：少妙之时，视之如生菩萨。及男女满前，视之如九子魔母，安有人不畏九子魔母耶？及五十、六十，薄施脂粉或黑或青，视之如鸠盘荼，安有人不畏鸠盘荼？’时韦庶人颇袭武氏之风轨，中宗渐畏之。内宴唱《回波词》，有优人词曰：‘回波尔时栲栳，怕妇也是大好。外边只有裴谈，内里无过李老。’韦后意色自得，以束帛赐之。”孟棨撰，董希平等评注《本事诗》，北京：中华书局，2014 年，第 195—196 页。

165 参见叶栋《敦煌壁画中的五弦琵琶及其唐乐》，《音乐艺术》1984 年第 1 期，第 24—41 页。

166 牛僧孺《玄怪录》卷六《刘讽》，《玄怪录　玄怪续录》，第 132 页。

167 详见彭松《敦煌舞谱残卷破解》，《敦煌学辑刊》1989 年第 2 期，第 110—138 页。

168 《异闻集校证》三一《秦梦记》：“舞者击髀附髀呜呜。”《异闻集校证》，第 281 页。

169 《朱子语类》卷九二《乐》：“唐人俗舞谓之‘打令’，其状有四：曰招，曰摇，曰送，其一记不得。盖招则邀之之意，摇则摇手呼唤之意，送者送酒之意。旧尝见深村父老为余言，其祖父尝为之收得谱子。曰：‘兵火失去。’舞时皆裹幞头，列坐饮酒，少刻起舞。有四句号云：‘送摇招摇，三方一圆，分成四片，得在摇前。’人多不知，皆以为哑谜。”黎靖德编，王星贤点校《朱子语类》，北京：中华书局，1986 年，第 2343 页。

170 李宣古《杜司空席上赋》，《全唐诗》卷五五二，第 6394 页。

171 《太平广记》卷二五七《嘲诮·周顗》：“唐处士周顗洪儒奥学，偶不中第，旅浙西，与从事欢饮，而昧于令章，筵中皆戏之。有宾从赠诗曰：‘龙津掉尾十年劳，声价当时斗月高。唯有红妆回舞手，似持双刃向猿猱。’”《太平广记》，第 2000 页。

172 白居易《与牛家妓乐雨后合宴》，《白居易诗集校注》卷三四，第 2605 页。

173 孙棨《北里志·王团儿》：“此踪迹安可迷而不返耶？又何计以返？每思之，不能不悲也。”《古今说海·北里志》，第 10 页。

174 敦煌研究院主编《敦煌石窟艺术全集 17 舞蹈画卷》，上海：同济大学出版社，2016 年，第 215 页。

175 《太平广记》卷二八二《梦·张生》，第 2250—2251 页。

176 杨郁伯《送妓人出家》："尽出花钿与四邻，云鬟剪落厌残春。暂惊风烛难留世，便是莲花不染身。贝叶欲翻迷锦字，梵声初学误梁尘。从今艳色归空后，湘浦应无解珮人。"《全唐诗》卷二七二，第 3061 页。

177 见孙棨《北里志·楚儿》,《古今说海·北里志》，第 3—4 页。

178 见孙棨《北里志·颜令宾》,《古今说海·北里志》，第 6—7 页。

179 见孙棨《北里志·王团儿》,《古今说海·北里志》，第 9—12 页。

180 见孙棨《北里志·王团儿》,《古今说海·北里志》，第 9—12 页。

181 见孙棨《北里志·张住住》,《古今说海·北里志》，第 14—16 页。

182 孙棨《北里志》："郑光业新及第年，宴次，有子女卒患心痛而死，同年皆惶骇。光业撤筵中器物，悉授其母，别征酒器，尽欢而散。"《古今说海·北里志》，第 17—18 页。

183 源匡秀《有唐吴兴沈氏（子柔）墓志铭》，吴钢主编《全唐文补遗》第 4 辑，西安：三秦出版社，1997 年，第 247 页。

184 《南史》卷五七《范缜列传》："时竟陵王子良盛招宾客，缜亦预焉。尝侍子良，子良精信释教，而缜盛称无佛。子良问曰：'君不信因果，何得富贵贫贱？'缜答曰：'人生如树花同发，随风而堕，自有拂帘幌坠于茵席之上，自有关篱墙落于粪溷之中。'"李延寿撰，中华书局编辑部点校《南史》，北京：中华书局，1975 年，第 1421 页。

第九章　演出与庆典指南

1 译自吉尔伯特·默里（Gilbert Murray）在 1915 年出版的《阿尔刻提斯》英译本。Translated by Gilbert Murray, *Alcestis by Euripides*, London: G. Allen & Unwin ltd, 1915, p.67.

2 《册府元龟》卷一四四《帝王部·弭灾》："二年三月癸亥，以久旱徙东西二市。于是祭风伯、雨师，修雩祀坛，为泥人土龙，及望祭名山大川而祈雨。"王钦若等编纂，周勋初等校订《册府元龟》，南京：凤凰出版社，2006 年，第 1616 页。

3 《册府元龟》卷一四四《帝王部·弭灾》："乾元元年五月己亥，亢旱。阴阳人李奉先自大明宫出金龙及纸钱，太常音乐迎之，送于曲江池，投龙祈雨。宰相及礼官并于池所行祭，礼毕，奉先投龙于池。"《册府元龟》，第 1616 页。

4 东京国立博物馆、NHK、NHKプロモーション编《唐の女帝·則天武后とその時代展—宮廷の栄華》，东京：大塚巧艺社，1998 年，第 158 页。

5 金维诺总主编，齐东方卷主编《中国美术全集 金银器玻璃器 1》，合肥：黄山书社，2010 年，第 129 页。

6 《太平广记》卷二六〇《嗤鄙·黎幹》："祈雨于朱雀门街，造土龙，悉召城中巫觋，舞于龙所。幹与巫觋更舞，观者骇笑。"李昉等编《太平广记》，北京：中华书局，1961 年，第 2032 页。黎幹被嘲笑，舞姿滑稽是一个原因，主要还是此人风评极差。《旧唐书》中说他"贪暴益甚，徇于财色"，他与宦官刘忠翼勾结甚密，事发被流放，一路上"市里儿童数千人噪聚，怀瓦砾投击之，捕贼尉不能止"，见刘昫等撰，中华书局编辑部点校《旧唐书》卷一一八《黎幹列传》，北京：中华书局，1975 年，第 3426 页。

7 在市署登籍之人，即东西二市中固定店铺的商贩与经营者，在唐代属于良民。

8 段安节《乐府杂录·琵琶》："贞元中，有康昆仑第一手。始遇长安大旱，诏移南市祈雨，及至天门，街市人广，较胜负，斗声乐。即街东有康昆仑，琵琶最上，必谓街西无以敌也。遂请昆仑登彩楼，弹一曲新翻羽调《绿腰》。其街西亦建一楼，东市大诮之。及昆仑度曲，西市楼上出一女郎，抱乐器，先云：'我亦弹此曲，兼移在枫香调中。'及下拨，声如雷，其妙入神。昆仑即惊骇，乃拜请为师。女郎遂更衣出见，乃僧也。盖西市豪族，厚赂庄严寺僧善本，姓段，以定东廛之声。"崔令钦等撰，吴企明点校《教坊记（外三种）》，北京：中华书局，2012 年，第 130—131 页。南市，或作"两市"。

9 见《异闻集校证》一〇《李娃传》。陈翰编，李小龙校证《异闻集校证》，北京：中华书局，2019 年，第 63—71 页。

10 《唐会要》卷三四："（会昌）三年十二月，京兆府奏：'近日坊市聚会，或动音乐，皆被台府及军司所由恐动，每有申闻。自今已后，请皆禁断。'从之。"王溥《唐会要》，北京：中华书局，1960 年，第 632 页。

11 见萧嵩等《大唐开元礼》卷四《皇帝冬至祀圜丘》，北京：民族出版社，2000 年，第 35—44 页。

12 参见金子修一著，肖圣中、吴思思、王曹杰译《古代中国与皇帝祭祀》，上海：复旦大学出版社，2017 年，第 130—146 页。

13 唐前期大朝会与祀天都在冬至当天举行。玄宗天宝三载（744）至代宗朝期间，因认为祭祀昊天大帝理应恭敬谨慎，不宜再举办朝会，便将后者改在祀天次日。此后，大朝会举行日期又进行了数次更改。

14 见罗彤华《唐代宫廷防卫制度研究》，台北：元华文创股份有限公司，2021 年，第 155—159 页。

15 《唐六典》中记载大驾卤簿共计一千八百三十八人。但实际人数远超过这个数量，如《入唐求法巡礼行记校注》卷三《开成六年》中提道："正月八日。早朝出城，幸南郊坛。坛在明德门前。诸卫及左右军廿万众相随。诸奇异事不可胜计。”《入唐求法巡礼行记校注》，第 359 页。而罗彤华推测可能在两万人上下，见《唐代宫廷防卫制度研究》，第 159 页。

16 《唐会要》卷九下：“鼓传音如常，不鸣鼓吹，不得喧哗。”《唐会要》，第 174 页。

17 考虑到唐以宗庙为大祀，推测祭祀太庙的礼仪队伍会从朱雀门进入皇城。

18 玄宗以后，季秋明堂大享移至圜丘举行。

19 此图参考中国社会科学院考古研究所西安唐城工作队《陕西西安唐长安城圜丘遗址的发掘》，《考古》2000 年第 7 期，第 29—47 页；赵永磊《隋唐圜丘三壝形制及燎坛方位探微》，《考古》2017 年第 10 期，第 114—120 页。

20 唐初颁赦地点在太极宫承天门，大明宫建成后多在丹凤门城楼。丹凤门也是君主接见外交使臣（玄宗时）、大阅兵马（肃宗时）之门。

21 《唐律疏议笺解》卷二四：“诸邀车驾及挝登闻鼓若上表，以身事自理诉而不实者，杖八十。”刘俊文《唐律疏议笺解》，北京：中华书局，1996 年，第 1671 页。

22 《唐律疏议笺解》卷七：“诸车驾行，冲队者，徒一年；冲三卫仗者，徒二年。”《唐律疏议笺解》，第 609 页。冲驾者被砍去右臂一事，见张鷟《右卫状称驾幸西京诉事人梁瓛冲三卫仗遂被翊卫张忠以刀斫折右臂断瓛徒不伏》，《全唐文》卷一七三，第 1766 页。

23 《资治通鉴》卷一九九《唐纪》：“二月，甲寅，上御安福门楼，观百戏。乙卯，上谓侍臣曰：‘昨登楼，欲以观人情及风俗奢俭，非为声乐。朕闻胡人善为击鞠之戏，尝一观之。昨初升楼，即有群胡击鞠，意谓朕笃好之也。帝王所为，岂宜容易。朕已焚此鞠，冀杜胡人窥望之情，亦因以自诫。’”司马光编著，胡三省音注，标点资治通鉴小组点校《资治通鉴》，北京：中华书局，1956 年，第 6278 页。在《封氏闻见记》中，此事被归于太宗，但无论怎样，足见统治者排胡之心。

24 史料中没有记载安乐公主出嫁的细节，本段化用自唐宪宗幼子荣王聘妃的一幕，参见梁铉《天门街西观荣王聘妃》：“帝子乘龙夜，三星照户前。两行宫火出，十里道铺筵。罗绮明中识，箫韶暗里传。灯攒九华扇，帐撒五铢钱。”彭定求等编《全唐诗》卷五〇五，北京：中华书局，1960 年，第 5747 页。以及《太平广记》卷二三七《奢侈·同昌公主》：“（懿宗）同昌公主出降……公主乘七宝步辇，四角缀五色锦香囊。囊中贮辟邪香瑞麟香金凤香。……每一出游，则芬香街巷，晶光耀日，观者眩其目。”《太平广记》，第 1826 页。

25 张鷟《朝野佥载》卷三：“睿宗先天二年正月十五、十六夜，于京师安福门外作灯轮高二十丈，衣以锦绮，饰以金玉，燃五万盏灯，簇之如花树。宫女千数，衣罗绮，曳锦绣，耀珠翠，施香粉。一花冠、一巾帔皆万钱，装束一妓女皆至三百贯。妙简长安、万年少女妇千余人，衣服、花钗、媚子亦称是，于灯轮下踏歌三日夜，欢乐之极，未始有之。”刘餗、张鷟撰，程毅中、赵守俨点校《隋唐嘉话 朝野佥载》，北京：中华书局，1979 年，第 69 页。原文中“睿宗”当作“玄宗”。

26 李商隐《正月十五夜闻京有灯恨不得观》：“月色灯光满帝都，香车宝辇隘通衢。”李商隐著，聂石樵、王汝弼笺注《玉谿生诗醇》，北京：中华书局，2008 年，第 109 页。

27 张说《十五日夜御前口号踏歌词二首》：“西域灯轮千影合，东华金阙万重开。”张说著，熊飞校注《张说集校注》卷一〇，北京：中华书局，2013 年，第 546 页。“灯楼多达七八层”，见图 9-7 莫高窟 220 窟中的灯楼图像。

28 郑处诲《明皇杂录》：“上在东都，遇正月望夜，移仗上阳宫，大陈影灯，设庭燎，自禁中至于殿庭，皆设蜡炬，连属不绝。时有匠毛顺，巧思结创缯彩，为楼三十间，高一百五十尺，悬珠玉金银，微风一至，锵然成韵。乃以灯为龙凤虎豹腾跃之状，似非人力。”郑处诲、裴庭裕撰，田廷柱点校《明皇杂录 东观奏记》，北京：中华书局，1994 年，第 55 页。

29 敦煌研究院主编《敦煌石窟艺术全集 17 舞蹈画卷》，上海：同济大学出版社，2016 年，第 84—85 页。

30 敦煌研究院主编《敦煌石窟艺术全集 24 民俗画卷》，上海：同济大学出版社，2016 年，第 200、204 页。

31 沈佺期《夜游》。沈佺期撰，陶敏、易淑琼校注《沈佺期集校注》卷四，北京：中华书局，2001 年，第 261—262 页。

32 韦述《两京新记辑校》卷二：“京师街衢有金吾晓暝传呼，以禁夜行，唯正月十五日夜敕许金吾驰禁，前后各一日，以观灯。其寺观街巷灯明若昼，士女夜游，车马塞路。有足不蹑地，浮行数十步者。阡陌纵横，城关不禁。五陵年少，满路行歌，万户千门，笙簧未撤。”韦述、杜宝撰，辛德勇辑校《两京新记辑校 大业杂记辑校》，北京：中华书局，2020 年，第 68 页。

33 郭利贞《上元》：“烂熳唯愁晓，周游不问家。”刘肃撰，许德楠、李鼎霞点校《大唐新语》卷之八，北京：中华书局，1984 年，第 128 页。

34 《隋书》卷六二《柳彧传》：“每以正月望夜，充街塞陌，聚戏朋游。鸣鼓聒天，燎炬照地，人戴兽面，男为女服，倡优杂技，诡状异形。”魏徵、令狐德棻撰，中华书局编辑部点校《隋书》，北京：中华书局，1973 年，第 1483 页。

35 刘禹锡《踏歌词》：“月落乌啼云雨散，游童陌上拾花钿。”刘禹锡撰，《刘禹锡集》整理组点校，卞孝萱校订《刘禹锡集》卷二六，北京：中华书局，1990 年，第 345 页。

36 《旧唐书》卷七《睿宗本纪》："己卯，上观乐于安福门，以烛继昼，经日乃止。"《旧唐书》，第 160 页。

37 见中国科学院考古研究所西安唐城发掘队《唐代长安城考古纪略》，《考古》1963 年第 11 期，第 595—611 页。

38 《唐会要》卷二九："贞观十七年十一月，诏曰：'天下宜赐酺三日。自汉魏以来，或赐牛酒。牛之为用，耕稼所资，多有宰杀，深乖恻隐。其男子年七十以上，量给酒、米、面。'"《唐会要》，第 540 页。

39 《太平广记》卷三三六《鬼·张守一》："俄尔有诏赐酺，城中纵观。守一于会中窥见士人家女，姿色艳绝，相悦之。"《太平广记》，第 2667 页。

40 《册府元龟》卷八〇《帝王部·庆赐》："十二年二月戊申，大酺。辛亥，诏曰：'大酺之会，与人同欢。或虑远方观者，来往狼狈，其四夜并宜开坊门，府县金吾严加捉搦。'"《册府元龟》，第 875 页。

41 郑处诲《明皇杂录》卷下："每赐宴设酺会，则上御勤政楼。金吾及四军兵士未明陈仗，盛列旗帜，皆帔黄金甲，衣短后绣袍。太常陈乐，卫尉张幕后，诸蕃酋长就食。府县教坊，大陈山车旱船，寻橦走索，丸剑角抵，戏马斗鸡。又令宫女数百，饰以珠翠，衣以锦绣，自帷中出，击雷鼓为《破阵乐》《太平乐》《上元乐》。又引大象、犀牛入场，或拜舞，动中音律。"郑处诲、裴庭裕撰，田廷柱点校《明皇杂录　东观奏记》，北京：中华书局，1994 年，第 26 页。

42 段安节《乐府杂录·歌》："一日，赐大酺于勤政楼，观者数千万众，喧哗聚语，莫得闻鱼龙百戏之音。上怒，欲罢宴，中官高力士奏请命永新出楼歌一曲，必可止喧。上从之。永新乃撩鬓举袂，直奏曼声，至是广场寂寂，若无一人，喜者闻之气勇，愁者闻之肠绝。"《教坊记（外三种）》，第 125 页。

43 王仁裕《开元天宝遗事》卷下："宫妓永新者善歌，最受明皇宠爱。每对御奏歌，则丝竹之声莫能遏。帝尝谓左右曰：'此女歌直千金。'"王仁裕、姚汝能撰，曾贻芬点校《开元天宝遗事　安禄山事迹》，北京：中华书局，2006 年，第 52 页。

44 王仁裕《开元天宝遗事》卷上："念奴者，有姿色，善歌唱，未尝一日离帝左右。每执板当席，顾眄左右。帝谓妃子曰：'此女妖丽，眼色媚人。'每啭声歌喉，则声出于朝霞之上，虽钟鼓笙竽嘈杂，而莫能遏。宫妓中，帝之钟爱也。"《开元天宝遗事　安禄山事迹》，第 21—22 页。

45 《旧唐书》卷九《玄宗本纪》："御勤政楼大酺。北庭都护程千里生擒阿布思献于楼下，斩之于朱雀街。"《旧唐书》，第 228 页。

46 唐代献俘礼的主要举办地点为皇城内的太庙与太社、大宁坊太清宫、大明宫兴安门、皇城延喜门、太极宫观德殿、太极宫紫微殿和兴庆宫勤政楼等。详见吕学良

《唐代献俘礼的礼仪空间及时空特征》,《黑龙江社会科学》2021 年第 1 期，第 111—118 页。

47 郑处诲《明皇杂录》卷下：“金吾及四军兵士未明陈仗，盛列旗帜，皆帔黄金甲，衣短后绣袍。”《明皇杂录　东观奏记》，第 26 页。

48 郑綮《开天传信记》：“上御勤政楼大酺，纵士庶观看。百戏竞作，人物填咽。金吾卫士白棒雨下，不能制止。”《教坊记（外三种）》，第 84 页。

49 郑綮《开天传信记》：“上患之，谓力士曰：‘吾以海内丰稔，四方无事，故盛为宴乐，与百姓同欢，不知下人喧乱如此，汝何方止之？’力士曰：‘臣不能也。陛下试召严安之处分打场，以臣所见，必有可观。’上从之。安之到，则周行广场，以手板画地示众曰：‘犯此者死！’以是终五日酺宴，咸指其地画曰‘严公界境’，无一人敢犯者。”《教坊记（外三种）》，第 84 页。《开天传信记》记载此事发生在勤政楼，但鉴于严安之开元年间为河南尹，此事发生在洛阳当更为合理。因此在《资治通鉴》中，事发地被改为洛阳的五凤楼。

50 开元十七年（729）定玄宗降诞日为千秋节，天宝七载（748）改天长节。

51 《教坊记笺订》：“《圣寿乐》舞，衣襟皆各绣一大窠，皆随其衣本色。制就缦衫，下才及带，若短汗衫者以笼之，所以藏绣窠也。舞人初出，乐次，皆是缦衣舞。至第二叠，相聚场中，即于众中，从领上抽去笼衫，各纳怀中。观者忽见众女咸文绣炳焕，莫不惊异！”《教坊记笺订》，第 23 页。

52 《旧唐书》卷二九《音乐志》：“圣寿乐，高宗武后所作也。舞者百四十人，金铜冠，五色画衣。舞之行列必成字，十六变而毕。有‘圣超千古，道泰百王。皇帝万年，宝祚弥昌’字。”《旧唐书》，第 1060 页。《旧唐书》卷二八《音乐志》：“若《圣寿乐》，则回身换衣，作字如画。”《旧唐书》，第 1051 页。

53 张说《舞马千秋万岁乐府词三首》：“更有衔杯终宴曲，垂头掉尾醉如泥。”张说著，熊飞校注《张说集校注》卷一〇，北京：中华书局，2013 年，第 559 页。

54 郑处诲《明皇杂录》：“玄宗尝命教舞马……因命衣以文绣，络以金银，饰其鬃鬣，间杂珠玉，其曲谓之《倾杯乐》者数十回，奋首鼓尾，纵横应节。又施三层板床，乘马而上，旋转如飞。或命壮士举一榻，马舞于榻上，乐工数人立左右前后，皆衣淡黄衫，文玉带，必求少年而姿貌美秀者。每千秋节，命舞于勤政楼下。”《明皇杂录　东观奏记》，第 45 页。

55 见金维诺总主编，杨泓卷主编《中国美术全集 墓葬及其他雕塑 2》，合肥：黄山书社，2010 年，第 391 页。

56 齐东方、申秦雁主编《花舞大唐春：何家村遗宝精粹》，北京：文物出版社，2003 年，第 239 页。

57　吕元真艺高，脾气也大。《教坊记笺订》：“吕元真打鼓，头上置水碗，曲终而水不倾动，众推其能定头项。上在藩邸，召之。元真恃其能，多不时至，乃云：‘须得黄纸。’黄纸，谓敕也。上衔之，故流辈皆有爵命，惟元真素身。”《教坊记笺订》，第 49 页。

58　御楼一般即指勤政楼。根据文献记载，勤政务本楼与花萼相辉楼建于开元八年（720），位于扩建前的兴庆宫西南侧宫墙处。不过，杨为刚根据考古实证和文献，提出花萼相辉楼与勤政务本楼是同一座楼在不同时期的称呼。玄宗统治前期称花萼楼，后期称勤政楼，聊备一说。详见杨为刚《建筑·空间·书写：唐兴庆宫花萼相辉勤政务本楼研究》，《中华文史论丛》2015 年第 3 期，第 257—311 页。

59　《封氏闻见记校注》卷六：“玄宗开元二十四年八月五日，御楼设绳妓。妓者先引长绳，两端属地，埋鹿卢以系之。鹿卢内数丈立柱以起绳，绳之直如弦。然后妓女自绳端蹑足而上，往来倏忽之间，望之如仙。有中路相遇，侧身而过者；有著履而行，从容俯仰者；或以画竿接胫，高五六尺；或踏肩蹈顶至三四重，既而翻身掷倒，至绳还住曾无蹉跌，皆应严鼓之节，真奇观者。”《封氏闻见记校注》，第 55 页。

60　刘言史《观绳伎》。《全唐诗》卷四六八，第 5323 页。

61　《信西入道古乐图》是一幅日本记录唐代乐舞和百戏的画卷，由于该卷晚期部分的作者可能是平安末期的僧人信西入道，故得名。

62　郑处诲《明皇杂录》卷上：“玄宗御勤政楼，大张乐，罗列百妓。时教坊有王大娘者，善戴百尺竿，竿上施木山，状瀛州方丈，令小儿持绛节出入于其间，歌舞不辍。”《明皇杂录　东观奏记》，第 13 页。

63　张祜《千秋乐》。张祜撰，尹占华校注《张祜诗集校注》卷三，成都：巴蜀书社，2007 年，第 154 页。

64　《教坊记笺订》：“筝斗裴承恩妹大娘善歌，兄以配竿木侯氏，又与长入赵解愁私通。侯氏有疾，因欲药杀之。王辅国、郑衔山与解愁相知，又是侯乡里，密谓薛忠、王琰曰：‘为我语侯大兄：晚间有人送粥，慎莫吃。’及期，果有赠粥者，侯遂不食。其夜，裴大娘引解愁，谋杀其夫，衔山愿擎土袋。灯既灭，衔山乃以土袋置侯身上，不压口鼻，余党不之觉也。比明，侯氏不死，有司以闻。上令范安及穷究其事。于是赵解愁等皆决一百。众皆不知侯氏不掩口鼻而不死也。或言土袋绽裂，故活。是以诸女戏相谓曰：‘女伴！尔自今后，缝压婿土袋，当加意夹缝缝之，更无令开绽也。’”《教坊记笺订》，第 42 页。

65　《教坊记笺订》：“范汉女大娘子，亦是竿木家。开元二十一年，出内，有姿媚而微愠羝，谓腋气也。”《教坊记笺订》，第 46 页。

66 郑嵎《津阳门诗》自注："上始以诞圣日为千秋节，每大酺会，必于勤政楼下使华夷纵观。有公孙大娘舞剑，当时号为雄妙。"彭定求等编《全唐诗》卷五六七，北京：中华书局，1960 年，第 6563 页。

67 新疆维吾尔自治区博物馆编《新疆维吾尔自治区博物馆》，北京：文物出版社，1991 年，图版 139。

68 西安博物院编，余红健主编《乐居长安：唐都长安人的生活展》，北京：文物出版社，2020 年，第 192 页。

69 西安市文物保护考古所、王自力、孙福喜编著《唐金乡县主墓》，北京：文物出版社，2002 年，图版 108。

70 《敦煌石窟艺术全集 24 民俗画卷》，第 49 页。

71 张祜《退宫人二首》："开元皇帝掌中怜，流落人间二十年。长说承天门上宴，百官楼下拾金钱。"《张祜诗集校注》卷四，第 168 页。

72 苏鹗《杜阳杂编》卷中："文宗即位，恶其太险伤神，遂不复作。"李濬、苏鹗、冯翊子《松窗杂录　杜阳杂编　桂苑丛谈》，北京：中华书局，1958 年，第 41 页。

73 《旧唐书》卷一七下《文宗本纪》："寒食节，上御通化门以观游人。"《旧唐书》，第 577 页。

74 《旧唐书》卷一八《武宗本纪》："八月十七日，葬文宗皇帝于章陵。"《旧唐书》，第 585 页。《入唐求法巡礼行记》中，圆仁记录下自己看到回程的山陵使队伍从通化门入长安，并未提及出城的情形，但考虑到文宗葬于长安城东北方的章陵，所以送葬时也应当是从通化门出。《入唐求法巡礼行记校注》卷三《开成五年》："八月廿二日。午前，山陵使回来，从通化门入。"《入唐求法巡礼行记校注》，第 333 页。

75 《旧唐书》卷一五《宪宗本纪》："八月戊午朔。庚申，裴度发赴行营，敕神策军三百人卫从，上御通化门劳遣之。度望门再拜，衔涕而辞，上赐之犀带。"《旧唐书》，第 460 页。

76 苏鹗《杜阳杂编》卷下："及葬于东郊，上与淑妃御延兴门，出内库金玉驼马，凤凰、麒麟各高数尺，以为威仪。其衣服玩具，悉与生人无异。一物已上，皆至一百二十舁；刻木为楼阁、宫殿、龙凤、花木、人畜之象者，不可胜计；以绛罗多绣络金银瑟瑟为帐幕者，亦各千队；结为幢节伞盖，弥街翳日，旌旗珂珮，兵士卤簿，率多加等，以赐紫尼及女道士为侍从引翼，焚升霄降灵之香，击归天紫金之磬，繁华辉焕，殆二十余里。上又赐酒一百斛、饼餤三十骆驼，各径阔二尺，饲役夫也。京城士庶，罢市奔看，汗流相属，惟恐居后。及灵车过延兴门，上与淑妃恸哭，中外闻者无不伤泣。"《松窗杂录　杜阳杂编　桂苑丛谈》，第 57 页。

77 《南部新书》卷戊："长安戏场多集于慈恩，小者在青龙，其次荐福、永寿。尼讲盛于保唐，名德聚之安国。士大夫之家入道，尽在咸宜。"钱易撰，黄寿成点校《南部新书》，北京：中华书局，2002 年，第 67 页。

78 《唐大诏令集》卷八一《内出云韶舞敕》："自立云韶内府，百有余年，都不出于九重。今欲陈于万姓，冀与群公同乐，岂独娱于一身？"宋敏求编《唐大诏令集》，北京：中华书局，2008 年，第 466 页。

79 本节内容参见任中敏著，杨晓霭、肖玉霞整理《唐戏弄》，南京：凤凰出版社，2013 年，第 677—695 页。

80 元稹《哭女樊四十韵》："腾蹋游江舫，攀缘看乐棚。"元稹原著，吴伟斌辑佚编年笺注《新编元稹集》，西安：三秦出版社，2015 年，第 4905 页。

81 《资治通鉴》卷二四八《唐纪》："十一月庚午，万寿公主适起居郎郑颢。……颢弟顗，尝得危疾，上遣使视之。还，问：'公主何在？'曰：'在慈恩寺观戏场。'上怒，叹曰：'我怪士大夫家不欲与我家为昏，良有以也！'亟命召公主入宫，立之阶下，不之视。公主惧，涕泣谢罪。上责之曰：'岂有小郎病，不往省视，乃观戏乎！'遣归郑氏。由是终上之世，贵戚皆兢兢守礼法，如山东衣冠之族。"《资治通鉴》，第 8036 页。

82 段安节《乐府杂录·鼓架部》："苏中郎，后周士人苏葩，嗜酒，落魄，自号中郎。每有歌场，辄入独舞。今为戏者，著绯戴帽，面正赤，盖状其醉也。"《教坊记（外三种）》，第 123 页。《太平御览》卷五七三："踏摇娘者，生于隋末，夫河内人，丑貌而好酒，常自号'郎中'，醉归必殴其妻。妻色美，善歌，乃自歌为恳苦之词。河朔演其曲而被之管弦，因写其夫妻之容。妻悲诉，每摇其身，故号'踏摇娘'。"李昉等《太平御览》，北京：中华书局，1960 年，第 2587 页。

83 《教坊记笺订》："踏谣娘：北齐有人姓苏，疱鼻。实不仕，而自号为'郎中'。嗜饮，酗酒，每醉，辄殴其妻。妻衔怨，诉于邻里。时人弄之：丈夫著妇人衣，徐步入场行歌。每一叠，旁人齐声和之，云：'踏谣，和来！踏谣娘苦！和来！'以其且步且歌，故谓之'踏谣'；以其称冤，故言'苦'。及其夫至，则作殴斗之状，以为笑乐。今则妇人为之，遂不呼'郎中'，但云'阿叔子'。"《教坊记笺订》，第 173 页。

84 参见康保成《〈踏谣娘〉考源》，北京大学国学研究院中国传统文化研究中心编《国学研究》第 10 卷，北京：北京大学出版社，2002 年，第 273—298 页。不过任中敏认为应当是涂面，而非戴面具，见《唐戏弄》，第 456 页。

85 《唐戏弄》："晚期之演出，多一丑脚登场，扮典库，前来需索，是为第三场。"《唐戏弄》，第 500 页。

86　段安节《乐府杂录·俳优》："咸通以来，即有范传康、上官唐卿、吕敬迁等三人，弄假妇人。"《教坊记（外三种）》，第129页。

87　《新疆维吾尔自治区博物馆》，图版134、135。

88　"国立"历史博物馆编辑委员会编《丝路传奇：新疆文物大展》，台北："国立"历史博物馆，2008年，第83页。

89　详见卢亚辉《论西安西郊陕棉十厂唐壁画墓M7墓主身份》，《文博学刊》2018年第3期，第32—40页；马志军、张建林《西安西郊陕棉十厂唐壁画墓清理简报》，《考古与文物》2002年第1期，第16—37页。王国维认为《苏中郎》即《踏谣娘》剧目；任中敏则认为二者是不同剧目，《踏谣娘》是包含科白舞蹈的全能剧，《苏中郎》是以男性为主角的歌舞剧；周贻白认为二者可能本为一事，后有分化。详见王国维《宋元戏曲考》，北京：朝华出版社，2018年，第12页；《唐戏弄》，第449—451页；周贻白《中国戏曲发展史纲要》，上海：上海古籍出版社，1979年，第36—39页；康保成《〈踏谣娘〉考源》。

90　参见姚小鸥、孟祥笑《唐墓壁画演剧图与〈踏摇娘〉的戏剧表演艺术》，《文艺研究》2016年第1期，第97—104页；姚小鸥《文物图像与唐代戏剧研究的理念、材料及方法》，《文艺研究》2020年第6期，第81—88页。

91　参见程旭、王霞《唐韩休墓壁画〈乐舞图〉研究》，《荣宝斋》2019年第1期，第108—117页。

92　班固撰，颜师古注，中华书局编辑部点校《汉书》卷六《武帝纪》注引应劭曰，北京：中华书局，1962年，第194页。

93　《角力记》："蒙万赢者，自言京兆鄠县人也。唐僖宗咸通中，选隶小儿园蹴踘，步打球子，过驾幸处，拳球弹鸟，以此应奉。寻入相扑朋中，方年十四五，时辈皆惮其拳手轻捷。及长，擅长多胜，受赐丰厚，万赢乎号自此起。至昭宗朝，累累供奉，或诸道新进勇者，必悉无疏。五陵年少，幽燕任侠，相从诣教者数百。及随驾凤翔，城婴闭既久，随至华下，教坊杂伎，皆遂分散。入两浙，武肃钱王待之甚丰。与乐工皇甫店相遇，携手见武肃王曰：'某与皇甫供奉自小相聚，忆僖宗官家令其就康乃博士处，同唱《鹊踏枝》词，今已二十年也，不期同受遇于此。'遂各领钱帛，令置酒相会，然犹出场累胜。年老，王令指教数人，令主青山伍子胥庙焉。长兴中卒。"翁士勋编《〈角力记〉校注》，北京：人民体育出版社，1990年，第77—78页。原文即为"赢"。

94　《南部新书》卷丁："省中司门、都官、屯田、虞部、主客，皆闲简无事。时谚曰：司门水部，入省不数。又角觝之戏，有假作吏部令史及虞部令史相见，忽然俱倒，闷绝良久，云冷热相激。"《南部新书》，第45页。不过曾永义认为这场演出有“弄假官”的环节，应该是参军戏，见曾永义《参军戏及其演化之探讨》，《台大中文学报》1988年第2期，第135—226页。

95 《唐金乡县主墓》，图版115、116。

96 《新唐书》卷二〇八《宦者列传》：“（敬宗）尝阅角抵三殿，有碎首断臂，流血廷中，帝欢甚，厚赐之，夜分罢。”《新唐书》，第5883—5884页。

97 “合生”的表演形式包括“指物题咏，应命辄成”的临场发挥，详见杨明璋《敦煌文学与中国古代的谐隐传统》，台北：新文丰出版公司，2011年，第388页。

98 《新唐书》卷一一九《武平一列传》：“妖伎胡人、街童市子，或言妃主情貌，或列王公名质，咏歌蹈舞，号曰‘合生’。”《新唐书》，第4295页。

99 《新唐书》卷八三《诸帝公主列传》：“魏国宪穆公主，始封义阳，下嫁王士平。主恣横不法，帝幽之禁中；锢士平于第……门下客蔡南史、独孤申叔为主作《团雪散雪辞》，状离旷意。帝闻，怒，捕南史等逐之，几废时士科。”《新唐书》，第3664页。又李肇《唐国史补》卷下：“贞元十一年，驸马王士平与义阳公主反目，蔡南史、独孤申叔播为乐曲，号《义阳子》，有《团雪》《散雪》之歌。德宗闻之，怒，欲废科举。后但流斥南史而止。”李肇、赵璘《唐国史补　因话录》，上海：上海古籍出版社，1979年，第56页。

100 《新唐书》卷一一九《武平一列传》：“后宴两仪殿，帝命后兄光禄少卿婴监酒，婴滑稽敏给，诏学士嘲之，婴能抗数人。酒酣，胡人袜子、何懿等唱‘合生’，歌言浅秽，因倨肆，欲夺司农少卿宋廷瑜赐鱼。平一上书谏曰……不纳。”《新唐书》，第4295页。

101 白居易《江南喜逢萧九彻因话长安旧游戏赠五十韵》：“旧曲翻调笑，新声打义扬（阳）。”白居易撰，谢思炜校注《白居易诗集校注》外集卷上，北京：中华书局，2006年，第2898页。

102 《旧唐书》卷一七下《文宗本纪》：“（太［大］和六年二月）己丑，寒食节，上宴群臣于麟德殿。是日，杂戏人弄孔子。帝曰：‘孔子，古今之师，安得侮渎！’亟命驱出。”《旧唐书》，第544页。

103 《新疆维吾尔自治区博物馆》，图版136。亦有人认为是腰悬金鱼袋，见张彬《唐代长安大面、踏摇娘歌舞戏服饰研究》，《东华大学学报（社会科学版）》2022年第3期，第53—59页。

104 段安节《乐府杂录》：“有代面，始自北齐，神武弟有胆勇，善斗战，以其颜貌无威，每入阵即著面具，后乃百战百胜。戏者衣紫，腰金，执鞭也。”《教坊记（外三种）》，第122页。

105 《旧唐书》卷二九《音乐志》：“大面出于北齐。北齐兰陵王长恭，才武而面美，常着假面以对敌。尝击周师金墉城下，勇冠三军，齐人壮之，为此舞以效其指麾击刺之容，谓之《兰陵王入阵曲》。”《旧唐书》，第1074页。

106 一说起源于东汉。段安节《乐府杂录·俳优》：“开元中，黄幡绰、张野狐弄参军，始自后汉馆陶令石躭。躭有赃犯，和帝惜其才，免罪。每宴乐，即令衣白夹衫，命优伶戏弄辱之，经年乃放。后为参军，误也。”《教坊记（外三种）》，第128—129页。曾永义认为：“论其表演形式，则始于东汉和帝之石躭；论其名称，则定于后赵石勒之周延。”见《参军戏及其演化之探讨》。

107 《三十国春秋·赵书》：“石勒参军周延为馆陶令，盗官绢数百匹，下狱，以八议宥之。后每大会，使俳优著介帻，黄绢单衣。优问：‘汝为何官？在我辈中。’曰：‘我本为馆陶令。’斗薮单衣曰：‘政坐取是，故入汝俳中。’以为笑。”汤球辑，吴振清校注《三十国春秋》，天津：天津古籍出版社，2009年，第127—128页。

108 段安节《乐府杂录·俳优》：“开元中，有李仙鹤善此戏。明皇特授韶州同正参军，以食其禄。是以陆鸿渐撰词言韶州，盖由此也。”《教坊记（外三种）》，第129页。

109 “苍鹘”最早出现在李商隐的《骄儿诗》中，因此许多人认为“苍鹘”这一配角出现于晚唐，但任中敏认为仅凭这首诗定“苍鹘”之出现时代，说服力不够，见《唐戏弄》，第244页。

110 《新五代史》卷六一：“尝饮酒楼上，命优人高贵卿侍酒，知训为参军，隆演鹑衣髽髻为苍鹘。”欧阳修撰，徐无党注，中华书局编辑部点校《新五代史》，北京：中华书局，1974年，第756页。

111 赵璘《因话录》卷一：“肃宗宴于宫中，女优有弄假官戏，其绿衣秉简者，谓之参军桩。”《唐国史补　因话录》，第69页。

112 参见张彬《国家博物馆藏唐代参军戏俑人物服饰研究》，《装饰》2018年第10期，第86—89页。

113 《乐居长安：唐都长安人的生活展》，第187页。

114 本节内容参见《唐戏弄》；曾永义《戏曲剧种演进史考述》，北京：现代出版社，2019年。

115 《太平广记》卷二五二《诙谐·俳优人》：“唐咸通中，俳优人李可及滑稽谐戏，独出辈流，虽不能托谊谕，然巧智敏捷，亦不可多得。尝因延庆节，缁黄讲论毕，次及倡优为戏。可及褒衣博带，摄齐以升座，自称三教论衡。偶坐者问曰：‘既言博通三教，释迦如来是何人？’对曰：‘妇人。’问者惊曰：‘何也？’曰：‘《金刚经》云：敷座而座。或非妇人，何烦夫坐然后儿坐也？’上为之启齿。又问曰：‘太上老君何人？’曰：‘亦妇人也。’问者益所不谕。乃曰：‘《道德经》云：吾有大患，为吾有身。及吾无身，吾有何患？傥非为妇人，何患于有娠乎？’上大悦。又问曰：‘文宣王何人也？’曰：‘妇人也。’问者曰：‘何以知之？’曰：‘《论语》云：沽之哉！沽之哉！我待价者也。向非妇人，待嫁奚为？’上意极欢，宠锡颇厚。”《太平广记》，第 1958—1959 页。

116 《资治通鉴》卷二一二《唐纪》：“侍中宋璟，疾负罪而妄诉不已者，悉付御史台治之。谓中丞李谨度曰：‘服，不更诉者，出之；尚未诉已者，且系。’由是人多怨者。会天旱，有魃，优人作魃状戏于上前。问：‘魃何为出？’对曰：‘奉相公处分。’又问何故，对曰：‘负罪者三百余人，相公悉以系狱抑之，故魃不得不出。’上心以为然。”《资治通鉴》，第 6739 页。

117 《江南余载》卷上：“徐知训在宣州，聚敛苛暴，百姓苦之。入觐侍宴，伶人戏作绿衣大面若鬼神者。傍一人问：‘谁？’对曰：‘我宣州土地神也，吾主人入觐和地皮掘来，故得至此。’”佚名撰，张剑光、孙励整理《江南余载》，《全宋笔记》第 5 册，郑州：大象出版社，2019 年，第 63 页。

118 《北梦琐言》卷一四：“（刘仁恭）军败于内黄，尔后汴帅攻燕，亦败于唐河。他日命使聘汴，汴帅开宴，俳优戏医病人以讥之。且问病状：‘内黄以何药可瘥？’其聘使谓汴帅曰：‘内黄可以唐河水浸之必愈。’宾主大笑。”孙光宪撰，贾二强校点《北梦琐言》，北京：中华书局，2002 年，第 289 页。

119 《云溪友议校笺》卷下：“乃廉问浙东，别涛已逾十载。方拟驰使往蜀取涛，乃有俳优周季南、季崇及妻刘采春自淮甸而来，善弄陆参军，歌声彻云，篇韵虽不及涛，容华莫之比也。元公似忘薛涛，而赠采春诗曰：‘新妆巧样画双蛾，慢裹恒州透额罗。正面偷轮光滑笏，缓行轻踏皱文靴。言词雅措风流足，举止低回秀媚多。更有恼人肠断处，选词能唱望夫歌。’”范摅撰，唐雯校笺《云溪友议校笺》，北京：中华书局，2017 年，第 164 页。

120 《旧唐书》卷一七七《曹确列传》：“僖宗即位，崔彦昭奏逐之，死于岭表。”《旧唐书》，第 4608 页。

121 猴戏最晚已在南朝梁出现。《旧唐书》卷二九《音乐志》：“梁有《猕猴幢伎》，今有《缘竿》，又有《猕猴缘竿》，未审何者为是。”《旧唐书》，第 1073 页。

122 景焕《野人闲话》：“优人杨千度者，善弄胡孙于阛阓中。常饲养胡孙十余头，会人言语，亦可取笑于一时。……有内臣因问胡孙何以教之，似会人言语。对曰：‘胡孙乃兽，实不会人言语。千度常饵之灵砂，变其兽心，然后可教之。’内臣深讶所说其事。有好事者知之，多以灵砂饲胡孙、鹦鹉、犬鼠等以教之。”傅璇琮、徐海荣、徐吉军主编《五代史书汇编》，杭州：杭州出版社，2004 年，第 5994 页。

123 钵头，亦有译名“拨头”。此剧来自西域并无争议，但“钵头”二字究竟为何意仍有不同说法。王国维、赵景深、刘大心等人认为“钵头”得名自《北史·西域传》中记载的西域钵豆国；任中敏、常任侠、高楠顺次郎认为钵头起源于印度吠陀时代拨豆王（梵文 Pedo）斩杀毒蛇的故事；还有一些学者认为，在通古斯语、突厥语和西域诸民族语言中，“钵头”是“勇士”一词的音译，同满语中的“巴图鲁（baturu）”、蒙古语中的“巴特尔（Baγatur）”等。

124 任中敏《唐戏弄》初步推测“拨头”是一类剧种或表演方式，涵盖了许多剧目。

125 段安节《乐府杂录·鼓架部》：“《钵头》，昔有人父为虎所伤，遂上山寻其父尸。山有八折，故曲八叠。戏者披发，素衣，面作悲啼，盖遭丧之状也。”《教坊记（外三种）》，第 122—123 页。

126 任中敏根据张祜《容儿钵头诗》推测玄宗千秋节上演的是钵头剧种中的其他剧目，而不是《格兽复仇》，见《唐戏弄》，第 203—205 页。葛晓音与户仓英美在此基础上提出了不同观点，认为随着钵头传入中国，人们对其情节进行了汉化，突出了孝道与战胜猛虎之英勇，淡化了哭丧的环节。因此，千秋节上表演的很可能是《格兽复仇》中杀死猛虎、胜利复仇的内容，而并不是另一出剧目。见葛晓音、户仓英美《“拨头”考》，《中华文史论丛》2013 年第 1 期，第 329—350 页。

127 《刘宾客嘉话录》：“大司徒杜公在维扬也，尝召宾幕闲语：‘我致政之后，必买一小驷八、九千者，饱食讫而跨之，着一粗布烂衫，入市看盘铃、傀儡，足矣。’又曰：‘郭令公位极之际，常虑祸及，此大臣之危事也。’司徒深旨，不在傀儡，盖自污耳。司徒公后致仕，果行前志。谏官上疏，言王公不合入市。公曰：‘吾计中！’计者即自污耳。”韦绚撰，陶敏、陶红雨校注《刘宾客嘉话录》，北京：中华书局，2019 年，第 26 页。

128 《维摩诘经讲经文》：“也似机关傀儡，皆因绳索抽牵，或舞或歌，或行或走，曲罢事毕，（抛）向一边。”王重民等编《敦煌变文集》，北京：人民文学出版社，1984 年，第 581 页。

129 《通典》卷一四六：“窟儡子，亦曰魁儡子，作偶人以戏，善歌舞。本丧乐也，汉末始用之于嘉会。北齐后主高纬尤所好。高丽之国亦有之。今闾市盛行焉。”杜佑撰，王文锦等点校《通典》，北京：中华书局，1988 年，第 3730 页。《搜神记》卷六：“汉时，京师宾婚嘉会，皆作魁儡，酒酣之后，续以挽歌。魁儡，丧家之乐；挽歌，执绋相偶和之者。”马银琴译注《搜神记》，北京：中华书局，2012 年，第 159—160 页。

130 道宣《量处轻重仪》卷一：“所用戏具（谓傀儡戏、面竿、桡影、舞师子、白马俳优传述众像、变现之像也）。”高楠顺次郎等编《大正新修大藏经》第 45 卷，东京：大藏出版株式会社，1988 年，第 842 页。李端《杂歌》：“犀烛江行见鬼神，木人登席呈歌舞。”《全唐诗》卷二八四，第 3240 页。

131 《封氏闻见记校注》卷六：“玄宗朝，海内殷赡。送葬者或当衢设祭，张施帷幕，有假花、假果、粉人、面粻之属；然大不过方丈，室高不逾数尺，议者犹或非之。丧乱以来，此风大扇，祭盘帐幕，高至八九十尺，用床三四百张，雕镌饰画，穷极技巧，馔具牲牢，复居其外。大历中，太原节度辛云京葬日，诸道节度使使人脩祭，范阳祭盘最为高大。刻木为尉迟鄂公与突厥斗将之戏，机关动作，不异于生。祭讫，灵车欲过。使者请曰：‘对数未尽。’又停车设项羽与汉高祖会鸿门之象，良久乃毕。缞绖者皆手擘布幕，收哭观戏。事毕，孝子陈语与使人，‘祭盘大好，赏马两匹’。”《封氏闻见记校注》，第 61 页。

132 《敦煌石窟艺术全集 24 民俗画卷》，第 84 页。

133 《维摩诘经讲经文》：“玄宗皇帝从（蜀）地回，肃宗代位，册玄宗为上皇，在于西内。是政已归于太子，凡事皆不自专，四十八年为君，一旦何曾自在。齿衰发白，面（皱）身羸，乃裁请（诗）自喻。甚遂：‘克木牵丝作老翁，鸡皮鹤发与真同，须臾曲罢还无事，也似人生一世中。’玄宗尚且如此，我等宁不伤身，奉劝门徒云云。”《敦煌变文集》，第 582 页。

134 以下所列剧目参见《唐戏弄》，其实都是南宋周密《武林旧事》中列出的剧目，但任中敏认为其保留了唐曲成分或唐时已有演出。见《唐戏弄》，第 315—317 页。

135 《颜氏家训集解》卷六：“或问：‘俗名傀儡子为郭秃，有故实乎？’答曰：‘风俗通云：诸郭皆讳秃。当是前代人有姓郭而病秃者，滑稽戏调，故后人为其象，呼为郭秃，犹文康象庾亮耳。’”颜之推撰，王利器集解《颜氏家训集解》，北京：中华书局，1993 年，第 504—505 页。

136 郑重、王要编剧《大明宫词》，北京：人民文学出版社，2017 年，第 48 页。

137 某些论述中常将中国皮影戏的起源追溯到《汉书》中汉武帝请方士少翁为李夫人招魂的故事，这未免显得牵强。《汉书》之后，有关皮影戏的资料一度中断，除了《南史》中记载过一个类似的，刘宋孝武帝借助巫术为殷淑仪招魂的故事。唐时，并未出现明确的关于皮影戏的记载。一些学者认为韦庄《途次逢李氏兄弟感旧》中的“夜限灯影弄先生”一句是在描述皮影戏，“先生”即皮影人物。但考虑到“弄”在唐代戏剧中有“假扮某人以嘲讽”之意，这句诗很可能只是在说孩童们在灯下假扮先生取乐。

《宋会要辑稿》曾记述宋太祖在元宵节观看“影戏”，但不能明确影戏是否为皮影戏，亦有可能是手影戏。直到宋仁宗时，真正关于皮影戏的记载才出现，高承《事物纪原》：“宋朝仁宗时，市人有能谈三国事者，或采其说，加缘饰作影人。始为魏、吴、蜀三分战争之像。”张耒《明道杂志》：“京师有富家子，少孤，专财，群无赖百方诱导之。而此子甚好看弄影戏。”耐得翁《都城纪胜》：“影戏，凡影戏乃京师人初以素纸雕镞，后用彩色装皮为之。”参见韦庄《途次逢李氏兄弟感旧》，《全唐诗》卷七〇〇，第 8054 页；高承《事物纪原》，长泽规矩也编《和刻木类书集成》第 2 册，上海：上海古籍出版社，1990 年，第 226 页；张耒撰，查清华、潘超群整理《明道杂志》，《全宋笔记》第 21 册，郑州：大象出版社，2019 年，第 146 页；耐得翁撰，汤勤福整理《都城纪胜》，《全宋笔记》第 88 册，郑州：大象出版社，2019 年，第 15 页。

138 以下表演内容参考任中敏对张说《苏莫遮五首》诗的分析还原，见《唐戏弄》，第 395—397 页。“苏莫遮”有苏摩遮、悉磨遮、飒摩遮、婆罗遮等译名，本书皆称苏莫遮。

139 王明清《挥麈前录》卷四：“妇人戴油帽，谓之苏幕遮。用开元七年历，以三月九日为寒食，余二社、冬至亦然。以银或鍮石为筒，贮水激以相射，或以水交泼为戏，谓之压阳气去病。”王明清撰，燕永成整理《挥麈前录》，《全宋笔记》第 57 册，郑州：大象出版社，2019 年，第 45 页。

140 《旧唐书》卷七《中宗本纪》：“（景龙三年）十二月乙酉，令诸司长官向醴泉坊看泼胡王乞寒戏。”《旧唐书》，第 149 页。

141 张说《苏莫遮五首》：“惟愿圣君无限寿，长取新年续旧年。”《张说集校注》卷一〇，第 549 页。

142 范仲淹撰，李勇先等点校《范仲淹全集》补编《苏幕遮・怀旧》，北京：中华书局，2020 年，第 647 页。

143 不过有大臣上书抵制过，比如吕元泰认为胡风胡服有伤风化，且纵马列队、鼓声震天有兵戈之相，见《唐会要》卷三四：“（神龙）二年三月，并州清源县尉吕元泰上疏曰：‘比见都邑城市，相率为浑脱。骏马胡服，名为苏莫遮。旗鼓相当，军阵之势也。腾逐喧噪，战争之象也。’”《唐会要》，第 626 页。

144 韩朝宗《谏作乞寒胡戏表》：“今之乞寒，滥觞胡俗，臣参听物议，咸言非古。作事不法，无乃为戒。伏愿陛下三思，筹其所以。又道路籍籍，咸云皇太子微行观此戏，且元良国本，苍生繄赖，轻此驰骤，能无暂蹶？”《全唐文》卷三〇一，第 3058 页。

145 《唐大诏令集》卷一〇九《禁断腊月乞寒敕》：“敕：腊月乞寒，外蕃所出，渐渍成俗，因循已久，至使乘肥衣轻，竞矜胡服，阗城溢陌，深玷华风。朕思革颓弊，返淳朴……自今以后，即宜禁断。”宋敏求编《唐大诏令集》，北京：中华书局，2008 年，第 565 页。《旧唐书》卷九七《张说列传》：“自则天末年，季冬为泼寒胡戏，中宗尝御楼以观之。至是，因蕃夷入朝，又作此戏。说上疏谏曰：'臣闻韩宣适鲁，见周礼而叹；孔子会齐，数倡优之罪。列国如此，况天朝乎。今外蕃请和，选使朝谒，所望接以礼乐，示以兵威。虽曰戎夷，不可轻易，焉知无驹支之辩，由余之贤哉？且泼寒胡未闻典故，裸体跳足，盛德何观；挥水投泥，失容斯甚。法殊鲁礼，亵比齐优，恐非干羽柔远之义，樽俎折冲之礼。'自是此戏乃绝。"《旧唐书》，第 3052 页。

146 《唐会要》卷三三："大簇宫，时号沙陁调……《苏莫遮》改为《万宇清》……金风调《苏莫遮》改为《感皇恩》。"《唐会要》，第 615—618 页。水调《苏莫遮》维持原名。

147 泼寒胡戏使用苏莫遮的音乐基本没有异议，但许多学者认为泼寒胡戏与苏莫遮完全是同一项活动，并将二者合并论述。如任中敏就认为，苏莫遮等同于泼寒胡戏，只不过传入中原的苏莫遮承袭了康国传统，在十二月举行，而龟兹的苏莫遮则在七月举行。但仔细考察，两者似乎不应混为一谈。① 张说《苏莫遮》诗描写的是泼胡乞寒的习俗，却以《苏莫遮》为题，很可能是泼寒胡戏采用了苏莫遮的音乐，且全诗可以用《苏莫遮》曲演唱，故有此名，但这却为后来的混淆埋下伏笔。② 目前许多研究提到泼寒胡戏表演会使用面具，这其实都混合了苏莫遮的记载，默认两者为一体。但考察最早有关泼寒胡戏的史料（《周书·宣帝本纪》《旧唐书·康国列传》）可知，泼寒胡戏从未用到过面具；而苏莫遮表演最突出的特点就是鸟兽鬼神面具。同样，关于苏莫遮的最早记载（《一切经音义》《大乘理趣六波罗蜜多经》）中，也没有提到"裸体"一事。③ 苏莫遮的主要目的是驱鬼避疫，发生在夏秋之交；而泼寒胡戏的目的是乞寒，举行时间为隆冬。苏莫遮表演戴面具，泼寒胡戏表演裸体，二者本不是同一活动，只是同有泼水环节（苏莫遮泼泥水，泼寒胡戏泼清水）。所以本书的看法是：泼水是源自古波斯的神圣仪式，一年四季各时段都有。中亚文化圈受波斯影响很深，遂诞生了两大涉及泼水的习俗：苏莫遮和泼寒胡戏。苏莫遮流行于焉耆、龟兹和敦煌等地，在各个地区举行的时间也不一样。流行于长安的苏莫遮受龟兹影响最大，于七月初和八月十五举行，习俗参见慧琳《一切经音义》的记载，图像则可参考新疆库车苏巴什佛寺遗址出土的舍利盒彩绘龟兹乐舞图。泼寒胡戏来自粟特地区（康国），在十二月（康国的新年）举行，高昌亦有此风俗，于冬至举行。其仪式大抵为裸形跳足，互相泼水，且有泼胡王的环节。有关苏莫遮与泼寒胡戏的渊源，可参阅任中敏《唐戏弄》；向达《唐代长安与西域文明》，石家庄：河北教育出版社，2001 年；岑仲勉《隋唐史》，北京：商务印书馆，2017 年；姜伯勤《敦煌悉磨遮为苏摩遮乐舞考》，《敦煌研究》1996 年第 3 期，第 1—13 页；葛晓音、户仓英美《"飒磨遮"与印度教女神祭的关系》,《文史》2018 年第 1 期,第 239—264 页;周婧《唐代三种胡戏的关系新探——"苏莫遮"、"泼寒胡戏"与"浑脱"》,《中国音乐》2019 年第 4 期,第 114—125 页。

148 慧琳《一切经音义》卷四一:"苏莫遮,西戎胡语也。正云飒磨遮,此戏本出西龟兹国,至今由有此曲,此国浑脱大面拨头之类也,或作兽面,或象鬼神,假作种种面具形状。或以泥水沾洒行人,或持绢索搭钩捉人为戏。每年七月初,公行此戏,七日乃停。土俗相传云,常以此法攘厌驱趁罗刹恶鬼食啖人民之灾也。"徐时仪校注《一切经音义三种校本合刊》,上海:上海古籍出版社,2012 年,第 1211 页。

149 《大乘理趣六波罗蜜多经》卷一:"又如苏莫遮帽覆人面首,令诸有情见即戏弄。老苏莫遮亦复如是,从一城邑至一城邑,一切众生被衰老帽见皆戏弄。"《大正新修大藏经》第 8 卷,第 867 页。

150 《酉阳杂俎校笺》前集卷四《境异》:"龟兹国,元日斗牛马驼,为戏七日,观胜负,以占一年羊马减耗繁息也。婆罗遮,并服狗头猴面,男女无昼夜歌舞。八月十五日,行像及透索为戏。"《酉阳杂俎校笺》,第 451 页。慧琳《一切经音义》卷四一:"每年七月初,公行此戏,七日乃停。"《一切经音义三种校本合刊》,第 1211 页。

151 敦煌文书 S.1053《己巳年某寺诸色入破历算会残卷》:"粟三斗,二月八日郎君踏悉磨遮用。"

152 详见葛晓音《"苏莫遮"与日本唐乐舞"苏莫者"的关系》,《文艺研究》2019 年第 1 期,第 86—96 页;朴泰圭《从〈苏莫遮〉到〈苏莫者〉——中国古代乐舞在日本的定名和流变》,《当代舞蹈艺术研究》2019 年第 3 期,第 27—34 页;渡边信一郎《龟兹到京都——散乐〈苏莫者〉的旅程》,《黄钟(武汉音乐学院学报)》2019 年第 1 期,第 22—30 页。

153 霍旭初、祁小山编著《丝绸之路:新疆佛教艺术》,乌鲁木齐:新疆大学出版社,2006 年,第 170—171 页。

154 本节内容参见林殊悟《波斯拜火教与古代中国》,台北:新文丰出版公司,1995 年;施安昌《火坛与祭司鸟神:中国古代祆教美术考古手记》,北京:紫禁城出版社,2004 年;张小贵《中古华化祆教考述》,北京:文物出版社,2010 年;张小贵《祆教史考论与述评》,兰州:兰州大学出版社,2013 年;斯特拉波著,李铁匠译《地理学》,上海:上海三联书店,2014 年。

155 祆教源自波斯琐罗亚斯德教,约在西晋末年经中亚粟特地区传入中国。祆教为其中译名,它与本土琐罗亚斯德教在崇拜的神祇和礼俗上有所差别。参见荣新江《祆教初传中国年代考》,荣新江《中古中国与外来文明》,北京:生活·读书·新知三联书店,2001 年,第 277—300 页。

156 参见 Klaus Schippmann, “The Development of the Fire Temple”, *5th International Congress of Iranian Art & Archaeology*, Tehran, 1972。

157 参见阿富汗、伊朗等地的琐罗亚斯德教寺庙遗址，敦煌文书 P.2695《沙州都督府图经》卷三，以及 P.2005《沙州都督府图经》：“祆神，右在州东一里，立舍画神主，总有甘龛，其院周回一百步。”详见陈凌《中国境内祆教相关遗存考略（之一）》,《欧亚学刊》2015 年第 1 期，第 126—157 页。

158 Edited and translated by Mary Boyce, *Textual Sources for the Study of Zoroastrianism*, Manchester: Manchester University Press, 1984, pp.63–64.

159 敦煌文书 S.367《沙州伊州地志》残卷：“（小伊吾城北）火祆庙中有素书，形象无数。”神田喜一郎认为，此“素书”为“塑画”之讹，当指泥塑神像。详见林梅村《高昌火祆教遗迹考》,《文物》2006 年第 7 期，第 58—67 页。

160 豪麻（Haoma）在印度也被称作苏摩（Soma），用其根茎可榨出汁液，为琐罗亚斯德教和婆罗门教仪式所用。豪麻对应的是今天哪一种植物仍无定论，推测有可能是肉珊瑚、麻黄等。不过在《阿维斯塔》中记述了一些豪麻的植物学特征，比如芳香、生长在山上、呈黄绿色。《阿维斯塔》中还明确记述这是一种金黄色的液体（贾利尔·杜斯特哈赫选编，元文琪译《阿维斯塔》，北京：商务印书馆，2010 年，第 121 页），但现实中的豪麻汁却是绿白色的（Friedrich Max Müller ed., *Biographies of Words andthe Home of the Aryas*, London: Longmans, Green, and co., 1888, p. 236. 原文为：“The juice was milky, of a greenish white colour, and had a sweetish taste.［其汁水为白绿色的乳液，尝起来有甜味。］”在该记载中，豪麻对应的植物应该是麻黄），可能就是因为豪麻所对应的植物在古今琐罗亚斯德教中有所变化，且同种植物随着季节和状态的改变也可能呈现出不同颜色，比如被切下的麻黄根茎会逐渐变成金黄，然后变成褐色，再然后枯萎。甚至也有人认为豪麻是一种具有致幻效果的植物。

161 《唐会要》卷一〇〇：“西域诸胡事火祆者，皆诣波斯受法焉。其事神以麝香和苏，涂须点额，及于耳鼻，用以为敬。”《唐会要》，第 1783 页。

162 美国国立亚洲艺术博物馆线上展览“The Sogdians: Influencers on the Silk Roads”。网址：https://sogdians.si.edu/believers-proselytizers-translators/。

163 在琐罗亚斯德教经典《阿维斯塔》第四卷《万迪达德》中，对杀死狗、给狗吃不好的食物都有相应的惩罚，且经文强调，生病的狗应像生病的人一样得到悉心的照顾。详见 Translated by James Darmesteter, edited by Friedrich Max Müller, *The Zend-Avesta*, Oxford: The Clarendon Press, 1895, Vendidad Fargard XIII, pp.155–169。

164 *The Zend-Avesta*: " They shall therefore cause a yellow dog with four eyes, or a white dog with yellow ears, to go three times through that way.（他们会让一只四眼黄狗或者黄耳白狗［在尸体旁边］走过三次［来消除尸毒］。)" Vendidad Fargard Ⅷ, p.99.

165 段安节《乐府杂录・歌》:"大历中有才人张红红者，本与其父歌于衢路丐食。过将军韦青所居，在昭国坊南门里。青于街牖中，闻其歌者喉音寥亮，仍有美色，即纳为姬……寻达上听，翊日召入宜春院。宠泽隆异，宫中号'记曲娘子'，寻为才人。一日内史奏韦青卒，上告红红，乃上前呜咽……一恸而绝。上嘉叹之，即赠昭仪也。"《教坊记（外三种）》，第 126 页。

166 《独异志》卷上:"唐贞元中有乞者解如海，其手自臂而堕，足自胫而脱，善击球、樗蒲戏，又善剑舞、数丹丸，挟二妻，生子数人。至元和末犹在，长安戏场中日集数千人。"李冗《独异志》，上海：商务印书馆，1937 年，第 6 页。

167 郑綮《开天传信记》:"万回师，阌乡人也。神用若不足，谓愚而痴，无所知……居常貌如愚痴，忽有先觉异见，惊人神异也。上在藩邸，或游行人间，万回于聚落街衢高声曰：'天子来！'或曰：'圣人来！'其处信宿间，上必经过徘徊也。安乐公主，上之季妹也，附会韦氏，热可炙手，道路惧焉。万回望其车骑，道唾曰：'血腥不可近也。'不旋踵而灭亡之祸及矣。上知万回非常人，内出二宫人，日夕侍奉，特敕于集贤院图形焉。"《教坊记（外三种）》，第 92—93 页。

168 尉迟偓《中朝故事》卷上:"大中皇帝多微行坊曲间，跨驴重戴，纵目四顾，往往及暮方归大内。近臣多谏：'陛下不合频出。'上曰：'吾要采访民间风俗事。'"赵元一等撰，夏婧点校《奉天录（外三种）》，北京：中华书局，2014 年，第 213 页。《处分语》是宣宗命翰林学士韦澳编纂的一本记录各地风土人情的书。裴庭裕《东观奏记》中卷："上每孜孜求理，焦劳不倦。一日，密召学士韦澳，尽屏左右，谓澳曰：'朕每便殿与节度、观察使、刺史语，要知所委州郡风俗、物产。卿宜密采访，撰次一文书进来，虽家臣舆老，不得漏泄。'澳奉宣旨，即采《十道四蕃志》，更博探访，撰成一书，题曰《处分语》，自写面进，虽子弟不得闻也。后数日，薛弘宗除邓州刺史，澳有别业在南阳，召弘宗饯之。弘宗曰：'昨日中谢，圣上处分当州事惊人。'澳访之，即《处分语》中事也。君上亲总万机，自古未有。"郑处诲、裴庭裕撰，田廷柱点校《明皇杂录　东观奏记》，北京：中华书局，1994 年，第 110 页。

169 向达《唐代俗讲考》:"俗讲亦以化俗为务，与唱导同。唯唱导就近取譬，仍以说理为主，而俗讲则根本经文，敷衍陈篇，有同小说，为稍异耳。……则俗讲者，疑当溯其渊源于唱导，而更加以恢弘扩大耳。唐代俗讲话本，似以讲经文为正宗，而变文之属，则其支裔。换言之，俗讲始兴，只有讲经文一类之话本，浸假而采取民间流行之说唱体如变文之类，以增强其化俗之作用。"《唐代长安与西域文明》，第 303 页。

170 目前已知原为配图讲唱的文本有敦煌文书 P.2003《佛说阎罗王授记四众预修生七往生净土经》、P.2010《观音经》、P.2013《佛说灌顶拔除过罪生死得度经》、S.2614《大目犍连冥间救母变文并图》、P.2553《王昭君》变文故事等。可见配图讲唱既讲经文，亦讲变文故事。

171 元稹《答姨兄胡灵之见寄五十韵》："尽日听僧讲，通宵咏月明。"元稹原著，吴伟斌辑佚编年笺注《新编元稹集》，西安：三秦出版社，2015 年，第 2475 页。

172 俄藏敦煌文书 Φ365《妙法莲华经讲经文（四）》："若有一般弟子，寻常戏笑经闻。不徒灭罪消因，且要解愁解闷。或请师僧和尚，家中开建道场。盛教杂语杂言，且要亲情解闷。"当然，这是被视为不恭敬的表现。

173 实际上说话艺术在中国本土古已有之，并非因俗讲而诞生，只不过唐前并未广泛流行，是俗讲的到来促进了说话之发展，也丰富了说话的形式。胡士莹认为，俗讲受到了唐以来说话的影响，又反过来影响了后世宋元的说话艺术。见胡士莹《话本小说概论》，北京：商务印书馆，2011 年，第 38 页。

174 吉师老《看蜀女转昭君变》："妖姬未著石榴裙，自道家连锦水喷。檀口解知千载事，清词堪叹九秋文。翠眉颦处楚边月，画卷开时塞外云。说尽绮罗当日恨，昭君传意向文君。"韦縠编，傅璇琮等编《才调集》卷八，北京：中华书局，2014 年，第 1155 页。

175 参见郑振铎《中国俗文学史》，北京：商务印书馆，2017 年，第 235 页。

176 根据南宋志磐《佛祖统记》卷三九，俗讲彻底禁断应该在理宗时期，详见《大正新修大藏经》第 49 卷，第 370 页。又见周飞《变文绝迹考》，《敦煌学辑刊》1997 年第 1 期，第 127—134 页。

177 韩偓《荐福寺讲筵偶见又别》："见时浓日午，别处暮钟残。"韩偓撰，吴在庆校注《韩偓集系年校注》卷四，北京：中华书局，2015 年，第 890—891 页。

178 圆珍《佛说观普贤菩萨行法经记》卷上："言讲者，唐土两讲。一俗讲，即年三月就缘修之，只会男女，劝之输物，充造寺资。故言俗讲（僧不集也）云云。二僧讲，安居月传法讲是（不集俗人类也，若集之，僧被官责）。"《大正新修大藏经》第 56 卷，第 227 页。不过在文本方面，僧讲也并不一定都是严肃的，如敦煌本《释佛国品手记》也会运用故事和通俗口语来增强趣味性。详见杨明璋《敦煌本〈释佛国品手记〉与僧、俗讲》，《敦煌写本研究年报》第 17 号，第 93—117 页。

179 薛用弱《集异记·徐智通》："寺前素为郡之戏场，每日中，聚观之徒，通计不下三万人。"李时人编校，何满子审定，詹绪左覆校《全唐五代小说》卷二九，北京：中华书局，2014 年，第 1014 页。

180 《太平广记》卷九五《异僧·相卫间僧》："后二十年，却归河北开讲。听徒动千万人，皆年二十已下，老壮者十无一二。"《太平广记》，第 636 页。

181 韩偓《荐福寺讲筵偶见又别》："两情含眷恋，一饷致辛酸。夜静长廊下，难寻屐齿看。"《韩偓集系年校注》卷四，第 890—891 页。

182 郑振铎《中国文学史·中世卷（第三篇上）》，上海：商务印书馆，1930 年，第 117 页。

183 见《中国俗文学史》，第 156—236 页；《敦煌变文集·引言》，第 1—2 页；北京大学中国语言文学系中国古典文学教研室编《中国文学史纲要（二）》，北京：北京大学出版社，1983 年，第 298—303 页。

184 直到今天，敦煌学界关于这批通俗文学写卷之分类与变文文体的认知仍存在分歧，本书参考了张鸿勋的分类方法。其他分类法也略述于此。周绍良认为仅有明确配图讲唱的文本才可称作变文。冯宇将这批卷子分为押座文、缘起和变文三类。高国藩分为五类：敦煌讲经文、敦煌民间变文、敦煌民间故事赋、敦煌民间话本和敦煌民间词文，只有敦煌民间变文属于变文。至于变文狭义、广义之详细内容，见项楚《敦煌变文选注·前言》。参见张鸿勋《敦煌讲唱文学的体制及其类型初探——兼论几种〈中国文学史〉有关提法的问题》，《敦煌学辑刊》1981 年，第 73—86 页；周绍良《谈唐代民间文学——读〈中国文学史〉中"变文"节书后》，周绍良、白化文编《敦煌变文论文录》，上海：上海古籍出版社，1982 年，第 405—423 页；冯宇《漫谈"变文"的名称、形式、渊源及影响》，《敦煌变文论文录》，第 361—372 页；高国藩《论敦煌民间变文》，甘肃省社会科学院文学研究所编《敦煌学论集》，兰州：甘肃人民出版社，1985 年，第 185—202 页；项楚《敦煌变文选注》，北京：中华书局，2006 年，第 4—6 页。

185 大部分被命名为《×× 讲经文》的卷子都缺失了原标题，乃后人根据内容所拟。

186 但有的讲经文也会用到图像，分类之困难可见一斑。

187 被归于这一类的写卷有《降魔变文》《破魔变》《八相变》《舜子至孝变文》等，皆原题如此。还有一些写卷题目残缺，因结构近似也被归于此类，如《王昭君》变文故事、《张议潮》故事变、《伍子胥》变文故事等。但也有学者认为它们可能是话本，见路工《唐代说话与变文》，《敦煌变文论文录》，第 397—404 页。

188 前三者见敦煌文书 S.2440。最后者见敦煌文书 P.2305，无原题，根据内容推测是八篇解座文的集合。

189 前者见敦煌文书 S.2073。后者见敦煌文书 S.2144，原题残缺，依据篇末“画本（话本）既终，并无抄略”拟题。

190 不过被分在词文一类的文本可能原本有念白，比如敦煌文书 S.2204《董永》（拟题），只不过念白部分全部佚失，所以有时《董永》亦会被认为是变文或话本。

191 前二者见敦煌文书 P.2653，最后者见敦煌文书 P.2718。

192 《敦煌变文集》即将上述六类七十八篇敦煌俗文学作品全部归于“变文”门类下。

193 见向达《唐代俗讲考》,《唐代长安与西域文明》，第 286—327 页。

194 见郑振铎《中国俗文学史》，第 162 页。

195 见施蛰存《“变文”的“变”》，施蛰存著，刘凌、刘效礼编《施蛰存全集》第 10 卷，上海：华东师范大学出版社，2012 年，第 276—279 页；关德栋《略说“变”字的来源》,《敦煌变文论文录》，第 235—238 页。

196 《唐大诏令集》卷一一三《诫励僧尼敕》，第 588 页。

197 《册府元龟》卷五二《帝王部·崇释氏》：“（元和十年）五月，诏：‘京城寺观讲，宜准兴元元年九月一日敕处分。诸畿县讲宜勒停。其观察使节度州，每三长斋月，任一寺一观置讲；余州悉停。恶其聚众，且虞变也。’”《册府元龟》，第 549 页。由于无法确知兴元元年（784）九月一日敕的内容，长安俗讲的情况不得而知。

198 《唐大诏令集》卷一一三《条流僧尼敕》：“比来京城及诸州府，三长斋月，置讲集众，兼□戒忏，及七月十五日解夏后，巡门家提，剥割生人，妄称度脱者，并宜禁断。”《唐大诏令集》，第 591 页。

199 《入唐求法巡礼行记校注》卷三《开成六年》：“幸在丹凤楼改年号，改开成六年为会昌元年。又于左、右街七寺开俗讲。左街四处：此资圣寺，令云花寺（云华寺）赐紫大德海岸法师讲花严经（华严经）；保寿寺，令左街僧录、三教讲论、赐紫、引驾大德体虚法师讲法花经，菩提寺，令招福寺内供奉、三教讲论大德齐高法师讲涅盘经（涅槃经）；景公寺令光影法师讲。右街三处：会昌寺令内供奉、三教讲论、赐紫、引驾起居大德文溆法师讲法花经（法华经）。城中俗讲，此法师为第一。惠日寺、崇福寺讲法师未得其名。又开讲道教，左街令新从剑南道召太清宫内供奉矩令费，于玄真观讲南花等经；右街一处，未得其名。并皆奉讲。从大和九年以来废讲，今上新开。正月十五日起首至二月十五日罢。”《入唐求法巡礼行记校注》，第 360 页。

200 《入唐求法巡礼行记校注》卷三《开成六年》：“五月一日，开讲，两街十寺讲佛教，两观讲道教……九月一日，两街诸寺开俗讲。”《入唐求法巡礼行记校注》，第 380—384 页。

201 《入唐求法巡礼行记》卷三《会昌二年》：“正月一日。家家立竹竿，悬幡子。新岁祈长命，诸寺开俗讲……五月，奉开俗讲，两街各五座。”《入唐求法巡礼行记校注》，第 386—394 页。

202 以下俗讲仪式、流程参考敦煌文书 S.4417 与 P.3849V《俗讲仪式》(拟题)，并选取了其中的主要环节进行介绍；俗讲僧等人的讲唱分工参见孙楷第《唐代俗讲轨范与其本之体裁》，孙楷第《沧州集》，北京：中华书局，2009 年，第 1—43 页。但是全唐近三百年，讲经仪式不可能一成不变，会根据时代、场合和俗讲僧习惯有所变动。有的俗讲中还有说十波罗蜜、受三归、请五戒的环节（见敦煌文书 S.2955《佛说阿弥陀经讲经文》）。随着讲经日益世俗化，或因内容涉及变文故事而非佛经，一些流程会被省去，都讲也不再向法师发问，甚至全程都由法师一人来完成吟唱和说故事，详见陆永峰《敦煌变文研究》，成都：巴蜀书社，2000 年，第 217—218 页。关于俗讲流程，另可参阅王文才《俗讲仪式考》，甘肃省社会科学院文学研究所编《敦煌学论集》，兰州：甘肃人民出版社，1985 年，第 100—111 页；罗宗涛《敦煌讲经变文研究》，台北：文史哲出版社，1972 年；杨明璋《从讲经仪式到说唱伎艺：论古代的唱释题目》,《敦煌学》第 31 辑，台北：乐学书局，2015 年，第 65—82 页。

203 姚合《听僧云端讲经》：“远近持斋来谛听，酒坊鱼市尽无人。”《全唐诗》卷五〇二，第 5712 页。姚合《赠常州院僧》：“仍闻开讲日，湖上少渔船。”《全唐诗》卷四九七，第 5650 页。

204《太平广记》卷二六九《酷暴·宋昱韦儇》：“李林甫是姜皎外甥，杨国忠是张易之外甥。杨国忠为剑南，召募使远赴泸南。粮少路险，常无回者。其剑南行人，每岁，令宋昱、韦为御史，迫促郡县征之。人知必死，郡县无以应命。乃设诡计，诈令僧设斋，或于要路转变。其众中有单贫者，即缚之，置密室中，授以絮衣，连枷作队，急递赴役。”《太平广记》，第 2109 页。

205 敦煌文书 P.2044《闻南山讲》：“于是张翠幕，列画图，扣洪钟，奏清梵。”

206 中国敦煌壁画全集编辑委员会编著《中国敦煌壁画全集 7 敦煌中唐》，天津：天津人民美术出版社，2006 年，第 157 页。

207《法苑珠林校注》卷二三：“一、或有比丘颜貌端正，威仪成就，然不能有所讽诵诸法初中后善。是谓此人形好声不好。二、或有人声好而形丑，出入行来威仪不成，而好广说精进持戒，初中后善，义理深邃。是谓此人声好而形丑。三、或有人声丑形亦丑，谓有人犯戒不精进，复不多闻，所闻便失。是谓此人声丑形亦丑。四、或有人声好形亦好，谓比丘颜貌端正，威仪具足，然复精进修行善法，多闻不忘，初中后善，善能讽诵。是谓此人声好形亦好也。”释道世著，周叔迦、苏晋仁校注《法苑珠林校注》，北京：中华书局，2003 年，第 754 页。

208 《续高僧传》卷一《元魏南台洛下永宁寺北天竺沙门菩提流支传》："一日正处高座，忽有持笏执名者形如大官，云：'奉天帝命，来请法师讲《华严经》。'意曰：'今此法席尚未停止，待讫经文，当从来命。虽然，法事所资，独不能建，都讲、香火、维那、梵呗，咸亦须之，可请令定。'"道宣撰，郭绍林点校《续高僧传》，北京：中华书局，2014 年，第 16 页。

209 详见杨森《敦煌壁画僧人所坐榻形高座和椅形高座》,《敦煌研究》2020 年第 2 期，第 1—10 页。

210 元照《四分律行事钞资持记》卷三："打磬静众……鸣钟集众。"《大正新修大藏经》第 40 卷，第 404 页。

211 这一过程为"作梵"。王文才《俗讲仪式考》认为是维那作梵，但维那在寺院中执掌僧众进退威仪，亦有起腔领唱之责，实际当是维那举腔，梵呗师作梵。详见圣凯《论唐代的讲经仪轨》,《敦煌学辑刊》2001 年第 2 期，第 32—42 页。

212 敦煌文书 P.6551《佛说阿弥陀讲经文（二）》："升坐已了，先念偈，焚香，称诸佛□萨名。"

213 部分押座文结尾有"都讲经题唱将来""经题名字唱将来"的唱句，疑似提醒都讲接下去唱经题，那么押座文则不太可能由都讲来唱，该部分应该由讲师负责。

214 参见潘重规《敦煌押座文后考》，郑炳林、郑阿财主编《港台敦煌学文库》第 63 册，兰州：甘肃人民出版社，2016 年，第 1—28 页。

215 孙楷第《唐代俗讲轨范与其本之体裁》："开题虽为讲经节目之一，然遇经文繁重或为时间所限，亦多有讲经只发经题，不及经文者。"《沧州集》，第 34 页。

216 《敦煌变文选注》下编《佛说阿弥陀经讲经文》，第 1271 页。

217 《敦煌变文集》卷五《佛说阿弥陀经讲经文》，第 484 页。

218 《敦煌变文集》卷五《佛说阿弥陀经讲经文》，第 484 页。

219 敦煌文书 S.4284《大方便报恩经》卷七，池田温《中国古代写本识语集录》，东京：东京大学东洋文化研究所，1990 年，第 185 页。

220 《中国古代写本识语集录》，第 286 页。

221 书影见黄永武主编《敦煌宝藏》第 35 册，台北：新文丰出版社，1982 年，第 179 页。

222 敦煌文书 S.1963,《中国古代写本识语集录》，第 379 页。

223 即沙州、瓜州、伊州、西州、甘州、肃州、兰州、鄯州、河州、岷州、廓州、凉州。

224 参见敦煌文书 P.3849《俗讲仪式》："夫为俗讲：先作梵了，次念菩萨两声，说'押座'了；法师唱释经题了，念佛一声了，便说'开经'了，便说'庄严'了，念佛一声，便一一说其经题字了，便说经本文了，便说'十波罗蜜'等了；便念念‘佛赞’了，便‘发愿’了，便又念佛一会了，（向）、发愿、取散，云云。”在俗讲仪式中，说《温室经》与《维摩经》的说庄严文和唱释经题的顺序略有不同，此处取说《温室经》的顺序。

225 《续高僧传》卷一五《唐泽州清化寺释玄鉴传》：“然都讲唱文，诸天神等皆敛容倾耳，恐其声绝；法师解释，皆散乱纵恣，无心听受。”《续高僧传》，第 525 页。

226 李志暕《兴圣寺主尼法澄塔铭》：“讲经论议，应对如流。”《全唐文》卷一〇〇，第 1027 页。

227 王小盾《论丝绸之路上的变文、讲经文音乐（上）》，《音乐文化研究》2024 年第 1 期，第 8—16 页。

228 《册府元龟》卷五二《帝王部·崇释氏》：“永泰元年九月，于京城资圣、西明两寺，置百高座，讲《仁王经》。内出二宝舆中，命有力者衣金甲舁出。又结彩为菩萨神王及八部鬼神、羊车、鹿车、牛车，内侍鱼朝恩护送。宰臣及百官列班于光顺门观礼。”《册府元龟》，第 546 页。

229 敦煌研究院主编《敦煌石窟艺术全集 11 楞伽经画卷》，上海：同济大学出版社，2016 年，第 132—134 页。

230 敦煌文书 P. 2305《解座文汇钞》。

231 《敦煌变文集》卷四《太子成道经一卷》，第 298 页。

232 《敦煌变文集》卷六《目连缘起》，第 712 页。

233 国家图书馆 BD.03024《八相成道变文》：“今具日光西下，坐久迎时。”见向达《唐代俗讲考》，《唐代长安与西域文明》，第 307 页。

234 参见《敦煌变文研究》，第 213 页。

235 见《续高僧传》卷一五《唐京师弘福寺释灵润传》，第 536 页。

236 怀信《释门自镜录》卷一：“行真俗姓邵，蓝田人也。……至永徽三年，于胜光寺听闰法师讲《涅槃经》。”《大正新修大藏经》第 51 卷，第 812 页。

237 李志暕《兴圣寺主尼法澄塔铭》，《全唐文》卷一〇〇，第 1027 页。

238 崔致远《唐大荐福寺故寺主翻经大德法藏和尚传》：“后于云华寺讲，有光明现从口出须臾成盖，众所具瞻。延载元年，讲至十地品，香风四合，瑞雾五彩，崇朝不散，萦空射人。又感天华，糁空如霰……洎猎月望前三日晚讲至华藏海震动之说，讲室及寺院欻然震吼，听众稻麻，叹未曾有，当寺龙象状闻天上。”石峻等编《中国佛教思想资料选编（隋唐五代卷）》，北京：中华书局，2014 年，第 311 页。这其实是圣历二年（699）洛阳发生的一次地震，参见孙英刚《佛教对阴阳灾异说的化解——以地震与武周革命为中心》，《史林》2013 年第 6 期，第 53—63 页。

239 《酉阳杂俎校笺》续集卷五《寺塔记》:“佛殿内槽东壁维摩变，舍利佛角而转睐。元和末，俗讲僧文僼装之，笔迹尽矣。”《酉阳杂俎校笺》，第 1843 页。

240 《册府元龟》卷一五三《帝王部·明罚》:“文溆面佞口给，每开筵讲经，专为诙谈谑笑，庸人观者奔走如不及，相与效其声调，周于闾陌。至是奸秽大发，故及焉。”《册府元龟》，第 1710 页。

241 赵璘《因话录》卷四:“有文溆僧者，公为聚众谭说，假托经论所言，无非淫秽鄙亵之事。不逞之徒，转相鼓扇扶树。愚夫冶妇，乐闻其说，听者填咽寺舍，瞻礼崇奉，呼为‘和尚’。”《唐国史补　因话录》，第 94 页。

242 段安节《乐府杂录·文溆子》:“长庆中，俗讲僧文溆善吟经，其声宛畅，感动里人。”《教坊记（外三种）》，第 146 页。

243 俄藏敦煌文书弗鲁格 Φ252《维摩诘经讲经文》卷子背面，有一首疑似讲经人思考如何编排细节的小诗:“义理虽玄妙，安排次第难。从头须就末，方得惬人意。”

244 《敦煌变文选注》上编《破魔变》:“天福九年甲辰祀黄钟之月蓂生十叶冷凝呵笔而写记。居净土寺释门法律沙门愿荣写。”《敦煌变文选注》，第 633 页。

245 这位僧人可能法号靖通，这是根据该文书卷首粘贴的《正月某日普贤院主比丘靖通状》推测的，详见胡适《〈维摩诘经唱文〉的作者与时代》，胡适《胡适文存》三集，上海：上海科学技术文献出版社，2015 年，第 291—293 页。也有学者认为讲经人是一位院主大德，靖通的起居状是上给这位高僧的。此外，题记末尾的“极是温热”也被一些学者释读为“极是湿热”，这便是在表述当时西川的天气了，详见王使臻《晚唐五代宋初川陕甘之间的交通与文化交流——以敦煌文献为主的考察》，《成都大学学报（社会科学版）》2014 年第 4 期，第 37—41 页。

246 敦煌文书 P.2187 首题《降魔变押座文》，尾题《破魔变一卷》。荒见泰史认为这一段属于庄严文，见荒见泰史《敦煌本“庄严文”初探》，荒见泰史《敦煌变文写本的研究》，北京：中华书局，2010 年，第 216—239 页。

跨旅局致所有游客的一封信

1 译自 Sappho, translated by Anne Carson, *If Not, Winter: Fragments of Sappho*, London: Virago, 2002, p. 297。原文为“Someone will remember us, I say, even in another time.”

2 参见舒元舆《长安雪下望月记》，董诰等编《全唐文》卷七二七，北京：中华书局，1983 年，第 7490 页。

3 《旧唐书》卷一五《宪宗本纪》:“（元和八年六月）庚寅，京师大风雨，毁屋飘瓦，人多压死。所在川渎暴涨，行人不通。”刘昫等撰，中华书局编辑部点校《旧唐书》，北京：中华书局，1975年，第446页。

4 《旧唐书》卷三七《五行志》：“（元和八年）六月，京师大雨，街市水深三尺，坏庐舍二千家，含元殿一柱陷。十五年九月十一日至十四日，大雨兼雪，街衢禁苑树无风而摧折、连根而拔者不知其数。”《旧唐书》，第1360页。

5 薛能《长安道》。彭定求等编《全唐诗》卷五六〇，北京：中华书局，1960年，第6507页。

6 马子才《送陈自然西上序》：“闻之京师曰：米如买珠。薪如束桂。膏肉如玉。酒楼如登天。骤雨至矣。黑潦满道。”《全唐文》卷九五六，第9929页。

7 杜甫《忆昔二首其二》：“忆昔开元全盛日，小邑犹藏万家室。稻米流脂粟米白，公私仓廪俱丰实。”浦起龙撰《读杜心解》卷二，北京：中华书局，1961年，第287页。

8 杜甫《自京赴奉先县咏怀五百字》。这首诗写于天宝十四载十月，安史之乱爆发前，杜甫儿子饿死也是在这一年。朱鹤龄注：“公赴奉先时，玄宗正在华清宫，所以诗中言骊山事特详。十一月九日，禄山反书至长安，玄宗犹未信，故诗中但言欢娱聚敛，乱在旦夕，而不及禄山反状。”杜甫著，仇兆鳌注《杜诗详注》卷之四，北京：中华书局，1979年，第264页。

9 2021年，中国获得了世卫组织的无疟疾认证，成为西太平洋地区第18个无疟疾国家。

10 1980年，第三十三届世界卫生大会正式宣布世界各国均已根除天花。

11 本数据来自蒋爱花《唐人寿命水平及死亡原因试探——以墓志资料为中心》，载《中国史研究》2006年第4期，59—76页；李燕捷《唐人年寿研究》，台北：文津出版社，1994年。李燕捷推算出唐人平均死亡年龄为57.55岁，蒋爱花的结果为59.25岁。两位学者的统计数据均来自正史、文集和碑刻（主要是墓志）资料，死者本人大多来自社会中上层，并不能代表唐代整体人口情况，且以同期人方法计算平均死亡年龄很可能因年龄结构而影响结果，因此不具备与其他时期进行比较的意义。另，唐代敦煌地区保留了一批乡里籍帐残卷，虽然残卷内容十分零散，缺乏系统性，但可大致一览唐开元至大历年间边陲地区平民的死亡情况，死亡年龄大致在25~31岁之间，详见杨际平、郭锋等著《五—十世纪敦煌的家庭与家族关系》，长沙：岳麓书社，1997年，第62—70页。

12 如归义军将领张议潮。

13 孙樵《寓居对》：“一入长安，十年屡穷。长日猛赤，饿肠火迫。满眼花黑，晡西方食。暮雪严冽，入夜断骨。”《全唐文》卷七九五，第8331页。

14 《容斋五笔》卷二《唐曹因墓铭》："庆元三年，信州上饶尉陈庄发土得唐碑，乃妇人为夫所作。其文曰：'君姓曹，名因，字鄙夫，世为鄱阳人。祖、父皆仕于唐高祖之朝，惟公三举不第，居家以礼义自守。及卒于长安之道，朝廷公卿、乡邻耆旧，无不太息。'"洪迈撰，孔凡礼整理《容斋五笔》，《全宋笔记》第 47 册，郑州：大象出版社，2019 年，第 22 页。

15 白居易《雨中携元九诗访元八侍御》。白居易撰，谢思炜校注《白居易诗集校注》卷一五，北京：中华书局，2006 年，第 1197 页。

16 姚合《亲仁里居》："三年赁舍亲仁里，寂寞何曾似在城。"《全唐诗》卷四九八，第 5661 页。

17 兰德尔·柯林斯、迈克尔·马科夫斯基著，李霞译《发现社会：西方社会学思想述评》，北京：商务印书馆，2014 年，第 30 页。

18 "If a man could pass through Paradise in a dream, and have a flower presented to him as a pledge that his soul had really been there,and if he found that flower in his hand when he awoke—Aye! and what then ?" By Samuel Taylor Coleridge, edited by Ernest Hartley Coleridge, *Anima Poetæ: From the Unpublished notebooks of Samuel Taylor Coleridge*, London: William Heinemann, 1895, p.282.

第一章　初到长安

一、传世文献

《大唐开元礼》，北京：民族出版社，2000 年
白居易撰，谢思炜校注《白居易诗集校注》，北京：中华书局，2006 年
白居易著，谢思炜校注《白居易文集校注》，北京：中华书局，2011 年
班固撰，颜师古注，中华书局编辑部点校《汉书》，北京：中华书局，1962 年
陈翰编，李小龙校证《异闻集校证》，北京：中华书局，2019 年
陈尚君辑校《全唐诗补编》，北京：中华书局，1992 年
陈元靓《事林广记》，北京：中华书局，1999 年
陈元靓撰，许逸民点校《岁时广记》，北京：中华书局，2020 年
虫天子编《香艳丛书》第 1 册，上海：上海书店出版社，2014 年
董诰等编《全唐文》，北京：中华书局，1983 年
杜甫著，仇兆鳌注《杜诗详注》，北京：中华书局，1979 年
杜佑撰，王文锦等点校《通典》，北京：中华书局，1988 年
段安节撰，吴企明点校《乐府杂录》，北京：中华书局，2012 年
段成式撰，许逸民校笺《酉阳杂俎校笺》，北京：中华书局，2015 年
封演撰，赵贞信校注《封氏闻见记校注》，北京：中华书局，2005 年
高楠顺次郎等《大正新修大藏经》第 45 卷，东京：大藏出版株式会社，1988 年
葛洪著，王明校释《抱朴子内篇校释》，北京：中华书局，1985 年

韩鄂撰，缪启愉校释《四时纂要校释》，北京：农业出版社，1981 年
韩愈著，方世举编年笺注，郝润华、丁俊丽整理《韩昌黎诗集编年笺注》，北京：中华书局，2012 年
韩愈著，阎琦校注《韩昌黎文集注释》，西安：三秦出版社，2004 年
韩愈撰，魏仲举集注，郝润华、王东峰整理《五百家注韩昌黎集》，北京：中华书局，2019 年
何光远撰，邓星亮等校注《鉴诫录校注》，成都：巴蜀书社，2011 年
侯白撰，董志翘笺注《启颜录笺注》，北京：中华书局，2014 年
霍存福《唐式辑佚》，北京：社会科学文献出版社，2009 年
贾岛撰，齐文榜校注《贾岛集校注》，北京：中华书局，2020 年
孔平仲撰，池洁整理《续世说》，《全宋笔记》第 19 册，郑州：大象出版社，2019 年
李白著，王琦注《李太白全集》，北京：中华书局，1977 年
李绰编，罗宁点校《尚书故实》，《大唐传载（外三种）》，北京：中华书局，2019 年
李昉等编《太平广记》，北京：中华书局，1961 年
李贺撰，吴正子笺注，刘辰翁评点，刘朝飞点校《李贺歌诗笺注》，北京：中华书局，2021 年
李剑国辑校《唐五代传奇集》，北京：中华书局，2015 年
李林甫等撰，陈仲夫点校《唐六典》，北京：中华书局，1992 年
李时人编校，何满子审定，詹绪左覆校《全唐五代小说》，北京：中华书局，2014 年
李肇、赵璘《唐国史补　因话录》，上海：上海古籍出版社，1979 年
李肇《翰林志》，清知不足斋丛书本
令狐德棻等撰，中华书局编辑部点校《周书》，北京：中华书局，1971 年
刘俊文《唐律疏议笺解》，北京：中华书局，1996 年
刘肃撰，许德楠、李鼎霞点校《大唐新语》，北京：中华书局，1984 年
刘昫等撰，中华书局编辑部点校《旧唐书》，北京：中华书局，1975 年
刘禹锡撰，陶敏、陶红雨校注《刘禹锡全集编年校注》，北京：中华书局，2019 年
柳宗元《柳宗元集》，北京：中华书局，1979 年
陆楫编《古今说海》，上海：上海文艺出版社，1989 年
卢嘉锡总主编，戴念祖分卷主编《中国科学技术史　物理学卷》，北京：科学出版社，2001 年
骆宾王撰，陈熙晋笺，王群栗点校《骆宾王集》，杭州：浙江古籍出版社，2015 年
骆天骧撰，黄永年点校《类编长安志》，北京：中华书局，1990 年
孟郊著，韩泉欣校注《孟郊集校注》，杭州：浙江古籍出版社，2012 年

倪维德著，薛己校补《原机启微》，上海：上海卫生出版社，1958 年
牛僧孺、李复言撰，林宪亮译注《玄怪录　续玄怪录》，北京：中华书局，2019 年
牛肃撰，李剑国辑校《纪闻辑校》，北京：中华书局，2018 年
欧阳修、宋祁撰，中华书局编辑部点校《新唐书》，北京：中华书局，1975 年
欧阳修撰，徐无党注，中华书局编辑部点校《新五代史》，北京：中华书局，1974 年
彭定求等编《全唐诗》，北京：中华书局，1960 年
普济著，苏渊雷点校《五灯会元》，北京：中华书局，1984 年
钱易撰，黄寿成点校《南部新书》，北京：中华书局，2002 年
权德舆撰，蒋寅笺，唐元校，张静注《权德舆诗文集编年校注》，沈阳：辽海出版社，2013 年
任继愈主编《中国科学技术典籍通汇 6　天文卷一》，郑州：大象出版社，2015 年
沙门释法显撰，章巽校注《法显传校注》，北京：中华书局，2008 年
释道世著，周叔迦、苏晋仁校注《法苑珠林校注》，北京：中华书局，2003 年
舒其绅等修，严长明等纂，何炳武等校点《西安府志》，西安：三秦出版社，2011 年
司马光编著，胡三省音注，标点资治通鉴小组点校《资治通鉴》，北京：中华书局，1956 年
宋敏求、李好文撰，辛德勇、郎洁点校《长安志　长安志图》，西安：三秦出版社，2013 年
宋敏求编《唐大诏令集》，北京：中华书局，2008 年
孙思邈著，李景荣等校释《备急千金要方校释》，北京：人民卫生出版社，2014 年
孙思邈撰，朱邦贤等校注《千金翼方校注》，上海：上海古籍出版社，1999 年
陶谷撰，郑村声、俞钢整理《清异录》，《全宋笔记》第 2 册，郑州：大象出版社，2019 年
天一阁博物馆、中国社会科学院历史研究所天圣令整理课题组校证《天一阁藏明钞本天圣令校证》，北京：中华书局，2006 年
王谠撰，周勋初校证《唐语林校证》，北京：中华书局，2008 年
王梵志著，项楚校注《王梵志诗校注》，上海：上海古籍出版社，2010 年
王闿运著，黄巽斋点校《论语训 · 春秋公羊传笺》，长沙：岳麓书社，2009 年
王溥撰《唐会要》，北京：中华书局，1960 年
王仁裕、姚汝能撰，曾贻芬点校《开元天宝遗事　安禄山事迹》，北京：中华书局，2006 年
王焘撰，高文柱校注《外台秘要方校注》，北京：学苑出版社，2011 年
王钦若等编纂，周勋初等校订《册府元龟》，南京：凤凰出版社，2006 年

韦述、杜宝撰，辛德勇辑校《两京新记辑校　大业杂记辑校》，北京：中华书局，2020 年
韦庄编，傅璇琮等编《又玄集》，北京：中华书局，2014 年
魏徵等撰，中华书局编辑部点校《隋书》，北京：中华书局，1973 年
温庭筠撰，刘学锴校注《温庭筠全集校注》，北京：中华书局，2007 年
文远记录，徐琳校注《赵州录校注》，北京：中华书局，2017 年
吴钢主编《全唐文补遗》第 2 辑，西安：三秦出版社，1995 年
武平一撰，陶敏辑校《景龙文馆记》，北京：中华书局，2015 年
许浑撰，罗时进笺证《丁卯集笺证》，北京：中华书局，2012 年
徐坚《初学记》，北京：中华书局，2004 年
徐松撰，李健超增订《最新增订唐两京城坊考》，西安：三秦出版社，2019 年
徐松撰，张穆校补，方严点校《唐两京城坊考》，北京：中华书局，1985 年
严可均编《全上古三代秦汉三国六朝文》，北京：中华书局，1958 年
义净著，王邦维校注《南海寄归内法传校注》，北京：中华书局，1995 年
应劭撰，王利器校注《风俗通义校注》，北京：中华书局，1981 年
永乐北藏整理委员会《永乐北藏》第 32、47 册，北京：线装书局，2000 年
雍文华校辑《罗隐集》，北京：中华书局，1983 年
圆仁著，白化文、李鼎霞、许德楠校注，周一良审阅《入唐求法巡礼行记校注》，北京：中华书局，2019 年
赵彦卫撰，朱旭强整理《云麓漫钞》，《全宋笔记》第 60 册，郑州：大象出版社，2019 年
张祜撰，尹占华校注《张祜诗集校注》，成都：巴蜀书社，2007 年
张籍撰，徐礼节、余恕诚校注《张籍集系年校注》，北京：中华书局，2011 年
张鷟撰，赵守俨点校《朝野佥载》，北京：中华书局，1979 年
真人元开著，汪向荣校注《唐大和上东征传》，北京：中华书局，2000 年
宗懔撰，杜公瞻注《荆楚岁时记》，北京：中华书局，2018 年

二、今人著作

陈垣《陈垣史学论著选 · 火祆教入中国考》，上海：上海人民出版社，1981 年
池田温《中国古代籍帐研究：概观 · 录文》，东京：东京大学出版社，1979 年
杜文玉《长安吏治》，西安：西安出版社，2021 年
冻国栋《唐代人口问题研究》，武汉：武汉大学出版社，1993 年
福山敏男《中国建筑与金石文之研究》，东京：中央公论美术出版，1983 年
葛永海《古代小说与城市文化研究》，上海：复旦大学出版社，2004 年
顾功叙《中国地震目录（公元前 1831—公元 1969 年）》，北京：科学出版社，1983 年

郭盛炽《中国古代的计时科学》，北京：科学出版社，1988 年
华同旭《中国漏刻》，合肥：安徽科学技术出版社，1991 年
加藤繁著，吴杰译《中国经济史考证》，北京：商务印书馆，1959 年
李健超《汉唐两京及丝绸之路历史地理论集》，西安：三秦出版社，2007 年
李锦绣《唐代财政史稿》，北京：社会科学文献出版社，2007 年
李贞德《女人的中国医疗史》，台北：三民书局，2008 年
廖宜方《唐代的历史记忆》，台北：台大出版中心，2011 年
林悟殊《波斯拜火教与古代中国》，台北：新文丰出版公司，1995 年
刘安志《敦煌吐鲁番文书与唐代西域史研究》，北京：商务印书馆，2011 年
刘晓峰《东亚的时间——岁时文化的比较研究》，北京：中华书局，2007 年
卢建荣《唐宋私人生活史》，台北：新高地文化事业有限公司，2014 年
陆娟娟《吐鲁番出土文书语言研究》，杭州：浙江工商大学出版社，2015 年
宁欣《城市社会与流动人口》，郑州：河南人民出版社，2019 年
宁欣《唐宋都城社会结构研究》，北京：商务印书馆，2009 年
宁欣《唐五代宋初都市社会中下阶层研究》，北京：人民出版社，2021 年
彭信威《中国货币史》，上海：上海人民出版社，2015 年
平冈武夫编《唐代的长安与洛阳（地图）》，上海：上海古籍出版社，1991 年
平冈武夫编《唐代的历》，上海：上海古籍出版社，1990 年
陶希圣、鞠清远《唐代经济史》，太原：山西人民出版社，2014 年
辛德勇《隋唐两京丛考》，西安：三秦出版社，2006 年
严茹蕙《唐日令中所见节假生活初探》，新北：稻乡出版社，2017 年
杨鸿年《隋唐两京考》，武汉：武汉大学出版社，2005 年
杨宽《中国古代都城制度史研究》，上海：上海人民出版社，2016 年
杨月君《唐代京畿地区治安管理研究》，北京：中国社会科学出版社，2014 年
于赓哲《从疾病到人心》，北京：中华书局，2022 年
张荣芳《唐代京兆尹研究》，台北：学生书局，1987 年
张衍田《中国古代纪时考》，上海：上海古籍出版社，2019 年
赵贞《唐代的天文历法》，郑州：河南人民出版社，2019 年
中国科学院自然科学史研究所主编《中国古代建筑技术史》，北京：科学出版社，1985 年

三、今人论文

拜根兴《从新见入唐高丽移民墓志看唐代东亚人员流动》，《古代东亚欧研究年报》第 3 号，2017 年，第 52—53 页

坂上康俊著，何东译《论唐代城市乡里与坊的关系》，《法律史译评》2013 年，第 89—117 页
陈久金《中国古代时制研究及其换算》，《自然科学史研究》1983 年第 2 期，第 118—132 页
陈侃理《十二时辰的产生与制度化》，《中华文史论丛》2020 年第 3 辑，第 19—56 页
陈涛、李相海《隋唐宫殿建筑制度二论——以朝会礼仪为中心》，《中国建筑史论汇刊》2008 年，第 117—135 页
崔世平《唐五代时期的凶肆与丧葬行业组织考论》，《暨南史学》2013 年，第 107—119 页
傅熹年《唐长安明德门原状的探讨》，《考古》1977 年第 6 期，第 409—412 页
葛全胜、方修琦、郑景云《中国历史时期温度变化特征的新认识——纪念竺可桢〈中国过去五千年温度变化初步研究〉发表 30 周年》，《地理科学进展》2002 年第 4 期，第 311—317 页
龚胜生《唐长安城薪炭供销的初步研究》，《中国历史地理论丛》1991 年第 3 期，第 137—153 页
郭作飞《“万福”补议——兼谈作品断代与语言证据》，《兰州学刊》2011 年第 6 期，第 210—212 页
黄永年《述〈类编长安志〉》，中国古都学会编《中国古都研究》第 1 辑，杭州：浙江人民出版社，1985 年，第 102—123 页
黄正建《唐代的“传”与“递”》，《中国史研究》1994 年第 4 期，第 77—81 页
黄旨彦《送行者的乐章：唐代挽歌文化初探》，《第三届中国中古史青年学者联谊会报告汇编》，2009 年，第 349—372 页
靳强《唐代地震灾害初探——以两〈唐书〉为例》，《江汉论坛》2012 年第 3 期，第 47—53 页
姜清波《百济人沙吒忠义在唐事迹考论》，《暨南史学》2007 年第 5 辑，第 176—183 页
蓝勇《唐代气候变化与唐代历史兴衰》，《中国历史地理论丛》2001 年第 1 期，第 4—15 页
雷闻《隋唐时期的聚众之禁——中古国家与宗教仪式关系之一侧面》，《文史哲》2022 年 04 期，第 118—134 页
李颖《唐代国忌日及其宗教活动述论》，《宗教信仰与民族文化》2022 年第 16 辑，第 66—86 页
李永《〈唐摭言〉所见唐长安城“客户坊”小考》，《史学史研究》2012 年第 1 期，第 118—126 页

刘锡涛、吴家洲《浅析唐代沙尘灾害的时空分布》，《陕西历史博物馆论丛》2018 年第 25 辑，第 175—188 页
陆锡兴《吐鲁番古墓纸明器研究》，《西域研究》2006 年第 03 期，第 50—55 页
满志敏《关于唐代气候冷暖问题的讨论》，《第四纪研究》1998 年第 1 期，第 20—30 页
毛阳光《〈旧唐书〉唐武宗生日辩误》，《陕西师范大学学报（哲学社会科学版）》1999 年第 4 期，64 页
妹尾达彦《唐都长安城的人口数与城内人口分布》，中国古都学会编《中国古都研究》第 12 辑，太原：山西人民出版社，1994 年，第 179—189 页
聂顺新《元和元年长安国忌行香制度研究——以新发现的〈续通典〉佚文为中心》，《魏晋南北朝隋唐史资料》2015 年第 2 期，第 131—149 页
聂顺新《张氏归义军时期敦煌与内地诸州府国忌行香制度的差异及其原因初探》，《敦煌研究》2015 年第 6 期，第 88—95 页
潘明娟《唐代京师地震及唐人地震观》，《长安大学学报（社会科学版）》2019 年第 2 期，第 40—48 页
裴成国《唐朝初年西州人与洛州亲属间的几通家书》，荣新江主编《唐研究》第 22 卷，北京：北京大学出版社，2016 年，第 321—355 页
平冈武夫编《唐代的长安与洛阳（地图篇）》，上海：上海古籍出版社，1991 年
钱茀《从庙会到阅傩——唐傩的世俗化娱乐化趋势》，麻国钧等主编《祭礼·傩俗与民间戏剧》，北京：中国戏剧出版社，1999 年，第 447—454 页
全和钧《我国古代的时制》，《中国科学院上海天文台年刊》1982 年总第 4 期，第 352—361 页
石景山区委、区政府、市规划自然资源委编制《石景山分区规划（国土空间规划）（2017 年—2035 年）》
史念海《龙首原和隋唐长安城》，《中国历史地理论丛》1999 年第 4 期，第 1—20 页
史念海著，王双怀整理《唐代的道路系统》，《丝绸之路研究集刊》2001 年第 6 辑，第 1—20 页
薮内清著，杜石然译《隋唐历法》，《自然科学史研究》2015 年第 4 期，第 403—410 页
万晋《唐长安的“里”、“坊”与“里正”、“坊正”》，《东岳论丛》2013 年第 1 期，第 79—84 页
丸山茂《唐代长安城的沙堤》，傅璇琮、周祖撰主编《唐代文学研究》第 5 辑，桂林：广西师范大学出版社，1994 年，第 830—848 页
丸山裕美子《唐宋节假制度的变迁——兼论“令”和“格敕”》，张国刚主编《中国社会历史评论》第 3 卷，北京：中华书局，2001 年，第 366—373 页

汪泛舟《〈太公家教〉考》，《敦煌研究》1986 年第 1 期，第 48—55 页
王立兴《纪时制度考》，《中国天文学史文集》第 4 集，北京：科学出版社，1986 年，第 1—47 页
王社教《论唐都长安的人口数量》，史念海主编《汉唐长安与关中平原》，1999 年，第 88—116 页
王使臻《两件敦煌书札浅释》，《历史档案》2011 年第 2 期，第 129—132 页
吴宏岐、党安荣《隋唐时期气候冷暖特征与气候波动》，《第四纪研究》1998 年第 1 期，第 31—38 页
武伯纶编《西安历史述略》，西安：陕西人民出版社，1979 年
夏炎《唐代薪炭消费与日常生活》，《天津师范大学学报（社会科学版）》2013 年第 4 期，第 8—12 页
辛德勇《隋大兴城坊考稿》，《燕京学报》2009 年总第 27 期，第 25—72 页
徐畅《城郭内外——乡里村坊制在唐长安的实施再探》，荣新江主编《唐研究》第 21 卷，北京：北京大学出版社，2015 年，第 303—326 页
严耕望《严耕望史学论文集 下》，上海：上海古籍出版社，2009 年
杨鸿勋《唐长安城明德门复原探讨》，《文物》1996 年第 4 期，第 76—84 页
杨为刚《节日 · 空间 · 记忆——关于千秋节几个问题的再探讨》，荣新江主编《唐研究》第 21 卷，北京：北京大学出版社，2015 年，第 453—482 页
游自勇《敦煌吐鲁番汉文文献中的剃头、洗头择吉日法》，《文津学志》2021 年第 1 期，第 229—236 页
于赓哲《唐人疾病观与长安城的嬗变》，《南开学报（哲学社会科学版）》2010 年第 5 期，第 47—57 页
张勃《春秋二社：唐代乡村社会的盛大节日——兼论社日与唐代私社的发展》，《华中师范大学学报（人文社会科学版）》2011 年第 3 期，第 124—131 页
张勃《唐人的年节》，中国民俗学会民俗博物馆专业委员会、北京民俗博物馆编《第二届东岳论坛论文集》，北京：学苑出版社，2007 年，第 47—65 页
张维慎《试论唐代女子拜礼的拜仪及其适用场合》，《陕西师范大学学报（哲学社会科学版）》2002 年第 6 期，第 64—69 页
张先堂《中国古代的温室浴僧供养活动——以唐宋时期敦煌文献为中心》，《敦煌吐鲁番研究》第 15 卷，上海：上海古籍出版社，2015 年，第 217—229 页
张永帅《空间及其过程：唐长安住宅的分布特征及其形成机制》，《史林》2012 年第 1 期，第 49—59 页
赵强、李喜萍、秦建明《唐长安城发现坊里道路遗迹》，《考古与文物》1995 年第 6 期，第 2—5 页

赵贞《唐代长安城街鼓考》，《上海师范大学学报（哲学社会科学版）》2006 年第 3 期，第 94—99 页
郑显文《唐代长安城人口百万说质疑》，《人文杂志》1991 年第 2 期，第 91—92 页
中国科学院考古研究所西安唐城发掘队《唐代长安城考古纪略》，《考古》1963 年第 11 期，第 595—611 页
朱海《读唐代家书札记二则》，《魏晋南北朝隋唐史资料》2006 年，第 133—145 页
竺可桢《中国近五千年来气候变迁的初步研究》，《考古学报》1972 年第 1 期，168—189 页
朱士光、王元林、呼林贵《历史时期关中地区气候变化的初步研究》，《第四纪研究》1998 年第 1 期，第 1—11 页

四、考古、文书、碑刻资料、史料汇编及图录

敦煌研究院主编，谭蝉雪分卷主编《敦煌石窟艺术全集 · 民俗画卷》，上海：同济大学出版社，2016 年
国家文物局古文献研究室、新疆维吾尔自治区博物馆、武汉大学历史系编《吐鲁番出土文书》第 5 册，北京：文物出版社，1983 年
国家文物局古文献研究室、新疆维吾尔自治区博物馆、武汉大学历史系编《吐鲁番出土文书》第 7 册，北京：文物出版社，1986 年
胡戟、荣新江主编《大唐西市博物馆藏墓志》，北京：北京大学出版社，2012 年
王重民、王庆菽、向达、周一良、启功、曾毅公编《敦煌变文集》，北京：人民文学出版社，1957 年
项楚《敦煌变文选注》，北京：中华书局，2006 年
新疆维吾尔自治区博物馆编《新疆出土文物》，北京：文物出版社，1975 年
徐俊纂辑《敦煌诗集残卷辑考》，北京：中华书局，2000 年
张涌泉主编、审订《敦煌经部文献合集》，北京：中华书局，2008 年
周绍良主编《唐代墓志汇编》，上海：上海古籍出版社，1992 年
周绍良、赵超主编《唐代墓志汇编续集》，上海：上海古籍出版社，2001 年
朱雷《敦煌吐鲁番文书论丛》，兰州：甘肃人民出版社，2000 年

第二章　住宿与出行指南

一、传世文献

《精缩新版乾隆大藏经》第 149 册，台北：传正有限公司，2002 年

白居易撰，谢思炜校注《白居易诗集校注》，北京：中华书局，2006 年

岑参撰，廖立笺注《岑参诗笺注》，北京：中华书局，2018 年

陈尚君辑校《全唐文补编》，北京：中华书局，2005 年

陈元靓撰，许逸民点校《岁时广记》，北京：中华书局，2020 年

程大昌撰，黄永年点校《雍录》，北京：中华书局，2002 年

程大昌撰，许沛藻、刘宇整理《演繁露》，《全宋笔记》第 43 册，郑州：大象出版社，2019 年

崔令钦等撰，吴企明点校《教坊记（外三种）》，北京：中华书局，2012 年

道宣撰，郭绍林点校《续高僧传》，北京：中华书局，2014 年

董诰等编《全唐文》，北京：中华书局，1983 年

杜甫著，仇兆鳌注《杜诗详注》，北京：中华书局，1979 年

杜牧撰，吴在庆校注《杜牧集系年校注》，北京：中华书局，2008 年

杜佑撰，王文锦等点校《通典》，北京：中华书局，1988 年

杜祐撰，曾贻芬校笺《通典食货典校笺》，成都：巴蜀书社，2013 年

段成式撰，许逸民校笺《酉阳杂俎校笺》，北京：中华书局，2015 年

法藏著，方立天校释《华严金师子章校释》，北京：中华书局，1983 年

范镇、宋敏求撰，汝沛、诚刚点校《东斋记事　春明退朝录》，北京：中华书局，1980 年

封演撰，赵贞信校注《封氏闻见记校注》，北京：中华书局，2005 年

冯贽编，张力伟点校《云仙散录》，北京：中华书局，2008 年

高楠顺次郎等《大正新修大藏经》第 17、22、30、40、45、49、52、85 卷，东京：大藏出版株式会社，1988 年

高彦休《阙史》，北京：中华书局，1985 年

韩愈撰，魏仲举集注，郝润华、王东峰整理《五百家注韩昌黎集》，北京：中华书局，2019 年

黄本骥撰《皇朝经籍志》，清道光二十五年（1845）《三长物斋丛书》本

黄伯思撰，陈金林整理《东观余论》，《全宋笔记》第 28 册，郑州：大象出版社，2019 年

慧立、彦悰著，孙毓棠、谢方点校《大慈恩寺三藏法师传》，北京：中华书局，2000 年

李白撰，安旗等笺注《李白全集编年笺注》，北京：中华书局，2015 年

李绰编，罗宁点校《尚书故实》，《大唐传载（外三种）》，北京：中华书局，2019 年
李德辉编著《唐宋馆驿与文学资料汇编》，南京：凤凰出版社，2014 年
李昉等编《太平广记》，北京：中华书局，1961 年
李濬、苏鹗、冯翊子撰《松窗杂录　杜阳杂编　桂苑丛谈》，北京：中华书局，1958 年
李吉甫撰，贺次君点校《元和郡县图志》，北京：中华书局，1983 年
李剑国辑校《唐五代传奇集》，北京：中华书局，2015 年
李林甫等撰，陈仲夫点校《唐六典》，北京：中华书局，1992 年
李商隐著，聂石樵、王汝弼笺注《玉谿生诗醇》，北京：中华书局，2008 年
李时人编校，何满子审定，詹绪左覆校《全唐五代小说》，北京：中华书局，2014 年
李肇、赵璘《唐国史补　因话录》，上海：上海古籍出版社，1979 年
刘俊文《唐律疏议笺解》，北京：中华书局，1996 年
刘世珩辑校，郑玲校点《贵池唐人集》，合肥：黄山书社，2013 年
刘餗、张鷟撰，程毅中、赵守俨点校《隋唐嘉话　朝野佥载》，北京：中华书局，1979 年
刘昫等撰，中华书局编辑部点校《旧唐书》，北京：中华书局，1975 年
刘禹锡撰，《刘禹锡集》整理组点校，卞孝萱校订《刘禹锡集》，北京：中华书局，1990 年
陆楫编《古今说海》，上海：上海文艺出版社，1989 年
骆天骧撰，黄永年点校《类编长安志》，北京：中华书局，1990 年
马可·波罗口述，沙海昂注，冯承钧译《马可波罗行纪》，北京：商务印书馆，2016 年
马可·波罗著，梁生智译《马可·波罗游记》，北京：中国文史出版社，1998 年
孟郊著，韩泉欣校注《孟郊集校注》，杭州：浙江古籍出版社，2012 年
南卓、段安节、王灼《羯鼓录　乐府杂录　碧鸡漫志》，上海：古典文学出版社，1957 年
倪涛编，钱伟强等点校《六艺之一录》，杭州：浙江人民美术出版社，2017 年
牛僧孺、李复言撰，林宪亮译注《玄怪录　续玄怪录》，北京：中华书局，2019 年
牛肃撰，李剑国辑校《纪闻辑校》，北京：中华书局，2018 年
欧阳修、宋祁撰，中华书局编辑部点校《新唐书》，北京：中华书局，1975 年
彭定求等编《全唐诗》，北京：中华书局，1960 年
钱大昕《潜研堂金石文跋尾》，南京：凤凰出版社，2016 年
钱易撰，黄寿成点校《南部新书》，北京：中华书局，2002 年
权德舆撰，蒋寅笺，唐元校，张静注《权德舆诗文集编年校注》，沈阳：辽海出版社，2013 年
申时行修，赵用贤纂《大明会典》，明万历十五年（1587）刻本
石峻等编《中国佛教思想资料选编·隋唐五代卷》，北京：中华书局，2014 年
释道世著，周叔迦、苏晋仁校注《法苑珠林校注》，北京：中华书局，2003 年

司马光编著，胡三省音注，标点资治通鉴小组点校《资治通鉴》，北京：中华书局，1956 年
宋敏求、李好文撰，辛德勇、郎洁点校《长安志　长安志图》，西安：三秦出版社，2013 年
宋敏求编《唐大诏令集》，北京：中华书局，2008 年
宋世荦纂修《扶风县志》，清嘉庆二十四年（1819）刻本
孙昌武、李赓扬译注《杂譬喻经译注》，北京：中华书局，2008 年
孙光宪撰，贾二强校点《北梦琐言》，北京：中华书局，2002 年
陶宗仪辑《说郛》，宛委山堂刊本
脱脱等撰，中华书局编辑部点校《宋史》，北京：中华书局，1985 年
王谠撰，周勋初校证《唐语林校证》，北京：中华书局，2008 年
王定保撰，黄寿成点校《唐摭言》，西安：三秦出版社，2011 年
王溥《唐会要》，北京：中华书局，1960 年
王钦若等编纂，周勋初等校订《册府元龟》，南京：凤凰出版社，2006 年
王世贞、孙鑛撰，汤志波点校《弇州山人题跋　书画题跋》，上海：上海书画出版社，2020 年
王澍著，李文点校《虚舟题跋》，杭州：浙江人民美术出版社，2019 年
王维撰，陈铁民校注《王维集校注》，北京：中华书局，1997 年
韦述、杜宝撰，辛德勇辑校《两京新记辑校　大业杂记辑校》，北京：中华书局，2020 年
韦绚撰，陶敏、陶红雨校注《刘宾客嘉话录》，北京：中华书局，2019 年
韦应物撰，孙望校笺《韦应物诗集系年校笺》，北京：中华书局，2002 年
韦庄编，傅璇琮等编《又玄集》，北京：中华书局，2014 年
温庭筠撰，刘学锴校注《温庭筠全集校注》，北京：中华书局，2007 年
翁方纲撰，沈津辑《翁方纲题跋手札集录》，桂林：广西师范大学出版社，2002 年
吴处厚撰，夏广兴整理《青箱杂记》，《全宋笔记》第 12 册，郑州：大象出版社，2019 年
吴兢撰，谢保成集校《贞观政要集校》，北京：中华书局，2009 年
武平一、韦述撰，陶敏辑校《景龙文馆记　集贤注记》，北京：中华书局，2015 年
辛文房著，傅璇琮主编《唐才子传校笺》，北京：中华书局，1995 年
徐松撰，李健超增订《最新增订唐两京城坊考》，西安：三秦出版社，2019 年
徐松撰，张穆校补，方严点校《唐两京城坊考》，北京：中华书局，1985 年
徐铉撰，张剑光整理《稽神录》，《全宋笔记》第 2 册，郑州：大象出版社，2019 年
玄奘、辩机原著，季羡林等校注《大唐西域记校注》，北京：中华书局，2000 年
杨衒之撰，周祖谟校释《洛阳伽蓝记校释》，北京：中华书局，2010 年
姚合编，傅璇琮等编《极玄集》，北京：中华书局，2014 年

佚名著，王群栗点校《宣和画谱》，杭州：浙江人民美术出版社，2019 年
元稹撰，冀勤点校《元稹集》，北京：中华书局，2010 年
圆仁著，白化文、李鼎霞、许德楠校注，周一良审阅《入唐求法巡礼行记校注》，北京：中华书局，2019 年
赞宁撰，范祥雍点校《宋高僧传》，北京：中华书局，1987 年
曾慥编《类说》，上海：上海古籍出版社，1993 年
曾昭岷、曹济平、王兆鹏、刘尊明编撰《全唐五代词》，北京：中华书局，1999 年
张祜撰，尹占华校注《张祜诗集校注》，成都：巴蜀书社，2007 年
张礼撰，史念海、曹尔琴校注《游城南记校注》，西安：三秦出版社，2006 年
张彦远《历代名画记》，杭州：浙江人民美术出版社，2019 年
张彦远纂辑，刘石校理《法书要录校理》，北京：中华书局，2021 年
张说著，熊飞校注《张说集校注》，北京：中华书局，2013 年
赵元一等撰，夏婧点校《奉天录（外三种）》，北京：中华书局，2014 年
赵翼著，王树民校证《廿二史劄记校证》，北京：中华书局，2013 年
朱景玄著，吴企明校注《唐朝名画录校注》，合肥：黄山书社，2016 年

二、今人著作

白化文《汉化佛教法器服饰略说》，北京：商务印书馆，1998 年
毕罗《尊右军以翼圣教》，成都：四川人民出版社，2020 年
陈尚君《行走大唐》，桂林：广西师范大学出版社，2018 年
程千帆《唐代进士行卷与文学》，北京：北京出版社，2020 年
戴念祖《中国音乐声学史》，北京：中国科学技术出版社，2018 年
傅璇琮《唐代科举与文学》，西安：陕西人民出版社，1986 年
龚国强《隋唐长安城佛寺研究》，北京：文物出版社，2006 年
谷川道雄主编，李凭等译《魏晋南北朝隋唐史学的基本问题》，北京：中华书局，2010 年
郝春文、赵贞编著《英藏敦煌社会历史文献释录》第 6 卷，北京：社会科学文献出版社，2009 年
郝春文《唐后期五代宋初敦煌僧尼的社会生活》，北京：中国社会科学出版社，1998 年
黄正建《唐代衣食住行研究》，北京：首都师范大学出版社，1998 年
季爱民《隋唐长安佛教社会史》，北京：中华书局，2016 年
加藤繁著，吴杰译《中国经济史考证》，北京：商务印书馆，1959 年
李健超《汉唐两京及丝绸之路历史地理论集》，西安：三秦出版社，2007 年

梁思成《图像中国建筑史》，北京：生活 · 读书 · 新知三联书店，2011 年
刘淑芬《慈悲清净》，北京：商务印书馆，2017 年
刘淑芬《中古的佛教与社会》，上海：上海古籍出版社，2008 年
马正林《正林行集》，北京：光明日报出版社，2005 年
马正林编著《中国城市历史地理》，济南：山东教育出版社，1998 年
丘光明编著《中国历代度量衡考》，北京：科学出版社，1992 年
荣新江主编《唐代宗教信仰与社会》，上海：上海辞书出版社，2003 年
史念海主编《西安历史地图集》，西安：西安地图出版社，1996 年
石守谦《风格与世变》，北京：北京大学出版社，2008 年
汤用彤《隋唐佛教史稿》，武汉：武汉大学出版社，2008 年
王勋成《唐代铨选与文学》，北京：中华书局，2021 年
西安市交通局史志编纂委员会编《西安古代交通志》，西安：陕西人民出版社，1997 年
向达《唐代长安与西域文明》，石家庄：河北教育出版社，2001 年
辛德勇《古代交通与地理文献研究》，北京：中华书局，1996 年
辛德勇《隋唐两京丛考》，西安：三秦出版社，2006 年
严耕望《唐代交通图考》，北京：北京联合出版公司，2021 年
杨廷福《玄奘年谱》，上海：上海古籍出版社，2011 年
臧嵘《中国古代驿站与邮传》，北京：商务印书馆，1997 年
张弓《汉唐佛寺文化史》，北京：中国社会科学出版社，1997 年
张国刚《唐代藩镇研究》，长沙：湖南教育出版社，1987 年
张剑光《宋代笔记视域下的唐五代社会》，郑州：大象出版社，2018 年
仲威《碑帖鉴定概论》，上海：上海古籍出版社，2014 年
周俭主编《丝绸之路交通线路（中国段）历史地理研究》，南京：江苏人民出版社，2012 年
朱关田《初果集》，北京：荣宝斋出版社，2008 年
朱关田著，姚建杭编《思微室颜真卿研究》，杭州：西泠印社出版社，2021 年
朱雷《朱雷敦煌吐鲁番文书论丛》，上海：上海古籍出版社，2012 年

三、今人论文

安家瑶《唐长安西明寺遗址的考古发现》，荣新江主编《唐研究》第 6 卷，北京：北京大学出版社，2000 年，第 337—352 页
保全《大雁塔级数考》，《文博》1985 年第 6 期，34—36 页
毕斐《张彦远笔下的长安画家与画迹》，荣新江主编《唐研究》第 15 卷，北京：北京大学出版社，2009 年，第 361—383 页

毕罗《论〈集王圣教序〉的书法特质——字形、制作、拓本及其他》，《书法研究》2019 年第 2 期，第 34—52 页
卞孝萱《〈补江总白猿传〉新探》，《西北师大学报（社会科学版）》1991 年第 3 期，第 41—45 页
陈永正《〈全唐诗〉误收的一首七绝——唐温如的〈题龙阳县青草湖〉》，《中山大学学报（哲学社会科学版）》1987 年第 1 期，第 103—104 页
程义《唐代宫人斜与临皋驿地望考证》，杜文玉主编《唐史论丛》第 17 辑，西安：陕西师范大学出版社，2014 年，第 100—106 页
杜文玉《论唐五代的雕绘真容风气及其原因》，《史学月刊》2018 年第 12 期，第 5—18 页
河野保博撰，葛继勇、齐会君译《唐代交通住宿设施——以宗教设施的供给功能为中心》，杜文玉主编《唐史论丛》第 18 辑，西安：陕西师范大学出版社，2014 年，第 1—18 页
郭绍林《〈全唐诗 · 忆荐福寺牡丹〉确系唐人作品》，《唐都学刊》2005 年第 2 期，第 11—13 页
郭声波《隋唐长安水利设施的地理复原研究》，纪宗安、汤开建主编《暨南史学》第 3 辑，广州：暨南大学出版社，2004 年，第 11—31 页
韩香《唐代长安的旅舍》，荣新江主编《唐研究》第 15 卷，北京：北京大学出版社，2009 年，第 51—73 页
何培斌《理想寺院：唐道宣描述的中天竺祇洹寺》，张复合主编《建筑史论文集》第 16 辑，北京：清华大学出版社，2002 年，第 277—289 页
侯振兵《从〈天圣令〉看唐代的传制——对其运行模式和法令形态的考察》，杜文玉主编《唐史论丛》第 28 辑，西安：三秦出版社，2019 年，第 27—45 页
黄正建《唐代的“传”与“递”》，《中国史研究》1994 年第 4 期，第 77—81 页
简锦松《长安唐诗与乐游原现地研究》，《台大文史哲学报》2014 年第 60 期，第 75—112 页
介永强《唐都长安城的佛教寺院建筑》，《长安大学学报（社会科学版）》2014 年第 2 期，第 1—6 页
李春林《隋唐长安城规划布局的地势因素》，《大众考古》2019 年第 12 期，第 44—47 页
李健超《隋唐长安城实际寺遗址出土文物》，《考古》1988 年第 4 期，第 314—317 页
李久昌《唐长安长乐驿与临皋驿》，中国古都学会编《中国古都研究》第 34 辑，西安：陕西师范大学出版社，2018 年，第 74—83 页
李令福《隋唐长安城六爻地形及其对城市建设的影响》，《陕西师范大学学报（哲学社会科学版）》2010 年第 4 期，第 120—128 页

李裕民《雁塔题名研究》，《长安大学学报（社会科学版）》2010 年第 2 期，第 1—7 页
李之勤《柳宗元的〈馆驿使壁记〉与唐代长安城附近的驿道和驿馆》，中国古都学会编《中国古都研究》第 1 辑，杭州：浙江人民出版社，1985 年，第 127—146 页
李之勤《唐关内道驿馆考略》，史念海主编《唐史论丛》第 1 辑，西安：陕西人民出版社，1988 年，第 141—175 页
李志生《唐代妇女的出行礼仪——兼谈男女之防和等级秩序》，《国学研究》第 25 卷，2010 年，第 165—198 页。
林立平《唐宋之际城市租赁业初探》，暨南大学青年教师社会科学研究会编《暨南青年学者论文集》，广州：广东人民出版社，1989 年，第 177—196 页
刘淑芬《唐代玄奘的圣化》，《中华文史论丛》2017 年第 1 期，第 1—57 页
刘淑芬《玄奘的最后十年（655—664）——兼论总章二年（669）改葬事》，《中华文史论丛》2009 年第 3 期，第 1—97 页
刘勇、段强、侯阿维《西安大兴善寺建筑空间和景观特征探析》，《城市建筑》2021 年第 3 期，第 166—168 页
刘子凡《安史之乱前夕的安西与北庭——〈唐天宝十三、十四载交河郡长行坊支贮马料文卷〉考释》，《中国国家博物馆馆刊》2022 年第 6 期，第 54—65 页
吕博《践更之卒，俱授官名——"唐天宝十载制授张无价游击将军告身"出现的历史背景》，《中国史研究》2019 年第 3 期，第 96—109 页
马正林《唐长安城总体布局的地理特征》，中国地理学会历史地理专业委员会、《历史地理》编委会编《历史地理》第 3 辑，上海：上海人民出版社，1983 年，第 67—77 页
宁欣《唐代长安流动人口中的举选人群体——唐代长安流动人口试析之一》，《中国经济史研究》1998 年第 1 期，第 93—100 页
气贺泽保规著，石青译《关于唐法门寺咸通十四年（873）舍利供养的考察——兼论法门寺〈真身志文〉碑》，《魏晋南北朝隋唐史资料》2020 年第 2 期，第 199—237 页
荣新江《怀仁〈集王羲之书圣教序〉碑的建立与迁移》，中国书法家协会、绍兴市人民政府编《王羲之与二王学的构建》，北京：书法出版社，2019 年，第 134—141 页
荣新江《隋唐长安的寺观与环境》，荣新江主编《唐研究》第 15 卷，北京：北京大学出版社，2009 年，第 3—21 页
圣凯《隋唐佛教宗派的"祖统"观念》，《五台山研究》2022 年第 1 期，第 3—8 页
孙昌武《唐长安佛寺考》，荣新江主编《唐研究》第 2 卷，北京：北京大学出版社，1996 年，第 1—49 页
孙英刚《长安与荆州之间：唐中宗与佛教》，荣新江主编《唐代宗教信仰与社会》，上海：上海辞书出版社，2003 年，第 125—150 页

孙英刚《佛光下的朝廷：中古政治史的宗教面》，《华东师范大学学报（哲学社会科学版）》2020 年第 1 期，第 47—57 页

孙英刚《夸大的历史图景：宗派模式与西方隋唐佛教史书写》，朱政惠、崔丕主编《北美中国学的历史与现状》，上海：上海辞书出版社，2013 年，第 361—373 页

孙英刚《两个长安：唐代寺院的宗教信仰与日常饮食》，《文史哲》2019 年第 4 期，第 38—59 页

王贵祥《唐长安靖善坊大兴善寺大殿及寺院布局初探》，《中国建筑史论汇刊》2014 年第 2 期，第 61—103 页

王龙飞《唐荐福寺浮屠院布局初探》，《建筑与文化》2018 年第 7 期，第 212—214 页

王文楚《唐代两京驿路考》，《历史研究》1983 年第 6 期，第 62—74 页

王玉池《现存〈唐怀仁集王羲之书圣教序碑〉为复刻等问题》，西安碑林博物馆编《第七届中国书法史论国际研讨会论文集》，北京：文物出版社，2009 年，第 124—128 页

王泽民、巨亚丽、王磊《西安大雁塔名称溯源——兼论九百年来的一个误解》，《考古与文物》1994 年第 4 期，第 91—93 页

辛德勇《唐长安都亭驿考辨——兼述今本〈长安志〉通化坊阙文》，史念海主编《唐史论丛》第 1 辑，西安：陕西人民出版社，1988 年，第 136—140 页

阎文儒《西安大雁塔考》，《史学月刊》1981 年第 2 期，第 14—17 页

杨鸿勋《唐长安荐福寺塔复原探讨》，《文物》1990 年第 1 期，第 88—91 页

杨澍《〈中天竺舍卫国祇洹寺图经〉寺院格局与别院模式研究》，《建筑与文化》2016 年第 11 期，第 185—188 页

杨维中《唐代僧官制度考述》，《佛学研究》2014 年，第 292—303 页

杨维中《“宗派”分野与“专业分工”——关于隋唐佛教成立宗派问题的思考》，《河北学刊》2020 年第 3 期，第 47—55 页

杨学勇《三阶教化度寺无尽藏机构的管理与运转》，《敦煌学辑刊》2017 年第 3 期，第 70—76 页

张先堂《中国古代的温室浴僧供养活动——以唐宋时期敦煌文献为中心》，中国敦煌吐鲁番学会等合编《敦煌吐鲁番研究》第 15 卷，上海：上海古籍出版社，2015 年，第 217—229 页

张亦驰《6—11 世纪莫高窟净土变建筑图像设计与平面布局研究》，《中国建筑史论汇刊》2019 年第 2 期，第 177—228 页

赵运《从〈严公贶墓志〉再探敦煌本柳公权书〈金刚经〉》，《敦煌学辑刊》2024 年第 03 期，第 173—184 页

朱雷《吐鲁番出土天宝年间马料文卷中所见封常清之北庭行》,《魏晋南北朝隋唐史资料》1997 年第 15 辑，第 100—108 页

四、考古、文书、碑刻资料、史料汇编及图录

《北宋拓集右军书圣教序：刘铁云本》，东京：二玄社，1991 年
东京国立博物馆、朝日新闻社编集《遣唐使と唐の美術》，东京：朝日新闻社，2005 年
敦煌研究院主编《敦煌石窟艺术全集 · 交通画卷（25）》，上海：同济大学出版社，2016 年
法门寺博物馆、韩生编著《法门寺文物图饰》，北京：文物出版社，2009 年
樊锦诗主编《世界文化遗产 · 敦煌艺术精品》，北京：中国画报出版社，2006 年
国家文物局古文献研究室、新疆维吾尔自治区博物馆、武汉大学历史系编《吐鲁番出土文书》第 10 册，北京：文物出版社，1991 年
杭德州、雒忠如、田醒农《唐长安城地基初步探测》，《考古学报》1958 年第 3 期，第 79—94 页
李国珍主编，范淑英撰稿《新城、房陵、永泰公主墓壁画》，北京：文物出版社，2002 年
林梅村《唐长安城圣善寺考》，《考古与文物》2021 年第 4 期，第 101—110 页
刘俊文《敦煌吐鲁番唐代法制文书考释》，北京：中华书局，1989 年
山西博物院、新疆维吾尔自治区博物馆、吐鲁番博物馆编著《天山往事：古代新疆丝路文物精华》，太原：山西人民出版社，2012 年
陕西省地质矿产局编《西安市城市地质图集》，西安：西安地图出版社，1989 年
陕西省考古研究所《唐殷仲容夫妇墓发掘简报》，《考古与文物》2007 年第 5 期，第 18—30 页
孙宝文编《集字圣教序（张应召藏本）》，上海：上海辞书出版社，2020 年
唐长孺主编《吐鲁番出土文书（图录本肆）》，北京：文物出版社，1996 年
東京国立博物館、NHK、NHK プロモーション编《唐の女帝 · 則天武后とその時代展—宮廷の栄華》，東京：大塚巧艺社，1998 年
项楚著《敦煌变文选注》，北京：中华书局，2006 年
新疆维吾尔自治区博物馆、西北大学历史系考古专业《1973 年吐鲁番阿斯塔那古墓群发掘简报》，《文物》1975 年第 7 期，第 8—26 页
新疆维吾尔自治区博物馆编《新疆出土文物》，北京：文物出版社，1975 年
曾枣庄主编《宋代序跋全编》，济南：齐鲁书社，2015 年
中国壁画全集编辑委员会编《中国壁画全集 敦煌 6 盛唐》，天津：天津人民美术出版社，1989 年
中国社会科学院考古所西安唐城队《唐长安青龙寺遗址》，《考古学报》1989 年第 2 期，第 231—262 页

中国社会科学院考古研究所编著《青龙寺与西明寺》，北京：文物出版社，2015 年
邹宗绪主编《千年古都西安》，香港：商务印书馆，1987 年

第三章　食物指南

一、传世文献

白居易撰，顾学颉校点《白居易集》，北京：中华书局，1979 年
白居易撰，谢思炜校注《白居易诗集校注》，北京：中华书局，2006 年
陈藏器撰，尚志钧辑释《〈本草拾遗〉辑释》，合肥：安徽科学技术出版社，2002 年
陈彭年等撰《大宋重修广韵》，日本嘉静堂 S016 宋宁宗朝刊，覆宋孝宗朝初期刊
陈尚君辑校《全唐文补编》，北京：中华书局，2005 年
陈元靓撰，许逸民点校《岁时广记》，北京：中华书局，2020 年
程大昌撰，许沛藻、刘宇整理《演繁露续集》，《全宋笔记》第 43 册，郑州：大象出版社，2019 年
道宣撰，郭绍林点校《续高僧传》，北京：中华书局，2014 年
董诰等编《全唐文》，北京：中华书局，1983 年
段成式撰，许逸民校笺《酉阳杂俎校笺》，北京：中华书局，2015 年
范摅撰，唐雯校笺《云溪友议校笺》，北京：中华书局，2017 年
范晔撰，李贤等注，中华书局编辑部点校《后汉书》，北京：中华书局，1965 年
冯贽编，张力伟点校《云仙散录》，北京：中华书局，2008 年
高似孙著，王群栗点校《高似孙集》，杭州：浙江古籍出版社，2015 年
贾思勰著，石声汉校释《齐民要术今释》，北京：中华书局，2009 年
李昉等编《太平广记》，北京：中华书局，1961 年
李剑国辑校《唐五代传奇集》，北京：中华书局，2015 年
李筌《太白阴经》，《守山阁丛书》本
李群玉等撰，黄仁生、陈圣争校点《唐代湘人诗文集》，长沙：岳麓书社，2013 年
李商隐著，聂石樵、王汝弼笺注《玉谿生诗醇》，北京：中华书局，2008 年
李时人编校，何满子审定，詹绪左覆校《全唐五代小说》，北京：中华书局，2014 年
李肇、赵璘《唐国史补　因话录》，上海：上海古籍出版社，1979 年
刘俊文《唐律疏议笺解》，北京：中华书局，1996 年
刘餗、张鷟撰，程毅中、赵守俨点校《隋唐嘉话　朝野佥载》，北京：中华书局，1979 年
刘熙撰，愚若点校《释名》，北京：中华书局，2020 年

刘昫等撰，中华书局编辑部点校《旧唐书》，北京：中华书局，1975 年
刘恂《岭表录异》，《钦定四库全书》本
刘恂、王韶之、方信孺《岭表录异　始兴记　南海百咏》，上海：商务印书馆，1936 年
陆游著，钱仲联、马亚中主编《陆游全集校注》，杭州：浙江古籍出版社，2015 年
孟郊著，韩泉欣校注《孟郊集校注》，杭州：浙江古籍出版社，2012 年
孟棨撰，董希平等评注《本事诗》，北京：中华书局，2014 年
牛僧孺、李复言撰，林宪亮译注《玄怪录　续玄怪录》，北京：中华书局，2019 年
牛肃撰，李剑国辑校《纪闻辑校》，北京：中华书局，2018 年
欧阳修、宋祁撰，中华书局编辑部点校《新唐书》，北京：中华书局，1975 年
彭大翼辑，张幼学增定《山堂肆考》，万历四十七年（1619）梅墅石渠阁刊本
彭定求等编《全唐诗》，北京：中华书局，1960 年
释道世著，周叔迦、苏晋仁校注《法苑珠林校注》，北京：中华书局，2003 年
司马光编著，胡三省音注，标点资治通鉴小组点校《资治通鉴》，北京：中华书局，1956 年
宋敏求编《唐大诏令集》，北京：中华书局，2008 年
苏敬等撰《新修本草》，上海：上海卫生出版社，1957
孙光宪撰，贾二强校点《北梦琐言》，北京：中华书局，2002 年
唐慎微撰，王家葵、蒋淼点评《证类本草》，北京：中国医药科技出版社，2021 年
陶谷撰，郑村声、俞钢整理《清异录》，《全宋笔记》第 2 册，郑州：大象出版社，2019 年
陶宗仪辑《说郛》，宛委山堂刊本
王谠撰，周勋初整理《唐语林》，《全宋笔记》第 18 册，郑州：大象出版社，2019 年
王溥《唐会要》，北京：中华书局，1960 年
王钦若等编纂，周勋初等校订《册府元龟》，南京：凤凰出版社，2006 年
王仁裕、姚汝能撰，曾贻芬点校《开元天宝遗事　安禄山事迹》，北京：中华书局，2006 年
韦述、杜宝撰，辛德勇辑校《两京新记辑校　大业杂记辑校》，北京：中华书局，2020 年
韦绚撰，陶敏、陶红雨校注《刘宾客嘉话录》，北京：中华书局，2019 年
魏徵等撰，中华书局编辑部点校《隋书》，北京：中华书局，1973 年
吴钢主编《全唐文补遗》第 9 辑，西安：三秦出版社，2007 年
徐铉撰，张剑光整理《稽神录》，《全宋笔记》第 2 册，郑州：大象出版社，2019 年
杨孚撰，曾剑辑，段公路撰，崔龟图注《异物志北户录（附校勘记）》，上海：商务印书馆，1936 年
俞樾撰，贞凡等点校《茶香室丛钞》，北京：中华书局，1995 年
俞正燮撰，于石等点校《癸巳存稿》，合肥：黄山书社，2005 年
虞世南《北堂书钞》，杭州：浙江古籍出版社，2021 年

元稹撰，冀勤点校《元稹集》，北京：中华书局，2010 年
圆仁著，白化文、李鼎霞、许德楠校注，周一良审阅《入唐求法巡礼行记校注》，北京：中华书局，2019 年
昝殷《食医心鉴》，东方学会刊辑佚本，1942 年
郑处诲、裴庭裕撰，田廷柱点校《明皇杂录　东观奏记》，北京：中华书局，1994 年

二、今人著作

陈伟明《唐宋饮食文化初探》，北京：中国商业出版社，1993 年
高启安《旨酒羔羊：敦煌的饮食文化》，兰州：甘肃教育出版社，2007 年
郝春文、赵贞编著《英藏敦煌社会历史文献释录》第 7 卷，北京：社会科学文献出版社，2010 年
黄正建《走进日常：唐代社会生活考论》，上海：中西书局，2016 年
季鸿崑《中国饮食科学技术史稿》，杭州：浙江工商大学出版社，2015 年
黎虎主编《汉唐饮食文化史》，北京：北京师范大学出版社，1998 年
刘朴兵《唐宋饮食文化比较研究》，北京：中国社会科学出版社，2010 年
刘淑芬《中古的佛教与社会》，上海：上海古籍出版社，2008 年
王承文《敦煌古灵宝经与晋唐道教》，北京：中华书局，2002 年
王利华《中古华北饮食文化的变迁》，北京：生活 · 读书 · 新知三联书店，2018 年
王赛时《唐代饮食》，济南：齐鲁书社，2003 年
向达《唐代长安与西域文明》，石家庄：河北教育出版社，2001 年

三、今人论文

董志翘《一生蹭蹬谁人闻，聊借“祭驴”泄怨愤——从敦煌写本〈祭驴文〉谈起》，《古籍整理研究学刊》2009 年第 1 期，第 58—63 页
高启安、索黛《唐五代敦煌饮食中的饼浅探——敦煌饮食文化研究之二》，《敦煌研究》1998 年第 4 期，第 76—87 页
侯知军《穿越时空的文化地标——阿斯塔那古墓群一瞥》，《中国民族》2023 年第 5 期，第 58—59 页
李锦绣《唐后期的虚钱、实钱问题》，《北京大学学报（哲学社会科学版）》1989 年第 2 期，第 11—23 页
李昕升、王思明《释胡麻——千年悬案“胡麻之辨”述论》，《史林》2018 年第 5 期，第 21—33 页

李朝虹《“煎”、“熬”本义考辨》，《西南交通大学学报（社会科学版）》2007 年第 6 期，第 42—46 页
邱庞同《炒法源流考述》，《扬州大学烹饪学报》2003 年第 1 期，第 1—6 页
苏远鸣著，辛岩译《道教的十日斋》,《法国汉学》编委会编《法国汉学》第 2 辑，北京：清华大学出版社，1997 年，第 28—49 页
孙维国《漫谈阿斯塔那墓地出土的月饼及相关问题》，《文物天地》2022 年第 10 期，第 43—46 页
王赛时《唐代饮食中的鱼鲙》，《文史知识》1997 年第 8 期，第 58—61 页
王星光、宋宇《魏晋至隋唐时期油脂生产与应用探研》，《中国农史》2017 年第 4 期，第 34—46 页
魏道明《论唐代的虚估与实估》，《中国经济史研究》2002 年第 4 期，第 101—109 页
吴征镒、王锦秀、汤彦承《胡麻是亚麻，非脂麻辨——兼论中草药名称混乱的根源和〈神农本草经〉的成书年代及作者》，《植物分类学报》2007 年第 4 期，第 458—472 页
杨宝玉《写本群意识与敦煌文书整理琐议——以张球及其作品研究为例》，伏俊琏主编《写本学研究》第 2 辑，北京：商务印书馆，2022 年，第 1—11 页
于赓哲《试论唐代官方医疗机构的局限性》，杜文玉主编《唐史论丛》第 9 辑，西安：三秦出版社，2007 年，第 121—136 页
于赓哲《唐代的医学教育及医人地位》，武汉大学中国三至九世纪研究所编《魏晋南北朝隋唐史资料》第 20 辑，2003 年，第 155—165 页
袁剑秋《中国油料植物小史》，《古今农业》1996 年第 2 期，第 74—80 页
袁剑秋《中国油料植物小史（续）》，《古代农业》1996 年第 3 期，第 77—84 页
原康、张剑光《唐代盐利虚估和两税虚估新探》，《中国社会经济史研究》2020 年第 4 期，第 1—8 页
曾诗涵《“想象”之学？——牢丸考索》，《有凤初鸣年刊》2020 年第 16 期，第 1—18 页
张鸿勋、张臻《敦煌本〈祭驴文〉发微》，《敦煌研究》2008 年第 4 期，第 59—66 页
赵鑫晔《S.2607+S.9931 书手为张球考》，伏俊琏主编《写本学研究》第 2 辑，北京：商务印书馆，2022 年，第 12—25 页
郑燕燕《中国古代麻作物析论》，荣新江主编《唐研究》第 20 卷，北京：北京大学出版社，2014 年，第 455—456 页

四、考古、文书、碑刻资料、史料汇编及图录

池田温《中国古代写本识语集录》，东京：大藏出版株式会社，1990 年

山西博物院、新疆维吾尔自治区博物馆、吐鲁番博物馆编著《天山往事：古代新疆丝路文物精华》，太原：山西人民出版社，2012 年
深圳博物馆编《丝路遗韵——新疆出土文物展图录》，北京：文物出版社，2011 年
新疆维吾尔自治区博物馆编《新疆出土文物》，北京：文物出版社，1975 年
赵声良主编，敦煌研究院编《敦煌壁画五台山图》，南京：江苏凤凰美术出版社，2018 年

第四章　饮品指南

一、传世文献

白居易撰，顾学颉校点《白居易集》，北京：中华书局，1979 年
白居易撰，谢思炜校注《白居易诗集校注》，北京：中华书局，2006 年
白居易著，谢思炜校注《白居易文集校注》，北京：中华书局，2011 年
岑参撰，廖立笺注《岑嘉州诗笺注》，北京：中华书局，2004 年
陈藏器撰，尚志钧辑释《〈本草拾遗〉辑释》，合肥：安徽科学技术出版社，2002 年
陈鹄录正，储玲玲整理《耆旧续闻》，《全宋笔记》第 62 册，郑州：大象出版社，2019 年
陈尚君辑校《全唐诗补编》，北京：中华书局，1992 年
崔令钦等撰，吴企明点校《教坊记（外三种）》，北京：中华书局，2012 年
董诰等编《全唐文》，北京：中华书局，1983 年
窦苹著，任仁仁整理校点《酒谱》，上海：上海书店出版社，2016 年
杜甫著，仇兆鳌注《杜诗详注》，北京：中华书局，1979 年
杜牧撰，何锡光校注《樊川文集校注》，成都：巴蜀书社，2007 年
段成式撰，许逸民校笺《酉阳杂俎校笺》，北京：中华书局，2015 年
范摅撰，唐雯校笺《云溪友议校笺》，北京：中华书局，2017 年
封演撰，赵贞信校注《封氏闻见记校注》，北京：中华书局，2005 年
冯贽编，张力伟点校《云仙散录》，北京：中华书局，2008 年
干宝、陶潜撰，李剑国辑校《新辑搜神记　新辑搜神后记》，北京：中华书局，2007 年
高棅编纂，汪宗尼校订，葛景春、胡永杰点校《唐诗品汇》，北京：中华书局，2015 年
高楠顺次郎等《大正新修大藏经》第 20、24、40 卷，东京：大藏出版株式会社，1988 年
葛洪撰，古求知等校注《肘后备急方校注》，北京：中医古籍出版社，2015 年
葛洪撰，周天游校注《西京杂记》，西安：三秦出版社，2006 年
郭茂倩编《乐府诗集》，北京：中华书局，1979 年
韩鄂撰，缪启愉校释《四时纂要校释》，北京：农业出版社，1981 年

何建章注释《战国策注释》，北京：中华书局，1990 年
何清谷校注《三辅黄图校注》，西安：三秦出版社，2006 年
计有功撰，王仲镛校笺《唐诗纪事校笺》，北京：中华书局，2007 年
贾思勰著，石声汉校释《齐民要术今释》，北京：中华书局，2009 年
李白著，王琦注《李太白全集》，北京：中华书局，1977 年
李白撰，安旗等笺注《李白全集编年笺注》，北京：中华书局，2015 年
李剑国辑校《唐五代传奇集》，北京：中华书局，2015 年
李时珍《本草纲目》，明万历三十一年（1603）张鼎思刻本
李延寿撰，中华书局编辑部点校《南史》，北京：中华书局，1975 年
李肇、赵璘《唐国史补　因话录》，上海：上海古籍出版社，1979 年
刘肃撰，许德楠、李鼎霞点校《大唐新语》，北京：中华书局，1984 年
刘餗、张鷟撰，程毅中、赵守俨点校《隋唐嘉话　朝野佥载》，北京：中华书局，1979 年
刘昫等撰，中华书局编辑部点校《旧唐书》，北京：中华书局，1975 年
刘恂、王韶之、方信孺《岭表录异　始兴记　南海百咏》，上海：商务印书馆，1936 年
刘禹锡撰，《刘禹锡集》整理组点校，卞孝萱校订《刘禹锡集》，北京：中华书局，1990 年
刘禹锡撰，陶敏、陶红雨校注《刘禹锡全集编年校注》，北京：中华书局，2019 年
柳宗元撰，尹占华、韩文奇校注《柳宗元集校注》，北京：中华书局，2013 年
陆羽著，沈冬梅译注《茶经译注》，北京：北京科学技术出版社，2024 年
陆贽撰，王素点校《陆贽集》，北京：中华书局，2006 年
骆天骧撰，黄永年点校《类编长安志》，北京：中华书局，1990 年
欧阳修、宋祁撰，中华书局编辑部点校《新唐书》，北京：中华书局，1975 年
彭定求等编《全唐诗》，北京：中华书局，1960 年
浦起龙《读杜心解》，北京：中华书局，1961 年
钱易撰，黄寿成点校《南部新书》，北京：中华书局，2002 年
权德舆撰，蒋寅笺，唐元校，张静注《权德舆诗文集编年校注》，沈阳：辽海出版社，2013 年
芮挺章编，傅璇琮等编《国秀集》，北京：中华书局，2014 年
沈佺期撰，陶敏、易淑琼校注《沈佺期集校注》，北京：中华书局，2001 年
宋敏求、李好文撰，辛德勇、郎洁点校《长安志　长安志图》，西安：三秦出版社，2013 年
宋敏求编《唐大诏令集》，北京：中华书局，2008 年
苏敬等编《新修本草》，上海：上海卫生出版社，1957 年
苏轼著，李之亮笺注《苏轼文集编年笺注》，成都：巴蜀书社，2011 年

孙思邈、忽思慧撰，吴受琚注释，任应秋、吴受琚笺注《千金食治　食疗方》，北京：中国商业出版社，1985 年
孙思邈著，李景荣等校释《备急千金要方校释》，北京：人民卫生出版社，2014 年
孙诒让撰，王文锦、陈玉霞点校《周礼正义》，北京：中华书局，2013 年
陶谷撰，郑村声、俞钢整理《清异录》，《全宋笔记》第 2 册，郑州：大象出版社，2019 年
脱脱等撰，中华书局编辑部点校《宋史》，北京：中华书局，1985 年
王定保撰，黄寿成点校《唐摭言》，西安：三秦出版社，2011 年
王黼《宣和博古图录》，明万历十六年（1588）泊如斋刊本
王绩著，夏连保校注《王绩文集》，太原：三晋出版社，2016 年
王溥《唐会要》，北京：中华书局，1960 年
王钦若等编纂，周勋初等校订《册府元龟》，南京：凤凰出版社，2006 年
王仁裕、姚汝能撰，曾贻芬点校《开元天宝遗事　安禄山事迹》，北京：中华书局，2006 年
王维撰，陈铁民校注《王维集校注》，北京：中华书局，1997 年
韦述、杜宝撰，辛德勇辑校《两京新记辑校　大业杂记辑校》，北京：中华书局，2020 年
韦应物撰，孙望校笺《韦应物诗集系年校笺》，北京：中华书局，2002 年
吴应逵《岭南荔枝谱》，《岭南遗书》本
叶廷珪撰，李之亮校点《海录碎事》，北京：中华书局，2002 年
义净著，王邦维校注《南海寄归内法传校注》，北京：中华书局，1995 年
俞琰《席上腐谈》，上海：商务印书馆，1936 年
元稹撰，冀勤点校《元稹集》，北京：中华书局，2010 年
曾枣庄、刘琳主编《全宋文》第 104 册，上海：上海辞书出版社、合肥：安徽教育出版社，2006 年
张华撰，范宁校证《博物志校证》，北京：中华书局，2014 年
张舜民撰，汤勤福整理《画墁录》，《全宋笔记》第 12 册，郑州：大象出版社，2019 年
赵汝适著，杨博文校释《诸蕃志校释》，北京：中华书局，2000 年
赵与时撰，姜汉椿整理《宾退录》，《全宋笔记》第 7 册，大象出版社，2019 年
朱长祚撰，仇正伟点校《玉镜新谭》，北京：中华书局，1989 年

二、今人著作

陈寅恪《元白诗笺证稿》，北京：生活 · 读书 · 新知三联书店，2009 年
戴铭礼《中国货币史》，郑州：河南人民出版社，2016 年
杜文玉《大明宫研究》，北京：中国社会科学出版社，2015 年
李正宇《八至十一世纪敦煌世俗佛教》，兰州：甘肃人民出版社，2021 年

廖宝秀《历代茶器与茶事》，北京：故宫出版社，2017 年
彭信威《中国货币史》，上海：上海人民出版社，2015 年
史念海主编《西安历史地图集》，西安：西安地图出版社，1996 年
王仲荦著，郑宜秀整理《金泥玉屑丛考》，北京：中华书局，1998 年
向达《唐代长安与西域文明》，石家庄：河北教育出版社，2001 年
辛德勇《隋唐两京丛考》，西安：三秦出版社，2006 年
严耕望《唐代交通图考》，北京：北京联合出版公司，2021 年
袁翰青《中国化学史论文集》，北京：生活 · 读书 · 新知三联书店，1956 年
张永禄主编《汉代长安词典》，西安：陕西人民出版社，1993 年

三、今人论文

曹尔琴《唐代长安的酒》，《唐都学刊》1990 年第 2 期，第 1—10 页
付婷、杜文玉《隋唐时期“杂饮”考辨》,《武汉大学学报（人文科学版）》2015 年第 4 期，第 91—98 页
高国藩《唐宋时期敦煌地区商业酒文化考述》，《艺术百家》2012 年第 3 期，第 160—167 页
胡戟《唐代度量衡与亩里制度》，《西北大学学报（哲学社会科学版）》1980 年第 4 期，第 34—41 页
黄时鉴《阿剌吉与中国烧酒的起始》，《文史》1988 年第 31 辑，第 159—171 页
赖卫华、许杨《红曲霉产桔霉素的研究动态》，《食品科学》2002 年第 7 期，第 139—141 页
李华瑞《中国烧酒起始探微》，《历史研究》1993 年第 5 期，第 40—52 页
李静杰《安阳修定寺塔唐代浮雕图像分析》，《故宫学刊》2009 年第 1 期，第 488—557 页
梁爽、倪莉《红曲霉菌株固态发酵特性的比较研究》,《中国食品学报》2015 年第 10 期，第 100—104 页
刘玉峰《唐代禁榷制度的发展变化》，《学术研究》2004 年第 2 期，第 92—99 页
妹尾达彦《都城与葬地——隋唐长安官人居住地与埋葬地的变迁》，夏炎主编《中古中国的都市与社会》，北京：中西书局，2019 年
潘春辉《唐宋敦煌僧人违戒原因述论》，《西北师范大学学报（社会科学版）》2005 年第 5 期，第 74—79 页
乔玉《“六大”新发现辉耀中国考古百年华诞》，《中国社会科学报》2022 年 3 月 30 日，第 9 版
沙武田《隐讳的丝路图像——胡旋女在胡旋舞考古遗存中缺失现象探微》，《中古中国研究》2020 年，第 109—156 页

沈冬梅《论宋代北苑官焙贡茶》，《浙江社会科学》1997 年第 4 期，第 98—102 页
施萍亭《本所藏〈酒帐〉研究》，《敦煌研究》1983 年，第 142—155 页
孙机《唐宋时代的茶具与酒具》，《中国历史博物馆馆刊》1982 年，第 113—122 页
孙英刚《两个长安：唐代寺院的宗教信仰与日常饮食》，《文史哲》2019 年第 4 期，第 38—59 页
王洪军《唐代的茶叶产量、贸易、税茶与榷茶》，《齐鲁学刊》1989 年第 2 期，第 43—49 页
王赛时《唐代长安的酒品供应与饮酒氛围》，《扬州大学烹饪学报》2009 年第 2 期，第 1—10 页
王赛时《唐代的煎茶步骤》，《四川烹饪高等专科学校学报》2000 年第 2 期，第 16—17 页
王赛时《唐代酿酒业初探》，《中国史研究》1995 年第 1 期，第 21—32 页
王赛时《中国烧酒名实考辨》，《历史研究》1994 年第 6 期，第 73—85 页
王孙盈政《再论唐代的宣徽使》，《中华文史论丛》2018 年第 3 期，第 71—91 页
王祥伟《敦煌寺院经济文书考证十一则》，《敦煌研究》2020 年第 2 期，第 58—67 页
王永平《论唐代宣徽使》，《中国史研究》1995 年第 1 期，第 73—79 页
王郁风《法门寺出土唐代宫廷茶具及唐代饮茶风尚》，《农业考古》1992 年第 2 期，第 94—101 页
篠田统《中国中世的酒》，刘俊文主编《日本学者研究中国史论著选译》第 10 卷，北京：中华书局，1992 年，第 202—230 页
邢润川《论蒸馏酒源出唐代——关于我国蒸馏酒起源年代的再探讨》，《酿酒科技》1982 年第 2 期，第 2—5 页
岩本笃志《敦煌本〈新修本草〉校注初稿》，《资料学研究》2007 年第 4 号，第 99—125 页
严耕望《唐代洛阳太原道驿程考》，《“中央研究院”历史语言研究所集刊》1970 年第 1 期，第 77—134 页
张厚墉《由唐墓出土的烧酒杯看我国烧酒出现时间》，《陕西中医》1987 年第 4 期，第 188—189 页
郑炳林、魏迎春《晚唐五代敦煌佛教教团的戒律和清规》，《敦煌学辑刊》2004 年第 2 期，第 26—40 页
周嘉华《中国蒸馏酒源起的史料辨析》，《自然科学史研究》1995 年第 3 期，第 227—238 页

四、考古、文书、碑刻资料、史料汇编及图录

敦煌研究院主编《敦煌石窟艺术全集 · 舞蹈画卷（17）》，上海：同济大学出版社，2016 年

刘泽民、李玉明主编，魏民分册主编《三晋石刻大全 · 太原市杏花岭区卷》，太原：三晋出版社，2011 年
宁可、郝春文辑校《敦煌社邑文书辑校》，南京：江苏古籍出版社，1997 年
荣新江《海外敦煌吐鲁番文献知见录》，南昌：江西人民出版社，1996 年
陕西省考古研究院等编著《法门寺考古发掘报告》，北京：文物出版社，2007 年
《丝绸之路：大西北遗珍》编辑委员会编著《丝绸之路：大西北遗珍》，北京：文物出版社，2010 年
唐耕耦、陆宏基编《敦煌社会经济文献真迹释录》第 2、3 辑，北京：全国图书馆文献缩微复制中心，1990 年
西安市文物保护考古所王自力、孙福喜编著《唐金乡县主墓》，北京：文物出版社，2002 年
徐光冀主编《中国出土壁画全集 7》，北京：科学出版社，2012 年

第五章　逛街购物指南

一、传世文献

《丛书集成新编》第 82 册，台北：新文丰出版公司，1985 年
《大正新修大藏经》，东京：大藏出版株式会社，1988 年
《左氏百川学海　乙集上　隋遗录　翰林志　宋朝燕翼诒谋录》，民国陶湘景刊宋本
白居易撰，顾学颉点校《白居易集》，北京：中华书局，1979 年
白居易撰，谢思炜校注《白居易诗集校注》，北京：中华书局，2006 年
白居易著，谢思炜校注《白居易文集校注》，北京：中华书局，2011 年
班固撰，颜师古注，中华书局编辑部点校《汉书》，北京：中华书局，1962 年
不著撰人，罗宁点校《大唐传载（外三种）》，北京：中华书局，2019 年
蔡絛撰，李国强整理《铁围山丛谈》，《全宋笔记》第 35 册，郑州：大象出版社，2019 年
晁贯之著，朱学博整理点校《墨经》，上海：上海书店出版社，2015 年
陈藏器撰，尚志钧辑释《〈本草拾遗〉辑释》，合肥：安徽科学技术出版社，2002 年
陈翰编，李小龙校证《异闻集校证》，北京：中华书局，2019 年
陈景沂编辑，祝穆订正，程杰、王三毛点校《全芳备祖》，杭州：浙江古籍出版社，2014 年
陈尚君辑校《全唐诗补编》，北京：中华书局，1992 年
陈尚君辑校《全唐文补编》，北京：中华书局，2005 年
陈櫄、赵希鹄《负暄野录　洞天清禄集》，上海：商务印书馆，1939 年

程大昌撰，许逸民校证《演繁露校证》，北京：中华书局，2018 年
程荣纂辑《汉魏丛书》，长春：吉林大学出版社，1992 年
崔令钦等撰，吴企明点校《教坊记（外三种）》，北京：中华书局，2012 年
董诰等编《全唐文》，北京：中华书局，1983 年
董逌著《广川书跋》，明吴宽丛书堂红格钞本
杜甫著，仇兆鳌注《杜诗详注》，北京：中华书局，1979 年
杜甫著，杨伦笺注《杜诗镜铨》，北京：中华书局，1962 年
杜光庭撰，罗争鸣辑校《仙传拾遗》，北京：中华书局，2013 年
杜牧撰，吴在庆校注《杜牧集系年校注》，北京：中华书局，2008 年
杜佑撰，王文锦等点校《通典》，北京：中华书局，1988 年
段成式撰，许逸民校笺《酉阳杂俎校笺》，北京：中华书局，2015 年
范摅撰，唐雯校笺《云溪友议校笺》，北京：中华书局，2017 年
范晔撰，李贤等注，中华书局编辑部点校《后汉书》，北京：中华书局，1965 年
封演撰，赵贞信校注《封氏闻见记校注》，北京：中华书局，2005 年
冯贽编，张力伟点校《云仙散录》，北京：中华书局，2008 年
干宝撰，李剑国辑校《搜神记辑校》，北京：中华书局，2019 年
高棅编纂，汪宗尼校订，葛景春、胡永杰点校《唐诗品汇》，北京：中华书局，2015 年
高似孙著，王群栗点校《纬略》，杭州：浙江古籍出版社，2015 年
高彦休撰《阙史》，北京：中华书局，1985 年
葛洪著，王明校释《抱朴子内篇校释》，北京：中华书局，1985 年
郭若虚撰，吴企明校注《图画见闻志校注》，上海：上海书画出版社，2020 年
韩鄂撰，缪启愉校释《四时纂要校释》，北京：农业出版社，1981 年
韩彦直撰，彭世奖校注《橘录校注》，北京：中国农业出版社，2010 年
韩愈撰，魏仲举集注，郝润华、王东峰整理《五百家注韩昌黎集》，北京：中华书局，2019 年
寒山著，项楚注《寒山诗注》，北京：中华书局，2000 年
何光远撰，邓星亮等校注《鉴诫录校注》，成都：巴蜀书社，2011 年
何清谷校注《三辅黄图校注》，西安：三秦出版社，2006 年
何锡光校注《陆龟蒙全集校注》，南京：凤凰出版社，2015 年
洪皓撰，张剑光、刘丽整理《松漠纪闻续》，《全宋笔记》第 32 册，郑州：大象出版社，2019 年
洪遵撰，胡震亨校订《泉志》，日本元禄十年（1697）刊本
侯白撰，董志翘笺注《启颜录笺注》，北京：中华书局，2014 年

慧超、杜环原著，张毅笺释，张一纯笺注《往五天竺国传笺释　经行记笺注》，北京：中华书局，2000 年
嵇曾筠、李卫等修，沈翼机、傅王露等纂《浙江通志》，清嘉庆十七年（1812）刻本
计有功撰，王仲镛校笺《唐诗纪事校笺》，北京：中华书局，2007 年
贾思勰著，石声汉校释《齐民要术今释》，北京：中华书局，2009 年
江休复撰，储玲玲整理《江邻几杂志》，《全宋笔记》第 8 册，郑州：大象出版社，2019 年
乐史撰，王文楚等点校《太平寰宇记》，北京：中华书局，2007 年
李白著，王琦注《李太白全集》，北京：中华书局，1977 年
李白撰，安旗等笺注《李白全集编年笺注》，北京：中华书局，2015 年
李德裕撰，傅璇琮、周建国校笺《李德裕文集校笺》，北京：中华书局，2018 年
李昉等编《太平广记》，北京：中华书局，1961 年
李贺著，吴企明笺注《李长吉歌诗编年笺注》，北京：中华书局，2012 年
李怀民辑评，张耕点校《重订中晚唐诗主客图》，北京：中华书局，2018 年
李吉甫撰，贺次君点校《元和郡县图志》，北京：中华书局，1983 年
李剑国辑校《唐五代传奇集》，北京：中华书局，2015 年
李林甫等撰，陈仲夫点校《唐六典》，中华书局，1992 年
李商隐撰，刘学锴、余恕诚著《李商隐诗歌集解》，北京：中华书局，2004 年
李上交撰，虞云国、吴爱芬整理《近事会元》，《全宋笔记》第 8 册，郑州：大象出版社，2019 年
李时人编校，何满子审定，詹绪左覆校《全唐五代小说》，北京：中华书局，2014 年
李肇、赵璘《唐国史补　因话录》，上海：上海古籍出版社，1979 年
刘俊文《唐律疏议笺解》，北京：中华书局，1996 年
刘世珩辑校，郑玲点校《贵池唐人集》，合肥：黄山书社，2013 年
刘餗、张鷟撰，程毅中、赵守俨点校《隋唐嘉话　朝野佥载》，北京：中华书局，1979 年
刘熙撰，愚若点校《释名》，北京：中华书局，2020 年
刘昫等撰，中华书局编辑部点校《旧唐书》，北京：中华书局，1975 年
刘恂、王韶之、方信孺《岭表录异　始兴记　南海百咏》，上海：商务印书馆，1936 年
刘义庆著，刘孝标注，余嘉锡笺疏，周祖谟、余淑宜、周士琦整理《世说新语笺疏》，北京：中华书局，2007 年
刘禹锡撰，陶敏、陶红雨校注《刘禹锡全集编年校注》，北京：中华书局，2019 年
刘长卿著，储仲君笺注《刘长卿诗编年笺注》，北京：中华书局，1996 年
柳宗元《柳宗元集》，北京：中华书局，1979 年
柳宗元撰，尹占华、韩文奇校注《柳宗元集校注》，北京：中华书局，2013 年

陆机著，刘运好校注整理《陆士衡文集校注》，南京：凤凰出版社，2007 年
陆羽著，沈冬梅译注《茶经译注》，北京：北京科学技术出版社，2024 年
陆贽撰，王素点校《陆贽集》，北京：中华书局，2006 年
吕祖谦著，黄灵庚点校《东莱集注观澜文集》，杭州：浙江古籍出版社，2017 年
马可 · 波罗口述，沙海昂注，冯承钧译《马可波罗行纪》，北京：商务印书馆、北京：中国旅游出版社，2016 年
毛亨传，郑玄笺，陆德明音义，孔祥军点校《毛诗传笺》，北京：中华书局，2018 年
梅尧臣著，夏敬观选注《梅尧臣诗》，上海：商务印书馆，1940 年
孟诜著，郑金生、张同君译注《食疗本草译注》，上海：上海古籍出版社，1992 年
米芾撰，吴晓琴、汤勤福整理《书史》，《全宋笔记》第 20 册，郑州：大象出版社，2019 年
穆根来、汶江、黄倬汉译《中国印度见闻录》，北京：中华书局，1983 年
牛僧孺、李复言撰，林宪亮译注《玄怪录　续玄怪录》，北京：中华书局，2019 年
牛肃撰，李剑国辑校《纪闻辑校》，北京：中华书局，2018 年
欧阳修、宋祁撰，中华书局编辑部点校《新唐书》，北京：中华书局，1975 年
欧阳修撰，徐无党注，中华书局编辑部点校《新五代史》，北京：中华书局，1974 年
庞元英撰，金圆整理《文昌杂录》，《全宋笔记》第 12 册，郑州：大象出版社，2019 年
彭大翼《山堂肆考》，万历四十七年（1619）梅墅石渠阁刊增补本
彭定求等编《全唐诗》，北京：中华书局，1960 年
皮日休、陆龟蒙等撰，王锡九校注《松陵集校注》，北京：中华书局，2018 年
浦起龙《读杜心解》，北京：中华书局，1961 年
钱大昭撰，黄建中、李发舜点校《广雅疏义》，北京：中华书局，2016 年
钱起著，王定璋校注《钱起集校注》，杭州：浙江古籍出版社，2015 年
钱泳撰，张伟点校《履园丛话》，北京：中华书局，1979 年
邵博撰，李剑雄、刘德权点校《邵氏闻见后录》，北京：中华书局，1983 年
沈括撰，胡静宜整理《梦溪笔谈》，《全宋笔记》第 13 册，郑州：大象出版社，2019 年
沈约撰，中华书局编辑部点校《宋书》，北京：中华书局，1974 年
释道世著，周叔迦、苏晋仁校注《法苑珠林校注》，北京：中华书局，2003 年
司马光编著，胡三省音注，标点资治通鉴小组校点《资治通鉴》，北京：中华书局，1956 年
司马迁撰，裴骃集解，司马贞索隐，张守节正义，中华书局编辑部点校《史记》，北京：中华书局，1982 年
寺岛良安编《倭汉三才图会》，中近堂 1888 年刻本

宋敏求、李好文撰，辛德勇、郎洁点校《长安志　长安志图》，西安：三秦出版社，2013 年
宋敏求编《唐大诏令集》，北京：中华书局，2008 年
宋应星著，杨维增译注《天工开物》，北京：中华书局，2021 年
苏鹗等撰，吴企明点校《苏氏演义（外三种）》，北京：中华书局，2012 年
苏敬等《新修本草》，上海：上海卫生出版社，1957 年
孙光宪撰，贾二强点校《北梦琐言》，北京：中华书局，2002 年
孙思邈著，李景荣等校释《备急千金要方校释》，北京：人民卫生出版社，2014 年
孙思邈撰，朱邦贤、陈文国等校注《千金翼方校注》，上海：上海古籍出版社，1999 年
唐积著，朱学博整理点校《文房四谱（外十七种）》，上海：上海书店出版社，2015 年
唐慎微撰，尚志钧等点校《证类本草》，北京：华夏出版社，1993 年
陶谷撰，郑村声、俞钢整理《清异录》，《全宋笔记》第 2 册，郑州：大象出版社，2019 年
陶宗仪撰，徐美洁点校《书史会要》，杭州：浙江人民美术出版社，2019 年
屠隆撰，秦跃宇点校《考槃余事》，南京：凤凰出版社，2017 年
汪聚应辑校《唐人豪侠小说集》，北京：中华书局，2011 年
王谠撰，周勋初校证《唐语林校证》，北京：中华书局，2008 年
王定保撰，黄寿成点校《唐摭言》，西安：三秦出版社，2011 年
王建撰，尹占华校注《王建诗集校注》，成都：巴蜀书社，2006 年
王溥《唐会要》，北京：中华书局，1960 年
王钦若等编纂，周勋初等校订《册府元龟》，南京：凤凰出版社，2006 年
王仁裕、姚汝能撰，曾贻芬点校《开元天宝遗事　安禄山事迹》，北京：中华书局，2006 年
王焘撰，高文柱校注《外台秘要方校注》，北京：学苑出版社，2011 年
王应麟撰，武秀成、赵庶洋校证《玉海艺文校证》，南京：凤凰出版社，2013 年
王恽、杨瑀撰，杨晓春、余大钧点校《玉堂嘉话　山居新语》，北京：中华书局，2006 年
韦述、杜宝撰，辛德勇辑校《两京新记辑校　大业杂记辑校》，北京：中华书局，2020 年
魏徵、令狐德棻撰，中华书局编辑部点校《隋书》，北京：中华书局，1973 年
温大雅撰，李季平、李锡厚点校《大唐创业起居注》，上海：上海古籍出版社，1983 年
温庭筠撰，刘学锴校注《温庭筠全集校注》，北京：中华书局，2007 年
吴曾撰，刘宇整理《能改斋漫录》，《全宋笔记》第 37 册，郑州：大象出版社，2019 年
吴大澂《权衡度量实验考》，民国初期刊本
吴淑撰注，冀勤等点校《事类赋注》，北京：中华书局，1989 年
谢蒕《谢幼槃文集》，上海：商务印书馆，1939 年

辛文房撰，周绍良笺证《唐才子传笺证》，北京：中华书局，2010 年
徐时仪校注《一切经音义三种校本合刊》，上海：上海古籍出版社，2012 年
徐松撰，李健超增订《最新增订唐两京城坊考》，西安：三秦出版社，2019 年
玄奘、辩机原著，季羡林等校注《大唐西域记校注》，北京：中华书局，2000 年
薛居正等撰，中华书局编辑部点校《旧五代史》，北京：中华书局，1976 年
严可均编《全上古三代秦汉三国六朝文》，北京：中华书局，1958 年
杨孚撰，曾剑辑；段公路撰，崔龟图注《异物志北户录（附校勘记）》，上海：商务印书馆，1936 年
杨镰主编《全元诗》第 14 册，北京：中华书局，2013 年
杨慎撰，丰家骅校证《丹铅总录校证》，北京：中华书局，2019 年
杨衒之著，杨勇校笺《洛阳伽蓝记校笺》，北京：中华书局，2006 年
姚宽撰，汤勤福、宋斐飞整理《西溪丛语》，《全宋笔记》第 39 册，郑州：大象出版社，2019 年
姚思廉撰，中华书局编辑部点校《梁书》，北京：中华书局，1973 年
叶梦得撰，徐时仪整理《避暑录话》，《全宋笔记》第 27 册，郑州：大象出版社，2019 年
叶梦得撰，徐时仪整理《石林燕语》，《全宋笔记》第 26 册，大象出版社，2019 年
叶廷珪撰，李之亮点校《海录碎事》，北京：中华书局，2002 年
叶子奇《草木子》，北京：中华书局，1959 年
虞世南《北堂书钞》，天津：天津古籍出版社，1988 年
元稹原著，吴伟斌辑佚编年笺注《新编元稹集》，西安：三秦出版社，2015 年
元稹撰，冀勤点校《元稹集》，北京：中华书局，2010 年
袁文、叶大庆撰，李伟国点校《瓮牖闲评　考古质疑》，北京：中华书局，2007 年
圆仁著，白化文、李鼎霞、许德楠校注，周一良审阅《入唐求法巡礼行记校注》，北京：中华书局，2019 年
曾枣庄、刘琳主编《全宋文》第 47 册，上海：上海辞书出版社、合肥：安徽教育出版社，2006 年
曾昭岷等编撰《全唐五代词》，北京：中华书局，1999 年
张邦基撰，金圆整理《墨庄漫录》，《全宋笔记》第 35 册，郑州：大象出版社，2019 年
张岱纂，郑凌峰点校，卿朝辉审订《夜航船》，杭州：浙江古籍出版社，2020 年
张籍撰，徐礼节、余恕诚校注《张籍集系年校注》，北京：中华书局，2011 年
张溍著，聂巧平点校《读书堂杜工部诗文集注解》，济南：齐鲁书社，2014 年
张彦远《历代名画记》，杭州：浙江人民美术出版社，2019 年
张彦远撰，武良成、周旭点校《法书要录》，杭州：浙江人民美术出版社，2019 年

张彦远纂辑，刘石校理《法书要录校理》，北京：中华书局，2021 年
章鸿剑《石雅　宝石说》，上海：上海古籍出版社，1993 年
赵令畤等撰，孔凡礼点校《侯鲭录　墨客挥犀　续墨客挥犀》，北京：中华书局，2002 年
赵元一等撰，夏婧点校《奉天录（外三种）》，北京：中华书局，2014 年
周煇撰，刘永翔、许丹整理《清波杂志》，《全宋笔记》第 56 册，郑州：大象出版社，2019 年
祝允明《春社猥谈》，北京：文物出版社，2019 年
宗懔撰，杜公瞻注，姜彦稚辑校《荆楚岁时记》，北京：中华书局，2018 年

二、今人论著

Whitfield, Susan, and Ursula Sims-Williams, eds., *The Silk Road: Trade,Travel, War and Faith*, Serindia Publications, Inc., 2004
鲍里斯·艾里克·马尔沙克著，李梅田、付承章、吴忧译《粟特银器》，上海：上海古籍出版社，2019 年
卞孝萱《元稹年谱》，济南：齐鲁书社，1980 年
岑仲勉《隋唐史》，北京：中华书局，1982 年
长沙窑编辑委员会编《长沙窑（综述卷）》，长沙：湖南美术出版社，2004 年
陈登武《从人间世到幽冥界：唐代的法制、社会与国家》，北京：北京大学出版社，2007 年
陈国庆《古籍版本浅说》，北京：中华书局，1964 年
陈尚君《行走大唐》，桂林：广西师范大学出版社，2018 年
池田温《敦煌文书的世界》，北京：中华书局，2007 年
池田温《唐研究论文选集》，北京：中国社会科学出版社，1999 年
池田温《中国古代籍帐研究：概观·录文》，东京：东京大学出版社，1979 年
池田温《中国古代籍帐研究》，长春：长春出版社，1989 年
岛田翰撰，杜泽逊、王晓娟点校《古文旧书考》，上海：上海古籍出版社，2017 年
邓文宽《敦煌吐鲁番天文历法研究》，兰州：甘肃教育出版社，2002 年
杜朝晖著《敦煌文献名物研究》，北京：中华书局，2011 年
杜希德著，丁俊译《唐代财政》，上海：中西书局，2016 年
段文杰、茂木雅博主编《敦煌学与中国史研究论集》，兰州：甘肃人民出版社，2001 年
范家伟《大医精诚：唐代国家、信仰与医学》，台北：东大图书公司，2007 年
方广锠《方广锠敦煌遗书散论》，上海：上海古籍出版社，2011 年
伏俊琏主编《写本学研究》第 2 辑，北京：商务印书馆，2022 年

傅璇琮《唐代诗人丛考》，北京：中华书局，2003 年
傅芸子《正仓院考古记》，上海：上海书画出版社，2014 年
干福熹等《中国古代玻璃技术发展史》，上海：上海科学技术出版社，2016 年
高春明《中国服饰名物考》，上海：上海文化出版社，2001 年
龚剑《中国刀剑史》，北京：中华书局，2021 年
郭正忠《三至十四世纪中国的权衡度量》，北京：中国社会科学出版社，2008 年
河南省计量局主编《中国古代度量衡论文集》，郑州：中州古籍出版社，1990 年
胡戟主编《西市宝典》，西安：陕西师范大学出版社，2009 年
胡如雷《隋唐五代社会经济史论稿》，北京：中国社会科学出版社，1996 年
黄永年《古籍版本学》，南京：江苏教育出版社，2009 年
黄正建《唐代衣食住行研究》，北京：首都师范大学出版社，1998 年
黄正建《走进日常》，上海：中西书局，2019 年
加藤繁《旧唐书食货志　旧五代史食货志》，东京：岩波书店，1948 年
加藤繁《唐宋时代金银之研究：以金银之货币机能为中心》，北京：中华书局，2006 年
加藤繁著，吴杰译《中国经济史考证》，北京：商务印书馆，1959 年
鞠清远《唐代财政史》，上海：商务印书馆，1940 年
赖瑞和《品味唐朝：唐人的文化、经济和官场生活》，上海：中西书局，2022 年
劳费尔著，林筠音译《中国伊朗编》，北京：商务印书馆，2017 年
李德辉编著《唐宋馆驿与文学资料汇编》，南京：凤凰出版社，2014 年
李健超《汉唐两京及丝绸之路历史地理论集》，西安：三秦出版社，2007 年
李锦绣《唐代财政史稿》，北京：北京大学出版社，1995 年
李致忠、芦婷婷《中国古籍十二讲》，北京：北京联合出版公司，2018 年
李致忠《古书版本鉴定》，北京：北京联合出版公司，2021 年
李致忠《中国古代书籍史话》，北京：商务印书馆，1996 年
林梅村《丝绸之路考古十五讲》，北京：北京大学出版社，2006 年
刘章璋《唐代长安的居民生计与城市政策》，台北：文津出版社，2006 年
鲁迅先生纪念委员会编纂《鲁迅全集》，北京：人民文学出版社，1973 年
孟晖《唇间的美色》，南京：南京大学出版社，2018 年
孟晖《贵妃的红汗》，南京：南京大学出版社，2011 年
孟晖《花间十六声》，北京：生活·读书·新知三联书店，2014 年
潘吉星《中国造纸史》，上海：上海人民出版社，2009 年
彭信威《中国货币史》，上海：上海人民出版社，2015 年
齐东方、李雨生《中国古代物质文化史（玻璃器）》，北京：开明出版社，2018 年

齐东方《唐代金银器研究》，上海：上海古籍出版社，2022 年
齐东方《行走在汉唐之间》，上海：上海古籍出版社，2022 年
丘光明编著《中国历代度量衡考》，北京：科学出版社，1992 年
饶宗颐、姜伯勤主编《敦煌邈真赞校录并研究》，台北：新文丰出版公司，1994 年
仁井田陞著，池田温补编《唐令拾遗补》，东京：东京大学出版社，1997 年
荣新江《从张骞到马可·波罗》，南昌：江西人民出版社，2022 年
沈从文编著《中国古代服饰研究》，上海：上海书店出版社，2005 年
宿白《唐宋时期的雕版印刷》，北京：生活·读书·新知三联书店，2019 年
孙机《中国古舆服论丛》，上海：上海古籍出版社，2013 年
孙英刚《神文时代：谶纬、术数与中古政治研究》，上海：上海古籍出版社，2015 年
藤枝晃著，李运博译《汉字的文化史》，北京：新星出版社，2005 年
王开主编《陕西航运史》，北京：人民交通出版社，1997 年
吴承洛《中国度量衡史》，上海：上海三联书店，2014 年
吴跃坚《唐风妙彩（长沙窑研究卷）》，长沙：湖南美术出版社，2008 年
西嶋定生著，冯佐哲、邱茂、黎潮合译《中国经济史研究》，北京：农业出版社，1984 年
向达著《唐代长安与西域文明》，石家庄：河北教育出版社，2001 年
辛德勇《隋唐两京丛考》，西安：三秦出版社，2006 年
辛德勇《中国印刷史研究》，北京：生活·读书·新知三联书店，2016 年
薛爱华著，吴玉贵译《撒马尔罕的金桃：唐代舶来品研究》，北京：社会科学文献出版社，2016 年
杨泓《中国古兵器论丛》，北京：中国社会科学出版社，2007 年
杨宽《中国古代都城制度史研究》，上海：上海人民出版社，2016 年
杨明璋《敦煌文学与中国古代的谐隐传统》，台北：新文丰出版公司，2011 年
杨月君著《唐代京畿地区治安管理研究》，北京：中国社会科学出版社，2014 年
余欣《西域文献与中古中国知识 - 信仰世界》，兰州：甘肃教育出版社，2023 年
张泽咸《唐代工商业》，北京：中华书局，1995 年
赵丰著《锦程：中国丝绸与丝绸之路》，合肥：黄山书社，2016 年
周锡保《中国古代服饰史》，北京：中央编译出版社，2011 年

三、今人论文

《揭秘唐代吐谷浑王族墓葬》，《西海都市报》2022 年 6 月 8 日 B13 版
阿不来提·赛买提《器蕴才华——记几件新疆出土的“文房四宝”》，《文物鉴定与鉴赏》2022 年第 12 期，第 1—5 页

安家瑶、冯孝堂《西安沣西出土的唐印本梵文陀罗尼经咒》，《考古》1998 年第 5 期，第 86—92 页
毕波《古代于阗的一种织物——白氎》，《中国经济史研究》2018 年第 3 期，第 162—170 页
晁华山《唐长安城东市遗址出土金铤》，《文物》1981 年第 4 期，第 56—57 页
陈昊《“历日”还是“具注历日”——敦煌吐鲁番历书名称与形制关系再讨论》，《历史研究》2007 年第 2 期，第 60—68 页
陈尚君《陈子昂的孤寂与苦闷》，《文史知识》2019 年第 4 期，第 49—57 页
程杰《西瓜传入我国的时间、来源和途径考》，《南京师大学报（社会科学版）》2017 年第 4 期，第 79—93 页
邓文宽《敦煌三篇具注历日佚文校考》，《敦煌研究》2000 年第 3 期，第 108—112 页
杜伟生《从敦煌遗书的装帧谈“旋风装”》，《文献》1997 年第 3 期，第 181—189 页
杜伟生《古书旋风装的再考辨》，《国家图书馆学刊》1986 年第 4 期，第 30—33 页
杜文《辟雍砚相伴白居易振笔疾书》，《艺术市场》2008 年第 07 期，第 80—82 页
杜文《启示 陕西出土的唐长沙窑瓷器》，《收藏》2020 年第 07 期，第 88—93 页
范冬青《陶瓷枕略论》，《上海博物馆集刊》1987 年，第 267—291 页
方广锠《现存最早的粘叶装书籍——敦煌遗书斯 05478 号〈文心雕龙〉装帧研究》，《文献》2016 年第 3 期，第 3—13 页
傅筑夫《由唐代的物价波动看唐王朝的兴衰》，《唐史论丛》第 3 辑，西安：陕西人民出版社，1987 年，第 4—15 页
高汉玉、屠恒贤《敦煌窟藏的丝绸与刺绣》，《丝绸》1988 年第 2 期，第 10—13 页
高启安《唐五代至宋敦煌的量器及量制》，《敦煌学辑刊》1999 年第 1 期，第 59—71 页
葛承雍《唐京的恶少流氓与豪雄武侠》，史念海主编《唐史论丛》第 7 辑，1998 年，西安：陕西师范大学出版社，第 198—214 页
龚国强、张全民、何岁利《西安小雁塔东院出土唐荐福寺遗物》，《考古》2006 年第 1 期，第 48—53 页
龚胜生《唐长安城薪炭供销的初步研究》，《中国历史地理论丛》1991 年第 3 期，第 137—153 页
顾万发、汪旭等《郑州上街峡窝唐墓发掘简报》，《文物》2009 年第 1 期，第 22—26 页
郭青《西安大唐东市遗址发现佛造像窖藏》，《山西日报》2022 年 12 月 18 日第 3 版
郭声波《隋唐长安水利设施的地理复原研究》，纪宗安、汤开建主编《暨南史学》第 3 辑，广州：暨南大学出版社，2004 年，第 11—31 页
韩伟、王占奎、金宪镛、曹玮、任周芳、淮建邦、傅升岐《扶风法门寺塔唐代地宫发掘简报》，《文物》1988 年 10 期，第 1—28、第 97—105 页

韩伟《法门寺地宫唐代随真身衣物帐考》，《文物》1991 年第 5 期，第 27—37 页
何岁利、盖旖婷《唐长安西市遗址制骨遗存与制骨手工业》，《南方文物》2022 年第 4 期，第 139—150 页
何岁利《考古学视野下的唐长安东市和西市》，中国古都学会编《中国古都研究》第 35 辑，西安：陕西师范大学出版总社，2018 年，第 105—124 页
何岁利《唐长安城西市考古新发现与相关研究》，《南方文物》2021 年第 3 期，第 109—123 页
何月馨《唐代的臂钏与指环》，《文博》2019 年第 2 期，第 43—48 页
衡之《唐代吐鲁番地区的物价管理》，《西域研究》1997 年第 4 期，第 92—94 页
侯佳钰、徐巍、厉祖浩、沈岳明、郑建明《上林湖后司岙窑址秘色瓷的釉色特征及呈色影响因素研究》，《故宫博物院院刊》2017 年第 6 期，第 133—141 页
呼林贵、尹夏清《唐长安东市新发现唐三彩的几个问题》，《文博》2004 年第 4 期，第 10—14 页
华澜、李国强《敦煌历日探研》，《出土文献研究》2005 年，第 196—253 页
黄盛璋《西瓜引种中国与发展考信录》，《农业考古》2005 年第 1 期，第 266—271 页
黄阳兴《略论唐宋时代的“随求”信仰（上）》，《普门学报》2006 年第 34 期，第 1—20 页
黄阳兴《略论唐宋时代的“随求”信仰（下）》，《普门学报》2009 年第 35 期，第 1—15 页
黄正建《试论唐代前期皇帝消费的某些侧面》，荣新江主编《唐研究》第 6 卷，北京：北京大学出版社，2000 年，第 173—212 页
黄正建《唐代的戒指（上）》，《文史知识》2017 年第 1 期，第 78—80 页
黄正建《唐代的戒指（下）》，《文史知识》2017 年第 2 期，第 73—79 页
黄正建《也谈“啼妆”与“时世妆”》，《文学遗产》1993 年第 4 期，第 117 页
霍巍《唐宋墓葬出土陀罗尼经咒及其民间信仰》，《考古》2011 年第 5 期，第 81—93 页
赖瑞和《刘知几与唐代的书和手抄本：一个物质文化的观点》，《台湾师大历史学报》2011 年第 46 期，第 111—140 页
赖瑞和《唐代除陌法和除陌钱新解》，杜文玉主编《唐史论丛》第 23 辑，西安：三秦出版社，2016 年，第 10—28 页
赖瑞和《唐人在多元货币下如何估价和结账》，《中华文史论丛》2016 年第 3 期，第 61—112 页
李丹婕《日僧圆仁眼中的晚唐长安》，《文史知识》2018 年第 6 期，第 10—16 页
李红军、赵红《辽三彩与唐、宋三彩的鉴别研究》，《辽宁省博物馆学术论文集》第 3 辑（1999—2008），沈阳：辽海出版社，2009 年，第 1916—1919 页

李鸿宾《唐代和雇及对官私手工业的影响》，《山西大学学报（哲学社会科学版）》1992年第2期，第35—39页
李锦绣《方阵、精骑与陌刀——隋唐与突厥战术研究》，《晋阳学刊》2013年第4期，第41—51页
李埏《略论唐代的“钱帛兼行”》，《历史研究》1964年01期，第169—190页
李维才《唐代物价制定及其作用》，《唐都学刊》2007年第2期，第35—39页
李肖、张永兵《新疆吐鲁番地区阿斯塔那古墓群西区408、409号墓》，《考古》2006年12期，第3—11页
李致忠、吴芳思《古书梵夹装、旋风装、蝴蝶装、包背装、线装的起源与流变》，《图书馆学通讯》1987年第2期，第74—85页
李致忠《敦煌遗书中的装帧形式与书史研究中的装帧形制》，《文献》2004年第2期，第75—97页
李致忠《古书“旋风装”考辨》，《文物》1981年第2期，第75—78页
李致忠《中国书史研究中的一些问题——古书经折装、梵夹装、旋风装考辨》，《文献》1986年第2期，第218—240页
李仲谋《上海博物馆藏绞胎陶瓷及相关诸问题》，《上海博物馆集刊》2000年，第263—282页
梁树风《唐代郁金考述》，《汉学研究》2023年第1期，第77—117页
梁仲勋《唐代物价与物价管理》，《西北大学学报（哲学社会科学版）》，1988年03期，第64—71页
林梅村《粟特文买婢契与丝绸之路上的女奴贸易》，《文物》1992年9期，第49—54页
林梅村《唐武德二年罽宾国贡品考——兼论西安何家村唐代窖藏原为大明宫琼林库皇家宝藏》，《考古与文物》2017年第6期，94—103页
林政忠《唐代寄附铺新解》，《史学汇刊》2013年第32期，第85—97页
刘国梁《故宫名琴记》，《紫禁城》2021年第7期，第14—29页
刘进宝《唐五代敦煌棉花种植研究——兼论棉花从西域传入内地的问题》，《历史研究》2004年第6期，第27—40页
刘永明《唐宋之际历日发展考论》，《甘肃社会科学》2003年第1期，第143—147页
刘玉峰《唐代货币制度和货币流通浅论》，《山东大学学报（哲学社会科学版）》2002年第6期，第52—56页
马世长《大随求陀罗尼曼荼罗图像的初步考察》，荣新江主编《唐研究》第10卷，北京：北京大学出版社，2004年，第529—530页
妹尾达彦《唐代长安的东市与西市》，《乾陵文化研究》2008年，第327—377页

妹尾达彦《唐代长安东市的民间印刷业》，中国古都学会编《中国古都研究》第 13 辑，太原：山西人民出版社，1998 年，第 226—234 页

妹尾达彦著，李全福译《唐都长安城的人口数与城内人口分布》，中国古都学会编《中国古都研究》第 12 辑，太原：山西人民出版社，1994 年，第 179—189 页

孟晖《大食的蔷薇露》，《读书》2019 年第 5 期，第 40—46 页

纳春英《圆仁视野中晚唐长安平民男子的服饰》，杜文玉主编《唐史论丛》第 17 辑，西安：陕西师范大学出版总社有限公司，2014 年，第 124—135 页

牛来颖《唐代驿路与券食之制》，《隋唐辽宋金元史论丛》2020 年，第 31—43 页

齐东方《“黑石号”沉船出水器物杂考》，《故宫博物院院刊》2017 年第 3 期，第 6—19 页

邱隆《唐宋时期的度量衡》，河南省计量局主编《中国古代度量衡论文集》，郑州：中州古籍出版社，1990 年，第 338—343 页

邱隆《中国历代度量衡单位量值表及说明》，《中国计量》2006 年 10 期，第 46—48 页

全汉昇《唐代物价的变动》，《“中央研究院”历史语言研究所集刊》11，1943 年，第 101—148 页

荣新江《现存最早的雕版印刷品——开元二十九年戒牒》，《中国典籍与文化》2024 年 4 期，第 4—8 页

尚刚《唐代诗文与工艺美术》，《装饰》2017 年第 3 期，第 67—69 页

石声汉、李凤岐《明末以前棉及棉织品输入的史迹》，《中国农史》1981 年，第 31—38 页

史念海《龙首原和隋唐长安城》，《中国历史地理论丛》1999 年第 4 期，第 21 页

史卫《从货币职能看唐代“钱帛兼行”》，《唐都学刊》2006 年第 3 期，第 1—5 页

宿白《隋唐长安城和洛阳城》，《考古》1978 年第 6 期，第 409—425 页

宿白《唐五代时期雕版印刷手工业的发展》，《文物》1981 年第 5 期，第 65—68 页

孙机、刘家琳《记一组邢窑茶具及同出的瓷人像》，《文物》1990 年第 4 期，第 37—40 页

童兆良《贡窑概论》，中国古陶瓷研究会、中国古外销陶瓷研究会编《中国古代陶瓷的外销——一九八七年福建晋江年会论文集》，北京：紫禁城出版社，1988 年，第 147—151 页

汪庆正《唐越窑秘色釉和艾色釉》，《文博》1995 年第 6 期，第 75—76 页

王承文《晋唐时代岭南地区金银的生产和流通》，荣新江主编《唐研究》第 13 卷，北京：北京大学出版社，2007 年，第 505—548 页

王少宇《唐代外销瓷与销往地区的宗教文化关系》，《中国陶瓷工业》2017 年第 6 期，第 25—34 页

王永生《大历元宝、建中通宝铸地考——兼论上元元年（760 年）后唐对西域的坚守》，中国钱币学会编《中国钱币论文集》第 3 辑，北京：中国金融出版社，1998 年，第 309—319 页

王永兴《唐代土贡资料系年——唐代土贡研究之一》，《北京大学学报（哲学社会科学版）》1982 年第 4 期，第 61—66 页

王仲荦《唐代西州的緤布》，《文物》1976 年第 1 期，第 85—88 页

温翠芳《唐代长安西市中的胡姬与丝绸之路上的女奴贸易》，《西域研究》2006 年 2 期，第 19—22 页

吴慧《魏晋南北朝隋唐的度量衡》，《中国社会经济史研究》1992 年第 3 期，第 7—18 页

吴树国《唐前期色役的番期与役期》，《历史研究》2018 年第 5 期，第 178—188 页

西村俊范《中·晚唐时代の镜と日本への影响》，《人间文化研究：京都学园大学人间文化学会纪要（33）》2014 年，第 77—96 页

肖超宇《阿月浑子考》，《民族史研究》2013 年，第 258—271 页

辛德勇《论中国书籍雕版印刷技术产生的社会原因及其时间》，《中国典籍与文化论丛》2014 年，第 4—176 页

辛德勇《重论旋风装》，《长安学研究》第 2 辑，北京：科学出版社，2017 年，第 299—332 页

徐畅《唐代多元货币体制的运营——基于中央的视角》，吐鲁番学研究院、吐鲁番博物馆《古代钱币与丝绸高峰论坛暨第四届吐鲁番学国际学术研讨会论文集》，上海：上海古籍出版社，2015 年，第 73—86 页

杨宝霖《唐代岭南贡荔小考》，《古今农业》1990 年第 1 期，第 31—32 页

杨宝玉、吴丽娱《归义军入奏活动中的贡品进奉与礼物馈赠》，《隋唐辽宋金元史论丛》2013 年，第 79—90 页

杨际平《唐代的奴婢、部曲与僮仆、家人、净人》，《中国史研究》1996 年第 3 期，第 53—63 页

于赓哲《再谈荔枝道：杨贵妃所吃荔枝来自何方》，澎湃新闻·私家历史 2015 年 11 月 21 日，http://www.thepaper.cn/newsDetail_forward_1396299

余欣、翟旻昊《中古中国的郁金香与郁金》，《复旦学报（社会科学版）》2014 年第 3 期，第 46—56 页

俞香顺《“郁金”考辨——兼论李白“兰陵美酒郁金香”》，《中国韵文学刊》2013 年第 3 期，第 104—107 页

袁南征《重新认识官窑——关于官窑概念的探讨》，《文博》1995 年第 6 期，第 150—154 页

曾武秀《中国历代尺度概述》，《历史研究》1964 年第 3 期，第 163—182 页
张秉权《中国古代的棉织品》，《“中央研究院”历史语言研究所集刊》第 52 本第 2 分册，第 203—233 页
张海军《赞美题记和价格广告在长沙窑瓷上的运用及原因分析》，《收藏界》2014 年第 3 期，第 62—67 页
张新朋《吐鲁番出土〈驾幸温泉赋〉残片新考》，《文献》2014 年第 4 期，第 74—79 页
张泽咸《唐代的部曲》，《社会科学战线》1985 年第 4 期，第 264—271 页
张志刚、郭演仪等《唐代青花瓷器研讨》，《景德镇陶瓷学院学报》1989 年第 2 期，第 65—72 页
赵超、邱亮《甘肃泾川大云寺舍利石函铭与佛教塔基考古研究》，《考古》2016 年第 6 期，101—110 页
赵贞《唐代的“三贾均市”——以敦煌吐鲁番文书为中心》，《中国社会经济史研究》2012 年第 21 期，第 8—20 页
郑炳林《敦煌写本〈张淮深变文〉所见兵器陌刀考》，《庆祝宁可先生八十华诞论文集》，北京：中国社会科学出版社，2008 年，第 295—302 页
郑炳林《晚唐五代敦煌地区种植棉花研究》，《中国史研究》1999 年第 3 期，第 83—95 页
郑炳林《晚唐五代敦煌贸易市场的物价》，《敦煌研究》1997 年第 3 期，第 14—32 页
郑珉中《古琴辨伪琐谈》，《故宫博物院院刊》1994 年第 4 期，第 3—11 页
志田不动麻吕，孙景瑞译《唐代妇女的化妆法》，《艺术导刊》1995 年第 1 期，第 42—45 页
中国社会科学院考古研究所陕西第一工作队《大唐西市 2006 年考古发掘报告》，胡戟主编《西市宝典》，西安：陕西师范大学出版社，2009 年，第 25—39 页
中国社会科学院考古研究所西安唐城发掘队《唐长安城西市遗址发掘》，《考古》1961 年第 5 期，第 248—250 页
周绍良《书籍形成的过程——略谈梵夹本的产生》，文史知识编辑室编《佛教与中国文化》，北京：中华书局，1988 年，第 182—188 页
朱郭《释“啼妆”与“时世妆”》，《文学遗产》1992 年第 1 期，第 89 页
左崇新《大唐西市 2008—2009 年考古工作简报》，胡戟主编《西市宝典》，西安：陕西师范大学出版社，2009 年，第 434—438 页

四、考古、文书、碑刻资料、史料汇编及图录

“国立”历史博物馆编辑委员会编《丝路传奇：新疆文物大展》，台北：“国立”历史博物馆，2008 年

《丝绸之路：大西北遗珍》编辑委员会编著《丝绸之路：大西北遗珍》，北京：文物出版社，2010 年

東京国立博物館、NHK、NHK プロモーション编《唐の女帝？則天武后とその時代展—宮廷の栄華》，东京：大塚巧艺社，1998 年

《西域美术 第 3 卷（染织 · 雕塑 · 壁画）》，东京：讲谈社，1984 年

A.F. Rudolf. Hoernle, *The Bower Manuscript: Facsimile Leaves, Nagari Transcript, Romanised Transliteration and English Translation with Notes*, Calcutta: Office of the Superintendent of Government printing, 1893

陈振裕、蒋迎春、胡德生主编《中国美术全集 · 漆器家具》，合肥：黄山书社，2010 年

东京国立博物馆、朝日新闻社编集《遣唐使と唐の美術》，东京：朝日新闻社，2005 年

敦煌研究院主编《敦煌石窟艺术全集 11 楞伽经画卷》，上海：同济大学出版社，2016 年

俄罗斯科学院东方研究所圣彼得堡分所、俄罗斯科学出版社东方文学部、上海古籍出版社编《俄藏敦煌文献 10》，上海：上海古籍出版社、莫斯科：俄罗斯科学出版社东方文学部，1998 年

国家文物局、中国科学技术协会编《奇迹天工——中国古代发明创造文物展》，北京：文物出版社，2008 年

国家文物局国家文物鉴定委员会《文物藏品定级标准图例（兵器卷）》，北京：文物出版社，2011 年

韩生编著《法门寺文物图饰》，北京：文物出版社，2009 年

杭州南宋官窑博物馆、深圳望野博物馆编《长安春：七至九世纪的大唐器用》，杭州：浙江古籍出版社，2018 年

黄永武主编《敦煌宝藏》第 99 册，台北：新文丰出版公司，1981 年

江西省博物馆编《天山往事：古代新疆丝路文明展》，上海：上海锦绣文章出版社，2014 年

吕建中，胡戟主编《大唐西市博物馆藏墓志研究》，西安：陕西师范大学出版社，2013 年

吕建中、胡戟主编《大唐西市博物馆藏墓志研究（续一）》，西安：陕西师范大学出版总社有限公司，2013 年

马炜、蒙中编著《敦煌遗珍（经变 2）》，杭州：浙江人民美术出版社，2021 年

纳春英《唐代服饰时尚》，北京：中国社会科学出版社，2009 年

齐东方主编《中国美术全集 · 金银器玻璃器》，合肥：黄山书社，2010 年

仁井田陞原著，栗劲等编译《唐令拾遗》，长春：长春出版社，1989 年

沙知录校《敦煌契约文书辑校》，南京：江苏古籍出版社，1998 年

陕西历史博物馆等编著《花舞大唐春：何家村遗宝精粹》，北京：文物出版社，2003 年

天津博物馆编《器蕴才华——文房清供陈列》，北京：文物出版社，2013 年
天一阁博物馆、中国社会科学院历史研究所天圣令整理课题组校证《天一阁藏明钞本天圣令校证》，北京：中华书局，2006 年
王春法主编《大唐风华》，北京：北京时代华文书局，2019 年
小田义久主编《大谷文书集成》，京都：法藏馆，1991 年
新疆维吾尔自治区博物馆编《新疆出土文物》，北京：文物出版社，1975 年
新疆维吾尔自治区博物馆编《新疆维吾尔自治区博物馆》，北京：文物出版社，1991 年
徐光冀主编《中国出土壁画全集 6 陕西 上》，北京：科学出版社，2012 年
徐光冀主编《中国出土壁画全集 7 陕西 下》，北京：科学出版社，2012 年
徐俊纂辑《敦煌诗集残卷辑考》，北京：中华书局，2000 年
张锡厚录校《敦煌赋汇》，南京：江苏古籍出版社，1996 年
张星烺编注，朱杰勤校订《中西交通史料汇编》，北京：中华书局，2003 年
张涌泉主编、审订《敦煌经部文献合集》，北京：中华书局，2008 年
昭陵博物馆编《昭陵唐墓壁画》，北京：文物出版社，2016 年
兆丰、屈志仁主编《中国丝绸艺术》，北京：外文出版社，2012 年
赵丰主编《敦煌丝绸艺术全集·英藏卷》，上海：东华大学出版社，2007 年
浙江省文物考古研究所、慈溪市文物管理委员会办公室编著《秘色越器—上林湖后司岙窑址出土唐五代秘色瓷器》，北京：文物出版社，2017
郑珉中撰文《故宫古琴图典》，北京：紫禁城出版社，2010 年
中国敦煌壁画全集编辑委员会编《中国敦煌壁画全集 8 晚唐》，天津：天津人民美术出版社，2006 年
中国佛教协会、中国佛教图书文物馆编《房山石经 隋唐刻经 4》，北京：华夏出版社，2000 年
中国美术全集编委会编《中国美术全集 29：敦煌彩塑》，北京：人民美术出版社，2015 年
中国陶瓷全集编辑委员会编《中国陶瓷全集 隋唐》，上海：上海人民美术出版社，2000 年
邹宗绪主编《千年古都西安》，香港：商务印书馆，1987 年

第六章　赏花指南

一、传世文献

洛天骧撰，黄永年点校《类编长安志》，北京：中华书局，1990 年
祝允明《春社猥谈》，北京：文物出版社，2019 年

郭茂倩编《乐府诗集》，北京：中华书局，1979 年
李冗《独异志》，上海：商务印书馆，1937 年
赵元一等撰，夏婧点校《奉天录（外三种）》，北京：中华书局，2014 年
《御定佩文斋广群芳谱》，清康熙四十七年（1708）内府刊本
白居易撰，顾学颉校点《白居易集》，北京：中华书局，1979 年
白居易撰，谢思炜校注《白居易诗集校注》，北京：中华书局，2006 年
陈藏器撰，尚志钧辑释《本草拾遗辑释》，合肥：安徽科学技术出版社，2002 年
陈翰编，李小龙校证《异闻集校证》，北京：中华书局，2019 年
董诰等编《全唐文》，北京：中华书局，1983 年
杜光庭撰，罗争鸣辑校《仙传拾遗》，北京：中华书局，2013 年
杜牧撰，吴在庆校注《杜牧集系年校注》，北京：中华书局，2008 年
段成式撰，许逸民校笺《酉阳杂俎校笺》，北京：中华书局，2015 年
冯贽编，张力伟点校《云仙散录》，北京：中华书局，2008 年
葛洪撰，周天游校注《西京杂记》，西安：三秦出版社，2006 年
韩愈著，方世举编年笺注，郝润华、丁俊丽整理《韩昌黎诗集编年笺注》，北京：中华书局，2012 年
韩愈撰，魏仲举集注，郝润华、王东峰整理《五百家注韩昌黎集》，北京：中华书局，2019 年
胡寅著，刘依平校点《读史管见》，长沙：岳麓书社，2011 年
李汝珍著《镜花缘》，北京：中华书局，2013 年
李商隐撰，刘学锴、余恕诚著《李商隐诗歌集解》，北京：中华书局，2004 年
李益著，郝润华整理《李益诗集》，北京：中华书局，2014 年
李肇、赵璘《唐国史补　因话录》，上海：上海古籍出版社，1979 年
刘斧撰辑，王友怀、王晓勇注《青琐高议》，西安：三秦出版社，2004 年
刘世珩辑校，郑玲校点《贵池唐人集》，合肥：黄山书社，2013 年
刘昫等撰，中华书局编辑部点校《旧唐书》，北京：中华书局，1975 年
刘禹锡撰，《刘禹锡集》整理组点校，卞孝萱校订《刘禹锡集》，北京：中华书局，1990 年
刘禹锡撰，陶敏、陶红雨校注《刘禹锡全集编年校注》，北京：中华书局，2019 年
柳宗元著《柳宗元集》，北京：中华书局，1979 年
柳宗元撰，尹占华、韩文奇校注《柳宗元集校注》，北京：中华书局，2013 年
吕祖谦著，冯春生点校《丽泽集诗》，杭州：浙江古籍出版社，2017 年
孟郊著，韩泉欣校注《孟郊集校注》，杭州：浙江古籍出版社，2012 年
孟棨撰，董希平等评注《本事诗》，北京：中华书局，2014 年

欧阳修著，李逸安点校《欧阳修全集》，北京：中华书局，2001 年
彭定求等编《全唐诗》，北京：中华书局，1960 年
钱谦益撰集，许逸民、林淑敏点校《列朝诗集》，北京：中华书局，2007 年
钱易撰，黄寿成点校《南部新书》，北京：中华书局，2002 年
瞿蜕园《刘禹锡集笺证》，上海：上海古籍出版社，2009 年
权德舆撰，蒋寅笺，唐元校，张静注《权德舆诗文集编年校注》，沈阳：辽海出版社，2013 年
宋敏求、李好文撰，辛德勇、郎洁点校《长安志　长安志图》，西安：三秦出版社，2013 年
苏鹗等撰，孔凡礼、吴企明点校《苏氏演义（外三种）》，北京：中华书局，2012 年
孙光宪撰，贾二强校点《北梦琐言》，北京：中华书局，2002 年
陶谷撰，郑村声、俞钢整理《清异录》，《全宋笔记》第 2 册，郑州：大象出版社，2019 年
陶宗仪等编《说郛三种》，上海：上海古籍出版社，1988 年
王谠撰，周勋初整理《唐语林》，郑州：大象出版社，2019 年
王定保撰，黄寿成点校《唐摭言》，西安：三秦出版社，2011 年
王溥《唐会要》，北京：中华书局，1960 年
王仁裕、姚汝能撰，曾贻芬点校《开元天宝遗事　安禄山事迹》，北京：中华书局，2006 年
韦縠编，傅璇琮等编《才调集》，北京：中华书局，2014 年
韦述撰，辛德勇辑校《两京新记辑校　大业杂记辑校》，北京：中华书局，2020 年
徐松撰，李健超增订《最新增订唐两京城坊考》，西安：三秦出版社，2019 年
徐松撰，张穆校补，方严点校《唐两京城坊考》，北京：中华书局，1985 年
杨孚撰，曾剑辑；段公路撰，崔龟图注《异物志北户录（附校勘记）》，上海：商务印书馆，1936 年
杨慎撰，丰家骅校证《丹铅总录校证》，北京：中华书局，2019 年
杨晔《膳夫经手录》，明嘉靖内府朱丝栏钞本
姚思廉撰，中华书局编辑部点校《梁书》，北京：中华书局，1973 年
元稹撰，冀勤点校《元稹集》，北京：中华书局，2010 年
宗懔撰，杜公瞻注，姜彦稚辑校《荆楚岁时记》，北京：中华书局，2018 年
张礼撰，史念海、曹尔琴校注《游城南记校注》，西安：三秦出版社，2006 年

二、今人著作

卞孝萱《元稹年谱》，济南：齐鲁书社，1980 年
傅璇琮《唐代科举与文学》，西安：陕西人民出版社，1986 年
卢建荣《唐宋私人生活史》，台北：新高地文化事业有限公司，2014 年

彭信威《中国货币史》，上海：上海人民出版社，2015 年
全汉升《中国经济史研究》，北京：中华书局，2011 年
陕西省矿产局编《西安市城市地质图集》，西安：西安地图出版社，1989 年
王勋成《唐代铨选与文学》，北京：中华书局，2021 年
王永平《游戏、竞技与娱乐 中古社会生活透视》，北京：中华书局，2010 年
吴宗国《唐代科举制度研究》，沈阳：辽宁大学出版社，1992 年
辛德勇《隋唐两京丛考》，西安：三秦出版社，2006 年

三、今人论文

中国科学院考古研究所西安唐城发掘队《唐代长安城考古纪略》，《考古》1963 年第 11 期，第 595—611 页
伊藤漱平、藤重典子《〈红楼梦〉里的“斗草”游戏》，《红楼梦学刊》1986 年第 3 期，第 235—238 页
曹尔琴《长安黄渠考》，《中国历史地理论丛》1990 年第 1 期，第 53—66 页
傅锡壬《试探蒋防霍小玉传的创作动机》，《古典文学》1980 年第 2 期，第 183—197 页
葛承雍《唐京的恶少流氓与豪雄武侠》，史念海主编《唐史论丛》第 7 辑，西安：陕西师范大学出版社，1998 年，第 198—214 页
郭声波《隋唐长安水利设施的地理复原研究》，纪宗安、汤开建主编《暨南史学》第 3 辑，广州：暨南大学出版社，2004 年，第 11—31 页
郭声波《隋唐长安龙首渠流路新探》，《人文杂志》1985 年第 3 期，第 83—85 页
李健超《隋唐长安城清明渠》，《中国历史地理论丛》2004 年第 2 期，第 59—65 页
张哲浩、李洁《西安发现我国古代最早五桥并列遗址》，《光明日报》2023 年 1 月 15 日第 4 版
陕西省文物管理委员会《唐长安城地基初步探测》，《考古学报》1958 年第 3 期，第 79—93、162 页
简锦松《长安唐诗与乐游原现地研究》，《台大文史哲学报》2014 年 5 月，第 75—112 页
姜虹《女子益智游戏“斗草”中的植物名称与博物学文化》，《中国科技史杂志》2017 年第 2 期，第 186—197 页
刘艳秋、宁欣《笔记小说中的唐宋都市生活服务业》，《唐史论丛》第 8 辑，2006 年，第 322—339 页
祁振声《唐代名花“玉蕊”原植物考辨》，《农业考古》1992 年第 3 期，第 211—219 页
史念海《唐代长安外郭城街道及里坊的变迁》，《中国历史地理论丛》1994 年第 1 期，第 1—39 页

王梦鸥《霍小玉传之作者及故事背景》，《书目季刊》第 7 卷第 1 期，1972 年，第 3—10 页
武伯纶《唐代长安东南隅（上）》，《文博》1984 年第 1 期，第 33—38 页
武伯纶《唐代长安东南隅（下）》，《文博》1984 年第 3 期，第 33—42 页
中国社会科学院考古研究所西安唐城工作队《唐长安城西市遗址发掘》，《考古》1961 年第 5 期，第 248—250 页
谢培凤、马家驹《再考“遍插茱萸少一人”的茱萸》，《中药材》2008 年第 11 期，第 1757—1759 页
徐雪强《唐长安夹城复道新开门考》，杜文玉主编《唐史论丛》第 22 辑，西安：三秦出版社，2016 年，第 251—258 页
扬之水《行障与挂轴》，《中国历史文物》2005 年第 5 期，第 65—72 页
杨文秀《略谈唐宋时期长安南郊的园林景观 —— 读张礼〈游城南记〉》，《唐都学刊》1990 年第 4 期，第 58—63 页
张琛《唐代进士团史事考索》，《哈尔滨学院学报》2010 年第 4 期，第 91—95 页

四、考古、文书、碑刻资料、史料汇编及图录

東京国立博物館、NHK、NHK プロモーション编《唐の女帝・則天武后とその時代展一宮廷の栄華》，東京：大塚巧艺社，1998 年
吴钢主编《全唐文补遗》第 2 辑，西安：三秦出版社，1995 年
项楚《敦煌变文选注》，北京：中华书局，2006 年
辛龙、陈波、郭永淇《隋唐长安城东北角夹城及十王宅遗址 2021 年度发掘简报》，《文博》2022 年第 1 期，第 3—7 页
辛龙潘、颖睿、宁琰等《隋唐长安城东北角夹城及十王宅遗址 2020 年度发掘简报》，《文博》2021 年第 1 期，第 15—20 页

第七章　名人宅邸家访指南

一、传世文献

白高来、白永彤编著《白居易、元稹、刘禹锡唱和诗编年集》，沈阳：白山出版社，2009 年
白居易撰，顾学颉校点《白居易集》，北京：中华书局，1979 年
白居易撰，谢思炜校注《白居易诗集校注》，北京：中华书局，2006 年
白居易著，谢思炜校注《白居易文集校注》，北京：中华书局，2011 年
陈翰编，李小龙校证《异闻集校证》，北京：中华书局，2019 年

陈尚君辑校《全唐诗补编》，北京：中华书局，1992 年
陈思编著《宝刻丛编》，杭州：浙江古籍出版社，2012 年
陈振孙《直斋书录解题》，上海：上海古籍出版社，1987 年
陈振孙撰，徐小蛮、顾美华点校《直斋书录解题》，上海：上海古籍出版社，2015 年
程毅中主编《宋人诗话外编》，北京：中华书局，2017 年
崔令钦等撰，吴企明点校《教坊记（外三种）》，北京：中华书局，2012 年
董诰等编《全唐文》，北京：中华书局，1983 年
杜甫著，仇兆鳌注《杜诗详注》，北京：中华书局，1979 年
杜光庭撰，罗争鸣辑校《王氏神仙传》，北京：中华书局，2013 年
杜牧撰，何锡光校注《樊川文集校注》，成都：巴蜀书社，2007 年
杜牧撰，吴在庆校注《杜牧集系年校注》，北京：中华书局，2008 年
段安节撰，吴企明点校《乐府杂录》，北京：中华书局，2012 年
段成式撰，许逸民校笺《酉阳杂俎校笺》，北京：中华书局，2015 年
范摅撰，唐雯校笺《云溪友议校笺》，北京：中华书局，2017 年
封演撰，赵贞信校注《封氏闻见记校注》，北京：中华书局，2005 年
冯梦龙编著，栾保群点校《古今谭概》，北京：中华书局，2018 年
冯贽编，张力伟点校《云仙散录》，北京：中华书局，2008 年
高棅编纂，汪宗尼校订，葛景春、胡永杰点校《唐诗品汇》，北京：中华书局，2015 年
葛洪撰，古求知等校注《肘后备急方校注》，北京：中医古籍出版社，2015 年
韩愈著，方世举编年笺注，郝润华、丁俊丽整理《韩昌黎诗集编年笺注》，北京：中华书局，2012 年
韩愈撰，魏仲举集注，郝润华、王东峰整理《五百家注韩昌黎集》，北京：中华书局，2019 年
何光远撰，邓星亮等校注《鉴诫录校注》，成都：巴蜀书社，2011 年
洪迈撰，孔凡礼整理《容斋三笔》，《全宋笔记》第 46 册，郑州：大象出版社，2019 年
侯白撰，董志翘笺注《启颜录笺注》，北京：中华书局，2014 年
皇甫枚《三水小牍》，北京：中华书局，1958 年
计有功撰，王仲镛校笺《唐诗纪事校笺》，北京：中华书局，2007 年
贾岛撰，齐文榜校注《贾岛集校注》，北京：中华书局，2020 年
李白著，瞿蜕园、朱金城校注《李白集校注》，上海：上海古籍出版社，2018 年
李白著，王琦注《李太白全集》，北京：中华书局，1977 年
李白撰，安旗等笺注《李白全集编年笺注》，北京：中华书局，2015 年
李德裕撰，傅璇琮、周建国校笺《李德裕文集校笺》，北京：中华书局，2018 年

李昉等编《太平广记》，北京：中华书局，1961 年
李昉等撰《太平御览》，北京：中华书局，1960 年
李格非撰，孔凡礼整理《洛阳名园记》，《全宋笔记》第 21 册，郑州：大象出版社，2019 年
李贺著，吴企明笺注《李长吉歌诗编年笺注》，北京：中华书局，2012 年
李剑国辑校《唐五代传奇集》，北京：中华书局，2015 年
李仿撰，李剑国校证《独异志校证》，北京：中华书局，2023 年
李匡文撰，吴企明点校《资暇集》，北京：中华书局，2012 年
李林甫等撰，陈仲夫点校《唐六典》，北京：中华书局，1992 年
李颀著，王锡九校注《李颀诗歌校注》，北京：中华书局，2018 年
李群玉等撰，黄仁生、陈圣争校点《唐代湘人诗文集》，长沙：岳麓书社，2013 年
李商隐著，刘学锴、余恕诚校注《李商隐文编年校注》，北京：中华书局，2002 年
李绅著，卢燕平校注《李绅集校注》，北京：中华书局，2009 年
李时人编校，何满子审定，詹绪左覆校《全唐五代小说》，北京：中华书局，2014 年
李肇、赵璘撰《唐国史补　因话录》，上海：上海古籍出版社，1979 年
刘俊文撰《唐律疏议笺解》，北京：中华书局，1996 年
刘世珩辑校，郑玲校点《贵池唐人集》，合肥：黄山书社，2013 年
刘餗、张鷟撰，程毅中、赵守俨点校《隋唐嘉话　朝野佥载》，北京：中华书局，1979 年
刘昫等撰，中华书局编辑部点校《旧唐书》，北京：中华书局，1975 年
刘禹锡著，瞿蜕园笺证《刘禹锡集笺证》，上海：上海古籍出版社，2009 年
刘禹锡撰，《刘禹锡集》整理组点校，卞孝萱校订《刘禹锡集》，北京：中华书局，1990 年
刘禹锡撰，陶敏、陶红雨校注《刘禹锡全集编年校注》，北京：中华书局，2019 年
刘沅著，谭继和、祁和晖笺解《十三经恒解》，成都：巴蜀书社，2016 年
柳宗元撰，尹占华、韩文奇校注《柳宗元集校注》，北京：中华书局，2013 年
卢文弨纂定，庄翊昆校补，庄毓鋐重校，许隽超、马振君点校《常郡八邑艺文志》，南京：凤凰出版社，2017 年
卢照邻著，李云逸校注《卢照邻集校注》，北京：中华书局，1998 年
罗烨撰，胡绍文整理《醉翁谈录》，郑州：大象出版社，2019 年
骆天骧撰，黄永年点校《类编长安志》，北京：中华书局，1990 年
吕大防等撰，徐敏霞校辑《韩愈年谱》，北京：中华书局，1991 年
茅坤编《唐宋八大家文钞》，合肥：黄山书社，2010 年
孟郊著，韩泉欣校注《孟郊集校注》，杭州：浙江古籍出版社，2012 年
孟郊撰，华忱之校订《孟东野诗集》，北京：人民文学出版社，1959 年
孟棨撰，董希平等评注《本事诗》，北京：中华书局，2014 年

米芾撰，燕永成整理《画史》，《全宋笔记》第 20 册，郑州：大象出版社，2019 年
牛僧孺、李复言撰，林宪亮译注《玄怪录 · 续玄怪录》，北京：中华书局，2019 年
牛肃撰，李剑国辑校《纪闻辑校》，北京：中华书局，2018 年
彭定求等编《全唐诗》，北京：中华书局，1960 年
彭东焕、王映珏《碧鸡漫志笺证》，成都：巴蜀书社，2019 年
钱易撰，黄寿成点校《南部新书》，北京：中华书局，2002 年
阮元辑编《宛委别藏》，南京：江苏古籍出版社，1988 年
桑世昌集，白云霜点校《兰亭考》，杭州：浙江人民美术出版社，2019 年
邵博撰，李剑雄、刘德权点校《邵氏闻见后录》，北京：中华书局，1983 年
沈作宾修，施宿纂《嘉泰会稽志》，嘉庆十三年（1808）采鞠轩重刊本
司马光编著，胡三省音注，标点资治通鉴小组点校《资治通鉴》，北京：中华书局，1956 年
宋敏求、李好文撰，辛德勇、郎洁点校《长安志　长安志图》，西安：三秦出版社，2013 年
宋之问撰，陶敏、易淑琼校注《宋之问集校注》，北京：中华书局，2001 年
孙光宪撰，贾二强校点《北梦琐言》，北京：中华书局，2002 年
汤垕等《古今画鉴　画品　中麓画品　画说　杂评》，上海：商务印书馆，1937 年
陶谷撰，郑村声、俞钢整理《清异录》，《全宋笔记》第 2 册，郑州：大象出版社，2019 年
陶岳撰，黄宝华整理《五代史补》，《全宋笔记》第 3 册，郑州：大象出版社，2019 年
天一阁博物馆、中国社会科学院历史研究所天圣令整理课题组校证《天一阁藏明钞本天圣令校证》，北京：中华书局，2006 年
田艺蘅著，朱碧莲点校《留青日札》，杭州：浙江古籍出版社，2012 年
汪介人《中州杂俎》，扬州：广陵书社，2003 年
王谠撰，周勋初校证《唐语林校证》，北京：中华书局，1987 年
王谠撰，周勋初整理《唐语林》，《全宋笔记》第 18 册，郑州：大象出版社，2019 年
王定保撰，黄寿成点校《唐摭言》，西安：三秦出版社，2011 年
王辉斌《孟浩然新论》，武汉：武汉大学出版社，2017 年
王建撰，尹占华校注《王建诗集校注》，成都：巴蜀书社，2006 年
王梦鸥校释《唐人小说校释》，台北：正中书局，1983 年
王溥《唐会要》，北京：中华书局，1960 年
王钦若等编纂，周勋初等校订《册府元龟》，南京：凤凰出版社，2006 年
王仁裕、姚汝能撰，曾贻芬点校《开元天宝遗事　安禄山事迹》，北京：中华书局，2006 年
王嗣壎《杜臆》，上海：上海古籍出版社，1983 年
王轩等纂修《山西通志（清光绪版）》，太原：三晋出版社，2015 年
韦述、杜宝撰，辛德勇辑校《两京新记辑校　大业杂记辑校》，北京：中华书局，2020 年

韦绚撰，陶敏、陶红雨校注《刘宾客嘉话录》，北京：中华书局，2019年
温庭筠撰，刘学锴校注《温庭筠全集校注》，北京：中华书局，2007年
吴钢主编《全唐文补遗》千唐志斋新藏专辑，西安：三秦出版社，2006年
吴汝煜《唐五代人交往诗索引》，上海：上海古籍出版社，1993年
项楚《敦煌变文选注》，北京：中华书局，2006年
辛文房著，傅璇琮主编《唐才子传校笺》，北京：中华书局，1995年
徐坚等《初学记》，北京：中华书局，2004年
徐松辑，高敏点校《河南志》，北京：中华书局，2012年
徐松撰，李健超增订《最新增订唐两京城坊考》，西安：三秦出版社，2019年
薛居正等撰，中华书局编辑部点校《旧五代史》，北京：中华书局，1976年
薛涛著，张篷舟笺《薛涛诗笺》，北京：人民文学出版社，2012年
佚名等撰，罗宁点校《大唐传载（外三种）》，北京：中华书局，2019年
佚名著，王群栗点校《宣和画谱》，杭州：浙江人民美术出版社，2019年
雍文华校辑《罗隐集》，北京：中华书局，1983年
永瑢等撰《四库全书总目》，北京：中华书局，1965年
庾信撰，倪璠注，许逸民点校《庾子山集注》，北京：中华书局，1980年
元稹原著，吴伟斌辑佚编年笺注《新编元稹集》，西安：三秦出版社，2015年
元稹撰，冀勤点校《元稹集》，北京：中华书局，2010年
圆仁著，白化文、李鼎霞、许德楠校注，周一良审阅《入唐求法巡礼行记校注》，北京：中华书局，2019年
赞宁撰，范祥雍点校《宋高僧传》，北京：中华书局，1987年
曾枣庄、刘琳主编《全宋文》第89册，上海：上海辞书出版社、合肥：安徽教育出版社，2006年
曾枣庄主编《宋代序跋全编》，济南：齐鲁书社，2015年
张采田《玉谿生年谱会笺》，上海：上海古籍出版社，2010年
张读、裴铏撰，萧逸、田松青校点《宣室志　裴铏传奇》，上海：上海古籍出版社，2012年
张籍撰，徐礼节、余恕诚校注《张籍集系年校注》，北京：中华书局，2011年
张洎撰，俞钢整理《贾氏谭录》，《全宋笔记》第3册，郑州：大象出版社，2019年
张九龄撰，熊飞校注《张九龄集校注》，北京：中华书局，2008年
张清华《王维年谱》，上海：学林出版社，1988年
张文成撰，李时人、詹绪左校注《游仙窟校注》，北京：中华书局，2010年
张彦远《历代名画记》，杭州：浙江人民美术出版社，2019年
张彦远撰，武良成、周旭点校《法书要录》，杭州：浙江人民美术出版社，2019年

章士钊著，郭华清校注《〈柳文指要〉校注》，北京：世界图书出版公司，2016年
赵令畤等撰，孔凡礼点校《侯鲭录　墨客挥犀　续墨客挥犀》，北京：中华书局，2002年
赵翼著，江守义，李成玉校注《瓯北诗话校注》，北京：人民文学出版社，2013年
赵元一等撰，夏婧点校《奉天录（外三种）》，北京：中华书局，2014年
郑处诲、裴庭裕撰，田廷柱点校《明皇杂录　东观奏记》，北京：中华书局，1994年
周密撰，俞钢、王燕华整理《齐东野语》，《全宋笔记》第98册，郑州：大象出版社，2019年
朱景玄著，吴企明校注《唐朝名画录校注》，合肥：黄山书社，2016年
祖谦著，黄灵庚点校《东莱集注观澜文集》，杭州：浙江古籍出版社，2017年

二、今人著作

安旗、薛天纬编《李白年谱》，济南：齐鲁书社，1982年
卞孝萱《元稹年谱》，济南：齐鲁书社，1980年
岑仲勉《通鉴隋唐纪比事质疑》，北京：中华书局，1964年
陈国灿《唐代的经济社会》，台北：文津出版社，1999年
陈克明《韩愈年谱及诗文系年》，成都：巴蜀书社，1999年
陈克明编《韩愈述评》，北京：中国社会科学出版社，1985年
陈丽萍《唐代宗室研究》，上海：中西书局，2023年
陈尚君《我认识的唐朝诗人》，北京：中华书局，2023年
陈铁民《王维新论》，北京：北京师范学院出版社，1990年
陈贻焮《杜甫评传》，北京：北京大学出版社，2003年
陈寅恪《元白诗笺证稿》，北京：商务印书馆，2017年
丁鼎《牛僧孺年谱》，沈阳：辽海出版社，1997年
丁俊《李林甫研究》，南京：凤凰出版社，2014年
傅锡壬《牛李党争与唐代文学》，台北：东大图书公司，1984年
傅熹年《中国古代建筑史》，北京：中国建筑工业出版社，2009年
傅璇琮、陶敏《新编唐五代文学编年史（初盛唐卷）》，沈阳：辽海出版社，2012年
傅璇琮《李德裕年谱》，石家庄：河北教育出版社，2001年
傅璇琮《唐代科举与文学》，西安：陕西人民出版社，2007年
傅璇琮《唐代诗人丛考》，北京：中华书局，2003年
宫崎市定著，张学锋等译《中国聚落形态的变迁》，上海：上海古籍出版社，2018年
谷川道雄主编，李凭等译《魏晋南北朝隋唐史学的基本问题》，北京：中华书局，2010年
顾建国《张九龄年谱》，北京：中国社会科学出版社，2005年

郭娟玉《温庭筠接受研究》，台北：万卷楼图书股份有限公司，2013 年
郭沫若《出土文物二三事》，北京：人民出版社，1972 年
侯迺慧《诗情与幽境——唐代文人的园林生活》，台北：东大图书公司，1991 年
贾晋华《唐代集会总集与诗人群研究》，北京：北京大学出版社，2001 年
赖瑞和《唐代高层文官》，北京：中华书局，2017 年
赖瑞和《唐代基层文官》，北京：中华书局，2008 年
赖瑞和《唐代中层文官》，北京：中华书局，2011 年
李定广《罗隐年谱》，上海：上海古籍出版社，2012 年
李嘉言《贾岛年谱》，上海：商务印书馆，1947 年
李令福《唐长安城郊园林文化研究》，北京：科学出版社，2017 年
廖美玉《中古诗人的生命印记》，台北：里仁书局，2007 年
刘文典《杜甫年谱》，昆明：云南人民出版社，2013 年
刘学锴《李商隐传论》，合肥：黄山书社，2013 年
柳诒徵编著《中国文化史》，南京：钟山书局，1935 年
鲁西奇《一堂二内》，成都：巴蜀书社，2022 年
鲁迅《中国小说史略》，长春：时代文艺出版社，2009 年
妹尾达彦著，高兵兵等译《隋唐长安与东亚比较都城史》，西安：西北大学出版社，2018 年
莫砺锋《杜甫评传》，南京：南京大学出版社，1993 年
莫砺锋《杜甫诗歌讲演录》，桂林：广西师范大学出版社，2007 年
缪钺《杜牧年谱》，北京：人民文学出版社，1980 年
钱钟书《谈艺录》，北京：生活 · 读书 · 新知三联书店，2001 年
钱仲联《李贺年谱会笺》，北京：中国社会科学出版社，1984 年
荣新江主编《唐研究》第 21 卷，北京：北京大学出版社，2015 年
施蛰存《唐诗百话》，上海：华东师范大学出版社，2018 年
松原朗著，张渭涛译《晚唐诗之摇篮——张籍姚合贾岛论》，西安：西北大学出版社，2018 年
谭优学《唐诗人行年考》，成都：四川人民出版社，1981 年
谭优学《唐诗人行年考续编》，成都：巴蜀书社，1987 年
王才强《唐长安的数码重建》，北京：中国建筑工业出版社，2006 年
王铎《中国古代苑园与文化》，武汉：湖北教育出版社，2003 年
王明军《唐宋御宴》，上海：学林出版社，2016 年
王勋成《唐代铨选与文学》，北京：中华书局，2001 年
王亚丽《敦煌写本医籍语言研究》，北京：中央民族大学出版社，2017 年
闻一多《唐诗杂论》，上海：上海古籍出版社，1998 年

吴在庆《唐五代文史丛考》，合肥：黄山书社，2006 年
夏承焘《唐宋词人年谱》，北京：商务印书馆，2017 年
辛德勇《隋唐两京丛考》，西安：三秦出版社，2006 年
徐畅《长安未远：唐代京畿的乡村社会》，北京：生活 · 读书 · 新知三联书店，2021 年
杨晓山《私人领域的变形：唐宋诗歌中的园林与玩好》，南京：江苏人民出版社，2008 年
郁贤皓《李白与唐代文史考论》，南京：南京师范大学出版社，2008 年
袁行霈、丁放《盛唐诗坛研究》，北京：北京大学出版社，2012 年
张倩《长安文化视野下的杜甫研究》，北京：中国社会科学出版社，2019 年
张清华《韩学研究（上）：韩愈通论》，南京：江苏教育出版社，1998 年
张清华著《韩学研究（下）：韩愈年谱汇证》，南京：江苏教育出版社，1998 年
张小艳《敦煌社会经济文献词语论考》，上海：上海人民出版社，2013 年
张志烈《初唐四杰年谱》，成都：巴蜀书社，1993 年
周相录《元稹年谱新编》，上海：上海古籍出版社，2004 年
周勋初《李白评传》，南京：南京大学出版社，2005 年
朱关田编《颜真卿年谱》，杭州：西泠印社出版社，2008 年
朱金城《白居易年谱》，上海：上海古籍出版社，1982 年
朱乔森编《朱自清全集》第 8 卷，南京：江苏教育出版社，1993 年

三、今人论文

坂上康俊著，何东译《论唐代城市乡里与坊的关系》，《法律史译评》2013 年，第 89—117 页
卞孝萱《“退之服硫黄”五说考辨》，《东南大学学报（哲学社会科学版）》1999 年第 4 期，第 84—88 页
陈弱水《唐代长安的宦官社群——特论其与军人的关系》，荣新江主编《唐研究》第 15 卷，北京：北京大学出版社，2009 年，第 171—198 页
陈尚君《从有志青年到文场浪子——诗人温庭筠的早年经历》，《文史知识》2019 年第 10 期，第 61—70 页
陈尚君《韩愈的最后时光》，《文史知识》2023 年第 1 期，第 34—43 页
陈尚君《韩愈与柳宗元的友谊》，《文史知识》2019 年第 2 期，第 31—40 页
陈尚君《贺知章的文学世界》，《杭州师范大学学报（社会科学版）》2012 年第 3 期，第 23—29 页
陈尚君《贺知章的醉与醒》，《文史知识》2017 年第 5 期，第 36—40 页
陈尚君《李杜齐名之形成》，《岭南学报》第 1、2 辑合刊，2015 年，第 15—32 页

陈尚君《诗人张又新的人品、水品与佚诗》，《文史知识》2018 年第 1 期，第 32—37 页
陈尚君《温庭筠早年事迹考辨》，《中华文史论丛》1981 年第 2 辑，第 245—267 页
陈坦《〈薛涛与元稹的关系问题及其他〉一文辨误——与邓剑鸣、李华飞同志商榷》，《社会科学研究》1986 年第 2 期，第 117—118 页
陈铁民《关于孟浩然生平事迹的几个问题》，《文史》第 15 辑，第 203—209 页
陈铁民《考证古代作家生平事迹易陷入的两个误区——以王维为例》，《文学遗产》2017 年第 4 期，第 39—48 页
陈铁民《由新发现的韦济墓志看杜甫天宝中的行止》，《唐代文学研究》1994 年，第 291—296 页
陈贻焮《孟浩然事迹考辨》，《文史》1965 年第 4 辑，第 4—172 页
程国斌《论元稹的小说创作及其婚外恋——与吴伟斌先生商榷》，《文学遗产》2002 年第 1 期，第 14—19 页
邓剑鸣、李华飞《薛涛与元稹的关系问题及其他》，《社会科学研究》1984 年第 4 期，第 104—107 页
丁放《玉真公主、李白与盛唐道教关系考论》，《复旦学报（社会科学版）》2016 年第 4 期，第 18—27 页
杜文玉《唐代长安的宦官住宅与坟茔分布》，《中国历史地理论丛》1997 年第 4 期，第 79—94 页
段鹏琦《西安南郊何家村唐代金银器小议》，《考古》1980 年第 6 期，第 536—541 页
傅璇琮、周建国《〈步辇图〉题跋为李德裕作考述》，《文献》2004 年第 2 期，第 60—69 页
高国藩《敦煌写本〈太公家教〉初探》，《敦煌学辑刊》1984 年第 1 期，第 64—77 页
郭发喜《唐代两京王府与王宅诸问题考论——兼与孙英刚先生商榷》，《中国历史地理论丛》2018 年第 2 期，第 79—86 页
韩建华《中晚唐洛阳士人与园林——以白居易履道坊宅园为中心》，荣新江主编《唐研究》第 26 卷，北京：北京大学出版社，2021 年，第 177—207 页
韩建武《西安何家村唐代窖藏几个问题的再探讨》，《收藏家》2007 年第 7 期，第 39—44 页
郝鹏展、李令福《杜甫在唐代长安城南的居住环境》，《陕西师范大学学报（哲学社会科学版）》2014 年第 1 期，第 123—127 页
何格恩《张九龄年谱》，《岭南学报》1935 年第 4 卷第 1 期，第 1—21 页
贺从容《隋唐长安城坊内百姓宅地规模分析》，《中国建筑史论汇刊》2010 年，第 275—303 页
贺从容《隋唐长安城坊内官员住宅基址规模之探讨》，《中国建筑史论汇刊》，2008 年，第 175—203 页

洪惠镇《唐代泼墨泼色山水画先驱“顾生”考》，《美术观察》1998 年第 11 期，第 57—60 页
呼啸《唐代三彩庭院的初步研究——从陕西历史博物馆新征集三彩庭院说起》，《南方文物》2022 年第 2 期，第 285—290 页
华林甫《唐亩考》，《农业考古》1991 年第 3 期，第 152—154 页
黄晓、刘珊珊《唐代李德裕平泉山居研究》，《建筑史》2012 年第 3 期，第 79—98 页
黄晓、刘珊珊《唐代牛僧孺长安、洛阳园墅研究》，《建筑史》2014 年第 2 期，第 88—102 页
黄晓、刘珊珊《唐代裴度长安、洛阳园墅研究》，《建筑史》2013 年第 2 期，第 92—107 页
黄震云《温庭筠籍贯及生卒年》，《徐州师范学院学报》1982 年第 3 期，第 41—44 页
黄正建《〈天圣令〉所附唐令中有关社会生活的新资料（下）》，杜文玉主编《唐史论丛》第 12 辑，西安：三秦出版社，2009 年，第 317—327 页
黄正建《敦煌文书所见唐宋之际敦煌民众住房面积考略》，黄正建《走进日常：唐代社会生活考论》，上海：中西书局，2016 年，第 151—165 页
黄正建《何家村遗宝和刘震有关吗？——与齐东方先生商榷》，《考古与文物》2004 年第 4 期，第 73—74 页
黄正建《唐朝人住房面积小考》，《陕西师范大学学报（哲学社会科学版）》1994 年第 3 期，第 123—124 页
霍松林《略谈“莺莺传”》，《光明日报》副刊《文学遗产》1956 年第 105 期
蹇长春《白居易的江州之贬与王涯的落井下石——兼论元和朝局及乐天遭贬的政治原因》，《西北师大学报（社会科学版）》2005 年第 1 期，第 90—99 页
鞠培泉、黄一如《白居易履道西园之辨析》，《中国园林》2016 年第 3 期，第 107—111 页
李丹婕《白居易笔下的元宗简——兼谈长安东南隅与中唐文人的交游空间》，《文献》2018 年第 2 期，第 80—89 页
李丹婕《日僧圆仁眼中的晚唐长安》，《文史知识》2018 年第 6 期，第 10—16 页
李一飞《韩愈诗系年考辨六则》，《四川大学学报（哲学社会科学版）》1993 年第 4 期，第 59—63 页
李永、张春兰《“中世纪城市革命”与唐宋时期城市违章建筑研究》，《宋史研究论丛》2015 年第 2 期，第 20—34 页
李志生《中门和中堂：唐代住宅建筑中的妇女生活空间》，《中国社会历史评论》2013 年，第 198—223 页
林梅村《唐武德二年罽宾国贡品考——兼论西安何家村唐代窖藏原为大明宫琼林库皇家宝藏》，《考古与文物》2017 年第 6 期，94—103 页

林晓洁《中唐文人官员的“长安印象”及其塑造》，荣新江主编《唐研究》第 15 卷，北京：北京大学出版社，2009 年，第 267—360 页
林孜晔《论白居易的履道园风景体验》，《中国文学研究》2018 年第 45 期，第 37—78 页
刘金平、吕华明《李白〈玉真公主别馆苦雨赠卫尉张卿二首〉系年新考》，《中国李白研究》2008 年，合肥：黄山书社，第 387—401 页
刘学锴《温庭筠文笺证暨庭筠晚年事迹考辨》，《文学遗产》2006 年第 3 期，第 42—48 页
刘知渐《关于元稹、薛涛的关系问题》，《社会科学研究》1986 年第 5 期，第 123—125 页
龙成松《空间中的日常——白居易长安诗歌的“空间转向”》，《汉语言文学研究》2022 年第 1 期，第 71—80 页
卢多果《杜甫应天宝六载制举事质疑——兼论天宝中杜甫的行止》，《文史》2023 年第 1 期，第 267—274 页
卢亚辉《唐邹鸾昉墓志疏证》，《博物院》2020 年第 6 期，第 25—29 页
罗握权《韩愈、白居易交往与裴度、元稹之争考论》，《世新中文研究集刊》2014 年第 10 期，第 379—406 页
吕玉华、蒋凡《李白再次入越之缘由与贺知章之影响》，《中国李白研究》2013 年，合肥：黄山书社，第 184—196 页
妹尾达彦《都城图中描绘的唐代长安的城市空间》，张广达先生八十华诞祝寿论文集编辑委员会编《张广达先生八十华诞祝寿论文集》，台北：新文丰出版股份有限公司，2010 年，第 211—243 页
妹尾达彦《韩愈与长安——9 世纪的转型》，杜文玉主编《唐史论丛》第 9 辑，西安：三秦出版社，2007 年，第 1—28 页
妹尾达彦《九世纪的转型——以白居易为例》，荣新江主编《唐研究》第 12 卷，北京：北京大学出版社，2005 年，第 493—532 页
妹尾达彦《唐长安城の官人居住地》，《东洋史研究》1996 年第 55 卷第 2 号，第 283—322 页
妹尾达彦《韦述的〈两京新记〉与八世纪前叶的长安》，荣新江主编《唐研究》第 9 卷，北京：北京大学出版社，第 9—52 页
妹尾达彦《长安：礼仪之都——以圆仁〈入唐求法巡礼行记〉为素材》，荣新江主编《唐研究》第 15 卷，北京：北京大学出版社，2009 年，第 385—434 页
妹尾达彦著，李全福译《唐都长安城的人口数与城内人口分布》，《中国古都研究》第 12 辑，太原：山西人民出版社，1998 年，第 179—189 页
牟怀川《温庭筠从优庄恪太子考论》，中国唐代文学会等主编《唐代文学研究》第 1 辑，太原：山西人民出版社，1988 年，第 339—359 页

宁欣《泾原与长安——马璘豪华中堂遭拆毁的背后》，《唐宋历史评论》2019 年第 1 期，第 86—100 页
宁欣《转型期的唐宋都城：城市经济社会空间之拓展》，《学术月刊》2006 年第 5 期，第 96—102 页
牛来颖《“功限”“料例”与唐宋工程管理——〈天圣营缮令〉和〈营造法式〉的比较》，《故宫博物院院刊》2019 年第 10 期，第 58—68 页
牛来颖《冲突与妥协：建筑环境中的唐宋城市——以〈营缮令〉第宅制度为中心》，《隋唐辽宋金元史论丛》2013 年，第 67—78 页
彭池《〈旧唐书〉所载武元衡被刺时间正误》，《史学月刊》1982 年第 2 期，第 67 页
齐东方《何家村遗宝的埋藏地点和年代》，《考古与文物》2003 年第 2 期，第 70—74 页
钱仲联编《李贺年谱会笺》，钱仲联《梦苕庵专著二种》，北京：中国社会科学出版社，1984 年，第 1—64 页
荣新江、王静《韦述及其〈两京新记〉》，《文献》2004 年第 2 期，第 31—48 页
荣新江《何家村窖藏与唐长安的物质文化》，荣新江《隋唐长安：性别、记忆及其他》，上海：复旦大学出版社，2010 年，第 47—66 页
尚永亮《论柳宗元的生命悲感和性格变异》，《唐代文学研究》第 8 辑，桂林：广西师范大学出版社，1998 年，第 469—480 页
邵志国《唐代刺客文化考》，《唐都学刊》2004 年第 4 期，第 44—50 页
史念海《唐代长安外郭城街道及里坊的变迁》，《中国历史地理论丛》1994 年第 1 期，第 1—25 页
孙维城《孟浩然入京事迹考》，《安徽师范大学学报（人文社会科学版）》1983 年第 4 期，第 56—60 页
谭优学《孟浩然行止考实》，谭优学《唐诗人行年考》，成都：四川人民出版社，1981 年，第 17—54 页
王达津《孟浩然生平续考》，王达津《唐诗丛考》，上海：上海古籍出版社，1986 年，第 112 页
王汉《故宫博物院藏唐代陆曜〈六逸图〉解题》，《荣宝斋》2022 年第 2 期，第 226—235 页
王晖、王璐《由〈大唐开元礼〉所见唐代品官住居的堂室格局》，《建筑师》2020 年第 5 期，第 104—110 页
王辉斌《孟浩然入京考实》，《唐都学刊》2003 年第 1 期，第 24—27 页
王辉斌《孟浩然生平事迹考辨》，《山西大学学报（哲学社会科学版）》2002 年第 1 期，第 41—44 页

王辉斌《孟浩然生平研究综述》，《四川大学学报（哲学社会科学版）》1995 年第 1 期，第 74—81 页
王井南《从〈夏日李公见访〉探索杜甫在长安的故居》，《西安教育学院学报》2003 年第 2 期，第 71—72 页
王楠、史睿《长安永宁坊的书画秘藏：权臣王涯篇》，《故宫博物院院刊》2019 年第 12 期，第 21—32 页
王社教《论唐都长安的人口数量》，史念海主编《汉唐长安与关中平原》（《中国历史地理论丛》1999 年增刊），第 88—116 页
王岩《有关白居易故居的几个问题》，《考古》2004 年第 9 期，第 58—64 页
魏景波《长安居，大不易：白居易科场轶事的“制造”与传播》，《长江学术》2024 年第 4 期，第 16—23 页
吴明贤《杜甫〈江南逢李龟年〉著作权不容否定》，《杜甫研究学刊》2005 年第 4 期，第 37—47 页
吴伟斌《“张生即元稹自寓说”质疑》，《中州学刊》1987 年第 2 期，第 92—95 页
吴伟斌《关于元稹婚外的恋爱生涯——〈元稹年谱〉疏误辨证》，《文学遗产》2001 年第 1 期，第 35—41 页
吴伟斌《裴度的弹劾与元稹的贬职——三论“元稹与宦官”》，《宁夏社会科学》2007 年第 3 期，第 137—142 页
吴伟斌《也谈元稹与薛涛的“风流韵事”》，《扬州大学学报（人文社会科学版）》1988 年第 3 期，第 90—97 页
吴伟斌《元稹与长庆元年科试案》，《中州学刊》1989 年第 2 期，第 103—107 页
伍钧钧《郑虔、郑潜曜与杜甫的关系浅析：兼谈郑氏叔侄对杜甫旅食京华所起的作用》，袁行霈主编《国学研究》第 37 卷，北京：北京大学出版，2016 年，第 145—170 页
萧燕翼《唐陆曜〈六逸图〉记》，《紫禁城》1991 年第 5 期，第 42—44 页
辛德勇《唐人模勒元白诗非雕版印刷说》，《历史研究》2007 年第 6 期，第 36—54 页
徐畅《白居易与新昌杨家——兼论唐中后期都城官僚交往中的同坊之谊》，《中华文史论丛》2021 年第 4 期，第 141—164 页
徐贺安《“谪仙人”与“谪仙歌”——天宝初李白长安行止探微》，《古籍整理研究学刊》2020 年第 3 期，第 92—98 页
杨清越、龙芳芳《长安物贵　居大不易——唐代长安城住宅形式及住宅价格研究》，《乾陵文化研究》2011 年，第 221—238 页
张天虹《再论唐代长安人口的数量问题——兼评近 15 年来有关唐长安人口研究》，《唐都学刊》2008 年第 3 期，第 11—14 页

张震英《贾岛坐飞谤责授事迹考辨》，《学术论坛》2008 年第 5 期，第 125—128 页
赵昌平《关于顾况生平的几个问题——与傅璇琮先生商榷》，《苏州大学学报》1984 年第 1 期，第 77—81 页
赵青山《唐代法津禅师墓志铭、塔铭研究》，《敦煌学辑刊》2018 年第 1 期，第 145—155 页
郑显文《唐代长安城人口百万说质疑》，《中国社会经济史研究》1991 年第 2 期，第 94—97 页
中国社会科学院历史研究所《天圣令》读书班《〈天圣令？营缮令〉译注稿》，《中国古代法律文献研究》2018 年第 12 辑，第 434—461 页
周相录《吴伟斌先生〈莺莺传〉研究中的失误——兼谈学术批评规范》，《烟台师范学院学报（哲学社会科学版）》2002 年第 1 期，第 65—70 页
朱德慈《元薛姻缘脞证》，《成都大学学报（社会科学版）》1989 年第 2 期，第 66—70 页

四、考古、文书、碑刻资料、史料汇编及图录

国家文物局古文献研究室、新疆维吾尔自治区博物馆、武汉大学历史系编《吐鲁番出土文书》第 5 册，北京：文物出版社，1985 年
李德方、刘海宇《洛阳平泉山庄遗址考古踏查纪略》，《平泉文化研究センター年報》第 1 集，2013 年，第 36—39 页
陕西省博物馆革委会写作小组、陕西省文管会革委会写作小组《西安南郊何家村发现唐代窖藏文物》，《文物》1972 年第 1 期，第 30—42 页
唐长孺主编《敦煌吐鲁番文书初探》，武汉：武汉大学出版社，1983 年
辛龙、陈波、郭永淇《隋唐长安城东北角夹城及十王宅遗址 2021 年度发掘简报》，《文博》2022 年第 1 期，第 3—7 页
赵孟林、冯承泽、王岩、李春林《洛阳唐东都履道坊白居易故居发掘简报》，《考古》1994 年第 8 期，第 692—701 页
浙江省文物局编《文物考古资料（1）》，杭州：浙江省文物局，1984 年
中国文物研究所、新疆维吾尔自治区博物馆、武汉大学历史系编；唐长孺主编《吐鲁番出土文书［贰］》，北京：文物出版社，1994 年
周绍良、赵超主编《唐代墓志汇编续集》，上海：上海古籍出版社，2001 年
周绍良主编《唐代墓志汇编》，上海：上海古籍出版社，1992 年

第八章　平康坊指南

一、传世文献

白居易撰，谢思炜校注《白居易诗集校注》，北京：中华书局，2006 年
陈翰编，李小龙校证《异闻集校证》，北京：中华书局，2019 年
程大昌撰，许逸民校证《演繁露校证》，北京：中华书局，2018 年
程俊英、蒋见元《诗经注析》，北京：中华书局，1991 年
崔令钦撰，任半塘笺订《教坊记笺订》，北京：中华书局，1962 年
董诰等编《全唐文》，北京：中华书局，1983 年
杜甫著，仇兆鳌注《杜诗详注》，北京：中华书局，1979 年
段成式撰，许逸民校笺《酉阳杂俎校笺》，北京：中华书局，2015 年
范摅撰，唐雯校笺《云溪友议校笺》，北京：中华书局，2017 年
范晔撰，李贤等注，中华书局编辑部点校《后汉书》，北京：中华书局，1965 年
龚鼎臣撰，黄宝华整理《东原录》，《全宋笔记》第 10 册，郑州：大象出版社，2019 年
何光远撰，邓星亮等校注《鉴诫录校注》，成都：巴蜀书社，2011 年
洪迈撰，孔凡礼整理《容斋续笔》，《全宋笔记》第 45 册，郑州：大象出版社，2019 年
计有功撰，王仲镛校笺《唐诗纪事校笺》，北京：中华书局，2007 年
黎靖德编，王星贤点校《朱子语类》，北京：中华书局，1986 年
李白撰，安旗等笺注《李白全集编年笺注》，北京：中华书局，2015 年
李昉等编《太平广记》，北京：中华书局，1961 年
李剑国辑校《唐五代传奇集》，北京：中华书局，2015 年
李匡文撰，吴企明点校《资暇集》，北京：中华书局，2012 年
李清照、陈大昌等《博戏录》，武汉：崇文书局，2018 年
李商隐等《义山杂纂》，长沙：岳麓书社，2005 年
李时人编校，何满子审定，詹绪左覆校《全唐五代小说》，北京：中华书局，2014 年
李延寿撰，中华书局编辑部点校《南史》，北京：中华书局，1975 年
李肇、赵璘撰《唐国史补　因话录》，上海：上海古籍出版社，1979 年
刘世珩辑校，郑玲校点《贵池唐人集》，合肥：黄山书社，2013 年
刘餗、张鷟撰，程毅中、赵守俨点校《隋唐嘉话　朝野佥载》，北京：中华书局，1979 年
刘昫等撰，中华书局编辑部点校《旧唐书》，北京：中华书局，1975 年
刘恂等撰《岭表录异　始兴记　南海百咏》，《丛书集成初编》第 3113 册，上海：商务印书馆，1936 年
卢照邻著，李云逸校注《卢照邻集校注》，北京：中华书局，1998 年

陆楫编《古今说海》，上海：上海文艺出版社，1989 年
陆游撰，李昌宪整理《避暑漫抄》，《全宋笔记》第 54 册，郑州：大象出版社，2019 年
骆天骧撰，黄永年点校《类编长安志》，北京：中华书局，1990 年
孟棨撰，董希平等评注《本事诗》，北京：中华书局，2014 年
牛僧孺、李复言撰，林宪亮译注《玄怪录　玄怪续录》，北京：中华书局，2019 年
欧阳修、宋祁撰，中华书局编辑部点校《新唐书》，北京：中华书局，1975 年
裴庭裕撰，田廷柱点校《东观奏记》，北京：中华书局，1994 年
彭定求等编《全唐诗》，北京：中华书局，1960 年
钱易撰，黄寿成点校《南部新书》，北京：中华书局，2002 年
权德舆撰，蒋寅笺，唐元校，张静注《权德舆诗文集编年校注》，沈阳：辽海出版社，2013 年
阮元辑编《宛委别藏》，南京：江苏古籍出版社，1988 年
司马光编著，胡三省音注，标点资治通鉴小组点校《资治通鉴》，北京：中华书局，1956 年
宋敏求编《唐大诏令集》，北京：中华书局，2008 年
孙光宪撰，贾二强校点《北梦琐言》，北京：中华书局，2002 年
陶谷撰，郑村声、俞钢整理《清异录》，《全宋笔记》第 2 册，郑州：大象出版社，2019 年
汪聚应辑校《唐人豪侠小说集》，北京：中华书局，2011 年
王谠撰，周勋初校证《唐语林校证》，北京：中华书局，2008 年
王定保撰，黄寿成点校《唐摭言》，西安：三秦出版社，2011 年
王定保撰，陶绍清校证《唐摭言校证》，北京：中华书局，2021 年
王钦若等编纂，周勋初等校订《册府元龟》，南京：凤凰出版社，2006 年
王仁裕、姚汝能撰，曾贻芬点校《开元天宝遗事　安禄山事迹》，北京：中华书局，2006 年
温庭筠撰，刘学锴校注《温庭筠全集校注》，北京：中华书局，2007 年
吴龙辉译注《醉乡日月》，北京：中国社会科学出版社，1993 年
徐俊纂辑《敦煌诗集残卷辑考》，北京：中华书局，2000 年
徐松撰，李健超增订《最新增订唐两京城坊考》，西安：三秦出版社，2019 年
严可均编《全上古三代秦汉三国六朝文》，北京：中华书局，1958 年
叶梦得撰，徐时仪整理《石林燕语》，《全宋笔记》第 26 册，郑州：大象出版社，2019 年
俞蛟等《潮嘉风月记　泛湖偶记》，《丛书集成续编》第 212 册，台北：新文丰出版公司，1989 年
元稹撰，冀勤点校《元稹集》，北京：中华书局，2010 年
元稹原著，吴伟斌辑佚编年笺注《新编元稹集》，西安：三秦出版社，2015 年
曾慥编《类说》，上海：上海古籍出版社，1993 年

张文成撰，李时人、詹绪左校注《游仙窟校注》，北京：中华书局，2010 年
赵崇祚编，杨景龙校注《花间集校注》，北京：中华书局，2014 年
赵彦卫撰，朱旭强整理《云麓漫钞》，《全宋笔记》第 60 册，郑州：大象出版社，2019 年
赵元一等撰，夏婧点校《奉天录（外三种）》，北京：中华书局，2014 年
中国戏曲研究院编《中国古典戏曲论著集成》，北京：中国戏剧出版社，1959 年
朱肱等著，任仁仁整理校点《北山酒经（外十种）》，上海：上海书店出版社，2016 年
朱翌撰，朱凯、姜汉椿整理《猗觉寮杂记》，《全宋笔记》第 38 册，郑州：大象出版社，2019 年

二、今人著作

岸边成雄著，梁在平、黄志炯译《唐代音乐史的研究》，台北：中华书局，2017 年
高启安《唐五代敦煌饮食文化研究》，北京：民族出版社，2004 年
郭娟玉《温庭筠接受研究》，台北：万卷楼，2013 年
杭州南宋官窑博物馆、深圳望野博物馆编《长安春：七至九世纪的大唐器用》，杭州：浙江古籍出版社，2018 年
黄现璠《唐代社会概略》，北京：北京出版社，2017 年
黄正建主编《中晚唐社会与政治研究》，北京：中国社会科学出版社，2006 年
加藤繁《唐宋时代金银之研究：以金银之货币机能为中心》，北京：中华书局，2006 年
加藤繁著，吴杰译《中国经济史考证》，北京：商务印书馆，1959 年
蒋礼鸿主编《敦煌文献语言词典》，杭州：杭州大学出版社，1994 年
黎虎主编《汉唐饮食文化史》，北京：北京师范大学出版社，1998 年
廖美云《唐伎研究》，台北：学生书局，1995 年
罗新本、许蓉生《中国古代赌博习俗》，西安：陕西人民出版社，2002 年
欧燕《唐代城市乐人研究》，北京：商务印书馆，2016 年
彭信威《中国货币史》，上海：上海人民出版社，2015 年
齐东方《唐代金银器研究》，北京：中国社会科学出版社，1999 年
任半塘《唐声诗》，上海：上海古籍出版社，2006 年
任二北《敦煌曲初探》，太原：山西人民出版社，2018 年
任中敏著，杨晓霭、肖玉霞整理《唐戏弄》，南京：凤凰出版社，2013 年
任中敏著，张长彬校理《敦煌曲研究》，南京：凤凰出版社，2013 年
宋会群、苗雪兰《中国博弈文化史》，北京：社会科学文献出版社，2010 年
孙机《中国圣火：中国古文物与东西文化交流中的若干问题》，沈阳：辽宁教育出版社，1996 年

王昆吾《唐代酒令艺术》，上海：东方出版中心，1995 年
王立《欢娱的巅峰：唐代教坊考》，北京：新星出版社，2015 年
王仁湘编《饮食与中国文化》，青岛：青岛出版社，2012 年
王赛时《唐代饮食》，济南：齐鲁书社，2003 年
王书奴《中国娼妓史》，长沙：湖南大学出版社，2014 年
王永平《游戏、竞技与娱乐：中古社会生活透视》，北京：中华书局，2010 年
王仲荦著，郑宜秀整理《金泥玉屑丛考》，北京：中华书局，1998 年
向达《唐代长安与西域文明》，石家庄：河北教育出版社，2001 年
杨伯达主编《中国金银玻璃珐琅器全集 2：金银器（二）》，石家庄：河北美术出版社，2004 年
张永庆《唐代博戏探究》，新北：花木兰文化出版社，2015 年
郑志敏《唐妓探微》，新北：花木兰文化出版社，2010 年
周峇《唐碑志研究（一）：女子身份与生活》，台北：花木兰文化出版社，2010 年

三、今人论文

Adi Agung Tirtamarta 著，辛光灿译《井里汶海底十世纪沉船打捞纪实》，《故宫博物院院刊》2007 年第 6 期，第 151—154 页
白宇《邳州煎药庙西晋墓地出土鹦鹉螺杯初探》，《文物鉴定与鉴赏》2020 年第 19 期，第 20—21 页
高明士《唐代的身分制社会》，《兴大历史学报》第 30 期，第 1—18 页
高启安《“来通”传入与唐人“罚觥”——以〈纂异记·张生〉为线索》，《西南民族大学学报（人文社科版）》2018 年第 12 期，第 13—24 页
高启安《唐人宴饮程序概观——以〈游仙窟〉为中心》，《形象史学研究》2012 年，第 57—73 页
高启安《唐五代敦煌的宴饮坐向和座次研究》，《兰州大学学报（社会科学版）》2003 年第 2 期，第 43—50 页
高世瑜《唐代的官妓》，《史学月刊》1987 年第 5 期，第 27—32 页
郭娟玉《〈醉乡日月〉与皇甫松词》，《2012 年词学国际学术研讨会论文集（唐宋卷）》，第 227—238 页
贺从容《唐长安平康坊内割宅之推测》，《建筑师》2007 年第 2 期，第 151—159 页
金贤珠《中唐民间词转化为文人词之考察——以题材风格为中心》，《2012 年词学国际学术研讨会论文集（唐宋卷）》，第 192—202 页

劳榦《六博及博局的演变》,《"中央研究院"历史语言研究所集刊》1964 年第 35 期,第 15—30 页
黎国韬《唐北里诸妓若干问题考述》,《戏曲与俗文学研究》2019 年第 2 期,第 47—59 页
李芊《权德舆婚姻问题辨正——兼与王辉斌先生商榷》,《天水师范学院学报》2010 年第 3 期,第 9—11 页
李淑媛《唐代的"典卖妻女"现象——以律令为中心》,《台湾师大历史学报》第 42 期,第 51—80 页
刘呆运、赵海燕《陕西泾阳石刘村 M318 出土"胡人宴饮图"探析》,《故宫博物院院刊》2022 年第 8 期,第 49—61 页
刘德增《板櫈、座次与合餐——秦汉坐席、座次与分餐纠正》,《民俗研究》2014 年第 6 期,第 32—39 页
刘海峰《论唐代官员俸料钱的变动》,《中国社会经济史研究》1985 年第 2 期,第 18—29 页
刘丽文《奢华的大唐风韵——镇江丁卯桥出土的唐代银器窖藏(下)》,《收藏》2013 年第 5 期,第 106—111 页
楼钢《点漆未能绳纯黑——黑釉瓷的发展演变与鉴赏》,《收藏》2015 年第 5 期,第 42—52 页
罗庸、叶玉华《唐人打令考》,《国立北京大学四十周年纪念论文集》,1938 年,第 219—235 页
孟晖《暗藏机关的酒器:神通盏》,《明周文化》专栏《食艺谈》,2018 年 1 月 10 日
彭松《敦煌舞谱残卷破解》,《敦煌学辑刊》1989 年第 2 期,第 110—138 页
齐东方《丁卯桥和长辛桥唐代金银器窖藏刍议》,《文博》1998 年第 2 期,第 54—58 页
秦大树《中国古代陶瓷外销的第一个高峰——9 至 10 世纪陶瓷外销的规模和特点》,《故宫博物院院刊》2013 年第 5 期,第 32—49 页
尚宝珠《唐代饮妓管窥》,《陕西历史博物馆馆刊》2017 年,第 46—52 页
沈松勤《唐代酒令与令词》,《浙江大学学报(人文社会科学版)》2000 年第 4 期,第 65—73 页
孙机《论西安何家村出土的玛瑙兽首杯》,《文物》1991 年第 6 期,第 84—93 页
汪少华《古人的坐姿与座次》,《南昌大学学报(人文社会科学版)》1999 年第 3 期,第 126—130 页
王晖、王璐《由〈大唐开元礼〉所见唐代品官住居的堂室格局》,《建筑师》2020 年第 5 期,第 104—110 页
王文锦《古人座次的尊卑和堂室制度——从鸿门宴的座次谈起》,《文史知识》1982 年第 4 期,第 56—60 页

王小盾、高宇星《敦煌舞谱：一个文化表象的生成与消亡》，《音乐艺术（上海音乐学院学报）》2018 年第 2 期，第 6—18 页
王晓鹃《从〈北里志〉看唐末长安歌妓的生活》，《兰州学刊》，2009 年第 10 期，第 194—197 页
夏承焘《令词出于酒令考》，龙榆生主编《词学季刊》1936 年第 3 卷第 2 号，上海：开明书店，1936 年，第 12—14 页
徐文武、高印宝《〈抛球乐〉与“抛打曲”关系考论》，《中国韵文学刊》2018 年第 3 期，第 106—112 页
扬之水《罚觥与劝盏》，《收藏家》2007 年第 12 期，第 37—44 页
扬之水《晚唐金银酒器的名称与样式》，《中国历史文物》2008 年第 6 期，第 14—24 页
张福政《唐代妓女的类别与性质研究》，“国立”政治大学博士学位论文，2001 年
张建华《盐题曲考论》，《音乐研究》2018 年第 3 期，第 83—95 页

四、考古、文书、碑刻资料、史料汇编及图录

東京国立博物館、NHK、NHK プロモーション编《唐の女帝・則天武后とその時代展一宮廷の栄華》，東京：大塚巧艺社，1998 年
敦煌研究院主编《敦煌石窟艺术全集 17 舞蹈画卷》，上海：同济大学出版社，2016 年
敦煌研究院主编《敦煌石窟艺术全集 24 民俗画卷》，上海：同济大学出版社，2016 年
冀东山主编，申秦雁分卷主编《神韵与辉煌：陕西历史博物馆国宝鉴赏（唐墓壁画卷）》，西安：三秦出版社，2006 年
齐东方、申秦雁主编《花舞大唐春：何家村遗宝精粹》，北京：文物出版社，2003 年

第九章　演出与庆典指南

一、传世文献

Translated by James Darmesteter, edited by Friedrich Max Müller, *The Zend-Avesta*, Oxford: The Clarendon Press, 1895
白居易撰，谢思炜校注《白居易诗集校注》，北京：中华书局，2006 年
班固撰，颜师古注，中华书局编辑部点校《汉书》，北京：中华书局，1962 年
陈翰编，李小龙校证《异闻集校证》，北京：中华书局，2019 年
崔令钦等撰，吴企明点校《教坊记（外三种）》，北京：中华书局，2012 年
崔令钦撰，任半塘笺订《教坊记笺订》，北京：中华书局，1962 年

道宣撰，郭绍林点校《续高僧传》，北京：中华书局，2014 年
杜佑撰，王文锦等点校《通典》，北京：中华书局，1988 年
范摅撰，唐雯校笺《云溪友议校笺》，北京：中华书局，2017 年
范仲淹撰，李勇先等点校《范仲淹全集》，北京：中华书局，2020 年
封演撰，赵贞信校注《封氏闻见记校注》，北京：中华书局，2005 年
傅璇琮、徐海荣、徐吉军主编《五代史书汇编》，杭州：杭州出版社，2004 年
高承《事物纪原》，长泽规矩也编《和刻本类书集成》第 2 册，上海：上海古籍出版社，1990 年
高楠顺次郎等编《大正新修大藏经》第 8、40、45、49、51、56，东京：大藏出版株式会社，1988 年
葛洪撰，周天游校注《西京杂记校注》，西安：三秦出版社，2006 年
韩愈著，刘真伦、岳珍校注《韩愈文集汇校笺注》，北京：中华书局，2010 年
李昉等撰《太平御览》，北京：中华书局，1960 年
李昉等编《太平广记》，北京：中华书局，1961 年
李冗《独异志》，上海：商务印书馆，1937 年
李商隐著，聂石樵、王汝弼笺注《玉谿生诗醇》，北京：中华书局，2008 年
李时人编校，何满子审定，詹绪左覆校《全唐五代小说》，北京：中华书局，2014 年
李濬、苏鹗、冯翊子《松窗杂录　杜阳杂编　桂苑丛谈》，北京：中华书局，1958 年
李肇、赵璘《唐国史补　因话录》，上海：上海古籍出版社，1979 年
刘俊文《唐律疏议笺解》，北京：中华书局，1996 年
刘肃撰，许德楠、李鼎霞点校《大唐新语》，北京：中华书局，1984 年
刘餗、张鷟撰，程毅中、赵守俨点校《隋唐嘉话　朝野佥载》，北京：中华书局，1979 年
刘昫等撰，中华书局编辑部点校《旧唐书》，北京：中华书局，1975 年
马银琴译注《搜神记》，北京：中华书局，2012 年
耐得翁撰，汤勤福整理《都城纪胜》，《全宋笔记》第 88 册，郑州：大象出版社，2019 年
彭定求等编《全唐诗》，北京：中华书局，1960 年
钱易撰，黄寿成点校《南部新书》，北京：中华书局，2002 年
沈佺期撰，陶敏、易淑琼校注《沈佺期集校注》卷四，北京：中华书局，2001 年
司马光编著，胡三省音注，标点资治通鉴小组点校《资治通鉴》，北京：中华书局，1956 年
宋敏求、李好文撰，辛德勇、郎洁点校《长安志　长安志图》，西安：三秦出版社，2013 年
宋敏求编《唐大诏令集》，北京：中华书局，2008 年
孙光宪撰，贾二强校点《北梦琐言》，北京：中华书局，2002 年
汤球辑，吴振清校注《三十国春秋》，天津：天津古籍出版社，2009 年

王明清撰，燕永成整理《挥麈前录》，《全宋笔记》第 57 册，郑州：大象出版社，2019 年
王溥撰《唐会要》，北京：中华书局，1960 年
王钦若等编纂，周勋初等校订《册府元龟》，南京：凤凰出版社，2006 年
王仁裕、姚汝能撰，曾贻芬点校《开元天宝遗事　安禄山事迹》，北京：中华书局，2006 年
韦述、杜宝撰，辛德勇辑校《两京新记辑校　大业杂记辑校》，北京：中华书局，2020 年
韦绚撰，陶敏、陶红雨校注《刘宾客嘉话录》，北京：中华书局，2019 年
魏徵、令狐德棻撰，中华书局编辑部点校《隋书》，北京：中华书局，1973 年
翁士勋编《〈角力记〉校注》，北京：人民体育出版社，1990 年
萧嵩等《大唐开元礼》，北京：民族出版社，2000 年
徐时仪校注《一切经音义三种校本合刊》，上海：上海古籍出版社，2012 年
颜之推撰，王利器集解《颜氏家训集解》，北京：中华书局，1993 年
佚名撰，张剑光、孙励整理《江南余载》，《全宋笔记》第 5 册，郑州：大象出版社，2019 年
元稹原著，吴伟斌辑佚编年笺注《新编元稹集》，西安：三秦出版社，2015 年
圆仁著，白化文、李鼎霞、许德楠校注，周一良审阅《入唐求法巡礼行记校注》，北京：中华书局，2019 年
张祜撰，尹占华校注《张祜诗集校注》，成都：巴蜀书社，2007 年
张耒撰，查清华、潘超群整理《明道杂志》，《全宋笔记》第 21 册，郑州：大象出版社，2019 年
张说著，熊飞校注《张说集校注》，北京：中华书局，2013 年
郑处诲、裴庭裕撰，田廷柱点校《明皇杂录　东观奏记》，北京：中华书局，1994 年
中国戏曲研究院编《中国古典戏曲论著集成》，北京：中国戏剧出版社，1959 年

二、今人著作

Edited and translated by Mary Boyce, *Textual Sources for the Study of Zoroastrianism*, Manchester: Manchester University Press, 1984
Friedrich Max Müller ed., *Biographies of Words and the Home of the Aryas*, London: Longmans, Green, and co., 1888
Matteo Compareti, *The Elusive Persian Phoenix: Simurgh and Pseudo-Simurgh in Iranian Arts*, Bologna: Paolo Emilio Persiani, 2021
北京大学中国语言文学系中国古典文学教研室编《中国文学史纲要（二）》，北京：北京大学出版社，1983 年
毕波编《中古中国的粟特胡人》，北京：中国人民大学出版社，2011 年
岑仲勉《隋唐史》，北京：商务印书馆，2017 年

陈晓红《敦煌愿文的类型研究》，北京：九州出版社，2018 年
陈引驰《中古文学与佛教》，北京：商务印书馆，2017 年
程毅中《程毅中文存》，北京：中华书局，2006 年
杜晓勤《隋唐五代文学研究》，北京：北京出版社，2001 年
甘肃省社会科学院文学研究所编《敦煌学论集》，兰州：甘肃人民出版社，1985 年
胡士莹《话本小说概论》，北京：商务印书馆，2011 年
胡适《胡适文存》，上海：上海科学技术文献出版社，2015 年
荒见泰史《敦煌变文写本的研究》，北京：中华书局，2010 年
霍旭初、祁小山编著《丝绸之路：新疆佛教艺术》，乌鲁木齐：新疆大学出版社，2006 年
贾利尔・杜斯特哈赫选编，元文琪译《阿维斯塔》，北京：商务印书馆，2010 年
金子修一著，肖圣中、吴思思、王曹杰译《古代中国与皇帝祭祀》，上海：复旦大学出版社，2017 年
金子修一著，徐璐、张子如译《中国古代皇帝祭祀研究》，西安：西北大学出版社，2018 年
雷闻《郊庙之外》，北京：生活・读书・新知三联书店，2009 年
李重申、李金梅《忘忧清乐：敦煌的体育》，兰州：甘肃教育出版社，2007 年
林殊悟《波斯拜火教与古代中国》，台北：新文丰出版公司，1995 年
陆永峰《敦煌变文研究》，成都：巴蜀书社，2000 年
罗彤华《唐代宫廷防卫制度研究》，台北：元华文创股份有限公司，2021 年
罗宗涛《敦煌讲经变文研究》，台北：文史哲出版社，1972 年
梅维恒著，杨继东、陈引驰译《唐代变文：佛教对中国白话小说及戏曲产生的贡献之研究》，上海：中西书局，2011 年
任中敏编著，王福利校理《优语集》，南京：凤凰出版社，2013 年
任中敏著，樊昕、王立增辑校《唐艺研究》，南京：凤凰出版社，2013 年
任中敏著，杨晓霭、肖玉霞整理《唐戏弄》，南京：凤凰出版社，2013 年
荣新江《丝绸之路与东西文化交流》，北京：北京大学出版社，2019 年
荣新江《中古中国与粟特文明》，北京：生活・读书・新知三联书店，2014 年
荣新江《中古中国与外来文明》，北京：生活・读书・新知三联书店，2001 年
施安昌《火坛与祭司鸟神：中国古代祆教美术考古手记》，北京：紫禁城出版社，2004 年
施蛰存著，刘凌、刘效礼编《施蛰存全集》第 10 卷，上海：华东师范大学出版社，2012 年
石峻等编《中国佛教思想资料选编（隋唐五代卷）》，北京：中华书局，2014 年
斯特拉波著，李铁匠译《地理学》，上海：上海三联书店，2014 年
孙楷第《沧州集》，北京：中华书局，2009 年
王国维《宋元戏曲考》，北京：朝华出版社，2018 年

项楚《项楚论敦煌学》，上海：上海科学技术文献出版社，2008 年
向达《唐代长安与西域文明》，石家庄：河北教育出版社，2001 年
杨明璋《敦煌文学与中国古代的谐隐传统》，台北：新文丰出版公司，2011 年
叶明生《中国傀儡戏史（古代、近现代卷）》，北京：中国戏剧出版社，2017 年
曾永义《戏曲剧种演进史考述》，北京：现代出版社，2019 年
张琛《唐代皇帝行幸礼仪制度研究》，上海：上海三联书店，2022 年
张国刚主编《中国社会历史评论》第 3 卷，北京：中华书局，2001 年
张鸿勋《敦煌说唱文学概论》，台北：新文丰出版公司，1993 年
张鸿勋《敦煌俗赋词文话本》，台北：新文丰出版公司，1995 年
张小贵《祆教史考论与述评》，兰州：兰州大学出版社，2013 年
张小贵《中古华化祆教考述》，北京：文物出版社，2010 年
郑炳林、郑阿财主编《港台敦煌学文库》第 63 册，兰州：甘肃人民出版社，2016 年
郑振铎《中国俗文学史》，北京：商务印书馆，2017 年
郑振铎《中国文学史 · 中世卷（第三篇上）》，上海：商务印书馆，1930 年
郑重、王要编剧《大明宫词》，北京：人民文学出版社，2017 年
周绍良、白化文编《敦煌变文论文录》，上海：上海古籍出版社，1982 年
周贻白《中国戏曲发展史纲要》，上海：上海古籍出版社，1979 年

三、今人论文

Grenet and Zhang Guangda, “The Last Refuge of the Sogdian Religion: Dunhuang in the Ninth and Tenth Centuries”, *Bulletin of the Asia Institute*, New Series/Volume 10, 1996, pp. 175-186
Klaus Schippmann, “The Development of the Fire Temple”, *5th International Congress of Iranian Art & Archaeology*, Tehran, 1972
陈凌《中国境内祆教相关遗存考略（之一）》，《欧亚学刊》2015 年第 1 期，第 126—157 页
程旭、王霞《唐韩休墓壁画〈乐舞图〉研究》，《荣宝斋》2019 年第 1 期，第 108—117 页
丁淑梅《隋唐正乐与禁戏资料编年辑释》，《戏曲学报》2015 年第 12 期，第 162—211 页
渡边信一郎《龟兹到京都——散乐〈苏莫者〉的旅程》，《黄钟（武汉音乐学院学报）》2019 年第 1 期，第 22—30 页
范德怡《唐代参军戏未更名原因考》，《戏曲研究》2018 年第 1 期，第 109—123 页
葛晓音《“苏莫遮”与日本唐乐舞“苏莫者”的关系》，《文艺研究》2019 年第 1 期，第 86—96 页
葛晓音、户仓英美《“拨头”考》，《中华文史论丛》2013 年第 1 期，第 329—350 页

泰史《敦煌的讲唱体文献》，《敦煌学辑刊》第 25 辑，第 261—278 页
见泰史《温室经讲经与俗讲、讲唱》，《出土文献研究视野与方法》第 5 辑，2014 年，第 217—243 页
姜伯勤《敦煌悉磨遮为苏摩遮乐舞考》，《敦煌研究》1996 年第 3 期，第 1—13 页
金名《相声、参军戏及其他》，《文史哲》1980 年第 5 期，第 21—22 页
康保成《〈踏谣娘〉考源》，北京大学国学研究院中国传统文化研究中心编《国学研究》第 10 卷，北京：北京大学出版社，2002 年，第 273—298 页
黎国韬《唐五代参军戏演出形态转变考》，《民族艺术》2008 年第 4 期，第 58—64 页
卢亚辉《论西安西郊陕棉十厂唐壁画墓 M7 墓主身份》，《文博学刊》2018 年第 3 期，第 32—40 页
吕学良《唐代献俘礼的礼仪空间及时空特征》，《黑龙江社会科学》2021 年第 1 期，第 111—118 页
马志军、张建林《西安西郊陕棉十厂唐壁画墓清理简报》，《考古与文物》2002 年第 1 期，第 16—37 页
朴泰圭《从〈苏莫遮〉到〈苏莫者〉——中国古代乐舞在日本的定名和流变》，《当代舞蹈艺术研究》2019 年第 3 期，第 27—34 页
圣凯《论唐代的讲经仪轨》，《敦煌学辑刊》2001 年第 2 期，第 32—42 页
施安昌《祆教礼仪所用植物考》，《故宫博物院院刊》2001 年第 3 期，第 12—16 页
释大参《敦煌异乡人写经题记中的乡愁与宗教救度》，《敦煌学》第 27 辑，台北：乐学书局，2008 年，第 521—538 页
孙英刚《佛教对阴阳灾异说的化解——以地震与武周革命为中心》，《史林》2013 年第 6 期，第 53—63 页
王静《城门与都市——以唐长安通化门为主》，荣新江主编《唐研究》第 15 卷，北京：北京大学出版社，2009 年，第 23—50 页
王宁《唐戏“钵头”别解》，《民族艺术》2008 年第 4 期，第 65—70 页
王使臻《晚唐五代宋初川陕甘之间的交通与文化交流——以敦煌文献为主的考察》，《成都大学学报（社会科学版）》2014 年第 4 期，第 37—41 页
王小盾《论丝绸之路上的变文、讲经文音乐（上）》，《音乐文化研究》2024 年第 1 期，第 8—16 页
王永平《唐代长安的庙会与戏场——兼论中古时期庙会与戏场的起源及其结合》，《河北学刊》2008 年第 6 期，第 72—78 页
杨明璋《从讲经仪式到说唱伎艺：论古代的唱释题目》，《敦煌学》第 31 辑，台北：乐学书局，2015 年，第 65—82 页

杨明璋《敦煌本〈释佛国品手记〉与僧、俗讲》，《敦煌写本研究年报》第 17 号，第 93—117 页
杨森《敦煌壁画僧人所坐榻形高座和椅形高座》，《敦煌研究》2020 年第 2 期，第 1—10 页
姚小鸥、孟祥笑《唐墓壁画演剧图与〈踏摇娘〉的戏剧表演艺术》，《文艺研究》2016 年第 1 期，第 97—104 页
姚小鸥《文物图像与唐代戏剧研究的理念、材料及方法——以〈唐代郜夫人墓志线刻《踏摇娘》演剧图〉研究为中心》，《文艺研究》2020 年第 6 期，第 81—88 页
曾永义《参军戏及其演化之探讨》，《台大中文学报》1988 年第 2 期，第 135—226 页
曾永义《先秦至唐代"戏"与"戏曲小戏"剧目考述》，《台大文史哲学报》2003 年总第 59 期，第 215—266 页
张彬《国家博物馆藏唐代参军戏俑人物服饰研究》，《装饰》2018 年第 10 期，第 86—89 页
张彬《唐代长安大面、踏摇娘歌舞戏服饰研究》，《东华大学学报（社会科学版）》2022 年第 3 期，第 53—59 页
张鸿勋《敦煌讲唱伎艺搬演考略——唐代讲唱文学论丛之一》，《敦煌学辑刊》1982 年，第 59—72 页
张鸿勋《敦煌讲唱文学的体制及其类型初探——兼论几种〈中国文学史〉有关提法的问题》，《敦煌学辑刊》1981 年，第 73—86 页
张小贵《从伐由到乌悉帕卡：中古祆教风神的印度风》，《敦煌研究》2021 年第 3 期，第 32—39 页
张小贵《"派提达那"非"屏息"辨》，《欧亚学刊》2003 年总第 5 辑，第 49—62 页
赵永磊《隋唐圜丘三壝形制及燎坛方位探微》，《考古》2017 年第 10 期，第 114—120 页
郑阿财《唐五代道教俗讲管窥》，载《敦煌学》第 27 辑，台北：乐学书局，2008 年，第 331—346 页
中国科学院考古研究所西安唐城发掘队《唐代长安城考古纪略》，《考古》1963 年第 11 期，第 595—611 页
中国社会科学院考古研究所西安唐城工作队《陕西西安唐长安城圜丘遗址的发掘》，《考古》2000 年第 7 期，第 29—47 页
周飞《变文绝迹考》，《敦煌学辑刊》1997 年第 1 期，第 127—134 页
周婧《唐代三种胡戏的关系新探——"苏莫遮"、"泼寒胡戏"与"浑脱"》，《中国音乐》2019 年第 4 期，第 114—125 页
周晓薇《新出土柳宗元撰〈独孤申叔墓志〉勘证》，《中国典籍与文化》2002 年第 3 期，第 35—41 页

溢《从郊丘之争到天地分合之争——唐至北宋时期郊祀主神位的变化》，《汉学研究》2009 年第 27 卷第 2 期，第 267—302 页

四、考古、文书、碑刻资料、史料汇编及图录

池田温编《中国古代写本识语集录》，东京：东京大学东洋文化研究所，1990 年

东京国立博物馆、NHK、NHK プロモーション编《唐の女帝 · 則天武后とその時代展—宮廷の栄華》，东京：大塚巧艺社，1998 年

敦煌研究院主编《敦煌石窟艺术全集 11 楞伽经画卷》，上海：同济大学出版社，2016 年

敦煌研究院主编《敦煌石窟艺术全集 17 舞蹈画卷》，上海：同济大学出版社，2016 年

敦煌研究院主编《敦煌石窟艺术全集 24 民俗画卷》，上海：同济大学出版社，2016 年

“国立”历史博物馆编辑委员会编《丝路传奇：新疆文物大展》，台北：“国立”历史博物馆，2008 年

黄永武主编《敦煌宝藏》第 35 册，台北：新文丰出版社，1982 年

金维诺总主编，齐东方卷主编《中国美术全集 金银器玻璃器 1》，合肥：黄山书社，2010 年

金维诺总主编，杨泓卷主编《中国美术全集 墓葬及其他雕塑 2》，合肥：黄山书社，2010 年

齐东方、申秦雁主编《花舞大唐春：何家村遗宝精粹》，北京：文物出版社，2003 年

王重民等编《敦煌变文集》，北京：人民文学出版社，1984 年

西安博物院编，余红健主编《乐居长安：唐都长安人的生活展》，北京：文物出版社，2020 年

西安市文物保护考古所、王自力、孙福喜编著《唐金乡县主墓》，北京：文物出版社，2002 年

项楚《敦煌变文选注》，北京：中华书局，2006 年

新疆维吾尔自治区博物馆编《新疆维吾尔自治区博物馆》，北京：文物出版社，1991 年

张鸿勋《敦煌讲唱文学选注》，兰州：甘肃人民出版社，1987 年

中国敦煌壁画全集编辑委员会编著《中国敦煌壁画全集 7 敦煌中唐》，天津：天津人民美术出版社，2006 年

中国音乐研究所编《信西古乐图》，北京：音乐出版社，1959 年